Lennartz · Höfer · Borgers

Olympische Siege – Medaillen · Diplome · Ehrungen

DIPLOMA
Xth OLYMPIAD
LOS ANGELES 1932
ALADAR GEREVICH
Fencing
Sabre Team — First
The Organizing Committee
President
The International Olympic Committee
President

Olympische Siege

Medaillen · Diplome · Ehrungen

Karl Lennartz · Andreas Höfer · Walter Borgers

Herausgegeben vom
Carl und Liselott Diem-Archiv
Olympische Forschungsstätte der
Deutschen Sporthochschule Köln

SPORT VERLAG BERLIN

Das Buch entstand anläßlich der Ausstellung »Olympische Siege«
in der Kreissparkasse in Siegburg vom 19. Mai bis 30. Juni 2000

Gesamtleitung
Karl Lennartz
Tafeln und Vitrinen
Jutta und Ralf Müller (Gestaltung)
Andreas Höfer, Karl Lennartz (Texte)
Fotos
Peter Frenkel
Sammelgut
Bernd Wagner, Ingrid O'Neil, Volker Kluge, Iliane Lagerström
Deutsches Sport- und Olympia-Museum, Carl und Liselott Diem-Archiv
Öffentlichkeitsarbeit
Stephan Schmidt, Werner Scholz (Kreissparkasse in Siegburg)
Sponsor
Sparkassenstiftung für den Rhein-Sieg-Kreis, Stiftung für Sport, Kunst, Kultur, Natur und Umwelt

Sparkassenstiftung für den Rhein-Sieg-Kreis
Stiftung für Sport, Kunst, Kultur, Natur und Umwelt

Titelfoto
Siegerdiplom von Amsterdam 1928
Frontispiz
Siegerdiplom von Los Angeles 1932

Umschlaggestaltung
Volkmar Schwengle, Buch & Werbung, Berlin
Layout und Satz
creAtiv Werbeagentur GmbH, Berlin, Carola Gerdsmeyer
Reproarbeiten
LVD GmbH, Berlin
Druck und Verarbeitung
Cayfosa-Quebecor, Barcelona

Printed in Spain 2000
ISBN 3-328-00865-9

Inhaltsverzeichnis Seite

Vorwort

Prof. Walther Tröger
Präsident des Nationalen
Olympischen Komitees
für Deutschland

Dem Sieg kommt im Sport besondere Bedeutung zu. Das Prinzip des Messens und Vergleichens ist ein immanentes Wesensmerkmal des Wettkampfs und macht einen großen Teil seiner Faszination aus – und zwar egal, ob es sich um ein Dorfsportfest oder um die Olympischen Spiele handelt. Dies ist im übrigen auch nicht beklagenswert, so lange das Gewinnen – sowie der damit verbundene »Gewinn« – nicht zum vorrangigen oder gar alleinigen Sinn und Zweck erhoben wird.
Natürlich ist ein Platz auf dem Treppchen für Athletinnen und Athleten das höchste der Gefühle, zumal wenn es sich um »olympische Siege« handelt, doch bleibt er einem vergleichsweise winzigen Kreis vorbehalten. Aber ob auf oder neben dem Treppchen – für alle ist bereits das Dabeisein ein großartiger Erfolg.
Im Blickpunkt der vorliegenden Publikation stehen Sieger und Teilnehmer, wobei ihre Leistungen gleichsam indirekt gewürdigt werden. Das Augenmerk richtet sich nämlich auf die Insignien olympischen Lorbeers: Medaillen und Diplome. Das umfangreiche und aufwendige Buch fungiert zudem als Katalog einer am 19. Mai 2000 in Siegburg eröffneten Ausstellung.

Mit dieser ersten umfassenden Dokumentation wird eine Lücke der Forschung geschlossen und ein neuer Zugang zur Geschichte der Olympischen Bewegung eröffnet. Dies begrüßen wir um so mehr, als das NOK für Deutschland sich nicht nur den aktuellen olympischen Aufgaben, sondern auch der historischen und kulturellen Dimension des Sports verpflichtet fühlt. Dies gilt auch und gerade im ersten Olympia-Jahr des neuen Jahrtausends.
Allein Zuschnitt und Umfang von Buch und Ausstellung lassen erkennen, daß die gestellte Aufgabe nur im Team zu bewerkstelligen war. Wenn ich an dieser Stelle stellvertretend die Leistung des »Teamchefs« Dr. Karl Lennartz hervorhebe, so ist dies eine willkommene Gelegenheit, sein langjähriges Wirken zu würdigen. Als Leiter des Carl und Liselott Diems-Archivs an der Deutschen Sporthochschule Köln sowie als Autor zahlreicher Publikationen hat er sich große Verdienste um die olympische Sache erworben. Daß er dafür eine hohe Auszeichnung des IOC, den Olympischen Orden, erhalten hat, mag man als eine eigene Qualifikation für das hier bearbeitete Thema ansehen.

Ich wünsche dem Buch und der Ausstellung einen großen Erfolg.

Einleitung

Seit den ersten Spielen von 1896 in Athen gehören, neben Eröffnungs- und Schlußfeier, die Siegerehrung und die Übergabe von Medaillen, Diplomen und Ehrenpreisen zu den wichtigsten Bestandteilen des olympischen Zeremoniells. Bei den frühen Spielen war die Siegerehrung mit der Schlußfeier verbunden. Seit 1932 werden die Medaillen kurz nach Beendigung des jeweiligen Wettkampfes den drei Erstplazierten ausgehändigt. In diesem Jahr wurde auch das »Treppchen« eingeführt. Lange Zeit gaben hochgestellte Ehrengäste, meist gekrönte Häupter, später der IOC-Präsident oder ein von ihm bestimmter Vertreter den Athleten die Medaillen in die Hand. Erst seit den Sommerspielen von 1960 in Rom werden diese Auszeichnungen, an einem Band oder einer Kette befestigt, den Athleten um den Hals gehängt.

Das Zeremoniell der Siegerehrung hat also eine lange und wechselvolle Geschichte. Kritisch untersucht wurde dieses bisher aber nicht. Freilich liegen eine Reihe von Abhandlungen zum gesamten Zeremoniell der Spiele und mehrere sehr detaillierte Veröffentlichungen zu den Medaillen vor.[1] Die Autoren der vorliegenden Schrift und die Mitarbeiter der unten beschriebenen Ausstellung unternehmen nun den Versuch, diese Lücke zu schließen und möglichst umfassend die Siegerehrung und ihr Umfeld zu beschreiben.

Dieser Text ist das Begleitbuch, der Katalog zur Ausstellung »Olympische Siege«, die erstmals vom 19. Mai bis 30. Juni 2000 in den Räumen der Kreissparkasse in Siegburg gezeigt wird. Die Idee, einmal Medaillen und Diplome für ein interessiertes Publikum zugänglich zu machen, war schon vor mehreren Jahren entstanden, und zwar bei einer anderen Ausstellung, die aus Anlaß der Hundertjahrfeier der Olympischen Bewegung 1996 in der Deutschen Sporthochschule gezeigt wurde.[2] Einer der Besucher der Ausstellung, Bernd WAGNER, ein passionierter Sammler von Olympiaka, sprach mich an und berichtete von seiner fast kompletten Sammlung von olympischen Sieger- und Erinnerungsdiplomen. Warum sollten diese nicht auch einmal einer breiten Öffentlichkeit präsentiert werden? Seine Idee faszinierte mich, war mir doch bewußt, daß zwar jeder Sportinteressierte die olympischen Medaillen kennt, aber kaum einer weiß, daß auch an Sieger und Plazierte besondere Urkunden vergeben werden. Wie bei den Medaillen handelt es sich bei den Diplomen in der Regel um Kunstwerke von hohem Rang. Isoliert sollten diese Diplome aber nicht vorgestellt werden. Umfassender informiert eine Ausstellung, bei der das gesamte Zeremoniell der Ehrung der Sieger, also auch die Erinnerungsgaben – Medaillen und Diplome – für alle Teilnehmer an den Olympischen Spielen – Sportler und Funktionäre – gezeigt werden. Diese Beschäftigung mit dem Zeremoniell der Spiele könnte auch als Anreiz gesehen werden, den Betrachter aufzufordern, sich wieder mehr mit anderen Bereichen der Olympischen Bewegung zu befassen, also z.B. der Faszination, die von der Feier Olympische Spiele ausgeht, statt sich nur noch zu fragen, wer den 100-m-Lauf gewinnt und wieviel mit diesem Sieg zu verdienen ist. Eine solche Zielsetzung stände auch im Einklang mit Bemühungen, zumindest von einigen Mitgliedern und Mitarbeitern des IOC, mehr über die Olympische Idee zu reflektieren. Erinnert sei an die Tagung *»Olympic Ceremonies, Historical Continuity and Cultural Exchange«*, die 1995 in Barcelona und Lausanne stattfand.[3]

Die Idee für eine Ausstellung ist noch keine Ausstellung. Mittel müssen beschafft, Mitarbeiter gefunden werden. Ein erster Versuch, Unterstützung bei der Deutschen Sporthochschule Köln zu finden, scheiterte an der prekären Finanzsituation. Es wurde aber ermöglicht, die Diplome im Besitz von Bernd Wagner ablichten zu lassen. Die Qualität und Fülle seiner Sammlung, die mir dabei erst richtig bewußt wurde, verstärkten meinen Wunsch nach Vorstellung dieser vielen kleinen Kunstwerke in einer Ausstellung und einer begleitenden wissenschaftlichen Untersuchung. Mit Unterstützung von Manfred LÄMMER, dem Leiter des Instituts für Sportgeschichte der Deutschen Sporthochschule Köln, wandte ich mich an das Deutsche Sportmuseum, das sehr interessiert war, dem

1 GREENSFELDER, Jim / VORONTSOV, Oleg / LALLY, Jim, *Olympic Medals*, Saratoga 1998.
GADOURY, Victor, *Olympic Medals and Coins*, Monaco 1996.

2 DECKER, Wolfgang / DOLIANITIS, Georgios / LENNARTZ, Karl, *100 Jahre Olympische Spiele. Der neugriechische Ursprung*, Würzburg 1996.

3 MORAGAS, Miquel de / MacALOON, John / LLINES, Montserrat (Hg.), *Olympic Ceremonies: Historical Continuity and Cultural Exchange*, Lausanne 1996. Vgl. darin den Beitrag von BUSCHMANN, Jürgen / LENNARTZ Karl, »From Los Angeles (1932) to Melbourne (1956): the Olympic Torch´s Protagonism in Ceremonies«, S. 111-130, 184-199. Vgl. außerdem: LENNARTZ, Karl, »Zur Entwicklung der olympischen Symbole und Rituale unter besonderer Berücksichtigung der Siegerehrung und Preisverteilung«, in: MERVE, Floris van der (Hg.), *Sport als Symbol, Symbols in Sport*. Proceedings of the 3rd ISHPES Congress, Cape Town 1995, Sankt Augustin 1996, S. 291-301.

4 Wegen der Kostenfrage war ein Jahr vorher eine Ausstellung über olympische Diplome des Sportmuseums Leipzig nicht zustande gekommen. Die Leiterin, Gerlinde ROHR, war so freundlich, uns bei unserem Vorhaben mit Rat und Tat zur Seite zu stehen.

5 BORGERS, Walter, *Olympic Torch Relays*, Kassel 1996.

aber auch die Mittel zur Umsetzung fehlten.[4] Bei einer Sportlerehrung auf dem Marktplatz in Sankt Augustin am 9. Mai 1998 kam ich mit Hubert KRÄMER, einem der Direktoren der Kreissparkasse Siegburg, ins Gespräch. Die Kreissparkasse des Rhein-Sieg-Kreises sponsert seit Jahren sportliche und kulturelle Veranstaltungen. Ich fragte ihn, ob seine Bank nicht auch einmal eine Ausstellung unterstützen würde, bei der Sport und Kultur gemeinsam dargestellt werden, und berichtete von unseren Plänen. Auch er konnte sich unter Diplomen und Erinnerungsmedaillen wenig vorstellen, war aber sehr interessiert. Eine Woche später besuchte er uns – ich hatte mir inzwischen bei Wagner die »schönsten« Diplome besorgt und aus meiner Sammlung Erinnerungsmedaillen ausgewählt – und war sehr schnell überzeugt, ja begeistert. Ich sollte einen sparsamen, aber ausreichenden Kostenvoranschlag einreichen. Wenige Tage später hatte ich die Zustimmung der Kreissparkasse. Ein Team von engagierten Mitarbeitern zu finden war nicht schwer. Am 29. Januar 1999 trafen wir uns zu einem ersten gemeinsamen Gespräch, und die Arbeitsbereiche wurden verteilt. Dabei legten wir auch den Titel der Ausstellung fest. Zur Debatte stand *»Olympischer Lorbeer«* oder *»Olympische Siege«*. Wir einigten uns auf den zweiten Namen. Außerdem wurde beschlossen, die Ausstellung durch einen Sonderbereich *»olympische Fackeln«* zu ergänzen. Bei einer Ausstellung zum olympischen Zeremoniell unter Federführung des Diem-Archivs liegt es nahe, sich auf Carl DIEM zu beziehen, der sich neben Baron Pierre de COUBERTIN wohl am meisten mit der feierlichen Durchführung der Olympischen Spiele befaßt hat. Es war Diems Idee gewesen, Feuer mit einer Fackelstaffel von Olympia zum jeweiligen Austragungsort der Spiele zu bringen. Unser Mitarbeiter Walter BORGERS hat in den letzten Jahren eine Dokumentation[5] und mehrere Veröffentlichungen zum Fackellauf verfaßt, so daß wir ihn mit der »Ausstellung in der Ausstellung« beauftragen konnten.

Zuständig für Layout und Herstellung der fünfzig 80 mal 120 Zentimeter großen Tafeln waren Ralf und Jutta MÜLLER. Auf einer Tafel wird in der Regel das Siegerzeremoniell eines olympischen Festes dargestellt. Auf zehn Fotos werden die Medaillen, die Diplome, eventuell vergebene besondere Auszeichnungen, die Siegerehrung, der Fackellauf und ein herausragender Athlet oder ein besonderes Ereignis gezeigt. Die Fotos wurden digitalisiert. Kombiniert mit den Textvorlagen, konnte ein den Betrachter sehr ansprechendes Layout geschaffen werden. Für die textlichen Erläuterungen waren Andreas HÖFER und ich verantwortlich. Die Herstellung der fast 1 000 Fotos, die wir für die Ausstellungstafeln und den Katalog benötigten, lag in den Händen von Peter FRENKEL. Er konnte nicht nur seine beruflichen Qualitäten als Fotograf einbringen, sondern als Olympiasieger auch sein sportliches Einfühlungsvermögen. Viele Ablichtungen erhielten wir auch von dritter Seite, von Archiven, Museen, Künstlern und Olympiateilnehmern. Ihnen sei dafür herzlich gedankt.

Für die Öffentlichkeitsarbeit, ohne die eine solche Ausstellung nur im verborgenen bleiben kann, waren zwei Mitarbeiter der Sparkasse zuständig: Stephan SCHMIDT und Werner SCHOLZ. Mit Plakat, Flugblatt, in der Presse und im Rundfunk wurde auf die Ausstellung aufmerksam gemacht. Dazu kam der hohe organisatorische Aufwand, um die technischen Dinge alle zu beschaffen und die Zusatzveranstaltungen, wie Eröffnung und Vortragsabende, vorzubereiten und durchzuführen.

Ein besonderer Dank geht an die Sammler. Ohne ihre Bereitschaft, ihre Exponate auszuleihen, ließe sich eine solche Ausstellung nicht durchführen. Bernd Wagner, oben schon erwähnt, stellte 80 seiner wertvollsten Diplome zur Verfügung. Bei den Siegerauszeichnungen handelt es sich in vielen Fällen um Urkunden von Olympiasiegern mit besonders hohem Bekanntheitsgrad, z.B. Emil ZÁTOPEK, Reiner KLIMKE, Vera ČÁSLAVSKÁ. Wagners Sammlung ist wohl die kompletteste, die bisher zusammengetragen werden konnte. Selbst die Bestände des Olympischen Museums in Lausanne können hier nicht konkurrieren. Das fehlende Diplom der Olympischen Spiele von 1906 in Athen erhielten wir von Eliana LAGERSTRÖM aus Köln. Es ist das Diplom ihres Großvaters, Ioannis GEORGIADIS, Olympiasieger im Fechten, sowohl 1896 als auch 1906.

In vier Vitrinen werden olympische Medaillen gezeigt. Während die Erinnerungsmedaillen sehr oft mit Auflagen von über 10 000 geprägt wurden, mußten es bei den Medaillen für die ersten drei viel weniger sein. Zudem trennen sich die Sportler nicht gerne von ihrem besten »Stück«. Ingrid O'NEIL aus Colorado, die in den Vereinigten Staaten seit Jahren Auktionen von Olympic Memorabilia durchführt, war so freundlich, uns eine Reihe von Gold-, Silber- und Bronzemedaillen von Sommer- und Winterspielen zur Verfügung zu stellen. Eine Siegermedaille der ersten Olympischen Spiele 1896 in Athen gab uns das Deutsche Sport- und Olympia-Museum in Köln. 40 Erinnerungsmedaillen – eine fast komplette Sammlung – erhielten wir von Volker KLUGE. Der Berliner Sportjournalist begleitete auch noch in vielen weiteren Bereichen hilfreich unsere Arbeit. Medaillen aus dem Umfeld Olympischer Spiele konnten das Carl- und Liselott Diem-Archiv bzw. ich selbst beisteuern.

Eine fünfte Vitrine ist Olympiasiegern und -teilnehmern aus dem Rhein-Sieg-Kreis bzw. dem Kölner Raum gewidmet. Sie liehen uns ihre Medaillen, Diplome und andere Memorabilia: Heide ECKER-ROSENDAHL aus Leverkusen, Ute WESSEL aus Sankt Augustin, Helmut BANTZ aus Köln, Hans EICH aus Siegburg und Peter Frenkel aus Bad Honnef. In einer weiteren Vitrine sind die Fackeln ausgestellt. Sie gehören dem Deutschen Sport- und Olympia-Museum bzw. dem Diem-Archiv.

Die Aufgabe, den Katalog zur Ausstellung zu verfassen, fiel mir zu. In Andreas Höfer und Walter Borgers fand ich sachkundige Helfer. Die Kapitel, die sich jeweils mit einzelnen Olympischen Spielen befassen, sind wie folgt aufgebaut: Der einleitende zusammenfassende Überblick stammt von Andreas Höfer. Die dann folgende Datentabelle wurde von mir in Anlehnung an die Broschüre *Deutsche Olympiade Kalender*[6] zusammengestellt. Für die Zeit nach dem Zweiten Weltkrieg konnte ich mich auf die *Chroniken* von Volker Kluge[7] und die *Offiziellen Berichte* der Olympischen Spiele beziehen. Im Hauptteil dieser Kapitel werden die Siegerehrung, die Siegermedaille, das Siegerdiplom, die Erinnerungsmedaille, das Erinnerungsdiplom und weitere Ehrungen an Sieger und Teilnehmer beschrieben. Dabei wurde auch versucht, Informationen über die Biographie und das Lebenswerk der Künstler, die die Medaillen und Diplome entworfen haben, zu finden. Bei den Spielen ab 1936 folgt ein Exkurs zur Fackelstaffel, den Walter Borgers verfaßte. Bei einigen Kapiteln konnten wir uns fachlicher Hilfe anvertrauen: Heribert AIGNER, Althistoriker aus Graz, beschrieb die Geschichte der Medaille von den Römern bis ins 19. Jahrhundert, Walter Borgers übernahm einen solchen Rückblick für das Diplom. Dazu verfaßte er das Kapitel über die Einführung des Fackellaufs. Der Kölner Sporthistoriker Wolfgang DECKER untersuchte die Siegerehrungen bei den antiken Olympischen Spielen. Volker Kluge, der sich vor einigen Jahren mit den Auszeichnungen bei den ersten Spielen 1896 in Athen befaßt hatte, überarbeitete und erweiterte diesen Aufsatz.[8] Kürzlich konnte Robert BARNEY, Sporthistoriker aus London (Ontario), nachweisen, warum bei den Spielen 1932 in Lake Placid und Los Angeles das Siegerpodium eingeführt wurde.[9] Er war bereit, seinen Aufsatz von Michael WINTER, Mitarbeiter des Diem-Archivs, übersetzen zu lassen.

Um Informationen über Medaillen und Diplome einzelner Spiele zu erhalten, wurden Kollegen in aller Welt um Hilfe und Mitarbeit gebeten. Einige machten sich unser Thema zu eigen, forschten selbst, gingen in die Bibliotheken und Archive, befragten Athleten und Funktionäre, ergänzten und korrigierten unsere Entwürfe. Als kleinen Dank haben wir diese Kapitel mit *»unter Mitarbeit von ...«* überschrieben. Es sind Joachim K. RÜHL (»Olympische Spiele« vor 1896), Wolf LYBERG aus Schweden (Stockholm 1912), Leopold SPIESSENS aus Belgien (Antwerpen

6 BORGERS, Walter / LENNARTZ, Karl / QUANZ, Dietrich R. / TEUTENBERG, Walter, *Deutsche Olympiade Kalender*, Bd. 1, Kassel 1996.

7 KLUGE, Volker, *Olympische Sommerspiele. Die Chronik*, 2 Bde., Berlin 1997,1998. Ders., *Olympische Winterspiele. Die Chronik*, 3. Aufl. Berlin 1999.

8 KLUGE, Volker, »Aus Kostengründen war das Gold von den Spielen verbannt«, in: LENNARTZ, Karl (Hg.), *Erläuterungen zum Neudruck des Offiziellen Berichtes*, Kassel 1996, S. 69-70.

9 BARNEY, Robert, »The Great Transformation. Olympic Victory Ceremonies and the Medal Podium«, in: *Olympika* 7(1998), S. 89-112. Vgl. den Vortrag von BARNEY »A Research Note on the Origins of the Olympic Victory Podium«, in: BARNEY, Robert u. a., *Fourth International Symposium für Olympic Research*, London, Ontario, 1998, S. 219-225.

1920), Anthony BIJKERK aus den Niederlanden (Amsterdam 1928) und Ingmar BJÖRKMAN aus Finnland (Helsinki 1952).
Besondere Unterstützung wurde uns durch das Olympische Museum in Lausanne zuteil. Françoise ZWEIFEL, Secrétaire Générale des *IOC*, sei besonders gedankt. Ich hatte die Gelegenheit, dreimal jeweils drei bis vier Tage dort arbeiten zu können, und habe versucht, so viel Informationen wie möglich in der Bibliothek, dem Archiv, der Dokumentationsstelle und der Fotothek zu bekommen. Die Mitarbeiter wurden nicht müde zu helfen, waren bereit, auch länger im Museum zu bleiben, damit ich meine Zeit optimal nutzen konnte. Ihnen allen sei herzlichst gedankt. Stellvertretend möchte ich Catherine CHAPUIS aus der Fotothek nennen. Mindestens 50 seltene Abbildungen von Ehrungen und Diplomen im Katalog sind ihr »zuzuschreiben«.
Diese besondere Erwähnung soll aber auf keinen Fall die Unterstützung der vielen anderen schmälern. Es würde den Rahmen einer Einleitung sprengen, wenn ich alle ihre Hilfen im Einzelnen beschreiben würde. So kann ich mich nur insgesamt bedanken und sie alphabetisch geordnet nennen. Sollte ich jemand vergessen haben, war dies unbeabsichtigt, und ich entschuldige mich im voraus dafür.

Zu großem Dank verpflichtet bin ich den Mitarbeitern des Instituts für Sportgeschichte, der Zentralbibliothek und des Diem-Archivs der Deutschen Sporthochschule Köln, Anne DÖRR, die sich um die Register kümmerte, Gabriele KLUGE von der creAtiv Werbeagentur GmbH und Carola GERDSMEYER, beide aus Berlin, die das Layout erarbeiteten, und dem Sportverlag Berlin.
Nicht verschweigen will ich manche Enttäuschung, wenn *NOK* oder Stadtarchive, in denen sich die Unterlagen über einzelne Olympische Spiele befinden, es nicht einmal für nötig hielten, auf eine Anfrage zu antworten, oder wenn Kollegen ein Foto mehrmals versprachen, es aber doch nicht schickten.
Ein Problem bereitete uns die knapp bemes-

ALLISON, Gary, First Century Project, Los Angeles, USA
ALSVIK, Båed, Oslo kommune Byarkivet, Oslo, Norwegen
ANTHONY, Don, Eastern Mediterranean University, Mersin, Cyprus
ANTONIC, Selena, Toronto, Canada
BACHMANN, Oliver, Sportwissenschaftliches Institut der Universität Innsbruck, Österreich
BARKER, Philip, Hillingdon, England
BONINI, Gherardo, Florenz, Italien
BOOTH, Ashley, Design Section Lillehammer OL '94, Lillehammer, Norwegen
BUBLE, Achim, NOK für Deutschland, Frankfurt
BUCHANAN, Ian, Burgh Next Aylsham, England
CARLSEN, Armand, Norwegian Olympic Committee, Rud, Norwegen
CEREZUELA, Berte, Centre d'Estudis Olßmpics i de l'Esport, Barcelona, Spanien
CORBERÓ, Xavier, Barcelona, Spanien
COSANDEY, Roland, Vevey, Suisse
COUFAL-HARTL, Martha, Wien, Österreich
CRISP, J. W. M., The Hurlingham Polo Association, Oxford, England
DOLIANITIS, Georgios, Athen, Griechenland
DREYFUS, John, London, England
EICHENBERGER, Lutz, Bottmingen, Schweiz
FALLENIUS, Christina, Nobelstiftelsen, Stockholm, Schweden
FRITSCHE, Peter, Firma H. Tschudy & CO. AG, St. Gallen, Schweiz
GANZ, Peter, Gewerbeschule St. Gallen, St. Gallen, Schweiz
GARCIA, Karina, Mexico-City, Mexico
GIBERT, Marianne, Maison des Jeux Olympiques d'Hiver, Savoie, Albertville, Frankreich
GOMANN, Lars, Fylkesarkivet i Oppland, Lillehammer, Norwegen
GREENSFELDER, James D., Cincinnati, Ohio, USA
HAFNER, Anton, Österreichische Präsidentschaftskanzlei, Wien, Österreich
HANEVOLD, Ingjerd, Asgaard, Norwegen
HANNUS, Matti, Oulu, Finnland
HATZL, Thomas, Sportwissenschaftliches Institut der Universität, Innsbruck, Österreich
HOLDBREKKEN, Tormod, Fylkesarkivet i Oppland, Lillehammer, Norwegen
HORN, Nico van, Amsterdam, Niederlande
HUBER, Corina, Bibliothek St. Moritz, St. Moritz, Schweiz
HUURMAN, R. A., Laren, Amsterdam, Niederlande
IDORN, John, Küst, Dänemark
JOBLING, Ian, University of Queensland, Brisbane, Autralien
KAMIYA, Mako, Nippon Design Center, Tokyo, Japan
KANG, Shin-Pyo, Inje University, Kimhae, Korea
KITAZAWA, Eishi, Ginza Graphic Gallery, Tokyo, Japan
KIVROGLOU, Anastasios, Deutsche Sporthochschule, Köln
KLAGES Frau, Rheinisches Landesmuseum, Bonn
KLEPPAN, Morten, Norwegen
KNOST, Peter, Deutscher Alpenverein Sektion Berlin, Berlin
KÖSSL, Jirí, Karls-Universität Prag, Tschechien
KUDO, Chika, JAGDA Secretariat, Tokyo, Japan
KUHN, Heike, Institut für Sportgeschichte der Deutschen Sporthochschule, Köln
LALLY, Jim, Saratoga, California, USA
MALLON, Bill, Durham, USA
MARTIN, François, Genf, Suisse
MAUDER, Familie, Zwiesel
MAUER, Thomas, sid, Neuß
MAYER, Bernhard H., Pforzheim

MAYOT, Renée, Paris, Frankreich
MERZ, Frau, Zweites Deutsches Fernsehen, Mainz
MESTRONE, Mark C., San Diego, California, USA
MÉSZÁROS, Michael, Sunshine, Australien
MIDDLETON, Rebecca, British Olympic Association, London, England
MILLY, Günter, Verlag Österreich, Wien, Österreich
MORAGAS i SPA, Miquel de, Centre d'Estudis Olßmpics i de l'Esport, Barcelona
MORANDELL, Stefan, Tiroler Landesmuseum Ferdinandeum, Innsbruck, Österreich
MORI, Rossi, Comitato Olßmpico Nazionale Italiano, Rom, Italien
MOULEYRE, N., Monnaie de Paris, Paris, Frankreich
MÜHLBERGER, Maria, München
MÜLLER, Norbert, Universität Mainz, Mainz
NEUENSCHWANDER, Heidi, Stadtarchiv Lenzburg, Lenzburg, Schweiz
OTTO, Kristin, Wiesbaden
PAHUD, Pascale, Musée de l'Elysée, Lausanne, Schweiz
PALLIÈRE, Johannès, Aix-les-Bains, Frankreich
PINCHES, John, Wiltshire, England
PITTET, Sylviane, Musée Historique de Lausanne, Lausanne, Schweiz
PREAUD, Tamara, Manufacture Nationale de Sèvres, Sèvres, Frankreich
PREUß, Holger, Universität Mainz, Mainz
PRIETO, Francisco, Fabrica Nacional de Moneda y Timbre, Madrid, Spanien
QUENTIN, Bruno, Paris, Frankreich
QUIJANO, Marcela, Archiv der Hochschule für Gestaltung, Ulm
RAMÍREZ VÁZQUEZ, Pedro, Mexico-City, Mexico
RIBATTI, Tina, Deutsche Sporthochschule, Köln
RINKER, Dagmar, Archiv der Hochschule für Gestaltung, Ulm
ROHR, Gerlinde, Sportmuseum Leipzig, Leipzig
RØSJØ, Ellen, Oslo kommune Byarkivet, Oslo, Norwegen
SANDHÖFNER, Andreas, Zweites Deutsches Fernsehen, Mainz
SARTO, Annette, Design Section Lillehammer OL '94, Lillehammer, Norwegen
SCHANTZ, Otto, Universität Straßburg, Straßburg, Frankreich
SCHMUTZ, K., Stadtarchiv St. Gallen, St. Gallen, Schweiz
SIUKONEN, Markku, Kinkomaa, Finnland
STEINS, Gerd, Sportmuseum Berlin, Berlin
SWANN, K., Victoria and Albert Museum, London, England
SZABO, Lajos, Hungarian Sports Museum, Budapest, Ungarn
TAYLOR, Miranda, Punch Library & Archive, London, England
THINGSRUD, Leif, Oslo kommune Byarkivet, Oslo, Norwegen
TRIAS FOLCH, Josep M., Barcelona, Spanien
VINCENT-DOLOR, Catherine, Lalique, Paris, Frankreich
WÆRDAHL, Astrid Narvestad, Design Section Lillehammer OL '94, Lillehammer, Norwegen
WECK, Jörg, Deutsches Sport- und Olympia-Museum, Köln
WEINMAYR, Stefanje, Skulpturenmuseum im Hofberg, Landshut
WELZ, Edith und Ferdinand, Wien, Österreich
WENDL, Karel, Prag, Tschechien
WIEGMANN, Karlheinz, Deutsches Sport- und Olympia-Museum, Köln
WILSON, Wayne, Athletic Foundation, Los Angeles, USA
WÖRNDLE, Rathaus, Markt Garmisch-Partenkirchen
ZANCHI, Pierre-André, Huguenin Médailleurs S. A., Le Locle, Schweiz
ZEČEVIĆ, Ljubiša, London (Ontario), Kanada
ZELGER, Arthur, Innsbruck, Österreich
Zwiesel, Stadt.

sene Zeit, die zur Recherche verfügbar war. Wir begannen unsere Arbeit im Herbst des Jahres 1998. Zum ersten Mal gezeigt wird die Ausstellung im Sommer 2000 als Einstimmung auf die Olympischen Spiele im Frühherbst dieses Jahres in Sydney. Zur Erstellung der Ausstellungstafeln und zur Abfassung des Manuskriptes des Katalogs blieben uns nur 18 Monate. Wir hatten nicht damit gerechnet, so viele Informationen zu bekommen und immer wieder auf neue offene Fragen zu stoßen. Die Veröffentlichung eines Buches kann verschoben werden, ein festgelegter Eröffnungstermin nicht mehr. Wir waren gezwungen, im März 2000 die Arbeit abzuschließen und in einigen Bereichen noch »Lücken« zu lassen. Erstaunlicherweise traten die meisten Probleme bei der Untersuchung des Zeitraums der letzten zwanzig Jahre auf. Je mehr Designerteams das Erscheinungsbild Olympischer Spiele bestimmen, desto schwieriger wurde es für uns, Informationen, z.B. über die Künstler, zu erhalten, die für die Gestaltung von Medaillen und Diplomen verantwortlich waren. Wir hatten aber auch den Eindruck, daß bei den Diplomen von Mal zu Mal der besondere künstlerische Wert wieder etwas mehr verlorenging. Es waren keine eigenständigen Kunstwerke mehr, sondern sie wurden ins Gesamtdesign eingeordnet. Dennoch hoffen wir, mit Ausstellung und Katalog in der Geschichte der Olympischen Bewegung wieder eine kleine Lücke schließen zu können.

Siegburg, den 19. März 2000

Karl Lennartz

ΔΙΕΘΝΕΙΣ ΟΛΥΜΠΙΑΚΟΙ ΑΓΩΝΕΣ.
ΑΠΟΝΕΜΕΤΑΙ ΤΟ ΔΙΠΛΩΜΑ ΤΟΥΤΟ ΤΩ.
ΝΙΚΗΣΑΝΤΙ ΕΝ ΤΩ. ΑΓΩΝΙΣΜΑΤΙ
Ο ΠΡΟΕΔΡΟΣ.
Ο ΓΕΝ. ΓΡΑΜΜΑΤΕΥΣ.
Ἐντολῇ τῆς Α. Β. Ὑψηλότητος
τοῦ Διαδόχου
τῇ ἐν Ἀθήναις Λέσχῃ "Φιλαδελφεία"
εἰς ἀνάμνησιν
ὁ Γενικὸς Γραμματεὺς
τῶν Ὀλυμπιακῶν Ἀγώνων
Τιμολέων Ι. Φιλήμων
Ἀθῆναι Νβριος 1896

POUR LA PATRIE!

CONCOURS INTERNATIONAL DE TIR

(7e CONCOURS NATIONAL)

ORGANISÉ AU CAMP DE SATORY (PARIS-VERSAILLES) EN 1900

Sous la Présidence d'honneur de M. ÉMILE LOUBET, *Président de la République*

PAR

L'UNION

DES

SOCIÉTÉS DE TIR DE FRANCE

Levallois-Perret. — Imp. Crété de l'Arbre. — Mod. 103.

M Talot,

à Chatou

a obtenu le 1er Prix à la Cible populaire sur silhouette, du Concours de l'Exposition Universelle de 1900.

POUR LE COMITÉ DU CONCOURS :

Le Président de l'Union des Sociétés de Tir de France, Vice-Président d'honneur du Concours,

Le Président du Concours,

F. Lermusiaux

Le Directeur du Concours,

L'Administrateur général,

Le Secrétaire général,

TO H. A. Wilson
WINNER OF FIRST PRIZE
FOR 3 Mile Team Race
AT·THE·OLYMPIC·GAMES·LONDON·1908·
Desborough
PRESIDENT OF THE
BRITISH OLYMPIC COUNCIL·

V. OLYMPIADEN.
OLYMPISKA SPELEN i STOCKHOLM 1912
2:dra PRIS
i
Femkamp
till
J. J. Donahue. U. S. A.

VIIe OLYMPIADE
ANVERS 1920
1^r PRIX
Football Rugby
C. E. Righter
Etats-Unis
Le Secrétaire Général
Le Président

SPORTS D'HIVER
DONNÉS A L'OCCASION DES JEUX DE LA
VIII ème OLYMPIADE
SOUS LE PATRONAGE DU COMITÉ INTERNATIONAL OLYMPIQUE
CHAMONIX - MONT BLANC 1924
Décerné à M
Le Président du Comité International Olympique
Le Président du Comité Olympique Français
INV. PLUMEREAU
IMP. DEBAR, REIMS, PARIS

VIIIE OLYMPIADE
PARIS
M CM XXIV
DIPLOME
DÉCERNÉ A M J. J. Wadmore
Manager adjoint de l'Equipe d'Athlétisme de Gde Bretagne
Le Président du Comité Olympique Français
Le Président du Comité International Olympique
Cte Clary
Pierre de Coubertin

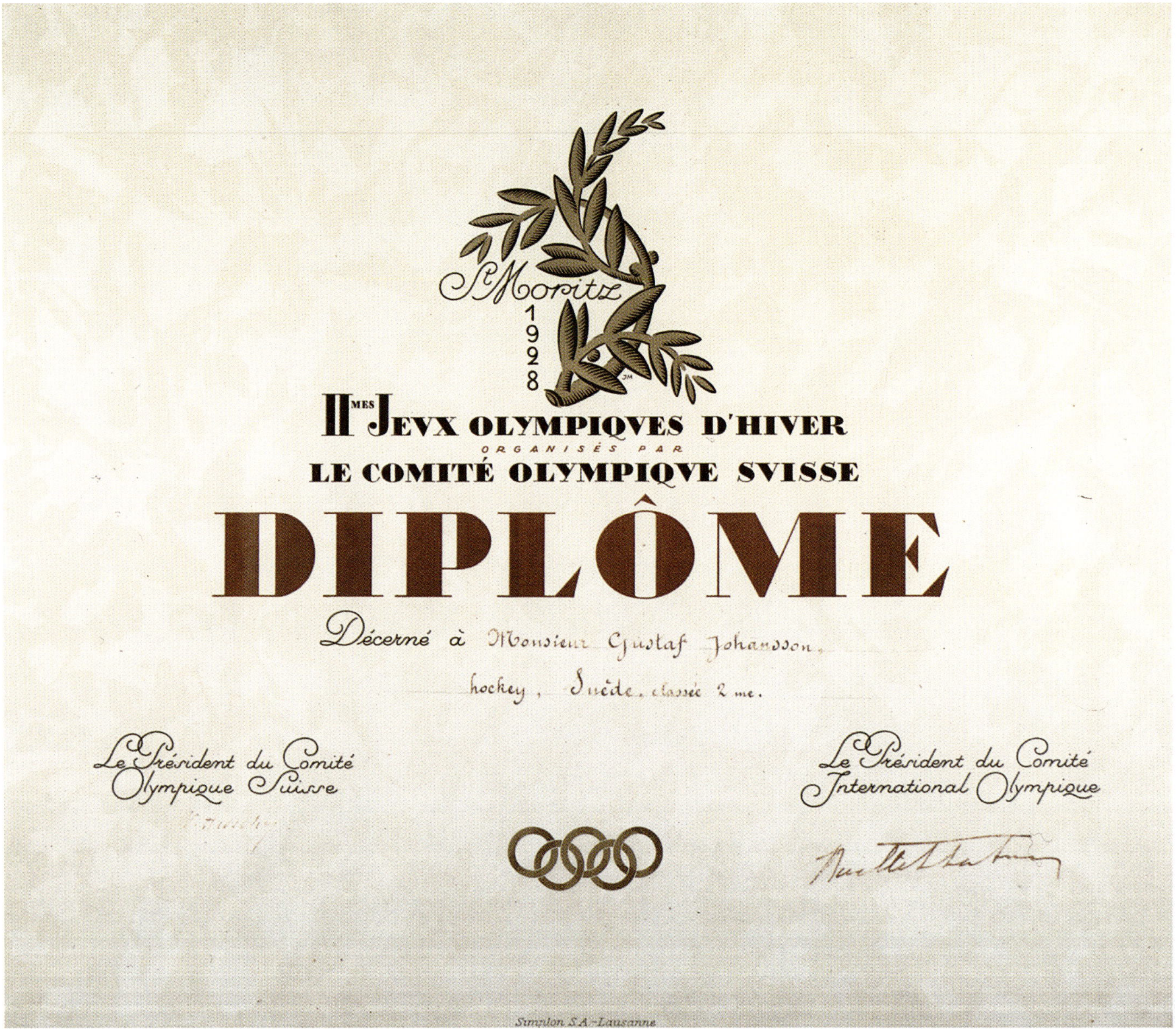
St Moritz
1928
IImes JEVX OLYMPIQVES D'HIVER
ORGANISÉS PAR
LE COMITÉ OLYMPIQVE SVISSE
DIPLÔME
Décerné à Monsieur Gustaf Johansson.
hockey, Suède. classée 2 me.
Le Président du Comité Olympique Suisse
Le Président du Comité International Olympique
Simplon S.A.-Lausanne

DIPLOMA
IXe OLYMPIADE
AMSTERDAM
1928
1e PRIJS
E.MACK ZWITSERLAND
VOOR
GYMNASTIEK (SPRONGEN)
DE PRESIDENT VAN HET
DE PRESIDENT VAN HET
INTERNATIONAAL OLYMPISCH COMITÉ

III OLYMPIC WINTER GAMES

LAKE PLACID 1932

DIPLOMA

awarded to

III OLYMPIC WINTER GAMES LAKE PLACID 1932

President
III Olympic Winter Games Committee

Godfrey Dewey

President
International Olympic Committee

AMERICAN BANK NOTE CO. LITHO.

1936
GARMISCH-PARTENKIRCHEN
IV. OLYMPISCHE
WINTERSPIELE
GARMISCH-PARTENKIRCHEN
6.-16. FEBRUAR 1936
DRITTER
IM 4x10 Km STAFFELLAUF
SCHWEDEN
BERGER/LARSSON/HÄGGBLAD/MATSBO
BRONZENE PLAKETTE
DAS ORGANISATIONSKOMITEE
FÜR DIE IV. OLYMPISCHEN
WINTERSPIELE 1936 E.V.
DAS INTERNATIONALE
OLYMPISCHE KOMITEE

ZUR EHRE DES VATERLANDES ZUM RUHME DES SPORTS
XI. OLYMPIADE BERLIN 1936
EHRENURKUNDE
GISELA MAUERMAYER, DEUTSCHLAND
SIEGERIN
DISKUSWERFEN
FÜR DIE XI. OLYMPIADE BERLIN 1936
PRÄSIDENT
PRÄSIDENT

VES JEUX OLYMPIQUES D'HIVER
SAINT-MORITZ 1948

DIPLÔME

Jean Weymann,
Secrétaire général honoraire du
Comité d'Organisation.

LE PRÉSIDENT DU COMITÉ
OLYMPIQUE SUISSE ET DU
COMITÉ D'ORGANISATION
DES VES JEUX D'HIVER:

LE PRÉSIDENT DU
COMITÉ INTERNATIONAL
OLYMPIQUE:

Imprimerie H. Tschudy & Cie. St-Gall   Dessins Rémi Nüesch, St-Gall

OLYMPIC GAMES LONDON
DIPLOMA
B. Srncova
CZECHOSLOVAKIA
Gymnastics: 1st Team-women
PRESIDENT, INTERNATIONAL OLYMPIC COMMITTEE
PRESIDENT OF THE GAMES
CHAIRMAN, ORGANISING COMMITTEE
1948

ALTIUS
FORTIUS
CITIUS
DE VI. OLYMPISKE VINTERLEKER
OSLO 1952
DIPLOM
LORENZ NIEBERL
GULLMEDALJE
BOBSLEIGH 4-MANNS
J. S. EDSTRÖM
President
O. DITLEV-SIMONSEN JR.
President

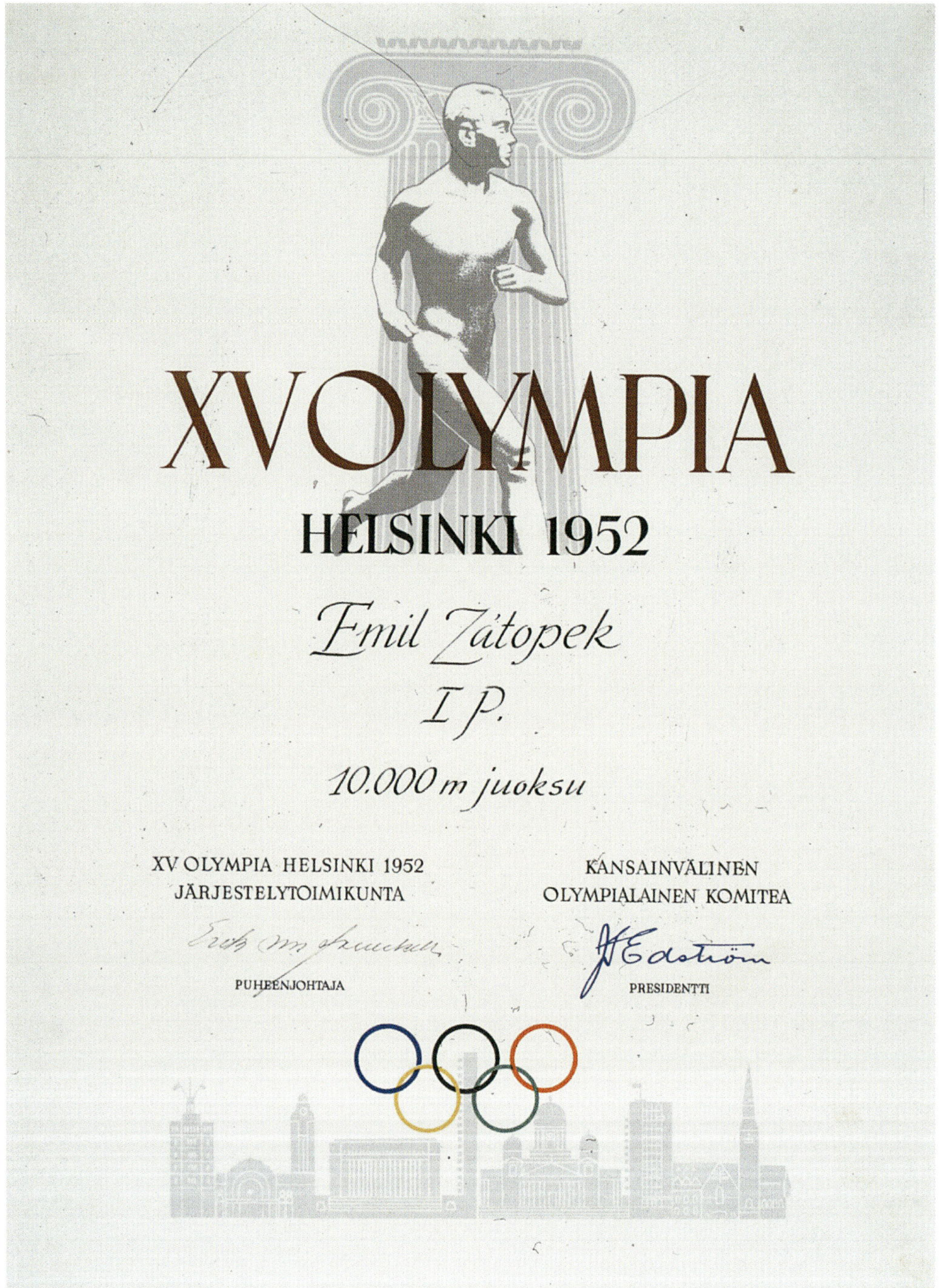
XV OLYMPIA

HELSINKI 1952

Emil Zátopek

I P.

10.000 m juoksu

XV OLYMPIA HELSINKI 1952
JÄRJESTELYTOIMIKUNTA

PUHEENJOHTAJA

KANSAINVÄLINEN
OLYMPIALAINEN KOMITEA

PRESIDENTTI

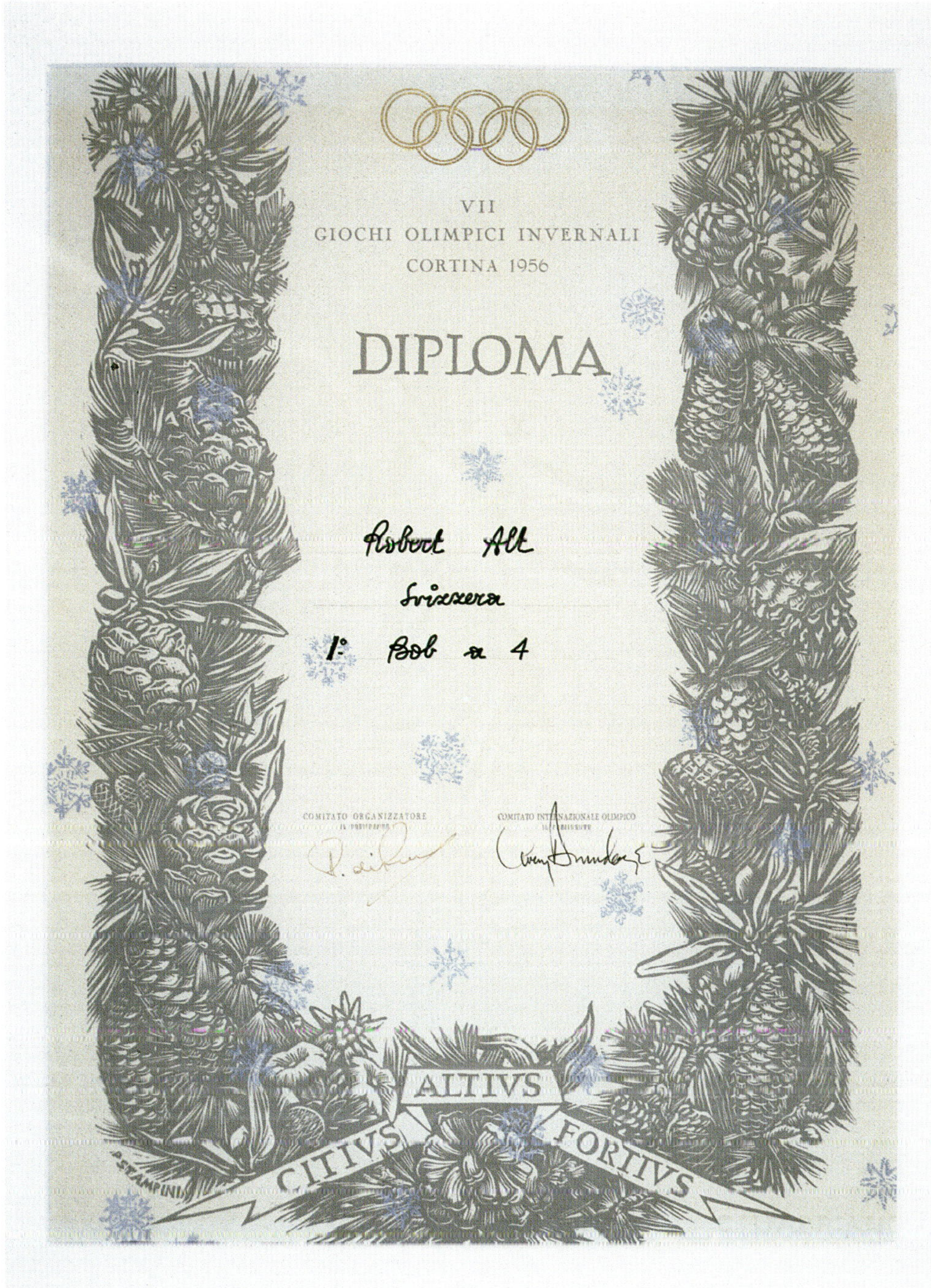
VII
GIOCHI OLIMPICI INVERNALI
CORTINA 1956
DIPLOMA
Robert Alt
Svizzera
1° Bob a 4
COMITATO ORGANIZZATORE
COMITATO INTERNAZIONALE OLIMPICO
ALTIVS
CITIVS
FORTIVS

XVI OLYMPIADENS RYTTARTÄVLINGAR

JEUX EQUESTRES DE LA XVIE OLYMPIADE

EQUESTRIAN GAMES OF THE XVITH OLYMPIAD

FÄLTTÄVLAN LAG

SILVERMEDALJ

KLAUS WAGNER

PRESIDENT I INTERNATIONELLA OLYMPISKA KOMMITTÉN

PRESIDENT I ORGANISATIONS-KOMMITTÉN

STOCKHOLM 1956

CITIUS — ALTIUS — FORTIUS

DIPLOMA

OLYMPIC GAMES MELBOURNE 1956

S. THOFELT

JUDGE - MODERN PENTATHLON

VIRES ACQUIRIT EUNDO

INTERNATIONAL OLYMPIC COMMITTEE

PRESIDENT

ORGANISING COMMITTEE

PRESIDENT

CHAIRMAN

VIII OLYMPIC WINTER GAMES
CITIUS ALTIUS FORTIUS
VIII
Olympic Winter Games
Squaw Valley, California 1960
Diploma
Ernst Hinterseer
Men's Giant Slalom
Third
COMITÉ INTERNATIONAL OLYMPIQUE
President
ORGANIZING COMMITTEE
President

GIOCHI DELLA XVII OLIMPIADE
DIPLOMA
HANS GRODOTZKI
COMITATO OLIMPICO GERMANICO
MEDAGLIA D'ARGENTO
10'000 M. PIANI
MCMLX
ROMA
COMITATO OLIMPICO INTERNAZIONALE
IL PRESIDENTE
COMITATO ORGANIZZATORE
IL PRESIDENTE

DIPLOM
IX. OLYMPISCHE
WINTERSPIELE
INNSBRUCK 1964
LIDIA SKOBLIKOVA
UDSSR
1. PLATZ 500 m EISSCHNELLAUF DAMEN
DER PRÄSIDENT DES INTERNATIONALEN OLYMPISCHEN KOMITEES
(M. AVERY BRUNDAGE)
DER PRÄSIDENT DES ORGANISATIONSKOMITEES
(BUNDESMINISTER DR. HEINRICH DRIMMEL)
DER GENERALSEKRETÄR DES ORGANISATIONSKOMITEES
INNSBRUCK 1964

INNSBRUCK 1964

DIPLOM

IX. OLYMPISCHE WINTERSPIELE INNSBRUCK 1964

Dr. HEINZ SCHÖBEL

DEUTSCHLAND

PRÄSIDENT DES N. O. K.

DER GENERALSEKRETÄR DES ORGANISATIONSKOMITEES

(PROF. FRIEDL WOLFGANG)

DER PRASIDENT DES ORGANISATIONSKOMITEES

(BUNDESMINISTER DR. HEINRICH DRIMMEL)

TOKYO 1964
第十八回オリンピック競技大会
LES JEUX DE LA XVIII OLYMPIADE
THE GAMES OF THE XVIII OLYMPIAD
賞状
DIPLOME DIPLOMA
SHAKHLIN, BORIS
U. S. S. R.
2ND
GYMNASTICS — MEN-INDIVIDUAL
COMITE ORGANISATEUR DES JEUX DE LA XVIII OLYMPIADE, TOKYO
ORGANIZING COMMITTEE FOR THE GAMES OF THE XVIII OLYMPIAD TOKYO
安川第五郎
DAIGORO YASUKAWA
PRESIDENT
COMITE INTERNATIONAL OLYMPIQUE
INTERNATIONAL OLYMPIC COMMITTEE
PRESIDENT

GRENOBLE 1968

X^{ES} JEUX OLYMPIQUES D'HIVER

DIPLOME

Ard Schenk

LE PRÉSIDENT DU COMITÉ INTERNATIONAL OLYMPIQUE

LE PRÉSIDENT DU COMITÉ D'ORGANISATION

LE DIRECTEUR GÉNÉRAL DU COMITÉ D'ORGANISATION

EL COMITE
ORGANIZADOR
DE LOS JUEGOS DE LA
XIX OLIMPIADA

OTORGA

DIPLOMA

A VERA CASLAVSKA

DE CHECOSLOVAQUIA

POR HABER OBTENIDO EL 1 er. LUGAR

EN LA COMPETENCIA DE GIMNASIA, SALTO DE CABALLO TRANS.

MEXICO, D. F., OCTUBRE 1968

COMITE OLIMPICO INTERNACIONAL
AVERY BRUNDAGE
PRESIDENTE

COMITE ORGANIZADOR DE LOS
JUEGOS DE LA XIX OLIMPIADA
PEDRO RAMIREZ VAZQUEZ
PRESIDENTE

MEXICO 68

SAPPORO'72

札幌オリンピック冬季大会

LES XI JEUX OLYMPIQUES D'HIVER
THE XI OLYMPIC WINTER GAMES

賞状
DIPLOME DIPLOMA

LUGE Men's Double

THIRD

Klaus Bonsack *GDR*

COMITE D'ORGANISATION DES XI JEUX OLYMPIQUES D'HIVER, SAPPORO 1972
ORGANIZING COMMITTEE FOR THE XI OLYMPIC WINTER GAMES, SAPPORO 1972

KOGORO UEMURA PRESIDENT

COMITE INTERNATIONAL OLYMPIQUE
INTERNATIONAL OLYMPIC COMMITTEE

PRESIDENT

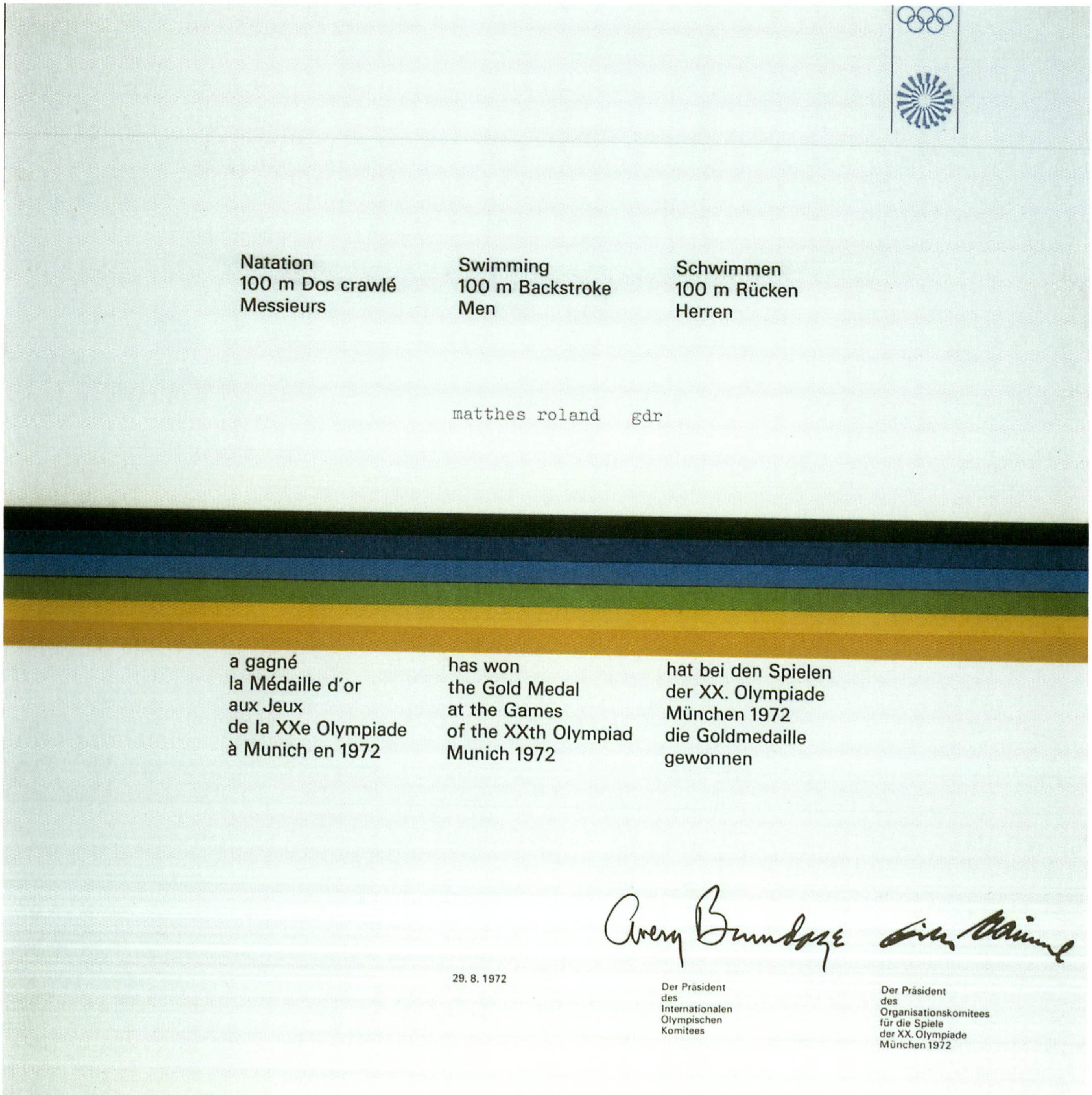

Natation
100 m Dos crawlé
Messieurs

Swimming
100 m Backstroke
Men

Schwimmen
100 m Rücken
Herren

matthes roland gdr

a gagné
la Médaille d'or
aux Jeux
de la XXe Olympiade
à Munich en 1972

has won
the Gold Medal
at the Games
of the XXth Olympiad
Munich 1972

hat bei den Spielen
der XX. Olympiade
München 1972
die Goldmedaille
gewonnen

29. 8. 1972

Der Präsident
des
Internationalen
Olympischen
Komitees

Der Präsident
des
Organisationskomitees
für die Spiele
der XX. Olympiade
München 1972

Urkunde
Olympischer Fackellauf
1972
Gf. Präsident
des Österreichischen
Olympischen Comités
Präsident
des Organisationskomitees
für die Spiele der
XX. Olympiade
München 1972

XII.
Olympische
Winterspiele
Innsbruck 1976
NEHMER MEINHARD
GERMESHAUSEN BERNHARD
1. PLATZ
ZWEIERBOB
Der Präsident d. Internat. Olymp. Komitees
Lord Killanin
Der Generalsekretär d. Organisationskomitees
Dr. Karl Heinz Klee
Der Präsident d. Organisationskomitees
Bundesminister Dr. F. Sinowatz
INNSBRUCK 1976

OLYMPISCHE
WINTERSPIELE
INNSBRUCK
1976

DIPLOM

HANS
RINN
DDR

Der Präsident d. Organisationskomitees

Der Generalsekretär d. Organisationskomitees

Athlétisme
relais 4 x 100 m
femmes

Athletics
Relay 4 x 100 m.
Women

Baerbel Eckert
République
Démocratique
Allemande

a gagné
la médaille d'or
aux Jeux de la
XXIe Olympiade
Montréal 1976

has won
the gold medal
in the Games
of the XXI Olympiad
Montréal 1976

Son Excellence monsieur Roger Rousseau
Président du Comité organisateur
et Commissaire général
des Jeux de la XXIe Olympiade
President of the Organizing Committee
and Commissioner-general
for the Games of the
XXI Olympiad

Lord Killanin
Président du Comité international olympique
President of the International Olympic Committee

Jeux de la
XXIe Olympiade
Montréal
1976

Diplôme

Games of the
XXI Olympiad
Montréal
1976

Diploma

Jean Weyman
Secretaire Generale
Suisse

30.08.1976

Son Excellence monsieur Roger Rousseau
Président du Comité organisateur
et Commissaire général
des Jeux de la XXIe Olympiade
President of the Organizing Committee
and Commissioner-general
for the Games of the
XXI Olympiad

Lord Killanin
Président du Comité international olympique
President of the International Olympic Committee

XIII
OLYMPIC
WINTER GAMES
LAKE PLACID
1980

Bernhard Germeshausen

Four-Man Bobsledding ~ First Place

LORD KILLANIN
PRÉSIDENT, COMITÉ INTERNATIONAL OLYMPIQUE

REV. J. BERNARD FELL
PRESIDENT

ART DEVLIN
VICE-PRESIDENT

ИГРЫ
XXII ОЛИМПИАДЫ
МОСКВА 1980 г.

THE GAMES
OF THE XXII OLYMPIAD
MOSCOW 1980

ДИПЛОМ
DIPLOMA

ГИМНАСТИКА
КОЛЬЦА
МУЖЧИНЫ

GYMNASTICS
RINGS
MEN

ДИТЯТИН АЛЕКСАНДР
СССР

DITYATIN ALEXANDR
URS

МЕСТО 1 PLACE

ПРЕДСЕДАТЕЛЬ ОРГАНИЗАЦИОННОГО КОМИТЕТА
ОЛИМПИЙСКИХ ИГР 1980 г. В МОСКВЕ
PRESIDENT OF THE ORGANISING COMMITTEE
OF THE 1980 OLYMPIC GAMES IN MOSCOW

ПРЕЗИДЕНТ МЕЖДУНАРОДНОГО
ОЛИМПИЙСКОГО КОМИТЕТА
PRESIDENT OF THE INTERNATIONAL
OLYMPIC COMMITTEE

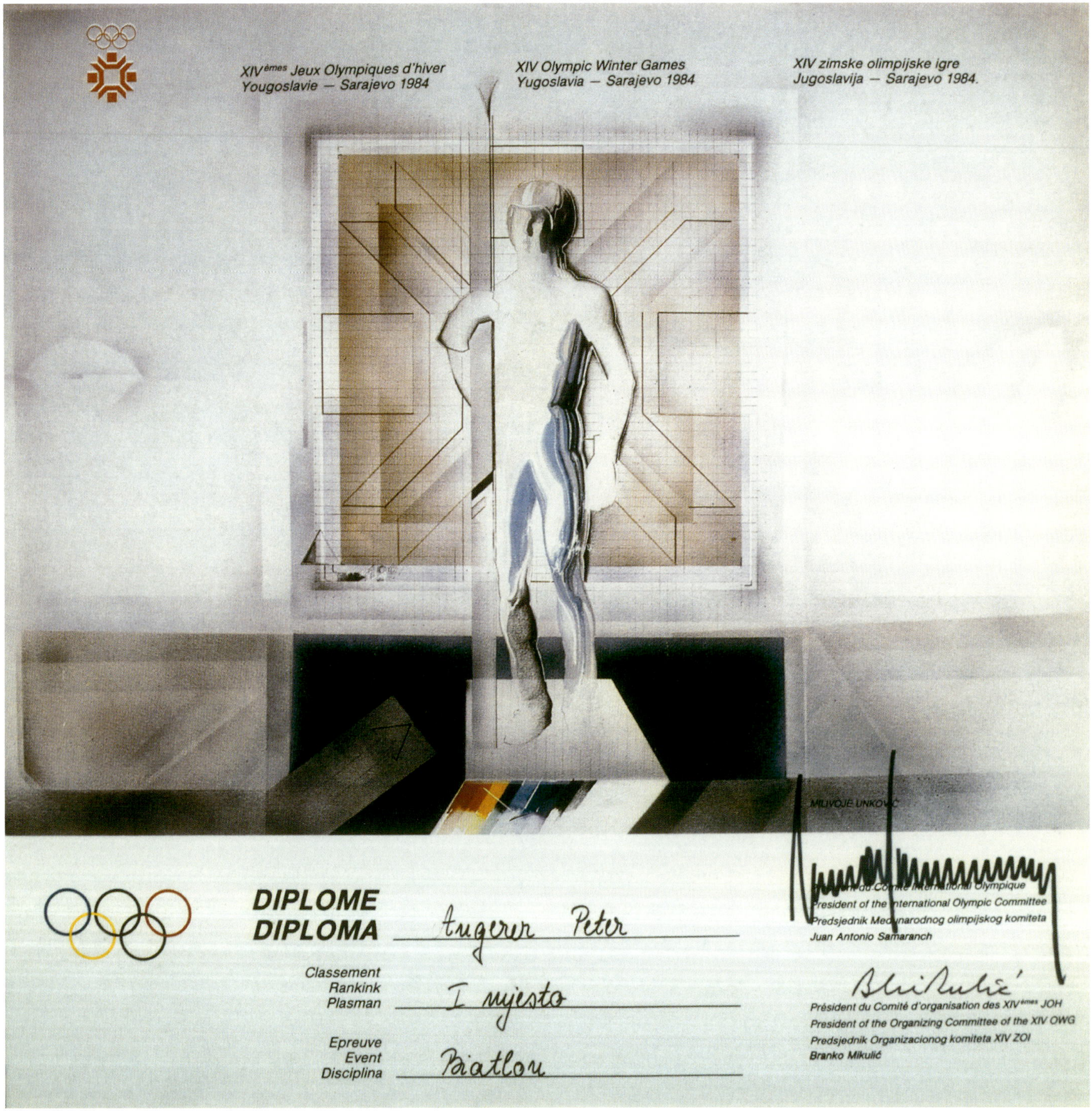

XIVèmes Jeux Olympiques d'hiver
Yougoslavie — Sarajevo 1984

XIV Olympic Winter Games
Yugoslavia — Sarajevo 1984

XIV zimske olimpijske igre
Jugoslavija — Sarajevo 1984.

MILIVOJE UNKOVIĆ

DIPLOME
DIPLOMA Angerer Peter

Classement
Rankink
Plasman I mjesto

Epreuve
Event
Disciplina Biatlon

Président du Comité International Olympique
President of the International Olympic Committee
Predsjednik Međunarodnog olimpijskog komiteta
Juan Antonio Samaranch

Président du Comité d'organisation des XIVèmes JOH
President of the Organizing Committee of the XIV OWG
Predsjednik Organizacionog komiteta XIV ZOI
Branko Mikulić

GERMESHAUSEN BERNHARD GDR

Sarajevo '84

En signe de reconnaissance pour votre aimable coopération et participation aux XIVèmes Jeux Olympiques d'hiver

In recognition of your kind cooperation and participation at the XIV Olympic Winter Games

U znak priznanja za Vašu saradnju i učešće na XIV zimskim olimpijskim igrama

Président du Comité d'organisation des XIVèmes Jeux Olympiques d'hiver Yougoslavie – Sarajevo 1984

President of the Organizing Committee of the XIV Olympic Winter Games Yugoslavia – Sarajevo 1984

Predsjednik Organizacionog komiteta XIV zimskih olimpijskih igara Jugoslavija – Sarajevo 1984.

Branko Mikulić

GAMES OF THE XXIII OLYMPIAD

FOR EXCELLENCE
IN SPORT
LOS ANGELES,
CALIFORNIA, U.S.A.
JULY 28–
AUGUST 12, 1984

Dr. Reiner Klimke

Federal Republik of Germany

First Place

Equestrian/Individual Dressage

JUAN ANTONIO SAMARANCH, PRESIDENT
INTERNATIONAL OLYMPIC COMMITTEE

PAUL ZIFFREN, CHAIRMAN
LOS ANGELES OLYMPIC ORGANIZING COMMITTEE

PETER V. UEBERROTH, PRESIDENT
LOS ANGELES OLYMPIC ORGANIZING COMMITTEE

HARRY L. USHER, EXECUTIVE VICE PRESIDENT
AND GENERAL MANAGER
LOS ANGELES OLYMPIC ORGANIZING COMMITTEE

XV Olympic Winter Games

XVes Jeux Olympiques d'hiver

Karin Kania

For Excellence in Sports

Pour l'excellence de sa performance

Third Place

Troisième place

Speed Skating Ladies 500 m

Patinage de vitesse 500 m Femmes

Calgary, Alberta, Canada
1988

H.E. Dr. Juan Antonio Samaranch
President / Président
International Olympic Committee
Comité International Olympique

Frank W. King
Chairman / Président du Conseil
XV Olympic Winter Games Organizing Committee
Comité d'organisation des XVes Jeux Olympiques d'hiver

William Pratt
President / Président
XV Olympic Winter Games Organizing Committee
Comité d'organisation des XVes Jeux Olympiques d'hiver

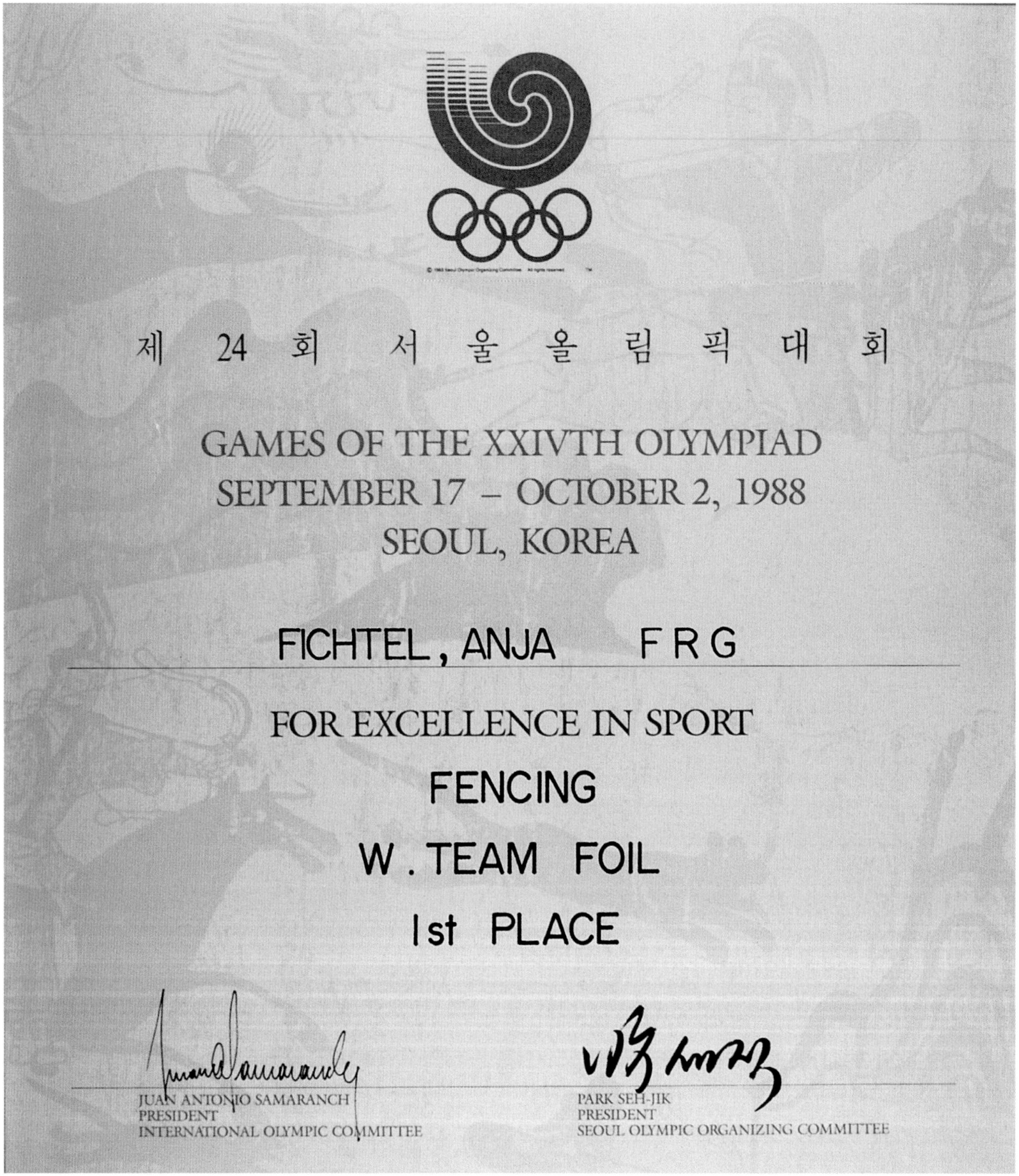

제 24 회 서 울 올 림 픽 대 회

GAMES OF THE XXIVTH OLYMPIAD
SEPTEMBER 17 – OCTOBER 2, 1988
SEOUL, KOREA

FICHTEL, ANJA FRG

FOR EXCELLENCE IN SPORT

FENCING

W. TEAM FOIL

1st PLACE

JUAN ANTONIO SAMARANCH
PRESIDENT
INTERNATIONAL OLYMPIC COMMITTEE

PARK SEH-JIK
PRESIDENT
SEOUL OLYMPIC ORGANIZING COMMITTEE

NOM
NAME Jan Behrendt

DISCIPLINE
EVENT Luge, double

CLASSEMENT
PLACING 1

DATE
DATE 14 Février 1992

JUAN-ANTONIO SAMARANCH
PRESIDENT

MICHEL BARNIER
PRESIDENT

JEAN-CLAUDE KILLY
PRESIDENT

ALBERTVILLE 92

XVIes JEUX OLYMPIQUES D'HIVER D'ALBERTVILLE ET DE LA SAVOIE – 8-23 FEVRIER 1992

XVI OLYMPIC WINTER GAMES OF ALBERTVILLE AND SAVOIE – 8-23 FEBRUARY 1992

Barcelona'92

ELS JOCS DE LA XXVa OLIMPÍADA
BARCELONA 1992
A

LOS JUEGOS DE LA XXV OLIMPÍADA
BARCELONA 1992
A

LES JEUX DE LA XXVe OLYMPIADE
BARCELONE,1992
À

THE GAMES OF THE XXV OLYMPIAD
BARCELONA 1992
TO

Ingo Spelly

PER LA SEVA EXCEL·LENT CLASSIFICACIÓ EN

POR SU EXCELENTE CLASIFICACIÓN EN

POUR SON EXCELLENTE CLASSIFICATION EN

FOR HIS/HER EXCELLENT CLASSIFICATION IN

Canoë-Kayak - Eaux calmes

C-2 500 m

Deuxième et médaille d'argent

JUAN ANTONIO SAMARANCH
PRESIDENT CIO

PASQUAL MARAGALL I MIRA
PRESIDENT COOB'92

De XVII Olympiske
Vinterleker
Lillehammer 1994
Norge

The XVII Olympic
Winter Games
Lillehammer 1994
Norway

Les XVIIes
Jeux Olympiques d'hiver
Lillehammer 1994
Norvège

Jan Behrendt

Tredjeplass / Third place / Troisième place

Aking
Dobbel menn

Luge
Double men

Luge
Double hommes

Lillehammer'94

S. E. M. Juan Antonio Samaranch
President of the IOC / Président du CIO
President IOC

Gerhard Heiberg
President of LOOC / Président de LOOC
President LOOC

Henrik Andenæs
Man. Dir. of LOOC / Dir. gén. de LOOC
Adm. dir. LOOC

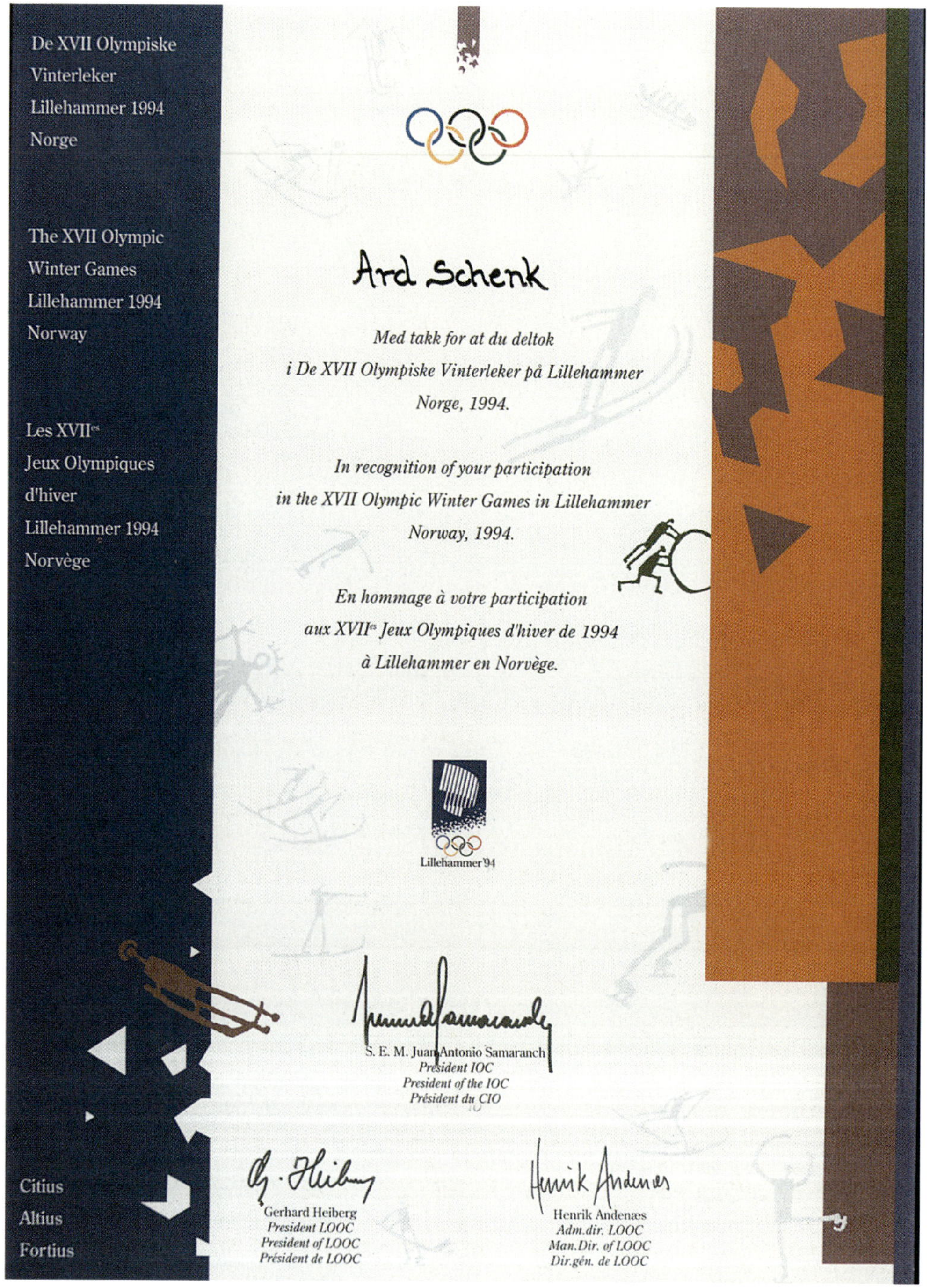

De XVII Olympiske Vinterleker Lillehammer 1994 Norge

The XVII Olympic Winter Games Lillehammer 1994 Norway

Les XVIIes Jeux Olympiques d'hiver Lillehammer 1994 Norvège

Ard Schenk

Med takk for at du deltok i De XVII Olympiske Vinterleker på Lillehammer Norge, 1994.

In recognition of your participation in the XVII Olympic Winter Games in Lillehammer Norway, 1994.

En hommage à votre participation aux XVIIes Jeux Olympiques d'hiver de 1994 à Lillehammer en Norvège.

Lillehammer'94

S. E. M. Juan Antonio Samaranch
President IOC
President of the IOC
Président du CIO

Citius
Altius
Fortius

Gerhard Heiberg
President LOOC
President of LOOC
Président de LOOC

Henrik Andenæs
Adm.dir. LOOC
Man.Dir. of LOOC
Dir.gén. de LOOC

CENTENNIAL OLYMPIC GAMES

FOR OUTSTANDING ACHIEVEMENT
POUR ACCOMPLISSEMENT EXTRAORDINAIRE

Artistic Gymnastics — Men's Individual All-Around
Gymnastique artistique — Messieurs — Concours général individuel

BRONZE MEDALIST
MEDAILLE DE BRONZE

Vitaly Scherbo

Atlanta 1996

JUAN ANTONIO SAMARANCH
President, International Olympic Committee
Président – Comité International Olympique

GAMES OF THE XXVI OLYMPIAD
JEUX DE LA XXVIE OLYMPIADE

WILLIAM PORTER PAYNE
President & CEO
The Atlanta Committee for the Olympic Games
Président–Directeur Général
Le Comité d'Atlanta pour les Jeux Olympiques

第18回
オリンピック冬季競技大会
長野1998

THE XVIII
OLYMPIC WINTER GAMES,
NAGANO 1998

*LES XVIIIes
JEUX OLYMPIQUES D'HIVER,
NAGANO 1998*

DIPLOMA 賞状 DIPLÔME

THOMAS ALSGAARD

クロスカントリースキー 男子４ｘ１０ｋｍリレー
１位 ノルウェー

Cross-Country Skiing Men's Relay 4x10km
Gold Medal NOR

Ski de fond 4x10km relais hommes
Médaille d'or NOR

2.18.1998

Eishiro Saito
会長、長野オリンピック冬季競技大会組織委員会
President, The Organizing Committee
for the XVIII Olympic Winter Games, Nagano 1998
*Président - Le Comité d'Organisation
des XVIIIes Jeux Olympiques d'hiver, Nagano 1998*

Juan Antonio Samaranch
会長、国際オリンピック委員会
President, International Olympic Committee
Président - Comité International Olympique

Makoto Kobayashi
事務総長、長野オリンピック冬季競技大会組織委員会
Director General, The Organizing Committee
for the XVIII Olympic Winter Games, Nagano 1998
*Directeur Général - Le Comité d'Organisation
des XVIIIes Jeux Olympiques d'hiver, Nagano 1998*

DIPLOME OLYMPIQUE
DECERNE

LE COMITÉ INTERNATIONAL OLYMPIQUE

A CONFÉRÉ

L'ORDRE OLYMPIQUE

A

BERT ISATITSCH

Juan-Antonio SAMARANCH
Président

10 FEVRIER 1986

Abbildungen auf den Farbseiten

Antike Olympien

von Wolfgang Decker

»Und der Ruhm leuchtet weithin, der bei den Olympischen Spielen auf der Rennbahn des Pelops gewonnen wird, wo die Schnelle der Füße kämpft und mühewagendes Höchstmaß der Kraft. Wer dort siegt, hat für sein weiteres Leben honigsüße Heiterkeit, soweit Kampfpreise sie gewähren können.«[1]

Ein Sieg in Olympia war für den antiken Athleten die höchste Auszeichnung, die er in seiner Karriere erringen konnte. Entsprechend hoch war der Einsatz, den er zur Erlangung des Sieges zu erbringen entschlossen war. Wir hören gelegentlich von Todesfällen wie demjenigen des Faustkämpfers und Siegers an den Nemeen Agathos DAIMON, mit Spitznamen *»Kamel«* genannt, der vermutlich im Endkampf des Boxens in Olympia sein Leben ausgehaucht hat. Sein Grabstein mit einer vielsagenden Inschrift ist erhalten. Sie gibt das Todesalter des Athleten mit 35 Jahren an und suggeriert, daß er alles auf eine Karte setzte:

»Beim Faustkampf starb er hier im Stadion; er hatte von Zeus Sieg oder Tod erfleht.«[2]

Dasselbe Schicksal hat auch ARRHICHION aus Phigalia erlitten, ein Pankratiast und bereits zweifacher Olympiasieger, der bei den 54. Olympien (564 v. Chr.) den Attacken seines Gegners so lange standhielt, bis dieser ihn erwürgte. Dennoch wurde der Leichnam des Arrhichion bekränzt, weil sein Kontrahent in demselben Moment den Kampf vor Schmerzen aufgab, da Arrhichion ihm einen Zeh gebrochen hatte.[3]

Wenn man von der Zeremonie in Olympia selbst einmal absieht, durch die der siegreiche Athlet am Ort seines Erfolges vor den dort versammelten Griechen ausgezeichnet wurde, ist die Ehrung eines antiken Olympiasiegers ein komplexes Geschehen.

Ihm konnten Siegesoden (Epinikien) gedichtet werden, die im Normalfall in seiner Heimatstadt aufgeführt wurden, nachdem er dorthin zurückgekehrt war, wo man ihn ganz besonders ehrte und der Gottheit gleichzeitig Dank für die Verleihung des Sieges abstattete. Beispiele dieser eigenen Literaturgattung, die sich aus dem griechischen Sport heraus entwickelt hat, sind uns vornehmlich von den klassischen Dichtern SIMONIDES, PINDAR und BAKCHYLIDES erhalten. Mit EURIPIDES setzt die Gattung aus, um in der hellenistischen Zeit mit KALLIMACHOS eine kurze Nachblüte zu erleben.

Ausnahmsweise konnten die Siegeslieder aber auch bereits am Ort des Sieges feierlich gesungen werden, wie es für einige Oden Pindars bezeugt ist. Seine 4. Olympische Ode für PSAUMIS aus Kamarina, Sieger mit dem Maultiergespann, wurde 452 v. Chr. in Olympia aufgeführt; für den Vortrag in der Heimat bekam der Dichter einen weiteren Auftrag, die *5. Olympische Ode*. Bereits 460 v. Chr. ist ALKIMEDON von Aigina, Sieger im Ringkampf der Jugendlichen, mit der *8. Olympischen Ode* Pindars in Olympia selbst geehrt worden. Und noch früher, 476 v. Chr., war dem Faustkampfsieger der Jugendklasse, HAGESIDAMOS aus dem unteritalischen Lokroi, dieselbe Ehre mit Pindars *11. Olympischer Ode* am Wettkampfort widerfahren.

Sichtbarer und lange über die Lebenszeit des Athleten wirkender Teil der Siegerehrung war die Bronzestatue, die der Olympiasieger im Heiligtum des ZEUS aufstellen durfte, um dem Gott für die gewährte Auszeichnung zu danken und seinen und der Vaterstadt Ruhm der Nachwelt zu künden. Im heiligen Hain, der Altis, war so im Laufe der Jahrhunderte ein Wald des Sportlerruhms entstanden, der sich in Gestalt von Hunderten von auf Steinsockeln postierten Bronzestatuen siegreicher Athleten um den Zeustempel herum und am Pelopion entlang in Richtung Heratempel gebildet hatte. PAUSANIAS, der Olympia am Ende des 2. Jahrhunderts n. Chr. besuchte, beschreibt eine Auswahl von ca. 200 Stück, wobei die sehr geringe Präsenz kaiserzeitlicher Kunstwerke auffällt.[4] Die größten Bildhauer der griechischen Antike sind unter den Schöpfern dieser Objekte eines Freilichtmuseums vertreten, das die Entwicklung der Geschichte von acht Jahrhunderten hellenischer Plastik spiegelt. Siegerinschriften, oftmals in der kunstvollen Form des Epigramms verfaßt, sind diesen Statuen beigegeben oder bilden eine eigene Gattung der Siegerehrung, wenn sie allein auftreten.

Literatur:
Außer den in den Anmerkungen zitierten Schriften wurden noch benutzt: BUHMANN, Horst, *Der Sieg in Olympia und in den anderen panhellenischen Spielen*, München 1972. DECKER, Wolfgang, *Sport in der griechischen Antike*, München 1995. EBERT, Joachim, *Epigramme auf Sieger an gymnischen und hippischen Agonen*, Berlin 1972. EBERT, Joachim u. a., Olympia. *Von den Anfängen bis zu Coubertin*, Leipzig 1980, besonders 76-79. GOLDEN, Marc, *Sport and Society in Ancient Greece*, Cambridge 1998. KEPHALIDOU Eurydike, Νικητής. Εικονογραφική μελέτη του αρχαίου ελληνικού αθλητισμού [Der Sieger. Ikonographische Studie zum antiken Sport in Griechenland], Thessaloniki 1996. MORETTI, Luigi, *Olympionikai. I vincitori negli antichi agoni Olimpici*, Rom 1957. SANSONE, David, *Greek Athletics and the Genesis of Sport*, Berkeley u.a. 1988. WEILER, Ingomar, *Der Sport bei den Völkern der Alten Welt*, Darmstadt [2]1988. VISA-ONDARÇUHU, Valérie, *L'image de l'athlète d'Homère à la fin du Ve siècle avant J.-C.*, Paris 1999.

1 PINDAR, *Olympien* I, 93-99.

2 DECKER, *Sport*, S. 89.

3 PAUSANIAS, *Reisen in Griechenland* VIII, 40, 1f.

Zu den gewährten Ehren konnten des weiteren materielle Preise treten. So hatte der athenische Olympiasieger im 6. Jahrhundert v. Chr. nach einer angeblichen Bestimmung der Gesetze SOLONs Anspruch auf 500 Drachmen aus der Staatskasse, die Drachme zu dieser Zeit etwa dem Wert eines Schafes entsprechend.[5] In derselben Stadt erhielten die Sieger der im Rahmen des großen Festes für ATHENA, die Stadtpatronin, ausgetragenen Wettkämpfe bis zu 140 mit Öl gefüllte Amphoren, wobei auch diejenigen abgestufte Ölmengen gewannen, die auf den nächsten Plätzen landeten. Solche panathenäische Preisamphoren wurden an zahlreichen Orten gefunden, wo Griechen im Altertum gesiedelt haben; die Fundorte markieren den weiten Einzugsbereich des angesehenen Sportfestes der Stadt Athen.

Auf feierlichen Einzug in die Heimatstadt (Eiselasis), einen Ehrenplatz im Theater (Proedrie), lebenslange Speisung (Sitesis), Abgabenfreiheit (Ateleia) und lebenslange Rente, die ein Athlet als Siegespreise erringen konnte, wollen wir in diesem Zusammenhang nur hinweisen, da wir uns auf die Ereignisse konzentrieren, die in Olympia in unmittelbarem Kontext mit dem Sieg an Ehrungen stattgefunden haben. Die Nachrichten darüber sind geringer, als man vielleicht erwarten würde; außerdem lassen sie einen relativ großen Erklärungsspielraum zu.

Allem Anschein nach muß man zwei Phasen der Siegerehrung in Olympia unterscheiden. Unmittelbar nach Ende des Wettkampfes wurde der Sieger – und nur er (!) – im Zuschauerrund von einem Herold namentlich ausgerufen, nachdem ein Trompeter die Aufmerksamkeit der Zuschauer erregt und ihnen Schweigen geboten hatte. Seit 396 v. Chr. wurden der beste Herold und der beste Trompeter, die dann bei dieser ersten Ehrung ihres Amtes walteten, durch einen Wettkampf zu Beginn des olympischen Festes festgestellt. Durch die öffentlich vollzogene Siegerehrung verbreitete sich der Ruhm des Siegers rasch in der gesamten griechischen Welt, da Athleten, Zuschauer und Festgesandte aus allen Städten der hellenischen Oikoumene bei dem

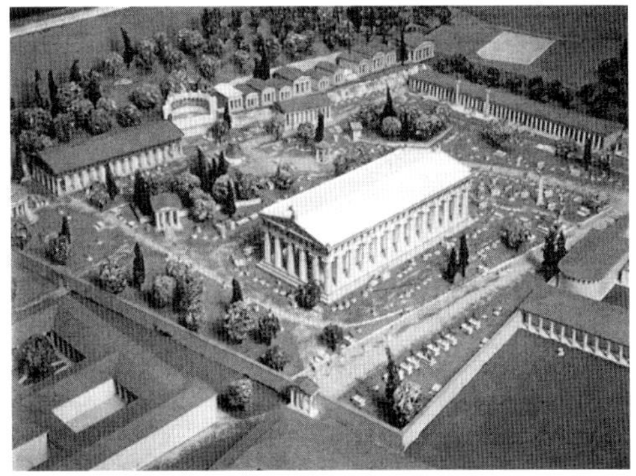

Modell von Olympia (Hans Schleif). Der Großteil der Siegerstatuen ist um den Zeustempel gruppiert.

bedeutendsten Fest des Gottes Zeus zugegen waren.

Bei dieser Zeremonie wurde dem Sieger eine Wollbinde (Tainia) um die Schläfen gelegt und ihm wohl auch ein Palmzweig als Zeichen des Sieges übergeben. Die Überreichung der Wollbinde, die auch um den Oberschenkel gefügt sein konnte, ist vielfach auf schwarz- und rotfigurigen attischen Vasen dargestellt.

Die Emotionen bei dieser ersten Siegerehrung waren sicherlich größer als bei einer zweiten, die im Rahmen des endenden Festprogramms in Olympia am fünften oder sechsten Tage stattfand. Im Überschwang des Gefühles soll ein siegreicher Athlet dabei zu Tode gekommen sein. Es handelt sich um den Fünfkämpfer AINETOS aus Amyklai unweit von Sparta, dessen Stele Pausanias beschreibt. Der griechische Autor schreibt über ihn: *»Er soll in Olympia gesiegt haben und noch während der Bekränzung gestorben sein.«*[6]

Der Grund für den Tod ist nicht angegeben, doch scheint er mit der Gemütsbewegung im Zusammenhang zu stehen, die in diesem feierlichen Moment in dem Athleten ausgelöst wurde. Was hier von einem Athleten berichtet wird, wird auch von einem Zuschauer erzählt. Im Gegensatz zu dem wohl historischen, aber zeitlich unbestimmten Todesfall des Pentathleten ließe sich der angebliche Tod des DIAGORAS auf den Tage im Sommer des Jahres 448 v. Chr. datieren, als seine Söhne AKUSILAOS als Faustkämpfer und DAMAGETOS als Pankratiast in Olympia siegten.[7]

4 PAUSANIAS, *Reisen in Griechenland* VI, 1-18. HERRMANN, Hans-Volkmar, »Die Siegerstatuen von Olympia«, in: *Nikephoros* 1 (1988), S. 119-183. Eine der wenigen erhaltenen griechischen Großbronzen stellt einen sich bekränzenden Sieger dar, der als Werk LYSIPPs gedeutet wird (VIACAVA, Antonietta, *L'atleta di Fano*, Rom 1993).

5 WEILER, Ingomar, »Einige Bemerkungen zu Solons Olympionikengesetz«, in: HÄNDEL, P. / MEID, W. (Hg.), *Festschrift für Robert Muth*, Innsbruck 1983, S. 573-582.

6 PAUSANIAS, *Reisen in Griechenland* III, 18,7.

7 Vgl. Kapitel Amsterdam 1928.

Ausrufung eines Laufsiegers, Panathenäische Preisamphore des Nikomachos (340/339 oder 313/312 v. Chr.), Paris, Louvre; oben: Kopf eines jugendlichen Siegers mit Tainia, Fragmente einer lebensgroßen Bronzestatue (Ende des 5. Jh. v. Chr., römische Kopie), München, Glyptothek; rechts: Siegreicher Knabe mit Binden um Arm und Oberschenkel wird von Epheben mit Siegerbinde (Tainia) bekränzt und mit Blättern und Zweigen überschüttet, Kylix, Innenbild (490-480 v. Chr.), ehemals Foundation Thétis, Genf.

Jedoch ist der Tod des Vaters, der selbst Olympiasieger im Faustkampf des Jahres 464 v. Chr. und Periodonike war, offenbar die Zuspitzung mehrerer anekdotischer Versionen, die ein solch ungewöhnliches Zusammentreffen sportlicher Erfolge in einer Familie hervorzurufen geeignet ist.

Pausanias, der in dem V. und VI. Buch seiner *Reisen durch Griechenland* mehr über Olympia berichtet als irgendein anderer antiker Autor, behandelt das Thema Siegerehrung nicht systematisch. An einigen Stellen seines Werkes finden sich jedoch Streunotizen, die sich zu einem gewissen Ganzen fügen lassen: So erfahren wir im Zusammenhang mit den Olympischen Spielen des Jahres 420 v. Chr., von denen die Spartaner ausgeschlossen waren, daß es bei den hippischen Agonen üblich war, den siegreichen Wagenlenker gleich nach dem Lauf im Hippodrom mit einem Band aus Wolle, einer Tainia, zu schmücken. So macht es nämlich LICHAS, der spartanische Besitzer des siegreichen Gespanns, der dieses unter dem Namen Thebens angemeldet hatte und sich nach dem Sieg stolz auf diese Weise zu erkennen gibt.

»Lichas aber ließ, da die Lakedaimonier damals vom Wettkampf ausgeschlossen waren, seinen Wagen unter dem Namen des thebanischen Volkes laufen und legte dem siegreichen Wagenlenker selbst die Binde um. Dafür ließen ihn die Hellanodiken geißeln.«[8]

THUKYDIDES beschreibt das Ereignis folgendermaßen:

»Die Versammlung war in großer Furcht, die Spartaner möchten mit Heeresmacht kommen, zumal als der Spartaner Lichas, Sohn der Arkesilaos, in der Bahn von den Rabdophoren geschlagen worden war; sein Gespann hatte gesiegt und war ausgerufen worden als das des boiotischen Volkes wegen des Wettkampfverbotes; da trat er vor in die Bahn und kränzte den Wagenlenker, um zu zeigen, daß der Wagen sein wäre.«[9]

Pausanias spricht diese Sitte bei der Beschreibung des Hippodroms in Olympia nochmals an, wenn er eine Bronzestatue der HIPPODAMEIA erwähnt, die sich am Ziel der Rennbahn befindet: *»Sie hält eine Wollbinde, die sie dem Pelops anlegt wegen seines kommenden Sieges.«*[10] Wir dürfen damit rechnen, daß diese kleine Siegerehrung, wie sie nach hippischen Agonen vorgenommen, auch bei den athletischen Wettbewerben durchgeführt wurde.

Der Sieg in Olympia ist eng mit der Vergabe eines Olivenkranzes verbunden. Auf diesen kommt Pausanias an zwei Stellen seines Werkes zu sprechen. Bei der Beschreibung des Zeustempels erwähnt er einen Dreifuß, der im Pronaos aufgestellt war. Er diente zur Aufbewahrung der Kränze für die Sieger, bis ein nicht näher beschriebener Tisch dafür benutzt wurde, der so bekannt war, daß er eben als *»der Tisch«* bezeichnet wird.

»Es steht da auch ein mit Bronze überzogener Dreifuß, auf dem sie die Kränze für die Sieger ausstellten, bevor der Tisch gemacht wurde.«[11]

Ohne Rückbezug kommt Pausanias im 20. Kapitel des fünften Buches nach der langen Beschreibung der Kypseloslade nochmals auf den Tisch zu sprechen, der neben anderen Weihgeschenken, wie einem Ruhesofa und dem Diskos des IPHITOS, im Heratempel aufbewahrt wurde. Er wird dem KOLOTES zugeschrieben, einem Schüler des PHEIDIAS.[12] Er war aus Gold und Elfenbein gefertigt. Entsprechend seiner Funktion als Ablage

8 PAUSANIAS, *Reisen in Griechenland* VI, 2,1-4.
9 THUKYDIDES, *Peloponnesischer Krieg* V, 49.
10 PAUSANIAS, *Reisen in Griechenland* VI, 20, 19.
11 PAUSANIAS, *Reisen in Griechenland* V, 12,5.
12 MINGAZZINI, P., »Il tavolo crisoelefantino di Kolotes ad Olympia«, in: *Mitteilungen des Deutschen Archäologischen Instituts* (A) 77 (1962), S. 293-304. LINFERT, Andreas, »Quellenprobleme zu Alkamenes und Kolotes«, in: *Rivista di archeologia* 12(1988), S. 33-41.
13 PAUSANIAS, *Reisen in Griechenland* V, 20.
14 WENIGER, Ludwig, »Das Hochfest des Zeus. I. Die Ordnung der Agone«, in: *Klio* 4(1904), S. 148.
15 HERRMANN, *Nikephoros*, S. 119-183.
16 PINDAR, *Olympien* III, 14f.
17 KEPHALIDOU, Νικητής [Der Sieger].

der Siegerkränze war er neben anderen Szenen auch mit Motiven aus dem Sport geschmückt, darunter einer Aufstellung für den Wettkampf.

»Es sind hier auch andere Weihgeschenke, ein nicht großes Ruhesofa, großen teils mit Elfenbein verziert, und der Diskos des Iphitos und der Tisch, auf dem die Kränze für die Sieger aufgelegt werden. Das soll ein Spielzeug der Hippodameia gewesen sein.«[13]
Aus dem Bezug zum im Pronoas des Zeustempels stehenden Dreifuß schließt Ludwig WENIGER[14], daß die Bekränzung der siegreichen Athleten dort stattgefunden habe. Hier haben wir immerhin den untrüglichen Beweis für eine Veränderung im Ritual, doch betrifft es in diesem Fall wohl mehr eine Änderung des Zeitgeschmacks als ein inneres Element des Zeremoniells, wenn man von einem Dreifuß auf einen Tisch wechselt, um die Siegerkränze zu drapieren.
An anderer Stelle wird davon berichtet, woher die Siegerkränze genommen werden. Sie entstammen einem wilden Ölbaum (kótinos [κότινος]), der nach Hans-Volkmar HERRMANN ziemlich genau in der Mitte des Opisthodomes des Zeustempels stand. Nach Ansicht des Olympiaforschers habe man bei der Anlage des Bauwerkes bewußt auf diesen heiligen Baum Rücksicht genommen, anders ließe sich die beträchtliche Distanz des Tempels zum älteren Zeusaltar schwerlich erklären. Herrmann vermutet, daß sich in der Form eines *»winkelförmigen Mauerstükk*[es]«, das bereits bei der alten deutschen Grabung in der zweiten Hälfte des 19. Jahrhunderts registriert, hier jedoch als Rest eines Altars gedeutet wurde, die Einfriedung des Kultbaumes teilweise erhalten habe.[15]
Pindar[16] schreibt die Pflanzung des wilden Ölbaumes dem dorischen Heros HERAKLES zu, und dem antiken Pindarkommentar entnimmt man, daß das Schneiden der Zweige von diesem Ölbaum von einem Knaben mit goldener Sichel vorgenommen wurde. Die Bedeutung der Zeremonie geht aus der Sorgfalt hervor, die man bei der Auswahl des Schnitters walten ließ: dem Knaben mußten noch beide Elternteile am Leben sein. Um ein klares Bild von der Siegerehrung in Olympia zu zeichnen, muß das Material herangezogen werden, das die hier herrschenden Lücken schließen kann. Den meisten Nutzen für diesen Zweck hat Eurydike KEPHALIDOU gestiftet, die in ihrer 1995 in neugriechischer Sprache erschienenen Dissertation das Bild des Siegers, wie es sich aus der attischen Vasenmalerei der archaischen und klassischen Epoche (für den Zeitraum von ca. 570 v. Chr. bis zum Ende des 4. Jahrhunderts v. Chr.) gewinnen läßt, an ca. 200 Beispielen nachweisen kann.[17] Ihre systematische Erforschung der Darstellung hat in Verbindung mit der Berücksichtigung der schriftlichen Überlieferung zu einer Analyse der Siegerehrung geführt, als deren wichtigste Stationen sich folgende Punkte idealtypisch aneinanderreihen lassen:

- Siegeslauf (»Ehrenrunde«)
- Bewerfung des Siegers mit Blättern, Blumen und Geschenken (periagermos und phyllobolia)
- Ausrufung des Siegernamens
- Bekränzung des Siegers mit Kränzen und Bändern
- Aushändigung des Preises (sofern ausgesetzt)

Nach Ansicht von Kephalidou hat die Siegeszeremonie, wie sie sich aus dem von ihr studierten Vasenmaterial gewinnen läßt, einige Berührung mit solchen Ehrungen, wie sie beim Übergang von einer zu einer anderen Lebensform gepflegt wurden. Als rites de passage erscheinen vergleichbare Rituale beispielsweise auch bei Mannbarkeitsriten, bei Hochzeit und Tod. Durch die Siegeszeremonie wird der siegreiche Athlet bei seinem Übergang in einem anderen sozialen Status wirksam begleitet und unterstützt.
Religionshistorische Überlegungen von David SANSONE, die er in Verbindung mit dem Ursprung des griechischen Sports angestellt hat, führen im Hinblick auf die Herkunft der Siegerehrung noch in eine andere Richtung. Die auffällige Verbindung von Sport und Opfer weist nach seiner Auffassung in die Welt der frühen Jäger. Die bei der Siegeszeremonie verwendeten Bänder und pflanzlichen Kro-

Mit Tainien geschmückter junger Sieger mit Zweigen und Blumen in den Händen, Amphora des Duris (480-470 v. Chr.), St. Petersburg, Eremitage.

Obere Zeichnung: In der Mitte sich nach links neigender Sieger, um von einem Kampfrichter einen Siegeskranz zu empfangen, Athlet hält Zweige in Händen, weitere Athleten mit Geräten und ein Kampfrichter mit Stab, Lekythos (510-500 v. Chr.), heute verloren.
Untere Zeichnung: Ausrufung eines siegreichen Athleten, der Siegeskranz und Zweige in den Händen hält, daneben Kampfrichter. Ein weiterer Athlet mit Tainia hält zwei Siegeskränze in den Händen. Ihm nähern sich zwei Kampfrichter mit weiteren Tainien, Kylix (ca. 470 v. Chr.), St. Petersburg, Eremitage.

Sich bekränzender Athlet, Bronzestatue, Getty-Museum Malibu (aus: VIACAVA, L'atleta, Titelblatt)

nen sind Überbleibsel (survivals) aus der Praxis des primitiven Jägers, der sich damit gegenüber dem Wild tarnte, das er zu erlegen trachtete. Einen vergleichbaren Zweck verfolgte das Einölen des nackten Athleten mit Olivenöl und das anschließende Bewerfen mit Sand. Es sind herabgesunkene Kulturgüter des ebenfalls nackten Jägers, der auf diese Weise seinen Jagderfolg durch Übertünchen seines Körpergeruches sichern wollte. In diesen Gedankenkreis fügt sich gut die häufig beobachtbare Sitte der Vergabe von Bronzekesseln als Wettkampfpreise. Auch diese stammen aus der Umwelt der Jäger, die darin ihre erlegte Beute kochten, welche gleichzeitig das Opfer darstellte, das in griechischen Agonen immer im Mittelpunkt des Rituals stand. Im Hinblick auf den Gründungsmythos der Olympischen Spiele, die in historischer Zeit keine Kessel als Preise kannten, fällt auf, daß sie in geometrischer Zeit in großer Anzahl für Olympia belegt sind. Wenn sie auch keine Preise gewesen sind, erinnern sie an den Mythos von PELOPS, einem der sagenhaften Spielgründer, dessen Körper wiederbelebt wurde, nachdem er in einem Kessel gekocht und den Göttern von TANTALOS freventlich als Speise vorgesetzt worden war.[18]

Nachdem Thukydides historische Daten zweimal nach Olympiasiegen angibt,[19] datieren spätere Geschichtsschreiber häufig nach Stadionsiegern der Olympien, ohne daß diese Zeitrechnung verbindlich geworden wäre. Sie beruht letztlich auf einem Verzeichnis des HIPPIAS von Elis aus der Zeit um 410 v. Chr., die später mehrfach ergänzt und als Chronik bearbeitet wurde (TIMAIOS, ERATOSTHENES, Sextus Julius AFRICANUS). Von Siegerverzeichnissen auf Stein, die es in Olympia[20] und speziell im dortigen Gymnasion gegeben hat,[21] hat sich nichts erhalten.

18 SANSONE, *Athletics*, S. 86-88, 129-130.
19 THUKYDIDES, *Peloponnesischer Krieg* III, 8,1: das Jahr 428 v. Chr.: zweiter Sieg des DORIEUS. V, 49,1: Sieg des ANDROSTENES im Pankration.
20 PAUSANIAS, *Reisen in Griechenland* VI, 8,1: Hellanodike EUANORIDAS, als Jugendlicher Olympiasieger im Ringkampf.
21 PAUSANIAS, *Reisen in Griechenland* VI, 6,3: PARABALLON, Sieger im Diaulos, Vater des LASTRATIDAS, Olympiasieger im Ringkampf der Jugendklasse.

Zur Entwicklung der Medaille

von Heribert Aigner

In der Einleitung des Ausstellungskatalogs über italienische Medaillen und Plaketten von der Frührenaissance bis zum Ende des Barock im Frankfurter Museum für Kunsthandwerk stellt Franco PANVINI ROSATI lapidar fest: *»Die Medaille ist der modernen Bedeutung des Begriffes nach ein Produkt der italienischen Renaissance.«* Ergänzend stellt er fest, daß als erste Medaille *»allgemein diejenige [gelte], die Antonio Pisano gen. Pisanello im Jahre 1438 auf Johannes VIII. Paläologos, Kaiser von Konstantinopel, gegossen hat, als jener zum Konzil von Ferrara nach Italien kam«.*[1]

Zugleich betont er, daß die antike Welt niemals Medaillen gehabt habe und ihr der Begriff der Medaille an sich fremd gewesen sei. Damit wendet er sich gegen Gelehrte, welche die Idee der Medaille durch das Mittelalter bis in die römische Zeit zurückverfolgen. Der Verfasser behauptet – vom Technischen her gesehen sicher nicht zu Unrecht, – daß die Stücke, die wir heute als römische Medaillone bezeichnen, *»in Wirklichkeit«* das Vielfache einer gewöhnlichen Münze gewesen seien.

Daher ist es zweifellos wichtig, auch die Ansicht von Numismatikern zu Wort kommen zu lassen, die sich mit der eben zitierten Auffassung nicht identifizieren können. Übersichtlich beschäftigt sich Robert GÖBL in seiner Darstellung der antiken Numismatik mit dieser Problematik, die im folgenden nach dem genannten Autor paraphrasierend dargestellt sei[2]. Dabei soll vor allem der Typus und Begriff des Medaillons erfaßt werden.

Medaillone. Der Medaillon (nach dem Französischen le médaillon; besser als das Medaillon, da mit diesem in der Kunsthistorie plastische Rund- [oder Oval-]bilder aller Art als Wand- Boden- oder Möbelschmuck bezeichnet werden) gehört zu den münzähnlichsten Objekten. Medaillone sind Zier- oder Geschenkstücke mit meist numismatischer Typologie, die auf dem herrschenden Münzfuß stehen und in den verwendeten Münzmetallen ausgebracht sind. Der deutsche Ausdruck Schaumünzen, in erster Linie für die Neuzeit verwendet, ist für die Antike eher irreführend. Die Grenzlinie zwischen Münzen und Medaillonen ist nicht selten schwer zu ziehen,[3] was den ungenauen Sprachgebrauch vornehmlich im Handel, aber auch in der Literatur erklärt. Im Gold läßt sich meist ein sicheres Multiplum errechnen, in Silber nicht immer, im Erz fast nie. Die schwebenden Streitfragen können nur durch sorgfältige Rekonstruktion des gleichzeitigen Prägesystems geklärt werden. Charakteristika der Medaillone sind: größerer Durchmesser, großes Gewicht, besondere Randformung, feinere, komplizierte, von der Norm teilweise abweichende und künstlerisch aufwendigere Bildgestaltung, bisweilen mit Hinweis auf den Anlaß der Ausgabe, meist auch in höherem Relief. Leittypen des Begriffs sind die Medaillone der römischen Kaiserzeit. Sie dienten offenbar zu Geschenkzwecken bei besonderen Anlässen (religiöse Feiern, Neujahr; Geburten, Heirat und Tod im Kaiserhaus, adventus, profectio, Siege) und unterstreichen damit bestimmte Akzente der Münzprägung, weshalb keines ohne das andere betrachtet werden darf. Die Empfängerkreise sind offiziell und gewiß rangmäßig abgestuft, daher auch die verschiedenen Größen gleicher Typen, doch gibt es schon antike private Nachahmungen (Guß, s.u.). Es sei in diesem Zusammenhang darauf hingewiesen, daß die häufige Formulierung donis donatus in der inschriftlichen Aufzeichnung militärischer Ehrungen durchaus im Zusammenhang mit der Überreichung solcher Medaillone, deren Geldwert wohl ungeschmälert bestand, gesehen werden könnte.

Als Musterbeispiel für das Gesagte kann unsere Abb. 1 angesehen werden. Es handelt sich dabei um einen Guß des Medaillons COHEN, Caracalla 92, von welchem das Cabinet de France nur ein exemplaire faux[4] besitzt und das durch ECKHEL in seiner *Doctrina nummorum veterum* für die Sammlung des Wiener Kunsthistorischen Museums belegt ist. Während die Rückseite den Kaiser mit Sceptrum auf einer Quadriga nach rechts zeigt, bietet die Vorderseite ein offenbar nach Büsten des Imperators gestaltetes Porträt CARACALLAs mit der charakteristischen

1 PANVINI ROSATI, Franco, *Italienische Medaillen und Plaketten von der Frührenaissance bis zum Ende des Barocks*, Katalog, Frankfurt a. M. 1966, S. 5.

2 Vgl. GÖBL, Robert, *Antike Numismatik*, München 1978, Bd. 1, 1978, S. 30f.

3 TOYNBEE, J. M. C., »Roman medaillons: Their scope and purpose, I. The definition of the Term »Roman medaillon«, in: *Numismatic Chronicle* (1944), S. 27 ff. GRANT, Michael, »The border-line between Roman coins and medaillons«, In: *International Numismatic Congress* (1953)57, S. 167ff.

4 COHEN, Henry, *Description Historique des Monnaies frapées sous l'empire romain communément appelées médailles impériales*, Paris/London 1883, Bd. 1, S. 152, Anm. 5.

Kopfdrehung der Alexanderimitation, dessen auffallend hoch reliefiertes Porträt schon früh an einen »Paduaner« denken ließ. Diese Renaissance-»Imitatoren« verwiesen mit ihren Caesarenbildern bildlich einprägsam auf die Kontinuität des Imperium Romanum und lieferten zugleich durch ihre intensive Beschäftigung mit antiken Münzen *»ein erfolgreiches Modell, wie dauerhaftes Gedächtnis und Verewigung des Herrschers zu bewirken sei«*.

Falsch ist die Anwendung des Begriffes Medaillon im Handel auf größere Münzen der Antike, also Multipla, wie etwa Dekadrachmen und die großen Erzmünzen kleinasiatischer Städte der Kaiserzeit, da sie Kurswert hatten. Bemerkenswert ist die mehrfach zu beobachtende Weiterverwendung von Rückseitenstempeln[5].

Technisch interessant sind die bimetallischen Medaillone der Zeit von ANTONINUS PIUS bis DIOKLETIAN, bei denen meist der innere Teil, auf den das Bild kam, aus (dem weichen) Kupfer, der äußere Rand aber aus (dem härteren) Messing war (selten umgekehrt); die Ringfügung wurde bereits im Schrötling vorgenommen. Die Prägung erfaßte dann das Ganze, wobei es oft vorkam, daß das Prägebild die Grenze der beiden Metalle überschritt, was offenbar niemand störte. Zugleich festigte aber die Prägung auch die Fügung der beiden Metallkörper.

Auch gegossene antike Medaillone (nach geprägten Vorbildern) sind bekannt; sie von den Nachgüssen seit der Renaissance (mit oft wunderbarer Patinierung) zu unterscheiden ist nicht leicht, in manchen Fällen aussichtslos (s.o. zum Medaillon Caracallas). Gegossene Edelmetallmedaillone (Multipla) sind von vornherein als neuere Fälschungen verdächtigt.

Durch mehr oder minder prunkvolle Fassung konnte an sich jede Münze zu einer Art Medaillon werden; häufig angebrachte Zierhenkel an solchen und auch an richtigen Medaillonen machen aus beiden Schmuck- und Dekorationsstücke, die schon in der Antike auch als Auszeichnungen verwendet worden sind und in mehrfacher Hinsicht ein interessantes Forschungsobjekt der Numismatik darstellen.

Der Auszeichnungs- bzw. Donativcharakter der römischen Medaillen verbindet sie mit einer vieldiskutierten spätantiken Sonderform, den sogenannten

Kontorniaten. Als Kontorniaten[6] bezeichnen wir mit einem neueren Ausdruck eine Sonderklasse meist geprägter, oft aber auch – schon antik – gegossener, relativ flacher und mit nachträglich eingegrabener vertiefter Randrille (ital. Contorno, nach Andreas ALFÖLDI[7] ist der Rand angelötet) versehener Medaillone mit einem durchschnittlichen Durchmesser von 40 mm. Alföldi nennt sie überhaupt Kontorniat-Medaillons und behauptet, daß der charakteristische Rand angelötet sei. Sie sind im 4. und 5. Jahrhundert vornehmlich in Rom, stets aber in staatlicher Münzstätte entstanden. In den Aversen[8] dominieren klassische Bildnisse wie ALEXANDER d. Gr., HOMER, HORAZ, SALLUST, TERENZ u.a., von den römischen Kaisern (aus der Zeitspanne von CALIGULA bis ANTHEMIUS) vornehmlich NERO, TRAIAN und Caracalla. Die Reverse haben stark agonistischen Charakter und zeigen Zirkusszenen, berühmte Wagenlenker mit ihren Pferden, aber auch mythologische Bilder, darunter solche aus der Alexandertradition. Die Legenden sind vorwiegend lateinisch, ganz selten griechisch. Viele Kontorniaten haben im Avers ein Monogramm aus P und E, einen Palmzweig oder andere Symbole und Zeichen eingraviert, bisweilen in Niello-Technik mit Silber ausgefüllt. Die Bedeutung der Zutaten ist noch immer umstritten. Alföldi[9] sieht in den Kontorniaten ein verkanntes Propagandamittel der spätrömischen heidnischen Aristokratie im Kampf gegen das christliche Kaisertum, doch ist seine Ansicht nicht unwidersprochen[10] geblieben. Ein genetischer Zusammenhang des interessanten Komplexes besteht mit der merkwürdigen und wenig beachteten Gruppe von Münzen mit aufgehämmertem Rand (Sesterze, Dupondien und Asse), deren Bedeutung teilweise noch unsicher ist, die aber zu den Vorgängen der Kontorniaten gehören[11].

5 FRANKE, Peter Robert, »Römische Medaillone aus Köln«, in: *Kölner Jahrbuch für Vor und Frühgeschichte* (1959), S. 15ff. KAPOSSY, Balázs, »Römische Medaillone und Kontorniaten«, in : *Jahrbuch des Bernischen Historischen Museums* (1971/72), S. 127ff. »Ein Medaillon des Commodus aus Avenches«, in: Bulletin *Association pro Aventico* (1974), S. 64 ff.

6 FROEHNER, Wilhelm, »Contorniates«, in: *Revue Numismatique* (1907), S. 476ff. ALFÖLDI, Andreas, *Die Kontorniaten*, Budapest 1943. MABBOTT, Thomas O., »Notes on contorniates and ›protocontorniates‹«, in: *Studies Robinson* 1953, S. 248ff. ALFÖLDI, Andreas, *Die Kontorniat-Medaillons* , Bd. 1 (Katalog). Berlin 1976 (= *Antike Münzen und Geschnittene Steine* 6/1).

7 ALFÖLDI, *Kontorniat-Medaillons*, S. VI.

8 Avers – Vorderseite, Revers – Rückseite.

9 ALFÖLDI, *Kontorniaten*, S. 49ff. Vgl. auch den Hinweis auf die Verwendung als Spielmarken ebd., S. 25.

10 TOYNBEE, J. M. C., Rezension zu: ALFÖLDI, *Kontorniaten*, in: *Journal of Roman Studies* (1945), S. 115 ff.

11 ALFÖLDI, *Kontorniaten*, S. 9 ff.

12 Vgl. dazu und zur folgenden Paraphrase KROHA, Tyll, *Münzen sammeln*, 5. Auflage, Braunschweig 1968, S. 133-136.

Dieser antike Vorspann scheint für eine allgemeine Betrachtung der Medaillen und der mit ihnen vergleichbaren Stücke nicht unerheblich, läßt er doch die Frage nach einer gebrochenen oder ungebrochenen Diffusion des Genres anklingen und bereitet den Boden für die folgenden Ausführungen.

Medaillen – Rechenpfennige – Marken. Die Numismatik umfaßt weit mehr Gebiete, als der durchschnittliche Münzsammler annimmt. Einem Zug der Zeit folgend konzentriert sich das Interesse der meisten Sammler heute auf die eigentlichen Kursmünzen. Die Randgebiete der Numismatik – die nicht für den Umlauf bestimmten Denk- und Schaumünzen, allgemein Medaillen ernannt, die Auswurfmünzen, die Rechenpfennige, Marken und die Plaketten – werden dagegen, teils sehr zu Unrecht, weniger beachtet. Zwar gibt es immer noch eine Anzahl von Spezialisten, die sich diesen Gebieten ganz widmen, aber ihre Zahl ist gegenüber den Interessenten an der Numismatik im allgemeinen eher gering[12].

Zu den letzten großen Sammlungen, die diese Gebiete vor allem umschlossen, gehörte die in den Jahren 1958/59 versteigerte Sammlung des Geheimrates Dr. Paul JULIUS, die mehr als 17 000 Stücke umfaßte. Wenn man die zu einem wichtigen Nachschlagewerk für Sammler gewordenen Auktionskataloge durchblättert, erkennt man, daß vor allem den Medaillen eine wichtige Funktion für Kultur und Stil der Zeitabschnitte von der Frührenaissance bis heute zukommt, obwohl sie, anders als die Münzen, aus denen heraus sie ihre optische und wertmäßige Bedeutung entwickeln, nicht für die Zirkulation bestimmt sind.

Die Bilder auf Münzen hatten schon in frühester Zeit die Aufgabe, an bestimmte historische Ereignisse zu erinnern. Selbst mythologische Szenen wurden z.B. in der römischen Republik der Öffentlichkeit durch das Münzbild nahegebracht. Es war eine Art politischer Propaganda, die für die Popularität bestimmter Könige, Geschlechter, Feldherren oder Interessensgruppen auf dem Geld, das durch jedermanns Hände floß, werben sollte. Mit der Darstellung lebender Personen (z. B. CAESAR mit seinem Lorbeerkranzporträt des Münzmeisters FLAMINIUS oder BRUTUS mit seiner durch die Dolche und die Freiheitsmütze an die Ideen des März gemahnende Imperatormünze) wird diese Tendenz noch deutlicher und nimmt seit der frühen Prinzipatszeit den deutlichen Charakter politischer Werbung in einem medial imperiumsweit wirksamen Bereich an. Die meisten von ihnen tragen von nun an nicht nur das Bild der Kaiser, sondern illustrieren auf der Rückseite noch programmatisch ihre Tugenden, Taten und Ambitionen. Neben den eigentlichen Münzen beginnt man damals schon, medaillonähnliche Stücke zu prägen, die nicht als Zahlungsmittel gedacht waren, sondern – wie oben erwähnt, wahrscheinlich zu bestimmten Gelegenheiten an Würdenträger oder sonstige Persönlichkeiten verliehen wurden.

Vom Beginn der Völkerwanderung bis zum Endes des Mittelalters gerät das Medaillon in Vergessenheit und erlebt erst in der Renaissance mit dem Wiedererwachen des Interesses für die römische Antike seine Wiedergeburt und zugleich seine wohl höchste Blüte. Verschiedene italienische Maler und Goldschmiede in Padua, Verona, Venedig, Florenz und Rom schufen damals auf diesem Gebiet Meisterwerke. Es blieb nicht bei einer bloßen Nachahmung antiker Vorbilder; ein neuer Stil und Typ entstand – die italienische Renaissancemedaille. Am meisten geschätzt waren gegossene Stücke, die nachlizenziert wurden. Von Italien aus verbreitete sich das Interesse für die Medaille im Laufe des 15. bis 16. Jahrhunderts über ganz Europa. Die meisten Länder verstanden es, der Medaille in dieser Epoche eine nationale Note zu verleihen. Seither ist sie als Erinnerungszeichen an bestimmte Ereignisse und Persönlichkeiten zu einem festen Bestandteil der abendländischen plastischen Kunst geworden. Medaillen aus edlen und unedlen Metallen, ja selbst aus Keramik und Kunststoff wurden gefertigt. Nicht jede Zeit brachte künstlerisch hochwertige Objekte zustande. Aber auf welchem Gebiet der Kunstgeschichte ist es anders?

Obwohl vielfach in denselben Ateliers und

Prägestätten hergestellt wie das Münzgeld, dokumentieren die Medaillen die Kunst- und Gestaltungsfreude der Stempelschneider und Münzmeister deutlich stärker als bei den gleichzeitigen entstandenen Münzen. Aus praktischen Gründen müssen diese schlichter und uniformer sein als ein reines Schaustück; außerdem wird der Gestalter meist nicht gehemmt durch vorgeschriebene Größen und bestimmte Gewichte. Die kleinere Auflage der Objekte gestattet zudem ein weit plastischeres und differenzierteres Relief, als es bei Münzen und der bei ihrer Prägung zu bedenkenden Effizienz der Stempel technisch möglich ist. Trotzdem zeigen sich auf kunstvollen Medaillen mit größerem Durchmesser und hohem Relief, die sicher nur in wenigen hundert Exemplaren geprägt wurden, gelegentlich Stempelrisse.

In den letzten Jahrhunderten ist die Medaille sehr stark banalisiert worden. Es wurden nicht nur aus Anlaß welt- oder völkerbewegender Ereignisse Medaillen geprägt: Schützen- und Sängerfeste, Eröffnungen von Ausstellungen, Einführungen von Verkehrsmitteln, Jubiläen, Theateraufführungen und zahllose andere mehr oder weniger alltägliche Ereignisse waren Anlaß für die Ausgabe von Medaillen. Manche Medailleure schufen Suitenmedaillen, die das Leben und die Taten bestimmter Könige, z.B. LUDWIG XIV., in Fortsetzungsserien verewigten. Aber auch die Galerie der Päpste oder die römischen Kaiser gibt es auf ähnlichen Suitenmedaillen. Deshalb ist es zu verstehen, daß viele Sammler dieses Gebiet meinen. Dennoch sollte mancher, selbst wenn er sich nur auf die Kursmünzen eines bestimmten Bereiches beschränkt, diese natürlich in sorgfältiger Auswahl, mit kulturgeschichtlich zugehörigen Medaillen illustrieren.

Eine historisch interessante Gruppe sind die Preismedaillen. Schon sehr früh wurden solche in Schulen an Schüler mit besonderen Leistungen verteilt (Ende 16. Jahrhundert in Altdorf bei Nürnberg und in Breslau). Bis in unsere Zeit gehalten haben sich die Lebensrettungs- und verschiedene andere Verdienstmedaillen. Eine Neuerscheinung sind die olympischen Medaillen, die immer mehr im Wert steigen.

Fast unübersehbar ist das Gebiet der religiösen Medaillen. Unter diesen stechen besonders die Pilger-, Amulett- und Gnadenmedaillen, sowie die Hochzeitsmedaillen und schließlich die Tauf- und Patenmedaillen hervor. Von allen diesen Gruppen gibt es schöne und bemerkenswerte Exemplare. Viele hatten einmal wichtige Funktionen zu erfüllen. Eine ganz anders geartete Gruppe bilden die sogenannten satirischen oder Spottmedaillen.

Auswurfmünzen und Jetons sind Medaillen in Kleinformat. Zur Gruppe der Jetons gehören die Rechenpfennige, mit denen man früher auf Rechenbrettern nach einem recht einfachen, aber praktischen Schema rechnete. Diese Rechenpfennige sind meist aus unedlem Metall, Messing oder Kupfer, geprägt. Es sind aber auch vereinzelt Silber- oder Goldabschläge bekannt. Herstellung und Verkauf der Rechenpfennige bildeten für die Münzmeister einen Nebenerwerb. Für uns sind die für die Zeit von etwa 1400-1800 von hervorragender kulturgeschichtlicher Bedeutung. Nur durch sie kennen wir die Namen zahlreicher Münzmeister, und auch für die heraldische Forschung sind sie wichtig. Ihre Motive bieten uns von Münzwerkstatt, historischen Persönlichkeiten und Ereignissen bis zu Alphabet und Rechentafel viel Erstaunliches und Wissenswertes. Für ihre Zeit waren sie natürlich noch viel wichtiger. Die meisten Leute konnten ohne sie nicht rechnen. Systematisch gesammelt werden sie wahrscheinlich erst seit dem 17. Jahrhundert. Vorher hatten die Sammler meist nur Interesse für Gold- und Silbermünzen. Ein Kenner des Spezialgebietes der Rechenmünze schätzt, daß es allein an deutschen Rechenpfennigen mehr als 6000 verschiedene gibt, obgleich zahlreiche im Laufe der Zeit untergegangen sind.

Schon im 17. Jahrhundert beginnt in England und bald auch in anderen Gebieten die Ausgabe von privaten Kleingeldersatzmarken, die man im englischen Sprachbereich »Token« nennt. Die französischen »Méreaux« sind etwas Ähnliches. Sie dienten als eine Art

13 Die folgenden Darstellungen orientieren sich an GROTEMEYER, Paul, *»Da ich het die gestalt«*, München 1957, S. 7-24.

Präsenzgeld, als Quittung usw. Wir haben im Deutschen für sie keine spezielle Bezeichnung, sondern benutzen die etwas zweideutigen Begriffe »Marken« oder »Zeichen«, meist verbunden mit dem Zweck, dem sie dienten. So gehören dazu Bezugsmarken für Brot oder Getreide, die von verschiedenen Städten in Hungerjahren ausgegeben wurden. Sogenannte Ratszeichen bildeten das Entgelt für die Ratsherren verschiedener Städte, welche an bestimmten Sitzungen teilgenommen hatten. Sie hatten meist einen Weinpokal oder einen Krug aufgeprägt und konnten im Ratskeller gegen eine Kanne Wein eingetauscht werden. Auch Kirchen und Klöster gaben ähnliche Marken an Geistliche oder Laien aus, die bestimmte Leistungen für die Kirche oder Gemeinde übernommen hatten. In manchen Bergwerken erhielten die Bergleute pro Schicht oder pro Leistung mehrere Bergzeichen, die sie später gegen richtiges Geld eintauschen konnten. Besonders reich an Token waren die britischen Kolonien in Amerika und Australien. In den beiden Weltkriegen wurden vielfach für Kriegsgefangenenlager Token oder Notmünzen ausgegeben. Die Telefonjetons als Ersatz für fehlendes Kleingeld sind, wie jeder Reisende in Italien erfahren kann, dort immer noch in Verwendung.

Brücken- und Tormarken dienten zu bestimmten Zeiten als Entgelt oder Passierzeichen für bewachte Brücken und Stadttore. Auch Steuer- und Zollmarken fallen zum Teil in dieses Gebiet. Zu den originellsten gehören wohl die Bartsteuermünzen aus dem Rußland PETERs des Großen.

Viele Zünfte und Ständen legitimierten sich früher durch Ausweismarken. Zu ihnen gehörten z.B. die Brauer- und Faßbinderzünfte. Bei uns hat sich bis heute die Legitimationsmarke der Kriminalpolizei erhalten.

Orden und Ehrenzeichen berühren zum Teil auch das Gebiet der Numismatik, brauchen aber hier, da sie nur am Rande liegen, nicht erörtert zu werden, ebenso die Plakette. Diese ist der Medaille im Sinn nahe verwandt. Meist von ovaler oder rechteckiger Form, einseitig und von größeren Ausnahmen, findet sie heute in Münzsammlungen kaum noch Berücksichtigung.

Von dieser Zusammenschau des Status quo – vor allem aus der Sicht des Sammlers – ausgehend, soll im folgenden eine differenziertere Darstellung der Medaillenentwicklung versucht werden.

Allgemeines. Aus Nachrichten der Renaissance- und Barockzeit, die sich durch viele ähnliche Mitteilungen über Herstellungsanlässe und Kosten, über das Schenken und die Widmung von Medaillen vermehren ließen, mag besser als mit theoretischem Erörtern ihr Wesen und Zweck erfaßt werden können. Man wird mit einem kleinen Bildnis aus Metall konfrontiert, das man sich zum Ruhme und Andenken machen ließ und mit dem man seinesgleichen, Freunde und Verwandte beschenkte. Die Quellen zeigen zugleich, wie stark die Medaille eine Sache des Volkes war. Daß sich ihrer zunächst die regierenden Fürsten, vorweg der Kaiser und die Repräsentanten der weltlichen und geistlichen Macht bedienen, liegt auf der Hand. Die kleinen Potentaten folgen, und bald treten neben die Höfe die Stadtwesen, Adel und Patriziat, großes und kleines Bürgertum, Kaufmannschaft und Künstlerschaft: allenthalben entsteht in den ersten zwei Jahrzehnten des 16. Jahrhunderts, im Zeitpunkt der großen religiösen und sozialen Krisen, ein neues Kulturdenkmal des Volkes und seiner Welt; einer Welt, die sich räumlich und geistig öffnet. Mit der Bemühung um neue Weltkenntnis und Welterkenntnis und um die Revision überlieferter Lebens- und Glaubensordnung ist die Erwekkung des Individuums verbunden. Es beginnt die große Zeit des Porträts in der Malerei und Graphik, vor allem aber auch in der neu aufkommenden und schnell in die Breite gehenden Kunst der Medaille, mit welcher sich der einzelne Mensch, der sich von seiner Umwelt bewußt unterscheiden will, ein Denkmal seiner Individualität schafft bzw. schaffen laßt.[13]

Die Heimat der Bildnismedaille ist das humanistische Italien, und ihr Schöpfer wurde einleitend erwähnt: Es ist der Maler Antonio PISANO, der 1438 mit der Bildnismedaille des auf dem Konzil von Ferrara weilenden Kaisers von Byzanz JOHANNES VIII. Palaeologos den dominanten Typ der europäischen Medaille schuf. Unbeschadet einer Vorbildwirkung römischer Münzen und Medaillons mit den Kaiserporträts oder eines an diese anknüpfenden Einzeldenkmals – wie es die im römischen Stil gehaltene Medaille des FRANCESCO I. von Carrara (1390) darstellt – bzw. der sechs Medaillen mit byzantinischen und römischen Kaiserbildnissen, die der Herzog von BERRY, der erste Kunstsammler großen Stils, in den Jahren 1401/02 von italienischen Kaufleuten erwarb, verdient. Pisano hat den Ruhm schöpferischer Invention und ausgeprägter Meisterschaft. Florenz, Mantua, Rom, Ferrara und Venedig werden die Zentren der neuen – wenn auch durch antike Vorbilder inspirierten – Kunstgattung, die im folgenden halben Jahrhundert eine nie wieder erreichte Blütezeit erlebte.

Manches von dieser neuen Kunst kam über die Alpen in den Westen und in den Norden. Aber mehr als ein halbes Jahrhundert mußte vergehen, bis selbst in dem lateinischen Frankreich eine eigene Bildnismedaille entstand. Hauptplatz war zunächst das als Kunst- und Handelsstadt in gleicher Weise bedeutende Lyon, wo gegen Ende des 15. und im Beginn des 16. Jahrhunderts die ersten großen Bildnismedaillen fürstlicher und privater Persönlichkeiten, Kunstwerke hohen Ranges, entstehen, die, vorwiegend von Bildhauern und Goldschmieden geschaffen, das italienische Vorbild nicht verleugnen können. Wesentlich anders und vielfältig erstellt sich das Bild der Entstehung der deutschen Medaille dar, die, erst um die Wende vom 15. zum 16. Jahrhundert aufkommend, aus mannigfaltigen und verschiedenartigen Quellen schöpfen konnte, aus dem Vorbild der italienischen Gußmedaille, aus den im Bereich der Prägegunst liegenden Bemühungen Kaiser MAXIMILIANs und des Erzherzogs SIGISMUND des Münzreichen von Tirol, in gewissem Maße auch aus dem heraldischen Bildgut der mittelalterlichen Siegelkunst. Entstand die italienische Medaille gewissermaßen in einem Schöpfungsvorgang in endgültig klassischer Form, so hatte die deutsche Medaille, bis sie ihr fertiges Gesicht gewann, eine Art gradus ad Parnassum, um mit dem heute noch gültigen Opus des kaiserlichen Hofkomponisten J. J. FUX ein musikalisches Bild zu strapazieren, zu durchschreiten.

Was ist nun eine Medaille? Die Begriffsbestimmung von G. HABICH mit der translatorischen Erläuterung des Wortes als »Schaumünze« hat noch immer viele Freunde: »*eine Münze, die nicht dem Geldverkehr dient, sondern vornehmlich den Zweck hat, beschaut zu werden*«[14], ein münzähnlicher Gegenstand also ohne die Funktion des Geldes, hinsichtlich seiner Größe die Münze meist um einiges, zuweilen um ein beträchtliches übertreffend, im allgemeinen doppelseitig, aber auch einseitig, aus Gold, Silber, Erz und Blei, kurz aus Metall, was auch die sprachliche Ableitung des Wortes vom lateinischen »metallum« zwar wahrscheinlich, wenn auch – von der Sache her – nicht übermäßig erhellend macht. Als Münzname begegnet das Wort »medaglie« bereits im mittelalterlichen Italien. In einer Bulle HADRIANs IV. aus dem Jahre 1158, ferner in Urkunden von Florenz und Pisa bezeichnet es die Hälfte eines Denars, in Neapel 1278 einen halben Carlin, ein Gepräge KARLs von Anjou; ebenso werden 1274 antike Goldmünzen aus einem Paduaner Fund so benannt[15]. Im 15. Jahrhundert kommt das Wort für die neue Gattung der Kunstmedaille in Gebrauch, gilt aber zuweilen auch für außer Kurs gesetzte Münzen, für die sich die Bezeichnung in Frankreich noch bis in den Anfang des 19. Jahrhunderts erhalten hat. Eine weitgehend verbindliche Benennung hat erst die Moderne herausgebildet, dabei allerdings den Unterschied zwischen der Medaille und der ebenso schwer zu definierenden Plakette (s.o.) verwischend. Die Medaille, in der Regel doppelseitig, zeigt meist auf der Vorderseite ein Bildnis, auf der Rückseite eine zu dem Porträtierten in Beziehung stehende Darstellung figürlicher, emblematischer oder heraldischer Art. Umschriften und Inschriften auf beiden Seiten teilen den Namen des Abgebildeten mit und geben Aufschluß über seine Persönlichkeit,

14 HABICH, Georg, *Die Medaillen der italienischen Renaissance*, Stuttgart und Berlin o. J. [1923], S. 1.
15 LENORMANT, François, *La monnaie dans l'antiquité*, Bd. 1, Paris 1876, S. 4. BABELON, Ernest, *Traité des monnaies grecques et romaines*, Bd. 1, Paris 1901, Sp. 6 ff. MARTINORI, E., *La moneta, Vocabulario generale*, Rom 1915, S. 276.

sein Werk, seine Gesinnung. Als Beispiel könnte man unsere Abb. 3 mit dem Porträt des Turnvaters JAHN und dem programmatischen Text anführen. Demgegenüber ist die Plakette meist einseitig und schriftlos.
Der Gegenstand selber trägt keine »erklärende Benennung«, weder in Italien noch in Frankreich, noch in Deutschland. Auf deutschen Medaillen begegnen, am Beginn der Umschriften stehend, gelegentlich Bezeichnungen wie sculptile, effigies, vera imago, naturalis linea (dem humanistischen Geist der Medaille entsprechend in lateinischer Sprache), aber stets in Verbindung mit dem Namen des Porträtierten. In Rechnungen, Korrespondenzen und Inventaren sind die Bezeichnungen vielfältiger und meist deutschsprachig; sie geben eine Vorstellung davon, wie sehr die Medaille unter das Volk kam, das dem neuen kleinen Kunstwerk, das nun sein Leben als Angebinde und Andenken begleitete, so verschiedene Namen gab. In Anlehnung an die Bezeichnung der Münze erscheinen da: numismatum, Pfennig, Schaugroschen, Münz, Contrafeitenmünz, Bildnisgroschen; als Porträtwerk wird es Hauptbildnis, Angesicht, imago genannt, als Medaille mit den Wortvarianten medaglia, medeya, medoien und medeien bezeichnet, wobei zu bemerken ist, daß unter den Benennungen nicht immer nur Medaillen im strengen Sinn des Wortes zu verstehen sind, sondern häufig Schmuckstücke figürlicher Art mit Gehängen und Ketten, manchmal auch emaillierte Platten und Plaketten mit Perlen- und Edelsteinschmuck, kurzum feines Schmuckwerk zum Tragen.
Technisches. Für das Verständnis und für die Beurteilung der Medaille als Kunstwerk ist die Kenntnis der Werkvorgänge notwendig. Zwei Arten der Technik werden unterschieden: die Herstellung durch Prägung und die Herstellung durch Guß. Die Prägemedaille ist, wie der Name sagt, ein Produkt der Prägung, geschlagen aus negativ geschnittenen Prägestempeln, deren Gravierung Stempelschneider besorgten, die auch für die Münzen ihrer Herren Stempel zu fertigen hatten. Die Prägung dieser Medaillen erfolgte in fürstlichen und städtischen Münzstätten, die allein über die notwendigen technischen Einrichtungen verfügten; damit ist die Medaille, wenigstens in der ersten Hälfte des 16. Jahrhunderts, in erster Linie ein Denkmal fürstlicher Repräsentation; der Anteil der bürgerlichen Medaille an der Prägung ist gering.
Das Bürgertum läßt sich vielmehr vorwiegend in Gußmedaillen porträtieren, zu deren Fertigung ein entsprechendes im erhabenen Relief gefertigtes Medaillenmodell die Voraussetzung ist. Diese Modelle werden aus festen Materialien gearbeitet. Die deutsche Technik steht also in keinerlei Traditions- und Werkverbindung mit dem klassischen Land der Medaille, mit Italien, wo der Modellschnitt im Negativ wie im Positiv geübt wurde, im Negativ in Gips, Stucco oder ähnlicher Masse, im Positiv in pastosem Wachs. In Deutschland bedient man sich dagegen des Holzes und des Steins, vor allem des gut und sauber verarbeitenden Buchsholzes, des weichen, leicht zu schneidenden Stechsteins und des Solnhofer Steins, Materialien, die auch die Goldschmiede für ihre Modelle verwendeten; auch Alabaster, Perlmutter und Schiefer kamen gelegentlich zur Anwendung. Nach der Mitte des 16. Jahrhunderts verdrängt das Wachs als Modellmaterial die harten Stoffe.
Das Modell ist das eigentliche Original von des Künstlers Hand, der es je nach seinen Absichten und seinem Können einseitig oder doppelseitig schneidet. Das allgemeinere ist das einseitig in Holz oder Stein geschnittene Modell, das heißt, Bildnis und Rückseite in figürlicher oder heraldischer Art werden jedes für sich gefertigt, doch existieren auch meisterhaft gearbeitete zweiseitige Holzmodelle, welche die fertige Medaille vorwegnehmen. Die Bildnisse wurden entweder unmittelbar nach dem Leben gearbeitet – »*imago ad vivam effigiem expressa*«, wie es auf der Medaille des ERASMUS von Rotterdam von Quentin MASSYS heißt – oder nach Skizzen und Studien. Solche waren bei größerer Zahl von Auftragen, wie sie bei Reichstagen und anderen Zusammenkünften anfielen, ein notwendiges Auxilium. Des

Hilfsmittels der Zeichnung hat sich beispielsweise anscheinend zeit seines Lebens der Augsburger Hans SCHWARZ bedient, von dessen Hand sich 136 solcher Bildnisblätter als Vorlagen für Medaillen erhalten haben[16].
Bezüglich der Schrift kommen wiederum zwei Praktiken zur Anwendung; sie wird entweder im Modell erhaben mitgeschnitten – was beim Steinmodell die Regel ist – oder aber, wie beim Holzmodell oft vorkommend, nicht mitgearbeitet, sondern erst bei Anfertigung der Gußform mittels eines Punzenalphabets in die Formmasse negativ eingedrückt.
Das im allgemeinen nach der Mitte des Jahrhunderts aufkommende und das Holz- und Steinmodell verdrängende Wachsmodell wurde positiv auf festem Untergrund, meist auf Glas oder Schiefer, angelegt und meist auch beschriftet. Wegen der Empfindlichkeit des Materials, das häufiges Abformen nicht zuließ, mußte ein durch Überarbeitung geschärfter erster Abguß die Rolle des Modells übernehmen.
Die Herstellung der Güsse erfolgte aus Gußformen, entweder Sandformen oder Masseformen (aus feingeriebenen Materialien wie Ziegelmehl, Gips u.a.), die über den Modellen abgeformt waren. Das harte Material des Holzes und Steins, beziehungsweise des von der Wachsbossierung genommenen metallenen Zwischenmodells ließ eine unbeschränkte Anzahl von Abformungen zu, die für jeden Guß neu gefertigt werden mußten.
Jede Modelltechnik beruht auf einer eigenen Tradition, beziehungsweise leitet sich von einer solchen her und wird von einer besonderen Spezies von Kunsthandwerkern getragen. Das Holzmodell ist vorwiegend Sache der Bildschnitzer, die von der großfigürlichen Schnitzkunst herkamen und zur Bildhauer- und Schnitzerzunft gehörten, später aber zuweilen bei den Goldschmieden heimisch werden. Der biderbe, schnitzerartige Modellschnitt, wie ihn Schwarz geübt hat, geht in den feinen Modellen eines HAGENAUER und WEIDITZ in einen subtilen Goldschmiedestil über, der sonst das besondere Merkmal der Steinmodelle ist. Im schwäbischen Raum (Augsburg, Allgäu, Ulm) ist das Holzmodell, im fränkischen Raum (Nürnberg) das Steinmodell zu Hause; die führenden Meister des Holzmodells sind in Augsburg die schon genannten Hans Schwarz, Friedrich Hagenauer und Christoph Weiditz, der schon im Elsaß mit seiner Kunst begann und sie durch Württemberg und Schwaben in die freie Reichsstadt trug, im Allgäu Hans KELS und Veit KELS, in Ulm Martin SCHAFFNER, Künstler von hohem Rang, mit deren Namen Anfang, Höhe und Ende des Holzmodells umschrieben sind. Der in Nürnberg um 1525 beginnende Steinschnitt mit den Hauptrepräsentanten Matthes GEBEL und Joachim DESCHLER reicht weit nach Mittel-, West- und Norddeutschland und wird in Sachsen durch Tobias WOLFF noch bis ins 17. Jahrhundert angewendet. Sonst ist im allgemeinen von der Mitte des 16. Jahrhunderts an das Wachsmodell im Gebrauch, in Nürnberg vorwiegend durch Valentin MALER, in Augsburg durch Matthäus CARL und Balduin DRENTWETT, in Österreich durch den Italiener ABONDIO vertreten, der die Technik aus Italien in den deutschen Kulturraum trug. Doch keine Regel ohne Ausnahme. Der Augsburger Hans DAUCHER und seine Schule schneiden ihre umfangreiche Produktion in Stein, während die VISCHER in Nürnberg für die bescheidene Zahl der ihrer Werkstatt entstammenden Medaillen sich möglicherweise des in der Rotgießerei benötigten Wachses als Modellmaterial bedient haben.
Ihren stärksten künstlerischen Ausdruck hat die deutsche Medaillenkunst in den einzigartigen Holz- und Steinmodellen der Augsburger und Nürnberger Schulen gefunden; sie galten von jeher als geschätzte Kunstwerke und werden immer den Perlen der deutschen Kleinkunst zuzurechnen sein.
An Metallen für die Güsse sind alle gängigen Arten verwendet worden. Für die gehobene fürstliche Medaille war Gold und Silber das bevorzugte Material, während die bürgerlichen Medaillen meist in Silber, Bronze und Blei gegossen wurden. Doch überschneidet sich die Verwendung der Medaille innerhalb der Sozialbereiche, wie sie auch nach Ort

16 In: *Münchner Jahrbuch der Bildenden Kunst*, Neue Folge Bd. 11(1934), S. 65 ff.
17 Erschienen Maynz o. J., zitiert nach JANSSEN, Johann, *Geschichte des deutschen Volkes*, Bd. 6, 2. Aufl., Freiburg 1882, S. 101. Nach DOMANIG, Karl, *Die deutsche Medaille*, Wien 1907, S. 10.

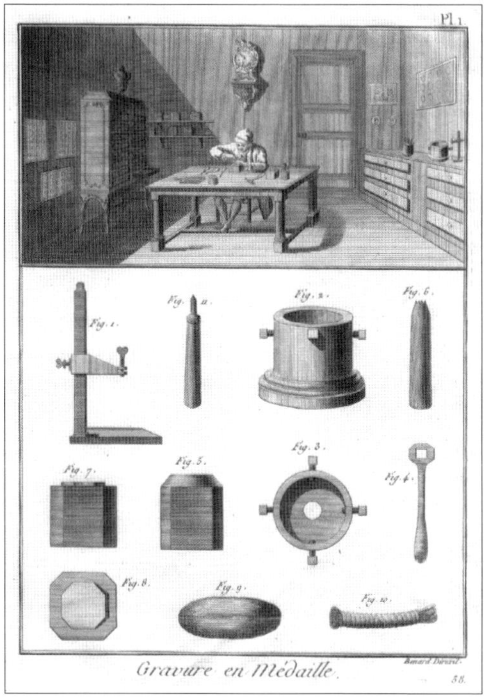

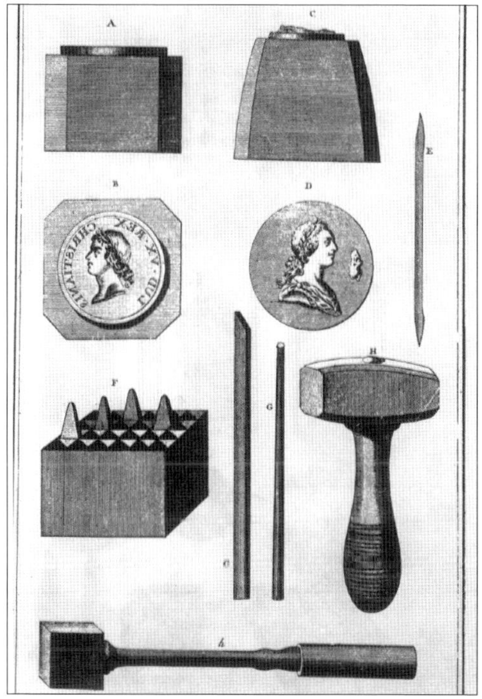

Medaillenherstellung im 18. Jahrhundert (aus Diderots Enzyklopädie)

und Zeit differiert und zuweilen ganz in dem persönlichen Geschmack und Stil eines Künstlers begründet sein kann. So stellt sich das Werk des Augsburgers Hans Schwarz in auffallender Weise nahezu ganz in Bronzegüssen dar, die in wenigen Fällen fein und präzis, in der Mehrzahl aber von kräftiger Derbheit sind und damit dem unbekümmerten Zuschnitt seiner Holzmodelle entsprechen. Sie kommen aus den Werkstätten der Rotgießer. Lange dauert die Zeit dieser markanten deutschen Bronzemedaille nicht; im eigentlichen ist sie, so wie sie kam, mit Hans Schwarz wieder gegangen und lebte nur, sich schnell verfeinernd, in wenigen Nürnberger Medailleuren und deren Gießern weiter. Mit dem feineren Stil und der goldschmiedemäßigen Bearbeitung der Modelle, wie sie in der Mitte der zwanziger Jahre sowohl in der Holz- wie in der Steintechnik einsetzen, wechseln Werkstätten und Materialien auch für den Guß. Nun sind es die Feingießer, die sich einmal des für den Medaillenguß verwendeten Silbers bedienen, aber zunehmend auch zu dem dünnflüssigen und für die Erzielung schärfster Güsse hervorragend geeigneten Blei greifen, das schon die Italiener des Quattrocento neben der Bronze für ihre Medaillen verwendeten und das in der gesamten Kleinkunst der deutschen Renaissance, nicht nur für die Medaille, eine eminente Rolle gespielt hat.

Fürstliche und bürgerliche Medaille. *»Das schön Cunterfeien«* galt *»mit für das Herrlichst und Höchst, was man von der Kunst suchen und sie darstellen sollt«*, heißt es in einem *»nützlich und anmuthlich Gespräch ›Von der Welt Eitelkeit‹«*[17]. Das Wort scheint wie auf die Medaille der Renaissance geprägt zu sein. Mit diesem neuen Gesellschaftsdenkmal war der Mensch in der Lage, sein Konterfei, seinen Namen, sein Alter, seinen Wahlspruch, sein Familienwappen vorzustellen, konnte er seiner Geltung als Individuum, seinem Ruhm und seiner Eitelkeit Genüge tun und sich im Kreise der Familie über den

Tod hinaus in stiller Erinnerung bewahrt wissen. Nur annähernd läßt sich heute die gesellschaftliche Bedeutung dieses Kleinkunstwerkes, das in großer Fülle verbreitet war und in hoher künstlerischer Ordnung stand, im öffentlichen und privaten Leben umreißen: aus zeitgenössischen Quellen, aus Porträtbildern und -stichen, die zeigen, wie häufig Medaillen als Hals- und Brustschmuck getragen werden, dann aus der hohen Zahl erhaltener Stücke. Freilich läßt sich die Frage, in wievielen Exemplaren wohl eine Medaille vervielfältigt wurde, nicht befriedigend beantworten. Der Reiche und Wohlhabende wird im allgemeinen mehr Leute mit seinen Medaillengeschenken zu bedenken gehabt haben als sein armer Zeitgenosse, ein Fürst wiederum einen größeren Kreis als der reiche Bürger. Wenn man weiß, daß beispielsweise Kaiser KARL V. auf über 250 verschiedenen deutschen (und außerdeutschen) Medaillen offizieller und inoffizieller Art porträtiert worden ist, und wenn man, bescheiden gerechnet, einen Vervielfältigungsdurchschnitt von je hundert Exemplaren für jede einzelne Medaille annimmt, so ist immerhin eine annähernde Vorstellung von der weiten Verbreitung einer fürstlichen Medaille zu gewinnen. Im bürgerlichen Sektor mag einen Mann wie auf den aus Kaufbeuren stammenden Fuggerfaktor Georg HERMANN hingewiesen sein, der es auf vierzehn verschiedene Medaillen gebracht hat, von denen jede einzelne gewiß auch in hoher Zahl gegossen wurde.

Der Bestand der deutschen Bildnismedaillen des 16. Jahrhunderts, allein der gegossenen – und zwar der Einzelstücke, d.h. ohne ihre Vervielfältigungen gerechnet –, überschreitet 4 000 Stück. Der Gesamtbestand der Vervielfältigungen ist nicht festgestellt, dürfte aber wohl bei mindestens 25 000 – 30 000 Stück liegen; dieser überkommene Bestand wiederum ist nur der Rest eines ehemals weit größeren Reichtums.

Adressaten. An welche Kreise wendete sich nun eine solche Fülle von Medaillen? Die fürstliche Medaille zunächst an die Kreise der gleichgestellten weltlichen und geistlichen Fürsten, die sie sich wechselseitig als Zeichen politischer Repräsentation, im Kreise ihres Hauses auch als familiäre Gaben überreichten. Sodann durfte sich die Schicht der Gebildeten, der hohen Beamten und politischen Berater, der Gelehrten, der Ärzte sowie der großen Kaufleute der fürstlichen Medaillengeschenke erfreuen, während das Volk an den offiziellen fürstlichen Medaillen sicher nur in bescheidenem Umfang teilhatte. In seine Hände kam das Bildnis des Landesherrn über die zahlreichen Abarten der Medaille ebenso wie über die anläßlich von Regierungsantritten, Krönungen, Vermählungen und anderen Ereignissen geprägten und zum Auswurf gekommenen Münzen und Jetons in meist unedlen Metallen. Der Anteil der Medaille und der Auswurfmünzen an der zeitgenössischen Bildvermittlung kann gar nicht hoch genug eingeschätzt werden; er wurde nur von der bildnisgeschmückten Kurantmünze und der Druckgraphik übertroffen. Nicht jede fürstliche Medaille ist freilich zur weitläufigen Verteilung geeignet und bestimmt gewesen; klein und unscheinbar, wie auch manche von ihnen sind, hatten solche sicherlich einen ausgesprochen privaten Charakter, wie es auch bei der bürgerlichen Medaille dominant der Fall war.

Deren Bereich war weit enger und ging im allgemeinen über Familie, Verwandtschaft, Freundes- und Berufskreis kaum hinaus. Obgleich auch sie Kennzeichen eines neuen Lebensgefühls und Geltungsdranges, zugleich der gesellschaftlichen Repräsentation vor allem der aufstrebenden und wirtschaftlich erfolgreichen Kaufmannschaft war, ist sie doch im wesentlichen ein Denkmal echter menschlicher Kontakte und familiärer Bindungen gewesen. Die ungezählten Bildnismedaillen von Menschen der verschiedensten Berufs- und Sozialschichten können überhaupt nur unter dem Zwecke der Beurteilung und Bewahrung im Kreise der Familien und deren enger Umgebung verstanden werden. Ein starker Familiensinn spricht aus solcher Fülle der Bildnisse und ihrem Verschenken, ähnlich wie es die Zunahme des Briefschreibens und der auffallend natürliche und herzliche Briefstil dieser Zeit bekunden. Das Bildnis

18 DOMANIG, *Medaille*, S. 74.
19 MAJOR, E., *Erasmus von Rotterdam*, Basel o. J. passim.
20 Bischöfliches Archiv Frauenburg D 90, f. 4. In: *Archiv für Medaillen- und Plakettenkunde* 1(1913/14), S. 117/8.

des Vaters wurde an die Frau und die Kinder geschenkt. Die Frau gab entsprechend das ihrige, oft auch waren Mann und Frau, im Doppelbildnis vereint, gemeinsame Geber der Medaille, die zu Lebzeiten ein Gegenstand der freundlichen Zuneigung, ja Verehrung, nach dem Tode ein Zeichen der liebevollen Erinnerung war. In diesem Sinne war die Medaille die Photographie der Renaissance. *»Es bleib im Gedechtnus so lang Gott will«,* heißt es auf den Medaillen des Deutschordenritters Walter von KRONBERG, *»Gedechtnus Lienhard Hofmanns«* steht auf der Medaille dieses Nürnbergers vom Jahre 1536, und anspruchsvoller (mit antiken Inschriftanklängen) *»sibi et postris hoc monumentum f(ieri) f(ecerunt)«* – sich und den Nachkommen ließen dieses Denkmal fertigen – auf der 1539 entstandenen Medaille des Würzburger Ehepaares Wilhelm und Sabina GANZHORN. Der gleichen Familie gehört wohl Margareta GANZHORN an, deren Kinder ihr aus Kindesliebe und Verehrung zum 60. Geburtstag eine kleine unauffällige Medaille mit der schlichten Inschrift *»EIN MVTTER XX KINDER«* fertigen ließen und schenkten, ein Frauenbildnis, das als menschliches Zeugnis neben DÜRERs Mutterbildnis steht. Eine Gedächtnismedaille auf den verstorbenen Vater mit dessen Bildnis und seinem eigenen läßt 1567 ein Johann SIMMERL fertigen. Und der Errettung Ihres Mannes, des kaiserlichen Obristen Melchior von REDERN, aus Kriegsnot bei der Verteidigung Großwardeins gegen die Türken widmete 1598 Katharina von REDERN, eine geborene Gräfin SCHLICK, eine Erinnerungsmedaille mit dem Bildnis des Obristen. Familiäre Gedenkzeichen sind dann vor allem die häufig vorkommenden Sterbemedaillen, die oft unter Verwendung eines früheren Medaillenbildnisses des Verstorbenen und unter Hinzufügung einer auf den Tod bezüglichen Rückseite der Erinnerung eines Toten gewidmet werden, eine Gattung von Medaillen, die auch im »offiziellen« fürstlichen Bereich eine bedeutsame Rolle spielt. Zweifellos hat es eine Fülle von Anlässen für die Fertigung von Medaillen gegeben, aber es fällt auf, daß die Inschriften nur in den seltensten Fällen die besondere Veranlassung nennen, so zum Beispiel die Wappenverleihungen an den Augsburger Maler Hans BURGKMAIR 1519 durch Maximilian I. und an den Würzburger Landschreiber Johann BIRNESSER, 1534, durch Kaiser Karl V.

Das Medaillenschenken gehört zum Wesen dieser Kleinkunstwerke. Meist gingen sie unmittelbar aus der Hand des Dargestellten in die Hände des Beschenkten, aber auch, wie es häufig bezeugt ist, über weite Räume. Zum Neujahr des Jahre 1596 schenkte Peter KIENER seiner Schwester seine Bildnismedaille, auf deren Rückseite er eigens gravieren läßt: *»MDXCVI den Ersten Tag January Verehrt Peter Kiener seine liebe Schwester Anna Michel Musserhardin diesen Schilling zu einem Glückseeligen Neuen Jahre«*[18]. Oft mit Medaillen beschenkt und ebenso freizügig seine eigenen gebend war ERASMUS von Rotterdam, in dessen Nachlaß, der im Basler Historischen Museum verwahrt ist, die empfangenen Medaillen heute noch existieren.[19] So hatte ihm Severin BONAR, der Gouverneur von Krakau, eine der einflußreichsten Persönlichkeiten am Hofe SIGISMUND I. von Polen, im Jahre 1531 als Zeichen des Dankes für die Gastfreundschaft, die sein Sohn JOHANNES bei Erasmus in Freiburg genossen hatte, eine Goldmedaille seines Königs Sigismund geschenkt, auf deren Rückseite er eine eigene Widmung hatte gravieren lassen: *»D(omino) ERASMO ROTERDAMO SEVERINVS BONER M(ittit)«;* 1535 sandte er ihm noch seine eigene Bildnismedaille, die er 1533 hatte prägen lassen, in zwei Goldexemplaren nach. Eine Goldmedaille mit seinem Bildnis hatte auch FRIEDRICH der Weise von Sachsen an Erasmus geschenkt, der die Gabe mit seiner großen, von Quentin Massys im Jahre 1519 gefertigten Medaille beantwortet, um deren Guß in Nürnberg sich Erasmus persönlich bemühte. Gerne verschenkte auch der leutselige Johannes DANTISCUS, Bischof von Kulm, sein Medaillenporträt, so im Jahre 1530 an seinen alten Freund Nikolaus NIBSCHITZ, der Gesandter am Hofe in Krakau war und dessen humorvolles Dankschreiben an den wohlbeleibten, in polnischen Diensten als Diplomat stehenden Dantiscus vom 26. April 1530 erhalten ist:

»Ich bedanke mich, daß Ihr mir Euer Bild gesandt, damit ich desto öfter Euer gedenke; Ihr gefallt mir, Gott habe Lob, noch ganz wohl. [...] *aber dem Bild nach so müßt Ihr gar sehr geschwollen sein; ich darf es der Königin (Bora von Polen) nicht zeigen: so sie sehen sollte, daß Ihr Euch so wohl habt, wird sie Euch nicht so viel zu essen geben lassen; ich wollte, daß Ihr mir von Eurem Leib einen Teil mitteilen solltet, denn ich werde je länger, je magerer, so geschähe uns beiden desto besser.«*[20]

Eine umfangreiche Familienschenkung ist vom Grafen Heinrich RANTZAU, dem Statthalter in Schleswig-Holstein, bekannt, der sich 1592 zur Erinnerung an glückliche Errettung aus einer Lebensgefahr in einer Medaille hatte porträtieren lassen und sie in Güssen an seine 24 Enkel und eine Anzahl Freunde schenkte[21]. Und um ein Erbgeschenk zu erwähnen, so vermachte Wenzel JAMNITZER, Nürnbergs großer Goldschmied, in seinem Testament vom 12. August 1584 an Ursula HOLWECK *»zehn Gulden und ihren mit gedachten Holwecken erzeugten Kindern jedem mein conterfeet in Silber mein zu guether gedechtnus.«*[22]

Kreis und Stellung der »Konterfetter«. Der Kreis der Medailleure umschließt eine Reihe von Metiers: die der Holzschnitzer und Holzschneider, der Steinschneider und Kleinbildhauer, der Goldschmiede und der Stempelschneider. An führender Stelle stehen zu Beginn der deutschen Renaissancemedaille neben einigen Steinschneidern die in der Holzmodelltechnik arbeitenden Schnitzer, jene Gruppe von Künstlern, die, noch geschult in der Kunst der kirchlichen, spätgotischen Großplastik, durch die Religionskrisen und die Verminderung der künstlerischen Aufträge von seiten der Kirche um Beruf und Brot gekommen waren oder zu kommen fürchteten und daher in die langsam emporkommende bürgerliche Kunst hinüberwechselten. Das Beispiel des Freiburger Bildhauers SIXT von Stauffen, über den der Abt des Klosters Hugshofen, Paul VOLZ, in einem Schreiben am 6. September 1525 an den Straßburger Humanisten Beatus RHENANUS berichtete, mag für viele stehen: *»Bei mir ist zur Zeit Meister Sixt, bei dem es zu bedauern ist, daß sein Genie wie seine Kunstfertigkeit jetzt zur Untätigkeit verurteilt sind.«*[23] Es ist gerade die Zeit, da Friedrich Hagenauer und Christoph Weiditz aus dem Elsaß abwandern und nach Wanderungen durch Württemberg und Schwaben, der eine zuerst in München, dann beide in Augsburg, als Konterfetter festen Boden unter den Füßen gewinnen. Münchens Anteil an der neuen Kunst ist gering. Hagenauer siedelt nach der kurzen Spanne eines Jahres in das reiche Augsburg hinüber, ohne in München einen Nachfolger zu finden. Bis in die Zeit ALBRECHTs V. bleibt die herzogliche Stadt an der Medaille uninteressiert. Dagegen sind die freien Reichsstädte mit ihrer reichen und weltoffenen Bürgerschaft den Medailleuren zugetan. Der Reichstag von 1518 in Augsburgs Mauern kann als Geburtsstunde der großen repräsentativen deutschen Medaille angesehen werden. Neben dem genialen Hans Schwarz stand der klassische Steinschneider Hans Daucher. Heimische Goldschmiede, auch Stempelschneider arbeiteten mit ihnen, wenn auch mehr oder weniger sporadisch, bis durch die beiden Elsässer Hagenauer und Weiditz und durch den Kaufbeurener Hans Kels, der ebenfalls von der Schnitzerei herkam, die Augsburger Medaillenkunst ihre führende Stellung im deutschen Süden gewinnt. Bald lagen die zugewanderten Medailleure an der Spitze sehr zum Mißfallen der ortsansässigen Goldschmiede, deren Absatz an Gold- und Silberschmuck offensichtlich durch die schnell wachsende Produktion der Medaillen gefährdet wurde. Die kaiserlichen Freibriefe, die Karl V. an Hagenauer und Weiditz zur freien Ausübung ihrer Konterfetterkunst verlieh, kennzeichnen deren kritische berufliche, durch das Vorgehen der Zünfte bedingte Situation. Andererseits sind sie bezeichnend für die veränderte Stellung des Renaissancekünstlers, der, durch kaiserliches Privileg von mittelalterlichen Zunftbindungen gelöst, sich als freier Künstler betätigen darf.

21 LANGE, Chr., *Sammlung schleswig-holsteinischer Münzen und Medaillen*, Bd. 2, Berlin 1912, S. 137, Nr. 992.
22 MUMMENHOFF, Ernst, in: *Anzeiger für Kunde der deutschen Vorzeit*, Neue Folge 24, Sp. 235.
23 In: *Zeitschrift für die Geschichte des Oberrheins*, Neue Folge (1929)43, S. 82.
24 BAUCH, Gustav, in: *Historisches Jahrbuch der Görresgesellschaft* 19, S. 472/73.
25 In: *Kunstgewerbeblatt* 1, S. 161, Beilage zu: *Zeitschrift für bildende Kunst* 20(1885).
26 HAMPE, Theodor, *Das Trachtenbuch des Christoph Weiditz*, Berlin und Leipzig 1927.

Augsburg ist nicht der einzige Platz solcher Konflikte. In Nürnberg wendet man sich gegen Matthes Gebel und zwar in seiner Eigenschaft als Gießer. Durch Ratserlaß vom 23. Juni 1534 verpflichtet der Nürnberger Rat Gebel, daß er die »*medeja oder angesicht, so er von silber geusst*« auf den Gehalt gießen soll, den die Goldschmiedeordnung vorschreibt. Ein Jahr später wird dann zwar durch die neuredigierte Goldschmiedeordnung von 1535 die Freiheit der Medaillenarbeit zugestanden (daß Gebel und »*ander seinesgleichen, so allhier pild giessen oder dergleichen arbeit als freie Kunst pflegen zu machen*«), zugleich aber wird gefordert, daß sie »*schuldig sein, sieselbig ir arbeit, es sei von goldt oder silber, nach dem gehalt der goldschmiedordnung gemeß zu arbeiten und zu machen, bei peen zehn gulden.*«[24] Ein ähnlicher Fall spielt in Leipzig gegen den Kunstschreiner und Medailleur Hans REINHART d. Ä., der, wie das Innungsbuch der Leipziger Goldschmiede unter dem Jahre 1540 vermerkt, als »*Tischer oder Schryner* [...] *lange zeytt schaw groschen gegossen, darnach in unsere ordnung gegriffen*« und der sich dem Vorgehen der Goldschmiede gegen seine Tätigkeit als freier Medaillenkünstler nur dadurch entziehen konnte, daß er sich formal noch einer Lehre von fünf Jahren unterwarf.[25]
Die deutschen zeitgenössischen Quellen sind weit zerstreute Bruchstücke eines bunten, aber ungeordneten Mosaiks. Wir kennen keine geschlossene Lebens- oder Künstlergeschichte eines der führenden Medailleure der Blütezeit. Die Namen Hans Schwarz, Hagenauer, Weiditz und Kels in Augsburg wurden schon genannt. In Nürnberg stehen Matthes Gebel und Joachim Deschler an der Spitze; vorher waren von Bedeutung hier Vischer, dann als Außenseiter Lucas CRANACH, der einige Steinmodelle als Vorbilder für die in Nürnberg in Auftrag gegebene großangelegte Reihe der Statthaltermedaillen FRIEDRICHs des Weisen fertigte. In Würzburg war, vermutlich in ähnlicher Weise, RIEMENSCHNEIDER an der Schaffung einer der Inkunabeln beteiligt, der Bildnismedaille des Würzburger Bischofs Lorenz von BIBRA. Unerkannt in ihren Arbeiten, aber angenommenermaßen von einiger Bedeutung sind der Augsburger Sebastian LOSCHER und der Nürnberger Ludwig KRUG. Hingegen ist Dürer kaum Medailleur gewesen, und sein Anteil an Medaillen ist auf »Visierungen« und Zeichnungen beschränkt, ähnlich wie es auch bei Burgkmair der Fall war.
Die Sozialstellung der deutschen Konterfetter ist mit wenigen Worten nicht zu umreißen. Sie umfaßt sowohl die Lebensbereiche des wandernden Künstlers, zuweilen des Vagabunden und reicht bis in die Stufe des Hofmedailleurs. Materielle Sicherheit war kaum gegeben; doch waren sie als Repräsentanten ihrer Kunst sicher gerngesehene und um ihrer Arbeit willen geschätzte Leute. Hans Schwarz und Ludwig Krug treffen sich, wie man durch NEUDÖRFLER weiß, im Hause des kunstbeflissenen Propstes von St. Sebald, des Melchior PFINZING, zu einer Konkurrenz, aber der gleiche Schwarz muß auch nach einem nächtlichen Rencontre mit dem kaiserlichen Stadtschultheißen TILMAN von Bremen auf Befehl des Rats binnen drei Tagen Nürnberg verlassen, um dann auf dem Reichstag zu Worms wieder als angesehener Mann von fürstlichen Auftraggebern bedacht zu werden. Später (1532) gehörte er in Paris zum Freundeskreis des Neulateiners Johannes SECUNDUS.
Am profiliertesten unter den großen Konterfettern der Frühzeit erscheint Christoph Weiditz, dessen Lebensgeschichte als ein Beispiel für die meist nur bruchstückmäßigen Viten der anderen Medailleure stehen mag. Als Sohn des bedeutenden spätgotischen Bildhauers Hans WEIDITZ in Freiburg oder Straßburg um 1500 geboren, wuchs er in der Werkstatt des Vaters, der schon gelegentlich als Kleinbildhauer arbeitete, auf und lernte wohl auch von seinem Bruder Hans, dem »Petrarcameister«, manches im Holzschnitt, jedenfalls in Kleinarbeit. Mit seinen ersten Medaillen, die er im Auftrag humanistischer Persönlichkeiten und seiner eigenen Kunstkollegen fertigt, tritt er 1523/25 in Straßburg und im Elsaß hervor. Aber der elsässische Boden ist wenig trächtig für die neue Kunst. Er

wandert 1525/26 durch Württemberg und Schwaben über Ulm und Öttingen nach Augsburg. Dort faßt er mit seiner geschmackvollen Kunst bei der reichen Bürgerschaft schnell Boden und entfaltet neben seinem Landsmann und Konkurrenten Friedrich Hagenauer eine lebhafte und von Jahr zu Jahr sich steigernde Tätigkeit. Das Jahr 1529 sieht ihn in Spanien am Hoflager Karls V. in Gesellschaft des Kolman HELMSCHMID, Augsburgs berühmtestem Plattner. Hier porträtiert er Ferdinand CORTEZ, den Eroberer Mexikos, und den ermländischen Bischof Johannes Dantiscus, der in jahrelangen Diensten bei Karl V. stand. Ein *»Trachtenbuch«*[26], das in vielen Blättern Szenen des Volkslebens und der Trachten in Spanien und anderen Ländern festhält, ist der weitere Leitfaden für seine Lebensgeschichte. Weiditz begegnet Andrea DORIA, dem genuesischen Admiral, den er im Trachtenbuch in ganzer Figur zeichnet und später auch in einer Medaille porträtiert hat, und zwar trifft er ihn sicherlich zu dem Zeitpunkt, als dieser, Anfang August des Jahres 1529, mit der genuesischen Flotte in Barcelona landet und von dort das kaiserliche Heer nach Genua bringt, wo Karl V. am 12. August einen triumphalen Einzug hielt. Man darf annehmen, daß Weiditz an dieser Seefahrt teilnahm und in Italien in der Nähe des Kaisers blieb, vielleicht auch an dessen Krönung zum Kaiser in Bologna am 24. Februar 1530 durch CLEMENS VII. teilgenommen hat. Jedenfalls enthält das Trachtenbuch Bilder Genueser und anderer italienischer Volkstypen, die einen weiteren Aufenthalt auch in Mittelitalien wahrscheinlich machen. Zum Reichstag des Jahres 1530 ist er wieder in Augsburg, um dann Ende des Jahres dem Kaiser an den Rhein nach Köln zur Wahl FERDINANDs zum römischen König zu folgen. Eine Reise in die Niederlande schließt sich an. Der Augsburger Reichstag und die Zeit am kaiserlichen Hoflager am Rhein waren durch die Anwesenheit hoher Diplomaten für ihn eine Zeit internationalen Umgangs, wie seine Medaillen widerspiegeln. 1531 über Nürnberg nach Augsburg zurückgekehrt, wird dieses seine Wahlheimat. Er heiratet 1533 Regina FORSTER, die Schwester des Bildhauers und Goldschmieds Joachim FORSTER, gelangt, nach den steigenden Steuerzahlungen, die er zu leisten hat, zu schließen, zu einigem Wohlstand und erwirbt 1549 ein Haus, 1552 ein zweites. Wahrscheinlich war er auch später noch des öfteren von Augsburg abwesend. Nürnberg und Sachsen können weitere Plätze seiner Arbeit gewesen sein, und falls das Trachtenbuch ganz sein Werk und nicht durch Zutaten von dritter Seite vermehrt ist, hat ihn sein Weg auch nach England geführt. Er starb 1559.

Trotz kaiserlichen Privilegs war Weiditz ernsten Schwierigkeiten durch die Zünfte ausgesetzt, weil er weder eine vorgeschriebene Lehrzeit absolviert hatte noch das übliche Meisterstück vorweisen konnte. Er bemüht sich, Mitglied der Bildhauerzunft zu werden, die ihm am 3. März 1532 die Bildhauergerechtigkeit verlieh. Der Streit kam offensichtlich nie ganz zur Ruhe, flackert 1538 und auch noch 1554 wieder auf, als die Goldschmiede sich weigern, die Gesellen des Weiditz als *»redlich«* anzuerkennen. Bemerkenswert in diesen Konflikten ist die vermittelnde Stellungnahme des Rates der Stadt (undatiert): *»dieweil des Weiditz' Arbeit kein Handwerk, sondern eine Kunst und den Goldschmied mit nichten zuwider ist«*[27]. Falls die markante Tonbüste im Londoner Victoria und Albert Museum[28] wirklich ein Selbstbildnis ist, war er ein mutiger Mann von sicherer Lebensführung, der gerade seines Weges ging und nichts vergab, der den übelwollenden Augsburger Goldschmieden mit den Worten gegenübertrat: *»dann ich hab Meisterstück genug gemacht, Gott sei Lob«*. Sein Lebensgang aber und sein Werk lassen sich nicht verallgemeinern. Die große Schar seiner Kollegen, der mehr seßhaften wie der wandernden, war kaum von solchem persönlichen Zuschnitt, solcher Lebensart und auch nicht von solchem Erfolg.

Etliche von ihnen kennen wir von Angesicht; den jungen Peter Vischer, naiv und selbstbewußt, auf seiner Medaille von 1509, mit krausgelocktem Haar und schiefem Barett, den jungen Hans Schwarz in weltmännischer

27 HABICH, Georg, in: *Jahrbuch der Preußischen Kunstsammlungen* 34(1913), S. 27.
28 VÖGE, Wilhelm, in: *Jahrbuch der Preußischen Kunstsammlungen* 53(1932), S. 150, Abb. 10, S. 154, Abb. 12.
29 In: *Archiv für Medaillen- und Plakettenkunde* 1(1913/14), S. 114.
30 SOLMS, Ernst Otto Graf zu, *Solmser Medaillen des 16. Jahrhunderts*, Laubach 1956, S. 9.
31 UHLHORN, Friedrich, *Reinhard Graf zu Solms*, Marburg 1952, S. 103, S. 220, Anm. 281.
32 In: *Jahrbuch zur kunsthistorischen Sammlung des Allerh. Kaiserhauses* 11(1890), Register 6763. In: *Numismatische Zeitschrift Wien* 34(1902), S. 292.
33 In: *Jahrbuch zur kunsthistorischen Sammlung des Allerh. Kaiserhauses* 11(1890), Register 6880. In: *Numismatische Zeitschrift Wien* 34(1902), S. 293.
34 HELLER, Joseph, *Die bambergischen Münzen*, 1839, S. 28. DOMANIG, Medaille, Nr. 202.

Positur mit großem Barett und in weitfallendem Mantel mit geschlitzten Ärmeln. Ganz das Gegenteil der Ulmer Martin SCHAFFNER, 43jährig, im Arbeitsschurz, ein echtes Kunsthandwerkerbildnis, das man neben den alten Peter Vischer aus Sebaldusgrab stellen kann. Aus den vierziger Jahren und später stammen Hans MASLITZER, Feingießer in Nürnberg und vielleicht auch Medailleur, Valentin Maler und Jakob HOFMANN, der Sachse Hans Reinhard, der Augsburger Balduin Drentwett, dann, um die an sich viel längere Reihe zu schließen, der aus Oberitalien stammende und vorwiegend im Dienste der Habsburger tätige Antonio ABONDIO. Alle diese Medaillen, meist Selbstporträts, zeichnet Zurückhaltung und Schlichtheit, Einfachheit der Texte und der Rückseiten aus. Schlicht, wie sie sich in ihren Bildnissen geben, ist auch ihre Haltung gegenüber ihren eigenen Werken, die sie entweder gar nicht oder nur in unauffälliger Weise mit den Anfangsbuchstaben signieren, ganz im Gegensatz zu ihren mit hohem Selbstgefühl auftretenden italienischen Kollegen, die sich oft mit vollem Namen nennen und ihre kleinen Werke mit dem großen Worte Opus belegen. Kurz mag hier nach CELLINIs eigenen Schilderungen berichtet sein, wie dieser anläßlich seiner Medaillenarbeiten für Clemens VII. im Jahre 1534 vom Papst in Belvedere empfangen wird, wie der Papst aus den Händen des Künstlers die neuen Medaillen samt den Stahlstempeln entgegennimmt und dem Cellini das hohe Lob spendet, daß die Alten nicht so schöne Medaillen gemacht hätten. Als kurze Zeit danach Cellini dem kränkelnden und alternden Papste auf dem Krankenlager eine neue, von Clemens selbst angeregte Medaillenseite vorlegt, steigert sich die Teilnahme des Papstes so, daß er sich Kerze und Brille bringen ließ und schließlich, als er auch dann die Stempelgravierung nicht mehr wahrnehmen konnte, diese mit den Fingern abtastete.

Wir wären dankbar, wenn die deutsche Medaillengeschichte ähnliche Berichte über die geachtete Stellung ihrer Künstler kennen würde. Reichlich hingegen fließen Einzelnachrichten über die Medaillenfertigung und namentlich über die dafür bezahlten Preise. Die frühesten beziehen sich auf zwei Medaillen von Hans Schwarz, auf die anläßlich des Augsburger Reichstags 1518 gefertigte Medaille Georgs des Bärtigen und auf die Medaille Dürers, beides einseitige Holzmodelle. Im Jahre 1531 bezahlt Christoph MÜLICH, ein Fugerfaktor, für eine doppelseitige von Christoph Weiditz gefertigte Medaille, und zwar sicherlich für deren Holzmodell, sieben Kronen[29], während der Mainzer Bildhauer und Medailleur Dietrich SCHRO[30] in den Jahren 1545/46 für fünf einseitige Steinmodelle zu Solmser Medaillen 2 Gulden, 5 Taler, 14 Pfennig erhält, der Solmser Maler Hans ABEL aus Mainz 1548 für die Bildnisse der beiden Grafen Reinhard und Bernhard von SOLMS vergleichsweise 8 Taler[31]. Unklar, ob die Medaillenmodelle, und zwar in Stein gearbeitet, inbegriffen oder nur die Güsse gemeint sind, ist eine Zahlung des Nürnberger Juristen Christoph SCHEURL an den Medailleur Matthes Gebel im Jahre 1533. Für außergewöhnlich große Stücke wie es z.B. die kolossalen Ehrungsmedaillen der Tiroler Stände an Fürstlichkeiten waren, wurden entsprechend höhere Preise bezahlt. So erhielt der Tiroler Bildschnitzer Veit ARNBERGER 1548 für den Formschnitt, wohl das Modell, zu einem Ehrenpfennig für PHILIPP II. von Spanien 15 Gulden[32], derselbe Arnberger 1550 wiederum für den Formschnitt einer durch die Tiroler Stände an Kaiser MAXIMILIAN II. überreichten Ehrungsmedaille 10 Gulden[33]. Dem vielbeschäftigten Nürnberger Valentin Maler werden 1584 für das Wachsmodell zur Medaille des Bamberger Bischofs Ernst von MENGERSDORF 22 Gulden gezahlt[34]. Sind die steigenden Zahlungen zum Teil auch durch Währungsschwankungen bedingt, so können sie doch als Maßstäbe für die wachsende Anerkennung der Arbeit der Medailleure gelten.

Bei den Konflikten der Zünfte mit den Medailleuren ging es einmal um die Herstellung der Modelle, in zweiter Linie und vor allem um die Fertigung der Edelmetallgüsse. Sicherlich hat die Mehrzahl der Medailleure ihre

Medaillen nicht selber gegossen, sondern das Gießen durch Feingießer und Goldschmiede vornehmen lassen; doch ist auch das Gießen für manche Medailleure selbst bezeugt, so für Gebel und für den Schwager des Christoph Weiditz, den Medailleur und Kleinkünstler Joachim Forster, den die Augsburger Goldschmiede im Jahre 1554 belangten, daß er *»Bilder«* in allen Arten von Materialien mache, auch von Gold und Silber. Offensichtlich war diesem Vorgehen kein Erfolg beschert, da die Kennzeichnung von Medaillen mit amtlichen Beschauzeichen nur in allerseltensten Fällen bekannt ist. Die Goldschmiede mochten aber auch sonst Grund zur Veränderung gehabt haben, da das Feingießen in Gold und Silber auch privat betrieben wurde. So wissen wir durch Neudörffer von Melchior Pfinzing, dem Propst von St. Sebald in Nürnberg und Verfasser des *»Theuerdank«*, der *»fürwahr von Kaiser Maximilian her im Gießen und anderen Künsten begierig und verständig war«*, daß er mit den Medailleuren Hans Schwarz und Ludwig Krug umging und vor allem, daß er dem Nürnberger Feingießer Hans Maslitzer die Anfangsgründe des Gießens beigebracht hat. Gießerkenntnisse hatte auch Pfalzgraf OTTO HEINRICH, ebenso der württembergische Kanzler Ambrosius VOLLANDT, die beide allerlei Vorrichtungen und Materialien zum Formen und Gießen hinterließen. Ernste gußtechnische Interessen und wohl auch Erfahrungen lassen sich bei Erasmus von Rotterdam aus seiner Korrespondenz mit PIRKHEIMER über die Vervielfältigung seiner von Quentin Massys geschaffenen Bildnismedaille annehmen, wobei zugleich interessant ist, daß Erasmus dem Nürnberger Gießer bezüglich des Verkaufs seiner Medaillen freie Hand läßt: *»wenn der Guß gut gelingt, mag er weiter gießen und zu seinem Nutzen verkaufen«*.[35] Gaben Gold- und Silbergüsse, die außerhalb der zuständigen Werkstätten gefertigt waren, häufig Anlaß zu Kontroversen, so scheint hingegen das durch ungezählte hervorragende Güsse belegte Gießen in Blei infolge der Geringwertigkeit des Materials keine Beanstandung gefunden zu haben. Die kräftigen Bronzegüsse der Frühzeit endlich kamen sicherlich samt und sonders ohnehin aus den Werkstätten der Rot- und Glockengießer, so daß für diese kein Anlaß zu irgendwelchen Maßnahmen gegeben war. In den Bereich des Berufsschutzes gehört hingegen das Ansuchen um Schutz vor der Nachahmung beziehungsweise Nachbildung, ein erstes Wahrnehmen der Unversehrtheit des künstlerischen Eigentums und dessen wirtschaftlichen Wertes. Der erste all dieser Art ist vom Jahre 1545 und bezeichnenderweise wiederum aus Augsburg bekannt, wo sich der Siegelschneider und Goldschmied Constantin MÜLLER den kaiserlichen Schutz für die von ihm geplanten historischen Medaillenserien erbittet, da er fürchte *»diese Schau- und Rechenpfennige könnten von Andern nachgemacht und gegossen werden«*, eine Bitte, die ihm Karl V. durch ein Privileg erfüllt, mit welchem er *»allen Unterthanen des Reiches, besonders den Siegel- und Formschneidern bei strafe von 4 Mark Goldes«* die Nachbildung dieser Pfennige auf die Dauer von 6 Jahren verbietet.[36] Die unberechtigte Nachgießerei auch von zeitgenössischen Kaisermedaillen scheint über Jahrzehnte gang und gäbe gewesen zu sein, da sich noch 1582 Valentin Maler und 1613 sein Sohn Christian Privilegien zum Schutze solcher Medaillen erbitten und auch gewährt erhalten und zur Kennzeichnung dieses Schutzes ihre fürstlichen Porträts mit dem *»CVM PRIVILEGIO CAESARIS«* in den verschiedensten Arten von Abkürzungen versehen. Eine ungefähre Vorstellung, wie solche Arten von Medaillen an den Mann gebracht wurden, gibt der Kupferstich mit dem Selbstbildnis des Eislebener Goldschmiedes Nikolaus Weiler von 1576, der in seiner Werkstatt inmitten seiner Arbeiten und seiner Werkzeuge sitzt und in einem Schaufenster seine Erzeugnisse zum Betrachten und zum Ankaufe hergerichtet hat. Sonst wissen wir nur von einem in Nürnberg bezeugten öffentlichen Verkauf von Medaillen auf unterster Handelsstufe, nämlich durch einen Ratserlaß des Jahres 1547: *»dem frömbden kremer das begert feilhaben seiner contrafeiten medaien unterm rathaus ableinen und sagen, er mögs*

35 HABICH, Georg, *Die Medaillen der italienischen Renaissance*, Stuttgart / Berlin 1923, Bd. 1, 2, S. XLVIII.
36 In: *Jahrbuch der kunsthistorischen Sammlung des Allerh. Kaiserhauses* 15(1894), Register. 1813. In: Numismatische Zeitschrift Wien 34(1902), S. 283, Anm. 65, S. 289 f.
37 HAMPE, Theodor, *Nürnberger Ratsverlässe über Kunst und Künstler*, Bd. 1, Nürnberg 1904, Nr. 3055.
38 MOSER, Karl / DWORSCHAK, Fritz, *Die große Münzreform unter Erzherzog Sigismund von Tirol*, Wien 1936, S. 32, S. 141 (Nr. 377) und Tafel XII, 61.
39 HERBERGER, Thomas, »Konrad Peutinger in seinem Verhältnis zu Kaiser Maximilian«, in: *Jahresberichte des historischen Kreis-Vereins Schwaben und Neuburg* (1849/50), S. 57, Anm. 70. Vgl. HABICH, Medaillen, S. LXXII.

vorm rathaus feilhaben«,[37] wobei hier bei den »contrafeiten medaien« wohl an Medaillen fürstlicher oder anderer allgemein bekannter Persönlichkeiten zu denken ist, kaum aber an Bildnismedaillen privater Natur.

War soeben von den in großer Zahl anzunehmenden illegalen Nachbildungen die Rede, so wissen wir doch auch von legalen späteren Nachgüssen. So wurde zum Beispiel die 1527 entstandene Medaille des Albrecht Scheurl im Jahre 1533 von Matthes Gebel erneut gegossen, und im Jahre 1586 ließ ein Friedrich Behaim die Medaille seines namensgleichen Vorfahren und Nürnberger Ratsherrn von 1526 in Gold nachgießen und mit drei Kettchen versehen, »*daß man es anhengen*«, also als Schmuckstück tragen konnte. Diese Erörterungen und Beispiele mögen zeigen, mit welchen Möglichkeiten für erlaubte und unerlaubte zeitgenössische und entsprechend spätere Nachgüsse zu rechnen ist. Wer die Medaillenmaterialien kennt, weiß um die Schwierigkeiten der Bestimmung von echt und falsch, von Original und Kopie.

Einwirkungen Italiens – Erste deutsche Medaillen. Wann in Deutschland, und zwar der Lage der Dinge nach in Süddeutschland, zum ersten Male eine italienische Medaille auftauchte, die als Kunst- und Gesellschaftsdenkmal Bewunderung und Würdigung fand, ist nicht bekannt. Wahrscheinlich geschah es früher als 1459, als der in Padua studierende Ulrich GOSSENBROT aus Augsburg seinem Vater durch Kaufleute eine Anzahl Bleimedaillen mit den Bildnissen seiner Universitätsprofessoren schickt. Es ist unbekannt, ob der humanistisch gebildete Vater ein früher Sammler und Kunstliebhaber war, dessen Sammlung der Sohn bereichern wollte; sicher aber wollte der Sohn seine Lehrer dem Vater im Bilde vorstellen, womit diese Sendung einen ureigensten Zweck der Medaille, als ein Mittel zur Bildvermittlung zu dienen, erfüllte. Es mag symptomatisch sein, daß diese Sendung von Medaillen an jenes Augsburg ging, das ein halbes Jahrhundert später neben Nürnberg Hauptplatz der deutschen Medaillenkunst wurde.

Die Kontakte mit Italien stellen sich am ausgeprägtesten in der Persönlichkeit Maximilians I. dar, zu dessen vielseitigen antiquarischen und künstlerischen Interessen auch die Münzliebhaberei gehörte, wie es im »*Weisskunig*« von ihm selber heißt, er ließe »*all münz, so die Kaiser, Kunig und andre mechtig herrn vor zeiten geschlagen haben und die fürsten und ime zugebracht worden seien, behalten und in ain puch malen*«. Der Medaille war er schon als junger Erzherzog zugetan, ebenso wie der in Tirol regierende Sigismund der Münzreiche, dessen erste Bildnismedaille, ein schautalerartiges Prägestück mit dem Brustbild Sigismunds im Jahre 1483, die Stempelschneider Reichart WEIDENPUNSCH, ein deutscher Goldschmied aus Venedig, der zu diesem Zweck eigens beordert wurde, in Innsbruck gefertigt hatte.[38]

Maximilian selbst hatte sich 1477 bereits mit seiner ersten Braut Maria von Burgund von Giovanni da CANDIDA in einer modellierten und gegossenen Medaille porträtieren lassen. Zahlreiche schautalerartige Gepräge mit seinem Bildnis entstehen seit 1505 auf Tiroler Boden in Hall bei Innsbruck, dort auch die Gußmedaille mit dem Doppelbildnis Maximilians und seiner zweiten Gemahlin Maria Bianca SFORZA von der Hand des Mantuaners Gian Marco CAVALLO, den Maximilian als Stempelschneider an die Haller Münzstätte berufen hatte. Anläßlich seiner dritten bald wieder gelösten Verlobung mit ANNA von Ungarn, die im Jahre 1515 in Wien zugleich mit der Doppelheirat seiner beiden Enkelkinder mit Kindern des Ungarnkönigs WLADISLAUS stattfand, arbeitet ein unbekannter Medailleur, wohl ein Süddeutscher (DAUCHER oder Loy HERING?) ein neues Medaillenbildnis von ihm und seiner dreizehnjährigen Braut.

Maximilian war einer der Hauptförderer der Medaille, die er in umfangreichem Maße für seine Repräsentationszwecke verwendete. Von größter Bedeutung waren ferner die Handelskontakte der Fugger mit Italien, die 1495 ihre ständige Faktorei in Rom errichteten und von den Jahren 1508/09 an als Inhaber der päpstlichen Münze während der Pontifakte JULIUS II., LEO X. und Clemens VII. mit führenden italienischen Stempelschneidern wie CARODOSSO, Vittore GAMBELLO, Petro Maria SERBALDI u.a. in Verbindung standen und über diese natürlich mit der übrigen Medaillenkunst Italiens aus unmittelbarer Nähe bekannt wurden. Für die Resonanz, die die neue Porträtkunst schon früh bei den deutschen Humanisten fand, mag ein Beispiel sein, daß Konrad PEUTINGER, Augsburgs gelehrter, münzsammelnder Stadtschreiber, im Jahre 1509 den Besuch eines römischen Goldschmiedes im Hause hat und aus diesem Anlaß mit dem Abt Johann von MINDERAU über ein Münz- oder Medaillenporträt des Papstes Julius II. in Korrespondenz tritt[39].

Ein Wegbereiter für die Medaille auf deutschem Boden war auch Adriano FIORENTINO, ein Florentiner Bildhauer, Erzgießer und Medailleur, der zwischen Mitte und Ende der neunziger Jahre am Dresdener Hof weilte und neben dem Hauptwerk dieses sächsischen Aufenthalts, einer großen Bronzebüste des Kurfürsten Friedrich der Weise vom Jahre 1498, eine in die gleiche Zeit fallende Medaille des kurfürstlichen Rates Degenhart PFEFFINGER arbeitete, der als einer der ersten deutschen Münzsammler von Bedeutung gelten darf. Adriano kehrte bereits 1498/99 nach Florenz zurück, wo er am 12. Juni 1499 starb. Der Nachwirkung seiner Tätigkeit am sächsischen Hof aber mag es zu danken sein, daß Friedrich der Weise sich rund zehn Jahre später, bei der Übernahme der Reichsstatthalterschaft, in so starkem Maße um die Fertigung seiner Statthaltermedaillen, ein großzügig geplantes, aber mit äußerster Verzögerung ablaufendes Unternehmen, bemühte.

In der Spätrenaissance beginnt einerseits die Dominanz der Prägemedaillen, die zum großen Teil im Dienst der Herrscher steht und deren histoire métallique schafft – nicht umsonst gründet LUDWIG XIV. zur Erfindung geeigneter Aufschriften die Académie des inscriptions. Andererseits setzen sich die im Manierismus entwickelten Gestaltungsmechanismen – mit Antikenreminiszenzen – nahtlos, wenn auch mit einer nicht zu übersehenden »Anlaßtrivialisierung« in die Barockzeit und in das 19. Jahrhundert fort. Dort verliert die Prägemedaille durch Vermischung der Techniken viel von ihrem Ausdruck: die Reduktionsmaschine erlaubt die mechanische Verkleinerung großer Modelle auf jedes gewünschte Format, so daß die Wachsvorlage eines Großplastikers ohne Rücksicht auf die weiteren technischen Vorgänge verwendbar wird; schließlich gestattet das Senkverfahren die Übertragung eines positiven Eisenabgusses vom Wachsmodell in den Prägestempel. Eine künstliche Verschwommenheit des Gepräges wird vielfach durch Sandgebläse erzeugt und schafft malerische Effekte (vgl. den Medaillenkünstler Jules-Clément CHAPLAIN). Nicht übersehen werden darf dabei die Dokumentation des Erwerbs von Medaillen auf »Ersatzbildträgern« wie sie uns wohl am besten im Etikett zahlreicher prämierter Weine entgegentritt. Auch das »Verleihen« von Medaillen an Schönheits- oder Leistungschampions aus dem Tierbereich – bevorzugt Hunde, aber auch Katzen – gehört in den Bereich der umfassenden Auszeichnungswirksamkeit der Medaillen. Daß dort die sogenannten »Kranzabzeichen« schweizerischer Schützenvereine ebenso anzusiedeln sind wie die begehrtesten »agonistischen« Belohnungen, die Olympiamedaillen, sei hier nur deshalb besonders herausgestrichen, weil sie einen Anklang an die Sonderformen der »Tapferkeitsmedaillen« bieten und sich von bewußt in anderer Form präsentierten Auszeichnungen (»Oskar«, »Goldener Löwe«, Schallplatte aus Platin etc.) unterscheiden, solcherart noch immer eine Sonderform abendländischer Memoria-Kultur dokumentierend.

Vom Kaiserdiplom zur Sporturkunde

Anmerkungen zur Geschichte der Diplome und Urkunden

von Walter Borgers

Zur Begriffsgeschichte – Antike bis frühe Neuzeit. In seiner Ursprungssprache Griechisch bezeichnete das Wort Diplom in der Antike ein »aus zwei Täfelchen zusammengefügtes amtl. Schriftstück«[1], dem Wortsinn nach einen einmal zusammengelegten Doppelbrief in der Form eines Diptychons, der verschließbaren Schreibtafel, die innen mit Wachs bedeckt war.[2] Der Ursprung solcher Diplome kann in die Zeit der Hethiter angesetzt werden. Die häufig aus Elfenbein gefertigten Schriftstücke enthielten im Inneren die Beurkundung von dem Träger zugestandenen Rechten oder Privilegien. Im Louvre befindet sich eine hethitische Stele (Stèle de Marath), die einen jungen Prinzen mit einem Diplom vor einer Priesterin zeigt.[3]

Die Bedeutung eines dem Träger ausgehändigten, beurkundeten Rechtstitels behielt das Diplom im antiken Griechenland. In der römischen Kaiserzeit entwickelten sich im Bereich des Militärwesens besondere Diplome. Diese aus zwei zusammengebundenen Bronzetafeln bestehenden Militärdiplome beinhalteten »die Abschrift eines kaiserlichen Erlasses für den persönlichen Gebrauch des jeweiligen Inhabers«.[4] Die zugestandenen Rechte oder Privilegien betrafen die Bürgerrechte und auch Reiseprivilegien (Geleitbriefe). Die Tafeln wiesen Löcher auf, durch die sie mit Draht zusammengebunden waren; auf der Rückseite, auf der sieben Zeugen aufgeführt waren, blieb in der Mitte ein Freiraum in der Beschriftung, der durch die Röhre bedeckt wurde, die die Siegel aufnahm. Das Exemplar aus dem Jahr 71 n. Chr., das sich in den Staatlichen Museen Preußischer Kulturbesitz in Berlin befindet, beurkundet die Verleihung des Bürgerrechts (civitas) und des Rechts der Eheschließung (conubium) an den Veteranen PLATOR. Der Text dieses Militärdiploms beginnt mit der Nennung des Kaisers Caesar VESPASIANUS Augustus und aller seiner weiteren Titel und enthält Namen, Einheit, Vorgesetzten und Dienstzeit des Veteranen sowie die ihm verliehenen Rechte. Die Datierung und der Hinweis auf die Erztafel »auf dem Kapitol bei dem Altar Gens Julia von dem nach außen weiter links gelegenen Sockel aus Tafel I Seite 2 Nummer 44«[5] verweisen auf die Erstellung des Dokuments. Das Diplom stellt also eine Abschrift des kaiserlichen Erlasses dar, der in dem auf dem Kapitol befindlichen Diplomatarium niedergelegt ist. Die Tafeln mit den Namen der Olympiasieger, die entsprechend den Regeln der Olympischen Charta nach Beendigung der Spiele am Eingang des Stadions anzubringen sind, stellen eine gewisse Parallele zu diesen Diplomatarien der römischen Kaiserzeit dar.

Im Mittelalter verlor der Begriff des Diploms seine Bedeutung als Terminus technicus und wurde erst im Zeitalter der Renaissance wiederentdeckt und als Bezeichnung für die ältesten und bedeutendsten weltlichen und kirchlichen Urkunden verwendet. Die frühesten überlieferten Diplome aus dem siebten Jahrhundert n. Chr. sind auf Papyrus, im achten Jahrhundert dann auf Pergament geschrieben. Auch die mittelalterlichen Diplome folgen in ihrem Aufbau einem dem römischen Vorbild ähnlichen Schema: Unter einem kalligraphischen C-Zeichen für CHRISTUS finden sich in der Überschrift der Name des Herrschers und seine Titel, dann folgen bedeutende Würdenträger. Auf eine Präambel und ein Exposé folgt der eigentliche Inhalt der königlichen Anordnung, beglaubigt mit der eigenhändigen Unterschrift (manus nostra) des Königs oder auch seines Kanzlers. Neben Paraphen[6], die z.T. mit Kryptogrammen[7] versehen sind und auch als Fälschungsschutz dienten, wurde das königliche bzw. kaiserliche Siegel in Bienenwachs aufgedrückt. Im 12. Jahrhundert kamen an Pergamentstreifen oder Schnüren aufgehängte Siegel in Gebrauch, für die auch schützende Kapseln gefertigt wurden. Ab der Mitte des 16. Jahrhunderts wurde Siegellack verwendet. Die legalisierende Kraft der Siegel wurde durch besondere Maßnahmen gesichert. Der Großsiegelbewahrer nahm eine bedeutende Funktion am Hof ein, und beim Tode des Herrschers wurden dessen Siegel öffentlich zerschlagen. »Fälscher von Siegeln wurden im Mittelalter lebendig in einem Kessel gesotten.«[8]

1 BROCKHAUS, *Die Enzyklopädie*, Bd. 5, Leipzig / Mannheim 1997, S. 529.
2 Vgl. zu antiken Diplomen: GIZEWSKI, Christian, »Diploma«, In: *Der Neue Pauly*, Bd. 3, Stuttgart / Weimar 1997, Sp. 683. DAREMBERG, Charles / SAGLIO, Edm., *Dictionnaire des Antiquités Grecques et Romains*, Bd. 2, Paris 1892 (Reprint Graz 1969), S. 266-268.
3 *Grande Larousse Encyclopédique*, Bd. 4, Paris 1961, S. 10.
4 HOHLE, Ernst, »Die römische Kaiserzeit«, in: *Propyläen Weltgeschichte*, Bd. 2, *Hellas und Rom*, Berlin 1931, S. 392, Tafel 25.
5 Ebd.
6 Abgekürzte Unterschrift.
7 Wörtlich: verborgener Buchstabe. Durch ein zusätzliches Zeichen wurde eine Unterschrift erst gültig.
8 *Meyers Konversationslexikon*, Bd. 18, 6. Auflage, Leipzig / Wien 1907, S. 441.

Römisches Militärdiplom, 71 nach Chr.

Das deutsche Wort Urkunde bezeichnet im Althochdeutschen (urchundo) sowohl den Zeugen als auch das geschriebene, gesprochene oder symbolische Zeugnis eines Ereignisses.[9]

Seinen heutigen Sinn als Bezeichnung der durch Unterschrift und Siegel beglaubigten amtlichen Ausfertigung eines Schriftstücks, das einen Vorgang oder Tatbestand festhält, erhielt es durch die deutschen Bearbeiter von Jean MABILLONs De re diplomatica libri VI[10]. Mabillon hatte den Begriff des Diploms als Bezeichnung der alten Königs- und Herrschaftsurkunden wiedereingeführt und war mit seiner Arbeit zum Begründer der Diplomatik, der wissenschaftlichen Beschäftigung mit Form, Inhalt und Auslegung der erhaltenen frühen Urkunden, geworden. Die im Mittelalter selbst gebräuchlichen lateinischen Bezeichnungen für Urkunden waren u.a. instrumentum, charta, privilegium, litterae u.a.m.

Im letzten Viertel des 18. Jahrhunderts taucht in der deutschen Sprache für das lateinische diploma das Lehnwort Diplom im Sinne von Ernennungsurkunde auf.[11] In Joachim Heinrich CAMPEs Wörterbuch zur Verdeutschung der unserer Sprache aufgedrungenen fremden Ausdrücke findet sich folgender Eintrag: »Eine durch Unterschrift und Siegel beglaubigte Schrift, oder Urkunde [...], wodurch Jemandem ein Amt, eine Würde, ein Titel beigelegt wird.«[12]

Zu Campes Zeiten wurden die Begriffe Diplomat und Diplomatiker noch parallel gebraucht und bezeichneten sowohl den Urkundenforscher als auch den Staatsunterhändler, dies galt entsprechend auch für die Begriffe Diplomatie und Diplomatik.

Im heutigen Sprachgebrauch hat der Begriff Diplom einerseits die Bedeutung eines in einem bestimmten Fach erworbenen akademischen Grades, z.B. Diplom-Ingenieur oder Diplom-Sportlehrer. Andererseits bezeichnet das Wort im Sinne von Ehrenurkunde das mehr oder weniger amtliche, eine Auszeichnung beinhaltende Schriftstück. Für den Bereich der sportlichen Auszeichnungen hat sich im Alltag eher der Begriff Urkunde durchgesetzt.

Offensichtlich benutzten die Turner am Ende des 19. Jahrhunderts für ihre Auszeichnungen das Wort Diplom, zumindest wird es in entsprechenden Annoncen einschlägiger Hersteller in Zeitschriften und Turnfestbüchern verwendet, was angesichts des sonst geübten Sprachpurismus erstaunt.

Die Beglaubigung des Sieges – Rekord und Urkunde. Das Bestreben des Sports, seine gesellschaftliche Legitimität und Bedeutung zu erhöhen, wird am Ende des 19. Jahrhunderts nicht nur in der Suche nach möglichst hochadligen Protektoren deutlich, sondern zeigt sich auf der Ebene der Verbände auch in deren quasi amtlicher Bezeichnung, wie etwa Deutsche Sportbehörde für Leichtathletik. Auch spielt der Begriff des Amtes oder des amtlichen Festhaltens der Leistung eine besondere Note. Im Eiskunstlauf wird der Begriff Amt für die Kampfrichter verwendet, ebenso im Eisschnellauf. Im aus dem Englischen entlehnten Begriff Rekord, der ursprünglich die beurkundete und festgehaltene Leistung bezeichnete, für die sportliche Höchstleistung kommt die Offizialität der Leistungsfeststellung ebenfalls zum Ausdruck.[13] Im Deutschen Sportlexikon von 1928 findet sich folgende Definition: »Jeder Rekord hat nur dann Gültigkeit, wenn er amtlich genommen, d. h. unter amtlicher Kontrolle aufgestellt, amtlich gemessen, notiert und verlautbart ist.«[14]

Das wohl zuerst in die Turfsprache übernommene Wort »Rekord« (»record«) bezeichnet neben der Höchstleistung auch die festgehaltenen Ergebnisse, mit denen ein Pferd in den Stamm- und Leistungsbüchern steht. Während der Begriff im Deutschen von Anfang an, d. h. seit dem Ende des 19. Jahrhunderts, auf die Bedeutung von »bisher unübertroffenen, nach bestimmten Vorschriften erzielten und kontrollierten Leistungen«[15] eingeschränkt blieb, hatte er im englischen Rechtswesen und darüber hinaus die umfassendere Bedeutung eines über einen Vorgang oder eine Verhandlung niedergelegten, beglaubigten Protokolls, das in record offices aufbewahrt wurde. Erst in den achtziger Jahren des 19. Jahrhunderts wurde der Begriff im engli-

9 Vgl. GRIMM, Jacob und Wilhelm, *Deutsches Wörterbuch*, Reprint bearbeitet von Karl EULING, Bd. 24, München 1984, Sp. 2455-2463.

10 MABILLON, Jean, *De re diplomatica libri VI*, Paris 1681.

11 SCHULZ, Hans, *Deutsches Fremdwörterbuch*, Straßburg 1913, S.145.

12 CAMPE, Johann Heinrich, *Wörterbuch zur Verdeutschung der unserer Sprache aufgedrungenen fremden Ausdrücke*, Braunschweig 1813, S. 265.

13 Vgl. zum Begriff des Rekords: EISENBERG, Christiane, *»English Sports« und deutsche Bürger. Eine Gesellschaftsgeschichte 1800-1939*, Paderborn / München / Wien / Zürich 1999, S. 232-233, 435.

14 NORMANN, Hippolyt Graf von, *Deutsches Sportlexikon*, Berlin 1928, S. 231.

15 RÖTHIG, Peter (Hg.), *Sportwissenschaftliches Lexikon*, 2. Aufl., Schorndorf 1973, S. 207.

16 Vgl. *The Oxford English Dictionary*, Bd. 8, Oxford 1989, S. 360.

17 Vgl. hierzu MANDELL, Richard, »The Invention of the Sports Record«, in: *Stadion* 2(1976)2, S. 250, 256, 258.

18 SUFFOLK and BERKSHIRE, The Earl of / PEEK, Hedley / AFLALO, F. G. (Hg.), *The Encyclopaedia of Sport*, Bd. 1, London o. J. [1890], S. 186: *»As there is nothing but public opinion to judge of the right of any body to claim to control any sport.«*

19 Ebd.

20 Vgl. MANDELL, Richard, *Sport, eine Kulturgeschichte*, München 1986, S. 196f.

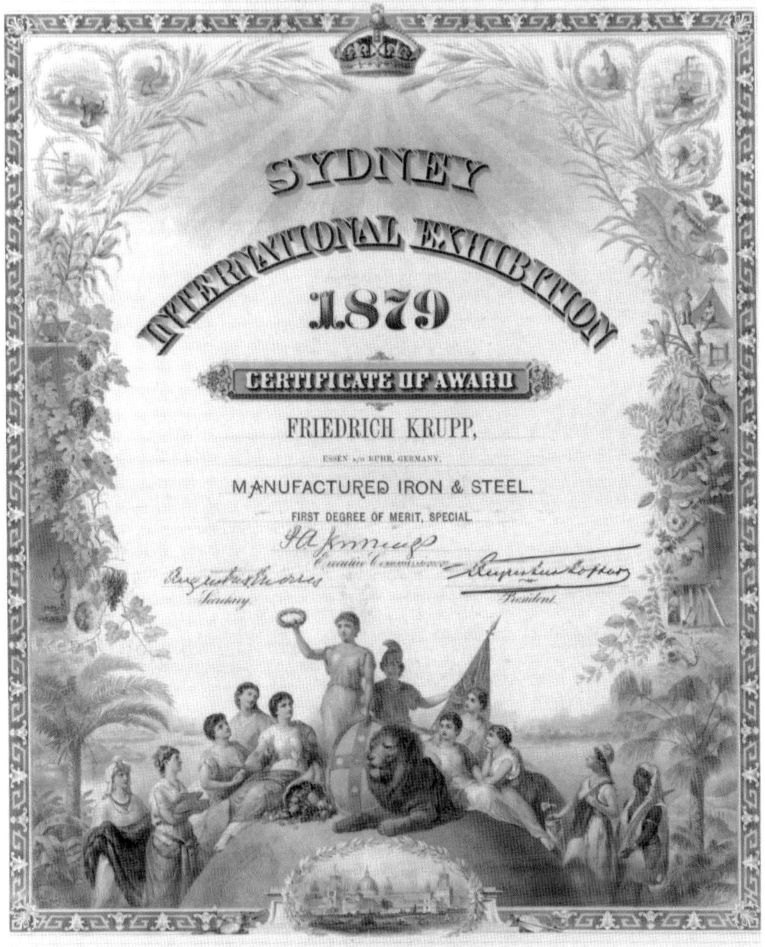

Diplom der Weltausstellung 1879

schen Sprachraum auf herausragende Sportleistungen angewandt.[16]

Sportliche Rekorde und auch die Auszeichnung mit Sporturkunden setzen ein gewisses Maß an Standardisierung der Bedingungen und einen Organisationsgrad voraus, der im Sport erst im letzten Drittel des 19. Jahrhunderts oder für eine ganze Reihe von Sportarten erst nach der Jahrhundertwende erreicht wurde.[17] Auch die Herausbildung einer sportinteressierten Öffentlichkeit und einer deren Interessen bedienenden Sportberichterstattung und speziellen Sportpresse stehen im Zusammenhang mit der Entwicklung sportlicher Rekorde. In gewisser Weise stellt die Sportpresse eine Art Kontrollinstanz dar, die auch die Funktion eines sportspezifischen record office wahrnimmt. Das Diplom oder die Urkunde sind demgegenüber, ähnlich wie bei Ehrendiplomen anderer Bereiche, die dem Erbringer der Leistung ausgehändigten offiziellen Bestätigungen. In den frühen Jahren des organisierten Sports, der sich in der Phase der Entwicklung von Verbandsstrukturen befand, kam der Sportpresse eine besondere Bedeutung zu. »Da es nichts als die öffentliche Meinung gibt, über das Recht von irgendeinem zu entscheiden, irgendeinen Sport zu kontrollieren«[18], entwickelte sich im Sport, und besonders im deutschen Sport, ein starkes Bedürfnis nach Regulation und öffentlicher bzw. staatlicher Anerkennung. »Of the making of champions there is nowadays no end«, stellte man in Großbritannien in bezug auf die Inflation von Meisterschaften fest.[19] Im deutschen Kaiserreich hatte man es ebenfalls mit einem Wildwuchs von Meisterschaften und Championaten und einem inflationären Gebrauch der attraktiven Bezeichnung Olympische Spiele zu tun, die eine Regulation erforderte. Das Streben nach Amtlichkeit kam erst nach Konstituierung internationaler Verbände und der durch sie legitimierten internationalen und nationalen Verbandsstatuten zu einem Ende.

Die spezifischen gesellschaftlichen Voraussetzungen der Sportentwicklung in England, den Vereinigten Staaten und auf dem Kontinent können hier nicht im einzelnen dargestellt werden. Die Anpassung an die Normen und Erfordernisse der industriellen Arbeit, an Rationalisierung, gültige Standards, vorausschauende Kalkulation und Meßbarkeit der Leistungen[20] in allen modernen Gesellschaften bildet die gemeinsame Grundlage des Siegeszuges des Sports. Der Internationalismus des Sports, der sich in den weltweit gültigen und respektierten Normen und Regeln manifestiert und den internationalen Wettbewerben und besonders in den Olympischen Spielen zum Ausdruck kommt, ist in seiner Genese eng verbunden mit parallelen Ent-

Annonce eines Diplomherstellers, Germania, Jahn etc.

Diplom der Weltausstellung 1900

wicklungen, wie der Herausbildung eines internationalen Kongreßwesens in Wissenschaft, Technik und Handel, der Entwicklung des weltweiten Schutzes der Urheberrechte (Patente und Copyright), des Roten Kreuzes, der internationalen Friedenskonferenzen. Viele dieser Bemühungen stehen in engem Zusammenhang mit den seit 1851 veranstalteten Weltausstellungen und großen internationalen Ausstellungen, die am Ende des 19. Jahrhunderts (Paris 1889 bis zur Franco-Britischen Ausstellung London 1908) auch einen wichtigen finanziellen und organisatorischen Hintergrund der Olympischen Bewegung bildeten.[21]

Neben den Uniformen, den z.T. hochadligen Protektoren und den von ihnen gestifteten Preisen scheinen auch die Urkunden und Diplome des Sports der Ausdruck eines Paradoxons im Prozeß der sich im Sport manifestierenden gesellschaftlichen Modernisierung zu sein.

Diplom der Weltausstellung Chicago 1893 für Baron Pierre de Coubertin

»Diesen Beitrag zur gesellschaftlichen Modernisierung vermochte der Sport im Deutschen Kaiserreich nur deshalb zu leisten, weil die Zeitgenossen so eifrig darauf bedacht waren, bei der Ausstattung der zunächst unbekannten und nichtssagenden Übungen mit ›Kulturbedeutung‹ an ständische, vielleicht sogar ›feudale‹ Traditionen anzuknüpfen.«[22]

Folgt man dieser Interpretation, daß in der »Inflationierung ständischer Statussymbole«[23] im Sport der Versuch sichtbar wird, die »English Sports« in Deutschland mit »Kulturbedeutung« auszustatten, so können die in der Frühzeit oft aufwendig geschmückten Sporturkunden als Rekurs auf vorindustrielle und aus dem gesellschaftlichen Alltag verschwundene Formen der Beglaubigung verstanden werden. In diesem Zusammenhang ist es aufschlußreich, daß es im letzten Drittel des 19. Jahrhunderts im Zuge des grassierenden Historismus eine erhöhte Nachfrage nach stilvollen Siegelstempeln[24] und nach z.T. graphisch aufwendig gestalteten Diplomen gegeben hat, die dem aufstrebenden Bürgertum in der Form aus feudaler Herrschaftstradition

21 Vgl. MANDELL, *Stadion*, S. 258. BORGERS, Walter / QUANZ, Dietrich R., »Weltausstellungen und Sport (Olympische Spiele). Vom Tempel der Industrie zur olympischen Arena«, in: DECKER / DOLIANITIS / LENNARTZ, *Jahre* S. 80-89.
22 EISENBERG, *Sports*, S. 250.
23 Ebd., S. 233.
24 *Meyers Konversationslexikon*, Bd. 18, 6. Auflage 1907, S. 441.

entlehnter Offizialität und Legitimität bei der gesellschaftlichen Selbstdarstellung halfen und auch als Dekorum von Werbebotschaften gerne genutzt wurden.
Diplome und Urkunden als amtlich festgestellte und durch (Pseudo)siegel beglaubigte Leistungsbeweise kamen wie die Medaillen auf den nationalen Ausstellungen seit der Französischen Revolution und den internationalen Ausstellungen seit der Universal Exhibition in London 1851 zu besonderer Geltung. Einerseits dienten sie in der Form säkularisierter und von fürstlicher Huld emanzipierter Leistungsbeweise der Stärkung des bürgerlichen Selbstbewußtseins, andererseits wurden sie zu werbewirksamen Nachweisen der Leistungsfähigkeit der Produzenten bei zunehmender Konkurrenz. Während die Offiziellen Berichte (Official Reports, Amtliche Berichte) in z.T. sehr detaillierter Weise das Gesamtergebnis zunächst der Weltausstellungen und später der Olympischen Spiele festhielten, wurden die individuellen Leistungen in Diplomen beurkundet, in Rekordlisten verzeichnet und mit Medaillen ausgezeichnet.
In den Cups und Pokalen, den traditionellen Siegespreisen in Form von Trinkgefäßen, die vielen Sportwettbewerben ihren Namen gaben, erscheint noch die im gemeinsamen Siegestrunk begossene Freude des Gewinners und seines Anhangs ausgedrückt.[25] Demgegenüber rückt in Diplomen und Medaillen der individuelle Aspekt der Leistung in den Vordergrund.
Formale Aspekte – Aufbau und Schrift. Von den in der Urkundenlehre identifizierten vierzehn Formelementen der frühen historischen Urkunden[26] finden sich in den Sporturkunden in der Regel nur noch die intitualtio (Nennung des Ausstellers), die inscriptio (Nennung des Adressaten), die narratio (der Bericht über das Ereignis), die subscriptiones (Unterschriften des Ausstellers und ggf. von Zeugen) und das Datum mit der Angabe des Ortes.
Ein besonderes Merkmal der historischen Urkunden war eine spezielle diplomatische Schrift, die bis ins 9. Jahrhundert von den kursiven lateinischen Schriften abgeleitet war. Später wurden besondere Schriftgrade (Minuskel, Elongata) und seit Beginn der Neuzeit im deutschen Sprachraum besondere Auszeichnungen und Schriften verwendet (Cantzley, Fractur).[27] Für die deutsche Schriftentwicklung von besonderer Bedeutung war die von Kaiser MAXIMILIAN geförderte Fraktur, die im Gegensatz zu den romanischen Ländern und England und Holland, wo sich seit dem 16. Jahrhundert die römische Antiqua durchgesetzt hatte, in der Belletristik und später im Zeitungsdruck erhalten blieb, wogegen die Antiqua in wissenschaftlichen Werken vorherrschte. Für Sporturkunden und das Schriftgut der Turner scheint bis zum Ersten Weltkrieg in Deutschland die Fraktur die vorherrschende Schrift gewesen zu sein, die als genuin deutsche Schrift angesehen wurde. Selbst der Reichstag wurde mit der Kontroverse Antiqua oder Fraktur befaßt, und der 1910 gegründete Bund für Deutsche Schrift hatte sich die Erhaltung und Verbreitung der Fraktur auf seine Fahnen geschrieben.[28] International dürften Antiqua-Schriften die für Urkunden am weitesten verbreiteten Typen gewesen sein, wobei die Herkunft von den in Stein gemeißelten römischen Inschriften, in denen diese Schrift zu »höchster Vollendung«[29] gelangte, und die damit gegebene Feierlichkeit eine Rolle spielen dürfte.
Sporturkunden zwischen historistischer Überladung und typographischem Purismus. Wie bei den Diplomen der großen Ausstellungen kommen auch im Sport im 19. Jahrhundert große Bildelemente vor, z.T. topographische Ansichten, z.T. Szenen aus den jeweiligen Sportarten, aber auch Anleihen in der griechisch-römischen (NIKE / VICTORIA) und in Deutschland der germanischen Mythologie (HERMANN). Auch Personifizierungen (GERMANIA) und Allegorien sind häufig. In der Gründerzeit, bis etwa 1895, sind Diplome und Urkunden überladen mit Bildelementen und ornamentalen Verzierungen, so daß häufig für den Urkundentext nur ein kleiner Freiraum bleibt. Die Insignien des Sieges, Lorbeer und Eichenlaub, spielen eine besondere Rolle, auch die Devisen der Verbände,

Annonce eines Diplomherstellers, Frauenkopf, Jugendstil

25 GLANVILLE, Philippa, »Trophy Design«, in: *Sporting Glory. The Courage Exhibition of National Trophies at the Victoria and Albert-Museum*, London 1992, S. 154.
26 Vgl. ERLER, Adalbert / KAUFMANN, Ekkehard (Hg.), *Handwörterbuch zur deutschen Rechtsgeschichte*, Berlin 1998, Sp. 587.
27 Vgl. Ebd., S. 575.
28 Vgl. EHMCKE, F. H., »Zum Streit um die Fraktur«, in: *Kunstgewerbeblatt* 231(1912)7, zitiert nach: Ders., *Persönliches und Sachliches. Gesammelte Aufsätze und Arbeiten aus fünfundzwanzig Jahren*, Berlin 1928, S. 14-24. Vgl. auch KIRSCHMANN, August, *Antiqua oder Fraktur?* Leipzig 1907.
29 JOHNSTON, Edward, *Schreibschrift, Zierschrift und angewandte Schrift*, aus dem Englischen von SIMONS, Anna, Leipzig 1906, S. 423.

Ehrenbürgerurkunde der Stadt Stuttgart für Ferdinand Graf Zeppelin, Entwurf Bernhard Pankok

wie »All Heil« bei den Radfahrern und heraldische Elemente, werden eingeflochten. Deutsche Eichen wuchern über die Bildfläche oder rahmen den Text als Siegeskranz. Personifikationen des Sieges, der Nation oder auch antik-mythologisch inspirierte Bekränzungen mit dem Siegeslorbeer, manchmal von neoklassizistischer Säulenarchitektur gerahmt, füllen die Bildfläche. Sportgeräte, zu dekorativen Bündeln arrangiert, und manchmal auch die Instrumente der Leistungsfeststellung, wie Metermaß und Stoppuhr, zeigen die jeweilige Sportart an. Drapierte Banner und Fahnen schwenkende Herolde sind beliebte Motive. Im Gefolge des historistischen Horror vacui bleibt auf diesen Diplomen oft kein Quadratzentimeter undekoriert. Eine besondere Karriere als Zierde von Urkunden, aber auch auf Medaillen und Plaketten machte im deutschen Sprachraum Max KRUSEs Skulptur des Siegesboten von Marathon von 1881. Die Inschrift »Wir haben gesiegt«, die die nationale Tauglichkeit des sportlichen Sieges in antikem Gewande übermittelte, prädestinierte dieses Erstlingswerk für eine Verwendung als Siegespreis und auf sportlichen Emblemen, Urkunden, Medaillen. Es ist gerade kein Mißverständnis, »dass die Männer des Sports in dem Marathonläufer einen Ausdruck ihres Wollens sahen«, wie dies Fritz STAHL vermutete.[30] Eher fanden sie darin ein zeitgemäßes Symbol für die durch antike Weihe geadelte Leistung des Sports für die eigene Nation.

Der Historismus der Gründerzeit, dessen Neostile Elemente des Klassizismus, der Gotik, der Renaissance und von Rokoko und Barock aufnahmen und wie im Japonismus, der dann im Jugendstil zu besonderer Bedeutung kam, auch orientalisierende Momente verarbeiteten,[31] dominierte auch die Gebrauchsgraphik des Sports. Erst mit dem durch frühe Vertreter einer Kunstgewerbereform, wie William MORRIS, beeinflußten Aufbruch der Kunst und des Kunstgewerbes um 1900, der sich in den Bezeichnungen Art nouveau, Jugendstil und Sezession spiegelte, wird der historische Stilpluralismus überwunden und durch naturalistische Strömungen

Ehrenbürgerurkunde der Stadt Hamburg für Fürst Otto von Bismarck, Entwurf und Malerei Martin Gensler, Hamburg 1871

30 STAHL, Fritz, *Max Kruse*, Berlin 1924, S. 10.
31 MUNDT, Barbara, *Historismus. Kunstwerke zwischen Biedermeier und Jugendstil*, München 1981, S. 37-69.
32 AHLERS-HESTERMANN, Friedrich, *Stilwende. Aufbruch der Jugend um 1900*, Berlin 1956.
33 Württembergisches Landesmuseum (Hg.), *Bernard Pankok (1872-1943)*. Ausstellung, Stuttgart 1973, S. 187.
34 NERDINGER, Winfried (Hg.), *Richard Riemerschmid, vom Jugendstil zum Werkbund*, München 1972, S. 107-108.
35 GLASER, Hermann, »›Zu einem schimmernden Sinn verschmolzen.‹ Lebensreform im Zeichen des Jugendstils«, in: SCHUSTER, Klaus-Peter (Bearb.), *Peter Behrens und Nürnberg: Geschmackswandel in Deutschland. Historismus, Jugendstil und die Anfänge der Industrieform*, Katalog, Germanisches Nationalmuseum Nürnberg, München 1980, S. 21.

Siegerdiplom der Olympischen Spiele London 1908 mit mythologischen und allegorischen Elementen

und z.T. ein Bemühen um Form ohne Ornament abgelöst. Zeitschriften wie die Jugend, Pan und Ver Sacrum popularisierten die »Stilwende«.[32] Der dynamische Aufbruch in der Kunst, der in der Gebrauchsgraphik zunächst in vegetabilen, floralen und anthropomorphen Gestaltungen umgesetzt wurde, die ohne historische Anleihen auskamen, allerdings stark von Japanischer Flächenkunst beeinflußt wurden, läßt sich beispielhaft an den Arbeiten von Bernhard Pankok, Hans CHRISTIANSEN und Richard RIEMERSCHMID verfolgen. Die Künstler wandten sich dann auch stärker sachlichen und z.T. klassizistisch inspirierten Formen zu (Henri van de VELDE, Peter BEHRENS). In Pankoks Ehrenbürgerurkunde der Stadt Stuttgart für den Grafen ZEPPELIN ist der Urkundentext auf eine relativ kleine Reserve beschränkt. Vegetabile Formen rahmen ihn und das zentrale Bildmotiv, DAEDALOS, der seinem Sohn IKAROS die Schwingen anlegt, vor einer Bodensee-Landschaft im Hintergrund.[33] Pankok hatte in aufsehenerregender Weise 1900 den Amtlichen Katalog des Deutschen Reiches auf der Pariser Weltausstellung gestaltet. Im Zuge des sezessionistischen Reformeifers geraten auch die Schriften in organische Schwingungen. Die alte Fraktur wird häufig durch Verdickungen und Verdünnungen modern variiert, wie z.B. in den Entwürfen von Riemerschmid.[34] Dekorative Frauenköpfe und -körper und Pflanzen- und Linienornamente zieren nun auch die Sporturkunden:

»Das Figurale ist im Linienfluß aufgelöst, die Konturen verschwimmen. Die biologische Romantik in ihrem Schwingen und Pulsen, Treiben und Blühen, ihrem Schwebezustand zwischen Pflanze und Mensch, Mann und Weib, Wasserleiche und Übermensch, diese Fließstruktur des ›Jugendstils‹ wird zur eigenen unverwechselbaren Struktur.«[35]

Der neu entdeckte Sportkörper der Frau wird selbst zum beliebten Motiv in Plakatkunst und Werbegraphik. Die alle Bereiche des Kunstgewerbes überziehenden Jugendstilornamente haben in der Folge den sachlichen Kern der »Stilrevolution um die Jahrhundertwende«[36] überdeckt.

Im russischen Konstruktivismus, im Bauhaus, der holländischen De Stijl-Gruppe, deren Pioniere, wie etwa El LISSITZKY, Herbert BAYER und Joost SCHMIDT, in reduzierten Formen und Farben die Fläche gestalteten und mit wenigen typographischen Zeichen, wie Balken und Kreisen, auskamen, manifestierte sich eine neue Typographie, die sich bewußt gegen den Jugendstil stellte und den größtmöglichen Kontrast zum Stilgemenge des Historismus bildete. Sachlichkeit und Typisierung waren die Forderungen an Schrift- und Bildgestaltung.[37] Im Sport wirkte sich dieser sachlich reduzierte Gestaltungsansatz nur begrenzt aus, auch wenn das Bauhaus selbst zwei Sportlehrer beschäftigte und die Sachlichkeit des Sports moderne Gestalter wie Henri van de Velde inspiriert hatte.[38] Buchgestaltung, Gebrauchsgraphik und Drucksachen im Bereich der Sportverbände nahmen die neue Typographie mit einigen Ausnahmen nur zögerlich auf. In der Zeit des Nationalsozialismus wurde das Bauhaus offiziell bekämpft, seine Typographie hatte aber durchaus Folgen in einzelnen Bereichen, während sich in den offiziellen Dokumenten des Regimes ein neoklassizistischer Stil durchsetzte, der sich u.a. auch in der starken Verwendung von Antiqua-Schriften ausdrückte.

Als Gestaltungskonzept, das bewußt gegen das Herrschaftsdesign des Nationalsozialismus gerichtet war, können Otl AICHERs von Willi DAUME unterstützte Gestaltungen für die Olympische Spiele in München 1972 gelten:

> *»Die gestaltungsprinzipien der olympischen spiele in München beruhten auf folgenden richtlinien: es gab ein farbspektrum ohne die farbe rot, als fotographie wurde ausschließlich farbfotographie verwendet, es gab eine schrifttype, die univers. Mit diesen regularien gelang es, ein sehr spezifisches und prägnantes erscheinungsbild der spiele zu entwickeln.«*[39]

Siegerdiplom der Olympischen Spiele Stockholm 1912, Jugendstil-Design

Auch die Urkundengestaltung wurde dem puristischen Konzept unterworfen, und seither bestimmen weitgehend schmucklose, auf das Schriftbild reduzierte, manchmal mit Piktogrammen und Logos gezierte Gestaltungen das Bild sportlicher Auszeichnungen. Die mit dem Schwarz der Schrift kombinierten »Herrschaftsfarben« Rot und Gold sind weitestgehend verschwunden, und die Formate sind

36 AHLERS-HESTERMANN, *Stilwende*, S. 6.

37 DEXEL, Walter, »Was ist neue Typographie?«, in: Ders., *Der Bauhausstil – ein Mythos*. Texte 1921-1965, Starnberg 1976. S. 130-137.

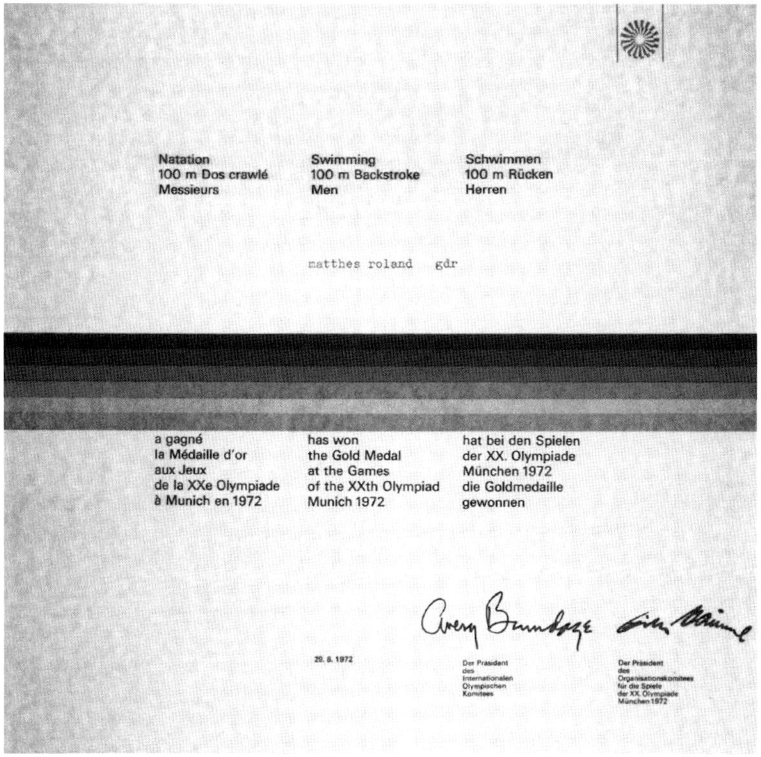

Siegerdiplom der Olympischen Spiele München 1972, puristisches Design

im Vergleich zu den Anfangsjahren bescheidener geworden. Gegenüber den aufwendigen Beglaubigungen bürgerlicher Begehrlichkeit der Gründerjahre des Sports wirken die heutigen Urkunden wie schmucklose Schriftsätze. In ihrer Schmucklosigkeit und typographischen Einfachheit scheinen sie ihren Zweck zu verfehlen, in einer feierlichen Weise eine sportliche Leistung zu beglaubigen, zumal das Erreichen dieser Leistung oft sowohl erhebliche Anstrengungen voraussetzt als auch ein hohes Maß an Emotionen auslösen kann.

In der Mediengesellschaft unserer Tage werden die Stars des Sports selbst zu Ikonen, die auf Bildschirmen und in Magazinen allgegenwärtig sind. Die Sponsoren haben die Rolle adliger Protektoren übernommen. Sportlichkeit als gesellschaftliche Tugend wird über die Fähigkeit demonstriert, die Fitneß- und Fun-Angebote der postmodernen Konsumgesellschaft genießen zu können. Offenbar haben neue Möglichkeiten der Selbstbestätigung, etwa im Outfit und im demonstrativen Konsum, die gerahmten Beglaubigungen sportlicher Erfolge in ihrer Bedeutung ersetzt.

38 Vgl. BORGERS, Walter, »Der Sport als Gestaltungsvorbild. Willi Daume zum 80. Geburtstag«, in: *Olympisches Feuer* 43(1993)3, S. 43-48.
39 AICHER, Otl, *Typographie*, Berlin 1988, S. 175.

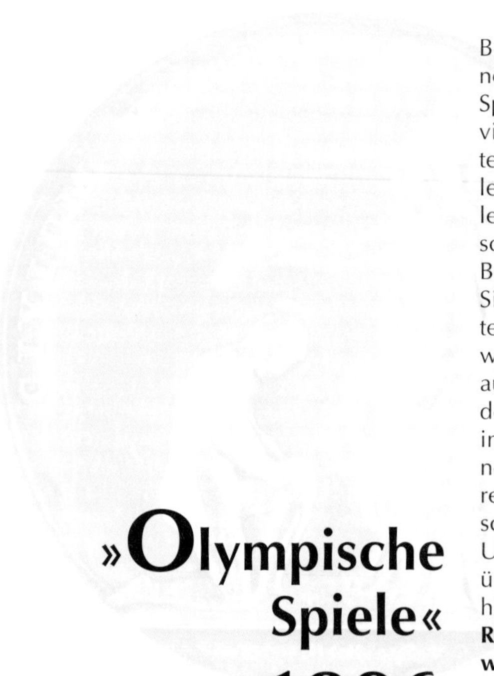

»Olympische Spiele« vor 1896

unter Mitarbeit von
Joachim K. Rühl

Bevor Baron Pierre de COUBERTIN mit seiner Idee von internationalen Olympischen Spielen erfolgreich war, wurden bereits in vielen Ländern, z.T. schon seit Jahrhunderten, lokale und nationale »olympische Spiele« veranstaltet. Über die meisten sind in den letzten zwanzig Jahren ausführliche wissenschaftliche Abhandlungen verfaßt worden.[1] Bei fast all diesen sportlichen Festen gab es Siegerehrungen, bei denen Preise zur Verteilung kamen: Geschenke, Pokale, Kunstwerke, Geld, Sachmittel. Manchmal waren es auch Medaillen und Diplome, also Vorläufer der Auszeichnungen, die wir später bei den internationalen Olympischen Spielen kennenlernen. Zwar würde es den Rahmen unseres Anliegens sprengen, auch die »vorolympische« Zeit einer entsprechend aufwendigen Untersuchung zu unterziehen, doch ist eine übersichtartige Darstellung hier sinnvoll und hilfreich.

Robert Dovers Olympick Games upon Cotswold Hills. Die ältesten bisher bekannten »olympischen Spiele« der Neuzeit sind die *Olympick Games,* die der Rechtsanwalt Robert DOVER von 1612 bis 1642 auf den Cotswold Hills organisierte. Es wurden – jeweils donnerstags und freitags in der Pfingstwoche – Wettbewerbe für den Adel und das Volk mit seinen verschiedenen Ständen ausgeschrieben. Als Dover's Meeting wurden sie nach 1660 wiederaufgenommen und mit Unterbrechungen bis 1851 durchgeführt. Seit 1963 bis heute finden sie als Robert Dover's Games statt. Als Auszeichnungen werden in den Quellen u.a. erwähnt: Sachpreise wie Handschuhe, Hüte, Hemden, Tücher (für die Siegerinnen der Frauenläufe), ein Gürtel (für den Ersten im Ringkampf), in dem Ringkämpfer und Ornamente eingestanzt sind, ein mit Silbernägeln beschlagenes Halsband (für den Sieger im Windhundrennen), eine versilberte Nachbildung von Dover's Castle in der Größe eines Salznapfes (für einen Gewinner im Pferderennen). Er wurde ausdrücklich auf Geldpreise verzichtet, um den Puritanern, die gegen sportliche Veranstaltungen waren, keine zusätzlichen Argumente zu liefern.[2]

Drehbergfest. Das anläßlich des Geburtstages der Frau des Fürsten Leopold III. Friedrich Franz von ANHALT-DESSAU am 24. September 1776 zum ersten Mal durchgeführte Fest auf dem Drehberg bei Wörlitz wurde bewußt in antiker Tradition organisiert. Johann Christoph Friedrich GUTSMUTHS bezeichnet es als *»die wiederaufgelebten olympischen Spiele«.*[3] Das »Nationalfest« fand ununterbrochen jährlich von 1776 bis 1799 und dann noch einmal von 1840 bis 1842 statt. Durchgeführt wurden ein Pferderennen und Wettläufe der jungen Männer und – in bewußter Abkehrung von der antiken Tradition und Hinwendung zum Gedankengut der Aufklärung – auch Wettkämpfe für junge Mädchen. Danach übergab Fürstin LUISE höchstpersönlich die Preise. Die Ersten jedes Pferderennens – die Distanz betrug fast fünf Kilometer – erhielten einen Hut mit goldenen Tressen und einen Blumenstrauß, die Zweiten Bänder und Schleifen, die sie bis zum nächsten Jahr an Sonn- und Feiertagen trugen durften. Beim Finale bekam der Sieger einen Geldpreis von 20 oder 30 Talern. Es folgten die Läufe über etwas mehr als 200 Meter, zunächst die der jungen Burschen. Der Erbprinz stellte die Läufer an die Startlinie, der Fürst gab das Zeichen zum Loslaufen, und die Fürstin wartete im Ziel auf die Sieger. Ein Vergleich mit dem griechischen König GEORG I., Kronprinz KONSTANTIN und seinen Brüdern und deren aktive Rolle bei den Olympischen Spielen 1896 in Athen drängt sich auf. Auch sie waren zuständig für Organisation, Eröffnung, Kampfgericht und Siegerehrung. In Wörlitz erhielten die Sieger der Vorläufe ebenfalls einen Hut mit silbernen Tressen, die Zweiten seidene Tücher und Bänder zu Kamisolen, dazu kam ein besonderes Geschenk für den Ersten beim Endlauf. Beim abschließenden Lauf der Mädchen, der, wie bei den Burschen, in zwei Altersklassen aufgeteilt war, gab es Kränze, seidene Tücher und Blumensträuße für die Jüngeren, außerdem mehrere Ellen Seidenstoff und Schnupftücher für die Älteren.[4]

Jeux Olympiques in Rondeau. Mehrmals wurden die Revolutionsfeiern in Frankreich,

1 LENNARTZ, Karl, »Bibliographie«, in: DECKER, Wolfgang / DOLIANITIS, Georgios / LENNARTZ, Karl, *100 Jahre Olympische Spiele. Der neugriechische Ursprung,* Würzburg 1996, S. 147-150. Vgl. auch LENNARTZ, Karl, *Kenntnisse und Vorstellungen von Olympia und den Olympischen Spielen in der Zeit von 393 bis 1896,* Schorndorf 1974.

2 RÜHL, Joachim K., *Die »Olympischen Spiele« Robert Dovers,* Heidelberg 1975.

3 GUTSMUTHS, Johann Christoph Friedrich, *Gymnastik für die Jugend,* 1. Auflage 1793, Neudruck, Dresden 1928, S. 116.

4 Nach HIRSCH, Erhard, *Dessau-Wörlitz,* Leipzig 1980, S. 107-111. Vgl. PETRI, Lutz, *Die Geschichte der Drehbergspiele zu Wörlitz,* Diplom-Arbeit, Köln 1997.

5 Nach SCHANTZ, Otto, »Französische Festkultur als Wegbereiter der modernen Olympischen Spiele«, in: *Stadion* 21/22(1995/96), S. 64-859. Vgl. auch ARVIN-BÉROD, Alain, *Les Enfants d'Olympie. 1796-1896,* Paris 1996. SCHWIND, Michael, *Die Geschichte der »Olympischen Spiele« von Rondeau (1832-1905),* Diplom-Arbeit, Köln 1997.

6 MOLZBERGER, Ansgar, *Geschichte und Entwicklung der Olympischen Spiele in Ramlösa von 1834-1836,* Diplom-Arbeit, Köln 1998.

In den siebziger Jahren erhielt der »mutigste und verdienstvollste Teilnehmer« eine Bronzemedaille.

z.B. die große Feier auf dem Marsfeld in Paris, mit großen griechischen Festen verglichen. Es wurde gefordert, nationale Spiele nach antikem Vorbild auszurichten.

Auf eine schulische Einrichtung begrenzte »Olympische Spiele« sind aus der Nähe Grenoble bekannt. Angeregt durch ihren Geschichtslehrer, beschlossen im Jahre 1832 Schüler des Petit Séminaire du Rondeau, den zusätzlichen Tag des Schaltjahres mit einem olympischen Fest auszufüllen. So deklarierten sie den 29. Februar 1832 als den *»ersten Tag des ersten Jahres der neuen Olympischen Ära«*. Wettkämpfe, Eröffnungs- und Schlußfeiern, Siegerehrungen sowie die Ansprachen waren vom klassischen Vorbild inspiriert. Auf dem Programm standen Laufen, Sackhüpfen, Reifenlaufen, Schießen mit dem Karabiner und verschiedene Spiele. Die »Olympiasieger« bekamen einen Lorbeerkranz. Doch dieser genügte den Schülern bald nicht mehr. 1883 wurde er jedenfalls durch eine Tafel Schokolade der Marke Bleuze ersetzt. Diese »olympischen Spiele« währten 122 Jahre; von 1832 bis 1905 in Rondeau und von 1906 bis 1954 in Montfleury, einem ehemaligen Dominikanerkloster.

Baron de Coubertin verwies in seinen Schriften auf die sportlichen Wettkämpfe der Revolutionsfeste; die »olympischen Spiele« in Rondeau erwähnte er jedoch mit keinem Wort. Dennoch ist es unwahrscheinlich, daß er von diesen Spielen nie gehört haben soll. Ein enger Vertrauter von ihm war nämlich mehrfacher »Olympiasieger« dieser Schule: Pater Henri DIDON, und dem verdanken wir die olympische Devise *»citius, altius, fortius«*.[5]

Die Olympischen Spiele 1834 und 1836 in Ramlösa. 1833 gründete Gustaf Johan SCHWARTAU, Fechtlehrer und Schüler von Per Henrik LING, einen *Olympischen Verein*, dessen Ziel es war, ein Sportfest mit dem Namen »olympische Spiele« durchzuführen. Sie fanden 1834 und 1836 in Ramlösa (Helsingborg) statt. Die Veranstaltung sollte der Stärkung des Vaterlandes dienen und die in Vergessenheit geratenen Spiele der Antike in Schweden wieder aufleben lassen. Durchgeführt wurden 1834 vier Wettkämpfe, in der Gymnastik, im Wettlauf, Ringen und Klettern. Die Sieger der ersten beiden Disziplinen erhielten einen goldenen Ring mit der Aufschrift *»Vom Olympischen Verein an den Sieger, am 17. Juli 1834«*. Der beste Ringer bekam einen silbernen Becher mit der gleichen Inschrift, der schnellste Kletterer eine silberne Münze. Dazu gab es kleinere Geldsummen als Trostpreis.[6] Ähnliche Auszeichnungen wurden auch bei der Veranstaltung des Jahres 1936 vergeben.

Dr. William Penny Brookes' Olympian Games. Im Jahre 1841 gründete der englische Landarzt William Penny BROOKES in Much Wenlock / Shropshire eine *Landwirtschaftliche Lesegesellschaft*, um den Bildungsstand der Landbevölkerung zu heben und außerdem Sport anzubieten. 1850 etablierte sich unter deren Dach eine *Wenlock Olympian Section*, die von 1850 bis 1860 elf Annual Meetings in Much Wenlock veranstaltete. 1860 änderte sie ihren Namen in *Wenlock Olympian Society*, die von 1861 bis 1895 34 Olympian Games durchführte. Das Programm bestand von 1850 bis 1860 aus 29 volkstümlichen, leichtathletischen, intellektuellen und handwerklich-künstlerischen Wettbewerben. Im Laufe der Zeit (1850-1895) kamen noch 28 weitere Disziplinen hinzu. Die Sieger erhielten meist Geldpreise. 1858 erfuhr Brookes, daß ein gewisser Evangelis ZAPPAS in Athen ebenfalls sog. Olympien veranstalten wollte, für die er dann einen Wenlock Prize auslobte. Er korrespondierte mit den griechischen Organisatoren und der Königin AMALIA. Nach Kenntnis des Athener Programms (1859) gab er seinen Wenlock Olympian Games einen »klassischen Anstrich«: Sie fanden fortan auf dem Olympian Field statt, griechische Inschriften erschienen in der Festprozession, einzelne Lorbeer- und Olivenkränze wurden vergeben, diverse Pentathlons eingeführt sowie einige Bronze- und Silbermedaillen gestanzt und Goldmedaillen mit dem Konterfei der NIKE und einem Spruch von PINDAR geprägt. Der Kontakt zu Griechenland blieb bestehen und wurde später sogar intensiviert. 1859 gründete Brookes die *Olympische*

William Penny Brookes mit den ihm von der Olympischen Gesellschaft verliehenen Medaillen

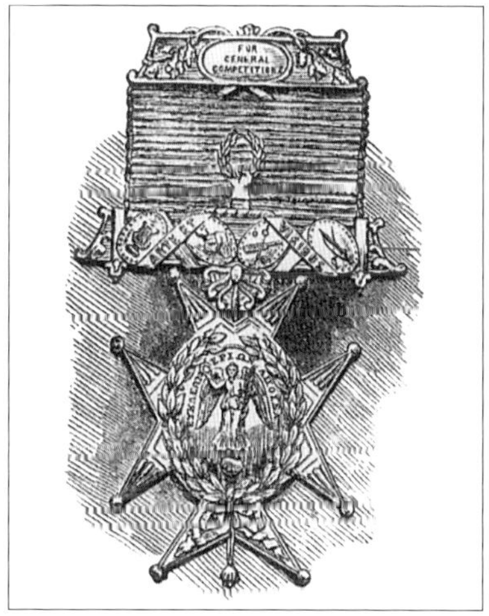

Die Silbermedaille 1. Klasse für einen Sieger im Fünfkampf

Siegerehrung bei den Olympian Games 1887 in Shrewsbury. In der Mitte erhält Charles Ainsworth, der Sieger im Tilt (Ringstechen vom Pferd im Galopp), von Miss Sarjeantson, der Tochter des Rektors der nahegelegenen Schule, eine Krone aus Olivenzweigen; rechts steht Brookes mit seinen olympischen Medaillen, daneben der Herold der Spiele; links hält ein Helfer den von König Georg I. gestifteten Pokal.

Silbermedaille für einen Sieger bei den National Olympian Games. Auf der Kante ist eingraviert: »CLEMENT DAVIES. FIRST IN HIGH STANDING & RUNNING JUMPS & THIRD IN G. C. AUG^T. 25. 1868«.

Gesellschaft von Shropshire, welche im Rotationsverfahren auf Grafschaftsebene vier Shropshire Olympian Games (1860-1864) veranstaltete. 1867 wurde sogar eine *National Olympian Association* ins Leben gerufen, die in wechselnden Orten auf nationaler Ebene sechs National Olympian Games (1866 bis 1883) durchführte. Für die 5. National Olympian Games des Jahres 1877 in Shrewsbury stiftete der griechische König einen Pokal für den Sieger im Pentathlon und sprach von dem *»modern Olympia of the British«.* Brookes' Versuche, im Herbst 1880/81 ein International Olympian Festival in Athen zu veranstalten, scheiterten an fehlender Unterstützung. Im Herbst 1890 kam der 27jährige Baron de Coubertin zu Besuch nach Much Wenlock und traf sich mit Brookes zu Konsultationen über die Einführung des Schulsports und die Förderung leichtathletischer Sportarten. Baron de Coubertin lernte die Wenlock Olympian Games bis ins Detail kennen und stiftete eine Goldmedaille für die Veranstaltung des folgenden Jahres. Er lud Brookes im Jahre 1894 zum olympischen Gründungskongreß nach Paris ein, dieser mußte aber krankheitsbedingt absagen. Brookes selbst hat die internationalen Olympischen Spiele nicht mehr erleben können. Er starb am 10. Dezember 1895. Die Wenlock Olympian Games finden übrigens heute noch statt.[7]

Grand Olympic Festival in Liverpool. Im Jahre 1862 schrieb Charles P. MELLY, Präsident des *Liverpool Athletic Club,* ein Grand Olympic Festival aus, zu dem nur Amateure zugelassen waren. Auf dem Mount Vernon Parade Ground wurden fünf Gold-, 22 Silber- und 23 Bronzemedaillen in 22 Wettbewerben vergeben, in der Leichtathletik, im Turnen, Fechten, Ringen und Boxen. Für das 2. Grand Olympic Festival im Jahre 1863 wurden eine Laufbahn von 440 Yards angelegt und 2,5 Meilen Schwimmen zusätzlich ins Programm genommen. Tageszeitungen sprachen vom *»second annual great international Olympic Festival«,* für welches *»amateurs of all nations«* zugelassen waren. Drei Tage dauerte das 5. Grand Olympic Festival des Jahres 1866, welches nicht in Liverpool, sondern in Llandudno/Wales stattfand. Dabei wurden 77 Gold-, Silber- und Bronzemedaillen vergeben. Für das letzte Fest im Jahre 1867 benötigte man drei Austragungsstätten: ein Leichtathletikstadion, ein Schwimmbad und die neue große Turnhalle von Hulley. 300 Wettkämpfer bestritten 28 Wettbewerbe. Da Teilnehmer aus Schottland, Marseille und Paris am Start waren, könnte übertreibend von internationalen »olympischen« Spielen gesprochen werden. Einhellig berichtete die Presse: *»A better managed Olympic festival has not been held in Liverpool.«* Es sollte aber das letzte Fest seiner Art bleiben.[8]

Grand Olympic Festival in Leicester 1866. Am 24. Mai 1866 veranstaltete die neugegründete *Leicester Athletic Society* ein Grand Olympic Festival auf einem wahrlich ungewöhnlichen Areal, nämlich auf dem Gelände einer Irrenanstalt. Um einen Kricketplatz wurde eine Laufbahn angelegt. 15 leichtathletische Wettbewerbe standen auf dem Programm. Am Ende des Grand Olympic Festival übergab der Bürgermeister von Leicester höchstpersönlich die Preise: Pokale, verzinnte Maßkrüge aus Glas, ein Kelchglas, einen Rotweinkrug, Hüte[9], Bälle, Zigarrenetuis und Kricketschläger. Geldpreise gab es nicht. Warum dieses Fest das Etikett »olympisch« erhielt, ist bis heute ungeklärt.

Morpeth Olympic Games für Professionelle von 1873 bis 1958. 1873 begründete ein Edmund DOBSON im Bergbauindustriegebiet Northumberland die jährlich stattfindenen Morpeth Wrestling & Athletic Games.

Der vom griechischen König Georg I. gestiftete Pokal, den 1877 der Sieger im Pentathlon, der Jura-Student J. G. Wylie aus Shrewsbury, erhielt.

7 NEUMÜLLER, Benno, *Die Geschichte der Much Wenlock Games (1850-1895),* Diplom-Arbeit, Köln 1985.

8 KEUSER, Anette, *Die Geschichte der »Liverpool Olympics« (1862-1867),* Staatsarbeit, Köln 1991.

9 Von der Verwendung von Hüten als Preise leitet sich der Begriff *»hat-trick«* ab.

10 THIELGEN, Jürgen, *Entstehung und Entwicklung der »Morpeth Olympic Games«* von 1873-1958, Staatsarbeit, Köln 1996. RÜHL, Joachim K., »The History and Development of the Morpeth Olympic Games (1871-1958)«, in: ISHPES (Hg.), *Proceedings 6th Congress,* Budapest 1999, 12 S., im Druck.

11 RÜHL, Joachim K., »England«, in: DECKER / DOLIANITIS / LENNARTZ, *Jahre,* S. 68.

12 LENNARTZ, Karl, »Das Münchener Oktoberfest – ein Ursprung der Olympischen Spiele«, in: ISHPES (Hg.), *Proceedings 6th Congress,* Budapest 1999, 25 S., im Druck.

Zunächst standen fast ausschließlich Ringkämpfe auf dem Programm. Bald wurde es durch viele leichtathletische Disziplinen erweitert. 1882 erhielt die Veranstaltung den Namen Morpeth Olympic Games. Für Sieger und Plazierte gab es Geldpreise. Es war also kein Sportfest für sog. Gentlemen, sondern für Professionells, d.h., viele Handwerker und Arbeiter, die hofften, ein paar Pfunde verdienen zu können, schrieben sich ein. Daher gab es Teilnehmerfelder mit über hundert Bewerbern in vielen Disziplinen. Die Geldpreise wurden über die Eintritts- und Startgelder finanziert, denn viele tausend Zuschauer besuchten die Veranstaltung. Die Spiele konnten bis 1939 und dann noch einmal von 1946 bis 1958, als nur noch 800 Zuschauer kamen, insgesamt 74mal, durchgeführt werden. Neben Geldpreisen wurden auch Silberpokale und Sachpreise vergeben.[10]

Modern Olympian Games at Athens 1877. Englische Seeleute, deren Schiff im Frühjahr 1877 im Hafen von Piräus kurze Zeit vor Anker ging, feierten dort Ostermontag ein Sportfest, das von den Veranstaltern hochtrabend mit The First Modern Olympian Games of the Modern Calendar at Athens bezeichnet wurde und zu dem 8 000 Zuschauer und sogar König GEORG I. mit seinem Hofstaat als Ehrengast erschien. Acht leichtathletische Wettbewerbe für die Briten wurden durchgeführt. Für die Einheimischen wurde als Rahmenprogramm Sackhüpfen angeboten. Während die Preise für die Gewinner in der Leichtathletik nicht überliefert sind, wissen wir, daß der beste Grieche eine Milchziege erhielt, die ein reicher Landsmann gespendet hatte.[11]

Olympische Spiele beim Münchener Oktoberfest. Das in München 1810 aus Anlaß der Heirat von Kronprinz LUDWIG erstmals durchgeführte Pferderennen entwickelte sich schon bald zu einem bayrischen Nationalfest mit einem »Sportfest« (Pferderennen, Schießen, Turnen, volkstümliche Übungen) und einer Landwirtschafts-, Handwerks- und Industrieschau. Es wurden Fahnen, Geldpreise und aus diesem Anlaß geprägte Medaillen vergeben. Vergleiche mit den antiken Olympischen Spielen lassen sich seit 1820 immer wieder nachweisen. 1850 wurden *»olympische Spiele«* und 1952 ein *»griechischer Wettrennkampf zu Pferd«* durchgeführt. Der Besitzer des siegreichen Pferdes erhielt 24 Gulden und eine Fahne, der Sechste und Letzte noch sechs Gulden.[12]

Olympien in Griechenland. Die Nationalfestidee mit Sportfest und Ausstellung und dem Ziel der Entwicklung und Förderung des Staates faßte in Griechenland Fuß, als der bayrische Prinz OTTO 1832 griechischer König wurde. Ein Memorandum des Innenministers Ioannis KOLETTIS vom Februar 1835 forderte die Durchführung von sieben verschiedenen Wettkämpfen: vier künstlerische und drei sportliche Disziplinen (Wagenrennen, Pferderennen und Lauf). Die Sieger sollten Kränze und 4 000/3 000/2 000 Drachmen erhalten. In dem auf Überlegungen von Kolettis fußenden Königlichen Dekret aus dem Jahre 1837 ist von Pferderennen, Ringkampf, Lauf, Diskuswerfen, Sprüngen und Speerwerfen die Rede. 1856 bot der reiche Kaufmann Evangelis Zappas dem griechischen Staat eine Stiftung an, um die Olympischen Spiele wiederzubeleben. Als Industrielle, landwirtschaftliche und handwerkliche Leistungsschau mit musisch-künstlerischen und sportlichen Wettkämpfen (im Rahmenprogramm) wurden 1859 die ersten Olym-

Plakat der Morpeth Olympic Games des Jahres 1935 mit den Angaben über die Preisgelder;
links: Diplom der Olympien für den Maler und Bildhauer Georgios Roilos: »Im Namen von Georg I., König der Hellenen, und in der vierten Periode der Olympien, begründet von Evangelis Zappas, wird auf Beschluß der Richter dieses Diplom G. Roilos verliehen, Aussteller der Stadtverwaltung von Athen, für ein von ihm ausgeführtes Portrait in der 14. Klasse der Wettkämpfe, Athen Juni 1878«.

Auszeichnungen der Olympien: Links oben: Vorderseite der Medaille der Olympien von 1859 mit der Umschrift »OTTO KÖNIG von GRIECHENLAND, GRÜNDER DER OLYMPIEN«; links unten: Rückseite der Medaille der Olympien von 1870 mit der Umschrift »SPIELGEBER EVANGELIS ZAPPAS«, in der Mitte: »OLYMPIEN / ATHEN / 1870«. Mitte: Die Medaille der Olympien von 1875, oben: Die Vorderseite mit der Umschrift: »GEORG I. KÖNIG DER GRIECHEN«; unten: Die Rückseite mit der Umschrift: »SPIELGEBER EVANGELIS ZAPPAS« und in der Mitte: »OLYMPIEN / ATHEN / 1875«. Rechts: Die Medaille oder eine Gedenkmedaille der Olympien von 1888; oben: Vorderseite mit der Schrift »4. / OLYMPIEN / IN ATHEN / 1888«; unten: Rückseite mit der Schrift »HUTGESCHÄFT / ZUR ERINNERUNG / KATSIMPALI«. »KATSIMPALI« bezeichnet möglicherweise den Preisstifter. Es gibt auch Medaillen der Olympien von 1870 und 1875 mit dem Zusatz »KLASSE 1« und »KLASSE 2« auf der Rückseite.

Links unten: Diplom über die Ehrenmitgliedschaft von Baron Pierre de Coubertin im Panhellinios Gymnastikos Syllogos Athen

pien in Athen gefeiert. Es ist kaum zu übersehen, daß es sich dabei um eine Nachahmung des Münchener Oktoberfestes handelte. Neben Medaillen, Diplomen und Olivenzweigen wurden auch Geldpreise, meist 100 Drachmen für den Ersten, 50 für den Zweiten, übergeben. Bei der Siegerehrung überreichte König Otto I. persönlich die Auszeichnungen. Wegen schlechter Organisation und mangelnder Beteiligung wurden die Olympien oft heftig kritisiert.

Wiederholt wurden sie deshalb auch in unregelmäßigen Abständen: 1870 mit erweitertem Programm, olympischer Hymne und Eiden der Wettkämpfer, 1875 und 1888/89 mit einer zeitlichen Trennung von Messe und sportlichen Wettkämpfen unter Leitung des Turnlehrers Ioannis FOKIANOS. Als Vorsitzender des griechischen Turn- und Sportvereins *Panhellinios Gymnastikos Syllogos* wurde er einige Jahre später von Baron de Coubertin zum olympischen Gründungskongreß nach Paris eingeladen. Da Fokianos sich nicht gesund genug fühlte, nach Paris zu fahren, bat er den in Paris lebenden Kaufmann und Literaten Demitrios Vikelas um Vertretung. Der Verein ernannte zudem Baron de Coubertin am 9. Mai 1894 zu seinem Ehrenmitglied. Vikelas setzte sich in Paris mit Billigung des Athener Vereins und des Königshauses für eine Vergabe der ersten Olympischen Spiele für das Jahr 1896 nach Athen ein. Durch die griechischen Olympien war der Boden dafür gut bereitet.[13]

13 Vgl. DECKER, Wolfgang, »Die Olympien des Evangelis Zappas«, in: DECKER / DOLIANITIS / LENNARTZ, *Jahre*, S. 41-59. KIVROGLOU, Anastase, *Die Bemühungen von Ewangelos Sappas um die Wiedereinführung der Olympischen Spiele in Griechenland unter besonderer Berücksichtigung der Spiele von 1859*, Diplom-Arbeit, Köln 1981.

Athen 1896

von Volker Kluge

»Natürlich hatte ich alles vorhergesehen, nur nicht das, was eintraf. Opposition? Proteste, Ironie? Oder gar Gleichgültigkeit? [...] Nichts von alledem. Man klatschte Beifall, man billigte meine Pläne, man wünschte mir großen Erfolg, aber kein Mensch hatte mich verstanden. Es war ein vollkommenes, absolutes Unverstehen, das damals anfing und lange dauern sollte.«

Mit diesen Worten erinnerte sich Baron Pierre de COUBERTIN in seinen Memoiren[1] an das Scheitern seines 1892 gestarteten Versuchs, die Olympischen Spiele der Antike in moderner Form wiederaufleben zu lassen. Sein zweiter Anlauf, zwei Jahre später, war freilich von der erhofften Resonanz gekrönt: Am 23. Juni 1894 votierten die Teilnehmer eines Kongresses in der Pariser Sorbonne für die Umsetzung des ehrgeizigen Vorhabens. In der Euphorie des Augenblicks ging man sogar über Baron de Coubertins Vorstellungen hinaus und beschloß, die Premiere des »neuen alten« Weltsportfestes nicht 1900 in Paris, sondern bereits 1896 in Athen stattfinden zu lassen. Gleichzeitig erfolgte die Gründung eines *Internationalen Olympischen Komitees (IOC),* das fortan als »Besitzer« der Spiele fungieren sollte.

Der Erfolg der ersten Olympischen Spiele der Neuzeit war freilich in erster Linie den Organisatoren vor Ort zu verdanken. Mit Unterstützung der griechischen Regierung sowie der königlichen Familie wurden viele Anlaufschwierigkeiten überwunden, während es die Großzügigkeit des Mäzens Georgios AVEROFF ermöglichte, auf den Fundamenten des antiken Stadions eine grandiose Wettkampfstätte zu errichten. Diese bot nicht nur 70 000 Zuschauern Platz, sondern auch einen würdigen Rahmen für die festliche Eröffnung am 6. April. Nicht zufällig war dies der Nationalfeiertag. Für die Griechen bestand also ein doppelter Anlaß zu Stolz und Freude: Sie erlebten die (Wieder-)Geburt eines großen Sportereignisses und feierten gleichzeitig den 75. Geburtstag ihres Staates.

Programm und Teilnehmerzahl waren dagegen vergleichsweise bescheiden. Insgesamt hatten sich etwas mehr als 262, im übrigen ausschließlich männliche Sportler aus 13 Ländern eingefunden, davon allein 186 Griechen. Mit 21 Aktiven[2] stellte Deutschland das zweitgrößte Kontingent – eine »Achtungsvertretung«, die unter der Führung des Berliner Chemikers Dr. Willibald GEBHARDT nach Athen gereist war und mit beachtlichen Ergebnissen aufwartete. So avancierten die Turner Carl SCHUHMANN sowie Hermann WEINGÄRTNER und Alfred FLATOW, mit vier bzw. jeweils drei Gold-, genauer silbernen Medaillen, zu den erfolgreichsten Teilnehmern der Spiele überhaupt. Doch trotz ihrer Leistungen sahen sich die ersten deutschen Olympiasieger auch nach ihrer Rückkehr mit heftigen Vorwürfen und Anfeindungen konfrontiert. Namentlich die *Vertreter der Deutschen Turnerschaft (DT)* diffamierten sie als ehrlose Boykottbrecher. Schließlich hatte man Baron de Coubertins Idee internationaler Friedensspiele strikt abgelehnt und statt dessen ein nationales, eben »deutsches Olympia« propagiert.

Solche Mißtöne fielen angesichts einer ansonsten überwiegend positiven Resonanz kaum ins Gewicht. In Griechenland war sogar eine Woge der Begeisterung zu verzeichnen, die durch die zahlreichen Erfolge einheimischer Athleten, insbesondere den Sieg von Spiridon LOUIS im Marathonlauf, beflügelt wurde. So verstanden viele das große Fest des Sports als eine Art nationaler Wiedergeburt bzw. als eine Anknüpfung an eine glorreiche Vergangenheit. In der Logik solcher Empfindungen lag auch der Anspruch der Griechen, die Gastgeberrolle dauerhaft zu übernehmen. Obwohl entsprechende Forderungen zunächst viel Zustimmung erfuhren, wurden sie von Baron de Coubertin ebenso zurückgewiesen wie Ende der siebziger, Anfang der achtziger Jahre vom *IOC,* als die Idee noch einmal aufgegriffen wurde.

Siegerehrung Als Baron Pierre de Coubertin 1896 die Olympischen Spiele wiedereinführte, benutzte er die Antike bewußt als Schutzschild, um eventuelle Kritiker von vornherein mit der glorreichen Geschichte zu beeindrukken. Daß diese dabei nur als Staffage diente, zeigte sich zum Beispiel bei der Ehrung der

Literatur:
Central-Comité der internationalen Olympischen Spiele in Athen 1896 (Hg.), *Die Olympischen Spiele. 776 v. Chr. – 1896 n. Chr.,* 2 Bde., Athen 1896-1897.
LENNARTZ, Karl, *Erläuterungen zum Neudruck des Offiziellen Berichtes,* Kassel 1996.
KLUGE, Volker, »Aus Kostengründen war das Gold von den Spielen verbannt«, In: LENNARTZ, Karl (Hg.), *Erläuterungen zum Neudruck des Offiziellen Berichtes,* Kassel 1996, S. 69-70.
MALLON, Bill mit WIDLUND, Ture, *The 1896 Olympic Games,* Jefferson 1998.
TARASSOULEAS, Thanassis, *The Annals of the Pre-Olympic Games Period. Athens 1895-1896,* Athen 1997.

1 COUBERTIN, Pierre de, *Olympische Erinnerungen,* Frankfurt 1959, S. 17.

2 Da Rudern wegen des schlechten Wetter abgesagt werden mußte, blieben zwei Aktive passiv.

Sieger. Wie in der Antike erhielten sie einen Zweig des wilden Ölbaumes, der vor über 1500 Jahren die einzige Belohnung darstellte, auf die ein Athlet hoffen konnte. Doch 1896 war das nur noch die Beigabe.
Als Hauptpreis erhielt der moderne Olympionike eine Medaille, die sich in einem Lederetui befand. Damit er sich als rechtmäßiger Besitzer ausweisen konnte, wurde ihm dazu noch ein Zertifikat verliehen, das sich in einer Rolle befand, die in den »griechischen« Farben – blau und weiß – gehalten war: ein Olympisches Diplom. Dazu gab es einen Olivenzweig für die Sieger und einen Lorbeerzweig für die Zweiten.
Während die Zuschauer schon unmittelbar nach dem Wettkampf über den Sieger informiert wurden – man hißte die Fahne seines Landes, zog gleichzeitig an dem Mast die Startnummer des Gewinners empor und spielte wohl auch die Nationalhymne –, mußten sich die Athleten bis zum Ende der Olympischen Spiele gedulden, ehe sie ihre Siegertrophäen entgegennehmen konnten.
Als Spiridon Louis, der Sieger des Marathonlaufs, ins Ziel lief, bemerkt der Offizielle Bericht:

»Kaum hatte der Matrose, der mit der Hissung der Flagge am Maste betraut war, die Zahl 17 auf der Brust des siegreichen Läufers erblickt, als er sich auch beeilt, dieselbe anzuzeigen und die griechische Flagge aufzuziehen, deren Anblick einen Sturm der Begeisterung entfesselt. [...] *Die Menge verlangt mit stürmischen Rufen die Nationalhymne.«*[3]

Nach dem Sieg des Ungarn Alfred HAJOS über 100-m-Freistil hißte Prinz GEORG höchstpersönlich die ungarische Flagge, während das Orchester, das sich auf dem Kai der Zea Bay befand, irrtümlich die österreichische Nationalhymne zu spielen begann. Die Musiker hörten sofort auf, als die anwesenden Ungarn ihre eigene Hymne anstimmten.[4]
Die Ehrung für alle Preisträger fand am 15. April (nach dem damals in Griechenland gültigen Julianischen Kalender war es der 3. April) ab 10.30 Uhr im Panathenäischen Stadion statt, wo für König Georg I. eine Tribüne errichtet worden war. Gemeinsam mit dem Organisationskomitee und dem *IOC* nahmen die Athleten davor Aufstellung, und nach dem Aufruf durch einen Herold, den Artillerie-Hauptmann Ch. HADJIPETROS, stieg einer nach dem anderen eine Treppe hinauf, um vom König dekoriert zu werden. Übrigens sollte es bis 1932 dauern, ehe nicht mehr der Auszeichnende, sondern der Ausgezeichnete erhöht wurde.

Spiele der I. Olympiade in Athen – 6. bis 15. April 1896*

Mannschaften: 13 (14)	**Name des Organisationskomitees:**	***Central-Comité der internationalen Olympischen Spiele in Athen 1896***
AUS	Präsident:	Kronprinz KONSTANTIN
AUT	Generalsekretär:	Timoleon PHILEMON
BUL[1]	Offizieller Bericht:	englisch / deutsch; französisch / griechisch; viele Neudrucke
(CHI)[2]		
DEN	Zeremoniell:	Eröffnungs- und Schlußfeier am Anfang bzw. am Ende der Spiele
FRA		
GBR	Eröffnung durch:	König GEORG I.
GER	Dauer:	10 Tage
GRE	Siegerehrung:	bei der Schlußfeier durch GEORG I.
HUN	Olympische Hymne:	Spyros SAMARAS / Kostas PALAMAS (Text)
ITA	Siegermedaille:	Jules-Clément CHAPLAIN, zusätzlich Pokale, Kunstwerke und Geschenke
SUI		
SWE	Siegerdiplom:	Nikolaos GYZIS
USA	Erinnerungsmedaille:	Nikiphoros LYTRAS
	Zeitschrift:	*Les Jeux Olympiques. Supplément du Messager d'Athènes* (1896)
Sportler: ca. 262[4]	Sportarten:	10 (9[3]) mit 43 (50[3]) Wettbewerben
	Besonderheiten:	keine Teilnahme von Frauen erste Sportbriefmarken

* 25.3.-3.4. nach dem Julianischen Kalender

Erläuterungen:
1. Für Bulgarien startete ein in Sofia tätiger Schweizer Turnlehrer.
2. Der in der Literatur erwähnte Starter aus Chile war nur gemeldet, ging aber nicht an den Start.
3. Die vorgesehenen Ruderwettbewerbe mußten wegen des schlechten Wetters und zu stürmischer See kurzfristig abgesagt werden.
4. Es ist nach der bisherigen Quellenlage schwer möglich, die Zahl der gemeldeten, teilgenommenen und gestarteten Sportler exakt zu ermitteln.

3 Central-Comité der internationalen Olympischen Spiele in Athen 1896, *Spiele*, S. 91.
4 MALLON, *Games*, S. 104.
5 Anderer benutzter Name für das Organisationskomitee.
6 Der griechische Staat war im Grunde zahlungsunfähig und stand unter europäischer Bankenaufsicht, so daß die Spiele sich aus Spenden, einer Lotterie und dem Erlös des Verkaufs der ersten Sportbriefmarken finanzieren mußten.
7 *»Internationale Olympische Spiele / in Athen 1896«.*

Der Olivenzweig von Edwin Flack (AUS), dem Sieger über 800 und 1500 m; oben: König Georg I. ehrt Spiridon Louis. Die Zeichnung stammt aus der Feder von Corvin Knapp Linson.

Nach der Zeremonie formierten sich die Preisträger zu einem Festzug durch das Stadion, der vom Sekretär des *Zwölfer-Rates,*[5] Konstantinos Th. MANOS, und dem mit einer traditionellen Fustanella bekleideten Marathon-Olympiasieger Spiridon Louis angeführt wurde.

Siegermedaille. Aus Kostengründen hatte das Organisationskomitee entschieden, keine Preise von Wert zu verleihen, was zu dieser Zeit keineswegs die Regel war. Viele der Medaillen, die ab Mitte des 19. Jahrhunderts als Sportpreise Verwendung fanden, wurden damals sogar aus reinem Gold gefertigt. Daß sich die ersten Olympiasieger hingegen mit silbernen Medaillen und Ölzweigen begnügen mußten, war kein Zugeständnis am Amateurgedanken, sondern lag einzig und allein an der strengen Sparsamkeit der Griechen, unter deren Diktat sie notgedrungen die Spiele ausrichten mußten.[6]

Vielleicht hängt damit auch zusammen, daß neben den Siegern nur die Zweitplazierten ausgezeichnet wurden. Diese erhielten kupferne Medaillen und einen Lorbeerzweig. Die Drittplazierten hingegen gingen leer aus; ja man hielt es nicht einmal für nötig, in manchen Wettbewerben ihre Namen und Leistungen zu protokollieren. Auch die Mitglieder der siegreichen deutschen Turnriege – es gab 1896 nur in dieser Sportart einen Mannschaftswettbewerb – mußten sich mit einem Diplom zufrieden geben.

Während man im Mittelalter die Medaillen meistens prägte, wurde ihre Herstellung Ende des 19. Jahrhunderts erheblich preiswerter. Denn jetzt war es möglich, diese auch in grosser Stückzahl zu gießen, wofür man Legierungen verwendete. Das führte in den 80er Jahren des vorigen Jahrhunderts zu einem Aufschwung in der Produktion von Medaillen und Plaketten. Eine führende Position in der Metallschneidekunst hatte Frankreich inne.

Deshalb kann es auch nicht verwundern, daß Baron de Coubertin, der sich hinsichtlich der Zeremonien selbst um Kleinigkeiten kümmerte und versuchte, jede Geste zu bedenken, seinen Ehrgeiz daran setzte, den damals herausragenden Medailleur für die Gestaltung der Siegermedaille von 1896 zu gewinnen. Die Rede ist von Jules-Clément Chaplain, der 1895 zum Künstlerischen Leiter der Porzellanmanufaktur von Sèvres aufgestiegen war. Baron de Coubertin suchte ihn sogar persönlich in dessen Atelier auf.

In den olympischen Schaffensprozeß war wohl auch IOC-Präsident Demitrios VIKELAS einbezogen, der damals in Paris lebte. Auch der *Zwölfer-Rat* diskutierte die Frage, wie groß die Medaille sein sollte. Man einigte sich schließlich auf einen Durchmesser *»von 0,05 m französische Meter«,* also 50 Millimeter. Der endgültige Entwurf der Medaille zeigte auf der Vorderseite die Athener Akropolis mit Parthenon und Propyläen. Auf Empfehlung des Generalsekretärs der Spiele, Timoleon Philemon, lautete die Inschrift in griechischer Sprache »ΔΙΕΘΝΕΙΣ ΟΛΥΜΠΙΑΚΟΙ ΑΓΩΝΕΣ / ΕΝ / ΑΘΕΝΑΙΣ 1896«.[7] Auf der Rückseite ist der bekränzte Kopf von ZEUS zu sehen. In seiner rechten Hand hält der Göttervater eine Kugel, auf der eine Siegesgöttin (NIKE) mit einem hochgehaltenen Ölzweig steht. Auf dem linken Bildrand befindet sich das Wort »ΟΛΥΜΠΙΑ«; rechts, in Höhe der Augen des Gottes, ist die Gravur *»J. C. CHAPLAIN«* zu erkennen. Auf der Kante befindet sich als Prägestempel das Wort *»ARGENT« (»SILBER«).* Übergeben wurden die Medaillen in einem runden Lederetui.

Für sein Werk verlangte Chaplain den für damalige Verhältnisse stattlichen Preis von 4 000 Goldfranc, der vom Organisationskomitee auch bewilligt wurde. Die Medaille wurde mit einer Auflage von jeweils 40 Exemplaren in Silber und Kupfer in der Monnaie de Paris geprägt. Der Prägestempel befindet sich bis auf den heutigen Tag im Archive de la Monnaie und war 1994 anläßlich des Olympischen Kongresses in Paris in einer Ausstellung zu sehen. Nach Auskunft von Carl SCHUHMANN Junior wurde die Medaille aus 986er Silber und fünf Prozent Kupfergehalt angefertigt. Der Enkel des ersten deutschen Olympiasiegers muß es wissen: Er ist von Beruf Goldschmied und Juwelier und hat selbst einige Repliken der Chaplain-Medaille angefertigt.

Der Lorbeerzweig für den Zweitplazierten im Marathonlauf Charilaos Vasilakos (GRE); oben: Das einzige Foto, das eine Gesamtsicht auf die Siegerehrung ermöglicht: vorne links ehrt der König Georg I. einen Athleten, rechts ist Louis in der Fustanella zu erkennen, neben ihm mehrere Sportler, im Kreis um den König viele Funktionäre. Unter den Herren im Zylinder dürften sich die IOC-Mitglieder befinden. In der Mitte rechts stehen zwei Fotografen, wahrscheinlich rechts von der linken Kamera Albert Meyer. Ganz hinten warten in der Mitte des Stadions die Musikkapellen auf ihren nächsten Einsatz.

Jules-Clément CHAPLAIN 1839-1909

Der Medailleur und Bildhauer besuchte in Paris die Schule der Schönen Künste. Seine Lehrer waren u.a. der Bildhauer François Jouffroy und der Medaillist Eugène André Oudiné. Chaplain wurde bekannt, als er im Alter von 21 Jahren für eine Medaille den zweiten und drei Jahre später den ersten Prix de Rome gewann. Von 1864 bis 1868 arbeitete er in Rom und danach wieder in Paris. 1863, 1864, 1868 und 1869 war er mit seinen Werken auf den Salons für Büsten und Medaillen vertreten. 1881 wurde er als Nachfolger von Eduard Gatteaux an die Académie des Beaux-Arts berufen, bevor er dann 1895 an die Porzellanmanufaktur von Sèvres ging.
Als Meisterwerk Chaplains gilt die Erinnerungsmedaille für die Pariser Exposition von 1878; auch die Gedenkmedaillen für die Weltausstellungen von 1867 und 1900 stammen von ihm. Erwähnt werden sollten auch die Portraitmedaillen von Staatspräsident Emile Loubet und des russischen Zaren Nikolaus II. und seiner Schwester Alexandra, geprägt anläßlich ihres Staatsbesuchs in Paris. Die mit Abstand populärste Arbeit Chaplains jedoch waren die 10- und 20-Franc-Münzen in Gold, die auf der Vorderseite den Gallischen Hahn und auf der Rückseite das Profil der Marianne zeigten.

Medaillen von Präsident Loubet und Zar Nikolaus II. und seiner Schwester Alexandra (Vorderseiten)

Siegerdiplom. Wie die Medaille sollte ursprünglich auch das olympische Siegerdiplom von einem Franzosen entworfen werden. Auf Bitten Baron de Coubertins erklärte sich dazu mit Pierre PUVIS de CHAVANNES einer der bekanntesten monumentalen Dekorationsmaler bereit. Der Autodidakt war ein Meister der Darstellung von Allegorien. Als sein Hauptwerk gelten die Wandbilder im Pantheon von Paris, wo er in einem Zyklus die Legende vom Schutzpatron der Stadt, der Heiligen GENOVEVA, darstellte, die das Christentum in Frankreich verbreitete. Es war sein Fresko, das im Auditorium des Grand Palais in der Sorbonne als Kulisse dazu diente, das *IOC* zu gründen und die Olympischen Spiele wiederzuerwecken. Im Hémicycle schuf er 1887 eine Allegorie, bei der man die Sorbonne als Herrscherin inmitten eines *»Heiligen Hains«* und umgeben von Gestalten, die die Philosophie, die Geschichte, die Kunst und die Wissenschaft verkörpern, erblickt.
Am olympischen Thema indes schien Puvis de Chavannes zu verzweifeln. Baron de Coubertin erinnerte sich:

»Er besuchte mich und betrachtete lange und eingehend die Fotografien und Zeichnungen, die ich aus Griechenland mitgebracht hatte, und stellte Fragen, die mich in größtes Erstauen über sein Unwissen in bezug auf den ›griechischen Stil‹ versetzten, von dessen Reinheit er doch so durchdrungen war und die er so meisterhaft wiederzugeben verstand. Schließlich sagte er ab, wenn auch mit großem Bedauern, wie er schrieb, denn er hätte die Schaffung der Urkunde gerne übernommen, sehe sich aber außerstande, den hellenischen Geist gebührend zum Ausdruck zu bringen. So wurde die Urkunde schließlich von einem griechischen Künstler geschaffen, der seinerseits befürchtete, zu klassisch zu sein und sich deshalb eines etwas bizarren Modernismus befleißigte.«[8]

Dieser *»griechische Künstler«* war kein geringerer als Professor Nikolaos Gyzis, der zu den bekanntesten griechischen Malern des späten 19. Jahrhunderts zählte und Mitglied der Akademie der Künste in München war.

Der Heilige Hain von Pierre Puvis de Chavannes in der Sorbonne in Paris

Nach dem Scheitern von Puvis de Chavannes erteilte ihm IOC-Präsident Vikelas den Auftrag.[9]
Seit mit OTTO I., dem Sohn von Bayerns König LUDWIG, zwischen 1833 und 1862 ein Wittelsbacher König von Griechenland gewesen war, existierten enge Verbindungen zwischen beiden Ländern. Im September 1834 wurde Athen offiziell als *»Königlicher Sitz und Hauptstadt«* proklamiert. Das Stadtbild wurde fortan durch Architekten wie Leo von KLENZE, dem Leiter der bayrischen Hofbauintendanz, und Ernst ZILLER geprägt.
Daß sich Gyzis, der von der Idee einer Wiedergeburt Griechenlands begeistert war, über einen längeren Zeitraum damit beschäftigte, beweisen eine Reihe von Skizzen, die erhalten geblieben sind und die sich heute im Besitz der Athener Nationalgalerie befinden. Einige der mit Holzkohle festgehaltenen Entwürfe – so die Porträtskizze eines Olympiasiegers – wurden später verworfen, oder sie tauchen an anderer Stelle wieder auf.
Den Entwurf, der später in Kupferfarbe gedruckt wurde, beschrieb Gyzis in einem Brief vom 20. März 1896 an Ourania NAZOU mit folgenden Worten:

»Die obere Hälfte des Zertifikats stellt die Ruinen des Parthenon dar, über denen die griechische Flagge flattert. Rund um den Parthenon findet eine Fackel-Prozession statt, von der man nur das Licht und den Rauch wahrnehmen kann. Hinter den Ruinen steigt ein großer Phönix empor, wobei er den dichten Rauch zerteilt.
Die geflügelte Viktoria im Vordergrund auf der rechten Seite des Bildes, die als schöne und lebendige Statue dargestellt ist und die

8 COUBERTIN, Pierre de, *Einundzwanzig Jahre Sportkampagne (1887-1908)*, Ratingen 1974, S. 97.
9 Die Korrespondenz zwischen Vikelas und Gyzis befindet sich im Athener Benaki-Museum.

Siegerdiplom

Zwei Vorarbeiten zum ersten Siegerdiplom

Erinnerungsmedaille

Siegermedaille

Nikolaos GYZIS 1842-1901

Ende des 19. Jahrhunderts war Nikolaos Gyzis, der sich auf Anraten seines Freundes Nikiphoros Lytras von 1865 bis 1871 in München ausbilden ließ, der bekannteste griechische Maler. Als er 1872 nach Athen zurückkehrte, wurde Gyzis von seinen Landsleuten bereits als bekannter Künstler gefeiert. Ab 1874 aber lebte er schon wieder an der Isar, und nur noch einmal, 1877, kehrte er in seine Heimat zurück. Ab 1888 war er durch sein Lehramt an der Akademie dauerhaft an München gebunden. In der ersten Malperiode des Piloty-Schülers dominierten Darstellungen des griechischen und orientalischen Lebens, wie Gyzis es auf einer Reise durch Kleinasien, die er gemeinsam mit Nikiphoros Lytras unternahm, erlebt hatte. Mit dem Beginn der 80er Jahre aber entwickelte er sich zu einem der besten Münchner Genremaler. Neben Gemälden, Radierungen und Plastiken zählten zu seinen Schaffensgebieten vor allem auch Plakatentwürfe im dekorativen Jugendstil. In seinem letzten Lebensjahrzehnt spielten Allegorien für ihn eine große Rolle. Gyzis gehörte in München einer Künstlergenossenschaft namens Historia an. 1888 schuf er ein Ölgemälde, das die schreibende Historia gemeinsam mit einem Münchner Kind zeigte.

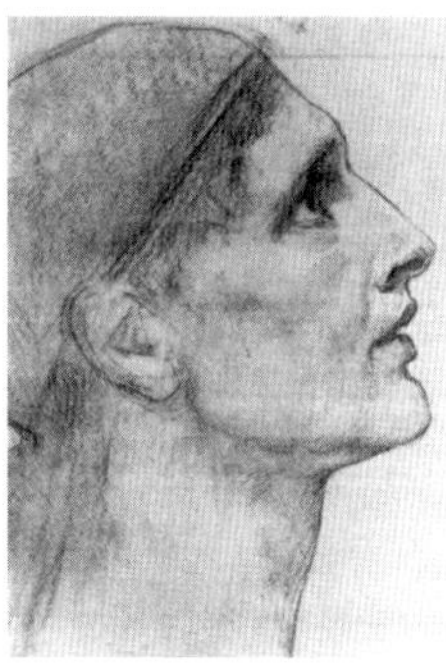

Olympiasieger

einen Olivenzweig in der Hand hält, überbringt ihre Botschaft der weiblichen Figur der Hellas, die ihr gegenüber sitzt [...]. *Ein Relief zwischen Hellas und der geflügelten Viktoria stellt die Olympischen Spiele dar.«*[10]

Unterhalb des Reliefs ist in Griechisch die Schrift *»INTERNATIONALE OLYMPISCHE SPIELE«* zu lesen. Darunter wurde der Name des Siegers und die Disziplin, in der er gewonnen hatte, eingetragen.[11] Unterschrieben ist das Diplom (49 x 71 Zentimeter) jeweils von Kronprinz Konstantin als Präsident des Organisationskomitees und von Timoleon J. Philemon, dem Generalsekretär des *Zwölfer-Rates.*[12] Der Name des Künstlers findet sich in der linken unteren Ecke.

Ehrenpreise. Während von offizieller Seite Bescheidenheit propagiert wurde, so hatten die Organisatoren nichts dagegen einzuwenden, daß die Sieger von Privatpersonen beschenkt wurden. So erhielt Louis einen silbernen Pokal, der von dem französischen Philologen Michel BRÉAL, der die Idee für den Marathonlauf hatte, gestiftet worden war. Außerdem erhielt der Grieche einen vom König verliehenen Pokal und eine antike Vase, die der Kampfrichter und Numismatiker Ioannis P. Lambros zur Verfügung gestellt hatte und deren Wert aus heutiger Sicht kaum zu schätzen ist.

Auch die übrigen Olympioniken wurden reich bedacht: Der US-Amerikaner James CONNOLLY, Sieger im Dreisprung, bekam von Prinz Georg einen Pokal aus Gold und Silber, sein Landsmann Robert GARRETT– er hatte das Kugelstoßen und das Diskuswerfen gewonnen – einen vom Kronprinzen gestifteten Silberpokal, der von Prinzessin SOPHIE überreicht wurde. Dazu kam als Geschenk eine Marmorbüste der Göttin ATHENE von Georgios VROUTOS, der auch das Denkmal für Georgios Averoff geschaffen hatte. Garrett schenkte alle seine Trophäen der Princeton University, die im Field House auf dem Campus ausgestellt wurden. 1935 wurde alles, bis auf den Diskus, mit dem er in Athen gewonnen und den er hatte mitnehmen dürfen, vernichtet. Den Diskus, der sich heute im Olympischen Museum in Lausanne befindet, hatte

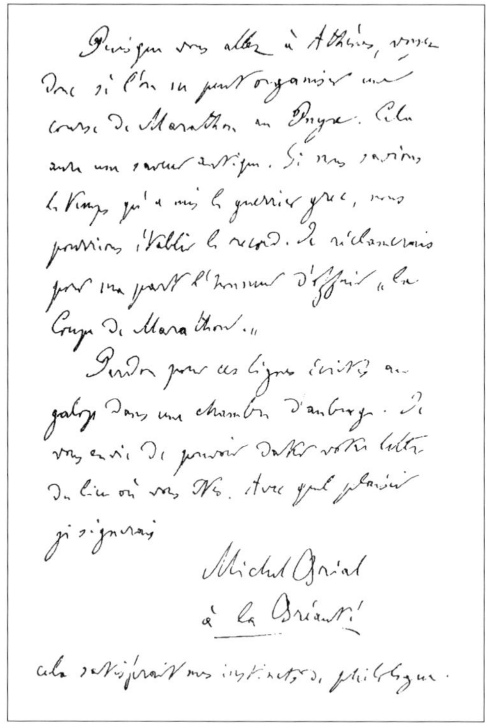

Puisque vous allez à Athènes, voyez donc si l'on ne peut organiser une course de Marathon au Pnyx. Cela aurait une saveur antique. Si nous savions le temps qu'a mis le guerrier grec, nous pourrions établir le record. Je réclamerais pour ma part l'honneur d'offrir la « Coupe de Marathon ».

Michel Bréal

»Da Sie nach Athen gehen, sehen Sie doch mal, ob man nicht einen Lauf von Marathon zum *Pnyx* [Hügel in Athen, auf dem in der Antike die Volksversammlungen stattfanden] *organisieren kann. Wenn wir die Zeit, die der griechische Krieger gebraucht hat, wüßten, könnten wir einen Rekord führen. Ich würde von meiner Seite beanspruchen, einen ›Marathon-Pokal‹ zu stiften.«*

Michel Bréal; links: Brief an Baron de Coubertin. Ein ähnlich lautendes Schreiben schickte Bréal an Vikelas.

er als Demonstrationsobjekt zu einem Vortrag mitgenommen.

Thomas BURKE, der Sieger über 100 m und 400 m, bekam vom König eine besondere Medaille, die im Durchmesser mindestens anderthalb Mal so groß war wie seine beiden Siegermedaillen und um den Hals zu hängen war[13], und einen Pokal. Beide Trophäen scheinen verloren zu sein. Doch besitzen wir in einem Foto, das kurz nach der Siegerehrung aufgenommen wurde, zumindest eine Abbildung des Pokals. Burke posiert dort »vollge-

10 Ministry of Culture – Benaki Museum (Hg.), *Mind and Body. The Revival of the Olympic Idea 19th-20th Century*, Athen 1989, S. 121. Siehe Kapitel Quellentexte.

11 »ΔΙΕΘΝΕΙΣ ΟΛΥΜΠΙΑΚΟΙ ΑΓΩΝΕΣ / ΑΓΩΝΕΜΕΤΑΙ ΤΟ ΔΙΠΛΩΜΑ ΤΟΥΤΟ ΤΩ / ΝΙΚΗΣΑΝΤΙ / ΕΝΤΩ ΑΓΩΝΙΣΜΑΤΙ« (*»INTERNATIONALE OLYMPISCHE SPIELE / DIESES DIPLOM IST ZUGETEILT DEM SIEGER IN DEM WETTKAMPF«*)

12 »ΠΡΟΕΔΡΟΣ« bzw. »ΓΕΝ. ΓΡΑΜΜΑΤΕΥΣ« (*»VORSTEHER«* bzw. *»GEN. SEKRETÄR«*)

13 Telefonische Auskunft von Gary ALLISON vom 4.12.1999.

14 Telefonische Auskunft von Gary Allison vom 4.12.1999.

Von Prinz Georg für James Connolly gestifteter Pokal, der sich heute im Colby College im Staat Maine befindet; oben: Denkmal für Georgios Averoff von Georgios Vroutos vor dem Panathenäischen Stadion in Athen; daneben: von Ioannis Lambros für den Sieger des Marathonlaufs gestiftete antike Vase

packt« mit den beiden Diplomen in den Hüllen, den Olivenzweigen und dem Pokal. Möglicherweise hat er die beiden Siegermedaillen und die Plakette des Königs in die Tasche gesteckt, denn gleich muß er mit den anderen Siegern hinter Louis auf die Ehrenrunde.
Der französische Fecht-Olympiasieger Eugène-Henri GRAVELOTTE fuhr mit einer silbernen Vase nach Hause. Die Präsente für Griechenlands Schieß-Olympiasieger Pantelis KARASEVDAS und Ioannis PHRAGOUDIS waren ein Gewehr bzw. eine Pistole. Von einem der deutschen Turner, Fritz MANTEUFFEL, ist bekannt, daß er aus Athen ein Service von Weingläsern mitbrachte. Ob es sich dabei um einen offiziellen Preis oder um ein erworbenes Souvenir handelte, ist nicht mehr nachvollziehbar. Eine offizielle Liste, wer welche Präsente erhalten hatte und wer die Spender waren, hat es offenbar niemals gegeben, so daß man auf schwierige Einzelrecherchen angewiesen ist.
Ehrengaben bekamen auch die amerikanischen Olympiasieger Ellery CLARK (Hoch- und Weitsprung) und William HOYT (Stabhochsprung): Clark eine silberne Schüssel, Hoyt eine mindestens einen Fuß hohe Silberkanne. Über den Verbleib der Trophäen ist nichts bekannt.[14] Erstaunlich ist, daß so viele besondere Auszeichnungen den Amerikanern überreicht wurden, während die vielen deutschen Olympiasieger anscheinend leer ausgingen.

Ehrentafel. Auf der Session 1921 in Lausanne beschloß das *IOC*, daß ab 1924 die Namen der Olympiasieger auf einer Tafel am Eingang des Stadions anzubringen sind. Die Veranstalter der vorhergegangenen Olympischen Spiele 1920 in Antwerpen und 1912 in Stockholm wurden gebeten, dies entsprechend nachzuholen. St. Louis, Paris und Athen wurden anscheinend nicht angesprochen. So fehlt eine solche Ehrung in Athen. Allerdings folgte das *Hellenische Olympische Komitee* anläßlich ihrer 90-Jahr-Feier der ersten Olympischen Spiele im April 1986 einem anderen Berliner Beispiel (s.u.) und stellte im Panathenäischen Stadion Stelen mit den Namen der griechischen Medaillengewinnner auf.

Erinnerungsmedaille. Neben der Siegermedaille und dem Diplom sollte es 1896 für alle Teilnehmer aber auch eine Erinnerungsmedaille geben, über deren Aussehen und Grösse der *Zwölfer-Rat* im Sommer 1895 disku-

Das Bild fand 1892 als Plakat für eine Ausstellung im Glaspalast Verwendung. Als die Münchner Künstler im selben Jahr beschlossen, Prinz Leopold von Bayern aus Anlaß seines 50. Geburtstages, den dieser am 9. Februar 1896 beging, mit einem Album zu ehren, wurde dieses Blatt darin mit aufgenommen. Das Olympische Diplom stellte den Abschluß dieser Serie dar. Gyzis illustrierte auch die literarischen Werke von Vikelas.

Nike krönt einen Olympiasieger.

von links: von Bréal gestifteter Pokal für den Sieger im Marathonlauf; vom König für den Sieger des Marathonlaufs gestifteter Pokal; IOC-Präsident Juan Antonio Samaranch enthüllt eine der Tafeln mit den Namen der griechischen Olympiasieger; Burke mit seinen vielen Preisen

Georgios VROUTOS 1843-1909

Vroutos studierte an der Schule der Schönen Künste in seiner Heimatstadt Athen und an der Academia di S. Luca in Rom. In seinem Werk stützte er sich auf die klassischen akademischen Prinzipien mit Ausnahme der Plastik Der Geist des Kopernikus (Athen 1877), die wegen des unorthodoxen Stils kontrovers diskutiert und heftig kritisiert wurde. Beeinflußt wurde er durch die Schule des Italieners Antonio Canova; sein Athener Atelier war voll mit Kopien und Fotos von Canovas Werken. 1873 kehrte er von Rom nach Athen zurück und wurde 1883 Professor an der Schule der Schönen Künste. Vroutos' wichtigste Arbeiten: Statue des Georgios Averoff (Athen 1896), Grab des Papadakis (Athen 1881), Eros bricht den Bogen (Athen, Zappeion 1900). Er arbeitete auch als Restaurator antiker Skulpturen.

Georgios Vroutos (Selbstbildnis)

tierte. In der Sitzung vom 21. September 1895 stellte Generalsekretär Philemon Entwürfe vor, die der Maler Georgios ROILOS eingereicht hatte, mit denen dieser aber selbst nicht zufrieden war. Dennoch sollte seine Mühe nicht umsonst gewesen sein; seine Arbeiten wurden einem Geschäftsmann übergeben, der die Medaillen auf eigenes Risiko herstellte und verkaufte. Das Organisationskomitee bekam einen Anteil des Erlöses. Eine weitere Gedenkmedaille mit der Inschrift *»OLYMPISCHE SPIELE/776 V. CHR. – 1896«* auf der Vorder- und der Abbildung des Panathenäischen Stadions auf der Rückseite wurde von einem Bildhauer namens HOUTOPOULOS gestaltet.[15]

Am 10. Oktober 1895 schrieb der *Zwölfer-Rat* schließlich einen in den Athener Zeitungen veröffentlichten Wettbewerb aus, zu dem alle griechischen Künstler eingeladen wurden. Man sicherte ihnen vollkommene Gestaltungsfreiheit zu, allerdings sollte sich auf einer Seite der Medaille, deren Größe auf 50 Millimeter festgelegt war, mit den Traditionen der Olympischen Spiele in der Antike beschäftigt werden, während die andere das Jahr aufweisen sollte, in dem die ersten Spiele der Neuzeit in Athen stattfanden. Als erster Preis, über dessen Vergabe das Organisationskomitee entschied, wurden 1000 Drachmen in Aussicht gestellt.

Die Wahl fiel auf einen Entwurf von Nikiphoros Lytras. Dazu erschien am 8. Februar ein Artikel im *Messager d'Athènes:*

»Herr Houtopoulo ist damit beauftragt worden, die Erinnerungsmedaille der Olympischen Spiele zu prägen, deren Gestaltung, von einer bewundernswerten Reinheit, von M. Lytra stammt, einem Maler, der ein hohes Ansehen in Europa genießt. Auf der einen Seite ist ein Phönix abgebildet, wie er aus der Asche steigt, dessen Kopf eine Allegorie Griechenlands mit einem Lorbeerkranz krönt. Neben Phönix sieht man das Stadion und neben der Figur Griechenlands die Akropolis von Athen, dazu ist das Datum der Wiederbegründung der Olympischen Spiele, 1896, und das der Einführung in der Antike, 776 v. Chr.[16]*, eingeprägt. Auf der Rückseite ist ein*

Olivenzweig zu sehen.[17] *Die Medaillen, 20000 an der Zahl, werden verkauft. Der Gewinn kommt den Olympischen Spielen zugute.«*[18]

Dies wurde aber nicht so ausgeführt. Die Medaille wurde in drei verschiedenen Legierungen geprägt: in vergoldeter Bronze für Ehrengäste und ausgewählte Offizielle, in versilberter Bronze für nicht so bedeutende Gäste und Offizielle und in Bronze (Auflage 20000) für die Athleten als Erinnerung und für den Verkauf zur Finanzierung der Spiele. Die Medaillen befanden sich in einem runden Lederetui.[19] Für die Herstellung war dann nicht Houtopoulos zuständig, sondern die Prägeanstalt, die Wilhelm PITTNER von 1856 bis 1898 in Wien betrieb.[20] Am Rand unten rechts hat »ΛΥΤΡΑΣ« (*»LYTRAS«*) seinen Namen verewigt. Daneben findet sich *»W. P.«*. Sie hat die Maße: 50 Millimeter Durchmes-

Gedenkmedaille von Houtopoulos

15 Diese sog. Gedenkmedaillen, die gekauft werden können, wurden danach immer wieder geprägt. Seit München 1972 erhielten sie einen gewissen offiziösen Charakter und dienten zur Finanzierung der Spiele. Große Einnahmen konnten aber nicht erzielt werden, da der Sammlerkreis doch recht klein ist (Vgl. PREUß, Holger, *Ökonomische Implikationen der Ausrichtung Olympischer Spiele von München 1972 bis Atlanta 1996*, Kassel 1999, S. 245, 381, 390-391). Da die Gedenkmedaillen unsere Thematik nur am Rande berühren, wird im folgenden nur hin und wieder darauf hingewiesen.

16 »ΟΛΥΜΠΙΑΚΟΙ / ΑΓΩΝΕΣ / 776 Π. Χ. 1896 / ΑΘΕΝΑΙ« (*»OLYMPISCHE / SPIELE / 776 V.CHR. / ATHEN«*).

17 Im Kranz befindet sich die Inschrift »ΔΙΕΘΝΕΙΣ / ΟΛΥΜΠΙΑΚΟΙ / ΑΓΩΝΕΣ / ΑΘΕΝΕΣΙ / 1896« (*»INTERNATIONALE / OLYMPISCHE / SPIELE / ATHEN/ 1896«*).

18 (N.N., »Médaille«, in: *Les Jeux Olympiques. Supplément au No 3 du Messager d'Athènes* (27.01. [08.02.]1896), 1, S. 2.

19 Außen braun, innen schwarzer Filz bei den Exemplaren in versilberter Bronze, außen schwarz bei den bronzenen Medaillen.

20 Houtopoulos hat dann wahrscheinlich die oben erwähnte Gedenkmünze geprägt.

21 Badges berühren unsere Thematik nur am Rande. Dennoch soll auf besondere hin und wieder hingewiesen werden.

22 Seit November 1999 als Leihgabe im Deutschen Sport- und Olympia-Museum in Köln.

Badge »Akkreditierung« von Vikelas

ser, vier Millimeter Dicke, 58 Gramm Gewicht. Die Medaille wurde in einem mit rotem Samt ausgelegten runden mit Kunstleder überzogenem Holzetui vergeben.
Die Medaille fand auch für die Olympischen Spiele von 1906 Verwendung; lediglich die Jahreszahl wurde verändert. Wahrscheinlich gab es noch genügend übriggebliebene Exemplare.
Um Offizielle und Kampfrichter kenntlich zu machen, »erfand« das Organisationskomitee ein besonderes Abzeichen, den Vorläufer der später so begehrten und wichtigen Badges.[21]
Verbleib der Preise. Aufgrund der niedrigen Auflage zählen sowohl die Medaillen von 1896 als auch die Diplome – etwa 60 wurden verliehen – zu den Raritäten unter den olympischen Memorabilia. Niemand hat einen vollständigen Überblick, wieviel Exemplare der Medaillen und Diplome heute noch erhalten sind; lediglich Schätzungen sind möglich. Da es sich um die ältesten olympischen Medaillen und Diplome handelt und deren Zahl vergleichsweise überschaubar ist, lohnt es sich, an dieser Stelle alle Kenntnisse über deren Verbleib zusammenzutragen.
Die Siegermedaille von Louis wurde Anfang der 80er Jahre seiner Familie vom griechischen Staat für vier Millionen Drachmen – umgerechnet rund 160 000 DM – abgekauft. Der von Michel Bréal gestiftete Pokal befindet sich nach wie vor im Besitz der Familie. Die Medaille des griechischen Säbelfechters, Ioannis GEORGIADIS, hat seine in Köln lebende Enkelin, Iliane LAGERSTRÖM.[22] Eine weitere Medaille befindet sich im *Nationalen Historischen Museum in Athen.* Auch die Sportmuseen von Melbourne (Mittelstreckenläufer Edwin Flack) und Budapest (Schwimmer Alfréd Hájos) verfügen über jeweils zwei Medaillen, während jene von Ellery Clark (Hoch- und Weitsprung) und Carl SCHUHMANN (Pferdsprung und Ringen) jeweils in Familienbesitz sind. Anläßlich des 50. Geburtstages des *Nationalen Olympischen Komitees für Deutschland* am 24. September 1999 übergab Carl Schuhmann, der Enkel des Olympiasiegers, die beiden Medaillen NOK-Präsident Walther TRÖGER zwecks Weiterleitung an das Deutsche Sport- und Olympiamuseums, das am 25. November 1999 in Köln eröffnet wurde.
Einen ungewöhnlichen Weg nahm die Medaille von Hermann WEINGÄRTNER. Der Sieger am Reck aus Frankfurt/Oder starb 1919. Sein Sohn Erich versuchte 1937, sie zusammen mit anderen Trophäen – darunter der 1. Preis vom Italienischen Bundesturnfest von 1895 in Rom – an die Reichssportführung zu verkaufen, doch das Geschäft scheiterte, weil dessen Pressereferent Heiner TROSSBACH dafür ganze 120 RM bot. Daraufhin wandte sich Weingärtner an Carl DIEM. Doch auch die Offerte an den Generalsekretär der Olympischen Spiele 1936 blieb erfolglos, weil dieser gerade auf Reisen war. Als er nach seiner Rückkehr Interesse zeigte, teilte ihm der Weingärtner-Sohn mit: *»Am heutigen Tage habe ich diese Gold-*

Nikiphoros LYTRAS 1832-1904

Lytras war einer der bedeutendsten griechischen Maler und Medaillengraveure des 19. Jahrhunderts. Der Sohn eines Zimmermanns besuchte sieben Jahre das Polytechnikum in Athen und wurde mit einem Stipendium von König Otto I. nach München an die Akademie der Künste geschickt. Dort war er Schüler von Alexander Wagner und erhielt später Unterricht im Meisteratelier von Karl von Piloty.
1872 ging er nach Athen zurück und bereiste 1873 zusammen mit seinem ebenfalls in München studierenden Freund Nikolaos Gyzis Anatolien und Nordafrika. 1874 war er wieder in München. Nach seiner Rückkehr nach Athen erhielt er den Professorentitel und war 30 Jahre Direktor der Athener Kunstschule. Wie Gyzis illustrierte auch er Bücher von Vikelas. Seine beiden Söhne Nikolaos und Perikles wurden ebenfalls bekannte Maler.

Antigone und Polyneikes

medaille an den Reichsminister Dr. Goebbels verkauft.«[23] In Verkennung des Wertes hatte GOEBBELS nur den Rom-Preis, der aus reinem Gold war, gekauft. Die Athen-Medaille und die übrigen Erinnerungsgegenstände verschmähte er.

27 Jahre später veröffentlichte die *BILD-Zeitung* während ihrer Berichterstattung von den Olympischen Spielen in Tokio folgenden Beitrag:

»Das war der hübscheste, kameradschaftlichste Ausklang der Spiele: die erste Turner-Goldmedaille der Olympischen Spiele der Neuzeit, 1896 in Athen gewonnen, für den besten Olympia-Turner von Tokio, den Japaner Jukio Endo. Bild schlug eine Brücke. Über Jahrzehnte, über Kontinente – eine Brücke der Freundschaft zwischen Deutschland und Japan. Olympia 1896 in Athen. Deutsche Turner erringen Medaillen.

Unter ihnen Hermann Weingärtner, damals 32 Jahre alt. Er siegt am Reck und wird Zweiter am Barren und Querpferd und Dritter an den Ringen. Erich Weingärtner, sein heute 61jähriger Sohn, bewahrte die Siegermedaille wie einen Schatz. Der Flugkapitän a.D., der jetzt in Kostheim bei Wiesbaden, Viktoriastr. 31, lebt, hat keine Kinder. ›Wer soll also die Medaille erben?‹ fragte er und entschloß sich, sie dem Sieger im Olympischen Zwölfkampf zu stiften.

›So kommt sie in die rechten Hände.‹ Bild-Redakteur Jo Skolik übernahm diese schöne Aufgabe [...]*.«*[24]

Eines P.R.-Gags wegen hatte sich Weingärtner-Junior, der offenbar einen starken Hang zur Selbstdarstellung hatte, also von der Medaille seines Vaters getrennt. Im übrigen war an dem Bericht mehreres falsch: Natürlich war die Medaille nicht aus Gold, sondern aus Silber. Unrichtig war vor allem auch die Angabe Weingärtners, daß er keine Kinder hatte. Tatsächlich wurde 1931 sein Sohn Erik geboren; allerdings ließ sich Weingärtner vier Jahre danach von seiner Ehefrau scheiden.[25] Ob Yukio ENDO den Wert der Medaille überhaupt zu schätzen wußte, darf bezweifelt werden. Wie auch immer: Er bedankte sich bei Erich Weingärtner – via *BILD* – mit einer Perle.

Verloren sind hingegen die beiden Siegermedaillen von Robert Garrett (Kugelstoßen und Diskuswerfen), die 1935 beim Brand der Sporthalle der Princeton-Universität, wo diese zusammen mit dem eigenhändig gefertigten rund fünf Kilo schweren Übungsdiskus ausgestellt waren, vernichtet wurden.[26]

Ungewiß ist auch das Schicksal der Medaille von Alfred Flatow, des Siegers im Barrenturnen. Bevor der jüdische Berliner am 3. Oktober 1942 ins KZ Theresienstadt deportiert wurde, wo er wenig später umkam, wurde sein gesamtes Hab und Gut beschlagnahmt und an »arische« Familien »verkauft«.[27] In der Inventarliste tauchen allerdings keinerlei Sportpreise auf, so daß man davon ausgehen kann, daß Flatow sie vor seinem Abtransport – wie in anderen Fällen nachweisbar – verschenkte. Bezeichnend dafür, wie die Nazis mit ihren Opfern umgingen, ist der Brief der Vermieterin Dorothea BOHM vom 29. März 1943 an die für die »Verwertung« des Raubgutes zuständige Oberfinanzdirektion Berlin-Brandenburg, in dem es heißt:

»Betrifft: 33/18452, Berlin-Schöneberg, Landshuter Str. 33, Wohnung des ehem. jüd. Mieters Flatow.

Die oben genannte Wohnung ist beim Fortschaffen der Möbel am 27. März d.J. in einem unglaublich schmutzigen Zustand zurückgelassen worden, so dass ich die Übernahme der Wohnung in diesem Zustande ablehne. Der Fussboden in sämtlichen Zimmern ist mit Haufen von Papier und Akten bedeckt, die aus den Schränken herausgerissen worden sind. Ich bitte, sofort zu veranlassen, dass die Wohnung besenrein hergerichtet wird.«[28]

Durch einen Zufall blieb immerhin das Diplom von Flatows Cousin erhalten, mit dem er 1896 in Athen gemeinsam in einer Riege geturnt hatte. Als Felix FLATOW, der 1933 nach Holland emigriert war, Ende 1943 deportiert werden sollte, ging er zusammen mit seinen Angehörigen in den Untergrund. Zuvor aber deponierten sie bei einer ihnen bekannten holländischen Familie zwei Koffer. Wie Alfred Flatow kehrte auch sein Cousin nicht aus Theresienstadt zurück, doch seiner Frau und seinem Sohn Stefan gelang es, den Holocaust

23 Bundesarchiv, Organisationskomitee der XI. Olympiade 1936, Nr. 46/156/251, Bl. 77.

24 *BILD-Zeitung* (27.10.1964).

25 Erik Weingärtner (Winsen / Aller) ist von Beruf Maler und Bildhauer.

26 Mitteilung von Harrison GARRETT, Brooklandville, MD, vom 4. Mai 1977 (Privatarchiv-Kluge).

27 An Flatows Besitz bereicherten sich Dr. STILLGER, Leutnant Otto MASSOW und Erich WIESE, damalige Wohnanschriften liegen vor. (Privatarchiv Kluge).

28 Oberfinanzdirektion Berlin (SV u. BA), Akte Alfred Israel Flatow 33/18452.

29 Brief von Ph. Zutter vom 15.11.1965 (Privatarchiv Kluge).

30 [Genf 1984, Bd.1, S. 300.] »Das einzigartige sporthistorische Dokument des ersten Schweizer Olympiasieges ist das Diplom für Louis ZUTTER, der auf eigene Faust 1896 nach Athen gereist war und sich der deutschen Turnriege anschloss.«

31 Olympic Memorabilia Auction No. 24, 26. Juni 1998 Olympic Training Center in Colorado Springs, Colorado, USA.

zu überleben. Als sie 1945 wieder nach Holland kamen und ihren Besitz zurückverlangten, war nur noch ein Koffer, in dem die Familienfotos steckten, vorhanden. Geöffnet hat ihn Stefan FLATOW erst über 40 Jahre später, was folgende Bewandtnis hat: 1986 fand ich bei Recherchen über die beiden jüdischen Olympioniken vor der Kleinen Festung in Theresienstadt unter den wenigen vorhandenen Gräbern jenes von Felix Flatow. Davon war seinem Sohn, der jahrelang das schreckliche Schicksal seiner Angehörigen, von denen nahezu alle umgebracht worden waren, verdrängt hatte, so berührt, daß er auf meine Bitte hin begann, die alten Papiere durchzusehen. Auf einmal stieß er auf das Diplom, das er 1943 aus einem Rahmen gelöst und mit in den Koffer gelegt hatte.

Noch ein Kuriosum: Als ich Anfang der 60er Jahre begann, den Verbleib der Siegertrophäen von 1896 zu erkunden, stieß ich auch auf den Neffen von Louis ZUTTER, dem Olympiasieger im Seitpferdturnen, der damals Schweizer Botschafter in Rom war. Allerdings blieb meine Anfrage bei ihm erfolglos. Er schrieb mir:

»Leider sind die Diplome und Schriftstücke, die er bei dieser Gelegenheit erhielt, abhanden gekommen. Sie wurden einem unehrlichen Journalisten für die Abfassung von Presseartikeln ausgeliehen. Dieser fand es jedoch nicht als nötig, sie zurückzuerstatten.«[29]

Zwanzig Jahre später fand ich Zutters Diplom in dem Buch *Sport Schweiz Suisse Svizzera*, abgebildet.[30] Die Bildredaktion des Werkes hatte übrigens der bekannte Sportpublizist Walter UMMINGER. So schließt sich manchmal der Kreis.

Mit den Athener Medaillen und Diplomen legte Baron de Coubertin den Grundstein für einen wichtigen Teil des olympischen Zeremoniells, die Siegerehrung. Mit einigen Modifikationen wurde dieses bis heute so beibehalten. Die Trophäen von 1896 zählen zu den Glanzstücken jeder Sammlung, wobei man nur etwa 600 bis 1 000 Dollar aufwenden muß, um eine Erinnerungsmedaille zu ersteigern. Aber auch die raren Siegermedaillen sind gelegentlich auf Auktionen zu finden. Die Deutsch-Amerikanerin Ingrid O'NEIL veräußerte in zwölf Jahren immerhin schon drei. Für die erste – niemand weiß, wem sie ursprünglich gehörte – wollte sie 1986 lediglich 900 Dollar, und der US-Sammler, der sie erwarb, fand das ausgesprochen teuer, weshalb er auch ein halbes Jahr brauchte, um den Preis zu bezahlen. Die zweite, die 1996 während der »Jahrhundertspiele« angeboten wurde, sollte 9 000 Dollar kosten, doch sie fand dafür keinen Bieter, weshalb sie später ein Privatmann in den USA für den Minimumpreis – plus 15 Prozent Zuschlag – kaufte. Bei der dritten schließlich ging es sogar wie im Krimi zu, denn als die Medaille, die einst dem Tennis-Olympiasieger John Pius BOLAND verliehen wurde, für ein Mindestgebot von 11 250 Dollar[30] im Katalog auftauchte, schaltete sich das *Olympic Council of Ireland* ein und machte beim *NOK der USA (USOC)* Ansprüche geltend. Vor Auktionsbeginn verlas ein USOC-Vertreter einen dementsprechenden Brief, worauf Ingrid O'Neil die Medaille des ersten irischen Olympioniken vorübergehend aus dem Angebot nahm.

Nachforschungen ergaben schließlich, daß sich eine in London ansässige *Irische Olympische Gesellschaft* noch zu Lebzeiten von Boland dessen Athen-Preise – er gewann 1896 im Einzel- und Doppelspiel – ausgeliehen hatte, um diese 60 Jahre später während der Olympischen Spiele in Melbourne auszustellen. Die Exponate kehrten aber nie nach Dublin zurück, wo Boland 1958 starb. Auch seine Töchter verlangten die beiden Medaillen nicht zurück, weil sie deren Wert offenbar völlig unterschätzten: So schenkten sie beispielsweise eines der Siegerdiplome ihres Vaters einem irischen Sammler.

In den 80er Jahren wurden die Medaillen in London an eine Münzhandlung verkauft; von dort gelangten sie zu einem Händler in den USA, der beide Silberstücke, die sich in einem Holzrahmen befanden, als ein Los für 10 000 Dollar versteigerte. Zwei Amerikaner teilten sich die Summe, was sich als profitabel erwies. Denn als sich nun einer von ihnen von seiner Medaille trennte, wurde diese bereits mit einem Minimumpreis von 11 000

Nachprägungen der Sieger- und der Erinnerungsmedaille

Dollar angesetzt. Da der Besitzer gegenüber dem USOC zudem mit einer Rechnung und einem Zertifikat nachweisen konnte, daß er sie ehrlich erworben hatte, gab es rechtlich überhaupt keine Möglichkeit, die Forderung des *Olympic Council of Ireland* zu erfüllen. Ingrid O'Neil räumte dennoch dem *Irischen NOK* ein Vorkaufsrecht ein. Da dieses aber den Kaufpreis nicht aufbringen konnte, ging schließlich die Boland-Medaille für 13 500 Dollar ein weiteres Mal in Privatbesitz über. Man mag dies bedauern, daß sie auf diese Weise der Allgemeinheit entzogen ist; mit Sicherheit wird sie dort aber ihrem Wert entsprechend behandelt, was – wie die Geschichte zeigt – in der Vergangenheit bisher nicht immer der Fall gewesen ist.

Wegen ihrer Seltenheit, aber auch, weil es die ersten sind, wurden die Olympiamedaillen von 1896 des öfteren nachgeprägt, vor allem aus Anlaß der Jahrhundertfeiern der Olympischen Bewegung und ihrer Spiele.

Paris 1900

Nach der überaus erfolgreichen Premiere in Athen war die olympische Fortsetzung in Paris ein großer Rückschritt. Insbesondere Pierre de Coubertin mußte seine »Heim-Spiele« als herbe Enttäuschung empfinden. Schließlich war es ihm nicht ansatzweise gelungen, der Veranstaltung einen angemessenen Charakter zu verleihen. Da die Stadt kein ernsthaftes Interesse gezeigt hatte, ließ sich das Stelldichein des internationalen Sports überhaupt nur als ein Anhängsel der Weltausstellung realisieren.

So mußten die ca. 1500 Teilnehmer, darunter immerhin zwölf Frauen, auf olympisches Flair weitgehend verzichten. Ein großes, vielleicht das entscheidende Manko war das Fehlen eines Stadions sowie anderer spezifischer Sportanlagen. So kann von einem würdigen Rahmen wohl kaum die Rede sein. Die Wettkämpfe wurden von örtlichen Vereinen und Verbänden organisiert und, zwischen Mai und Oktober, auf viele Wochenenden verteilt. Wie die vergleichsweise spärlichen Quellen vermuten lassen, wurde vor Ort bisweilen nicht immer eine offizielle Siegerehrung bzw. eine Verleihung von Medaillen vorgenommen. Somit kann es nicht verwundern, wenn manche Sportler offenbar gar nicht realisierten, daß sie an Olympischen Spielen teilgenommen hatten. Von solchen war in Paris explizit auch kaum die Rede: Die Wettkämpfe wurden u.a. als »Internationale Championate« oder »Weltmeisterschaften« ausgewiesen. Lediglich Baron de COUBERTIN war dazu beauftragt worden, im Ausland die Sportler zu Olympischen Spielen einzuladen. Will man überhaupt einen einzelnen Aktiven herausheben, so dürfte die Wahl auf den amerikanischen Leichtathleten Alvin KRAENZLEIN fallen. Er siegte im Sprint über 60 Meter sowie über 110 und 200 Meter Hürden und gewann zudem den Weitsprung. Viele Jahre später verpflichtete ihn Carl DIEM bzw. der *Deutsche Reichsausschuß für Olympische Spiele (DRAfOS)* als Trainer der deutschen Olympiamannschaft von 1916.

Sportplaketten. Es ist nicht einfach, umfassend und abschließend alle Bereiche Berücksichtigendes über die Auszeichnungen der Teilnehmer an den sportlichen Wettbewerbe der Weltausstellung 1900 in Paris zu beschreiben. Die Quellenlage scheint auf den ersten Blick zufriedenstellend zu sein. Wir besitzen die meisten Ausschreibungen für die verschiedenen Sportarten und einen umfangreichen zweibändigen, vom Generalkommissar für die Leibesübungen bei der Weltausstellung, Daniel MÉRILLON, herausgegebenen Offiziellen Bericht. Doch sind diese Publikationen oft recht unpräzise bei der Benennung der Preise. Zwischen Ausschreibungen und Bericht gibt es Widersprüche. Wir wissen im Einzelfall nicht, ob die in den Texten genannten Auszeichnungen auch wirklich vergeben wurden.[1] Von der Athener Vorgabe von 1896 – Siegermedaillen, Siegerdiplome, Erinnerungsmedaillen – wurde wenig übernommen. Es entsteht der Eindruck, daß jeder Verein oder Verband, der für die Durchführung der Wettbewerbe einer Sportart verantwortlich war, nach eigenem Gutdünken die Preise gestalten und ihre Vergabe regeln konnte. Im Offiziellen Bericht werden für die 178 olympischen Disziplinen[2] folgende Auszeichnungen genannt:

Goldene, silbervergoldete, silberne, bronzeversilberte, bronzene Plaketten (bestimmter Sportwettbewerbe), goldene, vergoldete, silberne, bronzeversilberte, bronzene Medaillen, Kunstgegenstände, Geld, Geldpreise oder nach Wahl Kunstgegenstände, goldfarbene Bänder, Schärpen, Souvenirs, Erinnerungsmedaillen, Ehrenschilde, Abzeichen, Palmzweige, Kränze, ein Ehrenkrocketspiel, ein Ehrenkrockethammer, Pokale, ein Internationaler Pokal der Weltausstellung, Ehrenpreise, Preise des Präsidenten der Republik, Großer Preis der Ausstellung, ein Preis der Stadt Compiègne und anderes mehr.

Im Offiziellen Bericht ist lediglich eine Medaille abgebildet. Es handelt sich um die *»Plaquette spéciale des sports«*[3]. Gestaltet worden war sie von Frédéric VERNON. Die Vorderseite zeigt eine geflügelte Göttin mit Lorbeerzweigen in den erhobenen Händen über Paris und den Gebäuden der Weltausstellung. Am oberen Rand ist zu lesen *»REPUBLIQUE FRANÇAISE«*, in der Mitte

Literatur:
MÉRILLON, Daniel, *Concours Internationaux d'Exercices Physique et de Sports. Rapports,* 2 Bände, Paris 1901.
LENNARTZ, Karl / TEUTENBERG, Walter: *Die II. Olympischen Spiele 1900 in Paris,* Kassel 1995.
MALLON, Bill, *The 1900 Olympic Games,* Jefferson 1998.

1 Die deutschen Teilnehmer beklagten sich, daß sie ein Jahr nach Ende der »Spiele« immer noch nicht im Besitz der ihnen versprochenen Preise waren (vgl. Carl-Diem-Institut (Hg.), *Dokumente zur Frühgeschichte der Olympischen Spiele,* Köln 1970, S. 132-147.
2 Vgl. LENNARTZ / TEUTENBERG, *Spiele 1900*
3 MÉRILLON, *Concours,* Bd. 1, S. 55.

rechts von der Göttin *»EXPOSITION UNIVERSELLE«* und etwas tiefer links *»PARIS 1900«*. Auf der Rückseite der Plakette steht ein siegreicher Athlet auf einem Podest mit einem Lorbeerzweig in der rechten hochgehaltenen Hand. Im Hintergrund sind ein Stadion und die Akropolis von Athen zu erkennen. Die Plakette ist rechteckig und hat folgende Maße: Höhe 69, Breite 42, Dicke vier Millimeter, 55 bis 92 Gramm Gewicht, je nach Metallegierung. Geprägt wurde sie in der Pariser Münze und übergeben in einer Papierschachtel.

Fünfmal wurden bis heute Olympische Spiele in Frankreich veranstaltet. Jedesmal war die Monnaie de Paris für den Entwurf und die Prägung der Medaillen verantwortlich.

Die Sportplakette von Vernon wird in den verschiedenen Metallegierungen (von Gold bis Bronze) heute noch in Frankreich in vielen Antiquitätenläden und auf fast jeder Auktion von Olympiaka oder von Münzen und Medaillen angeboten. Meistens finden wir sie in Bronze mit der Beschriftung auf einem Sockel unten auf der Rückseite *»EXERCISES PHYSIQUES / ET SPORTS«*. In diesem Fall handelt es sich um eine Erinnerungsplakette für alle Teilnehmer des entsprechenden Wettbewerbs. Wenn die Bezeichnung der Sportart eingraviert ist, entspricht sie der Siegerauszeichnung, Platz eins bis fünf, je nach Legierung, Gold bis Bronze. Bekannt sind solche Siegermedaillen für Athletik *(»CONCOURS / DE JEUX ATHLÉTIQUE«)*, *Golf*, *(»CONCOURS/DE GOLFE«)*, *(Rudern)*, *(»REGATES / A L'AVIRON«)*, *Segeln (»REGATES/A LA VOILE«)* und Turnen *(»CHAMPIONAT DE GYMNASTIQUE«)*[4], aber auch für nationale Wettbewerbe, wie militärische Vorbereitungswettkämpfe *(»CONCOURS / D'EXERCICES MILITAIRES / PREPARATOIRES«)*, nationales Schießen *(»CONCOURS DE TIR / VIIME CONCOURS / NATIONAL«)*, regionales Turnen *(»XXVIME FETE / FEDERALE / DE GYMNASTIQUE«)*, Rettungsschwimmen *(»CONCOURS / DE SAUVETAGE / SUR L"EAU«)*, Lebensrettung *(»CONCOURS / DE SAUVETAGE / SUR TERRE«)* und Feuerwehrübungen *(»CONCOURS DE / SAPEURS POMPIERS«)*.

Die entsprechende Metallegierung läßt nach einem Vergleich mit der Beschreibung der Preise im Offiziellen Bericht einen ungefähren Rückschluß auf die Vergabe für eine bestimmte Plazierung zu, von Gold (Platz 1) über silbervergoldet (Platz 2), Silber (Platz 3), bronzeversilbert (Platz 4) bis Bronze (Platz 5). Manchmal werden aber auch nur drei oder

Spiele der II. Olympiade in Paris – 14. Mai bis 28. Oktober 1900

Mannschaften: 22 (23[1])

AUS	AUT
BEL	BOH
CAN	CUB
DEN	ESP
FRA	GBR
GER	GRE
HAI	HUN
IND	ITA
LUX[1]	NED
NOR	RUS
SUI	SWE
USA	

Sportler: etwa 1500 (21[2])

Name des Organisationskomitees:	***Generalkommissariat der Weltausstellung 1900***
Präsident:	Alfred PICARD (Generalkommissar der Weltausstellung)
Generalsekretär:	Daniel MÉRILLON (Generalkommissar für Leibesübungen der Weltausstellung)
Offizieller Bericht:	Sportbericht der Weltausstellung, französisch
Zeremoniell:	Eröffnung der Weltausstellung durch Staatspräsident Emile LOUBET, keine sportbezogene Eröffnungs- und Schlußfeier
Dauer:	5 1/2 Monate mit vielen Unterbrechungen
Siegerehrung:	nach den Wettkämpfen, keine olympischen Siegermedaillen, dafür Plaketten, Medaillen, Sachpreise, Kunstgegenstände, Geld
Plakat:	mehrere für einzelne Sportarten, z. B. Fechten Jean PAL, Turnen Maxime RIDOUARD
Hauptplakette:	Frédéric VERNON
Diplome:	nur bekannt im Schießen und Ballonfahren
Zeitschrift:	*La Vie au Grand Air*
Sportarten:	23 (4[2]) mit 178 (5[2]) Wettbewerben
Besonderheiten:	nur geringes Zuschauerinteresse, wenige Korrespondenten ausländischer Printmedien

Erläuterungen:
[1] Der für einen französischen Verein startende Sieger im Marathonlauf Michel THÉATO war Luxemburger. Dieses Land selbst hatte keine Sportler gemeldet.
[2] davon Frauen

Diplom für das Scheibenschießen auf eine sich bewegende Silhouette

4 Wahrscheinlich gibt es noch Plaketten mit Aufschriften weiterer Sportarten.
5 Allerdings ohne die Inschrift mit dem Hinweis auf den Sport.
6 Wahrscheinlich wurde sie auch bei anderen Ereignissen der Weltausstellung überreicht.
7 Insgesamt 38 Bronzemedaillen wurden bei den Wettbewerben im Ballonfahren vergeben (MÉRILLON, *Concours*, Bd. 2, S. 278).
8 Ein zweites Exemplar besitzt das Olympische Museum in Lausanne. Weitere müßten in französischen Sammlungen bzw. bei Nachkommen der Sportler zu finden sein.
9 Der Offizielle Bericht weist allerdings auf eine 300 Seiten starke Broschüre hin, die eine komplette Ergebnisliste aller Schießwettbewerbe enthalten soll (MÉRILLON, *Concours*, Bd. 1, S. 210).
10 MÉRILLON, *Concours*, Bd. 2, S. 278-279.

Plakette des Erziehungsministers

vier verschiedene »Metallzusammensetzungen« erwähnt.
Der Erziehungsminister und der Minister für *»l'Instruction Publique«* vergaben eine bronzene Plakette (41 mal 59 Millimeter), auf der Vorderseite mit der Inschrift *»EDUCATION PHYSIQUE OFFERT PAR LE / MINISTRE«* bzw. *»OFFERT PAR LE MINISTRE DE L'INSTRUCTION PUBLIQUE«*; auf der Rückseite ist der Athlet nach Vernon[5] abgebildet.

Medaillen für Ballonfahren und Schießen. Bei den Wettbewerben im Ballonfahren wurde wahrscheinlich eine besondere bronzene Medaille (Durchmesser 58 Millimeter, 66 Gramm) vergeben[6], geschaffen von George LEMAIRE, dessen Name am linken Rand eingraviert ist. Auf der Vorderseite ist eine sitzende Göttin oder Königin mit Krone dargestellt, die in der rechten Hand einen Ölzweig hält. Am oberen Rand steht *»EXPOSITION DE PARIS«*, und darunter rechts von der Figur ist im Zentrum einer Sonne *»1900«* zu lesen. Auf der Rückseite ist ein Ballon abgebildet, darunter technische Geräte und über dem Ballon eine rechteckige Fläche für eine Gravur.[7]
Bei den internationalen und nationalen Schießwettbewerben wurde ebenfalls eine bronzene Medaille (Durchmesser 44 Millimeter) vergeben. Die Vorderseite zeigt einen Engel, der einen gefallenen Krieger trägt. Am oberen Rand ist zu lesen: *»HONNEUR PATRIE«*. In der Mitte links neben dem Krieger ist der Eintrag *»CH MAREY«* zu erkennen. Die Rückseite zeigt einen gallischen Hahn, dahinter eine Flagge und eine untergehende Sonne. Der Hahn steht mit einem Fuß auf einer Tafel, die Raum für eine Gravur gibt. Oben und unten am Rand und dazwischen in sechs Zeilen ist graviert: *»UNION DE SOCIÉTÉS DE TIR DE FRANCE / CONCOURS / INTERNATIONAL / DE / L'EXPOSITION / VIIE CONCOURS / NATIONAL / 1900«*.
Diplome. Das Motiv des von einem Engel getragenen Kriegers findet sich auch auf den wenigen bis heute noch vorhandenen Diplomen (32 x 49 Zentimeter). Eines wurde 1998 bei einer Auktion der Firma Ingrid O'Neil versteigert.[8] Allerdings handelte es sich bei diesem Diplom um eine Auszeichnung für die eigentlich nationalen Wettbewerbe: *»7^{E} CONCOURS NATIONAL«*, hier um ein Scheibenschießen auf eine sich bewegende Silhouette. Dieser Wettkampf war aber, wie viele andere Disziplinen dieses Schützenfestes, für alle offen, also auch für Ausländer: *»CONCOURS INTERNATIONAL DE TIR«*. Im Offiziellen Bericht ist das Ergebnis dieses Wettbewerbs jedoch nicht zu finden.[9]
Offenbar wurde auch den Siegern und Plazierten im Ballonfahren ein Diplom verliehen. In der Liste der Preise dieser Sportart im Offiziellen Bericht werden neben zahlreichen Plaketten der verschiedenen Metall-Legierungen und Erinnerungsmedaillen, auch 98 Diplome erwähnt. Außerdem ist das Diplom, das Emile BAYARD entworfen hat, dort auch abgebildet.[10]

Frédéric VERNON 1858-1912

Der bekannte französische Medailleur und Plakettenkünstler besuchte ab 1879 in Paris die École des Beaux-Arts und studierte dort u.a. auch bei Chaplain, der die Medaille für die Olympischen Spiele 1896 in Athen entwarf. Stark beeinflußt wurde Vernon von Oscar Louis Roty (s.u.). Vernon gewann mehrere Preise, darunter 1887 den Prix de Rome. Seine Hauptwerke: Medaille für die 1400-Jahrfeier der Taufe König Chlodwigs (1896), für die Vermählung des Herzogs von Orléans (1896), für die Deputiertenkammer (1910), Plakette für die Sociétés des Amis des Arts de Pau, für die Fédération Internationale des Académies. Mit Medaillen für Sportereignisse hatte Vernon bereits Erfahrungen. 1886 hatte er eine für einen Wettbewerb auf dem Hochrad entworfen, einige Jahre später für den Yacht-Club de France.

Rückseiten der Plaketten für Athletik, Gymnastik, Golf, Rudern, Segeln

George LEMAIRE 1858-1914

Der Bildhauer, Medailleur und Gemmenschneider war ein Schüler von Justin Perrin, Gustave Alexandre Lambert und Jaques Lequin und stellte von 1879 bis 1913 regelmäßig im Salon der Gesellschaft der Französischen Künstler und bei anderen Wettbewerben aus, meist geschnittene Steine, Büsten und Statuetten aus edlem Stein, Medaillen und Bildnismedaillons. Er erhielt dafür zahlreiche Preise. In verschiedenen Pariser Museen finden sich seine Gemmen.

Medaille, die wahrscheinlich beim Ballonfahren vergeben wurde

Emile BAYARD 1868-1937

Zeichner und Kunstlehrer, Schüler seines viel bekannteren Vaters, des Malers und Zeichners Emile Antoine Bayard.

Erinnerungsdiplom für Baron de Coubertin

Für die Offiziellen muß es ein Erinnerungsdiplom gegeben haben. Jedenfalls ist das Exemplar erhalten, das Baron de Coubertin bekommen hat, der in verschiedenen Funktionen bei den sportlichen Veranstaltungen als Kampfrichter tätig war.

Weltmeisterschafts-Medaille. Eine Reihe von Disziplinen, vor allem in der Leichtathletik und im Schwimmen, war (auch) als Weltmeisterschaft ausgeschrieben. Für den jeweiligen Titelträger scheint es Medaillen gegeben zu haben. Eine Werbebroschüre, die aus Anlaß der Olympischen Spiele 1984 in Los Angeles erschien, berichtet über eine Ausstellung, bei der Medaillen von Olympiasiegern gezeigt wurden. Darunter befindet sich ein Exemplar des Australiers Frederick C.V. LANE, der in Paris Olympiasieger und Weltmeister über 200-m-Freistil geworden war. Auf der entsprechenden Abbildung ist als Motiv ein Engel mit einer brennenden Fackel in der rechten Hand zu erkennen. Er steht vor allerlei Gerätschaften (Druckerpresse?). Am unteren Rand findet sich der Eintrag: *»CHAMPIONAT/DU MONDE«*. Um den oberen zieht sich *»MONNAIE DE PARIS«*. Die Rückseite der von Daniel DUPUIS entworfenen Medaille zeigt einen Engel und eine Putte in einem Wolkengebilde, die eine Tafel mit der Aufschrift *»1900«* festhalten. Diese Medaille (Durchmesser 50 Millimeter, Gewicht 61 Gramm) wurde auch ohne Aufschrift am unteren Rand geprägt. Sie wird bei Versteigerungen mit der Bezeichnung *»Erinnerungsmedaille der Weltausstellung«* angeboten.[11]

Kampfrichterabzeichen. Die Kampfrichter und Offiziellen erhielten eine von Oscar Louis ROTY geschaffene bronzene[12] Plakette (35 mal 51 Millimeter), die sich in einem Etui befand. Auf der Vorderseite ist ein Genius dargestellt, der eine brennende Fackel von einer an einer Eiche lehnenden sterbenden Göttin erhält. Oben rechts steht *»1801 · 1900«*, darunter ist ein Hexameter eingraviert: *»LUMEN VENTURIS / TRADIT MORITU / RA PERENNE«*[13]. Die Rückseite zeigt ein Rosengebinde über den Gebäuden der Weltausstellung. Dazu oben der Text: *»EXPOSITION UNIVERSELLE/INTERNATIONALE DE/1900/PARIS«*. Unten links hat sich der Künstler mit *»O. ROTY«* verewigt. Vermutlich wurde diese Plakette auch den entsprechen Funktionsträgern im Sportbereich übergeben.

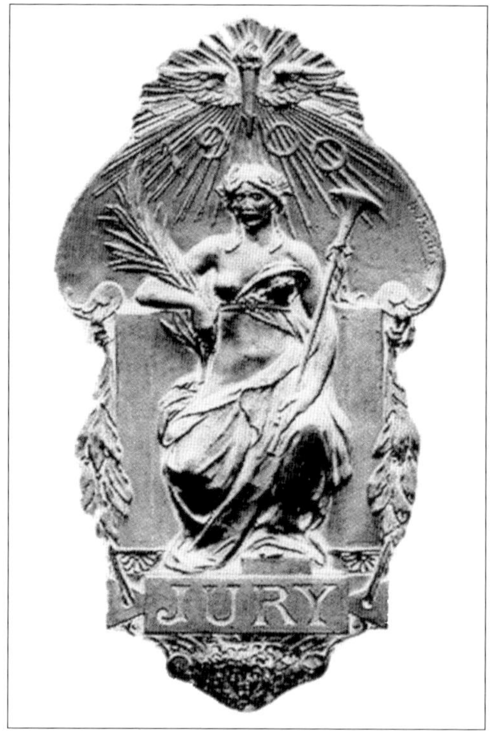

Die Kampfrichter – wahrscheinlich auch die der Sportwettbewerbe – trugen ein besonderes Abzeichen mit der Aufschrift *»1900* [oben]/*JURY* [unten]«. Es existieren Exemplare aus Silber bzw. vergoldetem Silber (23 mal 40 Millimeter), versilberter Bronze (51 mal 36 oder 73 mal 129 Millimeter) und Bronze (143 mal 229 Millimeter). Hergestellt wurde für die Schiedsrichter auch eine rechteckige bronzene Plakette (229 mal 143 Millimeter). Entworfen wurden sie von Louis BOTTÉE und hergestellt von der Firma Christofle in Paris.

»Verdienstmedaille«. Angeboten wird bei Auktionen des öfteren auch eine von CHAPLAIN entworfene Medaille (Durchmesser 63 Millimeter, 107 Gramm Gewicht) aus Silber oder Bronze, die in den Katalogen als *»Verdienst- oder Prämienmedaille«* (?) ausgewie-

Plakette für die Kampfrichter; links: Kampfrichterabzeichen

11 *Katalog der Firma O'Neil* 27(1999)16.
12 Es gibt auch silberne und versilberte bronzene Exemplare.
13 *»Durch das ewige Licht wird den Zukünftigen das übergeben, was dem Tod geweiht ist.«*

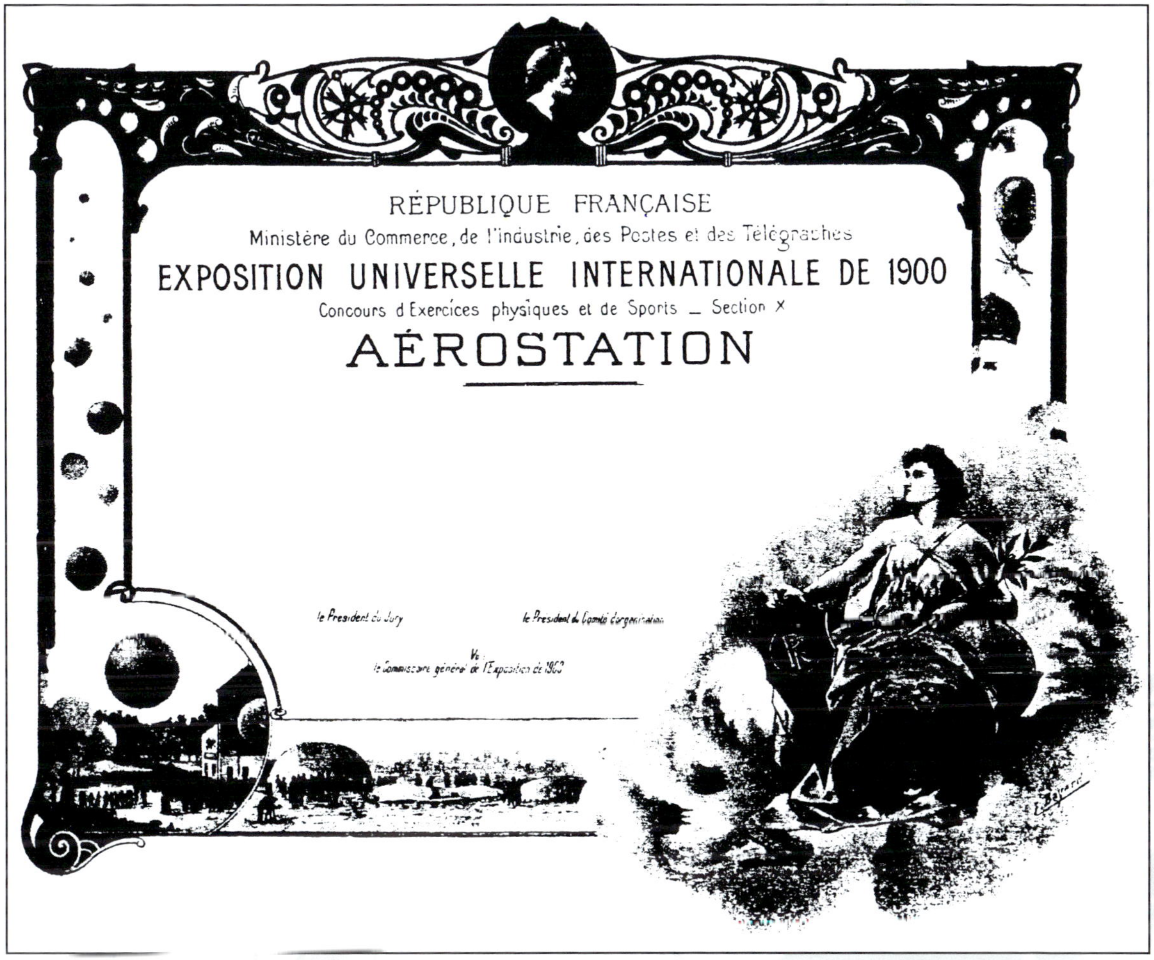

Diplom für die Preisträger im Ballonfahren

Vorder- und Rückseite der Plakette »Exercises Physiques et Sports«

Daniel DUPUIS 1849-1899

Der Medailleur, Bildhauer und Maler studierte ab 1864 an der Schule der Schönen Künste in Paris zunächst Malerei und Bildhauerei und ließ sich schließlich zum Medailleur ausbilden. 1872 gewann er den Prix de Rome und debütierte 1869 im Salon mit einer Portraitbüste. Große Erfolge errang er als Medailleur. Sein Œuvre in diesem Bereich ist überaus vielfältig: Medaillen, Jetons, Plaketten, Münzen. In der Bedeutung erreicht er zwar nicht Chaplain oder Roty, doch rangiert er in der Geschichte der französischen Medaillenkunst dieser Zeit direkt hinter ihnen. Die Eleganz seiner Formen, die harmonischen Kompositionen und die technische Solidität verschafften ihm viele Aufträge. Der Katalog seiner Werke zählt über 350 dieser Arbeiten. Zu erwähnen sind Medaillen der Weltausstellung von 1889, der verschiedenen Departements und viele Portrait-Medaillen und -Plaketten.

Oscar Louis ROTY 1846-1911

Der Medailleur und Plakettenkünstler gilt als der bedeutendste französische Vertreter dieser Kunstgattung der zweiten Hälfte des 19. Jahrhunderts. Er hat die in Verfall geratene Medaillierkunst zu einer neuen Blüte geführt. Dabei ersetzte er die bis dahin übliche Medaille mit hohem Rand, poliertem Grund und hartem Relief durch eine randlos gegossene mit malerisch weichem Relief. Roty gewann 1975 den Prix de Rome und wurde 1888 Professor an der Schule der Schönen Künste in Paris, deren Präsidentschaft er 1897 übernahm. Viele seiner Medaillen und Plaketten sind in der Hamburger Kunsthalle zu sehen. Zu seinen bekanntesten Arbeiten gehören die Franc-Münzen, die seit 1898 bis heute geprägt werden.

Ein-Franc-Münze von 1898

sen ist. Auf der Vorderseite ist neben einem Eichenbaum der überlebensgroße Kopf eines mit Eichenlaub gekrönten Athleten (Allegorie der französischen Republik) und im Hintergrund die Stadt Paris zu erkennen. Links und rechts am Rand steht *»REPUBLIQUE / FRANÇAISE«*. Die Rückseite zeigt eine schwebende geflügelte Göttin mit einem Lorbeerkranz in der rechten Hand. Sie trägt einen grüßenden Athleten, der in der linken Hand eine brennende Fackel trägt. Unten sind im Hintergrund die Gebäude der Weltausstellung zu erkennen. Am Rand ist zu lesen: *»EXPOSITION UNIVERSELLE INTERNATIONALE / 1900«*. Auf den erhaltenen Exemplaren sind unten in einem rechteckigen Schildchen die mit der Medaille ausgezeichneten Personen (Sportler?), Firmen und Organisationen eingraviert. Rechts darüber steht *»J C CHAPLAIN«*.

Ehrenpreise. Bei der Vielfalt der besonderen

Auszeichnungen (Pokale, Kunstwerke) ist es verständlich, daß davon heute nicht mehr alle existieren bzw. wenig über noch vorhandene bekannt ist. Aus Abbildungen in der Zeitschrift *La Vie au Grand Air* wissen wir immerhin, wie einige ausgesehen haben:

Im ersten Wettbewerb der Klasse 0,5 bis 1,0 Tonnen im Segeln gewann das Boot Scotia mit der britischen Besatzung John GRETTON MP, Lorne Campbell CURRIE und Algernon MAUDSLAY. Sie erhielten dafür den Coupe Internationale de l'Expedition Universelle de 1900, ein Werk des Bildhauers Jean-Baptiste BELLOC, hergestellt in Silber von LINZELER.

Einer der Polowettbewerbe war ausgeschrieben als Grand prix international de l'Exposition. Den Pokal (Vase) aus massivem Silber des Hauses Ytasse et Fourneret in der Rue Réaumur 32 in Paris, wohl bei dieser Firma entworfen und hergestellt oder von ihr gestiftet, gewann das Team *Foxhunters Hurlingham* aus Großbritannien/USA mit Alfred RAWLINSON, Frank J. MacKEY (USA), Foxhall KEENE (USA), Dennis DALY und John BERESFORD.

Bei einem der beiden Wettbewerbe Schießen auf lebende Tauben ging es um den Grand Prix de Centenaire. Es gewann der Australier

Medaille für die Nationalen Schießwettbewerbe, geschaffen von Charles Marey (* 1860, Medailleur, Schüler von Eugène Robert); links: La Coupe Grand Prix Internationale de l'Expedition; Verdienstmedaille

14 Beim Damenturnier erhielten die fünf Besten die oben beschriebenen Plaketten von VERNON.

15 MÈRILLON, *Concours*, Bd. 1, S. 56.

Charles E. Sands mit den Golfpokalen, im Hintergrund Robert Fornier-Sarlovèze, der Organisator des Turniers; oben: Gustave Sandras, der »Olympiasieger« im Turnen; rechts: L'objet d'art de Grand Prix de Paris aus dem Haus Risler et Carré in der Faubourg Saint-Honoré 16 in Paris

Donald MacINTOSH. Im entsprechenden Bericht in *La Vie au Grand Air* ist allerdings ein L'objet d'art de Grand Prix de Paris, das im Offiziellen Bericht nicht erwähnt ist, abgebildet.

In *La Vie au Grand Air* findet sich ein Foto des Siegers im turnerischen Mehrkampf, des Franzosen Gustave SANDRAS, der sich nach der Siegerehrung stolz mit seinen Preisen dem Publikum präsentiert. Seinen Kopf schmückt ein Lorbeerkranz, in der rechten Hand hält er wahrscheinlich das Kästchen mit der Sportplakette der Weltausstellung, und mit der linken stemmt er eine Statue.

Beim Golf spielte man um einen Großen Preis der Weltausstellung (Herren) und den Preis der Stadt Compiègne. *La Vie au Grand Air* brachte ein Foto des Olympiasiegers Charles E. SANDS, der auch am Tennisturnier teilnahm und sich bei den Olympischen Spielen 1908 im Jeu de Paume beteiligte. Rechts neben ihm stehen auf einem Tisch zwei Pokale, wahrscheinlich die beiden Preise.[14]

Kosten der Auszeichnungen. Im Offiziellen Bericht findet sich im einleitenden Kapitel auch eine Aufstellung der Kosten der Sportwettbewerbe.[15] Insgesamt sind für die nationalen und internationalen Wettkämpfe 1,78 Millionen Francs ausgegeben worden. Davon entfielen 953 000 Francs, also mehr als die Hälfte, auf die Anfertigung von Auszeichnungen und den Erwerb von Kunstgegenständen. Es sollen fast 59 000 Sportler, darunter fast 1600 Ausländer, teilgenommen haben.

Die Berichte über die einzelnen Sportarten bzw. Disziplinen enthalten meistens eine Wertliste der Preise. So sollen z.B. die drei Erstplazierten im Herreneinzel im Tennis Kunstgegenstände im Wert von zusammen 2 300 Francs erhalten haben.

Im Turnen (ein Mehrkampf mit Einzelwertung) waren als Preise Kunstgegenstände, Medaillen, Diplome, Palmzweige und Kränze und für den Sieger der Titel eines Champion du Monde de 1900 ausgeschrieben. Dies bedeutete im einzelnen:

»Preise und Auszeichnungen

Art. 12. Die Sieger erhalten eine Summe von ca. 20 000 F (in Form von Kunstobjekten, Medaillen etc., die von der Ausstellung erworben wurden).

Art. 13. Jeder Turner, der mindestens 85 % der möglichen Höchstpunktzahl erreicht, erhält einen besonderen Preis, ein Diplom oder einen Lorbeerkranz. Jeder, der mindestens 60 % der möglichen Höchstpunktzahl erreicht, bekommt einen einfachen Preis, ein Diplom oder einen Eichenkranz. Hat er bei den Ausscheidungskämpfen teilgenommen, erhält er ein Diplom. [Dies kann nur für die französischen Turner gegolten haben.] Der Sieger trägt den Titel »Weltmeister von 1900«.

Art. 15. Die Preise werden, entsprechend ihres Wertes, vom Organisationskomitee den Plazierungen zugeordnet.

Art. 16. Die Bekanntgabe der Sieger und die feierliche Siegerehrung findet am Montag nach Ende der Wettkämpfe statt. Dann wird auch die Siegerliste veröffentlicht.«

Nach der Beschreibung der vielen und auch wertvollen Preise sollte die Frage gestellt werden, ob diese sich mit der 1894 beim olympischen Gründungskongreß in Paris beschlossenen Amateurregel vereinbaren lassen. Dagegen war aber auch schon vier Jahre zuvor in Athen verstoßen worden. Die antike Vase und das Ackerland, das Spiridon LOUIS erhalten hatte, verdeutlichen dies. Eigentlich wäre es auch in Paris nicht erlaubt gewesen, Kunstgegenstände oder sogar Geld (bei den Reitwettbewerben zur Deckung der Unkosten) zu verschenken. Bei den Sportveranstaltungen des Jahres 1900 in Paris waren die

Louis BOTTÉE 1852-1941

Der Goldschmied, Ziseleur, Medailleur und Bildhauer arbeitete zunächst als Lehrling in einer Fabrik für Uniformknöpfe und belegte nebenher Kurse an einer Zeichenschule. Ab 1869 war er in Paris bei Medailleuren tätig und studierte an verschiedenen Kunstschulen. Von 1875 an beteiligte er sich am Wettbewerb um den Prix de Rome, der ihm 1878 auch überreicht wurde. Von 1880 bis 1882 hatte er ein Stipendium an der Villa Medici in Rom. 1882 erhielt er eine Bronzemedaille des Salons, wurde 1898 Ritter, 1903 Offizier der Ehrenlegion und 1930 mit der Medaille des Institut de France geehrt. Seine Arbeiten zeichnen sich durch vollendete Feinheit und ausgewogene Kompositionen aus. Auch er gilt als ein Erneuerer der französischen Medaillen-Kunst. Seine qualitätvollen Werke verschafften ihm zahlreiche Aufträge von privaten Auftraggebern in Frankreich, staatlichen in Amerika, Brasilien und Chile. Zu den bekannten Werken zählen die Medaillen der Weltausstellungen 1889 in Paris, 1894 in Chicago und der Museums-Zentenarfeier 1896.

Jean-Baptiste BELLOC 1863-1919

Der französische Bildhauer stellte seit 1889 erfolgreich im Salon Statuen, Büsten und Medaillons aus und wurde 1895 und 1905 dafür mit Medaillen ausgezeichnet. Als Material verwendete er Bronze, aber auch Marmor, Silber und Elfenbein. Zahlreiche Statuen von ihm sind in Paris (auf Friedhöfen), französischen und nordafrikanischen Städten zu sehen.

Coupe Internationale de l'Expedition Universelle de 1900

CONCOURS.	VALEUR TOTALE DES PRIX.	DÉPENSES TOTALES DU CONCOURS.	NOMBRE DE PARTICIPANTS.		NOMBRE TOTAL de PARTICIPANTS.
			FRANÇAIS.	ÉTRANGERS.	
	francs.	francs.			
Jeux athlétiques	40.000	81,500	1,003	302	1,305
Golf	1,900	10,200	28	81	109
Pelote basque	3.000	13,000	4	6	10
Fête fédérale de gymnastique	68,000	185.000	8,000	″	8,000
Championnat de gymnastique	10,000	36,400	109	25	134
Fête de l'Association de gymnastique de la Seine	7,600	14,000	3,357	″	3,357
Fleuret	19,500	22,000	96	26	122
Épée	16,000	21,500	137	18	155
Sabre	9.000	10.000	29	59	88
Tir à la cible	206.000	405.200	6,098	253	6.351
Fusil de chasse	5,000	6.000	47	8	55
Tir aux pigeons	42.000	45.000	126	40	166
Arc et arbalète	26,348	48,197	5,054	200	5,254
Tir au canon	10,000	31,246	542	″	542
Concours hippique	54,000	91.277	92	60	152
Polo	10.000	29.000	12	16	28
Vélocipédie	100.000	125,000	160	90	250
Automobile	50,000	89.900	180	″	180
Aviron	20.000	30,500	521	85	606
Voile	55.000	59.000	178	62	240
Bateaux-moteurs	25,000	30,000	98	″	98
Natation	8.500	11,500	117	66	183
Pêche à la ligne	6.000	18,000	560	40	600
Pompiers	20.000	80,000	7,000	100	7.100
Sauvetage eau	18,200	34,200	1,350	50	1,400
Sauvetage terre	6.200	17.700	3.000	″	3,000
Ballons	20,000	107.000	323	″	323
Colombophilie	8,700	10,000	48	″	48
Exercices militaires	10,000	41.000	4.500	″	4,500
Jeux scolaires	11,000	24.600	550	″	550
Fête des écoles	5,000	12,300	6,000	″	6,000
Escrime scolaire	2,500	4,000	2.456	″	2.456
Tir scolaire	15.800	20,000	4,745	″	4,745
Gymnastique scolaire	2,500	4,400	600	″	600
Aviron scolaire	700	2,000	24	″	24
Hygiène	″	10,000	″	″	″
Totaux	953.448	1.780,620	57,144	1,587	58,731

PROGRAMME.

AMATEURS.

	PRIX (OBJETS D'ART).		
	AU PREMIER.	AU DEUXIÈME.	AU TROISIÈME.
Championnat simple pour Messieurs	1,500f	500f	350f
Championnat double pour Messieurs	800	400	″
Championnat simple pour Dames	350	150	″
Championnat double mixte	300	100	″
Handicap simple pour Messieurs (1re classe)	350	150	″
Handicap simple pour Messieurs (2e classe)	150	100	″
Handicap simple pour Dames	200	100	″
Handicap double pour Messieurs (1re classe)	400	200	″
Handicap double pour Messieurs (2e classe)	300	100	″
Handicap double mixte	300	100	″

(On commencera par les championnats.)

Engagements : Championnats simples, 10 francs; championnat double, 20 francs par paire; championnat mixte, 10 francs par paire; handicaps, 5 francs par joueur.

Clôture des engagements (Amateurs) : Le 30 juin 1900.

PROFESSIONNELS.

Championnat simple[1] : au premier, 1,000 francs; au deuxième, 500 francs; au troisième, 250 francs.

Engagements : 10 francs par joueur.

Clôture des engagements : Le 15 juin 1900.

Emplacement du concours : Cercle de Puteaux (Île de Puteaux).

Werte der Preise im Tennis; oben: Höhe der Ausgaben und Anzahl der Teilnehmer; rechts: Ausschreibungen für die Auszeichnungen im Turnen

CHAPITRE II.

DES PRIX ET RÉCOMPENSES.

ART. 12. Une somme approximative de 20,000 francs (sous forme d'objets d'art, de médailles, etc., achetés à l'Exposition) sera distribuée aux vainqueurs.

ART. 13. Tout gymnaste aura droit :

A un prix couronné, un diplôme et une couronne de laurier, s'il obtient le minimum de 85 p. 100 des points;

A un prix simple, un diplôme et une couronne de chêne, s'il obtient le minimum de 65 p. 100 des points;

A un diplôme, s'il a participé à l'épreuve éliminatoire.

Le vainqueur aura le titre de champion du monde de 1900.

ART. 14. Les épreuves seront rigoureusement les mêmes pour tous.

ART. 15. Les prix seront classés par le Comité d'organisation par ordre de valeur.

ART. 16. La proclamation et la distribution solennelle des récompenses, ainsi que la publication officielle du palmarès, auront lieu le lundi après la fin du concours.

ART. 17. Des prix spéciaux accompagnés de diplômes seront décernés aux dix premiers de chacune des épreuves.

ART. 18. La non-admissibilité à l'épreuve éliminatoire n'empêchera pas le classement pour des prix spéciaux.

Veranstalter der Weltausstellung und in ihrem Auftrag die Vereine der Stadt und die Verbände des Landes verantwortlich. Diese brauchten sich nicht an die Beschlüsse des Kongresses in der Sorbonne gebunden zu fühlen. An ein zweites grundlegendes Votum dieser von Baron de Coubertin einberufenen Veranstaltung wurde sich aber gehalten. Es gab nicht mehr den Unterschied zwischen Gentlemen und Profis. Bei den Wettbewerben 1900 in Paris durfte jeder, der das – allerdings manchmal hohe – Startgeld entrichtete, an den Disziplinen für Amateure teilnehmen. Wettbewerbe, bei denen es nur um Geldpreise ging, waren entsprechend »für Profis« ausgeschrieben.

Exkurs: Die »Viktoria«: Vom Ladenhüter zur Meisterschaftstrophäe

Nach der Weltausstellung beendete das *Komitee für die Betheiligung Deutschlands an den Olympischen Spielen 1900* in Paris seine Arbeit und führte am 11. Februar 1901 die letzte Hauptversammlung durch, auf der auch der Kassenbericht mit einen Überschuß von ca. 1650 Mark vorgetragen wurde. Es wurde beschlossen, 1000 Mark an die Reichskasse zurückzuzahlen und für die restlichen 650 Mark vier Exemplare eines Wanderpreises mit dem Namen »Weltausstellungspreis« zu kaufen. Die vier Auszeichnungen wurden der deutschen Abteilung des *Deutsch-Österreichischen Fechterbundes,* der *Deutschen Sportbehörde für Athletik,* dem *Deutschen Schwimmverband* und dem *Deutschen Fußballbund* zuerkannt.

Es handelte sich um Kopien der von Christian Daniel RAUCH für die Walhalla in Regensburg geschaffenen Viktoria, die von der Firma Gladenbeck gegossen worden und in Paris bei der Weltausstellung zu sehen war.[16] Für den *DFB* wurde festgelegt, daß der Preis in seinem dauernden Besitz bleibt und *»alljährlich abwechselnd von den Rugby-Fußballvereinen bzw. den Association-Fußball-Vereinen Deutschlands«* errungen werden sollte. Die erste Ausschreibung sollte für die Rugbyvereine erfolgen.[17] Dies geschah deshalb, weil ein Rugbyclub den *DFB* in Paris vertreten hatte. Die Rugbyvereine hatten sich zwar schon 1898 zusammengetan, die meisten schlossen sich jedoch dem *DFB* auf dessen III. Bundestag am 6. und 7. Oktober 1900 in Frankfurt/M. an und organisierten sich wieder um

Medaille des Australiers Frederick Lane

16 Vgl. KÖHLER, Marcus, »Karriere einer Ladenbronze«, in: *Museums-Journal* 5(1991)1, S. 33-34.

17 In: *Fußball-Jahrbuch* 1/2(1904/05),S. 39-40, vgl. auch KOPPEHEL, Carl, *Geschichte des Deutschen Fußballsports,* Frankfurt 1955, S. 95.

18 In: *Fußball-Jahrbuch* 1/2 (1904/05), S. 74.

19 In: *Fußball-Jahrbuch* 1/2 (1904/05), S. 75.

20 In: *Fußball-Jahrbuch* 1/2 (1904/05), S. 77.

21 In: *Fußball-Jahrbuch* 1/2 (1904/05), S. 22-23.

Diplom mit den Unterschriften von Prinz Eduard zu Salm-Horstmar, Max Richter, Willibald Gebhardt, Freiherr Julius von Hünefeld, Alex Hoenig

auf dem VI. Rugbytag am 4. November 1900 in Kassel zum *Deutschen Rugby-Verband,* der aber noch als eine Art Unterverband dem *DFB* angehörte. Auf dem VII. Rugbytag am 4. November 1901 in Kassel trennten sich die Rugbyvereine vom *DFB* und nannten sich später *Deutscher Rugby-Fußball-Verband.*
Mit ein Grund für das Verlassen des DFB war die Viktoria. Bei der o. g. VII. Rugbytag erklärte Albert AMRHEIN, der Vorsitzende des *Frankfurter Fußball-Clubs,* dessen Verein nie dem *DFB* angehörte, und Spielführer bei dem Match in Paris:

»Der D.F.B. habe in Sachen des Weltausstellungspreises nicht korrekt gehandelt, der Preis gehore den Rugby-Vereinen bzw. Frankfurt.«[18]

Dem widersprach der Vertreter des *DFB* für Rugby Philipp HEINEKEN:

»In Sachen des Wanderpreises sei der Vertreter für Rugby in dem damaligen Komitee ganz korrekt vorgegangen. Frankfurt sei nur durch die indirekte Unterstützung des D.F.B. nach Paris gekommen, da damals nur Verbände das Recht hatten, Vertreter nach Paris zu entsenden. Der einzig zuständige Verband, dem zugleich die Mehrheit der Rugby-Vereine angehörte, sei aber zur Zeit der D.F.B. gewesen. Der Vertreter für Rugby wurde vom D.F.B. und nicht vom Frankfurter F. C. in das Olympia-Komité delegiert, er habe auch die offiziellen Verhandlungen mit den Rugby-Vereinen, mit Paris und dem Olympia-Komité geführt.«[19]

Der *DFB* strich auf seinem V. Bundestag am 17. und 18. Mai 1902 in München alle Bestimmungen über das Rugbyspiel aus seiner Satzung und erklärte:

»Der Preis des Olympia-Comités ging laut der Stiftungsurkunde an den D.F.B. über und dient bis auf weiteres als Wanderpokal für die Meisterschaftsspiele desselben.«[20]

Der *DFB* war der Meinung, daß eine Vergabe an Rugbyvereine nicht mehr erfolgen kann. da diese nicht mehr Mitglied des Fußballbundes sind. Mit dieser Auffassung entsprach er aber sicher nicht der Absicht des deutschen Komitees. Der Preis war wegen der Verdienste des Frankfurter Rugbyteams an den *DFB* gegangen, und Rugbyvereine gab es auch nach Austritt derselben aus dem *DFB* noch in ausreichender Zahl in Deutschland. Unbeeindruckt von den Protesten lautet die *»Ausschreibung für die Meisterschaft von Deutschland für das Jahr 1904«* des *DFB* in Paragraph 13.

»Der Sieger erlangt den Titel: ›Meisterschafts-Club des Deutschen Fussball-Bundes für 1904‹ und erhält den aus Reichsmitteln gestifteten Ausstellungs-Wanderpreis (Paris 1900) auf Grund nach folgender Bedingungen:
a. Gemäss Stiftungsurkunde des ›Komitees zur Beteiligung Deutschlands an den olympischen Spielen zu Paris 1900‹ ist der Wanderpreis dauerndes Eigentum des D.F.B.«[21]

Seit Ende des Zweiten Weltkrieges war die Viktoria verschollen, bis sie nach der Vereinigung der beiden deutschen Staaten wieder auftauchte. Heute ist sie im Foyer des Hauses des *DFB* in Frankfurt ausgestellt.

Die Viktoria: »Gerade aus Paris zurück und eben erst ausgepackt!«

St. Louis 1904

Wie die zweiten standen auch die dritten Olympischen Spiele der Neuzeit im Schatten einer Weltausstellung. Ursprünglich war Chicago als Schauplatz bestimmt worden, doch begünstigt durch eine entsprechende Entscheidung des amerikanischen Präsidenten Theodor ROOSEVELT, sicherte sich St. Louis das Austragungsrecht. Für Baron de COUBERTIN hatten die Spiele ihre »Anziehungskraft« verloren: Er hatte »keine Lust, ihnen beizuwohnen«[1].

Vor Ort hätte er seine Befürchtungen bestätigt gesehen. Tatsächlich vermochten Ablauf und Rahmen der Wettkämpfe olympischen Ansprüchen kaum zu genügen. Besonderes Mißvergnügen hätten ihm wohl die beiden sogenannten *»anthropological days«* bereitet. Es handelte sich um eine Sonderveranstaltung außerhalb des eigentlichen Programms, bei der Neger und Indianer, Philippinos und Aïnos, Syrer und Türken sowie andere vermeintliche Exoten in eigenen Wettkämpfen vorgeführt wurden. Zwar hatte in Baron de Coubertins Sportverständnis durchaus das Prinzip der Auslese bzw. der Elite seinen Platz, doch war er auch ein Verfechter der (Olympischen) Idee einer (Chancen-) Gleichheit aller Rassen und Religionen.

Im übrigen hatten nur knapp 100 ausländische Athleten aus elf Ländern den weiten Weg in die Neue Welt auf sich genommen, um sich mit fast 600 amerikanischen Teilnehmern zu messen. Naturgemäß teilten diese das Gros der Medaillen unter sich auf. So war es für die vergleichsweise kleine deutsche Mannschaft durchaus ein Erfolg, mit insgesamt 14 Plazierungen, meist im Schwimmen, die zweite Stelle im Medaillenspiegel behauptet zu haben – knapp vor Kanada und Kuba übrigens, dessen Fechter für Furore sorgten.

Zu den herausragenden Athleten der Spiele zählte Ray Clarence EWRY. Ihm war es wie schon in Paris gelungen, den Hoch-, Weit- und Dreisprung aus dem Stand zu gewinnen. Zwei bzw. vier Jahre später sollte er je zwei weitere Siege hinzufügen. Mit insgesamt zehn Goldmedaillen führt der »Stand-Springer« Ewry bis heute die Liste der erfolgreichsten Olympiasieger an – Paavo Nurmi und Carl Lewis gewannen »nur« jeweils neunmal Gold.

James Lightbody, der in St. Louis dreimal siegte, erhält einen seiner beiden Pokale; links: Martin Sheridan, der Sieger im Diskuswerfen, bekommt von Isaac S. Taylor, dem Stifter, einen Pokal überreicht.

Siegerehrung. Die Olympischen Spiele 1904 bzw. die Sportveranstaltungen der Weltausstellung in St. Louis bereiteten und bereiten der Forschung noch mehr Probleme als das Sportfest vier Jahr vorher in Paris. Das betrifft gleichermaßen die Vergabe, die Vorbereitungen, die Durchführung, die Ergebnisse[2] und die Preisvergabe. Die Frage, welche Wettbewerbe sollen olympisch bezeichnet werde, welche dagegen nicht, wird sich wohl nie beantworten lassen.

Da es keine Schlußfeier am Ende der Wettkämpfe gab, konnte auch keine allgemeine Siegerehrung durchgeführt werden. Die Sportler erhielten ihre Preise nach einem Wettkampftag, nach Abschluß einer Serie von Disziplinen einer Sportart oder, wie z.B. bei den Turnern, beim Bankett am Abend. Dies läßt sich den Berichten entnehmen oder durch einige Fotos belegen.

Siegermedaillen. Welche Auszeichnungen erhielten nun die Sieger und Plazierten? In der Literatur ist meist von Medaillen die Rede, und hin und wieder wurde eine Bronzemedaille mit der Aufschrift *»800 / METER / RUN«* abgebildet.[3] Ein Studium der Ausschreibungen schafft aber weitgehende Klarheit. Diese wurden – z.T. mehrfach – in den ersten Monaten des Jahres 1904 in der Zeitschrift *Mind and Body* abgedruckt[4]. Dort heißt es in bezug auf die Auszeichnungen bei fast allen angekündigten Sportereignissen – von den Schulsportfesten über die Universi-

Literatur:
SULLIVAN, James E., *Special Olympic Number Containing the Offical Report of the Olympic Games in1904*, als: *Spalding's Official Athletic Almanac for 1905*, New York 1905.
LUCAS, Charles P., *The Olympic Games 1904*, St. Louis 1905.
MALLON, Bill, *The 1904 Olympic Games*, Jefferson 1999.
LENNARTZ, Karl, *Geschichte des Deutschen Reichsausschusses für Olympische Spiele*, Heft 2, *Die Beteiligung Deutschlands an den Olympischen Spielen 1900 in Paris und 1904 in St. Louis*, Bonn 1983.

1 COUBERTIN, *Erinnerungen*, S. 73.
2 Für diesen Bereich könnte das kürzlich erschienene und oben zitierte Buch von Bill MALLON Abhilfe geschaffen haben.
3 Davon existieren auch Nachprägungen.
4 11(1904).

Diplom zur Erinnerungsmedaille?

Universal 1803 1904 Exposition

Officials

Certificate of Attendance

This is to Certify that ______
was ______ at the
Louisiana Purchase Exposition
held at the City of St. Louis, Missouri, U.S.A. to commemorate the acquisition by the United States of the Territory of Louisiana.
In Witness Whereof the Louisiana Purchase Exposition Company has authorized the issue of this Certificate of Attendance this ______ day of ______ 1904.

Erinnerungsmedaille

Siegermedaille

der Amateur Athletik Union,
von Emil Rausch,
beide Medaillen ohne Band und Öse

tätsmeisterschaften und die Handicap-Disziplinen[5] bis zu den »Olympische Spiele« genannten Veranstaltungen – immer wieder:

»Ansehnliche Goldmedaillen erhalten die Gewinner jedes Wettbewerbs, Silbermedaillen die Zweiten und Bronzemedaillen die Dritten.« »Eine geeignete Mannschaftstrophäe bekommt die Gesellschaft und der Verein, der gewinnt, Zweiter oder Dritter wird.«[6]

Für den Turnbereich erschien die Ausschreibung in deutscher Übersetzung[7], und zwar in mehreren Ausgaben von *Der Turner* und der *Deutschen Turn-Zeitung. Der Turner* berichtete von einer Versammlung der *»Vorortbehörde des Turnbezirks St. Louis'«* und des *»Spezialkomitees für Turnangelegenheiten auf der Weltausstellung«* vom 28. November 1904, auf der auch über die zu vergebenen Preise diskutiert worden war:

»Ueber die geringe Anzahl der von der Weltausstellungs-Gesellschaft gestifteten Preise, je eine Gold-, Silber- und Bronzemedaille, kam es zu lebhaften Debatten, die schließlich durch einen vom Turner Röhling gestellten und von der Versammlung einstimmig angenommenen Antrag, dem Spezial-Komitee die Ausgebung von Diplomen für besonders gute Leistungen (je nach dem zuerkannten Prozentsatz) anheimzustellen, beendet wurde.«[8]

Dies wurde offenbar auch umgesetzt, denn im Bericht über die olympischen Turnwettbewerbe am 1. und 2. Juli meldete *Der Turner,* daß die siegreiche Mannschaft, die *Turngemeinde Philadelphia,* ein *»Banner*[9] *mit silbernem Ehrenbecher*[10]«, der Einzelsieger, Julius LENHART *(Turngemeinde Philadelphia),* eine »Goldene Medaille mit Ehrenbecher«, der Zweite, Wilhelm WEBER *(Berliner Turnerschaft),* eine *»Silberne Medaille«* und der Dritte, Adolph SPINNLER *(Turnverein Eßlingen),* eine *»Bronzene Medaille«* erhalten hatten. 44 *»Turner, die mehr als 75 Prozent«* der höchstmöglichen Punktzahl erreicht hatten, hatten ein Diplom bekommen:

»Die Zusammenstellung der Preisrichtertabellen und die Ausfertigung der Diplome nahm so viel Zeit in Anspruch, daß die Preisverteilung erst gegen Mitternacht vorgenommen werden konnte.«[11]

Wie sahen diese Medaillen aus? Darüber scheint die 1999 erschienene Schrift von Jim GREENSFELDER, Oleg VORONTSOV und Jim LALLY, *Olympic Medals*[12], zumindest für die Sportart Leichtathletik Auskunft zu geben. Sie bilden je eine Gold-, Silber- und Bronzemedaille ab. Die goldene mit der Inschrift *»2500 METER / RUN«*, die silberne ohne eine

Spiele der III. Olympiade in St. Louis – 14. Mai bis 28. Oktober 1904

Mannschaften: 9 (13[1])

AUS
(AUT[1])
CAN
CUB
(FRA[1])
GBR
GER
GRE
HUN
(NOR[1])
RSA
(SUI[1])
USA

Sportler: 682 (6[2])

Name des Organisationskomitees:	***Department of Physical Cultur, Louisiana Purchase Exposition***
Präsident:	Walter G. LIGINGER
Generalsekretär:	James E. SULLIVAN (Chief of Department of Physical Culture, Louisiana Purchase Exposition, and Director of Olympic Games)
Offizieller Bericht:	Sportbericht der Weltausstellung von SULLIVAN, von LUCAS, beide englisch
Zeremoniell:	Eröffnung der Weltausstellung durch den amerikanischen Präsidenten Theodor ROOSEVELT, einfache Eröffnung der Sportveranstaltungen am 14. Mai, keine sportbezogene Schlußfeier
Dauer:	fast 5 Monate mit vielen Unterbrechungen
Siegerehrung:	nach den Wettkämpfen, Gold-, Silber und Bronzemedaillen, Pokale
Siegermedaille (Sport):	unbekannt (Dieges & Clust)
Siegerdiplom (Sport):	nur im Turnen (unbekannt)
Erinnerungsmedaille (Sport):	unbekannt (Dieges & Clust)
Siegermedaillen der Weltausstellung:	Adolph A. WEINMANN
Siegerdiplome der Weltausstellung:	Will H. LOW
Teilnehmerdiplom der Weltausstellung:	unbekannt
Zeitschrift:	*Body and Mind*
Film:	Einzelne kurze Streifen vorhanden
Sportarten:	16 (1[2]), 104 (5[2]) Wettbewerbe
Demonstrationen:	3 (1)[1] mit 3 (3[1]) Wettbewerben
Besonderheiten:	geringes Zuschauerinteresse, wenige Korrespondenten ausländischer Printmedien, Anthropology Days

Erläuterungen:
[1] Athleten dieser Länder starteten für amerikanische Vereine bzw. in der deutschen Mannschaft. Diese Länder hatten selbst keine Sportler gemeldet.
[2] davon Frauen

5 Im Pferdesport (seit dem 18. Jahrhundert), beim Golf und Tennis (Odds), beim Radfahren und Schwimmen und in der Leichtathletik war es üblich, schwächeren Gegnern ein Handicap (Vorgabe) zu gewähren. Dabei wurde, z.B. in der Leichtathletik, den nicht so starken Läufern ihrem vermutlichen Können entsprechend ein günstigerer Startort errechnet. Der beste Athlet mußte die volle Strecke zurücklegen. Handicap-Wettbewerbe hatte es auch schon bei den Wettbewerben der Weltausstellung 1900 in Paris gegeben. Heute kennen wir es nur noch beim Galopprennen (höheres Gewicht), Trabrennen (Zugabe oder Streckenvorgabe), Golfspiel (Schlagvorgabe) und Straßenradfahren (Zeitvorgabe).

6 In: *Body and Mind* 11(1904)4, S. 26, vgl. S. 25-35.

7 Die Ausschreibung für das Turnen wurde vom ausrichtenden *Nordamerikanischen Turnerbund* auch in Deutsch abgefaßt.

8 In: *Der Turner* 19(1904)2, S. 30. Vgl. auch *Deutsche Turn-Zeitung* 49(1904)2, S. 41.

9 Wie dieses ausgesehen hat, ist bis heute nicht bekannt.

10 Turnersprache für Pokal.

11 N.N., »Das internationale Wetturnen auf der Weltausstellung in St. Louis«, in: *Der Turner* 19(1904)14, S. 319-321.

12 Squire Hill Ct. (Cincinnati) 1999, S. 11-14.

solche und die bronzene mit *»RUNNING / BROADJUMP«*. Dies läßt, zusammen mit der 800-m-Bronzemedaille (s.o.), den Schluß zu, daß zumindest für die leichtathletischen olympischen Disziplinen diese Medaillen vergeben wurden.

Auf der Vorderseite steht ein Athlet, in der rechten Hand einen Siegeskranz haltend und den linken Arm seitlich erhoben, auf den unteren Stufen einer Treppe. Hinter ihm befindet sich ein Relief mit Darstellungen antiker Sportdisziplinen, darüber im Hintergrund ein griechischer Tempel auf einem Berg (Akropolis?). Oben am Kreisrand ist *»OLYMPIAD«* und rechts unten auf einem Stein »1904« eingraviert.

Die Rückseite zeigt auf einem Erdball eine geflügelte Göttin (NIKE). Sie hält in der rechten Hand einen Palmzweig und im ausgestreckten linken Arm einen Lorbeer(?)-Kranz. Rechts von ihr befindet sich noch ein großer Lorbeerkranz, in dessen Mitte Platz für die Eintragung der Disziplin gelassen wurde. Links der Göttin erkennen wir auf einem Podest eine Zeusbüste. Am oberen Rand steht *»UNIVERSAL / EXPOSITION«* und unten *»St. LOUIS / U.S.A.«* Ein Vergleich dieser beiden Seiten mit der Siegermedaille von 1896 und den Plaketten von 1900 läßt vermuten, daß diese beiden Auszeichnungen als Vorlage gedient haben. Die Siegermedaille von 1904 hat einen Durchmesser von 38 bis 39 Millimeter und eine Dicke von drei Millimeter. Sie wiegt 17 Gramm (bronzene Ausführung). Sie besitzt oben eine fest Öse und daran einen Metallring, durch den ein Band in den Farben blau-weiß-rot-gold-rot-weiß-blau gezogen ist. Am oberen Ende befindet sich an der Befestigungsnadel ein Schildchen mit der Aufschrift *»1904 / UNIVERSAL EXPOSITION / OLYMPIC GAMES / St. LOUIS«*. Diese Medaillen sind von der Firma Dieges & Clust in New York entworfen und hergestellt worden.[13]

Greensfelder und seine Kollegen weisen darauf hin, daß die *Amateur Athletic Union* neben den oben beschriebenen Medaillen den erfolgreichen Ausländern ein weiteres Modell überreichte. Auf dessen Vorderseite

Siegermedaille

befindet sich die römische Göttin FORTUNA, erkennbar am Steuerrad (Glücksrad) zu ihren Füßen. Mit der rechten Hand scheint sie gerade einem Athleten einen Kranz zu überreichen, mit der Linken umfaßt sie zwei weitere Kränze. Die Medaille trägt am Rand die Umschrift: *»AMATEUR ATHLETIC UNION OF THE UNITED STATES MDCCCLXXVIII«*. Daß diese Medaille aber wirklich auch an die ausländische Sieger vergeben wurde, beweist eine Abbildung der Vorderseite wenige Monate nach den Spielen in der Zeitschrift *Sport im Bild* mit der Erläuterung *»Medaille für Sieger in den Olympischen Spielen 1904«*.[14] In der *Deutschen Turn-Zeitung* hieß es dazu:

»Die Medaillen für die Sieger in den Wettkämpfen sind auch eingetroffen und sehr zu deren Zufriedenheit ausgefallen. So urteilen die deutschen Schwimmer-Sieger darüber: ›Die Medaillen sind äußerst wertvoll und recht geschmackvoll ausgeführt.‹«[15]

Wie sah aber die Rückseite aus? Da sich zwei dieser Medaillen im Ungarischen Sportmuseum in Budapest befinden,[16] läßt sich auch

13 GREENSFELDER u.a., *Medals*, S. 11-14.
14 In: *Sport im Bild* 11(1905) 1, S. 24. Die Goldmedaille des deutschen Doppelsiegers im Schwimmen, Emil RAUSCH, wurde 1969 von Joachim FIEBELKORN und Helmuth WESTPHAL *(Die Olympischen Spiele von Athen bis Mexiko Stadt*, Berlin [Ost] 1969, S. 30) abgebildet. Das Foto ist im Besitz von Volker KLUGE.
15 In: *Deutsche Turn-Zeitung* 50(1905)1, S. 12.
16 Der Direktor des Museums, Lajos SZABÓ, stellte dankenswerterweise Fotos zur Verfügung.

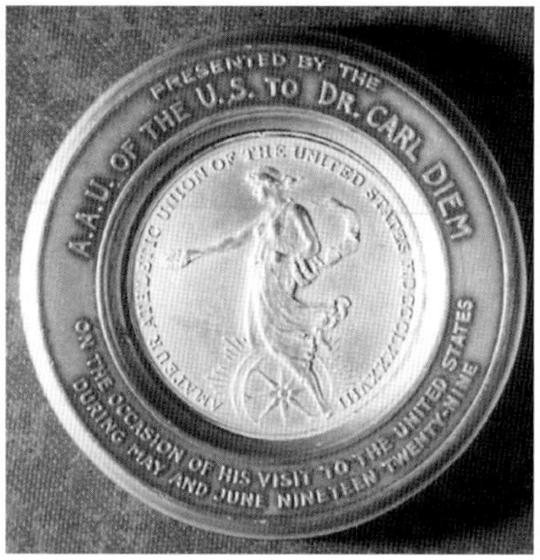

»Handicap-Medaille«; oben: Die Ehrenmedaille der Amateur Athletic Union für Carl Diem

diese Frage beantworten: Auf der Rückseite ist oberhalb der Mitte der Name der jeweiligen Disziplin – z. B. *»1/2 MILE SWIM«* eingraviert.[17] Um den Rand herum gruppiert ist wohl die Darstellung von Sportgeräten. Unten rechts findet sich der Hinweis auf den Hersteller *»D. & C. / N. Y. / 25 JOHNST.«* Auch sie wurde also bei Dieges & Clust gegossen. Die Medaille ist an einem rot-weiß-blauen Band befestigt. Die Befestigungsnadel mit der kleinen Plakette entspricht der der anderen Siegerauszeichnung. Der Durchmesser beträgt 37 Millimeter. Ähnliche Exemplare – mit der Fortuna – müssen aber auch noch in anderen sportlichen Bereichen an Athleten vergeben worden sein, denn Gadoury u.a. bilden eine solche Medaille ab mit den Aufschrift *»JUNIOR«* und *»THROWING / 16 LB HAMMER / 1904«* (auf der Rückseite)[18].

Die Fortuna mit dem Glücksrad scheint das Logo der *Amateur Athletic Union* gewesen zu sein, denn für den USA-Besuch von Carl DIEM im Jahre 1929 wurde eine Medaille geprägt, die bis auf eine zusätzliche auf DIEM bezogene Inschrift am Rand im Aussehen der Vorderseite identisch mit der Auszeichnung von 1904 ist.[19]

Gadoury druckt im übrigen noch Fotos zweier anderer Medaillen ab.[20] Eine wurde an die Sieger der Handicap-Wettbewerbe vergeben. Vorne ist *»HANDICAP«* und auf der Rückseite der Name der Disziplin eingraviert.[21] Die andere trägt die Aufschrift *»YMCA«*.[22] Handicap- und YMCA-Wettkämpfe gehörten in St. Louis zum weiteren Bereich olympischer Disziplinen. Die Medaillen besitzen die oben erwähnte Aufhängevorrichtung mit dem Text *»1904 / UNIVERSAL EXPOSITION / OLYMPIC GAMES/ St. LOUIS«*.[23]

Ehrenpreise. An wen wurden nun die in den Ausschreibungen immer wieder erwähnten *»Ehrenbecher«* (Pokale) vergeben. Bezüglich der Leichtathletik gibt eine Liste in SULLIVANs Offiziellem Bericht Auskunft, die auch die Namen der Stifter enthält.[24]

»Marathon race – Hon. David R. Francis.
100-metre run – Frederick J. V. Skiff.
400-metre run – A. L. Shapleigh.
Running broad jump – J. S. Huyler.
1500-metre run – Norris B. Gregg.
800-metre run – Abram G. Mills.
Throwing the discus – Isaac S. Taylor.
Throwing the 56-lb. Weight for distance – Charles J. Dieges.
Pole vault for height – H. H. Baxter.
Throwing the 16-lb. Hammer – R. Wells. Jr.
For the club scoring the greatest number of points – A. G. Spalding.
200-metre hurdle – J. J. Lawrence.
400-metre hurdle – George B. Parker.
200-metre run – William G. Thompson.
Running high jump – J. A. Holmes.
Putting the 16-lb. shot – Goodman King.
Running hop, step and jump – W. J. Kinsella.
Three standing jumps – Lemp Boys.
Lifting bar bell – Corwin H. Spencer.
Running hop, step and jump – W. J. Kinsella.«

Sullivan ist auch insofern hilfreich, als zwei Trophäen in seinem Bericht abgelichtet sind. Weiterhin sind aber noch zahlreiche weitere Ehrengaben in anderen Sportarten vergeben worden. So erhielt der Sieger des Golfturniers, George LYON (CAN), eine silberne Trophäe im Wert von 1500 Dollar.[25]

Um den von Theodor LEWALD, dem Kommissar der deutschen Abteilung der Weltausstellung, gestifteten Preis (Pokal?) gab es einen kleinen Skandal. Als die amerikanischen Kampfrichter beim Kunstspringen den Arzt George SHELDON (USA) auf den ersten Platz setzten, obwohl die drei deutschen Springer nach Auffassung von Fachleuten und Zuschauern wesentlich besser gesprungen waren, zog Lewald, nachdem ein Protest abgewiesen worden war, den Preis zurück.[26]

Medaillen und Diplome der Weltausstellung. Bisher sind die an die Turner oder möglicherweise auch an die anderen Athleten verteilten Diplome nirgendwo nachgewiesen worden. Vielleicht erhielten diese Sportler auch ein Exemplar des offiziellen Diploms der Weltausstellung. Solche Auszeichnungen werden ebenfalls die deutschen Pädagogen und Ärzte, wie z.B. Ferdinand August SCHMIDT, erhalten haben, die in den Bereichen Pädagogik und Gesundheit an Ausstellungen beteiligt waren bzw. bei den dortigen Kongressen Vorträgen gehalten haben. In der

17 Es muß sich dabei um die Medaillen von Géza KISS, Dritter über eine halbe Meile und Zweiter über eine Meile Freistil, handeln.
18 GADOURY, Victor, *Olympic Medals and Coins,* Monaco 1996, S. 51.
19 Die Medaille, die Diem erhielt, ist auf der Rückseite plan.
20 GADOURY, *Medals,* S. 51-52.
21 Bronze, Durchmesser 31 Millimeter, hergestellt bei Mermod & Jaccard.
22 Die Leichtathletik-Wettkämpfe des *YMCA* fanden vom 15. bis 20. August 1904 statt. Sie waren allerdings nicht international ausgeschrieben.
23 Bronze, Durchmesser 31 Millimeter, hergestellt bei Dieges & Clust.
24 SULLIVAN, *Report,* S. 163.
25 First Century Project (Hg.), *III. OLYMPIAD,* unveröffentlichtes Manuskript, S. 79.
26 LENNARTZ, *Geschichte,* S. 129-130.
27 In: *Körper und Geist* 13 (1904), S. 304, vgl. S. 320.
28 Nach der Interpretation von Weinmann, in: FRANCIS, David R., *Die Universal Exposition of 1904,* St. Louis 1913, Bd. 1, S. 557.

Der Pokal für den Sieger im Marathonlauf; oben: Der Pokal von Archie Hahn für den 100-m-Lauf; Hauptmotiv: Die Göttin auf der Erdkugel hält den Kranz für den Sieger in ihren erhobenen Händen.

Links: Archie Hahn (USA) mit dem Pokal für seinen Sieg im 100-m-Lauf; rechts: Thomas Hicks (USA), der Sieger im Marathonlauf, mit zwei Pokalen, links der von David R. Francis, dem Präsidenten der Weltausstellung, gestiftete

Zeitschrift *Körper und Geist* wird mehrfach vermerkt, wer eine goldene, silberne und bronzene Medaille der Weltausstellung erhalten hat:

»Dem Mitherausgeber dieser Zeitschrift, Sanitätsrat Dr. F. A. Schmidt, ist von der Weltausstellung in St. Louis in der Abteilung ›Körperliche Erziehung‹ die goldene, in der Abteilung ›Unterrichtswesen‹ die silberne Medaille verliehen worden.«[27]

Dies waren die offiziellen Medaillen der Weltausstellung, die in Verbindung mit einem Diplom vergeben wurden. Für den Entwurf der Medaille, die in der Münze von Philadelphia hergestellt wurde, war Adolph A. Weinmann verantwortlich. Die Vorderseite zeigt zwei weibliche Figuren, COLUMBIA, groß und stattlich, die schützend die *Stars and Stripes* als Mantel über sich und eine jüngere Frau legt, die das Louisiana Territorium darstellt und dieses damit in die Gemeinschaft der amerikanischen Staaten aufnimmt. Im Hintergrund geht unten die Sonne auf, der Beginn eines neuen fortschrittlichen Zeitalters der Nation. Die Rückseite trägt in der Mitte unten eine Tafel mit dem Hinweis auf die Klassifizierung der Medaille. Darunter befinden sich zwei Delphine, die die Ost- und Westgrenze der USA symbolisieren, darüber steht ein Adler, der seine Schwingen schützend von Ozean zu Ozean ausbreitet.[28] Es gab vier Verdienststufen: Mit der Aufschrift *»GRAND PRIZE«* und *»GOLD MEDAL«* (beide in Schildform mit nach unten gezogener Spitze), *»SILVER MEDAL«* (quadratisch) und *»BRONZE MEDAL«* (rund).

Das zur Medaille gehörende Diplom (690 mal 590 Millimeter) wurde von Will H. Low entworfen und bei Gilbo and Company mit Sepiatinte auf japanischem Papier gedruckt. Der Künstler erläuterte selbst seine allegorische Darstellung: In der Mitte sitzt Columbia. Ihre Kleider sind die Stars and Stripes. Ihre rechte Hand liegt – auf LOUISIANA zeigend –

Albert Goodwill SPALDING

Der von Albert Goodwill Spalding gestiftete Pokal war wohl die wichtigste Trophäe der Leichtathletikwettbewerbe. Er war ausgeschrieben für den Verein, der die meisten Punkte in einer Gesamtwertung aller Disziplinen erreichte. Es gewann der New York Athletic Club mit vier Punkten (63 zu 59) Vorsprung vor dem Chicago Athletic Club. Für die Sportwelt der Vereinigten Staates handelte es sich um eine Auseinandersetzung Ost gegen West. Für wie wichtig die Angelegenheit genommen wurde, zeigen z.B. mehrere Proteste des Clubs aus Chicago. Dies kann als weiterer Hinweis dafür gesehen werden, daß diese »Olympischen Spiele« eigentlich nur eine inneramerikanische Angelegenheit waren, an der sich auch ein paar Ausländer beteiligen durften.

Die 1876 von Spalding, einem erfolgreichen Baseball-Spieler, gegründete Firma produzierte Sportgeräte, eröffnete zahlreiche Sportgeschäfte in den Vereinigten Staaten und trat bei vielen Veranstaltungen als Sponsor auf. Die jetzige Spaldings Sports Worldwide gehörte heute zu den bedeutendsten Herstellern und Verkäufern von »amerikanischen« Sportgeräten (Basketbälle, Softbälle usw.).

Der Pokal für den erfolgreichsten Verein

auf einem Globus, den ihr ihre Schwester FRANKREICH, die rechts von ihr sitzt, reicht. Mit der Linken übergibt Columbia die Fackel des Fortschritts einem Boten, der die Jugend des Landes verkörpert.[29] Unterhalb der drei allegorischen Figuren ist die Rangstufe der Auszeichnung *(z.B. »GRAND PRIZE«)*, die Wettbewerbsklasse der Ausstellung und der Name des Besitzers eingetragen. Vergeben wurden 33 158 Medaillen und 41 052 Diplome. Dazu kamen 3 000 Medaillen (in »Gold«) und 6 000 Diplome mit der Aufschrift *»COMMEMORATIVE DIPLOMA«* für die Mitarbeiter der Ausstellung.

Erinnerungsmedaille und Erinnerungsdiplom. Die Teilnehmer an den sportlichen (nur olympischen?) Wettbewerben erhielten eine Erinnerungsmedaille, die – zumindest – den Ausländern später nachgeschickt wurde.[30] Auch diese Medaille wurde Anfang 1905 in

Preis-Diplom der Weltausstellung; links: Verdienstmedaille der Weltausstellung in Gold

Sport im Bild abgelichtet.[31]

Auf der Vorderseite der achteckigen kupfernen Medaille sehen wir einen nach rechts schreitenden Athleten mit einer Binde um das Haupt und einen Lorbeerzweig in der rechten Hand. Der Hintergrund besteht aus einem Gitter mit acht Segmenten. Im oberen Bereich der Medaille geht die Sonne auf, links davon befindet sich ein Lorbeerzweig. In den mittleren Rechtecken steht links *»OLYMPIC / GAMES«* und rechts *»SAINT / LOUIS«*, unten *»19 / USA / 04«*.

Die Rückseite zeigt oben links und unten rechts innerhalb von Efeublättern die Wappenschilde von St. Louis, Frankreich und den USA. Dazu kommt ein Text in elf Zeilen: *»1803*[32] */ UNIVERSAL EXPOSITION / COMMEMORATING THE / OLYMPIC GAMES / 1904 / PHYSICAL CULTURE / DEPARTMENT / FREDRICK / J. V. SKIFF*[33] */ DIRECTOR OF / EXHIBITS.«*

Die Medaille, auch bei Dieges & Clust geprägt, hatte wohl eine Öse, dazu ein Band mit Nadel und Vorderplatte. Darauf ist zu lesen: *»INTERNATIONAL COMMITTEE* [Platte] */ ST. LOUIS / SEPT*[34] */ 1904«* (Band). Sie mißt je 40 Millimeter in Länge und Breite, ist drei Millimeter dick und wiegt 30 Gramm. Übergeben wurde sie in einer braunen Pappschachtel mit der Aufschrift *»JAS. E. SULLIVAN / CHIEF OF DEPT«*.

In einem Werbeblatt, auf der die Sieger- und Erinnerungsmedaille abgebildet sind, bezeichnet sich die Firma Dieges & Clust als

29 Zusammengefaßt nach Low, in: FRANCIS., *Exposition*, S. 556-557.
30 »Außer den Preismedaillen erhält jeder Teilnehmer eine Erinnerungsmedaille« (in: *Deutsche Turn-Zeitung* 50 [1905] 1, S. 12).
31 In: *Sport im Bild* 11 (1905) 1, S. 24.
32 Missouri gehört seit 1803 zu den Vereinigten Staaten. Die Weltausstellung sollte anläßlich der 100-Jahr-Feier stattfinden. Der Termin wurde dann aber um ein Jahr verschoben.
33 Skiff war einer der Direktoren der Weltausstellung und hatte die Idee gehabt, ihr eine eigene Abteilung für körperliche Erziehung (Department of Physical Culture) einzufügen.
34 Oder eine andere Monatsbezeichnung.
35 Kopie stellte James Greensfelder dankenswerterweise dem Verfasser zur Verfügung.

größter Hersteller von Schmuck, Silberwaren, Uhren, Medaillen, Wanderpreisen usw. in Amerika. Bezüglich der Erinnerungsmedaille wird behauptet, daß diese ein Produkt bester amerikanischer Medaillenkunst und das Design aus vielen Entwürfe der führenden Juweliere des Landes ausgesucht worden sei.[35]

Neben dem oben beschriebenen Verdienstdiplom der Weltausstellung gab es auch ein Erinnerungsdiplom (300 mal 480 Millimeter). Erhielten dies die ausländischen Sportbetreuer, die drei IOC-Mitglieder, die in St. Louis waren, vielleicht auch die Sportler? Was bekamen die Offiziellen, die die sportlichen Wettbewerbe organisierten?

Wurde bisher die Meinung vertreten, die Gold-, Silber- und Bronzemedaillen wären zum ersten Mal bei den Olympischen Spielen 1906 in Athen oder erst 1908 in London übergeben worden, weil oft die Athener Veranstaltung von 1906 nicht als olympisch angesehen wurde, so scheint doch jetzt klar zu sein, daß die Veranstalter in St. Louis diesen Brauch eingeführt haben. Warum sie diese Aufteilung gewählt haben, ist noch unbekannt. 1896 waren die Medaillen aus Silber, weil Gold zu teuer war, und aus Kupfer, 1900 viele Plaketten / Medaillen aus Gold, silbervergoldet, aus Silber, bronzeversilbert und aus Bronze. Vielleicht wurde in St. Louis die »goldene« Mitte gefunden, die bis heute fast allen zusagt, über die sich vielleicht nur die Vierten grämen.

Athen 1906

Hinsichtlich des Athener Sportfestes von 1906 bestehen bis heute gleichsam existentielle Kontroversen. Waren die Internationalen Olympischen Spiele Athen 1906 nun (»richtige« oder »echte«) Olympische Spiele oder nicht? In der Literatur häufig zu sogenannten »Zwischen-Spielen« herabgewürdigt, hatten sie im Bewußtsein der meisten Zeitgenossen explizit olympischen Charakter. Nur Baron Pierre de COUBERTIN verschloß sich dieser Sichtweise und verweigerte später dem Ereignis hartnäckig die höheren Weihen. Aus seiner Perspektive ist seine Haltung nachvollziehbar, mußte er doch um die von ihm entwickelte Konzeption und nicht zuletzt um seine Führungsrolle fürchten. Schon 1896 hatte er nämlich erkennen müssen, daß sich die Griechen als die wahren, gleichsam historisch legitimierten Sachwalter der Olympischen Idee verstanden.

Aus dem schon seinerzeit erhobenen und seitdem nie aufgegebenen Anspruch, die Spiele dauerhaft zu beheimaten, war, als Kompromiß, der Gedanke entstanden, in einem zweijährigen Wechsel mit jeweils anderen Orten alle vier Jahre die Spiele in Athen stattfinden zu lassen. Vor allem der große Erfolg von 1896, aber auch die Enttäuschungen von 1900 und 1904, hatten diesem Plan überall große Zustimmung eingebracht. Baron de Coubertin mußte sich nolens volens fügen und auf eine günstige Wendung des Schicksals hoffen. Wie die Geschichte schnell beweisen sollte, war diese Hoffnung keineswegs vergebens. Aufgrund ständiger innen- und außenpolitischer Schwierigkeiten sah sich Griechenland außerstande, eine Wiederholung der »Olympischen Zwischen-Spiele« durchzuführen. Somit wird fast ein Jahrhundert vergangen sein, wenn das Großfest des Sports im Jahre 2004 nach Athen zurückkehren wird.

Ob die Spiele dann aber ebenfalls als ein großer, befruchtender Impuls für die Olympische Bewegung zu wirken vermögen, bleibt freilich abzuwarten. Schließlich markierte die Feier von 1906 einen Meilenstein, ja einen Aufbruch zu neuen Ufern. Das Stadion war nunmehr fertiggestellt und bot jetzt erst recht eine grandiose Kulisse für mehr als 900 Sportler aus 21 Ländern. Mit südländischer Begeisterung verfolgte das zahlreich erschienene Publikum am 22. – nach dem in Griechenland gültigen Julianischen Kalender war es der 9. – April die feierliche Eröffnung und dabei erstmals einen geschlossenen Einmarsch der Mannschaften. Die Spitze des Zuges bildeten die Deutschen, allen voran der Schwimmfunktionär Georg HAX als Fahnenträger. Mit Carl SCHUHMANN und Fritz HOFMANN kehrten zwei Teilnehmer von 1896, diesmal in betreuenden Funktionen, an den Ort ihrer größten Erfolge zurück. Dieses Mal zeichnete sich der Fechter Gustav CASMIR, er gewann je zweimal Gold und Silber, als bester deutscher Medaillensammler aus. Insgesamt ist den Aktiven, allen voran den Vertretern der USA, ein beachtliches Niveau zu bescheinigen. Nach zehnjähriger Anlaufzeit waren die Olympischen Spiele nun tatsächlich auf dem Weg, sich als Angelpunkte eines organisierten internationalen Wettkampfwesens zu etablieren.

Siegerehrung. Im Herbst 1905 verschickte das griechische Organisationskomitee die Ausschreibungen in französischer Sprache an die verschiedenen NOK, die dann von Willibald GEBHARDT ins Deutsche übersetzt wurden. Hier und da finden sich darin Hinweise auf die Ermittlung der Sieger und deren Ehrung. Wir erfahren, daß die besten Athleten, wie 1896, am letzten Tag

»durch seine Majestät den König von Griechenland gekrönt werden. [...] *Die Wettturner, welche 90 bis 100 Punkte erreicht haben, werden Sieger, diejenigen, welche gleich nach ihnen kommen und 80 bis 90 Punkte erreicht haben, erhalten den zweiten Preis.* [...] *Den Fechtern der Siegergruppe werden Medaillen und Diplome verliehen.«*

Beim Tennis wird ein »*3. Preis*« ausgespielt.[1] Im etwas später versandten zweiten Teil der »*Réglements*« heißt es etwas anders:

»Preise werden bei jedem Wettbewerb an den ersten, zweiten und dritten verteilt; sie bestehen aus Pokalen, Kunstwerken, Medaillen und Diplomen.«[2]

Eine ausführliche Beschreibung der Siegereh-

Literatur:
Comité des Olympiques á Athènes (Hg.), Bulletin du Comité des Jeux Olympiques à Athènes (1906)
SAVVIDIS, Pan. S., *Leukoma ton en Athenais B' Diethnon Olympiakon Agonon 1906*, Athen 1907.
SULLIVAN, James, *The Olympic Games at Athens*, New York 1906.
GIET, Eduard, »Einiges von den Olympischen Spielen in Athen«, in: *Der Turner* 21 (1906)13, S. 241-246, 14, S. 261-266, 15, S. 281-286, 16, S. 301-307, 18, S. 341-345, 19, S. 362-366, 29, S. 381-384.
MALLON, *The 1906 Olympic Games*, Jefferson 1999.
LENNARTZ, Karl / TEUTENBERG, Walter: *Die Olympischen Spiele 1906 in Athen*, Kassel 1992.
TARASSOULEAS, Thanassis, *Olympic Games in Athens. 1896, 1906*, Athens 1988.

1 Komitee für die Olympischen Spiele in Athen (Hg.), *Internationale Olympische Spiele in Athen. Reglements*, Berlin 1905, S. 10, 30, 43, 67.

2 Comité des Jeux Olympiques à Athènes (Hg.), *Jeux Olympiques Internationaux à Athènes, Reglements*, Athen 1905, S. 6.: *»Des prix sont décernés aux premier, deuxième et troisième gagnants de chaque concours, ils consisteront en coupes, objects d'art, médailles et diplômes.«*

Siegerdiplom

Die erste Zeile des Textteils des Diploms lautet: »II. Internationale Olympische Spiele in Athen 1906«

Erinnerungsmedaille

Siegermedaille

Erinnerungsmedaille

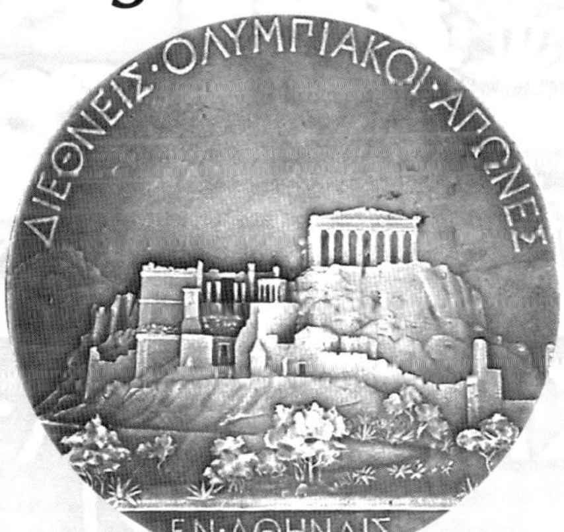

rung gibt uns der in dieser Zeit in Athen lebende Turnlehrer Eduard GIET, der für die deutsche Zeitschrift *Der Turner* berichtete: Als das Synchronturnen der Schüler beendet war,

»begann die Verteilung der Preise und Geschenke an die Sieger. Die Geschenke sowohl wie auch die Oelzweigbüschel und Denkmünzen waren vorher bei dem Aufgange zu den Sitzen der Königlichen Familie aufgestapelt worden. Die Sieger wurden herangerufen und stellten sich im Halbkreise auf. Ein Rufer mit dem Schalltrichter rief den Namen des Siegers, die Kampfart worin er gesiegt hatte, den erworbenen Preis, das zugeteilte Geschenk und von wem es gestiftet war. Der Aufgerufene begab sich zum König, der ihm ein mit blauseidener Schnur zusammengebundenes Büschel Zweige des wilden Oelbaumes aus Olympia, sein Geschenk und eine Denkmünze der Olympischen Spiele 1906 überreichte, wobei er ihm mit einigen freundlichen Worten gratulierte.
Die Verteilung begann bei den Siegern im Fechten, und dann folgten alle Kategorien nacheinander bis alle Preise verteilt waren. Auch die, die außer Konkurrenz an den Spielen teilgenommen hatten, wie die schwedische Riege bei den Freiübungen und die dänische Damenriege, waren mit Geschenken bedacht worden. Die Verteilung der Preise verlief ziemlich ruhig, nur wenn der Name eines besonderen Lieblings des Publikums aufgerufen wurde, wurde applaudiert.
Als die Verteilung der Preise beendet war, wendete sich der König zu dem Kronprinzen und dankte ihm für die viele Mühe, die er sich gegeben hatte mit den Vorbereitungen der Spiele, und dann erklärte er die Spiele 1906 für geschlossen.«[3]

GIET fügt eine *»Liste der Olympiasieger«* an und beginnt mit *»Gymnastischer Fünfkampf«*, *»Gymnastischer Sechskampf«* und fügt dann die anderen Wettbewerbe hinzu. 14 Fünf- und neun Sechskämpfer gewannen erste, 13 Fünf- und acht Sechskämpfer zweite Preise.[4] Was sie aber bei der Siegerehrung erhielten, läßt er offen. Etwas mehr darüber erfahren wir von Pan. S. SAVVIDIS. Er lichtet in seinem *Album der Zweiten Internationalen Olympischen Spiele 1906 in Athen* alle Medaillen ab und gibt auch ungefähr Auskunft, an wen sie vergeben wurden.[5] Savvidis hebt besonders hervor, daß Offizielle, Privatpersonen und die Behörden sich intensiv darum gekümmert hatten, *»daß keiner der fremden Sieger beim Verlassen des großen Festes ohne eine kleine oder große, auf jeden Fall wertvolle Erinnerung blieb.«*[6]

2. internationale Olympische Spiele in Athen – 22. April bis 2. Mai 1906*

Mannschaften: 20 (21[1])

AUS	AUT
BEL	BOH
CAN	DEN
EGY	FIN
FRA	GBR
GER	GRE
HUN	ITA
NED	NOR
RUS	SUI
SWE	(TUR[1])
USA	

Sportler: 903 (7[3])

Name des Organisationskomitees:	***Comité des Jeux olympiques à Athènes***
Präsident:	Kronprinz KONSTANTIN
Generalsekretär:	Spyros P. LAMBROS
Offizieller Bericht:	1. griechisch / französisch (Bulletin) 2. griechisch[2]
Zeremoniell:	Eröffnungs- und Schlußfeier am Anfang bzw. am Ende der Spiele, erstmals Einmarsch der Nationen
Eröffnung durch:	König GEORG I.
Dauer:	11 Tage
Siegerehrung:	bei der Schlußfeier durch Georg I., neben Gold-, Silber- und Bronzemedaillen Pokale, Kunstwerke und Geschenke
Olympische Hymne:	Spyros SAMARAS / Kostas PALAMAS (Text)
Siegermedaille:	Jules Clément CHAPLAIN
Mannschaftsmedaille:	1. Nikiphoros LYTRAS, 2. unbekannt
Siegerdiplom:	Nikolaos GYZIS
Erinnerungsmedaille:	1. Nikiphores LYTRAS, 2. unbekannt
Film:	kürzere Streifen
Sportarten:	11 (1[3]) mit 74 (2[3]) Wettbewerben
Demonstrationen:	3 (1[3]) mit 12 (1[3]) Wettbewerben
Besonderheiten:	bei den Demonstrationen führte eine dänische Frauenriege Turnen vor

*9.-19.4. nach dem Julianischen Kalender

Erläuterungen:
1. Fußballteams aus den damals zum türkischen Reich gehörenden Städten Smyrna (Engländer, Franzosen, ein Armenier [?]) und Saloniki.
2. ein Bericht im Bulletin des OK, einer von Pan. S. SAVVIDIS
3. davon Frauen

3 GIET, in: *Der Turner* 21 (1906)18, S. 178-179. James SULLIVAN berichtet, daß der Kronprinz dem König eine kleine Statue, ein Geschenk der Italiener, überreichte (*Games* 1906, S. 53).
4 GIET, in: *Der Turner* 21 (1906) 18, S. 179-180.
5 SAVVIDIS, *Leukoma*, S. 131-133.
6 SAVVIDIS, *Leukoma*, S. 130.
7 *»OLYMPIA«*.
8 *»B!«* auf den silbernen Medaillen.
9 *»B. / INTERNATIONALE / OLYMPISCHE / SPIELE / IN ATHEN / 1906«*.
10 SAVVIDIS, *Leukoma*, S. 133: *»La coupe décernée comme prix aux plupart des concours.«*
11 *»OLYMPISCHE SPIELE/ INTERNATIONALE / IN ATHEN 1906«*.

König Georg I. ehrt William Sherring, den Sieger im Marathonlauf.

Die Sieger in den Einzelwettbewerben erhielten eine vergoldete, die Zweiten eine silberne und die Dritten eine bronzene Medaille. Das Organisationskomitee hatte keinen neuen Entwurf in Auftrag gegeben, sondern die Medaille von Jules Clément CHAPLAIN von 1896 neu prägen lassen. Lediglich die Jahreszahl auf der Rückseite war von *»1896«* in *»1906«* angeglichen worden. Der Durchmesser war gleich geblieben (50 Millimeter), die Dicke aber deutlich reduziert worden, von 3,8 (1896) auf 2,1 Millimeter. Dies bedingt, daß die Medaillen leichter waren: 63,5 (vergoldet), 63 (Silber), 58 (Bronze) Gramm. Auf der Kante der vergoldeten und silbernen Exemplare ist die Bezeichnung *»ARGENT«*, der bronzenen *»BRONZE«* zu finden. Übergeben wurden die Medaillen in einem runden Lederetui.

In den Mannschaftswettbewerben (Tauziehen, Riegenturnen, 300-m-Gewehrschießen, Degen- und Säbelfechten, 4 x 250-m-Freistilstaffel [?], Rudern [Disziplinen], Tandemfahren [?], Herrendoppel und Mixed im Tennis [?], und Fußball) wurde eine neugeprägte

Medaille vergeben, in Silber für das siegreiche und in Bronze für das zweitplazierte Team. Nicht nachvollziehbar ist, wer für den Entwurf verantwortlich war. Auf der Vorderseite befindet sich eine sitzende geflügelte NIKE, die in der Rechten einen Palmzweig hält. Darunter ist eine Tafel mit der Inschrift »ΟΛΥΜΠΙΑ«[7] über einem weiteren Palmzweig angebracht. Die Vorlage für diese Seite der Medaille war eine zwischen 452 und 432 v. Chr. geprägte Silbermünze aus Elis. Die Rückseite trägt in griechisch die Inschrift »B.[8]/ ΔΙΕΘΝΕΙΣ / ΟΛΥΜΠΙΑΚΟΙ / ΑΓΟΝΕΣ / ΕΝ ΑΘΕΝΑΙΣ / 1906«[9], umrahmt von zwei Lorbeerzweigen. Die Medaillen haben oben einen Henkel und eine Öse für ein kurzes blau-weißblaues Band, an dessen Ende sich eine Nadel zur Befestigung befindet. Die Medaille hat die Maße: Durchmesser 32 Millimeter, Dicke 2,1 Millimeter, Gewicht ca. 18 Gramm.

Siegerdiplom. Wie 1896 wurden auch 1906 die Sieger mit einem Diplom geehrt. Auch diesbezüglich griffen die Verantwortlichen auf Bewährtes zurück, nämlich auf die von Nikolaos GYZIS geschaffene Vorlage von 1896. Lediglich die Inschrift wurde aktualisiert.

Ehrenpreise. Für die meisten Sieger gab es außerdem einen »Einheitspokal«, der von dem griechischen Bildhauer Georgios DEMETRIADES geschaffen worden war.[10] Der doppelhenklige Cup trägt auf griechisch die Inschrift »ΟΛΥΜΠΙΑΚΟΙ / ΑΓΟΝΕΣ / ΔΙΕΘΝΕΙΣ ΕΝ ΑΘΕΝΑΙΣ / 1906«[11]

Siegermedaille

für die Mannschaften; links: Vorderseite der Silbermünze aus Elis

Georgios DEMETRIADES 1878-1941

Der Bildhauer, auch »der Athener« genannt, stammte aus einer wohlhabenden Familie und studierte gegen den Willen seiner Eltern an der Schule der Schönen Künste in Athen. Er war ein Schüler von Georgios Vroutos und gilt als der produktivste griechische Bildhauer seiner Zeit. Mehr als 140 seiner Werke, Büsten und Statuen von bedeutenden Persönlichkeiten und Heldendenkmäler sind in ganz Griechenland zu finden. Er gilt als Symbolist, doch sind auch Züge zum Monumentalen und zum Realismus zu erkennen.

Siegerpokal

Bei SAVVIDIS und in anderen zeitgenössischen Berichten erfahren wir auch etwas über die besonderen Kunstwerke und deren Preisträger. Diese Ehrengaben hatten z.T. enorme Ausmaße. Der Sieger im Marathonlauf, der Kanadier William SHERRING, erhielt eine 1,30 Meter große Statue der Göttin Athene, die von Georgios VROUTOS geschaffen und vom Rat der Stadt Athen gestiftet wurde.[12] Außerdem wurde der Kanadier zum Ehrenbürger von Marathon ernannt.[13] Zwei Hermes-Statuen aus Marmor, gegeben von der Handelskammer Athen, erhielten die griechischen Brüder Georgios (Sieger im Tauhangeln) und Nikolaos ALIPRANTIS (5.). Weitere Auszeichnungen: ein Pokal in Schiffsform, gestiftet vom Organisationskomitee, eine Porzellanvase vom französischen Erziehungsminister, Gold- und Silberpreise der Brüder BOTASI, ein großer Silberpokal der Gebrüder MOURATIS aus England, eine Hermes- und eine Statue der Aphrodite von N. KANELLOPOULOS, eine Bronzekopie der Wölfin vom Kapitol vom Bürgermeister von Rom, von den Ungarn eine Kopie des Honved-Denkmals in Budapest für die griechische Mannschaft und Preise des griechischen Königs, des Kronprinzen, der griechischen Prinzen und Prinzessinnen und der Regierung. Die griechischen Turnvereine schenkten Victor BALCK eine Kopie in Kupfer des myronischen Diskuswerfers.

Wegen des Honved-Denkmals gab es eine kleine Auseinandersetzung innerhalb der deutschen Mannschaft. Zunächst war die Trophäe der deutschen Tauziehmannschaft übergeben worden. Als der Vorsitzende der *Deutschen Sportbehörde für Athletik,* Georg DEMMLER, sie stellvertretend in Empfang nahm, protestierte der Obmann der deutschen Turner, da im Team auch Turner mitgezogen hatten. Der Streit wurde aber schnell beigelegt, als das Organisationskomitee die Trophäe zurückerbat, da das ungarische Team den Preis ausdrücklich für einen griechischen Sieger gestiftet hatte. Die Tauzieher erhielten dann als Ersatz Einzelpreise.

Die Pokale für den Amerikaner Paul Pilgrim, Sieger über 400 m und 800 m

Erinnerungsmedaillen. Vermutlich waren von den 20 000 1896 hergestellten Erinnerungsmedaillen noch so viele übrig, daß die Firma Pittner in Wien den Auftrag erhielt, die Jahreszahl *»1896«* mit einer kleiner Metallvignette abzudecken und darauf *»1906«* zu prägen. Da wahrscheinlich keine silbervergoldeten Exemplare von 1896 mehr vorhanden waren, wurden bronzene für hohe Ehrengäste und Offizielle vergoldet.

Die anderen Ehrengäste und Offiziellen erhielten bronzeversilberte und die Athleten bronzene Medaillen. Übergeben wurden sie in Ledereuis.

Erstaunlich ist, daß Savvidis in seiner fotografischen Zusammenstellung der Medaillen die oben erwähnte Erinnerungsmedaille nicht ablichtet, sondern eine andere. Waren die umgeprägten Exemplare vielleicht Verkaufsstücke (Gedenkmedaillen)? Dagegen könnte sprechen, daß vergoldete und versilberte Ex-

12 1896 hatte Robert GARRETT (USA) eine Kopie dieser Skulptur erhalten. Nach Carl DIEM (»Die olympischen Spiele 1906«, in: *Athletik-Jahrbuch* 3[1906], S. 48) handelt es sich aber um einen *»silbernen Pokal, der einen Wert von vielen tausend Mark repräsentiert«.*

13 Sherring bekam auch ein Zicklein. In Kanada sollen ihm Geld und ein Grundstück mit einem Haus gegeben worden sein.

14 Diese Medaillen hätten aber auch später vergoldet bzw. versilbert werden können.

15 *»Les deux faces de la médaille commémorative décernée à tous les participants et aux membres adjoints et aux membres des commissions de L'Étranger. [En argent pour les participants. En bronze pour les autres]«* (SAVVIDIS, *Leukoma*, S. 133).
Was erhielten die Ehrengäste und die Offiziellen, vielleicht doch die »besseren« Exemplare der umgeprägten Erinnerungsmedaille von 1896?

16 *»KOS«*.

Der Finne Werner Järvinen, Sieger im Diskuswerfen (griechischer Stil), ließ sich mit Pokal und Olivenzweigen in einem Fotoatelier in Athen ablichten.

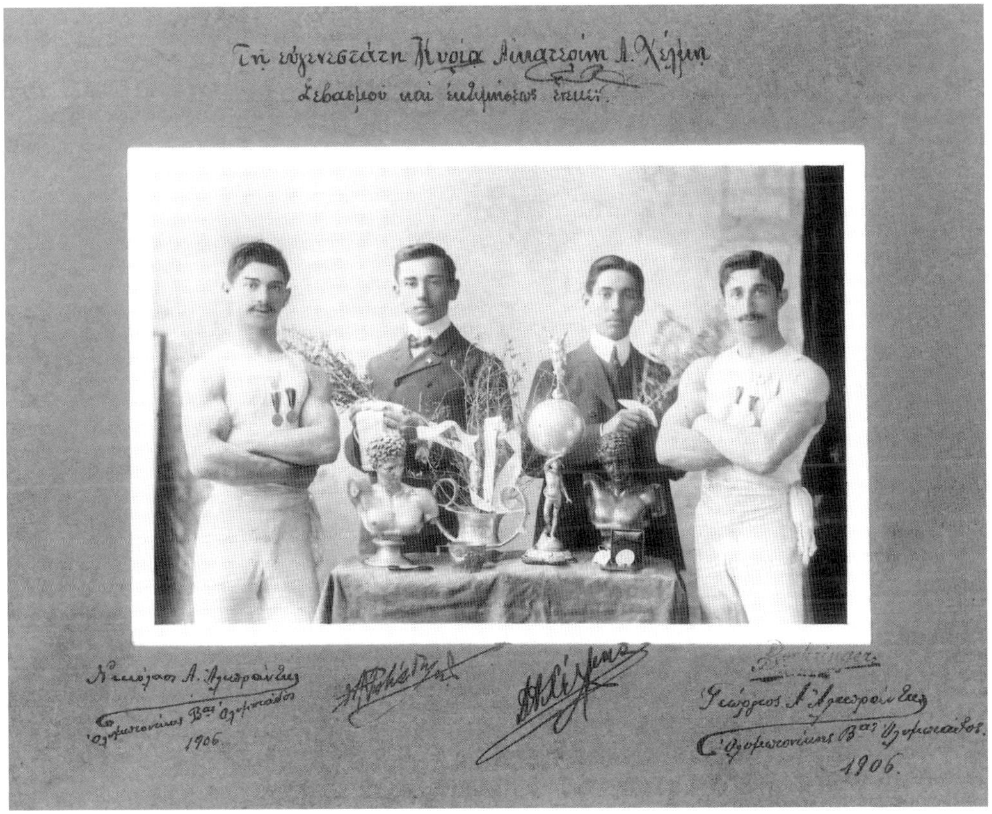

Vier erfolgreiche Sportler ließen sich nach der Siegerehrung von dem Kameramann Boehringer fotografieren. Oben notierten sie: »Gewidmet der Frau Katerini Chelmi in Hochachtung und Respekt«. Rechts und links stehen die Tauhangler Nikolaos und Georgios Aliprantis. Beide bezeichnen sich als »Olympioniken der 2. Olympischen Spiele 1906«, obwohl dies nur für Georgios zutrifft. Auf dem Tisch stehen die beiden Hermes-Statuen. An »stolzgeschwellter Brust« sind zwei Medaillen zu erkennen, wahrscheinlich die Erinnerungs- und eine Gedenkmedaille (s. u.). Rechts und links liegen bzw. stehen Siegermedaillen. Auf dem Tisch befinden sich weitere Siegespreise, darunter der Pokal des Demetriades. Den beiden Personen in der Mitte gehören wohl diese Auszeichnungen. Sie tragen zwar Zivil, doch, da sie Olivenzweige in den Händen halten, wird es sich wohl um erfolgreiche Athleten (Griechen ?) handeln.

emplare[14] existieren. Savvidis bemerkt zu »seiner« Medaille:

»*Die beiden Seiten der Erinnerungsmedaille vergeben an die Teilnehmer und die offiziellen Mitglieder und an die Mitglieder der ausländischen Kommissionen.* [In Silber für die Teilnehmer, in Bronze für die anderen].«[15]

Die Vorderseite ist einer griechischen Münze aus dem 5. Jahrhundert v. Chr. von der Insel Kos nachempfunden. In der Mitte ist ein Diskuswerfer zu erkennen, links davon ein Dreifuß mit Flammenschale, rechts die Inschrift »ΚΩΣ«[16]. Text der Rückseite: »ΟΛΥΜΠΙΑΚΟΙ / ΑΓΟΝΕΣ / ΔΙΕΘΝΕΙΣ / ΕΝ ΑΘΕΝΑΙΣ«[17].

Sie hatten einen angelöteten Henkel, durch den eine Öse mit einem ähnlichen Band wie bei den Mannschaftsmedaillen gezogen ist.

Bei Auktionen wird hin und wieder eine sil-

Die Silberplakette, die Martin Sheridan für seinen Sieg im Diskuswerfen (freier Stil) erhielt.

Gedenkmedaille

Gedenkmedaille der Sportarten

berne Medaille (Durchmesser 24 Millimeter) angeboten, Vorderseite NIKE, Rückseite Panathenäisches Stadion, die wohl als Gedenkmedaille verkauft wurde.[18] Daneben existierten noch Gedenkmedaillen, auf denen verschiedene Sportarten abgebildet waren.

17 »*OLYMPISCHE / SPIELE / INTERNATIONALE / IN ATHEN*«.

18 GADOURY, *Medals*, S. 57.

London 1908

Nach vielen Fehlschlägen der Vergangenheit stand auch die vierte Olympiade zunächst nicht unter einem guten Stern. Wie schon vier Jahre zuvor erfolgte wiederum recht kurzfristig ein Wechsel des Austragungsortes: London erklärte sich im Herbst 1908 bereit, nachdem Rom den ihm erteilten Auftrag zurückgeben mußte. Dies waren »*neue Schwierigkeiten*«, die Baron Pierre de COUBERTIN und das *IOC* »*zu einem vorsichtigen Schweigen*« veranlaßten. Verschwiegen hätte er im übrigen auch gerne den Erfolg der Athener Spiele von 1906, ja, am liebsten hätte er sie gänzlich aus den olympischen Annalen gestrichen.

Freilich sollten sich die Spiele von 1908 als Glücksfall erweisen. Im »Mutterland« des neuzeitlichen Sports boten sich alle Voraussetzungen für ein würdiges olympisches Fest: Ein imposantes Stadion, begeisterte, wenn auch aufgrund sehr hoher Preise nicht gerade zahlreiche Zuschauer, routinierte Organisatoren und ein straffes Programm. Medaillen wurden auch in vier Eiskunstlauf-Wettbewerben und damit erstmals in einer klassischen Winter-Sportart vergeben. Gold bei den Paaren gewannen die Deutschen Annie HÜBLER und Heinrich BURGER. Übrigens: Auch Boxen, Fußball, Hockey und Lacrosse firmierten in der Abteilung Wintersport.

Im Blickpunkt des Interesses stand aber vorwiegend die Konkurrenz zwischen der britischen und amerikanischen Mannschaft. Die Verbissenheit einzelner Athleten, zweifelhafte Kampfrichterentscheidungen, Proteste und gegenseitige Verhöhnungen hätten beinahe zu einem diplomatischen Nachspiel geführt. In der (inoffiziellen) Nationenwertung rangierte Großbritannien letztlich klar vor den USA, während Deutschland, hinter Schweden und Frankreich, mit insgesamt 13 Medaillen den fünften Platz belegte.

Größte Berühmtheit erlangte freilich ein italienischer Athlet, der Marathonläufer Dorando PIETRI. Er hatte als erster das Stadion, dann aber nach einem Zusammenbruch nur mit fremder Hilfe die Ziellinie erreicht. Mit seiner Disqualifikation wurde er zum traurigen Helden der Spiele. Auf Anregung des Schriftstellers und »Sherlock Holmes«-Erfinders Sir Arthur Conan DOYLE erhielt er aus den Händen der englischen Königin einen Pokal als Trostpreis. Bald darauf wurde er Profi und bestritt, u.a. im New Yorker Madison Square Garden, einige Rennen gegen Johnny Hayes, den offiziellen Marathon-Sieger von London.

Ständige Siegermedaille. 1896 und 1906 in Athen hatte die Siegerehrung jeweils im Rahmen der Schlußfeier, also am letzten Tag der Spiele, stattgefunden. Der griechische König hatte die Preisverteilung vorgenommen. 1900 in Paris und 1904 in St. Louis gab es weder ein Eröffnungs- noch ein Schlußzeremoniell des sportlichen Teils der Weltausstellung. Die Sieger erhielten meist im Anschluß an die Wettkämpfe oder bei einem Bankett am Abend ihre Auszeichnungen. Das unterschiedliche Procedere bei den Spielen 1896 bis 1906 hatte wohl das *IOC* veranlaßt, sich auf seiner 9. Session 1907 in Den Haag, wahrscheinlich zum ersten Mal[1], grundsätzlich mit der Frage der olympischen Auszeichnungen zu befassen.

Dazu schrieb Baron de Coubertin in der *Revue Olympique:*

»Um die Frage der Auszeichnungen entwickelte sich eine lange Diskussion. Zunächst wurde vereinbart, daß alle Teilnehmer an den Olympischen Spielen eine Gedenkmedaille erhalten sollten. Das englische Komitee äußerte den Wunsch, den Siegern jeweils eine Goldmedaille zu verleihen. Hier wird dran erinnert, daß sich nach den Vereinbarungen des Pariser Kongresses (1894) die Auszeichnungen nur in ihrem künstlerischen Wert voneinander unterscheiden sollen, nicht jedoch in ihrem materiellen. Das Komitee beschließt, sich so weit wie möglich an diese Regeln zu halten, verzichtet jedoch in diesem Fall darauf, sich dem Wunsch der Organisatoren entgegenzustellen. Diese wiederum verpflichten sich, mit Ausnahme der Wanderpreise keine Sonderauszeichnungen anzusetzen. Auf diese Weise hätte man die Preise vereinheitlicht, und die olympischen Wettkämpfe wären allesamt gleichwertig, was den wesentlichen Prinzipien der Regeln entspräche.«[2]

Der Offizielle Bericht der Londoner Spiele,

Literatur:
British Olympic Council (Hg.), *The Fourth Olympiad Being the Official Report of the Olympic Games of 1908*, drawn up by Theodore Andrea COOK, London 1909.
LENNARTZ, Karl, *Die Olympischen Spiele 1908 in London*, Kassel 1998.

1 Mit Ausnahme der Session 1896 in Athen liegen keine vollständigen Protokolle der bisherigen Treffen des *IOC* vor. Meistens besitzen wir nur Zusammenfassungen aus der Feder Baron de COUBERTINs in der *Revue Olympique*.

2 In: *Revue Olympique* 7 (1907)6, S. 280-281. Originalzitat siehe Kapitel Quellentexte.

der ebenfalls eine Zusammenfassung der Verhandlungen in Den Haag enthält, beschrieb deren Ergebnis ein wenig anders:

»Es wurde die Möglichkeit diskutiert, eine Standard-Medaille für alle Olympischen Spiele einzuführen. Eine Seite sollte immer gleich bleiben, das Motiv der anderen von Olympiade zu Olympiade wechseln. Es wurde schließlich beschlossen, die Form der Medaille so zu belassen, wie es vom Britischen Komitee für die Olympischen Spiele in London vorgesehen war. Dieses Komitee wurde gebeten, die Möglichkeiten zu beachten, eine Medaille zu schaffen, die für alle kommenden Olympiaden benutzt werden könnte. Das IOC würde später entscheiden, ob eine Seite der britischen Medaille als permanentes Design beibehalten werden könnte. Die nichtbritischen IOC-Mitglieder sprachen sich für eine Medaille in einem Etui anstatt einer zum Umhängen aus. Der Vorschlag einer Goldmedaille für alle Sieger wurde angenommen. Auch wurde beschlossen, allen Teilnehmern eine Erinnerungsmedaille zu verleihen.«[3]

Auf der Session in Den Haag scheinen zu jedem Wettbewerb die Preise im einzelnen festgelegt worden zu sein, denn im Offiziellen Bericht sind im Anschluß an den Report über die Session *»Programme and Prizes of the Olympic Games of 1908 in London, as approved at The Hague Conference of 1907«* abgedruckt.[4] Das Organisationskomitee folgte also offenbar diesen Vorstellungen später nicht in allen Fällen, so daß wir folgende Unterschiede bzw. untenstehende Medaillenvergabe bei den Spielen in London hatten:

Beschlüsse der Session in Den Haag	**Organisationskomitee Siegerehrung Ausschreibungen**
Leichtathletik: Gold, Silber, Bronze Einzel und Staffel	Leichtathletik: Gold, Silber, Bronze: Einzel und Staffel:
Bogenschießen: Gold, Silber, Bronze	Bogenschießen: Gold, Silber, Bronze
Boxen: Gold, Silber, Bronze	Boxen: Gold, Silber, Bronze
Radrennfahren: Gold, Silber, Bronze	Radrennfahren: Gold, Silber, Bronze
Fechten: Einzel und Mannschaft Gold, Silber, Bronze (Platz 3 bis 8)	Fechten: Einzel Gold, Silber, Bronze (Platz 3 bis 8) Mannschaft Gold und Silber für die Teilnehmer
Fußball: Gold für die Spieler	Fußball: Gold für die Spieler (Silber, Bronze?)

Spiele der IV. Olympiade in London – 27. April bis 31. Oktober 1908

Mannschaften: 21 (24)

ARG	
AUS/NZL[1]	
AUT	BEL
BOH	CAN
DEN	(ISL[2])
FIN	FRA
GBR	GER
GRE	HUN
ITA	NED
NOR	RSA
RUS	SUI
SWE	(TUR[3])
USA	

Sportler: 2 048 (43[5])

Name des Organisationskomitees:	***British Olympic Council (BOC)***
Präsident:	Lord William Henry Hippolyte DESBOROUGH of TAPLOW
Generalsekretär:	Robert Stuart de COURCY LAFFAN
Offizieller Bericht:	englisch
Zeremoniell:	Eröffnungs- und Schlußfeier zu Beginn bzw. am Ende der »Hauptwochen« (Sommerspiele)
Eröffnung durch:	König EDWARD VII.
Dauer:	über 6 Monate mit mehreren Unterbrechungen
Siegerehrung:	am 25. Juli durch Königin ALEXANDRA, Gold-, Silber- und Bronzemedaillen, Wanderpreise
Siegermedaille:	Bertram MacKENNAL
Siegerdiplom:	Bernard PARTRIDGE
Erinnerungsmedaille:	Bertram MacKENNAL
Ehrendiplom:	Bernard PARTRIDGE
Filmaufnahmen	der Wettbewerbe wurden täglich im Institut der Pathe Frère im Ausstellungsgelände gezeigt
Sportarten:	21 (5[5]) mit 110 (7[5]) Wettbewerben
Demonstrationen:	5 (3[5]) mit 8 (3[5]) Wettbewerben
Besonderheiten:	Finanzierung durch die Franko-Britische Ausstellung Eiskunstlaufen im Oktober als erste Wintersportart Demonstration verschiedener Turnsysteme

Erläuterungen:
1. Die Sportler aus Australien und Neuseeland starteten als gemeinsame Mannschaft »Australasia«.
2. Zur dänischen Mannschaft gehörte ein Sportler aus Island.
3. Möglicherweise hat ein türkischer Turner teilgenommen.
4. für besondere Leistungen ab Platz vier
5. davon Frauen

3 British Olympic Council, *Olympiad*, S. 27. Originalzitat siehe Kapitel Quellentexte.
4 British Olympic Council, *Olympiad*, S. 32-41.
5 Besondere Form des Ringkampfes, die in den o.g. Gegenden von England verbreitet war.

Rugby: Gold für die Spieler	Rugby: Gold für die Spieler
Turnen: Einzel Gold, Silber, Bronze Mannschaft 1. Gold, Mitglieder Silber 2. Silber, Mitglieder Bronze	Turnen: Einzel Gold, Silber, Bronze Mannschaft 1. Gold, Mitglieder Silber (?) 2. Silber, Mitglieder Bronze (?)
Hockey: Gold für die Spieler	Hockey: Gold für die Spieler
Lacrosse: Gold für die Spieler	Lacrosse: Gold für die Spieler
Lawn Tennis: Einzel und Doppel Gold, Silber, Bronze	Lawn Tennis: Einzel und Doppel Gold, Silber, Bronze
Hallentennis: Einzel und Doppel Gold, Silber, Bronze	Hallentennis: Einzel und Doppel Gold, Silber, Bronze
Motorbootrennen: Einzel und Doppel Gold, Silber, Bronze	Motorbootrennen: Einzel und Doppel Gold (nur immer ein Boot im Ziel)
Polo: Gold für die Spieler	Polo: Gold für die Spieler
Racquets: Einzel und Doppel Gold, Silber, Bronze	Racquets: Einzel und Doppel Gold, Silber
Rudern: Gold für alle siegreichen Ruderer	Rudern: Gold für alle siegreichen Ruderer
Schießen: Einzel und Mannschaften Gold, Silber, Bronze	Schießen: Einzel und Mannschaften Gold, Silber, Bronze
Eiskunstlaufen: Einzel und Paare Gold, Silber, Bronze	Eiskunstlaufen: Einzel und Paare Gold, Silber, Bronze
Schwimmen: Einzel und Staffel, Wasserball Gold, Silber, Bronze	Schwimmen: Einzel und Staffel Gold, Silber, Bronze Wasserball Gold, Silber
Jeu de Paume: Gold, Silber, Bronze	Jeu de Paume: Gold, Silber, Bronze
Ringen: Gold, Silber, Bronze	Ringen: Gold, Silber, Bronze
Segeln: Alle Klassen 1. Gold für den Steuermann Silber für die Crewmitglieder 2. Silber für den Steuermann Bronze für die Crewmitglieder vergoldete Erinnerungsmedaille für den Besitzer des siegreichen Bootes Zusätzlich 12 m und 15 m Klasse 1. Gold für den Maat 2. Silber für den Maat	Segeln: Alle Klassen 1. Gold für den Steuermann Silber für die Crewmitglieder 2. Silber für den Steuermann Bronze für die Crewmitglieder vergoldete Erinnerungsmedaille für den Besitzer des siegreichen Bootes versilberte Erinnerungsmedaille für den Besitzer des siegreichen Bootes Zusätzlich 12 m und 15 m Klasse 1. Gold für den Maat 2. Silber für den Maat

(aus British Olympic Council, *Olympiad*, S. 32-41, vor allem S. 355-359)

Siegerehrung. In London orientierte man sich in puncto Siegerehrung weitgehend am Athener Vorbild. Da sich aber die Spiele wie in Paris und St. Louis – vom Frühjahr bis in den Herbst erstreckten, konnte Ende Oktober keine Abschlußfeier mit Siegerehrung stattfinden. Welche Sportler wären noch anwesend gewesen? So wurde ein Kompromiß gefunden. Die Preise der »Frühjahrs«-, »Nautischen«- und »Winter«-Spiele wurden jeweils nach Feststehen des Ergebnisses oder am Ende dieser Wettkampfabschnitte vergeben, während zum Schluß der »Stadiontage«, am Samstag, dem 25. Juli, eine festliche Abschlußfeier mit Siegerehrung durchgeführt wurde.
An diesem Tag fanden noch zahlreiche Wettkämpfe und Demonstrationen statt:
10.00 Uhr
Dreisprung
10.00 Uhr
Wiederholung des 400-m-Finales
10.00 Uhr
Ringen, griechisch-römisch, Leichtgewicht
10.00 Uhr
Ringen, griechisch-römisch, Mittelgewicht
14.30 Uhr
Demonstration Wasserspringen
14.30 Uhr
Demonstration Wasserball
15.00 Uhr
Demonstration Cumberland- und Westmoreland-Ringen[5]

Halswelle, der Sieger im 400-m-Lauf, beim Verlassen der Loge mit Goldmedaille, Diplom und dem Eichenlaubstrauß;
oben: Die Herzogin von Westminster übergibt die Ehrendiplome.

Die in London vergebenen Wanderpreise; oben: Pietri mit seinem Goldpokal

15.00 Uhr
Demonstration Isländisches Ringen[6]
15.30 Uhr
Schwimmen, 1500-m-Freistil, Finale
16.00 Uhr
Olympische Staffel[7], Finale
16.05 Uhr
110-m-Hürden, Finale

Danach begann die Siegerehrung der Wettkämpfe der »Stadiontage«. Das Wetter war sommerlich und das Stadion gut gefüllt. Die Zeremonie war in zwei Bereiche aufgeteilt. Der erste Teil begann bereits um 14.15 Uhr. Die Gewinner der zweiten und dritten Preise, der Ehrendiplome[8] und der besonderen Erinnerungsmedaillen[9] stellten sich auf der Ostseite der Aschenbahn auf. Gleichzeitig begann die Kapelle der Grenadier Guards, die auf der Nordwestseite der Bahn standen, die Nationalhymnen der beteiligten Nationen zu spielen. Um 14.30 Uhr zogen unter Marschmusik die Irish Guards zur Südwestseite der Bahn. Vor der königlichen Loge waren vier Tische aufgebaut, auf denen sich verschiedene Preise befanden. Dort nahmen die Herzogin von RUTLAND, die Herzogin von WESTMINSTER, die Herzogin Katharina von WESTMINSTER und Lady DESBOROUGH, assistiert von Mitgliedern des *BOC*, die entsprechenden Ehrungen vor, während die Grenadier Guards noch Nationalhymnen intonierten und dann Volkslieder spielten. Um 15.30 Uhr war die erste Phase der Preisübergabe zu Ende.
Kurz vor 16.00 Uhr wurde die königliche Standarte aufgezogen und die britische Hymne gespielt. Königin Alexandra betrat ihre Loge, begleitet von Prinzessin VICTORIA, dem schwedischen Kronprinzen mit seiner Frau, Lord Desborough, Baron de Coubertin, BALCK, Baron de TUIJLL und anderen Ehrengästen.[10] Währenddessen fanden noch das Finale der Olympischen Staffel und des 110-m-Hürdenlaufs statt. Anschließend wurde von den Grenadier Guards *»See, the Conquering Hero Comes«* gespielt. Danach wurden die Goldmedaillengewinner[11] unter weiterer Musikbegleitung, die Irish Guards intonierten *»Advance«*, in langer Parade zur Loge geführt. Sie stiegen einzeln die Stufen hoch und erhielten von der Königin ihre Medaillen überreicht[12]. Beim Verlassen der Loge bekamen sie ihre Diplome und einen vom König gestifteten Strauß von Eichenlaub aus dem Windsor Park, geschmückt mit einem seidenen Union Jack.[13]
Nachdem alle Goldmedaillen vergeben waren, wurde der Italiener Dorando Pietri, der nach mehreren Zusammenbrüchen auf der letzten Runde im Stadion mit Hilfe der Kampfrichter über die Ziellinie geschoben worden war und deshalb disqualifiziert werden mußte, zur Königin geführt und erhielt den von ihr gestifteten Trostpreis, einen goldenen Pokal. Dazu erhielt er ein Kärtchen mit der Aufschrift:

»Für P. DORANDO[14], / In Erinnerung an den Marathonlauf / Von Windsor zum Stadion. / Von Königin Alexandra.«[15]

Es folgte der abschließende Teil der Ehrungen, die Vergabe der Challenge Cups. Neben den Medaillen und Diplomen waren inzwischen für Sieger in einzelnen Disziplinen zwölf Wanderpokale gestiftet worden:

1. die Brunetta-Statuette für Rudern,
2. die Brunetta-Trophäe für Schwimmen,
3. der Wanderpokal der Football Association,
3. der Pokal der Gold- und Silberschmiede für Ringen,
5. die Hurlingham Trophäe für Polo,
6. die Pourtalès-Vase für Fechten,
7. der Cup des Prince of Wales für Radrennfahren,
8. der Pokal von Lord Westbury für Trappschießen,

Königin Alexandra übergibt Pietri den Goldpokal, rechts im Hintergrund Baron de Coubertin.

6 In Island verbreitete Technik des Ringkampfes, bei der der Gegner an den Hosenbeinen gepackt und auf den Boden geworfen wird.
7 800 m, 200 m, 200 m, 400 m.
8 Die Ehrendiplome hatten damit also fast die Bedeutung einer Bronzemedaille. Bei der Schilderung der Wettkämpfe und dem Abdruck der Ergebnisse im Offiziellen Bericht wird fast immer darauf hingewiesen, welchem Athlet ein Ehrendiplom zuerkannt wurde.
9 S. u.
10 Anwesende IOC- und BOC-Mitglieder.
11 Für 83 Wettbewerbe (British Olympic Council, *Olympiad*, S. 368).
12 Diese Form der Ehrung wird auch heute noch, z.B. nach dem englischen Pokalendspiel im Fußball, durchgeführt.
13 Dies geschah analog zum Olivenzweig, den der griechische König 1896 und 1906 als Symbol für Hellas übergab. Die Eiche stand für Großbritannien (British Olympic Council, *Olympiad*, S. 368).
14 Die Vertauschung von Namen und Vornamen führte dazu, daß der Italiener noch jahrzehntelang in manchen Berichten über den Marathonlauf *»Pietri Dorando«* genannt wurde.
15 *»For P. DORANDO. In Remembrance of the Marathon Race From Windsor to the Stadium. From Queen Alexandra«* (British Olympic Council, *Olympiad*, S. 371).

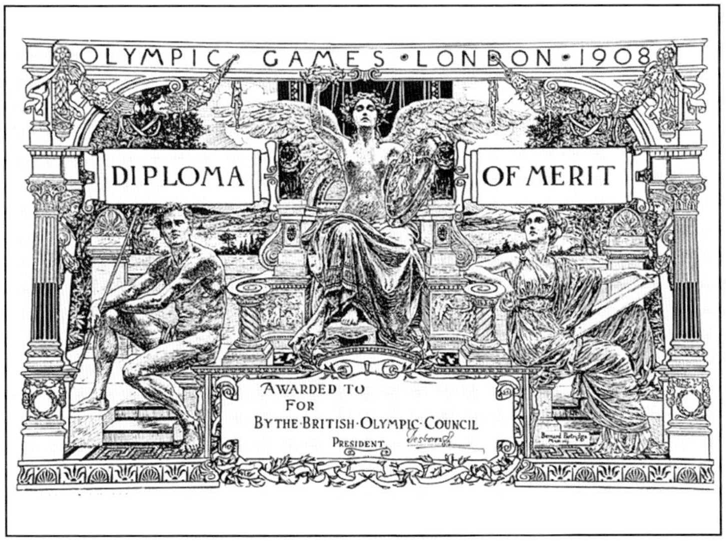

Verdienstdiplom

Siegerdiplom

Erinnerungsmedaille

Siegermedaille

Bertram MacKENNAL 1863-1931

Der Bildhauer und Medailleur gehört zu den bedeutendsten Vertretern seines Faches in der viktorianischen Epoche. Er hatte in London (1882-1883), Paris und Rom studiert. 1889 erhielt er den Auftrag, die plastischen Dekorationen für das Parlamentsgebäude in Melbourne zu schaffen (bis 1891). Weitere bekannte Denkmäler von ihm: Kriegermemorial in Islington, Statuen der Königin Victoria in Indien, Australien und Blackburn, das Gainsborough Memorial, das Grab von König Edward VII. in Windsor. Dazu kommen viele Bronzebüsten bekannter Persönlichkeiten. Er schuf zahlreiche Medaillen und die Münzen während der Regierung von Georg V. Es galt als der bedeutendste britische Medailleur seiner Zeit. Der vielfach ausgezeichnete Künstler wurde 1921 geadelt.

Siegesgöttin des Islington Soldiers Memorial

9. der Pokal des griechischen Kronprinzen für den Marathonlauf,
10. die Trophäe der Stadt Prag für Turnen,
11. die Montgomery-Statuette für das Diskuswerfen,
12. eine Sèvres-Vase für Segeln.[16]

Als erster bekam der Sieger im Marathonlauf, John Hayes, seinen Preis, den vom griechischen König gestifteten Sterbenden Pheidippides. Mehrere amerikanische Mannschaftskameraden setzten Hayes mitsamt seiner Bronze auf einen Tisch und trugen ihn begeistert um die Laufbahn.

Nachdem die weiteren Wanderpokale vergeben waren, verlieh Königin Alexandra dem schwedischen Kronprinz in Vertretung für den *Schwedischen Sportverband* den von Baron de Coubertin 1906 gestifteten Olympischen Pokal für das Jahr 1908. Die Sieger hatten sich mittlerweile vor der königlichen Loge aufgestellt. Lord Desborough trat zu ihnen und forderte sie und die Zuschauer auf, »*Three Cheers for the Queen*« anzustimmen. Mit dem Abspielen der Nationalhymne endete die Feier. Der *Offizielle Bericht* vermerkt stolz, daß bisher niemals eine solch glänzende Ehrung so vieler hervorragender Athleten stattgefunden hätte.[17]

Siegermedaille. Das *BOC* hatte sich schon geraume Zeit vor den Spielen dafür entschieden, zwei Medaillensätze entwerfen zu lassen: für die drei Erstplazierten in Gold[18], Silber und Bronze und für die verschiedenen Gruppen der Teilnehmer (Ehrengäste, Offizielle, Kampfrichter, Organisatoren, Sportler) Erinnerungsmedaillen in »silver-gilt«[19], Silber, Bronze und Zinn. Es wurde ein Kunstkomitee mit Theodore Andrea Cook[20] und George Stuart ROBERTSON[21] an der Spitze gebildet. Ihnen standen Thomas BROCK und A.S. COPE als Assistenten zur Seite. Diese beauftragten den bekannten Bildhauer Bertram MacKennal mit der Gestaltung beider Medaillen und der Teilnehmerabzeichen.[22] MacKennals Entwürfe wurden in der Royal Academy ausgestellt.[23]

Auf der Vorderseite der Siegermedaille, deren Gestaltung verbindliches Vorbild für die Zukunft sein sollte, sieht man einen nackten siegreichen Athleten mit einem Palmzweig in der linken Hand, der von zwei Göttinnen (Grazien) mit einem Lorbeerkranz geschmückt wird. Rechts und links der Füße des Sportlers findet sich die Inschrift »*OLYMPIC / GAMES* [links], *LONDON / 1908* [rechts]«. Auf der Rückseite führt ein Engel (NIKE ?) mit einem Palmzweig in der Rechten mit der Linken das Pferd des heiligen GEORG, die Allegorie Englands, der mit einer Lanze einen Drachen tötet. Auf der Kante ist der Name der Disziplin eingraviert. Es war dort außerdem Platz gelassen für den Namen des Athleten. Die Medaille hat einen Durchmesser von 33,5 Millimeter und ist zwischen 1,8 (Gold), 2,2 (Silber) und 2,7 (Bronze) Millimeter dick. Sie wiegt 25 (Gold) bzw. 19 (Silber, Bronze) Gramm. Geprägt wurden 250 Gold- und je 260 Silber- und Bronzemedaillen, und zwar bei der Firma Vaughton & Sons in Birmingham.[24] Übergeben wurden sie in verschiedenen farbigen Lederkästchen, auf denen die Wettbewerbe und in einigen Fällen auch der Name des Siegers eingearbeitet waren.

Sieger- und Verdienstdiplom. Den Auftrag für die Gestaltung des Diploms für die Spiele 1908 in London erhielt der Graphiker Bernard Partridge. Er legte zwei Versionen vor[25], die sich nur wenig voneinander unterschieden. Das Motiv für die drei Erstplazierten zeigt eine Stufen hinabsteigende geflügelte VICTORIA zwischen den Allegorien von Hellas und Britannien, rechts und links stehen je zwei Jünglinge (Athleten). Im Vordergrund sitzt rechts ein Athlet, links ein junge Frau mit Früchten in einem Gefäß in der Hand. Zwischen den beiden ist auf einer Tafel der Text des Diploms zu lesen. Die Olympiasieger erhielten ein etwas größeres Exemplar (518 x 396 Millimeter) als die Zweiten und Dritten. Die Gewinner der Goldmedaille bekamen zusätzlich die kleinere Ausführung zur Weitergabe an ihren Verein oder Verband.

Bei der anderen Version, dem »Diploma of Merit« (44 x 30 Zentimeter), ist die Victoria, diesmal mit entblößtem Oberkörper, in der Mitte sitzend, dargestellt. Links und rechts der Göttin sitzen ein Athlet und eine weibli-

16 Die Wanderpreise werden in einem besonderen Kapitel insgesamt vorgestellt.

17 British Olympic Council, *Olympiad*, S. 372.

18 Gemeint war pures Gold.

19 Vergoldetes Silber.

20 Cook war nach den Spielen verantwortlich für den *Offiziellen Bericht* und wurde 1909 ins *IOC* aufgenommen.

21 Er hatte 1896 in Athen als Leichtathlet teilgenommen und bei der Siegerehrung eine von ihm verfaßte Ode im Pindarschen Versmaß vorgetragen.

22 Diese gab es auch 1896 und 1906 in Athen. 1908 war auf der Rückseite die jeweilige Periode der Spiele, z.B. »*W. G.*« (Winter Games), und die Startnummer des Athleten eingraviert.

23 Der *Daily Telegraph* (März 1908) druckte die Entwürfe ab und verwies darauf, daß auf der Kante der Medaille der Name des jeweiligen Athleten und des Wettbewerbs eingraviert werden soll. Dies war auch schon bei den Much Wenlock Games üblich gewesen. Das Olympische Museum in Lausanne besitzt wohl diesen Entwurf, zwei Medaillenseiten (Metall) von ca. 15 Zentimeter Durchmesser.

24 British Olympic Council, *Olympiad*, S. 42.

25 Auch seine Entwürfe wurden in der Royal Academy gezeigt.

26 British Olympic Council, *Olympiad*, S. 42.

27 Das Olympische Museum in Lausanne besitzt auch davon einen Entwurf, Durchmesser ca. 25 Zentimeter.

28 Nach dem *Daily Telegraph* ist die Göttin des Ruhmes dargestellt, die die Wiederkehr der Olympischen Spiele verkündet (März 1908).

Erinnerungsdiplom der Franco-British Exposition für Baron de Coubertin

che Person mit einer Tafel in der Hand. Dieses Diplom bekamen die verschiedenen teilnehmenden Verbände, Offizielle, Mitglieder der Organisation und vor allem die Athleten, die sich besonders bewährt, aber keinen Medaillenrang erreicht hatten. Auch die Diplome wurden in der Royal Academy ausgestellt. Hergestellt wurden 500 Ehrendiplome.[26]

Im Umfeld dieser Olympischen Spiele wurde aber noch eine dritte Urkunde vergeben, ein Erinnerungsdiplom der Franco-British Exposition. Diese Ausstellung hatte es erst ermöglicht, daß die Spiele überhaupt stattfinden konnten. Das Stadion war mit Finanzmitteln und auf dem Gelände der Ausstellung erbaut worden. Dazu wurden die Kosten für Vorbereitung und Organisation der Spiele von der Ausstellungsleitung vorgestreckt bzw. später ein Defizit übernommen. Lord Desborough, der Vorsitzende des Organisationskomitees, und Baron de Coubertin, gehörten den leitenden Gremien der Ausstellung an. Im Besitz das Erinnerungsdiplom, das Baron de Coubertin erhalten hat.

Erinnerungsmedaille. Die Vorderseite der Erinnerungsmedaille,[27] die ebenfalls bei allen Spielen beibehalten werden sollte, zeigt ein antikes Viergespann. Ein Wagenlenker bringt einen Kampfrichter, der eine Siegespalme mit sich führt, zur Siegerehrung. Auf der Rückseite ist eine geflügelte weibliche Figur dargestellt, die, auf einem Globus stehend, die Olympischen Spiele in London repräsentieren soll.[28] Am oberen Rand des Globus ist *»B. MACKENNAL«* eingraviert. Links und rechts der Frau finden sich im unteren Teil die Inschriften *»ELIS / ATHENS / PARIS / ST. LOUIS / LONDON«* (links) und *»IN / COMMEMORATION / OF THE OLYMPIC / GAMES HELD / IN LONDON / 1908«* Vier verschiedene Erinnerungsmedaillen wurden überreicht: vergoldete, silberne und bronzene an Würdenträger, Ehrengäste und Offizielle und solche aus Zinn an die Athleten. Die Medaille hat die Maße: 51 Millimeter Durchmesser, fünf Millimeter Dicke und 61 (vergoldet), 50 (Silber und Bronze) und 47 (Zinn) Gramm Gewicht. Geprägt wurde sie bei Vaughton in Birmingham. Auf der Kante ist der Name der Firma eingeprägt. Die Medaillen für die Athleten befinden sich in roten Kartonkästchen mit den Aufschriften *»Olympic Games / LONDON 1908«* auf dem Dekkel bzw. *»P. Vaughton & Sons / GOLDSMITHS AND MEDAILLISTS / GOTHIC WORKS / LIVERY STREET, / BIRMINGHAM«* (innen). Zu den silbernen Exemplaren gehört eine blaue Box mit der Aufschrift *»BRITISH OLYMPIC / COUNCIL 1908«*.

Bernard PARTRIDGE 1861-1941

Partridge stammte aus einer englischen Künstlerfamilie, deren bekanntestes Mitglied sein Onkel, der Maler und Illustrator John Partridge, war. Bernard Partridge ließ sich zunächst als Glas- und Stein-Designer ausbilden. Danach versuchte er sich einige Jahre als Schauspieler. 1891 erhielt er eine Stelle als Junior-Cartoonist bei der satirischen Zeitschrift Punch. 1901 wurde er dort zweiter und 1909 erster Zeichner. Er blieb der Zeitschrift verbunden bis zu seinem Tod 1945. Seine ersten politischen Karikaturen erschienen 1899. Ein beliebtes Objekt wurde ihm dabei Kaiser Wilhelm II. Seine besten Zeichnungen gelangen ihm während der Kriege 1914 bis 1918 und 1939 bis 1945. Er malte auch in Öl, Wasser- und Pastell-Farben und hatte mehrfach Ausstellungen in der Royal Academy und im New English Art Club. Partridge, der u.a. Mitglied der Royal Hibernian Academy in Dublin war, arbeitete auch erfolgreich als Buchillustrator. Zu seinen Hauptwerken zählen Zeichnungen in Büchern, z.B. in Austin Dobson's Proverbs in Porcelain, F. Anstrey, The Travelling Companions. 1923 wurde er geadelt.

Aus: Punch, 1908: „Mr. Punch zum Frieden: Es wäre besser, Sie wären ein wenig früher gekommen, als die Olympischen Spiele stattfanden!"

Stockholm 1912

unter Mitarbeit von
Wolf Lyberg

Am 28. Mai 1909 votierte das *IOC* im Rahmen seiner Session in Berlin für Stockholm als Austragungsort der Feier der fünften Olympiade. Daß Deutschland nach dem Tode des DRAfOS-Vorsitzenden Graf Egbert von der ASSEBURG seine Ambitionen um vier Jahre zurückgestellt hatte, sollte sich noch als fatal erweisen – für die Entwicklung der Olympischen Bewegung hatte die Entscheidung freilich äußerst positive Folgen. Tatsächlich können die Stockholmer Spiele als Abschluß und Höhepunkt einer Phase der Konsolidierung betrachtet werden. Viele Kinderkrankheiten schienen überwunden, die Resistenz gegenüber äußeren Einflußfaktoren war gestärkt.

Unter großer Anteilnahme des Königshauses hatten verschiedene Spezialkomitees mit ca. 500 Mitarbeitern die Spiele professionell vorbereitet. Zudem stand ein eindrucksvolles, den Stil traditioneller schwedischer Architektur repräsentierendes Stadion mit 15 000 überdachten Sitzplätzen zur Verfügung. Die Anlage wurde zum Vorbild und Wegbereiter moderner (Olympia-)Stadien schlechthin. Ins Auge fielen aber auch die künstlerisch ansprechenden Plakate und Siegerdiplome. Ein Novum war die Durchführung eines internationalen Jugendlagers – später ein fester Bestandteil des olympischen Rahmenprogramms.

Zwei weitere Innovationen: Die Aufnahme des Modernen Fünfkampfs und offizieller Kunstwettbewerbe – mit den Disziplinen Baukunst, Literatur, Musik, Malerei und Bildhauerkunst – ins Repertoire der Spiele. Damit waren zwei bevorzugte Ideen Baron de COUBERTINs erfüllt. Dieser ließ es sich im übrigen nicht nehmen, sich unter dem Pseudonym *»Hohrod/Eschbach«* selbst am Literaturwettbewerb zu beteiligen – und mit einer Ode an den Sport zu siegen. Damit war Baron de Coubertin der erste – und bis heute einzige – amtierende IOC-Präsident, der auch als »Aktiver« zu olympischen Ehren kam. Allerdings war den Kunstwettbewerben keine glückliche Zukunft beschieden. Schon die strikte Handhabung der Amateurbestimmungen stand einem ernsthaften Interesse wirklich namhafter Künstler im Wege. Und auch die kaum zu beantwortende Frage objektiver Bewertungskriterien stellte eine dauerhafte Belastung dar. So war es nur folgerichtig, diese »unsportlichen« Disziplinen nach 1948 wieder in den Bereich des offiziösen Rahmenprogramms zu verbannen.

Bemerkenswert ist auch, daß in Stockholm erstmals alle fünf Erdteile bei den Spielen vertreten waren. Ihren olympischen Einstand gaben als Mannschaften Ägypten, Chile, Luxemburg, Portugal und Japan. Insgesamt hatten sich knapp 2 500 männliche sowie 53(!) weibliche Teilnehmer aus 28 Ländern eingefunden. Deutschland stellte mit 187 Startern eine der zahlenmäßig stärksten Mannschaften, die 25 Medaillen mit nach Hause brachte. Eine davon ging auf das Konto von Dora KÖRING und Heinrich SCHOMBURGK, die im Gemischten Tennis-Doppel reüssierten.

Als erfolgreichster Teilnehmer blieb der Finne Hannes KOLEHMAINEN in Erinnerung. Als Sieger über 5 000 und 10 000 Meter sowie im Geländelauf begründete er eine große finnische Läufertradition, die in den zwanziger Jahren, insbesondere mit dem großen Paavo NURMI, ihren Höhepunkt erfahren sollte. Unter den vielen hervorragenden sportlichen Leistungen ist die des amerikanischen Indianers Jim THORPE hervorzuheben. Sein überlegener Sieg im Fünf- und im Zehnkampf brachte ihm allgemeine Bewunderung ein – der schwedische König bezeichnete ihn gar als den *»größten Athleten der Welt«*. Bald darauf wurde er freilich zur tragischen Figur: Das *IOC* erkannte ihm seine Medaillen ab, nachdem bekannt geworden war, daß er Jahre zuvor ein paar Dollar für seine Mitwirkung bei Baseballspielen angenommen und damit gegen die Amateurbestimmungen verstoßen hatte.[1]

Auf diese Weise hatte das olympische »Reinheitsgebot« ein erstes prominentes Opfer gefunden, dem bis in die siebziger Jahre noch manch andere folgen sollten. Eine Pikanterie am Rande: Von der Disqualifikation Jim Thorpes profitierte auch ein gewisser Avery BRUNDAGE – der amerikanische Fünfkämpfer verbesserte sich vom sechsten auf den

Literatur:
Swedish Olympic Committee (Hg.), *The Fifth Olympiad. The Official Report of the Olympic Games of Stockholm 1912*, Stockholm 1913.
DIEM, Carl, *Die Olympischen Spiele 1912*, Berlin 1912, Neudruck Kassel 1990.
WAGNER, Julius/EICHENBERGER, A., *Olympische Spiele Stockholm* 1912, Zürich/München 1913.

1 Der Zweite, der Schwede Hugo WIESLANDER, war erst dann bereit, die Goldmedaille anzunehmen, nachdem ihm ebenfalls mit Disqualifikation gedroht worden war.

2 Das *IOC* führt seit dem 12. Oktober 1982 jeweils zwei Olympiasieger im Fünf- und im Zehnkampf der Spiele 1912 (in: *Revue Olympique* 13 [1982]171, S. 638).

Kronprinz Gustaf Adolf überreicht vier deutschen Schwimmerinnen ihre wohlverdienten Medaillen für den zweiten Platz in der 4x100-m-Freistilstaffel; oben: Prinz Carl übergibt eine Bronzemedaille.

fünften Platz. Vierzig Jahre später stieg er zum obersten Sachwalter der Olympischen Bewegung auf und profilierte sich bis 1972 nicht zuletzt als unerbittlicher – oder unverbesserlicher – Gralshüter des Amateurideals. Bezeichnend auch: Juan Antonio SAMARANCH, sein Nach-Nachfolger im Amt des IOC-Präsidenten, veranlaßte 1982 die offizielle Rehabilitierung Jim Thorpes sowie die symbolische »Rück-Rückgabe« nachgeprägter Medaillen an seine Familie.[2]

Siegerehrung. Die feierliche Siegerehrung erfolgte, wie es seit 1896 schon dreimal geschehen war, nicht im Anschluß an die einzelnen Wettbewerbe, sondern im Rahmen einer zentralen Veranstaltung am Ende der Spiele, genauer am Montag, dem 15. Juli, um 17.00 Uhr im Stadion. Ausnahme: Die Wettbewerbe, die außerhalb der zentralen »olympischen Woche«, 6. bis 15. Juli, stattgefunden hatten, nämlich diejenigen im Fußball, Reiten, Tennis, Rudern, Schießen, Schwimmen und Segeln. Die Betroffenen erhielten ihre Medaillen jeweils vor Ort im Anschluß an die Entscheidungen. Es ist allerdings im einzelnen nicht immer bekannt, wann genau und wie die Ehrungen vorgenommen wurden. Zumindest beim Abschluß des Freiluft-Tennisturniers (12. Juni) und der Reiterwettbewerbe (17. Juli) war der König anwesend und überreichte die Medaillen.

Bei der »Schlußfeier« zogen dann die Medaillengewinner, in festlicher Kleidung, in drei Reihen gemeinsam ins Stadion ein: Die Olympiasieger in der Mitte, flankiert von den Silber- und Bronzemedaillengewinnern. Sie nahmen Aufstellung vor den jeweils vorgesehenen Podesten. Die Übergabe von Gold, Silber und Bronze erfolgte simultan. Die Aufstellung innerhalb der drei Reihen folgte einer vorgegebenen Reihenfolge der Sportarten: Leichtathletik, Tauziehen, Ringen, Fechten, Moderner Fünfkampf, Schwimmen, Schießen, Turnen. Ein Herold rief jeweils die drei Namen auf, und die Athleten marschierten zu den Podesten. Es begann mit dem Sieger im 100-m-Lauf: Ralph CRAIG (USA).

Die Übergabe von Gold übernahm der König höchstselbst. Dazu überreichte er einen

Eichenkranz sowie gegebenenfalls den entsprechenden Wanderpokal. Dabei stand er auf einem Podest, gleich vor der Königlichen Loge im Innenraum des Stadions. Seine leicht erhöhte Position erleichterte die »Anbringung« der Siegerkränze. Heute müssen sich die Athleten, auf dem Treppchen stehend, oft zum jeweiligen Auszeichner herabbeugen, damit dieser überhaupt seines Amtes walten kann. Die Zweitplazierten wurden vom Kronprinzen GUSTAF ADOLF, die Dritten von Prinz CARL, dem Bruder des Königs, aus-

König Gustaf V., unter dem Pseudonym »Mister G« selbst ein gern gesehener Spieler auf großen Turnieren, überreicht der Siegerin im Damen-Einzel, Marguerite-Marie Broquedis (FRA), die Goldmedaille; darunter: Einmarsch der Medaillengewinner; unteres Bild: König Gustaf V. bekränzt Gösta Malcolm Lilliehöök (SWE), den Sieger im Modernen Fünfkampf, im Hintergrund das Ensemble der Wanderpokale.

gezeichnet. Auch sie standen auf Podesten. Nach Beendigung der Preisverleihung dankte Viktor BALCK als Präsident des Organisationskomitees dem König und ließ ihn dreimal hochleben, worauf der Kronprinz drei *»cheers«* für die Medaillengewinner ausrufen ließ.
Während des oben beschriebenen Zeremoniells trugen König und Prinzen Zivil. Zwei

König Gustaf V. ehrt Axel Nordlander (SWE), den Einzelsieger in der Military.

Tage später, bei der Ehrung der Sieger der Reitwettbewerbe, traten sie, wie auch die Sportler, in Uniform an. Diesmal waren die Reiter erhöht, denn sie blieben auf ihren Pferden sitzen, während GUSTAF V. ihnen die Medaillen und den Kranz in die Hand gab.
Die »letzte« Siegerehrung der Stockholmer Spiele fand aber erst über 80 Jahre später statt, als IOC-Präsident Samaranch bei einem Besuch im Januar 1983 in Los Angeles den Nachkommen von Thorpe Nachprägungen der beiden Medaillen überreichte.
Neben dem Problem des Amateurismus bzw. der Festlegung und Anwendung konkreter Zulassungsbedingungen für Olympiateilnehmer, dem Bemühen um die Fixierung eines für die zukünftigen Spiele verbindlichen Programms oder der Diskussion über die Regularien der erstmals für Stockholm geplanten Kunstwettbewerbe sowie einiger anderer Themen stand auch nach den Spielen von 1908 die Frage der Medaillen und Diplome, konkret die Suche nach allgemeinen und dauerhaften Vorgaben für deren Gestaltung, auf der Tagesordnung der IOC-Sessionen.
Genauso drängend aber erschien den Verantwortlichen das Thema der *»Challenges«*, mit dem sich die Sessionen bis in die 20er Jahre immer wieder befassen mußten. Ihnen ist deshalb ein eigenes Kapitel gewidmet.
Siegermedaille. Im Vergleich zu diesem problematischen Dauerthema hatten die Medaillen und Diplome das *IOC* seit den Spielen von London eher am Rande beschäftigt. Freilich hatte man 1909, im Rahmen der Session in Berlin, eine vermeintlich weitreichende Entscheidung getroffen und dem Vorschlag

Spiele der V. Olympiade in Stockholm – 5. Mai bis 27. Juli 1912

Mannschaften: 28 (29)

AUS/NZL[1]	
AUT	BEL
BOH	CAN
CHI	DEN
EGY	FIN
FRA	GBR
GER	GRE
HUN	ISL
ITA	JPN
LUX	NED
NOR	POR
RSA	RUS
SER	SUI
SWE	TUR
USA	

Sportler: 2 430[2] (53[3])

Name des Organisationskomitees:	***The Swedish Olympic Committee for the Olympic Games of Stockholm 1912***
Präsident:	Viktor Gustav BALCK
Generalsekretär:	Kristian HELLSTRÖM
Offizieller Bericht:	schwedisch; englisch
Zeremoniell:	Eröffnungs- und Schlußfeier zu Beginn bzw. am Ende der »Hauptspiele«
Eröffnung durch:	König GUSTAF V.
Dauer:	sechs Wochen mit »Hauptspielen« von neun Tagen im Juli
Siegerehrung:	am 17. Juli durch den König, Kronprinz GUSTAF ADOLF und Prinz CARL; Gold-, Silber- und Bronzemedaillen, viele Wanderpreise
Plakat:	Gustaf Olaf HJORTZBERG
Siegermedaille:	Erik LINDBERG / Bertram MacKENNAL
Siegerdiplom:	Gustaf Olaf HJORTZBERG
Erinnerungsmedaille:	Erik LINDBERG / Bertram MacKENNAL
Zeitschrift:	*Olympiska Spelens Tidning*
Film:	Svensk Filmindustrie
Sportarten:	13 (2[3]) mit 102 (7[3]) Wettbewerben
Demonstrationen:	5 (1[3]) mit 8 (1[3]) Wettbewerben
Künste:	5 mit 5 Wettbewerben (erstmals)
Besonderheiten:	erste Olympia-Zeitung und erstes Jugendlager

Erläuterungen:
1. Die Sportler aus Australien und Neuseeland starteten als gemeinsame Mannschaft »Australasia«.
2. dazu die Künstler und die Starter bei den Demonstrationen
3. davon Frauen

3 N.N., »La Réunion du Comité International Olympique à Berlin«, in: *Revue Olympique* 9(1909)6, S. 92.
4 Protokoll der 12. IOC-Session 1910 in Luxemburg, S. 9-10, 27-28 (IOC-Archiv).
5 Im folgenden nach Swedish Olympic Committee, *Olympiad*, S. 160-162.
6 Das Organisationskomitee war unterteilt in fünf Unter-Komitees bzw. Sektionen: Exekutiv-Komitee, Finanz-Sektion, *»Medal and Badge Committee«*, Technische Sektion und Programm-Sektion. Hinzu kamen die *»Special Committees«* für die einzelnen Sportarten.
7 Wie bei den Spielen 1908 in London.
8 Vgl. Abschnitt London 1908.
9 *»Proclaiming the Olympic Games«* (Swedish Olympic Committee, *Olympiad*, S. 160). Erinnert werden sollte an die antiken Herolde aus Elis, die einige Monate vor Beginn der Olympischen Spiele in alle griechischen Poleis geschickt wurden, um dort den Termin der Spiele und freies Geleit für Athleten und Trainer zu verkünden.
10 Swedish Olympic Committee, *Olympiad*, S. 163. Bindende schriftliche Regeln gab es nicht. Es war seit 1896 üblich (gewisse Ausnahmen 1900 und 1904), Siegerdiplome zu vergeben.

IOC-Präsident Juan Antonio Samaranch übergibt der Tochter von Jim Thorpe eine der beiden nachgeprägten Medaillen.

der *British Olympic Association* zugestimmt, eine Seite der Sieger- und Erinnerungsmedaillen auf Dauer festzuschreiben und die Gestaltung der anderen dem Gutdünken des jeweiligen Ausrichters zu überlassen.[3]
Ein Jahr später präsentierte Theodore COOK seinen in Luxemburg versammelten Kollegen verschiedene, von einer fünfköpfigen Kommission ausgewählte Medaillen-Modelle, bevor sich die Session auf einen Vorschlag, den vermeintlichen Prototyp der Zukunft, festlegte[4]. Bei den Zusammenkünften 1911 in Budapest und 1912 in Stockholm stand die Frage der Medaillen offenbar nicht auf der Tagesordnung.
Am 17. Mai 1910 beschloß das *Swedish Olympic Committee for the Olympic Games of Stockholm 1912,* die Frage der Medaillen, Abzeichen und Diplome einem neu gebildeten *»Advertising and Reception Committee«* zu überantworten,[5] das man im Oktober 1910 in vier Unterkomitees oder Abteilungen unterteilte, wobei eine Abteilung, unter der Leitung von Dr. Astley LEVIN, eben für Medaillen, Abzeichen und Diplome verantwortlich zeichnete. Genauer gesagt: Dr. Levin war das einzige Mitglied des Komitees.[6]
In Erweiterung der bisherigen Abstufung – Gold-, Silber- und Bronze – gingen die schwedischen Organisatoren einen Schritt weiter und teilten die »Goldmedaille« für die Sieger auf in Exemplare aus purem Gold[7] und aus vergoldetem Silber *(»silver-gilt«)*. Goldmedaillen erhielten alle Sieger in Einzelwettbewerben, in den Doppeldisziplinen beim Tennis, in den Mannschaftswettbewerben der Reiter. In der Zwölf-Meter-Klasse beim Segeln wurde neben dem erfolgreichen Skipper auch dessen »erster Steuermann« bzw. »Assistent« mit Gold ausgezeichnet. Die Mitglieder einer siegreichen Mannschaft, z.B. die Fußballspieler, erhielten silbervergoldete Medaillen. Bei den zweit- und drittplazierten wurden keine Unterschiede gemacht: Silber- bzw. Bronzemedaillen.
Das Komitee für die Fecht-Wettbewerbe hatte acht Bronzemedaillen für die Einzel-Entscheidungen beantragt, ein Wunsch, dem die Verantwortlichen jedoch nicht entsprachen.[8]
Hinsichtlich der Gestaltung der Medaillen hatte das Organisationskomitee bereits im Mai 1910 beschlossen, der entsprechenden Vorgabe des IOC zu folgen und sich an den in London präsentierten Medaillen zu orientieren. Jedenfalls sollte die Vorderseite dem Vorgängermodell entsprechen. Die Gestaltung der Rückseite wurde Erik Lindberg überantwortet. Dieser legte einen Entwurf vor, den das Organisationskomitee in seiner Sitzung vom 14. November 1910 nach kurzer Diskussion absegnete.
Auf der Vorderseite erkennen wir den siegreichen Athleten, über den zwei an seinen Seiten sitzende Göttinnen einen Lorbeerkranz halten. Interessanterweise ist die Inschrift *»OLYMPIC GAMES / LONDON 1908«* nicht angeglichen, sondern hier weggelassen und auf der Rückseite plaziert worden. Dort steht im Zentrum ein Herold, der *»die Olympischen Spiele ausruft«*[9]. Hinter ihm befindet sich auf einem Sockel eine Büste von Per Henrik LING, dem »Vater« der schwedischen Gymnastik. Um den Rand zieht sich die Inschrift *»OLYMPISKA / SPELEN / STOCKHOLM«*, und links von dem Herold ist zu lesen *»1912«*. Die Medaille hat, ähnlich ihrem Vorgängermodell von London, einen Durchmesser von 33 Millimetern und ist nur 1,5 (Gold) bis 2,5 Millimeter dick. Das Gewicht schwankt zwischen 16,5 (Silber), 18,2 (vergoldet) 19 (Bronze) und 24 (Gold) Gramm. Bei der Firma C. C. Sporrong & Co in Stockholm wurden 90 Gold-, 200 vergoldete, 285 Silber- und 270 Bronzemedaillen, also insgesamt 845 Exemplare, in Auftrag gegeben. Zudem beauftragte man die Firma

Erik LINDBERG 1873-1966

Der Medailleur und Bildhauer kam aus einer Künstlerfamilie. Sein Vater war Medailleur. Erik Lindberg heiratete eine Malerin, studierte an der Stockholmer Kunstakademie, gewann 1897 und 1899 bedeutende Preise und konnte 1899 mit einem Stipendium nach Paris fahren, um dort bis 1902 bei Chaplain, Vernon und Roty zu lernen. 1901 unternahm er eine Studienreise nach Italien. Lindberg wurde bald zum bekanntesten skandinavischen Medailleur und entwarf über 400 Plaketten, darunter drei der vier bis heute vergebenen Goldmedaillen für den Nobelpreis. Er schuf 1910 eine Büste Alfred Nobels. 1916 wurde Lindberg, der auch Graveur der Stockholmer Münze war, Professor an der Stockholmer Akademie.

Eine der Nobelpreis-Medaillen

Gustaf Olaf HJORTZBERG 1872-1959

Der Stockholmer Maler, Graphiker und Illustrator Hjortzberg entwarf Plakate und Bucheinbände und befaßte sich mit Glasmalerei. Sein Vater Arvid Olof Hjortzberg war Ingenieur und Maler. Gustaf Olaf Hjortzberg besuchte Schulen in Stockholm und Linköping und verließ 1886 das Elternhaus, um sich in Stockholm als Maler und Dekorateur auszubilden. Einer seiner Lehrer war sein Schwager Aqgi Lindgren, der ihn in die Technik der Buchillustration einweihte.
1896 verließ er die Schule und unternahm zwei Jahre später eine erste Studienreise ins Ausland. Es folgten weitere Reisen nach Rom, Griechenland, Syrien und Palästina, später nach London, Paris, in die Schweiz und nach Italien. Dort besuchte er im Winter 1903/04 zum ersten Mal Ravenna und studierte die byzantinischen Mosaiken. 1905 kehrte er wieder nach Stockholm zurück. Er beschäftigte sich mit Dekorationsarbeiten zur Ausschmückung von Kirchen. Seit 1906 war er im Fach Dekorative Kunst an der Kunstakademie Stockholm tätig, seit 1911 als Professor im Zeichnen. 1939 erhielt er auch die Professur für das Fach Malen und wurde 1943 Präsident dieser Einrichtung.
Hjortzberg zählt zu den bedeutendsten Kirchenmalern Schwedens. Er schuf in allen Landesteilen Schwedens für viele Kirchen und öffentliche Gebäude Wandgemälde und Fresken.
Zu seinen besten Arbeiten als Buchillustrator gehört Gustaf V Bibel. Er entwarf das Plakat für die Olympischen Spiele in Stockholm und gestaltete Diplome, Briefmarken, Portraits und kirchliche Textilien. Als Maler widmete er sich hauptsächlich figürlichen Motiven sowie Landschaften und Straßenansichten. Hjortzbergs bedeutendste Staffelmalereien entstanden vor 1910. Sie sind im allgemeinen vom Symbolismus geprägt: Der Ritter (1899), Portrait des Künstlers und seiner Frau (1901), Assyrische Löwenjagd (1909). 1898 heiratete er Elin Mathilda Andersson.

Ernström & Medberg, blaue, goldene, rote und grüne Lederschatullen für die jeweiligen Medaillen zu liefern.

Siegerdiplom. »*Unter Bezugnahme auf die entsprechenden Regularien der Olympischen Spiele*« sorgten sich die Stockholmer Organisatoren auch um die Bereitstellung eines Siegerdiploms, das, wie üblich, in erster Linie den Medaillengewinnern zugedacht war.[10] Dazu erhielten, wie 1908 in London zum ersten Mal geschehen, herausragende Athleten ein besonderes »*Diploma of Merit*«, auch wenn sie eine Medaille (knapp) verpaßt hatten. Ein solches Ehren-Diplom bekamen auch alle Teilnehmer am Marathonlauf sowie des Radrennens rund um den Mälarsee, die im Ziel nicht mehr als 125% der Siegerzeit gebraucht hatten.

Im August 1911 erhielt der Künstler Gustaf Olaf Hjortzberg den Auftrag, das Diplom zu gestalten. Bis März des folgenden Jahres legte er verschiedene Entwürfe vor. Die Wahl fiel auf eine Darstellung der Göttin PALLAS ATHENE.

Das Blatt (480 x 650 Millimeter) zeigt die behelmte Schutzpatronin Athens, Göttin der Weisheit, Kunst und Wissenschaft. In ihrer rechten erhobenen Hand hält sie eine Lanze oder einen Stab, in ihrer linken trägt sie das griechische Siegessymbol, eine NIKE, die zwei Ölzweige hält. Die Darstellung des Hauptes ähnelt der Athena Parthenos des PHIDIAS[11]. Über ihrer rechten Schulter »schwebt« das schwedische Wappenschild mit den drei Kronen. Hinter ihrem Rücken hängen Birkenzweige herab. Den Hintergrund bildet das Stockholmer Olympiastadion, in dem eine Gymnastikaufführung gezeigt wird. Es erinnert mit seinen Gewölben und Türmen, auf denen die schwedische Flagge weht, an eine mittelalterliche Burg. Die Nike, die schwedischen Kronen, der Löwenkopf auf der Brust der Athena und der obere Teil der Lanze sind in Blattgold gehalten. Im unteren Teil der Urkunde ist Platz für Name und Leistung des Athleten. Eine Unterschrift trägt sie anscheinend nicht. Insgesamt wurden 1 000 Preis- sowie 450 Ehren-Diplome produziert.

Die im Tauziehen siegreichen Schweden im Schmuck ihrer Eichenkränze

Besondere Auszeichnungen. Entsprechend dem griechischen und britischen Vorbild beschloß das Organisationskomitee Anfang 1911, die Sieger mit einem Eichenkranz zu krönen, und zwar unmittelbar nach der jeweiligen Entscheidung. Später modifizierte man den Beschluß dahingehend, den Kranz, versehen mit einem Band in den schwedischen Farben, im Rahmen der offiziellen Siegerehrung zu überreichen.[12]

Wie schon so oft war auch für den Sieger des Marathonlaufes eine besondere Auszeichnung vorgesehen: Ihm wurde bei seinem Zieleinlauf ein großer Eichenkranz umgehängt.

Zusammen mit den Goldmedaillen hat Gustaf V. auch die zahlreichen Challenge Cups vergeben.[13] Dabei erwähnt der Offizielle Bericht, daß der Präsident der Französischen Republik, Armand FALLIÈRES, zwei Sèvres-Vasen gestiftet hatte.[14] Diese erhielten zwei einheimische Organisationen, die *Schwedische Vereinigung der Gymnastik und Athletik-Vereine* und die *Schwedische Zentralvereinigung zur Förderung des Sports.* Da die Vasen, die zusammen mit den Pokalen auf einem Tisch stehen, auf den Fotos zu erkennen sind, die den König bei den Ehrungen zeigen, ist zu vermuten, daß er auch diese im Stadion an die Vertreter dieser Organisationen übergeben hat.

Bei der Beschreibung der Ehrungen in Stockholm bemerkt Baron de Coubertin in seinen Erinnerungen:

»*Ein Rekord. Eine Schwedin, Frau Wersäll, hatte sechs Söhne bei den Spielen. Die*

11 Die von Phidias geschaffene Athena wurde 438 v. Chr. im Parthenon-Tempel in Athen geweiht. Der Bildhauer war unter PERIKLES für die Ausschmückung der Tempel verantwortlich.
12 Die seit Jahrzehnten bei Turnfesten vergebenen Eichenkränze für die Sieger können Pate gestanden haben. Möglicherweise hat die Kranzübergabe Carl DIEM, der 1912 zur deutschen Mannschaftsleitung gehörte, gefallen, so daß er diesen Teil der Ehrung 1936 für die Medaillengewinner übernahm.
13 Darüber in einem eigenen Kapitel.
14 Swedish Olympic Committee, *Olympiad*, S. 165.
15 COUBERTIN, *Erinnerungen*, S. 130.
16 Die goldene Erinnerungsmedaille des *IOC* erhielt Kronprinz Gustaf Adolf von Baron de Coubertin bei der Eröffnungsfeier der Session in Stockholm am 4. Juli. Der Kronprinz hatte eine der Begrüßungsreden gehalten (Protokoll der 15. IOC-Session, S. 6 [IOC-Archiv]).
17 Briefliche Mitteilung von Wolf LYBERG vom 03.09.1999.

Kenneth McArthur (RSA) am Ziel des Marathonlaufs; rechts: die Tafel mit den Namen der Sieger

Plakat der Olympischen Spiele 1912

jüngsten halfen bei den boyscouts mit, Ordnung zu halten, und besorgten Botendienste. Mutet das nicht wahrhaft antik an? Das I.O.C. verlieh ihr die Olympische Medaille.«[15]

Der IOC Präsident irrte ein wenig. Charlotte WERSÄLL hatte zwar sechs Söhne, aber »nur« vier waren 1912 in Stockholm dabei. Claes-Axel wurde Olympiasieger im Mannschaftsturnen, Erik Gustaf startete im Modernen Fünfkampf (er wurde Neunter), Adolf war Starter bei der Leichtathletik, und Otto half als Pfadfinder. Ein fünfter Sohn, Klaus Ture, gewann 1906 eine Bronzemedaille im Tauziehen, was Baron de Coubertin sicher nicht so gefallen hat. Uns interessiert, welche Medaille Charlotte Wersall erhielt: eine goldene der Stockholmer Spiele oder die Erinnerungsmedaille des *IOC* von 1894?[16] Die Begegnung mit Frau Wersäll fand während eines Mittagessens im Grand Hotel in Stockholm statt. Die Dame saß zwischen Baron de Coubertin und Sigfrid EDSTRÖM. Im September erhielt sie dann bei einem Spaziergang im Schloßpark von Västerås von Edström die Erinnerungsmedaille des *IOC*.[17]

Ehrentafel. Erst im Jahr 1966 kam das *Schwedische NOK* einer Bitte des *IOC* aus dem Jahr 1921 nach, nahe am Stadiontor zwei bronzene Ehrentafeln mit den Namen der Olympiasieger anzubringen. Bei der Einweihung am 16. August 1966 waren neben Vertretern der skandinavischen *NOK* und den IOC-Mitgliedern dieser Länder noch drei Olympiasieger von 1912 anwesend: Gösta Lilliehöök (Moderner Fünfkampf), Wilhelm CARLBERG (Schiessen), Hugo Wieslander (Zehnkampf).

Die beiden Sèvres-Vasen; rechts: Kopie der Athena Parthenos des Phidias

Die Medaille Joy of Effort von Tait McKenzie

Erinnerungsmedaille. Ebenfalls im Mai 1910 beschäftigte sich das Organisationskomitee mit der Frage der Erinnerungsmedaillen. Auch diesbezüglich lautete der Beschluß, die Vorderseite der Londoner Vorlage anzugleichen, also auf das von Bertram MacKennal entworfene griechische Viergespann zurückzugreifen. Hinsichtlich der Gestaltung der Rückseite sondierte man verschiedene Entwürfe von Erik Lindberg, bevor man sich auf der Sitzung vom 20. Februar für ein bestimmtes Modell entschied. Dabei steht ZEUS im Blickpunkt, der auf dem Kapitel einer Ionischen Säule auf einem Thron Platz genommen hat und eine kleine Figur der Siegesgöttin Nike, die auf einer Weltkugel steht, in der rechten Hand hält. Im Hintergrund sind der Königliche Palast, der Palast von Helgelandsholmen Island und der Schwedische Reichstag zu erkennen. Um den Rand der oberen Hälfte zieht sich in zwei Reihen der Schriftzug: *»TILL MINNE / AF OLYMPISKA SPELEN / Stockholm 1912«*[18]. Unten links neben der Säule ist der Name *»ERIK LINDBERG«* zu lesen.

Die Erinnerungsmedaille wurde in folgender Auflage produziert: zwei Ausgaben in Gold, 50 in Silber, 100 in Bronze sowie je 6 000 in den »einfachen« Varianten, also in oxidiertem und gewöhnlichem Zinn. Die Goldmedaillen waren König Gustav sowie dem Kronprinzen zugedacht, die Silbermedaillen erhielten die Mitglieder des *Schwedischen* sowie des *Internationalen Olympischen Komitees,* während die Bronzemedaillen den Präsidenten der einzelnen Komitees sowie den Vorsitzenden der internationalen Jurys verliehen wurden. Die übrigen Funktionäre, alle schwedischen und ausländischen Helfer sowie alle Teilnehmer erhielten die Zinnmodelle. Gegossen wurden sie bei der Firma Vaughton in Birmingham, die auch die Medaillen der Londoner Spiele hergestellt hatte. Die Maße: 51 Millimeter Durchmesser, vier bis fünf Millimeter Dicke und 45 bis 55 Gramm Gewicht.[19] Überreicht wurden die Medaillen in einem hellblauen Holzkästchen. Der Deckel war innen mit weißen Satin ausgeschlagen und trug den Namen des Juweliergeschäfts *»A. G. DUBVA«*. Die Medaille selbst lag in einem Kissen von blauem Samt.

Der Offizielle Bericht gibt keine Auskunft darüber, ob die Teilnehmer an den offiziellen (Baseball, Glimaringen, Gotlandspiele, Spiele der Pfadfinder) bzw. den inoffiziellen Demonstrationen (Schwimmen, Reiten, Pferderennen) besondere Auszeichnungen oder Erinnerungsgaben erhielten. Wahrscheinlich bekamen auch sie eine Erinnerungsmedaille.

Erinnerungsdiplom. Nach Beendigung der Spiele beschloß das Organisationskomitee, einige zusätzliche Diplome zu verleihen: Die bei den Spielen vertretenen Verbände und Organisationen sowie die IOC-Mitglieder und die führenden Vertreter der NOK erhielten ein *»Commemoration Diploma«*, während für die Mitglieder des Schwedischen *NOK* sowie die Präsidenten und Generalsekretäre der verschiedenen Arbeitskomitees ein *»Diploma for Meritorious Work«* bereitgestellt wurde. Zudem wurde ein *»Contractor's Diploma«* ausgegeben, und zwar für Firmen, die in verdienstvoller Weise ihre Verträge mit dem Organisationskomitee erfüllt hatten. Hier mag man sich an das in den neunziger Jahren verbreitete Etikett *»Offizieller Förderer der Olympischen Spiele«* erinnert fühlen, auch wenn der kommerzielle Hintergrund des modernen »Ehrentitels« natürlich einen gravierenden Unterschied ausmacht. Insgesamt wurden in Stockholm 2 000 »Spezial-Diplome« verliehen.[20] Leider fehlt im Offiziellen Bericht eine Abbildung dieser Urkunde. Vermutlich handelte es sich aber um das Sieger- bzw. Verdienstdiplom mit einem entsprechend angepaßten Text.

Verdienstorden. König Gustav ließ es sich nicht nehmen, eine *»Olympic Medal«*, einen spezifischen Verdienstorden, in Auftrag zu geben, den selbst er, wie den Schwedischen Ritter-Orden, am linken Revers trug. Zudem überreichte er diese »Medaille« bzw. ließ sie übergeben den Mitgliedern seiner Familie sowie den anwesenden Vertretern der ausländischen Monarchien, den offiziellen Gästen, den Mitgliedern des Organisationskomitees,

18 *»Zur Erinnerung an die Olympischen Spiele Stockholm 1912«.*
19 Das Gewicht der beiden goldenen Medaillen ist nicht bekannt.
20 Swedish Olympic Committee, *Olympiad*, S. 163-164.

Siegerdiplom

Erinnerungsmedaille

Siegermedaille

Diplom zur »Medaille des Königs« für den italienischen Olympiasieger im Fechten Nedo Nadi

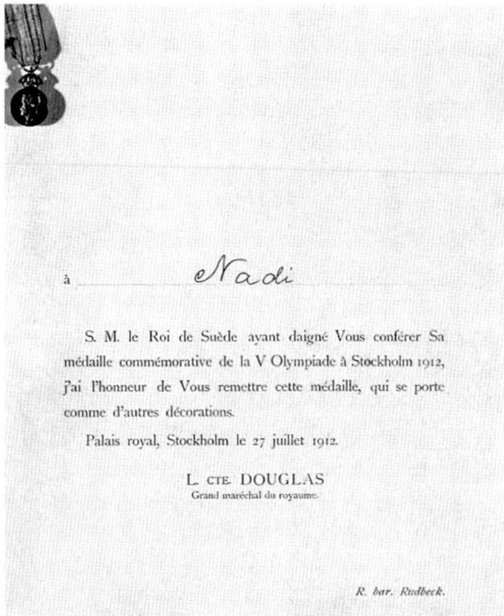

à Nadi

S. M. le Roi de Suède ayant daigné Vous conférer Sa médaille commémorative de la V Olympiade à Stockholm 1912, j'ai l'honneur de Vous remettre cette médaille, qui se porte comme d'autres décorations.

Palais royal, Stockholm le 27 juillet 1912.

L. CTE. DOUGLAS
Grand maréchal du royaume.

R. bar. Rudbeck.

Von König Gustaf V. gestiftete »Medaille«

ausgewählten Offiziellen sowie den schwedischen und ausländischen Medaillengewinnern. Auch diese »Medaille« hatte Lindberg entworfen. Zum Orden gehörte ein entsprechendes Diplom.

Exkurs: Kunstwettbewerbe

In Stockholm fanden zum ersten Mal die von Baron de Coubertin seit langem gewünschten Kunstwettbewerbe statt. Leider liefert der Offizielle Bericht nur oberflächliche Informationen. Es fehlt auch ein Katalog. Wir wissen nicht, ob und wie viele Entwürfe für Diplome bzw. Medaillen eingereicht wurden. Ein erster bis dritter Platz wurde dafür im Wettbewerb Bildhauerkunst aber nicht vergeben. Bekannt ist, daß der kanadische Bildhauer Tait McKENZIE, der auch später an olympischen Kunstwettbewerben teilnahm, seine Medaille Joy of Effort ausstellte. Das Gipsmodell hatte einen Durchmesser von 66 Inches (ca. 1,67 m). Auf Bitten Baron de Coubertins und des *Amerikanischen NOK* ließ der Künstler auf eigene Kosten ein Bronzeexemplar gießen. Nach den Spielen wurde es an einer Wand im Stadion eingemauert. König Gustaf verlieh McKenzie dafür zwei Jahre später eine Silbermedaille.[21]

21 Möglicherweise handelte es sich um eine offizielle Siegermedaille der Spiele von 1912. Vgl. dazu: Swedish Olympic Committee, *Olympiad*, S. 809. KOZAR, Andrew, *The Sport Sculptur of R. Tait McKENZIE*, Champaign 192, S. 50-51. POGATS, Csaba Anton, *Die Olympischen Kunstwettbewerbe. 1912-1924*, Typoskript, Köln 1984, S. 108.

Kenneth McArthur (RSA) mit dem Sterbenden Krieger

Die Wanderpreise

Neben Medaillen und Diplomen gehören – früher mehr als heute – zu den typischen Auszeichnungen im Amateursport besondere Ehrenpreise wie Pokale, Becher und andere Kunstgegenstände. Diese waren oft sehr wertvoll, durften aber nicht verkauft werden, da die Betroffenen anderenfalls ihren Amateurstatus einbüßten. Auch bei den Olympischen Spielen wurden seit 1896 solche speziellen Auszeichnungen vergeben. Besonders wertvolle Trophäen wurden als Challenge Cups (Wanderpreise) gestiftet. Als Beispiele seien genannt: der Cup für den englischen Pokalsieger im Fußball, der Davis-Cup im Tennis oder die Belts, die früher mit Edelsteinen verzierten Gürtel, mit denen noch heute bei Boxweltmeisterschaften die Sieger »verziert« werden. Eigentlich war es verwunderlich, daß bei den Olympischen Spielen erst bei der vierten Auflage, 1906 in Athen, die ersten Challenge Cups auftauchen.

Der sterbende Krieger für den Sieger im Marathonlauf

Der griechische König[1] stiftete einen Wanderpreis für den Sieger im Marathonlauf.[2] Es handelt sich um eine verkleinerte Kopie (Höhe 59, Breite 72, Tiefe 38 Zentimeter) aus Bronze eines 1834 geschaffenen Werks des Bildhauers Jean P. CORTOT[3] Le Soldat de Marathon annoncat la victoire, das heute im Louvre in Paris ausgestellt ist. Der Name wird oft frei übersetzt mit: Der Bote von Marathon oder: Der sterbende Krieger (PHEIDIPPIDES)[4]. Diese Trophäe ging 1906 an den Kanadier William SHERRING. Leider ist kein Foto aufgetaucht, das Sherring mit der Auszeichnung zeigt. 1908 erhielt sie der Amerikaner John HAYES, 1912 der Südafrikaner Kenneth McARTHUR. Dieser nahm den Preis mit nach Südafrika. Da die Spiele 1916 ausfielen, wurde er nicht zurückgeschickt. 1919 rechnete das IOC nicht mehr mit einer Rückgabe. Hannes KOLEHMAINEN (FIN), der Sieger von 1920, hätte mit besagter Trophäe nicht ausgezeichnet werden können. 1924 wurde bekannt, daß sich Der sterbende Krieger inzwischen im Kunstmuseum von Johannesburg befand. Er wurde dann dem *IOC* wiedergegeben.

Der Wanderpreis für den Sieger im (antiken) Fünfkampf

Einen zweiten Wanderpreis – der Stifter ist unbekannt – erhielt der Schwede Hjalmar MELLANDER, der 1906 in Athen den (antiken) Fünfkampf gewonnen hatte. Bei der IOC-Session von 1907 in Den Haag wurden die schwedischen Mitglieder gebeten, ihren Landsmann Mellander aufzufordern, den Preis rechtzeitig dem Veranstalter der Spiele 1908 in London zukommen zu lassen. Mellander, der glaubte, der Pokal gehöre ihm, hielt ihn für einen der vielen anderen Auszeichnungen, die die Olympiasieger 1906 in Athen geschenkt bekommen hatten, und verweigerte die Rückgabe. Auch die beiden schwedischen IOC-Mitglieder wußten offenbar nicht, daß es sich um einen Wanderpreis handelte.[5] Die Post hätte es im übrigen nicht weit gehabt, denn Mellander lebte seit 1902 in England, wo er als Physiotherapeut in einem Krankenhaus arbeitete. Das Fehlen des Pokals richtete aber keinen großen Schaden an, denn der Pentathlon nach antikem Muster wurde ohnehin nicht mehr durchgeführt.

Die Statue der Pallas Athene für den Sieger im Achter

Auf der o.g. Session in Den Haag informierte Baron de COUBERTIN seine Kollegen über die Stiftung zweier weiterer Wanderpreise. Graf BRUNETTA d'USSEAUX hatte einen Bronzeabguß einer Marmorstatue der PALLAS ATHENE der amerikanischen, in Paris lebenden Bildhauerin NEY-WETHERBEE anfertigen lassen. Maße der Trophäe: Höhe 91,5, Breite 25, Tiefe 28 Zentimeter, Wert: 250 £. Der Preis sollte alle vier Jahre dem leistungsstärksten Team der Spiele überreicht werden. Ein erster Platz sollte mit drei, ein zweiter mit zwei Punkten und ein dritter mit einem Punkt bewertet werden.[6] Das *IOC* hatte also selbst die Nationenwertung eingeführt, die es nach dem Ersten Weltkrieg per Beschluß wieder strich und später vehement kritisierte, wenn die Presse die Medaillen zusammenzählte. Zur Entlastung des *IOC* muß aber bemerkt werden, daß es die Leistungen der besten Mannschaften deshalb hervorhob,

1 In der Literatur wird oft als Stifter der Kronprinz erwähnt.
2 GEORG I. hatte auch 1896 einen Pokal gestiftet, den LOUIS allerdings behalten durfte.
3 Als Künstler wird manchmal Ferdinand BARBÈDIENNE genannt. Es handelt sich dabei um den Besitzer der gleichnamigen Firma in Paris, die seit 1938 nach einem besonderen Verfahren verkleinerte Vervielfältigungen von plastischen Meisterwerken in Bronze goß.
4 Ein Modell befindet sich im Museum der Stadt Semur-en-Auxois.
5 LYBERG, *Sessions*, Bd. 1, S. 43.
6 COUBERTIN, Pierre de, »Pallas Athene«, in: *Revue Olympique* 7(1907)5, S. 263-264. außerdem in: *Revue Olympique* 7(1907)2, S. 224. 6, S. 278.

Die Preise für die Schweden »John« Svanberg (Zweiter über 5 Meilen und im Marathon) und der »Wanderpokal« für Hjalmar Mellander (rechts); rechts: von Graf Brunetta d'Usseaux gestiftete Bronzestatue der Pallas Athena für den Sieger im Achter beim Rudern

um die anderen Länder zu motivieren, den Sport mehr zu fördern. Dennoch gab es, ehe der »Nationenpreis« zum ersten Mal vergeben wurde, eine Meinungsänderung. Eine Umwidmung des Preises wurde im Mai 1908 in der *Revue Olympique* veröffentlicht.[7] Sie geschah deshalb, weil sich bereits bei den Veranstaltungen in London, die im März begonnen hatten, heftige Auseinandersetzungen zwischen britischen und amerikanischen Sportlern abzuzeichnen begannen. Es kam zu unfairen Handlungen der Athleten, aber auch der Kampfrichter. Dazu gab es verschiedene Auffassungen über die Ermittlung einer Gesamtwertung. Die Amerikaner dominierten die Leichtathletik und hielten alles andere für »Beiwerk«. Die Briten zählten die Plätze in allen Disziplinen zusammen. Einem Protest der amerikanischen Mannschaft wurde stattgegeben und der »Nationenpreis« umgewidmet.[8]

So wurde die Marmorstatue bei der Siegerehrung der Ruderwettbewerbe in Henley an den siegreichen britischen Achter des *Leander Clubs,* der seinen Titel vier Jahre später in Stockholm verteidigte, übergeben. 1920 gewann die Bootsbesatzung der amerikanischen *Naval Academy* das Achterrennen.

Die Pourtalès Vase für den Mannschaftssieger im Degenfechten

Den zweiten Wanderpreis, von dem Baron de Coubertin berichtete, hatte Lord William Henry DESBOROUGH, der Präsident des Organisationskomitees der Londoner Spiele, im Namen englischer Fechter dem *IOC* für die beste Degenmannschaft ausgelobt. Es handelt sich um eine von den Künstlern MAPPIN und WEBB gestaltete aufwendige Nachbildung (Wert: 300 £) einer unter dem Namen »Pourtalès Vase« bekannten ionischen Amphore aus dem 5. Jahrhundert v. Chr., die sich im Britischen Museum befindet. Die Kopie steht auf einem mit Reliefs geschmückten Podest, auf denen der Kampf der Horatier mit den Curiatiern aus den altrömischen Heldensagen dargestellt wird. Sie wurde entworfen von Jane E. COOK und geformt von Edwin GODWIN und A. HOLLINSHEAD.[9] Den Preis gewann 1908 das französische und 1912 das belgische Team. 1920 siegten die italienischen Degenfechter.

Neun weitere Preise

Bis zu Beginn der Olympischen Spiele von 1908 wurden weitere neun Preise gestiftet, so daß sich die Zahl auf zwölf erhöht hatte:

Die Brunetta-Trophäe für den Sieger im 1 500-m-Freistilschwimmen

Neben der oben besprochenen Statue der ATHENA hatte der italienische Graf noch einen Silberpokal (Höhe 28, Breite 19, Tiefe 11 Zentimeter, Wert 100 £) offeriert. Diesen gewannen 1908 Henry TAYLOR (GBR) und 1912 George HODGSON (CAN). 1920 siegte in dieser Disziplin Norman ROSS (USA).

Der Wanderpokal der Football Association für den Gewinner des Fußballturniers

Das *International Selection Committee* der *English Football Association,* die 1908 das Fußballturnier ausrichtete, kaufte einen Wan-

7 In: *Revue Olympique* 8(1908)5, S. 79.
8 WIDLUND, Ture, »The Background and Origin of the Olympic Device«, in : *Olympic Review* 13(1983)187, S. 294-295.
9 COUBERTIN, Pierre de, »La Coupe des Horaces et des Curiaces«, in: *Revue Olympique* 7(1907)6 S. 281-282, vgl. außerdem S. 278. British Olympic Council, *Olympiad,* S. 448.
10 Vgl. *Revue Olympique* 8(1908)3 S. 48, 6, S. 96.

Wanderpokal für das Fußballturnier

derpreis im Wert von 100 £, eine auf einer Erdkugel stehende geflügelte VICTORIA mit zwei Fußballspielern an ihren Seiten. Maße: Höhe 59,5, Breite 42, Tiefe 32 Zentimeter. 1908 und 1912 ging der Preis an die Mannschaft des Stifters, 1920 gewann Belgien das Fußballturnier.

Der Pokal der Goldsmiths & Silversmiths-Innung in London für den Sieger im Ringen (griechisch-römisch, Schwergewicht)
Der Preis hat die Maße: Höhe 44, Breite 32, Tiefe 19,5 Zentimeter. Sein Wert wurde mit 100 £ angegeben. Es erhielten ihn: 1908 der Ungar Richard WEISZ und 1912 der Finne Yrjö SAARELA. 1920 gewann der Finne Adolf LINDFORS diese Konkurrenz.

Die Hurlingham-Trophäe für den Sieger des Poloturniers
Der *Hurlingham Polo Club* war in dieser Sportart der führende Verein der Welt und organisierte auf seinen Plätzen das Turnier 1908. Sieger und damit Pokalgewinner wurde der *Roehampton Polo Club* (London). 1912 stand Polo nicht auf dem Programm. 1920 gewann erneut ein Team aus Großbritannien. Der Preis – im damals angegebenen Wert von 100 £ – wurde aber anscheinend nie dem *IOC* zurückgegeben. Jedenfalls befindet er sich nicht – wie fast alle anderen Challenge Cups – im Olympischen Museum in Lausanne.

Der Cup des Prince of Wales für den Sieger im Radrennen, 100 km auf der Bahn
1908 gewann der Brite Charles BARTLETT. 1912 und 1920 gab es diesen Wettbewerb nicht mehr. Auch diese Trophäe scheint nicht in Lausanne zu sein.

Der Pokal von Lord Richard Westbury für den Sieger im Trappschießen
Die Silbertrophäe hat die Maße – Höhe 46,5, Breite 40 und Tiefe 25 Zentimeter – und einen Wert von 100 £. Es gewannen 1908 Walter EWING (CAN) und 1912 James GRAHAM (USA), 1920 siegte Mark ARIE (USA).

Die Trophäe der Stadt Prag für den Einzelsieger im Turnen[10]
Diesen Preis gewann 1908 und 1912 der Italiener Alberto BRAGLIA. 1920 sicherte sich in dieser Disziplin sein Landsmann Giorgio ZAMPORI den ersten Platz. Der Preis befindet sich anscheinend ebenfalls nicht in Lausanne.

Die Montgomery-Statuette für den Sieger im Diskuswerfen
Stifterin der Bronzestatue eines modernen Diskuswerfers (Höhe 55, Breite 35, Tiefe 23 Zentimeter) war eine Madame de MONTGOMERY. 1908 und 1912 erhielten Martin SHERIDAN (USA), Armas TAIPALE (FIN) den Preis, 1920 siegte Armas NIKLANDER (FIN).

Wanderpokal für den Sieger im Turnen

Wanderpokale; von links:
für die beste Degenmannschaft;
für das 1500-m-Freistilschwimmen;
für das Ringen;
für das Polospiel;
für das Trappschießen

Wanderpokal für den Sieger im Diskuswerfen

Die Sèvres-Vase für einen Sieg im Segeln

Diese Vase (Höhe 58,5, Durchmesser 25,5 Zentimeter), geschmückt mit Art-Deco-Motiven, hatte die französische Regierung gestiftet. 1908 gewann das britische Boot *»Dormy«*, 1912 die französische *»MacMiche«*. 1920 wurde der Preis nicht mehr ausgeschrieben.

Bei der Session in London, im Juli 1908, berichtete das britische Organisationskomitee, daß die Preise nach den Spielen umgehend wieder in die Obhut des *IOC* zurückgegeben würden. Dieses setzte eine Kommission ein mit den Mitgliedern Brunetta d'Usseaux, Baron Christiaan van TUIJLL van SEROOSKERKEN (NED) und Alexander MERKATI (GRE). Sie sollte ein offizielles Inventar der »Challenges« anfertigen sowie für deren Vergabe spezifische Regularien formulieren. Die Briten wollten aber nicht warten, zogen Konsequenzen aus den negativen Erfahrungen, die das *IOC* mit Mellander gehabt hatte, und entwarfen ein Formblatt, das die Preisgewinner und der Präsident des jeweiligen *NOK* zu unterschreiben hatten. Danach verpflichteten sich beide, die Trophäe bis zum 1. Januar 1912 in unversehrtem bzw. bei Beschädigungen im wiederhergestellten Zustand dem *IOC* zurückzugeben.[11]
Bei der IOC-Session 1910 in Luxemburg berichtete Baron de Coubertin, daß drei weitere Preise gestiftet worden waren. Das *IOC* war der Auffassung, keine neuen Trophäen mehr annehmen zu wollen. Die Verantwortung für die Sicherung der Kunstwerke würde zu groß werden. Eine neue Kommission mit Brunetta d'Usseaux, Lord Desborough, Theodore Cook (GBR), Graf Geza ANDRASSY (HUN) und Baron van Tuijll van Serooskerken sollte sich mit der Sache befassen. Hinzugekommen waren:

Die Andrassy-Trophäe für den Sieger im Jagdspringen

Eine Siegesgöttin steht auf einem Globus und hält einen Lorbeerkranz in ihrer rechten Hand. Dieses Kunstwerk aus Silber hat die Maße: Höhe 57, Breite 27,5 und Tiefe 33 Zentimeter. 1912 gewann Jean CARIOU (FRA) den Preis, 1920 siegte bei diesem Wettbewerb Tommaso LEQUIO di ASSAMBA (ITA).

Der Coubertin-Pokal für den Sieger im Modernen Fünfkampf

Da Baron de Coubertin sich gerade mit diesem neuen Wettkampf identifizierte, verwundert es nicht, daß er einen Pokal herstellen ließ. Der silberne Cup hat eine Höhe von 41 und einen Durchmesser von 20 Zentimetern. 1912 erhielt ihn der Schwede Gösta LILLIEHÖÖK, 1920 gewann dessen Landsmann Gustav DYRSSEN. Letzterer wurde später IOC-Mitglied.
Baron de Coubertin berichtete einige Zeit später, daß Frederick J. V. SKIFF, der Direktor der Weltausstellung von 1904 in St. Louis, im Auftrag der Panama Pacific International Exposition[12] ebenfalls einen Wanderpreis für den Modernen Fünfkampf stiften wolle, *»eine Plakette aus massivem Gold, geschmückt mit Figuren halberhaben, geschaffen von dem bekannten schwedischen Bildhauer Lindberg.«*[13] Ob sie je zustande kam, ist nicht bekannt.[14]

Die Büste des schwedischen Königs Karl XVII. für den Sieger im Fünf- oder Zehnkampf

Diesen Preis, vergeben vom schwedischen König, sollte der Sieger im Fünf- oder im Zehnkampf erhalten. Ausgezeichnet wurde 1912 mit dem bronzenen Kunstwerk (Maße: Höhe 78, Breite 60, Tiefe 45 Zentimeter) des schwedischen Bildhauers Herman BERGMAN der beste leichtathletische Fünfkämpfer James THORPE (USA). Als dieser nach den Spielen disqualifiziert wurde, erhielt der Norweger Ferdinand BIE den Preis. 1920 gewann Eero LEHTONEN (FIN) den Fünfkampf.

Während der nächsten Jahre berichtet Baron de Coubertin in der *Revue Olympique* hin und wieder über weitere Stiftungen.[15] Als sich das *IOC* 1911 in Budapest zur Session traf, war die Gesamtzahl der Wanderpreise auf 20 angewachsen. Allein von daher war es nun um so dringender geboten, die

Wanderpokal für den Sieger im Jagdspringen

11 British Olympic Council, *Olympiad*, S. 43.
12 Auf dem Sportfest der Ausstellung (Februar bis November 1915) wehte mit Erlaubnis von Baron de Coubertin die Olympische Flagge.
13 COUBERTIN, Pierre de, »Les débuts du Pentathlon moderne«, in: *Revue Olympique* 12(1912)10, S. 153-154. LINDBERG entwarf für die Spiele 1912 in Stockholm die Medaillen.
14 Verfasser erhielt den Hinweis auf diese Stiftung von Wolf LYBERG.
15 In: *Revue Olympique* 11(1911)4, S. 63; 5, S. 80

schwierige Angelegenheit endlich in den Griff zu bekommen. Baron de Coubertin betonte noch einmal, daß es bisher offenbar nicht gelungen war, die rechtzeitige Rückgabe der Cups durchgehend zu gewährleisten. So verwies er wieder auf den schwedischen Athleten, der seinen 1906 erhaltenen Pokal auch fünf Jahre später noch nicht wieder herausgerückt hatte. Nach langer Diskussion erfolgte der Beschluß, alle Olympiateilnehmer schon auf dem Meldebogen eine entsprechende Verpflichtungserklärung unterzeichnen zu lassen. Die letzte Verantwortung sollte den NOK-Präsidenten zugewiesen werden. Im übrigen *dürfe sich* die Anzahl der »Challenges« nun wirklich nicht mehr erhöhen. Neu hinzugekommen bis zur Session waren also sieben weitere Wanderpreise:

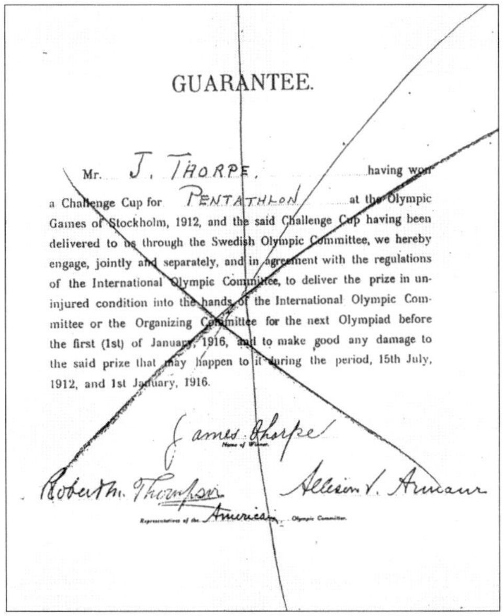
GUARANTEE.

Mr. J. THORPE, having won a Challenge Cup for PENTATHLON at the Olympic Games of Stockholm, 1912, and the said Challenge Cup having been delivered to us through the Swedish Olympic Committee, we hereby engage, jointly and separately, and in agreement with the regulations of the International Olympic Committee, to deliver the prize in uninjured condition into the hands of the International Olympic Committee or the Organizing Committee for the next Olympiad before the first (1st) of January, 1916, and to make good any damage to the said prize that may happen to it during the period, 15th July, 1912, and 1st January, 1916.

James Thorpe
Name of Winner

Robert M. Thompson Allison V. Armour
Representatives of the American Olympic Committee.

Die Verpflichtungserklärung von James Thorpe

Die Reiterstatue des österreichischen Kaisers für den Sieger beim Dressurreiten
Anläßlich einer Audienz, die FRANZ JOSEPH I. dem schwedischen IOC-Mitglied Graf von ROSEN gewährt hatte, versprach der Kaiser, einen Wanderpokal zu stiften. Es handelt sich um eine kleine silberne Statue von Reiter und Pferd auf einem hohen Sockel mit den Maßen: Höhe 47, Breite 26,5 und Tiefe 35,5 Zentimeter. 1912 erhielt Graf Carl BONDE (SWE) die Auszeichnung, 1920 gewann Janne LUNDBLAD (SWE) diesen Wettbewerb.

Das Prunkboot des russischen Zaren Nikolaus II. für den Sieger im Zehnkampf
Diese von dem russischen Künstler Peter Carl FABERGÉ geschaffene silberne polychrome Trophäe scheint zumindest vom materiellen Wert her der wertvollste Challenge Cup gewesen zu sein. Das Kunstwerk stellt ein Boot mit Soldaten und Matrosen in russischer Nationalkleidung dar. Auf dem Bug finden sich ein Reiter und Waffen, darüber erhebt sich ein doppelköpfig gekrönter Adler. Es hat die Maße: Höhe 50, Breite 70 und Tiefe 25 Zen-

Wanderpokale; von links:
für den Sieger in der 6-m-Klasse im Segeln;
für den Sieger im Modernen Fünfkampf;
für den Sieger im leichtathletischen Fünfkampf;
für den Sieger im Dressurreiten;
für den Sieger im leichtathletischen Zehnkampf

Wanderpreis für den Mannschaftssieger in der Military

timeter. 1912 gewann James Thorpe (USA) den Preis. Nach dessen Disqualifikation wurde gegen seinen Willen Hugo WIESLANDER (SWE) zum Olympiasieger erklärt. 1920 erreichte Helge LØVLAND (FIN) den ersten Platz. Als das *IOC* 1982 die Disqualifikation von Thorpe aufhob, beauftragte dessen Familie einen Rechtsanwalt, die Trophäen zurückzufordern, um sie im Thorpe-Museum ausstellen zu können. Daraufhin bat das *IOC* Wolf Lyberg, die entsprechenden Akten im Schwedischen Staatsarchiv einzusehen. Er fand nicht nur die von Thorpe unterschriebene Rückgabeverpflichtung, sondern auch die Frachtbriefe, die eindeutig belegten, daß Thorpe die beiden Challenge Cups nach seiner Disqualifikation zurückgegeben hatte. Es gab also keine rechtliche Handhabe der Thorpe-Familie. Die beiden Preise gehörten immer dem *IOC*.[16]

Der Schild des deutschen Kaisers für den Mannschaftssieg in der Military

Während die anderen gekrönten Häupter lediglich mit einer Inschrift auf einer kleinen Plakette auf dem Sockel ihrer Preise auf ihre Stifterfunktion hinwiesen und ein »neutrales« Kunstwerk herstellen ließen, beauftragte WILHELM I. den deutschen Bildhauer Otto ROHLOFF, einen silbernen Schild zu entwerfen, in dessen Mitte der Kaiser mit Pickelhaube abgebildet ist. Der Preis hat die Maße: Höhe 67, Breite 44 Zentimeter, Gewicht 5,6 Kilo. 1912 erhielt das schwedische Team den Preis. 1920 gewann erneut ein schwedisches Team.

Die Victoria des italienischen Königs für die beste Mannschaft im Jagdspringen

König VICTOR EMMANUEL III. stiftete die Statue einer Victoria aus goldfarbener Bronze. Die Siegesgöttin steht mit dem linken Bein auf einer Erdkugel und hält in der ausgestreckten Rechten einen Lorbeerkranz. Die Maße: Höhe 78, Breite 40, Tiefe 40 Zentimeter. 1912 ging die Trophäe an die schwedische Mannschaft, 1920 gewann erneut Schweden diese Disziplin.

Der Preis der schwedischen Kavallerie für die beste Reitermannschaft der Spiele

Es handelt sich um eine goldfarbene Reiterstatue aus Bronze der Bildhauerin Monika AMMEEN. Die Maße: Höhe 60, Breite 50, Tiefe 15 Zentimeter. 1912 gewannen die schwedischen Reiter den Wanderpreis, 1920 wurde er nicht mehr ausgeschrieben.

Der Cup der Gräfin Casa Miranda für die Siegerin im Turmspringen

Die Gräfin Kristina de CASA MIRANDA, geb. NILSSON,[17] war eine aus Schweden stammende weltberühmte Opernsängerin. Sie stiftete als Wanderpreis eine große silberne Schüssel mit zwei Griffen, die von zwei weiblichen Figuren gebildet werden. 1912 gewann ihn »Greta« JOHANSON (SWE). 1920 siegte im Turmspringen Stefanie CLAUSEN (DEN).

Die Statue der Stadt Budapest für die beste Mannschaft im Säbelfechten

Die Bronze zeigt einen nackten Säbelfechter. Den Preis erhielt die ungarische Mannschaft. Die Trophäe ist nie an das Olympische Museum in Lausanne zurückgegeben worden und steht heute im Zimmer des Direktors des Ungarischen Sportmuseums in Budapest.

Sämtliche Challenge Cups, die bei den Spielen 1912 vergeben worden waren, wurden im Offiziellen Bericht der Spiele in Stockholm abgebildet. Wahrscheinlich waren sie vor den Spielen öffentlich ausgestellt worden. Jedenfalls sind sie bei der Eröffnung der Session am 4. Juli 1912 im Schwedischen Reichstag zu sehen, bei der sie von Graf von Rosen einzeln vorgestellt wurden.[18]
Die schwedischen Organisatoren entwickelten ein ähnliches Formblatt wie vier Jahre zuvor die Briten. Allerdings mußten diesmal jeweils zwei NOK-Vertreter gegenzeichnen. Rückgabetermin an das *NOK Schwedens* sollte der 1. Januar 1916 sein.[19] Die meisten Preisträger scheinen sich tatsächlich an die Vorgaben gehalten zu haben. Interessanterweise wurden die Cups von Stockholm nicht nach Lausanne weitergegeben. Dort war seit 1915 der Sitz des *IOC*.

16 LYBERG, Wolf, *Fabulous 100 Years of the IOC*, Lausanne 1994, S. 400.
17 Verheiratet in zweiter Ehe mit dem spanischen Kammerherrn Graf de CASA MIRANDA.
18 Protokoll der Session, S. 5 (IOC-Archiv).
19 Im IOC-Archiv.
20 Nach LYBERG, *Years*, S. 400.
21 ANDRASSY wurde als Ungar und damit Bürger einer der Staaten, die den Krieg verloren hatten, seit dieser Session nicht mehr in den Listen der IOC-Mitglieder geführt. 1923 wurde dieser »Ausschluß« rückgängig gemacht.
22 Protokoll der Session, S. 6-7 (IOC-Archiv).
23 Comité Belge des Jeux de la VIIème Olympiade (Hg.), *Rapport Officiel des Jeux de la VIIème Olympiade Anvers 1920*, Typoskript Antwerpen 1920, S. 41.
24 Dies bedeutet aber nicht, daß es diesen Beschluß nicht gegeben hat. Die Protokolle waren oft sehr knapp gefaßt und geben nicht über alles, was verhandelt wurde, Auskunft. Allerdings könnte Baron de Coubertin dies auch in Eigenregie vor den Spielen entschieden haben.

Heute befinden sich die meisten Wanderpokale im Olympischen Museum in Lausanne. Auf welche Weise sie dorthin gelangten, läßt sich aufgrund der Quellenlage nicht mehr eindeutig belegen. Zwei »Möglichkeiten« lassen die Unterlagen zu:
1918 bat Baron de Coubertin das *Schwedische NOK* um Rückgabe mit dem Hinweis, er benötige die Pokale für eine Ausstellung. Mit fünf zu vier Stimmen entschied das *NOK*, dem Verlangen des IOC-Präsidenten zu entsprechen. Dieser quittierte den Empfang. In den nächsten Jahren forderte das *NOK* mehrmals die Rückgabe. Warum das *NOK* so handelte, läßt sich nicht mehr klären. Möglicherweise sahen sich die Schweden in der Verantwortung für die Kunstgegenstände und wollten sie selbst nach Antwerpen bringen, dem Ort der Spiele 1920. Baron de Coubertin reagierte aber abschlägig. Auf eine erneute Bitte von Sigfrid EDSTRÖM im Jahre 1923 (wieso jetzt noch einmal?) antwortete er am 23. Oktober 1923:

»Die Wanderpokale gehören dem IOC und hätten von Ihrem NOK schon 1919 an den Organisator der Spiele in Antwerpen gegeben werden müssen. Die Angelegenheit ist jetzt für mich erledigt. Die Pokale kehren nicht zurück.«[20]

Ganz anders scheint der Ablauf aber gewesen zu sein, wenn dem Protokoll der ersten Nachkriegssession, 1919 in Lausanne, gefolgt wird. Dort war der schwedische Baron HERMELIN als Gast anwesend. Er hatte viele der Wanderpokale mitgebracht. Baron de Coubertin berichtete, daß der Marathon-Pokal noch in Südafrika und der Zehnkampf-Cup noch in den USA wären. Die Trophäen des österreichischen und des deutschen Kaisers könnten aus politischen Gründen nicht mehr vergeben werden, möglicherweise später wieder der Wanderpokal des ungarischen Grafen Andrassy[21]. Der Preis der französischen Regierung müsse umgewidmet (?) werden.[22]
Im Offiziellen Bericht der Olympischen Spiele 1920 in Antwerpen ist ein IOC-Beschluß abgedruckt: Die Challenge Cups seien wegen ihres großen Wertes und der Gefahr der Beschädigung im Olympischen Museum in Lausanne geblieben. Es sollten jeweils nur die Namen der Preisträger auf Tafeln an den Marmorsockeln der Trophäen angebracht werden.[23] Dies bedeutet, daß die Cups bei den Spielen in Antwerpen nicht mehr vergeben wurden. Im Protokoll der Session, die am Ende der Spiele in Antwerpen stattfand, findet sich dieser Hinweis aber nicht.[24] Es ist bisher aber auch kein Photo dieser Spiele aufgetaucht, das einen Athleten mit einem Challenge Cup zeigt.
Dennoch wurde bei dieser Session im August 1920 ausführlich über die Wanderpreise diskutiert: Zunächst wurde berichtet, daß wiederum zwei weitere Pokale gestiftet worden waren, einer vom Präsidenten der Tschechoslowakischen Republik, der andere vom *Italienischen Turnverband*. Es fand eine lange Diskussion darüber statt, was endgültig mit den

Wanderpokale; von links: für den Mannschaftssieger im Jagdspringen; für die beste Reitermannschaft der Spiele; für die Siegerin im Turmspringen; für den Sieger im Mannschafts-Säbelfechten

Die Challenge Cups, die bei den Spielen der V. Olympiade 1912 in Stockholm vergeben wurden

vielen Cups geschehen sollte. Aufgrund ihres Gewichtes und ihrer Sperrigkeit hatten einige bei den Transporten stark gelitten. Manche Sportler hatten auch »vergessen«, daß sie dem *IOC* gehören, und haben sie nicht zurückgegeben. Von mehreren IOC-Mitgliedern wurde der Vorschlag gemacht, den Gewinnern der Pokale jeweils ein Diplom oder eine Plakette zur Erinnerung zu geben. Ein Beschluß wurde aber nicht gefaßt. Zum wiederholten Mal wurde, um das Problem zu lösen, eine Kommission gebildet mit Graf von Rosen, Carlo MONTU (ITA), Comte Justinien de CLARY (FRA), Baron Godefroy de BLONAY (SUI), de COURCY-LAFFAN (GBR) und Bartow-Sumter WEEKS (USA). Über deren Arbeit ist nichts bekannt. Auf der Session zwei Jahre später in Paris wurden erneut die Probleme der Rückgabe, der Unversehrtheit, die Frage der Vergabe an Mannschaften oder einzelne Sportler diskutiert. Ein Beschluß wurde aber nicht gefaßt, sondern die Angelegenheit dem Exekutivkomitee übergeben. Dieses entschied, keine Challenge Cups mehr anzunehmen, die vorhandenen nicht mehr zu vergeben und sie im Olympischen Museum in Lausanne aufzubewahren. Am 12. April 1923 bestätigte die Session von Rom diesen Beschluß.[25]

25 LYBERG, *Years,* S. 400.

Berlin 1916

und Nationale Olympische Spiele

Das *IOC* beauftragte auf seiner Session im Sommer 1912 in Stockholm Berlin mit der Ausrichtung der Spiele der VI. Olympiade. Im Herbst des Jahres nahm das Organisationskomitee seine Arbeit auf. Bereits im Sommer 1913 konnte das Deutsche Stadion eingeweiht werden. Auf dem Olympischen Kongreß 1914 in Paris wurde das Programm schon fast abschließend besprochen. Wenige Tage später fanden am 27./28. Juni im neuen Stadion vorolympische Spiele statt. 1915 war ein Nationales Olympia[1] geplant. Das Attentat auf den österreichischen Kronprinz am 28. Juni 1914 in Sarajewo beendete jäh alle Vorbereitungen. Zum ersten Mal fielen Olympische Spiele einem Krieg zum Opfer. Über die Vorbereitungen zu den Spielen sind wir aufgrund der vorhandenen Akten recht genau informiert. Die Abschlußfeier mit den wichtigsten Siegerehrungen dürfte, wie 1908 und 1912, am letzten Tag der sog. Stadionwoche vorgesehen gewesen sein. Über die Gestaltung von Medaillen, Diplom und Erinnerungsplakette finden sich in den Unterlagen jedoch keine Informationen. Wahrscheinlich sind die Überlegungen noch nicht weit gediehen gewesen.

Die erste mit der Olympischen Bewegung in Verbindung zu bringende Medaille wurde in Deutschland 1909 geprägt. Im Juni sollte auf der IOC-Session in Berlin die deutsche Hauptstadt zum Austragungsort der Olympischen Spiele 1912 gewählt werden. Es gab aber noch Probleme mit der Finanzierung eines Stadions. Wenige Tage vor dem Treffen starb überraschend Graf Egbert Hoyer von der ASSEBURG, der Präsident des *Deutschen Reichsausschusses für Olympische Spiele (DRAfOS)*. Er war der einzige, der in der Lage gewesen wäre, die notwendigen Gelder zu beschaffen. Berlin verzichtete, und das *IOC* beauftragte Stockholm, die nächsten Spiele auszurichten. Zum Gedenken an seinen toten Präsidenten organisierte der *DRAfOS* wenige Tage nach der Session, am 20. Juni 1909, das erste Asseburg-Memorial und ließ aus diesem Anlaß eine Medaille prägen: Durchmesser 50 Millimeter, Gewicht 60 Gramm. Die Vorderseite zeigt Graf von der Asseburg in seiner Generalsuniform. Die Rückseite schmückt eine Nachbildung des 1881 geschaffenen Siegesboten von Marathon[2] des Bildhauers Max KRUSE, ein beliebtes und oft benutztes Motiv für Medaillen, Münzen und Reliefs.

Um besser als in Stockholm abzuschneiden, begann man ab 1913 in Deutschland mit einer intensiven Talentsuche. Beispielsweise wurden sog. Olympia-Prüfungswettkämpfe eingeführt. Die Sieger erhielten eine bronzene Medaille (Durchmesser 50 Millimeter, Gewicht 55 Gramm) mit dem Portrait des Kaisers auf der Vorderseite. Auf der Rückseite ist in der Mitte *»DEM SIEGER / IM OLYMPIA / PRÜFUNGSKAMPF«* und außen *»DEUTSCHER REICHSAUSSCHUSS FÜR OLYMPISCHE SPIELE«* zu lesen, darunter ist ein Lorbeerzweig mit Früchten zu erkennen. Da nach Kriegsausbruch noch viele Medaillen übrig waren, wurden diese bei Jugendsportfesten vergeben und über der Zeile *»DEM SIEGER«* der Name des entsprechenden Wettbewerbs eingeprägt.[3]

Das für 1915 geplante Nationale Olympia war vielen Mitgliedern des *DRAfOS* fast noch wichtiger als die vorgesehenen internationalen Olympischen Spiele. Als sich abzeichnete, daß der Krieg länger dauern würde und die Olympischen Spiele ausfallen würden, wandten sich die meisten Funktionäre des *DRAfOS* von der Olympischen Bewegung ab. Dies dokumentierte sich nach außen auch in einer Namensänderung. Die Dachorganisation hieß ab Januar 1917 *Deutscher Reichsausschuß für Leibesübungen (DRAfL)*. Gleichzeitig wurde beschlossen, nach dem Krieg die schon oben erwähnten nationalen Spielen unter der Bezeichnung Deutsche Kampfspiele durchzuführen. Obwohl Carl DIEM die Abwendung von der internationalen Olympischen Bewegung und damit die Namensänderung bei der Hauptversammlung des *Reichsausschusses* befürwortet hatte, organisierte er als Generalsekretär die Kampfspiele wie die ausgefallenen Olympischen, die er mit einer Werbeschrift mit dem »bezeichnenden« Titel *Der olympische Gedanke*[4] vorbereitete. So ist es nicht verwunderlich, daß bei

1 Ein mehrtägiges Sportfest mit olympischem Zeremoniell und Programm, an dem neben deutschen Sportlern Wettkämpfer aus aller Welt, die sich der deutschen Kultur verbunden fühlten, teilnehmen sollten.

2 Das Original steht heute in der Nationalgalerie in Berlin.

3 EBERHARDT, Josef, *Michel. Olympia-Münzen und -Medaillen von der Antike bis zur Neuzeit*, München 1988, S. 191. Die Untersuchung von EBERHARDT war in vielen Bereichen Grundlage dieses Kapitels.

4 Berlin 1919.

diesen Kampfspielen, die 1922 in Berlin (Winterkampfspiele in Garmisch und Partenkirchen[5]), 1926 in Köln (Winterkampfspiele in Titisee und Triberg), 1930 in Breslau (Winterkampfspiele in Krummhügel-Brückenberg) und 1934 in Nürnberg (Winterkampfspiele in Braunlage und Schierke) stattfanden, wie bei Olympischen Spielen Medaillen und Diplome vergeben wurden.

Vorgesehene Spiele der VI. Olympiade in Berlin – Februar bis 21. August 1916

Mannschaften: ?

Name des Organisationskomitees:	***Generalsekretariat für die VI. Olympiade***
Präsident:	Viktor von PODBIELSKI
Generalsekretär:	Carl DIEM
Offizieller Bericht:	deutsch
Zeremoniell:	Eröffnungsfeier, vorgesehen zu Beginn der Stadionwoche
Eröffnung durch:	Kaiser WILHELM II. (vorgesehen)
Dauer:	dreimal ca. zehn Tage (Mai/Juni – Spielwoche, Juli – Stadionwoche, August – Schlußwoche, dazu Wintersport im Februar)
Siegerehrung:	am Ende der einzelnen »Wochen« Gold-, Silber- und Bronzemedaillen, viele Wanderpreise
Medaille:	noch nicht festgelegt
Diplom:	noch nicht festgelegt
Erinnerungsmedaille:	noch nicht festgelegt
Plakat:	noch nicht festgelegt
Sportarten:	24 (4[1]) mit 134 (11[1]) Wettbewerbe
Demonstrationen:	4 (4[1]) mit 4(4[1])
Künste:	5 mit 5 Wettbewerben
Besonderheiten:	Jungdeutschlandtag, Wintersport in Berlin und im Schwarzwald

Erläuterungen: [1] davon Frauen

Die Siegermedaille der ersten Kampfspiele zeigt auf der Vorderseite erhaben den nackten Herold der Spiele. In der rechten Hand hält er einen Stab mit dem Emblem der Spiele, einem Adler in einem Dreiviertel-Kranz von Eichenlaub. Dazu kommt die Aufschrift *»Deutsche – Kampfspiele / 19 – 22«*. War der Herold dem Boten nachempfunden, der in der Antike auszog, um die Athleten zu den Olympischen Spielen zu rufen? Die antiken Spiele kannten auch als erste Disziplin die Wettkämpfe der Trompeter und Herolde. Die Sieger mußten danach mit Trompetensignal und lauter Stimme als »Ansager« tätig werden. Modell für den Herold auf der Medaille und auf dem Plakat der Spiele war der Sportstudent LACOUR, der auch bei der Eröffnungsfeier – allerdings mit einer Turnhose bekleidet – an der Spitze der einmarschierenden Sportlergruppen das Stadion betrat. Die Rückseite der bronzenen Medaille (Durchmesser 55 Millimeter) trägt außen einen Eichenkranz und innen den Hinweis auf Plazierung und Disziplin. Übergeben wurden die Medaillen, zusammen mit einem Eichenkranz, bei der Schlußfeier.

Zur Erinnerung erhielten die Teilnehmer eine kleine Medaille (Durchmesser 36 Millimeter) aus weißem Biskuit-Porzellan, auf der vorne der Herold zu sehen und hinten der Spruch *»DEN / TEILNEHMERN / ZUM / ANDENKEN«* zu lesen ist.[6]

Die Siegermedaille der zweiten Kampfspiele wurde von Ernst GORSEMANN entworfen. Auf der Vorderseite ringen zwei nackte Jünglinge. Dazu kommt die Umschrift am Rand *»DEUTSCHE KAMPFSPIELE 1926«*. Die Rückseite zeigt für die »Winterspiele« eine Tanne und *»WINTERKÄMPFE«*, für die Veranstaltungen im Sommer den Kölner Dom. Unter dem Dom ist jeweils die Plazierung eingraviert. Es gibt vergoldete, versilberte und bronzene Exemplare mit einem Durchmesser von 87 Millimetern und einem Gewicht von 260 Gramm. Gorsemann nahm mit der Medaille zwei Jahre später an den Kunstwettbewerben der Amsterdamer Spiele teil, konnte sich aber nicht für die ersten Plätze qualifizieren.

5 Die beiden Orte wurden erst aus Anlaß der Olympischen Winterspiele 1936 zusammengefügt.

6 EBERHARDT (*Olympia Münzen*, S. 195-197) erwähnt und beschreibt Spender-Medaillen bzw. -Münzen des Deutschen Reichsausschusses.

Von-der-Asseburg-Medaille

Siegermedaillen ab zweiter Medaille von links oben: Olympia-Prüfungswettkämpfe; Deutsche Kampfspiele 1922, Deutsche Kampfspiele 1926; Deutsche Kampfspiele 1930; Deutsche Kampfspiele 1934

Erinnerungsmedaille der Niederländischen Nationalen Spiele von 1916

Die Erinnerungsmedaille ist wieder aus weißem Biskuit-Porzellan. Auf den Exemplaren für die Winterspiele sind vorne ein Skiläufer und Bobfahrer und für die Sommerveranstaltung ein Läufer bzw. eine Läuferin dargestellt.[7]

Auf der von dem Breslauer Bildhauer Theodor von GOSEN geschaffenen Siegermedaille der dritten Kampfspiele befindet sich in der Mitte der Adler aus dem Wappen des Deutschen Reichsausschusses, darunter die Schrift *»DEUT – SCHE / KAMPF / SPIELE«*. Der Adler trägt in den Fängen Eichenzweige. Rings um ihn herum sind Athleten abgebildet, die sich in 14 verschiedenen Sommer- und Wintersportarten üben. Die Rückseite zeigt das Wappen von Krummhügel bzw. Breslau. Dazu ist z.B. eingraviert: *»DER SIEGREICHEN MANNSCHAFT«*. Die Maße: Durchmesser 90 Millimeter, Gewicht 130 Gramm. Von Gosen hatte sich zwei Jahre zuvor mit dieser Medaille an den Kunstwettbewerben in Los Angeles beteiligt, allerdings keinen Preis erhalten.

Auf der von G. GLOECKLER geschaffenen Siegermedaille der vierten Kampfspiele ist auf der Vorderseite ein Reichsadler mit Hakenkreuz auf der Brust zu sehen, unter ihm das Zeppelinfeld mit den Marschkolonnen des Reichsparteitages. Um den Rand steht *»DEUTSCHE KAMPFSPIELE 1934«*. Die Rückseite trägt in der Mitte das Wappen von Nürnberg, darum, im Kreis angeordnet, die Wappen von Halle, Kiel, Mainz und München und unten die Schrift *»DEM SIEGER«*. Am äußeren Rand sind in zwölf Feldern Sportarten dargestellt.

Deutschland war nicht das einzige Land, das an nationale Olympische Spiele dachte. Am 24. Juni 1916 begannen in Amsterdam Sportveranstaltungen mit ebendieser Bezeichnung, die bis zum 3. September dauerten. Es wurden Erinnerungs- und Siegermedaillen geprägt.

Bei Schwedischen Spielen für skandinavische Sportler, die am 8. Juli in Stockholm begannen, wurden den Sportlern anscheinend nur Becher, Teller und Pokale überreicht.

7 Beschreibung der verschiedenen Formen bei EBERHARDT, *Olympia-Münzen*, S. 197-198.

Antwerpen 1920

unter Mitarbeit von
Leopold Spiessens

Der größte Erfolg der Spiele von 1920 war wohl, daß sie überhaupt stattfanden. Wenn bereits eineinhalb Jahre nach Ende des ersten verheerenden Weltkriegs der Geschichte die Nationen zum friedlichen Wettstreit zusammentrafen, war dies keineswegs selbstverständlich. Schließlich waren die tiefen Wunden des verlustreichen Waffenganges längst noch nicht verheilt, die gravierenden Spätfolgen noch keineswegs absehbar.

Die Olympische Bewegung hatte es – natürlich – nicht vermocht, im Sinne der ihr eigenen Friedensidee eine Unterbrechung oder gar Beendigung des Krieges herbeizuführen. Sie war vielmehr selbst zum Opfer geworden: Das für 1916 geplante Friedensfest des Sports wurde ersatzlos gestrichen. Doch immerhin: Die Spiele hatten überlebt. Baron de COUBERTIN, der in der Zwischenzeit den Sitz des *IOC* nach Lausanne, in die neutrale Schweiz, verlegt hatte, versuchte alle Kräfte neu zu bündeln, um nach der Unterbrechung Kontinuität zu gewährleisten. Ihm kam es nicht zuletzt darauf an, daß der »olympische Rhythmus« beibehalten werde: Die Olympiaden, also die vierjährigen Zeiträume zwischen den Spielen, sollten weitergezählt werden, selbst wenn deren Feier aufgrund höherer Gewalt einmal ausfallen mußte. Somit erlebte Antwerpen – nach offizieller Zählung – die sechsten Olympischen Spiele als Auftakt und Höhepunkt der siebten Olympiade der Neuzeit.

Allein die Wahl des Austragungsortes war mit erheblichen Unwägbarkeiten und Risiken verbunden. Gerade Belgien trug schwer an den Kriegsschäden, zumal der militärische Überfall von 1914 den zuvor neutralen Staat einigermaßen unvorbereitet getroffen hatte. Als sich jedoch der König selbst an die Spitze des Unternehmens stellte, konnte trotz des erheblichen Zeitdrucks der »Jugend der Welt« ein würdiges Fest bereitet werden. Letztlich wurde mit ca. 2 600 Vertretern von 29 Ländern ein neuer Teilnehmerrekord verzeichnet. Deutschland, Österreich, Ungarn und die Türkei blieben freilich draußen vor der Tür. Folgt man Baron de Coubertins 1932 veröffentlichten *Olympischen Erinnerungen*, so hatte er selbst einen offiziellen Ausschluß der Kriegsverlierer abgelehnt und die Frage der Einladung den Gastgebern überlassen, die eine Beherbergung deutscher Athleten als unzumutbar empfanden. Tatsächlich hatte sich das *IOC* mit der schwierigen Problematik bereits Anfang April 1919, also nur wenige Monate nach Kriegsende, im Rahmen einer Session in Lausanne beschäftigt. Da eine formale Eliminierung eines unliebsamen Mitgliedes in den Statuten der Olympischen Bewegung nicht vorgesehen war, verfiel man auf einen verfahrenstechnischen, freilich nicht gerade vornehmen Kunstgriff: Man »säuberte« kurzerhand die Mitglieder-Liste bzw. fertigte eine neue an, auf der die – eigentlich auf Lebenszeit berufenen – Vertreter Deutschlands, Österreichs, Ungarns, Bulgariens und der Türkei fehlten. Anschließend griff eine bis dahin ebenfalls nie formulierte, im übrigen keineswegs konsequent umgesetzte Regel, nach der Länder ohne IOC-Mitglieder nicht bei den Spielen starten durften. De jure handelte es sich um einen gravierenden Verstoß gegen die eigenen geschriebenen und ungeschriebenen Gesetze, nicht zuletzt gegen die Olympische (Friedens-)Idee. Von einem ordnungsgemäßen, für die Betroffenen nachvollziehbaren Verfahren, mit Anklage, Verteidigung, Urteil und Begründung, kann jedenfalls keine Rede sein. Zudem entlarven die Vorgänge die wohlfeilen Erläuterungen Coubertins als pure Heuchelei.

In Deutschland hatte sich, insbesondere unter dem Eindruck der harten und als ungerecht empfundenen Auflagen des Versailler Vertrages, ohnehin eine gewisse Trotzhaltung ausgebreitet. Damit hatten die Turner und alle anderen Kräfte Auftrieb erhalten, die den Olympismus Coubertinscher Prägung immer schon abgelehnt hatten. Sie sahen ihre Chance gekommen, endlich die Idee eines Nationalen Olympia zu verwirklichen. So kam es, gleichsam als Ersatz für die Antwerpener Spiele, 1922 in Berlin zur Durchführung Deutscher Kampfspiele, die 1926 und 1930 eine Wiederholung fanden, um später zu Nationalsozialistischen Kampfspielen umfunktioniert zu werden.

Literatur:
Comité Belge des Jeux de la VIIème Olympiade (Hg.), *Rapport Officiel des Jeux de la VIIème Olympiade Anvers 1920*, Typoskript Antwerpen 1920.
MALLON, Bill, *The Unofficial Report of the 1920 Olympics*, Durham 1992.
RENSON, Roland, *Des Jeux Ressuscités*, o.O. 1995 (auch in flämisch), englische Ausgabe: *The Games Reborn*, Gent 1996.

Vor diesem Hintergrund ist es besonders bemerkenswert, daß gerade 1920 erstmals bei den Spielen die Olympische Flagge wehte. Baron de Coubertin selbst soll die fünf ineinandergefügten Ringe 1914, anläßlich des 20jährigen IOC-Jubiläums, als Sinnbild seiner Friedensidee entworfen haben. Schon bald etablierte sich das vielsagende Symbol weltweit als Erkennungs-, später auch als Mar-

Spiele der VII. Olympiade in Antwerpen – 23. April bis 12. September 1920

Mannschaften: 29

ARG	AUS
BEL	BRA
CAN	CHI
DEN	EGY
ESP	EST
FIN	FRA
GBR	GRE
IND	ITA
JPN	LUX
MON	NED
NOR	NZL
POR	RSA
SUI	SWE
TCH	USA
YUG	

Sportler: 2 668 (77[1])

Name des Organisationskomitees:	***Comité Belge des Jeux de la VIIème Olympiade***
Präsident:	Comte Henri de BAILLET-LATOUR
Generalsekretär:	Alfred VERDYCK
Offizieller Bericht:	französisch (Typoskript)
Zeremoniell:	Eröffnungs- und Schlußfeier am Anfang der Hauptspiele (14. August) bzw. am Ende derselben (30. August)
Eröffnung durch:	König ALBERT I.
Dauer:	fast fünf Monate mit Hauptspielen von zwei Wochen in der zweiten Augusthälfte
(Haupt-)Siegerehrung:	am 30. August durch den König, Kronprinz LEOPOLD und Prinz KAREL
Olympischer Eid:	Victor BOIN (Fechter)
Plakat:	Martha van KUYCK / Walter Van der VEN
Siegermedaille	Josuë DUPON
Siegerdiplom:	George PRIVAT-LIVEMONT
Siegerstatuette:	Léandre GRANDMOULIN
Erinnerungsmedaille:	Pierre THEUNIS
Filmaufnahmen:	vorhanden
Sportarten:	21 (4[1]), 154 (11[1]) Wettbewerbe
Demonstrationen:	1 (1[1]) mit 1 (1[1]) Wettbewerb
Künste:	5 mit 5 Wettbewerben
Besonderheiten:	zum ersten Mal Olympische Flagge im Stadion, Wintersportwoche Ende April, keine Teilnahme der Mittelmächte

Erläuterungen: [1] davon Frauen

Diplom für die Vergabe des Olympischen Pokals an die alliierten Sportmannschaften; Siegerdiplom der Inter-Allied Games

kenzeichen der Olympischen Bewegung. Eine weitere Besonderheit der Antwerpener Spiele: Erstmals – die Ehre wurde dem belgischen Fechter Victor BOIN zuteil – wurde ein Olympischer Eid gesprochen.

Die Inter-Allied Games. Auf dem Olympischen Kongreß 1914 in Paris war zwar über die Medaillen und Diplome gesprochen worden, doch fehlen uns Informationen, da kein genaues Protokoll vorliegt. Wenige Monate nach Ende des Ersten Weltkriegs traf sich das *IOC* vom 5. bis 8. April 1919 in Lausanne zu seiner 18. Session. Auf ihr wurden zwar die Spiele der VII. Olympiade nach Antwerpen vergeben, doch waren Medaillen und Diplome anscheinend kein Thema. Lediglich über die Probleme mit den Wanderpokalen wurde diskutiert und der Olympische Pokal für das Jahr 1918 den Sportmannschaften der alliierten Streitkräfte, die während des Krieges an der Front Sport getrieben hatten, verliehen. Dazu wurde ein besonderes Diplom vergeben. Das *IOC* bezog also hier eindeutig

1 Vgl. dazu LENNARTZ, Karl, »The Exclusion of the Central Empires from the Olympic Games in 1920«, in: *Fourth International Symposium for Olympic Research,* London (Ontario) 1998, S. 69-74.
2 Der Oberbefehlshaber der amerikanischen Truppen in Europa.
3 Games Committee (ed.), *The Inter-Allied Games,* Paris 1919, S. 193.

Titelblatt des Offiziellen Berichtes der Inter-Allied Games; rechts: Siegermedaille der Inter-Allied Games

Position und verhielt sich nicht neutral. Dies widersprach eigentlich dem Friedensgedanken der Olympischen Bewegung. Auch mit den IOC-Mitgliedern der Mittelmächte, also der Kriegsverlierer Deutschland, Österreich, Ungarn, Bulgarien, Türkei, wurde wenig zimperlich umgegangen. Trotz längst zur Tradition gewordener lebenslanger Mitgliedschaft wurden sie ausgeschlossen und die entsprechenden Länder nicht nach Antwerpen eingeladen.[1]

Ein ähnliches Verhalten zeigten Baron de Coubertin und das *IOC* wenige Monate später, als vom 22. Juni bis 6. Juli 1919 in Paris, quasi unter olympischer Schirmherrschaft, die Inter-Allied Games veranstaltet wurden, an der die Soldaten der Siegerarmeen teilnahmen. Auch in bezug auf Zeremoniell und Durchführung glich diese Veranstaltung wie ein Ei dem anderen den Olympischen Spielen. In wenigen Monaten war das Pershing Stadium errichtet worden. Bei der Eröffnungsfeier gab es einen Einmarsch der Nationen und John Joseph PERSHING[2] sprach den traditionellen olympischen Eröffnungssatz: *»I now declare the Inter-Allied Games opened.«*[3]

Am letzten Tag fand im Rahmen der Schlußfeier die Siegerehrung statt, bei der die Gewinner die bronzene Inter-Allied Medal (Platz 1, 2, 3), herausragende Athleten Gold- bzw. Silbermedaillen, gestiftet vom französischen Kriegsminister, bekamen. Dazu gab es Ehrenpreise, vergleichbar den olympischen Wanderpreisen. Jeder Sieger erhielt zusätzlich ein Diplom. Viele der Teilnehmer starteten ein Jahr später erfolgreich bei den Olympischen Spielen in Antwerpen, z.B. der Sprinter Charles W. PADDOCK, der in Paris den 100- und 200-m-Lauf gewann und sich auch in der belgischen Stadt zwei Goldmedaillen sicherte.

Auszeichnungen. Über die Olympischen Spiele 1920 in Antwerpen wußten wir insgesamt recht wenig. Vor wenigen Jahren sind die beiden oben zitierten Veröffentlichungen von Bill MALLON und Roland RENSON erschienen, die uns besser informieren. Die Spiele waren Teil eines großen Sommerfestivals, das regelmäßig in Antwerpen stattfand. Als den Organisatoren das Geld ausging, konnten die Spiele zwar zu Ende geführt werden, für einen ausführlichen Offiziellen Bericht fehlten aber die Mittel. Lediglich ein knapper Report in Maschinenschrift wurde erstellt.

Wenige Tage nach der Session in Lausanne konstituierte sich am 17. April 1919 in Belgien ein Organisationskomitee mit Comte Henri de Baillet-Latour, dem späteren IOC-Präsidenten, an der Spitze. Am 2. Mai 1919 wurde Comte Edouard d'ASSCHE beauftragt, sich um die Auszeichnungen zu kümmern. Auf einer Sitzung des Organisationskomitees am 14. Februar 1920 wurde nach erfolgter

Pierre THEUNIS 1883 oder 1885-1950

Der Bildhauer und Medailleur studierte an der Kunstakademie in Brüssel. Ausgezeichnet wurde er 1906 mit dem 2. Prix de Rome, 1910 mit der Silbermedaille der Weltausstellung in Brüssel. Theunis schuf zahlreiche Marmor- und Bronzebüsten bedeutender belgischer Persönlichkeiten, die sich in vielen öffentlichen Gebäuden des Landes befinden. Daneben entwarf er viele Medaillen und Plaketten, die z.T. mit Preisen ausgezeichnet wurden, z.B. Die Musik (1911) und eine Medaille aus Anlaß der Hochzeit des Prinzen Leopold von Belgien und der Prinzessin Astrid.

Josuë DUPON 1864-1935

Der Bildhauer und Medailleur studierte zunächst in Rouselaere, später an Kunsthochschulen in Antwerpen. Dort war er auch als Künstler erfolgreich und wurde Lehrer an der Kunstakademie. Als Bildhauer war er sehr vielseitig: kleine Elfenbeinfiguren, Monumentalgruppen, dekorative Figuren, exotische Tiere. Seine Werke sind an vielen privaten und öffentlichen Gebäuden in Antwerpen zu sehen. Als Medaillen sind sehr bekannt: Portrait des Königs und der Königin (1912) und des Ministers Auguste Delbecke (1913). Dupon gewann in der Kategorie »Medaillen« der Kunstwettbewerbe bei den Olympischen Spielen 1936 einen dritten Platz.

Eingang zum Antwerpener Zoo

König Albert I. übergibt dem amerikanischen Schwimmer Duke Kahanamoku aus Hawaii Goldmedaille und eine Statuette, links Prinz Leopold, rechts Prinz Karel. Die Zweit- und Drittplazierten scheinen nicht anwesend zu sein; rechts daneben: die schwedischen Sportler warten auf ihre Medaillen, vorne links Mannschaftsführer Sigfrid Edström, der spätere IOC-Präsident; das Foto, das Baron de Coubertin zwischen Kronprinz und König hinter der Balustrade sitzend zeigt, ist vor Beginn der Zeremonie aufgenommen worden, denn im Hintergrund sind die aufgereihten Statuetten zu erkennen. Möglicherweise hat der IOC-Präsident die Feier mit einer Ansprache eröffnet.

König Albert I. übergibt Sigfrid Edström stellvertretend die Goldmedaille im Straßenradrennen, die Erik Harry Stenqvist am 13. August gewonnen hatte; darunter: Helen Wainwright und Aileen Riggin (beide USA) bekommen ihre Auszeichnung. Hier fehlt anscheinend die Drittplazierte.

Zustimmung des *IOC* (Baron de Coubertin) über die zu vergebenden Preise ein Beschluß gefaßt. Das Organisationskomitee verschickte an die NOK bzw. IOC-Mitglieder der Länder, die für eine Teilnahme in Frage kamen, ein Generalprogramm und Ausschreibungen über alle vorgesehenen Sportarten. In diesen Broschüren finden sich Hinweise auf die Preise: Die ersten Drei eines jeden Wettbewerbs (Einzel- und Mannschaftsdisziplinen) erhalten Vermeil-, Silber- bzw. Bronzemedaillen. Zu jeder Medaille gehört ein Diplom. Ein weiteres Diplom bekommen die siegreichen Teams (Platz 1 bis 3). Jeder Erste der Einzelwettkämpfe und der Doppel im Tennis und der Steuermann der siegreichen Segelboote werden zusätzlich mit einer Bronzestatuette (*Der siegreiche Athlet*[4]) geehrt. Athleten, die sich nicht auf den Plätzen eins bis drei plaziert, aber dennoch eine außerordentliche Leistung vollbracht haben, werden mit einem Ehrendiplom ausgezeichnet.

Das Organisationskomitee schenkte später König Albert I. und Kronprinz Leopold jeweils die Statuette und einen Medaillensatz. Jeder Teilnehmer, Sportler, NOK-Vertreter, Offizielle und Helfer und jedes Komiteemitglied erhielt eine Erinnerungsmedaille. Die Mitglieder des Organisationskomitees, der *NOK* und andere Offizielle trugen eine Miniaturausgabe der Siegermedaille als Abzeichen.[5] Zur Herstellung aller Auszeichnungen wurde ein Kredit von 137 600 Belgische Frances aufgenommen.[6]

Siegerehrung. Die Spiele in Antwerpen erstreckten sich, wie seit 1900 üblich, über mehrere Monate, vom 23. April bis 12. September 1920. Die Eröffnungs- bzw. »Schluß«-Feier mit der Hauptsiegerehrung fand am 14. bzw. 30. August statt. In dieser Zeit fielen, vor allem im Stadion, die meisten Entscheidungen. Zu Beginn der Zeremonie mußten sich die Medaillengewinner nach Nationen geordnet hinter ihren Flaggen aufstellen.

4 *L'athlète victorieux.*
5 Arbeit des Goldschmiedehauses Coosemans in Brüssel.
6 Comité Belge des Jeux de la VIIème Olympiade, *Rapport*, S. 31-32. *Programme Général*, o.O. und o.J., S. 13-14.

Siegerdiplom

Erinnerungsmedaille

Siegermedaille

Statuette für die Sieger

Léandre GRANDMOULIN

Der Maler und Bildhauer hatte an einer Kunstschule in Brüssel studiert, wurde Mitglied der Königlichen Akademie Belgiens und arbeitete später als Lehrer an der Kunstschule Saint-Gilles. Bekannt wurde er u. a. wegen seiner Monumentalskulpturen. Er nahm mit zwei Gemälden Le Football und Le Lancement du poids an den Kunstwettbewerben der Spiele 1936 in Berlin teil, gewann aber keine Auszeichnung.

Monument Lambermont

König Albert I. übergab den siegreichen Athleten die Gold-, Kronprinz Leopold die Silber- und Prinz Karel die Bronzemedaillen. Die Royals standen dabei erhöht unter einem Baldachin hinter einer mit kostbarem Tuch verkleideten Balustrade. Die Athleten mußten auf kleine Podeste steigen. Zu ihrer Orientierung war auf den Stufen in großen Ziffern die Plazierung »2, 1, 3« aufgemalt.
Die Medaillen für schon abgereiste Sportler erhielten die Mannschaftsleiter.
Preisverleihungen der Wettkämpfe außerhalb der »Hauptspiele« hatte es vorher gegeben bzw. wurden später durchgeführt: Die Eiskunstläufer und die Eishockeyspieler erhielten am 29. April spätabends um 23.00 Uhr ihre Medaillen im Cercle Artistique von Graf de Baillet-Latour, die Schützen am 3. August um 17.00 Uhr in der Offiziersmesse im Beverlee-Camp. Wie 1912 in Stockholm war in Antwerpen König Albert I. zumindest auch beim Abschluß der Reitwettbewerbe am 12. September zugegen und nahm die Ehrung vor. Im Stadion war eine Barriere aufgebaut worden, hinter der der König stand. Die Reiter saßen auf ihren Pferden, ritten heran und erhielten ihren Preis. Ihm assistierten Generalleutnant CABRA, Provinzgouverneur Baron Gaston van de WERVE en van SCHILDE und Bürgermeister Jan de VOS.[7]

Siegermedaille. Das Organisationskomitee fühlte sich an keinen der Vorkriegsbeschlüsse des *IOC* gebunden und gestaltete die Siegermedaille nach eigenem Ermessen. Beauftragt mit dem Entwurf wurde der Antwerpener Künstler Josuë Dupon.
Er schuf eine Medaille, auf deren Vorderseite ein großgewachsener nackter Athlet mit einem Palmzweig und einem Siegerkranz in der linken Hand zu sehen ist, hinter ihm eine auf einer Trompete blasende Ruhmesgöttin. Im Hintergrund ist ein Triumphtor (Eingang eines Stadions?) zu sehen. Drunter steht unter einem Band mit einer Mäanderverzierung *»VII OLYMPIADE«*. Die Rückseite erinnert an die Sage des BRABO: Zur Zeit CAESARs lebte in einer Festung an der Schelde ein schrecklicher Riese mit dem Namen Druoon ANTIGOON. Er nahm von jedem Fährmann, der

Die Legende des Brabo

den Fluß überqueren wollte, einen hohen Zoll. Jedem, der nicht bezahlen konnte, wurde die Hand abgehackt. Salvius Brabo wehrte sich dagegen, und es kam zu einem Kampf. Brabo siegte, schlug seinerseits Antigoon die Hand ab und warf sie in die Schelde. Daher kommt angeblich der Name Antwerpen, was so viel wie »Hand« und »werfen« bedeutet.[8]
Auf der Medaille sehen wir im Vordergrund das Denkmal des Brabo, darunter zwei Olivenzweige und dazwischen das Wappen der Stadt Antwerpen. Im Hintergrund sind der Hafen und die Kathedrale von Antwerpen zu erkennen. Den oberen Rand ziert die Inschrift *»ANVERS MCMXX«*, dazu unten rechts *»Josuë Dupon«*.
Die Medaille hat einen Durchmesser von 60 Millimetern (größer als bisher), ist 3,5 Millimeter dick und wiegt je nach Legierung zwischen 81 und 85 Gramm. Geprägt wurden bei Coosemans in Brüssel 450 vergoldete, 400 silberne und 400 bronzene Medaillen.[9] Übergeben wurden sie in einem Lederkästchen. Bei einigen Exemplaren ist auf der Kante der Name des jeweiligen Athleten, des Wettbewerbs und der Mannschaft eingraviert. Im Laufe der Zeit ist bei manchen Exemplaren die Vergoldung verschwunden, so daß sie wie Silbermedaillen aussehen.[10]

Der siegreiche Athlet. Die Statuette *Der siegreiche Athlet* ist aus Bronze, 28 Zentimeter hoch und steht auf einem Marmorsockel (8 Zentimeter). Sie ist ein Werk des belgischen Künstlers Léandre Grandmoulin. Hergestellt wurden 125 Exemplare. Damit keine »Nachgüsse« möglich waren, wurde die Gießform zerstört.

7 Dem *Olympischen Museum* in Lausanne wurde 1999 ein Album mit vielen bisher unbekannten Fotos der Antwerpener Spiele geschenkt. Darin befindet sich auch eine Aufnahme der Siegerehrung der Reiterwettbewerbe. Weil die Restaurierung der Fotos bis zur Drucklegung dieses Buches noch nicht abgeschlossen war, konnte Autor keine Kopie zur Verfügung gestellt werden.
8 In Wirklichkeit stammt der Name entweder von »an den Werften« ab oder von frühneuhochdeutsch »Antorf«, was Damm bedeutet.
9 Comité Belge des Jeux de la VIIème Olympiade, *Rapport*, S. 31. Es wurden bei »nur« 160 Wettbewerben deshalb so viele Medaillen benötigt, weil zahlreiche Mannschaftswettbewerbe durchgeführt wurden, vor allem im Schießen, Bogenschießen, Turnen und Segeln.
10 GREENSFELDER/VORONTSOV/LALLY, *Medals*, S. 29.

Olympia-Medaille (Orden) Vorder- und Rückseite

Siegerdiplom. Das Diplom (645 x 455 Millimeter, Auflage 1 350) schuf der belgische Plakatmaler George Privat-Livemont. Es ist mit roter Kreide gezeichnet und zeigt einen siegreichen Athleten, der von PALLAS ATHENE bekränzt wird. Hinter ihm warten weitere auf ihre Ehrung. In der Mitte ist ein Wagenrennen im Olympiastadion von Antwerpen zu sehen. Dahinter sieht man die Kulisse der Stadt Antwerpen mit dem 123 m hohen Turm der siebenschiffigen Kathedrale. Rechts unten ist Platz für eine Ehrentafel. Dort wurde der Name des jeweiligen Siegers bzw. Plazierten, der Wettbewerb und das Herkunftsland eingetragen. Unterschrieben haben die Diplome der Präsident des Organisationskomitees Graf de Baillet-Latour und Generalsekretär Alfred Verdyck.
Gemäß dem 1921 bei der Session in Lausanne vom *IOC* gefaßten Beschluß wurde auch an einer Mauer des Stadions in Antwerpen eine Tafel mit den Namen der Olympiasieger angebracht, die aber später wieder entfernt wurde.

Erinnerungsmedaille. Die Erinnerungsmedaille für die Offiziellen und Athleten entwarf der belgische Künstler Pierre Theunis. 6 000 Kopien wurden hergestellt. Die Medaille zeigt auf der Vorderseite den Sieger eines antiken Wagenrennens, über ihm eine fliegende VICTORIA, die ihn bekränzt. Auf der Rückseite bekrönt eine NIKE auf den Eingangsstufen eines Tempels vor einem Dreifuß mit Flammenschale stehend siegreiche Athleten Olympischer Spiele. Im Hintergrund ist die Stadt Antwerpen mit der Kathedrale zu erkennen. Die Randschrift lautet: *»VII OLYMPIADE ANVERS/MCMXX«*, dazu ist rechts unten der Name *»P. THEUNIS«* zu lesen. Auch diese Medaille wurde in der Brüsseler Münze Coosemans hergestellt. Sie hat die Maße: 60 Millimeter Durchmesser, 4 Millimeter Dicke, 75 Gramm Gewicht.

Olympiaorden. Aus Anlaß der Olympischen Spiele in Antwerpen sollte, wie 1912 in Stockholm, auch eine Art »Olympiaorden« vergeben werden. Dabei gab es ein Problem, als sich der am 2. Juni 1920 zum Außenminister ernannte Henri JASPAR zunächst weigerte, diese Auszeichnung, die angekündigt war, zu genehmigen. Schließlich erhielt Graf de Baillet-Latour dennoch die Möglichkeit, eine silberne Medaille (Durchmesser 30 Millimeter) prägen zu lassen. Die Kosten übernahm das Ministerium für Wissenschaften und Künste. Mit dem Entwurf wurde der Bildhauer Godefroid DEVREESE beauftragt. Sie zeigt auf der Vorderseite König Albert I. und weist auf der Rückseite mit einer Inschrift auf die Olympischen Spiele 1920 in Antwerpen hin. In der Mitte befindet sich das Wappen der belgischen Armee, nicht gerade ein Friedenssymbol, aber dem Geist der Nachkriegszeit entsprechend. Die silberne Medaille mit einem Durchmesser von 30 Millimetern war an einem rot-weißen Band, den Farben der Stadt Antwerpen, befestigt. Die Olympische Medaille, wie sie genannt wurde, wurde erst zwischen 1922 und 1924 vergeben. Die insgesamt 450 Exemplare wurden den Prinzen der königlichen Familie, den gekrönten Häuptern, die die Spiele besucht hatten, den Mitgliedern des *IOC* und des Organisationskomitees, den Botschaftern der beteiligten Nationen, den siegreichen Athleten und ausgewählten ausländischen Offiziellen übergeben.

Kunstwettbewerbe. In Antwerpen fanden zum zweiten Mal Kunstwettbewerbe statt. Leider ist zu wenig über die eingereichten Werke bekannt. Unter den Medaillengewinnern in Malerei und in Bildhauerei fanden sich keine Entwürfe für ein Diplom bzw. eine Medaille.

George PRIVAT-LIVEMONT 1861-1936

Der Genre-, Dekorations- und Plakatmaler studierte an der École des Art Décoratifs in Sint-Joost-ten-Node bei Brüssel und war dort Schüler von L. Hendrickx, dem Leiter der Schule, A. Boursin und G. Kerstens. Von 1883 bis 1889 lebte er in Paris und arbeitete bei Lamaire, Jean Baptiste Lavastre, der u.a. die Bühnendekoration der Pariser Oper gestaltete, und Duvignard, dem Bühnendekorateur der Comédie Française. Er besuchte auch die Abend-Zeichenkurse der École Etienne Marcel. Nach seiner Rückkehr nach Schaerbeek arbeitete er für eine Brüsseler Dekorationsfirma. Seit 1890 besaß er ein eigenes Atelier. Später wurde er Professor an der École d'Art et Industrie in Brüssel und unterrichtete die oberen Klassen in Figurenmalerei und dekorativem Komponieren. Seit 1895 war er in erster Linie als Plakatmaler tätig. Die sog. Plakatbewegung hatte, von Frankreich kommend, seit 1891 auch Vertreter in Belgien. Während in Frankreich eine freie malerische Richtung vorherrschte, war ein »feierlicher Stilismus« das Kennzeichen der belgischen Plakatkunst. Privat-Livemont lehnte sich – anders als bei seinem Olympischen Diplom – bei seinen Plakaten an Linien und Ornamentik des Jugendstils an.

Litho für eine Kaffeebrennerei in Brüssel (1896)

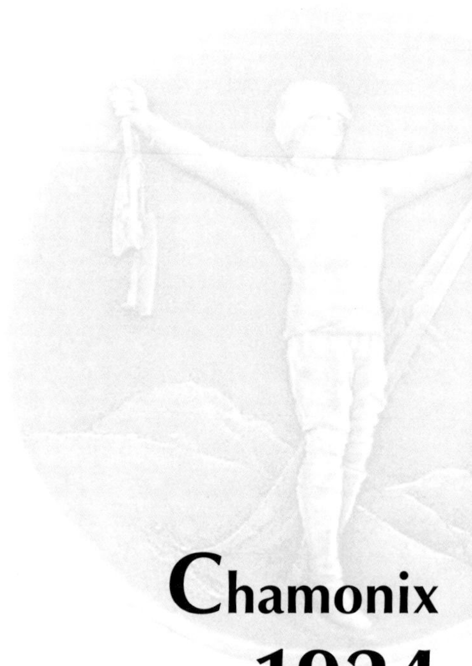

Chamonix 1924

Schon die Gründerväter der Olympischen Bewegung hatten daran gedacht, auch den Wintersport ins Programm der Spiele aufzunehmen. Umgesetzt wurde der Beschluß jedoch erstmals 1908: In London wurden in vier Eiskunstlauf-Disziplinen Medaillen vergeben. 1920 in Antwerpen kam es zum ersten Eishockeyturnier auf olympischer Bühne. Die Einführung eigenständiger Winterspiele war lange am Widerstand der Skandinavier, insbesondere der Schweden, gescheitert, die die Exklusivität ihrer Nordischen Spiele gewahrt wissen wollten.

Als es im Rahmen des ersten Olympischen Kongresses nach dem Krieg, im Juni 1921 in Lausanne, gelang, die Bedenkenträger zu beschwichtigen, war der Weg endlich frei: 1924 sollte zumindest eine *»Wintersport-Woche« (»Semaine des Sports d'Hiver«)* stattfinden, der das Etikett »olympisch« freilich noch verweigert bzw. erst im nachhinein verliehen wurde. Der Austragungsort sollte möglichst an den Schauplatz der Sommerspiele gekoppelt werden, sprich im selben Land gelegen sein. Bei seiner Session von 1922 entschied sich das *IOC* schließlich zwischen mehreren Bewerbern für Chamonix, die Stadt am Fuße des Mont Blanc.

So fanden sich Ende Januar 1924 knapp 300 Wintersportler aus 16 Ländern zur Premiere ein. Deutschland war noch nicht wieder in die olympische Familie aufgenommen worden, so daß Farben fehlten, ebenso wie auch einige Monate später bei den Sommerspielen in Paris. Akkreditiert waren immerhin auch 88 Journalisten aus 14 Ländern. Ansonsten darf der äußere Rahmen als bescheiden ausgewiesen werden, was auch für den Zuschauerzuspruch zutrifft. Schon wegen der Abgelegenheit mancher Wettkampfstätten war dies in der Frühzeit des organisierten Wintersports ohnehin ein Problem.

Während der vierzehn Tage von Chamonix kam es in fünf Sportarten (Nordischer Skisport, Eiskunst- und Eisschnellauf, Bobsport und Eishockey) zu insgesamt 14 Entscheidungen. Hinzu kamen ein »Militärpatrouillenlauf«, also eine Art Biathlon, und Curling.

Siegerehrung. Die Siegerehrung fand, wie bisher bei den Sommerspielen, am letzten Tag (der Hauptveranstaltungen) als Teil der Schlußfeier, also am 5. Februar 1924, statt. Da es sich noch nicht offiziell um Olympische Winterspiele, sondern um eine Internationale Wintersportwoche in Verbindung mit den Spielen der VIII. Olympiade handelte,[1] waren keine hohen Staatsgäste anwesend. So nahmen Frantz REICHEL und IOC-Präsident Baron de COUBERTIN die Ehrung vor. Zunächst wurden vor der eigentlichen Zeremonie die Resultate des vergangenen Tages bekannt gegeben und die norwegische, finnische und britische Flagge gehißt.[2] Es wurde aber nicht erwähnt, ob eine Hymne gespielt wurde. Ein Vergleich mit den Spielen 1924 in Paris und vor allem mit jenen 1928 in Amsterdam zeigt, daß nach einem Wettkampf eine »provisorische« Ehrung mit den drei Flaggen der Erstplazierten und der Hymne des Siegers durchgeführt wurde, aber ohne einen besonderen Glückwunsch an den Gewinner oder die drei Erstplazierten. Wahrscheinlich wurde auch in Chamonix so verfahren.[3] Nach dieser letzten provisorischen begann die eigentliche Ehrung mit einer Ansprache von Baron der Coubertin. Danach verlas der Generalsekretär des Organisationskomitees, Frantz Reichel, die Namen der Sieger und überreichte die Medaillen. Geehrt wurden auch die Sieger im Militärpatrouillenlauf und im Curling. Sie dürften Medaillen erhalten haben wie die anderen Gewinner auch. In den Statistiken werden diese Wettbewerbe heute als Demonstrationen aufgeführt, was aber wohl nicht korrekt ist. Der Offizielle Bericht benutzt den Begriff »Demonstrationen« nur bei der Beschreibung der entsprechenden Wettbewerbe der Veranstaltungen in Paris.[4]

Nach den Ehrungen durch Reichel übergab Baron de Coubertin den *»Olympischen Preis für Alpinismus«*[5] dem britischen Oberst E. L. STRUTT, dem stellvertretenden Leiter der britischen Mount-Everest-Expedition von 1922. Bereits 1894 war der olympische Gründungskongreß der Auffassung gewesen, jeweils die beste alpinistische Leistung der vergangenen vier Jahre auszuzeichnen. Davon

Literatur:
Comité Olympique Français (Hg.), *Les Jeux de la VIIIe Olympiade Paris 1924. Rapport Officiel*, Paris 1924.
PALLIÈRE, Johannès, *Les Premiers Jeux d'Hiver de 1924*, Chambéry 1991.
ARNAUD, Pierre / TERET, Thierry, *Le Rêve Blanc*, Bordeaux 1993.

1 1925 beschloß das *IOC*, in Zukunft diese Wintersportveranstaltungen *Olympische Winterspiele* zu nennen. Ein Jahr später erhielt die Wintersportwoche in Chamonix nachträglich die Bezeichnung *I. Olympische Winterspiele*.
2 Comité Olympique Français, *Jeux*, S. 721.
3 Ein Blick auf das Programm dieses Vortages, des 4. Februar, ergibt aber ein Problem. Zwei Wettkämpfe wurden durchgeführt. In der Nordischen Kombination siegten drei Norweger, im Spezialsprunglauf zwei Norweger vor einem Amerikaner. Die Reihenfolge Norwegen, Finland, Großbritannien gab es bei keinem Wettkampf. Vielleicht irrt auch der Offizielle Bericht bei der Erwähnung der Länder der drei Flaggen.
4 Vgl. KLUGE, *Winterspiele*, S. 50.
5 *»Prix Olympique d'Alpinisme«*.

Siegerdiplom

Siegermedaille

wurde zum ersten Mal Gebrauch gemacht. Baron de Coubertin überreichte in Verbindung mit einer kurzen Ansprache die *»Medaillen«*[6] für die Mitglieder der Expedition. Vermutlich waren es die vergoldeten Exemplare, die vorher auch die anderen Sieger erhalten hatten.[7]

Die hervorgehobene Beteiligung des IOC-Präsidenten an der Siegerehrung begründete – sicher nicht mit Absicht – eine Tradition, die sich bis heute fortsetzt. Er nahm sich bald das alleinige Recht, die Medaillen zu überreichen und an andere IOC-Mitglieder zu delegieren, wenn er verhindert war oder bewußt verzichtete. Die Siegerehrung am Ende der Olympischen Winterspiele wurde noch einige Jahrzehnte beibehalten, bis dann auch bei diesem Fest die siegreichen Athleten möglichst am Tag des Wettkampfes ihre Medaillen erhielten.

Siegermedaille. Der Offizielle Bericht enthält auch besondere Regeln für den Wintersport. Sie sind, bezogen auf die Auszeichnungen, mit denen für die Sommerspiele identisch.[8] Es werden sich aber doch Unterschiede feststellen lassen (s.u.). Die Siegermedaille wurde von Raoul BÉNARD entworfen, der auch für die Gestaltung der Erinnerungsmedaille der Sommerspiele 1924 ausgewählt wurde.[9] Auf der Vorderseite befindet sich ein Wintersportler, der seine Arme leicht nach oben ausstreckt und in den Händen ein paar Schlittschuhe (rechts) und ein Paar Skier hält. Im Hintergrund sind die Alpen mit dem Mont Blanc (?) zu erkennen. Am rechten Rand steht der Name »RAOUL BÉNARD«. Die Rückseite enthält eine umfangreiche auf 14 Zeilen verteilte Inschrift: *»CHAMONIX / MONT-BLANC / SPORTS D'HIVER / 25. JANVIER – 5. FÉVRIER 1924 / ORGANISÉS / PAR LE / COMITÉ OLYMPIQUE FRANÇAIS / DU COMITÉ / INTERNATIONAL OLYMPIQUE / À L'OCCASION / DE LA CÉLEBRATION DE LA / VIIIe OLYMPIADE«*. Bei den vergoldeten Versionen und den Exemplaren aus Silber findet sich auf der Kante *»2 ARGENT«*, bei den Medaillen für Platz drei entsprechend *»BRONZE«*. Gegossen wurden sie in der Pariser Münze. Die Maße: 55 Millimeter Durchmesser, vier Millimeter Dicke, 75 (vergoldet), 77 (Silber) und 67 (Bronze) Gramm Gewicht.

Siegerdiplom. Wie bei den bisherigen Olympischen Spielen erhielten auch die drei Erstplazierten der Wintersportwoche ein Diplom.[10] Für den Entwurf gab es keine Ausschreibung, sondern Gestaltung und Herstellung wurde der Druckerei übertragen, die

I. Olympische Winterspiele in Chamonix – 24. Januar bis 5. Februar 1924

Mannschaften: 17

AUT
BEL
CAN
EST
FIN
FRA
GBR
HUN
ITA
LAT
NOR
POL
SUI
SWE
TCH
USA
YUG

Sportler: 258 (13[1])

Name des Organisationskomitees:	***Comité Exécutif des Jeux de la VIIIe Olympiade***
Präsident:	Comte Justinien de CLARY
Generalsekretär:	Frantz REICHEL
Offizieller Bericht:	französisch (Teil des Berichtes der Spiele der VIII. Olympiade
Zeremoniell:	Eröffnungs- und Schlußfeier am Anfang bzw. am Ende der Spiele
Eröffnung durch:	Unterstaatssekretär Gaston VIDAL
Dauer:	13 Tage
Siegerehrung:	bei der Schlußfeier durch Frantz REICHEL und Baron Pierre de COUBERTIN
Olympischer Eid:	Camille MANDRILLON (Militärpatrouillenläufer)
Plakate:	Auguste MATISSE, Charles HALO, Roger SOUBIE, 4. unbekannt
Siegermedaille:	Raoul BÉNARD
Siegerdiplom:	Inv. PLUMEREAU (?), Druckerei Debar
Erinnerungsmedaille:	Raoul BÉNARD
Film:	*Jeux de Chamonix* (Société de Films Sportifs)
Sportarten:	7 (1[1]) mit 16 (2[1]) Wettbewerben
Demonstrationen:	keine (s.u.)
Besonderheiten:	zunächst vom *IOC* als Wintersportwoche der VIII. Olympiade genehmigt, seit der IOC-Session 1926 als I. Olympische Winterspiele gezählt, noch keine deutsche Beteiligung

Erläuterungen: [1] davon Frauen

6 Comité olympique Francais, *Jeux*, S. 721.

7 Wie viele es waren, wird nicht gesagt. Leiter der Expedition war der Brite Charles Granville BRUCE. Zum Team gehörten 15 britische Bergsteiger und zahlreiche Sherpas. George MALLORY, Edward NORTON und Howard SOMERVELL erreichten ohne Sauerstoff 8 225 m, George FINCH und Geoffrey BRUCE mit Sauerstoff 8 320 m. Sieben Sherpas kamen ums Leben. (KLUGE, *Winterspiele*, S. 50/51. BONINGTON, Chris, *Triumph in Fels und Eis*, Stuttgart 1995, S. 93-114). LENNARTZ, Karl, »Mallory mit der Expedition Olympiasieger. Als das IOC noch Goldmedaillen für Bergsteiger vergab«, in: *Frankfurter Allgemeine Zeitung* (21.05.1999) 116, S. 40. Wenige Monate später schafften SOMERVELL 8 530 m und NORTON 8 572 m. MALLORY und Andrew IRVINE versuchten am 8. Juni 1924 höher zu steigen, kamen aber ums Leben. Am 1. Mai 1999 wurde die Leiche MALLORYs gefunden. Seit 1924 und jetzt verstärkt wird diskutiert, ob er vielleicht sogar als erster den Gipfel erklommen hat.

8 Comité Olympique Français, *Jeux*, S. 646-647.

9 Über ihn siehe den Abschnitt »Paris 1924«.

10 Einzel und Mannschaft und ein zusätzliches für das Team.

11 Bei KLUGE, *Winterspiele*, S. 43, heißt der Künstler PLUMERAU.

12 Comité Olympique Français, *Jeux*, S. 867.

13 Comité Olympique Français, *Jeux*, S. 837.

14 Die Angabe im Offiziellen Bericht (S. 837) bezieht sich wohl auf die Medaillen insgesamt.

Umringt von Sportlern, Funktionären und Zuschauern, nehmen Baron de Coubertin und Frantz Reichel bei der Abschlußfeier die Siegerehrungen vor.

schon den Briefkopf des Komitees gestaltet hatte, der Firma Debar.[11]

Das Siegerdiplom (510 x 330 Millimeter) zeigt an der linken Seite vor dem Hintergrund einer Bergkulisse – das Panorama von Chamonix – einen Skifahrer, der auf die Sportstätten und den Ort blickt. Die in einem Tal liegende große Eisfläche ist umgeben von einzelnen Häusern. Auf dem Eis trainieren Athleten. Ein aus Tannenzapfen gebildeter Rahmen schmückt die Urkunde. In der rechten unteren Bildhälfte ist auf einer schildartigen Fläche vor Tannen und einem großen Lorbeerzweig der Text mit Hinweis auf die Wintersportwoche und das Ergebnis sowie der Name des jeweiligen Athleten untergebracht. Unterzeichnet hatten IOC-Präsident Baron de Coubertin und der Präsident des Organisationskomitees Comte Justinien de Clary. 2000 Exemplare wurden hergestellt und – entgegen den im Offiziellen Bericht abgedruckten Regeln[12] – an alle Athleten und Offiziellen ausgegeben.[13]

Erinnerunsmedaille. Mit der Erinnerungsmedaille haben es sich die Veranstalter leicht gemacht. Sie entspricht der Bronzemedaille. Damit wurde im Grunde genommen die Leistung der drittplazierten Athleten abgewertet. Sie erhielten lediglich die Medaille, die allen Teilnehmern übergeben wurde, zweimal. Insgesamt wurden 2000 Medaillen für die Athleten und Offiziellen geprägt.[14]

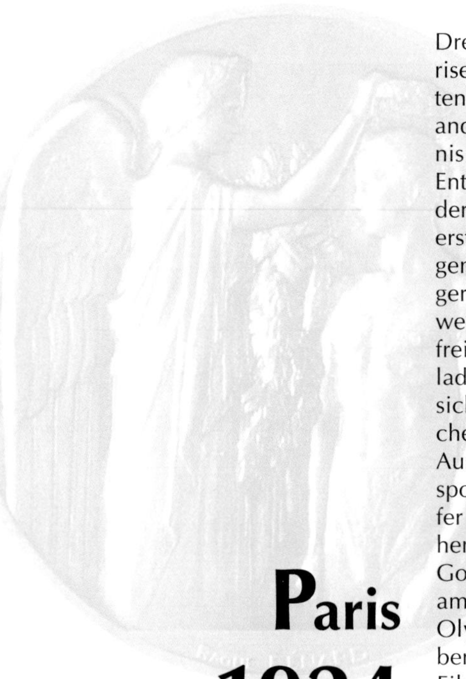

Paris 1924

Dreißig Jahre nach ihrer »Geburt« in der Pariser Sorbonne kehrten die Spiele zum zweiten Mal an ihren Ursprungsort zurück. Doch anders als im Jahre 1900 verdiente das Ereignis nun durchaus das Prädikat »olympisch«. Entsprechendes Niveau hatte insbesondere der Auftritt der Athleten. Bereits ihre Anzahl, erstmals über 3 000, war ein Rekord. Im übrigen repräsentierten sie 45 Länder – eine Steigerung um fünfzig Prozent gegenüber Antwerpen. Zwei große »Sport-Nationen« fehlten freilich: Deutschland war erneut nicht eingeladen worden, die Sowjetunion verweigerte sich dem aus ihrer Sicht dekadenten bürgerlichen Sportfest konsequent.

Aus der Vielzahl ausgezeichneter Spitzensportler sind die finnischen Langstreckenläufer Paavo NURMI und Vilho Eino RITOLA hervorzuheben: Sie gewannen fünf bzw. vier Goldmedaillen! Für Furore sorgte auch ein amerikanischer Schwimmer, der dreifache Olympiasieger Johnny WEISSMULLER. Weltberühmt wurde er allerdings erst später, als Filmschauspieler und Darsteller von »Tarzan«. Apropos: Auch Harold ABRAHAMS und Eric LIDDELL, Sieger über 100 und 400 Meter, erschienen auf der Leinwand, zwar nicht persönlich, doch immerhin als Titelhelden eines 1981 mit einem Oskar ausgezeichneten produzierten Kinofilms. In *Chariots of Fire* (Die Stunde der Sieger) wird nicht nur die Karriere der britischen Sprinter, sondern auch das Drumherum der Pariser Spiele in cineastisch anspruchsvoller Weise in Szene gesetzt.

Die historische Wirklichkeit sah jedoch naturgemäß anders aus. Zwar bot das Stade de Colombes ein entsprechendes Ambiente und Platz für 40 000 Zuschauer, und auch die Qualität der übrigen Wettkampfstätten sowie der Zuspruch des Publikums boten vergleichsweise wenig Anlaß zur Kritik, doch konnten Baron de COUBERTIN auch seine zweiten »Heim-Spiele« nicht begeistern. Nicht nur in seinen Augen hatte sich die Seine-Metropole der großen Ehre erneut nicht würdig erwiesen. Insbesondere beklagte er ein gewisses Desinteresse, ja »Unfreundlichkeit« der städtischen Autoritäten. Vielen fehlte aber auch das »gewisse Etwas«, das spezielle Flair. IOC-Mitglied Sigfrid EDSTRÖM kritisierte, daß sich die olympische Familie in Paris gänzlich aus den Augen verloren hätte, und schlug vor, die Spiele in Zukunft nicht mehr an solch große Städte zu vergeben. Mit Blick auf Los Angeles vermochte Edströms amerikanischer IOC-Kollege William GARLAND dem Vorschlag verständlicherweise wenig abzugewinnen.

Statuten des IOC. Seit 1920 hatte sich das *IOC* immer wieder mit der Frage der Auszeichnungen befaßt.[1] Auf der Session im Juni 1921 in Lausanne wurde zunächst der Beschluß von 1910, eine Seite der Medaille unverändert beizubehalten, aufgehoben. Die Begründung: Angesehene Künstler seien nicht bereit, nur die »halbe Medaille« entwerfen zu dürfen. Comte Henri de BAILLET-LATOUR legte einen Antrag vor, der angenommen wurde: eine internationale Ausschreibung vom *Französischen NOK* durchführen zu lassen, den jeweiligen Veranstalter der Spiele über die Gestaltung der Erinnerungsmedaille frei entscheiden zu lassen, Medaillen aus purem Gold in Zukunft zu verbieten, den Durchmesser der Medaille auf 55 Millimeter zu begrenzen.[2]

Auf der Session 1922 in Paris referierte Frantz REICHEL über die Vorbereitungen seines Organisationskomitees und erklärte u. a., daß es ihm unmöglich gewesen sei, eine internationale Ausschreibung für die Siegermedaille durchzuführen. Sie hätten die Aufgabe einigen bekannten Künstlern gestellt. Das *IOC* sollte über deren Vorschläge entscheiden.[3] Ein Jahr später, im April 1923 in Rom, lag ein französischer Vorschlag für die Siegermedaille der Spiele 1924 vor, der vom IOC akzeptiert wurde. Gleichzeitig wurde eine Kommission mit Comte de Baillet-Latour, Graf Clarence von ROSEN (SWE) und Comte José Capelo de PENHA-GARCIA (POR) gebildet, die sich um eine internationale Ausschreibung für die ständige Medaille kümmern und die über die NOK erfolgen sollte.[4] Auf der Session 1921 wurde auch ein Vorschlag des Griechen Alexander MERKATI angenommen, die Namen der Olympiasieger

Literatur:
Comité Olympique Français (Hg.), *Les Jeux de la VIIIe Olympiade Paris 1924. Rapport Officiel,* Paris 1924.
WAGNER, Julius / EICHENBERGER, Guido, *Die Olympischen Spiele 1924 in Paris,* Zürich 1924.
1st Century Project (Hg.), *The VIII Olympiad,* Los Angeles 1996.

1 Dabei ging es des öfteren auch um die Wanderpreise.
2 Protokoll der 20. IOC-Session Lausanne 1921, S. 15 (IOC-Archiv).
3 Protokoll der 21. Session Paris 1922, S. 16-17 (IOC-Archiv).
4 Protokoll der 22. Session Rom 1923, S. 10 (IOC-Archiv).

auf einer Tafel an der jeweiligen Stadionmauer anzubringen. Die *NOK* von Belgien und Schweden wurden gebeten, dies für ihre Spiele nachzuholen.[5]
Nachdem das *IOC* schon 1914 die bisherige offizielle Nationenwertung abgeschafft hatte, wurde dieser Beschluß 1921 noch einmal erneuert. Trotzdem enthält der Offizielle Bericht der Spiele von 1924 wieder eine solche Liste, sowohl für die Veranstaltungen in Chamonix als auch für die Spiele in Paris.[6]
Weiterhin wurde auf der Session 1921 eine »Commission Administrative« eingesetzt, die sich mit Vorschriften der Veranstalter Olympischer Spiele befassen, d.h. die bisher sehr weit gefaßten »Statuts« präzisieren sollte. Dieser Ausschuß traf sich am 6. November 1921[7] in Paris unter Vorsitz von Comte de Baillet Latour[8] und erarbeitete diese »Reglements«[9]. Die Gruppe befaßte sich auch mit den Auszeichnungen. War bisher immer nur eine »Preisverteilung« erwähnt worden, so wurde jetzt genau aufgezählt, wer was erhalten durfte. Die Kommission übernahm damit weitgehend die Vorstellungen der Veranstalter, wie sie seit 1904 immer wieder in den Ausschreibungen des Programms formuliert worden waren:

»Die Auszeichnungen bei den Olympischen Spielen bestehen aus vergoldeten, silbernen und bronzenen Medaillen. Es muß das vom IOC ausgewählte Modell, das nicht verändert werden darf, genommen werden. Zu jeder Medaille gehört ein Diplom. Es können auch Ehrendiplome vergeben werden Die Auswahl der Erinnerungsmedaille, die jeder Teilnehmer erhält, bleibt dem Organisationskomitee überlassen.«[10]

Die Kommission hat dann weitergearbeitet. In den Protokollen der Sessionen und des Exekutivkomitees wird ihre Tätigkeit hin und wieder erwähnt. Allerdings fehlen bisher Aufzeichnungen ihrer Sitzungen. Ende 1923/Anfang 1924 wurde eine 22seitige Broschüre herausgegeben, *»Statuten des IOC. Regeln und Protokoll der Feier der modernen Olympiaden und alle vier Jahre stattfindenden Olympischen Spiele«*[11], die schon für die Spiele in Paris gültig sein sollen. Darin findet sich neben dem »alten« Paragraphen über die Vergabe der Preise ein ausführlicher Abschnitt zu dieser Thematik. Er ist im Grunde genommen bis heute gültig geblieben, nur hin und wieder erweitert worden. Deshalb scheint es sinnvoll, ihn hier vollständig abzudrucken. Der Text wurde auch bald im seit 1926 erscheinenden Bulletin des *IOC* neben der französischen Fassung auch ins Englische, Deutsche und Spanische übersetzt. Hier sei die offizielle deutsche Version[12] zitiert:

»Preise
Die Preise bei den Olympischen Spielen bestehen in Olympia-Plaketten und Urkunden. Zu jeder Plakette gehört eine Urkunde. Ferner wird bei Mannschafts-Wettkämpfen der siegreichen Mannschaft eine Urkunde zuerkannt. Das Organisationskomitee kann auf Vorschlag eines internationalen Verbandes einem Teilnehmer, dessen Leistungen hervorragend waren, der aber keinen Preis gewann, eine Ehrenurkunde zuerkennen. Alle Teilnehmer an den Spielen erhalten eine Erinnerungsplakette. Es werden dreierlei Plaketten für die Wettkämpfe ausgegeben:
a) für Einzelwettkämpfe:
dem Sieger eine Plakette in Gold und eine Urkunde
dem zweiten eine Plakette in Silber und eine Urkunde
dem dritten eine Plakette in Bronze und eine Urkunde
b) für Mannschaftswettkämpfe
der siegreichen Mannschaft eine Urkunde; jedem einzelnen der Mannschaft eine Plakette in Gold und eine Urkunde
der zweiten Mannschaft eine Urkunde; jedem einzelnen der Mannschaft eine Plakette in Silber und eine Urkunde
der dritten Mannschaft eine Urkunde, jedem einzelnen der Mannschaft eine Plakette in Bronze und eine Urkunde
Bei den Mannschaftswettkämpfen haben alle Teilnehmer Anspruch auf die Plakette und die von der Mannschaft gewonnene Urkunde.
Die Namen der Sieger werden in die Wände des Stadions, in dem die Spiele stattfanden, eingehauen.«[13]

Erinnerungsmedaille für die geplanten 1. Afrikanischen Spiele 1929 in Alexandria,
oben: dazugehöriges Diplom

5 Während der Beschluß bald danach in Antwerpen umgesetzt wurde, ließen sich die Schweden bis 1966 Zeit. Neben der Grasbahn des *Racing Club de Paris* im Bois de Boulogne befindet sich zwar an einem Pfahl befestigt eine kleine Tafel, die auf die Olympischen Spiele 1900 und 1924 hinweist, doch fehlen hier die Namen der Sieger von 1900. Auch in Athen – Spiele 1896 und 1906 – kam man dem Beschluß nicht nach.

6 Comité Olympique Français, *Jeux*, S. 616-617, 661.

7 Einen Tag vor der konstituierenden Sitzung des Exekutivkomitees, das ebenfalls auf der Session 1921 in Lausanne beschlossen worden war.

8 Anwesend außerdem Robert de COURCY LAFFAN (GBR), Sigfrid EDSTRÖM (SWE) und Albert GLANDAZ (FRA).

9 Aus den Statuts und Reglements entwickelte sich dann bald eine alles immer genauer bestimmende Satzung, die wir heute »Olympische Charta« nennen.

10 Originalzitat siehe Kapitel Quellentexte.

11 *»Statuts du Comité International Olympique. Réglements et protocole de la Célébration des Olympiades Modernes et des Jeux Olympiques quadriennaux.«*

12 In: *Offizielles Organ des Internationalen Olympischen Ausschusses* 2(1927)5, S. 41.

13 Originalzitat siehe Kapitel Quellentexte.

Afrikanische Spiele. Bei fast allen Sessionen nach Ende des Ersten Weltkrieges stand das Thema »Regionalspiele« auf der Tagesordnung. Das *IOC* wollte Spiele im Fernen Osten, Indien, Südamerika und Afrika unterstützen, um dort eine Art »olympischen Kindergarten« zu schaffen, wie Baron de Coubertin es nannte, um die Olympische Idee auch wirklich weltweit zu verbreiten. Baron de Coubertin lagen besonders die Afrikanischen Spiele am Herzen. Dort sollten nach seiner Auffassung in erster Linie Afrikaner an den Start gehen. Die Kolonialmächte verhinderten aber eine Realisierung. Die vorgesehenen Veranstaltungen 1925 in Algier und 1929 in Alexandria wurden abgesagt. Organisiert wurden die Spiele zum ersten Mal erst 1965. Für unsere Fragestellung sind zwei Medaillen dabei von Interesse. Ein Modell wurde den Mitgliedern bei der Session 1924 gezeigt. Es handelt sich um eine Werbemedaille, die in den Missions- und Handelsstationen verteilt werden sollte. Wegen der vielen Sprachen in Afrika war die Inschrift in »neutralem« Latein verfaßt: »*ATHLETAE PROPRIUM EST SCIPSUM NOSCERE, DUCERE ET VINCERE* «[14].

Für die vorgesehenen 1. Afrikanischen Spiele 1929 in Algier hatte die Firma Huguenin in

Werbemedaille für die Afrikanischen Spiele (ohne Band und Öse)

14 *»Es ist Sache der Athleten, sich selbst zu erkennen, sich zu beherrschen und zu siegen.«* Protokoll der 23. Session, S. 6, bzw. der 24. Session, S. 15-16 (IOC-Archiv).

15 Die Musik fehlte, weil die gestrenge Jury niemanden auszeichnen wollte.

16 Comité Olympique Français, *Jeux*, S. 614.

17 Davon abgezogen wurden ihm die Kosten die Herstellung des Modells.

Spiele der VIII. Olympiade in Paris – 4. Mai bis 27. Juli 1924

Mannschaften: 44

ARG	AUS
AUT	BEL
BRA	BUL
CAN	CHI
CUB	DEN
ECU	EGY
ESP	EST
FIN	FRA
GBR	GRE
HAI	HUN
IND	IRL
ITA	JPN
LAT	LTU
LUX	MEX
MON	NED
NOR	NZL
PHI	POL
POR	ROM
RSA	SUI
SWE	TCH
TUR	URU
USA	YUG

Sportler: 3 076 (139[1])

Name des Organisationskomitees:	***Comité Exécutif des Jeux de la VIIIe Olympiade Paris 1924***
Präsident:	Comte Justinien de CLARY
Generalsekretär:	Frantz REICHEL
Offizieller Bericht:	französisch
Zeremoniell:	Eröffnungs- und Schlußfeier zu Beginn (5. Juli) und am Ende der Hauptspiele (27. Juli)
Eröffnung durch:	Staatspräsident Gaston DOMERGUE
Dauer:	12 Wochen mit dreiwöchigen Hauptspielen am Ende
Siegerehrung:	bei der Schlußfeier durch Baron Pierre de COUBERTIN, Comte de CLARY und Baron Godefroy de BLONAY
Olympischer Eid:	Geo ANDRÉ (Leichtathlet)
Plakate:	Orsi und Jean DROIT
Siegermedaille:	André RIVAUD
Siegerdiplom:	Bernard NAUDIN
Olympische Vase:	O. GUILLONNET
Erinnerungsmedaille:	Raoul BÉNARD
Film:	Jeux de Paris (Société de Films Sportifs)
Sportarten:	17 (4[1]) mit126 (12[1]) Wettbewerbe
Demonstrationen:	6 (1[1]) mit 14 (1[1]) Wettbewerben
Künste:	5 mit 5 Wettbewerben
Besonderheiten:	erstmals eine Goldmedaille für eine alpinistische Leistung, nachdem schon der Kongreß 1894 einen solchen Preis beschlossen hatte, noch keine deutsche Beteiligung

Erläuterungen: [1] davon Frauen

Le Locle bereits eine Erinnerungsmedaille geprägt. Die Vorderseite zeigt einen Afrikaner mit einem Palmzweig in der Rechten. Er dreht dem Betrachter den Rücken zu und blickt auf eine Karte Afrikas. In der oberen Hälfte ist »*1ERS JEUX AFRICAINS*« eingraviert. Auf der Rückseite sind Motive aus der ägyptischen Geschichte abgebildet: Sphinx, Pyramiden, eine Barke, dazu ist in Arabisch und Französisch »*ALEXANDRIA 1929*« zu lesen.
Auch der Entwurf eines Diploms, das von dem ägyptischen IOC-Mitglied Angelo BOLANAKI als »*General-Kommissar der Afrikanischen Spiele*« und Prinz Omar TOUSSOUN, dem Präsidenten des *Ägyptischen NOK*, unterschrieben ist, war bereits vorhanden.

Siegerehrung. Die Siegerehrung der Olympischen Spiele 1924 in Paris fand im Rahmen der Schlußfeier am letzten Tag der Spiele statt. Vorher wurden noch zwei Wettbewerbe durchgeführt: Springreiten – Einzel und Mannschaft. Danach folgte von 14.00 bis 16.30 Uhr ein Musikprogramm. Um 16.30 Uhr ritten die Sieger der sechs Reitdisziplinen ein. Der Offizielle Bericht erwähnt das Hissen der Flaggen und das Abspielen der Nationalhymnen. Es hat also wohl auch bei den Spielen in Paris eine »provisorische« Ehrung nach Beendigung des jeweiligen einzelnen Wettkämpfes gegeben, wie sie uns auch vier Jahre später in Amsterdam begegnet. Im leichten Galopp verließen danach die Reiter das Stadion. Um 17.00 Uhr erfolgte die Ehrung der Gewinner der Kunstwettbewerbe: Architektur, Literatur, Malerei und Bildhauerei.[15] Um 17.15 Uhr betraten hinter den Fahnenträgern der Nationen in drei Gruppen die Sieger sowie die Zweit- und Drittplazierten der Sportwettkämpfe das Stadion, um ihre Auszeichnungen zu erhalten.
Die Medaillenempfänger plazierten sich in einem Halbkreis vor der Ehrentribüne. Während bis dahin die Medaillenübergabe, zweifellos ein Höhepunkt der Spiele, üblicherweise staatlichen Würdenträgern, wenn nicht gekrönten Häuptern vorbehalten geblieben war, glänzten in Paris bei diesem feierlichen Anlaß der Präsident der Republik sowie der Ministerpräsident durch Abwesenheit. Lediglich ein Vertreter der französischen Regierung war zugegen. Die offiziellen Schlußworte blieben Baron de Coubertin überlassen. Für ihn sollte es übrigens auch eine Art persönlicher Abschied sein: Die Spiele von Paris waren die letzten, die er im Amt des IOC-Präsidenten erlebte. Ein Jahr später nutzte er den Olympischen Kongress in Prag als Gelegenheit zum Rücktritt. Sein Nachfolger wurde der Belgier Comte Henri de Baillet-Latour.
So war die Überreichung der Medaillen für Baron de Coubertin eine seiner letzten offiziellen olympischen Pflichten. Mitten vor der Haupttribüne war auf der Laufbahn ein Podium mit einer mit Tuch verkleideten Balustrade aufgebaut worden, hinter der Comte de Clary, Baron de Coubertin und Baron de Blonay saßen. Die Sportler standen im Innenraum, vor ihnen aufgereiht die Fahnenträger der teilnehmenden Nationen. Die Medaillen wurden »teamweise« übergeben. Die einzelnen Chefs de Mission traten mit ihren Fahnenträgern vor und erhielten die Preise, die ihre Athleten gewonnen hatten. Die Namen sowie die Nationalität der Medaillengewinner wurden über den Lautsprecher ausgerufen. Die Mannschaftsleiter sollten die Medaillen anschließend an die Sportler oder später im Heimatland weitergeben. Damit wurde vermieden, daß allzu sehr auffiel, daß ein großer Teil der Sportler bereits längst wieder zu Hause war, denn die ersten Wettbewerbe der Spiele lagen schon elf Wochen zurück.
Als der Präsident des *Amerikanischen NOK*, Robert THOMPSON, zur Ehrung vortrat, wurden die USA mit 45 Gold- sowie je 27 Silber- und Bronzemedaillen als die erfolgreichste Nation der Spiele ausgerufen. Als zweiten der – durch IOC-Beschluß eigentlich abgeschafften – Nationenwertung feierte man die Mannschaft Frankreich, der immerhin je 14 Gold- und Silber- sowie 13 Bronzemedaillen gutgeschrieben wurden. Auf dem dritten Platz rangierte Finnland. Die 37 »finnischen« Medaillen – die Mannschaft bestand nur aus 111 Athleten – wurden im Offiziellen Bericht überschwenglich als Beleg für den »*körperlichen Wert einer beispielhaften Rasse*«[16]

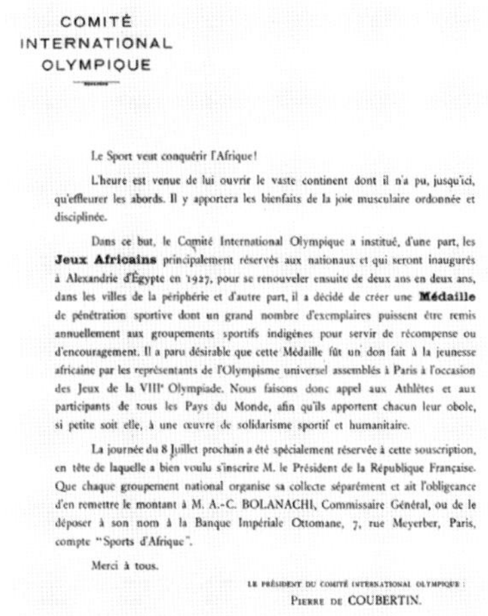
COMITÉ
INTERNATIONAL
OLYMPIQUE

Le Sport veut conquérir l'Afrique!

L'heure est venue de lui ouvrir le vaste continent dont il n'a pu, jusqu'ici, qu'effleurer les abords. Il y apportera les bienfaits de la joie musculaire ordonnée et disciplinée.

Dans ce but, le Comité International Olympique a institué, d'une part, les **Jeux Africains** principalement réservés aux nationaux et qui seront inaugurés à Alexandrie d'Égypte en 1927, pour se renouveler ensuite de deux ans en deux ans, dans les villes de la périphérie et d'autre part, il a décidé de créer une **Médaille** de pénétration sportive dont un grand nombre d'exemplaires puissent être remis annuellement aux groupements sportifs indigènes pour servir de récompense ou d'encouragement. Il a paru désirable que cette Médaille fût un don fait à la jeunesse africaine par les représentants de l'Olympisme universel assemblés à Paris à l'occasion des Jeux de la VIIIe Olympiade. Nous faisons donc appel aux Athlètes et aux participants de tous les Pays du Monde, afin qu'ils apportent chacun leur obole, si petite soit elle, à une œuvre de solidarisme sportif et humanitaire.

La journée du 8 Juillet prochain a été spécialement réservée à cette souscription, en tête de laquelle a bien voulu s'inscrire M. le Président de la République Française. Que chaque groupement national organise sa collecte séparément et ait l'obligeance d'en remettre le montant à M. A.-C. BOLANACHI, Commissaire Général, ou de le déposer à son nom à la Banque Impériale Ottomane, 7, rue Meyerber, Paris, compte "Sports d'Afrique".

Merci à tous.

LE PRÉSIDENT DU COMITÉ INTERNATIONAL OLYMPIQUE :
PIERRE DE COUBERTIN.

VIIIe OLYMPIADE - PARIS 1924
PROGRAMME DE LA
CÉRÉMONIE DE CLOTURE DES JEUX

1. — SPORTS EQUESTRES
A. — PRIX DES NATIONS

14 heures. PELOUSE DU STADE. — Départ du premier concurrent du Prix des Nations
De 14 h. à 16 h. 30 PELOUSE DU STADE (Tribune 6 et 2)
Exécution de morceaux de Musiques et Chœurs
par la Musique du 31e Régiment d'Infanterie - Chef: M. FLOT
L'Harmonie de la Ville de Colombes
Les Trompettes de la Garde Républicaine
Les Chœurs sous la Direction de MM. PERRAULT et POIRIER
16 heures 30 CÉRÉMONIE PROTOCOLAIRE des trois épreuves de Sports Equestres
Concours de Dressage
Championnat du Cheval d'Armes
Prix des Nations
16 heures 45 DEFILE DES CAVALIERS ayant pris part aux épreuves de Sport Equestre

II. — CONCOURS D'ART
17 heures. Cérémonies protocolaires des Concours d'Art :
ARCHITECTURE, LITTÉRATURE, PEINTURE et SCULPTURE

17 h. 15. III. — ENTRÉE DES LAURÉATS DES JEUX
dans la formation suivante : A. Groupe des Drapeaux.
B. Groupe des Vainqueurs. C. Groupe des Seconds. D. Groupe des Troisièmes.
Musiques et Chorales

DISTRIBUTION DES PRIX

IV. - CÉRÉMONIE DE CLOTURE DES JEUX OLYMPIQUES
18 h. 20. Cérémonie Symbolique de l'Histoire des Jeux
Drapeaux et Hymnes Grec, Français, Hollandais
18 h. 30. Proclamation de la Cloture des Jeux par M. le Président du Comité International Olympique.
18 heures 35 SONNERIE DE TROMPETTES
Descente des Drapeaux Olympiques
GREC — FRANÇAIS — HOLLANDAIS
SALVE DE 5 COUPS DE CANON

CHŒUR DE LA MUETTE (Auber) — HYMNE A LA FRANCE (Ambroise Thomas)
Sous la Direction de MM. PERRAULT et POIRIER
REMISE DU DRAPEAU OLYMPIQUE
M. le Président du Comité International Olympique reçoit de M. le Bourgmestre d'Anvers le Drapeau Olympique qu'il remet à M. le Président du Conseil Municipal de Paris.
18 heures 40 DÉPART DES DRAPEAUX ET DES LAURÉATS

Programm der Schlußfeier; oben: Mitteilung des IOC zur Verteilung der Medaille für die Afrikanischen Spiele

Übergabe der Medaillen an den Chef de Mission der Vereinigten Staaten

gepriesen. Insgesamt wurden Vertreter von 22 Ländern ausgezeichnet.
Anschließend fand das Abschlußzeremoniell der Spiele statt, das mit dem Ausmarsch der Fahnenträger und der Geehrten endete.
Siegermedaille. Auf Vorschlag von Olivier SAINSERE, dem Vorsitzenden der Jury der Disziplin Malerei der Kunstwettbewerbe, und George SALLES von der Direction des Beaux Arts wurden zur Auswahl der Siegermedaille sechs ausgewiesene Medailleure angeschrieben. Sie waren in ihrem Bereich entweder schon mit einer goldenen Medaille ausgezeichnet worden oder hatten den Prix de Rome gewonnen. Außerdem standen alle dem Sport als Aktive nahe. Am 23. Oktober 1922 wurden Raoul Benard, E. FRAISSE, MORLON, POISSON, André Rivaud und ROQUES mit den Bedingungen des Wettbewerbs vertraut gemacht. Bis zum 1. Februar 1923 mußten ihre Entwürfe, entweder als Gipsmodell oder in einer Edelmetall-Version, vorliegen. Die Entscheidung oblag der *Commission des Arts et Relations Extérieur,* die, unter dem Vorsitz von IOC-Mitglied Marquis Melchior POLIGNAC, u.a. für die Organisation von Ausstellungen im Rahmenprogramm sowie die Durchführung der Kunstwettbewerbe verantwortlich zeichnete.
Um die Motivation der Kandidaten zu beflügeln, wurde jedem eine Aufwandsentschädigung von 3000 Francs in Aussicht gestellt. Dem Sieger winkten zusätzlich 15000 Francs.[17] Damit waren aber auch die Rechte am Entwurf abgegolten, so daß etwa die Wahl des ausführenden Betriebs dem Organisationskomitee überlassen blieb.
Offenbar war den Entscheidungsträgern daran gelegen, daß die Künstler in ihrer Arbeit einen engen Bezug zum sportlichen Sujet herstellten. So erging eine Bitte des *französischen NOK* an den Direktor der École de Gymnastique de Joinville, den Interessenten Zugang zum Training seiner Schützlinge zu gewähren, damit diese gleichsam als Modell dienen konnten. Zudem ermöglichte man ihnen, sich Filmaufnahmen finnischer Olympiasieger anzusehen, um anhand der Zeitlupe einzelne Bewegungen und Haltungen studieren zu können. Dennoch belegten die präsentierten Modelle, daß es den Künstlern offenbar schwergefallen war, sich von Traditionen und Konventionen sowie entsprechenden Vorlagen zu lösen und neue, zeitgemäße Ideen umzusetzen. So waren alle Entwürfe mehr oder weniger von antiken Motiven inspiriert. Die größte Originalität maß man dem Entwurf von André Rivaud bei, jedenfalls erhielt dieser, wenn auch erst im dritten Wahlgang, den Zuschlag der *Commission des Arts.* Auf der Siegermedaille können wir einen nackten siegreichen Athleten beobachten, der seinem am Boden sitzenden (zu Boden gefallenen) Konkurrenten die Hand gibt und ihm aufhilft. Unterhalb der beiden sind die Olympischen Ringe – zum ersten Mal auf einer Medaille –, und rechts davon ist *»A. RIVAUD«* eingraviert. Auf der Rückseite bilden eine Harfe und viele Sportgeräte, darunter auch solche des Wintersports, einen Dreiviertelkreis um die Aufschrift *»VIIIEME / OLYMPIADE/ PARIS / 1924«*. Auch hier ist rechts zwischen einem Rugbyball und einem Diskus der Name des Designers mit seinen Initialen *»A R«* zu erkennen. Die Medaille hat die Maße: 55 Millimeter Durchmesser, drei (vergoldet), 2,8 (Silber), 3,5 (Bronze) Millimeter Dicke und 77,7 (vergoldet), 76 (Silber) bzw. 70 (Bronze) Gramm Gewicht. Gegossen wurden die Medaillen, die in einem Lederkästchen übergeben wurden, in der Pariser Münze. Die Organisatoren benötigten insgesamt 912 Exemplare (je 304 vergoldete und silberne, 306 bronzene).
Die Commission des Arts des Organisationskomitees bat auf Anraten der Direction des

Vasen für die Sieger

Siegerdiplom

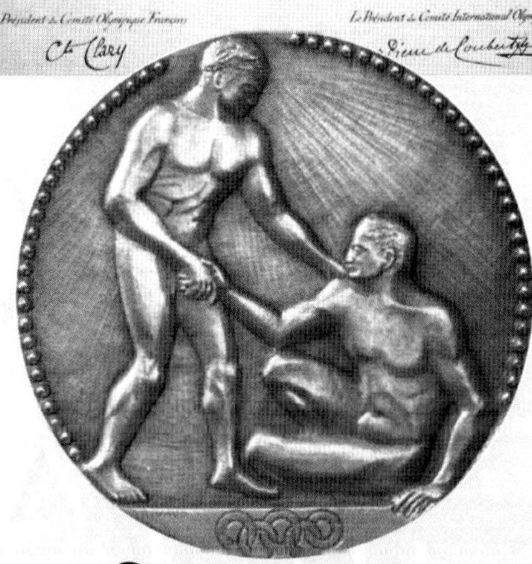

Erinnerungsmedaille

Siegermedaille

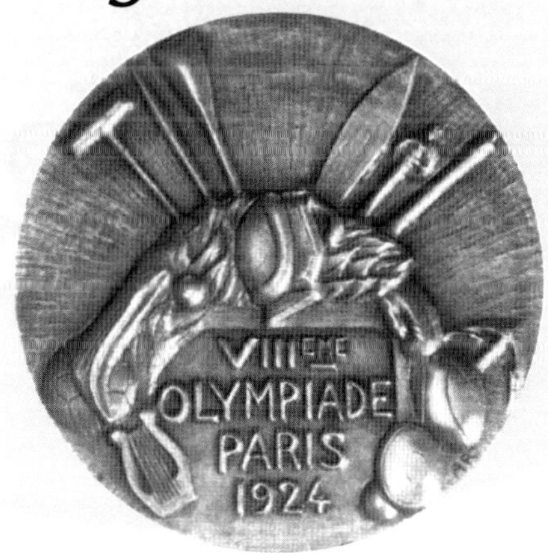

André RIVAUD * 1892

Medailleur, Goldschmied und Kunstgewerbler, lebte in Paris.

Bernard NAUDIN 1876-1940

Obwohl der französischer Maler und Graphiker in Paris die Ecole des Beaux-Arts besucht hatte, gilt er als Autodidakt. Er malte anfänglich viele militärische Szenen und Porträts in Öl sowie Landschaften in Aquarell. Seit 1903 widmete er sich fast ausschließlich der Radierung. Er arbeitete für die Zeitschriften Cri de Paris, Grand Revue und Assiette au Beurre und entwickelte sich schnell zu einem der besten französischen Illustratoren seiner Zeit. 1913 schmückte er eine Ausgabe von »Homme qui´a perdu son ombre« (Chamisso). In seinen graphischen Werken war sein Hauptmotiv überwiegend der Mensch, insbesondere die weibliche Figur. Er zeichnet sehr oft die arme, im Elend lebende Frau. Neben zahlreichen Einzelblättern und Buchillustrationen entwarf er auch Plakate und Auszeichnungen für das Bulletin des Armées. Zu den Meisterwerken der französischen Schule gehören 40 Zeichnungen, die Naudin für den Scrabée d´or von Edgar Alan Poe angefertigt hatte. Außerdem schmückte er Federkästen, Kataloge und Notizbücher.

Raoul BÉNARD 1881-1961

Der in Paris arbeitende Medailleur, Graphiker und Bildhauer gewann 1911 den Grand Prix de Rome und wurde 1927 Ritter der Ehrenlegion. Er schuf zahlreiche Büsten und Medaillen für private und öffentliche Auftraggeber, z. B. eine Bronzemedaille für die Universität Straßburg, Bénard stellte in zahlreichen Museen aus. Später lebte er in Hendaye in den Pyrenäen.

Beaux Arts, Bernard Naudin um die Gestaltung des Diploms für die drei Erstplazierten und die Mannschaften. Naudin zögerte anfänglich, da sein »modèle« bei einem der preiswertesten Drucker vervielfältigt werden sollte und er durch diese Sparmaßnahme um die Authentizität seines Werkes fürchtete. Er beteiligte sich jedoch an der Auswahl der Anstalten und war mit den Musterabzügen der Firma Dewambez zufrieden.

Naudins Entwurf unterscheidet sich in der inhaltlichen Darstellung nicht wesentlich von dem seiner Vorgänger. Im Mittelpunkt steht eine NIKE, umgeben von griechischen Jünglingen (vielleicht Athleten) und Frauen. Mit ihren schwingenden Flügeln umrahmt sie den Schriftzug *»VIII. OLYMPIADE PARIS 1924«*. In den erhobenen Händen hält die Göttin Olivenzweige. Rechts und links stehen zwei dorische Säulen, an denen große Siegerkränze gebunden sind, möglicherweise eine Andeutung des Parthenon. Der untere Teil des Diploms bietet Platz für die notwendigen Eintragungen. Unterzeichnet haben der Präsident des Organisationskomitees, Comte de Clary, und der des *IOC,* Baron de Coubertin. Zur Beschriftung der 10 700 Exemplare des 500 x 650 Millimeter großen Diploms bestellte das Organisationskomitee einen Kalligraphen.

Von dem nun in den Regeln verankerten Recht, Verdienstdiplome zu vergeben, wurde anscheinend kein Gebrauch gemacht.

Nachdem die Wanderpreise nicht mehr vergeben wurden und die Verantwortlichen 1920 in Antwerpen eine kleine Statue an Olympiasieger übergeben hatten, wollte das Pariser Organisationskomitee nicht nachstehen und bezeichnete die Vergabe eines Souvenirs als *»tradition«*. Das Pariser Komitee bat den Rat der Stadt Paris, für die Sieger (Einzel und wahrscheinlich Mannschaften) Vasen von der Manufacture Nationale de Sèvres herstellen zu lassen. Eine 1,10 m hohe Modellvase entwarf *»der sehr talentierte Künstler«*[18] O. Guillonnet. Sie wurde vom Kunstkomitee der Manufaktur am 31. Januar 1923 zustimmend begutachtet und auf der Internationalen Ausstellung der Dekorativen Kunst in Paris ausgestellt. Später wurde sie

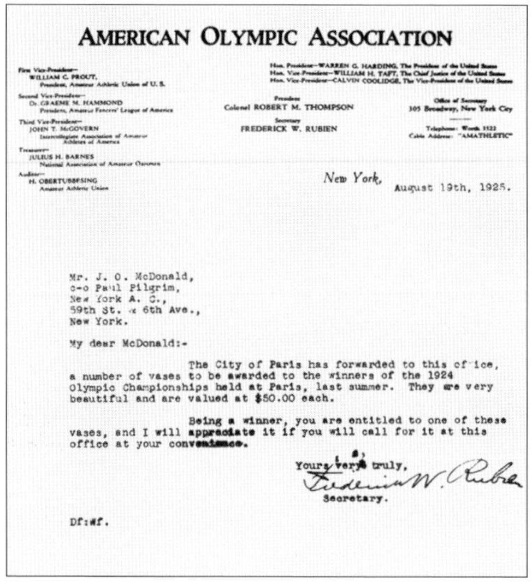

AMERICAN OLYMPIC ASSOCIATION

First Vice-President— WILLIAM C. PROUT, President, Amateur Athletic Union of U. S.
Second Vice-President— Dr. GRAEME M. HAMMOND, President, Amateur Fencers' League of America
Third Vice-President— JOHN T. McGOVERN, Intercollegiate Association of Amateur Athletes of America
Treasurer— JULIUS H. BARNES, National Association of Amateur Oarsmen
Auditor— H. OBERTUBBESING, Amateur Athletic Union

Hon. President—WARREN G. HARDING, The President of the United States
Hon. Vice-President—WILLIAM H. TAFT, The Chief Justice of the United States
Hon. Vice-President—CALVIN COOLIDGE, The Vice-President of the United States

President Colonel ROBERT M. THOMPSON
Secretary FREDERICK W. RUBIEN

Office of Secretary 305 Broadway, New York City
Telephone: Worth 1522
Cable Address: "AMATHLETIC"

New York, August 19th, 1925.

Mr. J. O. McDonald,
c-o Paul Pilgrim,
New York A. C.,
59th St. & 6th Ave.,
New York.

My dear McDonald:-

The City of Paris has forwarded to this office, a number of vases to be awarded to the winners of the 1924 Olympic Championships held at Paris, last summer. They are very beautiful and are valued at $50.00 each.

Being a winner, you are entitled to one of these vases, and I will appreciate it if you will call for it at this office at your convenience.

Yours very truly,
Frederick W. Rubien
Secretary.

Df:#f.

Brief von Rubien an MacDonald

von der französischen Regierung dem *IOC* zur Aufbewahrung im Olympischen Museum übergeben. Vorne auf der Vase sind Medaillons eingebrannt, auf denen Szenen aus verschiedenen sportlichen Wettkämpfen dargestellt sind. Die Stadt Paris bestellte dann kleinere Ausführungen.[19] Da noch mehrere der kleineren Versionen mit verschiedenen Motiven vorhanden sind, liegt es nahe, daß für die Sieger jeder Sportart Vasen mit dem entsprechenden Medaillon hergestellt wurden. Die Vasen wurden noch nicht bei der Siegerehrung übergeben, sondern über die einzelnen Botschaften an die *NOK* der Länder verschickt, deren Athleten erste Plätze belegt hatten. Die *NOK* hatten dann etwas Mühe, die Vasen weiterzuleiten. Erhalten ist ein Brief des Sekretärs der *American Olympic Association,* Frederick W. RUBIEN, der über den Trainer Paul PILGRIM, den dreifachen Olympiasieger von 1904 und 1906, an J. Oliver MacDONALD, der mit der 4 x 400-m-Staffel in Paris Olympiasieger geworden war. Rubien bittet MacDonald, die Vase im *»Wert von $ 50.00«* auf der Geschäftsstelle des *NOK* abzuholen.

Erinnerungsmedaille. Zeitgleich mit der Entscheidung über die Siegermedaille beschloß die Commission des Arts, die Gestaltung der

18 Comité Olympique Français, *Jeux,* S. 804.
19 Brief der Archivarin der Manufacture National de Sèvres, Tamara PREAUD, vom 7. Dezember 1999.

Mit einer Bronzemedaille ausgezeichnetes Medaillentableau von Léon C. Mascaux

Erinnerungsplakette dem Künstler Roques zu übertragen. Als dieser kurzfristig absagte, gab man den Auftrag an Raoul Benard weiter, der zuvor die Medaillen der Wintersportwoche in Chamonix gestaltet hatte.

Sie zeigt auf der Vorderseite eine stehende bekränzte Nike, die einem Athleten einen Lorbeerkranz aufs Haupt setzt. Sie hat weitere Laubkronen in den Händen, die für dahinter wartende Sieger gedacht sind. Am unteren Rand ist *»RAOUL BÉNARD«* eingraviert. Die Rückseite ist zweigeteilt. Die obere Hälfte zeigt uns die Silhouette von Paris. Zu erkennen sind Notre Dame und die Gebäude der Ile de la Cité und die sich teilende Seine mit der Pont Neuf. Auf der unteren Hälfte stehen *»VIIIe OLYMPIADE / PARIS / 1924«* und am unteren Rand die Initialen des Künstlers *»R B«*, ineinander verschlungen. Die braune bronzene Medaille hat folgende Maße: 55 Millimeter Durchmesser, vier Millimeter Dicke und 72 Gramm Gewicht. 9 500 Exemplare stellte die Pariser Münze her. Übergeben wurden sie in einer Papierschachtel.

Es finden sich im Offiziellen Bericht keine Angaben darüber, was den Siegern und Teilnehmern an den Demonstrationswettbewerben übergeben wurde. Möglicherweise erhielten auch sie eine Erinnerungsmedaille.

Exkurs: Kunstwettbewerbe

In der Klasse Bildhauerei hatten 67 Künstler, dabei 41 Franzosen, Werke eingereicht. Unter den 67 befanden sich 13 Konkurrenten, neun Franzosen, die insgesamt 63 Medaillen, Plaketten und Medaillons eingeschickt hatten. Zu ihnen gehörten auch Raoul Bénard mit seinen Medaillen der Spiele von Chamonix und Paris und der oben erwähnte E. Fraisse, die aber beide keinen Preis erhielten. Die Entwürfe von Léon C. MASCAUX wurden mit einer Bronzemedaille belohnt.

St. Moritz 1928

Wenn man so will, waren die zweiten eigentlich die ersten »Olympischen Winterspiele«. Zumindest waren sie, im Gegensatz zu ihrem Vorläufer, entsprechend ausgewiesen und angekündigt worden. Mit der Wiederholung des ersten Versuchs wurde in St. Moritz gewissermaßen eine neue Tradition begründet: Fortan war das winterliche Gipfeltreffen im Zeichen der Ringe etabliert. Den diesbezüglichen Beschluß hatte das *IOC* im Frühjahr 1925 in Prag gefaßt, und zwar anläßlich der Session bzw. des Kongresses, den Baron Pierre de COUBERTIN zu seinem Rücktritt nutzte. Damit waren die Spiele von St. Moritz die ersten seit 28 Jahren, die er nicht (mehr) im Amt des Präsidenten erlebte.

Ursprünglich hatte man daran gedacht, Winter- und Sommerspiele jeweils in einem Land stattfinden zu lassen, doch wurde die Idee bereits 1928 erstmals unterlaufen. Freilich hätte man in den Niederlanden, dorthin war das Weltsportfest des Sommers vergeben worden, auch schwerlich Skifahren können. Und Eisschnellauf allein wäre wohl ein etwas dürftiges Programm gewesen. Nach 1945 wurde der Gedanke einer geographischen Koppelung im übrigen ohnehin nicht mehr propagiert.

War also in St. Moritz tatsächlich von Olympischen Winterspielen die Rede, könnte man dieselben freilich auch als *»Hotel-Spiele«* bezeichnen. Diese Charakterisierung hebt ab auf den geringen Zuschauerzuspruch und den Umstand, daß nur wenige eigens angereist waren. Der Großteil der Schaulustigen rekrutierte sich eben aus Hotel-Gästen, die ohnehin, und in diesem Sinne zufällig, vor Ort waren. So fanden manche Wettkämpfe fast unter Ausschluß der Öffentlichkeit statt. Zudem machten ungünstige Witterungsbedingungen den Besuchern sowie den Veranstaltern und zuvorderst den knapp 500 Aktiven aus 25 Ländern zu schaffen.

Erstmals nach 16 Jahren war Deutschland wieder bei Olympischen Spielen vertreten. Die sportliche Ausbeute war allerdings bescheiden: Die einzige Medaille, Bronze im Bobfahren, mußte im übrigen durch fünf geteilt werden. Den Mannschaften war es nämlich freigestellt, mit vier oder fünf Sportlern ins Rennen zu gehen. Das mit Abstand erfolgreichste Team stellten die Norweger: Sie gewannen 15 Medaillen. Eine, und zwar eine goldene, ging auf das Konto von Sonja HENIE. Dies war der Beginn einer großartigen olympischen Karriere: *»Häseken«* sollte sowohl vier als auch acht Jahre später das Eiskunstlaufen der Damen dominieren. Nach Beendigung ihrer Amateurlaufbahn wurde sie ein Revue- und Filmstar und verdiente Millionen.

Siegerehrung. Am Tag nach der Eröffnungsfeier fand neben dem schon am 11. Februar begonnenen Eishockeyturnier der Militärpatrouillenlauf statt. Dazu bemerkt der Offizielle Bericht, daß am Abend im Hotel Suvrettahaus die Ergebnisse dieses Wettkampfes bekannt gegeben und die Medaillen verteilt wurden.[1] Welche Medaille die Soldaten erhielten, ist nicht überliefert. Wahrscheinlich waren es aber jene, die auch die erstplazierten Sportler bei den anderen Wettbewerben bekamen. Der Militärpatrouillenlauf war eine beliebte Schweizer Sportdisziplin und wohl nur deshalb zur Demonstration herabgestuft, weil es keinen zuständigen Weltverband gab.[2]

Neben dem Militärpatrouillenlauf kam es an diesem 12. Februar noch zu einem eher inoffiziellen Demonstrationswettbewerb. Bei den in jedem Winter auf dem zugefrorenen St. Moritz-See stattfindenden Pferderennen und den Wettkämpfen im Skijöring, wo ein Skifahrer von einem galoppierenden Rennpferd gezogen wird, organisierte der *Rennverein St. Moritz* zusätzlich an diesem Tag ein Olympia-Skijöring. Es handelte sich um das fünfte Rennen, den Preis von Bernina, über eine Strecke von 1 900 Meter für vierjährige und ältere Pferde. Der Sieger erhielt einen Ehrenpreis und 1 500, der Zweite 700, der Dritte 500 und der Vierte 300 Franken.[3] Obwohl der Wettbewerb, auch wenn es eine inoffizielle Demonstration war, zu diesen Olympischen Winterspielen gehörte, protestierte das *IOC* nicht gegen Geldzahlungen! Daß die Skiläufer hinter den Pferden außer Geld noch Medaillen bekamen, ist aber unwahrscheinlich.

Literatur:

Comité Exécutif des IImes Jeux Olympiques d'Hiver, St. Moritz, 1928 (Hg.), *Rapport Général,* Lausanne 1928.

First Century Project (Hg.), *The VIII Olympiad. Paris 1924. St.Moritz 1928,* Los Angeles 1996.

WAGNER, Julius u.a., *Die Olympischen Spiele 1928. St. Moritz, Amsterdam,* Zürich 1928. Deutscher Reichsausschuß für Leibesübungen (Hg.), *Die Olympischen Spiele in Amsterdam 1928,* Leipzig 1928.

1 Comité Exécutif des IImes Jeux Olympiques d'Hiver, St. Moritz, 1928, *Rapport,* S. 12.

2 KLUGE, *Winterspiele,* S. 79.

3 KLUGE, *Winterspiele,* S. 79.

4 Darüber finden sich im Offiziellen Bericht kaum Informationen.

5 Der sehr knappe Offizielle Bericht sagt darüber nichts aus.

6 Ausschreibung im IOC-Archiv.

Die Siegerehrung

Arnold HÜNERWADEL 1877-1945

Hünerwadel war von 1894 bis 1896 in Zürich ein Schüler von Richard Kißling und studierte danach bis 1899 an der Académie des Beaux-Arts in Paris. Später unternahm er Studienreisen nach München (1900-1901) und Florenz (1901-1905), bevor er in seinen Heimatort Lenzburg im Kreis Aarau zurückkehrte. Von 1911 bis 1916 war er in Berlin tätig und hatte danach Ateliers in Zürich und Lenzburg. Hünerwadel arbeitete mit Stein, englischem Zement, Terrakotta und Majolika. Dazu wurden seine Werke in Bronze gegossen. Ein bevorzugtes Thema war der weibliche Akt. Beeinflußt war er von klassischen Elementen, aber auch vom Jugendstil. Seine Frauenakte wirken idealisiert und fragil. Ein Portrait ist nicht zu erkennen, mehr in der Körperform ein zeitloser Ausdruck. Viele Figuren kommen aus dem religiösen Bereich (Madonna auf der Mondsichel). Deshalb erhielt er viele Aufträge für Grabplastiken. Auch zahlreiche Bauplastiken und Brunnenanlagen wurden von ihm geschaffen.

Begegnung

Entsprechend den bisherigen Gepflogenheiten fand auch 1928 in St. Moritz die Siegerehrung zusammen mit der Abschlußfeier am letzten Tag der Spiele statt.[4] Es ist allerdings zu vermuten, daß nach den einzelnen Wettkämpfen jeweils vorläufige Ehrungen mit Flaggenhissung und Hymne, aber ohne Übergabe irgendwelcher Preise vorgenommen wurden.[5] Das vorhandene Foto und die Kenntnis ähnlicher Ehrungen bei Olympischen Spielen läßt vermuten, daß bei der Schlußfeier die Medaillengewinner, nach Nationen geordnet, mit ihren Fahnenträgern ins Stadion kamen und dort nach Aufruf und Bekanntgabe ihrer Leistungen von IOC-Präsident Comte Henri de BAILLET-LATOUR und IOC-Vizepräsident Baron Godefroy de BLONAY ihre Medaillen erhielten.

Siegermedaille. Für die Gestaltung der Siegermedaille baten das Departement des Innern des Kantons und das Organisationskomitee die *Vereinigung für Kunst und Industrie der Französischen Schweiz,* einen auf vier Schweizer Künstler beschränkten Wettbewerb auszuschreiben. Als Motiv sollte auf der Vorderseite eine Szene aus einer Wintersportart gewählt werden. Der Text auf der Rückseite wurde vorgeschrieben. Bis zum 30. März sollten die Künstler ein Gipsmodell mit einem Durchmesser von 15 Zentimetern und eine Fotografie abliefern. Zum Anreiz für die Künstler wurden von der Jury 1 000 Schweizer Franken ausgesetzt. Jeder erhielt vorab 100 Franken als Aufwandsentschädigung. Dazu wurden die Materialkosten erstattet. Für den besten Entwurf sollten mindestens 300 Franken dazukommen. Das Modell würde damit Eigentum des *Schweizer NOK* werden.[6]

Die Wahl fiel auf den Entwurf von Arnold HÜNERWADEL. Geprägt wurde die Medaille von der Firma Huguenin Frères in Le Locle. Die Vorderseite zeigt eine Eiskunstläuferin mit ausgestreckten Armen inmitten von Eiskristallen. Die Rückseite trägt oben die Olympischen Ringe, darunter ist zu lesen *»II. JEUX/ OLYMPIQUES / D'HIVER / ST. MORITZ / 1928«*. Seitlich befindet sich je ein Olivenzweig. Die Medaille hat einen Durchmesser von 50 Millimetern, ist drei Millimeter dick und wiegt 51 in der vergoldeten bzw. silbernen und 61 Gramm in der bronzenen (3,3 Millimeter dick) Ausführung. Die Initialen des Designers *»A«* und *»H«* sind auf der Kante angebracht. Nach den Ergebnislisten hätten 30 vergoldete, 28 silberne und 31 bronzene Medaillen ausgeben werden müssen. Überreicht wurden sie in einer viereckigen Kartonschachtel mit der Aufschrift *»2emes Jeux Olympiques / d'Hiver St. Moritz 1928 / Prix«*.

Siegerdiplom. Den Auftrag für die Gestaltung des Siegerdiploms erhielt der Schweizer Graphiker Jean-Jacques MENNET. Er gestaltete das Blatt sehr schlicht. Einziges bildnerisches Element ist ein Lorbeerzweig, der den Ortsnamen »*St. Moritz*« und die Jahreszahl »*1928*« verziert. Darunter ist zu lesen »*IIMES OLYMPIQUES D'HIVER / ORGANISÉS PAR / LE COMITÉ OLYMPIQUE SUISSE / DIPLÔME*« sowie Name, Sportart und Plazierung des Athleten. Unterzeichnet wurden die 405 x 355 Millimeter großen Diplome vom Präsidenten des *Schweizer Olympischen Komitees,* William HIRSCHY, und von IOC-Präsident Comte Henri de BAILLET-LATOUR. Zwischen den Unterschriften sind die Olympischen Ringe eingedruckt. Hergestellt wurden die Urkunden von der Firma Simplon S.A. in Lausanne. Es wurden wahrscheinlich 98 Diplome übergeben.[7]
Eine Tafel mit den Namen der Olympiasieger scheint in St. Moritz zunächst noch nicht angebracht worden zu sein, wohl erst nach den zweiten Winterspielen dort nach 1948. Jedenfalls befindet sich heute ein großer Stein in der Nähe des Hallenbades mit den Namen der Sieger beider Winterspiele.[8]
Erinnerungsmedaille. Der Auftrag für die Gestaltung der Erinnerungsmedaille ging an den Schweizer Medailleur Milo MARTIN. Auf der Vorderseite steht eine Siegesgöttin, die einen Lorbeerzweig in der rechten Hand hält, auf einem Schlitten, der von zwei Pferden gezogen wird. Dahinter sind die Alpen zu sehen. Unterhalb der Schneefläche sind die Olympischen Ringe zu erkennen. Neben den Ringen hat sich »*MILO – MARTIN*« eingetragen. Die Rückseite trägt die Inschrift »*IImes / JEUX / OLYMPIQUES / D'HIVER / ST. MORITZ / 1928*«, darunter befindet sich ein weiterer Lorbeerzweig. Die braunfarbene Bronzemedaille hat die Maße: 37 Millimeter Durchmesser, drei Millimeter Dicke, 22 Gramm Gewicht. Übergeben wurde sie in einer Kartonschachtel, auf der sich die Inschrift »2es Jeux Olympiques d'Hiver / St. Moritz 1928« und darunter die Olympischen Ringe befinden. Auch diese Medaillen wurden bei Huguenin Frères in Le Locle geprägt.

II. Olympische Winterspiele in St. Moritz – 11. bis 19. Februar 1928

Mannschaften: 25

ARG	AUT
BEL	CAN
EST	FIN
FRA	GBR
GER	HUN
ITA	JPN
LAT	LTU
LUX	MEX
NED	NOR
POL	ROM
SUI	SWE
TCH	USA
YUG	

Sportler: 464 (27[1])

Name des Organisationskomitees:	***Comité Exécutif des IImes Jeux Olympiques d'Hiver, St. Moritz 1928***
Präsident:	William HIRSCHY
Generalsekretär:	Francis MESSERLI
Offizieller Bericht:	französisch
Zeremoniell:	Eröffnungs- und Schlußfeier am Anfang bzw. am Ende der Spiele
Eröffnung durch:	Bundespräsident Edmund SCHULTHESS
Dauer:	9 Tage
Siegerehrung:	bei der Schlußfeier durch IOC-Präsident Comte Henri de BAILLET-LATOUR
Olympischer Eid:	Hans EIDENBENZ (nordischer Skiläufer)
Plakate:	Hugo LAUBI, Carl MOOS, Charles KUHN
Siegermedaille:	Arnold HÜNERWADEL (Huguenin Frères)
Siegerdiplom:	Jean-Jacques MENNET
Erinnerungsmedaille:	Milo MARTIN (Huguenin Frères)
Film:	*Das weiße Stadion* (Olympia-Film A. G.)
Sportarten:	6 (1[1]) mit 14 (2[1]) Wettbewerben
Demonstrationen:	1 mit 1 Wettbewerb
Besonderheiten:	Bei der inoffiziellen Demonstration im Skijöring erhielten Sieger und Plazierte Geldpreise.

Erläuterungen: [1] davon Frauen

Exkurs: Huguenin Frères
Huguenin Frères, heute Huguenin Medailleurs S. A., ist die Firma, die bis heute die meisten olympischen Medaillen geprägt hat und seit über 80 Jahren eng mit dem *IOC* zusammenarbeitet. Gegründet wurde sie 1868 in Le Locle von den Brüdern Fritz und Albert HUGUENIN, dann von dem Medailleur

7 89 Einzelurkunden und neun für die Mannschaften, falls neben Eishockey Bobfahren und Paarlaufen als Mannschaftswettbewerb angesehen wurden.
8 Siehe den Abschnitt St. Moritz 1948.

Siegerdiplom

St Moritz 1928

IImes JEVX OLYMPIQVES D'HIVER
ORGANISÉS PAR
LE COMITÉ OLYMPIQVE SVISSE

DIPLÔME

Décerné à Monsieur Gustaf Johansson
hockey, Suède, classé 2me.

Le Président du Comité Olympique Suisse

Le Président du Comité International Olympique

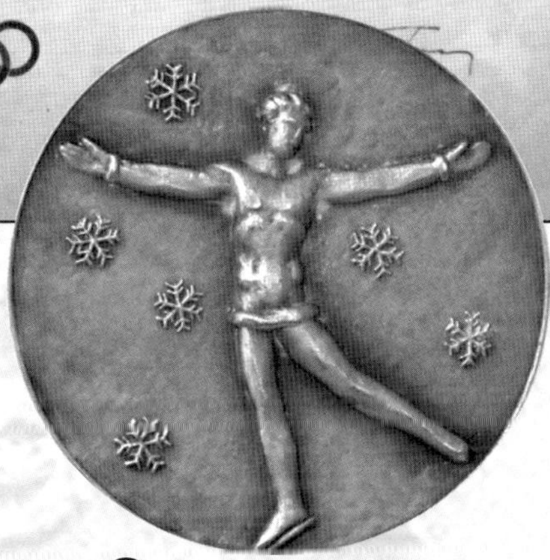

Erinnerungsmedaille

Siegermedaille

Milo MARTIN 1893-1970

Martin stammt aus einer bekannten Schweizer Künstler-Familie. Sein Vater war der Lithograph Emile Martin. Mit seinem Bruder René studierte Milo in Rom und Florenz. Sein Lehrer Charles A. Angst, ein Neoklassizist, übte großen Einfluß auf ihn aus. Nach seiner Rückkehr in die Schweiz hatte er sein Atelier in der Orangerie in Mon Repos. Dort befand sich auch der Sitz des IOC. Martin wurde zum einem der bekanntesten Schweizer Bildhauer und Medailleure. Im Kanton Vaud bezeugen zahlreiche Plastiken seine hohe Kunst. Seit 1931 gehörte er der Eidgenössischen Kunstkommission an. Wenige Monate nach den Winterspielen in St. Moritz kam er zu weiteren olympischen Ehren, als er mit seiner Plastik Athlète au Repos (Ruhender Athlet) bei den Kunstwettbewerben der Olympischen Spiele 1928 in Amsterdam die Silbermedaille gewann. Eine ebenfalls von ihm eingereichte Plastik Coubertin wurde nicht ausgezeichnet. Für die 50-Jahr-Feier des IOC 1944 in Lausanne gestaltete er eine der beiden Erinnerungsmedaillen.

Baron Pierre de Coubertin, 1928

Plafond des Tribunal Fédéral in Lausanne aus dem Jahr 1930 von Jean-Jacques Mennet (1880-1969).

Er war Dekorateur, Illustrator und Maler. Mennet besuchte die Académie Julian in Paris (1906-1908) und die École des Beaux-Arts in Genf (1909-1910). Von 1911 bis 1914 wurde er in Paris und Lausanne zum Graphiker und Dekorateur ausgebildet. Von 1920 bis 1956 war er Lehrer für Illustration und Gebrauchsgraphik an der École d'Art in Lausanne. Bekannt ist er auch als Maler (Landschaften in Öl und Pastell), vor allem für seine Wandmalereien: Tribunal Fédéral (1927), Cinéma Capitol (1930), Stadttheater (1950) in Lausanne. Mennet schuf Buchillustrationen (in vielen Jugendbüchern und Anthologien), zahlreiche Plakate und Briefmarken (Pro Juventute). Einige Zeit war er Redakteur der Zeitschrift Vie, Art et Cité (Lausanne).

Henry HUGUENIN übernommen. Zunächst war man auf die Gravur von Uhrschalen spezialisiert. Heute ist die Fabrik ein in aller Welt bekanntes Institut für die Herstellung von Medaillen und Gravuren. Die erste olympische Medaille wurde für das Sportfest 1914 in Alexandria anläßlich der 20-Jahrfeier der Olympischen Bewegung geprägt, bei dem zum ersten Mal die Olympische Flagge in einem Stadion wehte. Es folgten die Medaillen der Winterspiele 1928 (Sieger und Erinnerung) und 1948 (Sieger, Erinnerung und für die Militärpatrouille), der vorgesehenen Afrikanischen Spiele, der IOC-Jubiläen 1934, 1944 und 1954, des Olympischen Kongresses 1930 in Berlin, für den 70. Geburtstag Baron de Coubertins, den 80. Geburtstag Sigfrid EDSTRÖMs, 50 und 75 Jahre Sitz des *IOC* in Lausanne, die Mohammed-Taher-Trophäe, die Erinnerungsplakette für die mit dem Olympischen Pokal Ausgezeichneten. Dazu kommen ein Badge für die geplanten Afrikaspiele 1929 in Algier und die Erinnerungsplaketten zahlreicher IOC-Sessionen.

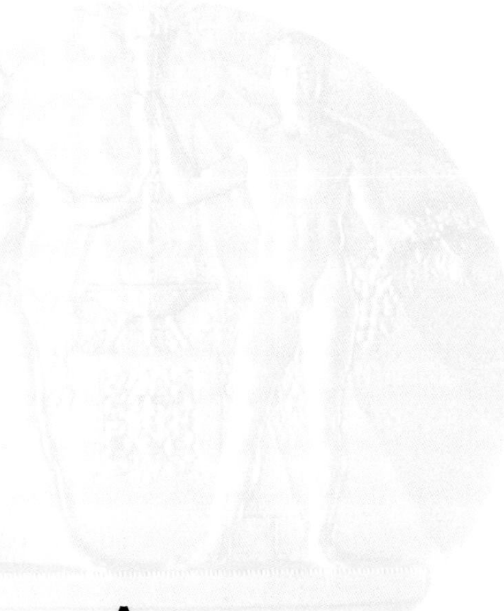

Amsterdam 1928

unter Mitarbeit von
Anthony Bijkerk

Ein Jahrzehnt nach dem Ende des Ersten Weltkriegs fand sich die olympische Familie endlich wieder (fast) komplett zu den Spielen ein. Zwar blieb die Sowjetunion aus ideologischen Gründen nach wie vor fern, doch war Deutschland erstmals seit 16 Jahren wieder an Bord. Mit mehr als 220 Aktiven stellte es, nach den USA und den Niederlanden sowie knapp vor Großbritannien, sogar die zahlenmäßig drittstärkste Mannschaft. In der Nationenwertung reichte es mit elf Gold-, neun Silber- und 19 Bronzemedaillen immerhin zum zweiten Rang. Zum Vergleich: Amerikanische Athleten standen insgesamt 56mal auf dem Treppchen.

Einer von ihnen war »Tarzan« Johnny WEISSMULLER. Er gewann, wie vier Jahre zuvor, das 100-m-Freistilschwimmen und zählte zur siegreichen 4 x 200-m-Staffel. Mit den finnischen Läufern Vilho Eino RITOLA und Paavo NURMI finden sich in den Amsterdamer Siegerlisten zwei weitere »alte Bekannte«. Sie teilten sich, in jeweils umgekehrter Reihenfolge, Gold und Silber über 5 000 und 10 000 Meter.

Da sich das *IOC* bereits 1921 für Amsterdam als Austragungsort der übernächsten Sommerspiele entschieden hatte, war ein ungewöhnlich langer Zeitraum für die Vorbereitung gegeben, nachdem die Organisatoren bis dahin in der Regel jeweils mit einem mehr oder weniger knappen Vorlauf auskommen mußten. Dennoch stellten sich zahlreiche, nicht zuletzt finanzielle Schwierigkeiten einer Realisierung der ehrgeizigen Vorhaben in den Weg. Mit dem Bau des neuen Stadions wurde erst im Mai 1927 begonnen, so daß sich schon von daher die ursprünglichen Pläne – man träumte von einer Arena für 60 000 Zuschauer – als utopisch erwiesen. Auf andere Vorhaben wurde gänzlich verzichtet – die Idee eines Olympischen Dorfes beispielsweise wurde erst vier Jahre später wieder Realität. Doch trotz der notwendigen Beschränkungen erntete das Stadion höchstes Lob. Der Architekt Jan WILS wurde in den Kunstwettbewerben mit einer Goldmedaille geehrt – ebenso übrigens wie sein deutscher Kollege Adolf HENSEL für den Entwurf des Nürnberger Stadions. Besondere Aufmerksamkeit im Amsterdamer Olympiagelände weckte der sogenannte Marathonturm, dessen Höhe, 42,195 Meter, eigentlich exakt an der Länge der Laufstrecke ausgerichtet werden sollte, der durch die Installierung einer Flammenschale jedoch gleichsam übers Ziel hinausschoß. Wie auch immer: Dies war ein würdiger Platz für das Olympische Feuer – ein neues Symbol, das fortan zum festen Zeremoniell der Spiele zählen sollte.

Eine andere Innovation stellte die – lange und kontrovers diskutierte – Einführung leichtathletischer Wettbewerbe für Frauen dar. Zunächst fünf an der Zahl: 100 und 800 Meter, 100-m-Staffel, Hochsprung und Diskuswerfen. Naturgemäß wurden für alle Einzelsiegerinnen je ein Olympischer und ein Weltrekord notiert. Zu ihnen, und damit zu den Vorreiterinnen der Frauenleichtathletik bzw. des Frauensports schlechthin, zählte auch die deutsche 800-m-Läuferin Lina RADKE. Unbestreitbar waren die Amsterdamer Spiele für die Frauen ein Meilenstein auf dem – langen – Weg zu sportlicher und olympischer Gleichberechtigung.

Auch eine andere deutsche Olympiasiegerin verdient Erwähnung: die erst siebzehnjährige Helene MAYER. Sie sollte einige Jahre später, im Vorfeld der Spiele von 1936, in den Blickpunkt der Weltöffentlichkeit geraten. Als sog. Halbjüdin den Angriffen der Nationalsozialisten ausgesetzt, wurde die inzwischen in den USA lebende Florett-Fechterin, gewissermaßen als Alibi, für die deutsche Mannschaft nominiert. Eine Ironie eigener Art: Sie gewann noch einmal Silber und trug damit zur propagandistisch instrumentalisierten Leistungsschau des Reiches bei.

In diesem Zusammenhang sei auch, stellvertretend für viele andere, an das Schicksal des ungarischen Fechters Attila PETSCHAUER erinnert. Er gewann in Amsterdam Gold mit der Säbel-Mannschaft sowie Silber im Einzel. Vier Jahre später wurde er noch einmal Olympiasieger mit dem Team. Wie viele andere prominente oder weniger bekannte Athleten jüdischer Herkunft wurde er Ende der dreißiger, Anfang der vierziger Jahre ein

Literatur:
Netherlands Olympic Committee (Committee 1928) (Hg.), *The Ninth Olympiad being the Official Report of the Olympic Games of 1928 Celebrated at Amsterdam*, Amsterdam 1929.
Wagner, Julius u.a., *Die Olympischen Spiele 1928, St. Moritz, Amsterdam*, Zürich 1928.
Deutscher Reichsausschuß für Leibesübungen (Hg.), *Die Olympischen Spiele in Amsterdam 1928*, Leipzig 1928.

Opfer des organisierten Massenmordes: Im Januar 1943 fand er in einem Konzentrationslager den Tod.

»Ständige« Siegermedaille. Die Diskussion im *IOC* um eine »ständige« Siegermedaille, die dann »endlich« ab 1928 zur Vergabe kommen sollte, setzte sich während der Session 1923 in Rom fort. Vorliegende Modelle von Medaillen fanden keine Zustimmung der IOC-Mitglieder. Graf Clarence von ROSEN (SWE) schlug einen erneuten internationalen Wettbewerb vor. Comte Melchior de POLIGNAC (FRA) verwendete sich für die Medaille, die im nächsten Jahr in Paris übergeben werden sollte. Nach längerer Diskussion entschied sich das *IOC* für eine Ausschreibung, die 1925 mit Beteiligung der *NOK* durchgeführt werden sollte. Jedes *NOK* durfte in Gips oder Wachs drei Objekte ohne Nennung des Künstlernamens vorlegen. Zur weiteren Festlegung der Regeln wurde eine Kommission mit den Mitglieder Graf von Rosen (SWE), Comte José Capelo de PENHA-GARCIA (POR) und Comte de BAILLET-LATOUR gebildet, die fünf Tage später eine Ausschreibung vorlegte:[1]

Jedes *NOK* erhält die Ausschreibungsbedingungen. Nur Vorschläge der *NOK* werden zugelassen. Jedes *NOK* darf nur drei Vorschläge einreichen. Die Modelle müssen beide Seiten der Medaille zeigen und ein Thema darstellen, das eine Versinnbildlichung der Olympischen Idee zum Inhalt hat. Sie müssen als Zeichnung, Gips- oder Wachsmodell mit einem Durchmesser von zehn Zentimeter vorgelegt werden. Der ausgewählte Vorschlag wird Eigentum des *IOC*. Der Künstler erhält einen Preis. Das *IOC* behält sich vor, auch auf eine Auswahl zu verzichten. Das weitere Vorgehen wurde dem Exekutivkomitee übertragen.[2]

Auf der Session von 1924 wurden noch einmal alle IOC-Mitglieder aufgefordert, in ihren Heimatländern Künstler um Entwürfe zu bitten, um bald zu einem Ergebnis zu kommen.[3] Ein Jahr später, bei den Sitzungen in Prag, die Baron de COUBERTIN zum letzten Mal als Präsident leitete, wurde die Einsendefrist bis zum 31. März 1926 verlängert. Eine Entscheidung sollte bis spätestens 31. Dezember desselben Jahres fallen.[4] Zur Auswahl der Vorschläge wurde bei der Herbstsitzung des Exekutivkomitees, vom 3. bis 6. November 1925 in Paris, eine Jury mit den IOC-Mitgliedern Comte de Baillet-Latour, Comte Justinien de CLARY (FRA), Comte de Penhagarcia, Graf Clarence von Rosen, Ernst KROGIUS (FIN) sowie dem renommierten belgischen

FAKTEN

Spiele der IX. Olympiade in Amsterdam – 17. Mai bis 12. August 1928

Mannschaften: 46

ARG	AUS
AUT	BEL
BUL	CAN
CHI	CUB
DEN	EGY
ESP	EST
FIN	FRA
GBR	GER
GRE	HAI
HUN	IND
IRL	ITA
JPN	LAT
LTU	LUX
MEX	MLT
MON	NED
NOR	NZL
PAN	PHI
POL	POR
RHO	ROM
RSA	SUI
SWE	TCH
TUR	URU
USA	YUG

Sportler: 2887 (278[1])

Name des Organisationskomitees:	***Comité Organisateur des Jeux Olympiques de 1928 (Comité 1928)***
Präsident:	Baron Alphert SCHIMMELPENNINCK van der OYE
Generalsekretär:	George van ROSSEM
Offizieller Bericht:	holländisch; französisch; englisch
Zeremoniell:	Eröffnungs- und Schlußfeier zu Beginn (28.07.) bzw. am Ende der Hauptspiele (12.08.)
Eröffnung durch:	HEINRICH (HENDRIK), Prinz der Niederlande und Herzog zu MECKLENBURG
Dauer:	fest drei Monate mit Spielwochen (28 Tage) und Hauptspielen (16 Tage)
Siegerehrung:	während der Siegerehrung durch Königin WILHELMINA (Gold-), Prinz HEINRICH (Silber-) und IOC-Präsident Comte de BAILLET-LATOUR (Bronzemedaillen)
Olympischer Eid:	Henri L.B. DÉNIS (Fußballspieler)
Olympisches Feuer:	vorhanden
Plakat:	Joseph Johannes ROVERS
Siegermedaille:	Giuseppe CASSIOLI
Siegerdiplom:	Christiaan Johannes van der HOEF
Erinnerungsmedaille:	Johan Cornelius WIENECKE
Zeitschrift:	*De Olympiad*
Film:	L. U. C. E. (Rom)
Fotodienst:	Weenenk & Snel
Sportarten:	14 (5[1]) mit 109 (16[1]) Wettbewerben
Demonstrationen:	3 (2[1]) offizielle und 1 inoffizielle mit 4 Wettbewerben
Künste:	5 mit 13 Wettbewerben
Besonderheiten:	zum ersten Mal brannte ein Olympisches Feuer, zum ersten Mal Frauenleichtathletik, zum ersten Mal 400-m-Laufbahn

Erläuterungen: [1] davon Frauen

1 Sitzung am 7. April, Protokoll der 22. Session 1923 in Rom, S. 10-11 (IOC-Archiv).
2 Sitzung am 12. April, Protokoll der 22. Session 1923 in Rom, S. 28-29 (IOC-Archiv).
3 Protokoll der 23. Session 1924 in Paris, S. 21 (IOC-Archiv).
4 Protokoll der 24. Session 1925 in Prag, S. 16 (IOC-Archiv).
5 Comte de BAILLET-LATOUR kannte DEVREESE, denn dieser hatte für ihn den Olympiaorden der Antwerpener Spiele entworfen. Er erhielt auch vom *IOC* den Auftrag, für das Olympische Museum in Lausanne eine Plakette zu Ehren von Robert de COURCY LAFFAN zu gestalten, von der eine gewisse Zahl in verkleinerter Form verkauft werden sollte (Protokoll der 27. IOC-Session, 26.07.1928, S. 2 [IOC-Archiv]).
6 Protokoll der Sitzung des Exekutivkomitees, S. 3 (IOC-Archiv).
7 In: *Blätter für Volksgesundheit und Volkskraft* 14(1926)10, o.S., 14, o.S.
8 Siehe unten.
9 *»Pour l'art de la Médaille moderne«.*
10 Protokoll der 25. Session 1926 in Lissabon, 7. Mai, S. 1 (IOC-Archiv).

Bildhauer und Medailleur Godfried DEVREESE[5] benannt. Die Modelle sollten an die Adresse des IOC-Präsidenten nach Brüssel geschickt werden.[6]

In Deutschland forderten daraufhin der *Deutsche Olympische Ausschuß*, der Reichskunstwart Edwin REDSLOB, das Reichsministerium des Innern und das Preußische Ministerium für Wissenschaft, Kunst und Volksbildung zehn Künstler auf, Entwürfe abzuliefern. Ein Preisgericht, dem Theodor LEWALD, Carl DIEM, Edwin Redslob, Wilhelm WAETZOLDT und die Künstler Fritz KLIMSCH, August KRAUS und Bruno PAUL angehörten, wählte am 26. März 1926 die Entwürfe von Edwin SCHARFF, Josef WACKERLE und Richard LANGER aus und sandte sie nach Lausanne.[7] Welche Rolle die deutschen Modelle gespielt haben, ist nicht zu ermitteln. Sie wurden jedenfalls nicht ausgewählt. Das *Deutsche NOK* ließ seine Künstler mit diesen Arbeiten auch an den Kunstwettbewerben in Amsterdam teilnehmen.[8]

Auf der Session 1926 in Lissabon berichtete der neue Präsident, Comte de Baillet-Latour, daß das Reglement nicht in allen Ländern verstanden worden sei. Dies zeigten viele Nachfragen. Einige *NOK* hätten ihre Modelle eingesandt, weitere wären angekündigt. Eine holländische Organisation *Für die Kunst der modernen Medaille*[9] hätte sich über die Zusammensetzung der Jury beschwert und Ihr die Kompetenz abgesprochen. Der Präsident hätte diese Vorwürfe in einem deutlichen Schreiben zurückgewiesen. Jiri GUTH-JARKOWSKI (TCH) hatte Bedenken, weil der Jury nur ein Künstler angehöre. Der Präsident beschwichtigte mit dem Hinweis, daß dieser äußerst anerkannt wäre und zudem aus einem Land käme, das sich nicht am Wettbewerb beteilige. Er würde auch mehr als Ratgeber fungieren und nicht die Medaille mit dem größten künstlerischen Wert auswählen, sondern die bestgelungene aus olympischer Sicht. Letztlich folgte man einem Vorschlag Graf von Rosens und verschob die Einsendefrist.[10]

Auf der übernächsten Session, 1927 in Monaco, wurde der Entwurf des Florentiner Künstlers Giuseppe Cassioli als ständige Siegermedaille gewählt. Ziemlich lapidar heißt es dazu im Protokoll vom 27. April:

»Der Präsident teilte den Herren mit, dass der Entwurf des Professor Cassioli in Florenz vom Plakettenpreisgericht gewählt worden sei als Plaketten-Ehrenpreis für die zukünftigen Olympischen Spiele.«[11]

Die dem offiziellen Protokoll angeheftete Beschlußliste gibt noch die Auskunft, daß Cassioli seinen Vorschlag »*Trionfo*« genannt hat.[12] Es wird uns aber nichts über Einzelheiten der Arbeit der Jury mitgeteilt.

Siegerehrung. Bei den Olympischen Spielen in Amsterdam gab es nach 1906 zum ersten Mal wieder eine Schlußfeier mit Siegerehrung[13], die am 12. August 1928 tatsächlich am Schlußtag der Wettkämpfe stattfand. Lediglich die Hockey- und Fußballspieler, deren Turnier vom 17. bis 26. Mai bzw. vom 27. Mai bis 13. Juni gedauert hatte, hatten ihre Medaillen in einer kurzen Feier nach dem jeweiligen Finale erhalten.

In den Tagen vor der Schlußfeier hatte es nach den Wettkämpfen bereits eine Aktion gegeben, die in etwa mit der heutigen Blumenzeremonie bei den Winterspielen verglichen werden kann. Dabei wurde die Nationalhymne des Siegerlandes gespielt und die Flaggen der Staaten der drei Medaillengewinner gehißt. Die Sieger erhielten Blumensträuße, beim Rudern gab es einen Blumenkranz. Königin Wilhelmina, die bei der Eröffnungsfeier nicht anwesend war, war diesmal im Stadion und bereit, die Siegerehrung vorzunehmen. Nach dem letzten Wettbewerb, dem Jagdspringen, bei dem die königliche Familie schon im Stadion war, mußten sich alle Medaillengewinner, begleitet von ihren Chefs de Mission und den jeweiligen Attachés, im Stadion aufstellen. Nach Aufruf über Lautsprecher stiegen die Olympiasieger nach Nationen geordnet zur königlichen Loge empor und erhielten dort von Wilhelmina ihre Goldmedaille. Die zweiten Preise überreichte Prinzgemahl Hendrik und die dritten IOC-Präsident Comte Henri de Baillet Latour unten auf dem Stadionrasen, wo Tische aufgebaut waren. Dabei erhielten auch die

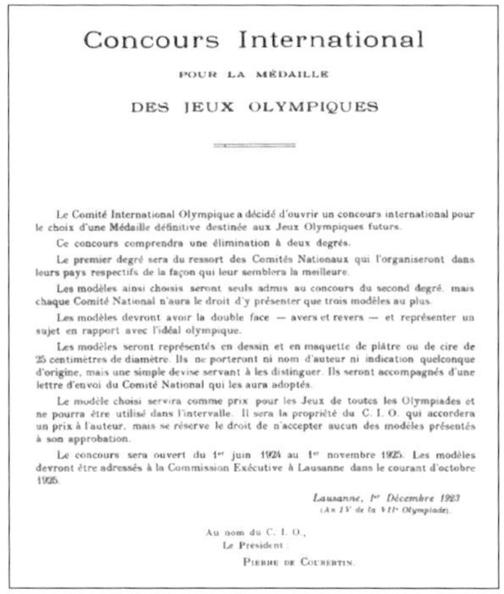

Concours International

POUR LA MÉDAILLE

DES JEUX OLYMPIQUES

Le Comité International Olympique a décidé d'ouvrir un concours international pour le choix d'une Médaille définitive destinée aux Jeux Olympiques futurs.

Ce concours comprendra une élimination à deux degrés.

Le premier degré sera du ressort des Comités Nationaux qui l'organiseront dans leurs pays respectifs de la façon qui leur semblera la meilleure.

Les modèles ainsi choisis seront seuls admis au concours du second degré, mais chaque Comité National n'aura le droit d'y présenter que trois modèles au plus.

Les modèles devront avoir la double face — avers et revers — et représenter un sujet en rapport avec l'idéal olympique.

Les modèles seront représentés en dessin et en maquette de plâtre ou de cire de 25 centimètres de diamètre. Ils ne porteront ni nom d'auteur ni indication quelconque d'origine, mais une simple devise servant à les distinguer. Ils seront accompagnés d'une lettre d'envoi du Comité National qui les aura adoptés.

Le modèle choisi servira comme prix pour les Jeux de toutes les Olympiades et ne pourra être utilisé dans l'intervalle. Il sera la propriété du C. I. O. qui accordera un prix à l'auteur, mais se réserve le droit de n'accepter aucun des modèles présentés à son approbation.

Le concours sera ouvert du 1er juin 1924 au 1er novembre 1925. Les modèles devront être adressés à la Commission Exécutive à Lausanne dans le courant d'octobre 1925.

Lausanne, 1er Décembre 1923
(An IV de la VIIe Olympiade).

Au nom du C. I. O.,
Le Président :
PIERRE DE COUBERTIN.

Eine der Gedenkmedaillen der Firma Gerritsen & Van Kempen; oben: Ausschreibung des Medaillenwettbewerbs vom 1. Dezember 1923

11 In: *Offizielles Organ des Internationalen Olympischen Ausschusses 2(19127)7, S. 26. »Le Président informe ses collègues que le projet du Professeur Cassioli, de Florence, a été choisi par le Jury de la Médaille, comme le médaille des prix pour les Jeux Olympique future«* (Protokoll der 26. Session 1927 in Monaco, S. 9 [IOC-Archiv]). Auch die handschriftlichen Aufzeichnungen des Protokollführers, Albert BERDEZ, geben keine weiteren Aufschlüsse. Obwohl das Exekutivkomitee zwischen den Sessionen in Lissabon und Monaco mehrmals tagte, findet sich in den Protokollen nichts zum Medaillenwettbewerb.

12 *»Le Jury de la Médaille a choisi le projet ›Trionfo‹ üuvre du Professeur Cassiolo, de Florence.«*

13 Seit den Spielen 1924 in Paris waren die Bestimmungen zur Siegerehrung und den zu vergebenden Preisen nicht geändert worden. Die »Charta« war lediglich im neuen *Bulletin Officiel du CIO* 2(1927)5 auch in englisch, deutsch und spanisch veröffentlicht worden.

Eines der wenigen Fotos von einer Siegerehrung in den Kunstwettbewerben. Königin Wilhelmina überreicht dem Niederländer Jan Wils, Olympiasieger im Architekturwettbewerb, die Goldmedaille; darunter: Prinz Heinrich übergibt deutschen Sportlern ihre Silbermedaillen.

Die Sieger im Zweier ohne Steuermann, Kurt Moeschter und Bruno Müller (GER), nach ihrem Sieg mit einem Blumenkranz; Mitte oben: Der Präsident des Organisationskomitees, Baron Alphert Schimmelpenninck van der Oye, übergibt die Medaillen den siegreichen Hockeymannschaften; darunter: Die Siegerin im 800-m-Lauf, Lina Radge (GER), nimmt unmittelbar nach dem Rennen auf dem Rasen stehend Haltung an, während die Nationalhymne gespielt wird und die Flaggen der Länder der drei Erstplazierten gehißt werden; unten: Königin Wilhelmina übergibt Kronprinz Olav von Norwegen, Olympiasieger im Segeln, die Goldmedaille.

Sieger der Kunstwettbewerbe, deren Werke vom 12. Juni bis 12. August ausgestellt worden waren, ihre Medaillen. Viele Athleten hatten nach Beendigung ihrer Wettkämpfe nach Hause fahren müssen, so daß ein großer Teil bei der Schlußfeier nicht mehr anwesend sein konnte. Deren Medaillen erhielten zur Weiterleitung die Chefs de Mission. Leiter von erfolgreichen Mannschaften durften deshalb mit einer ganzen Reihe von Medaillen nach Hause reisen. Die Abwesenheit vieler Medaillengewinner – fast alle waren noch wirkliche Amateure – wurde zum wiederholten Mal als unbefriedigend empfunden.
Die Teilnehmer an den Demonstrationen erhielten Erinnerungsmedaillen, ihre nationalen Verbände zusätzlich das Diplom.[14]
Interessanterweise veröffentlicht der Offizielle Bericht kein Photo von Comte de Baillet-Latour beim Überreichen der Bronzemedaillen.

Siegermedaille. Zum ersten Mal wurde also die von Cassioli entworfene »ständige« Siegermedaille vergeben. Auf der Vorderseite sitzt links eine VICTORIA. In der erhobenen rechten Hand hält sie einen Lorbeerkranz und in der linken einen Palmzweig. Links von

14 Der *Niederländische Korfballverband* schickte dem Verf. ein Foto des Diploms. Es ist identisch mit dem Siegerdiplom.

Siegerdiplom

Erinnerungsmedaille

Siegermedaille

Guiseppe CASSIOLI 1865-1942

Der Medailleur, Maler und Bildhauer war Schüler seines Vaters, des Historienmalers Amos Cassioli, und des Bildhauers Tito Sarrochi. Giuseppe Cassioli stellte 1884 mit Portraits zum ersten Mal in Florenz aus, dann wieder 1885 und 1886, später in anderen Städten und auch im Pariser Salon. In den nächsten Jahren half er seinem Vater bei der Ausmalung des Rathauses von Siena. 1887 erhielt er den zweiten Preis für den Entwurf eines Donatello-Denkmals. 1888 bekam er den Auftrag, die Bronzetüren des rechten Seitenportals des Doms von Florenz zu gestalten. Es handelt sich wohl um seine bekannteste und beste Arbeit, für deren Vollendung er zehn Jahre benötigte. Es folgten weitere Aufträge für figürliche Monumente. Ein Schwerpunkt seines Schaffens liegt in der religiösen Kunst. Vom Stil her ist er stark der Renaissance verbunden. Von Cassioli finden sich Statuen, Kanzeln, Taufbecken, Grabmonumente und Gemälde in Florenz und der ganzen Toskana, in Bogotá, Odessa, Arezzo (Domfassade), Livorno und Siena. Cassioli hatte einen besonderen Ruf für seine Medaillen und Embleme, z. B. 1910 für die Jahrhundertfeier des argentinischen Staates. Im Katalog der Amsterdamer Kunstausstellung ist vermerkt, daß Cassioli 25 Medaillen ausgestellt hatte, allerdings mit dem Vermerk »h. c.« (hors concours). Am offiziellen Wettbewerb um die olympischen Medaillen nahm er also nicht teil. Er erhielt allerdings, quasi als Auszeichnung für den Entwurf der ständigen Siegermedaille, das Diplom, das auch die drei Erstplazierten jedes Wettbewerbs und hochrangige Funktionäre bekamen.

Hauptportal des Doms von Florenz (Ausschnitt)

ihr steht eine antike Preisamphore. Rechts unten ist das Colosseum von Rom zu erkennen. Darüber befindet sich die Inschrift *»IX OLYMPIADE / AMSTERDAM / 1928«*. Diese Seite der Medaille wurde seit 1928 bis heute bei allen Sommerspielen beibehalten. Lediglich die Inschrift wurde von Mal zu Mal angepaßt.

Auf der Rückseite wird ein siegreicher Athlet von zwei anderen Sportlern auf der Schulter im Triumph durch das Stadion getragen, dessen Mauern im Hintergrund zu erkennen sind. Mit der rechten Hand grüßt er, in der linken hält er einen Palmzweig. Vor, neben und hinter der Dreiergruppe gehen weitere Sportler. Sie tragen Palmzweige, einen Lorbeerkranz und einen Diskus. Dargestellt wird eine Szene der antiken Olympischen Spiele. Symbolisiert werden sollte Sieg, Brüderlichkeit und Universalität.

Der Athlet auf den Schultern soll DIAGORAS aus Rhodos sein. Er war der Stammvater der berühmtesten antiken Athletenfamilie. Diagoras siegte bei den Spielen der 79. Olympiade (464 v. Chr.) im Faustkampf und war Periodonike[15]. Seine Söhne AKUSILAOS und DAMAGETOS wurden bei den 83. Olympien (448 v. Chr.) am gleichen Tag Olympiasieger im Faustkampf bzw. Pankration. Angeblich ist Diagoras danach aus Freude gestorben. Noch erfolgreicher war sein jüngster Sohn DORIEUS, der 432, 428 und 424 v.Chr. in Olympia im Pankration siegte und dreifacher Periodonike war. Die Enkel PEISIRODOS und EUKLES gewannen 404 v. Chr. den Faustkampf in Olympia (Knaben bzw. Männerklasse). Dabei sollen sich die Mütter, als Trainer verkleidet, im Stadion aufgehalten haben und entdeckt worden sein. Obwohl der Zutritt von verheirateten Frauen streng verboten war, wurde in diesem Fall aber von einer Bestrafung abgesehen. Danach hätten auch die Trainer im Stadion nackt sein müssen.[16]

Die Rückseite der Cassioli-Medaille wurde bis 1968 verwendet. Seit den Spielen von 1972 in München ist es den Ausrichtern gestattet, sich für ein eigenes Motiv zu entscheiden. Die Amsterdamer Siegermedaillen wurden beim Staatlichen Niederländischen Münzamt in Utrecht geprägt.[17] Der Druckstock ist heute noch erhalten. Die Medaille hat folgende Maße: 55 Millimeter Durchmesser, drei Millimeter Dicke (3,8 die bronzene Ausführung) und wiegt je nach Metallegierung 66 (vergoldet), 65 (Silber) bzw. 74 (Bronze) Gramm. Rechts auf der Rückseite ist *»GC«* für Guiseppe Cassioli eingeprägt. In Amsterdam wurden 254 vergoldete, 258 silberne und 259 bronzene Exemplare in einem Lederetui vergeben.

Siegerdiplom. Hinsichtlich der Gestaltung des Siegerdiploms der Amsterdamer Spiele wurden drei namhafte holländische Künstler aufgefordert, Entwürfe einzureichen. Das Organisationskomitee entschied sich für den von Christiaan Johannes van der Hoef. Eine goldene stilisierte NIKE bildet das Hauptmotiv des 735 x 544 Millimeter großen Dokuments. Es erinnert sehr an das Diplom von HJORTZBERG (Olympische Spiele 1912), unterliegt jedoch der »unterkühlten Ästhetik« des Art Déco[18] bzw. des holländischen Stijl. Die Bezeichung De Stijl entstand 1917 für eine Kunstrichtung, die von Theo van DOESBURG und Piet MONDRIAAN stark beeinflußt wurde. Einer strengen Gegenstandslosigkeit verpflichtet, versuchten die Stijlisten, in radikaler Reduktion von Farbe und Form und einer geometrischen Ordnung aus horizontalen und vertikalen Elementen die Bildfläche zu autonomer Selbständigkeit zu beleben. Die individuelle Handschrift sollte zugunsten einer umfassenden Allgemeingültigkeit und Objektivität vermieden werden.

Die konstruktive Klarheit und strenge Balance wird besonders in den Flügeln der Nike deutlich. Die Gestaltungsgrundlage bildet ein orthogonales System von Horizontalen und Vertikalen. Die Nike ist umgeben von einem schwarz-goldenen Rahmen, in dem unten mittig *»NOC«* für *Nederlandsch Olympisch Comité* eingearbeitet ist. Unter dem Wort *»Diploma«* kniet die Siegesgöttin auf den fünf goldenen Olympischen Ringen, die erstmals auf einem Diplom abgebildet sind. Unterhalb der Ringe ist *»IXE OLYMPIADE / AMSTERDAM / 1928«* zu lesen. Plazierung, Name des Sportlers sowie seine Disziplin wurden da-

15 Umlaufsieger, ein Athlet, der bei den Olympien, Pythien, Isthmien und Nemeen je einen ersten Preis gewonnen hat.

16 Nach DECKER, Wolfgang, »Diagoras 3«, in: *Der Neue Pauly,* Bd. 3, Stuttgart 1997, S. 509. Ders., *Sport in der griechischen Antike,* München 1995, S. 136-138.

17 Ausschreibung, Zuschlag und Lieferung vgl. L. M. J. BOEGHEIM, »Olympiade medailles Amsterdam 1928«, in: *Munt-Koerier* 26(1997)?, S. 8.

18 Stilbezeichnung für eine sowohl französische als auch internationale Richtung des Kunstgewerbes in den Jahren 1920 bis 1940; steht in direkter Nachfolge des Jugendstils, von dem er zahlreiche Merkmale aufnahm. Auch Formelemente des Bauhauses und des niederländischen Stijl sind enthalten.

19 Die Firma existiert heute noch als Senefelder Misset Grafisch Bedrijf in der Raamgracht 4 in Amsterdam und druckt in der Mercuriusstraat in Doetinchem.

20 Brief von Anthony BIJKERK, der ein Foto herstellen lassen wollte, vom 12.11.1999.

21 Abbildung in: *De Olympiade* (23.11.1927), International Supplement, S. 8.

22 Netherlands Olympic Committee, *Olympiad,* S. 130.

23 Obwohl WIENECKE für das Niederländische Münzamt arbeitete, erhielt dieses nicht den Zuschlag, weil Gerritsen & Van Kempen wohl ein billigeres Angebot gemacht hatten (BOEGHEIM, in: *Munt-Koerier* 26[1997]?, S. 8).

24 GREENSFELDER u.a., *Medals,* S. 43-44. Anthony BIJKERK ist der Auffassung, daß nur bronzene Medaillen existieren. Wer die »besseren« Versionen erhielt, wird im Offiziellen Bericht nicht erwähnt.

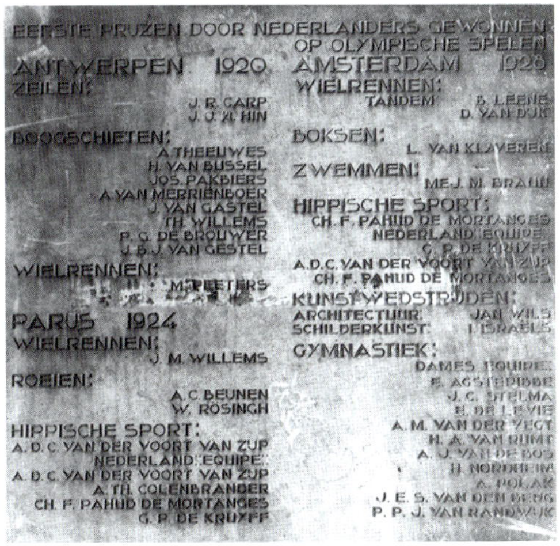

Akusilaos und Damagetos tragen nach ihrem Olympiasieg Diagoras durch das Stadion von Olympia, Skulpturengruppe im Gelände der Internationalen Olympischen Akademie in Olympia; rechts: die »Ehrentafel« mit den niederländischen Olympiasiegern

runter eingetragen. Unterschrieben ist das Diplom von OK-Präsident Baron Alphert Schimmelpenninck van der Oye und IOC-Präsident Comte Henri de Baillet-Latour. Gedruckt wurde das Diplom in der N.V. Druckerij Senefelder[19] in Amsterdam und nach den Spielen an die erst- bis drittplazierten Athleten und die Offiziellen verschickt. Auch Ehrenpräsident Baron de Coubertin erhielt ein Exemplar. Insgesamt wurden 1 842 Kopien benötigt.

»Ehrentafel.« Auf seiner Session 1921 in Lausanne verpflichtete das IOC die Veranstalter von Olympischen Spielen, nach der Veranstaltung am Stadioneingang eine Tafel mit den Namen der Sieger anzubringen. Dies geschah auch in Amsterdam. Tafel und Buchstaben sind so stark gedunkelt, daß kein Foto hergestellt werden kann. Mit der jetzt in Angriff genommenen Restauration des Stadions soll auch diese Tafel wiederhergestellt werden.[20] Außerdem wurde nach Berliner Vorbild (s.u.) nach den Spielen 1948 in London eine Tafel mit den Namen der niederländischen Goldmedaillengewinner von 1920 bis 1948 angebracht.

Erinnerungsmedaille. Für das Design der Erinnerungsmedaille wählte das Organisationskomitee den bekannten holländischen Medaillisten Johannes Cornelis Wienecke aus. Das Modell, das er vorlegte, war achteckig[21] und fand deshalb wohl keine Zustimmung.[22] Eine runde Form wurde akzeptiert. Die Medaille zeigt auf der Vorderseite einen Athleten und eine Athletin, beide nackt. Sie stehen nebeneinander und halten gemeinsam – er mit seiner rechten, sie mit ihrer linken Hand – eine brennende Fakkel hoch, deren Strahlen hinter ihnen die gesamte Fläche erhellen. Sie befinden sich auf einem Podest, auf dem sich hinter ihnen ein Altar mit einer Dreifußschale erhebt, in der ein Feuer lodert. Fackel und (Olympisches) Feuer lassen an den Fackelstaffellauf denken. Dieser ließ aber noch acht Jahre auf sich warten. In der rechten bzw. linken Hand tragen die beiden das Ende einer Girlande aus Weinreben, die sich hinter ihnen und dem Altar windet. Unterhalb der Plattform erkennen wir eine Waage und links und rechts davon einen Lorbeerzweig.
In der Mitte der Rückseite befindet sich das mit den Flaggen der Nationen geschmückte Amsterdamer Olympiastadion. Wir schauen vorne auf die Haupttribüne und den davor erbauten Marathonturm mit dem Olympischen Feuer, über dem sich eine geflügelte Nike mit Fanfare (rechts) und Lorbeerkranz (links) in den Händen erhebt. Unterhalb des Stadions sehen wir auf einer Tafel einen aufgeklappten Globus mit den beiden Hemisphären, rechts die Alte, links die Neue Welt (Globularprojektion), dazwischen das Amsterdamer Wappen mit Krone und Schild und darunter *»1928«*. Links und rechts der Tafel stehen zwei Stümpfe von Lorbeerbäumen mit nur einem hochragenden Zweig. Dazu kommt um den oberen Rand die Inschrift *»IXE OLYMPIADE / AMSTERDAM«*.
Die von der Firma Gerritsen & Van Kempen in Zeist hergestellten Erinnerungsmedaillen[23] sollen nach den Angaben von Jim GREENSFELDER u.a. in drei Versionen existieren: Bronzevergoldet und aus Silber für Ehrengäste und Offizielle, aus Bronze, braungefärbt, für die teilnehmenden Sportler. Die Maße: 55 Millimeter Durchmesser, vier Millimeter Dicke, 61,4 (vergoldet), 58 (Silber) und 62 (Bronze) Gramm Gewicht.[24] Vergeben wurden in Kartonschachteln 5 139 Medaillen entsprechend den Regeln des *IOC* und 762

Christiaan Johannes van der HOEF 1875-1933

Nach Studium in Amsterdam arbeitete der Bildhauer 1910 als künstlerischer Leiter der Töpferei Amstelhoek, die sich 1910 mit De Distel zusammenschloß. Er entwickelte einen eigenen Stil der holländischen Version des Art Nouveau und näherte sich dabei mehr der englischen als der französischen oder deutschen Sicht. Seine Ausrichtung wurde auch als De Stijl bezeichnet. Er war ein vielseitiger Künstler, Zeichner, Radierer, Lithograph, Medaillist und vor allem Bildhauer. Neben dem Diplom schuf er das Titelblatt für das tägliche Programmheft der Amsterdamer Spiele. Er nahm 1928 an den Kunstwettbewerben teil und errang mit seiner Olympia-Medaille einen zweiten Platz. Er beteiligte sich auch an den Wettkämpfen 1932 in Los Angeles. Seine Diplome und Medaillen wurden aber nicht ausgezeichnet. 1994 wurden in mehreren Museen seine Werke ausgestellt. (Katalog: JINTES, L.F. / POLTYSZKIEWICZ, J.T., Chris van der Hoef. 1875-1933, Assen 1994)

Titelblatt des Tagesprogramms

Johannes Cornelis WIENECKE te BILHOVEN 1872-1945

Wienecke wurde als Sohn holländischer Eltern in Heiligenstadt (Deutschland) geboren. Er besuchte die Quellinusschule in Amsterdam (1888-1891) die Akademie für Bildende Kunst in Antwerpen (1891-1894) und die Akademie für Bildende Kunst in Brüssel (1894-1895). Danach ging er nach Paris zur Académie Libre Julian, Ecole des Beaux-Arts und der Académie Libre Cola Rossi. 1900 fand er eine Anstellung an der staatlichen Münze (Rijks Munt) in Utrecht. In der Folgezeit war er dort als Designer und Münzschneider tätig. Er gestaltete zahlreiche Plaketten und Erinnerungsmedaillen. Eines seiner Meisterstücke wurde die bekannte 5-Cent-Nickelmünze. Das Verzeichnis seiner Entwürfe umfaßt viele Katalogseiten. Dazu gehören u.a. die Erinnerungsmedaille der amerikanischen Flottenkampagne in den Philippinen (1898-1902) und eine Medaille, die Königin Wilhelmina dem russischen Zar Nikolaus II. schenkte (Einzelstück in Gold).

Wienecke erhielt zahlreiche Preise und Auszeichnungen, u.a. Silbermedaille bei der Weltausstellung in St. Louis 1904, Ritter des Ordens von Oranje-Nassau durch Königin Wilhelmina 1907. 1908 gewann er die zweite Auszeichnung beim Prix de Rome.

Medaille für Josef Israels

Mit der Goldmedaille der Kunstwettbewerbe ausgezeichnete Medaillen Edwin Grienauers

Exemplare an Personen, die dem Organisationskomitee besondere Dienste geleistet bzw. seine Arbeit gefördert hatten.[25] Die Herstellung der Sieger- und Erinnerungsmedaillen kostete fast 10 000 Gulden.

Gedenkmedaillen. Neben der Erinnerungsmedaille prägte die Firma Gerritsen & Van Kempen, die heute als Koninklijke Nederlandsche Edelmetaal Bedrÿven Van Kempen, Begeer & Vos ihren Sitz in Zoetermeer hat, aus Anlaß der Spiele noch vier Gedenkmedaillen, von denen eine hier vorgestellt werden soll.[26] Auf der Vorderseite, entworfen von F. TELES, steht ein nackter Athlet mit einem Lorbeerzweig in der erhobenen rechten Hand, dazu links senkrecht mit den Ziffern untereinander *»1928«*. Auf der Rückseite, Designer: A. BUTTLER, ist ein von Lorbeerzweigen umrahmtes Schild mit der Inschrift *»OLYMPISCHE / SPEELEN / AMSTERDAM«* (oben) und den Olympischen Ringen (unten) zu sehen.

Exkurs: Kunstwettbewerbe[27]

Bei den Amsterdamer Kunstwettbewerben wurden zum ersten Mal in der Bildhauerkunst zwei Disziplinen ausgeschrieben: Rundplastiken und Medaillen, Plaketten, Reliefplastiken. Der Katalog[28] führt allerdings alle eingereichten Bildhauerarbeiten unter *»Sculpture«* auf und enthält leider auch nur wenige Abbildungen. Am Wettbewerb in der zweiten Gruppe haben sich anscheinend[29] 18 Künstler aus acht Nationen mit 56 Medaillen und Plaketten beteiligt, darunter allein zehn Deutsche (unter ihnen eine Frau) mit 15 Ent-

25 Darunter waren zahlreiche Studenten der Universität Utrecht, die am Abend des 28.07., dem Tag der Eröffnungsfeier, und am folgenden Sonntagmittag das Schauspiel *Echnaton* in Amsterdam aufführten. Baron SCHIMMELPENNINCK van der OYE fuhr nach den Spielen eigens nach Utrecht, um jedem beteiligten Studenten eine Erinnerungsmedaille auszuhändigen (VOUTE, J. R., »Nogmaals de IXe Olympiade, Amsterdam 1928«, in: *Munt-Koerier* 26 [1997]12, S. 16). Das 1936 in Berlin aufgeführte Schauspiel *Olympische Jugend* hat also einen Vorgänger.

26 Weitere Medaillen: mit einer Athletengruppe, entworfen von Leendert BOLLE, Rückseite plan; für die Holländische Numismatische Gesellschaft, entworfen von J. KAAS; für die holländischen Olympiaturner.

27 Vgl. SCHWARZER, Birga, *Die Olympischen Kunstwettbewerbe 1928-1948*, Typoskript Köln 1983.

28 N.N. (Hg.), *Catalogue de L'Exposition au Musée Municipal d'Amsterdam*, Amsterdam 1928.

29 Die Angaben im Katalog sind nicht ganz eindeutig.

30 Der *Deutsche Olympische Ausschuß* gab einen eigenen Katalog mit einer Liste der Künstler und ihren eingereichten Werken und einige Abbildungen heraus: N.N. (Hg.), *Deutschland auf der Internationalen Ausstellung Kunst und Sport*, Berlin 1928.

31 NIBBERING, Maurits, *Olympisch Stadion*, Amsterdam 1991.

Mit der Bronzemedaille ausgezeichnete Plakette von Edwin Scharff; links: das Olympische Feuer

Mit der Silbermedaille ausgezeichnete Medaille des Niederländers Christiaan Johannes van der Hoef

würfen. 25 Medaillen stellte Cassioli vor. Die Goldmedaille wurde von der internationalen Jury dem Österreicher Edwin GRIENAUER für seine vier eingereichten Medaillen (nur Vorderseite) zuerkannt. Grienauer gewann 1948 mit seiner Plakette erneut, diesmal einen dritten Platz. Für das Münzprogramm der Winterspiele 1964 in Innsbruck entwarf er die Vorderseite einer 50-Schilling-Münze, die für die Spiele 1976 mit einer anderen Rückseite erneut verwendet wurde.

Der zweite Preis ging an die *»Olympiamedaille«* (Vor- und Rückseite) von Van der Hoef, der noch drei weitere Medaillen ausgestellt hatte. 1932 reichte er drei Medaillen und, in der Gruppe Drucke, Plakate, Zeichnungen, ein Diplom ein, erhielt aber keine Auszeichnung.

Von den drei Entwürfen, die der *Deutsche Olympische Ausschuß* für den Wettbewerb um die Siegermedaille eingeschickt hatte und die dort keine Berücksichtigung fanden, erhielt die Plakette von Edwin Scharff den dritten Preis zuerkannt.[30]

Mit den Deutschen Gerhard MARCKS (Plastik Die Läufer), Waldemar RAEMISCH (Plakette Olympische Spiele) und dem Schweizer Milo Martin (Plastiken Ruhender Athlet und Coubertin) waren Künstler vertreten, die bei anderen Olympischen Spielen an der Gestaltung der offiziellen Auszeichnungen beteiligt waren: Milo, der für den Ruhenden Athleten in Amsterdam die Silbermedaille erhielt, hatte kurz zuvor die Erinnerungsmedaille für die Winterspiele in St. Moritz entworfen und war später für weitere Olympiamedaillen zuständig. Raemisch schuf die offizielle Medaille für den Olympischen Kongreß 1930 in Berlin, beteiligte sich damit an den Kunstwettbewerben 1932 und entwickelte für die Spiele 1936 in Berlin das Olympia-Abzeichen. Marcks schuf 44 Jahre später mit Castor und Pollux die Rückseite der Siegermedaille der Münchener Spiele von 1972, als das *IOC* erstmalig gestattete, eine Seite der ständigen Medaille frei zu gestalten.

Exkurs: Olympisches Feuer

Zum ersten Mal bei Olympischen Spielen brannte in Amsterdam nachts auf dem Marathonturm ein Olympisches Feuer. Nach einer Äußerung des Architekten Jan Wils, der das Stadion entworfen hatte, sollte das Feuer den *»Turm legitimieren«*.[31]

Die Einführung des Podiums[1]

von Robert Barney,
übersetzt von Michael Winter[2]

Im modernen Spitzensport wird kaum ein Wettbewerb ohne Siegerehrung durchgeführt. Durch Fanfarenklänge, öffentliche Ankündigungen, die Anwesenheit von Ehrengästen, die Präsentation der Athleten, die Verleihung von Preisen sowie das Hissen der Nationalflaggen und das Abspielen von Hymnen werden Siegerehrungen zu einem herausragenden Ereignis hochstilisiert. Tatsächlich werden sie bei hochrangigen Sportereignissen teilweise als fast so bedeutend angesehen wie die Wettkämpfe selbst. Dies trifft insbesondere auf das Zeremoniell bei Olympischen Spielen zu.

Eine besondere Betrachtung bei der Ehrung von siegreichen Athleten verdient das bekannte Siegerpodium (»Treppchen«), auf dem die drei Erstplazierten stehen und die Preise erhalten. So ist es nicht verwunderlich, daß der Begriff »*aufs Podium*« oder »*aufs Treppchen*«, der oft von Athleten gehört wird, die sich – in der Hoffnung, Sieger zu werden – auf Wettkämpfe vorbereiten, ein fester Begriff geworden ist. Dies trifft auf alle Sportarten zu, auf den Automobil- genauso wie auf den Radsport oder das Laufen, auf den Sommer- wie den Wintersport, auf Männer- wie auf Frauenwettbewerbe, besonders auf alle Wettkämpfe in der olympischen Welt.

Die Historiker und die Anthropologen, die sich mit dem Ritual der Siegesfeier in der modernen Kultur beschäftigt haben, weisen auf die Olympischen Spiele als ein Ursprung der Siegerehrung hin. Seit den ersten Spiele von Athen 1896, wo der griechische König während der Schlußfeier die Sieger mit ihren Preisen belohnte, bis zu den Spielen in Amsterdam 1928, wo Königin WILHELMINA und ihr Ehemann, Prinz HENDRIK, die Ehrungen vornahmen, entwickelten sie sich zu einem besonderen Ritual mit eigenem Glanz. Von Athen bis einschließlich Amsterdam wurden den Athleten die Preise in einem Rahmen verliehen, bei dem sie tiefer standen als die gekrönten Häupter und Staatsvertreter, die ihnen die Medaillen übergaben. Sie befanden sich also in einer untergebenen Position. Sollte dabei etwa der unterschiedliche soziale Rang verdeutlicht werden? Eine endgültige Antwort darauf werden wir wahrscheinlich nie erhalten. Eins ist jedoch sicher: Mit der »Erfindung« des Siegerpodestes entwickelte sich ein gänzlich anderes Zeremoniell. Die Rollen bei der Auszeichnung der Medaillenempfänger durch die Ehrengäste, die diese Medaillen überreichten, wurden ins Gegenteil verkehrt. Der siegreiche Athlet stieg auf, den Würdenträgern wurde eine weniger ehrenvolle Position zugeteilt.

Es soll nicht Zweck dieses Aufsatzes sein, die theoretische Dimension der Preisverleihung bis ins einzelne zu behandeln. Das Podium hat bei den olympischen Siegerehrungen über fast sieben Jahrzehnte eine zentrale Rolle gespielt. Da der Ursprung des Siegerpodiums weitgehend ungeklärt ist und er offenbar auf eine Zeit zurückgeht, die vor dem Erscheinen im Zusammenhang mit Olympischen Spielen liegt, soll diese Abhandlung die Ereignisse untersuchen, die dazu geführt haben, daß die olympische Siegerehrung zu einem in der Charta fest verankerten Zeremoniell wurde.

Die Einführung des Siegerpodestes bei den Olympischen Spielen. Anfang Mai 1931 erhielten die Verantwortlichen der Organisationskomitees der Winterspiele in Lake Placid und der Sommerspiele in Los Angeles eine schriftliche Anweisung vom IOC in Lausanne, überschrieben mit *»Präsentation der Medaillen – Zeremoniell bei der Siegerehrung, Lautsprecheransage«*. Der letzte Satz lautete:

»Medaillen werden vom Präsidenten, dem Grafen Baillet-Latour, oder von einer von ihm ernannten Person verliehen. Von drei Sockeln werden die Medaillen entgegengenommen, wobei der mittlere höher als die beiden anderen sein soll. Der Sieger soll auf dem mittleren Sockel stehen, der Zweitplazierte zu seiner Rechten und der Drittplazierte zu seiner Linken.«[3]

Die Organisatoren der Spiele in Lake Placid und Los Angeles waren etwas verwirrt. Diese Prozedur wich völlig von der bisherigen ab. Bisher wurden die Medaillen an die Athleten verliehen, während diese an den »Würdenträgern« vorbeizogen. Diese standen auf erhöhten Podesten oder saßen an extra erhöht

1 Der Autor möchte sich für die Erlaubnis bedanken, die in diesem Aufsatz abgedruckten Fotos verwenden zu dürfen. Alle Fotos, die sich auf die Ereignisse in Lake Placid beziehen, stammen aus dem Museum der Winterspiele 1932 und 1980 in Lake Placid sowie aus der Privatsammlung von Jack SHEA und konnten durch deren Großzügigkeit verwendet werden. Die Fotos von den ersten britischen Empire Games konnten durch die Hilfsbereitschaft der Stadtbibliothek in Hamilton, Ontario, veröffentlicht werden (aus der dortigen Spezialsammlung).

2 Geringfügig gekürzte Übersetzung des Aufsatzes von Robert BARNEY, »The Great Transformation. Olympic Victory Ceremonies and the Medal Podium«, in: *Olympika* 7(1998), S. 89-112. Vgl. den Vortrag von BARNEY »A Research Note on the Origins of the Olympic Victory Podium«, in: BARNEY, Robert u.a., *Fourth International Symposium für Olympic Research*, London, Ontario, 1998, S. 219-225.

3 Identische Protokolle befinden sich in den IOC-Akten (Godfrey Dewey Papers), im Archiv des Olympischen Museums in Lake Placid, New York, in der Akte William May Garland in der Ziffren-Bibliothek der Los Angeles Amateur Athletic Federation in Los Angeles.

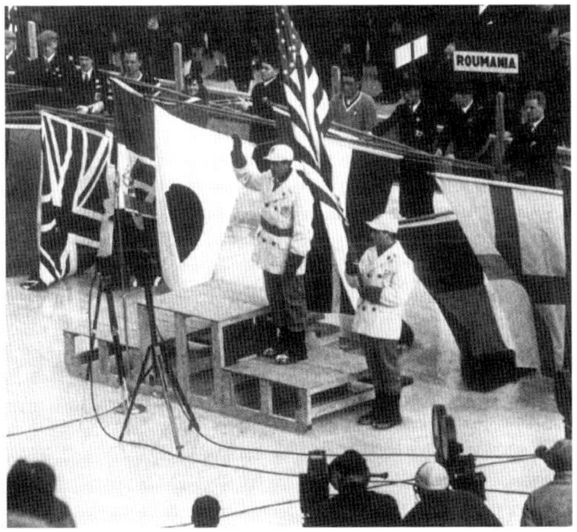

Jack Shea spricht den Olympischen Eid.

Avery Brundage, der spätere IOC-Präsident, gratuliert Jack Shea zum Sieg im 500-m-Eisschnellaufen, links eine Ecke des Podiums; links: IOC-Präsident Graf Baillet-Latours gratuliert Jack Shea zum Sieg im 500-m-Eisschnellaufen, links der Zweite, Alexander Hurd (CAN), rechts der Dritte, Bernt Sverre Everson (NOR). Das Podium ist noch nicht mit Flaggenstoff drapiert.

aufgestellten Tischen, oder sie standen in der Ehren- oder der königlichen Loge. Für den Olympiahistoriker und den Anthropologen, der an Ritualen interessiert ist, stellt sich die Frage: Wie ist es zu dieser Veränderung beim Protokoll der Medaillenübergabe gekommen?

Lake Placid, Februar 1932. Am Morgen des 4. Februar 1932 wurden die III. Olympischen Winterspiele in Lake Placid, New York, eröffnet. Es war ein kalter und klarer Tag. Für die Organisatoren war es wie eine Erlösung, da es im Januar und in den ersten Tagen des Februar recht warm gewesen und nur wenig Schnee gefallen war. 364 Athleten aus 17 Ländern nahmen an den Spielen teil. Die Zahl war enttäuschend, man hatte mehr erwartet. Es darf aber nicht vergessen werden, daß man am Anfang einer weltweiten Depression stand. Angesichts großer ökonomischer Schwächen fiel es den Teilnehmerstaaten und *Nationalen Olympischen Komitees* schwer, die notwendigen Mittel zu beschaffen, um die Athleten zu diesem internationalen Sportereignis schicken zu können. Am 4. Februar, um 10 Uhr, marschierten die versammelten Athleten in das Eisschnellauf-Stadion in Lake Placid ein.

Als sie sich den Ehrengästen näherten, die sich auf der Tribüne versammelt hatten, unter ihnen auch Gouverneur Franklin Delano ROOSEVELT[4], der die Spiele eröffnen sollte, wurden sie mit einem höchst ungewöhnlichen Objekt konfrontiert, das auf der Eisfläche stand: ein kleines Podest, bei dem der mittlere Teil etwas höher war als die beiden Seitenteile[5]. Da stand es, klobig und schmucklos, so als ob der Erbauer es unfertig zurückgelassen hätte mit dem Ziel, es später zu vollenden. Als die Spiele während der folgenden neun Tage ihren Fortgang nahmen, stellten sich zwei Funktionen des Podestes heraus: Einerseits wurde die erhöhte Plattform benutzt, um die besonderen Botschaften des olympischen Zeremoniells zu verkünden, wozu auch der Olympische Eid gehörte, andererseits diente es als Podium zur Überreichung der Gold-, Silber- und Bronzemedaillen an die Gewinner. So kam es dazu, daß das »olympische Siegerpodest«, dieser geschätzte und geheiligte Ort für die herausragende olympische Elite, also die Medaillengewinner, hier seinen Ursprung als festen Bestandteil im zeremoniellen Protokoll der Olympischen Bewegung hatte.

Der erste Olympiasieger auf dem *»victor's stand«* – so wurde das Podest von New Yorker Zeitungen genannt[6] – war Jack Shea, ein 21jähriger Student vom Dartmouth College, der als Amerikas Amateur-Eisschnellaufmeister die Strecken 500 bis 1500 m beherrschte. Als amerikanischer Champion, dazu geboren in Lake Placid, wurde Jack Shea von den amerikanischen olympischen Funktionären auserkoren, den Olympischen

4 Gouverneur Roosevelt, der im November 1932 zum Präsidenten der Vereinigten Staaten gewählt wurde, wird in der amerikanischen Geschichte als Schöpfer des New Deal bezeichnet, ein Entwurf einer Doktrin zur Erholung des Landes von der schwerwiegenden ökonomischen Depression der 30er Jahre.

5 John J. MacALOON bezieht sich in seinem Aufsatz »On the Structural Origins of Olympic Individuality« *(Research Quarterly for Exercise and Sport* 67[1996]2) auf ein olympisches Siegerpodest mit drei Ebenen (siehe z.B. S. 137). Das Podium hatte aber nur zwei unterschiedlich hohe: Eine für den Gewinner und zwei gleich hohe für den Zweit- bzw. Drittplazierten. Deshalb meine Verweise durchweg auf ein Podium mit zwei unterschiedlich hohen Ebenen.

6 Ein Foto der *New York Times*, erschienen während der Zeit der Spiele, belegt dies.

Die Athleten beglückwünschen sich nach der Siegerehrung für das 10 000-m-Eisschnellaufen, von links: Ivar Ballangrud (NOR), Irving Jaffee (USA) und Frank Stack (CAN). Bei Stack ist in der linken Hand deutlich das Kästchen zu erkennen, in dem sich die Medaille befindet; oben: IOC-Präsident Graf Baillet-Latour gratuliert Jack Shea zum Sieg im 1 500-m-Eisschnellaufen, links der Zweite, Alexander Hurd (CAN), rechts der Dritte, Bill Logan (CAN). Das Podium ist jetzt mit Flaggenstoff drapiert.

Eid zu sprechen. Dabei stand er auf der niedrigen linken Seite des Podestes.

Am Nachmittag desselben 4. Februar stand Shea als erster Athlet der olympischen Geschichte als Gewinner des ersten Eisschnelllaufwettbewerbes (über 500 m) erneut auf dem Podium, diesmal auf dem obersten Sokkel, um die Goldmedaille in Empfang zu nehmen. Dieses Podest wird heute im olympischen Protokoll als Siegerpodium bezeichnet. IOC-Präsident BAILLET-LATOUR übergab Shea die Goldmedaille. Der Norweger Bernt Sverre EVENSON und Alexander HURD aus Kanada standen auf der unteren Ebene rechts und links von ihm, um die Silber- bzw. Bronzemedaille in Empfang zu nehmen. Sie wurden ihnen von Godfrey DEWEY, dem Präsidenten des Organisationskomitees von Lake Placid, und Avery BRUNDAGE, dem Präsidenten der Amerikanischen Olympischen Vereinigung, übergeben.

Bisher war kein Foto der ersten Siegerehrung mit Podium bekannt. Als ich im Juli 1999 Lake Placid besuchte, um dort einen Vortrag zu halten, fand ich in einer Akte mit Zeitungsausschnitten in der Bibliothek von Saranac Lake im Staate New York tatsächlich ein Foto dieses Ereignisses.[7] Ich stellte außerdem fest, daß bei diesem ersten Versuch den Organisatoren noch ein »kleiner« Fehler unterlaufen war: Der Zweite, Bernt Sverre Everson, stand nämlich an der »falschen« Seite, links von Shea.

Bei den folgenden Ehrungen wurden die Athleten den Vorstellungen Baillet-Latours nachkommend »richtig« plaziert.[8]

Als Shea vom Podium herunterstieg – er hatte immer noch seine Schlittschuhe an – gratulierte ihm der 45 Jahre alte amerikanische Olympiachef Brundage, der zwei Jahrzehnte später Präsident des *IOC* werden sollte.

Am folgenden Nachmittag, dem 5. Februar, nahm Shea am 1 500-m-Finale teil und wurde wiederum Sieger. Zwei Kanadier, der Bronzemedaillengewinner über 500 m, Alexander Hurd, und Willy LOGAN, folgten auf den Plätzen zwei und drei. Wiederum stieg Shea auf das Siegerpodest, um seine zweite Goldmedaille aus den Händen von Baillet-Latour

Die drei besten Eiskunstläuferinnen haben gerade ihre Medaillen erhalten, von links Fritzi Burger (AUT), Sonja Henie (NOR) und Maribel Vinson (USA).

zu erhalten. Diesmal standen alle »richtig«. Jetzt sah das Podium allerdings anders aus. Mitglieder des Organisationskomitees, die offensichtlich von dem unfertig erscheinenden Bild des Podiums irritiert waren, gaben die Anweisung, daß das »Gerippe« mit Stoff behängt wurde, um die Struktur zu verbergen und der sonst so feierlichen Dekorationen der Spiele anzupassen.[9] Am 6. und 7. Februar erhielten die drei Erstplazierten des 5000- bzw. 10 000-m-Laufs ihre Medaillen direkt nach Beendigung des Rennens auf dem diesmal geschmückten Siegerpodest überreicht.[10]

Schließlich stand in Lake Placid jeder Medaillengewinner auf dem ersten Siegerpodest der olympischen Geschichte, sowohl die Bobfahrer, die Eiskunstläufer, die nordischen Skiläufer wie auch die Eishockeyspieler. Die Auszeichnungen für alle Disziplinen, mit Ausnahme der Eisschnellauf-Konkurrenzen, die direkt nach dem Wettkampf stattfanden, wurden am Abend des 13. Februar während der Schlußfeier vorgenommen. Die Eiskunstlauf-Königin Sonja HENIE war eine der namhaftesten unter den Medaillenempfängern. Dem norwegischen »Liebling« der Wintersportwelt wurde die Medaille von Baillet-Latour überreicht, während sie oben auf dem Podium stand, in einen luxuriösen Pelzmantel gehüllt. Zu dieser Zeit fegte ein schwerer Schneesturm durch das Stadion, der die Aufmerksamkeit der Menge von der Zeremonie ablenkte.

Am Ende der Medaillenverleihung bestieg Baillet-Latour selbst das Podium, um die

7 In: *Albany Evening News* (5. Februar 1932).

8 Brief BARNEYs an LENNARTZ vom 24. Juli 1999.

9 Ein Blick auf die Dekorationsflaggen, die in Lake Placid offiziell verwendet wurden (sowohl für das Stadion als auch für andere Schauplätze) läßt vermuten, daß die Dekoration für das Podium aus irgendeinem Fundus kam, auf den man in der Eile zurückgreifen konnte. Die offensichtlich »amerikanische« Art der Dekoration (Stars and Strips) deutet darauf hin, daß die Funktionäre die Dekoration improvisiert haben mit den übriggebliebenen Materialien der Feiern zum 4. Juli in Lake Placid.

10 Sieger des 5 000-m-Rennens war Irving JAFFEE aus den USA, gefolgt von seinem Mannschaftskameraden Edward MURPHY und dem Kanadier Willy Logan.

11 Siehe Anmerkung 3. Überreichung der Medaillen, Flaggenzeremoniell bei der Siegerehrung, Lautsprecheransagen. Diese neue Art der Medaillenvergabe an Schauplätzen außerhalb des Hauptstadions werden in zwei Anhängen des o.g. Dokumentes beschrieben. 1. Zeremonien im Olympiastadion und 2. Zeremonien für Wettbewerbe, die außerhalb des Olympiastadions stattfinden.

Siegerehrung im Stadion von Los Angeles nach der Entscheidung im 1500-m-Lauf, von links: John Frederick Cornes (GBR), Luigi Beccali (ITA) und Philip Aron Edwards (CAN). Aufgemalt sind oben auf den Stufen die Ziffern 1, 2 und 3;
links: neben Eid und Siegerehrung die dritte Funktion des Podiums: IOC-Präsident Comte de Baillet-Latour spricht die Schlußformel;
darunter: Lord Burgley (GBR) und die Mitglieder der amerikanischen 4 x 100-m-Staffel sitzen schwatzend auf dem »Treppchen«.

Spiele mit einem Wort der Anerkennung an die Veranstalter offiziell zu beenden. Diesen war selbst nie bewußt, daß sie etwas geschaffen hatten, das schon bald zu einem zentralen Bestandteil der olympischen Feier werden sollte.

Los Angeles, Juli 1932. Als die Sommerspiele etwa fünf Monate nach der Veranstaltung in Lake Placid eröffnet wurden, drängte die größte Zuschauermenge der olympischen Geschichte in das Memorial Coliseum, um dem Schauspiel beizuwohnen. Zwei Wochen lang konnten die Zuschauer in Los Angeles, ebenso wie zuvor in Lake Placid, ein neues Phänomen bei der Siegerehrung beobachten. Ein festes Podium mit zwei unterschiedlich hohen Ebenen war für diesen Zweck konstruiert worden. Anders als in Lake Placid war in Los Angeles das mittlere hohe Teil des Podiums mit der Nummer *»1«* geschmückt, die niedrigere Ebene links und rechts mit den Nummern *»2«* und *»3«*. Die Medaillengewinner der Leichtathletikwettbewerbe, die im Coliseum stattfanden, bestiegen das Siegerpodest direkt nach dem Wettkampf noch in ihren Trikots, um ihre Ehrungen entgegenzunehmen. Athleten von Einzel- und auch Mannschaftswettbewerben, die nicht im Stadium ausgetragen wurden, feierte man am Tage nach Beendigung des Wettkampfes ebenfalls im Memorial Coliseum auf dem Siegerpodest.[11] Sie trugen dann entweder ihre Sport- oder Mannschaftsuniform.

Das Podium verblieb immer im Innenbereich des Stadions. Wenn es nicht für Siegerehrungen gebraucht wurde, benutzten es die Athleten als Treffpunkt für Zusammenkünfte und Gespräche.

Der Ursprung für die Idee des olympischen Siegerpodiums. Einige der zuvor genannten historischen Ereignisse sind den Olympiahistorikern und den Anthropologen, die sich mit dem Zeremoniell befassen, bekannt. Tatsächlich tauchte das Siegerpodium unerwartet zum ersten Mal in Lake Placid und Los Angeles 1932 auf. Damit war eine revolutionäre Veränderung aufgetreten. Aber es stellt sich die Frage, wessen Idee es war, eine Siegerzeremonie in Lake Placid einzuführen? Was war der Auslöser für die Funktionäre des

Organisationskomitees von Lake Placid, für Godfrey Dewey und Ernest GAMACHE, das erste Podium zu konstruieren, das bei Olympischen Spielen benutzt wurde? Und was veranlaßte William May GARLAND, den Präsidenten des Organisationskomitee von Los Angeles, und seine rechte Hand, Zack FARMER, den Generalsekretär des Komitees, für ähnliche Verhältnisse in Los Angeles, fünf Monate später, zu sorgen? Eine befriedigende Antwort blieben die Historiker der olympischen Geschichte lange schuldig. Die Schwierigkeit, den klärenden Beweis zu finden, lag darin, daß die einzelnen Stücke des Puzzles in ganz verschiedenen Archiven und Forschungsstätten zu finden waren. Dazu zählen Lausanne, Lake Placid, Los Angeles und interessanterweise die Unterlagen eines kanadischen Archivs in Hamilton, Ontario. Ohne die Sichtung der Akten dieser verschiedenen Orte hätte das Puzzle nicht zusammengesetzt werden können. Und selbst dann wäre der entscheidende Hinweis für die Lösung des Rätsels nicht gefunden worden, wäre nicht durch Zufall eine Anmerkung in einem obskuren Brief entdeckt worden. Dies sind die Gründe dafür, daß die Vorgeschichte der Entstehung des olympischen Siegerpodiums noch nicht entsprechend enträtselt werden konnte.

Jürgen BUSCHMANN und Karl LENNARTZ, bekannte Historiker des olympischen Zeremoniells, hatten die Hypothese aufgestellt, daß der Nachweis für die Einführung des Podiums in den Akten des Organisationskomitees der III. Olympischen Winterspiele liegen müsse, da in Lake Placid zum ersten Mal ein Siegerpodium mit zwei verschieden hohen Plattformen benutzt wurde.[12] Los Angeles, so folgerten Buschmann und Lennartz, folgte nur dem Modell, welches in Lake Placid eingeführt wurde. Der Anthropologe John MacAloon vertritt ebenfalls die Meinung, Lake Placid sei der Grundstein für die Einführung des Siegerpodiums gewesen, der schließlich zu einer entscheidenden Veränderung bei der Anerkennung der Athleten geführt habe. Erstaunt über die Tatsache, daß *»niemals eine gründliche historische Studie des olympischen Siegerzeremoniells stattgefunden hat«*, fragt MacAloon:

»Wem gebührt wohl das Ansehen für den Scharfsinn, die Kreativität, die Mühe und Leistung? Als sich die bedeutende Änderung in der olympischen Siegerzeremonie vollzog, hatte sich Coubertin schon zurückgezogen und spielte keine bedeutende Rolle mehr, und es gibt keinen deutlichen Hinweis darauf, daß das IOC als Ganzes mehr tat, als diese Änderungen, die in Lake Placid bei der Siegerehrung vollzogen wurden, zu registrieren und zu billigen.«[13]

Sowohl die Akten von Lake Placid als auch die von Los Angeles lassen klar erkennen, daß nur eine einzige Person die Bemühungen der Organisation beeinflußte, ein Siegerpodium zu schaffen, und damit die bedeutenden Veränderungen herbeiführte. Im Gegensatz zu MacAloons Behauptung, Comte de Baillet-Latour habe dabei keine Rolle gespielt, war es doch Baron de COUBERTINs Nachfolger als IOC-Präsident, der als visionärer Auftraggeber der Offiziellen der Spiele in Lake Placid und Los Angeles auftrat. In den Unterlagen Godfrey Deweys in Lake Placid und ebenso in den Akten von William May Garland in Los Angeles existieren fast identische Briefe mit Instruktionen von Baillet-Latour, die an die Sekretäre der beiden Organisationskomitees, Ernest Gamache von Lake Placid und Zack Farmer von Los Angeles, gerichtet waren. Diese wichtigen Briefe von Baillet-Latour wurden in Europa am gleichen Tag geschrieben: am 8. Mai 1931.

Neben an Gamache und Farmer persönlich gerichtete Grüße waren die Anweisungen in beiden Briefen identisch:

»Bezogen auf die Verleihung der Siegerpreise sollen die drei Gewinner auf drei Podesten stehen [ähnlich dem, auf dem der Athlet stand, der bei der Eröffnungszeremonie den Olympischen Eid gesprochen hat][14], *die vor der Präsidentenloge aufgestellt werden. Die Siegerpreise werden von mir selbst oder einem Stellvertreter überreicht.«*[15]

Auf Comte de Baillet-Latours Äußerung bezüglich des Athleten, der den Olympischen Eid am Eröffnungstag gesprochen hat, wird

12 BUSCHMANN, Jürgen / LENNARTZ, Karl, »From Los Angeles (1932) to Melbourne (1956): the Olympic Torch´s Protagonism in Ceremonies«, in: MORAGAS, Miquel de / MacALOON, John / LLINES, Montserrat (Hg.), *Olympic Ceremonies: Historical Continuity and Cultural Exchange*, Lausanne 1996, S. 124.

13 MacALOON, in: *Research Quarterly for Exercise and Sport*, S. 144.

14 In eckiger Klammer Kommentar von Robert Barney.

15 Brief Baillet-Latours an Gamache vom 8. Mai 1931 (Dewey-Akten, IOC-Ordner, Archiv des Olympischen Museums in Lake Placid. Brief Baillet-Latours an Farmer vom 8. Mai 1931 (Archiv Amateur Athletic Federation).

16 *»three pedestals«*.

später noch eingegangen. Nach dem Erhalt dieser Instruktionen forderte Gamache keine weiteren Anweisungen von Comte de Baillet-Latour, was dieser wohl mit *»drei Podesten«*[16] genau meinte. Statt dessen verwirklichte der tatkräftige Mann aus New England, der übrigens einer der wenigen Nicht-New Yorker war, die vom Organisationskomitee engagiert wurden, umgehend seine eigenen Vorstellungen von den Podesten. Es war im großen und ganzen eine bewundernswerte Umsetzung. Besonders zu erwähnen sind die einzelnen Stufen, die zu den verschiedenen Podestebenen führten sowie der kräftige rustikale Oberbau. Der einzige Mangel war das unfertige Aussehen, weil die Holzkonstruktion sichtbar war. Nach dem Eröffnungstag wurde dieses Manko schnell verborgen, indem man das Podest mit Tuch umwickelte.[17]

Die Reaktion Farmers auf Comte de Baillet-Latours Brief vom 8. Mai war allerdings ganz anders als die Gamaches in Lake Placid. Weil die Spiele in Los Angeles viel größer und weitaus schwieriger zu organisieren waren, benötigte Farmer weitere Anweisungen von Comte de Baillet-Latour, nicht nur bezogen auf das Podium.[18] Für unsere Forschungen war es ein Glück, daß der Perfektionist Farmer den IOC-Präsidenten um Rat bat. Ohne diese Nachfrage wären Comte de Baillet-Latours eigene Vorstellungen vom Siegerpodest niemals bekannt geworden. Am 8. Juni 1931 schrieb Farmer an Comte de Baillet-Latour.

»Mein lieber Präsident, Sie beziehen sich auf die Notwendigkeit von drei Podesten, die für die Medaillen benötigt werden; ferner schreiben Sie, daß Sie die Medaillen selbst übergeben oder ansonsten durch einen Stellvertreter überreichen lassen. Verstehe ich es richtig, daß Sie oder Ihr Stellvertreter (bei jedem Wettbewerb eine Person) die Medaillen sowohl an den Ersten, Zweiten und Dritten vergeben wollen? In diesem Fall könnten die drei Podeste Schwierigkeiten für Sie hervorrufen. Wenn Sie die Medaillen verleihen, würde ich eine schöne Plattform für sie vorschlagen. Auf dieser Plattform sollte ein Tisch stehen, auf dem die Medaillen für den ersten, zweiten und dritten Platz ordentlich abgelegt werden. Die Medaillengewinner sollten an dem Tisch vorbeigehen und dort von Ihnen ihre Medaille in Empfang nehmen. Wir könnten aber auch an Ihre Plattform ein Podest mit drei unterschiedlichen Höhen befestigen, wodurch die Position des Ersten, Zweiten und Dritten untereinander abgestuft wäre, die Athleten aber gleichzeitig alle gemeinsam vor Ihnen stünden, so daß Sie die Ehrung bequem vornehmen könnten. Wenn allerdings die Siegerehrung von drei Personen – jeder Gewinner erhält von einer anderen Person seine Medaille – vorgenommen werden soll, dann könnten auch drei Plattformen und drei Podeste angefertigt werden [...].*«*[19]

Offensichtlich war Farmer im Gegensatz zu Gamache unsicher. Comte de Baillet-Latour spürte dies und antwortete ihm auf seine Einwände erst am 8. Juli:

»Ich werde alle Preise selbst überreichen und einen Vertreter ernennen, falls ich nicht selbst anwesend sein kann. Drei Plattformen müssen angefertigt werden, eine höher als die beiden anderen. Der Gewinner soll auf dem mittleren Podest stehen, der Zweite zu seiner Rechten und der Dritte zu seiner Linken.«[20]

An genau dieser Stelle seiner Anweisungen fügte Baillet-Latour noch eine Bemerkung hinzu, die enthüllte, woher er seine Idee für das Siegerpodium hatte. Er schrieb: *»Bei den Empire Games im letzten Jahr hat das sehr gut funktioniert.«*

Farmer wußte aber nicht, was sich bei den ersten British Empire Games 1930 in Hamilton in Kanada abgespielt hat. Er selbst war nicht dort gewesen, allerdings ein anderes Mitglied des Organisationskomitees, der technische Direktor William HENRY.[21] Mit Sicherheit hat Henry beobachtet, was dort bezüglich des Siegerpodestes geschehen ist, von dem Baillet-Latour berichtete. Es gibt auch keinen Hinweis in den Akten des Organisationskomitees, der vermuten ließe, daß Farmer noch irgendeine weitere Anweisung von Baillet-Latour erhalten hat. Farmer ließ schließlich ein Siegerpodium für die Spiele in Los Angeles zimmern, das völlig aus Holz war, zwei unterschiedliche Höhen hatte, wo die Erst-, Zweit- und Drittplazierten stehen sollten.

17 Wie sich die Umwandlung vom bloßen Gerüst zum geschmückten Podium vollzog und auf wessen Anregung dies geschah, bleibt weiterhin ein Geheimnis. Die persönliche Sekretärin von Gamache für die Angelegenheiten des Organisationskomitees, Frau Seymour (Mary) MCKENZIE, lebt noch, aber sie kann sich – *»das Podium betreffend«* – an nichts mehr erinnern (telefonische Befragungen am 24. Juni und 18. August 1998). Frau McKenzie kann sich allerdings noch ein Bild vom Umfang der Ausschmückung der Stadt während der Olympischen Spiele machen.

18 Über eine Million Menschen besuchten die Spiele in Los Angeles. 2 000 Athleten aus über 40 Nationen nahmen an den Spielen teil. Die Durchführung hierfür war viel schwieriger zu planen als von den Organisatoren in Lake Placid.

19 Brief Farmers an Baillet-Latour vom 8. Juni 1931 (IOC-Archiv).

20 Brief Baillet-Latours an Farmer vom 8. Juli 1931 (Akte William May Garland in der Ziffren-Bibliothek der Los Angeles Amateur Athletic Federation in Los Angeles).

21 Zu Henrys Besuch in Hamilton siehe in: *Olympic: Official Publication of the Organization Committee, Games of the X Olympiad* (2. September 1930)2, S. 4.

Comte de Baillet-Latours Idee: Hamilton, Ontario, August 1930. Mitte August 1930 wurden die British Empire Games in Hamilton eröffnet. Der Ort war eine geschäftige Stadt mit großen Stahlwerken und weit über 100 000 Einwohnern am Westufer des Ontariosees. Die Spiele waren das Resultat der energischen Bemühungen von Melville Marks »Bobby« ROBINSON, der sich um die Verbreitung des Amateursports in Kanada verdient gemacht hatte und als Manager des kanadischen Leichtathletikteams bei den Olympischen Spielen 1928 in Amsterdam tätig gewesen war. Dort, bezaubert vom olympischen Flair, hatte er die Idee, seine Heimatstadt Hamilton sollte Schauplatz der Britischen Empire Games werden.[22] Empire Games, das war eine Vision, die schon ein halbes Jahrhundert alt war, eine Idee, die in das späte 19. Jahrhundert zurückführte, parallel zu Baron de Coubertins Vorstellung von den modernen Olympischen Spielen.[23] In den knapp zwei Jahren, nachdem er von Amsterdam zurückgekehrt war, bündelte Robinson alle finanziellen und logistischen Kräfte in Hamilton, um zum ersten Mal Empire Games zu organisieren, die in einer gewissen Art und Weise der Größe Olympischer Spiele, wie diese zu jener Zeit gefeiert wurden, nahe kamen.[24] Die Zeitungen in Hamilton schrieben, den Zuschauern würde eine exakte Nachahmung der Olympischen Spiele geboten werden.[25] Entsprechend wurden die Empire Games in der Presse von Hamilton und Toronto als The Empire Olympiad tituliert.[26]

Mitte August 1930 kamen Athleten, Funktionäre, Ehrengäste und Zuschauer aus allen Teilen des weltumspannenden politischen, ökonomischen und kulturellen Britischen Empires nach Hamilton, um in der Stadt an der feierlichen Eröffnung der Empire Games (heute Commonwealth Games) teilzunehmen. Unter ihnen befand sich ein Gast, der mit dem Empire nur wenig zu tun hatte: Comte Henri de Baillet-Latour, der Präsident des *IOC*.[27]

Er hatte eine besondere Einladung erhalten und saß in der ersten Reihe zwischen den hohen Funktionären und anderen Gästen.

Percy Williams spricht den Eid bei den ersten Empire Games 1930 in Hamilton.

Von dort aus konnte er aus kurzer Distanz die Mannschaften des gesamten Empires beobachten, wie sie bei der Eröffnungsfeier am 16. August 1930 ins Stadion marschierten.[28] Während dieser Eröffnungszeremonie bemerkte Comte de Baillet-Latour etwas, das in kürzester Zeit das olympische Zeremoniell ergänzen sollte. Nahe der Laufbahn und vor den Sitzplätzen der Ehrentribüne stand ein Podium mit zwei unterschiedlich hohen Plattformen, an der höheren Plattform war an der Vorderseite ein rechteckiger, senkrecht stehender Rahmen angebracht. Nachdem die Delegationen der teilnehmenden Länder ins Stadion einmarschiert waren, sich im Innenraum aufgestellt hatten und General-Gouverneur Viscount WILLINGDON formell die Spiele eröffnet hatte, stieg der Weltklasse-Sprinter Percy WILLIAMS, Gewinner des 100- und 200-m-Laufs der Olympischen Spiele von Amsterdam, auf die höchste Plattform des Podiums und sprach die Empire Games-Version des Athleten-Eides:

»Aus vielen Teilen des British Empire haben wir uns hier versammelt, um uns als Amateursportler im friedlichen Wettstreit zu messen. Wir geloben, unser Bestes zu geben, um die Ehre unseres Landes und die großartige Tradition britischen Sportgeistes zu bewahren.«[29]

Vor ihm stand ein Mikrophon, das vom Boden hochragte, damit das Publikum im Stadion ihn verstehen konnte. Ferner befand sich auf dem rechteckigen Rahmen des Podestes noch ein Radiomikrophon, das die

22 Vom *Kanadischen Olympischen Komitee* hatte Robinson den Auftrag erhalten, sich während seines Aufenthalts 1928 in Amsterdam bei den europäischen Sportrepräsentanten vorsichtig zu erkunden, wieweit sie bereit wären, Athleten zu Empire Games in Kanada zu entsenden.
23 Diese Verbindung ist öfter erörtert worden, vgl. LEYSHON, Glynn A., »The First British Empire Games, Hamilton, Ontario, Canada, 1930«, in: NAUL, Robert (Hg.), *Contemporary Studies in the National Games Movement*, Frankfurt/M. 1997, S 205-206.
24 Die ersten Empire Games glichen im Zeremoniell dem olympischen Fest: Eröffnungsfeier, Freilassen von Brieftauben, Siegerehrungen.
25 Siehe z.B. *Hamilton Herald* (15. und 16. August 1930), *Hamilton Spectator* (16. August 1930).
26 Vgl. *Hamilton Herald* (15. und 16. August 1930), *Toronto Daily Star* (16. August 1930).
27 Im *Toronto Daily Star* (11. August 1930) wurde die Ankunft von Comte de Baillet-Latour in Quebec angekündigt.« Der *Star* brachte auf der ersten Seite ein Foto von Comte de Baillet-Latour.
28 Siehe *Hamilton Spectator* (18. August 1930). Fotos der versammelten Gäste, die stehend die ins Stadion Einmarschierenden beobachteten, zeigen den IOC-Präsidenten in vorderster Reihe, einige Sitze links vom Viscount WILLINGDON.
29 Nach LEYSHON, *Games*, S. 205. *Hamilton Spectator* (18. August 1930).

CFCA, eine bekannte Radiostation Torontos, aufgestellt hatte.

Die Organisatoren der Empire Games hatten erreicht, daß durch CFCA eine Live-Übertragung der Eröffnungsfeier – wie auch vieler anderer Wettkämpfe – ermöglicht wurde. Diese moderierte Foster HEWITT, Kanadas gefeierter Eishockeyreporter.[30] Comte de Baillet-Latour konnte das Podium der Empire Games also zuerst als Platz für den Sprecher des Eides sehen. Der Graf war beeindruckt. Seine Randnotiz im Brief an Farmer vom 8. Juli 1931 belegt dies. Die Organisatoren in Hamilton hatten darüber hinaus weitere Einsatzpläne für das Podium. Mit dem Beginn der Leichtathletikwettbewerbe wurde das zweistufige Gestell von seiner ursprünglichen Position entfernt und in der Mitte des Innenraums aufgestellt. Dort wurde es genutzt, um die Gewinner der Leichtathletikwettbewerbe dem versammelten Publikum zu präsentieren. Während über die Lautsprecheranlage ihre Namen bekanntgegeben wurden, stiegen die jeweiligen Athleten auf das Podium: der Erste auf die höchste Stufe, der Zweite und Dritte auf die niedrigere Stufe. So standen sie und grüßten die Zuschauer und Ehrengäste mit dem Olympischen Gruß, den rechten Arm nach oben gestreckt.[31] Dazu spielte ein Orchester eine gekürzte Version der Nationalhymne des Landes, aus dem der Sieger stammte, und gleichzeitig wurden die Nationalflaggen der siegreichen Athleten gehißt. Die Masten befanden sich über der Anzeigetafel, die an einer Seite des Stadions plaziert war. Das Hissen der Flaggen und das Abspielen der Nationalhymnen gehören seit den ersten Spielen 1896 in Athen zum Zeremoniell. Im nachhinein ist es interessant festzustellen, daß während der ersten Empire Games keiner der Gewinner eines Leichtathletikwettbewerbs seine Medaille auf dem Podium erhielt. Stattdessen wurden diese Medaillen, so wie es auch bei Olympischen Spielen vor 1932 üblich war, erst bei der Schlußfeier überreicht. Im Falle der Empire Games in Hamilton wurden die Sieger am Abend des 23. August auf dem Abschlußbankett geehrt.[32]

Athleten der Empire Games beim Sportgruß auf dem Podium, während zur Siegerehrung die Nationalhymne gespielt wird.

Schlußbemerkung. Baillet-Latour saß in Hamilton in der ersten Reihe der Ehrengäste. Dort wurde er Zeuge einer Siegerehrung, die, erweitert um seine eigenen Vorstellungen, Teil des Zeremoniells Olympischer Spiele werden sollte. Auch die Veranstalter der Olympischen Spiele 1936 in Berlin und Garmisch-Partenkirchen übernahmen das neue Konzept der Siegerehrung, die auf einem Siegerpodest vorgenommen wurde. Dies setzte sich fort bei den ersten Spielen nach dem Zweiten Weltkrieg in London und St. Moritz. Nach 1948 wurde diese Form der Siegerehrung auf dem Podium durch Aufnahme in die Olympische Charta zur bindenden Vorschrift.[33] Es sollte auch erwähnt werden, daß bei den folgenden Empire Games die Benutzung des Siegerpodestes beibehalten wurde.[34]

In den Zeitungen sucht man vergeblich nach Reaktionen auf die Benutzung des Siegerpodiums bei den Empire Games, auf die völlig neue Art, Sieger zu präsentieren, und die wesentliche Veränderung gegenüber der bisherigen Ehrung bei Olympischen Spielen vor 1932, eingeschlossen die Spiele 1928 in Amsterdam, die Robinson selbst erlebt hat, bei denen die Sieger an der Loge von Königin Wilhelmina vorbeimarschierten, um ihre Medaille im Empfang zu nehmen. Der Leser wird sich erinnern, daß die Zeitungen die Zuschauer der Empire Games darüber informiert hatten, daß sie ein exaktes Abbild der Olympischen Spiele sehen würden. Tatsächlich sa-

30 Die Ankündigung der CFCA, daß der Vortrag des Eides durch Percy Williams live übertragen würde, gemeinsam mit der Beschreibung weiterer Aspekte der Eröffnungszeremonie sowie einer Auflistung der folgenden Wettbewerbe, kann nachgelesen werden im *Toronto Daily Star* (16. August 1930).

31 Der sogenannte Olympische Gruß tauchte zuerst bei den Spielen 1920 in Antwerpen auf, als französische Athleten in dieser Form grüßten, während sie zur Eröffnungszeremonie in das Stadion einmarschierten. Diese Form des Grußes wurde bei den Spielen in den 20er und 30er Jahren von den Olympiamannschaften anderer Länder übernommen. Mit der Verbreitung des Nationalsozialismus in Deutschland und des Faschismus in Italien verschwand diese Form des Grußes wieder, da diese Nationen einen dem Olympischen Gruß ähnlichen eingeführt hatten. Mit dem faschistischen Gruß sollte vor allem die politische Überzeugung nach außen dokumentiert werden.

32 Einzelheiten siehe *Hamilton Spectator* (22. August 1930).

33 IOC [Hg.], *Régles Olympiques*, Lausanne 1949, S. 15.

34 Für ein anschauliches Bild des Podiums, das für die Verkündung des Olympischen Eides sowie für die Siegerehrung bei den zweiten Empire Games 1934 in London benutzt wurde, siehe TOMLIN, Stan, *Empire Games – Athletics*, Surrey 1958, S. 14. Ich bedanke mich bei Brigitte und Jim WORALL aus Toronto, die mich auf diese Quelle aufmerksam gemacht haben.

Der Belgier Victor Boin spricht bei den Olympischen Spielen 1920 in Antwerpen, auf einem Podium stehen, den Olympischen Eid.

hen sie, daß die Ehrung der Gewinner in Hamilton von der der Olympischen Spiele abwich. Soweit bekannt ist, berichtete nur eine einzige Zeitung über das Podium, nämlich die *Times,* Englands bedeutendste Tageszeitung, in einem Kommentar, der vom Sonderkorrespondenten des Blattes für die Empire Games am 18. August geschrieben wurde:

»Die Zeremonie der Siegerehrung war ein beeindruckender Anblick. Der Gewinner stand in der Mitte der höchsten Ebene des Podestes, der Zweite auf der niedrigeren Stufe zu seiner Rechten und der Dritte noch etwas tiefer zu seiner Linken.«[35]

Hier war der Bericht des Korrespondenten falsch. Die Gewinner des zweiten und dritten Platzes standen auf genau der gleichen Höhe, einer auf je einer Seite des Gewinners, aber niedriger, wie Fotos eindeutig nachweisen.[36] Der Kommentator der *Times* fuhr fort:

»Als die Kapelle die Nationalhymne spielte, hoben alle drei den gestreckten rechten Arm. Passenderweise stellte Kanada den ersten Sieger bei den ersten Empire Games. Während die Hymne erklang, wurden die drei Nationalflaggen langsam über der Anzeigetafel am Ende des Stadions gehißt.«[37]

Festzuhalten ist, daß Comte de Baillet-Latours Idee einer Neuordnung des olympischen Siegerzeremoniells bei den Ereignissen in Hamilton, die er selbst miterlebt hat, entstanden ist. Zunächst sah er das Podium als Bühne für den Sprecher des Olympischen Eides, dann als Plattform für die Ehrung der Sieger. Es gibt kaum Zweifel, daß Comte de Baillet-Latour, der Organisator der Spiele von Antwerpen 1920, bei denen zum ersten Mal der Olympische Eid gesprochen wurde, den Zusammenhang zwischen dem Sprecher des Eides, einer herausragenden Person, und dem siegenden Athleten, ebenso gefeiert, erkannte. Der erste Sprecher des Olympischen Eides in Antwerpen bestieg dabei ein Podest, um seiner Aufgabe nachzukommen. Erhöht stehend, als Hauptperson in diesem Augenblick, konnte er von den Athleten und Zuschauern gleichermaßen gesehen werden.

Bei den folgenden Winter- und Sommerspielen, in Chamonix und Paris 1924, sowie in St. Moritz und Amsterdam 1928, bestieg der Sprecher des Olympischen Eides eine besondere Bühne, um die Formel zu sprechen. Die Sieger der dortigen Wettbewerbe wurden aber weiterhin in derselben Art und Weise geehrt, wie am Anfang dieses Kapitels beschrieben. Es ist zwar nicht sicher, aber doch sehr wahrscheinlich, daß im IOC-Präsidenten, als er Zeuge des augenscheinlichen Zusammenhangs zwischen dem Sprechen des Eides und dem Ablauf der Siegerehrung in Hamilton wurde, die Idee für eine neugestaltete Siegerehrung bei den Olympischen Spielen aufkeimte. Es ist plausibel, daß Comte de Baillet-Latours Idee von der Überlegung be-

35 *Times* (18. August 1930).
36 Die Tageszeitungen von Toronto und Hamilton sind in der Zeit vom 17. bis 24. August 1930 gefüllt mit Fotos von Siegern, die auf dem Siegerpodium stehen.
37 *Times* (18. August 1930).
38 Jack Shea, geboren 1910, wohnte immer in Lake Placid. Ich bin ihm sehr dankbar für seine freundliche Aufnahme während meiner drei Besuche in Lake Placid im Sommer 1997. Ich danke ihm für seine Ratschläge und dem mir gewährten Einblick in sein Sammelalbum und seine Fotos. Ferner muß ich auch Jacqueline BAKER danken, der Kuratorin des Museums und Archivs der Olympischen Winterspiele in Lake Placid, für den Zugang zu den Akten von Godfrey Deweys. Schließlich wäre es unverzeihlich, wenn ich nicht all denen danken würde, die mich an allen »Ecken« der Welt bei meinen Nachforschungen unterstützt haben: Wayne WILSON in Los Angeles, Karel WENDL und Michèle VEILLARD in Lausanne, Margaret HOUGTHON in Hamilton; weitere Unterstützung bei meinen Nachforschungen erhielt ich durch Kollegen hier in London, Ontario, durch Scott MARTYN, Malcolm SCOTT, Eric KUHL-PACQUERT und Mitch FERGENBAUM.

einflußt wurde, die Gewinner hervorzuheben, so daß sie alle anderen überragten, so wie es auch beim Sprecher des Eides der Fall war. Für den IOC-Präsidenten war das Podium ein Hilfsmittel, um die Gewinner zu präsentieren, gestützt durch den Gedanken, in Hamilton im letzten Jahr hatte es eine besondere Wirkung. Comte de Baillet-Latour war nicht beeinflußt durch Überlegungen und Versuche, den Status eines Siegers über den des aristokratischen Verleihers einer Medaille zu heben. Von Bedeutung ist auch die Tatsache, daß der IOC-Präsident, und nur er allein, die Idee hatte, die Medaillen den Athleten zu überreichen, während diese auf dem Siegerpodium standen. Dies war schließlich in Hamilton noch nicht der Fall gewesen.

Als Jack Shea, der Gewinner des 500-m-Eisschnellaufes bei den Olympischen Winterspielen in Lake Placid, am Nachmittag des 4. Februar 1932 das Siegerpodest bestieg, um seine Goldmedaille von Comte de Baillet-Latour in Empfang zu nehmen, war er tatsächlich der Erste bei einer Siegerehrung nach der »großen Änderung«. In Hamilton war dies noch nicht der Fall gewesen. Seltsamerweise hat Shea die historische Bedeutung dieses Augenblicks nie erkannt. Seine einzige Erinnerung an die Ehrung ist, daß zur Zeit der Medaillenvergabe am späten Nachmittag nur noch eine Handvoll Zuschauer im Stadion Zeuge dieses Vorgangs waren.[38]

Dieser Aufsatz verdient noch ein kurzes Nachwort: Es ist bedauerlich, daß das Originalprotokoll des Organisationskomitees von Hamilton verschwunden ist, möglicherweise für immer. Es ist weder in den Unterlagen Hamiltons zu finden noch in den Archiven der Veranstalter von Commonwealth Games in Kanada oder in England. Falls sie noch auftauchen sollten, könnten sie dazu beitragen, zusammen mit den Protokollen, die wir besitzen, zu belegen, daß das Siegerpodium die Idee des Organisationskomitees der ersten Empire Games war. Gab es eine einzelne Person innerhalb dieses Teams, die für die Neuerung verantwortlich war? Die Antwort auf diese Fragen werden wir möglicherweise nie geben können. Genauso wie in Lake Placid, Los Angeles und auch in Hamilton sowie in anderen Gastgeberstädten olympischer oder anderer internationaler Wettkämpfe wurden viele Protokolle historisch bedeutender Veränderungen vernichtet, oder sie gingen verloren. Oft wurden die unwiederbringbaren Dokumente großer Ereignisse, deren Bedeutung nicht erkannt wurde, erst gar nicht aufbewahrt.

Lake Placid 1932

Nachdem bereits 1923 Los Angeles zum Ausrichter der Sommerspiele von 1932 gekürt worden war, entsprach es den IOC-Regeln, auch für die Winterspiele einen Ort in den USA zu finden. So fiel im April 1929 die Wahl auf Lake Placid, wobei sich das *IOC* in der glücklichen Lage befand, zwischen sieben Bewerbern auszuwählen zu können. Dies war eine einhellige und gute Entscheidung, und zwar schon insofern, als der 4 000 Einwohner zählende Ort am »ruhigen See« über einige Erfahrung mit der Ausrichtung von Sportveranstaltungen verfügte.
So fanden die 306 gemeldeten Aktiven aus 17 Nationen, darunter 32 Frauen, in dem amerikanischen Wintersportort vergleichsweise gute Bedingungen vor. Dies betraf sowohl die Qualität der Sportstätten als auch den Zuspruch des Publikums. Insgesamt wurden fast 80 000 Besucher registriert. Wegen einsetzenden Tauwetters mußte der Terminkalender jedoch um zwei Tage verlängert werden, damit der Wettbewerb im Viererbob, wenn auch nach der offiziellen Schlußfeier, überhaupt noch durchgeführt werden konnte.
Mit sechs Gold-, vier Silber- und zwei Bronzemedaillen war die amerikanische die mit Abstand erfolgreichste Mannschaft. Freilich war sie auch zahlenmäßig die mit Abstand stärkste gewesen. Mit Ausnahme des kanadischen hatten die betreffenden *NOK*, neben Japan waren 14 europäische Länder in Lake Placid vertreten, jeweils nur kleine Mannschaften auf den weiten Weg geschickt. Schließlich schlugen hohe Reisekosten zu Buche, und zwar um so schmerzlicher, als die Auswirkungen der Weltwirtschaftskrise von 1929 noch immer spürbar waren.
Aus Deutschland waren immerhin zwanzig Sportler angereist. Die Hälfte davon spielte Eishockey. Aufgrund zweier Siege gegen Polen beendete man das Turnier als Vorletzte. Da freilich nur vier Teams angetreten waren, Kanada und die USA machten den Sieg unter sich aus, war dies gleichbedeutend mit dem dritten Platz, sprich Bronze. Zur »erfolgreichen« Mannschaft zählte übrigens auch Rudi BALL. Er war auch vier Jahre später dabei, aber nur aufgrund einer Intervention des *IOC* – denn Ball war jüdischer Abstammung. Einer der großen Sieger war Birger RUUD Der mittlere von drei skispringenden Brüdern – der ältere Sigmund war in St. Moritz Zweiter und in Lake Placid Siebter geworden, der jüngere Asbjörn wurde 1938 Weltmeister – lebte später zwei Jahre in Garmisch-Partenkirchen, wo er sich 1936 ebenfalls Gold im Spezialsprunglauf sicherte.
Siegermedaille. Die Siegerehrung, die in Lake Placid zum ersten Mal mit den Athleten auf dem Podium durchgeführt wurde, ist im vorigen Kapitel ausführlich beschrieben worden. Die Siegermedaille wurde von der Robbins Company aus Attleboro in Massachusetts produziert. Der Name des Designers, wahrscheinlich ein Mitarbeiter der Firma, ist nicht bekannt. Auf der Vorderseite ist in der oberen Hälfte über den Wolken eine geflügelte Gottheit mit einem Lorbeerkranz im rechten Arm zu erkennen. Darunter sehen wir im Hintergrund auf das Adirondack-Gebirge und davor auf ein Wintersportstadion (?), eine Sprungschanze und die Landschaft um Lake Placid. Die Rückseite trägt oben die Olympischen Ringe und unten einen Lorbeerkranz. Dazwischen befindet sich die Inschrift *»III OLYMPIC/WINTER GAMES/LAKE PLACID/1932«*. Auffällig ist der wellige Rand, der möglicherweise der Kannelierung einer antiken Säule entsprechen soll. Die Medaille hat die Maße: Durchmesser 54 Millimeter, Dicke fünf Millimeter, Gewicht 85 Gramm. Geprägt wurden je 50, d.h. mehr als eigentlich gebraucht wurden. Bei gleichen Plazierungen wollten die Veranstalter aber über eine Reserve verfügen. Die vergoldete Medaille kostete 4,77 Dollar.[1] Nicht verteilte Medaillen wurden dem IOC-Archiv übergeben, sofern sie nicht beim Organisationskomitee verblieben.
Siegerdiplom. Vom Siegerdiplom, das entgegen den Vorschriften der Charta die ersten Sechs sogar jedes Wettbewerbs und führende Offizielle erhielten, wird im Offiziellen Bericht nicht einmal die Herstellerfirma genannt. Auf der 353 x 253 Millimeter grossen Urkunde ist aber unten in der Mitte *»AMERICAN BANK NOTE CO. LITRO«* eingedruckt. Sie zeigt als Hintergrund eine vergrößerte

Literatur:
III Olympic Winter Games Committee Lake Placid (Hg.), *Official Report III Olympic Winter Games Committee Lake Placid 1932,* Lake Placid 1932.
Cigaretten-Bilderdienst (Hg.), *Die Olympischen Spiele in Los Angeles 1932,* Hamburg-Bahrenfeld 1932.
ORTLOFF, George Christian und Stephen, *Lake Placid. The Olympic Years. 1932-1980,* Lake Placid 1976.

1 ORTLOFF, *Lake*, S. 86.

Siegerdiplom

Erinnerungsmedaille

Siegermedaille

Zeichnung der Erinnerungsmedaille (Vorderseite). Darüber erscheint der Schriftzug *»III OLYMPIC WINTER GAMES / LAKE PLACID 1932/DIPLOMA.«* Darunter wurden der Name des Sportlers, seine Plazierung und die Sportart auf drei Linien eingetragen. Rechts und links der Graphik ist jeweils die Vorder- und Rückseite der Siegermedaille abgebildet. Unterzeichner waren IOC-Präsident Comte de Baillet-Latour und der Präsident des Organisationskomitees Godfrey Dewey.

Ehrentafel. Die Tafel mit den Namen der Olympiasieger wurde kurz nach den Spielen an einer Wand des Olympia-Stadions angebracht. Auch die Zweit- bis Sechstplazierten wurden dort aufgeführt.

Erinnerungsmedaille. Die braunfarbene bronzene Erinnerungsmedaille, auch bei der Robbins Company hergestellt, weist eine Trapezform (Höhe 60 Millimeter, Breite 48 Millimeter, Dicke sechs Millimeter, Gewicht 83 Gramm) auf. Auf der Vorderseite sehen wir unter den Olympischen Ringen eine geflügelte NIKE, die auf einer Fanfare bläst und in ihrer linken Hand eine brennende Fackel hält. Sie steht auf einem Podest. Die weiten offenen Flügel legen sich halb um die bergige Landschaft von Lake Placid. Die Rückseite zeigt auf der oberen Hälfte außen einen offenen Lorbeerkranz mit fünf Schilden, auf denen die Sportarten der Spiele Eishockey, Eiskunstlaufen der Damen, Skispringen, Skilanglauf, Eisschnellauf und Bobfahren dargestellt werden. Darunter erkennen wir in der Landschaft auf einer Eisfläche Curling und auf Schnee Hundeschlittenfahren, also zwei der drei Demonstrationen. In der Mitte des Kranzes befindet sich die Inschrift *»III OLYMPIC / WINTER GAMES / LAKE PLACID / 1932«*. Der Gestaltung liegt wohl eine Idee von Dewey zugrunde. Dreimal ließ er die Entwürfe der Designer verbessern. Bei dem Eisschnelläufer handelt es sich um den mehrfachen Olympiasieger und Bürger von Lake Placid, Jack SHEA[2]. Auf der oberen Seite der Kante ist eingraviert *»ROBBINS CO / ATTLEBORO«*. Es wurden 700 Exemplare hergestellt. Die Medaille wurde in einer grauen und weißen Kartonschachtel allen teilnehmenden Athleten, den Offiziellen und den Mitarbeitern des Organisationskomitees übergeben.

Es konnte nicht ermittelt werden, welche Preise die Sieger der Demonstrationswettbewerbe im Curling, Hundeschlitten, Eisschnellauf der Frauen und des zusätzlichen Eishockeyturniers[3] erhielten. Wahrscheinlich bekamen alle Teilnehmer zumindest eine Erinnerungsmedaille.

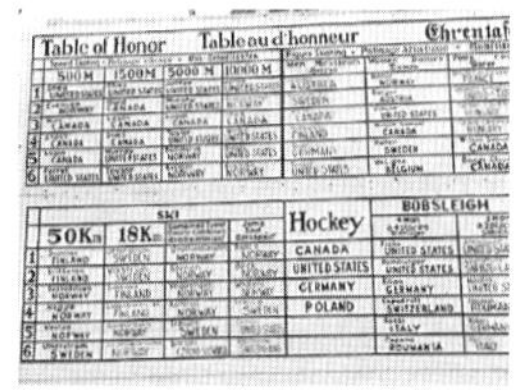

Tafel mit den Namen der Medaillengewinner

III. Olympische Winterspiele in Lake Placid – 4. bis 15. Februar 1932

Mannschaften: 17

AUT
BEL
CAN
FIN
FRA
GBR
GER
HUN
ITA
JPN
NOR
POL
ROM
SUI
SWE
TCH
USA

Sportler: 252 (32[2])

Name des Organisationskomitees:	***The Third Olympic Winter Games Committee***
Präsident:	Godfrey DEWEY
Generalsekretär:	Ernest F. GAMACHE
Offizieller Bericht:	englisch
Zeremoniell:	Eröffnungs- und Schlußfeier am Anfang bzw. am 13. Februar
Eröffnung durch:	Gouverneur Franklin D. ROOSEVELT
Dauer:	12 Tage
Siegerehrung:	bei der Schlußfeier durch IOC-Präsident Comte Henri de BAILLET-LATOUR, Godefroy DEWEY und Avery BRUNDAGE
Olympischer Eid:	»Jack« SHEA (Eisschnelläufer)
Symbol:	unbekannt
Plakate:	Witold GORDON, unbekannt
Siegermedaille:	Robbins Company of Attleboro, Mass.
Siegerdiplom:	unbekannt
Erinnerungsmedaille:	Robbins Company of Attleboro, Mass.
Zeitschrift:	*News Bulletin*
Film:	Zusammenschnitt von Wochenschauberichten, erstmals Tonfilm
Sportarten:	5 (1[1]) mit 14 (2[2]) Wettbewerben
Demonstrationen:	3 (2[1]) mit 5 (4[2]) Wettbewerben, dazu ein Eishockeyturnier von lokalen Teams gegen die teilnehmenden Ländermannschaften
Besonderheiten:	Zum ersten Mal wurde bei Siegerehrungen ein »Treppchen« benutzt.

Erläuterungen:
[1] wegen Tauwetter mußten die Läufe des Viererbob auf den 14. und 15. Februar verlegt werden.
[2] davon Frauen

2 ORTLOFF, *Lake Placid*, S. 86.

3 Nur vier Nationalmannschaften waren anwesend und spielten um olympische Medaillen. Um den Zuschauern mehr Spiele zeigen zu können, wurde eine zusätzliche Runde organisiert, an der das deutsche und das polnische Team, beide verstärkt durch Amerikaner, und lokale Vereinsmannschaften teilnahmen.

Los Angeles 1932

Zum zweiten Mal seit 1896 war eine außereuropäische Metropole der Schauplatz: Die Feier der zehnten neuzeitlichen Olympiade wurde in den USA, genauer in Los Angeles, ausgerichtet. Für die meisten Mannschaften war es buchstäblich ein weiter Weg – und so versteht sich die vergleichsweise geringe Teilnehmerzahl. Mit ca. 1 400 hatten nicht einmal halb so viele Aktive gemeldet wie vier Jahre zuvor in Amsterdam. Der Anteil der Frauen blieb erneut unter einem Zehntel. Diese bescheidene Quote sollte sich erst 1964, bei den Spielen in Tokyo, signifikant erhöhen.

Schon aus Kostengründen hatte auch Deutschland mit 82 Athletinnen und Athleten eine recht kleine Mannschaft nominiert. Dies erklärt freilich nicht, daß man in der Medaillenwertung mehr oder weniger deutlich hinter Italien, Frankreich, Schweden, Japan und Ungarn zurückblieb. Für eine der fünf deutschen Goldmedaillen zeichnete der Gewichtheber Rudolf ISMAYR verantwortlich. Ihm wurde vier Jahre später die Ehre zuteil, in Berlin den Olympischen Eid zu sprechen. Als Olympiasieger wurden auch die Brüder Franz und Toni SCHMID geehrt. Ihre besondere Leistung war die erste Nordwandbegehung des Matterhorns. Da Toni wenige Wochen vor Eröffnung der Spiele beim Bergsteigen tödlich verunglückt war, konnte er seine Medaille, die Theodor LEWALD aus Los Angeles mitbrachte, nicht mehr persönlich in Empfang nehmen.

Die mit 110 Medaillen bei weitem erfolgreichste Mannschaft war die der USA. Allein dreimal Gold gewann die Schwimmerin Helene MADISON, während sich Thomas Edward »Eddie« TOLAN als zweifacher Champion in die Tradition großer amerikanischer Sprinter einfügte. Zwei weitere Olympiasieger sorgten freilich erst später richtig für Furore: Der Schwimmer Clarence »Buster« CRABBE, Sieger über 400 Meter Freistil, trat in die Fußstapfen von Johnny WEISSMULLER und erschien als »Tarzan« auf der Leinwand. Seine Mannschaftskameradin Eleanor HOLM, sie sicherte sich Gold über 100 Meter Rükken, ging ebenfalls nach Hollywood. In die Schlagzeilen geriet sie auch mit privaten Eskapaden. Diese veranlaßten 1936 den strengen Leiter der amerikanischen Olympiamannschaft und späteren IOC-Präsidenten Avery BRUNDAGE, der glamourösen Schwimmerin einen Start bei den Berliner Spielen kurzfristig zu verwehren.

Den Teilnehmern und Besuchern der Spiele blieben wohl nicht zuletzt die grandiosen Sportanlagen in Erinnerung. Insbesondere das Memorial Colosseum wies wahrhaft olympische Dimensionen auf. Mit über 100 000 Plätzen war es das bis dahin mit Abstand größte Stadion. Sieht man von der Athener Anlage ab, handelt es sich um das einzige Stadion, das, 1984, ein zweites Mal Schauplatz Olympischer Spiele wurde. Einen besonderen, in den dreißiger Jahren mehr als seltenen Service bot eine Anzeigetafel, mit deren Hilfe die Zuschauer die Resultate jeweils nachvollziehen konnten. Zu den technischen Neuheiten zählte auch eine Flutlichtanlage, die erstmals die Durchführung von Freiluft-Wettbewerben nach Einbruch der Dunkelheit ermöglichte. Großen Anklang bei den Aktiven, jedenfalls bei den männlichen, fand auch die gemeinsame Unterbringung: In einem Olympischen Dorf konnte man, zum Tagespreis von zwei Dollar, Vollpension sowie die persönliche Begegnung mit ca. 1 200 Kollegen aus 37 Ländern und damit vielleicht auch eine Art Olympischen Geist genießen. Um so bedauerlicher für die 126 weiblichen Teilnehmer, daß sie mit einer Unterbringung in Chapman's Park Hotel vorlieb nehmen mußten.

Athletenabzeichen. Auf der IOC-Session 1927 in Monaco hatte Graf Alberto BONACOSSA den Vorschlag gemacht, ein allgemeines Athletenabzeichen einzuführen. Sein Antrag wurde einer Kommission übergeben. Auf der Session 1928 in Amsterdam stand die Angelegenheit wiederum auf der Tagesordnung, und erneut wurde ein Ausschuß eingesetzt. Ein Jahr später, 1929 in Lausanne, diskutierte das *IOC* erneut darüber. Es sollte drei verschiedene Badges für die Athleten geben: für Sieger bei Olympischen Spielen sowie bei internationalen und nationalen Meisterschaf-

Literatur:
X[th] Olympiade Committee of the Games of Los Angeles, U.S.A. 1932 (Hg.), *The Games of the Xth Olympiad Los Angeles 1932.Official Report,* Los Angeles 1933.
Cigaretten-Bilderdienst (Hg.), *Die Olympischen Spiele in Los Angeles 1932,* Hamburg-Bahrenfeld 1932.
TRUMPP, Eva, *Die Olympischen Spiele 1932 in Los Angeles. Eine Neubewertung unter besonderer Berücksichtigung zeitgenössischer Publikationen und Quellenmaterials,* Staats-Arbeit, Mainz 1991, 2 Bde.

ten. Es wurde entschieden, vor einer endgültigen Beschlußfassung die Meinung der Internationalen Fachverbände einzuholen.[1] Danach verschwand die Angelegenheit von der Tagesordnung. Die Organisatoren der Spiele 1936 ließen für die in Berlin anwesenden Olympiasieger ein Abzeichen anfertigen (s.u.). Erst fast sechzig Jahre später, mit den Beschlüssen zum Olympic Lapel Pin[2] für Medaillengewinner bzw. für alle Athleten, die an den Olympischen Spielen teilgenommen haben, konnte dieses »Problem« endgültig gelöst werden.

Siegerehrung. Seit den Olympischen Spielen 1928 waren im Zeremoniell der Siegerehrungen zwei entscheidende Änderungen eingetreten. IOC-Präsident Comte de Baillet-Latour hatte das »Treppchen« eingeführt. Die Übergabe der Medaillen sollte nach dem Wettkampf oder einen Tag danach zu Beginn der Nachmittagsveranstaltungen im Olympiastadion erfolgen. Im übrigen hatte man auf dem Olympischen Kongreß 1930 in Berlin beschlossen, daß die Spiele fortan nur noch 16 Tage dauern durften. Dies führte dazu, daß sich zum ersten Mal in einem Offiziellen Bericht eine längere Erläuterung über den Ablauf der Siegerehrung – außerhalb der Schlußfeier – findet.[3] Nach dem Wettkampf wurden die drei Erstplazierten zum Podium geführt, das zur Ehrentribüne ausgerichtet war. Nachdem die Sportler ihre Plätze eingenommen hatten, ertönte eine Stimme aus dem Lautsprecher: *»Cérémonie Olympique Protocolaire – Olympic Victory Ceremony«* und verkündete das jeweilige Wettkampfergebnis. Eine Musikkapelle spielte die Nationalhymne des Landes des siegreichen Sportlers, und die Landesfahne wurde gehißt. Die Flaggen für den Zweit- und Drittplazierten waren etwas kleiner als die für den Sieger. Dazu erschien das Ergebnis auf der Anzeigetafel. Zuletzt übergab IOC-Präsident Comte de Baillet-Latour, begleitet von zwei Funktionären seiner Wahl, die Medaillen und gratulierte.[4] Die Angelegenheit scheint aber noch »in den Kinderschuhen gesteckt« zu haben, denn die Autoren des Offiziellen Reports waren stolz darauf, daß immerhin 90 % der Athleten erschienen waren. Ein Fehlen von Athleten bei der Siegerehrung können wir uns heute kaum vorstellen. 1932 fehlten also jeder Zehnte!

Eine Schwierigkeit ergab sich auch am letzten Tag nach dem abschließenden Wettbewerb der Spiele, dem Jagdspringen. Da vor der Schlußfeier noch viele Medaillen zu vergeben waren, mußten sich alle Athleten, die

Spiele der X. Olympiade in Los Angeles – 30. Juli bis 14. August 1932

Mannschaften: 40

ARG	AUS
AUT	BEL
BRA	CAN
CHN	COL
CUB	DEN
ESP	EST
FIN	FRA
GBR	GER
GRE	HAI
HUN	IND
IRL	ITA
JPN	LAT
LUX	MEX
MON	NED
NOR	NZL
PHI	POL
POR	RSA
SUI	SWE
TCH	URU
USA	YUG

Sportler: 1 330 (126[1])

Name des Organisationskomitees:	***Organising Commitee of the Games of the Xth Olympiad Los Angeles, USA 1932***
Präsident:	William May GARLAND
Generalsekretär:	»Zack« J. FARMER
Offizieller Bericht:	englisch
Zeremoniell:	Eröffnungs- und Schlußfeier am Beginn bzw. am Ende der Spiele
Eröffnung durch:	Vizepräsident Charles CURTIS
Dauer:	16 Tage
Siegerehrung:	der Wettbewerbe im Olympiastadion nach der Entscheidung, der Disziplinen außerhalb am nächsten Tag, aller restlichen vor der Schlußfeier, alle durch IOC-Präsident Comte Henri de BAILLET-LATOUR
Olympischer Eid:	Georg Charles CALNAN (Fechter)
Olympisches Feuer:	vorhanden
Olympische Hymne:	Bradley KEELER / Louis BENSON (Text)
Plakat:	Gyula KILÉNYI
Siegermedaille:	Giuseppe CASSIOLI
Siegerdiplom:	Harry Muir KURTZWORTH
Erinnerungsmedaille:	Gyula KILÉNYI
Zeitschriften:	*Olympic, News*
Film:	Motion Picture News Reels (4 Gesellschaften)
Sportarten:	14 (3[1]) mit 117 (14[1]) Wettbewerben
Demonstrationen:	3 (1[1]) mit 3 Wettbewerben
Künste:	5 mit 9 Wettbewerben
Besonderheiten:	Medaille für Alpinismus zum ersten Mal weltweite Rundfunkübertragung

Erläuterungen: [1] davon Frauen

1 Protokolle der Sessionen 1927, 1928 und 1929 (IOC-Archiv).

2 Wörtlich: Olympisches Abzeichen für den Rockumschlag.

3 X[th] Olympiade Committee, *Games*, S. 767-769.

4 Heute werden zuerst die Medaillen überreicht und dann die Hymne gespielt.

5 *»The dies with which the Prize Medals for the Games of the Xth Olympiad were stamped were cast from the official Olympic hubs used in previous Games. The only alteration was that of changing the wording to ›X[th] Olympiad Los Angeles 1932‹. The medals themselves were stamped in the United States* (X[th] Olympiade Committee, *Games*, S. 331).

6 Gemeint ist *»innerhalb der Altis«*, im hl. Bezirk.

Am letzten Tag mußten die Athleten Schlange stehen, damit alle Siegerehrungen noch vor der Abschlußfeier durchgeführt werden konnten.

Theodor Lewald, der Vorsitzende des Deutschen Olympischen Ausschusses, erhält von Comte de Baillet-Latour die Goldmedaille im Alpinismus stellvertretend für die Gebruder Franz und Toni Schmid, die 1931 zum ersten Mal die Nordwand des Matterhorns bestiegen hatten. Es wurde die deutsche Hymne gespielt und die Fahne gehißt. Einige Wochen später fand bei einer Feier im Münchener Löwenbräukeller durch IOC-Mitglied Karl Ritter von Halt die Weitergabe der Medaillen an Franz Schmid und dessen Vater statt, da Toni Schmid am 16. Mai 1932 am Wiesbachhorn tödlich verunglückt war.

am Vortrag gewonnen hatten, auf dem Rasen versammeln. Eine Folge von Siegerehrungen mit dem immer gleichen Procedere dürfte für die Zuschauer nicht gerade spannend gewesen sein.

Siegermedaille. Im Offiziellen Bericht wird zur Siegermedaille bemerkt:

»Der Stempel, mit dem die Siegermedaillen der Spiele der X. Olympiade hergestellt wurden, wurde vom offiziellen olympischen Prägestock gegossen, der auch bei vorangegangenen Spielen benutzt worden war. Der einzige Unterschied bestand darin, daß die Aufschrift in ›Xth Olympiad Los Angeles 1932‹ geändert wurde. Hergestellt wurden die Medaillen in den Vereinigten Staaten.«[5]

Die Medaille wurde in einem Lederetui übergeben. Sie hat folgende Maße: 55 Millimeter Durchmesser, vier Millimeter Dicke, 67,9, 68,5 bzw. 67 (von vergoldet bis Bronze) Gramm Gewicht. Hergestellt wurde sie von der Firma Whitehead-Hoag in Newark.

Siegerdiplom. Für die Auswahl des Siegerdiploms bat das Organisationskomitee zahlreiche Künstler um Entwürfe. Mehr als ein Jahr wurden ihre Vorschläge geprüft und wieder verworfen. Da keine Idee überzeugen konnten, wandte man sich an den Kurator des Los Angeles Museums, Harry Muir Kurtzworth. Dieser war bereit, selbst ein geeignetes Diplom zu entwerfen. Da der Offizielle Bericht die Vorstellungen von Kurtzworth detailliert wiedergibt, sei die entsprechende Passage im Zusammenhang zitiert:

»Der Entwurf, die Farbgebung und viele Einzelheiten des Diploms wurden von der antiken Kunst der Griechen direkt inspiriert, durch Malereien auf Vasen, die sich größtenteils in der Sammlung klassischer Altertümer von Victor Merlo im Los Angeles Museum befinden und die auf die Zeit der Anfänge der antiken Olympischen Spiele zurückgehen. Das umlaufende Olivenornament verkörpert den geweihten Blätterzweig vom Ölbaum innerhalb der Tempelmauern[6]*, – die höchste Auszeichnung, die man bei den Spielen oder für besondere Verdienste um den Staat erhalten konnte. Columbia, die moderne Athena, die mit der olympischen Fackel in der Hand die Vereinigten Staaten von Amerika symbolisiert, steht in Erwartungshaltung und heißt die Länder der Welt willkommen. Sie ist mit einer dorischen Tunika bekleidet und trägt die phrygische Kopfbedeckung als Zeichen des Friedens. Die Sterne der Erwartung und die aufgehende Sonne als Symbol des Fortschritts bilden den Hintergrund, die Berge zu ihren Füßen, die Palmen- und Orangenhaine sowie das Rathaus von Los Angeles verkörpern den Staat und die Stadt der X. Olympiade.*

Athena, die olympische Patronin, Göttin der bürgerlich-handwerklichen Tugenden, der Künste, des Sieges und der Stadt Athen steht für das Ideal der Olympischen Spiele, bei denen Athletik und Kriegskünste geübt wurden, um einen angemessenen Schutz und den unbeschwerten Genuß aller Künste sicherzustellen. Die Göttin ist mit der klassischen Tunika und Schulterschärpe bekleidet. Ihre Schultern umhüllt die Ägis[7] *oder die schuppige Haut eines Monsters, die ihre Macht über die Feinde der Menschheit darstellt. Auf ihrer Stirn und in der Hand trägt sie*

Siegerehrung im 3 000-m-Hindernislauf, von links: Thomas Evenson (GBR), Volmari Iso-Hollo (FIN), Joseph Paul McCluskey (USA). Die Athleten tragen, kaum sichtbar, in der Hand das Kästchen, in dem sich die Medaille befindet. Wegen eines Versehens des Kampfgerichts mußten die Athleten eine Runde mehr, 3 460 m, laufen.

Harry Muir Kurtzworth. In den Offiziellen Berichten übertreffen sich die Organisationskomitees mit der Ablichtung von Paßfotos von Funktionären. Selten finden wir einmal das Konterfei eines Künstlers. Der Bericht von Los Angeles ist eine der wenigen Ausnahmen.

Harry Muir KURTZWORTH *1887

Der damals in Los Angeles lebende amerikanische Maler und Zeichner Kurtzworth studierte u.a. an der Detroit Academy of Fine Arts bei Paulus und Gies. Von 1930 bis 1932 war er Kurator des Los Angeles Museums. 1923 stellte er in Kansas City und 1939 in Frankreich aus. In diesem Jahr wurde er mit dem Grand Prix Humanitaire in Belgien ausgezeichnet. Kurtzworth verfaßte u.a. die bedeutenden Werke Genius, Talent or Mediocrity (1924) und Motion Picture Handbook (1946). Bekannt ist seine Illustration Mood Venetian und auch das Diplom der Spiele 1932.

Siegerkränze aus heiligen Olivenzweigen sowie eine Statue der Nike, der Göttin des Sieges. Athenas Schild und Speer sind hier weggelassen, da sie für alle friedfertigen Künste zu stehen scheint, obwohl ihr zu Füßen der Kriegshelm erscheint. In der Ferne steht der Tempel der Athena in Athen.
Das Olympische Stadion, das aus Sicht der Aktiven aus der Mitte der Arena dargestellt wird, zeigt den Eingang, von der olympischen Fackel überragt, inmitten wehender Fahnen und dicht gedrängter Zuschauer.
Der Fries im oberen Teil des Diploms stellt verschiedene Aspekte der Spiele dar, wie sie auf Vasen des sechsten Jahrhunderts v. Chr. abgebildet sind: einen Kampfrichter, einen Wettkampf, der in voller Rüstung ausgetragen wird, Pferdesport, Theater, Musik und Tanz, seitlich ein weiterer Kampfrichter mit einem Speer in der Hand.
Der untere Fries zeigt andere Elemente der klassischen Spiele: einen sitzenden Wettkampfrichter, die Darstellung einer körperlichen Untersuchung, vorgeschrieben vor und nach dem Wettkampf, einen Diskuswerfer in Ausgangsstellung, nach einer Vase in einem Münchener Museum[8], einen Speerwerfer, nach einer Vase des Boston Museums, den Einlauf eines Rennens, wie er auf einer original olympischen Trophäenvase des fünften Jahrhunderts v.Chr. aus dem Los Angeles Museum dargestellt ist, und einen Wettkampfrichter bei seiner Entscheidung, welcher derselben Vase entnommen wurde. Der untere Rand zeigt das typisch griechische ›Fret‹[9], Mäander- oder Schlüssel-Motiv, verziert mit den Wappen der Vereinigten Staaten und des Staates Kalifornien, die olympischen Insignien, die Weintrauben als Symbol der Stadtverwaltung von Los Angeles sowie die vier Fahnen, die für die historische Entwicklung der Stadt Los Angeles stehen.
Die Darstellung in Terrakotta- und Schwarzfärbung wurde durch Vasen aus dem fünften Jahrhundert aus dem Los Angeles Museum angeregt.«[10]
Auf dem Diplom ist im Mittelteil oberhalb der Abbildung des Stadions die Inschrift *»X^TH OLYMPIAD LOS ANGELES 1932«* zu lesen.

Juan Carlos Zabala (ARG) gewinnt den Marathonlauf.

Darunter wurde der Name des Athleten eingetragen. OK-Präsident William May Garland und IOC-Präsident Comte de Baillet-Latour haben die 590 x 488 Millimeter großen Diplome unterschrieben. Neben den Erstplazierten erhielten die anwesenden Mitglieder des *IOC* ein Exemplar. Baron de COUBERTIN wurde ein Diplom nach Lausanne geschickt.
Wie schon mehrmals zuvor genoß der Sieger im Marathonlauf besondere Aufmerksamkeit. Im Archiv des *IOC* befindet sich ein Brief einer *Grecian Tradition Society of America* vom 25. April 1932 an Comte de Baillet-Latour. Der Vorsitzende dieser Vereinigung, George DEMETER, schlug vor, den Sieger des Marathonlaufs von Los Angeles im Ziel mit einem Olivenkranz zu schmücken. Außerdem sollte er eine Medaille mit der Aufschrift *»NENIKHAMEN«* (*»wir haben gesiegt«*) erhalten. Damit waren die angeblich letzten Worte des legendären Boten zitiert, der nach der Schlacht bei Marathon nach Athen gelaufen und dann tot zu Boden gesunken sein soll. Das Organisationskomitee war offenbar einverstanden. Comte de Baillet-Latour ließ Baron de Coubertin um Rat fragen, der dem Vorhaben zustimmte, wenn die Medaille aus Bronze wäre. Dem schloß sich auch der IOC-Präsident in seinem Antwortschreiben an Demeter vom 12. Juni 1932 an. Es ist nicht bekannt, ob es später wirklich zu der Ehrung gekommen ist. Auf den Fotos vom Sieger des Marathonlaufs, des Argentiniers Juan Carlos ZABALA, im Ziel, kurz danach mit der Flagge seines Landes im Stadion oder bei der Siegerehrung ist jedenfalls kein Kranz zu erken-

7 Oder Aigis, die von HEPHAISTOS geschmiedete schildartige Schutzwaffe des ZEUS, die dieser ATHENA geliehen hat. Daher kommt der Ausdruck *»unter der Ägide«*.
8 Wahrscheinlich sind die Staatlichen Antikensammlungen gemeint.
9 Ein Saiteninstrument.
10 X^th Olympiade Committee, *Games*, S. 333-334. Originalzitat siehe Abschnitt Quellentexte.

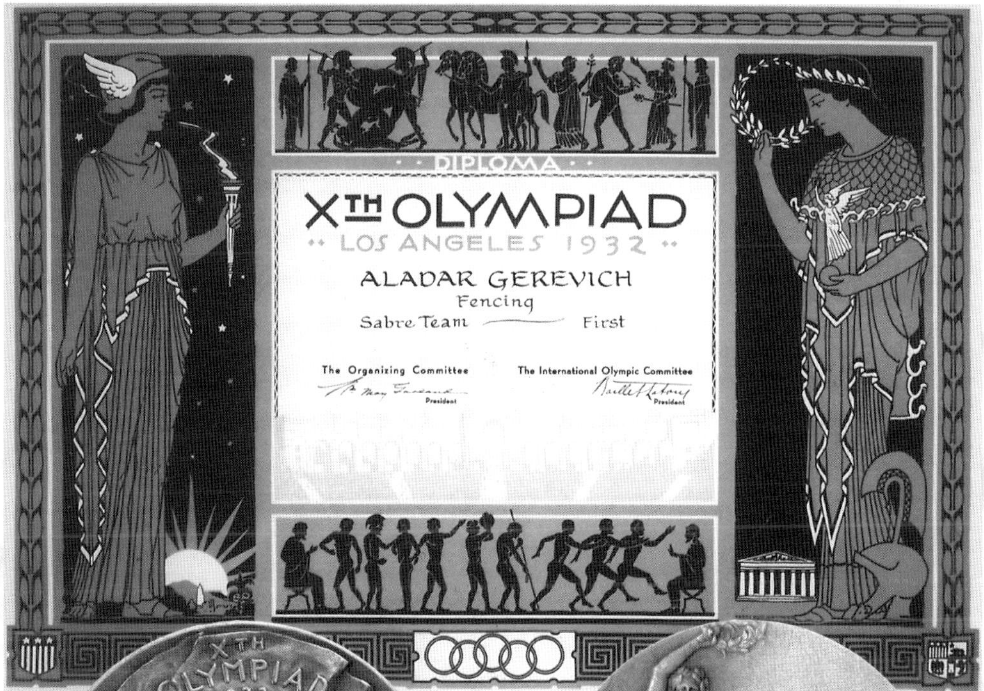

Siegerdiplom

Erinnerungsmedaille

Siegermedaille

Gyula (Julio) KILÉNYI *1885

Der Medailleur und Plakettenkünstler war in Ungarn geboren, arbeitete zehn Jahre in Buenos Aires und dann in New York. Als Medailleur vertrat er die Amerikanische Schule und schuf u.a. die Dienstmedaille für die amerikanische Armee, Gedenkmedaillen von Benjamin Franklin, John Joseph Pershing und Charles Lindbergh. Kunstwerke von ihm befinden sich im Numismatischen Museum New York, im Cleveland Museum of Art und im Victoria- und Albert Museum in London.

Das Plakat

nen. Möglicherweise erfolgte die Ehrung später an anderer Stelle.

Nach den Spielen wurde, wie in den anderen Olympiastadien auch, am Eingang des Memorial Colosseums eine Tafel mit den Namen der Olympiasieger angebracht.

Erinnerungsmedaille. Die Erinnerungsmedaille wurde von Gyula KILÉNYI entworfen, der auch das offizielle Plakat gestaltet hat. Auf der Vorderseite sehen wir eine männliche Figur. Sie soll den internationalen Athleten verkörpern. Der Mann trägt ein Banner mit der Aufschrift *»Xth/Olympiad/1932«*. Auf der Rückseite sitzen auf Stufen zwei weibliche Figuren – Göttinnen –, die zwischen sich das Wappenschild der Vereinigten Staaten halten. Die linke Person hält in ihrer rechten Hand einen Olivenzweig, die rechte ein Schild mit den Siegeln der Staates Kalifornien und der Stadt Los Angeles in ihrer linken Hand. Links sind Mohnblumen zu erkennen. Um den oberen Rand zieht sich die Schrift *»LOS ANGELES CALIFORNIA«*. Am unteren Rand steht der Name *»KILENYI«*. Von der 147 Gramm schweren Bronzemedaille – 69 Millimeter Durchmesser und sechs Millimeter Dicke – wurden 4 000 Exemplare von der Firma Whitehead-Hoag[11] in Newark hergestellt. Sie wurden den Athleten und Offiziellen in einer hellbraunen, mit braunem Samt gefütterten Papierschachtel übergeben.

Die Teilnehmer an den Demonstrationswettbewerben (American Football, Lacrosse, Turnen) erhielten wohl eine besondere Erinnerungsmedaille und ein Diplom.[12] Bekannt ist die Medaille für die Teilnehmer an den Vorführungen der Turnsysteme (Durchmesser: 38,4 Millimeter). Die Vorderseite ist mit jener der Erinnerungsmedaille identisch. Auf der Rückseite ist zu lesen *»GYMNASTIC / DEMONSTRATION / AUGUST 10, 1932«*. Eine ähnliche Medaille erhielten die Teilnehmer des Chors bei der Eröffnungs- und Schlußfeier. So kann vermutet werden, daß es noch mehr Exemplare ähnlicher Art für die verschiedenen Gruppen gab, die am Zeremoniell beteiligt waren. Wie das im Offiziellen Bericht erwähnte Diplom aussah, konnte nicht ermittelt werden.

Erinnerungsmedaille für die Gymnastikvorführung

Exkurs: Kunstwettbewerbe

Auch bei den Spielen in Los Angeles waren im Bereich der Bildhauerei zwei Disziplinen ausgeschrieben. In der Kategorie *»Medaillen, Plaketten und Reliefplastiken«* führt der Katalog[13] 15 Künstler aus sechs Nationen auf, darunter sieben deutsche, die 47 Medaillen eingereicht hatten. Darunter sind 22 des Kanadiers Tait McKENZIE und neun von deutschen Medaillisten. Es stellte auch wieder »olympische Kunstprominenz« aus, der Österreicher Edwin GRIENAUER mit sechs Medaillen, der aber seinen »Olympiasieg« von 1928 nicht wiederholen konnte. Dies trifft auch für den Schweizer Milo MARTIN zu, der mit drei Medaillen und einem Diplom vertreten war. Bei den Deutschen ist Waldemar RAEMISCH zu erwähnen, der sich schon 1928 beteiligt hatte, mit seiner Plakette für den Olympischen Kongreß Berlin 1930 aber

11 Der Name steht auf der Kante.
12 Xth Olympiade Committee, *Games*, S. 747.
13 N.N. (Hg.), *Olympic Competition and Exhibition of Art. Catalogue*, Los Angeles 1932.
14 Xth Olympiade Committee, *Games*, S. 760, 763.
15 Präsident Herbert HOOVER hatte sich wegen Wahlkampfverpflichtungen entschuldigen lassen.
16 *»Olympic Torch lighted«* (Xth Olympiade Committee, *Games*, S. 370).
17 *»May the Olympic Torch Pursue Its Way Through the Ages«* (Xth Olympiade Committee, *Games*, S. 776).

Die Lindbergh-Medaille von Frederick MacMonnies

nicht in die engere Wahl kam. Für die Spiele von 1936 in Berlin entwarf er das Olympiaabzeichen. Auch Otto PLACZEK hatte mit seinen drei Medaillen keinen Erfolg. Er schuf vier Jahre später die Erinnerungsmedaillen der Berliner Spiele. Die offizielle Erinnerungsmedaille von Kilenyi wurde außer Konkurrenz ausgestellt. Bei der Preisvergabe erhielten die Medaillisten eine Silber- und eine Bronzemedaille. Zweiter wurde der Amerikaner Frederick MacMonnies mit seiner Lindbergh-Medaille.
Mit Platz drei wurde der Athleten-Wappenschild des Kanadiers Tait McKenzie ausgezeichnet. Er hatte sich schon 1912 beteiligt, und das große Medaillon Joy of Effort ziert seitdem das Stadion in Stockholm.
Die Siegermedaillen wurden während der Zeit der Ausstellung übergeben, wahrscheinlich an die Vertreter der einzelnen *NOK*. Die Künstler, vor allem die ausländischen, waren in der Regel nicht anwesend. Die Diplome wurden nach den Spielen verschickt. Neben den ersten bis dritten Preisen gab es die Ehrenvolle Anerkennung. Die Künstler mit dieser Auszeichnung erhielten das Diplom der Spiele. Ein Vergleich mit den Verdienstdiplomen der Spiele 1908 und 1912 drängt sich auf. Der Offizielle Bericht erwähnt aber auch, daß es, wie bei den sportlichen Wettbewerben, ebenfalls noch eine Siegerehrung im Stadion gab.[11]

Exkurs: Olympisches Feuer
In der Entwicklung vom Olympischen Feuer zur Fackelstaffel von Olympia zum Ort der Austragung wurde in Los Angeles ein weiterer Schritt vollzogen. Die Entzündung der *»Olympischen Fackel«*, wie das Feuer auf dem Turm des Stadionportals genannt wurde, war dies-

mal Teil der Eröffnungsfeier. Nach dem Eröffnungssatz des Vizepräsidenten der USA[15], Fanfarenklängen und Salutschüssen wurde die *»Olympische Fackel entzündet«*.[16] Sie brannte, wie in Amsterdam, nicht nur nachts, sondern während der ganzen 16 Tage bis zur Schlußfeier. Als dann die Flamme langsam verlosch, erschien auf der Anzeigetafel der Spruch: *»Möge die Olympische Fackel ihren Wege durch die Ewigkeit nehmen!«*[17]

Der Athleten-Wappenschild von Tait McKenzie; links: »Die Olympische Fackel«

Olympische Fackelstaffel – Ursprung und Idee

von Walter Borgers

Die erste Fackelstaffeln waren 1936 und 1948 von Olympia zum Austragungsort der Spiele Berlin durchgeführt worden. Im »neuen« olympischen Regelwerk, das 1949 veröffentlicht wurde, wird folgerichtig in Regel 33, aber nur in wenigen Worten, dieser neue Bereich des Zeremoniells der Eröffnungsfeier erwähnt:
»Die olympische Flamme wird von einem Läufer hereingetragen, und nach Umrunden der Laufbahn wird das heilige Feuer entzündet.«[1]
Die heutige Olympische Charta widmet der Fackelstaffel, die sich seit 1936 zu einem imposanten Vorspiel, zu einer *»festlichen Entrada«*[2] entwickelt hatte, erheblich mehr Aufmerksamkeit, und die Formulierungen lassen erkennen, daß es dem *IOC* inzwischen auch um das Copyright an einem seiner wirkungsvollen Symbole ging.

»Regel 18 Olympisches Feuer, olympische Fackel
1. Das olympische Feuer ist das Feuer, das in Olympia unter der Autorität des IOC entzündet wird.
2. Eine olympische Feuerschale (oder eine olympische Fackel) ist eine Feuerschale (oder eine Fackel), oder eine Nachbildung davon, in der das olympische Feuer brennt.
3. Das IOC hat alle Rechte jeder Art, die mit der Verwendung des olympischen Feuers und der olympischen Feuerschalen oder Fackeln verbunden sind.
Regel 68 Verwendung des olympischen Feuers
1. Das OK ist dafür verantwortlich, daß das olympische Feuer in das Olympiastadion gebracht wird. Die Veranstaltungen, zu denen das Passieren oder die Ankunft des olympischen Feuers unter der Schirmherrschaft des jeweiligen NOK Anlaß geben, haben das olympische Protokoll zu beachten. Die Exekutivkommission des IOC hat alle Vorkehrungen für alle mit dem olympischen Feuer verbundenen Staffelläufe zu genehmigen.
2. Das olympische Feuer ist an einer erhöhten Position zu plazieren, die im Innern des Hauptstadions deutlich sichtbar ist, und die, sofern die Architektur es zuläßt, ebenso von außerhalb des Stadions sichtbar ist.
Durchführungsbestimmung zu Regel 69
1. 11. Die olympische Flamme wird von Staffelläufern in das Stadion getragen. Der Schlußläufer umrundet die Laufbahn, bevor er das olympische Feuer entzündet, das erst bei der Schlußfeier der Olympischen Spiele wieder gelöscht wird.«[3]

Mit diesen Regelungen sind Olympische Flamme und Fackelstaffellauf unter die Autorität des *IOC* gestellt, und auch der rechtliche Schutz ist gesichert. Die konkrete Durchführung fällt in die Zuständigkeit der *NOK* und der Organisationskomitees, wobei das Exekutivkomitee des *IOC* als Kontrollorgan fungiert. In *»Empfehlungen für die Organisationskomitees von Olympischen Spielen«* hat das *IOC* 1969 einige Richtlinien für die Feuerentzündung, den Fackellauf und die Flammenschale formuliert.[4] Mit diesen wenigen Festlegungen ist den Veranstaltern noch ein Gestaltungsspielraum für nationale Besonderheiten, künstlerische Ausgestaltung und vom *IOC* kontrollierte Vermarktung gelassen.

Olympische Feuersymbolik. Mit dem Feuer wurde bei den Olympischen Spielen in Amsterdam 1928 ein Symbol von universaler Wirkkraft in das olympische Zeremoniell eingeführt und 1936 zu einem festlichen Prolog ausgestaltet, das – wie sich 1968 bei der Verbindung mit Elementen des aztekischen Sonnenkultes in Mexico zeigte und wie MacALOON am Beispiel Koreas im einzelnen nachgewiesen hat[5] – auch auf außereuropäische Kulturen übertragbar ist bzw. in neue, eigene Formen anderer Kulturen transformiert werden kann. Die Leistung Carl DIEMs, auf dessen Idee der erste Fackellauf zurückgeht, besteht darin, ein Sinnbild des Olympismus geschaffen zu haben, das die Verbindung von Antike und Neuzeit und insbesondere die Verbundenheit der Nationen in der olympischen Gemeinschaft der Weltöffentlichkeit in einem spezifisch olympischen Ritual vor Augen führt.
Feuersymbolik gehörte seit der Französischen Revolution und ihrer großen Feste[6] als Veranstaltungselement zum Bestand der sich im Laufe des 19. Jahrhunderts entwickelnden Nationalfeste auch in Deutschland, und

1 *»The Olympic Flame then arrives by a courier and after circling the track the Sacred Fire is lit«* (International Olympic Committee [Hg.], *Olympic Rules*, Lausanne 1949, S. 15).
2 DIEM, Liselott, *Die festliche Entrada der Olympischen Spiele – eine Hymne auf die olympischen Fackelläufer*, Masch. Konzept, 1965 (Diem-Archiv). DIEM, Liselott, »A Hymn to the Olympic Torch Bearers«, in: International Olympic Institute Lausanne (Hg.), *The Games of the XVIIIth Olympiad Tokyo 1964*, Stuttgart 1965, S. 35-39.
3 Nach VEDDER, Christoph / LÄMMER, Manfred, *Olympische Charta*, Frankfurt 1996. International Olympic Committee (Hg.), *Olympic Charter*, Lausanne 1996, S. 23, 83, 85-86: Englische Version siehe Abschnitt Quellentexte.
4 Vgl. N. N., *The Administration of Olympic Games*. Submitted at the Request of the IOC-Archiv by Sandy DUNCAN (Great Britain), Marcello GARONNI (Italy) and Yukiaki IWATE (Japan), Lausanne o. J., S. 89f.
5 MacALOON, John J., *Korean Cultural Performance of an International Rite. The Torch Relay of the Xth Asian Games*, Uncorrected Draft, 1987.
6 Vgl. beispielsweise zum Föderationsfest am 14. Juli 1790. HOFMANN, Werner (Hg.), *Europa 1789. Aufklärung, Verklärung, Verfall. Ausstellung der Hamburger Kunsthalle vom 17.9. bis 19.11.1989 zum 200. Jahrestag der französischen Revolution*, Köln 1989, S. 228-230.

Der an den Felsen geschmiedete Prometheus, neben ihm die Fackel als Symbol seines Sakrilegs.

Ein Fackelläufer wird am Ziel von einer Göttin belohnt, Vase, Nationalmuseum Ferrara.

schon die von Friedrich Ludwig JAHN vorgeschlagenen Feiern zur Erinnerung an die Völkerschlacht bei Leipzig, die die *Berliner Turngesellschaft* am 18. und 19. Oktober 1814 veranstaltete, nahmen die Idee auf.[7] Ein Fakkelzug durch Athen mit ca. 10 000 Teilnehmern fand anläßlich der ersten Olympischen Spiele der Neuzeit am 12. April 1896 statt. Fackelstaffelläufe, bei denen die Flamme von einem Läufer zum anderen weitergegeben wird, sind dagegen in der Neuzeit im Gegensatz zur Antike bisher nur vereinzelt als rituelle Handlungen im Rahmen von Festveranstaltungen nachgewiesen worden.

Antiker Mythos. Anknüpfend an den Prometheus-Mythos der Antike, wurde das vom Himmel geholte Feuer in der europäischen Geistesgeschichte zum Bild von Vernunft und Aufklärung, von Freiheit und schöpferischer Fähigkeit des Menschengeschlechts insgesamt. PROMETHEUS hatte seinem Geschöpf, dem Menschen, einen Funken des himmlischen Feuers auf die Erde gebracht und ihn damit zum Beherrscher der Elemente gemacht. Zur Strafe wurde er an den Kaukasus geschmiedet. Doch der große Schritt in die Zivilisation war mit dem glimmenden Mark einer aus dem Fenchelstrauch gebildeten Fackel, entzündet am feurigen Wagen der Sonne, getan.

Bei den antiken Festen zu Ehren des Prometheus in Athen verehrten die Handwerker und insbesondere die Töpfer ihren Schutzpatron mit einem Fackellauf, bei dem »neues« Feuer von dem ihm geweihten Altar in die Stadt gebracht wurde.[8] »*Irgendwo zwischen einer Prozession und einem athletischen Wettstreit*«[9] war dieser Brauch angesiedelt, der auch zu den Panathenaia[10] und den Hephaistia[11] und zu Ehren der ARTEMIS stattfand. Die Abwandlung in einen Fackelritt wird auf thrakische Einflüsse zurückgeführt.[12] Julius JÜTHNER bezeichnet die antiken Fakkelläufe als »*im wesentlichen kultische und erst in zweiter Linie sportliche Angelegenheit*«.[13] Diese Vieldeutigkeit kennzeichnet auch noch die modernen Reprisen und dürfte deren Faszinationskraft ausmachen, und sie dient der Ausgrenzung des olympischen Festes aus dem Alltag durch ein spezifisches Ritual.[14]

Die Kette des europäischen Humanismus. Wie der Prometheus-Mythos insgesamt wurde auch der antike Fackellauf, die Lampadedromia, zu einer Metapher von übergreifender und bis in unsere Zeit wirkender Kraft. In der Emblematik von Renaissance und Barock lassen sich Beispiele nachweisen, die den Kampf des Lebens im Rückgriff auf antike Vorbilder als Rennbahn darstellen. Die beim Lauf weitergegebene bzw. übernommene Fackel erscheint darin und in den Schriften des Ersten Humanismus als Bild der Kette von Leben und Tod und des Aufeinanderfolgens

7 DÜDING, Dieter, *Organisierter gesellschaftlicher Nationalismus in Deutschland (1808-1847). Bedeutung und Funktion der Turner- und Sängervereine für die deutsche Nationalbewegung,* München/Wien 1983, S. 115.

8 Vgl. DEUBNER, L., *Attische Feste,* Berlin 1932, S. 211f.

9 PARKE, Herbert, W., *Athenische Feste. Öffentlicher Kult und private Mysterien,* Mainz 1987, S. 26.

10 Alle vier Jahre in Athen stattfindende Sportspiele.

11 Alle vier Jahre in Athen durchgeführtes Fest mit Fackellauf zu Ehren des Gottes HEPHAISTOS, des Sohnes der HERA, Gott des Feuers, der Schmiede und der Handwerker.

12 Vgl. PARKE, *Feste,* S. 231f. und 261ff.

13 JÜTHNER, Julius, *Die athletischen Leibesübungen der Griechen*, Bd. 2, *Einzelne Sportarten,* Teil 1, *Lauf*, *Sprung- und Wurfwettbewerbe,* Wien 1968, S. 136f.

14 Vgl. MacALOON, John J., »Olympic Games and the Theory of Spectacle in Modern Societies«, in: MacALOON, John J. (Hg.), *Rite, Drama, Festival. Rehearsals toward a Theory of Cultural Performance,* Philadelphia 1983, S. 252.

der Generationen, die das Licht des Geistes weitertragen.[15] *»Licht als Metapher der Wahrheit«*[16] gewinnt besonders im Zeitalter der Aufklärung große Bedeutung. In Dichtung und Kunst des europäischen Klassizismus werden die antiken Vorbilder wieder aufgenommen. Auch der Ausgräber Olympias, Ernst CURTIUS, sah sich als Glied einer in die Antike zurückreichenden Kette. In einem poetischen Rückblick des Siebzigjährigen auf sein Lebenswerk, das sein Schüler Alfred SCHIFF 1895 bei der Enthüllung der Curtius gewidmeten Büste im Museum von Olympia zitierte, wird das Bild der weitergereichten Fackel verwendet:

»Und die Fackel des Lichts – sie wird vom Nachbar dem Nachbar Brennend gereicht; taghell leuchtet der Schein. [...]
Und das Vereinzelte schliesst sich zum unendlichen Ring.«[17]

Am Beginn des 20. Jahrhunderts bildet sich in der europäischen Geisteswissenschaft ein Dritter Humanismus heraus, und Werner JAEGER, einer der führenden deutschen Vertreter dieser neuidealistischen Strömung, faßt im Zusammenhang mit Aussagen über den Hellenismus als *»Grundfaser«* des deutschen Wesens den Fackelwettlauf der Athener als Bild für die nicht abreißende Staffel des menschlichen Geistes.[18] Zum Bild der Kulturtradition, *»der Kette der Renaissancen des Antikenerlebnisses«*[19], weitet sich bei Jaeger die Fackelmetapher aus. Jaeger ist wohl nicht ohne Einfluß auf Carl Diem geblieben, der berichtet, daß er dessen Vorlesungen *»fleißig gehört habe«*[20], sogar noch als Prorektor der Deutschen Hochschule für Leibesübungen.

Olympischer Humanismus. In Baron de COUBERTINs Schriften findet sich die metaphorische Verwendung des antiken Fackelthemas an verschiedenen Stellen, u.a. in den feierlichen Worten beim Bankett am Ende der Olympischen Spiele von Stockholm am 27. Juni 1912, bei dem er in der Vorausschau auf die Berliner Spiele von 1916 ausführte:

»Und nun, meine Herren, hat ein großes Volk durch unser Dazutun die olympische Fackel aus Ihren Händen in Empfang genommen und sich damit verpflichtet, sie zu erhalten und, wenn möglich, ihre wertvolle Flamme zu schüren.«[21]

Statt des Wechsels der Generationen unterstreicht Baron de Coubertin den Wechsel der Völker beim Weitertragen der olympischen Flamme,

»falls diese Jugend vorübergehend die olympische Fackel aus den Händen fallen lassen sollte, sich dann eine andere Jugend auf der anderen Seite der Erde bereit finden würde, sie wieder aufzuheben«.[22]

In übertragenem Sinn kann Baron de Coubertin als der Wiederentzünder des Olympischen Feuers bezeichnet werden. Es ist bisher nicht zweifelsfrei nachgewiesen, wer der Urheber der Idee war, bei den Olympischen Spielen 1928 ein Feuer zu entzünden,[23] das über dem Amsterdamer Stadion als Sinnbild der sittlichen Reinheit, wie im antiken Olympia auf dem Altar der HESTIA im Prytaneion[24], brannte.

Der Architekt des richtungweisenden Amsterdamer Olympia-Stadions, Jan WILS, hatte den Bauauftrag und eine olympische Goldmedaille für Architektur u.a. auch erhalten, *»weil sein Einfall, einen Turm zu errichten, auf dem das Olympische Feuer brannte, die Baujury bestach.«*[25] Das Feuer wurde bei der Eröffnungsfeier ohne besondere Zeremonie entzündet. Als Symbol des Olympischen Feuers zeigt die Rückseite der Erinnerungsmedaille der Olympischen Spiele 1928 in Amsterdam ein Paar mit einer Fackel über einer Flammenschale.

Vom Mythos zum Lauffeuer. In Carl DIEM fand Baron de Coubertin einen kongenialen Mitstreiter für seine Bemühungen, die Olympischen Spiele mit Kunst, Literatur und festlichem Gepräge zu verbinden, wie er es 1906 auf der Conférence Consultative in Paris versucht hatte. Er selbst hat auf die Möglichkeiten der Steigerung der Wirkung sportlicher Feste durch *»Pyrotechnie«*, durch Feuer und Fackeln, hingewiesen[26] und dreißig Jahre später in Schlußworten bei den Olympischen Spielen von Berlin die Verbindungslinie zwischen seinen frühen Bemühungen und der Berliner Eröffnungszeremonie und dem *»Lauf der heiligen Flamme* [...,] *Werke*

15 Vgl. HENKEL, Arthur / SCHÖNE, Albrecht (Hg.), *Emblemata.* Stuttgart 1967, Sp. 1201.
16 BLUMENBERG, Hans, »Licht als Metapher der Wahrheit. in: *Studium Generale* 10(1957, S. 432-447.
17 SCHIFF, Alfred, »Ansprache«, in: N. N., *Die Ernst Curtius-Büste im Museum von Olympia.* [o. O. und o. J.], S. 17-19.
18 Vgl. JAEGER, Werner, »Humanismus als Tradition und Erlebnis« [1919], in: JAEGER, Werner, *Humanistische Reden und Vorträge.* 2. Aufl., Berlin 1960, S. 30.
19 HÖLSCHER, Uvo, »Angestrengtes Griechentum. Zu Werner Jaegers 100. Geburtstag«, in: *Frankfurter Allgemeine Zeitung,* (30.7.1988)175, S. 19.
20 Vgl. DIEM, Carl, »Leibeserziehung – ein Nebenfach«, in: *Die Leibeserziehung* 10(1961)3, S. 78.
21 COUBERTIN, Pierre de, »Schlußworte. Paroles de Clôture, Stockholm 1912«, In: Ders. *Der Olympische Gedanke.* Schorndorf 1966, S. 46.
22 COUBERTIN, Pierre de, *Olympische Erinnerungen,* Berlin 1987, S. 173.
23 Vgl. BERNETT, Hajo, »Symbolik und Zeremoniell der XI. Olympischen Spiele Berlin 1936«, in: *Sportwissenschaft* 16(1986)4, S. 369.
24 Verwaltungsgebäude in antiken Städten.
25 VERSPOHL, Franz-Joachim, *Stadionbauten von der Antike bis zur Gegenwart. Regie und Selbsterfahrung der Massen ,* Gießen 1976, S. 211.
26 COUBERTIN, Pierre de, »Décoration, pyrotechnie, harmonies cortéges. in: COUBERTIN, Pierre de, *Textes Choisis,* Bd. 2, Zürich 1986, S. 535.

meines genialen und enthusiastischen Freundes Carl Diem«, gezogen.[27] Schon vor der Wiedergeburt der Olympischen Spiele, anläßlich des Congrès Internationale pour le Rétablissement des Jeux Olympiques, fanden am 17. Juni 1894 während einer Fête de Nuit Fackelläufe über 150 m, 500 m, 2000 m und als Geländelauf statt, die vermutlich antike Vorbilder kopierten.[28] Durch Diem wurde die Flamme zu einem »Lauffeuer«. Seiner olympischen Vision und seinem organisatorischen Talent ist es zu danken, daß mit dem Fackelstaffellauf ein antiker Mythos im Gewande des modernen Sports zu neuem Leben erweckt wurde. Als Nachfolger des Philhellenen Baron de Coubertin, der in dem von Karl Friedrich SCHINKELs Bauten geprägten *»Spree-Athen«* Berlin ein olympisches Fest entscheidend mitgestaltete, hat Diem die Idee des Fackelstaffellaufes Olympia – Berlin auf der Grundlage einer Kulturtradition inszeniert, die auch den entscheidenden Beweggrund seiner praktisch-pädagogischen und seiner wissenschaftlichen Tätigkeit ausmacht. Die Verbindung von individueller sportlicher Leistung, nationaler Selbstdarstellung im internationalen Zusammenhang und sinnbildlicher Darstellung eines antiken Mythos im Fackelstaffellauf steht im Zusammenhang eines Gesamtwerks, das Clemens MENZE als *»Versuch einer produktiven Aneignung und Umsetzung des ursprünglichen deutschen Humanismus auf die Leibesübungen und den Sport in seiner Zeit«*[29] charakterisiert hat.

Idee und Planung. Der erste Fackellauf mit Bezug zu DIEM wurde aus Anlaß seines 40. Geburtstages von Studenten der Deutschen Hochschule für Leibesübungen 1922 durchgeführt. Sie feierten damit gleichzeitig den Beginn der Deutschen Kampfspiele, die auch als Nationales Olympia angesehen wurden.[30] Über die Anfänge der Planungen für einen Fackelstaffellauf von Olympia nach Berlin liegen in Diems Nachlaß unterschiedliche Dokumente vor. Die früheste Datierung ergibt sich aus dem Gästebuch seines Freundes Walther F. KLEFFEL, in dem am 25. August 1931 mit Unterschrift Diems vermerkt ist: *»Am Geburtstage eines neuen Plans«*.[31] In einem Text Carl Diems von 1956 wird der Gedanke von der Fackelstaffel mit den Olympischen Spielen in Los Angeles 1932 in Zusammenhang gebracht und auf historische Studien verwiesen. Hier findet sich auch der Hinweis auf die *»volle Zustimmung«* Baron de Coubertins in einem Gespräch am 31. Juli 1933 und die *»freudige Zustimmung«* Comte de BAILLET-LATOURs, auf deren Grundlage dann der Vorschlag der Staffel auf der Sitzung des IOC am 18. Mai 1934 in Athen eingebracht wurde. Diem selbst informierte Baron de Coubertin über die Ergebnisse der Athener Sitzung.[32] Ein Fackelstaffellauf in Bulgarien war Diem schon im Dezember 1933 bekannt geworden. Am 3. Dezember 1933 notierte er in sein Tagebuch:

»Ein schöner Staffellauf aus patriotischem Grunde wurde uns berichtet: Bei der 1000-Jahr-Feier ihrer Grösse wurde von der damaligen Hauptstadt Prjeslaw auf drei Wegen Feuer nach der jetzigen, Sofia, gebracht und damit eine heilige Flamme in der Kapelle des Schlosses entzündet, die heute noch brennt.«[33]

Im Offiziellen Bericht der Olympischen Spiele von Berlin findet sich die folgende unklare Darstellung der Besprechung des Fackellaufplanes in einer Sitzung des Propaganda-Ausschusses vom 8. Februar 1934 unter Vorsitz des Ministerialrats HAEGERT:

»Aus einer Anregung von Ministerialrat Haegert, eine Olympische Stafette zu organisieren, entwickelte sich in Erinnerung an ein antikes Relief mit dem Fackellauf von Eroten im Palazzo Colonna in Rom der Plan des Generalsekretärs zu einem Fackel-Staffellauf Olympia – Berlin.«[34]

Unter Vernachlässigung anderer Quellen dient diese Stelle einigen Sporthistorikern als Beleg dafür, daß der Fackelstaffellauf eine Inszenierung des Propagandaministeriums gewesen sei.[35] Dem widersprechen nicht nur die genannten Dokumente, sondern auch die Rezeption des Ereignisses als Leistung Diems in der Presse und in Diems umfangreicher Korrespondenz.[36]

Am Vorabend der Spiele übersandte Theodor LEWALD Baron de Coubertin einen Fackel-

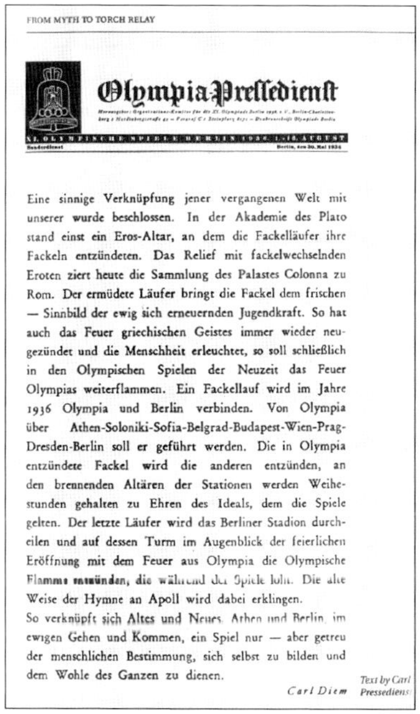
FROM MYTH TO TORCH RELAY

Olympia-Pressedienst

XI. OLYMPISCHE SPIELE BERLIN 1936 1.-16. AUGUST

Sonderdienst — Berlin, den 30. Mai 1934

Eine sinnige Verknüpfung jener vergangenen Welt mit unserer wurde beschlossen. In der Akademie des Plato stand einst ein Eros-Altar, an dem die Fackelläufer ihre Fackeln entzündeten. Das Relief mit fackelwechselnden Eroten ziert heute die Sammlung des Palastes Colonna zu Rom. Der ermüdete Läufer bringt die Fackel dem frischen — Sinnbild der ewig sich erneuernden Jugendkraft. So hat auch das Feuer griechischen Geistes immer wieder neugezündet und die Menschheit erleuchtet, so soll schließlich in den Olympischen Spielen der Neuzeit das Feuer Olympias weiterflammen. Ein Fackellauf wird im Jahre 1936 Olympia und Berlin verbinden. Von Olympia über Athen-Soloniki-Sofia-Belgrad-Budapest-Wien-Prag-Dresden-Berlin soll er geführt werden. Die in Olympia entzündete Fackel wird die anderen entzünden, an den brennenden Altären der Stationen werden Weihestunden gehalten zu Ehren des Ideals, dem die Spiele gelten. Der letzte Läufer wird das Berliner Stadion durcheilen und auf dessen Turm im Augenblick der feierlichen Eröffnung mit dem Feuer aus Olympia die Olympische Flamme entzünden, die während der Spiele loht. Die alte Weise der Hymne an Apoll wird dabei erklingen.

So verknüpft sich Altes und Neues, Athen und Berlin, im ewigen Gehen und Kommen, ein Spiel nur — aber getreu der menschlichen Bestimmung, sich selbst zu bilden und dem Wohle des Ganzen zu dienen.

Carl Diem

Text by Carl Pressediens

Text von Carl Diem zur Fackelstaffel aus dem Olympia-Pressedienst vom 30. Mai 1934

27 COUBERTIN, Pierre de, »Discours pour la clôture des Jeux Olympiques de Berlin«, in: COUBERTIN, *Textes*, Bd. 2, Zürich 1986, S. 305.

28 N. N., *Congrès Internationale pour le Rétablissement des Jeux Olympiques. Programme. Racing Club de France*, Paris 1894.

29 MENZE, Clemens, »Zur Einführung in die Ausgewählten Schriften Carl Diems«, in: DIEM, *Schriften*, Bd. 1, S. 7.

30 ENGLERT, Ludwig, »Erinnerungen eines ehemaligen Studenten an die ersten Jahre der Hochschule«, in: SCHIFF, Alfred, *Die Deutsche Hochschule für Leibesübungen 1920-1930*, Berlin 1930, S. 117.

31 Gästebuch Walther Kleffel vom 25. August 1931, Kopie mit handschriftlichem Zusatz von KLEFFEL: »Olympia. Fakkellauf« (Diem-Archiv). Vgl. dazu auch: KAHLE, Manfred, *Der Fackelstaffellauf bei den modernen Olympischen Spielen*, Diplomarbeit, Köln 1966/67.

32 Schreiben Carl Diems an Baron de Coubertin vom 12. Juni 1934 (IOC-Archiv).

33 Tagebücher Carl Diems (Kennziffer 0253304, S. 239, vom 3. Dezember 1933, Diem-Archiv).

34 Organisationskomitee für die XI. Olympiade Berlin 1936 (Hg.), *Amtlicher Bericht*, Bd. 1, Berlin 1937, S. 58.

35 Vgl. im Gegensatz dazu MANDELL, Richard D., The Nazi Olympics, New York 1971, S. 130. »The Idea was entirely Dr. Carl Diem's.«

36 Möglicherweise hat das Propagandaministerium nachträglich Ansprüche auf eine Urheberschaft am Fackelstaffellauf geltend gemacht.

Erinnerungstafel in Tegea, fotografiert 1936 von Carl Diem

halter, nicht ohne noch einmal auf Diems Idee und die Großartigkeit ihrer Ausführung hinzuweisen. Dies hätte ihm auch die *»große Filmregisseurin Leni Riefenstahl« nach ihrer Rückkehr aus Athen mitgeteilt.*[37]
Der genaue Hergang der Beschlußfasssung durch das *IOC* ist im historischen Rückblick zum Gegenstand einer Diskussion geworden, die sich an einer Gedenkplakette in Tegea entzündete. Diese Plakette war am 17. August 1936 vom Ort Tegea zur Erinnerung an die Begründung des Fackelstaffellaufes angebracht worden und geriet später in Vergessenheit. Diem war die Aufstellung der Tafel schon durch einen Brief des Archäologen Franz Otto WREDE vom 16. August 1936 bekannt geworden.[38]
Am 8. Oktober 1936 besuchte Diem auf seiner Griechenland-Reise im Anschluß an die Olympischen Spiele Tegea. Im Tagebuch beschreibt er die dort aufgestellte Tafel, die *»die fünf Ringe trägt von einer Fackel durchzogen«*, und gibt den Text wieder. Sein Kommentar gibt Aufschluß darüber, wie es zur Aufstellung der Erinnerungstafel gekommen ist:

»Hier nahm das IOK am 22. Mai 1934 im Schatten alter Platanen ein Mittagessen ein, mit sehr viel gutem Wein und in der Hochstimmung wurde auch vom Fackellauf gesprochen. Die Tegeaten glaubten nun, der Fakkellauf sei hier erdacht, und haben nun am 17. August an der Wand derselben Grotte, an der wir tafelten, eine Marmorplatte angebracht [...]. *Ich freute mich ausserordentlich, in aller Stille unerkannt die Tafel meines Werkes dort zu sehen und sie aufzunehmen.«*[39]

Im Jahre 1961 erfuhr der Kanzler des *IOC* durch Jean KETSEAS von der »Plaque Commémorative« und publizierte die vermeintliche Neuentdeckung im *Bulletin Officiel* des *IOC*.[40] Mit Hilfe Diems und des IOC-Mitglieds Karl Ritter von HALT wurden in einem Schriftwechsel die genauen Umstände geklärt. Sie stellen sich danach folgendermaßen dar: Die eigentliche Genehmigung des Vorschlags einer Fackelstaffel erfolgte in der Sitzung in Athen am 18. Mai 1934, wobei auch schon Fragen der Weihestunden als Zeitausgleich[41] diskutiert wurden. Am 22. Mai in Tegea besprach das *IOC* den Plan, und am 23. Mai beim Bankett in Olympia wurden noch Details der Ausführung insbesondere mit dem *Hellenischen Olympischen Komitee* geklärt.[42] Den hier dargelegten Hergang hat auch Henri POURET 1974 in der *Revue Olympique* mit den ihm verfügbaren Dokumenten beschrieben.[43]

Die Liturgie des Olympischen Feuers. Die Methode der Entzündung des Feuers nach einem antiken Vorbild vermittelte Ketseas, der Freund Diems und Verbündete bei der Schaffung der Internationalen Olympischen Akademie, auf der Grundlage von Plutarch-Studien:

»Die Art der Entzündung der olympischen Flamme wurde schließlich festgelegt, als ich meinem Freund, dem Doktor Diem geschrieben habe, daß ich beim Lesen des Plutarch (Leben des Numa Pompilius) die Beschreibung der Art und Weise gefunden hatte, mit der die alten Griechen das Feuer wieder entzündeten, (wenn es zufällig verlöschte), indem sie ein Stück Holz in den Brennpunkt eines konkaven Spiegels hielten, der den Strahlen der Sonne ausgesetzt wurde.«[44]

Das antike Vorbild galt also auch für die Feuerentzündung und stiftete eine olympische Tradition, nach der bis heute verfahren wird. Den Hohlspiegel lieferte 1936 die Firma Zeiss. Auch für das Modell der Fackelhalter wurden von Diem und Lewald antike Vorbilder studiert, u.a. auf der Griechenlandreise im Anschluß an die Athener Sitzung. Im Museum von Eleusis fanden sie Säulen in Fackelform, die auf Vorschlag Lewalds als Vorbild für den Fackelhalter dienen sollten.[45] In Rom, im Palazzo Colonna, suchten die beiden »Fackelforscher«, einem Hinweis des Archäologen Alfred Schiff folgend, ein kleines attisches Relief mit der Darstellung von Eroten[46] beim Fackellauf und einer Stadionherme.[47] Dieses Relief wurde in verkleinerter Form zum Briefkopf der Fackellaufdrucksachen, nachdem der Bildhauer Walter LEMCKE einen ergänzten Abdruck hergestellt hatte.
Für die Vorbereitung der Ausstellung Sport der Hellenen im Rahmenprogramm der Berliner Spiele hatte der ehemalige Verwaltungs-

37 Schreiben LEWALDs an Baron de COUBERTIN vom 26. Juli 1936 (IOC-Archiv).
38 Schreiben von Franz Otto WREDE an Carl Diem vom 16. August 1936 (Diem Archiv).
39 *Tagebücher Carl Diem* (Kennziffer 0733613, vom 8. Oktober 1939, Diem-Archiv).
40 N. N., »Une Plaque Commémorative Olympique méconnue en Grèce«, in: *Bulletin Officiel du CIO* 17(1962)77, S. 15-16. N. N., »A propos de la plaque commémorative de Teghea (Grèce)«, in: *Bulletin Officiel du CIO* 17(1962)78, S. 34-35.
41 Wenn sich die Staffel verspätete, konnte bei diesen Feierstunden »verlorene« Zeit gutgemacht werden.
42 Vgl. Schriftwechsel zwischen Otto MAYER und Carl Diem vom 10. Oktober 1961 bis 2. Februar 1962 (Diem-Archiv).
43 Vgl. POURET, Henri, »La Flamme Olympique«, in: *Revue Olympique* (1974)85/86, S. 611-616.
44 Schreiben Jean Ketseas´ an den Redakteur des *Bulletin Officiel* vom 24. Januar 1962, nach POURET (s. Anm. 43, S. 614), vollständiges Zitat siehe Abschnitt Quellentexte.
45 Vgl. Tagebücher Carl Diem (Kennziffer 0263400, vom 27. Mai 1934, S. 104, Diem-Archiv).
46 Kleine Liebesgötter.
47 Vierkantige mit einem Kopf des Gottes HERMES geschmückter Pfeiler, die aus religiösen oder dekorativen Gründen aufgestellt wurden, z.B. im Stadion.
Vgl. *Tagebücher Carl Diem* (Kennziffer 0263400, vom 27. Mai 1934, S. 104, Diem-Archiv).

direktor der Hochschule für Leibesübungen Schiff eine Fülle von Material zusammengetragen,[48] bevor ihm die Arbeiten aus der Hand genommen wurden, weil er jüdischer Abstammung war. Gleichwohl wagte es Diem, ihn noch bis 1936 mit kleineren Aufträgen für das Organisationskomitee zu beschäftigen.

Das Vorbild der Großstaffelläufe. Staffelläufe, gegen Ende des 19. Jahrhunderts insbesondere innerhalb der *Deutschen Turnerschaft* auch als Eilbotenläufe bezeichnet[49], dienten dazu, national bedeutsame Ereignisse und Feiern in ihrer Wirkung zu unterstützen bzw. eine symbolische Verbindung der Landschaften und Provinzen mit dem Festort herzustellen. Zur Einweihung des Völkerschlachtdenkmals bei Leipzig veranstaltete beispielsweise die *Deutsche Turnerschaft* 1913 einen Sternlauf von sechs Startpunkten, darunter Straßburg (Elsaß) und Metz (Lothringen) zum *»Gedächtnis der großen Völkerschlacht in Wettkämpfen und gymnastischen Spielen, ähnlich den olympischen in der Blüte Griechenlands* [...]. *«*[50] Internationalen Charakter erhielt dieser Lauf durch Stafetten deutscher Turner im Ausland, u.a. vom Capitol in Washington nach New York[51] und in Südamerika. 1925 führte die *Deutsche Turnerschaft* zum 100. Geburtstag von Ferdinand GOETZ den Hermannslauf durch, an dem insgesamt 137 197 Turner und Turnerinnen aus mehr als 6 000 Vereinen teilnahmen.[52]

Auch Carl Diem konzipierte schon für das Jahr 1908 einen Großstaffellauf mit Wettkampfcharakter von Potsdam nach Berlin:[53]

> *»Ich verfiel unter dem Eindruck des Marathonlaufes bei den Olympischen Spielen 1906 in Athen auf den Plan, zwar einen großen Lauf zu wagen, das Publikum aber zu betrügen, indem jedweder immer nur einen frischen Mann sehen sollte.«*[54]

Einen Olympia-Großstaffel-Lauf als Werbeveranstaltung für die Teilnahme an den Spielen in Los Angeles 1932 plante der Deutsche Reichsausschuß unter Federführung DIEMs für den Verfassungstag 1931.[55] Nicht zuletzt ist dieses Faktum Beleg dafür, daß er als Generalsekretär des Organisationskomitees 1934 nicht auf Anregungen für eine Olympia-Stafette aus dem Propagandaministerium angewiesen war.

Zu all den o.g. Läufen gehörte zumeist die Überbringung einer Gruß- oder Glückwunschbotschaft, wie sie ähnlich zunächst auch für den ersten olympischen Fackelstaffellauf geplant war. Noch bei der sog. Bundesfeier nach Konstituierung der Bundesrepublik Deutschland wurden am 25. September 1949 von sechs verschiedenen Orten aus Grußbotschaften durch Staffeln nach Bonn übermittelt.[56] Die aus diesem Anlaß hergestellten Medaillen und Anstecker zeigen einen Fackelläufer, obwohl die Läufer keine Fackel trugen.[57]

Vorbereitung und Resonanz des ersten Fackelstaffellaufes. Der erste Fackelstaffellauf in der Geschichte der modernen Olympischen Spiele wurde vom Organisationskomitee der Berliner Spiele Berlin 1936 minutiös geplant. Der Leiter der Sportabteilung, Werner KLINGEBERG, fuhr die gesamte Strecke zusammen mit Pay CARSTENSEN, einem Vertreter des Propaganda-Ausschusses für die Olympischen Spiele, ab und verhandelte vor Ort mit den jeweiligen nationalen Organisatoren. Dabei stand ihm ein von der Firma Daimler-Benz gestellter Wagen und die Hilfe der Vertretungen des Konzerns im Ausland zur Verfügung. Sein Bericht[58] über die Vorbereitungen beschreibt die begeisterte Aufnahme des Planes, aber auch die Schwierigkeiten, die bei der Durchquerung unwegsamer Landschaften zu überwinden waren. Zur Unterstützung der regionalen und nationalen Wirkung waren in Olympia und an wichtigen Stationen Weihestunden vorgesehen, die gleichzeitig eventuelle Verzögerungen überbrücken sollten. Einen Modellentwurf für Altäre, auf denen das Feuer an den Haltepunkten brannte und gegebenenfalls bis zum nächsten Morgen gehütet werden sollte, legte Carl Diem in der Ausschreibung ebenso vor wie eine Musteransprache.[59] Den Brennspiegel für die Initialzündung sollte auf Anregung des *Hellenischen Olympischen Komitees »die den optischen Markt Griechenlands beherrschende Firma Zeiss«* liefern.[60]

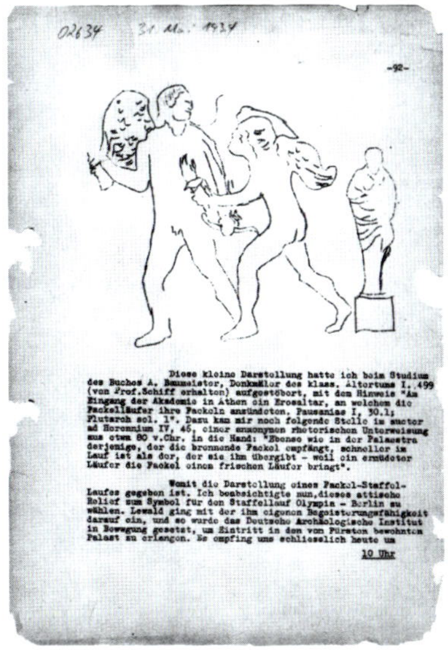

Diese kleine Darstellung hatte ich beim Studium des Buches A. Baumeister, Denkmäler des klass. Altertums I, 499 (von Prof. Schiff erhalten) aufgestöbert, mit dem Hinweis "Am Eingang der Akademie in Athen ein Erosaltar, an welchem die Fackelläufer ihre Fackeln anzündeten. Pausanias I, 30.1; Plutarch sol. 1". Dazu kam mir noch folgende Stelle im auctor ad Herennium IV, 46, einer anonymen rhetorischen Unterweisung aus etwa 80 v.Chr. in die Hand: "Ebenso wie in der Palaestra derjenige, der die brennende Fackel empfängt, schneller im Lauf ist als der, der sie ihm übergibt - weil ein ermüdeter Läufer die Fackel einem frischen Läufer bringt".

Womit die Darstellung eines Fackel-Staffel-Laufes gegeben ist. Ich beabsichtigte nun, dieses attische Relief zum Symbol für den Staffellauf Olympia - Berlin zu wählen. Lewald ging mit der ihm eigenen Begeisterungsfähigkeit darauf ein, und so wurde das Deutsche Archäologische Institut in Bewegung gesetzt, um Eintritt in den von Fürsten bewohnten Palast zu erlangen. Es empfing uns schliesslich heute um

10 Uhr

Reliefplatte aus dem Palazzo Colonna in Rom;
oben: Tagebucheintragung Diems vom Mai 1934

48 Konzept und eine Kartei von potentiellen Ausstellungsobjekten im Nachlaß Schiff (Diem-Archiv).
49 Vgl. u.a. RAABE, Arthur, *Eilbotenlaufen*, Leipzig 1910.
50 GROH, Fritz, »Eilbotenläufe der Deutschen Turnerschaft zur Weihe des Völkerschlachtdenkmals«, in: *Deutsche Turn-Zeitung* 58(1913)44, S. 850.
51 GROH, *Eilbotenläufe*, S. 851.
52 KUNATH, Arno, *Der Hermannslauf der Deutschen Turnerschaft 1925*, Bremen 1925.
53 Vgl. N. N., »Neuauflage des Traditions-Staffellaufs Potsdam-Berlin«, in: *DSB-Informationen* (30.1.1991), S. 6.
54 DIEM, Carl, *Olympische Flamme*, Bd. 3, Berlin 1942, S. 1178.
55 Vgl. *Blätter für Volksgesundheit und Volkskraft*, 18/1930/19, S. 50 und S. 46f.
56 Vgl. SPITZER, Giselher, »Gründung des Nationalen Olympischen Komitees«, in: Nationales Olympisches Komitee für Deutschland (Hg.), *Rückkehr nach Olympia*, München 1989, S. 115f.
57 Exemplare der Medaille und der Anstecker befinden sich im Diem-Archiv.
58 KLINGEBERG, Werner, *Fackel-Staffel-Lauf Olympia-Berlin 20. Juli bis 1. August 1936. Bericht über den Stand der organisatorischen Vorarbeiten im Anschluß an die Fahrt über die gesamte Strecke im September 1935*, Berlin 1. Oktober 1935 (Diem-Archiv).
59 *Fackel-Staffel-Lauf Olympia-Berlin 1936 (Ausschreibung)*, 2. Aufl. 1935, S. 78.
60 KLINGEBERG, *Fackel-Staffel-Lauf*, S. 21.

Die erste Fackel trug der junge Grieche Konstantin KONDYLIS. Der Lauf begann am 21. Juli und wurde zu einem überwältigenden Erfolg und weltweit beachteten Ereignis. Ein Troß von Journalisten und Leni RIEFENSTAHLs Aufnahmeteam für den Olympia-Film begleiteten die Fackelläufer. Auf dem Weg der Flamme durch Griechenland, Bulgarien, Jugoslawien, Ungarn, Österreich und die Tschechoslowakei drängten Veteranen des Sports, Prominente und sogar königliche Hoheiten (Serbien) zur Fackel. Der Bericht über die Vorbereitungen und auch das parallel dazu angelegte persönliche Tagebuch *Reise Griechenland (Fackel-Staffel-Lauf)* von Klingeberg lassen an einigen Stellen die politischen Schwierigkeiten der Vorbereitung erkennen, z.B. in Österreich, wo schon bei der Durchfahrt auf dem Weg nach Griechenland die Hakenkreuzwimpel des Wagens entfernt wurden, um *»böses Blut«* zu vermeiden.[61] Die *»Besprechungen in einer mit Spannung geladenen Atmosphäre«* führten jedoch trotz österreichischer Vorbehalte zum Erfolg.[62] In der Tschechoslowakei war *»keine Zusammenarbeit mit den SOKOLs, keine staatliche Unterstützung«* zu erreichen.[63]

Die Ausgestaltung der einzelnen Etappen lag in den Händen der jeweiligen *NOK*, dem Organisationskomitee in Berlin war *»im wesentlichen nur an der Einhaltung der Grenzübergaben gelegen«*.[64] Nationale Gedenkstätten und Vertreter von national ausgerichteten Verbänden spielten bei der Ausgestaltung, insbesondere der Feierstunden in den Hauptstädten, eine wichtige Rolle. In Jugoslawien wurde beispielsweise die Stafette nach Oplenac geführt, wo am Grab der serbischen Könige die Entzündung einer *»Ampel der Sportler«* durch *»den jungen König als Mitglied des Sokol-Verbandes«* vorgesehen war.[65] In Budapest fand die Weihestunde am Grabmal des Unbekannten Soldaten statt, in Wien auf dem Heldenplatz.

Olympia-Fackeln aus Krupp-Stahl.[66] Neben den Weltfirmen Daimler-Benz-AG und Zeiss war mit der Fried. Krupp AG ein drittes deutsches Großunternehmen mit einem entscheidenden Beitrag als Sponsor des Fackelstaffellaufes und damit der Olympischen Spiele beteiligt. Der Betriebsbericht der Fried. Krupp AG 1936 / 36 vermerkt lapidar:

»Die in der ganzen Welt bekannt gewordenen Halter zu den Olympia-Fackeln wurden in unserem Apparatebau hergestellt.«[67]

Der endgültige Entwurf der Fackeln nach Ideen von Diem und Lewald und nach Vorentwürfen des Berliner Bildhauers Walter Lemcke stammte von dem Betriebsführer des Kruppschen Apparatebaus und späteren langjährigen Vorsitzenden des *Essener Turn- und Sportvereins* von 1859, Peter WOLF, der zur Besprechung der Entwürfe im Oktober 1935 eigens nach Berlin zum Organisationskomitee fuhr.[68] Um billige Nachahmungen zu vermeiden, beantragte die Firma Krupp auf Wunsch des Organisationskomitees Musterschutz. Die Auslieferung der Fackelhalter an die beteiligten *NOK* wurde direkt von Essen aus vorgenommen. *»Als Dank dem Träger«*, so die Aufschrift, wurden die Fackelhalter den Läufern vom Organisationskomitee gewidmet und von der Firma Krupp geschenkt. In einem Brief an Baron de Coubertin veranschlagte Theodor Lewald, der Präsident des Organisationskomitees, den Wert dieser Schenkung auf 40 000 Reichsmark.[69]

Eine »Zweckentfremdung« der Olympia-Fackeln durfte sich nur der Stifter selbst erlauben: Am 1. August, dem Tage des Beginns der Berliner Spiele, wurde bei Krupp mit der Olympia-Fackel, angefacht an den Feuern der Friedrich-Alfred-Hütte, der neue Olympia-Hochofen angeblasen. Eine Eisenplakette mit der Darstellung eines Stahlwerkers unter den Olympischen Ringen erinnert an dieses Ereignis.[70] Die drei übereinandergelegten Ringe im Firmenzeichen der Fried. Krupp AG, die den Olympischen Ringen 1936 an die Seite traten, blieben der Olympischen Bewegung bis heute verbunden. 1972 spendete Krupp 6 000 Fackelhalter für den Fackelstaffellauf nach München, und Berthold BEITZ, der einstige Generalbevollmächtigte Alfried KRUPPs und spätere Vorsitzende des Aufsichtsrates, hat seit 1972, zuletzt als Vizepräsident im *IOC*, dazu beigetragen, die olympische Flamme hochzuhalten, und ist heute als

61 KLINGEBERG, *Reise Griechenland (Fackel-Staffel-Lauf, Reisetagebuch)*, S. 2, 6. September 1935 (Diem-Archiv).
62 KLINGEBERG, *Fackel-Staffel-Lauf*, S. 34.
63 KLINGEBERG, *Reise Griechenland*, S. 33f.
64 KLINGEBERG, *Reise Griechenland*, S. 30.
65 KLINGEBERG, *Fackel-Staffel-Lauf*, S. 25.
66 Vgl. BORGERS, Walter, *Krupp und der Sport. Anmerkungen zu Sport und Sportförderung der Familie und des Unternehmens*, Neuß 1988, S. 85-92.
67 *Technischer Bericht über das Betriebsjahr 1935/36, Fried. Krupp AG, Stahlbetriebe (Apparatebau)*, S. 9 (Historisches Archiv der Fried. Krupp GmbH, Essen, WA IV 2962 a.g.).
68 Aktennotiz über die Besprechung, von DIEM am 8. Oktober 1935 an WOLF geschickt (Historisches Archiv der Fried. Krupp GmbH, Essen, WA 41/73-111).
69 Schreiben LEWALDs an Baron de COUBERTIN vom 30. Juni 1936 (IOC-Archiv): *»À ma sollicitation le chef de la maison Krupp, Monsieur von Bohlen-Halbach, nous a fait cadeau de ces 3000 poignées qui représentent une valeur de RM 40 000.- soit Ffrs. 240 000.«* (»Auf mein Ersuchen hat der Chef des Hauses Krupp, Herr von Bohlen und Halbach, 3000 Fackelgriffe geschenkt, die einen Wert von 40 000 RM darstellen, das wären 240 000 Ffrs.«)
70 Vgl. *KRUPP. Zs. der Kruppschen Betriebsgemeinschaft* 27(1936)23.

Ehrenmitglied für die Kulturtradition des Olympismus tätig.
Die Olympiade-Filmgesellschaft sicherte sich Fackeln für ihre Dreharbeiten. Deren Ergebnis findet sich im besonders eindrucksvollen Eröffnungsteil von Leni Riefenstahls filmischer Inszenierung des olympischen Festes. Einige der Aufnahmen des Fackellaufes sind allerdings nicht dokumentarisch, sondern wurden z.T. auf Betreiben von Riefenstahl im Heratempel »*erzwungen*«[71] oder auf der Kurischen Nehrung nachgedreht.[72]
Durch besondere Streckenführungen, durch die Auswahl der Läufer, durch Feierstunden und symbolische Handlungen sind, aufgehoben in einem internationalen Schauspiel, immer wieder bedeutende Ereignisse und Pionierleistungen des Sports, historische Begebenheiten und Momente der nationalen Entwicklung der beteiligten Länder zu Assoziationspunkten der Fackelstaffelläufe gemacht worden. Dies trifft auch für die Olympischen Winterspiele zu, bei denen seit 1948 Fackelstaffelläufe veranstaltet wurden, die allerdings erst seit 1964 ihren ständigen Ausgang in Olympia nehmen.
Nicht nur für die Olympische Bewegung ist der Fackellauf zur symbolischen Handlung geworden. Die regionalen Spiele, wie die Asienspiele, die Panamerikanischen Spiele, die Zentralamerikanischen Spiele, die Spartakiaden der sozialistischen Länder und eine Reihe von nationalen Sportfesten haben den Brauch übernommen.
Die Rezeption des neuen olympischen Symbols geht jedoch weit über Nachahmungen im Bereich des Sports hinaus. Literarische Gestaltungen des Themas sind Bestandteil der Entzündungszeremonie geworden, wie die Ode *Olympic Light* von Stelios SPERANTSAS[73] oder die Dichtung *Licht Olympias* von Takis DOXAS, die seit 1964 bei der Zeremonie in Olympia vorgetragen wird.[74] Eine Vielzahl von lyrischen Versionen des Fackelstoffes findet sich in Carl Diems Materialsammlung für den Band *Poesie des Sports*, darunter auch Albrecht HAUSHOFERs *Vision der Fackel aus den Moabiter Sonetten*, die Diem schon 1948 in seinen Band *Ewiges Olympia* aufgenommen hatte.[75] Das letzte Terzett fragt kritisch nach dem politischen Zusammenhang der Berliner Spiele und läßt das Thema der Freiheit nicht nur des Sports anklingen:

»*Zwingt ihr dem Feuer eine Knechtschaft auf? Es zischt und sprüht, wie man's in Banden hält. Die Fackel flackert. Lodern – wird die Welt.*«[76]

HAUSHOFERs Sonett macht deutlich, daß der »*Schein des Himmelslichts*«[77], den die Fackel verkörpert, dem ideologischen Mißbrauch ausgeliefert ist. Der »Dialektik der Aufklärung« unterliegt auch ihr olympisches Sinnbild.
Im Bereich des olympischen Sports und des Sports allgemein ist die Fackel zum Signet oder Signetbestandteil einer Vielzahl von Organisationen und Vereinen geworden. Beispiele dafür sind *Panathlon International*, die *Deutsche Olympische Gesellschaft* und die Panamerikanischen Spiele. Mehr als zehn *Nationale Olympische Komitees* haben die Fackel in ihr Signet aufgenommen. Auf den weiten Bereich der Numismatik und der Philatelie, wo es Hunderte von Beispielen gibt, kann hier nur verwiesen werden. In der bildenden Kunst existieren Personifikationen der Fackel, die wie die Fackel selbst als pars pro toto für die Olympischen Spiele insgesamt stehen. Als umstrittenes Beispiel einer solchen »Miß Olympia« wurde 1960 in Rom Emilio GRECOs Fackelträgerin vor dem Palazzo dello Sport aufgestellt.[78]
Im Film haben die Fackelläufe ein adäquates Medium, dessen Möglichkeiten schon bei der Verfilmung des ersten Fackelstaffellaufes ausgiebig genutzt wurden. Mit Trickaufnahmen wurde die Wirkung der Darstellung des Fackellaufes gesteigert.[79] Leni Riefenstahl verließ hierbei das Genre des Dokumentarfilms und inszenierte z.T. die Szenen der Feuerentzündung und ersten Übergabe, um die Wirkung zu steigern, dabei kam es auch zu Konflikten mit griechischen Stellen, die eine Entzündung im Heratempel nicht zulassen und allzu große Theatralik vermeiden wollten. Bei der Überblendung von Griechenland und Deutschland, Athen und Berlin, Antike

Eisenplakette am Olympia-Hochofen

71 *Tagebücher Carl Diem* (Kennziffer 0743614, vom 3. Oktober 1936, S. 46). DIEM berichtet hier über ein Gespräch mit Fräulein PRATSIKE, die für die Gestaltung der Feier in Olympia zuständig war. »*Ich habe die Feier bislang nicht ganz begriffen, weil Bilder und Bericht nicht übereinstimmten. Jetzt erfuhr ich, daß die Bilder von Leni R. im Heratempel erzwungen wurden, während die Feier außerhalb der Altis stattfand. Leni hatte nicht unrecht, denn die Bilder im Heratempel vermitteln den Begriff von Olympia.*«

72 Vgl. RIEFENSTAHL, Leni, *Memoiren*, München, Hamburg 1987, S. 273-275.

73 SPERANTSAS, Stelios, *Olympic Light*. Edited under the Care of the Hellenic Olympic Committee, Athen 1970.

74 DOXAS, Takis, *Licht Olympias*, Athen 1976, übersetzt in sieben Sprachen.

75 DIEM, Carl, *Ewiges Olympia*, Minden 1948, S, 247.

76 Zitiert nach DIEM, *Poesie*, S. 219.

77 Vgl. GOETHE, Johann Wolfgang, *Faust I*, Werke Bd. 2, Salzburg/Stuttgart o. J., S. 758f. MEPHISTOPHELES: »*Ein wenig besser würd er leben, Hättst du ihm nicht den Schein des Himmelslichts gegeben; Er nennt's Vernunft und braucht's allein, Nur tierischer als jedes Tier zu sein.*«

78 Vgl. zur Rezeption dieser Plastik *Bild am Sonntag* (24. April 1960).

79 Vgl. GÜNTHER, Walther (Hg.), *Olympia, Staatspolitische Filme*, Bd. 8/9, Berlin 1938, S. 1: »*Die Fackellauf-Trickaufnahmen wurden von der Arbeitsgemeinschaft Svend Noldan durchgeführt.*«

Die helfende Hand, Fackelläufer als Symbol der Olympic Aid in Lillehammer

und Neuzeit, verkörpert im Diskuswerfer des MYRON, der auf einen modernen Sportler projiziert wurde, griff die Regisseurin im Prolog des Films zu Stilisierungen. Die Weihe des Augenblicks störende Elemente in den Sequenzen vom Fackelstaffellauf in Griechenland, wie Autos und Motorräder, wurden ausgeblendet:

»Sie hat deshalb den Fackellauf, ebenso wie den Prolog ihres Olympiafilms, aus künstlerischen Gründen in einer stilisierten Form verfilmt.«[80]

Als *»vollkommenste Filmdichtung«* wurde der Prolog des Films bei seinem Erscheinen 1938 gefeiert.[81] Der Film findet auch heute noch ein begeistertes Publikum und ist Gegenstand der Forschung geworden.[82] Spätere Olympiafilme, wie etwa Kon ICHIKAWAs Beitrag über die Spiele von Tokyo 1964, haben ebenfalls bedeutende Sequenzen der Wiedergabe der Fackelläufe gewidmet. In den letzten Jahren ist zunehmend die Videotechnik zur Aufzeichnung von einzelnen Etappen verwendet worden.[83]

Die Wirksamkeit des Mythos. Diese Dokumentation belegt, daß mit dem Olympischen Fackelstaffellauf auf der Grundlage einer Rezeption antiker Vorbilder und deren Transformation in eine der Sportpraxis des 20. Jahrhunderts angepaßte Form eine »Universalie« des olympischen Sports entstanden ist, die in ihrer Anpassungsfähigkeit an die Traditionen unterschiedlicher Kulturkreise einen weltweit verstandenen Symbolgehalt besitzt und geradezu neben den Olympischen Ringen zu einem Emblem des Olympismus geworden ist. MacAloon und der koreanische Sportwissenschaftler KANG haben herausgearbeitet, daß die Beachtung inter- und intrakultureller Grenzen, die im Gegensatz zu der im Westen verbreiteten Tendenz zur Vermischung von Gestaltungselementen die Planungen für den Fackelstaffellauf nach Seoul bestimmt hat, den großen Erfolg der Spiele von 1988 und ihres Fackellaufes bewirkt hat. In der kindlichen Darstellung einer als Freiheitsstatue aufgefaßten Fackelläuferin, die – umringt von den in Sportlern personifizierten Kontinenten – in das Stadion »Welt« einläuft[84], sind die Voraussetzungen für einen erfolgreichen Weg des Olympischen Feuers ins Bild gebracht: Individuelle Freiheit des einzelnen und friedliches Miteinander der Nationen in einer als Einheit verstandenen Welt.

Die Stiftung Olympic Aid der Olympischen Winterspiele Spiele 1994 in Lillehammer, die versuchte, die Publizität der Spiele für die Unterstützung vom Krieg bedrohter Kinder zu nutzen, hat in ihrem Logo diesen Zusammenhang verdeutlicht: Ein Fackelläufer, der einem Kind die Hand reicht und mit ihm zusammen das Olympische Feuer weiterträgt. Wie das Schicksal der Stadt Sarajevo und ihrer Bewohner, die Gastgeber der Olympischen Winterspiele 1984 waren, gezeigt hat, ist diese Besinnung auf internationale Solidarität und auf die Friedensmission des Olympismus dringend geboten.

80 Mitteilung des Sekretariats der Leni Riefenstahl-Produktion vom 24. Juni 1987 (Diem-Archiv). Vgl. auch: RIEFENSTAHL, *Memoiren*, S. 263f. S. 273f.

81 TRÖMEL, Walter (Hg.), *Olympia, der Film von den XI. Olympischen Spielen in Berlin 1936*, Wiesbaden o. J., S. 7. Vgl. hierzu auch: BERNETT, Hajo, *Untersuchungen zur Zeitgeschichte des Sports*, Schorndorf 1973, S. 115-139.

82 Vgl. MANDELL, Richard D., *Hitlers Olympiade Berlin 1936*, München 1980, S. 125ff. GRAHAM, Cooper C., *Leni Riefenstahl and Olympia*, Metuchen (N. J.) / London 1986. BERNETT, Hajo, »Leni Riefenstahls Dokumentarfilm von den Olympischen Spielen in Berlin 1936«, in: BERNETT, *Untersuchungen*, S. 115-139.

83 So besitzt das Organisationskomitee in Los Angeles mehr als 300 Videos. Vgl. Los Angeles Olympic Organizing Committee Records, Videotapes, Draft 2, 8/87, S. 118-134 (Diem-Archiv).

84 In: *Message Olympique* 5(1986)13, S. 59.

Garmisch-Partenkirchen 1936

Vierzig Jahre nach der Premiere in Athen gastierte Olympia erstmals auf deutschem Boden. Obwohl eine Herausforderung eigener Art, waren die Winterspiele in den Augen vieler mehr ein Auftakt oder Probelauf für das »eigentliche«, das ganz große Fest, das im Sommer in Berlin stattfinden sollte.

In diesem Zusammenhang handelte es sich nicht zuletzt auch um eine vertrauensbildende Maßnahme, die den internationalen Boykottbestrebungen gegen die »Nazi-Spiele« entgegenwirken sollte. So verzichtete man bewußt auf allzu vordergründige Propaganda und entfernte antisemitische Parolen aus dem Stadtbild von Garmisch-Partenkirchen. Zudem war mit dem Eishokkeyspieler Rudi BALL ein – im Duktus der Nazis – sogenannter »Halbjude« in die deutsche Mannschaft berufen worden. Auf diese Weise sollte der internationalen Öffentlichkeit signalisiert werden, daß die vielfach angeprangerte Rassendiskriminierung eine Fehleinschätzung der wahren gesellschaftlichen und politischen Gegebenheiten, wenn nicht eine böswillige Unterstellung sei.

Im Kalkül der Politstrategen waren die Olympischen Spiele als eine Vorspiegelung falscher Tatsachen angelegt, als ein Werbemittel, das wie kein zweites dazu geeignet war, das Bild eines friedliebenden, weltoffenen Landes, eines ganz und gar »ungefährlichen« Mitgliedes der Völkergemeinschaft zu präsentieren. Auch vor diesem Hintergrund darf man freilich nicht allen Verantwortlichen ein ehrliches Bemühen um die Umsetzung der Ideale Baron Pierre de COUBERTINs a priori absprechen, ebensowenig wie man bei der Beurteilung der einzelnen Protagonisten die Umstände ihres Tuns und Lassens, sprich: die Zwänge einer Diktatur, außer acht lassen sollte.

Viele – neutrale – Teilnehmer und Beobachter lobten die perfekte Organisation und die gute Atmosphäre, während auch die Begeisterung und der große Zuspruch der Zuschauer – allein zum Skispringen am Abschlußtag fanden sich 150 000 Schaulustige ein – einen wesentlichen Beitrag zum Erfolg der Spiele leisteten. Es ist die fatale Konsequenz, daß gerade die – vordergründig absolut berechtigte – positive Resonanz bzw. die Qualität der Spiele deren eigentlichen Mißbrauch ausmachte.

Als Kombination aus Abfahrt und Slalom fand der Alpine Skisport Eingang ins olympische Programm. Gefeierte Sieger waren die Deutschen Franz PFNÜR und Christl CRANZ. Das dritte Gold »für Deutschland« gewannen Maxi HERBER und Ernst BAIER, die als »Traumpaar« des Eiskunstlaufs bejubelt wurden. Eine kleine Kuriosität am Rande: Ernst Baier ging auch als Solist an den Start – und kam als Zweitplazierter auch in dieser Disziplin aufs Treppchen. Die mit Abstand erfolgreichste Mannschaft stellten freilich die Norweger. Sie gewannen allein sieben Goldmedaillen, drei davon sicherte sich der Eisschnelläufer Ivar BALLANGRUD.

Siegerehrung. Für eine Untersuchung der Auszeichnungen der IV. Olympischen Winterspiele 1936 in Garmisch-Partenkirchen ist der Offizielle Bericht[1] nicht die beste Quelle. Zu oberflächlich wird dort dieser Bereich des olympischen Zeremoniells behandelt. Die Rückseite der Siegermedaille und die Erinnerungsmedaille wurden nicht einmal abgebildet. Trotz der Änderungen bei der Veranstaltung 1932 in Los Angeles – Siegerehrung nach dem Wettkampf – fand diese bei den Winterspielen weiterhin wie bisher am letzten Tag statt. Das Stufenpodium, das in Lake Placid zum ersten Mal und dann auch in Los Angeles benutzt wurde, finden wir jetzt aber auch in Garmisch-Partenkirchen. Wie vorgeschrieben erhielten die drei Erstplazierten (Einzel und Mannschaft) vergoldete, silberne und bronzene Medaillen. Im Gegensatz zu Lake Placid wurden in Garmisch-Partenkirchen, entsprechend den *»Allgemeinen Bestimmungen für die Feier der Olympischen Spiele«* (Charta), nur die Plätze eins bis drei mit Diplomen ausgezeichnet.[2] Von der Möglichkeit, Ehrendiplome für weitere Sportler zu vergeben, scheint das Organisationskomitee keinen Gebrauch gemacht zu haben.

Bei der Schlußfeier am 16. Februar 1936 standen die Sportler unmittelbar vor den Zuschauerrängen im Innenraum des Stadions und bildeten einen großen Kreis. Die ersten

Literatur:
Organisationskomitee für die IV. Olympischen Winterspiele 1936 Garmisch-Partenkirchen (Hg.), *IV. Olympische Winterspiele 1936. Amtlicher Bericht*, Berlin 1936.
HARSTER, Hermann / FORT, Baron Peter von le, *Kampf und Sieg in Schnee und Eis*, München 1936.
Cigaretten-Bilderdienst (Hg.), *Die Olympischen Spiele 1936 in Berlin und Garmisch-Partenkirchen*, Bd. 1, Altona-Bahrenfeld 1936.

1 Für Text und Fotos war Hermann HARSTER, der Pressesprecher des Organisationskomitees, verantwortlich.
2 In Lake Placid Platz 1 bis 6.

Drei jeder Disziplin zogen ein, vor ihnen trug ein Helfer ein Schild, auf dem der Name des entsprechenden Wettbewerbs ausgewiesen war. IOC-Präsident Comte de Bailett-Latour nahm die einzelnen Siegerehrungen vor und vergab die Medaillen und Diplome. Dabei wurde die Nationalhymne des Landes des Siegers gespielt. Anschließend fand die Siegerehrung für die beiden Demonstrationssportarten statt. Zunächst ehrte Reichskriegsminister Werner von BLOMBERG die Besten des Militärpatrouillenlaufes, bevor Reichssportführer Hans von TSCHAMMER und OSTEN den Siegern der Wettkämpfe der Eisschützen die Preise übergab.

Wenn hier nationalsozialistische »Größen« auftraten, so kann dies nicht als Bruch olympischer Traditionen interpretiert werden. Bis dahin hatten fast immer Könige, Prinzen, Minister, also Staatsvertreter, Siegerehrungen vorgenommen. Es kann als glücklicher Umstand angesehen werden, daß bei den Winterspielen und seit den Spielen 1932 in Los Angeles die Zuständigkeit für die Ehrung auf den IOC-Präsident bzw. andere Personen aus der olympischen Führung übergegangen war, Dies gilt noch mehr für die Sommerspiele, bei denen aufgrund der Tradition – 1896 bis 1928 – Adolf Hitler als Staatsoberhaupt die Ehrungen hätte vornehmen können. In den *»Allgemeinen Bestimmungen«* (Charta) war dazu bisher noch nichts festgelegt.[3]

Bevor Comte Baillet-Latour die Schlußformel sprach, hefteten der Präsident des Organisationskomitees, Karl Ritter von Halt, und sein Generalsekretär, Baron Peter von le Fort, die Erinnerungsbänder der IV. Olympischen Winterspiele an die Flaggen der beteiligten Länder.[4]

Siegermedaille. Die Siegermedaille wurde von dem Künstler Richard Klein aus München entworfen und von der dort ansässigen Firma Deschler & Sohn hergestellt. Die Me-

Die drei siegreichen Eishockeymannschaften. In der Mappe waren die Urkunden für die Spiele und das zusätzliche Diplom für die Mannschaft. Die Medaillen befanden sich in den Kästchen.

IV. Olympische Winterspiele in Garmisch-Partenkirchen – 6. bis 16. Februar 1936

Mannschaften: 28

AUS	AUT
BEL	BUL
CAN	ESP
EST	FIN
FRA	GBR
GER	GRE
HUN	ITA
JPN	LAT
LIE	LUX
NED	NOR
POL	ROM
SUI	SWE
TCH	TUR
USA	YUG

Sportler: 668 (80[1])

Name des Organisationskomitees:	***Organisationskomitee für die IV. Olympischen Winterspiele Garmisch-Partenkirchen 1936***
Präsident:	Karl Ritter von HALT
Generalsekretär:	Baron Peter von le FORT
Offizieller Bericht:	deutsch
Zeremoniell:	Eröffnungs- und Schlußfeier am Anfang bzw. am Ende der Spiele
Eröffnung durch	Reichskanzler Adolf HITLER
Dauer:	11 Tage
Siegerehrung:	bei der Schlußfeier durch IOC-Präsident Comte Henri de BAILLET-LATOUR
Olympischer Eid:	Willi BOGNER (Skiläufer)
Olympisches Feuer:	vorhanden
Emblem:	Fritz UHLICH
Plakat:	Ludwig HOHLWEIN
Siegermedaille:	Richard KLEIN
Siegerdiplom:	Richard KLEIN
Siegermedaillen Demonstrationen:	unbekannt
Siegerdiplome Demonstrationen:	unbekannt bzw. Bruno MAUDER
Erinnerungsmedaille:	Fritz UHLICH
Erinnerungsband:	Werner BEUCKE
Zeitschrift:	*Olympia-Zeitung*
Film:	*Jugend der Welt*
Sportarten:	6 (2[1]) mit 17 (3[1]) Wettbewerben
Demonstrationen:	2 mit 4 Wettbewerben
inoffizielle Demonstration:	1 (1[1]) mit 5 (2[1]) Wettbewerben
Besonderheiten:	erstmals Olympisches Feuer bei Winterspielen

Erläuterungen: [1] davon Frauen

3 Siehe den Abschnitt Berlin 1936.
4 S. u. Ausführlicher dazu außerdem im Abschnitt Berlin 1936.
5 Vgl. Berlin 1936 und Garmisch-Partenkirchen 1940.
6 Organisationskomitee für die IV. Olympischen Winterspiele 1936, *Winterspiele*, S. 90-92.

daille – ungewöhnlich großer Durchmesser von 100 Millimeter, Dicke vier (4,4) Millimeter (Bronze), Gewicht 323 (vergoldet), 322 (Silber) bzw. 296,5 (Bronze) Gramm – ist auf der Vorderseite zweigeteilt. In der oberen Hälfte ist ein antiker Rennwagen dargestellt, gezogen von drei Pferden, der nach links über einen Triumphbogen (Globus ?), bestehend aus vier Strahlen, fährt. Auf dem Wagen steht eine Siegesgöttin mit einem Lorbeerkranz in der rechten Hand. Rechts vom Wagenende sind die Initialen des Künstlers »*R*« und »*K*« eingraviert. In der unteren Hälfte sind vor einer Tafel die Sportgeräte der Wettbewerbe der Winterspiele zu sehen: Bob, Ski, Schlittschuh und Eishockeyschläger. Am unteren Rand befindet sich die Inschrift »*GARMISCH-PARTENKIRCHEN*«. Die Rückseite, die im Offiziellen Bericht nicht einmal abgebildet ist, wurde sehr einfach gestaltet. In die Mitte sind die Olympischen Ringe und am Rand die Inschrift »*IV. OLYMPISCHE*« (obere Hälfte) »*WINTERSPIELE 1936*« (untere Hälfte) graviert. Bei der Siegerehrung befanden sich die Medaillen in roten Lederkästchen (129 x 129 x 18 Millimeter), gefüttert mit beigem Samt und mit den Olympischen Ringen (24 Millimeter Durchmesser) in Silber erhaben auf dem Dekkel. Wie viele Medaillen bei der Firma Deschler & Sohn in München geprägt wurden, wird nicht mitgeteilt.

Siegerdiplom. Für das Diplom (345 x 488 Millimeter) war ebenfalls Richard Klein verantwortlich. Er hat sich die Aufgabe sehr einfach gemacht, denn er bildet in der oberen Hälfte auf goldenem Grund die Vorderseite seiner Siegermedaille (bronzefarben) ab. Darüber steht »1936«, und darunter befinden sich die Olympischen Ringe. In der unteren Hälfte sind die Bezeichnung der Spiele und die Daten zur Person eingetragen. Unterschrieben haben Ritter von Halt für das Organisationskomitee und Comte de Baillett-Latour für das *IOC*. Dieses Diplom wurde mit dem Eindruck »*FÜR KAMERADSCHAFTLICHE MITARBEIT*« auch den Mitgliedern des Organisationskomitees übergeben. Weitere Exemplare erhielten die anwesenden IOC-Mitglieder und ranghohe Ehrengäste. Ein Di-

Rechts: Erinnerungsband

plom wurde Baron de Coubertin zugeschickt. Hergestellt wurden die Urkunden, die Anzahl ist heute nicht mehr zu ermitteln, bei der Firma Brend´amour, Simhart & Co. in München.

Erinnerungsbänder. Mit den o.g. Erinnerungsbändern wollten die deutschen Organisatoren eine olympische Tradition einleiten[5], die bei Deutschen Turnfesten schon lange Bestand hatte. Dort erhalten bis heute die Fahnen der beteiligten Vereine ein Band. Die Bänder in Garmisch-Partenkirchen und später auch für die Sommerspiele hatte der Berliner Graphiker Werner Beucke entworfen. Die Kunststickerei M. Jörres hatte die Ausführung übernommen. Das Band ist auf der roten Vorderseite (golden) beschriftet »*IV. OLYMPISCHE WINTERSPIELE 1936*«. Dazu sind ein Hakenkreuz und ein Lorbeerblatt eingearbeitet. Auf der weißen Rückseite steht »*GARMISCH-PARTENKIRCHEN 6.-16. Februar*«. Am rechten Bandende sind die Olympischen Ringe eingestickt. Am anderen Ende ist das »Logo« des Berliner Organisationskomitees befestigt, ein deutscher Reichsadler, der in seinen Krallen die Olympischen Ringe trägt.

Auszeichnungen der Demonstrationswettbewerbe. Im Anschluß an die »*Allgemeinen Bestimmungen und Ausschreibungen*«, also der Charta des *IOC*, findet sich im Offiziellen Bericht die Ausschreibung der »*Vorführwettbewerbe*«.[6] Es entsteht der Eindruck, als wären die ausführlichen Vorschriften zur Militärpatrouille – der zweiten Demonstration, dem Eisschießen, ist nur ein Satz gewidmet – ein Teil der IOC-Satzung gewesen. Die war

Richard KLEIN 1890-1967

Der Maler, Bildhauer, Medailleur und Graphiker lebte in München. Nach einer kurzen Ausbildung als Stukkateur lernte er sechs Jahre in der Bildhauerwerkstätte Julius Seidler in München (Bauplastik). 1908 setzte er seine künstlerischen Studien unter Angelo Jank an der Münchner Akademie und im Atelier von Franz von Stuck fort. Seit 1919 gehörte er der Münchener Sezession an. 1927 wurde er Leiter der Mal- und Zeichenklasse an der Staatsschule München. 1933 erhielt er die Direktorenstelle an der Münchner Akademie für Angewandte Kunst. 1936 wurde er Mitglied des Präsidialrats der Reichskammer für Bildende Künste und des Reichskultursenats der Bildenden Künste. Klein war der bevorzugte Gebrauchskünstler des nationalsozialistischen Regimes. Seit er die Plakette zum Ersten Tag der Deutschen Kunst entworfen hatte, galt er als Reichsmedaillenmeister des Führers. Er entwarf alljährlich zu den großen politischen Anlässen, zum 1. Mai und zum Reichsparteitag die entsprechenden Plaketten. In diesen Bereich gehört auch das Plakat zum Tag der Deutschen Kunst in München (1937). Klein schuf eine Büste Hitlers, ein Relief für die Reichskanzlei in Berlin und Skulpturen im Regina-Dampfbad in München. Bekannte Gemälde sind Die Nacht, Die Ruhe, Badende Frauen und Das Erwachen.

Plakat von Richard Klein zum Tag der Deutschen Kunst

Bruno MAUDER 1877-1948

Der Designer absolvierte zunächst eine Lehre als Porzellanhersteller und besuchte danach zwei Jahre die Kunstgewerbeschule in München. Anschließend machte er sich als Zeichner selbständig und arbeitete in München und Stuttgart. 1909 wurde er Leiter der Glasfachschule in Zwiesel, wo er auch Industriezeichnen und Kunstgewerbe unterrichtete. Daneben arbeitete er als Designer und Glasgestalter. Seine Arbeiten waren zunächst vom Jugendstil beeinflußt. Später bevorzugte er vor allem bei seinen Gläsern mehr sachliche und funktionale Elemente.

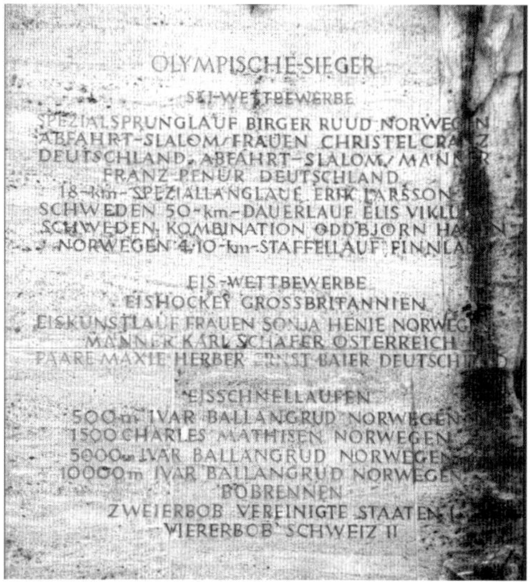

sicher nicht ganz korrekt, entsprach aber der Vorliebe des Regimes für paramilitärischen Sport. Erwähnt werden in diesem Text auch die Auszeichnungen: silbervergoldete, silberne und bronzene Plaketten und Diplome für jedes Mannschaftsmitglied auf Platz eins bis drei und eine weitere Urkunde für das jeweilige Team. Die Medaille (Maße ?), deren Vorderseite im Offiziellen Bericht abgebildet ist,[7] zeigt einen skilaufenden Soldaten, der zu der ihn verfolgenden Mannschaft zurück sieht. Der Rand trägt die Inschrift »*MILITÄRPATROUILLENLAUF DER IV. OLYMPISCHEN WINTERSPIELE 1936 GARMISCH-PARTENKIRCHEN*«. Nicht festgestellt werden konnte,

IV. Olympische Winterspiele 1936
Garmisch-Partenkirchen
Urkunde
Internationaler Vorführungswettbewerb
im Eisschießen
für
Mannschaftskampf
Platz: 1.

Das Internationale Olympische Komitee	Das Organisationskomitee für die IV. Olympischen Winterspiele
Präsident	Präsident

ob die Medaille eine gestaltete oder eine plane Rückseite hat. Übergeben wurden bei der Siegerehrung insgesamt nur zwölf Exemplare. Bei Auktionen wurde bisher keine dieser Medaillen angeboten. Ähnliches gilt für das dazugehörende Diplom. Da sich im Offiziellen Bericht keine Abbildung befindet, wissen wir nicht, wie es aussieht. Ebenso kennen wir nicht den Namen des Künstlers, der die Medaille bzw. das Diplom entworfen hat.

Die »Medaille« für den zweiten Demonstrationswettbewerb, das Eisschießen, besteht aus zwei ineinandergefügten achteckigen Plaketten (86 x 60,3 Millimeter). In der oberen ist emailliert das Werbeabzeichen (Logo) der Winterspiele mit einem Lorbeerkranz und weiteren Blattverzierungen eingefügt. In der unteren befindet sich eine Inschrift mit Hinweis auf den Wettbewerb. Die Plakette hat eine plane Rückseite. Über den Künstler gibt der Offizielle Bericht keine Auskunft.

In das dazugehörige Siegerdiplom (270 x 385 Millimeter) ist in braun der Reichsadler mit

Siegermedaille für das Eisschießen;
links: Tafel mit den Namen der Sieger;
darunter: Siegermedaille für die Militärpatrouille;
daneben: Siegerdiplom für das Eisschießen

7 Organisationskomitee für die IV. Olympischen Winterspiele 1936, *Winterspiele*, S. 90.

Siegerdiplom

Erinnerungsmedaille

Siegermedaille

Fritz UHLICH 1893-1973

Der Sproß einer wohlsituierten Dresdner Familie. Sein Vater war Bankdirektor und Finanzberater des sächsischen Königs. Er besuchte die Königliche (1919) und die Staatliche Kunstgewerbeschule (1920) in Dresden. 1927 ließ er sich als Künstler in Partenkirchen nieder. Er schuf Zeichnungen, Ölgemälde, Radierungen, Aquarelle und vor allem Plakate für den Fremdenverkehr, dazu Urkunden für Skispringen und Schützenvereine. Sehr bekannt wurde er durch seine gemalten Schützenscheiben, die sog. Uhlich-Scheiben. Wegen einiger Werke, die nicht der offiziellen nationalsozialistischen Kunstrichtung entsprachen, erhielt er nach 1937 für kurze Zeit Berufsverbot wegen hetzerischer Tätigkeit. Nach dem Krieg war er wieder als Künstler tätig, u.a. als Werbefachmann für Bierreklame, für die Brauerei Röhrl und das Kloster Ettal. Er entwarf Vereinsfarben, Schützenabzeichen und illustrierte Kurzgeschichten.[10]

Werbeplakat

Olympisches Feuer; links: verschiedene Festabzeichen

den fünf Ringen eingedruckt. Entworfen wurde die Urkunde von Bruno Mauder aus Zwiesel.[8]

Neben den beiden offiziellen Vorführungen richteten die Veranstalter noch ein *»Nationales Eisschießen«* mit fünf Disziplinen aus und haben deren Ergebnisse im Offiziellen Bericht abgedruckt.[9] Über vergebene Auszeichnungen wurde jedoch nichts ausgesagt.

Entsprechend der Charta wurden nach den Spielen die Namen der Olympiasieger auf einer Wand am Eingang des Olympia-Skistadions eingemeißelt.

Erinnerungsmedaille. Am 27. Juni 1935 fand in Berlin eine Sitzung des Propaganda-Ausschusses des Organisationskomitees statt. Dort wurde das *»offizielle Festabzeichen«* mit dem Logo der Spiele vorgestellt. Es zeigt im Hintergrund die Alpspitze von Garmisch-Partenkirchen mit einer Skispur, die in die Berge führt, im Vordergrund die Olympischen Ringe und am Rand die Inschrift *»IV. OLYMPISCHE WINTERSPIELE 1936 GARMISCH-PARTENKIRCHEN«*. Dieses Symbol wurde von dem Partenkirchener Kunstmaler Fritz Uhlich entworfen und für die Briefköpfe, Meldebögen, Eintrittskarten, Festabzeichen (Badges) u.ä. sowie für die Erinnerungsmedaillen verwendet.

Die Rückseite der Erinnerungsmedaille (Durchmesser 60 Millimeter, Dicke vier Millimeter, Gewicht 71 Gramm) ist sehr einfach gestaltet und trägt das Olympische Motto *»CITIUS ALTIUS FORTIUS«*, darunter ein stilisierter Tannenzweig. Die Erinnerungsmedaille wurde in drei verschiedenen Ausführungen vergeben. Hergestellt wurden zehn vergoldete, 120 silberne und 1 660 bronzene.[11] Wer die Empfänger der vergoldeten und silbernen Exemplare sind, wird im Offiziellen Bericht zwar nicht erwähnt, doch ist zu vermuten, daß sie Ehrengästen und Offiziellen überreicht wurden. Geprägt wurden sie bei der Firma Carl Poellath in Schrobenhausen. Die Medaillen befanden sich in einer braunen Kartonschachtel mit weißen Seitenflächen. Innen ausgeschlagen mit blauem Satin) und der Boden aus blauem Samt. Ein Stempel auf der Rückseite weist auf den Hersteller hin: B. F. Wiedmann in Frankfurt a. M.

Exkurs: Olympisches Feuer

Wie 1928 in Amsterdam und 1932 in Los Angeles brannte 1936 in Garmisch-Partenkirchen ein Olympisches Feuer, zum ersten Mal bei Winterspielen.

8 Brief von Franz WÖRNDLE (Marktarchiv Garmisch-Partenkirchen) vom 8.02.1999.

9 Organisationskomitee für die IV. Olympischen Winterspiele, *Winterspiele*, S. 403-407.

10 Biographie nach Informationen von Franz Wörndle, Marktarchiv Garmisch-Partenkirchen.

11 Organisationskomitee für die IV.- Olympischen Winterspiele, *Winterspiele*, S. 114.

Berlin 1936

Bis heute ist es äußerst schwierig, die Olympischen Spiele von 1936 kritisch distanziert, also unvoreingenommen oder gar unbefangen, zu reflektieren. Eine besondere Herausforderung ist es aber nach wie vor, ein ausgewogenes, gar gerechtes Urteil zu fällen. Allzu sehr drängt die politische Dimension der Spiele in den Vordergrund, allzu groß ist die Neigung, diese vor allem oder allein als Ausdruck und Mittel nationalsozialistischer Ideologie und Propaganda zu verstehen. So mag der Eindruck entstehen, daß mit einer entsprechenden Etikettierung, etwa *»Spiele unterm Hakenkreuz«* oder *»Nazi-Olympiade«*, bereits alles gesagt ist.

Freilich wird man mit einer solchen Verkürzung der Komplexität der historischen Zusammenhänge nicht gerecht. Zunächst gilt zu bedenken, daß die Spiele schon 1931, also vor dem Machtantritt der Nazis, nach Deutschland vergeben worden waren. Auch die ursprüngliche Reserviertheit der Protagonisten des Dritten Reiches den Spielen gegenüber darf nicht vergessen werden. Richtig ist aber auch, daß sie ihre Zurückhaltung aufgaben, als sie den Nutzen des Weltereignisses für ihre propagandistischen Zwecke erkannten. Ohne Skrupel versuchten sie, ihre Vorstellungen und Pläne umzusetzen. Ihnen ging es um eine Inszenierung des Sportfestes, die dazu geeignet war, die eigentlichen, z.T. noch geheimen politischen Absichten des Regimes zu verschleiern und dessen Gegner zu täuschen.

Wenn die Olympischen Spiele von 1936 im Sinne solch perfider Erwägungen erfolgreich waren, ist dies fatalerweise dem Umstand geschuldet, daß sie in den Augen der Weltöffentlichkeit als ein großartiges Zeugnis der positiven Werte und Möglichkeiten des Sports erschienen. Dieser gleichsam immanente Widerspruch und die daraus resultierende Ambivalenz des Betrachters spiegelt sich in besonderer Weise etwa auch in Leni RIEFENSTAHLs berühmter Dokumentation der Spiele, die von den Zeitgenossen in aller Welt begeistert aufgenommen, später aber ganz unterschiedlich bewertet, in Deutschland meist rigoros verurteilt wurde.

Unter der Leitung Theodor LEWALDs, im Verständnis der Nazis ein »Halbjude«, und Carl DIEMs hatte man in Berlin das bis dahin größte olympische Fest – über 4 000 Athleten aus 50 Ländern waren zusammengekommen – perfekt organisiert und inszeniert, wobei das sogenannte Reichssportfeld mit einem riesigen Stadion einen beeindruckenden Schauplatz für großartige Leistungen und unvergeßliche Erlebnisse bot. Im Sinne der Olympischen Idee, vor allem aber auch aus propagandistischem Kalkül hatte man auf eine aufdringliche Präsentation nationalsozialistischer Symbolik im Erscheinungsbild der Spiele bewußt verzichtet, so wie sich auch die Protagonisten des Systems vergleichsweise dezent im Hintergrund hielten. So beschränkten sich die Worte Adolf HITLERs im Rahmen der feierlichen Eröffnung vor 100 000 Zuschauern auf die knappe offizielle Formel, und nach einer Rüge des *IOC* nahm er etwa auch davon Abstand, die (deutschen) Olympiasieger in seiner Loge zu empfangen. Die Abkehr von dieser Praxis war also nicht der Absicht geschuldet, eine persönliche Begegnung mit ausländischen, insbesondere farbigen Athleten zu vermeiden. Vor dem Hintergrund der von ihm vertretenen Rassentheorien dürfte es ihm freilich nicht gefallen haben, daß ausgerechnet der amerikanische Sprinter und Weitspringer Jesse OWENS als vierfacher Olympiasieger zum großen Star und Publikumsliebling der Spiele avancierte. Das begeisterungsfähige, meist sehr zahlreich erschienene Publikum hatte aber auch allen Grund, die deutsche Mannschaft zu bejubeln: Mit 38 Gold-, 31 Silber- und 32 Bronzemedaillen war es zumindest vorübergehend bzw. dieses eine Mal gelungen, den Amerikanern den Rang als erfolgreichste Sportnation streitig zu machen, und zwar mit einigem Abstand. Stellvertretend für eine Vielzahl herausragender Athleten seien die jeweils dreifachen Olympiasieger im Turnen Konrad FREY und Alfred SCHWARZMANN oder die Gewinnerinnen des Diskus- bzw. Speerwerfens, Gisela MAUERMAYER und Tilly FLEISCHER, genannt. Besondere Erwähnung verdient auch die bereits 1928 und vor allem

Literatur:
Organisations-Komitee für die XI. Olympiade Berlin 1936 (Hg.), *Amtlicher Bericht,* 2 Bde., Berlin 1937.
Cigaretten-Bilderdienst (Hg.), *Die Olympischen Spiele 1936,* 2 Bde., Hamburg-Bahrenfeld 1936.
MANDELL, Richard, *The Nazi Olympics,* New York 1971.

1932 erfolgreiche Fechterin Helene MAYER: Die Zweitplazierte des Florett-Wettbewerbs nahm insofern eine Sonderstellung ein, als sie als einziges Mitglied der deutschen Mannschaft einen jüdischen Vater hatte.
In mehrfacher Hinsicht stellen die Berliner Spiele einen Meilenstein in der olympischen Geschichte dar. So markieren sie den Aufbruch in das Zeitalter des (professionellen medialen) Hochleistungssports, und nicht zuletzt stehen sie für dessen umfassende politische Instrumentalisierung, auch wenn die hier angedeutete Entwicklung erst in den fünfziger und sechziger Jahren vollends zum Tragen kam. Allein in der Leichtathletik waren ein Dutzend Welt- und nicht weniger als 27 Olympische Rekorde zu verzeichnen, ein Leistungsfortschritt, der erstmals auch von Kameras fürs Fernsehen eingefangen wurde. Maßstäbe setzten aber auch einige andere Innovationen, wie die erste Durchführung eines Fackelstaffellaufes, der das im griechischen Olympia entzündete Feuer an den Austragungsort der Spiele transportierte – fortan ein fester Bestandteil des olympischen Zeremoniells.
Freilich warf das Berliner *»Fest der Völker«* auch ein dunkles Licht auf die nähere Zukunft des (olympischen) Sports sowie der Menschheit insgesamt. In diesem Sinne war der von Flak-Scheinwerfern gebildete Lichterdom am Ende der Schlußfeier ein Menetekel.
Siegerehrung. Im Hinblick auf das olympische Zeremoniell – insbesondere die Eröffnungs- und Schlußfeier sowie die Siegerehrung – gelten die Spiele in Berlin bis heute als richtungsweisend Ideengeber war vor allem der Generalsekretär des Organisationskomitees Carl Diem. Ihn unterstützte Präsident Theodor Lewald. Das Konzept wurde mehrfach mit dem Ehrenpräsidenten der Olympischen Spiele, Baron Pierre de COUBERTIN, abgesprochen. In dem erstmals in zwei Bänden vorgelegten ausführlichen Offiziellen Bericht[1] sind alle unser Thema betreffenden Fragen detailliert beschrieben, so daß es sinnvoll erscheint, jeweils längere Passagen zu zitieren. Dies geschieht auch in der Absicht, dem Leser die pathetische Sprache, die nicht zuletzt dem politischen Zeitgeist entspricht, nahezubringen. Dies sollte auch im Vergleich mit den in einem späteren Kapitel wiederum wörtlich zitierten Passagen des Offiziellen Berichtes der Spiele von München 1972 geschehen.

»In der Erkenntnis, daß die anläßlich der Olympischen Spiele herausgegebenen Erinnerungszeichen und Plaketten Zeugnis von

Spiele der XI. Olympiade in Berlin – 1. bis 16. August 1936

Mannschaften: 50

AFG	ARG
AUS	AUT
BEL	BER
BOL	BRA
BUL	CAN
CHI	CHN
COL	CRC
DEN	EGY
EST	FIN
FRA	GBR
GER	GRE
HAI	HUN
IND	ISL
ITA	JPN
LAT	LIE
LUX	MEX
MLT	MON
NED	NOR
NZL	PER
PHI	POL
POR	ROM
RSA	SUI
SWE	TCH
TUR	URU
USA	YUG

Sportler: 3 962 (328[1])

Name des Organisationskomitees:	***Organisationskomitee für die XI. Olympiade Berlin 1936***
Präsident:	Theodor LEWALD
Generalsekretär:	Carl DIEM
Offizieller Bericht:	deutsch; englisch
Zeremoniell:	Eröffnungs- und Schlußfeier am Anfang bzw. am Ende der Spiele
Eröffnung durch:	Reichskanzler Adolf HITLER
Dauer:	16 Tage
Siegerehrung:	für die Wettkämpfe im Stadionbereich nach der Entscheidung, für die anderen nach vorläufiger Ehrung in den nächsten Tagen im Stadion, neben den Medaillen Eichenkränze für die ersten Drei, Eichenbäumchen für den Sieger
Olympischer Eid:	Rudolf ISMAYR (Gewichtheber)
letzter Fackelträger:	Fritz SCHILGEN
Fackel (Design):	Walter E. LEMCKE
Olympische Hymne:	Richard STRAUSS / Robert LUBAHN (Text)
Olympia-Fanfare:	Paul WINTER
Emblem (Glocke):	Walter E. LEMCKE
Plakat:	Franz WÜRBEL
Siegermedaille:	Guiseppe CASSIOLI
Siegerdiplom:	Ernst BOEHM
Erinnerungsmedaille:	Otto PLACZEK
Abzeichen:	Waldemar RAEMISCH
Orden:	Waldemar RAEMISCH
Zeitschriften:	*Olympische Spiele, Olympia-Zeitung*
Film:	Leni RIEFENSTAHL (Tobis-Verleih)
Sportarten:	19 (5[1]) mit 129 (17[1]) Wettbewerben
Demonstrationen:	3 (2[1]) mit 5(2[1]) Wettbewerben
Künste:	5 mit 14 Wettbewerben
Besonderheiten:	erster Fackelstaffellauf, Goldmedaillen in Alpinismus und Aeronautik

Erläuterungen: [1] davon Frauen

1 Für den Inhalt war DIEM verantwortlich.
2 Organisations-Komitee 1936, *Bericht*, S. 124.

dem Kunstschaffen des veranstaltenden Landes ablegen, war das Organisationskomitee von Anfang an bemüht, den Symbolen der Olympischen Spiele Berlin 1936 ihren besonderen künstlerischen Wert zu geben. Aus diesem Grunde sah man davon ab, ausschließlich einzelne Künstler mit den gestellten Aufgaben zu betreuen; vielmehr wurden für Aufgaben von besonderer Bedeutung Wettbewerbe in einem beschränkten Kreis namhafter deutscher Künstler ausgeschrieben. Die Durchführung dieser Wettbewerbe wurde dem Kunstausschuß des OK übertragen, der die Aufgabe in gemeinschaftlicher Arbeit mit der Reichskammer der bildenden Künste zu lösen versuchte.«[2]

Durch die Beteiligung der Reichskammer für bildende Künste wurden aber alle Künstler, die dem Regime nicht genehm waren, deren Kunst als »entartet« galt, deren Bilder aus den Museen entfernt wurden und die teils Berufsverbot erhielten, ausgeschlossen. Anderseits waren viele Künstler, die die im folgenden beschriebenen Medaillen, Abzeichen, Diplome u.ä. für die Spiele entworfen hatten, mit dem Regime verbunden und schufen Werke, die dem Kunstverständnis der Nationalsozialisten nahe kamen oder entsprachen.

»Das Olympische Protokoll sieht für alle Wettbewerbe der Olympischen Spiele die Siegerehrung im Stadion vor. Bei den Wettbewerben in Berlin war einschließlich des Olympischen Kunstwettbewerbs die hohe Zahl von 177 Siegerehrungen durchzuführen. Diese Ehrungen mußten in den Zeitplan so eingefügt werden, daß sie keine Störung der Wettbewerbe im Stadion verursachten. Der Vorschlag derjenigen Internationalen Verbände, deren sportliche Kämpfe außerhalb des Olympia-Stadions stattfanden, die Siegerehrung unmittelbar nach dem Wettbewerb an Ort und Stelle vorzunehmen, wurde vom Internationalen Olympischen Komitee abgelehnt.

Für die Durchführung der Siegerehrungen, die seit jeher feierliche Höhepunkte im olympischen Geschehen bedeuten, wurde im Stadion ein besonderer Bearbeiter beauftragt, der kurz vor den Spielen seine Arbeit aufnahm und sie während der zwei Wochen durchführte. Täglich nach Beendigung der Wettkämpfe im Stadion wurden auf Grund des Zeitplanes und der Ergebnisse die Zeiten für die Siegerehrungen des nächsten Tages festgesetzt. Eine besondere Benachrichtigung über die festgesetzte Zeit ging durch Boten an die im Olympischen Dorf wohnenden Sieger, an die Mannschaftsführer, an den Präsidenten des IOK und des OK, an die Presse und an die Programmabteilung. Ferner wurden der Kommandant der Anzeigetafel und der Kapellmeister benachrichtigt. In dem Augenblick, in dem alle zur Siegerehrung gebetenen Persönlichkeiten versammelt waren, wurde die telephonische Bereitschaftsmeldung an die Betriebsleitung im Stadion gegeben, die von sich aus telephonisch die Männer an der Anzeigetafel und die Kapelle benachrichtigte. Die Bestätigung ging telephonisch über die Betriebsleitung an die Schiedsrichterloge zurück. Sobald die Sieger, die IOK-Mitglieder und die Mädchen des Ehrendienstes von der Schiedsrichterloge aus den Innenraum betraten, wurde die Siegerehrung von der Betriebsleitung angekündigt.

Für die Siegerehrung war im Innenraum des Stadions gegenüber der Ehrentribüne ein dreistufiges Podium aufgestellt worden, das die Sieger, geleitet von den Mädchen des Ehrendienstes, vor der Ankündigung der ›Cérémonie protocolaire Olympique‹ betraten. Auf der mittleren, höchsten Stufe stand der Sieger, rechts und links von ihm der Zweite und der Dritte des Wettbewerbs. Das feierliche Schauspiel, wenn die jungen Mädchen den Siegern die Kränze aufs Haupt setzten, ergriff die Zuschauer immer wieder von neuem, selbst dann, wenn die Siegerehrungen, wie das bei der großen Zahl der Ehrungen unvermeidlich war, sich an einigen Tagen häuften. Fast regelmäßig nahm der Präsident des IOK, Graf de Baillet-Latour, an diesen Ehrungen teil. Meist geleitete Exzellenz Lewald die Sieger an ihre Plätze. Außer der Olympischen Medaille wurde den Siegern vom Organisationskomitee ein Eichenkranz und ein Eichenbäumchen überreicht, das die Inschrift trug: ›Wachse zur Ehre des

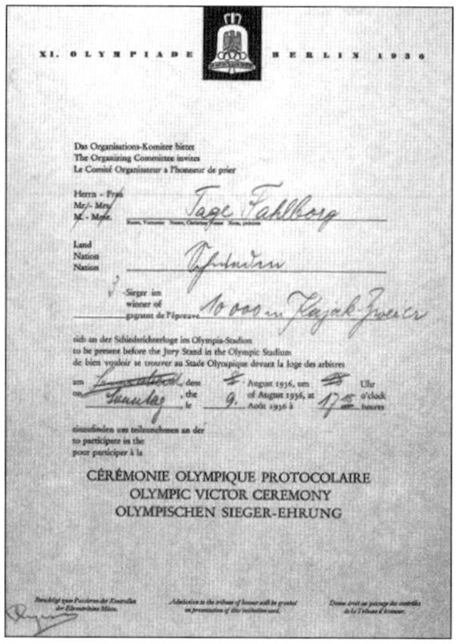

XI. OLYMPIADE BERLIN 1936

Das Organisations-Komitee bittet
The Organizing Committee invites
Le Comité Organisateur a l'honneur de prier

Herrn - Frau
Mr./- Mrs.
M. - Mme. Tage Fahlborg

Land
Nation
Nation Schweden

-Sieger im
winner of
gagnant de l'épreuve 10 000 m Kajak-Zweier

sich an der Schiedsrichterloge im Olympia-Stadion
to be present before the Jury Stand in the Olympic Stadium
de bien vouloir se trouver au Stade Olympique devant la loge des arbitres

am Sonntag, den 9. August 1936, um 17.15 Uhr
on, the of August 1936, at o'clock
le Août 1936 à heures

einzufinden um teilzunehmen an der
to participate in the
pour participer à la

CÉRÉMONIE OLYMPIQUE PROTOCOLAIRE
OLYMPIC VICTOR CEREMONY
OLYMPISCHEN SIEGER-EHRUNG

Der Schwede Tage Fahlborg wird zur Siegerehrung gebeten; rechts: die Siegerehrung im 100-m-Lauf der Männer, von links Comte de Baillet-Latour, Ralph Metcalf (USA), Jesse Owens (USA), Martinus Osendarp (HOL)

Siegs, rufe zu weiterer Tat!‹ Diese Eichenbäumchen wurden als Erinnerung an das Land der XI. Olympischen Spiele von den Siegern mit besonderer Freude und Dankbarkeit entgegengenommen. Außerdem wurde jedem Olympia-Sieger vom Präsidenten des Organisationskomitees das Buch »Olympia« von Hege-Rodenwaldt gegeben.
Nachdem die Sieger bekränzt und ihnen die Medaillen[3] übergeben worden waren, setzte die Kapelle mit der Nationalhymne des ersten Siegers ein. Auf der Anzeigetafel erschienen die Namen der Sieger, und an den drei Fahnenmasten über der Anzeigetafel wurden die Landesflaggen der drei Sieger gehißt, wobei die Fahne des Ersten stets um etwa zwei Meter höher stieg als die Fahnen des Zweiten und des Dritten. Nach dem Abklingen der Nationalhymne verblieben die Siegerflaggen noch 30 Sekunden an den Masten. Unmittelbar nach der Siegerehrung wurden die Siegerdiplome in Auftrag gegeben; sie konnten dem größten Teil der Sieger noch vor ihrer Abreise überreicht werden.
Bei den Wettbewerben im Stadion wurde nach Möglichkeit die Siegerehrung unmittelbar nach dem Wettkampf vorgenommen.

Die Deutschen Paul Wevers und Ludwig Landen, die Olympiasieger im Kajak-Zweier, mit Eichenkranz im Boot; darunter: beide bei der Ehrung im Stadion

Nach dem ersten Tag der Spiele erwies es sich als praktisch, einen Teil der Siegerehrungen kurz vor den Beginn der Wettkämpfe zu legen. Dadurch wurde erreicht, daß die Siegerehrungen vor einem sich füllenden Stadion stattfanden und daß einzelne Besucher nicht beim Spielen der Nationalhymne das Stadion verließen, wie es bei den Siegerehrungen nach Schluß der Nachmittagskämpfe anfangs vorkam.«[4]
Damit die Athleten auch alle und zum richtige Zeitpunkt zur Siegerehrung kamen, hatte

3 Die Kränze und die Medaillen übergaben nicht der IOC-Präsident oder sein Vertreter, sondern die »Maiden« und die Jungen des Ehrendienstes, also die heutigen Hostessen.
4 Organisations-Komitee 1936, *Bericht*, S. 1129-1131.
5 Z. B. im Offiziellen Bericht (Bd. 2, S 1012-1029).
6 Organisations-Komitee 1936, *Bericht*, S. 124-125. Während des Zweiten Weltkrieges wurde der Druckstock zerstört, so daß durch die Wirren des Krieges verlorengegangene Medaillen durch Gußverfahren ersetzt werden mußten (Brief der Firma Mayer an Carl DIEM vom 12.11.1955).
7 Vorgesehen war, das Laub von der sog. Podbielski-Eiche zu schneiden. Diese war nach dem Tod von Viktor von PODBIELSKI (1916) auf dem Gelände des Deutschen Stadions gepflanzt worden. Architekt Werner MARCH achtete peinlich darauf, daß sie beim Abriß der alten Anlage und beim Bau des Olympiastadions keinen Schaden nahm. *»Aus ihrem Laub sollten die Kränze für die Olympiasieger gewunden werden«* (*Welt am Sonntag* [23.03.1975, S. 57], Brief von Volker KLUGE an Verf. vom 02.06.1999). Die Zweige wurden aber wahrscheinlich von anderen Bäumen genommen. Der Verlust von vielen hundert kleinen Ästen hätte dem jungen Baum wohl zu sehr geschadet.

das Organisationskomitee ein Formular entworfen, das jedem Athleten nach dem Wettkampf oder abends im Olympischen Dorf ausgehändigt wurde.
Obwohl in Kiel, dem Ort der Segelwettbewerbe, eine Eröffnungs- und nach Beendigung der Wettkämpfe am 12. August eine Schlußfeier durchgeführt wurde, mußten die drei Erstplazierten anschließend nach Berlin fahren, weil auch diese Siegerehrungen im Olympiastadion stattfanden. Dies galt auch für die Ruder- und Kanuwettbewerbe in Grünau. Allerdings wurde, wie zahlreiche Fotos belegen,[5] nach jedem Wettkampf, der nicht im Olympiastadion stattfand, eine erste Ehrung vorgenommen. Merkwürdigerweise erhielten dabei die Sportler bereits den Eichenkranz, die sie bei der Zeremonien im Stadion erneut bekamen.
Für die Ersten der Kunstwettbewerbe wurde, nachdem die verschiedenen Preisgerichte am 29. Juli ihre Entscheidungen getroffen hatten und die Plazierten telegraphisch benachrichtigt worden waren, am 2. August im Stadion nach den leichtathletischen Wettbewerben dieses Tages bei einer kurzen Feier, bei der auch die Fackelstaffel nach Kiel begann, eine eigene Siegerehrung durchgeführt. Leider konnte davon kein Foto gefunden werden.
Siegermedaille. Nach der Auswahl des Plakates

»wurden im Frühjahr 1935 die Entwürfe für die Erinnerungs-Plakette, die Ehrenurkunde und das offizielle Abzeichen ebenfalls in einem beschränkten Kreise von Künstlern ausgeschrieben. Nach dem Olympischen Protokoll gelangt die Sieger-Plakette in Silber vergoldet, Silber und Bronze an die Sieger der verschiedenen olympischen Wettbewerbe zur Verteilung. Auf Beschluß des Internationalen Olympischen Komitees wurde im Jahre 1928 hierfür der Entwurf des italienischen Bildhauers Prof. Cassioli, Florenz, gewählt. Sein Entwurf hat mit entsprechender Unterschriftenänderung Gültigkeit für alle Olympischen Spiele. Das Organisationskomitee brauchte daher lediglich nach dem vorliegenden Prägestock, der von einem Organisationskomitee zum nächsten wandert, die entsprechende Anzahl von Sieger-Plaketten herstellen zu lassen. Diese Aufgabe wurde der Firma B. H. Mayer, Pforzheim, übertragen. Die Auflage betrug 960 Stück.«[6]
Die Medaille hat einen Durchmesser von 55 Millimeter, eine Dicke von 3,4 bzw. vier (Bronze) Millimeter und ein Gewicht von 71,5 (vergoldet), 72 (Silber) bzw. 74 (Bronze) Gramm.
Die Medaillengewinner erhielten zusätzlich eine Anstecknadel in Gold, Silber bzw. Bronze. Innerhalb eines metallenen Kreises ist das Emblem der Spiele – Adler und Olympische Ringe – befestigt. Das Organisationskomitee setzte damit den Vorschlag des Italieners Graf Alberto BONACOSSA um, den dieser auf der Session von 1927 ohne Erfolg eingebracht hatte. Erst 1987 beschloß das *IOC*, auch rückwirkend, allen Medaillengewinnen und einige Jahre später allen anderen Athleten, die an den Spielen teilgenommen hatten, entsprechende Nadeln zu verleihen.

»Eine Anlehnung an antike Vorbilder war es auch, als das OK beschloß, die Sieger der Berliner Spiele mit Siegeskränzen zu schmükken, die ihnen bei der offiziellen Siegerehrung im Olympia-Stadion, zusammen mit der Sieger-Plakette und Urkunde, von den Ehrendienstjungfrauen überreicht wurden. Diese in der Stirnmitte offenen Eichenkränze waren eine getreue Nachbildung der Siegeskränze, mit denen die siegreichen römischen Wagenlenker ausgezeichnet wurden. Die Ausführung übernahm die Berliner Gartenfirma Rothe, die täglich zur festgesetzten Stunde der Siegerehrung die Kränze frisch lieferte.[7] *Etwas ganz Neues und eine sinnige Ehrung für die Sieger bedeutete die Verwirklichung eines Vorschlages des Herrn Rothe, allen in ihre Heimat zurückkehrenden Siegern ein Eichbäumchen als Ehrengabe an ihren in Deutschland errungenen Sieg mitzugeben. Zu diesem Zweck mußten einjährige kleine Sämlinge der aus dem Holsteiner Marschgebiet stammenden deutschen Stieleiche ›quercus pedunculata‹ vom Frühjahr 1935 an in gärtnerische Kultur genommen werden. Sie wurden in besondere Erde gepflanzt, wiederholt beschnitten, gegen Witterungseinflüsse*

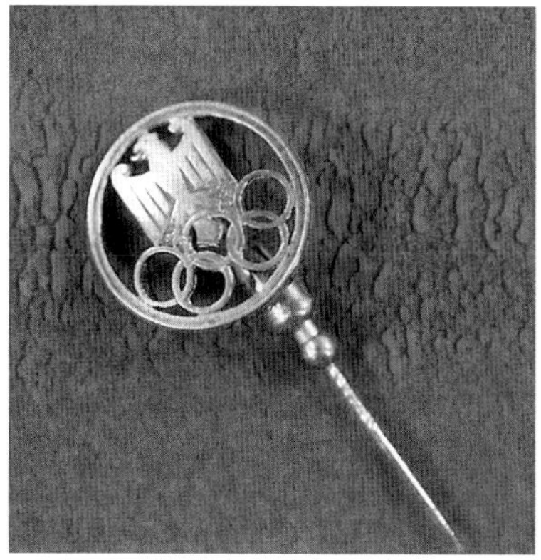

Athletennadel für einen Medaillengewinner

Otto Douglas DOUGLAS-HILL
1907-1972

Nach Studium an der Akademie für Bildende Künste in Berlin gründete er 1922 eine keramische Werkstatt in München, die er bald nach Berlin verlegte. 1926 übernahm er die Wertheimsche Steingutfabrik, der er den Namen Keramische Werkstätten Douglas-Hill gab. Vor allem wurden dort handgedrehte Gefäße und Bauplastiken hergestellt. 1929 wurde er an die Vereinigte Staatsschule für Bildende Künste als Leiter der keramischen Versuchsabteilung berufen. Nach Erfolgen bei vielen Ausstellungen (z.B. in Monza 1928, Dresden 1929) wurde er 1939 zum ordentlichen Professor an der Hochschule für Bildende Künste in Berlin ernannt. Nach dem Zweiten Weltkrieg arbeitete er zunächst in Chile, ehe er 1955 nach Deutschland zurückkehrte. In Berlin schuf er keramische Großplastiken für das neue Hansaviertel und die Pauluskirche in Minden. 1961 ernannte ihn der Senat der Stadt Berlin erneut zum Professor. Nach seiner Pensionierung arbeitete er bis zu seinem Tod in Malaga. Douglas-Hill erhielt viele Auszeichnungen, u.a. eine Goldmedaille der Weltausstellung in Paris (1937). In diesem Jahr wurde er auch zum ordentlichen Mitglied der Preußischen Akademie der Künste ernannt. Douglas-Hill gehörte zu den bedeutendsten Keramik-Künstlern seiner Zeit in Deutschland.

Der Pflanztopf für den Eichenschößling

abgehärtet, mit besonderen Schädlingsbekämpfungsmitteln behandelt und so in sorgsamster Pflege für ihre spätere Bestimmung aufgezogen. Zu kräftigen jungen Pflanzen herangewachsen, wurden sie dann in Töpfe, die eigens hierfür angefertigt und mit der Olympia-Glocke sowie einem Spruchband ›Wachse zur Ehre des Sieges – rufe zu weiterer Tat‹ verziert waren, gepflanzt, um nach der Überreichung an die Sieger in handliche, für den Transport besonders gefertigte Kartons verpackt die Reise bis in das fernste Ausland anzutreten – ein schönes Sinnbild deutschen Wesens, deutscher Kraft, deutscher Stärke und deutscher Gastfreundschaft.«[8]

Die meisten kleinen Eichensetzlinge wurden von den Athleten in ihren Gärten, Schulen oder öffentlichen Anlagen eingepflanzt und sind heute zu stattlichen Bäumen herangewachsen. 1992 versuchte James Ross CONSTANT zu ermitteln, welche Bäume noch wo zu finden sind, und publizierte die Ergebnisse seiner Recherche.[9]

Hajo BERNETT sah in der Ehrung eine deutliche nationalsozialistische Einflußnahme:

»Die neue politische ›Richtung‹ trug also dazu bei, das antike Erbe des Olympismus mit germanischem Mythos anzureichern – war die Eiche doch das Symbol des indogermanischen Himmelsgottes Donar/Thor.«[10]

Bernett übersah dabei, daß die Überreichung von Kränzen und Zweigen – Ölbaum- oder Lorbeerzweige sowie Eichenlaub – seit 1896 schon mehrmals stattgefunden hatte.[11] Diem schrieb 1934, wie Bernett auch selbst bemerkt:

»Das Laub von den stämmigen Eichen der Mark wird die Sieger im Jahre 1936 nicht weniger schmücken als die Blätter des griechischen Ölbaumes.«[12]

Neben Medaille, Eichenkrone und Eichenbäumchen erhielten die Olympiasieger noch ein besonderes Buchgeschenk: *Olympia* von Walter HEGE und Gerhart RODENWALDT, das ihnen Lewald überreichte. Der Fotograf Hege war auf Kosten des Organisationskomitees nach Olympia geschickt worden, um *»die dort gefundenen Kunstwerke neu und mit allen Bildmitteln moderner photographischer Technik aufzunehmen«.*[13] Der Archäologe Rodenwaldt verfaßte erläuternde Texte.

Siegerdiplom.

»Mit besonderer Sorgfalt wurde die Auswahl der Ehrenurkunde getroffen, die nach dem Olympischen Protokoll gemeinsam mit der Sieger-Plakette ausgegeben wird. Zwölf führende deutsche Graphiker waren zur Beteiligung an diesem Wettbewerb eingeladen worden und hatten in verschiedenartigster Form die Lösung der Aufgabe versucht. Eine völlig neue Auffassung für Ehrenurkunden überhaupt brachte der Entwurf des Preisträgers, Prof. Ernst Boehm, Berlin. Er benutz-

Oben: Siegerehrung beim Florettfechten der Frauen, von links Ellen Preis (AUT), Ilona Elek-Schacherer (HUN), Helene Mayer (GER); unten: Jack Beresford (GBR), Olympiasieger im Doppelzweier, schenkte seiner Schule in Bedford seine Olympia-Eiche und pflanzt sie dort ein.

8 Organisations-Komitee 1936, *Bericht*, S. 128.
9 CONSTANT, James Ross, *The 1936 Olympic Oaks: Where are they now?* Eagle, Michigan 1994.
10 BERNETT, Hajo, »Symbolik und Zeremoniell der XI. Olympischen Spiele in Berlin 1936«, in: *Sportwissenschaft* 16(1986)4, S. 376.
11 Vor allem 1908 in London und 1912 in Stockholm.
12 DIEM, Carl, »Olympische Verknüpfung«, in: *Olympia Pressedienst* (26.04.1934)5.
13 DIEM, Carl, *Ein Leben für den Sport*, Ratingen 1964, S. 179.
14 Organisations-Komitee 1936, *Bericht*, S. 126. *»Für das Diplom wurden Pelloro-Folien der Fa. I. G. Farbenindustrie Berlin verwendet. Die Reproduktion des Entwurfs erfolgte in Blindprägung, fünf Heißprägungen mit Folie sowie in einem Buchdruckgang«* (Schreiben von Gerd STEINS vom 21.11.1999).
15 Korea war zu Anfang des 20. Jahrhunderts von Japan besetzt worden.
16 Vgl. DAUME, Willi, »The Marathon Runner's Greek Helmet«, in: *Olympic Review* 16(1986)228, S. 606-607.

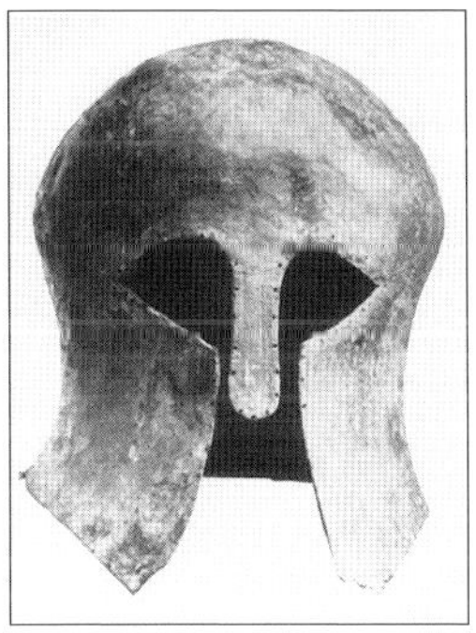

Der für den Sieger im Marathonlauf gestiftete antike Helm; oben: die Eiche von Toni Merkens in Köln zwischen Radrennbahn und Müngersdorfer Stadion: rechts: Son im Ziel

te einen weißen Karton mit Goldauflage, in die die Symbole der Spiele, das Brandenburger Tor und die Glocke geprägt sind, während als Mittelstück das Olympia-Stadion in Blindprägung weiß hervortritt. Der obere Teil eines von einem Goldband mit der Inschrift »Ehrenurkunde« unterbrochenen weissen Streifens trägt in Rot die Unterschrift »XI. Olympiade Berlin 1936«, während der untere Teil für die Beschriftung mit dem Namen des Siegers, seines Landes und des Wettkampfes freigelassen ist. Den Abschluß bildet wiederum ein Goldband, das die faksimilierten Unterschriften der Präsidenten des IOK und des OK sowie die fünf Olympischen Ringe in ihren Originalfarben trägt. Die infolge der Besonderheit des Materials schwierige Herstellung dieser Urkunden übernahm die Berliner Firma Erasmus Druck GmbH, die eine Auflage von 1500 Urkunden mit dazugehörigen Mappen anfertigte. Das verwendete Papiermaterial war eine Stiftung der Firma J. W. Zander, Berlin, die hierfür in großzügiger Weise echt handgeschöpften Büttenkarton zur Verfügung stellte.«[14]

Wie einige Monate zuvor in Garmisch-Partenkirchen erhielten jetzt auch in Berlin besondere Ehrengäste, die Mitglieder des *IOC* und des Organisationskomitees das 525 x 415 Millimeter große Siegerdiplom dieser Spiele. Wie schon des öfteren zuvor wurde ein Exemplar Baron de COUBERTIN zugeschickt.

Ein antiker Helm für den Marathonsieger. Obwohl besondere Ehrenpreise für einzelne Athleten seit den Spielen 1924 in Paris abgeschafft waren, wurde auch 1936 beim Marathonlauf wieder eine Ausnahme gemacht. Die griechische Zeitung *Vradini* hatte für den Sieger einen antiken Helm gestiftet. Es handelte sich um einen Rüstungshelm mit Wangen und Nasenschutz aus dem 6. vorchristlichen Jahrhundert, der in den 20er Jahren bei Ausgrabungen in Olympia gefunden wurde. Er stammte als Beute aus einem Krieg und war in Olympia in einem Tempel als Weiheobjekt ausgestellt. Die Zeitung hatte ihn von einem Kunsthändler erworben. Das Geschenk sollte eine Verbindung zwischen dem sagenhaften Lauf eines Soldaten nach der

Schlacht bei Marathon und dem olympischen Marathonlauf schaffen. In Berlin gewann der Koreaner Kitei SON (koreanisch: Kee Chung SOHN), der für Japan starten mußte.[15] Wegen der damals noch sehr strengen Amateurbestimmungen durfte Sohn dieses Geschenk nicht annehmen. Generalsekretär Diem nahm nach dem Veto des *IOC* den Helm an sich und brachte ihn 1938 ins Aquarium auf der Museumsinsel. Nach dem Zweiten Weltkrieg war er in der Antikensammlung im Stülerbau gegenüber dem Charlottenburger Schloß ausgestellt.

Ab 1972 machten koreanische Sportfunktionäre für Sohn Besitzansprüche geltend. Nach langwierigem Schriftverkehr zwischen *Deutschem NOK, IOC* und der Stiftung Preußischer Kulturbesitz zur Besitzfeststellung konnte NOK-Präsident Willi Daume bei der 50-Jahr-Feier der Olympischen Spiele von 1936, am 17. August 1986, endlich diesen abschließenden Teil der Siegerehrung an Kee Chung Sohn vornehmen und ihm den Siegespreis überreichen.[16]

Ehrentafel. Wie seit 1928 vom *IOC* vorgeschrieben, wurden auch 1936 die Namen der Olympiasieger am Eingang des Stadions an-

Walter HEGE 1893-1955

Der seit 1921 selbständige Fotograf wurde bekannt durch seine Aufnahmen des Naumburger Doms, anderer deutscher Dome, antiker Bildwerke sowie barocker Kunst. Hege war einer der Kameramänner der Olympiafilme von Leni Riefenstahl, ebenso beim Spielfilm Condottieri (1936) unter der Regie von Luis Trenker und Walter Klinger. Er übernahm zahlreiche Foto- und Filmaufgaben für das nationalsozialistische Regime (vor allem Kultur- und Dokumentarfilme, z.B. Am Horst der wilden Adler, Die Bauten Adolf Hitlers) und war ab 1930 Mitglied der NSDAP. Er war ein Pionier der Farbfotografie. Hege erhielt 1950 den Deutschen Filmpreis für den Kulturfilm Schwarze Gesellen. Über sein Werk informierte 1994 die Ausstellung Dom, Tempel, Skulptur im Römisch-Germanischen Museum in Köln.

Hermes des Praxiteles

Gerhart RODENWALDT 1886-1945 (Selbstmord)

Der Archäologe erhielt 1916 eine Professor in Gießen. Er wurde 1922 zum Generalsekretär und 1929 zum Präsident des Archäologischen Instituts des Deutschen Reiches ernannt. 1929 erhielt er einen Ruf an die Berliner Universität. Neben seinen zahlreichen archäologischen Schriften gab er, zusammen mit Hege, weitere Bildbände heraus: 1930 Die Akropolis (3. Auflage 1956) sowie 1941 Griechische Tempel.

Ernst BOEHM 1890-1963

Der Schüler von Bruno Paul studierte an der Unterrichtsanstalt des Berliner Kunstgewerbe-Museums. Von 1913 bis 1917 unterrichtete er dort sowie an den Vereinigten Staatsschulen für freie und angewandte Kunst in Berlin-Charlottenburg. Studienaufenthalte führten ihn nach Paris, Italien, Palästina und Schweden. 1937 wurde er wegen seiner jüdischen Ehefrau aus dem Lehramt entlassen. Ab 1945 war er Professor an der Hochschule für Bildende Künste in Berlin, deren Direktor er von 1955 bis 1956 als Nachfolger von Karl Hofer war.
Boehm war in erster Linie Graphiker, fertigte Buchschmuck, Buchumschläge und Einbände, Entwürfe für Webmuster, Plakate, Holzschnitzereien und Porzellan. Er war zwischen 1928 und 1933 freier Mitarbeiter der Deutschen Werkstätten in Hellerau und München, für die er Stoffe, Gobelins und Tapeten entwarf. Er lieferte Entwürfe für die Firma Erismann & Co, Breisach. 1927 war Boehm auf der Internationalen Ausstellung für dekorative Kunst in Monza mit Textilentwürfen vertreten. Als »freier« Künstler malte er Landschaften, Bildnisse, Figürliches und Blumenstücke. Boehm beteiligte sich, laut Kunstkatalog der Berliner Spiele, 1936 mit dem oben erwähnten Siegerdiplom an den Kunstwettbewerben, erhielt aber keine olympische Auszeichnung.

gebracht. In Berlin geschah das kurz nach den Spielen, und zwar an den Seitenwänden des Marathontors.
Als Sieger des Marathonlaufs ist dort seitdem *»KITEI SON«* ausgewiesen. Ende der 60er Jahre wünschten südkoreanische Politiker und das *NOK* dieses Landes, den Namen in *»Kee Chung Sohn«* und die Länderbezeichnung *»JPN«* in *»KOR«* zu ändern. Das Senat von Berlin sah sich außerstande, eine Entscheidung zu treffen. Das *IOC* wurde als Vermittler aufgerufen und lehnte mit der Begründung ab, der Athlet wäre 1936 unter dem Namen Kitei Son für Japan an den Start gegangen. Das Beharren auf dem Landesnamen ist sicher aus juristischer Sicht korrekt. Korea existierte 1936 nicht als anerkannter Staat, besaß kein *NOK* und hatte nicht an den Spielen in Berlin teilgenommen. Der Name des Athleten ist aber Kee Chung Sohn[17] und hätte auf der Tafel entsprechend geändert werden sollen. Im Oktober 1970 ließ der koreanische Abgeordnete Park Young ROK nachts von einem von ihm beauftragten Steinmetzen heimlich *»JPN«* durch *»KOR«* ersetzen.[18] Der entstandene »Schaden« wurde kurze Zeit später wieder behoben und der ursprüngliche Zustand wiederhergestellt.
Eine weitere Veränderung hatte es schon kurz nach dem Krieg gegeben, als der Berliner Senat den Hinweis auf Hitler als den Schirmherrn der Spiele, auf von TSCHAMMER und OSTEN als Präsidenten des *Deutschen Olympischen Ausschusses* und die Namen des zuständigen Ministers und seines Staatssekretärs entfernen ließ. Bei dieser »Korrektur« waren die Verantwortlichen nicht einmal in der Lage, den Vornamen von Diem richtig zu schreiben: *»Karl«* statt *»Carl«*.
Auf Vorschlag Hitlers wurden im Stadiongelände für alle Olympischen Spiele Stelen mit den Namen der jeweiligen deutschen Olympiasieger aufgestellt. Sein Ratgeber, möglicherweise Diem[19], orientierte sich dabei an einem antiken Vorbild. Die Sieger in Olympia hatten das Recht, im heiligen Hain eine Statue mit seinem Namen, bei dreimaligem Gewinn sogar eine mit seinem Portrait aufzustellen. Diem bemerkt dazu:

Der Name von Owens wird an der Ehrentafel am Eingang des Marathontors des Olympiastadions eingraviert.

»Es stehen dort[20] neun vierkantige Steinsäulen von etwa 3 m Höhe. Jede ist einer Feier der Spiele, an denen Deutschland teilgenommen hatte, gewidmet (1896, 1900, 1904, 1906, 1908, 1912, 1928, 1932, 1936). Auf der vorderen Stirnseite sind die Namen der deutschen Olympischen Sieger, das Kampfjahr und der Ort verzeichnet, auf den beiden Breitseiten befindet sich je ein Relief, das den Hauptsport-Sieg der Spiele kündet. Hier haben die Künstler versucht, das längliche Viereck stark zu füllen, aus dem groben Sandstein sind die Figuren kräftig plastisch herausgearbeitet und gewinnen im Sonnenschein starkes Leben. Die Künstler sahen sich vor die Aufgabe gestellt, Übungen zu zeigen, die, wie z.B. Gewichtheben oder Reckturnen, im allgemeinen nicht zur künstlerischen Darstellung reizen, und doch ist es ihnen gelungen, dem Stein ein kunsterfülltes Sportleben abzugewinnen. Die schwierige Aufgabe, den Rudersport auf die Fläche zu bannen, ist dreimal gelöst worden; besonders ist von Garbe[21] die athletische Arbeit des Vierers in außerordentlich lebendiger Komposition mit dem Einheitlichen der Mannschaftsleistung verbunden worden. Ein dankbares Motiv gibt die Reitkunst, die einmal grundflächig und einmal nur als Ausschnitt verwandt wurde. Diese Beschränkung war für das Jahr 1936 notwendig, um die große Zahl der Siegernamen anzubringen, die die vier Seiten, mit Ausnahme der beiden Reliefflächen, füllen.«[22]
Bemerkenswert ist die Tatsache, daß in die Säule für die ersten Olympischen Spiele 1896 in Athen auch die Namen der deutschen

17 SOHN war nach dem Zweiten Weltkrieg Trainer der koreanischen Marathonläufer und brachte 1988 bei der Eröffnungsfeier der Spiele von Seoul das Olympische Feuer ins Stadion.
18 Schreiben von Gerd Steins vom 21.11.1999.
19 Allerdings bezeichnete auch Werner MARCH, der Erbauer des Stadions, HITLER als Ideengeber (MARCH nach BERNETT, in: *Sportwissenschaft* 16[1986]4, S. 377).
20 Im Berliner Stadiongelände.
21 Der Bildhauer Herbert GARBE schuf die Stelen für 1896, 1900 und 1936.
22 DIEM, Carl, »Olympische Siegersäulen«, in: *Olympische Rundschau* 2(1939)4, S. 11-12.
23 Die weiteren Bildhauer(innen): 1904, 1906, 1932 Karl BAUR, 1908, 1912, 1928 Willy Ernst SCHADE, 1952, 1956 Magdalena MÜLLER-MARTIN, 1960, 1964, 1968 Erika SCHEWSKI-RÜHLING, ab 1972 alle Paul BRANDENBURG.
24 Schreiben von Katalin SZIKORA vom 27.08.1999.
25 Vgl. zuletzt dazu in: *Journal of Olympic History* 7(1999)5, S. 52.

Die Tafel der Sieger: 1936 und heute

Olympiasieger jüdischer Abstammung, der Vettern Alfred und Felix FLATOW, eingemeißelt und später auch nicht entfernt wurden. Diese Korrektheit in »Kleinigkeiten« war typisch für das Regime. Die Flatows waren, wie die anderen deutschen Olympiasieger, auch als Ehrengäste zu den Spielen eingeladen worden. Dies hielt den NS-Staat aber nicht davon ab, die beiden in ein Konzentrationslager zu verschleppen und zu ermorden.

Der Brauch, diese Stelen zu errichten, wurde nach dem Zweiten Weltkrieg fortgesetzt, und alle vier Jahre kam eine neue hinzu. Seit Frühjahr 1999 finden sich dort auch die Namen der Olympiasieger aus der ehemaligen Deutschen Demokratischen Republik. Im September 1999 wurden die Stelen mit den Siegern der Winterspiele 1994 in Lillehammer und der Sommerspiele 1996 in Atlanta enthüllt.[23]

Deutschland ist nicht das einzige Land, das auf diese Art und Weise an seine Olympiasieger erinnert. Im Hauptgebäude der ungarischen Sportuniversität in Budapest befinden sich mehrere Marmortafeln mit den Namen aller Olympiasieger des Landes von 1896 bis heute, die ebenfalls nach 1936 dort angebracht wurden.[24]

Auch Gewinner von Goldmedaillen können, wie in der Antike, der damnatio memoriae verfallen. Als 1948 in Ungarn ein kommunistisches Regime an die Macht kam, wurden die Namen Kálmán HAZAI und Márton HOMMONAI, beide 1936 in Berlin Olympiasieger im Wasserball, entfernt. Beide hatten einer ungarischen faschistischen Organisation angehört. Nach der Wende 1989 wurden sie wieder eingefügt. Die Spuren sind deutlich zu erkennen.

Vor einigen Jahren wurden auch am Eingang des Panathenäischen Stadions in Athen sechs

Drei Stelen deutscher Olympiasieger; die Tafel mit den Namen der ungarischen Olympiasieger von 1896 bis 1912; die abgeänderte Tafel der ungarischen Olympiasieger von 1936

Erinnerungsmedaillen:

für die Autosternfahrt

für den Sternflug

für die Radsternfahrt

für den Brieftaubenflug am Tag der Eröffnungsfeier

für die Teilnehmer an den Internationalen Tanzwettspielen

Erinnerungsplakette für die Teilnehmer an der Kanusternfahrt

Erinnerungsplakette der Motorrad-Sternfahrt

XI. OLYMPIADE BERLIN 1936

EHRENURKUNDE

GISELA MAUERMAYER, DEUTSCHLAND

SIEGERIN

DISKUSWERFEN

KOMITEE FÜR DIE XI. OLYMPIADE BERLIN 1936

INTERNATIONALES OLYMPISCHES

Siegerdiplom

Erinnerungsmedaille

Siegermedaille

Otto PLACZEK 1884-1956

Der Steinbildhauer, der seit 1898 künstlerisch tätig war, wurde von 1902 bis 1906 an der Unterrichtsanstalt des Staatlichen Kunstgewerbemuseums Berlin ausgebildet, danach studierte er an der Fachschule für Bildende Künste in Berlin. Bei Wettbewerben gewann er zahlreiche Preise, war aber 1933 wegen Auftragsmangel kurze Zeit arbeitslos. Bekannt von ihm sind: Grabmal der Henriette Herz in Rom, Portalfiguren für den Friedhof der Märzgefallenen in Berlin, Kriegerdenkmal in Linz/Donau. Er schuf auch mehrere Hitler-Büsten. Placzek nahm ohne Erfolg mit Entwürfen von Medaillen an den Kunstwettbewerben der Spiele 1932 von Los Angeles teil. Laut Kunstkatalog beteiligte er sich bei den Spielen 1936 mit der o.g. Erinnerungsmedaille, erhielt aber wiederum keinen olympischen Preis. Vielleicht war die Medaille auch »außer Konkurrenz« ausgestellt.

Mädchen, 1938

Entwurf der Erinnerungsmedaille von Hans Schwegerle

Stelen mit den Namen der griechischen Medaillengewinner angebracht. Leider fehlt dabei die Ehrung für die erfolgreichen Athleten der Olympischen Spiele 1906. Normalerweise kann den Griechen kaum fehlender Nationalstolz vorgeworfen werden, in diesem Fall »verbeugten« sie sich wohl vor dem *IOC*. Baron de Coubertin akzeptierte diese Spiele, die das *IOC* auf seiner Session 1901 beschlossen hatte, nicht. Drei Kommissionsmitglieder des *IOC*, die 1949 mit einer Überprüfung des Sachverhalts beauftragt waren, kamen zu der Auffassung, dies wären keine offiziellen Olympischen Spiele gewesen.[25] Dagegen sprechen aber sämtliche Quellen.

Erinnerungsmedaillen. Zurück zum Offiziellen Bericht von 1936:

»Alle Wettkämpfer und die in amtlicher Eigenschaft bei den Spielen tätigen Personen erhielten bestimmungsgemäß eine Erinnerungs-Plakette. Der Kreis der mit diesem Entwurf beauftragten Künstler war absichtlich eng gezogen worden; unter den 15 aufgeforderten Künstlern befand sich keiner, der nicht ähnliche Aufgaben bereits früher zufriedenstellend gelöst hätte. Als Preisträger ging der Bildhauer Otto Placzek, Berlin, aus dem Wettbewerb hervor. Sein Entwurf zeigt auf der einen Seite als die Vertreter der fünf Erdteile fünf Sportler, die den Strang der Olympia-Glocke ziehen; die Rückseite trägt die Abbildung der Olympia-Glocke. Als Material für diese Plakette wurde Bronze gewählt. Die erforderliche Anzahl von 20 000 Stück wurde von den vier Berliner Gießereien Heintze & Barth, Sperlich, Noack und Martin & Piltzing hergestellt.«[26]

Die Vorderseite trägt die Schrift *»XI. / OLYMPIADE / BERLIN / 1936«*. Auf der Rückseite ist am unteren rechten Rand der Name *»PLACZEK«* zu lesen. Die Erinnerungsmedaille mit 70 Millimetern Durchmesser, sieben Millimetern Dicke und 114 Gramm Gewicht wurde in vier Farbschattierungen hergestellt: helles, dunkles, grünliches und rötliches Braun. Zur Medaille gehört ein rundes rotes Kartonkästchen, auf dessen Deckel die Glocke gedruckt ist.

Einer der 15 Künstler, die sich am Wettbewerb um die Erinnerungsmedaille beteiligten, war der Bildhauer Hans SCHWEGERLE aus München. Sein Modell wurde im November 1999 bei einer Versteigerung der Firma Winter angeboten.

»Otto Placzek wurde gleichzeitig mit dem Entwurf der übrigen vom Organisationskomitee herausgegebenen Plaketten beauftragt. Es waren dies die Erinnerungs-Plakette für die Teilnehmer am Sternflug, an der Autosternfahrt, an der Radsternfahrt sowie die Plakette für die Brieftaubenzüchter, die ihre Tauben für die Feier des Eröffnungstages in den Dienst der Olympischen Spiele stellten. Für alle diese Plaketten verwandte der Künstler eine einheitliche Rückseite: das Symbol der Berliner Spiele, die Glocke, während die Vorderseite sinnfällig die Bedeutung der jeweiligen Veranstaltung zeigt.«[27]

Leider gibt der Offizielle Bericht keinerlei Auskunft über die Autosternfahrt.

26 Organisations-Komitee 1936, *Bericht*, S. 125.
27 Organisations-Komitee 1936, *Bericht*, S. 125.
28 Organisations-Komitee 1936, *Bericht*, S. 1157-1161.
29 Organisations-Komitee 1936, *Bericht*, S. 1157.
30 Richtig Waldemar.
31 Korrosionsbeständige Kupferlegierung (67-90% Kupfer, Rest Zink).
32 Organisations-Komitee 1936, *Bericht*, S. 125.

Rechts: Abzeichen

Der *Aero-Club von Deutschland* veranstaltete auf Anregung des Organisationskomitees am 29. und 30. Juli 1936 für ausländische Teilnehmer einen Sternflug nach Berlin. Bis Zielschluß landeten 43 Flugzeuge in Rangsdorf bei Berlin. Außerdem wurde an diesen Tagen ein Internationaler Kunstflugwettbewerb (Kür und Pflicht) durchgeführt. Am 31. Juli fand in Tempelhof der Olympia-Großflugtag statt, wo die Sieger der Männer- und der Frauenklasse noch einmal ihr Kürprogramm demonstrierten. Bei der Siegerehrung am 2. August im Haus der Flieger erhielten die Sieger Ehrenpreise, die vom Organisationskomitee, von Reichsminister Hermann GÖRING, dem Reichsluftsportführer, dem Reichssportführer und dem *Aero-Club* gestiftet waren.[28] Bemühungen um weitere Informationen zu diesen Ehrenpreisen blieben ohne Ergebnis.

Der *Deutsche Radfahrer-Bund* hatte mit Unterstützung des Organisationskomitees eine Radsternfahrt ausgeschrieben. 2 829 Radfahrer aus 14 europäischen Ländern waren nach Berlin gefahren und hatten dabei zwischen 120 und 3 140 km zurückgelegt. Für diese Leistung erhielten sie eine Erinnerungsmedaille.[29]

Für den Brieftaubenflug waren 120 000 Tauben aus dem In- und Ausland gemeldet. Am Vormittag des 1. August wurden 100 000 aufgelassen, bei der Eröffnungsfeier am Nachmittag vom Maifeld und aus dem Stadion noch einmal 18 000.

Erstaunlicherweise gab es keine vergleichbare Medaille für die Kanusternfahrt, die im Offiziellen Bericht aber ausführlich beschrieben wurde. Aus 15 Ländern und ganz Deutschland waren 3 000 Kanufahrer nach Berlin gepaddelt und wohnten in einem Zeltlager am Müggelsee. Sie erhielten lediglich eine Plakette, die z.B. am Boot befestigt werden konnte.

Eine ähnliche Plakette bekamen die Teilnehmer einer Motorrad-Sternfahrt; allerdings wird sie im Offiziellen Bericht nicht erwähnt.

Für die Internationalen Tanzwettspiele (15. bis 30. Juli 1936), an der auf Einladung des Organisationskomitees, des Propagandaministeriums und der *Deutschen Tanzbühne* 325 Tänzerinnen und Tänzer aus 14 Ländern teilnahmen, wurde eine eigene Erinnerungsmedaille geschaffen.

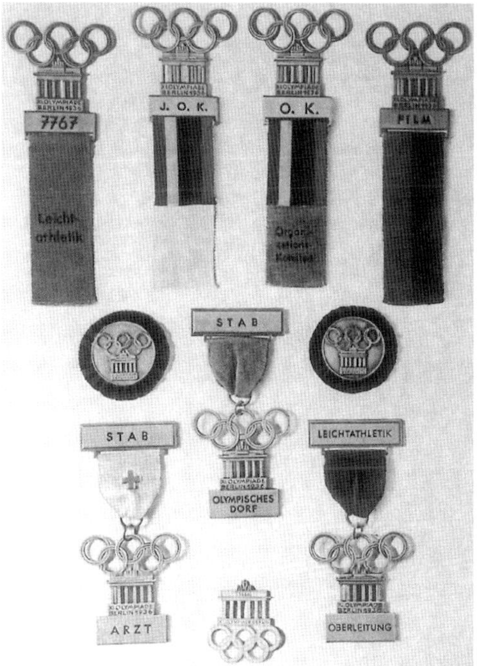

Abzeichen.

»Eine sehr wichtige Aufgabe war der Entwurf für das Olympia-Abzeichen, das von allen Wettkämpfern und den in amtlicher Eigenschaft bei den Olympischen Spielen tätigen Persönlichkeiten getragen werden sollte und das gleichzeitig den Zweck hatte, den Träger je nach seiner Funktion zu unterscheiden. Man beschloß, dem bewährten Beispiel von Los Angeles zu folgen und eine Kombination von Metall und Band zu wählen. Von den sieben am Wettbewerb beteiligten Künstlern löste Prof. Walter[30] Raemisch nach Beschluß des Preisgerichts die Aufgabe am besten. Er schuf eine Verbindung zwischen dem Wahrzeichen der Stadt Berlin, dem Brandenburger Tor, und dem Symbol der Olympischen Spiele, den fünf ineinander geschlungenen Ringen. Das Abzeichen erlaubte eine Kombination mit verschiedenfarbigen Bändern und

Waldemar RAEMISCH 1888-1955

Der Bildhauer machte zunächst eine Lehre als Metallbildner, arbeitete dann als Geselle und unternahm von 1912 bis 1913 Bildungsreisen nach Italien und Ägypten. Danach begann erst seine eigentliche künstlerische Ausbildung. Er war von 1919 bis 1930 Lehrer an den Vereinigten Staatsschulen für Freie und Angewandte Künste in Berlin. Raemisch schuf als Künstler vor allem Gebrauchsgegenstände, wie Leuchten, Reliefs, Schmuck, Gefäße, Schalen u.ä., auch Medaillen und Münzen, später monumentale Werke, so 1936 die Adler vor dem Haus des Deutschen Sports auf dem Berliner Sportforum. Raemisch wurde 1936 aus der Reichskulturkammer ausgeschlossen, weil er mit einer Jüdin verheiratet war, und emigrierte 1939 in die USA, wo er als Lehrer für Bildhauerei in New York tätig war. Zusammen mit Gerhard Marcks und Lipschütz schuf er dort Plastiken am Fairmont Park.

Adler vor dem Haus des Deutschen Sports auf dem Berliner Sportforum

Das Abzeichen für die ehemaligen Olympiasieger; oben: das Besucherabzeichen

war gleichzeitig mit einem freien Feld versehen, in das die Gruppenbezeichnung der Träger eingraviert wurde. Als Metall wurde Tombak[31], altversilbert, gewählt. Die Herstellung übernahm die Firma Lauer, Nürnberg. Sie löste zur Zufriedenheit die nicht leichte Aufgabe, die infolge der überaus starken Beteiligung benötigten Mengen von 14 000 Abzeichen rechtzeitig bis zur Eröffnung der Spiele herzustellen.«[32]

»Nachdem bereits seit dem Jahre 1935 die Olympischen Ringe als Werbenadel für die Spiele in den Verkauf gekommen waren und einen Gesamtabsatz von 400 000 Stück gefunden hatten, beschloß das Organisationskomitee, vom Tage der Eröffnung der Spiele an ein Besucher-Abzeichen zum Verkauf zu bringen, das von jedem gekauft werden konnte. Der Entwurf wurde wiederum Prof. Raemisch übertragen, der hierfür ebenfalls die Symbole von Berlin und der Olympischen Spiele, aber in umgekehrter Folge wie beim Olympia-Abzeichen, verwandte. So entstand ein besonders hübsches Abzeichen, das in Tombak, elfenbeinfarbig emailliert, in einer Auflage von 675 000 Stück verkauft wurde. Das gleiche Abzeichen in vergrößerter Form fand als Auto-Plakette Verwendung, die in beschränktem Umfange zum Verkauf kam.«[33]

»Um die Sieger früherer Olympischer Spiele zu ehren, veranstaltete das Organisationskomitee im Verlauf der Spiele einen Empfangsabend, für den ein besonderes Abzeichen geschaffen wurde, dessen Vorwurf der Sieger-Plakette entnommen, als Symbol des Sieges den Siegeskranz in hoch erhobener Hand zeigt. Ein daran angebrachtes Schildchen ermöglichte die Einsetzung des Namens des Siegers und der Jahreszahl der Olympischen Spiele, bei denen er seinen Sieg errang. Die Anfertigung dieser Abzeichen wurde der Firma Poellath, Schrobenhausen, übertragen.«[34]

Erinnerungsbänder.

»In Berlin wurde schließlich ein Wunsch erfüllt, der bisher vergeblich geäußert worden war. Deutschland legte den Nationen nahe, ihre eigenen Fahnen mitzubringen, und

Kurz bevor Erinnerungsbänder und Kränze bei der Schlußfeier an die Fahnen der teilnehmenden Nationen angebracht werden

begrenzte lediglich Höchstmaße für deren Größe. Bestimmend dafür war die Ansicht, daß die Fahne, die bei den Olympischen Spielen der Mannschaft vorangetragen wird, einen ureigenen Besitz darstellen müsse, wie es eine Regimentsfahne auch ist – eine Fahne also, die man aufbewahrt, mit sich trägt und die man sich nicht erst leiht, wenn das Regiment ins Gefecht zieht. Die Fahnen, die von den Mannschaften bei Olympischen Spielen getragen werden, sollten mit der Geschichte dieser Spiele verknüpft sein, und so führte das Organisationskomitee einen zweiten Plan aus und verlieh jeder an den Spielen beteiligten Fahne ein von dem Graphiker Beucke geschaffenes Ehrenband. Mit diesen Bändern wurden bei der Schlußfeier die Fahnen der einzelnen Nationen durch Ehrenjungfrauen feierlich geschmückt. Die Bänder, die in den Besitz der beteiligten Nationen übergingen, sollen bei allen kommenden Spielen durch neue Bänder ergänzt werden und so ein sichtbarer Beweis dafür sein, wie oft sich eine Nation an Olympischen Spielen beteiligt hat.«[35]

Verdienstorden. Wie schon bei mehreren Olympischen Spielen zuvor wurde auch 1936 vom Staatsoberhaupt ein Verdienstorden gestiftet, der in mehreren Klassen vergeben wurde. Er wurde mit einer Urkunde übergeben. Dazu schrieb später Diem:

»Hinter dem gewaltigen Fest kam nur noch das Satyrspiel: Die Ordensverleihung. Der Olympia-Orden hatte uns vorher manche heitere Stunde bereitet. Er war im Jahre 1912 von den Schweden in Gestalt einer ›als Orden zu tragenden‹ Gedenkmünze einge-

33 Organisations-Komitee 1936, *Bericht*, S. 125.
34 Organisations-Komitee 1936, *Bericht*, S. 126.
35 Organisations-Komitee 1936, *Bericht*, S. 127.
36 Der Designer war allerdings der oben so gelobte RAEMISCH.
37 DIEM, *Leben*, S. 192.
38 BARNEY, Bob, »›Olympic Chains‹: Setting the Record Straight«, in: *Olympika* 5(1996), p. 141-147. LENNARTZ, Karl, »More on the Olympic Chains: Setting the Record Even Straighter«, in: *Olympika* 6(1997), p. 65-72.

führt worden, und in Erinnerung dessen hatte ich die gleiche Auszeichnung beantragt. Die Behörden stürzten sich auf dieses Problem mit gerafftem Eifer. Sie fühlten sich sowieso für die Olympischen Spiele nicht genügend in Anspruch genommen. Es fanden Sitzungen der ›Ressorts‹ statt. Die Staatssekretäre beratschlagten, und bei einer Sitzung des Organisations-Komitees gab der Vertreter des Reichsinnenministeriums eine ausführliche Begründung ab, warum unser Antrag abgelehnt sei. Darauf meldete sich Reichenau zu Wort und hielt den Regierungsvertretern in seiner drastischen Weise, den Nagel auf den Kopf treffend, ihre Dummheit vor. Bestürzte Gesichter, der Referent stand auf und erklärte, er wolle die Gründe noch einmal zur Verhandlung stellen. Siehe da, nach einiger Zeit kam die Mitteilung, der ›Führer‹ habe den Olympia-Orden genehmigt, aber – zu unserem Schrecken in drei Klassen. Nun ging der Kampf um die Klassen los. Wir erhielten eine Weisung, wonach die Vorschläge einzuteilen seien, und haben demnach ordnungsgemäß und rechtzeitig und, wie wir glauben, unbestechlich gerecht unsere Liste eingereicht. Daneben war aber auch dem Reichssportführer ein Vorschlagsrecht zugestanden, vor allem als Dank für die, die sich um die Sporterfolge verdient gemacht hatten. Da geschah es natürlich, daß, wer bei uns abgelehnt war, sich bei Tschammer sein Recht suchte, und es ergab sich von selbst, daß Tschammer und seine Mitarbeiter alles viel besser als wir beurteilen konnten. Kurz, die Verleihungen stiegen ins Unermessene, der Maßstab der Klassen wurde völlig über den Haufen geworfen. Mächtige Gliederungen wie die SS verlangten und erhielten hunderte von Orden zur eigenen Verteilung. Sie übergaben diese solchen, die mit den Spielen überhaupt nichts zu tun hatten, worauf dann neue berechtigte Ansprüche entstanden. Der Olympia-Orden verwandelte sich in eine Seeschlange von unabsehbarer Ausdehnung, so daß eines Tages die Kanzlei des ›Führers‹, gestützt auf eine angebliche Entscheidung von ihm, weitere Verleihungen stoppte. So konnte dann auch nicht mehr Wilhelm Müller den Orden bekommen, der aus reinem Schreibversehen Gustav Müller zugestellt war.

Nun, mit dem Schlußakt trat Reichsminister Frick in den Ehrensaal der Führerloge, ließ die Mitglieder des Olympischen Komitees und die wichtigsten Organisatoren bitten und überreichte ihnen eigenhändig den neuen Orden. Er war ein Glanzstück, das seine Wirkung auch im Innersten Afrikas nicht verfehlt hätte.[36] Ein großer goldener Stern, in dem das Hakenkreuz verhältnismäßig bescheiden eingefügt war, auf der Hemdbrust unter der weißen Krawatte herrlich zu tragen, und er ist dann auch, wie ich bei späteren Gelegenheiten festgestellt habe, von den glücklichen Besitzern zur Schau gestellt worden. Auch seitens der Ausländer ist er weit über meine Erwartung hinaus und bis in glühend antifaschistische Kreise hinein getragen worden.

Ich lebte also von der besagten Zentnerlast los und ledig in einem Gefühl, irgendwie neu geboren zu sein und noch nicht recht gehen zu können, und besah mir beim Verleihungsakt die sich verneigenden Rücken, wo die dazugehörige Brust in Zukunft ordensgeschmückt sein sollte. Zuletzt kam auch ich an die Reihe, und Frick flüsterte mir verschämt zu –, er hatte im Laute der Feier von meiner Existenz erfahren – daß ich am Gelingen besondere Verdienste hätte…«[37]

Exkurs: Ehrenkette für die IOC-Mitglieder[38]

Bereits bei den ersten Olympischen Spielen 1896 trugen die anwesenden IOC-Mitglieder und andere Offizielle ein besonderes Abzeichen, von denen noch einige erhalten sind.

In Anerkennung seiner Verdienste um die Deutschland übertragenen Olympischen Spiele 1936 verleihe ich dem

Herrn Werner Klingeberg

das

Deutsche Olympia-Ehrenzeichen erster Klasse.

Berlin, den 16. August 1936

Der Führer und Reichskanzler

Urkunde zum Verdienstorden; links: Verdienstorden

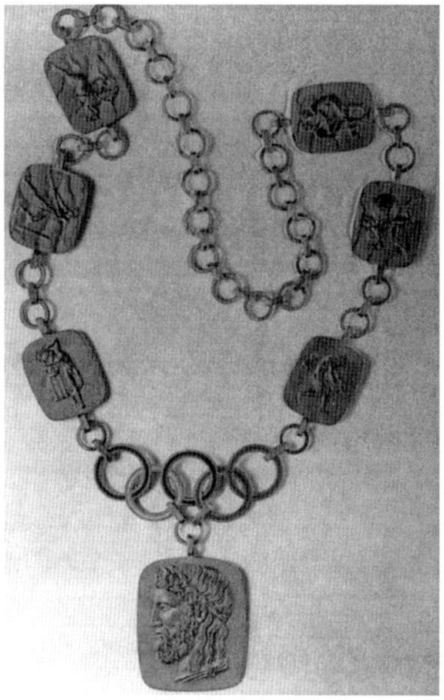

Amtskette der IOC-Mitglieder; rechts: Comte de Baillet-Latour und Lewald mit den Amtsketten

Dieser Brauch wurde bei den folgenden Spielen und den Sessionen beibehalten. Es wurden Stoff- oder Metallabzeichen getragen. Die Verantwortlichen für die Spiele 1936 in Berlin wollte für die IOC-Mitglieder ein bleibendes Erkennungszeichen schaffen. Diem glaubte, die richtige Idee zu haben:

»Auf der Reise zur Sitzung des IOK 1934 in Athen wurde eine nicht unwesentliche Frage der Festgestaltung besprochen. Das IOK sollte als der Hohe Senat der Körperkultur bei den Olympischen Spielen als geschlossene Einheit gleichmäßig auftreten und erkennbar herausgehoben werden. Generalsekretär Dr. Diem brachte hierfür in Vorschlag, sich an die Formen anzulehnen, die bei Magistraten oder Universitäts-Senatoren üblich sind. Falls man keinen Talar einführen wolle, solle man durch eine gemeinsam zu tragende große goldene Kette die Zusammengehörigkeit zum IOK zum Ausdruck bringen. Das Olympische Komitee stimmte diesem Vorschlag zu. In die Ringe einer bronze-vergoldeten, handgearbeiteten Kette sind sechs Medaillons eingefügt. Diese stellen die Nachbildungen antiker Vorwürfe, eines Fackelläufers, eines Speerwerfers, eines Diskuswerfers, zweier Ringer, eines Waffenläufers und eines Jünglings mit Sprunggewichten dar, nach Funden aus der Zeit von 300 bis 500 v. Chr. Die fünf in Emaille hergestellten Olympischen Ringe halten ein größeres Medaillon, das in Nachbildung einer im Staatlichen Museum in Berlin vorhandenen griechischen Gemme den Kopf des Zeus zeigt. Die Rückseite dieses Medaillons trägt die Inschrift »XI. Olympiade Berlin 1936«; gleichzeitig wurde Raum gelassen für weitere zehn Olympische Spiele. Auch diese Kette ist das Werk des Berliner Bildhauers Lemcke, der den Entwurf in Übereinstimmung mit dem Präsidenten des OK ausarbeitete. Bestimmungsgemäß gehen diese Ketten in den Besitz des internationalen Olympischen Komitees über und werden am Sitz des Generalsekretariats, in Lausanne, aufbewahrt, um bei den jeweiligen Spielen den Mitgliedern des IOK ausgehändigt zu werden.«[39]

Von diesen Ketten wurden 60 hergestellt, und den 50 in Berlin anwesenden IOC-Mitgliedern wurde je ein Exemplar übergeben. Es gibt zahlreiche Fotos der Berliner Spiele, auf denen die IOC-Mitglieder bei offiziellen Anlässen diese Kette tragen, z.B. bei der Eröffnungsfeier. Dem Offiziellen Bericht ist weiter zu entnehmen, daß diese Ketten in den Besitz des *IOC* übergegangen waren, in Lausanne aufbewahrt wurden und bei den folgenden Spielen den jeweils anwesenden Mitglieder übergeben werden sollten.[40] Dies wurde aber nicht so durchgeführt, denn auf der Session 1937 in Warschau wurde beschlossen, die Ketten – ähnlich wie die Olympische Flagge – am Ort der Spiele zu belassen und sie dann folgenden Spielen wieder zu überreichen:

»Olympische Ketten: Es wurde beschlossen, die Olympischen Ketten nur bei festlichen Veranstaltungen während der Olympische Spiele und nicht bei normalen Sessionen zu tragen. Die Stadt, in der die Olympischen Spiele gefeiert wurde, bewahrt

39 Organisations-Komitee 1936, *Bericht*, S. 126-127.
40 Organisations-Komitee 1936, *Bericht*, S. 127.
41 Protokoll der 36. IOC-Session, 11. Juni, S. 2-3 (IOC-Archiv). *»Chaînes Olympiques. Il est décidé que les chaînes olympiques ne seront portées qu'à l'occasion des fêtes solennelles des Jeux des Olympiades et non lors des sessions ordinaires. La ville où ils auront été célébrés en restera dépositaira jusqu'aux Jeux de l'Olympiada suivanta, en même temps que du drapeau olympique.«*
42 N. N., »Das Schicksal der Olympischen Fahne und Ehrenketten«, in: *Sport. Zürich* (30.4.1947).
43 Briefwechsel DIEM – EDSTRÖM (Diem-Archiv).
44 Ebendort.
45 Ebendort.
46 in: *Sport. Zürich* (30.4.1947).
47 Briefwechsel DIEM – EDSTRÖM (Diem-Archiv).
48 Ebendort.
49 Ebendort.
50 Dies teilte DIEM Sigfrid EDSTRÖM am 18.11. mit, der seinerseits am 7. Dezember diese Information bestätigte (ebendort).
51 Briefwechsel DIEM – MECKLENBURG (Diem-Archiv).
52 Ebendort
53 An die Stelle der Olympischen Ringe ist das Signet der Sporthochschule eingearbeitet.

sie bis zu den nächsten Olympischen Spielen auf, wie schon die Olympische Flagge.«[41]
Die Ketten blieben also in Berlin und wurden durch Carl Diem am Tage nach den Spielen zusammen mit der Olympischen Flagge dem Berliner Stadtpräsidenten (Bürgermeister) Julius Lippert übergeben. Während des Zweiten Weltkrieges befanden sich die Ketten und die Flagge in einem Safe im Keller der Berliner Stadtsparkasse.[42]
Nach Ende des Krieges versuchte Diem, sofort wieder Kontakt zu den Verantwortlichen der Olympischen Bewegung aufzunehmen, und bot sich als Helfer in organisatorischen und zeremoniellen Fragen für die Spiele von 1948 in London an. In einem Brief an den amtierenden IOC-Präsidenten Sigfrid EDSTRÖM vom 5. Juni 1946[43] erwähnte er auch Flagge und Ketten. Er befürchtete, daß beides bei Bombenangriffen verlorengegangen sei. Da *»ich von den Ketten ein Exemplar besitze«*, wären *»sie unschwer neu herzustellen«*. Es sind also wohl mehr als 60 geprägt worden. Es ist nicht sicher, ob Edström diesen Brief erhalten hat, denn er fragte Diem in einem Schreiben vom 31. Juli 1946: *»Weisst Du, ob sie* [die Ketten] *zerstört worden sind?«*[44] Diem antwortete am 15. August, daß die Britische Militärverwaltung sich beim Berliner Magistrat nach Flagge und Ketten erkundigt hätte.[45] Dies war wahrscheinlich auf Veranlassung des Londoner Organisationskomitees geschehen. Diem versprach Edström, jetzt auch selbst Nachforschungen anzustellen und sich an den Berliner Oberbürgermeister zu wenden. Diem wurde im Keller der Stadtsparkasse fündig. Dort lagerten *»die Fahne in einer unscheinbaren Kiste und neun der 60 Ketten«*.[46] An Edström berichtete er am 25. September[47], *»dass die Olympische Fahne unbeschädigt wiedergefunden ist und dass sich auch die Ehrenketten angefunden haben, ich prüfe noch nach, ob in voller Anzahl. Wenn nicht, werden die Fehlenden wieder hergestellt.«* Edström bedankte sich für die Information am 11. Oktober[48] und teilte Diem am 8. November[49] mit, daß die Fahne und die Ketten *»von den englischen Behörden bei Dir abgeholt werden«*.
Es drängt sich die Frage auf, wo die anderen 51 geblieben sind. Es ist zu vermuten, daß alle 60 in einem Behältnis in einem Safe oder gesicherten Raum aufbewahrt wurden. Hätte z.B. eine Bombe den Keller getroffen, dann hätten sich neben den neun unversehrten doch auch Reste der anderen Ketten finden müssen. Davon spricht Diem aber in keinem seiner Briefe. Es kann also vermutet werden, daß vor Diem andere Personen, Militärs oder Plünderer, in dem Raum waren und Ketten mitgenommen haben.
Am 17. November wurde Diem zur Britischen Militärbehörde befohlen und aufgrund einer Suchmeldung von Lord David BURGHLEY, dem Generalsekretär des Londoner Organisationskomitees, nach Fahne und Flagge befragt. Diem wies bei dieser Vernehmung darauf hin, daß nach den olympischen Regeln die Überbringung Angelegenheit der Stadt des letzten Ausrichters ware, informierte aber darüber, daß sich die Flagge und die restlichen Ketten jetzt beim Berliner Magistrat befänden.[50] Er teilte dies auch dem deutschen IOC-Mitglied Herzog Adolf Friedrich zu MECKLENBURG mit, der in seiner Antwort vom 11. Dezember[51] sogar von einer *»Beschlagnahmung«* schrieb und überlegte, sich bei seinem Amtskollegen Edström offiziell zu beschweren. Wenige Wochen später erfuhr Diem, daß die Fahne und die Ketten vom Berliner Magistrat der Britischen Militärbehörde übergeben worden waren. Er teilte dies Edström am 29. Dezember[52] mit und bemerkte:

> *»Es wird Dir nicht entgehen, daß die Einholung dieses olympischen Eigentums auf einem solchen Wege nicht dem olympischen Gebrauch entspricht. Wir erwarten von Dir, daß Du diesen Eingriff in geeigneter Weise ausgleichst. Ich persönlich fühle mich jedenfalls nunmehr von jeder Verantwortung befreit.«*

Demnach sollten die Olympische Flagge und neun Ketten in London angekommen sein. Die Olympische Flagge wehte bei den Spielen im Londoner Olympiastadion und befindet sich heute im Olympischen Museum in Lausanne. Das Diem-Archiv der Deutschen Sporthochschule Köln besitzt die Kette, die

Entzündung des Olympischen Feuers im Hain von Olympia

sich Diem privat hatte herstellen lassen. Eine zweite hat Diem zur Amtskette des Rektors der Sporthochschule umarbeiten lassen.[53] War dies eine der neun, die Diem noch vorfand? Das Deutsche Sport- und Olympia-Museum erhielt eine Kette aus dem Nachlaß des IOC-Mitgliedes Karl Ritter von Halt. Vermutlich hat dieser sich wie Diem auch 1936 ein privates Exemplar prägen lassen. Hin und wieder tauchen Ketten bei Versteigerungen von Olympiaka auf. Vor kurzem hat das Berliner Sportmuseum eine Kette von einem ostdeutschen Anbieter gekauft. War dies eine dritte private, vielleicht die von Lewald oder eine der neun? Während der Olympischen Spiele 1996 in Atlanta bot Ingrid O'NEILL bei ihrer Auktion eine Kette für ein Mindestangebot von 10 000 US-Dollar an. Woher stammt diese? Gehören nicht alle Ketten dem *IOC* in Lausanne, wenn nicht nachgewiesen werden kann, daß 1936 ein privates Exemplar hergestellt wurde?

Exkurs: Fackelstaffellauf

Der Weg des am 20. Juli 1936 um 12.00 Uhr gestarteten ersten Fackelstaffellaufes in der Geschichte der Olympischen Spiele ging von Olympia nach Berlin durch sieben Länder auf dem Landwege und führte durch deren Hauptstädte: Griechenland (1108 km), Bulgarien (238 km), Jugoslawien (575 km), Ungarn (386 km), Österreich (219 km), Tschechoslowakei (282 km), Deutschland (267 km).

Die Läufer bewältigten eine Gesamtstrecke von 3 075 Kilometern und legten in der Regel einen Kilometer zurück.

Nach Kiel zu den Segelwettbewerben startete von Berlin am 2. August um 18.30 Uhr ein Fackellauf mit einer Länge von 347 Kilometern, der am darauffolgenden Tage um 21.30 Uhr die Ostseestadt erreichte, wo auf einer Hansekogge das Olympische Feuer entzündet wurde. Zur Ruderstrecke in Grünau trug man das Feuer am 7. August über eine Strekke von 37 Kilometern. Es wurde in Dreiergruppen gelaufen und nach je 200 Metern ein Läuferwechsel vorgenommen. Beteiligt waren 573 Läufer. Die Spree überquerte man mit Zehnerkanadiern.

Der Weg der Fackelstaffel von Olympia nach Berlin

Erster Läufer in der Geschichte der Olympischen Fackelstaffelläufe war der griechische Sportler Konstantin KONDYLIS. Die Flammenschale im Berliner Olympia-Stadion entzündete als letzter Läufer Fritz Schilgen, Studentenweltmeister über 1500 m von 1931, der wegen seines schönen Laufstils ausgewählt wurde. Am Fackellauf nahmen einige Olympia-Veteranen und prominente Sportfunktionäre teil. So in Jugoslawien Alfred PICHLER, der Präsident der SOKOL-Verbände, in Österreich Theodor SCHMIDT, IOC-Mitglied und NOK-Präsident als jeweils erste Läufer in ihren Ländern. Der Olympiasieger im Eiskunstlauf 1936, Karl SCHÄFER, trug die Flamme auf den Heldenplatz in Wien. Erster deutscher Läufer war Paul GOLDHAMMER, ein Zollassistent aus Hellendorf.

54 Allerdings hat das Diem-Archiv kürzlich eine Rückmeldung einer emigrierten Teilnehmerin aus Australien erhalten, die auf einem der letzten Kilometer in Charlottenburg gelaufen ist.

55 Organisations-Komitee 1936, *Bericht*, S. 126.

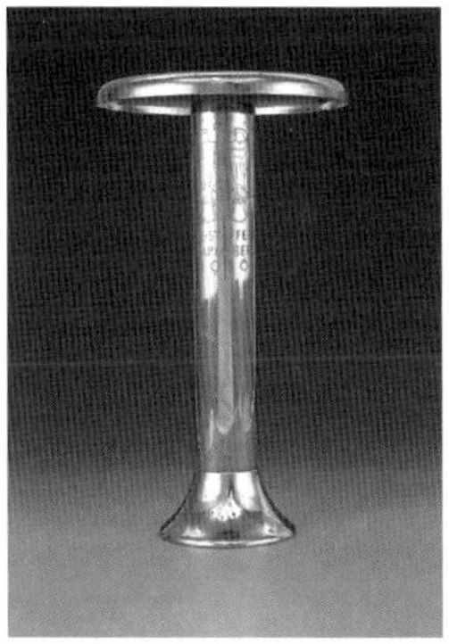

URKUNDE
ÜBER DIE TEILNAHME AN DEM
FACKEL-STAFFEL-LAUF
OLYMPIA-BERLIN
20.VII.-1.VIII.1936.

Diplom für die Teilnehmer an der Fackelstaffel; oben: Fackelgriff; rechts: der letzte Fackelläufer, Fritz Schilgen, im Olympiastadion

Die Teilnehmer wurden von den beteiligten *Nationalen Olympischen Komitees* bzw. den Sportverbänden ausgesucht. Die zeitgenössischen Pressedarstellungen lassen vermuten, daß in der Regel Männer ausgewählt wurden.[54] Die Sportler trugen unterschiedliche Sportkleidung. In Griechenland wurde z.T. mit freiem Oberkörper, in Deutschland mit weißem Sporthemd mit NSRL-Emblem und weißer Sporthose gelaufen.
Der heutige Eindruck der ersten Fackelstaffel wird weitgehend bestimmt durch die filmische Darstellung Leni Riefenstahls, deren Filmteam den Lauf auf der gesamten Strecke begleitete. Zum Troß gehörten fünf Fahrzeuge: zwei PKW mit Arzt, Reserveläufer, Reservefackeln und Pressevertretern, zwei Autobusse, in denen jeweils die Läufer transportiert wurden, die nach und nach zum Einsatz kamen, und ein Übertragungswagen des Deutschen Rundfunks, der zum ersten Mal bei der Entzündung der Flamme und dem anschließenden Start der Staffel sendete. Die Direktübertragung war Hauptbestandteil einer gleichzeitig stattfindenden Feierstunde im Olympischen Dorf in Döberitz. Zum Zeremoniell der Entzündungsfeier in Olympia gehörte auch eine Botschaft Baron Pierre de Coubertins an die Fackelläufer.

Die Fackelhalter bestehen aus poliertem Krupp V2A Nirosta-Stahl und wurden vom Kruppschen Apparatebau nach Entwurf der Typographie von Walter Lemcke hergestellt. Auf dem Schaft ist eingeätzt: »*Fackelstaffel-Lauf Olympia-Berlin 1936*« sowie der Streckenverlauf. Auf der Tropfscheibe steht: »*Organisationskomitee für die XI. Olympiade Berlin 1936*« und »*Als Dank dem Träger*« und darunter »*Krupp Nirosta V2A Stahl*« und »*Stiftung der Fried. Krupp A.G. Essen*«. Die Länge des Fackelhalters beträgt 270 Millimeter, das Gewicht 450 Gramm. Laut Offiziellem Bericht wurden 3 840, nach den Unterlagen im Historischen Archiv der Fried. Krupp GmbH 3 639 Exemplare hergestellt. Als Brennelemente, die in den Halter gesteckt wurden, benutzte man Magnesiumfackeln.

»*Für die Teilnehmer am Fackel-Staffellauf Olympia-Berlin wurde eine besondere Erinnerungsurkunde geschaffen, zu der der Berliner Maler und Graphiker Hönig den Entwurf lieferte. Dieser zeigt sinnfällig den Flammenaltar in Verbindung mit den Olympischen Ringen in braungelben Farbtönen, mit dem Adler als Untergrund und der Olympia-Glocke als Blindprägung. Die auf den Namen des Teilnehmers ausgestellte Urkunde trägt die faksimilierte Unterschrift des OK-Präsi-*

Walter E. LEMCKE 1891-1955

Der Bildhauer, Medailleur und Glockengestalter Lemcke besuchte von 1909 bis 1914 die Kunstgewerbeschule in Berlin. Danach war er Schüler und Mitarbeiter von Walter Schmarje, Edwin Scharff und Josef Wackerle. Nach 1921 arbeitete er selbständig, konzentrierte sich auf große Plastiken und Bauplastiken und erhielt dafür viele öffentliche Aufträge, so z.B. für die große Glocke des Berliner Doms. Nach 1933 erhielt er Gelegenheit zur Ausgestaltung zahlreicher Gebäude: Horst-Wessel-Haus in Berlin, Luftfahrtministerium, Flughafen Tempelhof (Adler), Göring-Werke in Braunschweig; er entwarf NS-Hoheitszeichen und Büsten von NS-Größen. Nach der Zerstörung seines Ateliers 1944 durch Bombenangriffe zog er nach Sonthofen und war nach Ende des Krieges in Düsseldorf und Münster tätig. Lemcke war für die Spiele in Berlin vielseitig beschäftigt. Er entwarf die Amtskette für die IOC-Mitglieder, die Olympia-Glocke und den Fackelgriff.

Adler, Flughafen Tempelhof

Eugen HOENIG *1874

Architekt, seit 1933 Präsident der Reichskammer der Bildenden Künste

denten. Um der Beziehung zwischen diesem Fackel-Staffellauf der modernen Olympischen Spiele und denen des Altertums Ausdruck zu geben, war die hierfür herausgegebene Broschüre besonders künstlerisch ausgestattet worden. Für die Umschlagseite wurde die Abbildung eines hellenistischen Reliefs aus dem Palazzo Colonna in Rom verwandt, das von den Fürsten von Colonna freundlicherweise für diesen Zweck zur Verfügung gestellt wurde. Es zeigt Eroten als Fackelläufer und wurde von dem Schöpfer der Olympia-Glocke und des Entwurfs für den Fackelgriff, Walter E. Lemcke, Berlin, sinngemäß ergänzt.«[55]

Carl Diem erhielt 1936 von seinen engeren Mitarbeitern eine silberne Nachbildung der Olympia-Fackel, die von dem bekannten Berliner Goldschmied H. J. WILM gearbeitet war.

Exkurs: Kunstwettbewerbe

Die Kunstwettbewerbe litten an mangelnder Beteiligung. Die Kunstvorstellung des nationalsozialistischen Staates, die Verfolgung und Herabsetzung vieler Künstler und auch die Zusammensetzung der Jury hielten viele davon ab, ihre Werke einzuschicken. Ausgeschrieben waren zum ersten Mal in den fünf Bereichen sogar 14 verschiedene Wettbewerbe. Die Gruppe »*Medaillen, Reliefplastiken*« war geteilt worden, so daß für Medaillen und Plaketten ein eigener Wettbewerb möglich wurde. Soweit die spärlichen Angaben des Katalogs der eingereichten Werke[56] Aufschluß geben, hatten nur sechs Künstler aus fünf Ländern insgesamt 25 Medaillen und Plaketten eingereicht. Ein erster Preis wurde nicht vergeben. Eine Silbermedaille erhielt der Italiener Luciano MERCANTE für acht Sportplaketten. Platz drei wurde dem Belgier Josuë DUPON für seine Reiterplaketten zuerkannt. Dupon hatte für die Spiele 1920 in Antwerpen die Siegermedaille entworfen.

Im Bereich Malerei und Graphik war erstmals auch ein Wettbewerb in Gebrauchsgraphik (Plakate, Urkunden, Marken, Siegel) ausgeschrieben. Eingereicht wurden viele Plakate, aber nur wenige Diplome. Eine Bronzemedaille gewann der Pole Stanislaw CHROSTOWSKI mit seinem Jachtklub-Diplom.

Zu erwähnen ist noch, daß im Bereich Bildhauerkunst im Wettbewerb Rundplastiken Gerhard MARCKS für seine Schwimmerin eine sog. »Ehrenvolle Anerkennung« erhielt. Dies ist auch deshalb bemerkenswert, weil Marcks, ein Meister des Weimarer Bauhauses, 1933 als Leiter der Kunstgewerbeschule in Halle aus politischen Gründen entlassen wurde. Marcks hat fast 40 Jahre später die Rückseite der Siegermedaille der Spiele 1972 in München entworfen.

56 Organisations-Komitee für die XI. Olympiade Berlin 1936 (Hg.), *Olympischer Kunstwettbewerb*, Berlin 1936.

Die für 1940 vorgesehenen Spiele

Auf der IOC-Session von 1936 in Berlin wurde Tokyo zum Austragungsort der Spiele 1940 der XII. Olympiade gewählt. Hauptkonkurrent war die finnische Hauptstadt Helsinki gewesen. Das *Japanische NOK* machte auch von seinem Recht Gebrauch, die Winterspiele ausrichten zu können, und benannte dafür den Ort Sapporo. Aufgrund des japanisch/chinesischen Konfliktes, der sich zum offenen Krieg ausweitete, mußte das Organisationskomitee auf Geheiß der japanischen Regierung die übernommene Aufgabe 1938 zurückgeben. Über die Vorbereitungsarbeiten, die schon sehr weit gediehen waren, veröffentlichte das *NOK* einen Offiziellen Bericht.[1] Dort findet sich zwar eine Beschreibung des Wettbewerbs um das offizielle Plakat und das Logo, aber keine Hinweise auf Diplome und Erinnerungsmedaillen. Anscheinend war in dieser Richtung noch nichts geschehen.

Anstelle von Tokyo war Helsinki bereit, die Sommerspiele zu übernehmen.[2] Der Finnisch/Russische Winterkrieg 1939/49 und der Ausbruch des Zweiten Weltkrieges ließen jedoch auch dieses Vorhaben scheitern.[3]

Auszeichnungen Helsinki 1940. Für die Gestaltung der Siegermedaille fand kein Wettbewerb statt, weil nach den Vorgaben des *IOC* die Cassioli-Medaille zu verwenden gewesen wäre. Es hätte auf der Vorderseite eingefügt werden müssen: *»XII OLYMPIA HELSINKI 1940«*. Für die Erinnerungsmedaille konnte eine Ausschreibung noch durchgeführt werden. Ein erster Preis wurde dabei nicht vergeben. Der zweite fiel an Martti JARVAINEN mit *»Kalevalan kannel ja olympiatuli« (»Verse der Kalevala*[4] *und das Olympische Feuer«)* und Gerda Qvist mit *»Ateenan tuli« (»Feuer von Athen«)*. Außerdem gab es einen Wettbewerb um ein besonderes Diplom für die Kunstwettbewerbe. Hier siegte Paul JEFIMOFF. Weiterhin wurde eine Ausschreibung für die Gestaltung der Briefmarken durchgeführt, bei der Gustav Adolf (Gösta) JYSKY mit dem Entwurf *»Limppu«* siegte. Außerdem wurde über die Gestaltung von Münzen entschieden. Hier gewannen der bekannte Bildhauer Aarre AALTONEN und Matti VISANTI mit *»Kalevan tammi«*. Weder ein Modell der Erinnerungsmedaille noch ein Muster des Diploms fand sich in einem finnischen Archiv.

Über Vorbereitungen zur Gestaltung des Siegerdiploms ist nichts bekannt. Benutzt wurde in Broschüren und Briefen des Organisationskomitees das Emblem. Für das Plakat hatte es einen Wettbewerb gegeben, den Ilmari SYSIMETSÄ mit The Flying Finn, Paavo NURMI vor einer Weltkugel laufend, gewonnen hatte. Beide Symbole wurden auch 1952 wieder benutzt.

Bei Versteigerungen taucht des öfteren eine kleine (Durchmesser 37 mm) Medaille auf. Auf der Vorderseite ist das Olympiastadion abgebildet. Der Betrachter schaut auf die Haupttribüne und sieht das markante Wahrzeichen, den Turm. Die Inschrift rechts und links des Turms lautet: *»XII OLYMPIA HELSINKI 1940«*. Auf der Rückseite ist ein Läufer mit einer brennenden Fackel dargestellt, dahinter eine große Weltkugel. Am oberen Rand befindet sich die Inschrift *»XII OLYMPIA 1940 HELSINGFORS«*, am unteren Rand ein offener Lorbeerkranz. Es gibt vergoldete, versilberte und bronzene Exemplare. Von der Medaille, die für ausländische Besucher gedacht war, wurden bis zum 30. November 1939 3 650 Exemplare hergestellt. Sie wurden aber erst lange nach Ende des Krieges zur Unterstützung des finnischen Sports verkauft.[5]

Auszeichnungen Garmisch-Partenkirchen 1940. Ersatzkandidat für Sapporo wurde 1938 St. Moritz. Das *IOC* hatte allerdings in dieser Zeit große Probleme mit dem *Internationalen Skiverband (FIS)*. Das *IOC* hielt im Gegensatz zur *FIS* die sog. Hotelskilehrer nicht für Amateure und wollte 1940 nur noch Skidemonstrationen zulassen. Anscheinend wollten die Verantwortlichen in St. Moritz dennoch Skiwettbewerbe organisieren, so daß das *IOC* auf seiner Session im Juni 1939 in London dem Schweizer Wintersportort die Spiele entzog und Garmisch-Partenkirchen, das sich dafür beworben hatte, erneut mit dieser Aufgabe betraute. Dies geschah einstimmig trotz der seit 1936 erfolgten Judenpogrome und der vielen Gebiets-

1 The Organizing Committee of the XIIth Olympiad Tokyo, 1940 (Hg.), *Report of the Organizing Committee of its Work for the XIIth Olympic Games of 1940 in Tokyo until its Relinquishment*, Tokyo o.J. [1940]

2 Viele Informationen gab dankenswerterweise Markku SIUKUNEN.

3 Vgl. dazu BERNETT, Hajo, »Das Scheitern der Olympischen Spiele von 1940«, in: *Stadion* 6(1980), S. 251-290.

4 Finnisches Nationalepos.

5 EBERHARDT, *Olympia-Münzen*, S. 273-274.

annexionen. HITLER unterstützte die Bewerbung, obwohl er längst den Termin für den Überfall auf Polen festgelegt hatte. Über Vorbereitungsarbeiten in St. Moritz ist nichts bekannt.

Unmittelbar nach der Londoner Session bildete sich ein Organisationskomitee mit von HALT als Präsidenten und DIEM als Generalsekretär. Selbst nach Kriegsausbruch am 1. September 1939 wurden die Arbeiten in Garmisch-Partenkirchen noch einige Zeit fortgesetzt. Erst am 22. November gaben das Organisationskomitee und der *Deutsche Olympische Ausschuß* den Auftrag an Comte de BAILLET-LATOUR zurück. Ein Jahr später erschien, von Diem verfaßt, ein Offizieller Bericht über die Tätigkeit des Organisationskomitees.[6]

Die Schrift enthält eine genaue Ausschreibung und Informationen über die Medaillen, Diplome u.ä. Bei der Vergabe von Siegermedaillen und Diplomen hatte es keine Veränderungen gegeben (Platz 1 bis 3). Merkwürdigerweise wird nur mit Blick auf die Vorführwettbewerbe (Skilauf und Militärpatrouille) erwähnt, daß alle Teilnehmer eine Erinnerungsmedaille erhalten sollten. Es ist aber davon auszugehen, daß dies auch bei den offiziellen Wettbewerben der Fall sein sollte, aber versehentlich nicht mehr ausdrücklich erwähnt wurde. Den Angaben über den *»Militär-Ski-Spähtrupplauf«* zufolge, der *»gemäß Artikel VII des Protokolls für die Olympischen Spiele* [vom] *Oberbefehlshaber des deutschen Heeres«* ausgeschrieben werden sollte, waren für die Mitglieder der ersten drei Teams neben den Diplomen eine *»silbervergoldete«* bzw. *»silberne«* bzw. *»bronzene Plakette«* vorgesehen.[7] Da anders als im Bericht über die Winterspiele 1936 diesmal keine besondere Medaille für diesen Demonstrationswettbewerb abgebildet ist, kann vermutet werden, daß das Organisationskomitee den betreffenden Sportlern ebenfalls olympische Siegermedaillen und Diplome zugedacht hatte. Die Ehrung für die Sieger war, wie bei allen Winterspielen bisher, bei der Abschlußfeier vorgesehen.

»Um allen Kundgebungen, dem Werbeplakat, der Ehrenurkunde, dem Festabzeichen, der Teilnehmerplakette usw. eine künstlerische Gestalt zu geben, wurde eine beschränkte Ausschreibung unter den deutschen Künstlern am 4. Juli vorgenommen. Es wurden die Preisträger von 1936 und andere hervorragende Künstler nach Vorschlag der Reichskammer für die bildenden Künste gewählt.«[8]

Vorgesehene V. Olympische Winterspiele in Sapporo – 3. bis 14. Februar 1940

Mannschaften: ?	**Name des Organisationskomitees:**	***Organising Committee of the Vth Olympic Winter Games Sapporo 1940***
	Präsident:	Hidehito ISHIGURO
	Generalsekretär:	Baron Masatane INADA
	Offizieller Bericht:	japanisch; englisch (vorhanden)
	Zeremoniell:	Eröffnungs- und Schlußfeier am Anfang bzw. am Ende der Spiele
	Eröffnung durch:	keine Einzelheiten bekannt
	Dauer:	12 Tage
	Siegerehrung:	keine Einzelheiten bekannt
	Olympischer Eid:	keine Einzelheiten bekannt
	Siegermedaille:	Giuseppe CASSIOLI
	Siegerdiplom:	keine Einzelheiten bekannt
	Erinnerungsmedaille:	keine Einzelheiten bekannt
	Sportarten:	4 (2[1]) mit 10 (2[1]) Wettbewerben
	Demonstrationen:	2
Erläuterungen: [1] *davon Frauen*	Besonderheiten:	erstmals Olympisches Dorf bei Winterspielen, wahrscheinlich keine Skiwettbewerbe

Vorgesehene Spiele der XI. Olympiade in Tokyo – 21. September bis 6. Oktober 1940

Mannschaften: ?	**Name des Organisationskomitees:**	***The Organising Committee of the XIIth Olympiad Tokyo 1940***
	Präsident:	Prinz Iyesato TOKUGAWA
	Generalsekretär:	Baron Keiichi KUBOTA
	Offizieller Bericht:	japanisch; englisch (vorhanden)
	Zeremoniell:	Eröffnungs- und Schlußfeier am Anfang bzw. am Ende der Spiele
	Eröffnung durch:	keine Einzelheiten bekannt
	Dauer:	16 Tage
	Siegerehrung:	nach dem Wettkampf
	Olympischer Eid:	keine Einzelheiten bekannt
	Fackelstaffel:	geplant
	Siegermedaille:	keine Einzelheiten bekannt
	Siegerdiplom:	keine Einzelheiten bekannt
	Erinnerungsmedaille:	keine Einzelheiten bekannt
	Plakat:	keine Einzelheiten bekannt
	Fackellauf:	Route war ausgearbeitet
	Sportarten:	18 (4[1]) mit 128 (17[1]) Wettbewerben
Erläuterungen:	Demonstrationen:	3(1[1])
[1] *davon Frauen*	Künste:	7

6 Organisationskomitee für die V. Olympischen Winterspiele 1940 Garmisch-Partenkirchen (Hg.), *Vorbereitungen zu den V. Olympischen Winterspielen 1940 Garmisch-Partenkirchen. Amtlicher Bericht,* o.O. und o.J. [München 1940].

7 Organisationskomitee für die V. Olympischen Winterspiele, *Vorbereitungen,* S. 83-84.

8 Organisationskomitee für die V. Olympischen Winterspiele, *Vorbereitungen,* S. 35. Das Organisationskomitee war also auch hier nicht unabhängig.

9 In: IOC-Archiv.

Erinnerungsband für die Fahnen der teilnehmenden Nationen; darunter: Entwurf der Erinnerungsmedaille von Hans Schwegerle

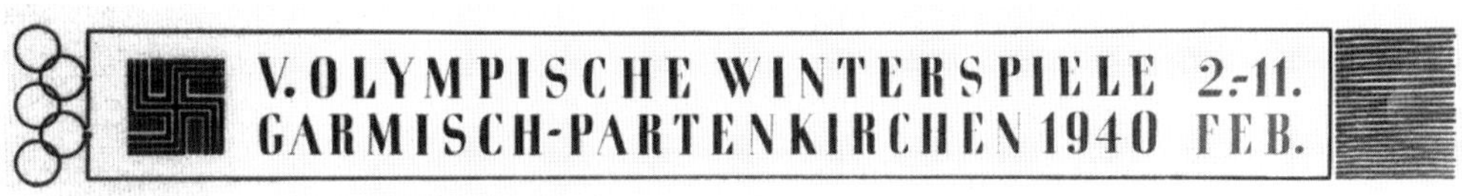

Die Siegerplakette war von Prof. Oskar THIEDE aus Wien, der 1948 bei den Kunstwettbewerben eine Silbermedaille gewinnen sollte, entworfen worden. Sie zeigt auf der Vorderseite die vier olympischen Winter sportarten Skilaufen (!), Eislaufen, Bobfahren und Eishockeyspielen und die Inschrift *»FORTIUS / ALTIUS / CITIUS«*. Unten am Rand dokumentiert »O. THIEDE« seine Urheberschaft. Auf der Rückseite finden sich die Inschrift *»V. / OLYMPISCHE / WINTERSPIELE / GARMISCH / PARTENKIRCHEN / 1940«*, die Olympischen Ringe und zwei Lorbeerzweige.

Mehrere – wahrscheinlich vier – Musterexemplare sind hergestellt worden, von denen das eine oder andere hin und wieder bei Auktionen auftaucht. Die Medaille hat einen Durchmesser von 97 Millimetern.

Mit der Gestaltung der *»Ehrenurkunde«* wurde Ernst BOEHM betraut, der schon das Diplom für die Berliner Spiele 1936 entworfen hatte. Sein Entwurf zeigt den Ort Garmisch-Partenkirchen und die Alpen im Hintergrund. Die Olympischen Ringe strahlen *»als Sonne«* über Berg und Tal. Auch hiervon scheint es nur einen Entwurf gegeben zu haben.

Da die deutschen Organisatoren schon 1936 in Garmisch-Partenkirchen und Berlin mit den Ehrenbändern für die Flaggen der teilnehmenden Nationen eine Tradition einleiten wollten, war es nur folgerichtig, daß 1940 ein solches Band erneut in Rede war. Verantwortlich war, wie schon 1936, Werner BEUCKE. Es trägt die Inschrift *»V. OLYMPISCHE WINTERSPIELE / GARMISCH-PARTENKIRCHEN 1940 / 2.-11. / FEB.«*. Befestigt waren am oberen Ende des Bandes die Olympischen Ringe aus Metall. Während 1936 noch links und rechts ein Hakenkreuz eingedruckt worden war, beläßt es Beucke diesmal bei einem am oberen Rand.

Die Erinnerungsmedaille, Teilnehmerabzeichen genannt, entspricht wie 1936 dem offiziellen Logo der Winterspiele. Der Entwurf von SÜß aus München zeigt im Hintergrund ein verschneites Alpenpanorama. In der Mitte sind ein Ski, ein Bob und ein Schlittschuh abgebildet. Im unteren Teil sind die Olympischen Ringe zu sehen. Um den Rand zieht sich die Inschrift *»V. OLYMPISCHE WINTERSPIELE 1940 – GARMISCH-PARTENKIRCHEN«*. Wie die Rückseite gestaltet sein sollte, ist unbekannt.

Um die Erinnerungsmedaille scheint es einen Wettbewerb gegeben zu haben, denn das

Martti TARVAINEN 1897-1985

Der Bildhauer hatte seine erste Ausstellung 1917 in Finnland, später auch im Ausland, in Leverkusen 1968 und in Boden (Schweden) 1970. Arbeiten von ihm sind in den Kunstmuseen in Oulu und Kemi ausgestellt.

Gerda QVIST 1883-1957

Die Bildhauerin ist bekannt für ihre Medaillen und Plaketten in Silber und Bronze. Einige ihrer Arbeiten befinden sich in den Nationalmuseen in Helsinki und Stockholm, im American Numismatic Society Museum in New York, im Musées de la Monnaie de Paris und im Kopenhagener Münzkabinett. Sie hatte Ausstellungen in Paris, Madrid und Rom.

Paul JEFIMOFF später JERIMA 1892-1954

Jefimoff war Lithograph einer großen Druckerei in Helsinki. Interessanter ist seine sportliche Biographie. Als Mitglied von IFK Helsinki war er zwischen 1913 und 1915 Finnischer Meister über 100 und 200 Meter und von 1912 bis 1915 sechsmal Meister in Staffelwettbewerben. Weil er aber russischer Staatsbürger war, seine Eltern kamen aus Rußland, wurden ihm seine Titel 1916 aberkannt.

Entwurfsmodell des Bildhauers Hans SCHWEGERLE aus München wurde im November 1999 bei einer Versteigerung der Firma Winter angeboten.

Vorgesehene Spiele der XI. Olympiade in Helsinki – 20. Juli bis 4. August 1940

Mannschaften: ?

Name des Organisationskomitees:	***Organisationskomitee für die XII. Olympiade Helsinki 1940***
Präsident:	Johan Wilhelm RANGELL
Generalsekretär:	Väinö KARIKOSKI, dann Lauri MIETTINEN
Offizieller Bericht:	nicht verfaßt
Zeremoniell:	Eröffnungs- und Schlußfeier am Anfang bzw. am Ende der Spiele
Eröffnung durch:	Staatspräsident Kyösti KALLIO
Dauer:	16 Tage
Siegerehrung:	nach dem Wettkampf
Olympischer Eid:	Heikki SAVOLAINEN (Turner)
Fackelstaffel:	geplant
Siegermedaille:	Giuseppe CASSIOLI
Siegerdiplom:	keine Einzelheiten bekannt
Erinnerungsmedaille:	Martti TARVAINEN oder Gerda QVIST
Diplom	
Kunstwettbewerbe:	PAUL JEFIMOFF
Plakat:	Ilmari SYSIMETSÄ
Fackellauf:	Route war ausgearbeitet
Sportarten:	17 (3[1]) mit 129 (17[1]) Wettbewerben
Demonstrationen:	3(1[1]) mit 3(1[1]) Wettbewerben
Künste:	7

Erläuterungen:
[1] davon Frauen

Vorgesehene V. Olympische Winterspiele in Garmisch-Partenkirchen – 2. - 11.2.1940

Mannschaften: ?

Name des Organisationskomitees:	***Organisationskomitee für die V. Olympischen Winterspiele 1940 Garmisch-Partenkirchen***
Präsident:	Karl Ritter von HALT
Generalsekretär:	Carl DIEM
Offizieller Bericht:	deutsch (vorhanden)
Zeremoniell:	Eröffnungs- und Schlußfeier am Anfang bzw. am Ende der Spiele
Eröffnung durch:	Reichskanzler Adolf HITLER
Dauer:	10 Tage
Siegerehrung:	während der Schlußfeier durch den IOC-Präsidenten
Olympischer Eid:	keine Einzelheiten bekannt
Siegermedaille:	Oskar THIEDE
Siegerdiplom:	Ernst BOEHM
Erinnerungsmedaille:	SÜß
Emblem:	SÜß
Plakat:	Edwin HENEL
Fanfare:	Paul WINTER
Hymne:	Richard STRAUSS
(Fackellauf):	Botenlauf der Freundschaft
Sportarten:	4 (2[1]) mit 14 (6[1]) Wettbewerben
Demonstrationen:	4 (2[1]) mit 5(2[1]) Wettbewerben
Besonderheiten:	Tag des Skilaufs, möglicherweise keine Skiwettbewerbe

Erläuterungen:
[1] davon Frauen

Exkurs: Fackelstaffelläufe

»May the Olympic Torch light the way to the Orient, and may our more intimate contacts increase mutual understanding among the nations for the good of humanity, and may it lead to a purer and more enthusiasic and more courageous friendship.«[9]
Mit diesen Worten beendete Hidejiro NAGATA, der Bürgermeister von Tokio, die Einladung seiner Stadt Tokio an das *IOC*, mit den Spielen der XII. Olympiade 1940 nach Japan zu kommen. Für dieses Fest hatte Carl Diem schon 1936 nach dem überwältigenden Erfolg seiner Idee einen Fackelstaffellauf bzw. -ritt von ca. 30 Tagen Dauer mit folgender Strecke vorgeschlagen: Olympia, Athen, Saloniki, Adrianopel, Istanbul, Ankara, Erzerum, Täbris, Theran, Mesched, Herat, Kabul, Peschawar, Delhi, Benares, Kalkutta, Mandalar, Hanoi, Kanton, Hankou, Mientsin, Mukden, Seoul, Fusan, Seetransport nach Schimonoseki, Okajama, Kobe, Nagoya, Tokio.
Die Länge der Strecke war auf ca. 10 000 km berechnet, wovon ca. 3 000 km zu Fuß und 7 000 km zu Pferd bewältigt werden sollten. Diesen Plan legte Diem am 24. November 1936 Sven HEDIN vor[10], dessen Ratschläge in die Planung eingingen. Hedin griff Diems Vorstellungen auf und widmete ihr eine Ausarbeitung, die das Vorhaben als *»großartige symbolische Handlung im Zeichen des internationalen Friedens« würdigte.*[11] In den Vorbereitungen der Spiele der XVIII. Olympiade wurde unter Hinzuziehung von Diem. (Japanreise 1961) der Plan des Laufes bzw. Rittes über die Seidenstraße zunächst wieder aufgegriffen, dann aber wegen großer organisatorischer Probleme aufgegeben.
Nachdem wegen des Chinesisch-Japanischen Krieges 1938 Tokio und Sapporo von der Durchführung der Spiele zurückgetreten waren, vergab das IOC am 19. Juli 1938 die Sommerspiele nach Helsinki. Im Rahmen der Session des Jahres 1939 in London wurde auch über den Fackelstaffellauf beraten. Auf Vorschlag von Comte de Baillet-Latour wurde

Gedenkmedaille Helsinki

10 DIEM an HEDIN vom 27.11.1936 mit Entwurf Fackelstaffellauf Olympia-Tokio (Diem-Archiv), vgl. DIEM. Carl, *Olympische Flamme*, Bd. 3, Berlin 1942, S. 1187-1188.
11 HEDIN, Sven, »Olympia-Tokio. Ein Vorschlag«, in: *Olympische Rundschau* 3(1940)9, S. 16-22.

Siegerdiplom

Erinnerungsmedaille

Siegermedaille

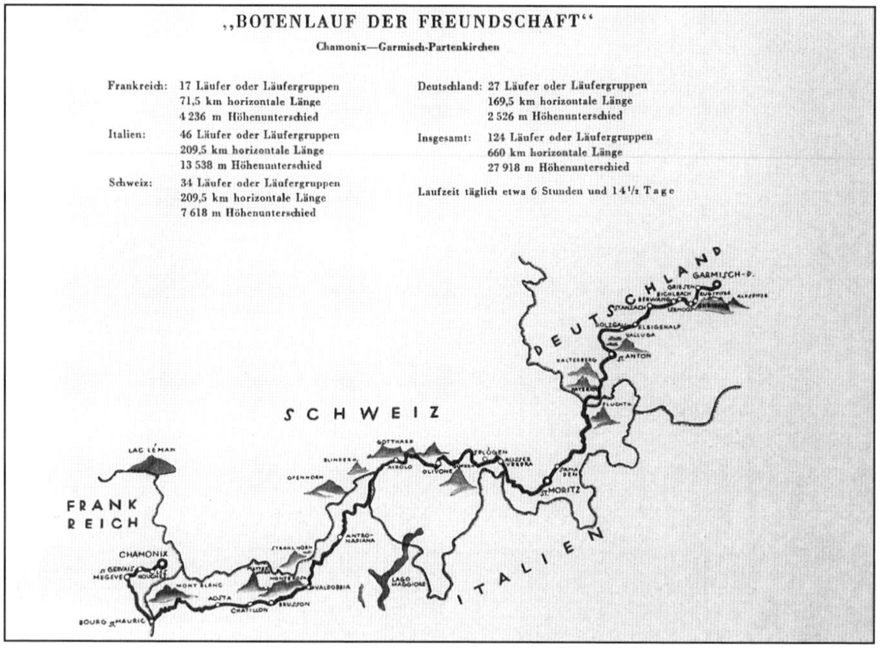

Streckenführung des »Botenlaufs der Freundschaft«

Diem in die Vorbereitungen einbezogen.[12] Am 16. August 1939 verhandelte Diem in Helsinki im Generalsekretariat, wobei festgelegt wurde, daß er die Organisation bis Flensburg übernehmen sollte. Die Streckenplanung folgte bis Berlin weitgehend dem Vorbild von 1936 und lief dann über Kiel und Flensburg, Kopenhagen, Helsingör, Helsingborg, Göteborg, Oslo, Stockholm, Umea, Lulea, Haparanda, Tornio, Jyväskylä nach Helsinki.

Das Organisationskomitee in Helsinki hatte angeregt, daß während der Olympischen Spiele in allen bisherigen Olympia-Stadien Feuer entzündet werden sollten. Für die in Europa gelegenen Orte wurde die Möglichkeit erwogen, *»das olympische Feuer durch Zweigstaffeln von Berlin aus«* zu übertragen.[13]

Exkurs: »Botenlauf der Freundschaft«

Die Vorgeschichte der Fackelstaffelläufe bei den Olympischen Winterspielen beginnt mit der Planung eines Botenlaufs der Freundschaft für die Winterspiele 1940 in Garmisch-Partenkirchen. Diese als große skiläuferische Demonstration geplante Stafette sollte von Chamonix, dem Ort der I., über St. Moritz, der Stadt der II. Olympischen Winterspiele, nach Garmisch-Partenkirchen dem Gastgeber der IV. und V. Winterspiele, geführt werden. Geplant war eine Strecke von 660 km Länge mit Höhenunterschieden von insgesamt 27 918 m durch Frankreich, Italien, die Schweiz und Deutschland. Der Botenlauf sollte 14 $^1/_2$ Tage dauern, mit einer Laufzeit von je sechs Stunden täglich. Die Strecke war von insgesamt 124 Läufern bzw. Läufergruppen zu bewältigen. Der letzte Läufer sollte kurz vor der Entzündung des Olympischen Feuers *»von den Bergen herunterfegen«*[14] und in Garmisch-Partenkirchen erscheinen. Mit dem als Gegenstück zum Fackelstaffellauf Olympia-Berlin geplanten Botenlauf stand damit am Beginn der Spiele, deren Skiwettbewerbe wegen des Amateurkonflikts gefährdet waren, eine die nationale Grenzen überschreitende, gewaltige Demonstration des Skilaufs. In Carl Diems Überlegungen zum Film über die V. Olympischen Winterspiele werden als besondere Aufgabenstellungen der Inszenierung *»Freundschaft der Völker«* und *»Härte des Wintersports«* genannt.[15]

»Der Staffellauf ist die Ausführung des Themas ›Freundschaft der Völker‹. Unter diesem Gesichtspunkt muß er aufgenommen werden. Gegenüber dem Fackelstaffellauf 1936 fehlt ihm das Belebende des Feuers; dafür durcheilt er romantische Gegenden, Gletscher und Felsen. Das Thema der Freundschaft, wie es durch den Staffellauf angeschlagen ist, muß dann im Film immer wiederkehren.«[16]

Fackelläufer im eigentlichen Sinne sollten bei den V. Olympischen Winterspielen nur im Rahmen des für den vorletzten Tag geplanten Tages des Skilaufs eingesetzt werden, um das Olympische Feuer von der Flammenschale im Skistadion zum Kranzberg zu tragen. Dort wollte Diem ca. 10 000 Skiläufer in mehreren Abteilungen zu Tal fahren lassen, um den im Programm der Spiele umstrittenen Skilauf zumindest in einer bisher einmaligen Massendemonstration vorzuführen.[17]

12 DIEM, Carl, *Tagebücher*, 03.09.1938 (Diem-Archiv).
13 DIEM, Carl, »Fackelstaffellauf Olympia-Helsinki«, in: *Olympische Rundschau* 2(1939)7, S. 36-37.
14 Organisationskomitee für die V. Olympischen Winterspiele, *Vorbereitungen*, S. 26.
15 DIEM, Carl, *Olympische Flamme*, Bd. 3, Berlin 1942, S. 1267.
16 DIEM, *Flamme*, S. 1268.
17 Organisationskomitee für die V. Olympischen Winterspiele, *Vorbereitungen*, S. 88 ff.

St. Moritz 1948

Zweimal hintereinander, und insgesamt zum drittenmal, war eine Olympiade ungefeiert geblieben, doch widrigster Umstände zum Trotz hatte man den »olympischen Rhythmus« aufrechterhalten. So sollte sich 1948, drei Jahre nach Ende des verlustreichsten Krieges der Geschichte und zwölf Jahre nach den Spielen in Garmisch-Partenkirchen und Berlin, die Jugend der Welt erneut im friedlichen Wettstreit begegnen. Mit St. Moritz und London standen Gastgeber bereit, die die Spiele eigentlich schon 1940 bzw. 1944 hätten ausrichten sollen. So wurde es ein Neubeginn und eine Fortführung zugleich.

Nach dem Tod des Präsidenten Comte Henri de BAILLET-LATOUR hatte der Schwede Sigfrid EDSTRÖM 1942 zunächst kommissarisch, später offiziell bestätigt, die Geschäfte des IOC übernommen. Die Befürchtung mancher, daß auch nach Kriegsende die Ausrichtung über Jahre, wenn nicht Jahrzehnte unmöglich sein würde, bewahrheitete sich allerdings nicht. Im Gegenteil: Die Lust auf Olympia schien nach 1945 allgemein ungebrochen. So hätten sicherlich auch Deutschland und Japan, die Hauptschuldigen des Krieges, gerne an den Spielen teilgenommen, doch blieb ihnen dieser Wunsch verwehrt. Das *IOC* konnte sich auf die Position zurückziehen, daß in beiden Staaten kein anerkanntes *NOK* bestand, um den Ausschluß nicht politisch begründen zu müssen.

St. Moritz war unter den gegebenen Umständen eine gute Wahl. Immerhin konnte der Schweizer Nobelort auf seine 1928 gesammelten Erfahrungen sowie die im Hinblick auf die Spiele von 1940 erfolgten Vorbereitungen und nicht zuletzt auf die bereits vorhanden Sportstätten zurückgreifen. Wie schon zwanzig Jahre zuvor, wurden es wieder »Hotel Spiele«: Um die Teilnehmer unterbringen zu können, hatte die Gemeinde fünf Hotels komplett gemietet und die Betreiber der übrigen verpflichtet, jeweils zwanzig Prozent ihres Bettenkontingents für Olympia-Gäste freizuhalten bzw. zu reduzierten Preisen zur Verfügung zu stellen. Aufgrund der allerorten noch spürbaren Kriegsfolgen, zum Beispiel ist ebenso auf den allgemeinen Geld- bzw. Devisenmangel wie auf offizielle Reisebeschränkungen zu verweisen, war die Zahl der Kurgäste in St. Moritz ohnehin vergleichsweise gering. Eigens angereiste Olympia-Touristen waren die absolute Ausnahme. Immerhin waren mehr als 700 Teilnehmer und ihre Begleiter aus 28 Ländern zu beherbergen.

Neben der Logistik bereite den Organisatoren das Eishockey-Turnier die größten Probleme. Gleich zwei amerikanische Mannschaften hatten gemeldet und damit uferlose Diskussionen ausgelöst. Das *IOC* verbannte die Sportart gar aus dem Programm, revidierte seine Entscheidung aber kurzfristig wieder. Olympiasieger wurde letztlich wieder Kanada.

Um die »Tabellenspitze« in der Medaillenwertung stritten sich die skandinavischen Wintersportnationen Schweden und Norwegen, die sich letztlich mit viermal Gold und je dreimal Silber und Bronze die Führungsposition teilten, knapp gefolgt von der Schweiz und den USA.

Siegerehrungen. Der Offizielle Bericht der V. Olympischen Winterspiele ist wie der von 1928 überaus knapp gehalten. Der für unser Thema relevante kurze Abschnitt über Medaillen und Diplome, der lediglich ein Foto der Medaillen enthält, sei zitiert:

> »*Die Medaillen für die drei Erstplazierten jedes Wettbewerbs werden am selben Tag des Wettkampfes im Olypiastadion übergeben. Alle Teilnehmer und Offizielle erhalten eine Erinnerungsmedaille und ein Diplom.*«[1]

Zum ersten Mal bei Winterspielen wurden die Siegerehrungen also am Tag der betreffenden Disziplin durchgeführt.

Siegermedaille. Die Siegermedaille wurde, wie schon 1928, von der Firma Huguenin Frères in Le Locle hergestellt. Auf der Vorderseite ist zwischen zwei Schneekristallen oben und unten zu lesen »*V^MES JEUX / OLYMPIQUES / D'HIVER / ST. MORITZ 1948*«. Die Rückseite zeigt eine Hand, die eine brennende Fackel trägt. Dahinter befinden sich in der Mitte die Olympischen Ringe. Sechs Schneekristalle schmücken den freibleibenden Raum rechts und links. Dazu kommt am obe-

Literatur:
Comité Olympique Suisse (Hg.), *Rapport Général sur les V^es Jeux Olympiques d'Hiver St. Moritz 1948*, Lausanne o.J. [1951].
Österreichisches Olympisches Comité (Hg.), *Olympia. Fest der Völker. St. Moritz – London 1948*, Wien 1948.
First Century Project (Hg.), *XI, XII, & XIII Olympiads*, Los Angeles 1996.

1 Comite Olympique Suisse (Hg.), *Rapport*, S. 19: »*Les médailles attribuées aux trois premiers classés dans chaque épreuve furent distribuées chaque jour au stade olympique. Chaque participant et officiel recevaient en outre une médaille-souvenir et un diplôme.*«

ren Rand die Inschrift »*CITIUS ALTIUS FORTIUS*«. Auf beiden Seiten ist unten »*HUGUENIN*« eingeprägt, dazu auf der Rückseite rechts neben der Hand »*PD*« für Paul-André Droz, der die Medaille entwarf. Der Medaillenstecher hieß Paul PROBST.[2] Die Medaille hat die Maße: Durchmesser 60 Millimeter, Dicke 3,8 bzw. vier (Bronze) Millimeter, 102 bis 104 Gramm Gewicht.

V. Olympische Winterspiele in St. Moritz – 30. Januar bis 8. Februar 1948

Mannschaften: 28

ARG	AUT
BEL	BUL
CAN	CHI
DEN	ESP
FIN	FRA
GBR	GRE
HUN	ISL
ITA	KOR
LIB	LIE
NED	NOR
POL	ROM
SUI	SWE
TCH	TUR
USA	YUG

Sportler: 669 (77[1])

Name des Organisationskomitees:	***Exekutivkomitee (Comité Olympique Suisse)***
Präsident:	Marcel HENNINGER
Generalsekretär:	Jean WEYMANN
Offizieller Bericht:	französisch
Zeremoniell:	Eröffnungs- und Schlußfeier am Anfang bzw. am Ende der Spiele
Eröffnung durch:	Bundespräsident Enrico CELIO
Dauer:	11 Tage
Siegerehrung:	am Tag des Wettkampfes durch den IOC-Präsidenten bzw. ein von ihm beauftragtes IOC-Mitglied
Olympischer Eid:	Richard »Bibi« TORRIANI (Eishockeyspieler)
Olympisches Feuer:	vorhanden
Emblem:	Axel Walter DIGGELMANN
Plakate:	Fritz HELLINGER, Alois CARIGIET, Hans STEINER, Werner WEISKÖNIG
Olympische Medaille:	Paul-André DROZ (Huguenin Frères)
Olympisches Diplom:	Remi NÜESCH-OSTERWALDER
Erinnerungsmedaille:	Emil WIEDERKEHR (Huguenin Frères)
Film:	*Die Olympischen V. Winterspiele* (Vico RIGASSI), *Olympiade Hivenales* (Louis LEDUC)
Fanfare:	Jean-Marc PASCHE
Sportarten:	7 (2[1]) mit 22 (5[1]) Wettbewerben
Demonstrationen:	Militärpatrouillenlauf, Winterfünfkampf
Besonderheiten:	heftige Auseinandersetzung wegen des Amateurstatus zweier US-Eishockeyteams

Erläuterungen: [1] davon Frauen

Die Siegerehrung nach dem Paarlaufen, von links: Andrea Kékessy / Ede Király (HUN), Micheline Lannoy / Pierre Baugniet (FRA), Suzanne Morrow / Wallace Diestelmayer (CAN), IOC-Präsident Edström

Siegerdiplom. Das Siegerdiplom (297 x 420 Millimeter) wurde von dem Künstler Remi Nüesch-Osterwalder aus St. Gallen entworfen und von der Firma H. Tschudy & Cie. in St. Gallen hergestellt. Es ist sehr einfach gehalten. Am oberen Rand befindet sich ein Schneekristall. Es folgen der Text »*V^ES JEUX OLYMPIQUES D'HIVER / SAINT-MORITZ 1948*«, die Olympischen Ringe und die Bezeichnung »DIPLÔME«. Darunter ist die entsprechende Eintragung zu finden. Zwischen den Unterschriften des Präsidenten des Organisationskomitees, Marcel Henninger, und des IOC-Präsidenten, Sigfrid Edström, ist das Logo von St. Moritz, das Sonnengesicht mit den Strahlen, eingedruckt. Dieses Diplom erhielten auch Funktionäre und Ehrengäste.

Siegermedaille der Demonstrationswettbewerbe. Die Gewinner der Demonstrationswettbewerbe, Winter-Pentathlon[3] und Militärpatrouille[4], erhielten besondere Siegermedaillen, die ebenfalls bei der Firma Huguenin hergestellt wurden. Einem entsprechenden Antrag des *Schweizer NOK* stimmte das *IOC* zu.[5]

Ehrentafel der Sieger. Anfang Dezember 1964 wurde in St. Moritz in einer Feierstunde, bei der Mitglieder des *Schweizer NOK*, der Organisationskomitees der Veranstaltungen von 1928 und 1948 und zahlreiche Teilnehmer an diesen Spielen zugegen waren, ein 55 Tonnen schwerer Olympischer Stein eingeweiht. Auf Bronzetafeln sind die Namen der Olympiasieger eingraviert. Der Stein stand zunächst vor dem Segantini-Mu-

2 Mündliche Auskunft durch Pierre-André ZANCHI, dem heutigen Generaldirektor der Firma Huguenin am 26.05.1999.

3 Dieser Wettbewerb, der das winterliche Gegenstück zum leichtathletischen Zehnkampf werden sollte, wurde nur 1948 durchgeführt und bestand aus einem 10-km-Skilanglauf, Pistolenschießen, Abfahrtslauf, Degenfechten und einem Geländeritt im Schnee über Hindernisse. Der Mehrkampf dauerte fünf Tage und wurde nach Platzziffern gewertet.

4 Die Militärpatrouille wurde gegen den Widerstand des *IOC* durchgeführt, das diesen Wettkampf auf der 40. Session 1946 wegen seines militärischen Charakters abgelehnt hatte.

5 Protokoll der 42. IOC-Session 1948 in St. Moritz (IOC-Archiv).

Vᴱˢ JEUX OLYMPIQUES D'HIVER
SAINT-MORITZ 1948

DIPLOME
Jean Weymann,
Secrétaire général honoraire du
Comité d'Organisation.

LE PRÉSIDENT DU COMITÉ OLYMPIQUE SUISSE ET DU COMITÉ D'ORGANISATION DES Vᵐᵉˢ JEUX D'HIVER:

LE PRÉSIDENT DU COMITÉ INTERNATIONAL OLYMPIQUE:

Siegerdiplom

Erinnerungsmedaille

Siegermedaille

Remi NÜESCH-OSTERWALDER 1914-1986

Nüesch-Osterwalder studierte an der Kunstgewerbeschule in St. Gallen und besuchte nach Abschluß die Kunstakademie in München und Düsseldorf. Die politische Situation in Deutschland veranlaßte ihn zur Rückkehr in die Schweiz, wo er seit 1938 ein eigenes Atelier besaß. Seit 1949 lehrte er an der kunstgewerblichen Abteilung der Gewerbeschule St. Gallen und war von 1967 bis zu seiner Pensionierung deren Leiter. Nüesch schuf Buch- und Bibelillustrationen sowie Entwürfe für Briefmarken. Aufgrund eines ersten Preises im nationalen Wettbewerb für Ausstellungsgestaltung 1962 wurde er mit Entwürfen für die landwirtschaftliche Abteilung der Expo 1964 in Lausanne beauftragt. Nach seiner Pensionierung im Jahre 1979 fand er als Designer der astronomischen Uhren der Uhrenfirma Anderegg in Nesslau ein neues Betätigungsfeld.

Paul-André DROZ 1907-1971

Der Zeichner und Illustrator, arbeitete auch als Kunstkritiker. Neben der Medaille der Winterspiele in St. Moritz schuf er als bedeutendes Werk die Medaille der Tessiner Landwirtschaftsausstellung 1948 in Bellinzona.

Emil Wiederkehr 1898-1963

Der gelernte Goldschmied und Ziseleur war nach Studium an der Kunstakademie Dresden (1922-1925) Lehrer für Goldschmiedekunst (1929-1963) und plastische Arbeiten (1935-1963) an der Kunstgewerbeschule Luzern. Als Künstler schuf er Portraitplastiken, Masken, Torsi und Figurengruppen in Zement-, Beton- und Kunststeinguß, in Bronze und Holz. Viele seiner öffentlichen Aufträge sind in Luzern und Umgebung zu sehen. Wiederkehr wurde auch bekannt als Spezialist für Medaillen- und Plakettenentwürfe, z. B. für die Eidgenössischen Schützenfeste 1939 und 1949.

Die Schale für das Olympische Feuer auf dem Turm des Olympiastadion; links: Enthüllung der Ehrentafel mit den Namen der Olympiasieger der II. und der V. Olympischen Winterspiele 1928 und 1948 in St. Moritz

seum, heute befindet er sich vor dem Heil-Hallenbad.[6]

Erinnerungsmedaille. Die Erinnerungsmedaille wurde von Emil Wiederkehr entworfen, Paul PROBST schuf den Prägestock, und die Firm Huguenin stellte die Medaillen her.

Die Rückseite der Erinnerungsmedaille trägt die gleiche Inschrift wie die Siegermedaille. Dazu sind oben die Olympischen Ringe und auf der Fläche verteilt Schneekristalle eingeprägt. Auf der Rückseite läuft (springt) eine Frau (Siegesgöttin) barfuß mit wehenden Haaren und langem Kleid. Im Hintergrund ist ein Alpenpanorama zu sehen. Die Medaille ist aus Bronze, braunfarben und hat folgende Maße: Durchmesser 40 Millimeter, Dicke drei Millimeter, Gewicht 25 Gramm. Auch hier ist auf beiden Seiten unten *»HUGUENIN«* eingeprägt. Übergeben wurde sie an die Athleten und Offiziellen in einem kastanienbraunen Kästchen mit den Olympischen Ringen auf dem Deckel. Innen ist zu lesen: *»HUGUENIN / Médailleurs / LE LOCLE«.*

Exkurs: Olympisches Feuer

Nach unbestätigten Aussagen eines der Verantwortlichen, Peter Kaspar[7], soll 1948 die Flamme im Hafen von Genua abgeholt und in einer Stafette von Motorradfahrern, Radfahrern, Läufern und auf der Schlußstrecke Skilangläufern nach St. Moritz gebracht worden sein. Die Strecke von ca. 340 km soll von Genua über Alessandria, Pavia, Mailand, Lecco, Chiavenna und den Maloja-Paß nach St. Moritz geführt haben. Vermutlich handelt es sich bei dieser Darstellung um eine Verwechslung mit dem Fackelstaffellauf zu den Sommerspielen nach London. Fest steht, daß beim Hissen der Olympischen Flagge von »Bibi« Torriani, der auch Eidsprecher und Fahnenträger der Schweiz war, auf dem Turm des Stadions eine Schale mit Rohöl entzündet wurde.

Wie oben erwähnt, ist auf der Rückseite der Siegermedaille eine Fackel vor den Olympischen Ringen zu sehen. Eine aus Anlaß der Winterspiele von St. Moritz geprägte goldene Gedenkmedaille zeigt einen knieenden Athleten mit einer Fackel.

6 Briefliche Informationen und Fotos von der Bibliothek St. Moritz vom 9. und 29. März 1999.

7 Schreiben von Peter KASPAR an den Generalsekretär des *Schweizer NOK* vom 13.08.1987 (Kopie Diem-Archiv).

London 1948

Den verheerenden Weltkrieg und die zwölfjährige Unterbrechung der Spiele schien die Olympische Bewegung vergleichsweise unbeschadet überstanden zu haben. Dies galt auch für den Tod des Grafen Henri de BAILLET-LATOUR: Mit dem Schweden Sigfrid EDSTRÖM, Vizepräsident seit 1937, übernahm ein ehemaliger Athlet und erfahrener Funktionär die Führung des *IOC*. Dieser sollte das Spitzenamt freilich nur wenige Jahre bekleiden: 1952 räumte er seine Position zugunsten des Amerikaners Avery BRUNDAGE, der die Geschicke der Olympischen Bewegung über zwei Jahrzehnte lenken sollte.

Für die Attraktivität oder die »Stärke« der Olympischen Idee spricht allein die Tatsache, daß bei den Sommerspielen von 1948 mit mehr als 4 100 Sportlern aus 59 Ländern erneut ein Teilnehmerrekord verzeichnet wurde. Dabei fehlten einige große »Sport-Nationen«. Deutschland und Japan, die Verlierer und Hauptschuldigen des Krieges, waren nicht eingeladen worden, weil, so die offizielle Begründung des *IOC*, ein *Nationales Olympisches Komitee* nicht anerkannt wurde bzw., im Falle Japans, noch gar nicht (neu) konstituiert worden war. Eine ähnlich begründete Ablehnung erfuhr auch Israel. Nach der Proklamation des souveränen Staates im Mai 1948 verhinderten insbesondere politische Bedenken Großbritanniens die Sanktionierung eines *NOK* sowie die Startberechtigung für eine Mannschaft. Die Sowjetunion übte sich dagegen aus politisch-ideologischen Gründen – noch einmal – in Verzicht, obwohl sie 1946 erstmals an den Europameisterschaften der Leichtathleten teilgenommen und inzwischen das propagandistische Potential des internationalen Sports erkannt hatte.

Auch wenn die Organisation und Finanzierung der Spiele nur drei Jahre nach Kriegsende erhebliche Schwierigkeiten bereitete, fanden die Athleten insgesamt doch mehr als akzeptable Bedingungen vor. Insbesondere das 1923 errichtete grandiose Empire Stadium in Wembley bot ein würdiges Ambiente für die Eröffnungs- und Schlußveranstaltung sowie die Wettbewerbe der Leichtathleten. Die Leistungen der Athleten waren freilich eher bescheiden: Kaum ein olympischer bzw. Weltrekord schlug zu Buche.

Dennoch sind zwei Namen herauszuheben: Emil ZÁTOPEK und Francina Elsje (»Fanny«) BLANKERS-KOEN. Mit einem Sieg über 10 000 Meter, bei dem Zátopek sämtliche Konkurrenten überrundete , sowie dem zweiten Platz über 5 000 Meter eröffnete die »tschechische Laufmaschine« eine neue Ära des Langstreckenlaufs, während sich die niederländische Sprinterin gleich viermal in die Siegerlisten eintrug. Mit Gold über 100 und 200 Meter sowie über 80 Meter Hürden und in der Sprint-Staffel avancierte sie gleichsam zur Nachfolgerin von Jesse OWENS, obwohl die dreißigjährige Mutter zweier Kinder den Zenit ihres Könnens eigentlich schon überschritten hatte.

Nicht nur mit Blick auf die »fliegende Hausfrau« sind die Londoner Spiele als ein positives Signal für den Aufschwung des internationalen Frauensports zu werten. Immerhin knapp zehn Prozent der gemeldeten Teilnehmer waren weiblichen Geschlechts. Dem allgemeinen Trend hatte man auch mit einer Ausweitung des Programms Rechnung getragen. So standen etwa den 24 leichtathletischen Disziplinen für Männer deren neun für die Frauen gegenüber, wobei sich diese erstmals im Weitsprung, Kugelstoßen und über 200 Meter messen konnten. Die Entwicklung war unaufhaltsam und unumkehrbar geworden, selbst wenn Avery Brundage 1952 noch einmal ernsthaft vorschlug, olympische Frauenwettbewerbe gänzlich abzuschaffen. Er mußte erleben, daß in seiner Amtszeit der Anteil der weiblichen Starter, die Zahl der Länder, die Frauen in ihre Teams aufnahmen, sowie die Anzahl der Wettbewerbe für Frauen stetig zunahm. Mit dem Auftreten der leistungsstarken sowjetischen und anderer osteuropäischer Athletinnen erfuhr zudem das sportliche Niveau seit 1952 eine kontinuierliche Steigerung. Freilich sollte es bis 1964 dauern, daß mit der Einführung von Volleyball Frauen auch in einer Teamsportart zu olympischen Ehren kommen konnten.

Die Spiele von London waren auch ein

Literatur:
Organising Committee for the XIV Olympiad London 1948 (Hg.), *The Official Report of the Organising Committee for the XIV Olympiad London*, London 1948.
ADELSON, Walter von, *Die XIV. Olympischen Spiele 1948*, Frankfurt 1948.
WILLY, Max H., 1948. *XIV. Olympische Spiele London*, Freiburg 1948.

Abschied: Letztmals kamen olympische Kunstwettbewerbe zur Austragung. Zwar hatten sich noch einmal 300 Kunstschaffende aus 25 Ländern beteiligt, doch war es, wie schon zuvor, nicht gelungen, die erste Garde der internationalen Künstler für die Idee zu begeistern. Fortan sollte die Kunst im Rahmenprogramm der Spiele angesiedelt sein.

Spiele der XIV. Olympiade in London – 29. Juli bis 14. August 1948

Mannschaften: 59

AFG	ARG
AUS	AUT
BEL	BER
BIR	BRA
CAN	CEY
CHI	CHN
COL	CUB
DEN	EGY
ESP	FIN
FRA	GBR
GRE	GUY
HUN	IND
IRI	IRL
IRQ	ISL
ITA	JAM
KOR	LIB
LIE	LUX
MEX	MLT
MON	NED
NOR	NZL
PAK	PAN
PER	PHI
POL	POR
PUR	RSA
SIN	SUI
SWE	SYR
TCH	TRI
TUR	URU
USA	VEN
YUG	

Sportler: 4 109 (355[1])

Name des Organisationskomitees:	***Organising Committee for the XIV Olympiad London 1948***
Präsident:	Lord David BURGHLEY (Chairman)
Generalsekretär:	Thomas BEVAN
Offizieller Bericht:	englisch
Zeremoniell:	Eröffnungs- und Schlußfeier am Anfang bzw. am Ende der Spiele
Eröffnung durch:	König GEORGE VI.
Dauer:	17 Tage
Siegerehrung:	im Olympiastadion und in fünf weiteren Sportstätten nach dem Wettkampf oder am nächsten Tag durch den IOC-Präsidenten oder einen von ihm Beauftragten
Olympischer Eid:	Daniel Osborne FINLAY (Leichtathlet)
letzter Fackelträger:	John MARK (Leichtathlet)
Fackel (Design):	Ralph LAVERS
Olympische Hymne:	Roger QUILTER / Rudyard KIPLING (Text)
Emblem:	McCorquodale & Co., Ltd.
Plakat:	Walter HERZ
Siegermedaille:	Guiseppe CASSIOLI
Siegerdiplom:	unbekannt
Erinnerungsmedaille:	John Robert PINCHES / Bertram MacKENNAL
Zeitschrift:	*Olympic Newsletter*
Film:	Castleton KNIGHT (XIV Olympiad – the Glory of Sport)
Sportarten:	17 (5[1]) mit 136 (19[1]) Wettbewerben
Demonstrationen:	2 (1[1]) mit 3 (1[1]) Wettbewerben
Künste	5 mit 14 Wettbewerben
Besonderheiten:	Deutschland und Japan waren ausgeschlossen, kein Olympisches Dorf

Erläuterungen: [1] davon Frauen

Regelwerk und Siegerehrung. Das olympische Regelwerk von 1925 war in vielen Bereichen längst überholt und mußte der Entwicklung angepaßt werden. Seit 1945 wurde daran gearbeitet. Es dauerte jedoch bis 1949[1], ehe nach vielen Diskussionen im Exekutivkomitee und bei den Sessionen eine neue Fassung in Englisch (*Olympic Rules)* und Französisch (*Règles Olympiques*) gedruckt werden konnte. Hinsichtlich der Siegerehrung und der »Preise« wurde folgendes festgelegt:

»34. Die Medaillen sollen vom Präsidenten des IOC oder seinem Vertreter, der ein Mitglied des IOC sein muß, während der Spiele, wenn möglich unmittelbar nach dem und am Ort des jeweiligen Wettkampfs, in folgender Weise übergeben werden: der Erst-, Zweit- und Drittplazierte sollen in ihrer Sportkleidung so in Blickrichtung zur Ehrentribüne auf dem Podium Aufstellung nehmen, daß der Sieger in der Mitte erhöht, der Zweite rechts von ihm und der Dritte links steht. Die Flagge des Landes des Siegers wird am mittleren Mast, die des Zweiten am rechten und die des Dritten am linken in Richtung zum Stadioninnenraum gehißt. Währenddessen wird die Nationalhymne des Landes des Siegers gespielt. Die drei Wettkämpfer und die Zuschauer sollen sich zu den Flaggen hinwenden.

52. Die Preise bei den Olympischen Spielen werden vom Organisationskomitee zur Vergabe durch das IOC bereitgestellt. Es handelt sich um Medaillen und Diplome. Alle Teilnehmer der Spiele sollen eine Erinnerungsmedaille erhalten. Bei Einzelwettbewerben erhält der Sieger eine vergoldete Medaille und ein Diplom, der Zweite eine silberne und ein Diplom und der Dritte eine bronzene und ein Diplom. Diplome sollen auch für den vierten, fünften und sechsten Platz vergeben werden. Bei Mannschaftswettbewerben bekommt jedes eingesetzte Mitglied des siegreichen Teams eine vergoldete Medaille und ein Diplom, die Zweitplazierten eine silberne und ein Diplom, die Drittplazierten eine bronzene und ein Diplom. Die Namen aller Sieger sollen in die Mauern des Stadions, in

1 Da sich aber schon bei den Spielen 1948 *IOC* und Organisationskomitee an dieser Fassung orientierten, sei hier bereits darauf eingegangen.
2 IOC (Hg.), *Olympic Rules*, Lausanne 1949, S. 16, 23. Originalzitat siehe Kapitel Quellentexte.
3 IOC (Hg.) *Régles Olympiques*, Lausanne 1949, S. 15, 22. Originalzitat siehe Kapitel Quellentexte.
4 Organising Committee for the XIV Olympiad London 1948, *Report*, S. 85-86.

Siegerehrung im Kunstspringen der Damen im Empire Pool, von links: Zoe Ann Olsen, Victoria Draves, Patricia Elsener (alle USA)

Siegerehrung auf dem Bootssteg im Doppelzweier beim Rudern

dem die Spiele eröffnet und beendet wurden, eingemeißelt werden.«[2]
In der französischen Fassung fehlt die Festlegung, daß bei den Mannschaften *»jedes eingesetzte Mitglied des siegreichen Teams«* und auch die Spieler des zweiten und dritten Medaillen und Diplome erhalten sollten.[3] Dies mußte bei den folgenden Spielen zu Problemen führen.
In der Frage des Ortes der Siegerehrung kam es zu einer Diskussion zwischen dem Organisationskomitee und den Internationalen Fachverbänden. Die Veranstalter wollten, wie 1932 und 1936, alle Ehrungen im Olympiastadion durchführen. Die Federationen waren dagegen. Sie monierten zu weite Wege von entfernt liegenden Sportstätten, Transportprobleme sowie eine Störung der leichtathletischen Wettkämpfe wegen vieler Unterbrechungen durch das Siegeszeremoniell. So einigte man sich auf sechs verschiedene Orte: Empire Stadium für Leichtathletik, Fechten, Ringen, Gewichtheben, Modernen Fünfkampf, Schießen, Kanufahren, Fußball, Hockey, Basketball, Straßen-Radrennen und Reiten, Empire Pool für Schwimmen und Boxen, Henley-on-Thames für Rudern, Torquay für Segeln, Herne Hill für Bahn-Radrennen, Earl's Court für Turnen. Die Ehrungen fanden entweder unmittelbar nach Ende der jeweiligen Entscheidung oder einen Tag später statt. In fünf Sportstätten wurde das Stufenpodium benutzt, nicht aber beim Rudern in Henley. Dort standen die Athleten auf dem Bootssteg. Möglichst viele Ehrungen nahm IOC-Präsident Sigfrid Edström vor, weitere wurden von verschiedenen IOC-Mitgliedern und Vorstandsmitgliedern des Organisationskomitees durchgeführt.[4]
Siegermedaille. Den Auftrag für die Gestaltung und Prägung der Medaillen vergab das Organisationskomitee an die Firma John Pinches (Medalists) Ltd. Bei der Siegermedaille mußte in die Cassiolo-Plakette lediglich auf der Vorderseite *»XIV*TH */ OLYMPIAD / LONDON / 1948«* eingraviert werden. Die Maße der Medaille: Durchmesser 51 Millimeter, Dicke 3,8 bzw. 4,1 (Bronze) Millime-

John Robert PINCHES 1884-1968

Er stammte aus einer Familie, die seit Anfang des 19. Jahrhunderts Medaillen herstellte. In einer kleinen Werbeschrift, die sie anläßlich dieses Auftrags herausgab, bezeichnet sich die Firma Pinches als einen alteingesessenen Betrieb mit einer weltweiten Reputation für das Design und die handwerkliche Qualität ihrer Medaillen und Prägestöcke. Außerdem wurden Wappen und Embleme für Sportvereine entworfen und hergestellt. Pinches war gleichermaßen Künstler und Stecher von Medaillen. Er leitete die Firma bis zu seinem Tod 1968. Sein Sohn, John Harvey Pinches, gab 1987 ein umfangreiches Werk heraus, Medals by John Pinches. A Catalogue of Works Struck by the Company from 1840 to 1969, in dem sich in Abbildung und Beschreibung viele hundert Medaillen von John Robert Pinches befinden.

Medaille für den Vesta Rowing Club (1955)

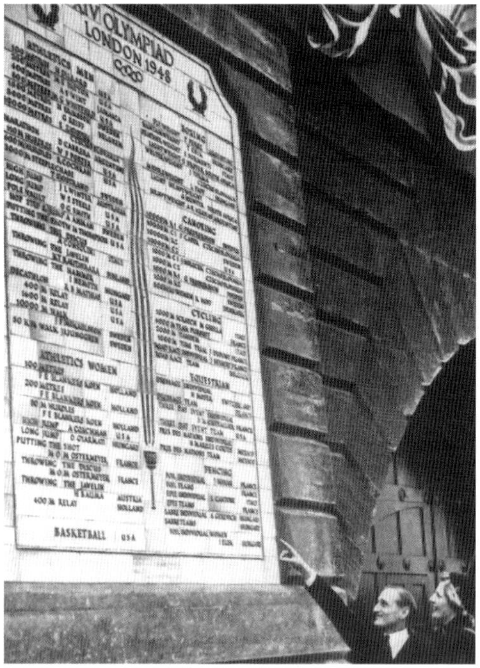

Souvenirmedaille der Firma Pinches; links: die Ehrentafeln der Sieger: Lord Burgley, der Vorsitzende des Organisationskomitees, zeigt Fanny Blankers-Koen, daß ihr Name viermal eingemeißelt wurde.

ter, Gewicht 69, 65, 64 (vergoldet bis Bronze) Gramm. Die Bronzemedaille besteht zu 90 % aus Kupfer und zu 10 % aus Zink.

Siegerdiplom. Das Diplom (575 x 438 Millimeter), das nicht einmal im Offiziellen Bericht abgebildet wurde, zeigt eine Krone aus zwei Lorbeerzweigen um die Eintragung des zu Ehrenden und den Unterschriften des IOC-Präsidenten und der Präsidenten des Organisationskomitees und außen Palmzweige. Entsprechend den Bestimmungen der neuen, noch nicht ratifizierten »Charta« erhielten jetzt die ersten Sechs eines jeden Wettbewerbs eine solche Urkunde, wahrscheinlich auch, dem bisherigen Brauch entsprechend, hohe Funktionäre und Gäste.

Zwei Jahre später wurden die Namen der Sieger an Tafeln links und rechts des Eingangs zum Empire Stadium angebracht und im Beisein von Olympiasiegern der Spiele in London am 14. April 1950 feierlich enthüllt.

Erinnerungsmedaille. Mit der Erinnerungsmedaille machten sich die Veranstalter nicht viel Mühe und beauftragten John Robert Pinches, die Vorderseite der Teilnehmerplakette der Olympischen Spiele 1908 von Bertram MacKennal zu verwenden. Auf der Rückseite, die von Pinches stammt, geht im oberen Drittel der Blick von der Straße Millbank aus in Richtung Westminster Bridge. Rechts steht der Clock Tower mit Big Ben und der Palace of Westminster, also das Parlamentsgebäude. Darunter sind die Inschrift *»XIV OLYMPIAD / LONDON/1948«* und die Olympischen Ringe – die beiden unteren Ringe höher geschoben, so daß fast der Eindruck einer Kette entsteht – zu sehen. 8 676 Erinnerungsmedaillen sollen verteilt worden sein.[5] Es gab Exemplare in vergoldeter Bronze (für IOC-Mitglieder), versilberter Bronze (für Ehrengäste und als Geschenk) und in Bronze (für Offizielle und Athleten).[6] Die Medaille hat einen Durchmesser von 51 Millimetern und ist fünf Millimeter dick. Das Gewicht beträgt 61 (vergol-

5 Organising Committee for the XIV Olympiad London 1948, *Report*, S. 541. 169 Erinnerungsmedaillen wurden den Teilnehmern an den Kunstwettbewerben zugeschickt.
Ein Jahr später beschwerte sich Avery Brundage anläßlich der Sitzung des Exekutivkomitees am 19. Oktober 1949 in Lausanne, an der er verhindert war teilzunehmen, schriftlich, daß an Sammler in den USA diese Diplome verkauft worden waren. Das Exekutivkomitee beschloß, daß nur solche Personen ein Erinnerungsdiplom erhalten dürften, die bei den Spielen anwesend waren (Protokoll der Sitzung, [IOC-Archiv]).

6 GADOURY, *Coins*, S. 117

7 Zahlreiche Abbildungen dieser Gedenkmedaillen bei GADOURY (*Coins*, S. 118-120).

OLYMPIC GAMES LONDON
DIPLOMA
B. Srncova
CZECHOSLOVAKIA
Gymnastics: 1st Team-women
PRESIDENT, INTERNATIONAL OLYMPIC COMMITTEE
PRESIDENT OF THE GAMES
CHAIRMAN, ORGANISING COMMITTEE
1948

Siegerdiplom

Erinnerungsmedaille

Siegermedaille

Preistrophäe Rudern von Edwin Grienauer;
oben: die acht Sportplaketten von Oskar Thiede

det), 51 (versilbert) bzw. 63 (Bronze) Gramm. Übergeben wurde sie (je nach Metallegierung) in roten, blauen und grünen Kartonkästchen, in denen innen »*John Pinches (Medailists) Ltd. London*« zu lesen ist.
In der oben erwähnten Werbeschrift von Pinches wird auch ausführlich auf eine der zahlreichen »*souvenir medals*« (Gedenkmedaillen) hingewiesen, die die Firma aus Anlaß der Spiele herstellte.[7] Deren Vorderseite gleicht der Rückseite der offiziellen Erinnerungsmedaillle. Statt auf Clock Tower mit Big Ben schaut der Betrachter hier aber über die Lambeth Bridge und sieht dahinter den Victoria Tower und rechts davon das Parlamentsgebäude. Der untere Teil mit Inschrift und Olympischen Ringen ist identisch mit dem Design der Erinnerungsmedaille. Auf der Rückseite dieser Gedenkmedaille steht ein siegreicher Athlet, der einen großen Palmzweig in den Händen hält.

Exkurs: Kunstwettbewerbe
Bei den Kunstwettbewerben, die in London zum letzten Mal auf dem Programm standen, wurde in der Disziplin »*Medaillen und Plaketten*« des Bereichs »*Bildhauerei*« keine Goldmedaille vergeben. Der zweite Preis ging an den Österreicher Oskar THIEDE für dessen acht Sportplaketten in Gips.
Die Bronzemedaille erhielt der Österreicher Edwin GRIENAUER, der bereits 1928 mit seinen Medaillen gewonnen hatte, für seine Preistrophäe Rudern.
Je eine »*Ehrenvolle Anerkennung*« wurde dem Schweizer Alex Walter DIGGELMANN für seine Swiss Rollerskating Championship Medal aus buntem Glas und dem Italiener Filippo SGARLATA für die Bronzeplaketten La Cacia und Il Disco ausgesprochen.

Exkurs: Fackelstaffel
Der Fackelstaffellauf von Olympia nach London startete am 17. Juli in Olympia und erreichte das Wembley-Stadion am 29. Juli. Mit einer Dauer von zwölf Tagen und in seiner gesamten Gestaltung orientierte er sich weitgehend am Vorbild von 1936. Die Strecke führte durch Griechenland, Italien, die

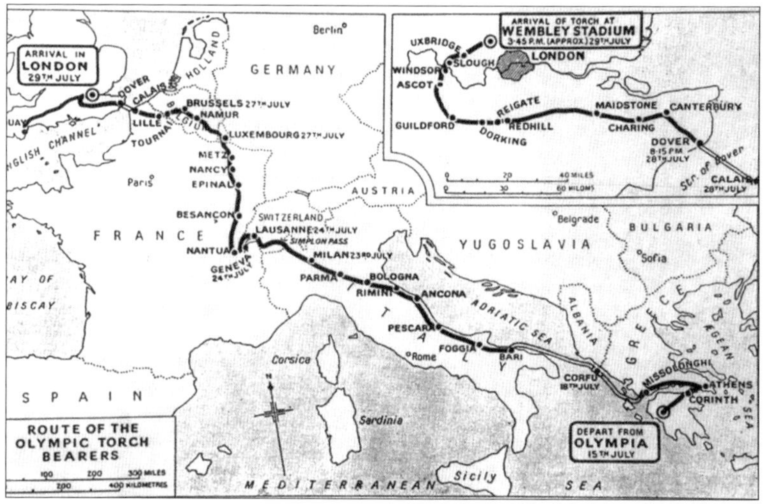

Die Route des Fackellaufs von Olympia über Lausanne nach London

Schweiz, Frankreich, Luxemburg, Belgien und England.
Wegen des Bürgerkriegs in Griechenland wurde die Flamme nicht, wie ursprünglich vorgesehen, zunächst nach Athen gebracht, sondern stattdessen unter dem Schutz von Truppen, Panzern und Flugzeugen auf direktem Weg von Olympia zur Küste nach Katakolon getragen. Von dort übernahm das griechischen Kriegsschiff »*Hastings*« den Transport nach Korfu. Auf der Insel fand eine ca. 40 km lange Stafette von Lefkini nach Korfu statt. Dort erhielt die britische Fregatte »*Whitesand Bay*« das Feuer und brachte es nach Bari. In Italien gestaltete sich der Lauf nach dem Attentat auf Palmiro TOGLIATTI (14. Juli) und dem sich daran anschließendem Generalstreik schwierig. Besondere Reverenz wurde dem Begründer der modernen Olympischen Spiele in Lausanne mit einer Gedenkfeier an seinem Grabe erwiesen.
Für den Landtransport bis Calais war eine sehr direkte Strecke ausgewählt worden, in die auf besonderen Wunsch dieser Länder auch Belgien und Luxemburg einbezogen wurden. Der Ärmelkanal von Calais nach Dover wurde auf dem englischen Kriegsschiff »*Bicester*« unter dem Kommando von Captain Douglas NEAME überquert, der Großbritannien 1928 in Amsterdam zusammen mit

8 DIEM, Carl, *Tagebücher*, 29.07.1948 (Diem-Archiv).

Fackelhalter; rechts: Die Feier am Grab von Baron de Coubertin

Lord Burghley im Hürdenlauf vertreten hatte. Die Angaben in den Quellen über die Länge der Gesamtstrecke schwanken zwischen 3 160 km und 3 365 km. Davon wurden 2 665 km gelaufen, die übrigen ca. 700 km auf Schiffen zurückgelegt. Insgesamt waren 1 616 Läufer beteiligt. Erster Läufer war, nachdem das griechische Bauernmädchen Maria ANGELIKOPOULOS das Feuer entzündet hatte, der Korporal DIMITRELIS. Er legte vor Beginn des Laufes seine Waffen und die Uniform ab und begann in Sportkleidung den Lauf, um so die Waffenruhe während der antiken Olympischen Spiele symbolisch in Erinnerung zu rufen. Die Strecke pro Läufer betrug im Durchschnitt 1,5 bis 3 Kilometer. Letzter war John MARK, ein englischer 400-m-Läufer. Ihn beobachtete Carl DIEM *»der Erfinder des Ganzen«*[8], der als Ehrengast auf der Tribüne saß.

Der Fackelhalter, entworfen von Ralph Lavers, bestand aus poliertem Aluminium und trug die Inschrift: *»XIV Olympiad 1948. Olympia to London with thanks to the bearer«*. Der Spezialfackelhalter für die Magnesiumflamme des letzten Läufers im Stadion war aus rostfreiem Stahl gefertigt. Benutzt wurden 1 688 Fackeln.

Oslo 1952

Die Spiele des Jahres 1952 markierten für die Olympische Bewegung gleichsam den Beginn einer neuen Zeitrechnung. Es war ein Aufbruch zu neuen Ufern, der Startschuß für eine Periode stetigen Wachstums, wobei freilich ebenso positive wie negative Entwicklungen eine bis dahin ungeahnte Beschleunigung erfuhren. Es war der Anfang der »Ära Brundage«. Der amerikanische Bauunternehmer mit eigener Olympia-Erfahrung – 1912 in Stockholm war er im Fünf- und im Zehnkampf am Start gewesen – übernahm die Präsidentschaft des *IOC* und damit ein Amt, das er, ähnlich vielleicht wie zuvor Baron Pierre de COUBERTIN und später Juan Antonio SAMARANCH, als eine Art persönliche Mission verstand. Zwei Jahrzehnte führte er mit harter Hand, entwickelte ganz eigene, z.T. eigenwillige Vorstellungen, manche mögen von Visionen sprechen, die er mit Konsequenz, einigem Geschick, aber zunehmend auch mit Sturheit verfolgte, um am Ende doch zu scheitern.

Schließlich hatte auch Brundage keine »Divisionen«, sondern lediglich die »Stärke eines großen Ideals« ins Feld zu führen, womit der Macht des Faktischen nicht beizukommen war. Immer wieder mußte man sich den Begehrlichkeiten der Potentaten beugen, die die Arena zum bevorzugten Spielplatz ihres politischen Kalküls umfunktionierten. Mit dem Eintritt der Sowjetunion und des von ihr geführten »Ostblocks« in die Olympische Bewegung erreichte deren politische Instrumentalisierung bis dahin ungeahnte Dimensionen. So mutierten die Spiele zu einem Schlachtfeld für den Wettkampf der Nationen und Systeme, d.h. »kalter« Ersatz- und Stellvertreterkriege.

Besondere Bedeutung und Brisanz entwickelten dabei die *»Querelle d'allemand«*, die Frage also, wie das geteilte Deutschland auf olympischer Bühne vertreten sein sollte. Wie keinen anderen Problemfall seiner Amtszeit erhob Brundage gerade dieses schwierige Dauerthema zu einer Herzens- bzw. Glaubensfrage, zudem zur Chefsache, ja zu einer persönlichen Herausforderung. Sein Bemühen zielte darauf, den politischen Realitäten zum Trotz einer »olympischen Geographie« zum Durchbruch zu verhelfen, d.h. dem geteilten Deutschland olympische Gemeinsamkeit zu verordnen. Konkret bedeutete dies zunächst: Das *IOC* verweigerte dem 1951 gegründeten *NOK der DDR* die Anerkennung und übertrug dem zwei Jahre zuvor installierten bundesdeutschen Komitee die Zuständigkeit für beide deutsche Staaten und damit die Verantwortung für ein gemeinsames Auftreten bei den Spielen von 1952. Nach dem Scheitern der diesbezüglichen Verhandlungen waren die de jure gesamtdeutschen Mannschaften von Oslo und Helsinki de facto schließlich rein westdeutsche Vertretungen.

Vor diesem Hintergrund kommt dem Auftritt der 53 (bundes)deutschen Wintersportler Mitte Februar am Holmenkollen übergreifende Bedeutung zu: 16 Jahre nach den Spielen von Garmisch-Partenkirchen und Berlin war die Rückkehr Deutschlands nach Olympia vollzogen. Wenn man so will, war es das Ende einer langen Durststrecke, ganz sicher aber der Auftakt für jahre-, nein jahrzehntelange (sport)politische Auseinandersetzungen. Aus rein sportlicher Sicht war das deutsche Gastspiel in Oslo allemal ein Erfolg: Andreas (»Anderl«) OSTLER und Lorenz NIEBERL gewannen Gold im Zweier- sowie, mit Friedrich KUHN und Franz KEMSER, im Viererbob. Ebenfalls ganz oben auf dem Treppchen stand das Eiskunstlauf-Paar Ria und Paul FALK. Annemarie BUCHNER glänzte mit einer Silber- und zwei Bronzemedaillen in den alpinen Skidisziplinen. Eine weitere Silbermedaille ging auf das Konto von Ossi REICHERT, sie wurde Zweite im Spezialslalom.

Mehr Medaillen als die Deutschen errangen nur die Mannschaften Finnlands, der USA und des Gastgebers Norwegen. Im übrigen fand in Oslo auch eine sportliche Ära ihr Ende: Letztmalig siegte Kanada im Eishockey. Vier Jahre später gewann das Team aus der Sowjetunion, es war deren erste Teilnahme an Winterspielen, den Titel. Wie kaum eine andere Sportart stand Eishockey fortan für die Qualität, ja die Dominanz des sowjetischen (Winter-)Sports.

Literatur:
Organising Committee VI Olympic Winter Games Oslo 1952 (Hg.), *VI Olympiske Vinterleker. Olympic Winter Games. Oslo 1952*, Oslo 1952.
KESER / WIEDE, *VI. Olympische Winterspiele Oslo 1952*, München 1952. Deutsche Olympische Gesellschaft (Hg.), *Die Olympischen Spiele 1952 Oslo und Helsinki*, Frankfurt 1952.

1 Protokoll der Sitzung des Exekutivkomitees vom 19./20.04.1949 in Lausanne. (IOC-Archiv).

2 Protokoll der gemeinsamen Sitzung des Exekutivkomitees mit Vertretern der Fachverbände am 21.04.1949 in Lausanne (IOC-Archiv).

3 Protokoll der Sitzung des Exekutivkomitees vom 19.10.1949 in Paris (IOC-Archiv).

4 Anhang zum Protokoll der 44. IOC-Session, S. 5. (IOC-Archiv). Originalzitat siehe Kapitel Quellentexte.

5 Da die Kunstwettbewerbe 1952 fortfielen, erledigte sich diese Frage von selbst.

6 Darauf hatten sich die drei Mitglieder in einem Gespräch während der Session in Rom schon im wesentlichen geeinigt (Brief von KETSEAS an von FRENCKELL und PORRITT vom 2. Juli 1949, IOC-Archiv).

7 Im IOC-Archiv in Lausanne befinden sich zwar zahlreiche Kopien des Schriftverkehrs der Kommissionsmitglieder, aber anscheinend nicht von allen Briefen.

8 *»Under the figure the ancient greek word 'ARISTEYE' ('Excel' – or 'Be the winner') which was the slogan used in Olympia to encourage the competitors for the victory.«*

Neue Siegermedaille. Die Formulierung in der neuen Olympischen Charta zur Vergabe der Medaillen in den Mannschaftswettbewerben schien Probleme aufgeworfen zu haben. Am 19./20. April 1949 war das Exekutivkomitee bei seiner Sitzung in Lausanne der Auffassung, daß bei Mannschaftswettbewerben nur solche Athleten eine Medaille erhalten sollten, die am Finale teilgenommen haben, und beschloß, dies den Internationalen Fachverbänden auf der einen Tag später stattfindenden gemeinsamen Besprechung mitzuteilen.[1] Die Fachverbände baten aber darum, alle eingesetzten Spieler mit Medaillen auszuzeichnen.[2] Ein halbes Jahr später gab das Exekutivkomitee seine Zustimmung.[3]
Auf der Session 1948 in London hatte das *IOC* eine Kommission mit den Mitgliedern Avery BRUNDAGE, Sydney DAWES und Miguel MOENCK gebildet, die sich mit einer Überarbeitung der Statuten und anderen anstehenden Problemen befassen sollte. Diese sog. Brundage-Kommission traf sich im Januar 1949 in New Orleans und legte einige Monate später der Session in Rom einen siebenseitigen Report vor. Darin wurde u.a. vorgeschlagen:

»20. Vereinheitlichung von Mottos, Medaillen und Abzeichen.
Wir schlagen vor, eine besondere Kommission zu bilden, die sich mit den Mottos, Medaillen, Abzeichen, Auszeichnungen usw. befaßt, um sicher zu sein, daß diese der griechischen Tradition der Spiele entsprechen.
[...]
23. Medaillen für die Kunstwettbewerbe.
Da die Teilnehmer an den Kunstwettbewerben im Grunde genommen alle Professionals sind, sollten an sie keine olympischen Medaillen mehr vergeben werden. Das Ereignis sollte in Form einer Ausstellung veranstaltet werden.«[4]

Zur Frage der Vereinheitlichung wurde eine neue Kommission gebildet, die Sir Arthur PORRITT (NZL) leiten und der Erik von FRENCKELL (FIN) und Ioannis KETSEAS (GRE) angehören sollte. Bei Frage 23 wurde auf die neue Satzung hingewiesen.[5] Von den Ausschußmitgliedern war vor allem Ketseas aktiv. Am 26. September 1949 unterbreitete er seinen beiden Kollegen einen Vorschlag: Die Siegermedaille sollte neu gestaltet, vergoldet sowie in Silber und Bronze vergeben werden und einen Durchmesser von 70 Millimetern haben. Auf der Vorderseite sollte die NIKE des PAIONIOS als Relief abgebildet sein. In Blickrichtung der NIKE wäre die Inschrift »ΟΛΥΜΠΙΑΣ« und darüber die Nummer der Olympiade anzubringen.[6] Die Rückseite sollte die fünf Olympischen Ringe und darunter das Olympische Motto »*CITIUS – ALTIUS – FORTIUS*« tragen. Außen wäre die Inschrift »*JEUX OLYMPIQUES INTERNATIONAUX*« anzubringen. Oberhalb der Ringe sollte eine freie Stelle bleiben, um den Namen des entsprechenden Athleten eingravieren zu können. Einen Monat später, am 25. Oktober 1949, schrieb er erneut an die Kommissionsmitglieder und legte wiederum Fotos der Nike bei. Zusätzlich nahm er Stellung zur Auswahl der Diplome und schlug vor, deren Gestaltung weiterhin dem jeweiligen Organisationskomitee zu überlassen. Allerdings sollte der Entwurf ein Jahr vor den Spielen der Session zur Genehmigung vorgelegt werden. Am 17. Dezember 1949 informierte er Präsident Sigfrid EDSTRÖM über die Arbeit des Ausschusses, und am 8. April 1950 schickte er IOC-Kanzler Otto MAYER Abbildungen der Medaille, die er hatte herstellen lassen.
Möglicherweise waren Porritt und Frenckell mit dem Vorschlag von Ketseas nicht einverstanden.[7] Jedenfalls schickte dieser seinen beiden Kollegen zur Session im Mai 1950 in Kopenhagen, an der er nicht teilnehmen konnte, neue Vorschläge für die Vorderseite und legte Fotos berühmter antiker Skulpturen bei: wieder die Nike des Paionios, dazu den Kopf der Appollon-Statue vom Westgiebel des Zeustempels in Olympia, den Kopf des HERMES des PRAXITELES aus Olympia und den Kopf einer Bronzestatue des Zeus aus dem Athener Nationalmuseum. »*Unter der Figur sollte das altgriechische Wort ›ARISTEYE‹ (›übertreffe‹ oder ›sei der Sieger‹) zu lesen sein. Dies war der Spruch, mit dem die Wettkämpfer in Olympia angefeuert wurden.«*[8]

Entwurf der Siegermedaille von Ketseas

Wegen des Fehlens von Ketseas wurde die Medaillenfrage bei der Session 1950 in Kopenhagen nicht abschließend behandelt. Porritt gab lediglich einen Zwischenbericht. Die Kommission, die nicht mehr zusammentrat, aber weiterhin korrespondierte,[9] legte dann ein Jahr später, im Mai 1951, der Wiener Session ihren Bericht vor[10] und präsentierte drei verschiedene Medaillenentwürfe:

Die Rückseite war bei allen drei Vorschlägen identisch und lehnte sich an die Medaille der V. Olympischen Winterspiele 1948 in St. Moritz an: eine Fackel über den fünf Ringen und das Motto citius, altius, fortius. Die Einführung eines griechischen Textes war diskutiert, aber zugunsten des schon über 50 Jahre gebräuchlichen lateinischen Spruches zurückgestellt worden. Dies beruhte wohl auf einer Idee von Ketseas, der für die Kommission noch einen zusätzlichen eigenen Vorschlag[11] erarbeitet und sich dabei von einem »prominenten griechischen Künstler« hatte beraten lassen. Ketseas schlug vor, neben den Ringen, der Fackel und dem Motto noch das Wort »ΟΛΥΜΠΙΑ« einzugravieren.
Für die Vorderseite wurden drei Varianten vorgestellt: 1. ein Athlet setzt sich einen Kranz auf, dazu das Motto *»AIEN« (»Excel for ever«)* nach einem Relief aus dem 5. Jahrhundert v. Chr., 2. Kopf des APOLLON vom Westgiebel des Zeustempels in Olympia oder 3. der olympische ZEUS des PHIDIAS nach einer Münze aus Elis. Die Kommission entschied sich für den ersten Vorschlag, wegen des griechischen Hintergrundes, des Ausdrucks der Jugend, des Mottos und der olympischen Beziehung im Hinblick auf den Lorbeerkranz. Gleichzeitig legte die Kommission Fotos und *»plaster models in relief«* vor. In bezug auf das Diplom und die Erinnerungsmedaille war die Kommission der Auffassung, daß dies eine Angelegenheit der Ausrichter bleiben sollte, die Entwürfe aber ein Jahr im voraus der Session zur Genehmigung vorgelegt werden müßten.[12]
In der der Session vorausgehenden Exekutivsitzung vertrat Präsident Edström die Auffassung, daß das *IOC* über die Gestaltung der einen, das Organisationskomitee über die der anderen Seite verfügen sollte. Die Session müßte aber die Entscheidung treffen.[13] Bei der Session wurde die Angelegenheit ausführlich und kontrovers diskutiert. Sir Porritt berichtete für die Kommission. Der Niederländer Pieter Willem SCHARROO wies auf den Beschluß von 1926 hin und war der Auffassung, daß sich die Medaille von 1928 bis 1948 bewährt hätte und kein Grund vorläge, etwas

VI. Olympische Winterspiele in Oslo – 14. bis 25. Februar 1952

Mannschaften: 30

ARG	AUS
AUT	BEL
BUL	CAN
CHI	DEN
ESP	FIN
FRA	GBR
GER	GRE
HUN	ISL
ITA	JPN
LIB	NED
NOR	NZL
POL	POR
ROM	SUI
SWE	TCH
USA	YUG

Sportler: über 694 (109[2])

Name des Organisationskomitees:	***Organising Committee VI Olympic Winter Games***
Präsident:	Olaf Christian DITLEV-SIMONSEN
Generalsekretär:	Rolf PETERSEN
Offizieller Bericht:	norwegisch / englisch
Zeremoniell:	Eröffnungs- und Schlußfeier am Anfang und am Ende der Spiele
Eröffnung durch:	Prinzessin RAGNHILD[1]
Dauer:	12 Tage
Siegerehrung:	am Abend des Wettkampftages bzw. nach dem Wettkampf durch den IOC-Präsidenten bzw. ein von ihm beauftragtes IOC-Mitglied
Olympischer Eid:	Torbjörn FALKANGER (nordischer Skiläufer)
Olympische Hymne:	Roger QUILTER / Rudyard KIPLING (Text)
letzter Fackelträger:	Eigil NANSEN (Enkel von Fridtjof NANSEN)
Emblem:	Gunnar FURUHOLMEN
Plakate:	Knut YRAN
Siegermedaille:	Vasos FALIREAS / Knut YRAN
Siegerdiplom:	Knut YRAN
Erinnerungsmedaille:	Knut YRAN
Film:	Jeux Olympiques d'Oslo
Zeitschrift:	*The VI Olympic Winter Games*
Fanfare:	Johannes HANSEN
Sportarten:	5 (2[2]) mit 22 (6[2]) Wettbewerben
Demonstration:	1 mit 1 Wettbewerb
Besonderheit:	erste Fackelstaffel bei Winterspielen

Erläuterungen:
[1] für König HAAKON VII., der bei der Beerdigung von König GEORGE VI. in London war
[2] davon Frauen

9 Dies geht aus dem Abschlußbericht hervor. Kopien des weiteren Schriftverkehrs fehlen im IOC-Archiv.
10 *»Report of Medal Commission«* als Anlage zum Protokoll der Session (IOC-Archiv).
11 Das Schriftstück in den Akten des IOC enthält leider kein Datum.
12 Leider befinden sich diese nicht in den Akten der Session.
13 Protokoll der Sitzung am 3. Mai 1951 (IOC-Archiv).
14 Bulletin du CIO 4(1951)27, S. 11. Originalzitat siehe Kapitel Quellentexte.
15 PORRITT an MAYER am 12. Juli 1951 (IOC-Archiv).
16 MAYER an KETSEAS am 20. August 1951 (IOC-Archiv).
17 In: *Bulletin du CIO* 4(1951)30, S. 2.
18 Die Informationen über FALIREAS gaben dankenswerterweise Wolfgang DECKER und Anastasios KIVROGLOU.

Die neue Siegermedaille der Olympischen Spiele. Unterhalb der Olympischen Ringe ist »ΦΑΛΙΡΕΑΣ« eingeprägt.

zu ändern. Sir Porritt argumentierte mit dem Auftrag der Session von 1949. Auch Lord David BURGHLEY (GBR) wünschte, das alte Modell beizubehalten:

»Nach langer Diskussion wurde mit 18 zu 17 Stimmen entschieden, den Organisationskomitees der zukünftigen Spiele vollständige Freiheit für die Gestaltung des Motivs für die Vorderseite [der Medaille] *zu gewähren. Für die andere* [Seite] *wurde ein von der Medaillenkommission vorgelegter Vorschlag einstimmig angenommen. Auf der Rückseite sollen die fünf olympischen Ringe, die Fackel und die Worte ›Olympische Spiele‹ zu sehen sein. In der Mitte der Medaille wird das griechische Wort, das sich auf dem Modell befindet, das den Mitgliedern gezeigt wurde, eingraviert.«*[14]

Das *IOC* folgte also zumindest für eine Seite der Medaille einem der Vorschläge von Ketseas. Am 25. Mai 1951 schrieb dieser an Otto Mayer und bat um 2 500 Schweizer Franken als Honorar für den Medaillenentwurf des von ihm beauftragten Künstlers. Mayer legte den Brief Edström vor, der die Summe als entschieden zu hoch ansah. Wenn die Komitees der kommenden Spiele diesen Künstler mit der weiteren Arbeit beauftragen wollten, sollten sie sich mit ihm in der Honorarfrage auseinandersetzen. Der über die Sache informierte Porritt hielt die Summe ebenfalls für zu hoch *(»excessive«)*.[15] Am 18. Juni informierte Otto Mayer Ioannes Ketseas, daß er die Organisationskomitees in Oslo und Helsinki gebeten hätte, sich direkt an ihn oder den Künstler zu wenden, weil sie ein Modell der vom *IOC* ausgewählten Rückseite der Siegermedaille besäßen. Die beiden Komitees waren aber ebenfalls nicht zur Zahlung bereit. Mayer argumentierte Ketseas gegenüber noch einmal, daß der Medaille eigentlich nichts Neues hinzugefügt sei. Die alten Embleme (Fackel, Ringe, Motto) wären lediglich neu zusammengestellt worden. Das *IOC* böte dem Künstler deswegen nur 500 Schweizer Franken. Auch dies wäre in griechischer Währung eine enorme Summe. Bei Ablehnung würde den Organisationskomitees empfohlen, wieder auf das ehemalige Medaillendesign zurückzugreifen.[16]
Offenbar einigten sich die beiden Parteien auf diese Summe, denn im November 1951 druckte das *Bulletin du CIO* ein Foto dieser Rückseite der neuen Siegermedaille ab, die der griechische Künstler Vasos Falireas freundlicherweise dem *IOC* zur Verfügung gestellt hätte. Der Durchmesser war angeblich sieben Zentimeter.[17]

Siegerehrung. Der Offizielle Bericht der Olympischen Winterspiele 1952 befaßt sich ausführlich mit allgemeinen Problemen der Siegerehrungen im Winter. Die Olympische Charta schreibt zwar vor, diese unmittelbar nach dem Wettkampf vorzunehmen, doch gab es auch einige Argumente dagegen: schlechtes Wetter, die damals noch oft eine lange Zeit brauchende Auswertung und aus diesen Gründen abwandernde Zuschauer. Das Organisationskomitee entschied sich deshalb dafür, alle Ehrungen im Bislett Stadium vorzunehmen, auch wenn dort gleichzeitig andere Wettkämpfe durchgeführt wurden. Die Medaillen, die auf einem Kissen liegend von einer jungen norwegischen Eisläuferin zum Podium getragen wurden, übergaben dann IOC-Mitglieder, die nach Möglichkeit aus dem Lande der Sieger kamen. Bei den drei deutschen Gewinnern amtierte IOC-Vizepräsident Avery Brundage. Deutsche IOC-

Vasos FALIREAS 1905-1979

Falireas war in der Tat der ausgewiesene griechische Künstler, wie Ketseas behauptet hatte. Studiert hatte er von 1930 bis 1935 in Paris an der École des Beaux Arts. Die Liste seiner bedeutenden Skulpturen in Griechenland und anderen Staaten der Welt ist lang: 1931 Heldendenkmal in Verdun (Kopie auch in Lyon), Büste des französischen Staatspräsidenten Édouard Herriot, 1948 Büste König Georg I. in Tatoi, 1951 Denkmal des Oberst Papagos in Ioanina, Denkmal des Leonidas an den Thermopylen, Bildstatue der Athena auf dem Marsfeld in Athen, Büste von König Paul und König Konstantin. Außerdem entwarf er bis 1970 zahlreiche griechische Geldmünzen.[18]

Das Denkmal des Leonidas an den Thermopylen

Knut YRAN 1920-1998

Yran, der auch die Erinnerungsmedaille und das Plakat der Spiele entwarf, arbeitete im Aschehougs Forlag (1950-1953). Danach hatte er ein Werbeatelier in Oslo (1953-1965). Anschließend leitete er die Werbeabteilung des Philips-Konzerns in den Niederlanden (1966-1980). Yran war von 1966 bis 1968 Präsident des International Council of Graphic Design Associations.

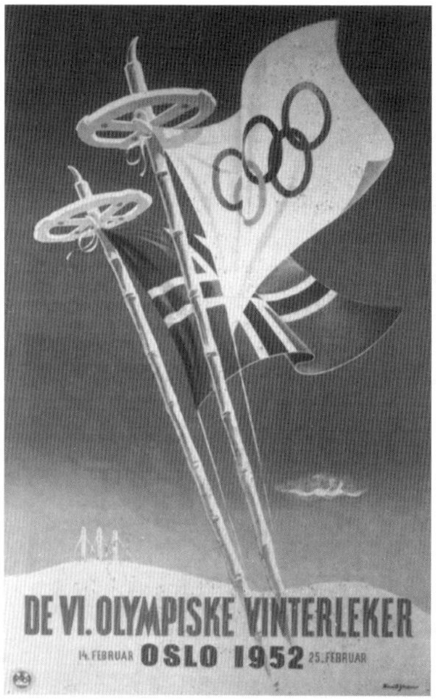

Das Plakat

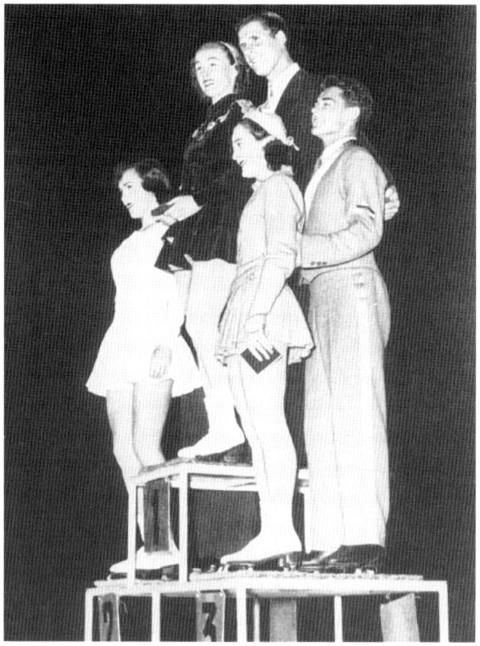

	Øvelse:	Event:	Overrakt av/Handed out by:
16.2:	500 m skøyter	Speed Skating, 500 metres	Avery Brundage
17.2:	5000 m skøyter	Speed Skating, 5000 metres	O. Ditlev-Simonsen jr.
18.2:	Storslalåm, damer	Giant Slalom, Ladies	Avery Brundage
	Storslalåm, herrer	Giant Slalom, Men	O. Ditlev-Simonsen jr.
	Utfor, damer	Downhill, Ladies	Alberto Bonacossa
	Utfor, herrer	Downhill, Men	Alberto Bonacossa
	Kombinert renn	Combined Event	O. Ditlev-Simonsen jr.
	18 km langrenn	18 km Cross Country	O. Ditlev-Simonsen jr.
	Bobsleigh, 2-manns	Boblet	Avery Brundage
	1500 m skøyter	Speed Skating, 1500 metres	O. Ditlev-Simonsen jr.
19.2:	10 000 m skøyter	Speed Skating, 10 000 metres	O. Ditlev-Simonsen jr.
20.2:	Slalåm, damer	Slalom, Ladies	Avery Brundage
	Slalåm, herrer	Slalom, Men	Avery Brundage
	50 km langrenn	50 km Cross Country	Erik von Frenckell
	Kunstløp, damer	Figure Skating, Ladies	Lord Aberdare
21.2:	Kunstløp, herrer	Figure Skating, Men	Avery Brundage
22.2:	Bobsleigh, 4-manns	Bobsleigh	Avery Brundage
	Kunstløp, par	Figure Skating, Pairs	Avery Brundage
25.2:	10 km langrenn, damer	10 km Cross Country, Ladies	Erik von Frenckell
	4 x 10 km stafett	Relay Race	Erik von Frenckell
	Spesielt hopprenn	Jumping, Special Class	O. Ditlev-Simonsen
	Ishockey	Ice Hockey	A. Sidney Dawes

Mitglieder waren aus politischen Gründen und um auf die Gefühle der norwegischen Bevölkerung Rücksicht zu nehmen, nicht nach Oslo gefahren. IOC-Präsident Edström hielt sich bescheiden zurück und nahm keine Ehrung vor.

Siegermedaille. Das Osloer Organisationskomitee hielt sich hinsichtlich der Gestaltung der Siegermedaille an den Beschluß der Wiener IOC-Session:

Ehrentafel;
links: Siegerehrung im Eiskunstlauf der Paare, von links Karol und Michael Kennedy (CAN), Ria und Paul Falk (GER), Marianna und László Nagy (HUN);
unten: Termin und Durchführung der Siegerehrungen

»[Das Organisationskomitee] *hielt es für unnötig, eine öffentliche Ausschreibung durchzuführen, da über das Muster in der Hauptsache schon entschieden war. Der Sieger des Wettbewerbs für das Plakat sollte auch das Diplom und die Rückseite der Medaille entwerfen.*«[19]

Die Rückseite der Medaille ist in der oberen Hälfte mit dem stilisierten Rathaus der Stadt Oslo (das Logo der Spiele), dazu links und rechts und unten mit drei verschieden gestalteten Schneekristallen geschmückt. Im mittleren Teil befindet sich die Inschrift *»DE VI. OLYMPISKE / VINTERLEKER / OSLO 1952«*. Eingraviert ist unten *»Y«*[20] für YRAN, auf der Vorderseite unter den Ringen *»TH. M / C. S.«* Auf der Kante steht *»MARTHINSEN NORWAY STERLING«*[21], d.h., daß die Medaillen bei der Firma Th. Marthinsen in Tønsberg[22] hergestellt wurden. Produziert wurden jeweils 48 Exemplare, vergeben davon 45 vergoldete, 44 silberne und 47 bronzene.[23] Die Medaillen haben die Maße 71 Millimeter Durchmesser, 3,8 bzw. 3,2 (Bronze) Millimeter Dicke und 121 (vergoldet), 119 (Silber) und 137,5 (Bronze) Gramm Gewicht.

Siegerdiplom. Über die Gestaltung des Siegerdiploms für die ersten Sechs eines jeden Wettbewerbs wurde im Organisationskomitee lange diskutiert. Schließlich stimmte man dem Entwürfe von Knut Yran zu: In der oberen Hälfte ist die Rückseite der Erinnerungsmedaille abgebildet (s.u.). Darunter folgen die Olympischen Ringe und die Inschrift *»DE VI OLYMPISKE VINTERLEKER OSLO 1952«*, das Wort *»DIPLOM«*, der Name des betreffenden Athleten sowie seine Disziplin und

19 *»It was found unnecessary to arrange a public contest as the patterns in the main were already decided. Instead the winter of the poster contest was requested to design the diplomas and the reverse of the medals« (Organising Committee VI Olympic Winter Games, VI Vinterleker,* S. 153).

20 Auf der Vorderseite: *»TH. M / CS«.*

21 Bei der Bronzemedaille fehlt das Wort *»STERLING«.*

22 Dies ist eine Fabrik, die Silberwaren herstellt.

23 Zwei Bronzemedaillen im 500-m-Eisschnellauf, 16 vergoldete, 15 silberne und 17 bronzene Medaillen im Eishockey (je nach Zahl der eingesetzten Spieler).

Siegerdiplom

Erinnerungsmedaille

Siegermedaille

Olympisches Feuer im Bislett-Stadion in Oslo; oben: Eigil Nansen, der letzte Fackelträger

Plazierung und schließlich die Unterschriften von Sigfrid Edström und Olaf Christian Ditlev-Simonsen, dem Präsidenten des Organisationskomitees. Am linken und rechten Rand schmücken Schneekristalle die Urkunde. Das Blatt (298 x 412 Millimeter) ist siebenfarbig. 400 Exemplare stellte Kirstes Boktrykkeri her, von denen 273 vergeben wurden.

Am Eingang des Bislett-Stadions befindet sich heute eine Tafel mit den Namen der Olympiasieger der VI. Olympischen Winterspiele.

Erinnerungsmedaille und -diplom. Die Erinnerungsmedaille (Durchmesser 54 Millimeter, Gewicht 71 Gramm) wurde aus einer besonderen Kupferlegierung »alloy« hergestellt. Auf der Vorderseite befinden sich in der Mitte das Rathaus von Oslo und die Olympischen Ringe. Die Randumschrift lautet »*DE VI OLYMPISKE VINTERLEKJER – OSLO 1952*«. Die Rückseite trägt die Umschrift »*CITIUS – ALTIUS – FORTIUS*«; dazu befindet sich, in der Mitte, ein großes Schneekristall und kleinere zwischen den drei Worten des Mottos. Auch in diese Medaille ist »*TH. M / CS*« (vorne) und »*Y*« (hinten) für YRAN eingraviert. Etwa 2 000 Exemplare prägte die Firma Th. Marthinsen in Tønsberg. Übergeben wurden sie in Samt eingebettet in einem viereckigen Kartonkästchen, auf dem in Gold die Olympischen Ringe gedruckt sind. Innen im Deckel findet sich der Eintrag »*TH. MARTHINSEN / NORWAY*«.

Das Osloer Organisationskomitee war der Auffassung, allen Teilnehmern (Sportlern, Betreuern, Offiziellen) der Spiele ein Diplom zukommen zu lassen. Diese Urkunden – identisch mit den Siegerdiplomen – waren unterschrieben vom Präsidenten, Ditlev-Simonsen, und vom Generalsekretär des Organisationskomitees, Rolf Petersen. Eingetragen wurden der Name und die Funktion des zu Ehrenden. Etwa 700 dieser Urkunden kamen zur Verteilung. Sportler, die mit dem Siegerdiplom ausgezeichnet worden waren, erhielten allerdings keine zweite Urkunde.

Exkurs: Fackelstaffel

Für die Winterspiele in Oslo wurde das Feuer nicht aus Olympia geholt, sondern eine Flamme im Hause von Sondre NORHEIM in Morgedal in Telemarken, der Wiege des modernen Skisports, entzündet. Diesen Staffellauf hatte Olav S. BJAALAND, ein Lehrer aus Morgedal, schon im Herbst 1948 vorgeschlagen. Am Herdfeuer in Norheims bescheidener Hütte übertrug Olav Bjaaland, ein Teilnehmer der Südpolexpedition von 1911, am Morgen des 13. Februar 1952 das Feuer mit einem Fichtenscheit auf die erste Fackel, die ein Nachfahre der Gebrüder HEMMESTVEIT, den Begründern der ersten Skischule der Welt in Oslo, trug. Vorbei am Haus des großen norwegischen Skiläufers Birger RUUD führte der Weg über Darbu und Mjödalen nach Drammen, wo eine kurze Zeremonie am Denkmal des »Skikönigs« Thorleif HAUG stattfand. Über Lier, Asker und Sandvika ging der Weg weiter nach Öraker zum Huseby-Hügel, wo seit 1879 die norwegischen Skipioniere ihre Wettkämpfe austrugen. Hier wurde eine kleine Schanze errichtet, über die der Fackelläufer sprang, um dann seinen Weg in die Stadt Oslo fortzusetzen. In die Straßen der Stadt war Schnee für eine Loipe gebracht worden.

Vorletzter Läufer war der bekannte norwegische Skiläufer Lauritz BERGENDAHL. Er übergab das Feuer an Eigil Nansen, einen Enkel des Polarforschers Fridtjof Nansen, der das Bislett-Stadion umkreiste und dann seine Ski abschnallte, um die Flammenschale zu entzünden.

Insgesamt hatten 94 bekannte Skiläufer die Flamme in zweieinhalb Tagen über eine Strecke von ca. 225 km nach Oslo getragen. Die Fackel wurde in 95 Exemplaren hergestellt. Sie war ca. 25 Zentimeter lang, hatte einen ovalen Handteller (30/15 Zentimeter) und war mit den Olympischen Ringen, der Jahreszahl 1952 und einem Pfeil zwischen den Ortsnamen Morgedal und Oslo versehen.

Die Fackel

Helsinki 1952

unter Mitarbeit von
Ingmar Björkman

Auch die Sommerspiele des Jahres 1952 waren in einer skandinavischen Metropole beheimatet. Nicht weniger als knapp 5 000 Vertreter von 69 Nationen hatten sich in Helsinki eingefunden, wobei 300 Athletinnen und Athleten besonders im Blickpunkt standen: die Repräsentanten der Sowjetunion. Schließlich handelte es sich um eine Premiere, zudem um eine solche von hoher (sport)-politischer Bedeutung und Brisanz. Zwar hatte sich Rußland 1900, 1908 und 1912, übrigens mit eher mäßigem Erfolg, an den Spielen beteiligt, doch wurde dieser Tradition mit der Oktoberrevolution von 1917 ein Ende bereitet. Fortan schien eine Teilnahme am inzwischen bedeutendsten internationalen Großsportfest nicht mehr opportun, da die dahinter stehende Idee als Ausdruck bürgerlicher Dekadenz geächtet und mit den Spartakiaden ein Gegenmodell entwickelt und propagiert wurde. Erst Anfang der fünfziger Jahre gaben die Sowjets die Verweigerungshaltung auf, nachdem die Olympischen Spiele als Bühne nationaler Selbstdarstellung sowie als Schauplatz für einen – friedlichen – Wettkampf der Nationen bzw. Systeme entdeckt waren.

So hatte die UdSSR im April 1951 die Anerkennung des neu gegründeten *NOK* beantragt und Anfang Mai bei der Session in Wien einen positiven Bescheid erhalten. Zwar hatte es in den Reihen des *IOC* kontroverse Diskussionen und mancherlei Bedenken gegeben, doch schon aufgrund der eigenen Richtlinien, insbesondere des universalen Anspruchs sowie der (Selbst-)Verpflichtung zur politischer Neutralität, ließ sich die »Osterweiterung« nicht ablehnen. Damit mußte – zumal vor dem Hintergrund des sich zuspitzenden Korea-Krieges – jedoch billigend in Kauf genommen werden, daß die olympische Arena zu einem bevorzugten Schauplatz des Ost-West-Konflikts bzw. des Kalten Krieges mutierte.

Im übrigen handelte es sich um eine (neue) Initialzündung für eine ebenso kontinuierliche wie sprunghafte Steigerung der Leistungen, inklusive der damit einhergehenden Risiken und Nebenwirkungen. Diese Zuspitzung des sportlichen Wettkampfs, seine Instrumentalisierung im Sinne vermeintlich höherer, vor allem politischer, später zunehmend auch kommerzieller Interessen, wurde zwar einerseits als Mißbrauch einer hehren Idee beklagt, andererseits als das »Salz in der Suppe« empfunden. So stieg die Attraktivität der Spiele gleichsam direkt proportional zu ihrer Gefährdung – und umgekehrt, wobei als jeweiliger Gradmesser der weltweit stets größer werdende Zuspruch der Medien bzw. der (Fernseh-)Zuschauer heranzuziehen ist.

Der Auftritt der sowjetischen Mannschaft in Helsinki war um so spektakulärer, als sie mit 22 Gold-, 30 Silber- und 19 Bronzemedaillen einen eindrucksvollen Beweis ihrer Leistungsfähigkeit lieferte. Zwar wahrten die USA – allein 40 Goldmedaillen schlugen zu Buche – ihren Führungsanspruch souverän, doch der zukünftige Zweikampf der herausragenden Sport-Nationen zeichnete sich bereits ab.

Im Konzert der Großen ließ sich die deutsche Stimme kaum vernehmen. Ohne einen einzigen Olympiasieg nahm sich die Bilanz mit sieben zweiten und immerhin siebzehn dritten Plätzen insgesamt sehr enttäuschend aus. Dies mag der DDR eine gewisse Genugtuung bereitet haben, war sie doch, wie bereits in Oslo bei den Winterspielen, erneut draußen vor der Tür geblieben, nachdem sie sich mit den Vertretern des bundesdeutschen *NOK* nicht auf einen gemeinsamen modus vivendi hatte einigen können. Damit war die olympische Premiere von Athleten aus der DDR um vier Jahre vertagt worden. Dies mußte den Betroffenen um so ungerechter erscheinen, als das unter französischem Protektorat stehende Saarland im Mai 1950 vom *IOC* gleichsam als selbständiges Territorium anerkannt worden und mit einer eigenen, 36 Aktive umfassenden Mannschaft in Helsinki vertreten war.

Eine der herausragenden Erscheinungen der Spiele war Emil ZÁTOPEK. Die »tschechische Laufmaschine« dominierte die Langstrecken und stand dreimal ganz oben auf dem Treppchen. Kuriosität am Rande: Am Tag, nein in der Stunde seines Sieges über 5 000 Meter gewann seine Frau Dana Gold im Speer-

Literatur:
Organising Committee for the XV Olympiad Helsinki 1952 (Hg.), *The Official Report of the Organising Committee of the XV Olympiad Helsinki 1952*, Helsinki 1954.
Deutsche Olympische Gesellschaft (Hg.), *Die Olympischen Spiele 1952 Oslo und Helsinki*, Frankfurt 1952.
NOK für Deutschland und Deutscher Sportbund (Hg.), *XV. Olympische Spiele Helsinki 1952, Frankfurt 1952.*

werfen. Dies dürfte wohl der einzige Fall in der olympischen Geschichte bleiben, daß ein Ehepaar gleichzeitig und separat in den Siegerlisten verewigt wurde.
Das Organisationskomitee der Olympischen Spiele 1952 in Helsinki legte einen in Fragen von Siegerehrung und Auszeichnungen sehr informativen Offiziellen Bericht vor. Darin heißt es u.a.:

»Die Siegerehrungen bei den Spielen in Helsinki wurden in allen Sportstätten unmittelbar im Anschluß an jeden Wettkampf durchgeführt. Das Protokoll schreibt vor, daß die Medaillen vom IOC-Präsidenten oder einem von ihm beauftragten Mitglied übergeben werden. Manchmal mußten Ausnahmen gemacht werden. In diesen Fällen wurden die Medaillen vom Präsident oder Ehrenpräsident des betroffenen Weltverbandes überreicht.
Der Ablauf der Zeremonie war immer derselbe:
1. Der Sprecher informierte in vier Sprachen[1] über den Beginn der Ehrung.
2. Die Medaillengewinner stiegen auf das Podium.
3. In Kurzform erklang die Olympiafanfare.
4. Die Medaillen wurden überreicht (Bekanntgabe nur in französisch).
5. Die Nationalhymne des Landes des Siegers erklang, und die Fahnen der Nationen der drei Erstplazierten wurden gehißt.
6. Die Medaillengewinner erhielten Blumen, nachdem sie das Podium verlassen hatten. Die Sträuße wurden von jungen finnischen Frauen, die Nationaltracht trugen, übergeben.«[2]
Etwas anders vollzog sich die Siegerehrung beim Boxen. 1951 hatte das *IOC* den Antrag des *Internationalen Amateur-Boxsportverbands* angenommen, die Verlierer der Halbfinalkämpfe gemeinsam auf Platz drei zu setzen, um Kämpfer, die einmal verloren hatten, nicht der Gefahr einer weiteren, unter Umständen verheerenden Niederlage auszusetzen.[3] Das *IOC* war aber nicht bereit, den beiden Dritten eine Bronzemedaille zu gewähren. Sie erhielten bei der Siegerehrung lediglich das Diplom, das ihnen aber in jedem Fall zugestanden hätte, und die Flaggen ihrer Länder wurden gehißt. Das Organisationskomitee und der Boxverband kritisierten diese Auffassung des *IOC*.[4] Erst 1955 wurde diese Einschränkung geändert, und es wurden zwei Bronzemedaillen verteilt. Es dauerte dann bis 1970, daß auch den »Benachteiligten« von Helsinki die Medaillen übergeben wurden. Bei den Nordischen (Skandinavischen) Meisterschaften in Helsinki wurde ein Siegerpodest in den Ring gestellt und den nur

Spiele der XV. Olympiade in Helsinki – 14. Juli bis 3. August 1952

Mannschaften: 69

AHO	ARG
AUS	AUT
BAR	BEL
BER	BIR
BRA	BUL
CAN	CEY
CHI	CHN
CUB	DEN
EGY	ESP
FIN	FRA
GBR	GER
GCO	GRE
GUA	GUY
HKG	HUN
INA	IND
IRI	IRL
ISL	ISR
ITA	JAM
JPN	KOR
LIB	LIE
LUX	MEX
MON	NED
NGR	NOR
NZL	PAK
PAN	PHI
POL	POR
PUR	ROM
RSA	SAA
SIN	SUI
SWE	TCH
THA	TRI
TUR	URS
URU	USA
VEN	VIE
YUG	

Sportler: 4.920 (516[1])

Name des Organisationskomitees:	***Organising Committee for the XV Olympiad Helsinki 1952***
Präsident:	Erik von FRENCKELL
Generalsekretär:	Ilmari Armas Eino MARTOLA
Offizieller Bericht:	finnisch; englisch
Zeremoniell:	Eröffnungsfeier am 19. Juli, Schlußfeier am Ende der Spiele
Eröffnung durch:	Staatspräsident Juho Kusti PAASIKIVI
Dauer:	21 Tage
Siegerehrung:	nach dem Wettkampf in der jeweiligen Sportstätte durch den IOC-Präsidenten bzw. ein von ihm beauftragtes IOC-Mitglied oder einen Vertreter des zuständigen Fachverbandes
Olympischer Eid:	Heikki Ilmari SAVOLAINEN (Turner)
letzte Fackelträger:	Paavo NURMI Hannes KOLEHMAINEN (für 1940)
Fackel (Design):	Aukusti TUHKA
Olympische Hymne:	Jaakko LINJAMA / Toivo LYY (Text)
Emblem:	Paul SÖDERSTRÖM
Plakat:	Ilmari SYSIMETSÄ
Siegermedaille:	Giuseppe CASSIOLI / Aukusti TUHKA
Siegerdiplom:	Rolf CHRISTIANSON
Erinnerungsmedaille:	Kauko RÄSÄNEN
Zeitschrift:	*XV Olympiad. Official News Service*
Filme:	Hannu LEMINEN *(Worlds Meet, Gold and Glory, The Colourful City of the Games)*
Olympische Fanfare:	Aarre MERIKANTO
Sportarten:	17 (7)[1] mit 149 (30[1]) Wettbewerben
Demonstrationen:	3 (1)[1] mit 3 (3[1]) Wettbewerben
Besonderheiten:	erstmals keine Kunstwettbewerbe erstmals Olympia-Münzen erstmals eine elektrische Anzeigetafel einige Spielturniere begannen bereits fünf Tage vor der Eröffnungsfeier

Erläuterungen: [1] davon Frauen

1 Französisch, englisch, finnisch, schwedisch.
2 Organising Committee for the XV Olympiad Helsinki 1952, *Report*, S. 77.
3 Die Internationalen Fachverbände hatten dies schon im April 1949 bei einer Sitzung mit dem Exekutivkomitee vorgeschlagen (Protokoll vom 21.04.1949, IOC-Archiv).
4 Organising Committee for the XV Olympiad Helsinki 1952, *Report*, S. 396.
5 Nach KLUGE, Volker, *Olympische Sommerspiele. Die Chronik*, Bd. 2, Berlin 1998, S. 305-306.
6 Protokoll der Sitzung des Exekutivkomitees am 29.-30.09, 02.10.1973 in Varna (IOC-Archiv).
7 Protokoll der Sitzung des Exekutivkomitees am 13.06.1974 in Lausanne (IOC-Archiv). LYBERG, Wolf, *The Exekutive Committee. 1969-1981*, Typoskript, Lausanne 1991, S. 129.
8 Das IOC muß aber beim Organisationskomitee in Helsinki vorstellig gewesen sein, denn EDSTRÖM schreibt am 20.08.1951 an KETSEAS, daß die Finnen den Künstler FALIREUS nicht bezahlen wollen.
9 Nicht auf der Bronzemedaille.

Siegerehrung nach dem 10 000-m-Lauf, von links Alain Mimoun (FRA), Emil Zátopek (TCH), Aleksandr Anufrijev (URS), Sigfrid Edström; unten: 2.4.1970: Der Präsident des Organisationskomitees der Spiele 1952 in Helsinki, von Frenckell, übergibt »nachträglich« Harry Siljander die Bronzemedaillen. Hinter ihm die anderen »verspätet« zu Ehrenden

sieben Anwesenden von zwanzig Betroffenen die Bronzemedaillen übergeben.
Beim Boxturnier 1952 gab es noch einen weiteren Zwischenfall. Kurz vor Ende der zweiten Runde im Finale des Schwergewichts wurde der Schwede Ingemar JOHANSSON wegen Passivität (Feigheit?) disqualifiziert. Wegen dieses damals als Unsportlichkeit gewerteten Verhaltens erhielt er aufgrund des Regelwerks des *Internationalen Amateurboxsport-Verbandes* keine Medaille. Johansson wurde später Profi und 1959 sogar Weltmeister. 1969 bat er das *Schwedische NOK*, beim *IOC* einen Antrag auf Zuerkennung einer Silbermedaille zu stellen. Insgesamt fünf Gesuche der Schweden wurden abschlägig beschieden. Bei diesen Verhandlungen war vor allem Erik von FRENCKELL, der ehemalige Präsident des Organisationskomitees der Spiele in Helsinki, gegen eine nachträgliche Auszeichnung von Johansson. Erst die 84. Session 1981 in Baden-Baden beendete das Verfahren und sprach Johansson die Medaille zu. Bei einer Veranstaltung am 9. Mai 1983 auf der Pferderennnbahn in Göteborg war ein Siegerpodest aufgebaut worden. Johansson bestieg die zweite Stufe und erhielt seine Silbermedaille.[5]
Bei einer dieser Diskussionen erklärte von Frenckell, daß das *Finnische NOK* noch im Besitz des Prägestocks für die Medaillen sei,[6] und übergab diese später dem *IOC*. Dies war wiederum für das Exekutivkomitee ein Anlaß, alle bisherigen Ausrichter um Überlassung der überzähligen Medaillen und der Prägestöcke zu bitten. Es sollte einerseits Mißbrauch vermieden, andererseits die Möglichkeit geschaffen werden, verlorengegangene Medaillen zu ersetzen. Dabei wurde von Wolf LYBERG sogar noch der Münzstock von 1912 gefunden, der es dann ermöglichte, 1983 die Medaille für Jim THORPE zu prägen (s.o.).[7]
Das Organisationskomitee hielt sich bei der Gestaltung der Siegermedaille nicht an den Änderungsbeschluß der Wiener Session aus dem Jahr 1951, sondern beließ es bei der seit 1928 üblichen Plakette nach CASSIOLI (Vorder- und Rückseite). Möglicherweise war vor der Sitzung in Wien auch schon der Prägeauftrag erteilt worden.[8] Es mußte also nur die Inschrift in *»XV / Olympia / Helsinki / 1952«* (*»XV. Olympiade Helsinki 1952«*) geändert werden. Mit dieser Aufgabe wurde der finnische Künstler Aukusti TUHKA beauftragt. Auf der Kante der Medaille steht der Firmenstempel und der Silbergehalt: *»916 M / Y 6«*[9]. Hergestellt wurden 960 Exemplare (320 vergoldete, 320 silberne und 320 bronzene) bei *Kultakeskus Oy*. Die Maße: 51 Millimeter Durchmesser, 3,3 (vergoldet), 3,8 (Silber) und 3,4 (Bronze) Millimeter Dicke, 68 bzw. 59 (Bronze) Gramm Gewicht. Übergeben wurden die Medaillen in einem dunkelblauen viereckigen Lederkästchen mit den Olympischen Ringen auf dem Deckel. Die Kosten für die Gold- und Silbermedaillen hatte die Firma *Vuoksenniska Oy* übernommen.
Zur Gestaltung des Siegerdiploms bildete das Organisationskomitee eine Kommission, die

Aukusti TUHKA 1895-1973
(bis 1919 TUHKANEN)

Tuhka besuchte bereits mit 14 Jahren die Zeichenschule der Vyborger Kunstfreunde und machte eine Lehre als Lithograph in einer Vyborger Druckerei. Dort konnte er bald Schulbücher und wissenschaftliche Schriften mit Illustrationen versehen. Zwischen 1910 und 1920 verdiente er seinen Lebensunterhalt mit Auftragsgraphiken, Illustrationen, Zeichnungen und Ölgemälden. Zwischen 1922 und 1938 besuchte er immer wieder zur Fortbildung die Staatliche Akademie für Graphische Künste und Buchgewerbe in Leipzig. In den 30er Jahren wurde er bekannt durch verschiedene bedeutende Buchillustrationen finnischer Werke im Stil des deutschen Impressionismus. Tuhka wurde zum Zeichner und Maler der finnischen Landschaft, Lapplands und Kareliens. Außerdem war er ein hervorragender Portraitist. Während des Winterkriegs und des Zweiten Weltkriegs zeichnete und fotografierte er an der Front (zerstörte Landschaften, Ruinen, verwundete Soldaten). Nach dem Krieg wurde er Lehrer an der Finnischen Akademie der Schönen Künste und der Schule für Industrie-Kunst. 1958 eröffnete er seine eigene Schule für Lithographie und Graphik. 1955 und 1956 folgte er Einladung der Kunstakademie von Peking, dort westliche Graphiktechniken zu unterrichten. 1960 wurde er zum Professor h.c. ernannt.

Patrouille, Holzschnitt, 1939-1941

Rolf CHRISTIANSON 1928-1997

Christianson war seit 1951 als freier Graphiker und Designer tätig, vor allem als Werbedesigner. Er schuf graphische Entwürfe für die Industrie, war dabei über ein Jahrzehnt für das Design des Textilunternehmens Marimekko verantwortlich. In Finnland ist er vor allem bekannt für seine Briefmarkenentwürfe. 1982 gestaltete er für die UNO die Marke Respect for Human Rights.

UNO-Briefmarke
Respect for Human Right

Die Tafel mit den Namen der Sieger

einen Wettbewerb ausschrieb. Nach Eingabeschluß, dem 15. September 1951, zeigten sich die Juroren nicht zufrieden und baten die Künstler der fünf besten Entwürfe um eine weitere Arbeit. Sie entschieden sich dann für die Vorlage des Finnen Rolf CHRISTIANSON, der auch das Organisationskomitee zustimmte. Auf der oberen Hälfte ist vor einer dorischen Säule das vor dem Stadion stehende Denkmal von Paavo NURMI[10] mit der Inschrift *»XV OLYMPIA HELSINKI 1952«* zu sehen. Den unteren Teil zieren die Olympischen Ringe und eine Silhouette der Stadt Helsinki. Dazwischen ist Raum für die Eintragung und die Unterschriften von EDSTRÖM und von Frenckell. Die Texte des Diploms wurden in schwedisch und finnisch gedruckt. Schwedische, dänische, norwegische und schwedisch sprechende finnische Athleten erhielten das »schwedische«, alle anderen das »finnische« Diplom – Platz eins bis sechs. Hergestellt von dem 355 x 488 Millimeter großen Diplom wurden 1 800 Exemplare. Bis Ende 1952 waren sie an die betreffenden *NOK* verschickt.

Für die Auswahl der Erinnerungsmedaille gab es ebenfalls eine Ausschreibung (22. April 1951). Bei Meldeschluß am 30. Oktober

10 Das Abbild des Denkmals, geschaffen von Väinö AALTONEN, ziert auch das offizielle Plakat der Spiele, auch schon das der für 1940 vorgesehenen – beide entworfen von Ilmari SYSIMETSÄ –, und die Eintrittskarten. Nurmi lief auch als letzter Läufer der Fackelstaffel ins Stadion und entzündete das Olympische Feuer. Das *IOC* mußte diese Nurmi-Verehrung notgedrungen ertragen. Galt diese Zuneigung doch einem Athleten, der 1932 wegen Verstoßes gegen die Amateurbestimmungen lebenslang gesperrt worden war. Die Finnen haben sich aber nie an diesen Beschluß des *Internationalen Leichtathletik-Verbandes* gehalten.

Diplom zur Erinnerungsmedaille

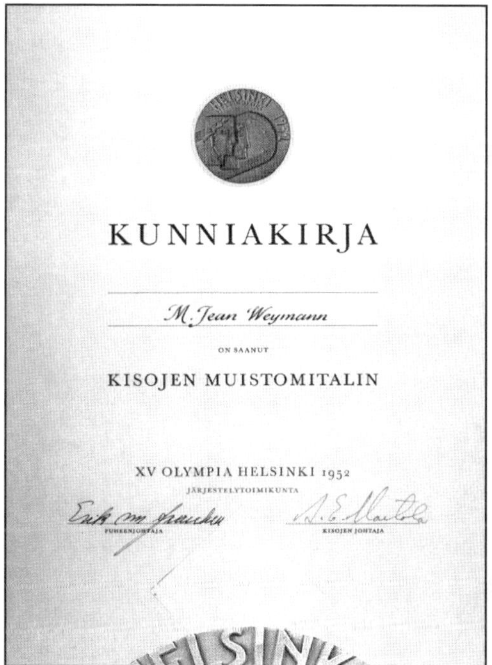
KUNNIAKIRJA

M. Jean Weymann

ON SAANUT

KISOJEN MUISTOMITALIN

XV OLYMPIA HELSINKI 1952

JÄRJESTELYTOIMIKUNTA

PUHEENJOHTAJA

KISOJEN JOHTAJA

Siegerdiplom

XV OLYMPIA

HELSINKI 1952

Emil Zátopek

I P.

10.000 m juoksu

XV OLYMPIA HELSINKI 1952
JÄRJESTELYTOIMIKUNTA

KANSAINVÄLINEN
OLYMPIALAINEN KOMITEA

PUHEENJOHTAJA

PRESIDENTTI

Erinnerungsmedaille

Siegermedaille

Kauko RÄSÄNEN *1926

Räsänen gehört zu den modernistischen Bildhauern Finnlands. Die Öffentlichkeit wurde Anfang der 50er Jahre durch seine Freiluft-Skulpturen auf ihn aufmerksam. Bekannt wurde er auch durch Grabdenkmäler und durch seine Entwürfe von Medaillen in konkaven und konvexen Formen. Er war ein Gegner der bildlichen Bildhauerei. Wie Pablo Picasso war er der Auffassung, daß Kunst mit dem Aufstand, der Rebellion beginnt. Räsänen, der von 1979 bis 1984 als Professor lehrte, war wegen seines eigenwilligen Stils in der Öffentlichkeit in Finnland lange Zeit umstritten.

Engel, 1960, 150 cm hoch, Ateneum Helsinki

1951 lagen 35 Entwürfe vor. Das Organisationskomitee entschied sich für die Vorlage des jungen finnischen Bildhauers Kauko RÄSÄNEN. Hergestellt wurden für die Athleten und Offiziellen 14 000 Exemplare. Auf der Vorderseite sind links zwei mit einem Lorbeerkranz geschmückte Athletenköpfe zu sehen, dahinter rechts in den Raum hinein ein Stadion. Am oberen Rand die Inschrift *»HELSINKI 1952«*, darunter in kleineren Lettern der schwedische Name der finnischen Hauptstadt *»HELSINGFORS«*. Unter dem linken Kopf steht *»KAUKO RÄSÄNEN / 1951«*. Die Rückseite zeigt zwei nach links blickende Athleten, einen Sportler und eine Sportlerin. Beide tragen in ihrer rechten Hand eine brennende Fackel. Am oberen Rand ist *»XV OLYMPIA«* zu lesen. Links unten befinden sich die Olympischen Ringe. Die braune Bronzemedaille, die bei *Veljekset Sundqvist Oy* in Helsinki hergestellt und in einem hellblauen Papierkästchen mit den Olympischen Ringen auf dem Deckel übergeben wurde, hat diese Maße: 54 Millimeter Durchmesser, 6 Millimeter Dicke und 77 Gramm Gewicht. Dazu wurde noch eine Urkunde (Diplom) gegeben, auf der eingetragen war, daß die Erinnerungsmedaille übergeben worden war. Unterschrieben hatten von Frenckell und Ilmari Armas Eino Martola, der Direktor der Spiele. Für die Funktionäre gab es noch ein Erinnerungsdiplom, auf dem man für ihre Unterstützung dankte. Auf beiden ist oben in der Mitte die Erinnerungsmedaille abgebildet. Verteilt wurden die Urkunden mit finnischem oder schwedischem Text.

Der Veranstalter der Spiele in Helsinki hatte Probleme mit der Finanzierung und suchte nach Spendern. Von ausländischen Firmen wurden vor allem Lebensmittel und Getränke beigesteuert. Die Auslagen für die Ehrungen kamen von finnischen Unternehmen.

Finnland war auch das erste Gastgeberland, das zur Finanzierung der Spiele olympische Gedenkmünzen herausgab.[11] Seit den Spielen 1964 in Tokyo war die Prägung solcher Zahlungsmittel eine gängige Methode, den Haushalt des Veranstalters aufzubessern. Diese Münzen gehören aber nicht zu unserer Thematik, so daß im folgenden kaum noch darauf eingegangen wird.[13]

Am 21. Juli 1951 beschloß der Vorstand des Organisationskomitees, ein Finnisches Olympisches Kreuz (I. und II. Klasse) und eine Verdienstmedaille zu schaffen, die nach Genehmigung durch den Staatspräsidenten an in- und ausländische Gäste und Personen, die sich um die Spiele verdient gemacht hatten, verliehen wurden. Zur Vergabe kamen 283 Kreuze I., 700 Kreuze II. Klasse und 2 000 Medaillen. Zu jedem Orden gehörte ein Diplom.

Exkurs: Fackelstaffel

Der Fackelstaffellauf zu den Olympischen Spielen nach Helsinki führte durch Griechenland und die nordischen Länder Dänemark, Schweden und Finnland. Wie 1936 wurde bei der Startzeremonie in Olympia ein Oli-

links: Gedenkmünze

Liste der Sponsoren:

Co-operative Butter Export Valio:
Cash gift
Vuoksenniska Oy:
Gold and silver for victory medals
Kultakeskus Oy:
Manufacture of victory medals
Tervakoski Oy:
All papers for diplomas
Suomen Kultasepät Oy:
Commemorative medal
Veljekset Sundqvist Oy:
Torch Relay plaque
Heteka Oy:
Victory Ceremony rostrums
Suomen General Motors:
Use of cars for Torch Relay

11 Schon geplant für die vorgesehenen Spiele 1940. 1951 wurden 18 500, 1952 586 500 Exemplare geprägt (Vgl. MÉNARD, Michèle, *Coins of the Modern Olympic Games*, o. O. 1991, S. 47).

12 Vgl. dazu PREUß, *Implikationen*, S. 245, 381, 390-301.

13 Merkwürdigerweise verweigerte das *Hellenische NOK* ohne Kenntnis der historischen Zusammenhänge 1994 die Vereinigung eines Feuers, das aus Morgedal, der Wiege des Skisports, kam, mit der Flamme, die in Olympia entzündet wurde. Es drohte sogar damit, kein Feuer in Olympia anzuzünden. Die Organisatoren der Winterspiele von Lillehammer gaben nach und verzichteten. Die Flamme aus Morgedal wurde kurz vor Lillehammer zum Erlöschen gebracht.

Die Verdienstorden

Paavo Nurmi entzündet das Olympische Feuer; oben: die Fackel

venzweig geschnitten und an Lauri MIETTINEN, einem Mitglied des Organisationskomitees, übergeben. Nach einem Staffellauf von Olympia ins Stadion des Herodes ATTICUS in Athen, wo eine Botschaft des Königs verlesen wurde und die Mitglieder der griechischen Olympiamannschaft den Segen des Erzbischofs erhielten, wurde die Flamme zum Flughafen gebracht. In einer vom *Olympischen Komitee des Saarlandes* gestifteten Grubenlampe, die in einem speziellen Sicherheitsbehälter aufbewahrt wurde, flog das Olympische Feuer von Athen nach Aalborg in Dänemark. Bei Zwischenlandungen in München und Düsseldorf fanden in Deutschland Feierstunden statt.
In Dänemark wurden Läufer, Ruderer, Reiter, Kanuten und Segler eingesetzt. Von Kopenhagen nach Malmö übernahm ein Schiff, die »*Marstrandfjord*«, begleitet von einer Ehrengarde dänischer Sportler, die Flamme.
In der Mitte der Überfahrt übernahm das schwedische IOC-Mitglied Bo EKELUND das Feuer. Ruderer brachten die Flamme an Land, und in Hälsingborg fand eine Feierstunde in Anwesenheit des schwedischen Königs statt. In Stockholm beging man feierlich das 40jährige Jubiläum der Olympischen Spiele von 1912.
Die Übergabe der Fackel an die Finnen erfolgte an der schwedisch-finnischen Grenze auf der Brücke zwischen Haaparanta und Tornio. In Tornio wurde die Olympische Flamme mit einer zweiten Flamme vereinigt.[13] Ein am 6. Juli von den Strahlen der Mitternachtssonne entzündetes Feuer wurde von Pallastunturi nach Tornio getragen und dort am 8. Juli mit der Olympischen Flamme vereinigt. In Hämeenlina wurde auf dem Weg nach Helsinki ein Feuer belassen, das bei den Wettkämpfen des Modernen Fünfkampfs feierlich entzündet wurde. Letzter Haltepunkt beim Landtransport bis Helsinki war eine Feierstunde im Olympischen Dorf in Käpyla.
Von der insgesamt ca. 7 870 km langen Strekke wurden 4 725 km als Fackelstafette mit 3 372 Teilnehmern durchgeführt. In den gelaufenen Abschnitten betrug die Strecken-

TASAVALLAN PRESIDENTTI
SUOMEN VALKOISEN RUUSUN JA SUOMEN LEIJONAN
RITARIKUNTIEN SUURMESTARI
Herra
Jean Weymannille
SUOMEN OLYMPIALAISEN LUOKAN ANSIORISTIN.
RITARIKUNTIEN VARAKANSLERI
RITARIKUNTIEN SIHTEERI

Diplom zum Verdienstorden

länge ca. einen Kilometer. Letzter Läufer war der legendäre Paavo Nurmi. Er entzündete die Flamme und übergab das Feuer an Hannes Kohlemainen, der es auf den Turm des Olympia-Stadions brachte und dort ein Feuer zur Erinnerung für die ausgefallenen Spiele von 1940 entzündete. In Finnland wurden für den Lauf häufig auch Sportler ausgewählt, die die Qualifikation gerade nicht geschafft hatten. Beim Fackellauf in den nordischen Ländern kam eine Vielzahl von Olympia-Veteranen zum Einsatz, unter ihnen eine große Anzahl von Olympia-Siegern.

Die Fackelhalter waren aus Birkenholz mit Silberteilen gefertigt und hatten auswechselbare Brennstoffkanister. Brenndauer: mindestens 21 Minuten. Hergestellt wurden die 22 Fackeln von *Kultakeskus Oy* in Hämeenlinaa nach einem Entwurf von Aukusti Tuhka.

In Schweden bekamen die Teilnehmer eine von Torsten WIKLUND, dem Organisator des Laufes, und von Bo Ekelund unterschriebene Urkunde. Alle Teilnehmer an der Fackelstaffel erhielten eine Plakette (40 x 70 Millimeter, 3 Millimeter dick), auf der das Olympische Feuer, darüber die Olympischen Ringe und die Inschriften *»XV OLYMPIA«* (oben) und *»1952 HELSINKI – HELSINGFORS«* (unten) zu sehen sind. Hergestellt wurden 3 750 Exemplare.

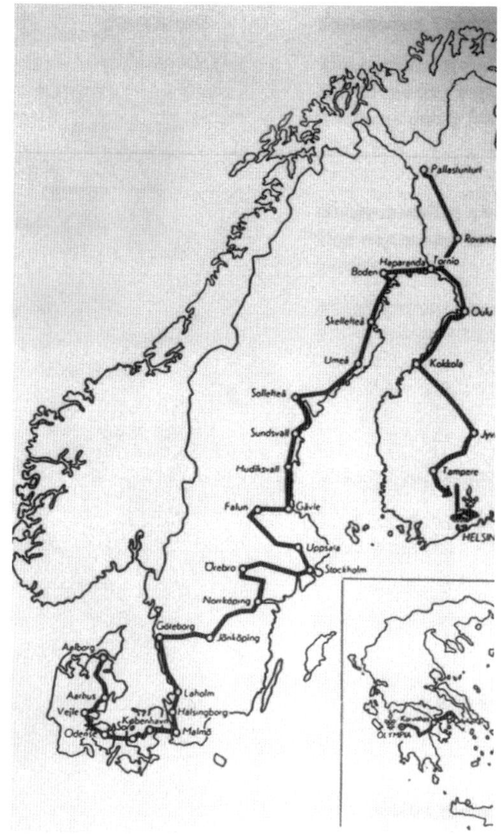

Fackelstaffel-Plakette; links: Weg der Fackelstaffel

Cortina d´Ampezzo 1956

Erstmals Olympia in Italien. Zwar war Cortina d'Ampezzo schon 1939 mit der Ausrichtung der Winterspiele beauftragt worden, doch fielen diese 1944 dem Krieg zum Opfer. Für 1952 zog das *IOC* die Bewerbung Oslos vor, so daß die Dolomiten-Stadt erst im dritten Anlauf und gleichsam mit zwölfjähriger Verspätung zum Zuge kam.

Erstmals gab es Live-Übertragungen von Winterspielen im Fernsehen. Freilich mußte sich das Organisationskomitee – aus heutiger Sicht: verkehrte Welt! – beim Sender, in diesem Fall die Radiofoniche Audizioni Italiano (RAI), an den Kosten beteiligen, sprich der Fernsehanstalt einen Betrag von zehn Millionen Lire zur Verfügung stellen. Heutzutage unvorstellbar!

Bemerkenswert auch: Einige große italienische Konzerne traten als Sponsoren auf. Zum Beispiel Olivetti und FIAT: Sie stellten 70 Schreibmaschinen bzw. 12 Autos (!) zur Verfügung. Auch anhand dieser Daten läßt sich die Entwicklung der Olympischen Bewegung belegen. Gerade im Zusammenhang mit der Vergabe der Winterspiele des Jahres 2006 an Turin wurde wieder einmal die Problematik der Kommerzialisierung in den Blickpunkt gerückt, wobei insbesondere das »Engagement« von FIAT sehr kritisch diskutiert, ja mit dem Stichwort Korruption in Verbindung gebracht wurde.

War also 1956 die olympische Welt noch in Ordnung? Eine Antwort auf diese rhetorische Frage liefert allein der Hinweis auf die politischen Verwicklungen. Diesbezüglich ist insbesondere auf den Ost-West-Konflikt zu verweisen, der sich u.a. in der »deutschen Frage« fokussierte. Nach jahrelangen Querelen hatten sich beide deutschen *NOK* nolens volens, sprich durch entsprechende Vorgaben des *IOC* gezwungen, auf die Bildung einer gemeinsamen Mannschaft sowie ein einheitliches Protokoll verständigt.

Unter der Führung der NOK-Präsidenten Karl Ritter von HALT und Heinz SCHÖBEL gingen 63 »deutsche« bzw. 51 west- und zwölf ostdeutsche Sportlerinnen und Sportler an den Start. Für die einzige Goldmedaille sorgte die Skifahrerin Rosa »Ossi« REICHERT, die überlegen den Riesenslalom gewann. Ihr zu Ehren ertönte, gleichsam als Ersatz-Hymne, der Schlußchor »An die Freude« aus BEETHOVENs Neunter Sinfonie. Die sportliche Bilanz der »gesamtdeutschen« Mannschaft war freilich enttäuschend. Neben Reicherts Gold gab es nur noch eine weitere Medaille zu bejubeln: Harry GLASS gewann Bronze im Skispringen, womit er seinen Oberstdorfer Mannschaftskollegen Max BOLKART auf den vierten Platz verwies. Der Klingenthaler war der erste Medaillengewinner aus der DDR. Dort wurde er als Vorkämpfer für die sportliche Emanzipation gefeiert. So verbuchte man seine Medaille nicht auf dem »gesamtdeutschen«, sondern auf dem eigenen »nationalen« Konto.

Herausragender Athlet unter den mehr als 800 Teilnehmern aus 32 Ländern – Deutschland nur einmal gerechnet – war der Österreicher Toni SAILER. Ihm gelang das Kunststück, mit Slalom, Riesenslalom und Abfahrtslauf alle alpinen Skidisziplinen für sich zu entscheiden. Eine einmalige Leistung? Zwölf Jahre später sollte es ihm der Franzose Jean-Claude KILLY gleichtun.

Siegerehrung. Während der XVI. Olympiade, also in den Jahren 1952 bis 1956, befaßte sich das *IOC* bei den Sessionen und den Treffen des Exekutivkomitees hin und wieder mit Fragen der Siegerehrung. Albert MAYER (SUI) schlug vor, auf die Nationalhymnen zu verzichten und stattdessen eine olympische Fanfare zu spielen. Er wollte das nationalistische Element, das mit dem beginnenden Ost-West Konflikt auch im Sport eine immer größere Rolle spielte, herausnehmen. Seine Vorstöße wurden aber abgelehnt.[1] Avery BRUNDAGE zeigte den Mitgliedern eine »Gold«medaille der Londoner Spiele von 1948, die jeglichen Glanz verloren hatte. In Zukunft sollte darauf geachtet werden, daß ausreichend Gold bei der Legierung verwendet würde.[2]

Zu einer längeren Diskussion über die Gestaltung der Medaillen kam es auf der 52. Session während der Winterspiele 1956 in Cortina. Es wurde bemängelt, daß sich die Organisationskomitees weder in Helsinki noch in Cortina und Melbourne hinsichtlich

Literatur:
Comitato Olimpico Nazionale Italiano (Hg.), *VII Giochi Olympici Invernali. VII Olympic Winter Games,* Cortina d'Ampezzo 1956.
Deutsche Olympische Gesellschaft (Hg.), *Die Olympischen Spiele 1956,* Stuttgart 1957.
KOENIG, Walter, *XVI Olympiade 1956,* Bd. 1, *VII. Olympische Winterspiele Cortina d'Ampezzo,* Frankfurt 1956.

1 Vgl. Protokoll der 61. Session 1955 in Paris (IOC-Archiv).
2 Vgl. Protokoll der 61. Session 1955 in Paris (IOC-Archiv).

der neuen Medaille an die Vorgaben des *IOC* – Falireas-Medaille – gehalten hätten, obwohl diese eigentlich verbindlich seien. Während der Debatte kamen Zweifel am Beschluß der Wiener Session von 1951 auf, und man wollte erst einmal das Protokoll prüfen. Die Siegerehrung in Cortina d'Ampezzo fand am Abend des Wettkampftages im Stadio Olimpico del Ghiaccio statt. Sie wurde vorgenommen von IOC-Präsident Avery Brundage oder einem von ihm Beauftragten. Im Offiziellen Bericht wird betont, daß sie von acht charmanten jungen Frauen aus Cortina in Volkstracht begleitet wurden.[3] Nach einem Trompetensignal dreier Herolde in mittelalterlichen Kostümen traten der IOC-Vertreter, die Ehrendamen und die siegreichen Athleten zum Podium. Nachdem über Lautsprecher die Namen und die Leistung der Sieger verkündet worden waren, wurden die drei entsprechenden Flaggen gehißt und die Hymne des Landes des Siegers gespielt. Dann erst wurden die Medaillen und die Diplome übergeben. Nach Verlassen des Podestes erhielten die Sportler von den jungen Damen die sog. Bronzini, kleine Bronzegefäße mit einem Edelweiß, ein Geschenk des Ortes Cortina. Diese Geste erinnert an die Überreichung des Pflanztopfes mit Eichenschößling bei den Spielen 1936 in Berlin. Doch diesmal ist es

VII. Olympische Winterspiele in Cortina d´Ampezzo – 26.1. bis 5.2.1956

Mannschaften: 32

AUS	AUT
BEL	BOL
BUL	CAN
CHI	ESP
FIN	FRA
GBR	GER
GRE	HUN
IRI	ISL
ITA	JPN
KOR	LIB
LIE	NED
NOR	POL
ROM	SUI
SWE	TCH
TUR	URS
USA	YUG

Sportler: 820 (132[1])

Name des Organisationskomitees:	*Comitato Organizzatore*
Präsident:	Graf Paolo THAON di REVEL
Generalsekretär:	Giordano B. FABJAN
Offizieller Bericht:	italienisch / englisch
Zeremoniell:	Eröffnungs- und Schlußfeier am Anfang bzw. am Ende der Spiele
Eröffnung durch:	Staatspräsident Giovanni GRONCHI
Dauer:	11 Tage
Siegerehrung:	am Abend des Wettkampftages bzw. nach dem Wettkampf, durch den IOC-Präsidenten bzw. ein von ihm beauftragtes IOC-Mitglied
Olympischer Eid:	Giuliana CHENAL-MINUZZO (alpine Skiläuferin)
Letzter Fackelträger:	Guido CAROLI (Eisschnelläufer)
Olympische Hymne:	Giuseppe BLANC
Emblem:	Franco RONDINELLI
Plakate:	Franco RONDINELLI, Mario BONILAURI
Siegermedaille:	Costantino AFFER
Siegerdiplom:	Pino STAMPINI
Erinnerungsmedaille:	Constantino AFFER
Erinnerungsdiplom:	Corrado MANCIOLI
Zeitschrift:	*Bolletino ufficiale*
Filme:	Julio FERONI (Vertigine Bianca), Jeux Olympique de Cortina d'Ampezzo
Sportarten:	6 (3[1]) mit 24 (7[1]) Wettbewerben
Besonderheiten:	Fackelstaffel von Rom nach Cortina, keine Demonstrationswettbewerbe, »Bronzini« an die Medaillengewinner, in Europa Fernseh-Direktübertragung durch Eurovision

Erläuterungen: [1] davon Frauen

Siegerehrung für den Riesenslalom der Herren, von links Anderl Molterer, Toni Sailer, Walter Schuster (alle AUT); unten: die finnischen Siegerinnen in der 3x5-km-Skistaffel mit Medaillen, Diplomen und den Bronzini, von links Sirkka Polkunen, Mirja Hietamies, Siiri Rantanen

3 Comitato Olimpico Nazionale Italiano, *Giochi,* S. 581. Es wird auch genau beschrieben, wer von ihnen wo stand und was zu tragen hatte. Außerdem werden ihre Namen und ihr Alter abgedruckt!

4 Möglicherweise ein Hinweis auf das Mischungsverhältnis der Metalle.

5 Comitato Olimpico Nazionale Italiano, *Giochi,* S. 212.

6 Im 1500-m-Eisschnellauf gab es zwei Sieger und einen dritten Platz.

Funktionärs-diplom

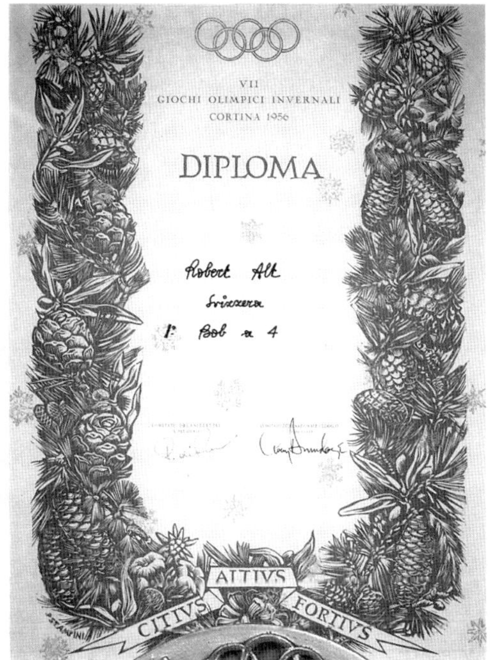

Siegerdiplom

Siegermedaille

Costantino AFFER *1906

Der Bildhauer hatte in Brera und Mailand studiert und lange Zeit als Medailleur der Firma Fabbrica di Medaglie Fratelli Lorioli in Mailand gearbeitet. Er schuf bedeutende Medaillen, z.B. Winston Churchill (1953), Albert Einstein (1954) und Ernest Hemingway (1954).

Tafel mit den Namen der Sieger

kein Ehrenpreis des *IOC* bzw. des Organisationskomitees, sondern einer der gastgebenden Stadt. Deshalb wurde das Geschenk auch erst nach Verlassen des Podiums überreicht.

Siegermedaille. Wie schon oben erwähnt, hat sich das Organisationskomitee von Cortina in der Medaillenfrage nicht um die Vorgabe des IOC gekümmert. So schuf der Mailänder Bildhauer Costantino Affer die Siegermedaille. Die Vorderseite schmückt ein Frauenhaupt, in dessen Haaren oben, hinter der Stirn, wie ein Diadem die Olympischen Ringe befestigt sind. Unten links brennt eine Fakkel, deren Flammen hinter ihrem Kopf nach rechts oben lodern und mit ihren Haaren verschmelzen. Die Umschrift lautet: »*VII GIOCHO OLIMPICI INVERNALI*«. Rechts am Hals ist »*COST.*«, links »*LORIOLI*« für die Herstellerfirma, Fabbrica di Medaglie Fratelli Lorioli aus Mailand, eingraviert. Die Rückseite zeigt einen großen sechszackigen Schneestern und dahinter das Profil des Berges Pomagagnon, an dessen Hängen viele Wettbewerbe stattfanden. Die Randinschrift lautet: »*CITIUS ALTIUS FORTIUS – CORTINA 1956*«, dazu die Zahl »*800*«[4]. Der Durchmesser beträgt 60 Millimeter, die Dicke 3,2 bzw. 3,7 (Bronze) Millimeter, das Gewicht 120,5, 117,5 bzw. 118 (von vergoldet bis Bronze) Gramm. Ein Feingehaltsstempel »*800*« findet sich auf der Rückseite der vergoldeten bzw. silbernen Exemplare am rechten Rand. Nach Angaben im Offiziellen Berichtes wurden 40 vergoldete, 38 silberne und 39 bronzene Medaillen vergeben.[5] Dies kann jedoch nicht stimmen. Es müssen bei den 24 Wettbewerben 51 bzw. 49 bzw. 50 gewesen sein.[6] Zu den Medaillen gehören grüne (Platz 1), weiße (Platz 2) und rote (Platz 3) Lederkästchen, ausgeschlagen mit gleichfarbenem Samt und den Olympischen Ringen in Email auf dem Deckel.

Siegerdiplom. Das Diplom für die ersten Sechs wurde von dem römischen Architekten Pino STAMPINI entworfen. Ein Fries von Früchten, Alpenblumen und Schneesternen schmückt an drei Seiten die Urkunde. Oben ist ein freier Platz für die Olympischen Ringe. Unten ist in das Blumenband »*CITIUS – ALTIUS – FORTIUS*« eingedruckt. In der Mitte ist Platz für die Eintragung. Unterschrieben haben Avery BRUNDAGE und Graf Paolo Thaon di Revel, der Präsident des Organisationskomitees. Das Diplom (382 x 482 Millimeter) wurde von der Mailänder Papiermühle Fabriano in 300 Exemplaren hergestellt.

Kurz nach den Spielen wurde auch in Rom an einer Mauer am Eingang des Stadions eine Tafel mit den Namen der Sieger angebracht.

Erinnerungsmedaille. Die Erinnerungsmedaille entspricht in Vorder- und Rückseite den Exemplaren für die Siegerplätze. Sie unterscheidet sich nur in Durchmesser (45 Millimeter), Dicke (drei Millimeter) und Gewicht (54 bis 58 Gramm). Bei Fabbrica di Medaglie Fratelli Lorioli in Mailand wurden vergoldete Erinnerungsmedaillen hergestellt für die Ehrengäste und hohen Offiziellen, silberne für weitere Gäste und Funktionäre und bronzene für die Sportler. Die Medaillen aus Edelmetall wurden in einem dunkelblauen Lederkästchen übergeben, die bronzenen in einem orangenen Papierbehältnis mit den Olympischen Ringen auf dem Deckel. Außen ist die Adresse der Firma Lorioli (Mailand und Rom) eingedruckt. Insgesamt 2 532 Medaillen wurden verteilt.

Erinnerungsdiplom. Im Vorgriff auf die neue Charta, deren Bestimmungen im Juni 1956 in Kraft traten, war auch den Funktionsträgern

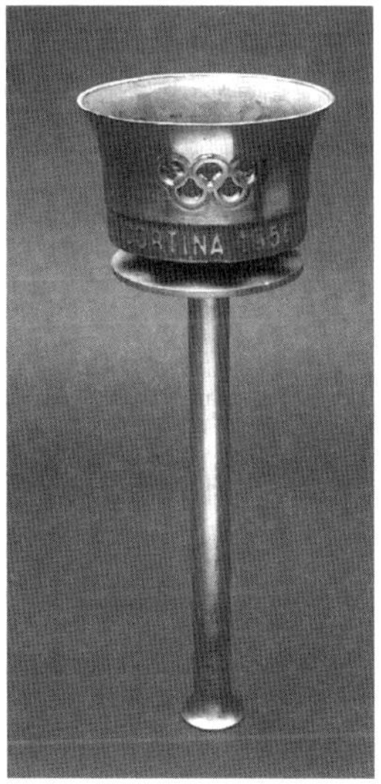

Die Fackel; rechts: Guido Caroli entzündet das Olympische Feuer; Fackelplakat

ein Erinnerungsdiplom zugedacht worden. Dieses schuf der römische Maler Corrado Manciolo. In der Mitte brennt in einer Schale das Olympische Feuer. Es lodert durch die Inschrift »*CITIUS – ALTIUS – FORTIUS*«. Am oberen Rand befindet sich die Inschrift »VII GIOCHI OLIMPICI INVERNALI CORTINA 1956«, und unterhalb der Schale ist »DIPLOMA« zu lesen. Dann folgten der Name und die Funktion des jeweiligen Betreuers. Darunter ist das Eisstadion zu erkennen. Unterschrieben wurden die 3 000 Exemplare (325 x 475 Millimeter), von denen 2 957 vergeben wurden, von Graf Thaon di Revel und Giordano B. Fabjan, dem Präsidenten und dem Generalsekretär des Organisationskomitees.

Exkurs: Fackelstaffel

Zu den VII. Olympischen Winterspiele in Cortina d'Ampezzo wurde eine am 22. Januar 1956 auf dem Capitol in Rom im Tempel des Jupiter entzündete Flamme per Flugzeug nach Venedig gebracht. Von dort brachte sie eine Staffel, an der berühmte italienische Leichtathleten, Bergsteiger, Skiläufer und Olympiateilnehmer beteiligt waren, zunächst auf den Duca d'Aosta. Dort bewahrte man das Olympische Feuer in der Nacht vor der Eröffnung in einer Schutzhütte auf.
Am Eröffnungstag trug Zeno COLO, Olympiasieger von Oslo, die Fackel vom Pocol ins Tal. An der Bande des Stadio Olimpico del Ghiaccio übernahm sie der Eisschnelläufer Guido Caroli, der nach Umrundung der Bahn das Olympische Feuer entzündete. Der Weg der Fackel zum Stadion war vorher durch den Abschuß von Leuchtraketen entlang der Strecke sichtbar gemacht worden.
Ein Plakat der VII. Olympischen Winterspiele zeigt eine Fackel in einer Hand mit Skihandschuh.

Pino STAMPINI *1905

Der Maler, Graphiker und Bildhauer besuchte in Turin die Academia Albertina und belegte dort Kurse in Malerei. Außerdem war er am Lehrstuhl für Anatomie tätig und wurde schließlich Professor für künstlerische Anatomie (anatomia artistica). In den sechziger Jahren beschäftigte er sich mit Werbegraphik und Kino-Werbung.
1942 nahm er an einer Ausstellung italienischer Holzschnitte in Viareggio teil. Beim Wettbewerb der Biennale in Venedig anläßlich der 10-Jahresfeier zum Ende des Faschismus wurde er für seinen Holzschnitt Mussolinis Erben mit einem Preis ausgezeichnet. Ebenso wurde sein Holzschnitt Die Gasse über San Michele prämiert. Er war auf der XIX. und XX. Biennale in Venedig und auf der dritten Quadriennale in Rom vertreten. Außerdem waren seine Werke in Riga, Budapest, Warschau und Abbazia zu sehen. Seine Arbeiten finden sich im Museum für moderne Kunst in Turin und in den Galerien des italienischen Bildungsministeriums sowie in vielen Privatsammlungen. Stampini war auch als Journalist tätig, war Mitbegründer der Zeitschrift »Vent´anni« und gab bis 1937 »Il Lambello« heraus, das Organ des piemontesischen Universitäts-Faschismus.

Reiterspiele Stockholm 1956

Für die Reiter hatte sich bei den Spielen der XVI. Olympiade eine völlig neue Situation ergeben: Aufgrund der strengen, letztlich unpraktikablen australischen Quarantäne-Bestimmungen für eingeführte Tiere mußten ihre Wettbewerbe »ausgelagert« werden. So fanden im Juni 1956 im Stockholmer Olympiastadion von 1912 separate »Olympische Reiterspiele« statt, bei denen sich die deutschen Starter besonders auszuzeichnen vermochten. Vor den Augen der englischen Königin und des schwedischen Königs konnte in jedem der sechs Wettbewerbe ein Platz auf dem Treppchen ergattert werden. Als größte Erfolge sind die Goldmedaillen zu verbuchen, die im Preis der Nationen, und zwar sowohl in der Mannschafts- als auch in der Einzelwertung, gewonnen wurden. Herauszuheben ist Hans Günter WINKLER und sein legendärer Ritt im zweiten Umlauf, den er aufgrund einer in ersten Durchgang erlittenen Verletzung nur unter Schmerzen und mit Hilfe seines Pferdes »Halla« fehlerlos beenden konnte. Später avancierte Winkler zum erfolgreichsten »Olympia-Springreiter« überhaupt: Er gewann 1960, 1964 und 1972 jeweils Gold, 1968 Bronze mit der Mannschaft, wurde 1960 und 1968 jeweils Fünfter der Einzelwertung, bevor er 1976, also zwanzig Jahre nach seinem ersten Triumph, noch einmal eine Silbermedaille errang.

Siegerehrung. Bei den Siegerehrungen der Reiterwettbewerbe standen die zu Ehrenden manchmal auf dem Treppchen (Helsinki 1952), manchmal saßen sie auf ihren Pferden (Berlin 1936). Die erste Form entsprach der olympischen, die zweite der reiterlichen Tradition. In Stockholm ritten die Sieger ein und nahmen vor der Haupttribune Aufstellung. Avery BRUNDAGE übergab die Medaillen, die ihm von jungen Schwedinnen in Tracht auf Kissen angereicht wurden. Die neuen Bestimmungen der Charta wurden noch nicht angewandt, d.h., alle Reiter, die sowohl in der Einzel- als auch in der Mannschaftswertung erfolgreich waren, erhielten zwei Medaillen.[1]

Siegermedaille. Die Vorderseite der Siegermedaille war von dem Stockholmer Künstler John Sjösvärd, der in ähnlicher Form auch das Siegerdiplom, das Logo und das Plakat der Spiele entworfen hatte, geschaffen worden. Sie zeigt in der Mitte die Silhouette eines antiken Reiters. Als Vorlage dienten Reiterskulpturen der Relieftafeln vom Fries des Parthenon, der Panathenäische Festzug aus der Schule des PHIDIAS aus dem 5. Jahrhundert v. Chr. Vorbild könnten aber auch die Reiter aus dem Alexanderfries von Bertel THORVALDSON gewesen sein, den dieser 1812 nach antikem Muster (Parthenon-Fries) im Quirinalspalast in Rom modellierte.

Die Umschrift in Schwedisch lautet: *»XVI OLYMPIADENS RYTTARTÄVLINGAR – 1956/ STOCKHOLM«*[2]. Rechts neben dem linken Hinterhuf des Pferdes hat SJÖSVÄRD mit *»JS«* seine Initialen eingravieren lassen. Die Rückseite entspricht dem vom *IOC* 1951 vorgeschriebenen Motiv des Griechen Vasos Falireus. Die Maße: 50 Millimeter Durchmesser, 5,8 (vergoldet), 5,3 (Silber) und 5,5 (Bronze) Millimeter Dicke und entsprechend 108, 106 und 92,3 Gramm Gewicht. Hergestellt bei Lagerströms Fabriks AB in Mjölby.[3]

Bei der Exekutivsitzung in Stockholm kehrte der Vorstand des *IOC* aber wieder zur Amsterdamer Medaille von 1928 zurück und legte fest, daß deren Durchmesser in Zukunft für die Winter- und Sommerspiele maßgebend sei und daß die Organisatoren der Winterveranstaltung wieder freie Hand für die Gestaltung der Medaille hätten.[4]

Siegerdiplom. Das Diplom (298 x 412 Millimeter), ebenfalls von Sjösvärd entworfen, ist sehr einfach gehalten. Im oberen Drittel sind auf einer ovalen Medaille das Logo der Spiele, der antike Reiter, und darunter die Olympischen Ringe abgebildet. Unter der Medaille befinden sich nach links und rechts oben wachsend zwei Ölzweige. Es folgen in drei Sprachen (schwedisch, französisch und englisch) der Text *»Reiterspiele der 16. Olympiade«*, die Bezeichnung des jeweiligen Wettkampfes, der Name des zu Ehrenden und die Unterschriften von IOC-Präsident Brundage und Prinz Bertil, dem Präsidenten des Organisationskomitees, und darunter noch »STOCKHOLM 1956«.

Literatur:
Organisationskommittén för den XVI Olympiadens Ryttartävlingar/Organizing Committee for the Equestrian Games of the XVIth Olympiad [Hg.], *Ryttarolympiaden Stockholm 1956. The Equestrian Games of the XVIth Olympiad,* Stockholm 1959.
MAEGERLEIN, Heinz, *XVI. Olympiade 1956,* Bd. 2, *IX. olympische Reiterspiele Stockholm 1956,* Frankfurt 1956.
GLAHN, Erich, *Reitkunst am Scheideweg,* Heidenheim 1956.

1 Siehe Abschnitt Melbourne 1956.

2 *»REITERSPIELE DER XVI. OLYMPIADE - 1956 / STOCKHOLM«*

3 Auf der Kante hat die Firma ihr Kürzel und den Feingehalt des Silbers mit *»LPA M F 9«* eingestempelt.

4 Protokoll der Sitzung vom 14. Juni 1956 (IOC-Archiv).

XVI OLYMPIADENS
RYTTARTÄVLINGAR
JEUX EQUESTRES DE LA XVIe OLYMPIADE
EQUESTRIAN GAMES OF THE XVITH OLYMPIAD
FÄLTTÄVLAN LAG
SILVERMEDALJ
KLAUS WAGNER
STOCKHOLM 1956

Siegerdiplom

Erinnerungsmedaille

Siegermedaille

Kurz nach Beendigung der Spiele wurde die Tafel mit den Namen der Olympiasieger an einer Wand des Stockholmer Olympiastadions angebracht.

Erinnerungsmedaille. Die bronzene Erinnerungsmedaille (braun) ist eine ovale Plakette (blanke Rückseite), auf der, wie bei der Urkunde, oben der antike Reiter und darunter die Olympischen Ringe abgebildet sind.

Reiterspiele der XVI. Olympiade in Stockholm – 10. bis 17. Junit 1956

Mannschaften: 29

ARG	AUS
AUT	BEL
BRA	BUL
CAM	CAN
DEN	EGY
ESP	FIN
FRA	GBR
GER	HUN
IRL	ITA
JPN	NED
NOR	POR
ROM	SUI
SWE	TUR
URS	USA
VEN	

Sportler: 159 (12[1])

Name des Organisationskomitees:	***Organizing Committee for the Equestrian Games of the XVIth Olympiad***
Präsident:	Prinz BERTIL
Generalsekretär:	Robert SELFELT
Offizieller Bericht:	schwedisch / englisch
Zeremoniell:	Eröffnungs- und Schlußfeier am Anfang bzw. am Ende der Spiele
Eröffnung durch:	König GUSTAF VI. ADOLF
Dauer:	8 Tage
Siegerehrung:	nach dem Wettkampf durch IOC-Präsident Avery BRUNDAGE
Olympischer Eid:	Henri St. CYR (Dressurreiter)
letzter Fackelträger:	Hans WIKNE
Olympische Hymne:	Michal SPISAK / PINDAR (Text)
Emblem:	John SJÖSVÄRD
Plakat:	John SJÖSVÄRD
Siegermedaille:	John SJÖSVÄRD / Vasos FALIREUS
Siegerdiplom:	John SJÖSVÄRD
Erinnerungsmedaille:	John SJÖSVÄRD
Verdienstmedaille:	John SJÖSVÄRD
Fanfare:	Kungarop (Marsch der Schwedischen Kavallerie)
Sportarten:	1 (1[1]) mit 6 (6[1]) Wettbewerben

Erläuterungen: [1] davon Frauen

XVI OLYMPIADENS
RYTTARTÄVLINGAR
ENLIGT H.M. KONUNG GUSTAF VI ADOLFS GILLANDE
TILLDELAS
Fred Blaser
RYTTAROLYMPIADENS 1956 FÖRTJANSTMEDALJ
ORDFÖRANDE I ORGANISATIONSKOMMITTÉN
ORDFÖRANDE I VERKSTÄLLANDE UTSKOTTET
STOCKHOLM 1956

Verdienstmedaille; links: Urkunde zur Verdienstmedaille

Auch sie ist ein Werk von Sjösvärd. Am oberen Rand ist zu lesen: *»XVI OLYMPIADENS RYTTARTÄVLINGAR STOCKHOLM 1956«*. Sie wurde an die Teilnehmer und an solche Personen vergeben, die sich aktiv um das Gelingen der Spiele gekümmert hatten. Die Maße: 50 Millimeter hoch, 42 Millimeter breit, vier Millimeter dick und 39 Gramm schwer. Auch sie wurde bei Lagerströms Fabriks AB hergestellt. Übergeben wurde sie in einem hellblauem Kartonkästchen mit dem Emblem der Spiele und dem Text *»Stockholm/ 1956«* in Gold auf dem Deckel.

Verdienstmedaille. Ähnlich wie die Erinnerungsmedaille bzw. die Badges sah auch eine Verdienstmedaille aus, die zusammen mit einem Diplom im Auftrag König Gustaf VI. Adolf an Persönlichkeiten, die sich um die Spiele verdient gemacht hatten, vergeben wurde. Im Offiziellen Bericht findet sich eine Liste der Ausgezeichneten.[5]

Exkurs: Fackelstaffel

Die Fackelstaffel zu den olympischen Reiterspielen in Stockholm durchlief in der Zeit vom 2. bis 10. Juni 1956 die Länder Grie-

5 Organizing Committee for the Equestrian Games of the XVIth Olympiad, *Ryttarolympiaden*, S. 266-268.

Der Panathenäische Festzug vom Fries des Parthenon

chenland, Dänemark und Schweden. Nach der Entzündung wurde die Flamme auf einer Strecke von 325 km nach Athen getragen und dort Repräsentanten des Scandinavian Airline System übergeben. Am 4. Juni brachte eine Chartermaschine die Flamme in einer Sicherheitsgrubenlampe zum Flughafen Kastrup bei Kopenhagen, wo sie von der dänischen Olympia-Mannschaft begrüßt wurde. Von Reitern und Reiterinnen wurde die Fackel zum Rathaus in Kopenhagen gebracht und dort während der Nacht aufbewahrt. Militärs stellten die Ehrenwache. Am folgenden Tag ging der Transport der Flamme im Flugzeug weiter bis nach Malmö, wo Reiter sie in die Stadt brachten und Kapitän Axel STÅHLE, der Olympiasieger im Springreiten von 1924, sie während einer Begrüßungszeremonie im Sattel trug. 150 Mitglieder von 16 schwedischen Reitklubs brachten dann die Flamme in fünf Tagen und Nächten auf einer Strecke von ca. 700 km durch die Orte Hälsingborg, Östra, Karup, Varber, Hindås, Slutarp, Laxå, Götlunda, Köping, Västerås, Enköping, Litslena, Väsby, Sörentorp nach Stockholm. Von den Royal Svea Lifeguard Barracks in Sörentorp, wo die Stafette während der letzten Nachtstunden vor der Eröffnungsfeier von Kadetten bewacht wurde, trugen Reiter die Flamme nach Stockholm und schließlich durch das Marathontor ins Olympia-Stadion. Als letzter Reiter galoppierte Rittmeister Hans Wikne, der in London 1948 die schwedischen Pferde betreut hatte, im Stadion eine Runde, bevor er die Flammenschale entzündete. Dann brachten Karin LINDBERG, Goldmedaillengewinnerin im Turnen in Helsinki 1952, und Henry ERIKSSON, Goldmedaillengewinner im 1500-m-Lauf 1948 in London, das Feuer auf die beiden Türme des Stadions.

Die für den Staffelritt benutzten Fackeln waren mit den später in Melbourne benutzten identisch, die Brenndauer wurde jedoch auf zwanzig Minuten verlängert. Während der gerittenen Abschnitte steckten die Fackelhalter in Schweden auf ca. 1,5 m langen Stäben. Nur der letzte Reiter trug die Fackel am Fakkelgriff.

Für den Ritt waren viele prominente Reiter ausgewählt worden. Genaue Angaben über die Zahl der Teilnehmer liegen bisher nicht vor. In Griechenland dürften ca. 330 Läufer, in Dänemark 10 bis 20 und in Schweden 150 Reiter und Reiterinnen an der Fackelstafette teilgenommen haben.

John Edgar Melcher SJÖSVÄRD 1890-1958

Sjösvärd arbeitete nach seinem Examen 1915 in Stockholm zunächst als Zeichenlehrer und unterrichtete auch die Fächer Schönschreiben und Buchhandwerk. Dazu war er als Lehrer in der Zunft der Kunsthandwerker tätig. Er arbeitete als Bildhauer, schuf Medaillen und war vor allem als Maler kriegerischer Szenen bekannt. Berühmt wurde er besonders durch seine Pferdemalereien in Öl. Er zeichnete Pferde in diversen Situationen: auf der Rennbahn, in Jagd- und Kriegsszenen und in der freien Natur. Sjösvärd malte Porträts und widmete sich sakraler Kunst, etwa der Gestaltung von Altären. Darüber hinaus entwarf er Plakate, illustrierte Bücher und fertigte Wandmalereien an. Sjösvärd hatte zwischen 1927 und 1937 verschiedene Ausstellungen in Stockholm und nahm 1957 an der Internationalen Ausstellung über Medaillenkunst in Paris teil.

Von links: Siegerehrung im Preis der Nationen, von links Fritz Thiedemann auf Meteor, IOC-Präsident Avery Brundage, Hans Günter Winkler auf Halla, Alfons Lütke-Westhues auf Ala; Petrus Kastenmann, Olympiasieger in der Military, studiert die Tafel mit den Namen der Sieger; nach Entzünden des Olympischen Feuers übergibt Hans Wikne die Flamme an Karin Lindberg, links Henry Eriksson.

Melbourne 1956

Erstmals in der olympischen Geschichte gastierten die Spiele auf dem fünften Kontinent, im fernen Australien. Allein aufgrund der weiten Anreise war die Beteiligung weit geringer als vier Jahre zuvor in Helsinki. Einige Nationen fehlten aus politischen Gründen. So hatten die Schweiz, Spanien und die Niederlande aus Protest gegen den Einmarsch sowjetischer Truppen in Ungarn auf die Entsendung einer Mannschaft verzichtet, während Ägypten und der Libanon aufgrund der Krise um den Suezkanal ferngeblieben waren. Der Konflikt zwischen Ungarn und der UdSSR wurde gewissermaßen auch in die Spiele selbst hineingetragen: Als sich im Halbfinale des Wasserball-Turniers die Vertretungen beider Länder gegenüberstanden, kam es zu tätlichen Auseinandersetzungen zwischen den Spielern, so daß die Begegnung kurz vor dem Abbruch stand.

Gleichsam als Kontrapunkt zu diesen Vorfällen kann die Idee eines 17jährigen Chinesen aus Formosa angesehen werden, der mit einem Brief an das IOC eine signifikante Änderung des traditionellen olympischen Zeremoniells bewirkte: Bei der Schlußfeier zogen die Sportler nicht mehr »geordnet«, also im jeweiligen Mannschaftsverband, sondern »ungeordnet«, also durcheinandergewürfelt oder »bunt gemischt«, ins Stadion ein. Auf diese Weise wurde zumindest ein Sinnbild olympischer Völkerverständigung inszeniert und transportiert.

Die Sommer-Spiele in Melbourne stellten auch insofern eine besondere Herausforderung dar, als sie im November/Dezember, also aus europäischer oder amerikanischer Sicht im Herbst, wenn nicht gefühlsmäßig »mitten im Winter« stattfanden. So hatten die meisten der ca. 3 200, oft hochsensiblen Athleten nicht nur eine ungewohnte Trainingsplanung zu gewährleisten, sondern neben dem Zeitzonen- auch einen gravierenden Klimawechsel zu verkraften.

Die Steilvorlage der deutschen Reiter, die wenige Monate zuvor in Stockholm in sechs Wettbewerben sechs Medaillen gewonnen hatten, konnten ihre nach Melbourne gereisten Mannschaftskameraden nicht ganz erlaufen. Für sie schlugen am Ende vier Gold-, zehn Silber- und sechs Bronzemedaillen zu Buche. In der DDR verbuchte man die von den ostdeutschen Athleten errungenen Medaillen gleichsam auf dem nationalen Konto und feierte den Boxer Wolfgang BEHRENDT als ersten »eigenen« Olympiasieger. Der Tag seines Sieges, der 1. Dezember 1956, wurde zu einem besonderen Datum in der (Sport-) Geschichte der DDR.

Problem der Mannschaftsmedaillen. Die Frage der Mannschaftsauszeichnungen ließ dem *IOC* weiterhin keine Ruhe. Auf der Session 1954 in Athen war beschlossen worden, in Teamsportarten wie Fußball und Basketball und in den verschiedenen Staffeln nur noch an die Finalteilnehmer Medaillen zu vergeben. Die anderen eingesetzten Sportler sollten sich mit Diplomen zufriedengeben. Es sollte niemand zwei Medaillen erhalten können, wenn eine Einzel- und Teamwertung innerhalb eines Wettkampfs ausgeschrieben war, z.B. beim Turnen, Modernen Fünfkampf, Reiten und Straßenradrennen. Die Mannschaftsmitglieder sollten zunächst nur ein Diplom erhalten. Dann einigte man sich darauf, ihnen nicht mehr als eine Medaille zuzugestehen.[1] Dies alles fand seinen Niederschlag in Neuausgaben der Olympischen Charta von 1955[2] und 1956.[3]

»Bei Mannschaftswettbewerben erhält jedes Mitglied des siegreichen Teams, das am Finale teilnimmt, eine vergoldete Medaille und ein Diplom, des zweitplazierten Teams eine Silbermedaille und ein Diplom und des drittplazierten Teams eine Bronzemedaille und ein Diplom. Die weiteren Mitglieder, die nicht beim Finale eingesetzt wurden, bekommen Diplome, aber keine Medaillen. [...]
Bei Mannschaftswertungen, in denen die Plazierung sich aus den Resultaten des Einzelwettbewerbs ergibt, darf kein Teilnehmer mehr als eine Medaille bekommen.«[4]

Zum ersten Mal wurden in der Charta in Verbindung mit den Erinnerungsmedaillen auch Diplome erwähnt, allerdings nur für Betreuer und Funktionäre.

»Diplome und Erinnerungsmedaillen sollen an alle Offiziellen einer Mannschaft vergeben werden [...].*«*[5]

Literatur.
Organizing Committee of the XVI Olympiad Melbourne 1956 (Hg.), *The Official Report of the Organizing Committee for the Games of the XVI Olympiad Melbourne 1956*, Melbourne 1958.
Deutsche Olympische Gesellschaft (Hg.), *Die Olympischen Spiele 1956 Cortina D'Ampezzo, Stockholm, Melbourne. Das offizielle Standardwerk des Nationalen Olympischen Komitees*, Stuttgart 1957.
Nationales Olympisches Komitee der Deutschen Demokratischen Republik (Hg.), *Die XVI. Olympischen Spiele in Melbourne 1956. Offizielles Standardwerk*, Berlin 1958.

1 Protokoll des Exekutivkomitees mit den Vertretern der NOK (in: *Bulletin du CIO* 6(1954)46, S. 37). Protokoll der 50. IOC-Session (*Bulletin du CIO* 6(1954)46, S. 42).

2 Gedruckter Entwurf.

3 § 51 in der Ausgabe der Charta von 1955 (Entwurf) bzw. § 41 in der Fassung von 1956.

4 CIO (Hg.), *The Olympic Games*, Lausanne 1956, S. 25. Originalzitat siehe Kapitel Quellentexte.

5 *»Des diplômes et des médailles commémoratives seront remis à tous les officiels attachés aux équipes* [...]. (IOC, Hg.), *Les Jeux Olympiques*, Lausanne 1956, S. 25). *»Diplomas and souvenir medals shall be given to all non-competitors who are officially attached to Olympic teams* [...]« (IOC, Hg., *The Olympic Games*, Lausanne 1956, S. 25). Gleichzeitig wurde aber auch die Anzahl der Funktionäre pro teilnehmende Nation bezogen auf die Zahl der Athleten begrenzt (§ 36).

Siegerehrung. Bei den Siegerehrungen in Melbourne trug statt der Ehrendamen ein Boy Scout das Kissen mit den Medaillen. Die Nationalhymne wurde jetzt nach Übergabe der Medaillen gespielt. Bei der Zeremonie nach dem Straßenradrennen gab es einen heiteren Zwischenfall. Da die Musikkapelle aus irgendeinem Grund nicht angekommen war, sangen die anwesenden italienischen Offiziellen und Zuschauer die Hymne a cappella.

Siegermedaille. Auch das Organisationskomitee in Melbourne verhielt sich anscheinend so, als gäbe es keinen IOC-Beschluß für eine neue Standardmedaille, und schrieb im Offiziellen Bericht, daß nach wie vor das Modell von CASSIOLI benutzt werden müßte. Es hätte lediglich der Schriftzug *»XVTH OLYMPIAD MELBOURNE 1956«* eingefügt werden müssen.[6] Allerdings wird im Olympischen Museum in Lausanne in dem Schaukasten, in dem sich alle Siegermedaillen befinden, ein silbernes und bronzenes Exemplar der Melbourner Spiele mit der Vorderseite des Entwurfs von FALIREAS gezeigt. Dazu wird fälschlicherweise behauptet, es handele sich um die Siegermedaille dieser Spiele. Es muß also zumindest in Melbourne Überlegungen gegeben haben, dem Wiener IOC-Beschluß zu folgen. Waren die Forderungen von Falireas vielleicht zu hoch?

Nach den neuen Regeln hätte in die Medaillen der Name der Sportart eingraviert werden müssen. *»Die Medaillen sollen den Namen der jeweiligen Sportart tragen.«*[7] Als diese Bestimmung im Juni 1956 in Kraft trat, war die Produktion der Medaillen bereits angelaufen, so daß IOC-Präsident BRUNDAGE auf die Umsetzung der Vorgabe verzichten mußte. Hergestellt wurden 280 vergoldete, 280 silberne, 290 bronzene, vergeben 273 bzw. 273 bzw. 281 Exemplare.[8] Neben den »verweigerten« Medaillen für die im Finale nicht eingesetzten Sportler in den Mannschaftswettbewerben sollte nach der *Olympischen Charta* auch keine zweite Plakette vergeben werden, wenn es eine Einzel- und Teamwertung in einem Durchgang gab. Da diese Regel bei den Reiterspielen in Stockholm noch nicht angewandt worden war, wollten auch die Organisatoren in Australien sich nicht an die neue Vorschrift halten. Sie begründeten ihre Auffassung mit dem Argument, die Wettbewerbe im Reiten wären de jure ein Teil der Sommerspiele und es müßte dasselbe Procedere gelten.[9]

Siegerdiplom. In das Diplom (583 x 445 Millimeter) wurde in die Mitte im Hintergrund das Wappen der Stadt Melbourne mit dem Wahlspruch *»VIRES ACQUIRIT EUNDO«*[10] eingedruckt. Darüber steht *»DIPLOMA / OLYMPIC GAMES MELBOURNE 1956«*. Es folgen der Name und die Leistung des Athleten. In der oberen Hälfte finden sich die Olympischen Ringe, das Olympische Motto und rechts und links je ein Ölzweig. Unterschrieben haben Brundage für das *IOC* und Robert MENZIES und William S. Kent HUGHES für das Organisationskomitee. 4 000 Exemplare wurden hergestellt. Diplome erhielten die ersten Sechs eines jeden Wettbewerbs, die akkreditierten Offiziellen jedes Teams und Vertreter der Internationalen Federationen. Die große Anzahl ließ handschriftliche Eintragungen nicht zu, so daß eine Schreibmaschine mit besonders großen Typen angeschafft wurde. Die Diplome wurden nach den Spielen verschickt. Dabei gingen einige Sendungen verloren, so daß diese Exemplare ersetzt werden mußten. Welcher Designer das Diplom entworfen hat, ließ sich nicht mehr feststellen.

Auch in Melbourne wurde an einer Wand des Main Stadium (Melbourne Cricket Ground) eine große Tafel mit den Namen der Olympiasieger angebracht.

Erinnerungsmedaille. Den Auftrag, die Erinnerungsmedaille zu gestalten, erhielt der aus Ungarn ausgewanderte, inzwischen naturalisierte Künstler Andor MESZAROS. Auf der Vorderseite geht ein Athlet, der die Olympische Flagge trägt, an der Spitze eines Zuges von neun Sportlerpaaren. Die Personen sind kreisförmig angeordnet, so daß ihre Füße den äußeren Rand der Medaille berühren. Die Fahne, die der Anführer hochhält, flattert in der Mitte, um die das Olympische Motto *»CITIUS – ALTIUS – FORTIUS«* eingraviert ist. Als Meszaros das Gipsmodell angefertigt hat-

Die Tafel mit den Namen der Sieger; oben: Siegerehrung im Turnen (Sprung über das Längspferd), von links Juri Titov (URS), der Dritte, Valentin Muratow (URS) und Helmut Bantz (GER), die beiden Sieger. Die Medaillen wurden im offenen Kästchen überreicht.

6 Organizing Committee of the XVI Olympiad Melbourne 1956, *Report*, S. 99.
7 § 41 »[...] *Les médailles devront mentionner le sport bénéficiaire«* (CIO [Hg.], *Les Jeux Olympiques*, Lausanne 1956, S. 25). »*The medals must bear the name of the sport concerned*« (CIO [Hg.], The Olympic Games, Lausanne 1956, S. 24).
8 Weil es im Boxen jeweils zwei Drittplazierte gab, mußten mehr Bronzemedaillen vergeben werden.
9 Organizing Committee of the XVI Olympiad Melbourne 1956, *Report*, S. 99.
10 *»Es werden Kräfte durch Bewegung erworben«* (»*We gather strength as we go*«).

te, machte ihn sein Sohn Michael darauf aufmerksam, das beim Motto die Reihenfolge der Worte falsch war. Das Modell mußte geänderte werden.[11] Aus heutiger Sicht schade, denn dann wäre dies Medaille wirklich eine Besonderheit geworden.

Die Rückseite der Medaille schmückt das Wappen der Stadt Melbourne. Darüber befinden sich die Olympischen Ringe. Am Rand

Spiele der XVI. Olympiade in Melbourne – 22. November bis 8. Dezember 1956

Mannschaften: 67

AFG	ARG	AUS
AUT	BAH	BEL
BER	BIR	BRA
BUL	CAN	CEY
CHI	COL	CUB
DEN	ETH	FIJ
FIN	FRA	GBR
GER	GRE	GUY
HKG	HUN	INA
IND	IRI	IRL
ISL	ISR	ITA
JAM	JPN	KEN
KOR	LBR	LUX
MAS	MEX	NBO
NGR	NOR	NZL
PAK	PER	PHI
POL	POR	PUR
ROM	RSA	SIN
SWE	TCH	THA
TPE	TRI	TUR
UGA	URS	URU
USA	VEN	VIE
YUG		

Sportler: 3 182 (370[1])

Name des Organisationskomitees:	***The Organizing Committee of the XVI Olympiad, Melbourne 1956***
Präsident:	William S. Kent HUGHES
Generalsekretär:	Edgar TANNER
Offizieller Bericht:	englisch
Zeremoniell:	Eröffnungs- und Schlußfeier am Anfang bzw. am Ende der Spiele
Eröffnung durch:	Prinz PHILIPP, Herzog von Edinburgh
Dauer:	17 Tage
Siegerehrung:	nach dem Wettkampf durch den IOC-Präsidenten bzw. ein von ihm beauftragtes IOC-Mitglied
Olympischer Eid:	John LANDY (Leichtathlet)
letzter Fackelträger:	»Ron« CLARKE (Leichtathlet)
Fackel (Design):	Ralph LAVERS
Olympische Hymne:	Michal SPISAK / PINDAR (Text)
Emblem:	unbekannt
Plakat:	Walter BECK
Siegermedaille:	Giuseppe CASSIOLI
Siegerdiplom:	unbekannt
Erinnerungsmedaille:	Andor MESZAROS
Zeitschrift:	*XVI Olympiad. Official News Service*
Film:	*Melbourne 1956*
Sportarten:	16 (6[1]) mit 151 (30[1]) Wettbewerben
Demonstrationen:	2 mit zwei Wettbewerben
Besonderheiten:	Zum ersten Mal kommen bei der Schlußfeier die Sportler nicht nach Mannschaften geordnet ins Stadion.

Erläuterungen: [1] davon Frauen

Commemorative Medals

Group	Ordered	Issued
Guests of Honour	50	41
I.O.C.	65	52
N.O.C.	475	328
I.F.—President and Secretary	40	26
Organizing Committee	70	70
Attaches	80	75
Chefs de Mission	80	56
Arena Managers	25	21
Team Officials	600	589
Medical	100	159
Housing	25	9
Transport	25	11
Sub-Committees of Organizing Committee	70	67
Civic Committee	20	20
Sports Officials	2,165	1,927
Competitors	4,505	3,516
Torch Relay	3,000	2,981
Opening Ceremony	25	8
Arts Festival	750	768
Miscellaneous (including O.C. Staff and voluntary helpers)	130	622
Total	12,250	11,305

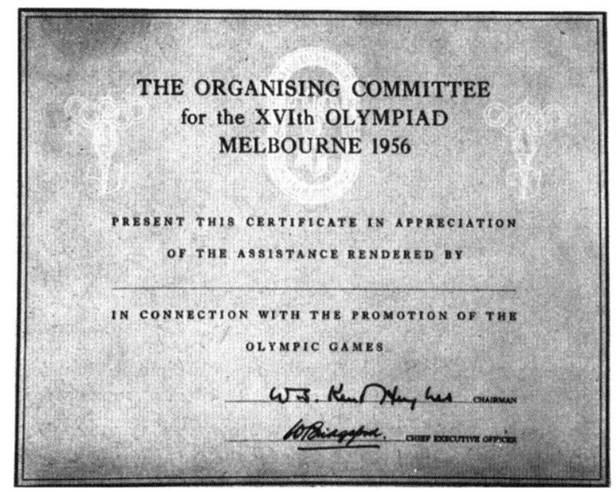

Verteilerschlüssel für die Erinnerungsmedaillen; unten: »Helferdiplom«

ist zu lesen *»OLYMPIC GAMES MELBOURNE 1956«*. Die Medaille ist aus Bronze, hat eine Dicke von ca. vier und einen Durchmesser von ca. 63,5 Millimetern. 12 250 Erinnerungsmedaillen wurden geprägt, von denen 11 350 verteilt wurden. Der Druckstock wurde bei der Firma Pinches in London, die auch die Medaillen der Spiele 1948 in London gestochen hatte, hergestellt. Zusammen mit einigen Probeexemplaren, um die Qualität zu veranschaulichen, wurde er dann nach Australien geschickt.

»Helferdiplom«. Das Organisationskomitee vergab auch an seine lokalen Helfer ein einfach gestaltetes Diplom.[12]

11 Briefliche Mitteilung von Michael MESZAROS an Ian JOBBLING vom 12. Oktober 1999.

12 Anscheinend gab es trotz der Bestimmungen der Charta in Melbourne kein Erinnerungsdiplom für die Funktionäre.

Siegerdiplom

Erinnerungsmedaille

Siegermedaille

Andor MESZAROS 1900-1972

Der ungarische Bildhauer und Medaillist wurde zum Architekten in Wien und zum Bildhauer in Paris ausgebildet. Er wanderte über England nach Australien aus, wo er seit 1939 lebte. Dort arbeitete er zunächst als technischer Zeichner Seit 1940 war er als freischaffender Bildhauer tätig und schuf viele Portrait-Medaillen. Einen internationalen Ruf erlangte er durch seine Statuen, u.a. die drei 2,7 Meter hohen Steinfiguren für das Royal Prince Alfred Hospital in Sydney (1942-1945), die König Georg V Erinnerungsstatue im Marmor, den Altar der Canterbury Cathedral, dazu kommen die Myers University Medal, die Anzaas Medal (1965) und das Zoology Relief in Bronze (1962). Nach seinem Tod übernahm sein Sohn Michael, ebenfalls Bildhauer, das Atelier. Neben der Erinnerungsmedaille war Andor Meszaros 1956 mit verantwortlich für die Straßendekorationen. Vorlage war ihm dafür die Felszeichnung der Aborigines, eine laufende Frau.

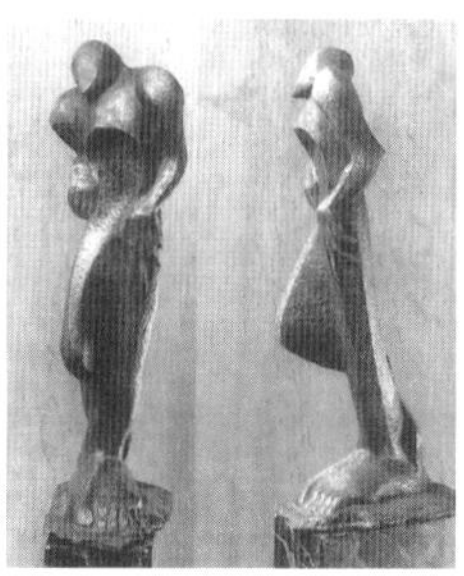

The Effort (1956)

Exkurs: Fackelstaffel

Die bis dahin größte Distanz mußte das Olympische Feuer auf dem Weg zu den Spielen der XV. Olympiade in Melbourne überwinden. In der Zeit vom 22. November bis zum 8. Dezember 1956 wurden die 20 470 Kilometer zurückgelegt und dabei der halbe Erdball umrundet, um das Olympische Feuer zum ersten Mal in die südliche Hemisphäre zu tragen. Von Olympia nach Athen waren 350 Läufer unterwegs. Am Eingang der Akropolis wurde dem Läufer von zwei Kriegern in der Uniform der Kämpfer von Marathon der Weg versperrt und erst nach den Worten »*Ich bringe die Flamme von Olympia*« wieder freigegeben. Dann wurde die Olympische Hymne von SAMARAS gesungen. Der Präsident des *Hellenischen Olympischen Komitees* »übertrug« die Flamme in zwei wiederum – wie schon 1952 – vom *NOK des Saarlandes* gestifteten Grubenlampen. Kronprinz KONSTANTIN übergab diese dann dem australischen Generalkonsul. Nach dem Transport im Auto zum Athener Flughafen übernahm am 4. November eine Maschine der australischen Fluggesellschaft Qantas die Sicherheitslampen. Bei Zwischenlandungen in Indien (Kalkutta), Thailand (Bangkok), Singapur und Indonesien (Djarkarta) wurden Feierstunden abgehalten. In Darwin wurde die Flamme nach einem öffentlichen Empfang an die Royal Australian Air Force übergeben und mit einem Jet-Bomber nach Cairns geflogen, wo am 9. November der Lauf durch Australien begann. Auf dem Landweg von Cairns nach Melbourne wurde in Ballarat, dem Ort der Ruder- und Kanuwettbewerbe, das Feuer zurückgelassen und vom Bürgermeister in einer Miniaturausgabe der Flammenschale des Olympia-Stadions entzündet. Kurzfristig mußte in Australien der Konvoi auf die Bahn verladen werden, um auf einer höher gelegenen Brücke ein überschwemmtes Gebiet zu überwinden. In Australien passierte der Lauf nach dem Flug von Darwin nach Cairns die Städte Townsville, Mackay, Rockhampton, Maryborough, Brisbane, Grafton, Newcastle, Swansea, Sydney, Canberra, Albury, Bendigo, Castelmaine, Ballarat,

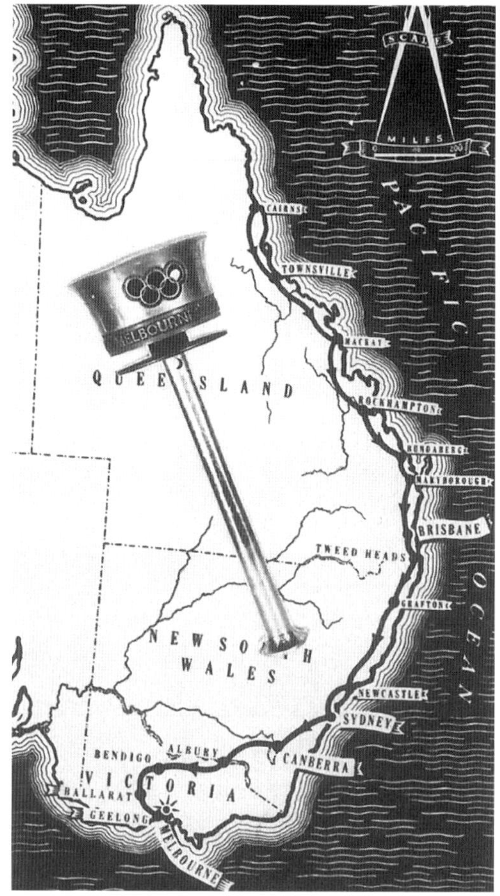

Weg der Fackelstaffel durch Australien

Geelong, um am 22. November nach 21 Tagen das Olympia-Stadion in Melbourne zu erreichen.

Von den ca. 20 470 Kilometern (12 741 Meilen) der Gesamtstrecke wurden 4 912 km (3 051 Meilen) gelaufen. Die Strecke pro Läufer betrug in Griechenland einen Kilometer, in Australien 1 Meile (1,610 km), wobei die kalkulierte Laufzeit pro Meile den klimatischen Bedingungen angepaßt und in North Queensland auf sieben, in South Queensland auf 6,5 und in New South Wales und Victoria auf sechs Minuten eingestellt wurde. Insgesamt nahmen 3 181 Läufer und Läuferinnen (Griechenland 350, Australien 2 831) am Fakkellauf teil. Letzter Läufer war Ronald

Der letzte Fackelläufer, Ron Clarke, im Stadion

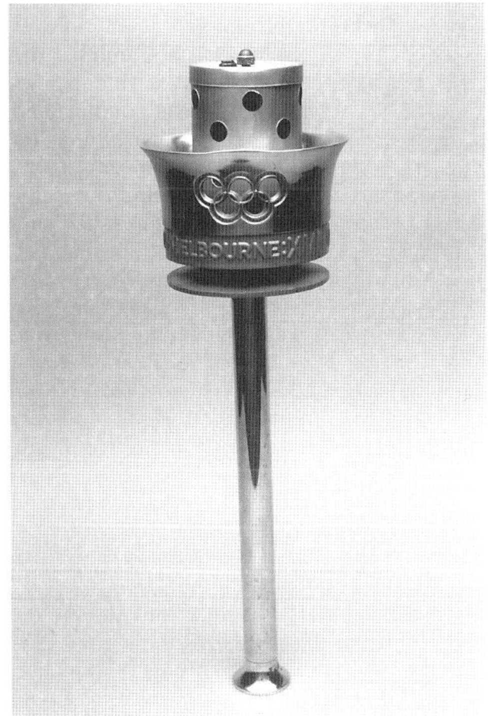

Die Fackel

William »Ron« CLARKE, zu diesem Zeitpunkt Juniorenweltrekordhalter über eine Meile.
Zum ersten Mal in der Geschichte wurde der Lauf auch dazu genutzt, nationale Minderheiten zu beteiligen: Erster Läufer in Australien war ein griechischer Neubürger (New Australien), zweiter ein australischer Aboriginal. Die teilnehmenden Läufer und Offiziellen erhielten Erinnerungsmedaillen.
Der Begleittroß der Flamme bestand aus einem Konvoi von zivilen und militärischen Fahrzeugen. Zwei Autos waren als mobile Service-Stationen für die Montage der Brennelemente und die Versorgung der Läufer mit Fackeln eingerichtet. Die Begleitmannschaft arbeitete in drei Schichten, wobei die jeweils abgelöste Schicht vorausfuhr.
Das Design der Fackel wurde offensichtlich von 1948 übernommen, möglicherweise sind Entwerter und Hersteller mit denen von 1948 identisch. Die Inschrift lautet: »*XVI Olympiad Melbourne*«. Darüber befinden sich die Olympischen Ringe. Die ca. 900 Gramm (zwei pounds) schwere Fackel war im Spritzgußverfahren aus einer Aluminium Legierung hergestellt. Die Flamme wurde von austauschbaren Brennstoffbehältern gespeist, die eine Brenndauer von ca. 15 Minuten hatten. Der letzte Läufer trug (wie 1948) eine besondere, im Design leicht abgewandelte Fackel mit einer Magnesiumkerze als Brennstoff. Das Material war vermutlich Edelstahl. Die Anzahl der benutzten Fackeln wird in einer Quelle mit 400 angegeben. Die laut Offiziellem Bericht in Australien benutzten 110 Fackeln wurden wiederholt, mit neuen Brennelementen versehen, eingesetzt. Die zeremonielle Fackel des letzten Läufers erhielt das Olympische Museum in Lausanne als Geschenk.

Squaw Valley 1960

Die Bewerbung Squaw Valleys um die Ausrichtung der Winterspiele ging letztlich auf eine Grundstücksspekulation zurück. Mit dieser Maßnahme sollten nämlich ein neu erschlossenes Skigebiet bekannt gemacht und die Preise in die Höhe getrieben werden. Das einsame Tal in den kalifornischen Wäldern unweit von Reno war nämlich 1949 von einem New Yorker Rechtsanwalt als potentielles Skigebiet und attraktive Geldanlage entdeckt und seitdem erfolgreich vermarktet worden. Möglich wurde der Coup der Winterspiele durch das erhebliche finanzielle Engagement des »Sonnen-Staates« Kalifornien.

Aufgrund der – für die Europäer – weiten, sprich kostspieligen Anreise blieb die Zahl der Teilnehmer um etwa 150 hinter der von Cortina d'Ampezzo zurück. Deutschland war erneut »nur« mit einem Team vertreten. Da man sich, wie schon vier Jahre zuvor, in bilateralen Verhandlungen nicht auf die entsprechenden Modalitäten hatte einigen können, mußte wiederum das *IOC*, namentlich sein Präsident Avery BRUNDAGE, als Schlichter auftreten und verbindliche Regelungen vorgeben. Diese betrafen insbesondere die Kriterien für die Zusammensetzung der Mannschaft sowie die Details eines einheitlichen Protokolls. Ein besonders heftiger Konflikt hatte sich an der Frage der Flagge entzündet. Da die DDR im Sommer 1959 anläßlich ihres zehnjährigen Bestehens ein Wappen mit Hammer, Zirkel und Ährenkranz als eigenes Hoheitszeichen in ihre Flagge aufgenommen und sich auch insofern von der Bundesrepublik abgegrenzt hatte, mußte im Hinblick auf die Repräsentation der »gesamtdeutschen« Mannschaft ein Kompromiß gefunden werden. Gegen den erklärten Willen Bundeskanzler ADENAUERs stimmte das bundesdeutche *NOK* schließlich dem Kompromißvorschlag Brundages zu, den deutschen Farben die Olympischen Ringe in weißer Farbe hinzuzufügen.

Die »gesamtdeutsche« Fahne wurde im Verlauf der Spiele anläßlich von Siegerehrungen viermal gehißt. Dabei gingen die vier Goldmedaillen zu gleichen Teilen, sprich jeweils zwei, an west- und ostdeutsche Athleten. Dies wurde in der DDR als Triumph gefeiert, und zwar schon insofern, als man sich dem weit größeren Nachbarn, bzw. dem »Klassenfeind«, sportlich als ebenbürtig erwiesen hatte. Nun konnte man darangehen, in der Arena die Überlegenheit des eigenen Systems unter Beweis zu stellen. In diesem Sinne funktionalisierte man den Skispringer Helmut RECKNAGEL und die Eisschnelläuferin Helga HAASE, sie gewann über 500 und wurde Zweite über 1000 Meter, die ersten Olympiasieger der bzw. »für die« DDR, als herausragende Repräsentanten eines souveränen Staates – anders gesagt: als »Diplomaten im Trainingsanzug«.

Für die beiden »bundesdeutschen« Goldmedaillen zeichneten die Abfahrtsläuferin Heidi BIEBL sowie der Nordische Kombinierer Georg THOMA verantwortlich. Letztgenannter dürfte das Vorbild seines Neffen, Dieter THOMA, gewesen sein, der in den neunziger Jahren zu den erfolgreichsten Skispringern zählte.

Siegerehrungen. Siegerehrungen[1] wurden täglich auf der Ehrentribüne in der Nähe der Eisschnellaufbahn durchgeführt. Das Podium stand dabei vor dem 80 Fuß hohen Turm der Nationen, einem Stahlgerüst mit den Wappenschildern aller teilnehmenden Mannschaften[2], der von zwei überlebensgroßen Statuen, einer Sportlerin und einem Athleten, flankiert wurde. Davor brannte das Olympische Feuer, und im Hintergrund sahen die Zuschauer das Bergmassiv mit der Sprungschanze.[3] Das Zeremoniell begann mit einem 15 Minuten dauernden Glockenspielkonzert, das durch die hervorragende Akustik bis hoch in das Gebirge zu vernehmen war. Danach folgte ein Feuerwerk, bevor mit einem Fanfarensignal die eigentliche Siegerehrung anfing. Nach dem Erklingen der letzten Nationalhymne wurde zum Abschluß die Parade of the Olympians gespielt, eine Art offizieller Song der Spiele.

Siegermedaille. Die Verantwortung für die Medaillen lag bei der Protokoll-Sektion des Organisationskomitees.[4] Eine Anzahl von einschlägigen Firmen wurde um Rat gebeten. Die Siegermedaille wurde von Herff Jones Co.

Literatur:
California Olympic Commission (Organizing Committee) (Hg.), *VIII Olympic Winter Games. Squaw Valley, California 1960,* San Francisco 1980.
Deutsche Olympische Gesellschaft (Hg.), *Die Olympischen Spiele 1960 Rom, Squaw Valley. Das offizielle Standardwerk des Nationalen Olympischen Komitees,* Stuttgart 1960.
Maegerlein, Heinz, *Olympische Spiele 1960. VIII. Winterspiele Squaw Valley, XVII. Sommerspiele Rom,* Frankfurt a.M. 1960.

1 Verantwortlich für das Zeremoniell war Walt DISNEY.
2 Heute eines der wenigen noch erhaltenen Wahrzeichen dieser Winterspiele.
3 Die Holzkonstruktion der Schanze ist inzwischen zusammengefallen und liegt faulend am Boden.
4 Der Offizielle Bericht sagt nichts über die Medaillen und die Diplome aus.
5 Vom Juni 1956.

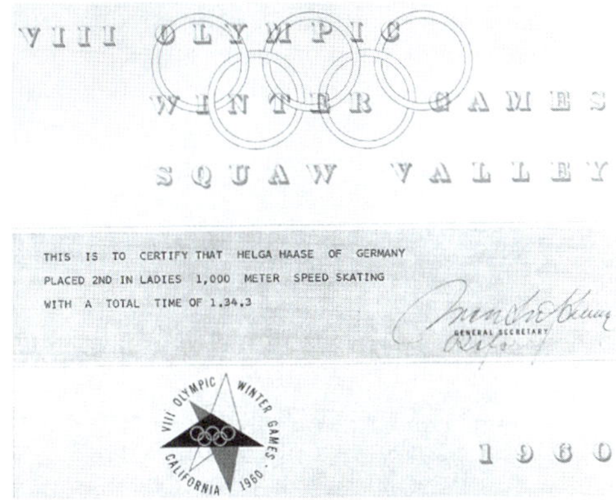

Siegerehrung im Riesenslalom, von links Josef Stiegler (AUT), Roger Staub (SUI), Ernst Hinterseer (AUT); rechts: »vorläufiges« Diplom für die Medaillengewinner

aus Indianapolis entworfen. Die Vorderseite der Siegermedaille zeigt im Profil den Kopf einer jungen Frau und dahinter, etwas seitlich nach links versetzt, den eines jungen Mannes. Sie sollen die Jugend Amerikas (der Welt?) symbolisieren. Um den Rand ist die Inschrift »*VIII OLYMPIC – WINTER GAMES*« angebracht. Die Rückseite ist recht einfach gehalten. In der Mitte sind lediglich die Olympischen Ringe zu sehen. Außen ist in der oberen Hälfte das Olympische Motto »*CITIUS – ALTIUS – FORTIUS*« zu lesen. Am unteren Rand steht z.B. »*HOCKEY / SUR GLACE*« oder »*SKI*«. Damit wurde der neuen Vorschrift der Olympischen Charta[5] Genüge getan, die Sportart in die Medaille zu prägen. Auf der Kante steht »*H. J. CO. Mo 14 KTGF*« (vergoldet), »H. J. CO. / sterling« (Silber) und »*H. J. CO.*« (Bronze). Die Medaillen haben einen Durchmesser von 55 Millimetern, eine Dicke von 4,3 bzw. 4 (Bronze) Millimetern und wiegen 97,4, 104 und 81 (von vergoldet bis Bronze) Gramm. Hergestellt wurden jeweils 60 Exemplare in den entsprechenden Edelmetallen. Übergeben wurden sie in einem Kästchen mit der Aufschrift auf dem Boden »*MADE OF EXOTIC California Redwood*«.

Siegerdiplom. Das Siegerdiplom für die Erstplazierten (23,2 x 306 Millimeter) stellt eine Verbindung zu der Medaille her, indem diese oben rechts eingedruckt ist. Es fehlt allerdings auf der Rückseite der Hinweis auf die Sportart. Neben den beiden Medaillenseiten folgt noch »*VIII*« und dann in den beiden nächsten Zeilen »*Olympic Winter Games / Squaw Valley, California 1960*«. Darunter sind rechts die Olympischen Ringe in den entsprechenden Farben und etwas tiefer links das Wort »Diploma« eingetragen. Wiederum darunter befinden sich die Angaben für die erfolgreichen Athleten. Unterschrieben haben IOC-Präsident Avery Brundage und der Präsident des Organisationskomitees Prentis C. HALE. Es war leider nicht in Erfahrung zu bringen, welcher Künstler das Diplom entworfen hat.
Die Medaillengewinner erhielten – direkt nach Beendigung des Wettkampfes (?) – ein Diplom (Zwischenurkunde), das ihnen ihren Erfolg bestätigte.

Erinnerungsmedaille. Die Erinnerungsmedaille, ebenfalls entworfen von Herff Jones Co., trägt auf der Vorderseite das Emblem dieser Spiele. Das Logo setzt sich aus drei Dreiecken in den amerikanischen Nationalfarben und den Olympischen Ringen zusammen. Die Dreiecke sind so übereinander gelegt, daß sie eine dreidimensionale Wirkung hervorrufen und damit das Bild eines Sternes bzw., einer stilisierten Schneeflocke erzeugen. Für die Auswahl des Emblems hat-

Herff Jones Co.

Diese seit 1920 bestehende Firma aus Indianapolis ist in erster Linie durch die Herstellung von Medaillen und Diplomen bekannt geworden. Sie schuf u. a. die Heisman Trophy, die Congressional Medal of Honor, die Jesse Owens Award und die Naismith Award für College-Basketball. Ein weiterer Schwerpunkt sind heute Schul- und Hochschulzeugnisse.

te es eine Ausschreibung gegeben. Unter Tausenden von Einsendungen wählte das Kunstkomitee den Vorschlag der Firma Knollin aus San Francisco aus. Rund um den äußeren Rand der Medaille steht *»VIII OLYMPIC – WINTER GAMES«*. Die Rückseite zeigt in der Mitte den Unterarm und die Faust eines Athleten, der eine brennende Fackel trägt. Eine Ähnlichkeit mit der Vorderseite der Siegermedaille der Winterspiele 1948 in St. Moritz kann nicht übersehen werden. Das Motiv taucht dann wiederum bei den Winterspielen 1980 in Lake Placid auf. Die Umschrift lautet *»SQUAW VALLEY, CALIFORNIA – 1960«*. Die Medaille ist aus Bronze (braun), hat einen Durchmesser von 50 Millimetern, eine Dicke von sechs Millimetern und wiegt 77 Gramm. Auf der Kante steht *»H. J. CO«*. Sie wurde übergeben in einer mit weißer Watte ausgelegten durchsichtigen Plastikschachtel mit der Aufschrift auf dem Deckel in Gold *»VIII OLYMPIC / WINTER GAMES / SQUAW VALLEY CALIFORNIA«*.

Die Veranstalter in Squaw Valley vergaben nicht nur an die Funktionäre, sondern auch an alle Athleten ein Erinnerungsdiplom (23,2 x 306 Millimeter). Es entspricht in der Systematik der Urkunde für die Erstplazierten. Statt der Sieger- ist die Erinnerungsmedaille eingedruckt. Unterschrieben haben der Präsidenten des Organisationskomitees Hale und der Managing Director H. D. Thoreau.

VIII. Olympische Winterspiele in Squaw Valley – 18. bis 28. Februar 1960

Mannschaften: 30

ARG	AUS
AUT	BUL
CAN	CHI
DEN	ESP
FIN	FRA
GBR	GER
HUN	ISL
ITA	JPN
KOR	LIB
LIE	NED
NOR	NZL
POL	RSA
SUI	SWE
TCH	TUR
URS	USA

Sportler: 665 (144[1])

Name des Organisationskomitees:	***Organizing Committee (California Olympic Commission, Nevada Olympic Commission)***
Präsident:	Prentis C. HALE
Generalsekretär:	H. D. THOREAU
Offizieller Bericht:	englisch
Zeremoniell:	Eröffnungs- und Schlußfeier am Anfang und am Ende der Spiele
Eröffnung durch:	Vizepräsident Richard NIXON
Dauer:	11 Tage
Siegerehrung:	am Abend des Wettkampftages bzw. nach dem Wettkampf durch den IOC-Präsidenten bzw. ein von ihm beauftragtes IOC-Mitglied
Olympischer Eid:	Carol Elizabeth HEISS (Eiskunstläuferin)
letzte Fackelträger:	Kenneth Charles HENRY
Emblem:	Knollin
Plakate (2):	Knollin (Emblem), unbekannt
Siegermedaille:	Herff Jones Co.
Siegerdiplom:	unbekannt
Erinnerungsmedaille:	Knollin / Herff Jones Co.
Erinnerungsdiplom:	unbekannt
Zeitschrift:	*News Releases, Newsletters*
Filme:	*Westward the Flame, Jeux Olympiques de Squaw Valley* (Marvin Becker Films)
Lied:	The Parade of the Olympians
Sportarten:	6 (4)[1] mit 27 (11[1]) Wettbewerben
Besonderheiten:	kein Bobwettbewerb, keine Demonstrationswettbewerbe

Erläuterungen: [1] davon Frauen

Exkurs: Fackelstaffel

Wie schon 1952 wurde für das Olympische Feuer von Squaw Valley eine Flamme in der Hütte des norwegischen Skipioniers Sondre NORHEIM in Morgedalen in der Provinz Telemarken entzündet.

Nach der Überquerung des Atlantiks und einem Fackelstaffellauf durch Kalifornien wurde die Fackel am Eröffnungstage von der amerikanischen Skiläuferin Andrea Mead LAWRENCE vom Little Papoose Peak zum Stadion gefahren und dort von Ken HENRY, dem Olympiasieger im 500-m-Eisschnellauf von 1952, nach einer Runde auf dem Eis das Olympische Feuer entzündet. Die Fackel ähnelte in der Form den für London 1948 und für Melbourne 1956 benutzten Modellen.

Die Fackel; oben: Ken Henry entzündet das Olympische Feuer.

Erinnerungsdiplom

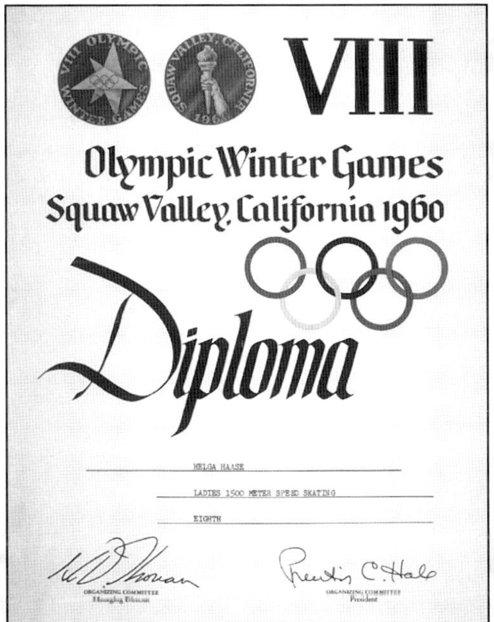

Siegerdiplom

Erinnerungsmedaille

Siegermedaille

Rom 1960

Nachdem die Hauptstadt Italiens den ihr erteilten Auftrag für die Ausrichtung der Olympischen Spiele des Jahres 1908 hatte zurückgeben müssen, kam sie ihrer Aufgabe gleichsam mit 52jähriger Verspätung nach. Dabei bot sie ein wunderbares Ambiente für das internationale Weltfest des Sports. Wie bis dahin nur in Athen spannte sich ein Bogen zur Antike und ihrer Athletik und Agonistik, wie sie beispielsweise durch das vergleichsweise gut erhaltene Kolosseum, jener riesigen »Sport«-Arena, die Schauplatz vieler blutiger Gladiatorenkämpfe und Tierhetzen gewesen war, oder durch den antikisierenden Zuschnitt des Stadio Olimpico und seiner Umgebung versinnbildlicht wurde. Auch die katholische Kirche setzte in ihrer »Haupt-Stadt« einen Akzent, und zwar insofern, als Papst JOHANNES XXIII. viele der insgesamt ca. 5 350 Olympiateilnehmer aus 83 Ländern zu einer Audienz auf dem Petersplatz empfing. Sportliche Akzente setzte zum Beispiel Wilma RUDOLPH, die »schwarze Gazelle«, mit ihren Siegen über 100 und 200 Meter sowie als Schlußläuferin der Sprint-Staffel, die in Weltrekordzeit das deutsche Quartett knapp auf den zweiten Platz verwies. Somit mußte Jutta HEINE hier ebenso mit Silber Vorlieb nehmen wie im Einzelrennen über 200 Meter. Zu den herausragenden Erscheinungen der Spiele zählten etwa auch der Äthiopier Abebe BIKILA, der den Marathonlauf nicht nur in Weltrekordzeit, sondern auch barfuß gewann, oder der Diskuswerfer Alfred (»Al«) OERTER Junior, der seinen Sieg von Melbourne wiederholte. Da er auch 1964 und 1968 in seiner Disziplin dominierte, ging er als vierfacher Seriensieger in die olympische Geschichte ein. Übrigens: Ein für 1980 geplantes, durchaus vielversprechendes Comeback des damals schon 44jährigen Ausnahmeathleten wurde durch den amerikanischen Boykott der Moskauer Spiele verhindert.

Einen Weltrekord erzielte in Rom auch der deutsche 400-m-Läufer Carl KAUFMANN. Trotzdem mußte er sich dem zeitgleichen Amerikaner Otis DAVIS beugen und mit Silber begnügen. Armin HARY dagegen reichte die Aufstellung eines Olympischen Rekords zum Sieg über 100 Meter. Mit 10,2 Sekunden war erstmals bei Olympischen Spielen die Siegerzeit von Jesse OWENS aus dem Jahre 1936 unterboten worden. Auch im Weitsprung wurde erstmals Owens' Leistung übertroffen – und dies um ganze sechs Zentimeter durch seinen Landsmann Ralph BOSTON. Armin Hary stand ein zweites Mal ganz oben auf dem Treppchen, und zwar mit der 4 x 100-m-Staffel, die ebenfalls einen Weltrekord erzielte. Mit zwei Siegen verewigte sich auch Ingrid KRÄMER in den olympischen Annalen. Die gebürtige Dresdnerin siegte überlegen im Turm- und im Kunstspringen. Bei den folgenden Spielen gewann sie Gold und Silber, weitere vier Jahre später plazierte sie sich immerhin noch einmal als Fünfte.

Mit insgesamt 13 Gold-, 19 Silber- und 13 Bronzemedaillen kam die (gesamt-) deutsche Mannschaft zumindest sportlich auf eine hervorragende Bilanz. Erfolgreicher waren nur die UdSSR und die USA, wobei im ewigen Duell der beiden Supermächte (des Sports) die amerikanischen Sportler, wie schon 1956 in Melbourne, das Nachsehen hatten. Überschattet wurde der deutsch-deutsche Auftritt freilich von den zunehmenden sportpolitischen Querelen, die durch die von »oben«, d.h. von IOC-Präsident BRUNDAGE, verordnete sportliche Gemeinsamkeit immer schlechter kaschiert werden konnten.

Siegerehrung. Auch bei den Sessionen der XVI. Olympiade befaßte sich das *IOC* mehrfach mit Fragen der Siegerehrung sowie der Vergabe und Gestaltung der Ehrenpreise. Mit den Auszeichnungen der »künstlichen« Mannschaftswettbewerbe war das Gremium immer noch nicht zufrieden. In der neuen Charta von 1958 heißt es nun:

> *»In ›künstlichen‹ Mannschaftswettbewerben soll lediglich dem Team eine Medaille gegeben werden. Die Mitglieder erhalten nur Diplome.«*[1]

Auf der 54. Session 1957 in Sofia wurde ein Antrag, die Sieger mit einen Olivenkranz auszuzeichnen,[2] abgelehnt.[3] Das römische Organisationskomitee schlug der 53. Session in Melbourne und noch einmal der 55. Session

Literatur:
The Organizing Committee of the XVII. Olympiad (Hg.), *The Official Report of the Organizing Committee for the Games of the XVII. Olympiad Rome 1960*, 2 Bde., Rom 1960.
Deutsche Olympische Gesellschaft (Hg.), *Die Olympischen Spiele 1960 Rom, Squaw Valley. Das offizielle Standardwerk des Nationalen Olympischen Komitees*, Stuttgart 1960.
Gesellschaft zur Förderung des Olympischen Gedankens in der Deutschen Demokratischen Republik (Hg.), *XVII. Olympische Spiele in Rom 1960*, Berlin 1960.

1 § 41: *»Dans les épreuves d'équipes ›artificielles‹, une seule médaille sera attribuée à l'équipe et les membres recevront un diplôme seulement«* (IOC [Hg.], Les Jeux Olympiques, Lausanne 1958, S. 25). *»In ›artificial‹ team events one medal only be given to the team and the members shall receive diplomas only«* (IOC [Hg.], The Olympic Games, Lausanne 1925, S. 25).
2 Vgl. Stockholm 1912 und Berlin 1936.
3 In: *Bulletin du CIO* 13(1958)61, S. 76.
4 In: *Bulletin du CIO* 12(1957)58, S. 48, 13(1958)63, S. 39.
5 »[...] *despite the fact that its subject was not considered with any favour by Italian art critics«* (Organizing Committee of the XVII. Olympiad, *Report*, S.306).
6 N. N., »Ersatz-Olympiagold für Muhammad Ali«, in: *sid* (07.12.1999), S. 50.

Die Siegerehrung nach dem 100-m-Lauf, von links Dave Sime (USA), Armin Hary (GER) und Peter Radford (GBR)

Steuer»mann« Klaus Zerta vom deutschen Zweier zeigt stolz seine Goldmedaille;
links: Siegerehrung der siegreichen Mannschaften des Modernen Fünfkampfs

1958 in Tokyo vor, eine neue Siegermedaille zu schaffen. Beide Ersuchen wurden jedoch negativ beschieden.[4] Die Verantwortlichen in Rom konnten ihren Ärger darüber nicht ganz verwinden und wiesen im Offiziellen Bericht darauf hin, daß die von CASSIOLI 1928 entworfene Medaille keinen Beifall bei den italienischen Kunstkritikern gefunden habe.[5]

Das Procedere der Siegerehrungen bei den Olympischen Spielen 1960 in Rom unterschied sich nicht von dem der vorangegangenen Spiele.

Gleich dreimal ehren ließ sich der Boxer Muhammad *ALI*. In Rom hatte er als 18jähriger im Halbschwergewicht gewonnen und war, wie alle anderen Olympiasieger, mit einer Goldmedaille geehrt worden. Er behauptet

> *»daß er das Edelmetall nach einem Streit mit einer Motorradgang wegen rassistischer Behandlung in einem Restaurant in den Ohio-River geworfen habe. Gegenüber Freunden räumte das einstige ›Großmaul‹ später allerdings ein, die Medaille einfach verschlampt zu haben.«*[6]

Der an der Parkinsonschen Krankheit leidende Ali entzündete bei den Spielen 1996 in Atlanta das Olympische Feuer und wurde vielfach hoch geehrt. Während der Halbzeit des Endspiels im Basketball zwischen den USA und Jugoslawien überreichte ihm IOC-Präsident Juan Antonio SAMARANCH eine Ersatzmedaille. Anfang Dezember nahm Ali mit seiner Frau an einer Friedenskonferenz in Sizilien teil. Auf der Rückreise erhielt er bei einem Empfang in Rom von NOK-Präsident Gianni PETRUCCI im Beisein des Premierministers Massimo D'ALEMA erneut eine Goldmedaille.

Siegermedaille. Dennoch erlaubten sich die römischen Organisatoren bei den Medaillen eine grundlegende Änderung, an die wir uns heute so sehr gewohnt haben, daß man sich wundert, daß es nicht immer schon so gehandhabt wurde. Die Medaillen wurden den Athleten nicht mehr überreicht bzw. in die Hand gedrückt, sondern waren erstmals an einer Bronzekette befestigt und wurden den Athleten um den Hals gelegt. Die Kette besteht aus einzelnen stilisierten Olivenblättern (hinten eine glatte Fläche), die an einem Kranz von diesen Blättern befestigt ist, der sich um die Medaille zieht. Der untere Rand dieses Rings geht in ein Plättchen über, auf dem in italienisch die Sportart, z.B. *»PUGILATO«* (Ringen), eingetragen ist. Bei der Bezeichnung von Vorder- und Rückseite ist den Verantwortlichen wohl eine Verwechslung unterlaufen. Von 1928 bis 1956 galt die Abbildung der Siegesgöttin als Vorderseite. Die Verantwortlichen haben zwar auch hier mit *»GIOCHI / XVII OLIMPIADE / ROMA 1960«* den korrekten Text eingearbeitet, doch bilden hier die Kettenglieder und die Platte unten am Ring eine glatte Fläche, so daß diese Seite als Rückenteil angesehen werden muß. Die andere, also jetzt vordere Seite zeigt den siegreichen Athleten, die Inschrift mit dem Namen der Sportart und die Olivenblätter. Die Medaille hat einschließlich des Blätterringes einen Durchmesser von 68

Millimetern und eine Dicke von 3,6 Millimetern. Das Gewicht ist auf 102 Gramm gestiegen. Hergestellt wurden die Medaillen von der Firma Aristici Florentini in Florenz. Zur Medaille gehört ein rotes Lederkästchen, ausgelegt mit rotem Samt.
Da bei den »künstlichen« Mannschaftswettbewerben nur an jedes Team eine Medaille vergeben wurden, fehlte bei dieser die Kette, berichten GREENSFELDER u.a.[7] Ein Foto von der Siegerehrung des Mannschaftswettbewerbs im Modernen Fünfkampf zeigt aber, daß pro Team eine Medaille »umgehängt« wurde.

Spiele der XVII. Olympiade in Rom – 25. August bis 11. September 1960

Mannschaften: 83			**Name des Organisationskomitees:**	***Comitato Organizzatore dei Giochi della XVII Olympiade***
AFG	AHO	ARG	Präsident:	Giulio ANDREOTTI
ATL	AUS	AUT	Generalsekretär:	Nicola GRAZIANO
BAH	BEL	BER	Offizieller Bericht:	italienisch; englisch
BIR	BRA	BUL	Zeremoniell:	Eröffnungs- und Schlußfeier am Anfang bzw. am Ende der Spiele
CAN	CEY	CHI		
COL	CUB	DEN	Eröffnung durch:	Staatspräsident Giovanni GRONCHI
ESP	ETH	FIJ	Dauer:	18 Tage
FIN	FRA	GBR	Siegerehrung:	nach dem Wettkampf durch den IOC-Präsidenten bzw. ein von ihm beauftragtes IOC-Mitglied
GER	GHA	GRE		
GUY	HAI	HKG	Olympischer Eid:	Adolfo CONSOLINI (Leichtathlet)
HUN	INA	IND	letzter Fackelträger:	Giancarlo PERIS (Leichtathlet)
IRI	IRL	IRQ	Fackel (Design):	Amadeo MAIURI
ISL	ISR	ITA	Olympische Hymne:	Spyros SAMARAS / Buaventura SOMMA (Arrangement)
JPN	KEN	KOR		
LBR	LIB	LIE	Emblem:	Armando TESTA
LUX	MAR	MAS	Plakat:	Armando TESTA
MEX	MLT	MON	Siegermedaille:	Giuseppe CASSIOLI
NED	NGR	NOR	Siegerdiplom:	Elio TOMEI
NZL	PAK	PAN	Erinnerungsmedaille:	Emilio GRÈCO
PER	PHI	POL	Funktionärsdiplom:	unbekannt
POR	PUR	RHO	Film:	*La Grande Olimpiade*
ROM	RSA	SIN	Zeitschrift:	*Bollettino Ufficiale*
SMR	SUD	SUI	Fanfare:	Giuseppe BLANC
SWE	TCH	THA	Marsch:	Giuseppe BLANC
TPE	TUN	TUR	Leitmotiv:	Ino del Sole von Pietro MASCAGNI
UAR	UGA	URS	Sportarten:	17 (5¹) mit 150 (29¹) Wettbewerben
URU	USA	VEN	Demonstrationen:	5 historische Spiele
VIE	YUG		Besonderheiten:	in Europa Fernseh-Direktübertragung durch Eurovision

Sportler: 5 352 (611¹)

Erläuterungen: ¹ davon Frauen

Siegerdiplom. Das Diplom (620 x 470 Millimeter) für die sechs Besten wurde von Elio Tomei entworfen. Es stellt eine antike Reliefplatte dar, die an einer Mauer (?) befestigt ist. Unter dem Text »*GIOCHI DELLA XVII OLIMPIADE*« ist auf der linken Tafelhälfte das von Armando TESTA entworfene Emblem der Spiele zu sehen. Es zeigt die von der Wölfin gesäugten Knaben ROMULUS und REMUS auf einer Tafel mit der Inschrift »*MCMLX*«. Darunter befinden sich die Olympischen Ringe und darunter der Name »*ROMA*«. Das Organisationskomitee hatte für das Logo einen Wettbewerb ausgeschrieben, an dem sich 212 Künstler mit 249 Entwürfen beteiligten. Am 5. September 1957 wählte das Präsidium des Italienischen NOK Testas Vorlage aus. Auf dem Plakat steht die Wölfin auf dem Kapitel der Säule von Belvedere aus dem vatikanischen Palast.
Neben dem Emblem der Spiele steht »*DIPLOMA*«. Darunter ist der Raum für die Eintragung. Unterschrieben haben jeweils IOC-Präsident Avery Brundage und der Präsident des Organisationskomitees, Giulio Andreotti. Vergeben wurden 1801 Exemplare.
Nach den Spielen wurde anscheinend keine Ehrentafel mit den Namen der Olympiasieger am Stadioneingang angebracht. Es gab allerdings ein Relief mit den Namen der italienischen Medaillengewinner. Im Laufe der Zeit hat sich darauf aber kein Platz mehr für weitere Eintragungen gefunden. Im Zuge des Umbaus des Stadions anläßlich der Fußball-Weltmeisterschaft 1990 in Italien war die Tafel entfernt worden.[8]
Erinnerungsmedaille. So negativ sich die Autoren des Offiziellen Berichtes über die Cassiolo-Medaille geäußert hatten, so voll des Lobes waren sie über das Aussehen der Erinnerungsmedaille:

»Die Erinnerungsmedaille der Spiele war das Werk von Prof. Emilio Grèco, der sie nach seinen eigenen Ideen entwarf, indem er jede Form komplizierten Symbolismus' ver-

7 GREENSFELDER u.a., *Medals*, S. 88.
8 Mitteilung vom Archivar des *CONI* Bruno Rossi MORI.

GIOCHI DELLA XVII OLIMPIADE

MCMLX

DIPLOMA

HANS GRODOTZKI

COMITATO OLIMPICO GERMANICO

MEDAGLIA D'ARGENTO

10'000m.PIANI

ROMA

COMITATO OLIMPICO INTERNAZIONALE

COMITATO ORGANIZZATORE

Siegerdiplom

Erinnerungsmedaille

Siegermedaille

Armando TESTA *1917

Der zu den bekanntesten italienischen Graphikern gehörende Testa begann als Maler, Designer und Plakatkünstler. 1939 gewann er einen Plakatwettbewerb mit einem abstrakten Design. 1946 eröffnete er in Turin ein Graphikstudio, 1956 die Anzeigenagentur Armando Testa S. p. A. Als Vertreter der italienischen Avantgarde erhielt er 1960 die Aufträge für die Spiele in Rom. Neben dem Emblem war er auch für das Plakat verantwortlich. 1970 gewann er den 1. Preis der Internationalen Plakat-Biennale in Warschau, wo er 72 Plakate vorstellte. In den nächsten Jahren stellte er regelmäßig in Italien, aber auch im Ausland, New York (1987), Moskau (1988), Los Angeles (1988) und Madrid (1989), aus und wurde vielfach ausgezeichnet. Von neueren erfolgreichen Werbegraphiken seien erwähnt: eine Kampagne für die Autofirma Lancia und Plakate für das alkoholische Getränk Ramazotti.

Das Plakat

GIOCHI DELLA XVII OLIMPIADE

ROMA

DIPLOMA

STÖCK GERARD

CHEF DE MISSION GERMANIA

PER LA LODEVOLE OPERA
DATA NELLA ORGANIZZAZIONE
E NELLO SVOLGIMENTO DEI
GIOCHI DELLA XVII OLIMPIADE

mied und sich direkt der expressiven Klarheit des reinen figurativen Stils zuwandte. Auf der Vorderseite der Medaille modellierte der Bildhauer eine nackte laufende Frau mit der olympischen Fackel in der Hand und den Olympischen Ringen im Hintergrund. Auf der Rückseite der Medaille stellte der Künstler den Flug von Adlern dar, die sich über das olympische Stadion von Rom erheben und im Himmel verschwinden. Diese ursprüngliche Idee symbolisiert gleichzeitig die Siege bei den Olympischen Spielen und ihr Echo überall in der Welt. Das Kunstkomitee betraute, nachdem es dafür einen Vorschlag des Organisationskomitees erhielt, Prof. Emilio Grèco mit der Bildung einer Großstatue, die ›die olympische Fackel‹ darstellen sollte. Eine Kopie des Werkes, von der modernen figurativen Kunst inspiriert, wurde nahe dem Palazzo dello Sport aufgestellt, so daß es den Wasserfall und den kleinen See überragt. Das Original, präsentiert vom Bildhauer bei der Ausstellung Sport in Geschichte und Kunst, wurde im Zentrum des Treppenhauses im Palast der Wissenschaft von E. U. R. errichtet.«[9] Die Rückseite der grünlichen bronzenen Medaille trägt am Rand die Inschrift »*GIOCHI DELLA XVII OLIMPIADE – ROMA MCMLX*«. Der Eintrag »*GRECO*« ist auf der Vorderseite am Rand rechts unten zu erkennen. Die Maße: 55 Millimeter Durchmesser, sieben Millimeter Dicke und 78 Gramm Gewicht. Es gibt dickere und schwerere Modelle, auf deren Kante »Bronze & Bertoni« steht. Übergeben wurden die Medaillen in einem durchsichtigen runden Plastikkästchen, in dem innen auf Papier »*BERTONI / Via Volta 7 / Milano*« zu lesen ist.

Funktionärsdiplom

Funktionärsdiplom. Das Diplom für die Funktionäre war recht einfach gestaltet und trug neben der Beschriftung als künstlerisches Element die Abbildung einer Münze, die das Emblem der Olympischen Spiele zeigt. Unterschrieben waren diese Diplome vom Präsidenten des Exekutivkomitees, Giulio ONESTI, und dem Präsidenten des Präsidiums des Organisationskomitees, Giulio Andreotti. Vergeben wurde es an alle Personen und Institutionen, die in unterschiedlichster Form zur Organisation der Spiele beigetragen hatten. 5 800 Exemplare der 290 x 435 Millimeter großen Urkunde wurden hergestellt.

Exkurs: Fackelstaffel

Der die antike Verbindung zwischen Griechenland und Italien betonende Fackelstaffellauf startete in Olympia am 12. August 1960 und erreichte das Olympia-Stadion in Rom am 25. August 1960 um 17.50 Uhr. Bei der traditionellen Entzündungszeremonie wurde ein »Gebet« zu JUPITER gesprochen, »*daß die Strahlen des Phoebus die heilige Fackel entzünden mögen, deren Flamme, getragen über Land und Meer ins Stadion von Rom, die hehren Wettkämpfe der friedlichen Spiele für alle Völker der Erde erleuchten möge.*« Innerhalb von zwei Tagen erreichte das Feuer Athen, wo im Panathenäischen Stadion eine Feierstunde stattfand. Die Übergabe der Flamme an den Vizepräsidenten des *Italienischen NOK (CONI)* geschah durch Kronprinz KONSTANTIN in Zeas bei Piräus.

9 (Organizing Committee of the XVII. Olympiad, *Report*, S. 306). Vgl. auch *Bulletin du CIO* 14(1959)67, S. 6. Originalzitat siehe Kapitel Quellentexte.

Weg der Fackel von Olympia nach Rom

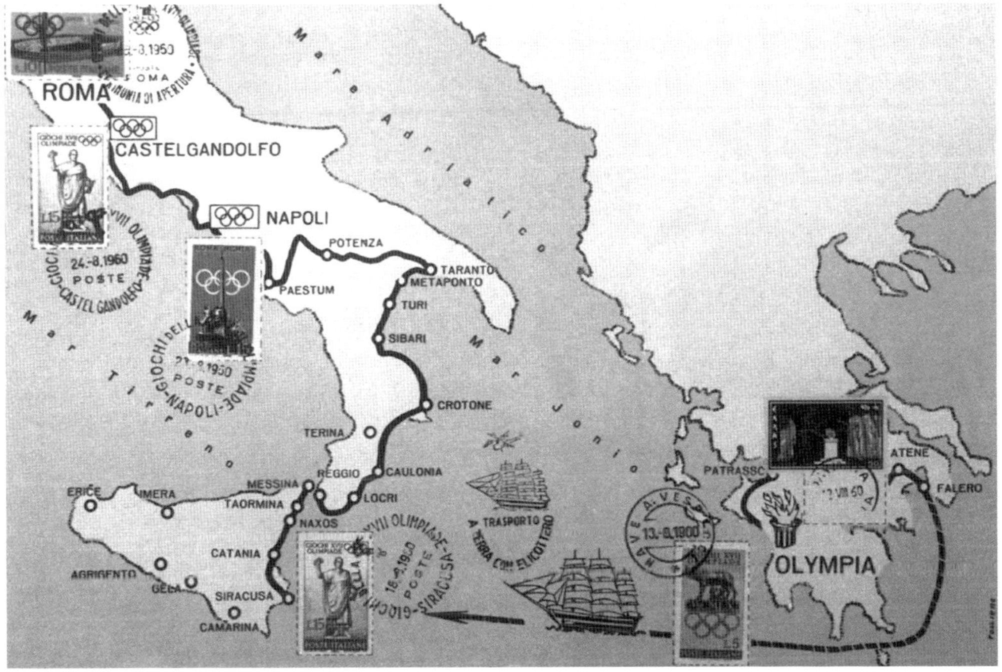

Dann übernahm sie ein Kadett des italienischen Segelschulschiffes »*Amerigo Vespucci*« und brachte sie in einem Ruderboot auf sein bei Turkolimano liegendes Schiff.

Am gleichen Abend lichtete der Großsegler die Anker und erreichte in langsamer Fahrt Syrakus, eine der ersten antiken Kolonien Griechenlands. Auf dem Landweg, zumeist entlang der Küste, brachten Staffelläufer das Feuer nach Messina. Die Straße von Messina wurde in einem traditionellen Ruderboot überquert. Von Reggio di Calabria nach Rom trugen wieder Fackelläufer die Flamme. Sie erreichten am Kilometer 48,34 der Via Appia den Boden der Provinz Rom. Über die Via Appia führte der Weg zum Kapitol, wo am folgenden Tag die letzte Etappe zum Olympia-Stadion begann. Mit dem Lauf durch Sizilien und Süditalien sollte auf die antike »*Magna Graecia*« und das griechische Erbe Roms hingewiesen und an die antiken Olympiasieger dieser Orte erinnert werden, die von den Dichtern besungen worden waren. Zum Gedenken an die antiken etruskischen Spiele wurde ein weiterer Staffellauf von Tarquinio zum Capitol in Rom durchgeführt, wo sich die beide Flammen am Eröffnungstage vereinigten.

Die Länge der Strecke betrug insgesamt ca. 2 750 km, davon gelaufene 330 Kilometer in Griechenland und 1 532 Kilometer in Italien. Auf Schiffen wurden ca. 900 km zurückgelegt. Jeder Läufer hatte auf flacher Strecke 1 500 m, bergauf 1 000 m zu bewältigen, das Zeitlimit betrug 5:30 min. Insgesamt nahmen 1 529 Läufer teil, davon 330 in Griechenland. Erster Läufer in Olympia war Penaghoitis EPITROPOULOS, ein Teilnehmer am Zehnkampf in Rom. Letzter Läufer war Giancarlo Peris, ein Schüler griechischer Abstammung und bester Mittelstreckenläufer der Schulen Italiens.

Die Teilnehmer wurden im Rahmen eines Aufrufs, an dem die Ministerien des Inneren, des Unterrichts und der Verteidigung sowie die Provinz-Komitees des CONI beteiligt waren, in Schulen und Sportvereinen aus jungen Männern im Alter von 18 bis 23 Jahren aus

Emilio GRÈCO *1913

Der sizilianisch Bildhauer wurde an der Akademie der Schönen Künste in Palermo ausgebildet. Seine erste Ausstellung zeigte er 1939 in Rom. Bekannt wurde er nach dem Zweiten Weltkrieg durch seine Skulpturen Figura Accocolata (1956 Verona), Grande Bagnante (1956 Rom), Monumento a Pinocchio (1957 Collodi) und vor allem durch seine drei Bronzetüren am Dom von Orvieto (1964-1967) und sein Denkmal von Papst Johannes XXIII. im Vatikan (1967). 1949 verfaßte er eine Autobiographie. 1956 wurde von der Biennale in Venedig ausgezeichnet. Seit 1967 lehrte er als Professor für Bildhauerkunst an der Akademie der Schönen Künste in Rom. Viele seiner Werke sind im Museum Emilio Grèco in Catania auf Sizilien ausgestellt.

Olympic Torch

Elio TOMEI

Der Name Tomei findet sich anscheinend in keinem italienischen Kunstlexikon. Auch das Dokumentations- und Informationszentrum des Comitato Olimpico Nazionale Italiano konnte in den Akten der Spiele keine Hinweise auf Tomei ausfindig machen. Archivar Bruno Rossi Mori vermutet, daß Tomei ein Grafiker der Druckerei war, die die Diplome hergestellt hat (Brief vom 14.12.1999).

Giancarlo Peris entzündet das Olympische Feuer.

Die Fackel

allen sozialen Schichten in speziellen Test ausgewählt. 300 Reserveläufer der Armee wurden speziell auf die Zeit von 5:15 min auf 1 500 m trainiert. Die Fackel (580 g) wurde in Anlehnung an antike Vorbilder gestaltet. Das Material war bronziertes Aluminium. Die Inschrift auf dem Handteller lautet: »*Giochi della XIII. Olimpiade*«. Die Fackel entwarf Professor Amedeo MAIURI (Superintendent der Altertümer in Campania) und Mitarbeiter am Archäologischen National-Museum von Neapel. Hersteller war die Firma Curtisa in Bologna. Eine besondere Fackel für den sogenannten Etruskischen Fackellauf von Tarquinia wurde später dem Olympischen Museum in Lausanne geschenkt.

Innsbruck 1964

Vier Jahrzehnte hatte das traditionelle Wintersportland Österreich darauf warten müssen, einmal Schauplatz des olympischen Schneefestes zu sein. Nachdem Innsbruck mit einer ersten Bewerbung Squaw Valley unterlegen war, erhielt die Stadt am Fuße des Bergisel in einem zweiten Anlauf für 1964 den Zuschlag. Mit großem Aufwand – und tatkräftiger Unterstützung des österreichischen Bundesheeres – entstanden hervorragende Sportstätten, etwa die Bergisel-Schanze, die Bob- und Rodelbahn in Igels oder ein Olympisches Dorf mit fast 700 Wohnungen. So fanden die knapp 1 200 Aktiven aus 36 Ländern – die beiden deutschen Staaten waren erneut, und zwar zum letzten Mal, bei Winterspielen mit einer gemeinsamen Mannschaft vertreten – sowie über 1100 akkreditierte Berichterstatter optimale Bedingungen vor. Mit mehr als einer halben Million registrierter Zuschauer vor Ort, mehr als doppelt so vielen wie vier Jahre zuvor, hatte auch die Resonanz olympischen Zuschnitt.

Deutsche Athleten gewannen je dreimal Gold, Silber und Bronze. Im Einsitzer der Rodler machten die Deutschen die Medaillen unter sich aus: Es siegte Thomas KÖHLER, später Nationaltrainer der DDR-Schlittensportler und Sportfunktionär, vor Klaus BONSACK und Hans PLENK. Ganz oben auf dem Treppchen standen auch die (ostdeutsche) Rennrodlerin Ortrud ENDERLEIN und der (westdeutsche) Eiskunstläufer Manfred SCHNELLDORFER.

Siegerehrung. Auch während der Sessionen der XVII. Olympiade befaßte sich das IOC wiederum des öfteren mit Fragen der Siegerehrung. Ein Antrag von Armand MASSARD (FRA) auf der 59. Session 1961 in Athen, daß bei der Siegerehrung der IOC-Präsident neben dem Vertreter des betreffenden Internationalen Verbandes auch von IOC-Mitgliedern der Länder der Medaillengewinner begleitet werden sollte, wurde mit 21 zu 6 Stimmen zurückgewiesen.[1] Auf der gleichen Session stimmten die Mitglieder einem Antrag von François PIÉTRI (FRA) zu, daß bei der Siegerehrung auch die Viert- bis Sechstplazierten anwesend sein und vom Sprecher genannt werden sollten. Obwohl Ivar VIND (DEN) darauf hinwies, daß dann 66 Fußball- und sogar 72 Basketballspieler auf dem Feld ständen, wurde dem Anliegen mit 34 zu 12 zugestimmt, allerdings zunächst nur für die Spiele von 1964.[2] Der Versuch, wieder eine Nationenwertung einzuführen, stieß bei der 60. Session 1962 in Moskau dagegen auf wenig Gegenliebe.[3] Ein Jahr später in Baden-Baden endete eine Abstimmung, die Nationalhymnen bei der Siegerehrung wegzulassen, unentschieden, nämlich 26 zu 26. Ohnehin wäre eine Zweidrittel-Mehrheit notwendig gewesen.[4]

1962 erschien eine neue Charta, in der das in Rom 1960 zum ersten Mal praktizierte Umhängen der Medaille satzungsgemäß verankert wurde. Auch der Durchmesser der Medaille – mindestens 60 Millimeter – und die Metallzusammensetzung wurden genau festgelegt:

»§ 41. [...] *Die Medaille* [...] *soll an einer Kette oder einem Band abnehmbar befestigt sein, das um den Nacken des Wettkämpfer gehängt wird.* [...] *Die Preismedaille soll zumindest einen Durchmesser von 60 Millimetern haben und drei Millimeter dick sein. Die Medaillen für den ersten und zweiten Platz sind aus Silber mit einem Mindestgehalt von 925/000. Die Medaille des Ersten muß mit mindestens sechs Gramm Gold überzogen sein* «[5]

Bei den Winterspielen in Innsbruck wurden 34 Siegerehrungen durchgeführt, davon 24 im Olympiaeisstadion und zehn im Musikpavillon des Kurparks von Seefeld für die nordischen Wettbewerbe.[6]

»Nur« Silber gewannen – wie bereits vier Jahre zuvor in Squaw Valley – Marika KILIUS und Hans-Jürgen BÄUMLER. Als hoher Favorit gestartet, mußte sich das deutsche Eiskunstlauf-Traumpaar seinen sowjetischen Konkurrenten Ludmilla BELOUSSOWA und Oleg PROTOPOPOW geschlagen geben. Zwei Wochen nach der Niederlage gelang bei den Weltmeisterschaften in Dortmund die Revanche. Nach dem Titelgewinn wechselte das Paar zu einem Revue-Unternehmen. Als bekannt wurde, daß bereits vor den Innsbrucker Spielen ein entsprechender Vertrag

Literatur:
Organisationskomitee der IX. Olympischen Winterspiele in Innsbruck 1964 (Hg.), *Offizieller Bericht der IX. Olympischen Winterspiele Innsbruck 1964*, Wien 1967.
Deutsche Olympische Gesellschaft (Hg.), *Die IX. Olympischen Winterspiele Innsbruck 1964. Das offizielle Standardwerk des Nationalen Olympischen Komitees*, Stuttgart 1964.
Gesellschaft zur Förderung des Olympischen Gedankens in der Deutschen Demokratischen Republik (Hg.), *IX. Olympische Winterspiele Innsbruck 1964*, Berlin 1964.
Das Archivmaterial dieser Spiele befindet sich im Stadtarchiv Innsbruck.

1 *Bulletin du CIO* 16(1961)74, S. 75.
2 *Bulletin du CIO* 16(1961)74, S. 75.
3 LYBERG, *Sessions*, Bd. 2, S. 73.
4 *Bulletin du CIO* 19(1964)85, S. 70. Der Wunsch kam von den Federationen, die sich vorher mit 32 zu 31 für eine Abschaffung ausgesprochen hatten.
5 IOC [Hg.], *Les Jeux Olympiques*, Lausanne 1962, S. 26. IOC [Hg.], *The Olympic Games*, Lausanne 1962, S. 26. Originalzitat siehe Kapitel Quellentexte.
6 Organisationskomitee der IX. Olympischen Winterspiele in Innsbruck 1964, *Bericht*, S. 336.

unterschrieben worden und damit bereits ein Profi-Status gegeben war, leitete das *IOC* eine Untersuchung ein. Um die Bewerbung Münchens um die Sommerspiele des Jahres 1972 nicht zu belasten, drängte NOK-Präsident Willi DAUME die Gewinner der Silbermedaille, dieselbe freiwillig zurückzugeben. Am 29. Januar 1966 entsprachen Kilius/Bäumler dieser Bitte.

IX. Olympische Winterspiele in Innsbruck – 29. Januar bis 9. Februar 1964

Mannschaften: 36

ARG	AUS
AUT	BEL
BUL	CAN
CHI	DEN
ESP	FIN
FRA	GBR
GER	GRE
HUN	IND
IRI	ISL
ITA	JPN
KOR	LIB
LIE	MGL
NED	NOR
POL	PRK
ROM	SUI
SWE	TCH
TUR	URS
USA	YUG

Sportler: 1091 (200[1])

Name des Organisationskomitees:	***Organisationskomitee der IX. Olympischen Winterspiele 1964 in Innsbruck***
Präsident:	Heinrich DRIMMEL
Generalsekretär:	Friedl WOLFGANG
Offizieller Bericht:	deutsch
Zeremoniell:	Eröffnungs- und Schlußfeier am Anfang und am Ende der Spiele
Eröffnung durch:	Bundespräsident Adolf SCHÄRF
Dauer:	12 Tage
Siegerehrung:	am Abend des Wettkampftages bzw. nach dem Wettkampf durch den IOC-Präsidenten bzw. ein von ihm beauftragtes IOC-Mitglied
Olympischer Eid:	Paul ASTE (Bobfahrer)
letzter Fackelträger:	Josef RIEDER (alpiner Skiläufer)
Fackel (Design):	Anton FRITZ
Emblem:	Arthur ZELGER
Plakat:	Wilhelm JARUSKA
Siegermedaille:	Martha COUFAL
Siegerdiplom:	Arthur ZELGER
Erinnerungsmedaille:	Ferdinand WELZ
Funktionärsdiplom:	Arthur ZELGER
Film:	*Jeux Olympiques d'Innsbruck* (Theo Hörmann Filmproduktion)
Sportarten:	8 (5[1]) mit 34 (13[1]) Wettbewerben
Demonstration:	1 mit 4 Wettbewerben

Erläuterungen: [1] davon Frauen

Siegerehrung in der 4x10-km-Skistaffel, von links die Mannschaften von Finnland, Schweden und der UdSSR; unten: Hans-Jürgen Bäumler und Marika Kilius 1964 mit ihren Silbermedaillen

Obwohl der IOC-Beschluß nie offiziell aufgehoben oder rückgängig gemacht wurde, sah sich Willi Daume mehr als zwanzig Jahre später zu einer Geste der Wiedergutmachung veranlaßt: Am 5. Dezember 1987 händigte er im Rahmen des Aktuellen Sportstudios des Zweiten Deutschen Fernsehens den ehemaligen Eislaufstars ihre Medaillen wieder aus. Diese späte Rehabilitierung war natürlich auch ein Zeichen der »neuen Zeit« Olympias, der längst vollzogenen Liberalisierung der Zulassungsregeln, sprich der zunächst schrittweisen, dann beinahe uneingeschränk-

Funktionärs-diplom

Siegerdiplom

Erinnerungsmedalle

Siegermedaille

Martha COUFAL *1927

Coufal studierte an der Akademie der Bildenden Künste in Wien (1959-1963). Sie war Schülerin von Professor Ferdinand WELZ und erhielt für ihre Diplomarbeit den Abgangspreis der Akademie. Schon ein Jahr später gewann sie den Wettbewerb für die Siegermedaille der Winterspiele 1964 in Innsbruck. 1966 erhielt sie ein Rom-Stipendium. Zu Coufals Œuvre gehören vor allem Plastiken, Kleinplastiken, Münzen, Medaillen und Grafiken. Seit 1966 ist sie an Ausstellungen beteiligt, u.a. in Athen, Paris, Helsinki, Prag, Köln, Madrid, Budapest, Florenz und zahlreichen weiteren Städten. Dazu kommen Einzelausstellungen in Wien und Budapest. Ihre Werke finden sich in öffentlichen Sammlungen österreichischer Museen und im Britischen Museum in London.
1976 erhielt Coufal-Hartl erneut den Auftrag, die Siegermedaille für die Winterspiele in Innsbruck zu gestalten.

Römische Impressionen 5

ten Öffnung der Spiele für hochbezahlte Berufssportler.

Siegermedaille. Nach einer beschränkten Ausschreibung erhielt die Wiener Künstlerin Martha Coufal den Auftrag, die Siegermedaille zu gestalten. Sie zeigt auf der Vorderseite ein mächtiges Alpenmassiv und darüber, am äußeren Rand, die Inschrift *»INNSBRUCK 1964«*. Unterhalb der Berge ist – zum ersten Mal – der Name der Disziplin zu lesen , z.B. *»SKISPRINGEN«*. Rechts außen ist der Name der Künstlerin *»M. COUFAL«* eingetragen. Auf der Rückseite findet sich das Emblem der Spiele, das von Arthur Zelger entworfen wurde,[7] mit dem Wappen der Stadt Innsbruck in der Mitte. Es zeigt die Brücke über den Inn, die der Stadt den Namen gab und seit Jahrhunderten die Altstadt mit dem Stadtteil Hötting verbindet. Oberhalb des Wappens sehen wir die Olympischen Ringe. Um Wappen und Ringe zieht sich am Rand der Medaille die Inschrift *»IX – OLYMPISCHE WINTERSPIELE«*. Auf der Kante der vergoldeten und silbernen Ausgabe ist die Zahl »925« zu lesen.

Die Medaillen wurden im Hauptmünzamt in Wien geprägt. Sie haben einen Durchmesser von 70 Millimetern und eine Dicke von 4,5 bzw. 4,1 (Bronze) Millimetern und wiegen 168 (vergoldet), 157 (Silber) und 129 (Bronze) Gramm. Sie *»waren mit abnehmbaren Bügel und Band[8] versehen und wurden in Etuis[9] in den Farben Rot, Blau und Braun aufbewahrt«.*[10] Fertiggestellt wurden je 61 vergoldete, silberne und bronzene Exemplare. Um einem zusätzlichen Bedarf infolge toten Rennens nachkommen zu können, lagen Medaillen ohne Eintrag der Sportart bereit, die bei einem Medailleur in Innsbruck in kürzester Zeit hätten fertiggestellt werden können. Dieser Fall trat bei vier zweiten Plätzen ein. Dadurch blieben drei Bronzemedaillen »übrig«.

Siegerdiplom. Das Siegerdiplom (345 x 470 Millimeter) für die ersten sechs Athleten eines jeden Wettbewerbs wurde von Arthur ZELGER entworfen. Ein griechischer Athlet, bekränzt mit einem offenen Olivenkranz, also ein Sieger, trägt in seiner rechten Hand eine brennende Fackel. Die linke erhobene Hand könnte Frieden symbolisieren. Unterhalb des Athleten sehen wir das Eisstadion. Die weiße Innenfläche bietet den Raum, die entsprechenden Daten einzutragen. Athlet und Eisstadion sind in Bronze gedruckt, wobei die Flächen nicht homogen gefärbt sind. Die vielen kleinen »Lücken« sind kein Fehler in der Herstellung, sondern vom Künstler bewußt gestaltet, um die Motive nicht zu massiv erscheinen zu lassen. Über dem Namen des Athleten ist in Gold das Wort *»DIPLOM«*, darunter in Schwarz *»IX. OLYMPISCHE WINTERSPIELE INNSBRUCK 1964«* zu lesen. Unterhalb des Eisstadions ist das Emblem der Spiele eingedruckt.

Unterzeichnet wurde das Diplom von IOC-Präsident Avery Brundage, dem Präsidenten des Organisationskomitees, Heinrich Drimmel, und dem Generalsekretär Friedl Wolfgang. Die Eintragungen erfolgten mit Hilfe einer besonderen elektrischen Schreibmaschine, so daß die Diplome sofort nach der Ehrung überreicht werden konnten. Insgesamt wurden 373 Diplome vergeben.

Die Namen der Sieger und auch die der Gewinner der Silber- und der Bronzemedaillen wurden in Augenhöhe auf Bronzetafeln am Pylon, der die Flammenschale des Olympischen Feuers im Bergisel-Stadion trägt, angebracht.

Erinnerungsmedaille. Die Erinnerungsmedaillen entwarf der Wiener Künstler Prof. Ferdinand Welz. Er benutzte für die Vorderseite das Zelgersche Emblem, diesmal mit der Inschrift *»INNSBRUCK 1964«*, die sich um das Wappen zieht und auf der Rückseite der Siegermedaille fehlt. Am Rand steht außen *»IX. OLYMPISCHE WINTERSPIELE«*. Auf der Rückseite blickt der Betrachter in die Innsbrucker Innenstadt, schaut auf die Maria-Theresien-Straße und die Alpen im Hintergrund. Der Name *»WELZ«* ist außen rechts zu erkennen. Die braune bronzene Medaille hat einen Durchmesser von 60 Millimetern, eine Dicke von vier Millimetern und wiegt 78 Gramm. Im Wiener Hauptmünzamt wurden 5 000 Exemplare geprägt, von denen 4 800 in einem roten Plastiketui, außen geschmückt mit dem Emblem in weiß, ausgegeben wurden.

7 ZELGER reichte mehrere Vorschläge ein. Das Organisationskomitee wählte seiner Meinung nach nicht den besten Entwurf aus.
8 In den Nationalfarben Rot, Weiß, Rot.
9 Lederkästchen mit dem Namen des Herstellers *»KAHRER INNSBRUCK / Stillgasse 15b«* auf dem Boden.
10 Organisationskomitee der IX. Olympischen Winterspiele, *Bericht*, S. 348.
11 Organisationskomitee der IX. Olympischen Winterspiele, *Bericht*, S. 348.

»Tyrol«, Plakat von Arthur Zelger; rechts: österreichische Olympia-Medaille und die dazugehörende Urkunde

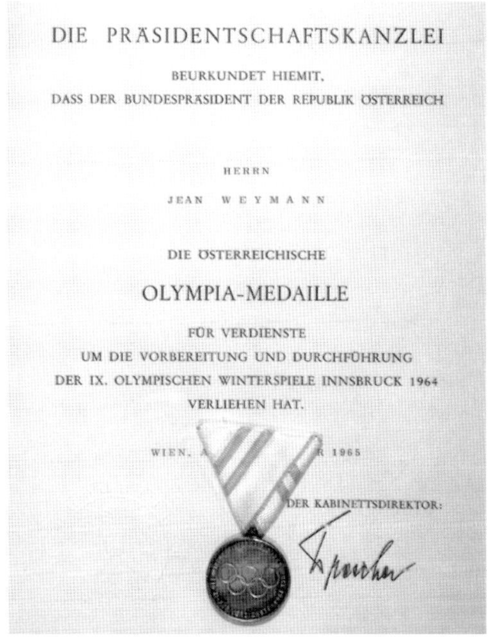
DIE PRÄSIDENTSCHAFTSKANZLEI

BEURKUNDET HIEMIT,
DASS DER BUNDESPRÄSIDENT DER REPUBLIK ÖSTERREICH

HERRN

JEAN WEYMANN

DIE ÖSTERREICHISCHE

OLYMPIA-MEDAILLE

FÜR VERDIENSTE
UM DIE VORBEREITUNG UND DURCHFÜHRUNG
DER IX. OLYMPISCHEN WINTERSPIELE INNSBRUCK 1964
VERLIEHEN HAT.

WIEN, A... R 1965

DER KABINETTSDIREKTOR:

Arthur ZELGER *31.03.1914

Der Innsbrucker Graphiker studierte ursprünglich Hochbau an der Innsbrucker Gewerbeschule. Danach ging er nach Wien, um sich an der Akademie für Angewandte Kunst einzuschreiben, wo er 1938 mit dem Diplom abschloß. Nach dem Zweiten Weltkrieg arbeitete er als sehr gefragter freiberuflicher Graphiker in seiner Heimat. Zudem war er von 1946 bis zu seiner Pensionierung 1979 Professor an der Innsbrucker Gewerbeschule.
Arthur Zelger schuf 1937 sein erstes bedeutendes Plakat »Fasching in Wien« und gewann 1938 seinen ersten Plakatwettbewerb. 1946 entwarf er für das Rote Kreuz das Plakat »Hilf die Wunden des Krieges heilen«. Er arbeitete dann vor allem für die Tiroler Fremdenverkehrswerbung und gewann in diesem Metier zahlreiche Preise, 1949 den dritten Platz beim Internationalen Plakatwettbewerb für Fremdenverkehr in Den Haag, 1955 den Staatspreis, der vom Bundesministerium für Handel und Wiederaufbau und dem Wirtschaftsförderungsinstitut der Bundeshandelskammer ausgeschrieben worden war. Für Zelger hat ein Plakat einen doppelten Zweck zu erfüllen: eine Werbe- und eine graphische Aufgabe. Seine Plakate zeichnen sich durch eine fast zeitlose Schönheit aus und treffen stets den Nerv der Zeit. Hatte er seine frühen Plakate noch gezeichnet und gemalt, so bediente er sich bald auch der Fotografie und Montagetechnik als Gestaltungsmittel.
Zelger entwarf auch Buchumschläge und Einbände, gestaltete Prospekte, Urkunden, Medaillen und Markenzeichen. Für das Hauptmünzamt in Wien entwarf er drei Hundertschillingmünzen und schuf zum 800-Jahr-Jubiläum der Stadt Innsbruck eine Sondermarke. Zelger ist nach wie vor sehr aktiv und zählt auch heute noch zu den führenden Graphikern.
Zelger schuf auch das Emblem, ein Plakat und die Diplome der XII. Olympischen Winterspiele 1976 in Innsbruck.

Erinnerungsdiplom. *»Maßgebliche Funktionäre und Mitarbeiter erhielten Erinnerungsurkunden.«*[11] Dieses Diplom, ebenfalls von Zelger entworfen, ist wesentlich einfacher gestaltet und weist als Hauptmotiv eine in hellblau stilisierte Schneeflocke auf, in deren Mitte der Name der auszuzeichnenden Person geschrieben ist. Die Schneeflocke ist aus einzelnen übereinandergelegten Balken zusammengesetzt. Durch die Überschneidungen, in denen sich die Farbe verdichtet bzw. verdunkelt, erhält sie eine kristalline Wirkung. Darüber ist in Gold das Emblem und darunter das Wort »DIPLOM« eingedruckt. Dies wiederum ist überdeckt vom schwarzen Schriftzug *»IX. OLYMPISCHE WINTERSPIELE INNSBRUCK 1964«* und trägt die Unterschriften von Präsident und Generalsekretär des Organisationskomitees. Beide Diplome wurden in der Innsbrucker Wagner`schen Universitätsdruckerei hergestellt.

»Olympia-Medaille«. Wie schon nach mehreren Olympischen Spielen vergab auch in Österreich das Staatsoberhaupt an Persönlichkeiten des In- und Auslandes für Verdienste um die Spiele einen Orden, die *»ÖSTERREICHISCHE OLYMPIA-MEDAILLE«*. Auf der Vorderseite der versilberten Auszeichnung sind das Emblem der Spiele, die Olympischen Ringe und die Umschrift *»IX. OLYMPISCHE WINTERSPIELE 1964 FÜR VERDIENSTE«* eingraviert. Die Rückseite zeigt den Adler des österreichischen Bundes-

Ferdinand WELZ *1915

Der Bildhauer und Medailleur ließ sich zunächst zum Graveur und Ziseleur ausbilden, ehe er von 1933 bis 1938 an der Hochschule für Bildende Künste in Wien studierte. Er arbeitete als freiberuflicher Künstler und wurde 1940 Leiter der Graveurie der Wiener Münze. Nach dem Krieg war er wieder als freier Künstler tätig, lehrte an der Hochschule für Bildende Künste in Wien und ging nach Schweden, wo er an Volkshochschulen unterrichtete. 1955 erhielt er einen Ruf an die Hochschule für Bildende Künste in Wien. Dort blieb er 31 Jahre und war von 1970 bis 1972 Rektor dieser Schule. In Wien bildete er zahlreiche Nachwuchskünstler aus und verhalf mit ihnen der modernen österreichischen Medaillenkunst zu einer neuen Blüte. Eine seiner Schülerinnen war Martha Coufal, die die Siegermedaille dieser Spiele entworfen hat. Welz gilt als einer der bedeutendsten Medailleure seiner Zeit in Österreich. Zu seinen bekannten Werken zählt eine Medaille von Papst Johannes Paul II., der ihm Modell sitzen mußte, die Edelweiß-Seite des Schillingstücks und die Frau mit der Goldhaube auf der 10-Schilling-Münze. Welz nutzte zwölf Jahre später für die Spiele 1976 in Innsbruck das Emblem von Zelger als Grundlage für den Entwurf der Vorderseite einer 100-Schilling-Silbergedenkmünze. Die Rückseite stammt von Edwin Grienauer, der bei den Kunstwettbewerben 1928 und 1948 für seine Medaillenentwürfe ausgezeichnet worden war.

100-Schilling-Silbermünze: Vorderseite von Welz, Rückseite von Grienauer

wappens. Insgesamt wurde die Medaille 15 000mal verliehen.

Exkurs: Fackelstaffel

Das Olympische Feuer für die IX. Olympischen Winterspiele wurde am 22. Januar 1964 in Gegenwart des Kronprinzen KONSTANTIN in Olympia entzündet und mit dem Auto nach Athen zum Sitz des *Hellenischen Olympischen Komitees* gebracht.

Von dort brachten Fackelträger die Flamme zum Hellenikon-Flughafen, von wo am 23. Januar ein Flugzeug der Austrian-Airlines das Feuer in zwei speziell konstruierten Sicherheitsleuchten nach Wien transportierte. Nach einer Empfangszeremonie trug Karl Schäfer, 1936 Olympiasieger im Eiskunstlauf, das Feuer in den Empfangsraum des Flughafens. Am folgenden Tag wurde die Flamme dann ebenfalls auf dem Luftwege nach Innsbruck gebracht, dort von Karl SCHÄFER an den Bürgermeister Alois LUGGER übergeben und zum Goldenen Dachl überführt. Im Maximiliansaal blieb die Flamme bis zum Eröffnungstage öffentlich zugänglich aufgestellt. Am 29. Januar brachte eine Sportlerabordnung die Flamme im Auto zum Bergisel-Stadion, wo sie mittels eines aus Griechenland stammenden Kienspans auf die Fackel übertragen wurde. Christl STAFFNER, eine österreichische alpine Skiläuferin, trug dann die Fackel ins Stadion und übergab sie dem Slalom-Weltmeister von 1958, Josl RIEDER, der das Olympische Feuer entzündete. Gleichzeitig wurde vor dem Eisstadion in einer Flammenschale ein weiteres Feuer entfacht.

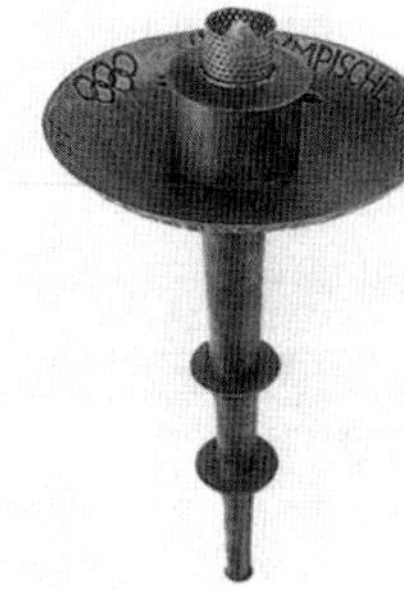

Die Fackel; links: Josl Rieder entzündet das Olympische Feuer.

Tokyo 1964

1964 fanden die Olympischen Spiele nicht nur in der damals größten Stadt der Erde, sondern auch zum ersten Mal in Asien statt. Damit hatten sie den vierten Kontinent erobert, so daß Afrika – und zwar bis heute – der einzige weiße Fleck auf der olympischen Landkarte blieb.

Das »Land der aufgehenden Sonne«, zugleich Motor eines rasanten technischen Fortschritts, erfüllte eine perfekte Gastgeberrolle – in Japan, noch mehr als andernorts, eine Frage der Ehre. Dabei handelte es sich nicht allein um eine organisatorische und finanzielle Herausforderung; die Ausrichtung des Weltereignisses hatte nicht zuletzt auch eine psychologische Dimension. Schließlich war es erst zwanzig Jahre her, daß das stolze asiatische Land die erste militärische Niederlage in seiner zwei Jahrtausende währenden Geschichte sowie die Ächtung als einer der Verursacher und Schuldigen des Zweiten Weltkriegs zu verkraften hatte. Somit erschienen die Spiele als eine willkommene Gelegenheit zur Stärkung des ramponierten nationalen Ansehens und Selbstbewußtseins. Eine in etwa vergleichbare Funktion erhielten auch die Sommerspiele von 1972 für die Bundesrepublik.

Vor diesem Hintergrund versteht sich etwa die Nominierung von Yoshinoro SAKAI als letzten Fackelträger und Entzünder des Olympischen Feuers. Sakai war in der Nähe von Hiroshima geboren, und zwar in derselben Stunde, in der die Atombombe die Stadt zerstörte, wobei auch sein Vater ums Leben kam. Die Fackelstaffette hatte übrigens der griechische König KONSTANTIN eröffnet. Er war bei den Spielen von 1960 Olympiasieger im Segeln geworden.

Zu den vielen herausragenden Leistungen von Tokyo zählen u.a. die in der Leichtathletik erzielten Weltrekorde: Der US-Amerikaner Robert HAYES lief die 100 Meter in 10,0 Sekunden – eine Zeit, die lange als »Schallmauer« gegolten hatte, die vier Jahre später, in der Höhenluft von Mexiko-City, jedoch erneut unterboten bzw. »durchbrochen« werden sollte. Bestzeiten erzielten auch die amerikanischen 100- und 400-Meter-Staffeln sowie Abebe BIKILA, der seinen Titel im Marathonlauf verteidigte. Auch bei den Frauen-Wettbewerben wurden vier Weltrekorde aufgestellt: über 800 und 4 x 100 Meter sowie im Weitsprung und im Fünfkampf.

Die Athleten aus beiden Teilen Deutschlands, die zum letzten Mal eine gemeinsame Olympia-Mannschaft gebildet hatten, gewannen zehn Goldmedaillen und damit ebenso viele wie Italien und Ungarn, aber sechs weniger als Gastgeber Japan. Mit 7 887 Punkten avancierte Zehnkämpfer Willi HOLDORF zum »König der Athleten«, während sein Teamkollege Joachim WALDE Bronze für Deutschland gewann. Karin BALZER siegte im Hürden-Sprint – einer Disziplin, in der seit Mitte der neunziger Jahre auch ihr Sohn Frank zunehmend erfolgreich ist. Goldmedaillen gingen auch auf das Konto der Spring- sowie der Dressurreiter-Mannschaft. Die erfolgreichen Dressurreiter waren Harry BOLDT, der auch Silber im Einzel gewann, Reiner KLIMKE, der in seiner langen Laufbahn insgesamt sieben Goldmedaillen sammelte, sowie Josef NECKERMANN, der spätere Mitinitiator und langjährige Vorsitzende der *Stiftung Deutsche Sporthilfe.*

Siegerehrung. Die Vorbereitungen und der Ablauf der Siegerehrungen werden im Offiziellen Bericht sehr genau beschrieben. Besonderen Wert legte man darauf, daß die Nationalhymnen von verschiedenen Musikkapellen der drei Armeeteile (Heer, Marine und Luftwaffe) und der verschiedenen Polizeiorganisationen gespielt wurden. In den 29 Sportstätten musizierten Gruppen von jeweils 30 bis 100 Musikern. Der Komponist Yosaku SUMA hatte unter Verwendung der Hymnen, die 1960 in Rom zur Verfügung gestanden, und 31 neuer, welche die verschiedenen *NOK* geschickt hatten, Arrangements von jeweils 30 Sekunden Länge vorbereitet.[1]

Siegermedaille. Bei der Gestaltung der Siegermedaille orientierte sich Toshitaka Koshiba[2] am Entwurf von Cassioli. Auf der Vorderseite ist »*XVIII / OLYMPIAD / TOKYO / 1964*« zu lesen, und darunter stehen in englisch die jeweiligen Namen der 20 vertretenen Sportarten, z.B. »*ATHLETICS*«. Am linken oberen

Literatur:
The Organizing Committee for the XVIII. Olympiad (Hg.), *The Official Report of the Organizing Committee for the Games of the XVIII. Olympiad Tokyo 1964*, 2 Bde., Tokyo 1964.
Deutsche Olympische Gesellschaft (Hg.), *Die Spiele der XVIII. Olympiade Tokio 1964. Das offizielle Standardwerk des Nationalen Olympischen Komitees*, Stuttgart 1965.
Gesellschaft zur Förderung des Olympischen Gedankens in der Deutschen Demokratischen Republik (Hg.), *XVIII. Olympische Sommerspiele Tokio 1964*, Berlin 1965.

1 The Organizing Committee for the XVIII. Olympiad, *Report*, S. 229.
2 Über ihn war nichts in Erfahrung zu bringen.

Rand hat sich »*THE JAPANESE MINT*« als herstellende Münze verewigt. Überzählige Medaillen waren für Museen und Ausstellungen vorhanden. Die Medaillen haben einen Durchmesser von 63 Millimetern, sind fünf Millimeter dick[3] und wiegen 102,6 (vergoldet), 100 (Silber) und 102 (Bronze) Gramm. Das mit einem Metallverschluß befestigte Band endet in einer Rosette. Es ist außen weiß und hat in der Mitte die fünf Farben der Olympischen Ringe. Zu jeder Medaille gehörte ein innen mit blauem Samt ausgeschlagenes und mit schwarzem japanischem Lack überzogenes Plastikkästchen. Auf dem Dekkel befinden sich das Emblem der Spiele und die Ziffern 1 bis 3, der Plazierung des betreffenden Sportlers entsprechend.

Sieger- und Funktionärsdiplom. Sowohl das Sieger- als auch das Funktionärsdiplom wurden von Hiromu Hara, einem Mitglied des Tokyo Olympic Design Commitee, entworfen. Dieses entwickelte ein Grundkonzept für alle künstlerischen Entwürfe, die für die Spiele verwendet wurden. Traditionelle, einfache japanische Schönheit sollte vermittelt und ein Übermaß an Farben und Dekorationen vermieden werden. Für beide Diplome benutzte Hiromu Hara dickes japanisches Papier, in das Olivenzweige geprägt sind. Sowohl das Sieger- (Querformat) als auch das Funktionärsdiplom (Hochformat) zeigen das Symbol der Spiele[4], das von den Olivenzweigen verziert wird. Es ist zusammengesetzt aus der roten aufgehenden Sonne Japans, entnommen der japanischen Flagge, den fünf Olympischen Ringen und dem Text »*TOKYO 1964*«. Unter dem Emblem ist in Japanisch, Franzö-

Spiele der XVIII. Olympiade in Tokyo – 10. bis 24. Oktober 1964

Mannschaften: 93

AFG	AHO	ALG
ARG	AUS	AUT
BAH	BEL	BER
BIR	BOL	BRA
BUL	CAM	CAN
CEY	CGO	CHA
CHI	CIV	CMR
COL	CRC	CUB
DEN	DOM	ESP
ETH	FIN	FRA
GBR	GER	GHA
GRE	GUY	HKG
HUN	IND	IRI
IRL	IRQ	ISL
ISR	ITA	JAM
JPN	KEN	KOR
LBR	LIB	LIE
LUX	MAD	MAR
MAS	MEX	MGL
MLI	MON	NED
NEP	NGR	NIG
NOR	NRH	NZL
PAK	PAN	PER
PHI	POL	POR
PUR	RHO	ROM
SEN	SUI	SWE
TAN	TCH	THA
TPE	TRI	TUN
TUR	UAR	UGA
URS	URU	USA
VEN	VIE	YUG

Sportler: 5134 (680[1])

Name des Organisationskomitees:	***The Organizing Committee for the Games of the XVIII Olympiad (COO)***
Präsident:	Daigoro YASUKAWA
Generalsekretär:	Shigeru YOSANO
Offizieller Bericht:	japanisch; französisch; englisch
Zeremoniell:	Eröffnungs- und Schlußfeier am Anfang bzw. am Ende der Spiele
Eröffnung durch:	Kaiser HIROHITO
Dauer:	15 Tage
Siegerehrung:	nach dem Wettkampf durch den IOC-Präsidenten bzw. ein von ihm beauftragtes IOC-Mitglied
Olympischer Eid:	Takashi ONO (Turner)
letzter Fackelträger:	Yoshinori SAKAI (Leichtathlet)
Olympische Hymne:	Spyros SAMARAS / Kostas PALAMAS (Text)
Emblem:	Yusaku KAMEKURA
Plakate:	Yusaku KAMEKURA (3), Osamu HAYASAKI / Jo MURAKOSHI
Siegermedaille:	Giuseppe CASSIOLI / Toshitaka KOSHIBA
Siegerdiplom:	Hiromu HARA
Erinnerungsmedaille:	Taro OKAMOTO / Kazumitsu TANAKA
Erinnerungsdiplom:	Hiromu HARA
Film:	Kon ICHIKAWA *(Tokyo Olympiad)*
Zeitschrift:	*XVIII Olympiad Official Bulletin (Bulletin Officiel)*
Olympische Fanfare:	Mitsuya IMAI
Sportarten:	19 (7[1]) mit 163 (37[1]) Wettbewerben
Demonstrationen:	2 mit 4 Wettbewerben
Besonderheiten:	nach Nordamerika Fernsehübertragung über Satellit

Erläuterungen: [1] davon Frauen

Avery Brundage, begleitet von Hostessen in japanischer Tracht, ehrt die Sieger in der 4 x 100-m-Staffel.

3 Der Offizielle Bericht spricht interessanterweise nur von 60 bzw. drei Millimetern (The Organizing Committee for the XVIII. Olympiad, *Report*, S. 229).

4 Entworfen von dem Graphiker Yusaku KAMEKURA.

Siegerdiplom

Funktionärsdiplom

Erinnerungsmedaille

Siegermedaille

Hiromu HARA 1903-1986

Der Graphiker absolvierte seine Studien an der Technischen Hochschule in Tokyo und lehrte dort von 1922 bis 1941. Während dieser Zeit wurde er von den Avantgardekünstlern László Moholy-Nagy, Herbert Bayer (Bauhaus) und El Lissitzky beeinflußt. 1933 gründete er zusammen mit Yonosuke Natori das Atelier Nihon Kobo, das u.a. Ausstellungen über Fotojournalismus zeigte. 1951 gehörte Hara zu den Gründungsmitgliedern des Japan Advertising Artists Club, der eine führende Rolle in der japanischen Nachkriegs-Graphik spielte. 1960 gehörte er zu den Gründungsmitgliedern des Nippon Design Center. Danach war er künstlerischer Leiter der Zeitschrift New Japan und Berater des Museum of Modern Art in Tokyo. Hara arbeitete außerdem als freier Graphiker und schrieb Artikel über angewandte Kunst. 1955 erhielt er bei der Ausstellung Graphic´55 den Mainichi-Shimbun-Preis. Für seine Buchgestaltungen wurde er 1953 vom Japanischen Erziehungsministerium ausgezeichnet. Als Mitglied des Tokyo Olympic Design Commitee gestaltete er die Einladungen zu den Olympischen Spielen, die an über 100 Nationen verschickt wurden, und war auch für die Gestaltung des Offiziellen Berichts verantwortlich. Einige Jahre später arbeitete er für die graphische Abteilung der Olympischen Winterspiele 1972 in Sapporo und schuf wiederum das Siegerdiplom.

sisch und Englisch »*DIE SPIELE DER XVIII. OLYMPIADE*« und »*DIPLOM*« zu lesen, darunter der Name des Athleten, die Plazierung und die ausgeübte Sportart. Unterzeichnet wurde das Siegerdiplom (386 x 386 Millimeter) vom IOC-Präsidenten Avery Brundage und dem Präsidenten des Organisationskomitees Daigoro Yasukawa, der japanische Schriftzeichen benutzte. Das Teilnehmerdiplom trägt lediglich die Unterschrift des Präsidenten des Organisationskomitees. Das für die Funktionäre ausgestellte Diplom wurde durch den Text »*MIT TIEFSTER WÜRDIGUNG ERKENNEN WIR DIE GEWIDMETEN BEMÜHUNGEN UND MITWIRKUNGEN WÄHREND DER ZEIT DER XVIII. OLYMPISCHEN SPIELE, TOKYO 1964*« ergänzt. Zum Diplom gehörte ein Begleitschreiben.[5]

Kurze Zeit nach den Spielen wurden die Namen der Olympiasieger über dem Haupteingang des Stadions angebracht.

Erinnerungsmedaille. Die Erinnerungsmedaille wurde von zwei Künstlern entworfen: Tara Okamoto und Kazumitsu Tanaka. Vorne auf der linken Seiten sind drei Läufer zu erkennen, die das Ziel erreichen. Der mittlere hält einen Olivenzweig. Rechts befindet sich ein Stabhochspringer, vielleicht ist es aber auch ein Schwimmer.[6] Am unteren linken Rand steht »*Okamoto TARA*«. Er hat also diese Seite gestaltet. Die Rückseite zeigt in der Mitte die Olympischen Ringe und darüber die Inschrift »*XVIII / OLYMPIAD*«, diesen Text in japanisch (zwei Zeilen), und unten »*TOKYO / 1964*«. Auf der Kante ist eingetragen: »*NIAGAI ART IND*«. Hergestellt wurden die 17 000 dunkelgrünen kupfernen Medaillen in der Münze des Finanzministeriums in Osaka. Sie haben folgende Maße: 61 Millimeter Durchmesser, acht Millimeter Dicke, 118 Gramm Gewicht. Übergeben wurden sie in einem Holzkästchen, auf dessen Deckel sich die Olympischen Ringe und die Schrift »*TOKYO 1964*« befinden. Über die beiden Künstler konnten keine Informationen beigebracht werden.

Exkurs: Fackelstaffel

Die Idee von Carl DIEM, das Feuer mit einer Reiterstaffel zum Ort der Olympischen Spiele 1940 zu bringen, wurde 1964 wiederbelebt. Doch der von der japanischen Zeitung *Asahi Shimbun* durchgeführte Versuch, eine Strecke über die Seidenstraße zu finden, schlug fehl, und es wurde ein Transport mit dem Flugzeug durchgeführt.

Am 21. August 1964 begann der Lauf in Olympia, und am 10. Oktober um 15.03 Uhr loderte die Flamme über dem Olympia-Stadion in Tokyo. Nach der Entzündung durch

Werbeposter von Hiromu Hara; links: Tafel mit den Namen der Sieger

5 The Organizing Committee for the XVIII. Olympiad, *Report*, S. 229.

6 Der Offizielle Bericht gibt eine etwas andere Interpretation: »*Ein Athlet und ein Schwimmer sind um einen Olivenzweig gruppiert.*« (The Organizing Committee for the XVIII. Olympiad, *Report*, S. 229).

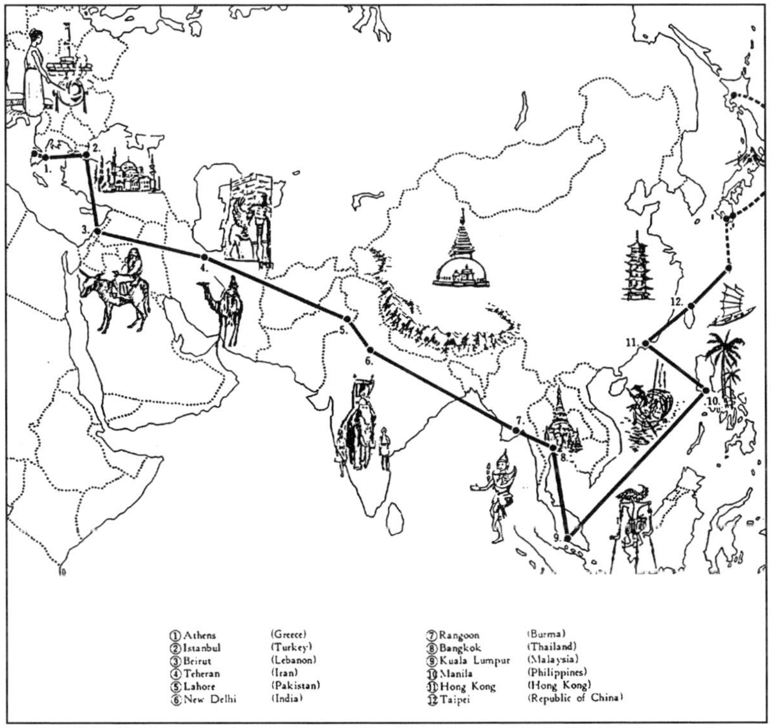

Weg der Fackel durch Japan

Das von Yusaku Kamekura entworfene Plakat der Spiele mit dem Fackelläufer

die von der griechischen Schauspielerin Aleka KATSELIS dargestellte Priesterin der HERA, die die Feuer im Gegensatz zu vorangegangen Staffeln in östlicher Richtung trug, wurde die erste Fackel durch König Konstantin an den ersten Läufer, George MARSELLOS, übergeben. Er trug auch in Tokyo an der Spitze aller Athleten die griechische Fahne ins Stadion. Er entzündete zunächst an der Coubertin-Stele eine Flammenschale und begann seinen Lauf in Richtung Pyrgos. Der Start auf der mit Hilfe der Carl-Diem-Spende des deutschen Sports ausgegrabenen antiken Laufbahn in Olympia in Anwesenheit der Teilnehmer der *Internationalen Olympischen Akademie* erinnerte somit in dreifacher Weise an den Begründer des Fackelstaffellaufes, dem in Japan große Verehrung entgegengebracht wurde und der in die ersten Planungen für die Spiele in Tokyo einbezogen war. In einer Feierstunde im Panathenäischen Stadion in Athen übergab König Konstantin das Feuer an Daigoro Yasukawa, den Präsidenten des Organisationskomitees. Am 23. August startete das Spezialflugzeug *»City of Tokyo«* und hatte viele Zwischenaufenthalte auf seinem Weg nach Japan. Auf diesen Stationen wurden Feiern mit Sportveranstaltungen und Ehrenwachen organisiert, u.a. in Teheran eine Vorführung der alten persischen Keulen- und Ringerkunst. In Hongkong geriet der Transport in einen Taifun, der die Maschine beschädigte. Auch das Ersatzflugzeug mußte nach Triebwerksproblemen umkehren und durch eine in Hongkong befindliche Maschine ersetzt werden. In Taipeh konnte die *»City of Tokyo«* nach der Reparatur das Feuer wieder übernehmen und nach Okinawa bringen. Hier wurde die Fackel an den ersten japanischen Läufer Isamu Miyagi übergeben: Am 8. und 9. September fand ein Staffellauf über die Insel Okinawa statt. Um Verzögerungen wieder aufzuholen, mußte ein *»Teil des Feuers«* mit dem YS-11 Relay Plane *»Seika«* (*»Heilige*

Gedenkmedaille mit antiken Fackelläufern auf der Vorderseite; rechts: Yoshinori Sakai nach Entzündung des Olympischen Feuers

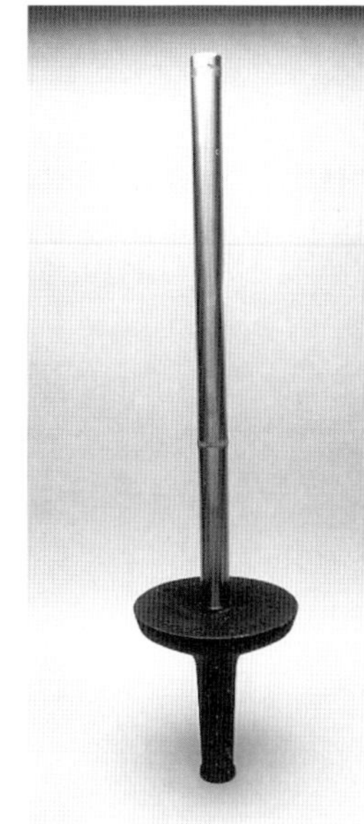

Die Fackel

Flamme«) nach Kagoshima vorausgeschickt und von dort nach Miyazaki und Chitose, den beiden weiteren Startpunkten der vier Teilläufe, die ganz Japan umspannten, geflogen werden. Am 9. Oktober vereinigten sich die vier Flammen vor dem Kaiserpalast in Tokyo wieder, bevor am 10. Oktober die letzte Teilstrecke zum Olympia-Stadion gestartet wurde. Letzer Fackelträger war Yoshinori Sakai, der am Tag des Atombombenabwurfs auf Hiroshima, am 6. August 1945, geboren wurde. Die Gesamtlänge der Strecke betrug 26 065 Kilometer, davon wurden 7 487 gelaufen (außerhalb Japans 732, innerhalb 6 755 km). Die Strecke pro Läufer betrug in Griechenland einen, in Japan ca. 1,5 Kilometer. Die Anzahl der Läufer betrug außerhalb Japans 870, davon 366 in Griechenland, und innerhalb Japans 100 603, einschließlich der Ersatz- und Begleitpersonen. Legt man die Anzahl der Teilstrecken zugrunde, so dürften 4 374 Personen die Fackel getragen haben. In Japan wurden Läufer und Läuferinnen im Alter von 16 bis 20 Jahren ausgewählt.

Die Fackel besteht aus einem zylindrischen Behälter (Hülle für den Brennstoff) mit einer Ummantelung aus rostfreiem Stahl. Dieser Behälter steckte in einem Griff aus einer Aluminiumlegierung. Seine Form ähnelt einer Flammenschale.

Grenoble 1968

Literatur:
Comité d'Organisation des Xemes Jeux Olympiques d'Hiver, *Rapport Officiel. Official Report*, 2 Bde., Grenoble 1969.
Gesellschaft zur Förderung des Olympischen Gedankens in der Deutschen Demokratischen Republik (Hg.), *X. Olympische Winterspiele Grenoble 1968*, Berlin 1968.
VALÉRIEN, Harry (Hg.), *Olympia '68. Die Jugend der Welt in Grenoble und Mexico-City*, München 1968.

44 Jahre nach ihrer Premiere fanden die Winterspiele erneut in Frankreich statt. Schauplatz war diesmal allerdings kein typischer Wintersportort, sondern eine nur 214 Meter über dem Meeresspiegel gelegene Stadt mit 180 000 Einwohnern ohne unmittelbaren Zugang zu Hängen und Pisten. So war ein Hauptanliegen der Bewerbung die Förderung einer noch zu erschließenden Region gewesen, die bis dahin kaum als Anziehungspunkt für Touristen in Erscheinung getreten war.
Mit Blick auf die Geschichte der Olympischen (Winter-)Spiele ist auf einige Neuerungen zu verweisen: Zum Beispiel konnten erstmals Fernsehübertragungen in Farbe gewährleistet werden. Für die diesbezüglichen Rechte hatte die American Broadcasting Company (ABC) ganze 2,5 Millionen Dollar gezahlt. Neu war auch die Durchführung von Dopingkontrollen. Bereits vier Jahre zuvor hatte das IOC dem Problem zunehmender medikamentöser Manipulationen mit der Gründung einer Medizinischen Kommission Rechnung getragen. In Grenoble mußten sich die weiblichen Teilnehmer zudem einem Geschlechtstest unterziehen.
Und noch eine Besonderheit: Erstmals waren die beiden deutschen Staaten mit zwei Mannschaften auf olympischer Bühne vertreten.
Für die DDR war dies ein großer sportpolitischer Erfolg. Relativ bescheiden fiel dagegen die sportliche Bilanz aus. Enttäuschend vor allem, daß man in der Medaillenwertung der bundesdeutschen Konkurrenz den Vortritt lassen mußte. So konnte man »nur« einmal Gold – durch die Rodler Thomas KÖHLER und Klaus-Michael BONSACK im Doppelsitzer – sowie je zweimal Silber und Bronze verbuchen, während sich der unter dem Kürzel »*FRG*« gestartete »Klassenfeind« über je zweimal Gold und Silber sowie dreimal Bronze freuen durfte.
Die beiden bundesdeutschen Olympiasieger waren – weder verwandt noch verschwägert – zwei KELLERs: Erhard gewann den Sprint der Eisschnelläufer, Franz die Nordische Kombination. Letzterer profitierte vom Fehlen eines starken Konkurrenten, des Mitfavoriten Ralph PÖHLAND. Der Klingenthaler hatte sich wenige Wochen vor Beginn der Spiele bei einem Auslandsaufenthalt von der DDR-Mannschaft abgesetzt – hatte also, nach dem offiziellen Sprachgebrauch der DDR, »Republikflucht« begangen. Seine Hoffnung, bereits in Grenoble für die Bundesrepublik starten zu können, machte allerdings eine vom Internationalen Skiverband verhängte zweijährige Sperre zunichte.
Der große Star der Spiele war Jean-Claude KILLY, der – wie Toni SAILER zwölf Jahre zuvor – in allen drei Disziplinen des alpinen Skilaufs reüssierte. Im Slalom kam ihm die Disqualifikation des schnelleren Karl SCHRANZ entgegen, der, so die Entscheidung der Jury, ein Tor ausgelassen hatte. Vier Jahre später sorgte das extrovertierte österreichische Skiidol noch einmal für Furore, als er wegen Verstoßes gegen die Amateurbestimmungen gar nicht erst zu den Wettkämpfen zugelassen wurde.
Killy verstand es, sich auch nach Karriereende in der Erfolgsspur zu bewegen. Mit dem – damals noch recht unbekannten – amerikanischen Agenten Mark McCORMACK hatte er sich offenbar beizeiten den geeigneten Interessenvertreter ausgesucht. Die professionelle Vermarktung seiner Person und seines Namens wurde beispielgebend. Selbst bei der Wahl der Ehefrau, der Schauspielerin Danielle GAUBERT, soll der Manager mitgewirkt haben. Zumindest der Gewinn scheint der Strategie bis heute recht zu geben. So verdiente Killy als Geschäftsmann Millionen. Für seine Verdienste um die Organisation der Winterspiele von 1992 in Albertville wurde er von IOC-Präsident SAMARANCH mit einer weiteren »Goldmedaille«, dem Olympischen Orden, ausgezeichnet und 1995 ins *IOC* aufgenommen.
Siegerehrung. Während der XVIII. Olympiade befaßte sich das IOC nur sporadisch mit Fragen der Siegerehrung. Ein Wunsch von Avery BRUNDAGE, bei allen Zeremonien auf Hymnen und Flaggen zu verzichten, wurde bei der 64. Session 1965 in Madrid abgelehnt.[1] Die Neuausgabe der Charta von 1967 legte fest, daß bei einem Mannschaftswett-

1 LYBERG, *Sessions*, Bd. 2, S. 107.

bewerb, der durch Rundenspiele (Ligasystem) entschieden wird, alle eingesetzten Spieler eine Medaille erhalten können.[2]
Die Siegerehrungen fanden meistens am Abend des Wettkampftages bzw. nach Feststehen des Ergebnisses in der Eishalle statt.
Siegermedaille. Die Siegermedaille wurde von Roger Excoffon entworfen, dem auch die Gestaltung des Emblems und beider Diplome anvertraut worden war. Der Vorderseite der Medaille lag das Motiv des Emblems zugrunde, in der Mitte eine Schneeflocke, umgeben von drei Rosen, dem Symbol der Dauphiné, und darunter die Olympischen Ringe. Rund um den Rand steht *»X^{EMES} JEUX OLYMPIQUES D'HIVER – GRENOBLE 1969«*. Die Rückseite stellt eine Neuheit dar. Excoffon, der auch die Piktogramme der Spiele entwickelt hatte, ließ die Symbole der jeweiligen Sportarten auf die Medaille prägen. Deren Namen finden sich in Französisch unterhalb des Piktogramms. So gibt es Medaillen für alpine Abfahrts- bzw. Slalomläufer, nordische Skilangläufer, Skispringer, Biathleten, Bobfahrer, Rennrodler, Eiskunstläufer, Eisschnelläufer und Eishokkeyspieler. Bei der Darstellung der Sportart sollte auf der Medaille auch die Vorstellung von Geschwindigkeit und Bewegung des Athleten vermittelt werden, z.B. gradlinig bei der Abfahrt, sich schlängelnd beim Slalom und rhythmisch gleitend beim Skilanglauf. Mit einem besonderen Verfahren der fotografischen Übertragung wurde das Bild mittels Säure in den Stahl geprägt.[3] Diese schwierige Arbeit wurde dem Münzamt in Paris übertragen. Die Medaille hat einen Durchmesser von 60 Millimetern, eine Dicke von 3,3 bzw. 4,2 (Bronze) Millimetern und wiegt 124 (vergoldet), 115 (Silber) bzw. 118 Gramm (Bronze). Sie hat eine Öse, an der mittels einer Klammer

Die Sieger in der 4x10-km-Skistaffel: von links das schwedische, das norwegische und das finnische Team

X. Olympische Winterspiele in Grenoble – 4. bis 18. Februar 1968

Mannschaften: 37

ARG, AUS, AUT, BUL, CAN, CHI, DEN, ESP, FIN, FRA, FRG, GBR, GDR, GRE, HUN, IND, IRI, ISL, ITA, JPN, KOR, LIB, LIE, MAR, MGL, NED, NOR, NZL, POL, ROM, SUI, SWE, TCH, TUR, URS, USA, YUG

Sportler: 1158 (211[2])

Name des Organisationskomitees:	***Comité d'Organisation des X^{emes} Jeux Olympiques d'Hiver (COJO)***
Präsident:	Albert MICHALLON
Generalsekretär:	Pierre BRUNEAUX
Offizieller Bericht:	französisch / englisch
Zeremoniell:	Eröffnungs- und Schlußfeier am Anfang und am Ende der Spiele
Eröffnung[1] durch:	Staatspräsident Charles de GAULLE
Dauer:	13 Tage
Siegerehrung:	am Abend des Wettkampftages bzw. nach dem Wettkampf durch den IOC-Präsidenten bzw. ein von ihm beauftragtes IOC-Mitglied
Olympischer Eid:	Léo LACROIX (alpiner Skiläufer)
letzter Fackelträger:	Alain CALMAT (Eiskunstläufer)
Fackel (Design):	Jacques ROLET
Emblem:	Roger EXCOFFON
Plakat:	9 offizielle, das mit dem Emblem von Roger EXCOFFON
Siegermedaille:	Roger EXCOFFON
Siegerdiplom:	Roger EXCOFFON
Erinnerungsmedaille:	Josette HÉBERT-CŒFFIN
Erinnerungsdiplom:	Roger EXCOFFON
Film:	*Treize jours en France* (Société des Films 13)
Zeitschrift:	*Internationales Informationsblatt*
Maskottchen:	Schuss
Sportarten:	8 (5[2]) mit 35 (13[2]) Wettbewerben
Demonstration:	1 (1[2]) mit 1 (1[2]) Wettbewerb
Besonderheiten:	Zum ersten Mal Dopingkontrollen und Sextests bei Winterspielen

Erläuterungen:
[1] Eröffnungsfeier am 6., Beginn des Eishockeyturniers am 4. Februar
[2] davon Frauen

2 IOC (Hg.), *Les Jeux Olympiques*, Lausanne 1967, S. 29. IOC (Hg.), *The Olympic Games*, Lausanne 1967, S. 29.
3 *»But this required the use of photographic reproduction on steel burnt into by acid«* (Comité d'Organisation des X^{emes} Jeux Olympiques d'Hiver, *Report*, Bd. 2, S. 250).

Teilnehmerdiplom

Siegerdiplom

Erinnerungsmedaille

Siegermedaille

Roger EXCOFFON 1910-1983

Der Graphiker war Art Director der Schriftgießerei Olive in Marseille und künstlerischer Leiter und Direktor der Reklameagentur Urbi et Orbi in Paris. In dieser Funktion arbeitete er für Air France, Sandoz, Boussois und Houbigant. Excoffon entwarf auch Plakate und war als Buchgestalter tätig. Eine seiner Stärken war die Entwicklung neuer Schriftarten wie Banco, Mistral, Diane, Calypso und Nord, die hauptsächlich bei der Gestaltung von Werbe- und Reklametexten Verwendung finden. Excoffon erhielt Aufträge von Air France, der Französischen Eisenbahn und vielen nationalen und internationalen renommierten Firmen. Er war Mitglied des Redaktionskomitees von Techniques Graphique und Mitarbeiter von Zeitschriften wie Le Courrier Graphique, Typographica und Esthétique Industrielle.

150 Jahre Französische Eisenbahn

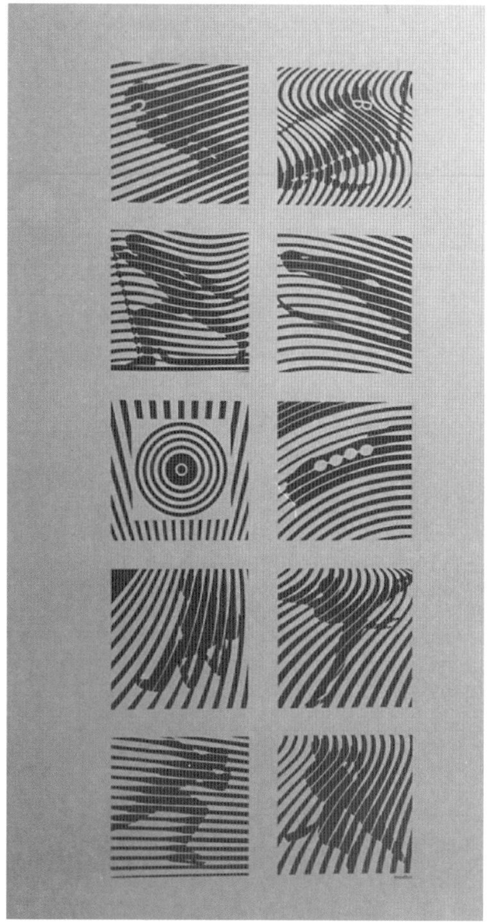

Die Piktogramme der Sportarten

ein Band mit weißen Rändern in den olympischen Farben befestigt war. Dazu erhielten die Athleten ein schwarzes Lederkästchen mit dem Emblem der Spiele, das innen mit roter für die vergoldeten, weißer für die silbernen und blauer Seide für die bronzenen Medaillen ausgekleidet ist. Die Pariser Münze lieferte dem Organisationskomitee drei Sätze à 125 Medaillen.

Siegerdiplom. Das 440 x 320 Millimeter große Siegerdiplom zeigt oben *»GRENOBLE 1968«*. Darunter sind das Emblem, reliefartig in das Papier geprägt, der Text *»X^ES JEUX OLYMPIQUES D'HIVER«* und in größeren Lettern *»DIPLOME«*. In der unteren Hälfte sehen wir einen Rahmen, der das Feld für die Eintragung umschließt, und darunter die Unterschriften des IOC-Präsidenten Avery Brundage, des Präsidenten des Organisationskomitees, Albert Michallon, und des Generalsekretärs Pierre Bruneaux. Die Diplome steckten in samtüberzogenen Rollen verschiedener Farben, die mit dem Emblem in Gold geschmückt sind.

Erinnerungsmedaille. Die Erinnerungsmedaille war von Josette Hébert-Cœffin entworfen worden, einer ausgewiesenen Medailleurin. Ihre Plakette zeigt auf der Vorderseite – sehr erhaben – das Profil eines mit einer Binde geschmückten Kopfes eines griechischen Athleten, dahinter zahlreiche Schneeflocken und Eiskristalle. Am unteren Rand ist der Name *»J. M. CŒFFIN«* zu erkennen. Die Rückseite läßt uns auf Grenoble und die Bergkette Belladone hinter der Stadt schauen. Während zwischen den Bergen und der Stadt *»GRENOBLE / 1968«* zu lesen ist, befindet sich am unteren Rand halbrund die Inschrift *»X^ES JEUX OLYMPIQUES D'HIVER«*. Die Medaille hat einen Durchmesser von 68 Millimetern, ist sieben Millimeter dick und wiegt 158 Gramm. Es gab drei Versionen: 20 Exemplare in Silber, 210 in versilberter Bronze für die Ehrengäste sowie die Offiziellen und 15 000 in Bronze für die Sportler. Bei den versilberten Medaillen steht auf der Kante *»1968 BRONZE«*, während die bronzenen *»1967 BRONZE«*, *»1968 BRONZE«* oder *»BRONZE«* aufweisen. Übergeben wurden sie in einem runden kastanienbraunen Papierkästchen.

Teilnehmerdiplom. Das 440 x 320 Millimeter große Teilnehmerdiplom, ebenfalls von Excoffon entworfen, ist fast mit dem Siegerdiplom identisch. Es zeigt allerdings das Emblem der Spiele in seinen Originalfarben, also rot, weiß und blau. Unterzeichnet wurde es vom Präsidenten des Organisationskomitees, Albert Michallon, und dem Generalsekretär Pierre Bruneaux. Hergestellt wurden 18 000 Exemplare. Entgegen den Vorschriften der Charta erhielten in Grenoble nicht nur die Funktionäre, sondern auch die Sportler dieses Diplom.

Die Fackel; rechts: Fackelplakat, entworfen von Jacques Rolet; darunter: Postkarte mit dem Sonderstempel (16.12.1967) zur Fackelstaffel

Exkurs: Fackelstaffel

Auf dem Weg nach Grenoble wurde das Olympische Feuer zunächst von Olympia nach Athen gebracht und von dort nach Paris geflogen. Die ca. 6 000 km lange Route durch Frankreich berührte die französischen Wintersportzentren im Jura, in den Vogesen, im Massif Central, in den Pyrenäen und den Alpen. Dabei lief die Staffel auch durch Chamonix, den Ort der I. Olympischen Winterspiele. Letzter Läufer war der Eiskunstläufer Alain Calmat. Während er die Fackel durch das Stadion trug, wurden seine Herztöne über einen Lautsprecher übertragen. Gleichzeitig mit dem Aufflammen des Olympischen Feuers entzündeten 7 000 Schulkinder ihre Fackeln. Calmat gab das Feuer weiter an sechs Fackeln, deren Träger zu Staffeln gehörten, die nach Chamrousse, Autrans, Alpe d`Huez, Villard de Lans, St. Nizier und zum Eispalast im Parc Mistral im Zentrum von Grenoble liefen. Während der Schlußfeier erhielt der französische Ringer Daniel Robin eine brennende Fackel für die Organisatoren der ein halbes Jahr später in Mexiko stattfindenden Sommerspiele.

Josette HÉBERT-CŒFFIN 1908-1973

Die Bildhauerin und Medailleurin studierte an der Kunstschule in Rouen und erhielt bereits mit 16 Jahren Preise für Architektur und Bildhauerei. Sie ging dann nach Paris und gewann 1937 einen erstmals vergebenen Preis der Guggenheim-Stiftung. Danach betätigte sie sich in der Porzellan-Manufaktur von Sèvres als erfolgreiche Tierbildhauerin. Bekannt sind von ihr auch zahlreiche Büsten und Statuen (Imagière de Notre Dame und weitere Madonnenstatuen). Mit über 200 Medaillen war sie eine der bedeutendsten Medailleurinnen ihrer Zeit. Als erste Frau durfte sie 1955 eine Medaille für den französischen Staatspräsidenten entwerfen, 1962 für Charles de Gaulle. Sie erhielt zahlreiche Auszeichnungen, u.a. war sie Offizier der Ehrenlegion.

Ehrenmedaille für Prinz Philippe d'Araucanie

Mexico-City 1968

Wieder einmal standen die Olympischen Spiele im Zeichen politischer Spannungen. 1968 war das Jahr der Studentenunruhen in Deutschland und anderswo, der Ermordung des schwarzen Bürgerrechtlers Martin Luther KING sowie des amerikanischen Präsidentschaftskandidaten Robert KENNEDY, des Höhepunktes des Vietnam-Krieges und der Besetzung der Tschechoslowakei durch die Truppen der UdSSR sowie anderer Warschauer-Pakt-Staaten.

Die größte Gefahr drohte den Spielen jedoch durch die Frage der Teilnahme Südafrikas, die das *IOC* schon seit längerem beschäftigt und die sich inzwischen zugespitzt hatte. Der Forderung verschiedener afrikanischer Staaten, Südafrika wegen seiner – auch im Sport – praktizierten Apartheid-Politik aus der Olympischen Bewegung auszuschließen, war das *IOC* zunächst zurückhaltend, dann ablehnend begegnet. Nachdem eine Inspektion einer dreiköpfigen Kommission vor Ort offenbar zufriedenstellende Ergebnisse erbracht hatte, entschieden sich die IOC-Mitglieder in einer Brief-Abstimmung mit absoluter Mehrheit gegen die Verhängung von Sanktionen.

Hier läßt sich eine gewisse Duplizität der Ereignisse erkennen, wenn man an die Haltung des *IOC* gegenüber Nazi-Deutschland im Vorfeld der Spiele von 1936 denkt. Freilich beugte man sich 1968 schließlich doch noch dem äußeren Druck: Nachdem fast alle afrikanischen Staaten mit Boykott gedroht hatten, entschied sich das *IOC* in einer neuerlichen Brief-Wahl doch für einen Ausschluß Südafrikas. De facto ausgeschlossen wurde auch Rhodesien – das Land hatte 1965 seine Selbständigkeit vom britischen Mutterland erlangt –, indem allen Inhabern entsprechender Pässe die Einreise verweigert wurde. Ungeachtet der Motive ist festzuhalten, daß das *IOC* das immer wieder postulierte Prinzip politischer Unabhängigkeit selbst untergraben, einen Präzedenzfall geschaffen und seine Erpreßbarkeit dokumentiert hatte. In der Folgezeit sollte sich die hier angedeutete Problematik weiter zuspitzen.

Während der Spiele rückte die afrikanische Frage noch einmal in den Blickpunkt, und zwar als Tommie SMITH und John CARLOS, die Erst- und Drittplazierten des 200-Meter-Laufes, bei der Siegerehrung eine mit einem schwarzen Handschuh bekleidete Hand erhoben, um für die Black-Power-Bewegung zu demonstrieren.[1] Daraufhin wurden beide aus der amerikanischen Mannschaft ausgeschlossen. SMITH, der Weltrekord gelaufen war, zählte übrigens zu den farbigen Athleten, die insgesamt 55 von 135 zu vergebenden Goldmedaillen gewannen. In diesem Zusammenhang sind neben den amerikanischen Stars vor allem die afrikanischen Läufer herauszuheben, die alle Strecken ab 800 Meter beherrschten.

Besonderen Einfluß auf die sportlichen Leistungen hatte die extreme Höhenlage Mexikos, die vor allem die Sprinter und Springer begünstigte und die Vielzahl der aufgestellten Weltrekorde erklärt. Dies gilt auch für das wohl bemerkenswerteste Einzelergebnis: der »Sprung des Jahrhunderts« von Bob Beamon, der die Bestmarke im Weitsprung um nicht weniger als 55 Zentimeter auf sagenhafte 8,90 Meter steigerte. Ein Rekord für die Ewigkeit, so schien es zumindest bis 1991, als es Carl LEWIS und Michael POWELL gelang, die magische 9-Meter-Grenze zu überwinden. Einen weiteren Akzent setzte der amerikanische Hochspringer Richard (»Dick«) FOSBURY. Er wurde nicht nur mit übersprungenen 2,24 Meter Olympiasieger, sondern revolutionierte die Hochsprungtechnik durch seine eigenwillige Art, die Latte rücklings zu überqueren – ein Stil, der fortan unter der Bezeichnung *»Fosbury-Flop«* firmierte. Um noch zwei weitere Athleten herauszuheben: Al OERTER gewann zum viertenmal hintereinander Gold im Diskuswerfen; die tschechische Turnerin Vera ČÁSLAVSKÁ avancierte mit vier Gold- und zwei Silbermedaillen zur erfolgreichsten Teilnehmerin der Spiele.

Unter den 112 Mannschaften befanden sich, wie schon bei den Winterspielen in Grenoble, zwei deutsche, die allerdings jeweils hinter der gleichen, nämlich schwarz-rot-goldenen Flagge mit den Olympischen Ringen einmarschierten: Die Bundesrepublik war mit

Literatur:

Organizing Committee for the XIX. Olympiad (Hg.), *The Official Report of the Organizing Committee for the Games of the XIX. Olympiad, Mexico City 1968*, 4 Bde., Mexico-City 1969.
Deutsche Olympische Gesellschaft (Hg.), *Die XIX. Olympischen Sommerspiele Mexico 1968. Das offizielle Standardwerk des Nationalen Olympischen Komitees*, Dortmund 1968.
Gesellschaft zur Förderung des Olympischen Gedankens in der Deutschen Demokratischen Republik (Hg.), *XIX. Olympische Spiele Mexiko-Stadt 1968*, Berlin 1969.

1 Eine Black Power-Demonstration gab es auch bei der Siegerehrung des 400-m-Laufs, als die drei amerikanischen Medaillengewinner mit Baskenmützen auf das Podium stiegen und die rechte Faust zum Protest ballten.

2 Mündliche Auskunft durch den Mitarbeiter des Organisationskomitees und späteren Leiter des Olympischen Informationszentrums im Olympischen Museums in Lausanne Karel WENDL. Ein Versuch WENDLs, bei einem Besuch in Mexico-City weitere Informationen zu erhalten, blieb weitgehend erfolglos. Er besorgte die Adressen der Künstler, die aber auf Anfragen nicht reagierten.

3 GREENSFELDER u.a., *Medals*, S. 104.

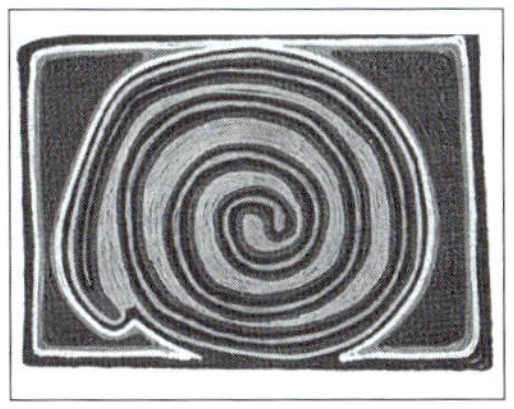

Die Muster des Pedro Diego; oben: Prähistorisches Muster

275, die DDR mit 228 Athleten vertreten. Bei der Medaillenausbeute hatte freilich das kleinere Team die Nase vorn. Mit neun Gold-, neun Silber- und sieben Bronzemedaillen belegte die DDR den fünften Rang in der Nationenwertung, und überflügelte damit den »Klassenfeind« deutlich. In der Bundesrepublik mußte man sich nolens volens an dieses Kräfteverhältnis gewöhnen, schon bald nämlich sollte sich die DDR als »dritte Kraft« des Weltsports etablieren.

Siegerehrung. Am Zeremoniell der Siegerehrung hatte das *IOC* in den letzten vier Jahren nichts geändert. Allerdings erhielten die Sieger zusätzlich zur Medaille einen Olivenzweig aus Griechenland. Zum wiederholten Mal – 1896 und 1906 Oliven-, 1908, 1912 und 1936 Eichenlaub – gab es frisches Grün, das symbolisch entweder an antike oder nationale Traditionen erinnern sollte. Als »Besonderheit« sollte aber das schon oben beschriebene Geschehnis bei der Medaillenvergabe nach dem 200-m-Lauf erwähnt werden.

Der Offizielle Bericht der Olympischen Spiele von Mexico-City ist zwar mit vier dickleibigen Bänden der bisher umfangreichste, doch auch der für unsere Fragestellung am wenigsten informative. Mindestens die Hälfte der vielen Seiten sind mit Fotos des Landes und der Stadt als Touristikziel, mit den vielen wunderschönen Objekten der zahlreichen Kunstausstellungen und der sportlichen Ereignisse gefüllt. Von der Siegerehrung, den Medaillen und Diplomen ist nur am Rand die Rede. Leider ist auch das gesamte Archivmaterial kurz nach den Spielen vernichtet worden.[2] Dabei wäre es gerade hier wichtig gewesen, etwas mehr zu erfahren. Schließlich war von einem Gesamtkunstwerk gesprochen worden. Für das visuelle Bild der Spiele waren die Abteilungen für Publikationen und urbane Gestaltung verantwortlich, die von dem Präsidenten des Organisationskomitees Pedro RAMÍREZ VÁZQUEZ gegründet worden waren, um dem Ereignis durch einen eigenen Stil einen besonderen Charakter zu verleihen. Für die allgemeine Koordination beider Abteilungen war der Architekt

Eduardo TERRAZAS verantwortlich. Das visuelle Erscheinungsbild und die Schriftmuster wurden beeinflußt durch Vorlagen des Künstlers Pedro DIEGO, eines Huichol-Indianers, und durch prähistorische Motive.

Siegermedaille. Bei der Siegermedaille wurde auf der Vorderseite der Text entsprechend der Olympiadenzählung angeglichen und in der für die Spiele entwickelten Schrift vermerkt: *»XIX / OLIMPIADA / MEXICO / 1968«*. Diese Schrift hatten Pedro Ramírez Vázquez, Lance WYMAN und Eduardo Terrazas entworfen. »Mexico 68« wurde weltweit zum Symbol für diese Spiele.

Zwischen Medaille und Band wurde eine quadratische Plakette befestigt, auf deren Vorderseite das Piktogramm der betreffenden Sportart und auf deren Rückseite auf spanisch die Disziplin zu lesen ist, z.B. *»relevo combinado / 4 x 100 / varouil«* (»4 x 100-m-Lagen-

Der Protest von Tommie Smith (Gold) und John Carlos (Bronze) beim Abspielen der Nationalhymne, links Peter Normann (AUS), der Zweiter wurde;
links: Hostessen in Landestrachten assistieren bei der Siegerehrung im Speerwerfen der Frauen, auf dem Podest von links Mihaela Penes (ROM), Angéla Németh (HUN), Eva Janko (AUT). Németh hält in ihren Händen die Schachtel mit dem Olivenzweig.
Darunter: Die Piktogramme der Sportarten, die auf den Plaketten der Siegermedaillen angebracht wurden.

staffel«). Die Medaille hat die Maße: 60 Millimeter Durchmesser, 3,5 bzw. 3,0 (Bronze) Millimeter Dicke, 130 (vergoldet), 129 (Silber) bzw. 87 (Bronze) Gramm Gewicht. Das Band ist einfarbig, manchmal blau, manchmal rot. Bei den vergoldeten Medaillen wurde anscheinend mit dem Gold gespart. Viele haben heute ihren Glanz verloren und gleichen Silbermedaillen.[3] Zur Medaille gehört ein Plastikkästchen mit transparentem Deckel.

Siegerdiplom. Besonderes Merkmal des quadratischen Siegerdiploms (310 x 310 Millimeter) ist die Jahreszahl »68« im Hintergrund. Davor sind die Olympischen Ringe eingedruckt. Die beiden Ziffern »6« und »8« sind aus einzelnen kleinen Feldern zusammengesetzt, die die offiziellen Piktogramme für die einzelnen Sportarten enthalten. Zur nonverbalen Information wurden für jede Sportart, jede kulturelle Veranstaltung sowie für die verschiedenen öffentlichen Anlagen und Dienstleistungen visuell einprägsame Bildzeichen geschaffen. Unter dem Schriftzug »*EL COMITE / ORGANIZADOR / DE LOS JUEGOS DE LA / XIX OLIMPIADA / OTORGA / DIPLOMA*« erfolgte die namentliche Eintragung des jeweiligen Athleten und seiner Plazierung, z.B. »für das Erreichen des 1. Platzes«. Unterschrieben haben Avery Brundage und Pedro Ramirez Vázquez. Den unteren Rand schmückt das Emblem »*MEXICO 68*« mit den fünf Ringen.

Nach den Spielen wurde entsprechend den Bestimmungen der Charta eine Tafel mit den Namen der Sieger an einer Wand des Stadions angebracht. Sie ist allerdings heute nicht mehr vorhanden.[4]

Die von Wyman entworfene quadratische Erinnerungsmedaille ist aus braunem Kupfer und hat die Maße 50 mal 50 Millimeter, eine Dicke von fünf Millimetern und ein Gewicht von 116 Gramm. Die Vorderseite ist in fünf Reihen gegliedert. Die erste, zweite, dritte und fünfte bestehen aus je fünf quadratischen Flächen mit den Symbolen für 18 Sportarten, das Olympische Feuer und das künstlerische Rahmenprogramm. Die vierte trägt das Emblem der Spiele »*MEXICO 68*«. Die Rückseite ist weitgehend plan. Nur im entsprechenden Bereich der vierten Reihe der Vorderseite steht »*JUEGOS DE LA XIX OLYMPIADA*« Die Erinnerungsmedaillen wurden in einer Zellophanhülle übergeben, manche auch in einem Holzkästchen.[5]

In Auktionskatalogen wird des öfteren als Erinnerungsgabe eine ganz andere, und zwar

Spiele der XIX. Olympiade in Mexico-City – 12. bis 27. Oktober 1968

Mannschaften: 112[1]

AFG	AHO	ALG	ARG
AUS	AUT	BAH	BAR
BEL	BER	BIR	BOL
BRA	BRH	BUL	CAF
CEY	CHA	CHI	CIV
CMR	COL	CON	CRC
CUB	DEN	DOM	ECU
ESA	ESP	ETH	FIJ
FIN	FRA	FRG	GBR
GDR	GHA	GRE	GUA
GUI	GUY	HBR	HKG
HON	HUN	INA	IND
IRI	IRL	IRQ	ISL
ISR	ISV	ITA	JAM
JPN	KEN	KOR	KUW
LBA	LIB	LIE	LUX
MAD	MAR	MAS	MEX
MGL	MLI	MLT	MON
NCA	NED	NGR	NIG
NOR	NZL	PAK	PAN
PAR	PER	PHI	POL
POR	PUR	ROM	SEN
SIN	SLE	SMR	SUD
SUI	SUR	SWE	SYR
TAN	TCH	THA	TPE
TRI	TUN	TUR	UAR
UGA	URS	URU	USA
VEN	VIE	YUG	ZAM

Sportler: 5 510 (781[2])

Name des Organisationskomitees:	***El Comite Organizador de los Juegos de la XIX Olimpiada***
Präsident:	Pedro RAMÍREZ VÁZQUEZ
Generalsekretär:	Alejandro Ortega San VICENTE
Offizieller Bericht:	spanisch / deutsch; französisch / englisch
Zeremoniell:	Eröffnungs- und Schlußfeier am Anfang bzw. am Ende der Spiele
Eröffnung durch:	Staatspräsident Gustavo DÍAZ ORDAZ
Dauer:	16 Tage
Siegerehrung:	nach dem Wettkampf durch den IOC-Präsidenten bzw. ein von ihm beauftragtes IOC-Mitglied
Olympischer Eid:	Pablo GARRIDO (Leichtathlet)
letzter Fackelträger:	Norma Enriqueta Basilio SOTELA (Leichtathletin)
Olympische Hymne:	Spyros SAMARAS / Kostas PALAMAS (Text)
Emblem und Plakat:	Pedro RAMÍREZ VÁZQUEZ, Lance WYMAN und Eduardo TERRAZAS
Siegermedaille:	Guiseppe CASSIOLI / unbekannt
Siegerdiplom:	unbekannt
Erinnerungsmedaille:	Lance WYMAN
Funktionärsdiplom:	unbekannt
Zeitschriften:	*Boletin Oficial XIX Olimpiada; Communique Olympiques*
Film:	*Mexico 68*
Sportarten:	18 (8[2]) mit 172 (44[2]) Wettbewerben
Demonstrationen:	2 (1[2]) mit 10 (3[2]) Wettbewerben
Besonderheiten:	weltweite Fernsehübertragung durch Satelliten

Erläuterungen:
[1] bei Trennung von GER in FRG und GDR
[2] davon Frauen

4 Karel WENDL wollte sie im Auftrag des Autors fotografieren. Er fand sie jedoch nicht mehr vor. Pedro RAMÍREZ VÁZQUEZ, der Präsident des Organisationskomitees, erklärte WENDL auf Nachfrage, daß die Tafel aber kurz nach Ende der Spiele am Stadioneingang angebracht wurde.

5 GREENSFELDER u.a., *Medals*, S. 109.

Siegerdiplom

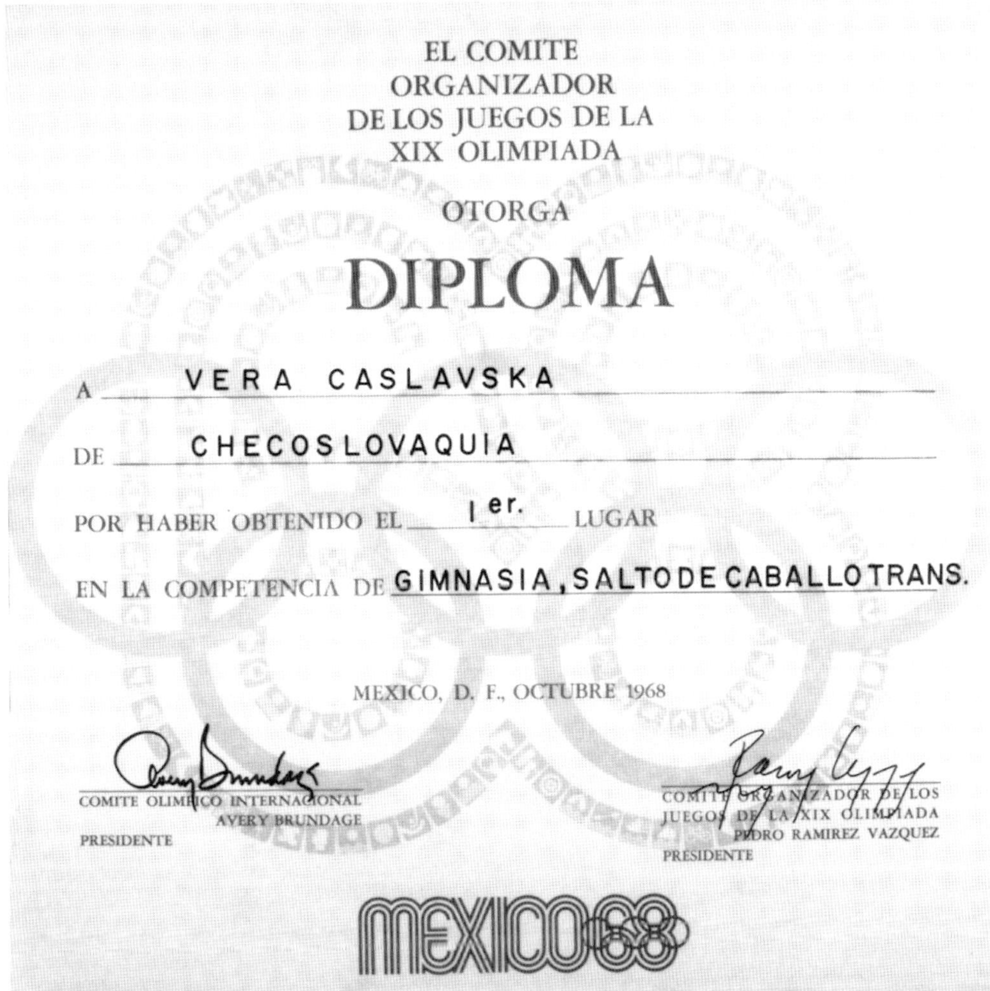

EL COMITE
ORGANIZADOR
DE LOS JUEGOS DE LA
XIX OLIMPIADA

OTORGA

DIPLOMA

A VERA CASLAVSKA

DE CHECOSLOVAQUIA

POR HABER OBTENIDO EL 1er. LUGAR

EN LA COMPETENCIA DE GIMNASIA, SALTO DE CABALLO TRANS.

MEXICO, D. F., OCTUBRE 1968

COMITE OLIMPICO INTERNACIONAL
AVERY BRUNDAGE
PRESIDENTE

COMITE ORGANIZADOR DE LOS
JUEGOS DE LA XIX OLIMPIADA
PEDRO RAMIREZ VAZQUEZ
PRESIDENTE

MEXICO 68

Siegermedaille

Erinnerungs-
medaille

Pedro RAMÍREZ VÁZQUEZ *1919

Der in der ganzen Welt bekannte Architekt erbaute u.a. für das IOC das Verwaltungsgebäude neben dem kleinen Schloß Vidy, den Pavillon auf der EXPO 1992 in Sevilla und das Olympische Museum in Lausanne. Er war Rektor der Universität von Mexico-City und von 1967 bis 1982 Bauminister. Zunächst als Vize-, dann als Präsident des Organisationskomitees bereitete er die Spiele in Mexico-City vor. Von 1972 bis 1974 bekleidete er das Amt des Präsidenten des NOK seines Landes. Zischen 1972 und 1995 war Ramírez Vázquez IOC-Mitglied, danach Ehrenmitglied und arbeitete dort in zahlreichen Kommissionen, vor allem im Kulturbereich. 1996 wurde er mit dem Olympischen Kunstpreis ausgezeichnet.

Olympisches Museum in Lausanne

runde Medaille – Durchmesser 58 Millimeter – abgebildet. Sie zeigt auf der Vorderseite im Relief den Aztekenkalender, das Emblem der Spiele. Die Umschrift lautet: »*JUEGOS DE LA XIX OLYMPIADA – OCTOBRE 12-27 MEXICO 68*«. Die Rückseite trägt die Zahl »68« und – darüber »geschoben« – die Olympischen Ringe. Der Aztekenkalender wurde 1760 in Mexico-City gefunden. Er ist eingemeißelt auf einem Basaltstein von 25 Tonnen Gewicht und hat einem Durchmesser von 3,60 Meter. Wer diese Medaille entworfen hat, konnte nicht in Erfahrung gebracht werden.

Das ebenfalls 310 x 310 Millimeter große Diplom für die Funktionäre und Sportler ist fast identisch mit der Urkunde für die Erstplazierten. Statt der Rangfolge 1 bis 8 ist z.B. eingetragen: »FÜR DIE TEILNAHME ALS ATHLET.«

Funktionärsdiplom

EL COMITE ORGANIZADOR DE LOS JUEGOS DE LA XIX OLIMPIADA

OTORGA

DIPLOMA

A Lothar Metz

DE Alemania del Este

POR SU PARTICIPACION COMO Atleta

EN LA COMPETENCIA DE Lucha Greco Romana

MEXICO, D. F., OCTUBRE 1968

COMITE OLIMPICO INTERNACIONAL AVERY BRUNDAGE PRESIDENTE

COMITE ORGANIZADOR DE LOS JUEGOS DE LA XIX OLIMPIADA PEDRO RAMIREZ VAZQUEZ PRESIDENTE

MEXICO 68

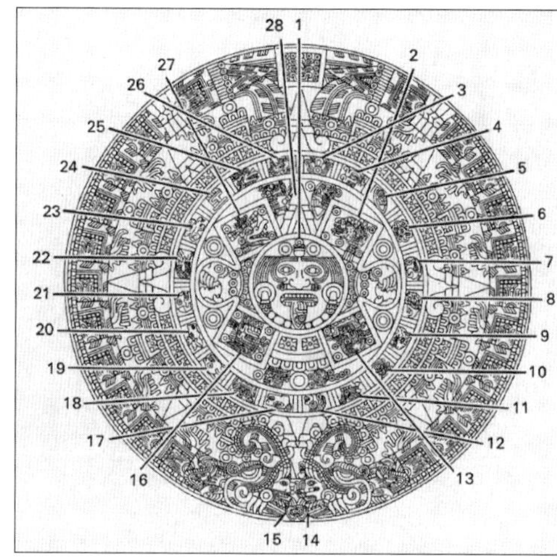

Aztekenkalender links: Medaille – Aztekenkalender

Exkurs: Fackelstaffel

Eine Staffel durch Griechenland, Italien, Spanien, die Bahamas und Mexiko, die 50 Tage – vom 23. August bis zum 12. Oktober – dauerte, brachte das Olympische Feuer nach Mexico-City. Dabei sollte die Entdeckung der »Neuen Welt« durch spanische Seeleute und insbesondere die Route des Christoph KOLUMBUS Bezugspunkt sein. Durch die Auswahl der Wegstrecke konnte der Lauf zu einer symbolischen Wiederholung der Entdeckung Amerikas gestaltet werden. Das Olympische Feuer wurde dabei als Symbol

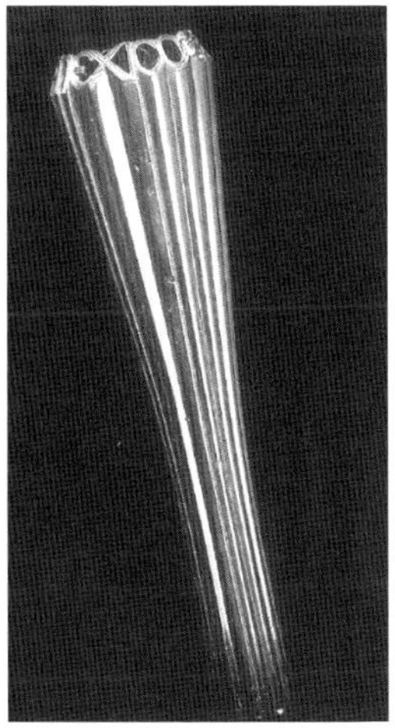

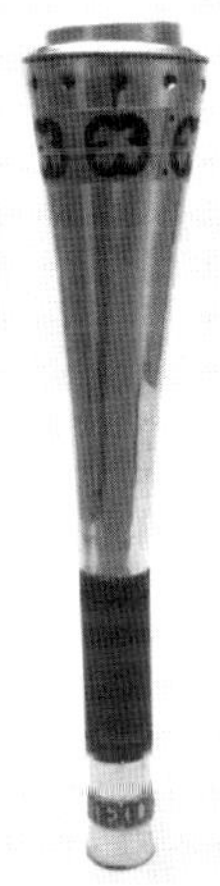

Die Fackeln

für die Überbringung der europäischen Kultur auf den amerikanischen Kontinent verstanden. Nach dem Lauf auf dem üblichen Weg von Olympia nach Athen übergab man die Flamme am 24. August in Phaleron dem griechischen Zerstörer »*Navarinon*«, der sie nach Genua, der Geburtsstadt von Kolumbus, brachte. Hier wurde sie in dem Hause aufbewahrt, in dem der Seefahrer gelebt haben soll. Von Genua aus brachte das italienische Trainingsschiff »*Palinuro*« die Flamme nach Barcelona. Es folgte ein 1 324 km langer Lauf durch zahlreiche spanische Städte. Am 11. September erreichte das Feuer Puerto de Palos. Cristobal Colon CARVAJAL, ein direkter Nachfahre von Kolumbus, lief das letzte Teilstück auf spanischem Boden und brachte die Flamme an Bord der spanischen Corvette »*Princesa*«. Auf der Route des Entdeckers steuerte das Schiff nach Aufenthalten in Las Palmas und Gomera, den letzten Stationen vor der Überquerung des Ozeans, San Salvador (Bahamas) an, wo 476 Jahre zuvor der große Entdecker angekommen war. In einer Feierstunde wurde symbolisch die erste Landung in Amerika mit dem ersten Erscheinen des Olympischen Feuers auf dem amerikanischen Kontinent verbunden. Nach einer Staffel um die Insel brachte man die Flamme an die Küste vor Veracruz. Dort holten sie 17 Schwimmer an Land. Hier war 449 Jahre zuvor der Conquistador Hernando CORTÉS angekommen. Auf dem Weg durch Mexiko folgte die Staffel der Route von Cortés nach Tenochtitlan. In Teotihuacan, der heiligen Stadt des Aztekenreiches, entzündete auf der Pyramide des Mondes ein Läufer eine Flammenschale. 3 000 Tänzer, die von dem Choreographen Guillermo ARRIGA geleitet wurden, führten die aztekische Zeremonie des »*Neuen Feuers*« auf, ein Ritual, das im alten Mexico alle 52 Jahre eine Wiedergeburt der Welt aus dem Aufgang der »Neuen Sonne« herleitete. Am nächsten Tag wurde das Feuer nach Mexico-City zum Monument des mexikanischen Volkes und von dort zum Olympia-Stadion gebracht, und zum ersten Mal von einer Frau, Norma Enriqueta Basilio Sotela, der mexikanischen Rekordinhaberin über 400 m und 80 m Hürden, ins Stadion und zur Flammenschale hinaufgetragen.

Von Mexico-City flog man die Flamme nach Acapulco, dem Ort der Segelwettbewerbe. Wasserskifahrer brachten drei Fackeln zum Club de Yates. Zum ersten Mal brannte auch ein Feuer an einem Zentrum der sogenannten Cultural Olympiad, dem Museum of Anthropology.

Die Länge der Gesamtstrecke betrug 13 620 km, davon zu Wasser ca. 11 090 km. 2 778 Läufer trugen die Fackel, und eine wechselnde Zahl von Eskortenläufern begleitete sie. Die 855 km in Mexico bewältigten 816 Träger. Offensichtlich sind zwei verschiedene Fackeln benutzt worden. Die erste bestand aus einem konisch geriffelten Metallstab mit der eingegossenen Aufschrift »*MEXICO 68*« an der Feueröffnung. Die zweite, besonders in Spanien benutzte bestand aus einem ebenfalls konischen Halter aus glänzendem Metall mit Friedenstauben am oberen Rand und der Aufschrift »*MEXICO 68*« am Boden.

Das Olympische Feuer getragen von Wasserskifahrern vor Acapulco; oben: Norma Enriqueta Basilio Sotela, die erste Frau, die das Olympische Feuer entzündete.

Sapporo 1972

Tokyo und Sapporo: Acht Jahre nach den Sommerspielen gastierten auch die Winterspiele in Japan. Ursprünglich war ebendiese Kombination schon für das Jahr 1940 vorgesehen gewesen, doch der Krieg verhinderte die Realisierung der Pläne. Beflügelt durch den Eindruck der Tokyoter Spiele, bewarb sich die Hauptstadt der Präfektur Hokkaido erneut und erhielt 1966 den Zuschlag.

Mehr als 1 200 Aktive bzw. 35 Mannschaften hatten sich auf den weiten Weg gemacht, darunter auch 116 bzw. 42 Sportler aus der Bundesrepublik und der DDR. Für den »Arbeiter- und Bauernstaat« markierten die Spiele einen weiteren Meilenstein: Nachdem man vier Jahre zuvor erstmals mit einer eigenen Vertretung in die Arena eingezogen war, erfolgte dies nun mit den entsprechenden Hoheitszeichen. Das *IOC* hatte nämlich beschlossen, daß beide deutsche Mannschaften mit je eigener (National-)Flagge und -Hymne auftreten sollten.

Damit hatte die DDR ein großes Ziel erreicht – nun konnte man daran gehen, den »Klassenfeind« sportlich zu überflügeln sowie Rekorde und Medaillen zu sammeln. Diesbezüglich war Sapporo eine Art Durchgangsstation: Mit vier Gold-, drei Silber- und sieben Bronzemedaillen belegte die Mannschaft der DDR den zweiten Platz der Nationenwertung, allein dem »großen Bruder«, der Sowjetunion, mußte man den Vortritt lassen. Die Wettbewerbe der Rodler gestalteten sich beinahe als nationale Meisterschaften mit internationaler Beteiligung: Im Einsitzer der Damen und Herren gingen jeweils alle Medaillen an die DDR, im Herrendoppel Gold und Bronze. Olympiasieger wurde auch Ulrich WEHLING – er gewann die Nordische Kombination.

Die bundesdeutsche Mannschaft brachte dreimal Gold und je einmal Silber und Bronze mit nach Hause. Wie schon vier Jahre zuvor gewann Erhard KELLER den Sprint der Eisschnelläufer, während seine Kollegin Monika PFLUG über 1000 Meter siegte. Olympiasieger wurde auch das Bob-Duo Wolfgang ZIMMERER und Peter UTZSCHNEIDER, die auch am Gewinn der Bronzemedaille im Viererbob maßgeblich beteiligt waren. Zu den Stars der Spiele zählte auch Ard SCHENK. Der niederländische Eisschnelläufer stand dreimal ganz oben auf dem Treppchen – und damit ebenso oft wie die sowjetische Langläuferin Galina KULAKOWA.

Siegerehrung. Hin und wieder befaßte sich das *IOC* bei den Sessionen der XIX. Olympiade mit dem Zeremoniell der Siegerehrung. Meist ging es um Flaggen und Hymnen. In der Zeit der Auseinandersetzung zwischen West und Ost sollte ein Wettkampf der Systeme im Sport nicht auch im Zeremoniell der Siegerehrung verdeutlicht werden. Auf der 68. Session 1968 in Mexico-City wäre ein Antrag auf Weglassen von Hymnen und Flaggen durch Prinz Georg von HANNOVER, als Präsident der Internationalen Olympischen Akademie Mitglied ex officio, fast von Erfolg gekrönt gewesen. Mit 34 zu 22 stimmte das *IOC* seinem Anliegen zu. Allerdings wäre für eine Satzungsänderung eine Zweidrittel-Mehrheit, 42 Zusagen, notwendig gewesen.[1]

Zwei Jahre später beklagte sich Avery BRUNDAGE über die nicht regelkonforme Vergabe von Medaillen. Er bekräftigte, daß in »künstlichen« Mannschaftswettbewerben, bei denen in einem Wettbewerb eine Einzel- und eine Mannschaftswertung vorgenommen wird, ein Sportler nur eine Medaille erhalten darf. Anscheinend hatten sich die Organisationskomitees nicht an die Vorschriften der Charta gehalten. Des weiteren mahnte Brundage eine bessere Kontrolle über die Anzahl der jeweils produzierten Exemplare an. Überzählige Stücke müßten nach den Spielen dem *IOC* gegeben werden. Obwohl alle o.g. Bestimmungen längst im Regelwerk verankert waren, ließ er das *IOC* erneut über diese Vorschriften abstimmen.[2]

1971 und 1972 gab das *IOC* eine neue Fassung der Charta heraus, in der sich aber weder im Paragraphen 41 (»*Preise*«) noch im Paragraphen 58 (»*Siegerehrung*«) etwas geändert hatte.[3]

Bei den XI. Olympischen Winterspielen 1972 in Sapporo fanden die Siegerehrungen nach den Wettkämpfen meistens in den einzelnen Sportarenen oder in deren Nähe statt.

Literatur:
Organizing Committee for the XIth Olympic Winter Games, Sapporo 1972 (Hg.), *Official Report. Rapport Officiel,* Sapporo 1973. Deutsche Olympische Gesellschaft (Hg.), *Die Spiele der XX. Olympiade München – Kiel 1972 und die XI. Olympischen Winterspiele Sapporo 1972. Das offizielle Standardwerk des Nationalen Olympischen Komitees für Deutschland,* Freiburg/Basel/Wien 1972. Gesellschaft zur Förderung des Olympischen Gedankens in der Deutschen Demokratischen Republik (Hg.), *XI. Olympische Winterspiele Sapporo 1972,* Berlin 1972.

1 LYBERG, *Sessions,* Bd. 2, S. 141-142.
2 LYBERG, *Sessions,* Bd. 2, S. 163.
3 Aus naheliegenden Gründen veröffentlichten die Veranstalter in München eine deutsche Übersetzung. Die vierte nach 1926 (im *Bulletin du CIO*), 1930 nach dem Olympischen Kongreß in Berlin, 1938 durch das *Internationale Olympische Institut* (alle auch in französisch, englisch und spanisch).
4 Beim jährlichen Bericht des Organisationskomitees anläßlich der Sitzungen des Exekutivkomitees bzw. der Sessionen über den Stand ihrer Vorbereitungen legten die Japaner 1972 in Lausanne einen Prototyp der vorgesehenen Medaille vor, der von den IOC-Mitgliedern mit der Weisung zurückgewiesen wurde, ein neues Modell entwerfen zu lassen (Protokoll der Sitzung des Exekutivkomitees vom 3. und 4.10.1970 [IOC-Archiv]).
5 Über ihn war nichts in Erfahrung zu bringen.

Siegerehrung mit zu kleinem Treppchen nach dem Finale im Eishockey, von links die Mannschaften der Vereinigten Staaten, der UdSSR und der Tschechoslowakei

Lediglich die Sieger der Wettbewerbe des letzten Tages der Spiele erhielten ihre Auszeichnungen in der Makomanai-Eishalle.

Siegermedaille. Die Siegermedaille ist nicht rund; sie hat sechs Seiten. Die Übergänge von Seite zu Seite sind schwach abgerundet.[4] Der Auftrag, die Medaille zu gestalten, war an zwei japanische Künstler gegangen. Für die Vorderseite war Kazumi YAGI[5] verantwortlich. Wir erkennen eine weite Schneefläche, durch deren Mitte sich von oben nach unten eine Bobbahn, vielleicht auch eine Skispur, zu erkennen ist. Rechts davon ist eine Eisschnellauf-Bahn zu sehen. An der Medaille ist oben eine kleine rechteckige Platte befestigt, auf der das Piktogramm der jeweiligen Sportart eingraviert ist. Die Rückseite wurde von Ikko TANAKA gestaltet. Auf ihr findet sich das von Kazumasa NAGAI gestaltete Emblem der Spiele.

Acht der besten Designer Japans wurden gebeten, Entwürfe für das Symbol der Spiele einzureichen. Unter 30 vorgelegten Entwürfen wurde der Vorschlag von Nagai ausgewählt, auch deswegen, weil es sowohl horizontal als auch vertikal gelesen werden konnte. Der sechsseitige Schneekristall, das Symbol des »ersten Schnees«, findet sich von alters her in vielen östlichen Kulturen, vor allem in Japan und China. In Japan tauchte er zum ersten Mal in der Heian Periode (781-1185) auf. Er sollte die Verbindung von alter Tradition und dem modernen Fest der Jugend verkörpern. Das Emblem besteht aus vier Komponenten: oben die Sonne, daneben oder darunter der Schneekristall, darunter die Olympischen Ringe und wiederum darunter die Aufschrift »*SAPPORO 72*«. Dazu kommt beim Diplom als weiterer Text in japanisch und englisch »*XI / OLYMPIC / WINTER / GAMES*«. Die kleine oben erwähnte Platte trägt auf der Rückseite in englisch die Bezeichnung der jeweiligen Sportart. An der Platte ist das Trägerband befestigt. Es ist dunkelblau, also in der Farbe der Spiele in Sapporo gehalten, und wird an den Außenrändern von den fünf olympischen Farben begrenzt. Die Medaille hat eine Breite von 57,3 Millimetern, eine Höhe von 61,3 Millimetern und eine Dicke von fünf Millimetern. Sie wiegt 185 (vergoldet), 181 (Silber) bzw. 147 (Bronze) Gramm. Insgesamt 267 Medaillen – 89 von jeder Art wurden in der Münzanstalt des Finanzministeriums geprägt, von denen 70 vergoldete, 66 silberne und 68 bronzene vergeben wurden. Dazu erhielten die Athleten ein dunkelblaues mit Samt ausgelegtes Kästchen, in dem sich passend zur Medaille auch ein Sticker mit dem Emblem der Spiele befand.

Siegerdiplom. Das Siegerdiplom (387 x 387 Millimeter) für die Erstplazierten wurde von Hiromu HARA entworfen, der auch schon das Design der Urkunde der Olympischen Spiele 1964 in Tokyo geschaffen hatte. In der oberen Hälfte des Diploms von Sapporo ist das Emblem eingedruckt. Es folgen darunter in japanisch, französisch und englisch »*XI. OLYMPISCHE WINTERSPIELE*« und »*DIPLOM*« und dann in englisch die Angaben über den Sportler, dem das Diplom zusteht. Unterschrieben ist es von Avery Brundage und Kogoro UEMURA, dem Präsidenten des Organisationskomitees.

Erinnerungsmedaille. Auf der Vorderseite der von Shigeo FUKUDA gestalteten Erinnerungsmedaille ist ein fliegender Pfeil mit zwei Spitzen zu sehen, dessen Mittelteil eine menschliche Silhouette andeutet, wohl eine Person in schneller Bewegung. Auf der Rückseite befindet sich das Symbol der Spiele von Sapporo. Die Medaille hat einen Durchmesser von 60 Millimetern, eine Dicke von sechs

Kazumasa NAGAI *1929

Der Designer studierte bis 1951 an der Bildhauer-Abteilung der Tokyo National Universitäty of Fine Arts and Music. 1960 gehörte er zu den Gründern des Nippon Design Center. Er gilt heute als einer der bedeutendsten japanischen Designer. Seine Werke sind im Tokyoter National Museum der Modernen Kunst, im Museum of Modern Art of New York, im Staatlichen Museum für Angewandte Kunst in München und vielen anderen Museen zu sehen. Zwischen 1960 und 1968 erhielt er über ein Dutzend großer Auszeichnungen, z.B. bei Ausstellungen in Warschau, Brünn, Moskau und Mexiko, darunter eine Goldmedaille bei der Brünner Biennale, eine Gold-, Silber- und Bronzemedaille bei der Warschauer Biennale, zuletzt 1998 den Großen Preis der 12th World AIDS Conference in der Schweiz.

Save

Millimetern und wiegt 136 Gramm. In der Münze des Finanzministeriums wurden 10 000 Exemplare hergestellt. Aufbewahrt wurden sie – eingebettet in eine 10 mal 10 Zentimeter große blaue Plastikplatte – in einem Behältnis aus durchsichtigem Plastik. Dies befand sich wiederum in einem blauen Karton, auf dessen Oberseite das Emblem und die Vorderseite der Medaille abgebildet sind.

XI. Olympische Winterspiele in Sapporo – 3. bis 13. Februar 1972

Mannschaften: 35

ARG	AUS
AUT	BEL
BUL	CAN
ESP	FIN
FRA	FRG
GBR	GDR
GRE	HUN
IRI	ITA
JPN	KOR
LIB	LIE
MGL	NED
NOR	NZL
PHI	POL
PRK	ROM
SUI	SWE
TCH	TPE
URS	USA
YUG	

Sportler: 1 006 (206[1])

Name des Organisationskomitees:	***Organising Committee for the XIth Olympic Winter Games, Sapporo 1972***
Präsident:	Kogoro UEMURA
Generalsekretär:	Tomoo SATO
Offizieller Bericht:	japanisch; französisch / englisch
Zeremoniell:	Eröffnungs- und Schlußfeier am Anfang bzw. am Ende der Spiele
Eröffnung durch:	Kaiser HIROHITO
Dauer:	11 Tage
Siegerehrung:	am Abend des Wettkampftages bzw. nach dem Wettkampf durch den IOC-Präsidenten oder ein von ihm beauftragtes IOC-Mitglied
Olympischer Eid:	Keiichi SUZUKI (Eisschnelläufer) Fumio ASAKI (Kampfrichter)
letzter Fackelträger:	Hideki TAKADA (Eisschnelläufer)
Fackel (Design):	Munemichi YANAGI
Emblem:	Kazumasa NAGAI
Plakate:	Takashi KONO, Yusaku KAMEKURA (2), Gan HOSOYA
Siegermedaille:	Kazumi YAGI, Ikko TANAKA
Siegerdiplom:	Hiromu HARA
Erinnerungsmedaille:	Shigeo FUKUDA
Erinnerungsdiplom:	Hiromu HARA
Hymnen:	Michio MAMIYA, Shuntaro TANIGAWA (Text), Minoru MIKI, Tokiko IWATANI (Text)
Film:	Masahiro SHINODA *(Jeux Olympiques de Sapporo)*
Zeitschriften:	*Olympic Winter Games Official Bulletin; Press Releases*
Marsch:	Naozumi YAMAMOTO
Fanfare:	Akira MIYOSHI
Sportarten:	8 (5[1]) mit 35 (13[1]) Wettbewerben
Besonderheiten:	keine Demonstrationen

Erläuterungen: [1] davon Frauen

Funktionärsdiplom. Das Diplom für die Offiziellen, ebenfalls von Hara entworfen, unterscheidet sich nur geringfügig von der Urkunde für die erfolgreichen Athleten. Statt der Angaben über die Leistung der Sportler ist in japanisch, französisch und englisch eingedruckt: »*MIT AUFRICHTIGER ANERKENNUNG BESTÄTIGEN WIR IHRE GESCHÄTZTEN BEMÜHUNGEN UND IHRE KOOPERATION WÄHREND DER ZEIT DER XI. OLYMPISCHEN WINTERSPIELE IN SAPPORO 1972.*« Unterschrieben ist die Urkunde nur von Kogoro Uemura, dem Präsidenten des Organisationskomitees.

Exkurs: Fackelstaffel

Am 28. Dezember 1971 wurde in Olympia in Anwesenheit einer 15köpfigen japanischen Delegation unter Leitung des Vizepräsidenten des Organisationskomitees Prinz Tsuneyoshi TAKEDA das Feuer für Sapporo entzündet. Dabei trug man die Flamme lediglich zum Ortsrand von Olympia und brachte sie mit einem Wagen nach Athen, wo sie im Panathenäischen Stadion bis zum nächsten Tag brannte. Nach einer Stafette zum Hellenikon-Flughafen wurde das Feuer an Takeda übergeben und mit einer Linienmaschine der Japan Airlines nach Naha auf Okinawa geflogen.

Läufer brachten die Fackel dort zum Ohnoyama-Baseball-Field, wo eine Begrüßungszeremonie für das Feuer stattfand. Am 31. Dezember begann auf Okinawa eine 57 km lange Staffel. Das Olympische Feuer in Okinawa sollte auch den Wunsch der Insel nach Rückkehr zur vollen japanischen Souveränität unterstreichen.

Am Neujahrstag des Jahres 1972 erreichte die Flamme den Haneda-Flughafen in Tokyo. Im National-Stadion, wo an diesem Tag das Endspiel um den Pokal des Kaisers in der National Soccer League stattfand, gab es eine kurze Zeremonie des Willkommens.

Von Tokyo aus wurde eine Route bis Nirasaki in der Yamanashi-Präfektur gewählt. Dort gab es eine Teilung in einen westlichen Kurs entlang dem Japanischen Meer und einen östlichen entlang der Pazifischen Küste nach

Diplom für Offizielle

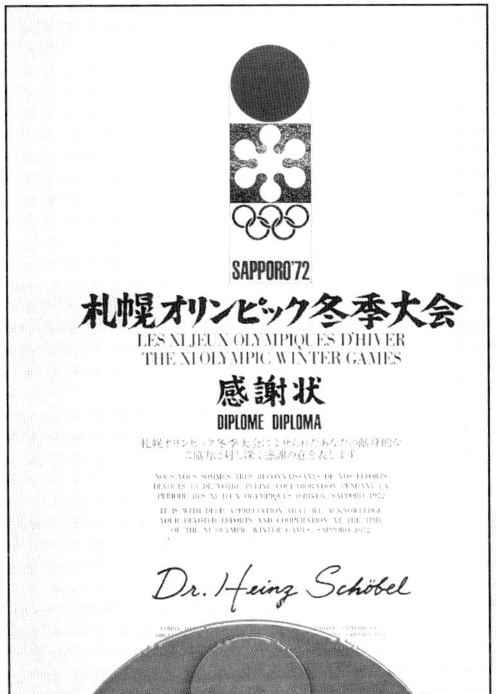

Sieger-diplom

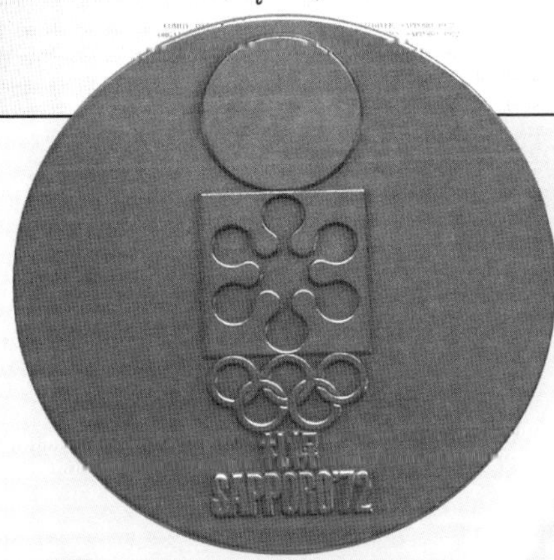

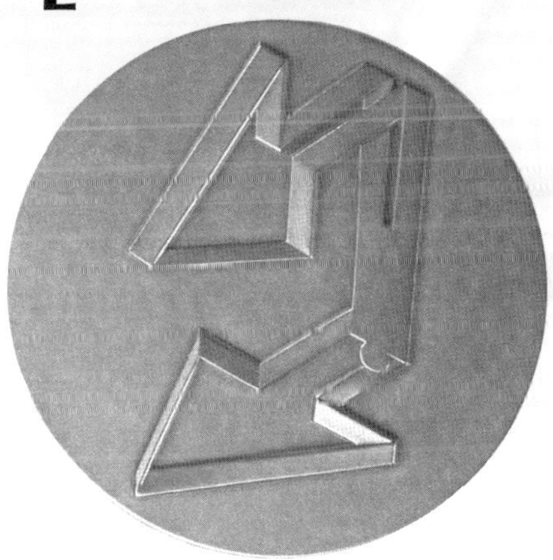

Erinnerungsmedaille

Siegermedaille

Sticker zur Siegermedaille

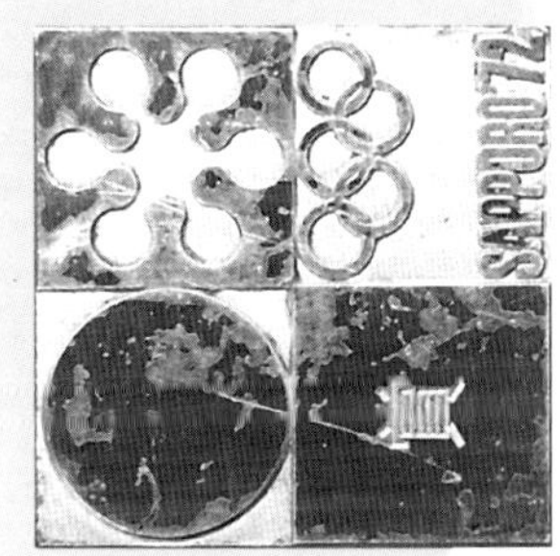

Shigeo FUKUDA *1932

Nach Designstudium an der Tokyo National University of Fine Arts and Music arbeitete er von 1956 bis 1958 als Graphiker bei Ajinomoto Co. Danach machte er sich selbständig und wurde sehr erfolgreich. Er erhielt große Aufträge, z.B. 1957 das offizielle Plakat der Japan Expo zu entwerfen, stellte in aller Welt alleine oder mit anderen aus und erhielt viele bedeutende Auszeichnungen (Warschau, Brünn, Colorado, Lahti, Moskau, San Francisco, New York, Paris, Glasgow). Sein Werk wurde in mehren Buchveröffentlichungen gewürdigt. Fukuda entwarf die Rückseite von vier verschiedenen Gedenkmünzen für die Olympischen Spiele 1976 in Montreal (zwei Fünf- und zwei Zehn-Dollarwerte).

Fünf-Dollar-Silbermünze für Montreal 1976

Ikko TANAKA *1930

Nach Studium am Kyoto College of Fine Arts und ersten Beschäftigungen bei verschiedenen Firmen war er 1960 an der Gründung des Nippon Design Center beteiligt. Drei Jahre später besaß er sein eigenes Design Studio. In den nächsten Jahren erhielt Tanaka bei Ausstellungen im In- und Ausland zahlreiche bedeutende Preise, z.B. in Tokyo und New York. Ausstellungen, die nur seine Werke enthielten, wurden in großen Museen in New York, Los Angeles, Paris und Mexiko gezeigt. Tanaka betätigte sich in führender Position in nationalen und internationalen Designer-Organisationen. In fünf umfangreichen Publikationen wurden seine Arbeiten gewürdigt.

Aomori. Nach Überquerung der Tsuruga-Straße auf einem Schiff wurde das Olympische Feuer auf drei Routen nach Sapporo gebracht. Am 30. Januar 1972 brachten drei Läufer ihre Feuer zum Schnee-Festival im Odori-Park, wo die drei Flammen in Anwesenheit des IOC-Präsidenten Avery Brundage wieder vereinigt wurden. Am 3. Februar trugen je fünf Läuferinnen und Läufer die Fackel auf der letzten Etappe zum Makomanai Speed Skating Rink, dem Ort der Eröffnungsfeier. Als letzte Läufer waren Hideki Takada, ein 16jähriger Schüler, und Izumi TSUJIMURA, eine gleichaltrige Schülerin, beide aus Sapporo, ausgewählt worden. Nachdem letztere die Eisbahn umrundet hatte, entzündete Takada das Feuer.
Die Fackel und die Flammenschalen waren nach dem Vorbild der Feuerschale von Munemichi Yanagi gestaltet. Die Fackel besteht aus einem Halter und dem Brennelement. Die Läufer und Läuferinnen erhielten ein zweifarbiges (weiß, sapporo-blau) Hemd mit dem offiziellen Emblem der Spiele sowie eine weiße Skimütze und Handschuhe. Alle Teilnehmer und direkt mit dem Fackelstaffellauf befaßten Personen erhielten eine Fakkellauf-Erinnerungsmedaille. Das Plakat des Laufs (Entwurf Kenichi KURIYAGAWA) zeigt eine Fackelmannschaft, die den Hidaka-Bergen auf Hokkaido zustrebt.

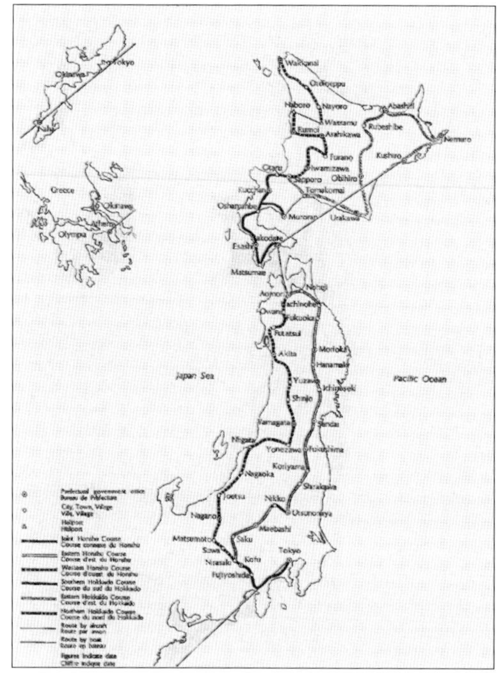

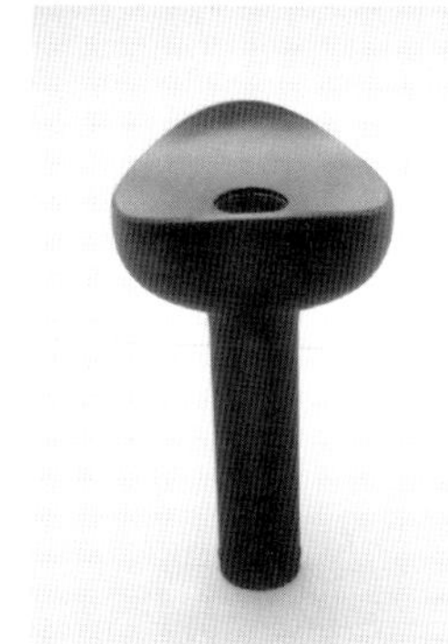

Die Fackel;
links: Route der Fackelstaffel in Japan

München 1972

Schon die Bewerbung war das Ergebnis eines verwegenen Gedankens. Daß die Vision Realität wurde, ist ganz wesentlich das persönliche Verdienst des Visionärs. Tatsächlich sind die Sommerspiele des Jahres 1972 in besonderer Weise mit einem Namen verbunden, nämlich mit Willi DAUME. Er war ihr »Macher«, ein Denker und Lenker, ein Organisator und Gestalter, dessen Blick sich ebenso auf das Machbare wie auf das Wünschenswerte richtete. Er war ein engagierter Verfechter der Olympischen Idee und gleichzeitig deren virtuoser Interpret. Auf ihn geht das Konzept der »heiteren Spiele« zurück, die Idee, dem sportlichen Kern einen würdigen, aber auch leichten, beschwingten, nicht zuletzt künstlerischen, eben menschlichen Rahmen zu geben, ganz im Sinne des Coubertinschen Ideals eines olympischen Gesamtkunstwerkes.

Im übrigen verstand man die Beauftragung durch das *IOC* als eine Chance, zumindest einen Teil der historischen Hypothek abzutragen und einem internationalen Publikum ein neues, vergleichsweise junges, demokratisches und friedliebendes Deutschland als einen würdigen Gastgeber für die olympische Familie sowie als verläßliches Mitglied der Völkergemeinschaft zu präsentieren. Diese Botschaft sollte der Besucher vor Ort gleichsam am eigenen Leibe erfahren, aber auch das (Fernseh-)Publikum in aller Welt erreichen. In diesem Sinne hatte sich das Augenmerk nicht nur, für einen deutschen Veranstalter geradezu eine Selbstverständlichkeit, auf eine perfekte Organisation der Spiele, sondern auch auf deren Inszenierung, also das äußere Erscheinungsbild gerichtet.

Dieser Idee dienten etwa Farben und Formen, Musik und Architektur sowie die Einladung an alle, dabeizusein und mitzumachen. So fungierte der Olympiapark nicht nur als Treffpunkt von Athleten, sondern auch als Begegnungsstätte für Jedermann: »Olympia der kurzen Wege« und – gleichsam vor und hinter der eindrucksvollen, von der innovativen Konstruktion des Glasdaches dominierten Silhouette des Stadions – olympisches Flair zum Anfassen! Den Besuchern, vor allem aber den Hauptdarstellern, mehr als 7 000 Athleten aus 122 Ländern, boten sich Bedingungen, die wenig Wünsche offenließen.

Auch die knapp 300 Teilnehmer aus der DDR dürften sich, zumindest in der Mehrzahl, in München wohlgefühlt haben. Jedenfalls hatte das (bundesdeutsche) Publikum vor Ort, entgegen mancher Befürchtung, ihnen schon beim »Einmarsch der Nationen« einen durchaus freundlichen Empfang bereitet. Auch im Verlauf der Spiele war die Haltung gegenüber den ostdeutschen Gästen von großer Fairneß geprägt: Die vielen großartigen Leistungen fanden in der Regel mehr als höflichen Applaus. Dies war im Vorfeld so nicht unbedingt zu erwarten gewesen. Schließlich hatte die DDR seit Vergabe der Spiele deren Erfolg mit allen Mitteln der Agitation und Propaganda zu unterlaufen versucht. In diesem Sinne diskreditierte man das Weltereignis bzw. dessen Gestaltung und Interpretation als Ausdruck imperialistischer, eben typisch westlicher Ideologie. So stellte man München in die Tradition von Berlin und verstieg sich etwa zu der simplen Formel: *»Zweimal 36 gleich 72!«* Wenn man die Ausrichtung der Spiele schon nicht verhindern konnte, wollte man sich wenigstens auf sportlichem Terrain schadlos halten und mit möglichst vielen Medaillen und Rekorden die Überlegenheit des eigenen Systems unter Beweis stellen. Auf bundesdeutscher Seite hatte es im übrigen auch manche Vorbehalte gegenüber der Teilnahme der DDR gegeben. Insbesondere erschien es vielen als bittere Pille, daß ausgerechnet auf bundesdeutschem Boden der »Arbeiter- und Bauernstaat« erstmals bei Olympischen Sommerspielen mit einer souveränen Vertretung, sprich mit der eigenen Flagge und Hymne, auftreten sollte. Diesbezüglich hatte das *IOC* freilich, als conditio sine qua non, eine entsprechende Garantie eingefordert.

Vor diesem Hintergrund entwickelten die sich im Verlauf der Spiel ergebenden direkten Vergleiche besondere Brisanz. Unvergessen ist etwa das Duell der beiden Sprintstaffeln der Frauen, insbesondere die grandiose

Literatur:
Organisationskomitee für die Spiele der XX. Olympiade München 1972 (Hg.), *Der offizielle Bericht*, 3 Bde., München 1974.
MAEGERLEIN, Heinz, *Olympia 1972 München*, Frankfurt 1972.
Gesellschaft zur Förderung des olympischen Gedankens in der Deutschen Demokratischen Republik (Hg.), *Spiele der XX. Olympiade München 1972*, Berlin 1973.

Leistung der Schlußläuferin Heide ROSENDAHL, die den Angriff ihrer vermeintlich übermächtigen ostdeutschen Konkurrentin Renate STECHER parierte und den Sieg in bestechender Manier »nach Hause« lief. Rosendahl gewann zudem den Weitsprung und wurde, knapp geschlagen, Zweite im Fünfkampf, während Stecher über 100 und 200 Meter reüssierte. Ein anderes Beispiel: Der ostdeutsche Geher Peter FRENKEL sicherte sich Gold über 20 km, sein westdeutscher Kollege Bernd KANNENBERG gewann über 50 km. Oder: In der Endrunde des Fußballturniers gelang der Elf aus der DDR ein 3:2-Sieg gegen die bundesdeutschen (Amateur-) Spieler, um letztlich Bronze zu gewinnen.
Um nur zwei weitere aus einer Vielzahl »deutscher« Olympiasiegerinnen und -sieger herauszuheben: Die erst 16jährige Ulrike MEYFARTH (BRD) gewann sensationell den Hochsprung – ein Triumph, den sie zwölf Jahre später in Los Angeles wiederholen sollte; der Schwimmer Roland MATTHES (DDR) holte Gold über 100 und 200 Meter Rücken sowie Silber mit der Lagenstaffel. Im internen Vergleich überflügelte die DDR die BRD insgesamt deutlich, was sich in der offiziösen ostdeutschen Lesart als ein (weiterer) Beleg für die Überlegenheit des eigenen Systems ausnahm.
Zu den Stars der Spiele sind die australische Schwimmerin Shane GOULD (sie gewann dreimal Gold und je einmal Silber und Bronze), die sowjetische Turnerin Olga KORBUT (dreimal Gold, einmal Silber) oder der finnische Läufer Lasse VIREN zu zählen. Letztgenannter siegte, ebenso wie vier Jahre später in Montreal, über 5 000 und 10 000 Meter. Der unumschränkte Superstar war jedoch ein anderer, und zwar der amerikanische Schwimmer Mark SPITZ. Er gewann nicht weniger als sieben Goldmedaillen und stellte, damit wohl einen spezifischen Rekord für die Ewigkeit auf.
Mit diesen Anmerkungen wären Verlauf und Bedeutung hinreichend skizziert, wenn nicht auf ein einschneidendes Ereignis zu verweisen wäre, das einen dauerhaften Schatten auf die bis dahin »heiteren Spiele« warf und deren Charakter grundlegend veränderte. Es war der 5. September, der als »blutiger Freitag« in die olympische Geschichte einging: In den frühen Morgenstunden drangen als Sportler getarnte arabische Terroristen der Gruppe Schwarzer September ins Olympische Dorf, genauer ins Quartier der israelischen Mannschaft ein, deren Mitglieder als Geiseln für die Freipressung von 200 Insassen israeli-

Spiele der XX. Olympiade in München – 26. August bis 11. September 1972

Mannschaften: 122

AFG	AHO	ALB	ALG
ARG	AUS	AUT	BAH
BAR	BEL	BER	BIR
BIZ	BOL	BRA	BUL
BUR	CAN	CAM	CGO
CHA	CHI	CIV	CMR
COL	CRC	CUB	DAH
DEN	DOM	ECU	EGY
ESA	ESP	ETH	FIJ
FIN	FRA	FRG	GAB
GBR	GDR	GHA	GRE
GUA	GUY	HAI	HKG
HUN	INA	IND	IRI
IRL	ISL	ISR	ISV
ITA	JAM	JPN	KEN
KOR	KSA	KUW	LBA
LBR	LES	LIB	LIE
LUX	MAD	MAR	MAS
MAW	MEX	MGL	MLI
MLT	MON	NCA	NED
NEP	NGR	NIG	NOR
NZL	PAK	PAN	PAR
PER	PHI	POL	POR
PRK	PUR	ROM	SEN
SIN	SMR	SOM	SRI
SUD	SUI	SUR	SWE
SWZ	SYR	TAN	TCH
THA	TOG	TPE	TRI
TUN	TUR	UGA	URS
URU	USA	VEN	VIE
YUG	ZAM		

Sportler: 7 147 (1 299[1])

Name des Organisationskomitees:	***Organisationskomitee für die Spiele der XX. Olympiade München 1972***
Präsident:	Willi DAUME
Generalsekretär:	Herbert KUNZE
Offizieller Bericht:	deutsch; französisch; englisch
Zeremoniell:	Eröffnungs- und Schlußfeier am Anfang bzw. am Ende der Spiele
Eröffnung durch:	Bundespräsident Gustav HEINEMANN
Dauer:	17 Tage
Siegerehrung:	nach dem Wettkampf durch den IOC-Präsidenten bzw. ein von ihm beauftragtes IOC-Mitglied
Olympischer Eid:	Heidi SCHÜLLER (Leichtathletin) Heinz POLLAY (Kampfrichter)
letzter Fackelträger:	Günter ZAHN (Leichtathlet)
Fackeldesign:	Firma Hagri in Kettwig im Auftrag der Fried. Krupp GmbH
Olympische Hymne:	Spyros SAMARAS / Kostas PALAMAS (Text)
Emblem:	Otl AICHER
Plakate:	Otl AICHER, außerdem 21 Sportartenplakate, 17 Kulturplakate, dazu Spirale von Victor VASARÉLY
Siegermedaille:	Giuseppe CASSIOLI / Gerhard MARCKS
Siegerdiplom:	Otl AICHER
Erinnerungsmedaille:	Fritz KOENIG
Erinnerungsdiplom:	Otl AICHER
Fanfare:	Herbert REHBEIN
Film:	*Olympiade 72 München*
Zeitschriften:	*Olympia Press. Offizieller Bericht über die XX. Olympiade (Bulletin)*
Maskottchen:	Waldi
Sportarten:	21 (9[1]) mit 195 (50[1]) Wettbewerben
Demonstrationen:	2 (2[1]) mit 10 (5[1]) Wettbewerben
Besonderheiten:	Unterbrechung der Spiele nach Terroranschlag

Erläuterungen: [1] davon Frauen

1 LYBERG, *Sessions*, Bd. 2, S. 159. Anscheinend war dies vorher geschehen, z. B. 1936 in Berlin an die beiden deutschen Mannschaftsführer.
2 LYBERG, *Sessions*, Bd. 2, S. 164.
3 Report über die Vorbereitungen in München bei der Sitzung des Exekutivkomitees am 3./4.10.1970 in Lausanne (IOC-Archiv).
4 Report über die Vorbereitungen in München bei der Sitzung des Exekutivkomitees am 09.09.1971 in München (IOC-Archiv).
5 Report über die Vorbereitungen in München bei der Sitzung des Exekutivkomitees am 28.01.1972 in Tokyo (IOC-Archiv).
6 Ulmer Museum / Archiv der Hochschule für Gestaltung Ulm (Hg.), *»Die Augen sind hungrig, aber oft schon vor dem Sehen satt«. Otl Aicher zum 75. Geburtstag, Ausstellungskatalog*, Ulm 1997.

Das Emblem

scher Gefängnisse dienen sollten. Zwei Athleten wurden sofort erschossen, während neun weitere bei der mißglückten Befreiungsaktion auf dem Militärflughafen in Fürstenfeldbruck ums Leben kamen. Beim blutigen Ende des zwanzigstündigen Geiseldramas fanden auch fünf Terroristen und ein deutscher Polizeibeamter den Tod.
Diesem ungeheuren Schock, eine solch menschenverachtende Terroraktion hatte gerade im Rahmen Olympischer Spiele wohl kaum jemand für möglich gehalten, folgte ein weltweiter Sturm der Entrüstung. Im übrigen war die Frage nach der Fortführung der Spiele aufgeworfen. Nach intensiven Beratungen entschlossen sich die Verantwortlichen zu einer eintägigen Unterbrechung. Im Rahmen einer Trauerfeier verkündete Avery BRUNDAGE: »The games must go on.« Dieser vielzitierte Ausspruch war gleichsam das Vermächtnis des scheidenden IOC-Präsidenten. Der 85jährigen Amerikaner hatte sich nach zwanzigjähriger Amtszeit in München nicht mehr zur Wiederwahl gestellt, und die Geschicke der Olympischen Bewegung für die folgenden acht (schwierigen) Jahre seinem Nachfolger, dem Briten Lord Michael KILLANIN, überantwortet.

Siegerehrung. Während der Sessionen und Sitzungen des Exekutivkomitees zwischen 1968 und 1972 wurden des öfteren Fragen der Siegerehrung behandelt. Die Session 1970 in Amsterdam war der Auffassung, den Mannschaftsführern im Turnen keine Medaille zu übergeben.[1] Auf dieser Session beantragte der griechische König KONSTANTIN, auch 1972 in München bei der Siegerehrung wieder Olivenzweige zu überreichen, wie es schon 1968 in Mexico-City geschehen war. Obwohl das Exekutivkomitee seinen Vorschlag bereits abgelehnt hatte, verlangte Konstantin eine geheime Abstimmung. Die IOC-Mitglieder wiesen sein Anliegen mit 37 zu 26 bei drei Enthaltungen zurück. Für eine Zustimmung seines Antrags wäre eine Mehrheit von zwei Dritteln der Stimmen, nämlich 44, notwendig gewesen.[2]
Die Siegermedaille von München sollte neben der Kennzeichnung der Sportart auch

den Namen der jeweiligen Disziplin aufweisen,[3] die Erinnerungsmedaille die Olympischen Ringe zeigen.[4] Das Organisationskomitee schlug vor, je nach Wettbewerb den Namen des Austragungsortes (München bzw. Kiel für Segeln und Augsburg für Wildwasserfahren) auf die Medaille zu prägen. Das *IOC* erlaubte aber nur den Namen *»München«*.[5]
Mehr noch als vier Jahre zuvor in Mexiko-City wiesen die Spiele in München ein besonderes visuelles Erscheinungsbild auf, für das – entsprechend dem Motto der *»heiteren Spiele«* – ein entsprechendes Emblem, spezielle Farben, eine besondere Schrift und eigene Piktogramme entwickelt werden sollten. Verantwortlich dafür war der sog. Gestaltungsbeauftragte, der Designer Otl Aicher.[6]
Das Organisationskomitee, vor allem Präsident Willi Daume, erarbeitete entsprechende Vorgaben: Die Spiele sollten nicht bombastisch wirken, jedoch einen festlichen Rahmen von hohem künstlerischem Niveau aufweisen. Auch die kulturelle Bedeutung der Spiele sollte hervorgehoben werden. Aicher entwickelte ein Konzept *»Gleichheit durch Verwandtschaft«* und versuchte, eine freudige und erwartungsvolle Festtagsstimmung durch Anwendung einfacher Elemente wie Farben, Schriften und Zeichen zu erzeugen.
Aicher schuf auch das Logo der Spiele, den *»Strahlenkranz mit überlagerter Spirale«*, für den man sich nach vielen Vorentwürfen und Diskussionen in den Ausschüssen und im Organisationskomitee entschied. Aicher versuchte, auch mit dem Strahlenkranz die Philosophie dieser Spiele – Leichtigkeit, Heiterkeit und Frische – darzustellen: Der Kranz sollte für das *»strahlende München«* stehen.

Otl AICHER 1922-1991

Aicher studierte an der Akademie der Bildenden Künste in München. 1948 eröffnete er sein eigenes graphisches Atelier und gründete 1953 die Hochschule für Gestaltung in Ulm. 1962 wurde er Rektor der Ulmer Hochschule. Als er den Auftrag erhielt, den Olympischen Spielen in München ein festliches Erscheinungsbild zu verleihen, gehörte er zu den führenden deutschen Graphikern und Designern. Seine Arbeiten wurden in München, Paris, New York, Amsterdam, Tokyo, Mailand und vielen anderen Städten ausgestellt. 1954 wurde er mit dem Prix d'Honneur der Triennale Mailand und 1955 für Das beste deutsche Plakat ausgezeichnet. 1974 entwarf er für das IOC den Olympischen Orden, mit dessen Vorgänger, dem Olympischen Diplom, er 1972 ausgezeichnet wurde. Aicher starb am 1. September 1991 an den Folgen eines Unfalls. In seiner mehr als 40 Jahre dauernden Tätigkeit als Künstler widmete sich Aicher vor allem der Gestaltung von Plakaten, Zeichensystemen, Büchern, Ausstellungen, Erscheinungsbildern und einer eigenen Schrift. In unserer Zeit einer zunehmenden Bilderflut versuchte er, einer formalen Reduktion zentrale Bedeutung zuzuweisen. Seine Konzepte stellte er unter das Motto: »Jede Zeit hat ihre Zeichen.«

Sportplakat von Otl Aicher und Gerhard Joksch

Aicher war der Auffassung, daß der Strahlenkranz allgemein verständlich sei und eine Verbindung zu München und seiner Umgebung entstehe. Neben der Spirale gehörten die Regenbogenfarben zum Erscheinungsbild der Spiele. Bei den Farben wählte Aicher als Primärfarbe ein mittleres Blau als Ausdruck des Friedens, als Ergänzung ein mittleres Grün von ähnlicher Helligkeit, dazu Weiß und Silber. Für das Schriftbild wurde der Typ Grotesk ausgewählt. Diese Druckschrift sollte die Vorstellung von Frische und Leichtigkeit erzeugen, aber auch Korrektheit und Sachlichkeit mit dem Eindruck von Jugendlichkeit und natürlicher Eleganz. Sie vermittelte Zurückhaltung und besaß eine aggressive Größe.
Ähnlich wie nach den Olympischen Spielen 1936 in Berlin unter der Federführung von Carl DIEM befaßte sich auch der Offizielle Bericht der Münchener Veranstaltung, für dessen Abfassung Liselott DIEM[7] mitverantwortlich war, ausführlich mit dem Zeremoniell. Ähnlich wie der Bericht von 1936 soll auch hier dieser Textteil wörtlich, wenn auch gekürzt, übernommen werden, auch um zu zeigen, welcher Aufwand inzwischen mit Vorbereitung und Durchführung der Siegerehrung verbunden war:

»5.6 Die Siegerehrung

Den generellen Ablauf jeder Siegerehrung schreibt das IOC-Statut vor. Das OK hatte sich genau danach zu richten.

5.6.1 Der zeremonielle Ablauf

Die Regeln legen folgende Handlungsteile fest: ›Die Medaillen werden während der Spiele vom Präsidenten des IOC oder einem von ihm benannten Mitglied des IOC, begleitet vom Präsidenten des betreffenden Internationalen Verbandes oder dessen Stellvertreter, möglichst unmittelbar nach dem Wettkampf und in der Wettkampfstätte überreicht. [...].‹

5.6.2 Technische, räumliche und personelle Planungen

Im April 1970 klärte das OK den detaillierten Handlungsablauf der Siegerehrungen, den das IOC nur grundsätzlich regelt. Es errechnete Daten und Zahlen. Es bestimmte die Standplätze für die Siegerehrungspodeste, für die Fahnenmasten und für die Musikkorps,

Drei Hostessen bei einer Siegerehrung

ebenso die Bereitstellungsräume für die Sieger und das Siegerehrungspersonal. Die technischen Einrichtungen und die festen Einbauten waren zu planen.

Im August 1971 standen die wesentlichen räumlichen und baulichen Anforderungen fest. Die einzelnen Vorrichtungen waren nach Größe, Aufstellungsort etc. harmonisch in jede Wettkampfstätte eingepaßt. Die erforderlichen Bau- und Ergänzungsmaßnahmen begannen.

Drei Hostessen in Originaltrachten aus den bayerischen Regionen (in Kiel mit Trachten aus Schleswig-Holstein) sollten die Offiziellen bei der Überreichung der Medaillen an die Sieger begleiten. Den Zuschauern einer Wettkampfstätte wollte das OK jedoch jede Tracht täglich nur einmal zeigen. Ausgehend von der Anzahl der Siegerehrungen am vorletzten Tag im Olympiastadion bildete es deshalb neun Hostessengruppen mit je einer anderen Tracht. Dazu kamen zwei Reserve-Gruppen. Das OK brauchte also elf Hostessen-Gruppen, die aus je drei Damen und einer Ersatzdame bestanden. Insgesamt 44 Siegerehrungshostessen mußte es auswählen. Auswahlkriterien: Ansprechend im Äußeren und im Aussehen, in der Figur und im Gang. Beherrschung mindestens einer Fremdsprache. Größe zwischen 1,65 m und 1,75 m. Rund 300 junge Damen aus Gymnastikschulen, Sportakademien und aus dem allgemeinen Hostessenpool bewarben sich. Die ausgewählten Hostessen wurden zusammen mit den übrigen Hostessen bei Testveranstaltungen theoretisch geschult. In den Wettkampfstätten fand später die praktische Ausbildung statt.

7 Liselott Diem verfaßte zu diesem Thema auch den Beitrag: »Die Zeremonien – ein Beitrag zur Geschichte der modernen Olympischen Spiele«, in: *Die Leibeserziehung* 13, (1964)10, S. 305-316.

8 Seit 1969 war im Organisationskomitee und in der Öffentlichkeit darüber diskutiert worden, die Siegermedaille »zeitgemäß« zu gestalten. Der *Münchener Merkur* zitierte Otl Aicher, den Gestaltungsberater der Spiele: »*Ich bin dafür, daß wenigstens eine Seite der Medaille geändert wird.*« Die Zeitung forderte ihre Leser zu einem Meinungsbild auf (13./14.09.1969).

9 Das von Marcks gewählte Motiv könnte auch an die beiden deutschen Staaten erinnern, die erstmals bei Sommerspielen sich getrennt beteiligten.

10 Die aneinandergefügten schlanken Olivenblätter 1960 in Rom hatten bereits eine Kette gebildet.

Ähnlich wie vier Jahre zuvor in Mexico-City, gab es auch in München bei einer Siegerehrung eine politische Demonstration. Wieder ging es um die Diskriminierung der Schwarzen in den USA. Die beiden US-Amerikaner Vince Mathews und Wayne Collett, Erster und Zweiter im 400-m-Lauf, stellten sich beim Abspielen der Hymne auf die oberste Stufe des Siegerpodestes, unterhielten sich, spielten mit ihren Medaillen und wollten so ihre Verachtung für ihr Heimatland ausdrücken. Sie wurden danach für alle weiteren Wettkämpfe gesperrt; rechts: Siegerehrung nach der 4x100-m-Staffel der Frauen, von links die Läuferinnen der DDR, der Bundesrepublik und Kubas

Live und ungekürzt über die Länge einer Strophe spielten die Musikkapellen die Nationalhymnen der Sieger nach dem Wettkampf. Einige NOKs hatten das gewünscht. Das IOC hatte es genehmigt. Zehn Musikkapellen der Bundeswehr und eine des Bundesgrenzschutzes übernahmen diese sehr schwierige Aufgabe.
Erste personelle Anforderungen an die Bundeswehr hatte das OK gegen Ende 1971 gestellt. Wer jedoch bei den Wettkämpfen gewinnen würde, wessen Nationalflagge zu hissen und wessen Nationalhymnen zu spielen waren, konnte niemand voraussagen. Das OK mußte genügend Flaggen von allen teilnehmenden Ländern besitzen. Die Musikkorps hatten die Hymnen jeder teilnehmenden Nation einzuüben.
Im Mai 1971 bat das OK alle NOKs um Muster ihrer Nationalflagge und um Partituren ihrer Nationalhymne. Insgesamt antworteten 120 Länder. Die Hymnen und Flaggen der restlichen zwölf Nationen lieferten deren Botschaften. Ein Heraldiker begutachtete in Zusammenarbeit mit Botschaften und Konsulaten die hergestellten Flaggen auf ihre Gültigkeit. Der Musikinspizient der Bundeswehr prüfte die Nationalhymnen und komponierte sie für die Instrumentierung eines 65köpfigen Blasorchesters.

Siegermedaille.

»5.6.3 Die Requisiten
Das IOC-Statut schreibt über die Requisiten bei den Siegerehrungen:
›Bei Einzelwettbewerben werden als erster Preis eine Goldmedaille und eine Urkunde, als zweiter Preis eine Silbermedaille und eine Urkunde und als dritter Preis eine Bronzemedaille und eine Urkunde verliehen. Die Medaillen müssen die Bezeichnung der betreffenden Sportart tragen: sie müssen abnehmbar an einer Kette oder einem Band befestigt sein, die dem Wettkämpfer umgehängt werden können. Für den vierten, fünften und sechsten Platz werden nur Urkunden, jedoch keine Medaillen verliehen. Bei einem Unentschieden erhalten alle beteiligten Wettkämpfer eine Medaille und eine Urkunde. Die Medaillen müssen einen Durchmesser von mindestens 60 mm und eine Stärke von mindestens 3 mm haben. Die Medaillen für den ersten und zweiten Platz müssen aus Silber mit einem Feingehalt von mindestens 925/000 sein, die Medaille für den ersten Platz muß mit mindestens 6 Gramm Feingold vergoldet sein.‹
Bei der Größe und dem Gewicht der Medaille stellte das IOC lediglich Mindestanforderungen. Das OK überschritt sie: Beim Durchmesser um 6 mm und bei der Stärke um 2 mm. Die Goldmedaille wog 175 g, die Silbermedaille 169 g und die Bronzemedaille 140 g. Das OK brauchte je 364 Gold- und Silber- und 381 Bronzemedaillen, insgesamt 1109 Medaillen. Dazu mußte es genügend Medaillen für unvorhergesehene mehrfache Sieger auf den ersten drei Plätzen reservieren. Das Material spendeten drei Firmen. Das Bayerische Hauptmünzamt in München prägte die Medaillen kostenlos.
Seit 1928 hatten die Medaillen das gleiche Motiv getragen. Auch 1972 sollte die Siegesgöttin mit dem Schriftzug ›XX. Olympiade München 1972‹ die Vorderseite schmücken. Die Rückseite konnte das OK frei gestalten.[8] Verschiedene Künstler reichten nach einer gezielten, internen Aufforderung Entwürfe ein. Das OK wählte den Vorschlag von Gerhard Marcks, einem der letzten lebenden Meister des Bauhauses. Als Motiv hatte er die Schutzpatrone der Kampfspiele und der Freundschaft, Castor und Pollux,[9] gewählt, die er als nackte Jünglinge darstellte.
Erstmals bei Olympischen Spielen ersetzten Ketten das bisher übliche Seidenband,[10] das allzu leicht knitterte und verschmutzte.

»Selbstbildnis« von Gerhard Marcks

Gerhard MARCKS 1889-1981

Der Bildhauer und Graphiker, von 1907 bis 1912 in Berlin Schüler von Richard Scheibe, unterrichtete seit 1919 am Weimarer Bauhaus, seit 1925 an der Kunstgewerbeschule in Halle. 1933 wurde er aus politischen Gründen entlassen. Nach dem Zweiten Weltkrieg lehrte er als Professor an der Landeskunstschule Hamburg (seit 1946) und den Werkschulen in Köln (seit 1950). Marcks galt anfänglich als Expressionist, bevor er, beeinflußt von der griechisch-archäischen Kunst, sich einfacheren Formen zuwandte. Er schuf gestaltete Plastiken, vor allem menschliche Figuren und Tiere. Er zeichnete und schuf Holzschnitte. Zu seinen bekanntesten Werken gehören die Trauernde in St. Maria im Kapitol in Köln und der Totenengel in der Jesuitenkirche in Mainz. Marcks hatte zweimal an den olympischen Kunstwettbewerben teilgenommen. 1928 blieb er mit »Die Läufer« unplaziert. 1936 erhielt er im Bereich Bildhauerkunst in der Abteilung Rundplastiken für eine Schwimmerin eine sog. Ehrenvolle Anerkennung.

»Die Läufer« von Gerhard Marcks

Eine Tafel mit den Namen von Olympiasiegern in der Leichtathletik

90 cm lang wurden Ankerglieder aus 1,5 mm dickem Messing-Material aneinandergefügt und über eine Öse an die Medaille angeschraubt. Sie wurden je nach dem Farbton der Medaille bronziert, versilbert oder vergoldet.

Anfang Februar 1972 genehmigte das IOC in Sapporo die vorgesehene Ausgestaltung der Medaillen.[11]

Es stimmte darüber hinaus zu, auf dem freien Medaillenrand den jeweiligen Wettbewerb, den vollen Namen des Siegers und seine Nationalität einzuprägen. Eine Spezialfirma löste in rund zwei Jahren die technischen Probleme, die durch die Gravur in der kurzen Zeitspanne zwischen dem Feststellen des Endergebnisses und dem Beginn der Siegerehrung auftraten. Die Medaillen wurden in mobilen Werkstätten graviert: In fünf Großbussen, ausgerüstet mit je drei Graviermaschinen mit dem übrigen technischen Zubehör und mit Funk. Der Einsatz war minutiös gesteuert. Parkplätze direkt bei den Sportstätten – mit Stromanschlüssen für 5 kW – wurden vorgehalten.

Schwierig war die Herstellung der Medaillen. Die Spenderfirmen lieferten das Metall. In der Schweiz wurde das gesamte Silber zu Ronden verarbeitet, danach im Hauptmünzamt München geprägt. 364 Silbermedaillen gingen dann wieder zum Vergolden in die Schweiz zurück. Mit ihnen rund 730 Messingketten: Sie waren in der Bundesrepublik Deutschland produziert und veredelt worden und sollten jetzt vergoldet oder versilbert werden. Wieder in München ließ das OK die Sportarten und Disziplinen in alle Medaillen gravieren.«

Auf der Vorderseite der Medaille wurde die Bezeichnung »angeglichen« in »*XX. / OLYMPIADE / MÜNCHEN / 1972*«. Die Auszeichnung hat die Maße: Durchmesser 66 Millimeter, Dicke 4,2 (vergoldet), 5 (Silber) bzw. 4,2 (Bronze) Millimeter und wiegt 175 (vergoldet), 169 (Silber) bzw. 140 (Bronze) Gramm. Zur Medaille gehört ein mit weißem Samt ausgelegtes viereckiges Plastikkästchen.

»Außer den Medaillen erhielten die Sieger eine Anstecknadel in Gold, Silber und Bronze. Das hatte das IOC nicht offiziell gefordert, war aber seit den letzten Olympischen Spielen üblich geworden. Sie waren quadratisch gestaltet und mit dem Emblem versehen.

Das OK normte die Siegerehrungspodeste für alle Wettkampfstätten einheitlich nach dem Baukastensystem. Aus Rechteckkästen konnte jede Podestformation zusammengestellt werden. [...].[12]

Diplome.

»5.6.6 Die Urkunden

Einige Stunden nach Beendigung des Wettbewerbs erhielten die sechs Erstplazierten im Olympischen Dorf ihre Urkunden.

Ebenfalls noch in München überreichte das OK allen akkreditierten Mannschaftsmitgliedern, den internationalen Kampfrichtern, den Jurymitgliedern und den Nationalen Olympischen Komitees die vorgeschriebenen Erinnerungsurkunden und -medaillen. Insgesamt wurden sie an ca. 15 000 Personen verteilt.

Beide Urkunden zeigten als augenfälliges Motiv die Regenbogenfarben.«[13]

Beide Diplome (289 x 297 Millimeter) sind sehr schlicht gehalten. Das Siegerdiplom (hochkant) enthält als Schmuck – außer dem Band der Regenbogenfarben, das die Mitte horizontal quert, – nur noch oben rechts und nur wenige Zentimeter groß das Emblem der Spiele. In drei Sprachen (Französisch, Englisch, Deutsch) wurden Sportart, Disziplin, Angabe der Medaille bzw. der Plazierung und Datum des Finales eingefügt. Nach dem Wettkampf wurde, wohl mit Schreibmaschine, in »Kleinschreibung« Vorname, Name und das Kürzel der Mannschaft eingetragen. Unterschrieben haben Avery Brundage und Willi Daume.

11 Jede Medaille der Münchener Spiele ist also ein Unikat.

12 Organisationskomitee für die Spiele der XX. Olympiade München 1972, *Bericht*, Bde. 1, S. 85-86.
Es würde zu weit führen, diese ausführlichen Abhandlungen weiter im Textteil abzudrucken. Um dem interessierten Leser aber ein Bild des bis heute gepflegten Aufwandes zu gaben, kann die im Offiziellen Bericht folgende Information im Abschnitt Quellentexte nachgelesen werden.

13 Organisationskomitee für die Spiele der XX. Olympiade München 1972, *Bericht*, Bd. 1, S. 86.

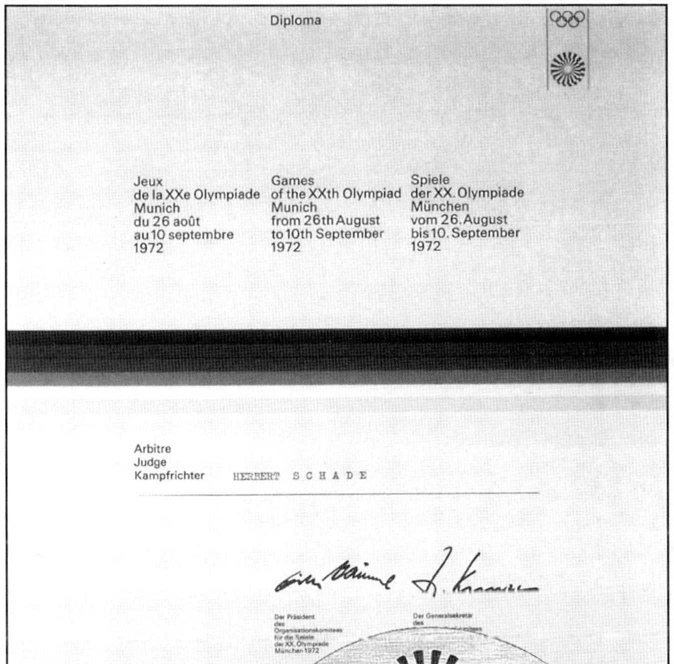

Diploma

Jeux
de la XXe Olympiade
Munich
du 26 août
au 10 septembre
1972

Games
of the XXth Olympiad
Munich
from 26th August
to 10th September
1972

Spiele
der XX. Olympiade
München
vom 26. August
bis 10. September
1972

Arbitre
Judge
Kampfrichter HERBERT SCHADE

Der Präsident
des
Organisationskomitees
für die Spiele
der XX. Olympiade
München 1972

Der Generalsekretär
des

Erinnerungs-
diplom

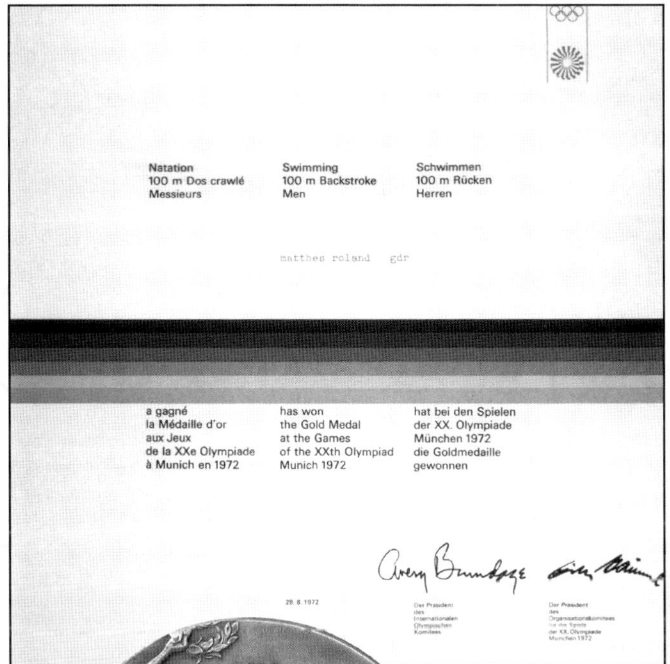

Natation
100 m Dos crawlé
Messieurs

Swimming
100 m Backstroke
Men

Schwimmen
100 m Rücken
Herren

matthes roland gdr

a gagné
la Médaille d'or
aux Jeux
de la XXe Olympiade
à Munich en 1972

has won
the Gold Medal
at the Games
of the XXth Olympiad
Munich 1972

hat bei den Spielen
der XX. Olympiade
München 1972
die Goldmedaille
gewonnen

28. 8. 1972

Der Präsident
des
Internationalen
Olympischen
Komitees

Der Präsident
des
Organisationskomitees
für die Spiele
der XX. Olympiade
München 1972

Siegerdiplom

Erinnerungsmedaille

Siegermedaille

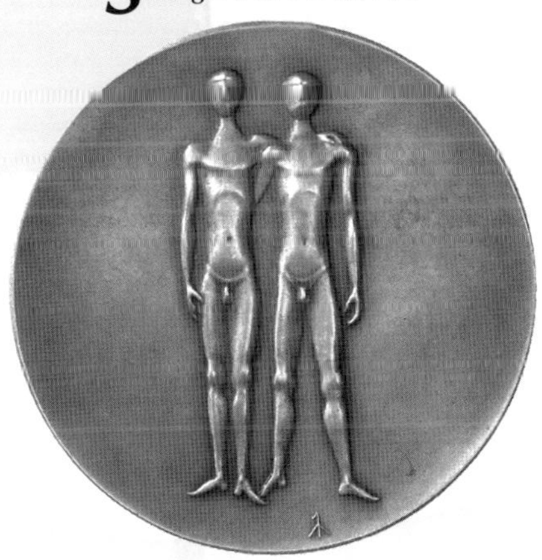

Fritz KOENIG *1924

Nach dem Studium an der Akademie der Bildenden Künste in München von 1946 bis 1952 konnte der Bildhauer 1957 mit einem Stipendium in der Villa Massimo in Rom arbeiten. Ein Jahr später erhielt er mit dem Skulpturpreis des Internationalen Lithurgischen Instituts in Rom seine erste Auszeichnung, der noch viele folgen sollten. 1959 hatte er in München seine erste Einzelausstellung und konnte in diesem Jahr seine Werke in der Villa Stuck in München und auf der II. documenta in Kassel zeigen. 1964 nahm König einen Ruf auf den Lehrstuhl für Plastisches Gestalten an der Architektur-Fakultät der Technischen Universität München an. Einige Jahre später folgte eine Mitgliedschaft in der Akademie der Künste in Berlin und der Bayerischen Akademie der Schönen Künste in München. Zwischen 1967 und 1971 entstand eines seiner Hauptwerke: die Große Kugelkaryatide für das World Trade Centre in New York. Weitere besondere Arbeiten: Mahnmal der Bundesrepublik Deutschland im ehemaligen Konzentrationslager in Mauthausen, Mahnmal für die Opfer des Terroranschlages bei den Olympischen Spielen in München (Olympiapark). 1993 ging sein künstlerischer Besitz an eine Stiftung der Stadt Landshut, die 1998 das Skulpturenmuseum im Hofberg eröffnete.

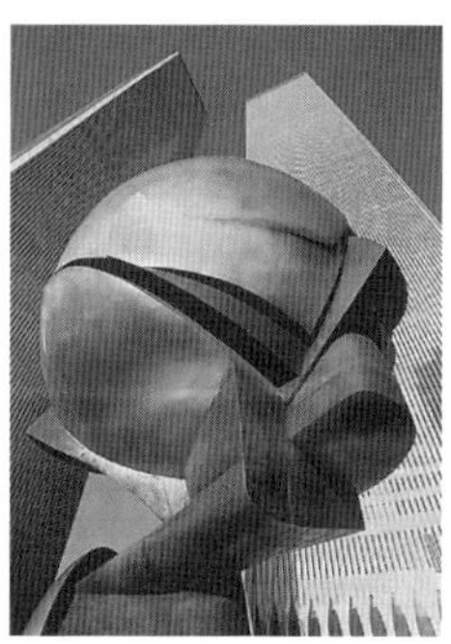

Große Kugelkaryatide

10-Mark-Münze mit der Umschrift »IN DEUTSCHLAND«

Das Teilnehmerdiplom – Querformat – ist fast identisch mit der Siegerurkunde. Statt des Hinweises auf Wettkampf und Plazierung wurde die offizielle Bezeichnung der Münchener Spiele eingefügt. Oben rechts steht *»Diploma«*. Unterhalb des Regenbogenbandes wurde die Funktion, z.B. Kampfrichter, Offizieller, Athlet, und der Name eingetragen. Also: Auch in München hat man über die Bestimmungen der Charta hinaus die Sportler mit Diplomen geehrt. Unterschrieben haben Willi Daume und Herbert Kunze, der Generalsekretär des Organisationskomitees.

Erinnerungsmedaille.

»Die Erinnerungsmedaillen bestanden aus Edelstahl, waren 9 mm dick und hatten einen Durchmesser von 5 cm. Ihr Motiv stammte von Fritz König.«[14]

Die Medaille, die aus Kruppstahl hergestellt wurde, zeigt auf der Vorderseite im oberen Drittel den Strahlenkranz. Zwischen zwei waagerechten Linien ist in der Mitte *»XX. Olympiade / München 1972«* eingraviert. Auf der Rückseite sind unter den Olympischen Ringen zwei stilisierte Hände dargestellt, von denen eine einen Olivenzweig hält. Die Medaille hat die Maße: 49 Millimeter Durchmesser, zehn Millimeter Dicke und 144 Gramm Gewicht. Das Hauptmünzamt in München stellte 10 000 Exemplare her. Übergeben wurde sie in einem durchsichtigen Plastikkästchen, das mit einem weißen Band verklebt war.

Gedenkmünzen. Kaum zu überblicken ist die Anzahl der zahlreichen Gedenkmedaillen. Allein 58 sind bei Victor GADOURY abgebildet. Dazu bringt er noch 30 Fotos von Geldmünzen, die außerhalb Deutschlands in Umlauf gebracht wurden.[15] Erwähnt werden sollten hier vor allem die sechs verschiedenen 10-Mark-Stücke, die die Bundesrepublik Deutschland in einer Auflage von vielen Millionen Exemplaren herstellen ließ, um mit dem Erlös einen Teil der Kosten der Spiele zu finanzieren. Es gab Proteste der DDR, als Anfang 1970 die erste Serie mit der Aufschrift auf dem Rand *»SPIELE DER XX. OLYMPIADE 1972 IN DEUTSCHLAND«* auf der Rückseite herauskam. Bei der Prägung der Münzen mit dem zweiten Motiv wurde die Umschrift »verbessert«: *»IN MÜNCHEN«*.[16]

Exkurs: Fackelstaffel

Obwohl die Zentralkomitees der sozialistischen Bruderparteien mit Ausnahme Rumäniens auf einer Konsultationsberatung am 15. Dezember 1970 festgelegt hatten, »sich am Fackellauf nicht zu beteiligen«, bröckelte bald die unter Einschaltung Erich HONECKERs aufgebaute sozialistische Einheitsfront, und auch Bulgarien und Ungarn reihten sich schließlich in die Schar der Fackelträger ein, so daß die Olympische Flamme auf dem vom Organisationskomitee favorisierten Landwege nach München getragen werden konnte. 29 Tage dauerte der Staffellauf von Olympia nach München durch die Länder Griechenland, Türkei, Bulgarien, Rumänien, Jugoslawien, Ungarn und Österreich

14 Organisationskomitee für die Spiele der XX. Olympiade München 1972, *Bericht*, Bd. 1, S. 86.

15 GADOURY, *Medals*, S. 185-183, 186-194.

16 Vgl. EBERHARDT, Josef, Michel, *Olympia-Münzen und -Medaillen von der Antike bis zur Neuzeit*, München 1988, S. 82-91.

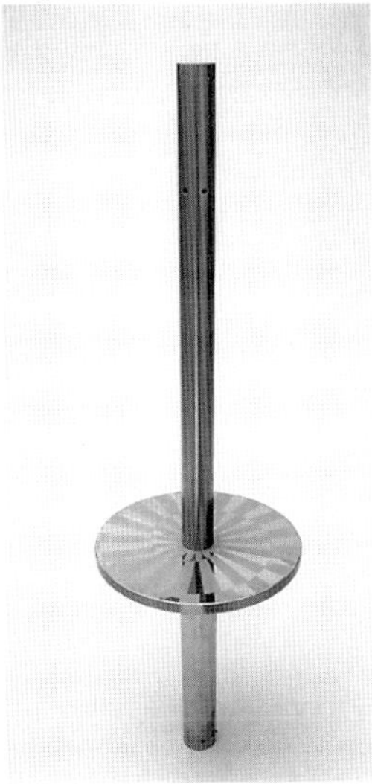

Die Fackel

bei einer Gesamtlänge von ca. 5 399 km. Bei der Entzündungszeremonie am 28. Juli 1972 und dem Ehrensalut an der Coubertin-Stele trug der griechische Basketballspieler Ioannis KIRKILESSIS als erster die Fackel. Der Weg führte über die Städte Patras und Korinth zunächst nach Athen, wo am 29. Juli im Panathenäischen Stadion eine Weihestunde stattfand. Bei Efirna Evrosan wurde die türkische Grenze überschritten. In Istanbul, wo das Olympische Feuer schon 1964 auf dem Weg nach Tokyo Station gemacht hatte, wurde die Flamme ca. 17 Stunden aufbewahrt. In den bulgarischen Badeorten an der Küste des Schwarzen Meeres konnten Tausende von Touristen den Fackelstaffellauf miterleben. In Bulgarien wurden auch Motorräder, Radfahrer und Reiter eingesetzt. Bei der Übergabe der Flamme an Rumänien in Rousse ließ man Tauben aufsteigen und übergab Brot und Salz als Akt der Höflichkeit sowie einen Eimer mit Wasser, damit alles so glatt und gut wie Wasser gleiten möge. In Jugoslawien wurde die Flamme in Belgrad in einem Staatsakt empfangen und mit Feierstunden geehrt. Bei Horgos wurde die ungarische Grenze überschritten, und ein Hubschrauber, der Blumen abwarf, begleitete die Läufer auf dem ersten Teilstück. In Nickelsdorf erreichte das Olympische Feuer Österreich und durchquerte es von Osten nach Westen mit Feierstunden in Wien, Linz, Salzburg und Innsbruck. Bei Freilassing verließ die Flamme zunächst österreichischen Boden, um bei Kufstein den Weg nach Innsbruck, den Ort der Winterspiele von 1964 und 1976, aufzunehmen. Bei Mittenwald überschritt das Feuer dann zum dritten Mal die österreichisch-deutsche Grenze. Mit Garmisch-Partenkirchen wurde ein weiterer Austragungsort der Winterspiele angelaufen, bevor die Flamme am 25. August den Königsplatz in München erreichte und im Maximilianeum aufbewahrt wurde. In Bayern waren auch Rollstuhlfahrer einbezogen. Am 26. August um 15.45 Uhr entfachte der Schlußläufer Günter Zahn, deutscher Juniorenmeister über 1 500 m, die Schale über

dem Olympia-Stadion. Ihn begleiteten auf den letzten Metern Athleten aus vier Kontinenten.

Zu den Wildwasser-Wettbewerben der Kanuten in Augsburg wurde die Flamme am 27. August gebracht. Letzter Fackelträger am Eiskanal war Karl-Heinz ENGLET, Weltmeister im Kanu-Slalom. Auf dem Weg nach Kiel zu den Segelwettbewerben trugen 1 280 Läufer, 90 Radsportler und 34 Reiter das Feuer. Am 28. August brachten 15 Sportler die Flamme zur Regattastrecke in Kiel-Schilksee. Letzter Träger war der Schüler Philipp LUBINIUS.

Die von der Firma Hagri in Kettwig im Auftrag der Fried. Krupp GmbH hergestellte Fackel aus Edelstahl bestand aus drei Teilen: Griff, Teller und Brennrohr. Eingraviert waren das Spiralemblem in der oberen Abdeckschale des Tellers, die Olympischen Ringe mit dem Text *»München 1972 Spiele der XX. Olympiade«* auf dem Handrohr sowie das Zeichen und der Name der Spenderfirma Krupp auf dem Boden der Verschlußkapsel.

Urkunde für die Fackelläufer; links: Günther Zahn hat das Olympische Feuer entzündet.

Innsbruck 1976

Wenn die Spiele innerhalb von nur drei Olympiaden, sprich zwölf Jahren zweimal an einem Ort stattfinden, muß dies besonderen Umständen geschuldet sein. Im Falle der Winterspiele von 1976 war Innsbruck relativ kurzfristig als (Ersatz-)Ausrichter eingesprungen, nachdem der im Mai 1970 nominierte Bewerber, das amerikanische Denver, seinen Auftrag Ende 1972 zurückgeben mußte.

Die Ursache für den peinlichen Rückzug war der zunehmende Widerstand der Bevölkerung, der sich insbesondere gegen die geplanten Eingriffe in die Natur richtete, die für die Gewährleistung optimaler Wettkampfbedingungen für notwendig erachtet wurden. Der Protest kanalisierte sich in einer Bürgerinitiative sowie einem Referendum, in dem sich 57 Prozent der Bevölkerung gegen die Bereitstellung weiterer Steuermittel und damit gegen die Ausrichtung der Spiele aussprach. Mit der ökologischen Frage war erstmals ein Problem ins Zentrum der öffentlichen Debatte gerückt, das fortan immer wieder, besonders gravierend im Zusammenhang mit den Winterspielen von 1992 in Albertville, die Kritiker auf den Plan rief.

Vergleicht man einige zentrale Daten der Spiele von 1976 mit denen von 1964, offenbart sich die immer rasantere Entwicklung der Olympischen Bewegung. Zwar war die Zahl der beteiligten Athleten und der von ihnen repräsentierten Mannschaften annähernd gleich geblieben, doch hatte sich die Zahl der akkreditierten Journalisten annähernd verdoppelt. Auch die Kosten waren in erheblichem Maße gestiegen. Dies gilt freilich auch für die Einnahmen. Schlugen 1964 rund 80 Millionen Schilling positiv zu Buche, war es zwölf Jahre später gut die vierfache Summe. Allein der Erlös aus dem Verkauf der Fernsehrechte hatte sich mit über 208 gegenüber 24 Millionen potenziert. Die eigentliche Inflation auf diesem Sektor stand freilich noch bevor.

Eine weitere inflationäre Entwicklung: Die DDR hatte sich inzwischen als sportliche Großmacht etabliert und sammelte immer fleißiger Medaillen. Bei den Winterspielen von 1976 waren es 19, davon je sieben goldene und bronzene sowie fünf silberne. Mehr Medaillen hatte nur die sowjetische Mannschaft eingeheimst. Die Vertreter der bundesdeutschen Farben mußten mit – immerhin – zehn Medaillen, davon zwei aus Gold, sowie dem fünften Platz in der Nationenwertung vorliebnehmen. Beide Goldmedaillen sowie eine silberne gingen auf das Konto der – bis heute – beliebten Rosi MITTERMAIER, die damit in den alpinen Disziplinen ebenso erfolgreich war wie die sowjetische Läuferin Raissa SMETANINA in den nordischen. Vier Jahre später heiratete Rosi Mittermaier ihren Mannschaftskollegen Christian NEUREUTHER, der in Innsbruck den fünften Platz im Slalom belegt hatte. Erfolgreichste Athleten aus dem Team der DDR waren die Bobpiloten Meinhard NEHMER und Bernhard GERMESHAUSEN, die je zwei Goldmedaillen mit nach Hause brachten.

Siegerehrung. Zwischen 1972 und 1976 befaßte sich das *IOC* auf seinen Sessionen sehr oft mit dem Regelwerk. Aufgrund der Ergebnisse des Olympischen Kongresses 1973 in Varna erschien 1974 eine neue Ausgabe der Charta. Hinsichtlich des Paragraphen *»Preise«* gab es nur geringfügige Änderungen. Es wurde festgelegt, daß das Organisationskomitee die Druckstöcke für die Medaillen dem *IOC* nach den Spielen überlassen sollte. Ein disqualifizierter Athlet muß seine Medaille zurückgeben, andererseits hat sein *NOK* mit dem Ausschluß zu rechnen. Eine weitere Ausgabe der Charta wurde 1975 als Entwurf herausgegeben, dem 1976 eine rechtskräftige Auflage folgte. Bei der Vergabe der Medaillen für die Mannschaften gab es jetzt in dieser Charta eine grundlegende Änderung. Jeder, der wenigstens in einem Spiel oder einem Wettkampf eingesetzt worden war, erhielt, wenn sein Team die entsprechende Plazierung erreichte, eine Medaille. Damit war folgende Ungerechtigkeit beseitigt: Hatte z.B. ein Athlet alle Spiele der Vor- und Endrunde bestritten und mußte wegen einer Verletzung im Finale aussetzen, bekam bisher der Ersatzmann die Medaille, auch wenn er nur bei diesem einen Match aufgestellt worden war. Nichteingesetzten Mannschaftsmitgliedern

Literatur:
Organisationskomitee der XII. Olympischen Winterspiele Innsbruck 1967 (Hg.), *Endbericht,* Innsbruck 1976.
Stiftung Deutsche Sporthilfe / Deutscher Sportbund / Deutsche Olympische Gesellschaft (Hg.), *Montreal 76. Das offizielle Standardwerk des Nationalen Olympischen Komitees für Deutschland,* München 1976.
Gesellschaft zur Förderung des Olympischen Gedankens in der Deutschen Demokratischen Republik (Hg.), *XII. Olympische Winterspiele Innsbruck 1976,* Berlin 1977.

1 *»Tous les participants aux Jeux«* bzw. *»All competitors and Officials in the Games«.*
2 CIO (Hg.), *Statuts Olympiques,* Lausanne 1976, S. 30.
IOC (Hg.), *Olympic Rules, Bye-Laws and Instructions,* Lausanne 1976, S. 28.
3 ZELGER war auch am Entwurf der Rückseite einer 100-Schilling-Gedenkmünze beteiligt; über ihn siehe den Abschnitt über Innsbruck 1964.
4 Organisationskomitee der XII. Olympischen Winterspiele, *Endbericht,* S. 394.

Siegerehrung nach dem Abfahrtslauf am Abend in der Halle, von links Cynthia Nelson (USA), Rosi Mittermaier (GER) und Brigitte Totschnig (AUT)

wurde sogar ein Diplom zugestanden. Neben den Funktionären sollten nun auch »*alle Teilnehmer an den Spielen*«[1] ein Erinnerungsdiplom bekommen.[2]

Fast alle Siegerehrungen – mit Ausnahme von Eiskunstlaufen und Eishockey – fanden am Abend des jeweiligen Wettkampftages gegen 19 Uhr im Innsbrucker Olympiastadion statt. Die Sieger im Eiskunstlaufen wurden nach der Kür und die Eishockeyspieler nach dem Finale am Abschlußtag in der Olympiahalle geehrt. Erstmals wurde ein Eidophorgerät (Großbildprojektor) eingesetzt, der einen Kurzfilm über die Entscheidung der Konkurrenz zeigte. Bei den Freiluftveranstaltungen gab es nach der Entscheidung jeweils eine kurze Blumenzeremonie.

Siegermedaille. Die Siegermedaille wurde, wie 1964, von der Wiener Künstlerin Martha Coufal-Hartl gestaltet. Sie zeigt auf der Vorderseite das Emblem beider Innsbrucker Spiele, das 1964 von Arthur Zelger[3] entworfen wurde. In der Mitte befindet sich das Wappen der Stadt Innsbruck. Wir erkennen die Brücke über den Inn, die der Stadt auch den Namen gab und seit Jahrhunderten die Altstadt mit dem Stadtteil Hötting verbindet:

»Die Brücke, versehen mit den fünf olympischen Ringen, stellt im Emblem die Verbindung zwischen den einzelnen Völkern dar. Sie symbolisiert die Freundschaft und die Verbundenheit aller Völker, getragen von den jungen Sportlern der verschiedenen Nationen, die sich über diese Brücke hinweg in Innsbruck 1976 wieder ein Stelldichein gaben.«[4]

Um das Wappen zieht sich die Schrift »*INNSBRUCK 1976*« und um den Rand der gesamten Medaille »*XII – OLYMPISCHE WINTERSPIELE*«. Auf der Rückseite sehen wir das Skistadion am Bergisel, im Hintergrund die Alpen und rechts vorn eine olympische Fackel. Am Rand des rechten oberen Viertels ist der Name der jeweiligen Disziplin, z.B. »*SLALOM*«, eingraviert. Gegenüber am Außenrand hat sich die Designerin mit »*COUFAL*« verewigt. Die Medaillen haben einen Durchmesser von 72 Millimetern, sind vier Millimeter dick und wiegen 164, 161 bzw. 154 (von versilbert bis Bronze) Gramm. Auf der Kante der vergoldeten und silbernen Exemplare steht »A 925«. Geprägt wurden die Medaillen in der Österreichischen Münze in Wien. Zur Medaille gehört ein rotes Lederkästchen, auf dem das Emblem in Gold aufgeprägt ist. Für das Band wurden die österreichischen Farben Rot-Weiß-Rot gewählt.

Sieger- und Erinnerungsdiplom. Das Siegerdiplom (286 x 338 Millimeter) entspricht in vielem dem offiziellen Plakat der Spiele. Zur Entstehung bemerkt Arthur Zelger in einem Brief vom 30. September 1999:

»Ich erhielt vom Organisationskomitee den Auftrag, einen Plakatentwurf für die Olympischen Winterspiele 1976 zu machen mit der Auflage, daß auf diesem Plakat keine Sportdisziplin dargestellt werden dürfe, weil sich dann alle übrigen nicht dargestellten Disziplinen benachteiligt fühlen könnten. Auf der logischen Suche nach etwas, was alle olympischen Disziplinen gemeinsam haben, bin ich auf die Kufe gekommen. Beim Ski ist sie einige Zentimeter, beim Schlittschuh nur einige Millimeter breit. Aber Kufen sind beide. Ich habe mir also eine Kufe aufgezeichnet – nur zufällig nach rechts gerichtet. Was mich veranlaßt hat, die Kufe auch seitenverkehrt zu probieren, weiß ich nicht mehr. Auf jeden Fall hat mich diese Darstellung auf die Idee gebracht, aus der Kufe ein ›i‹ zu machen, wodurch die Aussage ›Innsbruck‹ signalisiert wurde. Der Platz für die Ringe und die Schrift hat sich dann (mit wenigstens) von selbst angeboten. Die Form des ›i‹ und die Berge, die die örtliche Aussage noch ergän-

Blumenzeremonie nach dem Riesenslalom, von links Rosi Mittermaier (GER), Kathy Kreiner (CAN) und Danielle Debernard (FRA)

zen, waren dann nur mehr graphische Kosmetik. Daß es mir gelungen ist, das OK davon zu überzeugen, daß der Plakattext ›INNSBRUCK 76‹ vollkommen genügt und jeder Buchstabe mehr die Wirkung des Plakates vermindern würde, darauf bin ich heute noch stolz. Beim fertigen Plakat haben manche das ›i‹ als Sprungschanze interpretiert, was aber nie meine Absicht war, aber auch nicht stört.«[5]

XII. Olympische Winterspiele in Innsbruck – 4. bis 15. Februar 1976

Mannschaften: 37

AND	ARG
AUS	AUT
BEL	BUL
CAN	CHI
ESP	FIN
FRA	FRG
GBR	GDR
GRE	HUN
IRI	ISL
ITA	JPN
KOR	LIB
LIE	NED
NOR	NZL
POL	ROM
SMR	SUI
SWE	TCH
TPE	TUR
URS	USA
YUG	

Sportler: 1123 (231[1])

Name des Organisationskomitees:	***Organisationskomitee für die XII. Olympischen Winterspiele***
Präsident:	Fred SINOWATZ
Generalsekretär:	Karl-Heinz KLEE
Offizieller Bericht:	deutsch / französisch / englisch
Zeremoniell:	Eröffnungs- und Schlußfeier am Anfang und am Ende der Spiele
Eröffnung durch:	Bundespräsident Rudolf KIRCHSCHLÄGER
Dauer:	12 Tage
Siegerehrung:	am Abend des Wettkampftages bzw. nach dem Wettkampf durch den IOC-Präsidenten bzw. ein von ihm beauftragtes IOC-Mitglied
Olympischer Eid:	Werner DELLE-KARTH (Bobfahrer)
letzte Fackelträger:	Christl HAAS (alpine Skiläuferin), Josef FEISTMANTL (Rennrodler)
Olympische Hymne:	Spyros SAMARAS / Kostas PALAMAS (Text)
Emblem:	Arthur ZELGER
Plakate:	Arthur ZELGER, Helmut LEHERB
Siegermedaille:	Martha COUFAL-HARTL
Siegerdiplom:	Arthur ZELGER
Erinnerungsmedaille:	Wolfgang PICHL
Funktionärsdiplom:	Arthur ZELGER
Film:	*Jeux Olympiques d'Innsbruck 1976* (Worldmark Productions / Samuelson Film)
Zeitschrift:	*Olympia-Bulletin*
Maskottchen:	Schneemandl
Sportarten:	8 (4[1]), 37 (14[1]) Wettbewerbe
Besonderheiten:	keine Demonstrationswettbewerbe

Erläuterungen: [1] davon Frauen

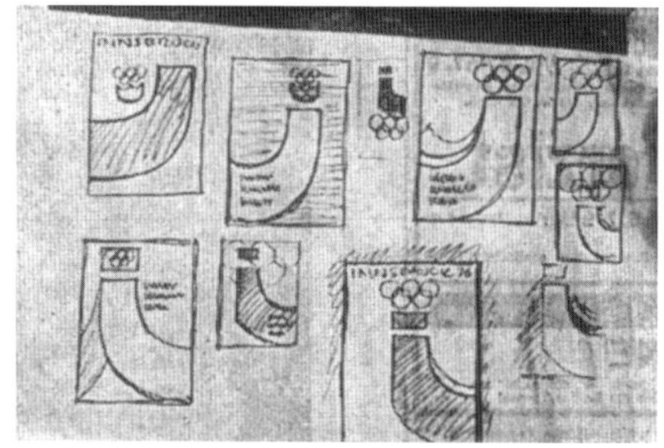

Plakatentwurf; das Plakat

Zelger wurde für sein Plakat bei einer Ausstellung im französischen Tarbes mit dem Grand Prix ausgezeichnet. Auf dem Siegerdiplom – Querformat – fehlen im Vergleich zum Plakat die Alpen im Hintergrund, und die Olympischen Ringe sind im Verhältnis größer und im unteren Teil angebracht. Unterschrieben haben IOC-Präsident Lord Michael KILLANIN, der Präsident des Organisationskomitees, Fred Sinowatz, und sein Generalsekretär Karl-Heinz Klee. Das Di-

5 Brief vom 30. September 1999 an den Autor. Vgl. Organisationskomitee der XII. Olympischen Winterspiele, *Endbericht*, S. 393.

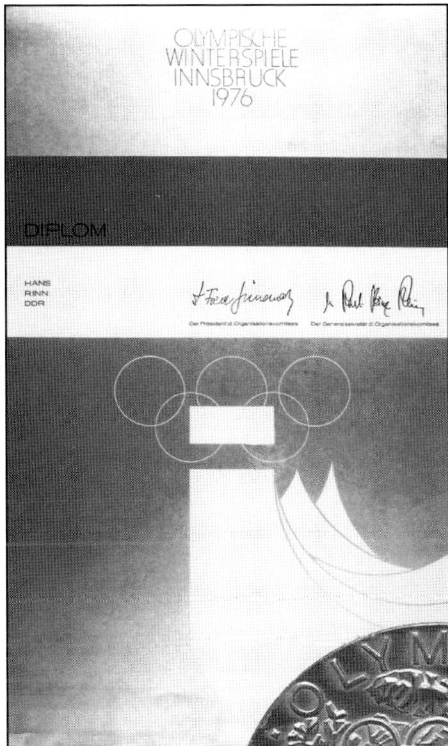

Teilnehmer-diplom

Siegerdiplom

Erinnerungsmedaille

Siegermedaille

Die Pylonen mit den Flammenschalen und den Tafeln mit den Namen der Medaillengewinner der Spiele 1964 und 1976

plom (220 x 376 Millimeter) für die Teilnehmer – Hochformat –, das neben den Funktionären diesmal, entsprechend den neuen Vorschriften der Charta, auch die Sportler bekommen mußten, gleicht etwas mehr dem Plakat. Unterschrieben haben Sinowatz und Klee.

Ehrentafel. Die Namen der Sieger, aber auch die der Gewinner des zweiten und dritten Platzes wurden in Augenhöhe auf Bronzetafeln am Pylon, der die Flammenschale des Olympischen Feuers im Bergisel-Stadion trägt, angebracht. Daneben steht der Flammenturm von 1964 mit den Ergebnissen dieser Spiele.

Erinnerungsmedaille. Die Erinnerungsmedaille ist ein Werk des Wiener Künstlers Wolfgang PICHL. Die Vorderseite gleicht im mittleren Bereich sehr derjenigen der Siegermedaille. Im Hintergrund sind im oberen und unteren Drittel – wahrscheinlich – Schneekristalle zu erkennen. Auf der Rückseite blickt der Betrachter vom Turm der Skischanze über das Bergisel-Stadion auf das Panorama der Stadt Innsbruck und die dahinterliegenden Alpen. Am rechten unteren Rand ist rechts *»W PICHL«* eingraviert. Die Maße: 32 Millimeter Durchmesser, zwei Millimeter Dicke, 32 Gramm Gewicht. Für die Ehrengäste und Offiziellen wurden vergoldete Bronzemedaillen hergestellt, während die Athleten versilberte bronzene Exemplare erhielten. Übergeben wurden sie in einem innen mit blauem Samt und gelbem Satin (Deckel) ausgelegten blauen Kästchen mit dem Emblem auf dem Deckel.

Verdienstorden. Wie schon nach den Winterspielen 1964 vergab auch diesmal das Staatsoberhaupt an Persönlichkeiten des In- und Auslandes einen Verdienstorden. Auf der Vorderseite der versilberten Medaille wurden die Olympischen Ringe, darüber zwei Feuerschalen auf verschieden hohen Pylonen und die Jahreszahl *»19 – 76«* geprägt. Die Rückseite schmückt das österreichische Wappen.

Exkurs: Fackelstaffel

Am 30. Januar 1972 wurde in Olympia das Feuer für die XII. Olympischen Winterspiele in Innsbruck unter Benutzung eines aus Österreich mitgebrachten Kienspans entzündet und von drei Staffelläufern zum Ortsrand von Olympia gebracht. Von dort wurde die Flamme in zwei Grubenlampen mit Fahrzeugen zum Olympia-Stadion nach Athen transportiert. 15 Sportler aus Österreich trugen das Feuer mit Fackeln zum Flughafen. Mit einer Linienmaschine der Austrian Airlines flog die österreichische Delegation nach Wien. Nach einem Lauf zum Rathausplatz nahm der Landeshauptmann von Wien das Olympische Feuer in einer Feierstunde in Anwesenheit hoher Persönlichkeiten aus Politik, Wirtschaft und Kultur in Empfang.

Am folgenden Tag begann der Transport nach Innsbruck auf einer Nord- und einer Südroute von 865 bzw. 725 km Länge. Zwischen den Landeshauptstädten bzw. Städten mit Feierstunden wurde das Feuer in Sicherheitslampen transportiert. Diese wurden auf dem Dach zweier Autos unter einer Glaskuppel montiert. Innerhalb der jeweiligen Stadtgren-

Die österreichische Olympia-Medaille von 1976

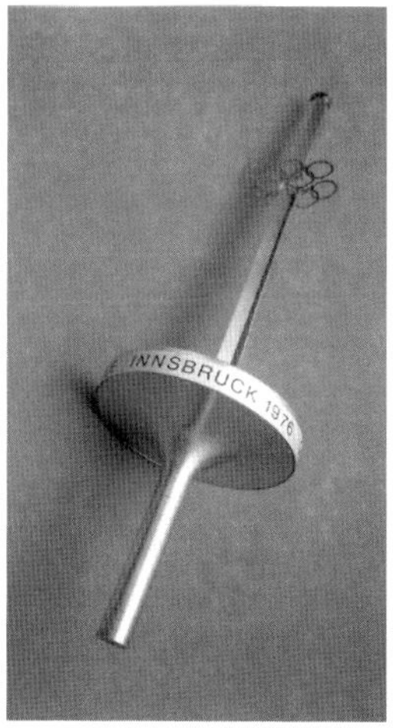

Die Fackel

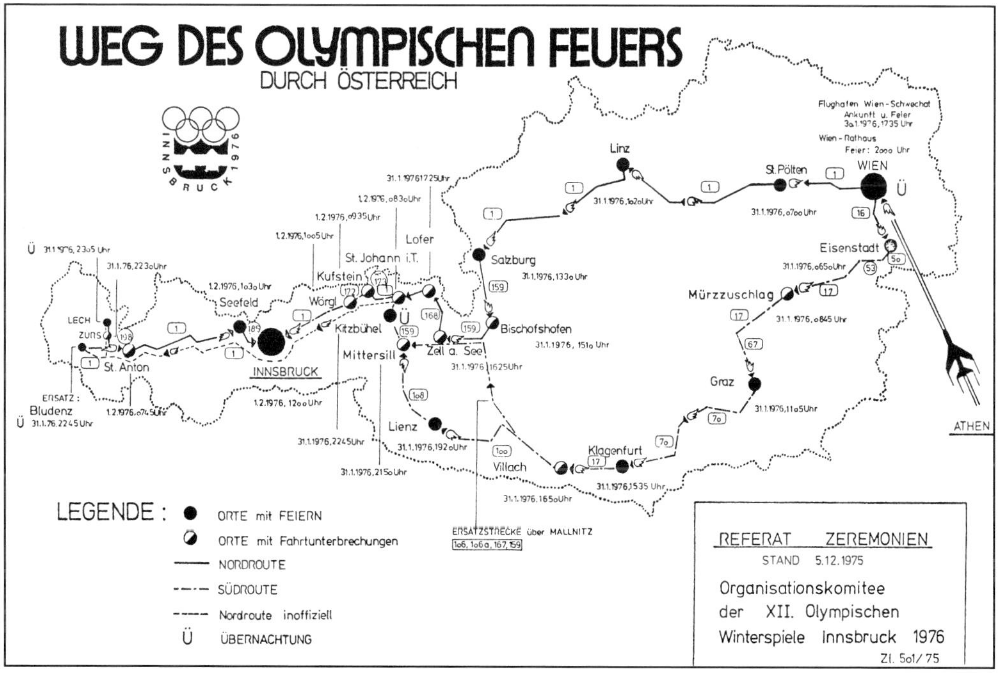

Nachdem Josef Feistmantl die Flamme für die Spiele von 1976 entzündet hat, hält Christl Haas die Fackel an die Schale von 1964; links: der Weg der Fackel durch Österreich

zen trugen Läufer die Flamme. Am 1. Februar 1976 trafen die beiden Stafetten in Innsbruck ein. Letzte Läuferin auf der Südroute war die Olympiasiegerin im Eiskunstlaufen Trixi SCHUBA, auf der Nordroute die Olympiasiegerin in der Abfahrt Olga PALL. Bis zum Eröffnungstag blieb die Flamme, wie schon 1964, im Maximilian-Saal des Goldenen Dachls. Auf der Nordroute überschritt das Olympische Feuer auch die deutsch-österreichische Grenze und wurde in München in einer Feierstunde begrüßt. Bei den Läufern, die von den Landessportverbänden und dem Bundesheer ausgewählt worden waren, handelte es sich in der Regel um Spitzensportler aus den durchlaufenen Regionen.

Am 4. Februar wurde die Flamme zur Eröffnungsfeier gebracht. Als symbolische Darstellung der zweimaligen Durchführung der Winterspiele in Innsbruck wurden die alte Flammenschale von 1964 und eine neue für 1976 entzündet.

Montreal 1976

Die Sommerspiele von 1976 schienen unter einem »schlechten Stern« zu stehen. Aus erheblichen organisatorischen und finanziellen Schwierigkeiten resultierte schon im Vorfeld – buchstäblich – eine große Hypothek: Das Stadion war zu Beginn der Spiele nicht vollständig fertiggestellt, die enorme Verschuldung sollte die Stadt noch über Jahrzehnte belasten.
Als eine besondere Belastung erwies sich aber die politische Instrumentalisierung der Olympischen Bewegung, die in Montreal einen neuerlichen Höhe- bzw. Tiefpunkt erfahren sollte. So war die China-Problematik erneut akut geworden: Taiwan wollte unter dem Namen *»Republik China«* auftreten, was die kanadischen Behörden jedoch strikt ablehnten. Die Taiwanesen verweigerten sich ihrerseits dem Vorschlag des *IOC,* unter einer Olympiafahne sowie der Bezeichnung *»Taiwan«* zu starten, und verzichteten letztlich auf ihre Teilnahme.
Noch größere Kreise zogen freilich die eskalierenden Auseinandersetzungen in der Südafrika-Frage. Ausgangspunkt der Misere war eine an das *IOC* gerichtete Forderung des *Obersten Afrikanischen Sportrates,* Neuseeland von den Spielen auszuschließen, weil eine offizielle Rugby-Mannschaft des Landes in Südafrika aufgetreten war und damit das internationale Boykott-Gebot unterlaufen hatte. Andernfalls wollten die afrikanischen Staaten geschlossen fernbleiben.
Dem drohenden Boykott versuchte Lord KILLANIN, er hatte 1972 die Nachfolge Avery BRUNDAGEs im Amt des IOC-Präsidenten angetreten, mit einem unorthodoxen, wenn nicht illegalen, ohnehin aber unrealistischen Vorschlag zu begegnen: Wider die IOC-Statuten sollten alle qualifizierten Sportler die Möglichkeit erhalten, ohne Anbindung an eine Mannschaft, gleichsam als Individuen, unter der Olympischen Fahne zu starten, sofern ihr Land nicht offiziell vertreten war. Als diese sowie alle weiteren Bemühungen um einen Kompromiß scheiterten, das *IOC* und die kanadischen Gastgeber sich nicht zu einem Ausschluß Neuseelands drängen ließen, die Afrikaner aber ebendies zur conditio sine qua non erhoben, kam es zu den ersten »Rumpf-Spielen« der olympischen Geschichte – denen zwei weitere folgen sollten. Mit immerhin noch gut 6 000 waren in Montreal letztlich gut 1 000 Athleten weniger am Start, mit 92 genau dreißig Länder weniger vertreten als vier Jahre zuvor in München.
Das Duell der deutschen Mannschaften entschied die DDR deutlicher als je zuvor für sich: Während die westdeutschen Athleten »nur« zehnmal Gold gewannen, schlugen für die ostdeutschen genau viermal so viele zu Buche. Mit diesem herausragenden Ergebnis ließ man sogar die Mannschaft aus den USA hinter sich und belegte hinter dem »großen Bruder«, der UdSSR, den zweiten Rang der inoffiziellen Nationenwertung. Zu den erfolgreichsten Medaillensammlern zählten die Schwimmerinnen: Kornelia ENDER gewann viermal Gold und einmal Silber, Ulrike RICHTER dreimal Gold und Andrea POLLACK je zweimal Gold und Silber. Eine beeindruckende Bilanz, die sich freilich angesichts zunehmender Erkenntnisse hinsichtlich der Anwendung unerlaubter Mittel, Stichwort »Doping«, im nachhinein relativieren mag.
Zu den herausragenden Figuren der Spiele zählte etwa Edwin MOSES: Der amerikanische Ausnahmeathlet dominierte mehr als ein Jahrzehnt die 400-m-Hürden. In Montreal lief er Weltrekord. Auch acht Jahre später, in Los Angeles, wurde er Olympiasieger. Wahrscheinlich hätte ihn auch 1980 in Moskau niemand schlagen können, wenn er nicht, wie die gesamte amerikanische Mannschaft, nolens volens den Spielen ferngeblieben wäre. 1988 in Seoul gewann Moses noch einmal Bronze. Herauszuheben sind (mindestens) auch zwei weitere Läufer: Die Doppel-Olympiasieger Alberto JUANTORENA und Lasse VIREN. Der Kubaner gewann über 400 und 800, der Finne über 5 000 und 10 000 Meter. Besonders gefeiert wurde freilich Nadia COMANECI. Die rumänische Turnerin bezauberte das Publikum und gewann dreimal Gold sowie je einmal Silber und Bronze.
Siegermedaille. In den vier Jahren zwischen München und Montreal hatte sich das *IOC* zwar des öfteren mit der Medaillenvergabe

Literatur:
Organizing Committee of the 1976 Olympic Games (Hg.), *Montréal 1976. Official Report,* 3 Bde., Ottawa 1978.
Stiftung Deutsche Sporthilfe / Deutscher Sportbund / Deutsche Olympische Gesellschaft (Hg.), *Montreal 76. Das offizielle Standardwerk des Nationalen Olympischen Komitees für Deutschland,* München 1976.
Gesellschaft zur Förderung des Olympischen Gedankens in der Deutschen Demokratischen Republik (Hg.), *Spiele der XXI. Olympiade Montreal 1976,* Berlin 1977.

1 Organizing Committee of the 1976 Olympic Games, *Montréal,* Bd. 1, S. 513. Dort ist allerdings nur von 198 Siegerehrungen die Rede.
2 Anfragen an das Stadtarchiv von Montreal und das *NOK Kanadas* blieben unbeantwortet.

Vor der Siegerehrung im Achtkampf des Frauenturnens, hinter dem Podium von links Nelli Kim (URS), Nadia Comaneci (ROM) und Ludmila Tourichewa (URS)

befaßt, am Zeremoniell der Siegerehrungen war jedoch nichts geändert worden. Dennoch blieb für die Veranstalter viel zu tun. 202 Siegerehrungen in 17 Sportstätten mußten durchgeführt werden. Das Organisationskomitee setzte dafür 155 Personen ein. Vor Ort waren sechs Teams mit je 19 Mitgliedern tätig.[1]
Für die Gestaltung der Siegermedaille war die Arbeitsgruppe für Graphik und Design des Organisationskomitees zuständig. Auf der Vorderseite durfte gemäß der Charta nur die Inschrift angepaßt werden: *»XXIe / Olympiade / Montréal / 1976«*. Dazu kam der Name der jeweiligen Sportart. Die Verantwortlichen in Montreal folgten dem Beispiel der Münchener Spiele und machten von der Möglichkeit Gebrauch, die Rückseite der Siegermedaille selbst zu gestalten. Diese zeigt einen nach oben offenen Kranz von Lorbeerzweigen mit 30 Blättern und in der Öffnung das Emblem der Spiele. Zentrales Hauptmotiv des von dem Graphiker Georges Huel entworfenen Emblems sind die Olympischen Ringe. Über die oberen drei Ringe zeichnete er drei Bögen. Der mittlere ist etwas höher gewölbt. Der rechte und linke Bogen sollen ein *»M«* darstellen und für Montreal stehen, der mittlere symbolisiert das Stadion – die Rundbahn , die zentrale Sportstätte der Olympischen Spiele. Die Bögen können auch als das Podium für die drei Medaillengewinner angesehen werden. Die Medaille hat einen Durchmesser von 60 Millimetern, eine Dicke von sechs bzw. 5,6 (Bronze) Millimetern und wiegt 160, 154 bzw. 124,8 – von vergoldet bis Bronze – Gramm. Die Königlich Kanadische Münze in Ottawa stellte die Medaillen her, von denen 420 vergoldete, 420 silberne und 437 bronzene Exemplare gebraucht wurden. Das Material für die Kette entspricht dem der jeweiligen Medaille. Zur Medaille gehört ein offenes Holzkästchen, das in eine Hülle aus schwarzem Leder eingeschoben werden konnte, auf dem sich die Olympischen Ringe in Gold, Silber oder Bronze befinden. Leider gibt der Offizielle Bericht keine Auskunft darüber, ob Huel selbst oder ein Medailleur die beiden Seiten der Medaille gestaltet hat.[2]

Siegerdiplom. Das Siegerdiplom (300 x 420 Millimeter) ähnelt in Stil und Aufbau der Urkunde der Münchener Spiele. Ein dreifarbiger breiter Querbalken in der Mitte des Blattes bildet das zentrale Motiv. Dominierend ist Rot, die Farbe der Spiele von Montreal. Einziger bildlicher Schmuck ist das Emblem links oben im roten Streifen. Die Texte sind in Französisch und Englisch abgefaßt. Frankophone Kanadier erhielten Urkunde nur in der französische Sprache. Unterschrieben haben die Diplome IOC-Präsident Lord Killanin und Roger ROUSSEAU, der Präsident des Organisationskomitees. Leider finden sich im Offiziellen Bericht keine Angaben über die Diplome, so daß der oder die Künstler nicht vorgestellt werden können.

Ahornbäumchen. Das Montrealer Organisationskomitee setzte die schon 1896 begonnene Sitte einmal mehr fort, den erfolgreichen Athleten »besondere Pflanzen« zu schenken. Wie 1936 in Berlin gab es – hier in Kanada aber für alle Medaillengewinner – wieder ein Bäumchen, diesmal aber keine kleine Eiche, sondern – für Kanada typisch – einen Ahornschößling. Die Pflanze wurde allerdings nicht während der Siegerehrung überreicht, sondern später – schon in einem Holzkistchen verpackt – an die Athleten verteilt. Viele Sportler haben das Geschenk mitgenommen und zu Hause eingepflanzt. Auch diese kleinen Setzlinge sind inzwischen schon zu stattlichen Bäumen herangewachsen.

Erinnerungsmedaille. Für den Entwurf der Erinnerungsmedaille zeichnen Georges HUEL und Pierre-Yves PELLETIER verantwortlich.

Georges HUEL

Der Designer entwarf neben dem Diplom und der Erinnerungsmedaille noch die Rückseiten mehrerer Gedenkmünzen (zweimal fünf Dollar, einmal zehn Dollar) der Spiele in Montreal.

Vorderseite der 5- und der 10-Dollar-Gedenkmünze

Auf die Vorderseite haben die beiden Designer lediglich das Emblem der Spiele und auf die Rückseite das Olympiastadion von Montreal und darunter die Inschrift *»XXIe Olympiade / Montréal 1976«* geprägt. Die Medaille ist aus Kupfer, hat einen Durchmesser von 45 Millimetern, eine Dicke von drei Millimetern und wiegt 40 Gramm. Auch sie wurde in der Kanadischen Münze hergestellt und in einem schwarzen Kartonkästchen übergeben, das wiederum in einem Lederbehältnis steckte. Auf beiden »Verpackungen« war das Emblem eingedruckt. Auch über Pelletier konnten keine Informationen eingeholt werden.

Spiele der XXI. Olympiade in Montreal – 17. Juli bis 1. August 1976

Mannschaften: 92

AHO	AND	ANT
ARG	AUS	AUT
BAH	BAR	BEL
BER	BOL	BRA
BUL	BIZ	CAN
CAY	CHI	CIV
CMR	COL	CRC
CUB	DEN	DOM
ECU	EGY	ESP
FIJ	FIN	FRA
FRG	GBR	GDR
GRE	GUA	HAI
HKG	HON	HUN
INA	IND	IRI
IRL	ISL	ISR
ISV	ITA	JAM
JPN	KOR	KSA
KUW	LIB	LIE
LUX	MAL	MAR
MEX	MGL	MON
NCA	NED	NEP
NOR	NZL	PAK
PAN	PAR	PER
PHI	PNG	POL
POR	PRK	PUR
ROM	SEN	SIN
SMR	SUI	SUR
SWE	TCH	THA
TRI	TUR	TUN
URS	URU	USA
VEN	YUG	

Sportler: 6 085 (1 251[1])

Name des Organisationskomitees:	***Organizing Committee of the 1976 Olympic Games (COJO 76)***
Präsident:	Roger ROUSSEAU
Generalsekretär:	Howard RADFORD
Offizieller Bericht:	französisch; englisch
Zeremoniell:	Eröffnungs- und Schlußfeier am Anfang bzw. am Ende der Spiele
Eröffnung durch:	Königin ELISABETH II.
Dauer:	16 Tage
Siegerehrung:	nach dem Wettkampf durch den IOC-Präsidenten bzw. ein von ihm beauftragtes IOC-Mitglied
Olympischer Eid:	Pierre St. JEAN (Gewichtheber) Maurice FORGET (Kampfrichter)
letzte Fackelträger:	Sandra HENDERSON und Stéphane PRÉFONTAINE (junge Athleten)
Fackel (Design):	Georges HUEL, Michel DAILLAIRE
Olympische Hymne:	Spyros SAMARAS / Kostas PALAMAS (Text)
Emblem:	Georges HUEL
Plakate:	François DALLAIRE, Yvon LAROCHE, Clermont MALENFANT, Raymond BELLEMARE, Pierre-Yves PELLETIER, Guy St. ARNAUD, dazu Poster der Sportarten
Siegermedaille:	Giuseppe CASSIOLI / Georges HUEL (?)
Siegerdiplom:	Unbekannt
Erinnerungsmedaille:	Georges HUEL, Pierre-Yves PELLETIER
Erinnerungsdiplom:	Unbekannt
Olympische Kantate:	Louis CHANTIGNY
Film:	*Games of the XXI Olympiad, Montréal 1976* (National Film Board)
Zeitschriften:	*Presto, Olympress, Rendez-vous 76 Montréal,*
Maskottchen:	Amik (Waschbär)
Sportarten:	21 (11[1]) mit 202 (56[1]) Wettbewerben
Besonderheiten:	Boykott afrikanischer Mannschaften, keine Demonstrationswettbewerbe

Erläuterungen: [1] davon Frauen

Funktionärsdiplom. Das Diplom für die Funktionäre (297 x 397 Millimeter) ist weitgehend der Erinnerungsmedaille angeglichen. In der Mitte ist vor blauem Hintergrund das Olympiastadion »in Großaufnahme« zu sehen. Merkwürdigerweise haben mit Datum vom 30. August 1976 – die Spiele waren aber bereits am 1. August zu Ende – auch hier wiederum Lord Killanin und Roger Rousseau unterschrieben. Normalerweise setzten bisher der IOC-Präsident und der Präsident des Organisationskomitees ihre Namen nur unter die Siegerdiplome, während der letztere und sein Generalsekretär für die Unterzeichnung der Teilnehmerurkunden zuständig waren. Auch beim Funktionärsdiplom ist der Künstler nicht bekannt.

Exkurs: Fackelstaffel

Mit einer Dauer von nur fünf Tagen war der vom 13. bis 17. Juli 1976 durch Griechenland und Kanada führende Fackellauf der bisher kürzeste (Griechenland: 514 km, Kanada: 261 km), und auch die Zahl der Läufer war mit knapp unter tausend sehr gering. Nach der Entzündung in Olympia wurde die Flamme von mehr als 500 Läufern ins Panathenäische Stadion nach Athen gebracht, wo gleichzeitig mit der offiziellen Übergabe an die Kanadier ein Olympischer Tag stattfand. Erster Läufer in Olympia war der Hochspringer Tasso PSILIDIS. In Athen wurde die Flamme von einem »griechischen« zu einem »kanadischen« Altar gebracht und dann auf einen Sensor übertragen, der die ionisierten Partikel des Feuers auffing und in Sequenzen elektrischer Impulse umwandelte. Über den Kommunikationssatelliten Intelsat wurden diese Impulse zum Parliament Hill in Ottawa übertragen, wo sie über einen Laserstrahl und einen Parabolspiegel in eine Flamme zurückverwandelt wurden. Die Übertragung per Satellit sollte den Anspruch technologischer

Funktionärsdiplom

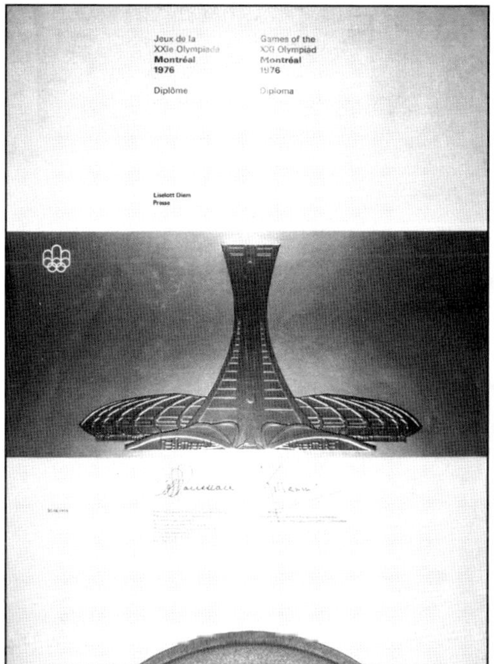

Siegerdiplom

Erinnerungsmedaille

Siegermedaille

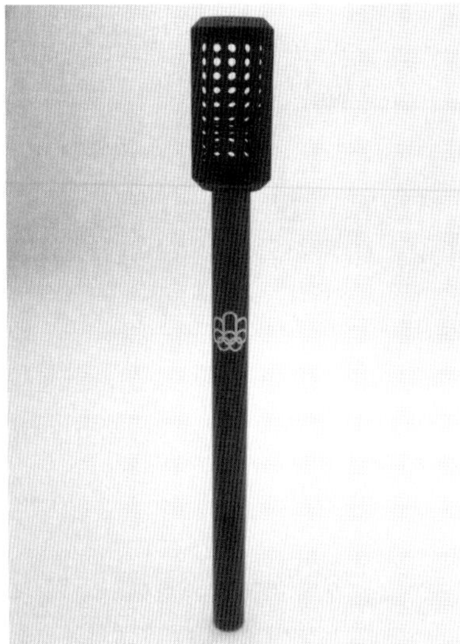

Die Fackel

Modernität der Spiele von Montreal unterstreichen. Aus den Händen von Lise LITZ, einer Athletin aus Ottawa, empfing der kanadische Premierminister Pierre Elliot TRUDEAU die Flamme. Er gab sie weiter an zwölf Fackelträger, die die zehn Provinzen Kanadas sowie das Yukon- und das Northwest-Territorium symbolisierten und nach einem Kilometer das Feuer an den ersten Einzelläufer weitergaben. Auf einer Strecke, die nach den Kriterien der Bevölkerungsdichte, Ästhetik und historischen Bedeutung ausgewählt worden war, gelangte die Flamme auf den Mont Royal in Montreal. Am Eröffnungstag brachten 16 Läufer in einer Stafette die Fackel zum Olympia-Stadion. Zum ersten Mal liefen dort eine Frau und ein Mann die letzten Meter und entzündeten das Olympische Feuer gemeinsam. Stéphane Préfontaine und Sandra Henderson heirateten später und wurden damit zum »Traumpaar« der Fackellaufgeschichte.

Der Fackelhalter besteht aus einem roten Griff mit weißem, eingraviertem Emblem der Spiele aus plastiküberzogenem Aluminium und einem gelochten zylindrischen Brennelement, das mit schwarzer hitzebeständiger Acrylfarbe gestrichen ist. Als Brennstoff der Fackel wurde Olivenöl benutzt, um damit auf den griechischen Ursprung des Olympischen Feuers zu verweisen. Die von Queensway Machine Products aus Toronto hergestellten Fackeln waren von Georges Huel und Michel Daillaire vom Graphics and Design Directorate entworfen worden.

Sandra Henderson und Stéphane Préfontaine entzünden das Olympische Feuer.

Lake Placid 1980

Im siebten Anlauf erhielt Lake Placid zum zweiten Mal den Zuschlag. Auf die Erfahrungen und die Gegebenheiten von 1932 konnten die Organisatoren freilich nur noch sehr bedingt zurückgreifen. Anfang der achtziger Jahre sahen sich die Ausrichter Olympischer Spiele mit ganz anderen Herausforderungen konfrontiert. In diesem speziellen Fall ging es nicht zuletzt auch darum, den nach dem Rücktritt Denvers großen Vertrauensvorschuß des *IOC* zu rechtfertigen. Diesem Unterfangen sollte weitgehender Erfolg beschieden sein. Für die Verantwortlichen bedeutete dies auch und nicht zuletzt: Business! 200 Unternehmen konnten als Sponsoren gewonnen, mit der Vergabe von Lizenzen erhebliche Einnahmen verzeichnet werden. Für den Erwerb der Übertragungsrechte legte die amerikanische Fernsehgesellschaft ABC 20,995 Millionen Dollar auf den Tisch des Hauses – eine Rekordsumme, aus heutiger Sicht freilich ein wahrhaft bescheidener Betrag. Wie auch immer: Die Spiele von Lake Placid markieren einen (weiteren) großen Schritt – der Durchbruch zu einer schier grenzenlosen Kommerzialisierung sollte vier Jahre später, in Zusammenhang mit den Sommerspielen von Los Angeles, erfolgen.

Der große Star des amerikanischen Winterfestes war ein Amerikaner: Eric HEIDEN. Der überragende Eisschnelläufer gewann nicht weniger als fünf Goldmedaillen, das heißt, er dominierte auf allen Strecken, also über 500, 1 000, 1 500, 5 000 und 10 000 Meter. Eine wahrhaft einmalige Leistung!? Vierzehn Jahre später, in Lillehammer, sollte ein gewisser Johann Olav KOSS fast in ähnlicher Weise auftrumpfen.

Zu den Großen von Lake Placid zählten etwa auch die für Liechtenstein startende alpine Skiläuferin Hanni WENZEL, die zweimal Gold und einmal Silber mit nach Hause nahm, oder der elegante Schwede Ingemar STENMARK, der sowohl im Slalom als auch im Riesenslalom nicht zu schlagen war, und nicht zuletzt Juha MIETO. Zwar gewann der finnische Langlauf-Riese »nur« zweimal Silber, doch unvergessen, ja legendär ist seine »Niederlage« über 15 Kilometer: Genau eine Hundertstelsekunde (!) fehlte ihm zum Sieg und besiegelte sein Schicksal als ewiger Pechvogel. Viermal nahm er an Olympischen Winterspielen teil, doch an Gold lief er immer mehr oder weniger knapp vorbei.

Apropos: Die bundesdeutschen Athleten liefen, sprangen, schossen in Lake Placid allesamt an Gold vorbei. Ihre bescheidene Bilanz von 17 Tagen Winterspielen: zwei Silber- und drei Bronzemedaillen.

Siegerehrung. Anläßlich der Sessionen während der XXI. Olympiade befaßte sich das IOC sehr oft mit Fragen des Regelwerks und gab 1978 eine vorläufige und 1979 eine neue Charta heraus. Dabei wurde auch *»§ 45 Preise«* in zwei wesentlichen Punkten präzisiert bzw. ergänzt. Zum ersten Mal konnte expressis verbis nachgelesen werden, daß sich die Medaillen und Diplome der Winterspiele von denen der Olympischen Spiele unterscheiden müssen. Die Verträge der Organisationskomitees mit seinen Designern müssen – bis heute – so abgeschlossen werden, daß das *IOC* das alleinige Copyright für die Medaillen erhält. Von Diplomen war keine Rede. Anscheinend legte man auf die besondere künstlerische Gestaltung der Urkunden keinen Wert mehr.[1]

Zwischen 1973 und 1976 wurde im Exekutivkomitee und während der Sessionen mehrmals ein Antrag von Raymond GAFNER behandelt, bei der Siegerehrung auch den viert- bis sechstplazierten Athleten ein Diplom auszuhändigen. Der damalige Vizepräsident, Juan Antonio SAMARANCH, unterstützte ihn. Die Anträge wurden aber hinhaltend behandelt und fanden keine Mehrheit. Die IOC-Mitglieder wandten u.a. ein, daß es für das Organisationskomitee oft schon schwierig genug wäre, die drei Medaillengewinner ordnungsgemäß und pünktlich zur Siegerehrung zu führen.[2]

In Lake Placid fanden die Siegerehrungen zumeist am Abend »in freier Natur« auf dem zugefrorenen Mirror Lake statt. Dort war ein zehn Fuß hoher *»crystal pavilion«*[3] errichtet worden, so daß alle Zuschauer eine gute Sicht hatten. Manchmal fanden sich über 10 000 Menschen ein. Eintritt wurde nicht

Literatur:
Lake Placid Olympic Organizing Committee (Hg.), *XIII Olympic Winter Games. XIII Jeux Olympiques d'Hiver. Lake Placid, N. Y., Final* Report. Rapport Final, Lake Placid 1980.
VOGEL, Karlheinz, *Lake Placid 1980. Das Olympiabuch der F.A.Z.*, Bad Homburg 1980.
GRUBE, Frank / RICHTER, Gerhard, *Das Große Olympiabuch. Lake Placid 1980*, Hamburg 1980.

1 CIO (Hg.), *Charte Olympique*, Lausanne 1979, S. 23-24. IOC (Hg.), *Olympic Charter*, Lausanne 1979, S. 28-29.
2 Protokolle der Sitzungen des Exekutivkomitees vom 10.-31.07.1976 in Montreal, 29.-30.01.1979 in Lausanne, 03.-06.04.1979 in Montevideo, 79. Session 1977 in Prag, 81. Session 1979 in Montevideo, 82. Session 1980 in Lake Placid, 83. Session 1980 in Moskau (IOC-Archiv), vgl. auch LYBERG, *Sessions*, Bd. 2, S. 250, 266-267, 277.
3 Lake Placid Olympic Organizing Committee (Hg.), *Report*, S. 88.

erhoben. Jede dieser abendlichen Zeremonien begann mit der Olympischen Hymne. Danach bildeten 26 Fackelträger ein Spalier zum Siegespavillon für den Einzug der Sportler und der Offiziellen, die die Zeremonie vornahmen. Nach jeder Ehrung wurde ein kurzes Feuerwerk abgebrannt. Dann folgte die nächste Medaillenübergabe. Abschließend begaben sich die Sportler in ein sich

XIII. Olympische Winterspiele in Lake Placid – 12. bis 24. Februar 1980

Mannschaften: 37

AND	ARG
AUS	AUT
BEL	BOL
BUL	CAN
CHN	CRC
CYP	ESP
FIN	FRA
FRG	GBR
GDR	GRE
HUN	ISL
ITA	JPN
KOR	LIB
LIE	MGL
NED	NOR
NZL	POL
ROM	SUI
SWE	TCH
URS	USA
YUG	

Sportler: 1 072 (233[1])

Name des Organisationskomitees:	*Lake Placid Organizing Committee (LPOOC)*
Präsident:	Reverend J. Bernard FELL
Generalsekretärin:	Ardelle V. SANDERSON
Offizieller Bericht:	englisch / französisch
Zeremoniell:	Eröffnungs- und Schlußfeier am Anfang und am Ende der Spiele
Eröffnung[1] durch:	Vizepräsident Walter F. MONDALE
Dauer:	13 Tage
Siegerehrung:	am Abend des Wettkampftages bzw. nach dem Wettkampf, durch den IOC-Präsidenten bzw. ein von ihm beauftragtes IOC-Mitglied
Olympischer Eid:	Eric E. HEIDEN (Eisschnelläufer) Richard Terry McDERMOTT (Kampfrichter)
letzter Fackelträger:	Charles Morgan KERR
Fackel (Hersteller):	Glenwel & Turner
Olympische Hymne:	Spyros SAMARAS / Kostas PALAMAS (Text)
Emblem:	Robert W. WHITNEY
Plakat:	Robert W. WHITNEY
Siegermedaille:	Tiffany & Co. in New York
Siegerdiplom:	unbekannt
Erinnerungsmedaille:	Marcel JOVINE / Neil KENNEDY
Erinnerungsdiplom:	unbekannt
Film:	Rodney H. JACOBS, Michael SAMUELSON *(The Miracle of Lake Placid 1980)*
Zeitschriften:	*News. Olympic Notes, Lake Placid Olympian*
Maskottchen:	Ronny Racoon (Waschbär)
Sportarten:	8 (4[2]) mit 38 (14[2]) Wettbewerben
Besonderheiten:	keine Demonstrationswettbewerbe

Erläuterungen:
[1] am 13. Februar; das Eishockeyturnier begann bereits einen Tag vor der Eröffnungsfeier
[2] davon Frauen

Siegerehrung im Eiskunstlaufen der Paare durch IOC-Präsident Lord Killanin, von links Marina Tscherkasowa,/ Sergei Schachrai (URS), Irina Rodnina/ Alexander Saizew (URS) und Manuela Mager/ Uwe Bewersdorff (GDR)

in der Nähe befindendes Gebäude, erhielten dort die Behältnisse für die Medaillen und die Diplome und trugen sich in ein Ehrenbuch ein, das als Erinnerung im Archiv des Organisationskomitees blieb.

Siegermedaille. Die Siegermedaille – 80 Millimeter im Durchmesser, 6,2 Millimeter dick und 221, 210 bzw. 180 (von vergoldet bis Bronze) Gramm schwer[4] – ist nach der von 1936 in Garmisch-Partenkirchen die zweitgrößte, die bei Olympischen Spielen vergeben wurde. Nach den Angaben des Offiziellen Berichts besteht das vergoldete Exemplar allerdings aus 210 Gramm Silber und 11,2 Gramm Gold, das silberne wiegt 210 und das bronzene 205 Gramm.[5] Entworfen wurden die Medaillen von Tiffany & Co. in New York und hergestellt von Medallic Art Co. in Danbury, Connecticut. Auf der Vorderseite ist im Vordergrund eine kräftige Faust zu erkennen, die eine brennende Fackel hält.[6] Oben im Hintergrund befinden sich die Berge des Adirondack Gebirges. Links von der Fackel steht *»XIII / OLYMPIC / WINTER / GAMES«*, und rechts sind die Olympischen Ringe zu sehen. Die Rückseite zeigt rechts einen Kiefernzweig, quasi das winterliche Pendant zum Lorbeer der Antike. Links steht *»LAKE / PLACID /1980«*, und am oberen Rand befindet sich eine Miniaturausgabe des Emblems der Spiele. In die Rückseite wurde links unten neben der Disziplin der Name des jeweiligen Sportlers eingraviert, und zwar in seiner Sprache und seiner Schrift. Täglich wurden die benötigten Medaillen von einer Bank mit Polizeieskorte zum Graveur im Olympic Centre

4 GREENSFELDER u.a., *Medals*, S. 126-128.
5 Lake Placid Olympic Organizing Committee, *Report*, S. 97.
6 Vgl. ähnliche Motive auf Medaillen der Winterspiele 1948 und 1960.

Erinnerungs-diplom

Siegerdiplom

Erinnerungsmedaille

Siegermedaille

Tiffany

Die weltbekannte Designfirma Tiffany geht auf Charles Lewis Tiffany zurück, der 1837 in New York ein Juweliergeschäft eröffnete. Weltbekannt wurde sein Sohn Louis Comfort Tiffany, der 1879 die Tiffany Glas and Decorating Company gründete, die seit 1893 das mehrfach irisierende Favrile Glas herstellt, dessen besondere Lüstrierung durch ein spezielles Verfahren mit Hilfe von Metalldämpfen erzeugt wird. Daneben wurden Gläser, Glasfenster, Vasen, Schmuck, Möbel, Textilien und Tapeten hergestellt. Louis Comfort Tiffanys Werke finden sich heute in jedem bedeutenden Museum der Welt. Auch seine Nachfolger waren hervorragende Designer, die die weltweite Bedeutung der Firma erhalten konnten. Tiffanys Bekanntheit wurde noch einmal besonders gesteigert durch den Paramount-Film Breakfast at Tiffany's nach Truman Capote. Neben den Siegermedaillen für die Spiele in Lake Placid entwarf die Firma zwei weitere bekannte Sporttrophäen: 1930 im Auftrag des New York Yacht Club einen Pokal von 18karätigem Gold für Sir Thomas Lipton, der fünfmal vergeblich versucht hatte, den America's Cup für Großbritannien zu gewinnen. 1966 bat die National Football League um Herstellung eines Pokals für ihre Meisterschaft. Die Vince Lombardi Super Bowl Trophy ist heute der begehrteste amerikanische Sportpreis.

Tiffany-Lampe

Robert W. WHITNEY *1927

Der Designer aus Lake Placid erhielt vom Organisationskomitee den Auftrag, neben dem Emblem auch das Plakat (1977) der Spiele zu entwerfen. U.a. wurde er mit dem Prix de Rome ausgezeichnet.

und von dort zum Ort der Siegerehrung transportiert. Auf der Kante ist bei den vergoldeten und silbernen Medaillen *»TIFFANY & CO. STERLING SILVER © 1979«* eingraviert. Benötigt wurden 73 vergoldete, 74 silberne und 73 bronzene, also 220 Medaillen insgesamt. An den Medaillen ist oben ein breiter ovaler Ring befestigt, durch den ein weiß / blau / weißes Band gezogen ist. Zur Auszeichnung gehört ein dunkelblaues Lederkästchen mit den Olympischen Ringen auf dem Deckel. Leider gab die Firma Tiffany keine Auskunft auf die Frage nach dem Namen des Designers der Medaille.

Siegerdiplom. Das Emblem der Spiele wurde von Robert W. Whitney entworfen und besteht aus einem breiten Band, in dem mit kurzem Abständen drei Streifen – rot, blau und weiß – eingefügt sind. Insgesamt bildet es ein *»L«* für Lake Placid. Es könnte aber auch als Sprungschanze oder Skispuren gedeutet werden. Am oberen Rand des Bandes befinden sich die Olympischen Ringe.

Das Siegerdiplom (303 x 353 Millimeter) zeigt im oberen Teil das Emblem der Winterspiele. Drei breite Querstreifen, in den Farben Gold, Silber und Rot, verzieren den oberen Rand der Auszeichnung. Ein blauer breiter Streifen durchzieht den unteren Bildrand. Unter dem Emblem ist die Inschrift *»XIII / OLYMPIC / WINTER GAMES / LAKE PLACID / 1980«* zu lesen. Darunter wurde der Name des Athleten, die Sportart und die Plazierung eingetragen. Unterschrieben haben die Urkunde IOC-Präsident Lord Killanin, Reverend J. Bernard Fell, der Präsident, und Art Devlin, der Vizepräsident des Organisationskomitees. 434 Athleten aus 21 Mannschaften erhielten das Diplom.

Erinnerungsmedaille. Die Erinnerungsmedaille stammt von den amerikanischen Künstlern Marcel Jovine und Neil Kennedy von der Metallic Art Company of Danbury in Connecticut. Vorlage war wohl der Vorgänger der Spiele von 1932 in Lake Placid. Jovin und Kennedy stellten auf der Vorderseite die verschiedenen Sportarten der Winterspiele dar. Wir erkennen Fahrer im Viererbob, einen Skispringer, einen Biathleten, einen Rennrodler,

Das Emblem

einen Eishockeyspieler, einen Skilangläufer, eine Eiskunstläuferin, einen alpinen Skiläufer und eine(n) Eisschnelläufer(in). Auch die Rückseite ist recht originell. Innen befindet sich das Emblem mit der Inschrift *»XIII OLYMPIC/WINTER/GAMES/LAKE/PLACID/ 1980«*. In vier Kreisen folgt – von außen nach innen zu lesen – der Olympische Eid:

»IN THE NAME OF ALL COMPETITORS I PROMISE THAT WE WILL TAKE PART IN THESE / OLYMPIC GAMES RESPECTING ABIDING BY THE RULES WHICH GOVERN / THEM IN THE TRUE SPIRIT OF SPORTMANSHIP FOR THE / GLORY OF SPORT AND THE HONOUR OF OUR TEAMS«

Die Medaille besteht aus Nickel/Silber, hat einen Durchmesser von 76 Millimetern, eine Dicke von sieben Millimetern und wiegt 202 Gramm. Auf der Kante steht *»© IOC 1978 MACO«*. Hergestellt wurden 10 000 Exemplare. Zur Medaille gehört ein weißes Kartonbehältnis, das wiederum in einem blauen Kästchen steckt. Die Medaille liegt darin in hellblauem Samt. Auf dem Deckel befindet

7 Lake Placid Olympic Organizing Committee, *Report*, S. 88.

sich das Emblem der Spiele. Für beide Medaillensätze wurden 165 000 Dollar ausgegeben.

Erinnerungsdiplom. Das Erinnerungsdiplom (228 x 305 Millimeter) zeigt oben in der Mitte eine Abbildung der Vorderseite der Erinnerungsmedaille, dann folgen, wie bei der Siegerurkunde, der Text »*XIII / OLYMPIC / WINTER GAMES / LAKE PLACID / 1980*«, das Emblem der Spiele, der Name der Person, die die Urkunde erhält, und die Unterschriften von Präsident und Vizepräsident des Organisationskomitees.

Exkurs: Fackelstaffel

Das Ceremonies and Awards Department des Organisationskomitees, das es sich zur Aufgabe gesetzt hatte, »*in dramatischer, symbolischer und musikalischer Weise die Ideale der Olympischen Bewegung zu artikulieren*«[7], organisierte den Fackellauf als »*non-commercial event*« und sah darin eine nicht an den Ort der Spiele gebundene Gelegenheit zur Teilnahme am Olympic spirit, zu historischer Erinnerung und zur Ausweitung der Publizität. Die Flamme wurde in Olympia entzündet, über den Atlantik geflogen und dann von Jamestown, der ersten englischen Siedlung auf dem amerikanischen Kontinent, in einem Fackelstaffellauf, der Washington, Baltimore, Wilmington, Philadelphia, Princeton, New York, Albany, Saratoga Springs und Fort Ticonderoga durchquerte, nach Lake Placid getragen. Dort wurde am 13. Februar das Feuer entfacht. Als Fackelträger waren je 26 Läuferinnen und Läufer ausgewählt worden, die am besten dem antiken Ideal des »ganzen Menschen« entsprechen sollten. Sie kamen aus allen amerikanischen Bundesstaaten und trugen, sich abwechselnd, die Flamme über die gesamte Distanz von ca. 1 600 km.

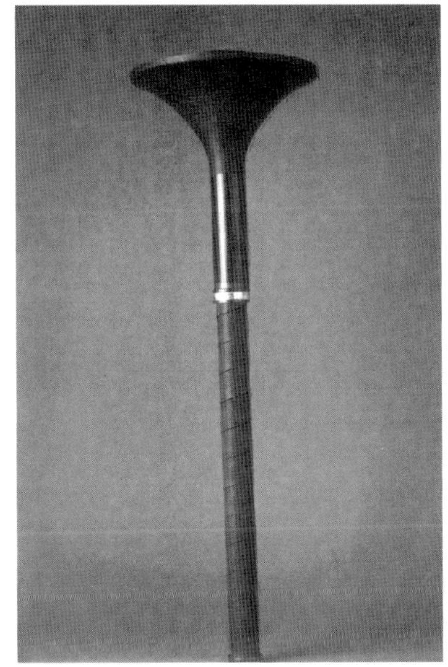

Die Fackel;
links: Charles Morgan Kerr hat das Olympische Feuer entzündet

Die Strecke durch die dichtbesiedelten Zentren der amerikanischen Ostküste erreichte ein Publikum von 12 Millionen Menschen, woran deutlich wird, daß die Fackelläufe bei Winterspielen sich im Publikumszuspruch ihren sommerlichen Vorbildern anzugleichen begannen. Entzündet wurde das Olympische Feuer von Dr. Charles Morgan Kerr, einem Psychiater aus Arizona.

Die Fackel besteht aus einem lederumwickelten Griff und einer trichterförmigen Flammenschale mit der Aufschrift »*XIII Olympic Winter Games Lake Placid 1980*«, Hersteller: Glenweil & Turner Scyamore Illinois. Die Länge beträgt ca. 70 cm, der Durchmesser der Brennöffnung 22 cm.

Moskau 1980

Seit ihrem ersten Aufritt auf der olympischen Bühne, 1952 in Helsinki, hatte sich die UdSSR durch beeindruckende Erfolge – neben den USA – als sportliche Supermacht etabliert. Schon von daher war es folgerichtig, das größte und mächtigste Land Osteuropas bzw. dessen Hauptstadt mit der Ausrichtung der Spiele zu beauftragen. Freilich ließ die entsprechende Entscheidung des *IOC* insbesondere in der westlichen Welt Befürchtungen hinsichtlich politischer Beeinträchtigungen wachsen. So wurde schon im Jahre 1978, zum Beispiel vom britischen Außenminister, laut darüber nachgedacht, ob angesichts gravierender Verletzungen der Menschenrechte eine Teilnahme an den Spielen opportun sei. Ausgelöst durch den Einmarsch sowjetischer Truppen in Afghanistan, Weihnachten 1979, spitzte sich die Diskussion um einen Boykott als politische Option dramatisch zu. Als die UdSSR ein auf Mitte Februar datiertes Ultimatum von US-Präsident Jimmy CARTER bezüglich eines militärischen Rückzugs verstreichen ließ, war die Gretchenfrage aufgeworfen. In den folgenden Monaten kam es in vielen Ländern zu harten Auseinandersetzungen zwischen Verfechtern und Gegnern eines Teilnahmeverzichts, wobei sich der Druck noch weiter erhöhte, als sich das *amerikanische NOK* im April mit großer Mehrheit für die harte Linie entschied.

Während man sich in Großbritannien und Frankreich, aber auch in Griechenland, Finnland, Schweden, Jugoslawien, Österreich oder der Schweiz dagegen entschied, votierte das *bundesdeutsche NOK* am 15. Mai in einer bewegenden Sitzung mit denkbar knapper Mehrheit dafür, dem amerikanischen Beispiel sowie einer entsprechenden Empfehlung von Bundestag, Bundesregierung und Bundespräsidenten zu folgen.

Dies war auch eine persönliche Niederlage für Willi DAUME, der in Übereinstimmung mit der großen Mehrheit der Athleten für den gegenteiligen Weg plädiert hatte. Damit war den Aktiven eine große Chance ihres sportlichen Lebens genommen worden und deren jahrelange Vorbereitung zunichte gemacht, während sich der verdienstvolle Funktionär von seinen Ambitionen ebenfalls verabschieden mußte. Daume hatte sich berechtigte Hoffnungen gemacht, Lord KILLANIN im Amt des IOC-Präsidenten beerben zu können. Vor dem Hintergrund des Boykotts war seine Kandidatur freilich chancenlos. So mußte er letztlich seinem Mitbewerber, einem gewissen Juan Antonio SAMARANCH, gratulieren. Daß mit der Wahl des ehrgeizigen, wenn auch nicht unumstrittenen Spaniers eine neue olympische Ära begonnen hatte, war zum Zeitpunkt der Moskauer Spiele keineswegs absehbar.

Das Gebot der Stunde konnte zunächst nur lauten: Schadensbegrenzung und Krisenmanagement. Zwar fehlten von den großen Sportnationen neben der Bundesrepublik und den USA letztlich nur Kanada und Japan – aus Europa hatten nur noch Albanien, Liechtenstein, Monaco und Norwegen verzichtet –, doch war der Verlust gravierend. Von einer olympischen Vollversammlung war man in Moskau jedenfalls weit entfernt. Mit 5 255 Athleten aus 80 Ländern war man hinsichtlich der Beteiligung in etwa auf dem Stand der Spiele von 1960 in Rom.

Das größte und erfolgreichste Team stellte naturgemäß die UdSSR, in beider Beziehung gefolgt von der DDR. Während die Vertreter des Gastgebers nicht weniger als achtzig Goldmedaillen sammelten, brachten es ihre ostdeutschen Kollegen immerhin auf 47. Hinzu kamen 69 und 46 bzw. 37 und 42 Silber- und Bronzemedaillen. Die Überlegenheit der beiden Mannschaften wird auch durch den Umstand unterstrichen, daß sie nur 77 Goldmedaillen »übrig« ließen, die sich Athleten aus 23 Ländern teilten. Aus dieser Gruppe ist Nadia COMANECI herauszuheben: Die rumänische Turnerin fügte ihren fünf in Montreal gewonnenen Medaillen vier weitere, je zweimal Gold und Silber, hinzu. Sehr erfolgreich waren auch die britischen Läufer: Allen WELLS gewann Gold über 100 und Silber über 200 Meter, Steve OVETT Gold über 800 und Bronze über 1 500 Meter und Sebastian COE Gold über 1 500 und Silber über 800 Meter. Herausragend auch: Miruts YIFTER. Der Äthiopier siegte über 5 000 und 10 000

Literatur:
Organising Committee of the Games of the XXII Olympiad (Hg.), *Games of the XXII Olympiad Moscow 1980. Official Report*, 3 Bde., Moskau 1981.
Gesellschaft zur Förderung des Olympischen Gedankens in der Deutschen Demokratischen Republik (Hg.), *Spiele der XXII. Olympiade Moskau 1980*, Berlin 1980.
MÜLLER, Günter R./ KÜHNLE, Dieter, *Moskauer Spiele. Olympia im Zwielicht – Bericht, Kritik, Kommentar*, Gütersloh 1980.

1 Organising Committee of the Games of the XXII Olympiad, *Games*, S. 355.
2 *»Spiele der XXII. Olympiade Moskau 1980« (»Games of the XXII Olympiad Moscow 1980«).*

Hostessen in ihren Trachten; rechts: Siegerehrung für den Mannschaftswettbewerb in der Military

Meter und trat damit in die Fußstapfen des großen Lasse VIREN. Dieser wurde im übrigen noch einmal Fünfter über 10 000 Meter.

Siegerehrung. Der Offizielle Bericht der Moskauer Spiele beschreibt ausführlich den Ablauf der Siegerehrungen. Ähnlich wie 1972 in München waren an den insgesamt 203 Zeremonien von seiten der Organisatoren über 1 000 Personen beteiligt. Die für die Ehrung Verantwortlichen hatten alle bei grossen Meisterschaften und den Spartakiaden Erfahrungen gesammelt. Es wird im Offiziellen Bericht besonders hervorgehoben, daß die jungen Frauen, die die Medaillen zum Podium trugen, durch ihre Trachten das nationale Element der 15 Sowjetrepubliken verkörpern sollten. Der Bericht erwähnt, daß einige *NOK* bei der Eröffnungsfeier und auch bei den Siegerehrungen statt ihrer nationalen die entsprechenden olympischen Symbole benutzten.[1] Dies wird als ein ganz normaler Vorgang dargestellt. In Wirklichkeit wird von den Verfassern des Offiziellen Berichtes der Protest dieser Mannschaften, die namentlich auch nicht genannt werden, gegen den oben beschriebenen Einmarsch sowjetischer Truppen in Afghanistan verschleiert. Beim Einmarsch trugen Fahnenträger dieser *NOK* statt der nationalen die Olympische Flagge. Bei der Siegerehrung wurde ebenfalls die Olympische Flagge gehißt und die Olympische Hymne gespielt.

Siegermedaille. Das Organisationskomitee legte der IOC-Session 1978 in Athen einen Entwurf der beiden Medaillen vor. Das Design der Siegermedaille stammte von Ilja Postol, einem jungen Moskauer Bildhauer. Traditionsgemäß hatte er auf der Vorderseite nur die Inschrift geändert, allerdings ist diese in russischer Sprache und kyrillischer Schrift gehalten: »ИГРЫ XXII / ОЛИМПИАДЫ / МОСКВА / 1980«[2]. Auf der Rückseite sehen wir ein stilisiertes Stadion, davor brennt das Olympische Feuer in einer Flammenschale, und oben rechts befindet sich das Emblem der Spiele. Der Name der Sportart ist auf der Kante in kyrillischen Buchstaben in Russisch angebracht. Das Medaillenband ist in den Farben Hellgrün / Dunkelgrün / Blau / Rot / Orange / Gelb gehalten. Die Medaille hat einen Durchmesser von 61 Millimetern, eine Dicke von 3,1 Millimetern und wiegt 132,5, 125 bzw. 120 (von vergoldet bis Bronze) Gramm. Die vergoldete Variante besteht aus 92,5 % Silber und sechs Gramm Gold, die silberne aus 92,5 % Silber und die bronzene aus Tombac, einer Kupfer- und Zinnlegierung. Geprägt wurden in der Moskauer Münze 1 393 Medaillen. Insgesamt mußten bei den 203 Siegerehrungen 455 vergoldete, 452 silberne und 467 bronzene übergeben werden. Zur Medaille gehört ein rotes Plastikkästchen, auf dessen Deckel das Emblem in Gold angebracht ist.

Für das Emblem hatte es im Jahr 1975 einen Wettbewerb gegeben, bei dem 26 000 Einsendungen aus allen Teilen der UdSSR und zwölf weiteren Ländern beim Organisationskomitee eingegangen waren. Angenommen wurde der Vorschlag des jungen Wladimir Arsentjew, den das *IOC* auf seiner Session 1976 in Montreal guthieß. Das Emblem zeigt die Olympischen Ringe, darüber von links und rechts kommend je drei parallele Linien. Über den mittleren Ring bilden sie einen rechten Winkel. Dabei fließen die unteren Linien zusammen, so daß nur fünf in die Höhe »streben«. Diese fünf Linien sind unterschiedlich hoch. Die mittlere ragt am höchsten empor. Die äußeren sind die kürzesten. Die Linien können eine Laufbahn darstellen, möglicherweise beim Betrachter die Silhouette der Stadt Moskau assoziieren oder die stilisierte Kulisse der Basilius-Kathedrale auf dem Roten Platz. Ein fünfzackiger Stern, den Kreml repräsentierend, krönt das Emblem.

Wladimir ARSENTJEV *1951

Als Arsentjev den Wettbewerb um das Emblem der Moskauer Spiele gewann, war er noch Student an der Fakultät für Angewandte Kunst der Universität Rezekne in Lettland. Danach arbeitete er als Graphiker bei der Baltischen Eisenbahn.

Das Emblem

Siegerdiplom. Das Siegerdiplom (295 x 423 Millimeter) für die Erstplazierten wurde von dem Moskauer Maler Alexander Archutik entworfen. Ein Band in den Basisfarben der Spiele, Rot und Blau, kompletiert durch Dunkelgrün, Hellgrün, Gelb und Orange, schmückt in Form eines Wappenschildes den oberen Teil der Urkunde, in den der Name des Athleten und seine Leistung eingetragen wurden. Im unteren Bereich ist zwischen den Unterschriften von IOC-Präsident Lord Killanin und dem Präsidenten des Organisationskomitees, Ignati T. Nowikow, das Emblem der Spiele zu sehen. Die Angaben sind zweisprachig: Russisch und Englisch.

Erinnerungsmedaille. Die Erinnerungsmedaille wurde von der Bildhauerin Angelina Leonova geschaffen. Die Vorderseite zeigt das Moskauer Olympiastadion und das Emblem der Spiele. In kyrillischer Schrift ist oben rechts eingeprägt: »ОЛИМПИАДА / МОСКВА / 1980«. Unten am Rand findet sich in Kyrillisch der Name der Designerin: »A. LEONOVA«. Die Rückseite läßt den Betrachter auf den Roten Platz sehen. Die Medaille ist aus Tombac, hat eine braunfarbene Oberfläche, einen Durchmesser von 60 Millimetern, eine Dicke von sieben Millimetern und wiegt 125 Gramm. 15 000 Exemplare wurden in der Leningrader Münze hergestellt. Übergeben wurden die Medaillen – eingelegt in rotem Samt – in einem roten Plastikkästchen mit dem Emblem auf dem Deckel.

Erinnerungsdiplom. Das Erinnerungsdiplom (295 x 423 Millimeter), ebenfalls von Archutik entworfen, unterscheidet sich kaum von der Urkunde für die Erstplazierten. Lediglich das Symbol ist hier oben in der Mitte eingedruckt, und unterschrieben hat nur der Präsident des Organisationskomitees.

Spiele der XXII. Olympiade in Moskau – 19. Juli bis 3. August 1980

Mannschaften: 80

AFG	ALG	AND
ANG	AUS	AUT
BEL	BEN	BIR
BOT	BRA	BUL
CAM	CGO	COL
CRG	CUB	CYP
DEN	DOM	ECU
ESP	ETH	FIN
FRA	GBR	GDR
GRE	GUA	GUI
GUY	HUN	IND
IRL	IRQ	ISL
ITA	JAM	JOR
KUW	LAO	LBR
LES	LIB	LUX
MAD	MEX	MGL
MLI	MLT	MOZ
NCA	NED	NEP
NGR	NZL	PER
POL	POR	PRK
PUR	ROM	SAM
SEN	SEY	SLE
SMR	SRE	SUI
SWE	SYR	TAN
TCH	TRI	UGA
URS	VEN	VIE
YUG	ZIM	

Sportler: 5 255 (1120[1])

Name des Organisationskomitees:	***Organising Committee of the Games of the XXII Olympiad***
Präsident:	Ignati T. NOWIKOW
Generalsekretär:	Alexandr GRESKO
Offizieller Bericht:	russisch; französisch; englisch
Zeremoniell:	Eröffnungs- und Schlußfeier am Anfang bzw. am Ende der Spiele
Eröffnung durch:	Staatspräsident Leonid BRESHNEV
Dauer:	16 Tage
Siegerehrung:	nach dem Wettkampf durch den IOC-Präsidenten bzw. ein von ihm beauftragtes IOC-Mitglied
Olympischer Eid:	Nikolai ANDRIANOW (Turner), Alexander MEDWED (Kampfrichter)
letzter Fackelträger:	Sergej BELOW (Basketballspieler)
Fackel (Design):	Boris TUTSCHIN
Olympische Hymne:	Spyros SAMARAS / Kostas PALAMAS (Text)
Emblem:	Wladimir ARSENTJEV
Plakat:	Wladimir ARSENTJEV (Emblem) insgesamt 250 verschiedene Motive
Siegermedaille:	Giuseppe CASSIOLI / Ilja POSTOL
Siegerdiplom:	Alexander ARCHUTIK
Erinnerungsmedaille:	Angelina LEONOVA
Erinnerungsdiplom:	Alexander ARCHUTIK
Film:	*Oh Sport, Du bist der Friede* (Juri OSEROW)
Zeitschriften:	*Olympisches Panorama, Olympiada*
Maskottchen:	Mischa (Bärchen)
Sportarten:	21 (11[1]) mit 202 (56[1]) Wettbewerben
Besonderheiten:	Boykott zahlreicher Mannschaften wegen des Einfalls der Sowjetarmee in Afghanistan

Erläuterungen: [1] davon Frauen

Exkurs: Fackelstaffel

Der westliche Boykott der Moskauer Spiele machte den Fackellauf zu einer Demonstration der Verbundenheit sozialistischer Bruderländer. Einen Monat vor Beginn der Spiele, am 19. Juni 1980, wurde das Feuer in Olympia in der traditionellen Weise entzündet und nach Athen gebracht. Im Panathenäischen Stadion fand eine Feierstunde statt, und am darauffolgenden Morgen begann die Reise zur bulgarischen Grenze auf einer Route, die den Pfaden des Feuers von 1936 folgte. An der Bistrizia-Brücke hieß der Präsident des Bulgarischen Olympischen Komitees die Fackel willkommen, die von Bojan RADEV (Goldmedaille im Ringen 1964 und 1968) übernommen wurde.

Erinnerungs-diplom

ИГРЫ
XXII ОЛИМПИАДЫ
МОСКВА 1980 г.

THE GAMES
OF THE XXII OLYMPIAD
MOSCOW 1980

ДИПЛОМ
DIPLOMA

MAX RINKENBURGER
GENERAL SECRETARY 3BF

С ПРИЗНАТЕЛЬНОСТЬЮ ЗА ВАШЕ СОТРУДНИЧЕСТВО
В ПРОВЕДЕНИИ ИГР XXII ОЛИМПИАДЫ

IN RECOGNITION OF YOUR KIND COOPERATION
DURING THE GAMES OF THE XXII OLYMPIAD

ПРЕДСЕДАТЕЛЬ ОРГАНИЗАЦИОННОГО КОМИТЕТА
ОЛИМПИЙСКИХ ИГР 1980

Siegerdiplom

ИГРЫ
XXII ОЛИМПИАДЫ
МОСКВА 1980 г.

THE GAMES
OF THE XXII OLYMPIAD
MOSCOW 1980

ДИПЛОМ
DIPLOMA

ГИМНАСТИКА
КОЛЬЦА
МУЖЧИНЫ

GYMNASTICS
RINGS
MEN

ДИТЯТИН АЛЕКСАНДР
СССР

DITYATIN ALEXANDR
URS

МЕСТО 1 PLACE

ПРЕДСЕДАТЕЛЬ ОРГАНИЗАЦИОННОГО КОМИТЕТА
ОЛИМПИЙСКИХ ИГР 1980: В МОСКВЕ
PRESIDENT OF THE ORGANISING COMMITTEE
OF THE 1980 OLYMPIC GAMES

ПРЕЗИДЕНТ МЕЖДУНАРОДНОГО
ОЛИМПИЙСКОГО КОМИТЕТА
PRESIDENT OF THE INTERNATIONAL
OLYMPIC COMMITTEE

Erinnerungsmedaille

Siegermedaille

Das Fackelplakat

Die Strecke durch Bulgarien war in sechs Abschnitte geteilt und so gelegt, daß sie historische und kulturelle Monumente des Landes berührte. Auf der Brücke der Freundschaft in Giurgiu übernahm als erster Rumäne der Goldmedaillengewinner im Ringen, Dumitru PIRVULESCU, die Fackel von der bulgarischen Olympiasiegerin im Kugelstoßen, Ivanka CHRISTOVA. Nach Überquerung der Donau wurde die Flamme fünf Tage durch Rumänien getragen und erreichte am 5. Juli die rumänisch-russische Grenze in der Nähe des Dorfes Leuscheny. Auf einem vierzehntägigen Weg durch die Sowjetrepubliken von Moldawien, der Ukraine und der Russischen Föderation erreichte die Fackelstaffel am 18. Juli Moskau. Am 19. Juli brachten die besten Sportler Moskaus die Flamme ins Lenin-Stadion. Ein besonders eindrucksvoller Weg wurde für die letzten Meter der Fackel beschritten. Auf einem Laufsteg aus Plastikschienen, der, wie aus dem Nichts, von Trägern im Publikum zusammengesetzt und gehalten wurde, erreichte der letzte Läufer, der Basketball-Olympiasieger Sergej BELOW, die Flammenschale.

Bei der Auswahl der Läufer in den sozialistischen Ländern wurden insbesondere Olympiasieger, Medaillengewinner, Welt-, Europa-, Balkan-Meister, nationale Meister und leitende Sportfunktionäre sowie verdiente Werktätige, Künstler und Wissenschaftler berücksichtigt. Die Gesamtzahl der Fackelträger betrug ca. 5 000.

Die Fackel, entworfen von Boris Tutschin (Leitung), ein abgestumpfter Kegel mit einer

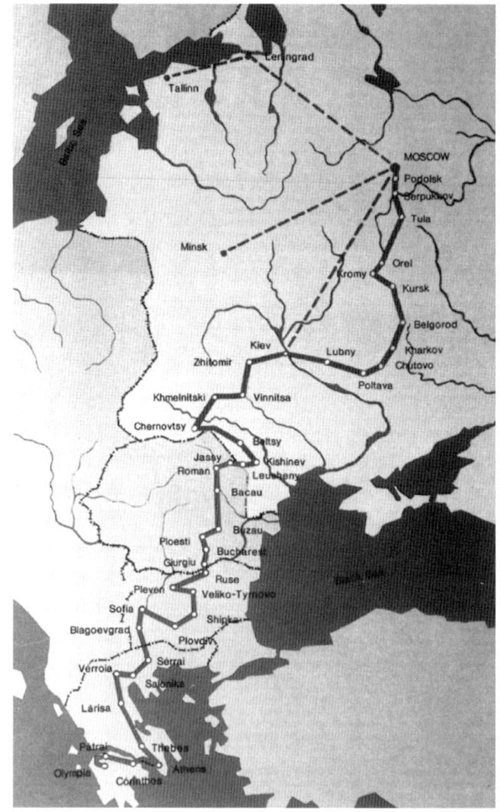

Länge von 55 Zentimetern und einem Gewicht von 900 Gramm, besteht aus einer goldgrau emaillierten Aluminiumlegierung und trägt die Aufschrift: *»Moskau-Olympiade 1980«*.

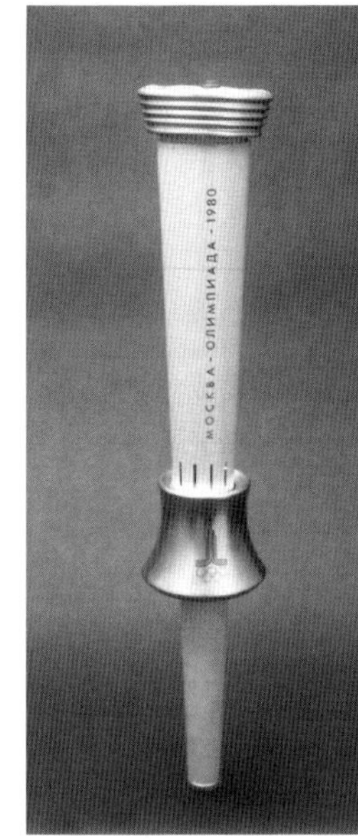

Die Fackel; links: die Route des Fackellaufs von Olympia nach Moskau

Sarajevo 1984

»*Sarajevoooooo*«: Manchem mag der Lockruf des Wolfes Vučko, des offiziellen Maskottchens der Winterspiele von 1984, noch in den Ohren klingen. Seinerzeit waren ihm – eine Rekordzahl! – knapp 1 300 Aktive bzw. 49 Mannschaften gefolgt. Dies waren in etwa 200 Sportler bzw. genau 12 Teams mehr, als sich vier Jahre zuvor – u.a. von Waschbär Ronny Racoon – nach Lake Placid hatten locken lassen. Vier Jahre später in Calgary sollten bereits mehr als 1 400 Wintersportler am Start und 57 Länder vertreten sein.
Eine Ursache für den stetigen Anstieg der Teilnehmerzahlen war die Entscheidung des IOC, die Kosten für Entsendung und Aufenthalt je eines weiblichen und männlichen Aktiven einer jeden Mannschaft zu übernehmen. Damit war es auch finanzschwachen Nationen bzw. *NOK* möglich geworden, sich zumindest mit einem kleinen Team auf der olympischen Bühne zu präsentieren.
Neben der Quantität ließ sich in gewisser Weise auch eine Steigerung der Qualität des Starterfeldes verzeichnen. Schließlich war 1981 im Rahmen des Olympischen Kongresses in Baden-Baden einer Liberalisierung der Zulassungsregeln und damit einer Öffnung der Spiele Bahn gebrochen worden. So waren in Sarajevo – das Einverständnis des entsprechenden Fachverbandes sowie eine Nominierung durch das jeweilige *NOK* vorausgesetzt – auch ausgewiesene Berufssportler, (theoretisch) also die vermeintlich Besten ihrer Zunft salonfähig, zumindest teilnahmeberechtigt.
Daß der Umgang mit der neuen Freiheit noch Probleme bereitete, zeigte insbesondere das Eishockeyturnier. Nicht alle *NOK* wollten der Vorgabe der *Internationalen Eishockey-Föderation* Folge leisten und auf den Einsatz aktueller oder ehemaliger Profis verzichten, so daß es beinahe zu einem Eklat gekommen wäre. Hierbei handelte es sich um eines der letzten Gefechte zwischen Modernisierern und Bewahrern, wobei Letztgenannte die Vergeblichkeit ihres Bemühens, der Olympischen Idee ein (vermeintlich) unverzichtbares Essential und den Spielen einen Rest von (vermeintlicher) Unschuld zu erhalten, erkennen mußten. Auch diesbezüglich war die Entwicklung längst unumkehrbar und nicht mehr aufzuhalten.
Die Puckjäger aus der Sowjetunion ließ die Problematik offenbar unbeeindruckt. Jedenfalls dominierten die Abonnement-Sieger wieder einmal die Konkurrenz. Für die Torwart-Legende Wladislaw TRETJAK war es übrigens der letzte Triumph. Er hatte insgesamt viermal an den Spielen teilgenommen und dabei einmal Silber, ansonsten immer Gold gewonnen.
Auch eine andere Leistung ist bemerkenswert: Erst- und einmalig bei Olympischen Spielen avancierte die DDR zur Nummer eins in der – wie immer inoffiziellen – Nationenwertung. Zwar sammelten die ostdeutschen Athletinnen und Athleten insgesamt eine Medaille weniger als ihre »Schwestern und Brüder« aus der Sowjetunion, allerdings hatten sie bei den goldenen mit neun zu sechs klar die Nase vorn. Zum Vergleich: Das Team der USA verbuchte insgesamt nur acht Medaillen, jeweils vier aus Gold und Silber, während die bundesdeutsche Mannschaft »nur« für zwei erste sowie je einen zweiten und dritten Platz gut war. Dabei gingen alle Medaillen bis auf eine auf das Konto des Biathleten Peter ANGERER.
Den größten Einzelbeitrag zur Erfolgsbilanz der DDR leistete die Eisschnelläuferin Karin ENKE mit je zwei Gold- und Silbermedaillen, gefolgt vom Bobpiloten Wolfgang HOPPE und seinem Beifahrer Dietmar SCHAUERHAMMER, die je zweimal ganz oben auf dem Treppchen standen. Einen – ersten – Olympiasieg landete auch die Eiskunstläuferin Katarina WITT. Als »Königin« der Spiele wurde jedoch die Finnin Marja-Liisa HÄMÄLÄINEN gefeiert. Sie dominierte über alle drei Langlauf-Distanzen und gewann zudem Bronze mit der Staffel.
Siegerehrung. Auch in Sarajevo waren die Veranstalter der Auffassung, daß die Siegerehrungen mehr als nur der Abschluß eines Sportwettbewerbs sein sollten. Sie sahen in ihnen ein Ereignis von kultureller und sozialer Bedeutung. Die Übergabe der Medaillen fand jeden Abend in der Innenstadt von

Literatur:
Organizing Committee of the XIVth Winter Olympic Games 1984 at Sarajevo, *Final Report*, Sarajevo 1984.
Stiftung Deutsche Sporthilfe / Deutscher Sportbund/Deutsche Olympische Gesellschaft (Hg.), *Los Angeles '84, Sarajevo '84, Offizielles Standardwerk des Nationalen Olympischen Komitees für Deutschland*, München 1984.
Gesellschaft zur Förderung des Olympischen Gedankens in der Deutschen Demokratischen Republik (Hg.), XIV. *Olympische Winterspiele Sarajevo 1984*, Berlin 1984.

Aufgrund der kriegerischen Auseinandersetzungen in den letzten zehn Jahren und der politischen Veränderungen in dieser Region war es außerordentlich schwierig, über die Aussagen im Offiziellen Bericht hinausgehende Informationen zu bekommen. Zu großem Dank verpflichtet sind wir Ljubiša ZEČEVIĆ, der an führender Stelle im Organisationskomitee mitgearbeitet hat und heute in Kanada lebt. Er half, so gut er konnte.

Sarajevo vor dem Kulturzentrum, der Skenderija, statt. Das Zeremoniell wurde jedesmal von vielen Tausenden von Zuschauern verfolgt. Auf einer großen Videowand konnte man die Wettkämpfe noch einmal Revue passieren lassen und auch die Ehrung selbst sehen. Vorher traten bekannte jugoslawische Sänger auf und unterhielten die Anwesenden. Nach der letzten Ehrung beschloß ein Feuerwerk die Veranstaltung. Die Sieger im Eiskunstlaufen und im Eishockey wurden nach Ende ihrer Wettbewerbe in der Zetra-Halle ausgezeichnet.

Siegerehrung im Eiskunstlaufen der Paare, von links Caitlin und Peter Carruthers (USA), Jelena Walowa/Oleg Wassiljew (URS), Larissa Selesnewa/Oleg Makarow (URS)

Siegermedaille. Die Siegermedaille wurde von Nebojša Mitrić entworfen. Die Auszeichnung besteht aus einer fast rechteckigen metallenen Platte, oben leicht gerundet, unten etwas verengt. Die »eigentliche« Medaille befindet sich jeweils in der Mitte dieser Platte. Die Vorderseite der Medaille zeigt das von dem Graphikdesigner Miroslav Antonić-Roko[1] geschaffene Emblem der Spiele, eine stilisierte Schneeflocke, und darüber die Olympischen Ringe. Dazu kommt die Umschrift *»XIV ZIMSKE OLIMPIJSKE IGRE – SARAJEVO 1984«*. Auf der Rückseite ist ein stilisierter Athletenkopf, gekrönt von einem Lorbeerkranz, zu erkennen. Unterhalb der Medaille ist in Englisch die Bezeichnung der Disziplin eingraviert, z.B. *»CROSS-COUNTRY / WOMEN 4 x 5 KM RELAY«*. Die Medaille ist 71 Millimeter hoch, 65 Millimeter breit, 3,1 Millimeter dick und 164, 159 bzw. 172 (von vergoldet bis Bronze) Gramm schwer. Oben ist eine breite Öse befestigt, so daß das orangefarbene Band ohne Faltung durchgeführt werden kann. In der Münze Majdanpek in Belgrad wurden 285 Exemplare geprägt, von denen aber nur 222 vergeben wurden. Zur Medaille gehört ein mit blauem Samt und Satin ausgelegtes dunkelblaues Lederkästchen.

Siegerdiplom. Die 84. Session 1981 in Baden-Baden beschloß, da seit längerem vor allem in der Leichtathletik und im Schwimmen acht Athleten ins Finale bzw. bei anderen Sportarten ins Viertelfinale kamen, je-

XIV. Olympische Winterspiele in Sarajevo – 8. bis 19. Februar 1984

Mannschaften: 49

AND	ARG
AUS	AUT
BEL	BOL
BUL	CAN
CHI	CHN
CRC	CYP
EGY	ESP
FIN	FRA
FRG	GBR
GDR	GRE
HUN	ISL
ISV	ITA
JPN	KOR
LIB	LIE
MAR	MEX
MGL	MON
NED	NOR
NZL	POL
PRK	PUR
ROM	SEN
SMR	SUI
SWE	TCH
TPE	TUR
URS	USA
YUG	

Sportler: 1 274 (274[1])

Name des Organisationskomitees:	***Organizing Committee of the XIVth Winter Olympic Games 1984 at Sarajevo (OK XIV ZIO)***
Präsident:	Branko MIKULIĆ
Generalsekretär:	Ahmed KARABEGOVIĆ
Offizieller Bericht:	französisch / englisch / serbokroatisch
Zeremoniell:	Eröffnungs- und Schlußfeier am Anfang und am Ende der Spiele
Eröffnung durch:	Mika ŠPILJAK, Vorsitzender des Staatspräsidiums
Dauer:	12 Tage
Siegerehrung:	am Abend des Wettkampftages bzw. nach dem Wettkampf durch den IOC-Präsidenten bzw. ein von ihm beauftragtes IOC-Mitglied
Olympischer Eid:	Bojan KRIŽAJ (alpiner Skiläufer) Dragan PEROVIĆ (Kampfrichter)
letzte Fackelträgerin:	Sandra DUBRAVČIĆ
Fackel (Hersteller):	Nippon K.
Emblem:	Miroslav ANTONIĆ-ROKO
Plakate:	Čedomir KOSTOVIĆ / Nebojša MITRIĆ / Kemal HADŽIĆ, Jože TROBEC, Ismar MUJEZINOVIĆ
Siegermedaille:	Nebojša MITRIĆ
Siegerdiplom:	Milivoje UNKOVIĆ
Erinnerungsmedaille:	Nebojša MITRIĆ
Erinnerungsdiplom:	Milivoje UNKOVIĆ
Film:	*Jeux Olympiques de Sarajevo 1984*
Zeitschriften:	*olimpic informer, press bilten*
Maskottchen:	Vučko (Wölfchen)
Sportarten:	8 (5[1]) mit 39 (15[1]) Wettbewerben
Besonderheiten:	vier Wettbewerbe im Riesenslalom für Behinderte als Demonstrationswettbewerbe

Erläuterungen: [1] davon Frauen

1 Antonić-Roko war studierter Jurist.

Erinnerungs-diplom

Siegerdiplom

Erinnerungsmedaille

Siegermedaille

Nebojša MITRIĆ

Die Künstlerin gehörte zu einem Team von Designern, die für die Spiele in Sarajevo die Rückseiten eines Satzes von Silber- und Goldgedenkmünzen entworfen hatten. Dazu war sie allein zuständig für Vorderseiten von Gedenkmünzen mit den Emblemen der Spiele und des Staates Jugoslawien.

Vorder- und Rückseite der 100-Dinar-Silbermünze

Miroslav ANTONIĆ-ROKO 1932-1980

Der Graphiker und Designer hatte an der Universität Sarajevo studiert. Als Mitglied der Association of Graphic Artist von Bosnien und Herzogowina gewann er zahlreiche Preise bei Design-Wettbewerben. Er schuf mehrere Embleme und Poster für Städtewerbung und Veranstaltungen, z.B. das Design für Ausstellungen des National-Museums von Sarajevo. Als seine besten Arbeiten gelten die Embleme für die Balkan-Meisterschaften im Basketball und im Volleyball (beide 1971). Antonić starb 1980, vier Jahre vor den Spielen in Sarajevo. Zu seiner Erinnerung stiftete die o.g. Vereinigung den Miroslav-Antonić-Roko-Preis für junge Graphiker.

weils acht Diplome zu vergeben.[2] Dies führte zu entsprechenden Angleichungen in den Ausgaben der olympischen Charta von 1982 und 1983.

Das Siegerdiplom (348 x 340 Millimeter) für die acht Erstplazierten wurde von Milivoje Uncović geschaffen. Es hat im Vergleich zu den Urkunden, die für die vorangegangenen Spiele entworfen wurden, wieder mehr bildhaften Charakter. Die Beschriftung rückt in den Hintergrund. Das Diplom von Sarajevo wird durch ein Gebilde geschmückt, das stark geometrisierte Formen aufweist. Das Motiv ist ein Skifahrer, der, sein Sportgerät umklammernd, auf einem Podest steht. Dahinter ist, nur schwer erkennbar, die Schneeflocke des Emblems der Spiele abgebildet. Die Farbwahl beschränkt sich auf grau-braune Töne. Als Kontrast verlaufen unterhalb des Skifahrers vertikal auslaufende Regenbogenfarben. Im oberen Bildrand ist in drei Sprachen (Französisch, Englisch und Serbokroatisch) »*XIV. Olympische Winterspiele / Jugoslawien – Sarajevo 1984*« zu lesen. In der oberen linken Bildecke erscheint, diesmal in Farbe, das vollständige Emblem der Spiele. Im unteren Bildteil sind links in Farbe die Olympischen Ringe zu sehen, in der Mitte finden sich die Angaben zur Person und rechts folgen die Unterschriften von IOC-Präsident Juan Antonio SAMARANCH und dem Präsidenten des Organisationskomitees Branko Mikulić.

Erinnerungsmedaille. Die Erinnerungsmedaille wurde von Nebojša Mitrić entworfen. Sie ist – ähnlich wie die Siegermedaille – in eine Metallplatte eingelassen. Auf der Vorderseite steht – »verteilt« auf drei Zeilen: »*SA / RAJE / VO*« Das »*o*« ist gleichzeitig der obere Kreis der »8«, der eine »4« folgt, so daß »84« gelesen werden kann. Auf dem unteren Teil der Platte befindet sich das Logo der Spiele. Die Rückseite ist plan. In ihr ist lediglich das Monogramm der Designerin »*M*« eingraviert. Es gibt eine »größere« für die Ehrengäste und Offiziellen und eine »kleinere« Plakette für die Athleten und weitere Funktionäre. Die Maße: 103 bzw. 86 Millimeter Höhe, 95 bzw. 78 Millimeter Breite, unbekannt bzw. 204 Gramm Gewicht. Geprägt wurden sie in der Majdanpek Münze in Belgrad und übergeben – eingebettet in Samt – in einem braunen mit Kunstleder überzogenen Kästchen.

Erinnerungsdiplom. Das Erinnerungsdiplom, ebenfalls von Milivoje Unković geschaffen, ähnelt der Urkunde für die Erstplazierten. In der Mitte befindet sich die Schneeflocke des Emblems ohne den Skifahrer im Vordergrund, den das Siegerdiplom schmückte. Dazu ist rechts ein Skifahrer zu erkennen. Die Textleiste im unteren Teil des Diploms zeigt links das Emblem, rechts den Namen der Persönlichkeit, dem diese Erinnerung überreicht wurde, und in den Sprachen Französisch, Englisch und Serbokroatisch die immer wieder verwendete und jeweils im Hinblick auf die Numerierung der Spiele aktualisierte Formel »*IN ANERKENNUNG IHRER FREUNDLICHEN MITWIRKUNG UND FÜR IHRE TEILNAHME AN DEN XIV OLYMPISCHEN WINTERSPIELEN*«. Auf der rechten unteren Seite des Diploms, das Funktionäre und Sportler erhielten, hat nur Präsident Mikulić für das Organisationskomitee unterschrieben.

Exkurs: Fackelstaffel

Am 29. Januar 1984 wurde in Olympia das Olympische Feuer für die XIV. Olympischen Winterspiele entzündet, mit Fahrzeugen nach Athen gebracht, im Panathenäischen Stadion der jugoslawischen Delegation übergeben und in einer speziellen Sicherheitslampe mit einem JAT-Flugzeug nach Dubrovnik gebracht. Nach einer Empfangszeremonie starteten zwei Staffeln (Ostroute 2 602 km, Westroute 2 687 km) nach Sarajevo. Insgesamt 1 600 Sportler trugen die Flamme. Sie liefen dabei allerdings nur 900 km. Auf den restlichen Streckenabschnitten wurde das Feuer in speziellen Behältern, die von der BP AG in Wien zur Verfügung gestellt wurden, transportiert. Auf dem Weg nach Sarajevo wurden zusätzlich noch 89 lokale Staffelläufe mit einer Gesamtlänge von 2 879 km organisiert. Bei mehr als hundert Feierstunden traten insgesamt 7 500 Personen auf, und mehr als anderthalb Millionen Menschen waren als Zuschauer zugegen. Fackelträger waren ver-

2 LYBERG, *Sessions*, Bd. 2, S. 297.

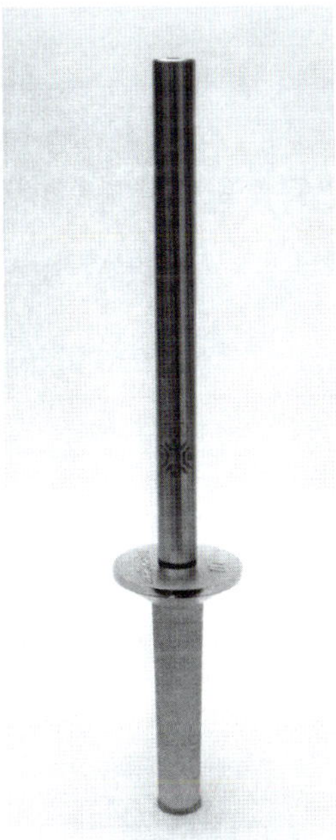

Die Fackel

diente Sportler, Arbeiter und junge Menschen, die von besonderen Komitees ausgewählt wurden.

Am 7. Februar erreichte die Flamme Sarajevo und brannte vor der Skenderija. Von hier aus begann am nächsten Tag der letzte Abschnitt der Staffel zum Koševo-Stadion, wo die Eiskunstläuferin Sandra Dubravčić das Olympische Feuer entfachte.

Hauptsponsor des Fackellaufs war die japanische Sportartikelfirma Mizuno, die auch die Kleidung der Läufer lieferte. Aus Anlaß der Winterspiele gab die jugoslawische Post zwei Sondermarken mit Fackelmotiven heraus.

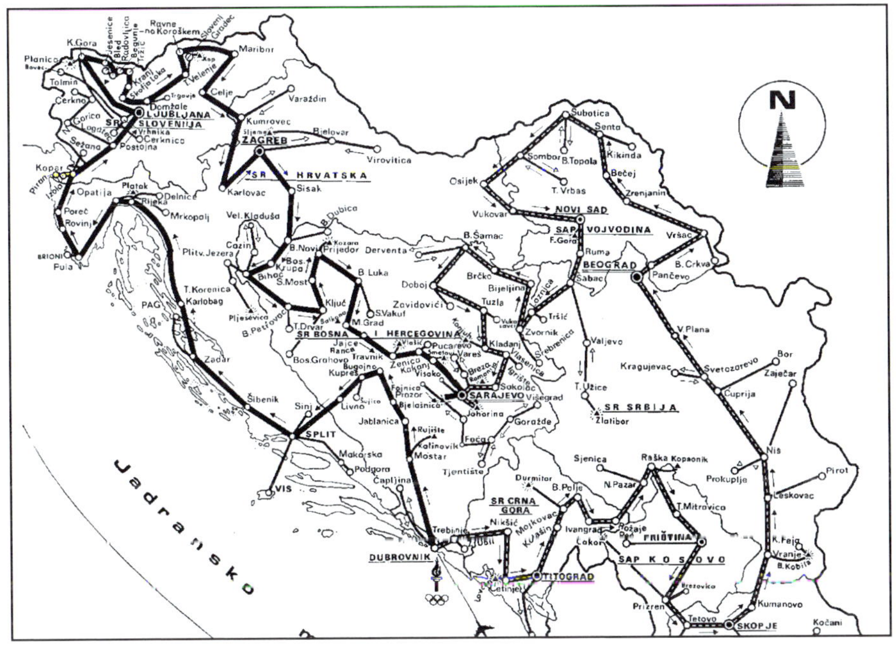

Route des Fackellaufs durch Jugoslawien; links: Sandra Dubravčić entzündet das Olympische Feuer.

Los Angeles 1984

Wer die Zeichen der Zeit zu deuten vermochte, konnte erkennen, daß die Olympische Bewegung mit den Spielen von Moskau den Scheitelpunkt der Krise überschritten und den Weg der Genesung eingeschlagen hatte. Mit der Wahl Juan Antonio SAMARANCHs ins Amt des IOC-Präsidenten sowie dem Olympischen Kongreß von 1981 in Baden-Baden waren die Weichen für eine bessere Zukunft gestellt. Zunächst mußte freilich ein weiterer Rückschlag verkraftet werden.

Schon der Schauplatz der Spiele der XXIII. Olympiade hatte eine entsprechende Reaktion der UdSSR und der von ihr beeinflußten sozialistischen Staaten erwarten lassen. Zwar begründeten die Verantwortlichen ihr Fernbleiben mit der Angst um die Sicherheit ihrer Mannschaften sowie mit dem Hinweis auf gravierende Verstöße der amerikanischen Gastgeber gegen die Olympische Idee, doch bei Lichte betrachtet muß der Boykott von insgesamt 22 Staaten als eine politisch motivierte Retourkutsche verstanden werden. Dabei hatten die Erfahrungen von Moskau eigentlich schon hinreichend belegt, daß ein Boykott Olympischer Spiele mehr den Boykotteuren als den Boykottierten schaden würde.

Zudem ist darauf zu verweisen, daß das *IOC* bei der 1978 erfolgten Wahl des Austragungsortes der Sommerspiele von 1984 gar keine Wahl hatte. Schließlich war Los Angeles der einzige (!) Bewerber gewesen. Somit stellte sich die Alternative, entweder der kalifornischen Metropole den Zuschlag zu geben oder die Spiele mangels Ausrichter ausfallen zu lassen. Verständlich, daß man sich für das geringere Übel entschied. Im übrigen kann die Stadt Los Angeles mit zehn Bewerbungen, von denen bekanntlich zwei erfolgreich waren, einen Rekord besonderer Art ihr eigen nennen.

Angesichts der denkbar ungünstigen Vorzeichen kann das Ergebnis, der Verlauf der Veranstaltung und insbesondere ihre (Kurz- und Langzeit-)Wirkung gar nicht hoch genug eingeschätzt werden. Tatsächlich ist von einem vollauf gelungenen Experiment zu sprechen. Schließlich war es das erste sportliche Weltereignis, das ganz ohne staatliche Mittel finanziert worden war. Bereits der Bewerbung hatte die Regierung jede pekuniäre Unterstützung versagt. Trotzdem – oder vielleicht gerade deswegen – wurde den Spielen ein nie dagewesener Gewinn beschert. Dafür zeichnete das professionelle Management eines rein »privaten« Organisationskomitees unter der Führung von Peter UEBERROTH, nicht zuletzt aber der inflationäre Anstieg der Preise für die Fernseh- und Werberechte verantwortlich.

Begünstigt durch die Abwesenheit einiger der besten Sportnationen konnte insbesondere der Gastgeber reüssieren: Mit 83 Gold-, 61 Silber- und 30 Bronzemedaillen war die amerikanische Mannschaft beinahe ebenso erfolgreich wie die sowjetische bei »ihren« Spielen vier Jahre zuvor. Aus einem überlegenen Team ragte ein Athlet heraus: Carl LEWIS. Er lief 9,99 Sekunden über 100, 19,80 über 200 Meter sowie Weltrekord mit der Sprint-Staffel und erreichte 8,54 Meter im Weitsprung. Dies war gleichbedeutend mit vier Goldmedaillen und eine Wiederholung des Seriensieges von Jesse OWENS bei den Berliner Spielen von 1936. Für Carl Lewis war es freilich erst der Anfang einer großartigen olympischen Karriere, in deren weiterem Verlauf er noch fünf Goldmedaillen, die letzte 1996 in Atlanta im Weitsprung, sammeln sollte.

Die (bundes)deutsche Mannschaft verbuchte immerhin 17 Goldmedaillen und erreichte den dritten Platz in der Nationenwertung. In der Statistik schlägt sich etwa das »deutsche Double« im Hochsprung entsprechend nieder: Dietmar MÖGENBURG siegte ebenso wie Ulrike MEYFARTH, die das Kunststück fertigbrachte, nach zwölf Jahren ihren Olympiasieg von München zu wiederholen. Goldmedaillen gewannen auch, und zwar jeweils zwei, der Dressurreiter Dr. Reiner KLIMKE und der Schwimmer Michael GROẞ oder zum Beispiel jeweils eine der Ringer Pasquale PASSARELLI, der Kanute Ulrich EICKE, die Gewichtheber Rolf MILSER und Karl-Heinz RADSCHINSKY, der Judoka Frank WIENEKE oder der Bahnradfahrer Freddy SCHMIDTKE.

Siegerehrung. Das Organisationskomitee der

Literatur:

Los Angeles Olympic Organizing Committee (Hg.), *Official Report of the Games of the XXIIIrd Olympiad Los Angeles,* 1984, 2 Bde., Los Angeles 1985.

Sportredaktion der Frankfurter Allgemeinen Zeitung (Hg.), *Los Angeles 1984. Das F.A.Z.-Olympiabuch,* Bad Homburg 1984.

Stiftung Deutsche Sporthilfe / Deutscher Sportbund / Deutsche Olympische Gesellschaft (Hg.), *Los Angeles '84, Sarajevo '84, Offizielles Standardwerk des Nationalen Olympischen Komitees für Deutschland,* München 1984.

1 Los Angeles Olympic Organizing Committee, *Report,* Bd. 1, S. 221-230. Entsprechend dieser Beschreibungen im Offiziellen Bericht wird vorgegangen. Ein Abdruck des Textes, wie in den Abschnitten über 1936 und 1972, bot sich an, doch sind die Passagen zu detailliert und umfangreich, so daß zusammengefaßt wird.

2 Insgesamt 1 379 Flaggen mußten produziert werden, um allen Eventualitäten gerecht zu werden.

Olympischen Spiele 1984 in Los Angeles (*LAOOC*) legte nicht nur den bisher an Umfang, Maß, Gewicht und Inhalt größten und inhaltsreichsten Offiziellen Bericht vor, sondern hat auch im Hinblick auf das Zeremoniell und besonders in bezug auf die Ehrungen die Entwicklung von Berlin 1936 über München 1972 fortgesetzt und neue Maßstäbe für die folgenden Veranstalter geschaffen. Entsprechend detailliert werden Siegerehrungen und Auszeichnungen im Offiziellen Bericht beschrieben.[1]

Die Verantwortlichen für diesen Bereich gehörten zunächst der Zeremonien-Abteilung des Organisationskomitees an. Um den Siegerehrungen mehr Aufmerksamkeit geben zu können, wurde im Januar 1984 ein eigenes Awards Department gebildet, das für die 229 verschiedenen Auszeichnungen an den 15 Wettkampftagen in 21 Sportstätten und zu vergebenden Medaillen, Diplome und Zertifikate zuständig war. Der Vorbereitungsarbeit lagen die entsprechenden Paragraphen der vorläufigen Olympischen Charta des Jahres 1978 zugrunde. Das *LAOOC* wandte sich zunächst an die Walt Disney Production, die für das gesamte Zeremoniell zuständig sein sollte. Da Disney sich damit aber überfordert fühlte, stellte das *LAOOC* eigene Kräfte ein, die zunächst zur Probe bei den vorolympischen Spielen 1983 und anderen Wettbewerben zwischen Mai 1983 und April 1984 die Ehrungen »üben« konnten. Das Awards Department studierte außerdem die Offiziellen Berichte und Filme vorangegangener Spiele und nahm Kontakt zu den Verantwortlichen der Winterspiele in Lake Placid 1980 auf. Im Herbst 1983 wurde ein genauer und ausführlicher Ablaufplan für alle Ehrungen erstellt. Zwei Beispiele sollen zeigen, wie schwierig diese Arbeit ist und wie wenig Interesse die *NOK* an diesen wichtigen Vorbereitungen haben. Den *NOK* wurden Abbildungen ihrer Nationalflaggen[2] geschickt mit der Bitte um Überprüfung der Korrektheit. Nur 80 % antworteten. Auch auf eine zweite Anfrage reagierten einige nicht. Auf die Bitte um Übersendung der Hymne meldete sich weniger als die Hälfte. Oft haben wir von falschen Flaggen und Hymnen bei Siegerehrungen und über die Beschwerden der davon Betroffenen gehört. Beim Lesen des Los-Angeles-Berichtes kommt Verständnis für diese Probleme der Organisatoren auf. Das Awards Department legte Wert auf Korrektheit in den kleinsten Details, z.B. mußte ein Graveur 24 Stunden am Tag bereit sein für den Fall, daß bei einer Ex-Aequo-Entscheidung zwei gleiche Medaillen hätten übergeben werden müssen.

Im Bereich »botanischer Accessoires« ist auf eine Neuerung aufmerksam zu machen. Seit den Spielen 1984 in Los Angeles gehört zur Übergabe der Medaillen auch die Überreichung von kunstvoll mit Bändern in den Farben der Spiele gebundenen Blumensträußen. Ganz neu war die Idee dennoch nicht. Blumengebinde gab es z.B. schon 1928 in Amsterdam, 1980 in Moskau und seit Jahrzehnten bei den Winterspielen. Dort wurden sie aber unmittelbar nach Abschluß der Wettkämpfe überreicht, weil die Siegerehrung später und möglicherweise auch vor einer anderen Zuschauerkulisse stattfand. Seit den Spielen in Los Angeles kommen die Hostessen mit Medaillen und Sträußen ins Stadion. Das Design und die Produktion von Mustern der Medaillen und Diplome wurde im Mai 1983 der Firma Jostens übertragen, die auf diesem Gebiet führend war.

Siegermedaille. Im Sommer 1983 stellte Jostens erste Modelle der Sieger- und Demonstrationsmedaillen vor. Dies war aber nur der Beginn eines langen Prozesses mit Erstellen von immer neuen Entwürfen, mit denen das *LAOOC* anscheinend nicht zufrieden war. Die Prototypen, die im Dezember 1983 vorlagen, wurden zurückgewiesen und der bekannte Künstler und Designer Dugald STERMER mit dem Entwurf der Medaillen beauftragt. Aufgrund der IOC-Beschlüsse mußte nur noch die Vorderseite der Siegermedaille mit der Göttin von CASSIOLI beibehalten werden. Die Veranstalter der Spiele von 1972, 1976 und 1980 hatten die Rückseite jeweils neu gestalten lassen. Auf Bitten des *LAOOC* wählte Stermer – auch im Rückblick auf die Spiele von 1932 in Los Angeles – einen traditionellen Weg und benutzte auch

Siegerehrung im Kunstspringen der Damen, von links Kelly McCormick (USA), Sylvie Bernier (CAN) und Christine Seufert (USA)

JOSTENS COMPANY

Die Jostens Company wurde 1897 als Juwelier- und Uhrengeschäft in Owatonna, Minnesota, gegründet. In den 20er Jahren spezialisierte sie sich auf den Verkauf von Ringen für High-School-Klassen, dann auch auf Diplome und Schul-Jahrbücher. Seit 1950 wurden besondere Ringe im Sportbereich produziert, für die NBA- und die NFL-Meisterschaft, den Super Bowl, die World Series und die 500 Meilen von Indianapolis. Heute sind bei Jostens 6 500 Mitarbeiter beschäftigt und erwirtschaften einen Umsatz von über 700 Millionen Dollar im Jahr.

bei der Rückseite das Motiv von Cassioli. Die Verantwortlichen waren der Auffassung, daß das Emblem der Spiele von 1984, der Star in Motion, oder eine stilisierte Fackel, sich nicht mit dem neo-klassizistischen Stil, den Cassioli vertreten hatte, vertragen würde. Stermer nahm allerdings gewisse Änderungen vor:

»Die Vorderseite zeigte die Siegesgöttin mit der notwendigen Erläuterung[3] im Hintergrund. Die Medaille hat mehr Relieftiefe, um eine bessere Perspektive zu liefern. Die Gesichtszüge wurden bei fast allen Personen verändert. Auf der Medaillenrückseite wurden die Gesichter und Körper anders als bisher gestaltet, um die ethnische Vielfalt und das Muskelprofil anzudeuten.«[4]

Um Stermers Entwurf umsetzen zu können, benötigte der leitende Medaillist bei Jostens, Ray STANDKE, über hundert Stunden. Die endgültige Medaille hat einen Durchmesser von 63,5 Millimetern, ist 5,8 Millimeter dick und wiegt 142,5, 137 bzw. 116 (von vergoldet bis Bronze) Gramm. Die vergoldeten Exemplare enthalten 6,5 Gramm 24karätiges Gold. Große Sorgfalt wurde auch auf die Gestaltung des Befestigungsbandes gelegt. Ursprünglich sollten die fünf Farben der Olympischen Ringe verwandt werden. Diese hätten aber nicht in Einklang mit der Farbgebung der Spiele gestanden. So wurden die Farben der Spiele von Los Angeles, Aqua, Magenta und Chromgelb, verwendet. Zur Aufbewahrung der Medaille erhielten die Athleten eine passende Kassette mit blauem Samt.

Stermer erhielt auch den Auftrag, die anderen »Siegermedaillen« (vergoldet, Silber, Bronze) zu entwerfen, für die Erstplazierten in den Demonstrationssportarten, Baseball und Tennis, und in den Vorführungen, wie der Offizielle Bericht differenziert, in Boardsailing und dem Rennen der Rollstuhlfahrer. Auf der Vorderseite stellt Stermer die jeweilige Sportart dar. Am Rand oben ist das Olympische Motto *»CITIUS – ALTIUS – FORTIUS«* eingraviert, und unten steht *»XXIII Olympiad«*. Die Rückseite entspricht der der Erinnerungsmedaille (s.u.).

Vorderseiten der Siegermedaillen für Boardsailing, Rollstuhlrennen, Baseball und Tennis

Spiele der XXIII. Olympiade in Los Angeles – 28. Juli bis 12. August 1984

Mannschaften: 140

AHO	ALG	AND	ANT
ARG	AUS	AUT	BAH
BAN	BAR	BEL	BEN
BER	BHU	BIR	BIZ
BOL	BOT	BRA	BRN
CAF	CAN	CAI	CGO
CHA	CHI	CHN	CIV
CMR	COL	CRC	CYP
DEN	DJI	DOM	ECU
EGY	ESA	ESP	FIJ
FIN	FRA	FRG	GAB
GAM	GBR	GEQ	GHA
GRE	GRN	GUA	GUI
GUY	HAI	HKG	HON
INA	IND	IRL	IRQ
ISL	ISR	ISV	ITA
IVB	JAM	JOR	JPN
KEN	KOR	KSA	KUW
LBR	LES	LIB	LIE
LUX	MAD	MAL	MAR
MAW	MEX	MLI	MLT
MON	MOZ	MRI	MTN
NCA	NED	NEP	NGR
NGU	NIG	NOR	NZL
OMA	PAK	PAN	PAR
PER	PHI	POR	PUR
QAT	ROM	RWA	SAM
SEN	SEY	SIN	SLE
SMR	SOL	SOM	SRI
SUD	SUI	SUR	SWE
SWZ	SYR	TAN	THA
TOG	TON	TPE	TRI
TUN	TUR	UAE	UGA
URU	USA	VEN	YAR
YUG	ZAI	ZAM	ZIM

Sportler: 6 797 (1 567[1])

Name des Organisationskomitees:	***Los Angeles Olympic Organizing Committee (LAOOC)***
Präsident:	Peter V. UEBERROTH
Generalsekretär:	Harry L. USHER
Offizieller Bericht:	englisch; französisch
Zeremoniell:	Eröffnungs- und Schlußfeier am Anfang bzw. am Ende der Spiele
Eröffnung durch:	Präsident Ronald REAGAN
Dauer:	16 Tage
Siegerehrung:	nach dem Wettkampf durch den IOC-Präsidenten bzw. ein von ihm beauftragtes IOC-Mitglied und den Präsidenten des Internationalen Fachverbandes
Olympischer Eid:	Edwin MOSES (Leichtathlet) Sharon WEBER (Kampfrichterin)
letzter Fackelträger:	Rafer JOHNSON (Leichtathlet)
Olympische Hymne:	Spyros SAMARAS / Kostas PALAMAS (Text)
Emblem:	Robert Miles RUNYAN
Plakate:	Robert RAUSCHENBERG und 16 weitere Künstler
Siegermedaille:	Giuseppe CASSIOLI / Dugald STERMER
Siegerdiplom:	Robert Miles RUNYAN und Designergruppe
Demonstrationsmedaillen:	Dugald STERMER
Erinnerungsmedaille:	Dugald STERMER
weitere Medaillen:	Dugald STERMER
Erinnerungsdiplome:	Robert Miles RUNYAN und Designergruppe
Film:	*16 Days of Glory* (Bud GREENSPAN, Cappy Productions)
Zeitschriften:	*Stars in Motion, Olympic Update*
Maskottchen:	Sam (Adler)
Sportarten:	21 (15[1]) mit 221 (76[1]) Wettbewerben
Demonstrationen:	4 (3[1]) mit 7 (4[1]) Wettbewerben
Besonderheiten:	Boykott vieler Mannschaften der Länder des Warschauer Pakts

Erläuterungen: [1] davon Frauen

3 Gemeint ist der Text mit den entsprechenden Angaben über die Zahl der Olympiade, das Jahr und den Ort der Spiele.

4 *»The front side showed the Lady Victory with definition added to the background and more overall depth to the sculpting providing better perspective. The facial features were changed on nearly all the figures and on the design on the back of the medal, the faces and bodies were redrawn to suggest ethnic diversity and more accurate musculature«* (Los Angeles Olympic Organizing Committee, *Report*, Bd. 1, S. 226).

Rechts: Erinnerungsmedaille für den Helferstab des Organisationskomitees, die Vertreter der Medien und besondere Gäste

Siegerdiplom. Einziger Schmuck des Siegerdiploms (310 x 350 Millimeter) ist das Emblem der Spiele von Los Angeles, der Star in Motion. Das Motiv war von Robert Miles Runyan und seinen Mitarbeitern entwickelt worden. Nach einer Vielzahl von Entwürfen fiel die Wahl schließlich auf diesen Stern. Er wird gebildet aus 13 horizontalen unterschiedlich langen Streifen. Sie sollen die Geschwindigkeit verkörpern, mit der sich die Wettkämpfer messen. Jeder dieser Streifen soll einen der 13 Bezirke Kaliforniens repräsentieren. Der Stern ist fünfzackig und fünfmal verschoben sichtbar. Dies soll eine Verbindung zu den fünf Olympischen Ringen herstellen. Die mehrfache Abbildung des Sterns soll den Wettkampfgeist zwischen gleichwertigen sportlichen Leistungen symbolisieren. Er wird im Offiziellen Bericht als ein universales Symbol des Strebens der Menschen nach Höherem beschrieben. Als Farben wurden die der amerikanischen Flagge – Rot, Weiß und Blau – gewählt.

Bei den Diplomen ist allerdings auf diese Farben verzichtet worden. Dort weist der Stern lediglich helle bis dunkle Grautöne auf. Über dem Star in Motion steht der Text: *»GAMES OF THE XXIII OLYMPIAD«*. Unterhalb des Emblems finden sich die Angaben zu Ort und Zeit der Spiele und zur Person, die mit dem Diplom ausgezeichnet wurde. Das Siegerdiplom und ebenso die davon abgeleiteten anderen Urkunden (s.u.) waren nicht nur von einem Künstler entworfen worden. Zuständig war die gesamte Designergruppe des Graphic Department. Die Siegerdiplome wurden erstmalig von vier Personen unterzeichnet, nämlich vom IOC-Präsidenten Juan Antonio Samaranch, LAOOC-Chairman Paul ZIFFREN, LAOOC-Präsident Peter V. Ueberroth und LAOOC-Generalsekretär bzw. -Vizepräsident Harry L. Usher. Die faksimilierten Unterschriften stehen nebeneinander oberhalb einer schwarzen Linie. Hergestellt wurden die Diplome ebenfalls bei Jostens. Insgesamt wurden 4 510 für Platz eins bis acht gebraucht.

Erinnerungsmedaille. Auch die Erinnerungsmedaille wurde von Stermer entworfen und bei Jostens produziert. Sie ist bronzefarben, hat einen Durchmesser von 60 Millimetern, ist fünf Millimeter dick und wiegt 94 Gramm. Sie wurde in einem Kartonkästchen, in dem sich noch ein Behältnis aus blauem Samt befand, übergeben. Auf der Vorderseite sehen wir in der Mitte den oberen Teil einer riesigen Fackel, aus der sechs Flammenspitzen hervorlodern. Um den Rand der Fackel zieht sich ein Schmuckband mit dem Olympischen Motto und den Olympischen Ringen. Zu erkennen sind *»ITIS* – [Ringe] – *ALTIU«*. Darunter schauen wir auf die Rundbögen des Coliseums. Das Motto *»CITIUS ALTIUS FORTIUS«* zieht sich noch einmal um den oberen Rand der Medaille, während unten *»XXIII OLYMPIAD«* zu lesen ist. Die Rückseite wird in der Mitte beherrscht vom Emblem der Spiele, dem Star in Motion. Oberhalb des Sterns steht *»LOS ANGELES«* und unterhalb

Dugald STERMER

Seit 1980 ist der Künstler als freier Illustrator und Designer tätig mit Aufträgen von renommierten Firmen, Einrichtungen und Organisationen, z.B. Levi's, Jaguar, San Diego Zoo, Esquire, New York Times, Washington Post, Rolling Stones, The New Yorker, Time, Newsweek. Er illustrierte vier botanische Standardwerke.

Wild Avocado

Robert Miles RUNYAN *1925

Nach seinem Studium am Art Centre College of Design and Chouinard Art Institute in Los Angeles arbeitete er als Designer in Kalifornien und gründete 1956 die Firma Robert Miles Runyan & Associates. Er begann seine Laufbahn mit der Gestaltung der Jahresberichte von Firmen. Bekannt wurde er 1959 mit dem Bericht von Litton Industries. Er entwickelte dabei eine neue Darstellung der Finanzbilanzen, die beispielhaft wurde. 1987 wurde er als Hallmark Fellow der hochangesehenen Aspen Design Conference ausgezeichnet. Beispiele seiner Arbeiten sind ständig ausgestellt im Museum of Modern Art und im Copper Hewitt Museum in New York.

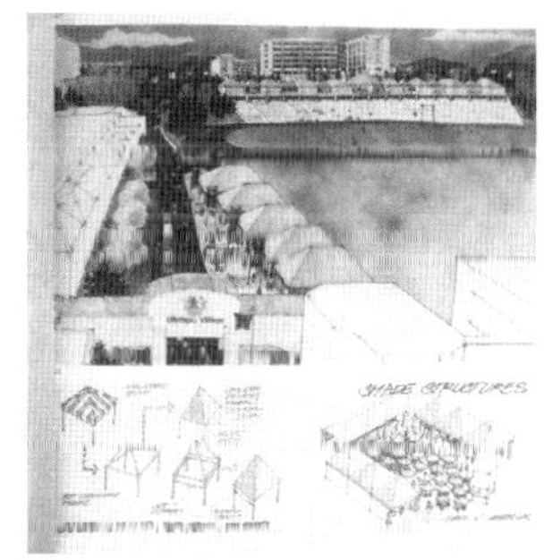

Entwurf und Umsetzung

Von oben: Erinnerungsmedaille für die Teilnehmer am Jugendlager; Erinnerungsmedaille für die Jugendlichen, die an den vorolympischen Wettkämpfen teilgenommen haben; Sarajevo-Los Angeles-Freundschaftsmedaille

der Ringe *»1984«*. Am unteren Rand umschließen zwei Olivenzweige das Emblem. Darunter findet sich noch das Copyright *»© 1980/1984/L.A.O.O.C.«* 15 900 Erinnerungsmedaillen wurden geprägt, 12 500 für die Sportler, 1 400 für die IOC/NOK-Offiziellen und 2 000 für die Mitarbeiter im technischen Bereich und die Mitglieder der Jury. Das *LAOOC* vergab noch drei weitere Typen von Erinnerungsmedaillen: für den Helferstab des Organisationskomitees, die Vertreter der Medien und besondere Gäste, für die Teilnehmer am Jugendlager und für die Jugendlichen, die an den vorolympischen Wettkämpfen teilgenommen hatten.

Die Präsidenten der Organisationskomitees in Sarajevo und Los Angeles kamen überein, eine gemeinsame Gedenkmedaille herauszugeben. Sie sollte an die freundschaftliche Verbindung zwischen diesen beiden Olympiastädten erinnern. Auf der Vorderseite werden drei Symbole gezeigt, Fackel, Friedenstaube, Olympische Ringe, und auf der Rückseite die Embleme der beiden Spiele. Die Medaille konnte vom Beginn der Winterspiele bis zum Ende der Sommerspiele erworben werden.[5]

Erinnerungsdiplom. Die Teilnehmerdiplome schmückt ebenfalls der Star in Motion. Sie unterscheiden sich von der Siegerurkunde im wesentlichen nur durch den Zusatz *»IN RECOGNITION AND / APPRECIATION TO / [Name des Sportlers] / FOR YOUR PARTICIPATION IN THE / GAMES OF THE XXIII OLYMPIAD / LOS ANGELES, CALIFORNIA / U.S.A. / JULY 28 – AUGUST 12, 1984«* oder »[Name des Funktionärs] *FOR YOUR CONTRIBUTION TO / THE SUCCESS OF THE / GAMES OF THE XXIII OLYMPIAD / LOS ANGELES 1984«*. Hergestellt wurden 5 900 Diplome für die Offiziellen (2 000 für technische Helfer und Jury-Mitglieder, 1 400 für IOC/NOK-Vertreter, 2 500 für Funktionäre und Betreuer der Mannschaften) und 7 000 für die Athleten. Unterschrieben hatten bei den Sportlern wieder Samaranch, Ziffren, Ueberroth und Usher, bei den Funktionären lediglich die drei Vertreter des LAOOC.

Neben den in der Charta vorgeschriebenen Diplomen vergab das *LAOOC* zahlreiche wei-

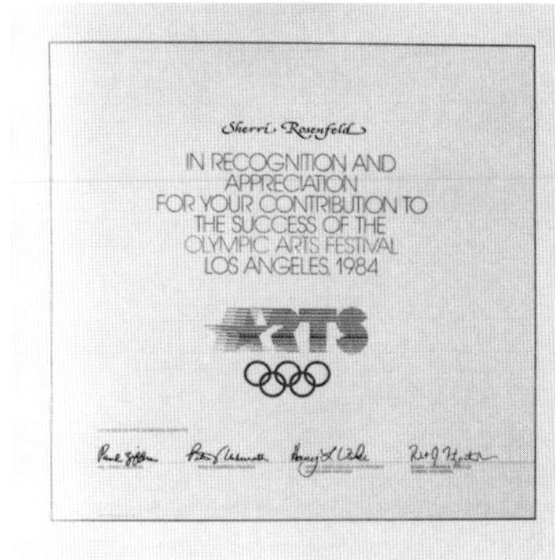

Beispiele für Erinnerungszertifikate

tere Zertifikate, um die wertvolle Mitarbeit von Tausenden von angestellten Mitarbeitern und ehrenamtlichen Helfern zu würdigen, die zum Gelingen der Spiele beigetragen hatten.

Diese Zertifikate des *LAOOC* unterschieden sich vom offiziellen Erinnerungsdiplom nur durch einen anderen Text mit Hinweisen auf die Tätigkeit, z.B. für Mitarbeit beim Kunst-Festival oder bei der Eröffnungsfeier, und

5 Vgl. N. N., »Friendship Medals Created for the 1984 Games«, in: *Olympic Review* 13(1983)194, S. 812.

IN RECOGNITION AND
APPRECIATION TO
Mary Decker
FOR YOUR PARTICIPATION IN THE
GAMES OF THE XXIII OLYMPIAD
LOS ANGELES, CALIFORNIA
U.S.A.
JULY 28–AUGUST 12, 1984

IN RECOGNITION AND
APPRECIATION TO
Edward S. Keen
FOR YOUR CONTRIBUTION TO
THE SUCCESS OF THE
GAMES OF THE XXIII OLYMPIAD
LOS ANGELES, 1984

GAMES OF THE XXIII OLYMPIAD

LOS ANGELES,
CALIFORNIA, U.S.A.
JULY 28–
AUGUST 12, 1984

Dr. Reiner Klimke
Federal Republik of Germany
First Place
Equestrian / Individual Dressage

Siegerdiplom

Links:

Erinnerungsdiplome

für die Sportler

und für die Funktionäre

Erinnerungsmedaille

Siegermedaille

Beispiele für Erinnerungszertifikate

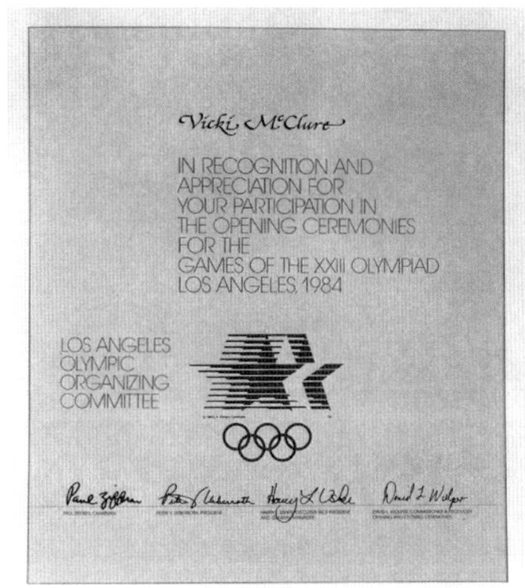

dadurch, daß auch hier nur die Verantwortlichen des *LAOOC* unterschrieben hatten. Das Awards Department hatte ein genaues System entwickelt, um alle Medaillen und Diplome noch während der Spiele zu vergeben, so daß möglichst nichts nachträglich verschickt werden mußte. Dazu war ein großer Stab von Kalligraphen schon Wochen vor den Spielen damit beschäftigt, die Diplome auszufüllen.

Exkurs: Fackelstaffel

Am 7. Mai 1984 mußte unter Ausschluß der Öffentlichkeit und starken Sicherheitsvorkehrungen die Flamme in Olympia entzündet werden. Wegen der Auseinandersetzung um die »Kommerzialisierung der Flamme« (s.u.) waren nur wenige griechische Offizielle, IOC-Vertreter und Repräsentanten des *LAOOC* sowie einige Journalisten anwesend. Mit einem Hubschrauber wurde die Flamme nach Athen gebracht und von dort nach New York geflogen.

Am Morgen des 8. Mai begann die Fackelstaffel durch die USA am Gebäude der Vereinten Nationen, nachdem Rafer JOHNSON, der Olympiasieger im Zehnkampf von 1960, die erste Fackel entzündet hatte. Er übergab sie an Gina HEMPHILL, die Enkelin von Jesse OWENS, und Bill THORPE, den Enkel von Jim THORPE. Etwa zwei Stunden nach Beginn des Laufs gab die Sowjetunion ihre Absage zur Teilnahme an den Spielen bekannt. Auf einem Kurs, der 33 Staaten der USA berührte und so geplant war, daß möglichst viele Amerikaner durch die Staffel direkt an die Olympischen Spiele erinnert werden konnten, erreichte die Olympische Flamme Los Angeles. Die Strecke führte auch zum Amtssitz des Präsidenten der Vereinigten Staaten, und mit St. Louis und Los Angeles wurden zwei Austragungsorte vorangegangener Spiele berührt. Durchlaufen wurden auf der ca. 15 000 km langen Strecke u.a. 41 der größten amerikanischen Städte und 1 000 kleinere Gemeinden. Es wird geschätzt, daß ca. 25% aller Amerikaner die Staffel des Olympischen Feuers persönlich oder am Fernseher miterlebten.

Zur Auswahl der Teilnehmer hatte Peter Ueberroth das Youth Legacy Kilometer Programm entwickelt. Einzelpersonen, Gruppen, Vereine und Verbände sowie Firmen, die 3 000 $ als Stiftung aufbrachten, konnten einen Läufer für einen Kilometer der Staffel benennen. 3 436 Sportler wurden so ausgewählt. Dabei wurde eine Summe von 10 950 567 US-$ eingenommen, die zur Förderung des Jugendsports und des Sports benachteiligter Gruppen im Rahmen einer

Die Fackel

Plakat mit dem Fackelläufer

Stiftung verwendet wurden. Durch die Übergabe an einen Gesamtsponsor (AT&T) und aufgrund des Verkaufs der Kilometer auch an Firmen ergaben sich eine Reihe von Möglichkeiten der Werbung. Mit AT&T war zum erstenmal ein Großunternehmen der Kommunikationsbranche Hauptsponsor. Die Art des amerikanischen Fund-Raising und die damit verbundene Kommerzialisierung wurde allerdings vom *Hellenischen NOK* nicht akzeptiert, und man verlangte, den Verkauf des Olympischen Feuers einzustellen. Nur unter dem Druck der griechischen Regierung konnte die Flamme in Olympia entzündet werden. Auch der griechische Amateursportverband *S.E.G.A.S.* hatte sich geweigert, den Lauf von Olympia nach Athen durchzuführen.

Letzte Fackelträgerin war Gina Hemphill. Sie übergab die Flamme an Rafer Johnson, der das Feuer auf ein Leitungssystem übertrug, das zur Schale hoch oben im Turm des Coliseums, zur Torch, führte.

Calgary 1988

Nachdem 1976 die Stadt Montreal zu olympischen Ehren gekommen war, fanden zwölf Jahre später auch erstmals Winterspiele auf kanadischem Boden statt. Ans Ziel kam man im dritten bzw. vierten Anlauf, denn Calgary hatte sich zuvor zweimal und Banff einmal vergeblich als Ausrichter beworben.

Frei nach dem Vorbild der Sommerspiele von Los Angeles, verstanden sich auch die »Macher« in Calgary auf eine ertragreiche Vermarktung. Allein die Veräußerung der Fernsehrechte schlug mit 309 Millionen Dollar auf der Haben-Seite zu Buche. Zum Vergleich: Der Verkauf von Eintrittskarten brachte 38,5 Millionen Dollar ein. Mit anderen Worten: Längst konnten Olympische Spiele auch ohne zahlende Zuschauer, und von daher an jedem Ort der Welt ausgerichtet, sprich finanziert werden.

Wie schon vier und acht und zwölf und 16 Jahre zuvor, demonstrierten zwei Nationen ihre (winter)sportliche Überlegenheit: die UdSSR und die DDR. Nachdem in Sarajevo die gleichsam natürliche Rangfolge umgekehrt worden war, lag in Calgary der große »Bruder« wieder knapp vor dem kleinen. Der »kleine Unterschied« errechnete sich mit »elf zu neun«, und zwar bezogen auf die Goldmedaillen. Selbst wenn man das Plus bei den Silber- und Bronzemedaillen außer acht läßt, ist der Vergleich zu den übrigen Mannschaften schon eindrucksvoll genug. Beispielsweise stellten die USA nur ganze zwei Olympiasieger, und damit ebenso viele wie die Bundesrepublik.

Zwei Goldmedaillen gewannen, und zwar jeweils im Spezial- und Riesenslalom, auch Alberto TOMBA *»La Bomba«* und Vreni SCHNEIDER oder der ostdeutsche Biathlet Frank-Peter ROETSCH. Je dreimal Gold gingen auf das Konto der niederländischen Eisschnelläuferin Yvonne van GENNIP und des finnischen Skispringers bzw. Überfliegers Matty NYKÄNEN.

Siegerehrung. In den Jahren der XXIII. Olympiade wurde mehrfach die Charta neu herausgegeben. Die Bestimmungen über Siegerehrungen und Preise änderten sich aber nicht.

Wie seit längerem üblich, fanden auch in Calgary die Siegerehrungen am späten Abend des jeweiligen Tages im Zentrum des Olympiaortes statt. Zu diesem Zweck war der Platz vor dem Rathaus zur Olympic Plaza ernannt worden. Hergerichtet war die Anlage für 10 000 Besucher. Es erschienen jedoch meist 35 000, am 27. Februar sogar 70 000. Die nächtliche Präsentation begann mit Musik- und Sport-Vorführungen. Es folgte die Medaillenübergabe, während auf der Videowand Ausschnitte des betreffenden Wettkampfes gezeigt wurden. Den Abschluß bildeten eine Laser-Show und ein Feuerwerk. Bei Wettkämpfen, die abends erst beendet wurden, z.B. die im Olympic Oval oder im Olympic Saddledome, fand die Siegerehrung an Ort und Stelle statt. Die Gewinner wurden aber eingeladen, am nächsten Abend zur Olympic Plaza zu kommen, um dort dem Publikum vorgestellt zu werden. In der Plaza fanden insgesamt 40, an anderer Stelle 28 Ehrungen statt.[1]

Siegermedaille. Im Mai 1985 wurde ein Ausschuß mit vier Mitgliedern gebildet, der ein Konzept für das Design der verschiedenen Medaillen und Diplome entwickeln sollte. Den Auftrag für die Gestaltung der Siegermedaille erhielt der Graphiker Friedrich PETER aus Vancouver. Ihm war es gelungen, in Symbolen die olympischen Ideale und die indianischen Ursprünge Kanadas gemeinsam auf der Medaille darzustellen. Erstmals vorgestellt wurde sein Entwurf bei der öffentlichen Einweihung der Olympic Plaza im Juli 1987. In diesen Tagen wurden auch 25 000 Plakate mit Abbildungen der Medaillen gedruckt und in ganz Kanada gezeigt. Den Auftrag ihrer Herstellung erhielt die Firma Jostens in Toronto.

Die Vorderseite der Medaille zeigt das Profil eines mit Lorbeer geschmückten Athletenkopfes, davor ein Indianer mit »Federschmuck«, der aus Wintersportgeräten gebildet ist. Auf der Kante findet sich in Englisch und Französisch der Name der jeweiligen Disziplin, in der die Auszeichnung vergeben wurde. Die Rückseite schmückt in der Mitte das Emblem der Spiele. Dazu kommt die

Literatur:
Winter Olympic Games Organizing Committee. XV Olympic Games (Hg.), *XV Olympic Winter Games. Official Report (Rapport Officiel des XVes Jeux Olympiques d'hiver)*, Calgary 1988.
Stiftung Deutsche Sporthilfe / Deutscher Sportbund / Deutsche Olympische Gesellschaft (Hg.), *Seoul – Calgary 1988, Offizielles Standardwerk des Nationalen Olympischen Komitees für Deutschland*, München 1988.
Gesellschaft zur Förderung des olympischen Gedankens in der Deutschen Demokratischen Republik (Hg.), *XV. Olympische Winterspiele Calgary 1988*, Berlin 1988.

1 Einschließlich der Demonstrationswettbewerbe.

Siegerehrung im 1500-m-Eisschnellauf, von links: Eric Joseph Flaim (USA), André Hoffmann (GDR) und Michael Hadschieff (AUT); rechts: Medaillen für die Sieger der Demonstrationswettbewerbe

Inschrift am oberen Rand in zwei Zeilen bzw. den beiden kanadischen Sprachen *»XVes JEUX OLYMPIQUES D'HIVER«* (oben) und *»XV OLYMPIC WINTER GAMES«* und unten *»CALGARY 1988«*. Die Medaillen haben einen Durchmesser von 69 Millimetern und eine Dicke von fünf Millimetern. Die vergoldeten wiegen 254,4, die silbernen 226 und die bronzenen Exemplare 206,3 Gramm. Das Band ist in den Farben Cyan-Rot-Blau-Rot-Cyan gehalten. Zur Medaille gehört ein dunkelblaues Samtkästchen. 267 Siegermedaillen wurden überreicht. Während der Spiele wurden die Siegermedaillen und die Diplome im Tresor einer Bank aufbewahrt. Beim Öffnen mußten ein Mitglied des Medaillenkomitees, zwei Bankangestellte, jeder mit verschiedenen Schlüsseln, und ein Polizeivertreter anwesend sein. Die Medaillensätze eines jeden Tages waren gekennzeichnet. Transportiert wurden sie zur Siegerehrung mit einer Polizeieskorte, nach Canmore zum Skilanglauf sogar mit einem Polizeihubschrauber.
Das Emblem der Spiele wurde von Albertan Gary PAMPA entworfen. Es setzt sich aus einer stilisierten Schneeflocke und den darunter liegenden Olympischen Ringen zusammen. Die Schneeflocke besteht aus fünf ineinander verschwungenen *»C«*. Sie repräsentieren Calgary und Canada und verkörpern den Slogan der Spiele *»Come Together in Calgary«*. Die Schneeflocke insgesamt ist ein Symbol für die Winterspiele.
Für die Sieger und Plazierten der Demonstrations- und der Behindertenwettbewerbe wurden besondere Medaillen (vergoldet, Silber und Bronze) vergeben. Die Vorderseite entspricht der der Erinnerungsmedaille, ebenso der Durchmesser von 64 Millimetern. Auf der Rückseite der Medaille für die Demonstrationswettbewerbe sind die Sportarten dargestellt: Curling, Trickski und Short Track. Die Rückseite der Medaille für die Wettbewerbe der Behinderten zeigt eine Fackel und einen Text in Blindenschrift. Es konnte nicht in Erfahrung gebracht werden, wer diese Medaille entwarf und ob es besondere Siegerdiplome gab.
Siegerdiplom. Das zweisprachig – in Französisch und Englisch – gehaltene recht einfache Siegerdiplom (382 x 382 Millimeter) enthält oben neben der Schrift *»XV Olympic Winter Games«* bzw. *»XVes Jeux Olympiques d'hiver«* das Emblem der Spiele. Darunter folgt der Name des Preisträger, eingetragen von einem

Friedrich G. PETER *1933

Der in Dresden geborene Peter wanderte 1947 nach Kanada aus. Dort arbeitete er als Graphikdesigner und Kalligraph. In diesen Fächern wurde er auch als Lehrer tätig. Peter entwarf Schrifttypen für Hinweistafeln und Ausstellungen, Briefmarken (die kanadische Nationalhymne, der krebskranke Läufer Terry Fox, die kanadische Verfassung), Münzen und Medaillen. Er hat Bücher und Spruchbänder illustriert. Seine Arbeiten wurden des öfteren in internationalen Ausstellungen gezeigt. Er erhielt mehrere nationale und internationale Auszeichnungen.
Von ihm stammt nicht nur die Siegermedaille der Spiele in Calgary, sondern auch einige Rückseiten der zur Finanzierung der Spiele aufgelegten Silber- bzw. Goldmünzen.

Cornelis MARTENS *1919

Der Bildhauer ist russischer Abstammung und war 1925 mit seinen Eltern nach Saskatchewan eingewandert. Er arbeitete zunächst zwölf Jahre als Leiter eines lokalen Fernsehstudios und pflegte in der Freizeit sein Zeichentalent. Seit 1970 ist er freischaffender Bildhauer. Die Skulptur für die Auszeichnung des Cowboys des Jahres gehörte zu seinen ersten großen Aufträgen. Es folgten zwölf Skulpturen für die Calgary Stampede. Sein Werkverzeichnis umfaßt inzwischen über 750 Arbeiten.

Kalligraphen. Wiederum darunter finden wir unter dem rechts vom Namen stehenden zweisprachigen Text *»For Excellence in Sports«* bzw. *»Pour l'exellence de sa performance«* die Angaben über die Plazierung des Athleten und des Wettbewerbs und *»Calgary, Alberta, Canada – 1988«*. Darin erscheint als Hintergrund – wie ein Wasserzeichen – das Profil der beiden Köpfe, die auf der Vorderseite der Siegermedaille zu sehen sind. Unterschrieben haben die Urkunde IOC-Präsident Juan Antonio SAMARANCH, der Präsident des Organisationskomitees, William Pratt, und der Chairman, Frank W. King. Vergeben wurden 1 098 Diplome. Der Offizielle Bericht gibt leider keine Auskunft darüber, welcher Künstler für die Gestaltung der Diplome verantwortlich war. Das Stadtarchiv in Calgary gab die Auskunft, daß das Medals Committee einen Alistair JUSTASON mit der Gestaltung aller Diplome beauftragte.

XV. Olympische Winterspiele in Calgary – 13. bis 28. Februar 1988

Mannschaften: 57

AHO	AND
ARG	AUS
AUT	BEL
BOL	BUL
CAN	CHI
CHN	CRC
CYP	DEN
ESP	FIJ
FIN	FRA
FRG	GBR
GDR	GRE
GUA	GUM
HUN	IND
ISL	ISV
ITA	JAM
JPN	KOR
LIB	LIE
LUX	MAR
MEX	MGL
MON	NED
NOR	NZL
PHI	POL
POR	PRK
PUR	ROM
SMR	SUI
SWE	TCH
TPE	TUR
URS	USA
YUG	

Sportler: 1 423 (315[1])

Name des Organisationskomitees:	***XV Olympic Winter Games Organizing Committee (OCO)***
Präsident:	William PRATT
Chairman:	Frank KING
Offizieller Bericht:	französisch / englisch
Zeremoniell:	Eröffnungs- und Schlußfeier am Anfang und am Ende der Spiele
Eröffnung durch:	Generalgouverneurin Jeanne SAUVÉ
Dauer:	16 Tage
Siegerehrung:	am Abend des Wettkampftages bzw. nach dem Wettkampf durch den IOC-Präsidenten bzw. ein von ihm beauftragtes IOC-Mitglied und einen Vertreter des jeweiligen Internationalen Fachverbandes
Olympischer Eid:	Pierre HARVEY (Skilangläufer) Suzanne MORROW (Kampfrichterin)
letzte Fackelträgerin:	Robyn PERRY (Eiskunstläuferin)
Olympische Hymne:	Spyros SAMARAS / Kostas PALAMAS (Text)
Emblem:	Albertan Gary PAMPA
Plakat:	WESMAN
Siegermedaille:	Friedrich PETER
Siegerdiplom:	Alistair JUSTASON (?)
Erinnerungsmedaille:	Cornelius MARTENS
Erinnerungsdiplom:	Alistair JUSTASON (?)
Film:	Bud GREENSPAN (16 Days of Glory, Cappy Production)
Zeitschriften:	*Record '88, Spirit of '88*
Maskottchen:	Hidy and Howdy (Polarbären)
Sportarten:	8 (5[1]) mit 46 (18[1]) Wettbewerben
Demonstrationen:	3 (3[1]) mit 20 (10[1]) Wettbewerben
Besonderheiten:	Einflußnahme des Fernsehens auf die Startzeiten

Erläuterungen: [1] davon Frauen

Erinnerungsmedaille. Die rötlich bronzene Erinnerungsmedaille wurde von Cornelius Martens entworfen und ebenso wie die anderen Medaillen bei Jostens hergestellt. Auf der Vorderseite ist das Emblem mit der Umschrift *»XV OLYMPIC WINTER GAMES – XVes JEUX OLYMPIQUES D'HIVER – CALGARY 1988«* zu sehen. Auf der Rückseite erkennen wir den Saddledome, im dem Eiskunstlaufen und Eishockey stattfand, vor der Skyline von Calgary mit den Bergen der Rocky Mountains im Hintergrund. Links brennt die Fackel der Spiele, und unten steht *»CITIUS ALTIUS FORTIUS«*. Hergestellt wurden 10 000 Exemplare. Sie haben die Maße: 64 Millimeter Durchmesser, fünf Millimeter Dicke und 133 Gramm Gewicht. Übergeben wurden sie in einem braunen Samtkästchen mit dem Emblem in der Innenseite des Deckels. Das Etui war in einem weißen Karton eingewickelt, auf dessen Oberseite *»JOSTENS/CANADA LTD.«* steht.

Erinnerungsdiplom. Das Erinnerungsdiplom (254 x 254 Millimeter) trägt oben wie die Urkunde für die Sieger das Emblem der Spiele. Darunter hat ein Kalligraph in der Mitte den Namen des Athleten bzw. des Funktionärs eingetragen. Es folgt in Englisch und Französisch die Dankesformel *»in Anerkennung für Ihre Teilnahme an den 15. Olympischen Winterspielen«*[2]. Darunter befindet sich ein rechteckiges Gebilde, in dem ein gelber Ring – einer der Olympischen Ringe (?) – und sieben schwarze C – aus dem Emblem (?) – verteilt sind. Die Farben dieser Verzierung sind der offiziellen Farbpalette der Spiele entnommen: *»olympisches Gelb«*, *»olympisches Rot«*, *»alpines Blau«*. Unterzeichnet wurde dieses

2 *»In recognition of your participation in the XV Olympic Winter Games«* bzw. *»En reconnaissance de votre participation aux XVes Jeux Olympiques d'hiver«*.

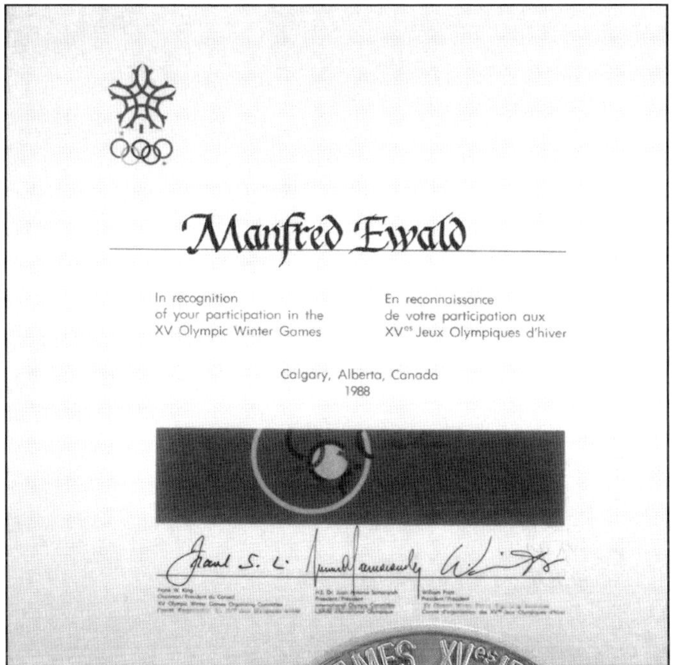
XV Olympic Winter Games

Manfred Ewald

In recognition
of your participation in the
XV Olympic Winter Games

En reconnaissance
de votre participation aux
XVes Jeux Olympiques d'hiver

Calgary, Alberta, Canada
1988

Erinnerungs-
diplom

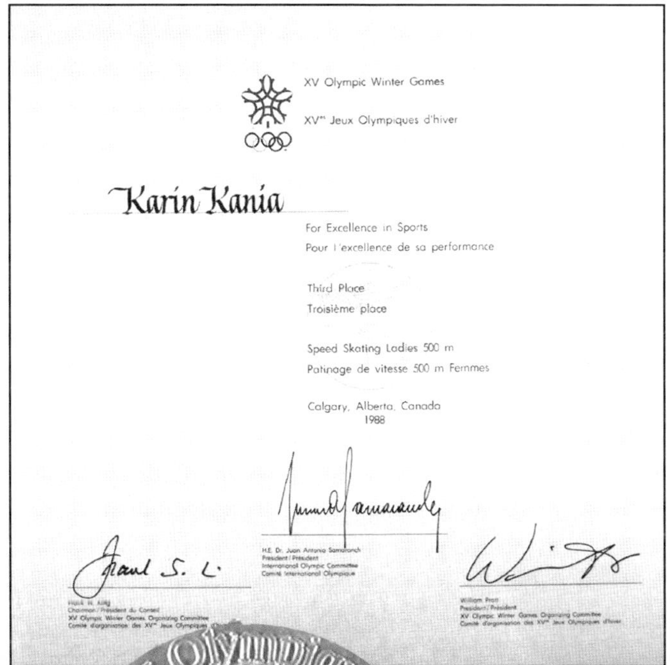
XV Olympic Winter Games

XVes Jeux Olympiques d'hiver

Karin Kania

For Excellence in Sports
Pour l'excellence de sa performance

Third Place
Troisième place

Speed Skating Ladies 500 m
Patinage de vitesse 500 m Femmes

Calgary, Alberta, Canada
1988

Frank W. King
Chairman / Président du Conseil
XV Olympic Winter Games Organizing Committee
Comité d'organisation des XVes Jeux Olympiques d'hiver

H.E. Dr. Juan Antonio Samaranch
President / Président
International Olympic Committee
Comité International Olympique

William Pratt
President / Président
XV Olympic Winter Games Organizing Committee
Comité d'organisation des XVes Jeux Olympiques d'hiver

Siegerdiplom

Erinnerungsmedaille

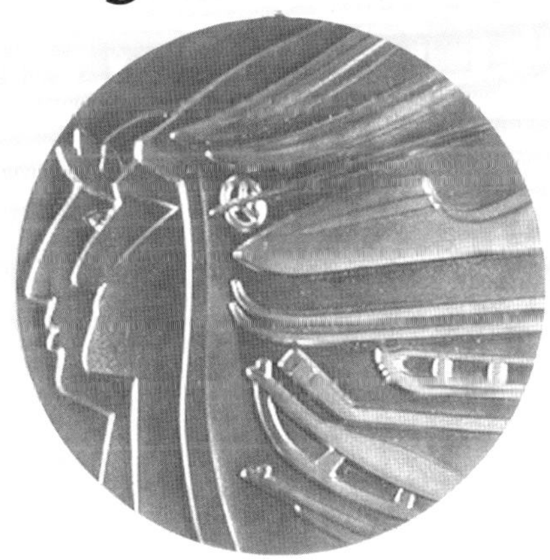

Siegermedaille

Verschiedene »besondere« Erinnerungsmedaillen; rechts: Diplom für die Mitwirkenden an der Eröffnungs- und Schlußfeier

CEREMONIES

In recognition of your participation in the

En reconnaissance de votre participation aux

XV Olympic Winter Games
XVes Jeux Olympiques d'hiver
Calgary 1988

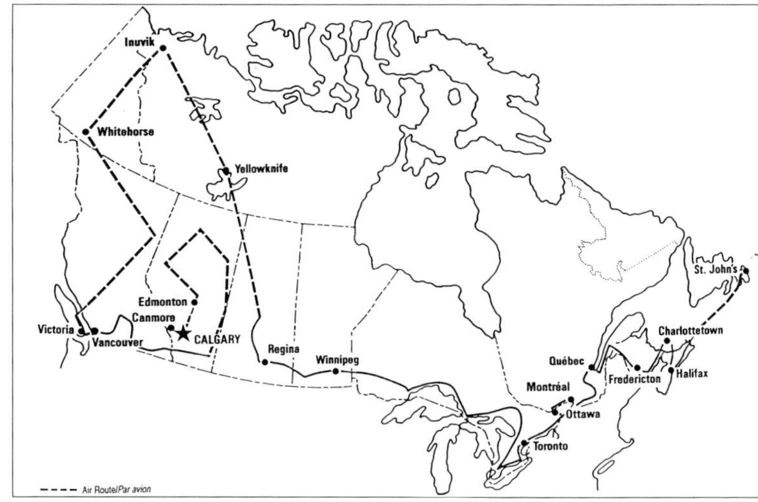

Weg der Fackel durch Canada; darunter: Logo des Fackellaufs

Diplom, von dem 10 000 hergestellt wurden, wiederum vom IOC-Präsidenten sowie dem Präsidenten und dem Chairman des Organisationskomitees.

»Besondere« Erinnerungsmedaillen. Die Mitwirkenden an der Eröffnungs- und Schlußfeier erhielten besondere Erinnerungsstükke. Es wurden dafür 10 000 Zertifikate und 11 490 Medaillen hergestellt. Weiterhin wurden 12 200 *»Team'88-Medaillen«*, 171 Kunstfestival-Medaillen und 1100 weitere Medaillen, die die Dienststellen des Bürgermeisters der Stadt verteilten, geprägt.[3]

Exkurs: Fackelstaffel

Das Olympische Feuer für die XV. Winterspiele wurde am 15. November 1987 in Olympia entzündet, nach Athen geflogen und ins Panathenäische Stadion gebracht, wo sie der Bürgermeister der Olympiastadt, Ralph KLEIN, übernahm. Von Athen wurde die in einer Sicherheitslampe aufbewahrte Flamme nach einem Zwischenstopp in England nach St. John in Neufundland transportiert, wo sie am 18. November Barbara Ann SCOTT-KING, Gewinnerin der Goldmedaille im Eiskunstlaufen 1948 in St. Moritz, und Fred HAYWARD, Teilnehmer im 50-km-Gehen in Helsinki 1952, als erste Läufer in Empfang nahmen. Den Startschuß zu der 18 000 km langen Fackelstafette gab Kanadas Premierminister Brian MULRONEY. Davon sind 7 056 km per Flugzeug, Hubschrauber oder Schiff, ca. 2 900 km im Snowmobil zurückgelegt worden. Den Rest der Strecke teilten sich 6 525 Läufer, die aus 6 624 582 Bewerbern ausgelost wurden, sowie 108 Olympia-Teilnehmer, 44 Behinderte, 44 sog. *»Natives«*, 40 *»Local heroes«* und 393 Athleten aus Wintersportgruppen. Auf dem Weg der Fackel wurden 450 organisierte Begrüßungsfeste

3 Winter Olympic Games Organizing Committee. *XV Olympic Winter Games*, S. 307.

und 160 spontane Feierstunden inszeniert. Die Strecke, die alle Provinzen und Landschaften Kanadas berührte, wurde in 89 Tagen bewältigt. 52 Läufer trugen die Fackel durch die Straßen von Calgary, als letzter am 13. Februar 1988 im McMahon-Stadion Robyn Perry, die auch das Olympische Feuer entzündete.
Prominente Teilnehmer waren u.a. die Olympiasieger Axel BAUMANN (Schwimmen), Barbara WAGNER und Robert PAUL (Eiskunstlauf) und Kathy KREINER (Ski) sowie am Heiligen Abend in Toronto Ben JOHNSON, der wenige Monate später in Seoul des Dopings überführt werden sollte.
Gesponsert und organisiert wurde die gesamte Fackelstaffel von dem staatlichen Ölkonzern Petro-Canada, der 17 Millionen Ausschreibungen an alle kanadischen Haushalte verschickte und damit einen Weltrekord für Postwurfsendungen aufstellte. Die Fackel, die dem Calgary Tower nachgebildet war, besteht aus einer Aluminium-Legierung. Sie wurde an einem Holzgriff getra-gen, wiegt ca. 1,5 kg und trägt die Inschrift »*XV. Olympic Winter Games Calgary Alberta Canada*«, das Signet der Spiele und das Olympische Motto »*citius, altius, fortius*«. Über 100 Fackeln sind hergestellt worden. Die Fackelträger erhielten einen speziellen »*Torch Relay Track Suit*« in roter Farbe mit weißem Schulterabsatz und dem Signet des Fackelstaffellaufs, dazu eine Urkunde.
Mit dem Fackelstaffellauf nach Calgary wurde eine Mobilisierung des öffentlichen Interesses für die Olympischen Spiele erreicht, wie man sie bisher bei Winterspielen nicht gekannt hat.
Die Kosten von ca. 41 Millionen Dollar, davon allein 4,1 Millionen Dollar Lizenzrechte für das Organisationskomitee, dürften allerdings vom Sponsor Petro-Canada im Hinblick auf 89 Tage Werbefeldzug in allen Medien durchaus kalkuliert gewesen sein.

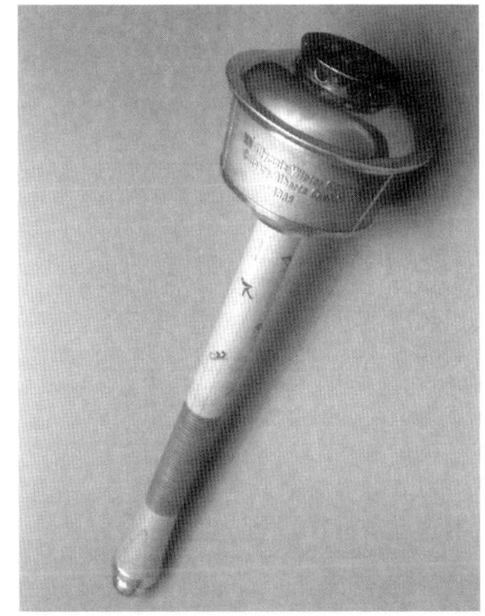

Die Fackel

Seoul 1988

In den Sommerspielen des Jahres 1988 zeigten sich die Nachwirkungen der großen Krise, die eigentlich bereits vier Jahre zuvor überwunden war. Als das Sportfest zu vergeben war, 1981 beim Olympischen Kongreß in Baden-Baden, also nur ein Jahr nach den boykottierten Rumpf-Spielen von Moskau, konnte das *IOC* lediglich zwischen zwei Kandidaten wählen, dem japanischen Nagoja und eben Seoul. Wobei dies schon ein großer Fortschritt war, denn für die Ausrichtung der Spiele von 1984 hatte sich mit Los Angeles nur ein einziger Bewerber interessiert. Im übrigen war die durchaus überraschende und vielfach kritisierte Entscheidung für die Hauptstadt Südkoreas mehr als mutig, denn ein neuerlicher Boykott schien programmiert. Schließlich zählte das geteilte Land zu den brisantesten Tummelplätzen des Ost-West-Konflikts.
So stellte die Haltung Nordkoreas sowie die des gesamten sozialistischen Lagers lange Zeit ein großes Fragezeichen dar. Größte Irritationen verursachte dabei das nordkoreanische Ansinnen, an der Ausrichtung der Spiele beteiligt zu werden. Freilich wurde die Ernsthaftigkeit des Bemühens von Anfang an in Frage gestellt, zumal die Nordkoreaner alle diesbezüglichen Denkmodelle als nicht hinreichend zurückwiesen, während man sich in Südkorea durchaus kompromißbereit zeigte. Auch das *IOC* hatte sich bereit erklärt, entgegen den eigenen Regeln eine Durchführung der Spiele in zwei Staaten zu erlauben. Dafür erntete man im übrigen nicht nur Zustimmung, sondern auch Kritik, die – bezeichnenderweise – besonders laut in der DDR erhoben wurde.
Angesichts der vielen Querelen im Vorfeld mußte der Verlauf der Spiele mehr als zufriedenstellen. Neben Nordkorea waren letztlich nur ganz wenige Nationen, zum Beispiel Kuba, ferngeblieben, was aber um so weniger ins Gewicht fiel, als mit 159 Mannschaften ein eindrucksvoller Teilnehmerrekord verzeichnet wurde. Was niemand ahnen konnte: Zum letzten Mal marschierten zwei deutsche Teams in die Arena ein. Es war der letzte große Auftritt der DDR bei einem Weltsportfest, und zugleich war es ein letzter Triumph. Lediglich die »großen Brüder und Schwestern« – auch für die Sowjetunion war es übrigens der letzte olympische Auftritt – überflügelten die ostdeutschen Athletinnen und Athleten, während sich die amerikanische Mannschaft in der Statistik der Medaillen-Sammler mit dem dritten Rang begnügen mußte.
Allein sechs der 37 Goldmedaillen gingen auf das Konto von Kristin OTTO, die die Schwimm-Konkurrenzen ebenso dominierte wie bei den Männern der Amerikaner Matt BIONDI, der sich fünfmal Gold sowie je einmal Silber und Bronze sicherte. Um die Bilanz der bundesdeutschen Mannschaft machten sich insbesondere die Fechter und Reiter bzw. -innen verdient. Mit Säbel, Degen und Florett wurden dreimal Gold, viermal Silber und einmal Bronze, zu Pferde viermal Gold und je einmal Silber und Bronze gewonnen. Besonders herauszuheben ist vielleicht Dr. Reiner KLIMKE, der, dieses Mal mit »Ahlerich«, bereits zum fünften Mal in einer siegreichen Dressur-Mannschaft stand und damit zum erfolgreichsten deutschen Olympioniken avancierte. In der Einzelwertung hatte er bereits 1968 Bronze gewonnen, ebenso 1976, bevor er 1984 die oberste Stufe des Treppchens besteigen konnte.
Zu den Top-Athleten in Seoul zählte auch Florence GRIFFITH-JOYNER. Die amerikanische Sprinterin – ihr plötzlicher Tod im Jahre 1999 nährte noch einmal die schon 1988 und zuvor heiß diskutierten Doping-Gerüchte – war eine Klasse für sich: Sie erzielte jeweils unglaubliche Weltrekorde über 100 und 200 Meter.
Apropos: Mit Ben JOHNSON fanden die Spiele ihren traurigen Anti-Helden. Der Kanadier war die 100 Meter in schier unglaublichen 9,79 Sekunden gelaufen und als (Sprinter-)König der Spiele gefeiert worden. Allerdings hatte der Jahrhundert-Rekord kaum mehr als 24 Stunden Bestand. Wie ein Lauffeuer verbreitete sich die Nachricht, daß er »positiv« getestet worden war. Offenbar hatte ein Anabolikum dem Läufer Beine gemacht. Nach der Disqualifikation des

Literatur:
Seoul Olympic Organizing Committee (Hg.), *Games of the XXIVth Olympiad Seoul 1988. Official Report,* 2 Bde., Seoul 1989.
Stiftung Deutsche Sporthilfe / Deutscher Sportbund / Deutsche Olympische Gesellschaft (Hg.), *Seoul – Calgary 1988, Offizielles Standardwerk des Nationalen Olympischen Komitees für Deutschland,* München 1988.
Gesellschaft zur Förderung des olympischen Gedankens in der Deutschen Demokratischen Republik (Hg.), *XXIV. Olympiade Seoul 1988,* Berlin 1988.

1 Die Namen der einzelnen Künstler waren nicht in Erfahrung zu bringen.
2 Über ihn konnten keine Informationen beigebracht werden.

Preparations for Victory Ceremony and Performance

Time(Step)	Activities	Details
H-3	Personnel meeting	Roll call and make-up for women personnel.
		Receipt of awarding Items (medals, bouquets, national flags, national anthem tapes).
		Individual review of required tasks.
H-2	Move to the venue	Departure by car. Load the necessary items.
M-60	Preparation of awarding Ceremony	The mobile awarding team takes over. (Game awarding officer)
		Test the operation of flag poles.
		Welcome the award giving person.
		Give out gift awards.
M-10	The end of the final competition	Set platforms and carpets.
		Receive the results on a written note and get hold of the award winning athletes.
		Confirm the national flags and anthems.
		Prepare for the entrance of award winning athletes and personnel.
00-00:20	Fanfare	Fanfare played.
00:21-01:30	Opening announcement and entry of the winners	Marching in of award-receiving athletes.
01:31-02:00	The introduction of medal giver	Introduce the winners and their companions
02:01-03:30	The introduction of winners and award giving	Award winners get on the platforms. Medals and bouquets are distributed.
03:31-02:50	The introduction of national anthems of the winners	Everybody faces the flags.
03:51-04:50	National anthem and flag hoisting	Winners' national anthems played. National flags raised, starting from the gold medalists.
04:51-06:50	Closing announcement and exit	Spectator applause, picture-taking.
		Exit and lowering of the flags.
		Report the end of the victory ceremony.

Ablaufplan einer Siegerehrung; links: bereit zur Siegerehrung; darunter: Siegerehrung im Stabhochsprung, von links: Radion Gataulin (URS), Sergey Bubka (URS) und Grigory Yegorov (URS)

»Sünders« wurde Carl LEWIS zum Olympiasieger erklärt. Er war zunächst, wie auch über 200 Meter, »nur« Zweiter geworden. Ben Johnson aber wurde gleichsam zum Synonym für Doping, auch wenn sein Vergehen allenfalls die Spitze des Eisbergs darstellte. Jedenfalls war es ein Schock, der ein Problem mehr denn je ins Blickfeld rückte, für das bis heute keine Lösung gefunden wurde.

Siegermedaillen. Das Organisationskomitee der Olympischen Spiele 1988 in Seoul verwendete viel Sorgfalt darauf, die Siegerehrungen zu einem unvergeßlichen Erlebnis für die Athleten werden zu lassen. Besondere Aufmerksamkeit erregten die jungen Frauen, Schülerinnen und Studentinnen, die in koreanischen Trachten die Medaillen trugen.

Seit 1984 befaßte sich das *SLOOC* mit der Gestaltung der Medaillen. Die Verantwortlichen waren der Auffassung, die seit 1972 »freie« Rückseite der Siegermedaille mit einem besonderen traditionellen koreanischen Design zu schmücken. Im Oktober 1986 wurde die Korean Security Printing and Minting Corporation mit der Herstellung der Medaillen beauftragt. Zuständig war eine Gruppe von Designern.[1] Nachdem das Exekutivkomitee des *IOC* im Juni 1987 dem vorgelegten Entwurf zugestimmt hatte, begann im Dezember 1987 die Produktion. Auf der Vorderseite wurde *»XXIV / Olympiad / Seoul / 1988«* eingraviert. Die Rückseite schmückt eine stilisierte aufwärts fliegende Taube mit einem Lorbeerzweig im Schnabel, das Symbol des Friedens, darüber befindet sich das Emblem der Spiele.

Für den Entwurf des Emblems wurde 1982 ein Wettbewerb ausgeschrieben. Beim Organisationskomitee gingen 924 Entwürfe ein, das den Vorschlag von Sung Chun YANG[2] aus Seoul auswählte. Yangs Modell zeigt die Olympischen Ringe und ein Taeguk, das der Nationalflagge entnommen ist. Taeguk ist ein traditionelles koreanisches Muster. Es gleicht in seiner Form einer Schnecke. Das Emblem soll zwei Bewegungen andeuten. Die zentrifugale Richtung soll weltweite Harmonie, bezogen auf alle in Korea zusammentreffenden Menschen, symbolisieren, die zentripetale für das ständige Streben der Menschen nach Glück und Wohlstand stehen.

Das gewobene, vom Design Room des *SLOOC* entworfene Band der Medaille ist ultramarin, orange und weiß. Dies sind die Hauptfarben der Seouler Spiele. Der ultramarine Streifen ist doppelt so breit wie der orangene und weiße. Die vergoldete Medaille besteht aus 92,5 % Silber und mehr als fünf Gramm Gold. Die silberne Ausfertigung enthält 92,5 % Silber und 7,5 % Bronze. Für die bronzene Ausführung wurden 95 % Bronze, 4 % Kupfer und 1 % Zink verwendet. Hergestellt wurden 525 vergoldete, 515 silberne und 550 bronzene Medaillen. Sie haben einen Durchmesser von 61,3 Millimetern, eine Dicke von 5,1 Millimetern und wiegen 146, 140 bzw. 129 (von vergoldet bis Bronze) Gramm. Zur Medaille gehört ein blaues Samtkästchen in einem weißen Behältnis.

Wohl nach dem Vorbild der Spiele von 1984 in Los Angeles erhielten die Sieger der offiziellen und der inoffiziellen Demonstrationssportarten besondere Gold-, Silber- und

Bronzemedaillen. Zu den offiziellen Demonstrationen gehörten Taekwando, Baseball und Judo der Frauen. Die inoffiziellen – auch »*exhibition sports*« genannt – waren Badminton und Rollstuhlfahren im Rahmen der Leichtathletikwettbewerbe.[3] Auf der Vorderseite dieser Medaillen übt sich das Maskottchen Hodori jeweils in der betreffenden Sportart. Links daneben steht »*XXIV / Olympiad / Seoul / 1988*«. Die Rückseite entspricht der der Erinnerungsmedaille (s.u.). Geprägt wurden 55 vergoldete, 55 silberne und 78 bronzene Exemplare.

Siegerdiplom. Die acht besten Sportler der 237 Disziplinen sowie der 16 offiziellen und der neun inoffiziellen Demonstrationswettbewerbe wurden mit einem Siegerdiplom (310 x 350 Millimeter) ausgezeichnet. Der Entwurf der Urkunde lag im Januar 1988 vor. Im Juni wurde er Präsident SAMARANCH bei dessen Besuch in Seoul zur Genehmigung vorgelegt. 6 000 Siegerdiplome mußten hergestellt werden. Auf dem Diplom ist in bräunlicher Farbe im »Untergrund« – vergleichbar einem Wasserzeichen – eine Jagdszene aus dem »*Grab der Tänzer*« in T'ung kou aus der Zeit des Koguryo-Reiches (37 v. Chr. – 668 n. Chr.) erkennbar. Oben in der Mitte ist das Emblem der Spiele eingedruckt. Darunter steht auf koreanisch und englisch »*GAMES OF THE XXIVTH OLYMPIAD / SEPTEMBER 14 – OCTOBER 2, 1988 / SEOUL, KOREA*«. Es folgen der Name des Sportlers, ergänzt durch die Würdigung »*FOR EXCELLENCE IN SPORT*«, und die Angaben zur Sportart sowie zur Plazierung. Unterzeichnet haben IOC-Präsident Antonio Samaranch und der Präsident des Organisationskomitees Seh-Jik Park. Leider verrät uns der Offizielle Bericht nicht, welcher Graphiker dieses künstlerisch sehr ansprechende Diplom entworfen hat.

Paek-Sang-Krone. Vor den Spielen in Seoul hatte das *IOC* beschlossen, für den (die) beste(n) Sportler(in) (»*most valued athlete of the Seoul Olympic Games*«[4]) einen besonderen Preis auszuschreiben. Das Organisationskomitee stiftete dafür eine Nachbildung der Paek-Sang-Krone aus der Shilla-Zeit (6.-10. Jahrhundert). Eine Jury unter Vorsitz des ungarischen IOC-Mitgliedes Pál SCHMITT wählte am Ende der Spiele unter 15 Kandidaten die sechsfache Goldmedaillengewinnerin im Schwimmen, Kristin Otto (GDR), aus. Sie erhielt 84 Punkte und damit deutlich mehr als der Zweitplazierte, der amerikanische Schwimmer Matt Biondi (63 Punkte). Dann folgten die Leichtathleten Florence Griffith-Joyner und Carl Lewis (beide USA).

Spiele der XXIV. Olympiade in Seoul – 28. Juli bis 12. August 1988

Mannschaften: 159

AFG	AHO	ALG	AND
ANG	ANT	ARG	ARU
ASA	AUS	AUT	BAH
BAN	BAR	BEL	BEN
BER	BHU	BIR	BIZ
BOL	BOT	BRA	BRN
BUL	BUR	CAF	CAN
CAY	CGO	CHA	CHI
CHN	CIV	CMR	COK
COL	CRC	CYP	DEN
DJI	DOM	EGY	ECU
ESA	ESP	FIJ	FIN
FRA	FRG	GAB	GAM
GBR	GDR	GEQ	GHA
GRE	GRN	GUA	GUI
GUM	GUY	HAI	HKG
HON	HUN	INA	IND
IRL	IRN	IRQ	ISL
ISR	ISV	ITA	IVB
JAM	JOR	JPN	KEN
KOR	KSA	KUW	LAO
LBA	LBR	LES	LIB
LIE	LUX	MAL	MAR
MAW	MDV	MEX	MGL
MLI	MLT	MON	MOZ
MRI	MTN	NED	NEP
NGR	NGU	NIG	NOR
NZL	OMA	PAK	PAN
PAR	PER	PHI	POL
POR	PUR	QAT	ROM
RWA	SAM	SEN	SIN
SLE	SMR	SOL	SOM
SRI	SUD	SUI	SUR
SWE	SWZ	SYR	TAN
TCH	TGA	THA	TOG
TPE	TRI	TUN	TUR
UAE	UGA	URS	URU
USA	VAN	VEN	VIN
VIE	YAR	YMD	YUG
ZAI	ZAM	ZIM	

Sportler: 8 465 (2 186[1])

Name des Organisationskomitees:	***Seoul Olympic Organizing Committee (SLOOC)***
Präsident:	Seh-Jik PARK
Generalsekretär:	Ock-Jin KIM
Offizieller Bericht:	koreanisch; französisch; englisch
Zeremoniell:	Eröffnungs- und Schlußfeier am Anfang bzw. am Ende der Spiele
Eröffnung durch:	Präsident Tae-Woo ROH
Dauer:	16 Tage
Siegerehrung:	nach dem Wettkampf durch den IOC-Präsidenten bzw. ein von ihm beauftragtes IOC-Mitglied und einen Vertreter des jeweiligen Internationalen Fachverbandes
Olympischer Eid:	Jae HUH (Basketballspieler), Mi-Na SON (Handballspielerin), Hak-Rae LEE (Kampfrichter)
letzte Fackelträger:	Won-Tak KIM (Leichtathletin), Son-Man CHONG (Lehrer), Mi-Jong SON (Schülerin)
Fackel (Design):	Lee-Woo SUNG
Hymne:	Spyros SAMARAS / Kostas PALAMAS (Text)
Emblem:	Sung-Chun YANG, Kwang-Soo LEE (Seoul, 1988)
Plakat:	Yong-Je CHO
Siegermedaille:	Giuseppe CASSIOLI / Designer der Korean Security Printing and Minting Corperation
Siegerdiplom:	unbekannt
Erinnerungsmedaille:	Kwang-Hyun KIM
Erinnerungsdiplom:	unbekannt
Demonstrationsmedaillen:	Designer der Korean Security Printing and Minting Corperation
Zeitschriften:	*Olympic News, '88 Follow-Up News, The Seoul Olympian*
Maskottchen:	Hodori (Tiger)
Sportarten:	23 (17[1]) mit 237 (86[1]) Wettbewerben
Demonstrationen:	3 (2[1]) mit 16 (15[1]) Wettbewerben
Inoffizielle Demonstrationen:	3 (3[1]) mit 9 (5[1]) Wettbewerben
Besonderheiten:	Eröffnungsfeier im Stadion und außerhalb des Stadions

Erläuterungen: [1] davon Frauen

3 Dazu gehörte auch Bowling. Der Offizielle Bericht bildet für Bowling aber keine Medaille ab.

4 In: *Olympic Review* 18(1988)252, S. 544.

5 GÖTZE, Andreas, »Kristin I. nun gekrönt«, in: *Junge Welt* (20.10.1988). Vgl. außerdem KAMPER, Erich / SOUCEK, Herbert, *Olympische Heroen*, Erkrath 1991, S. 262-264. KLUGE, Volker, 100 *Olympische Highlights*, Berlin 1996, S. 128. Brief von Kristin OTTO an Verf. vom 7.12.1999. Leider kam Kristin OTTO einem Wunsch nach einem Foto der Krone bzw. von der Ehrung nicht nach.

Da die Schwimmer aus der DDR schon abgereist waren, nahm ein Mannschaftsvertreter den Preis in Empfang. Feierlich überreicht wurde die Krone Kristin Otto am 19. Oktober 1988 bei einem Festakt im Traditionszimmer der Deutschen Hochschule für Körperkultur in Leipzig. In der Zeitung *Junge Welt* wurde das Schmuckstück eingehend beschrieben:

»Die Auszeichnung ist nicht nur von hohem ideellen Wert. Die Krone mit einem Durchmesser von 19 Zentimetern und elf Zentimetern Höhe besteht aus 600 Gramm 20karätigem Gold und verkörpert einen materiellen Wert von 11000 Dollar. Das güldene Schmuckstück ist der Form nach koreanischer Tradition verpflichtet. Es stellt eine Nachbildung einer Goldkrone aus dem einstigen Shilla-Königreich dar und ähnelt zudem der Kopfbedeckung alter koreanischer Kämpfer, womit Fairneß und Kampfgeist bei den Olympischen Spielen symbolisiert werden sollten. 24 kleine goldene Herzen an der Krone, ›Yongnaks‹ genannt, stehen für die XXIV. Olympischen Spiele.«[5]

Das zu dem Preis gehörende Diplom ist von den Präsidenten des *IOC* bzw. des Organisationskomitees, Samaranch und Park, unterzeichnet. Die Ehrung blieb bis heute einmalig. Bei den folgenden Spielen wurde nicht mehr der beste Sportler ausgezeichnet.

Erinnerungsmedaille. Die Erinnerungsmedaille steht ganz im Zeichen alter koreanischer Motive. Auf ihrer Vorderseite ist unterhalb von Bergen, Wolken, der Sonne und zwei nach rechts fliegenden Kranichen – Motive alter koreanischer Volkskunst – das Südtor (Namdaemun) von Koreas Nationaldenkmal abgebildet. Auf der Rückseite sehen wir das Emblem der Spiele, darunter den Eintrag *»XXIV Olympiad / Seoul / 1988«*. Entworfen wurde die Medaille von Kwang-Hyun KIM und hergestellt in der Korea Security Printing and Minting in Seoul. Die bronzene Medaille ist bräunlich eingefärbt. Sie hat einen Durchmesser von 60 Millimetern, ist sechs Millimeter dick und wiegt 116 Gramm. Hergestellt hat man 20 400 Exemplare, die – eingelegt in blauem Samt – in einem mit ebenfalls blauem Samt überzogenen Kästchen übergeben wurden. Innen auf dem Dekkel befindet sich auf weißem Satin das Emblem und die Aufschrift *»GAMES OF THE / XXIVTH OLYMPIAD / SEOUL 1988«* Das Etui wiederum steckt in einem weißen Karton mit dem Maskottchen auf der Vorder- und dem Emblem und der Angabe »SEOUL 1988« auf der Rückseite.

Erinnerungsdiplom. Auch das Erinnerungsdiplom (302 x 413 Millimeter) für die Funktionäre und die Sportler wurde im Juni Präsident Samaranch bei dessen Besuch in Seoul zur Genehmigung vorgelegt. Es zeigt oben links vor rotem Grund das Emblem der Spiele. Eine dunkle Fläche rechts mit der Aufschrift *»Spiele der 24. Olympiade«* in Koreanisch wird durch ein s-förmiges Band in den olympischen Farben abgetrennt. In der Mitte hat man den Namen des Sportlers bzw. des

Von links: Vorderseiten der Siegermedaillen für Taekwando, fur Baseball, für Badminton, für Judo der Frauen, für Rollstuhlfahren

Erinnerungsmedaille für die Mitarbeiter und Helfer

Funktionärs, dem die Urkunde zugedacht war, und die Dankesformel eingetragen. Unterschrieben haben Samaranch und Park.

Die Mitarbeiter und Helfer des Organisationskomitees erhielten eine besondere bronzene Erinnerungsmedaille. Auf der Vorderseite sieht man einen Krieger auf einem Pferd aus dem koreanischen Mittelalter, der gerade einen Pfeil abschießt. Die Rückseite zeigt neben dem Emblem (oben) die Unterschriften von Samaranch und Seh-Jik Park (Mitte) und eine Darstellung des Olympiastadions (unten). Die Medaille ist achteckig, 65 Millimeter hoch, ebenso breit und wiegt 160 Gramm.

Exkurs: Fackelstaffel

Die Fackelstaffel nach Seoul fand in der Zeit vom 23. August bis 17. September 1988 (26 Tage) statt und lief nur durch Griechenland und Südkorea.

Nach der Entzündung der Olympischen Flamme und der Feier in Anwesenheit des IOC-Präsidenten Samaranch und des griechischen Ministerpräsidenten Andreas PAPANDREOU führte der Weg zunächst nach Eleusis, dann mit einem nachgebauten antiken Schlachtschiff nach Piräus und von dort weiter nach Athen. Im Panathenäischen Stadion fand die Übergabe an die Repräsentanten des Organisationskomitees statt. Die griechische Kultusministerin Melina MERKOURI betonte dabei das Interesse Griechenlands, die »goldenen Spiele« von 1996 auszurichten. Von Athen flog eine Maschine der Korean Airlines die Flamme zur Insel Cheju an der Südspitze Südkoreas. In Cheju war ein 28 m hohes Monument zur Erinnerung an die Ankunft des Olympischen Feuers in Südkorea errichtet worden. Von Cheju überführte das Schiff »Olympia« die Fackel zur Hafenstadt Pusan. Von dort starteten die Läufer zu einem Zickzackkurs, der durch alle Provinzen Südkoreas unter Berücksichtigung der historischen Stätten der alten Königreiche Koryo, Silla und Paekche führte. Am 16. September erreichte die Stafette Seoul.

Der legendäre Marathonsieger von 1936, Kee Chung SOHN, brachte das Feuer als vorletzter Läufer ins Stadion. Den Zuschauern in der

Plakat mit dem Fackelläufer

ganzen Welt an den Fernsehschirmen sollte vor Augen geführt werden, daß er, als Kitei Son, in Berlin für Japan hatte starten müssen. Der letzte Läufer, Lim-Chung SE, übergab das Feuer an drei Fackelträger: Won-Tak Kim, Song-Min Chong, Mi-Jong Sohn, die als Repräsentanten von Wissenschaft, Kunst und Sport ausgewählt worden waren. Das Trio fuhr in einer Art Aufzug zur Flammenschale hoch und entzündete gemeinsam das Olympische Feuer. Für den Fackellauf in Korea wurden zwei Gruppen von Läufern ausgewählt: vom *SLOOC* benannte *»special runners«*, worunter verdiente Sportler, Spitzensportler, Funktionäre etc. zu verstehen waren, und »popular runners«, Bürger der durchlaufenen Gegenden. Außerdem hatte man Repräsentanten aller *NOK*, ausländische Journalisten, Auslandskoreaner, Teilnehmer des Internationalen Jugendlagers und von den Sponsoren der Staffel benannte Personen berücksichtigt. Die Gesamtlänge der Strecke betrug ca. 15 250 km, wovon auf Griechenland 358 km

Erinnerungs-
diplom

제 24 회 서울올림픽대회

CHAKHLINE BORIS
URS

FOR YOUR PARTICIPATION IN AND CONTRIBUTION TO THE SUCCESS OF THE GAMES OF THE XXIVTH OLYMPIAD
SEPTEMBER 17-OCTOBER 2, 1988
SEOUL, KOREA

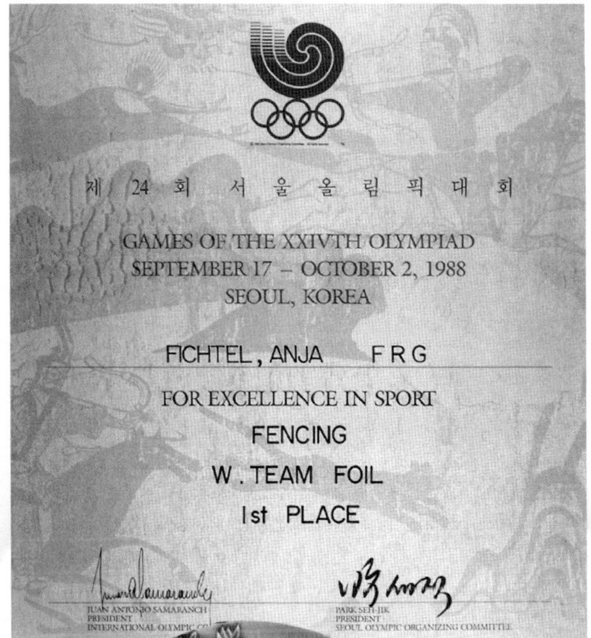

제 24 회 서울올림픽대회

GAMES OF THE XXIVTH OLYMPIAD
SEPTEMBER 17 – OCTOBER 2, 1988
SEOUL, KOREA

FICHTEL, ANJA FRG

FOR EXCELLENCE IN SPORT
FENCING
W. TEAM FOIL
1st PLACE

JUAN ANTONIO SAMARANCH
PRESIDENT
INTERNATIONAL OLYMPIC CO

PARK SEH-JIK
PRESIDENT
SEOUL OLYMPIC ORGANIZING COMMITTEE

Siegerdiplom

Erinnerungsmedallle

Siegermedaille

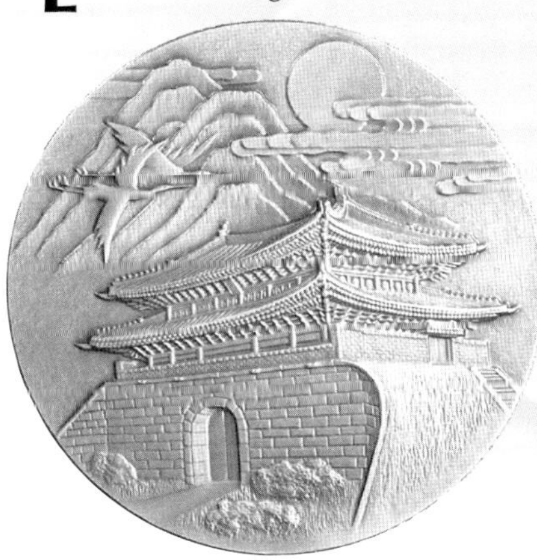

Drei Fackelträger entzünden das Olympische Feuer.

entfielen, der Lufttransport machte ca. 10 730 km aus und die Strecke in Südkorea 4 163 km. Davon wurden in Griechenland ca. 300 km zu Fuß zurückgelegt, in Südkorea ca. 1 410 km. Die Strecke pro Sportler betrug durchschnittlich einen Kilometer. Insgesamt wurden in Griechenland 380 Läufer/Läuferinnen, in Südkorea 1 539, zuzüglich 2 774 Eskorten- und 16 633 Begleitläufer eingesetzt. Eine prominente Teilnehmerin war Miss Korea, Yoon-Jung JANG.

Die von dem Designer Lee-Woo Sung entworfene Fackel besteht aus einem plastikumwickelten Griff mit abschließendem Ring und der Aufschrift »*Games of the XXIV Olympiad Seoul 1988*«. Darüber befindet sich ein in drei Stufen sich konisch erweiternder Schaft mit dem Emblem der Spiele und einem eingravierten Drachen als Zodiakfigur für 1988. Benutzt wurden 3 300 Fackeln. Die Sicherheitslampen waren im Maßstab 1:40 der Form der antiken koreanischen Observatorien Chum Sung Dae nachgebildet.

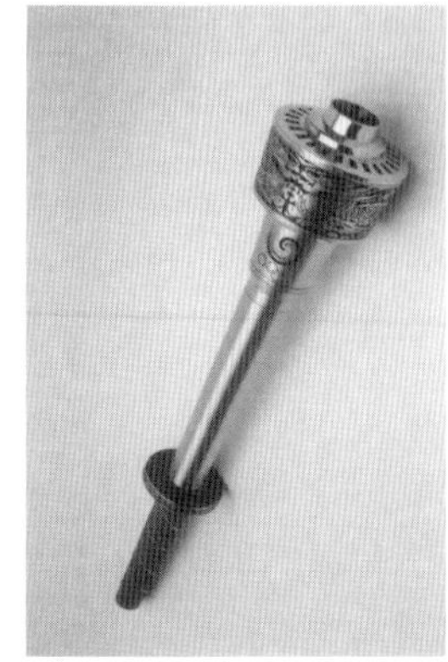

Die Fackel; links: Weg der Fackelstaffel durch Südkorea

Albertville 1992

Wie selten zuvor, vielleicht – mag der Vergleich auch heftig hinken – nur einmal, nämlich 1936, warfen die Spiele lange dunkle Schatten voraus. Schon weit vor der Entzündung des Olympischen Feuers hatte sich weltweit Kritik, ja Empörung entzündet, und zwar an den z.T. haarsträubenden, allemal rücksichtslosen Eingriffen in die »natürliche« Umgebung von Albertville, die man etwa für die Errichtung der Sprungschanzen oder der Bob- und Rodelbahn billigend in Kauf nahm. Angesichts gravierender ökologischer »Kosten« wurde vielfach sogar die Grundsatzfrage aufgeworfen, ob die Durchführung Olympischer Winterspiele überhaupt noch legitim sei.

Schon vor diesem Hintergrund wurde die im Oktober 1986 getroffene Entscheidung zugunsten Albertvilles allgemein als unglücklich empfunden, zumal unter den fünf Mitbewerbern durchaus bessere, nicht zuletzt auch umweltverträglichere Konzepte präsentiert worden waren. Eine qualitativ hochwertige Bewerbung wurde vor allem auch Berchtesgaden bescheinigt, also dem Kandidaten, der mit enttäuschenden sechs Stimmen als erster aus dem Rennen war. Doch diese, wie manch andere Wahl folgte einer IOC-eigenen Logik: Möglicherweise war das Votum für Albertville eine Kompensation dafür, daß man bei der Vergabe der Sommerspiele nicht die französische Hauptstadt Paris, sondern Barcelona, die Heimat von IOC-Präsident SAMARANCH, berücksichtigt hatte.

Zumindest mit Blick auf die Winterspiele muß die Wahl nicht unbedingt als glücklich bezeichnet werden. Ein Manko unter anderen: Die weiten Wege vom Olympischen Dorf oder dem Pressezentrum zu den einzelnen Wettkampfstätten bzw. zwischen denselben und zurück.

Im übrigen standen die Spiele von Albertville – so wie die in Barcelona – im Zeichen der einschneidenden Veränderungen der weltpolitischen Landkarte. Der Kalte Krieg war beendet, die Sowjetunion in ihre Bestandteile aufgelöst, Deutschland wieder vereinigt bzw. wiedervereinigt, Nicoleau CEAUCESCU, wie Erich HONECKER ein Träger des Olympischen Ordens in Gold, hingerichtet und Nelson MANDELA aus dem Gefängnis entlassen. Diese und andere Entwicklungen fanden natürlich auch in der Welt des internationalen bzw. olympischen Sports ihren Niederschlag. So war Deutschland erstmals seit 1936 wieder mit einer echten gesamtdeutschen Mannschaft – offizielles Kürzel »*GER*« – vertreten. Fast folgerichtig, daß sich diese mit 26 Medaillen an die Spitze der Bewegung setzte, und dies deutlich vor der Sowjetunion, die im übrigen, als solche nicht mehr existent, unter der Bezeichnung »Gemeinschaft unabhängiger Staaten«, immerhin noch 23 Medaillen sammelte. Davon allein fünf, drei goldene und zwei silberne, gingen auf das Konto der Skilangläuferin Ljubow JEGOROWA. Ihre norwegischen Kollegen Vegard ULVANG und Bjørn DÆHLIE brachten es jeweils auf drei Gold- und eine Silbermedaille. Als fleißigste Medaillensammler des deutschen Teams reüssierten der Biathlet Mark KIRCHNER und die Eisschnelläuferin Gunda NIEMANN. Beide zeichneten für zwei Gold- und eine Silbermedaille verantwortlich.

Siegerehrung. Nach einer fast achtjährigen Diskussion unter intensiver Beteiligung der gesamten »olympischen Familie«[1] verabschiedete das *IOC* auf seiner 96. Session 1990 in Tokyo eine vollständig überarbeitete und neuformulierte Charta, die, abgesehen von einigen wenigen Änderungen, bis zum Jahr 1999 gültig blieb. Bei den Siegerehrungen, also den Paragraphen 70 und 71[2], gab es einige wichtige Neuerungen. Die »künstlichen« Mannschaftswettbewerbe wurden nicht mehr erwähnt. Dies bedeutet, daß z.B. im Modernen Fünfkampf und in der Military ein Athlet für eine Leistung zwei Medaillen (Einzel- und Mannschaftswertung) erhalten kann. Wo es möglich war, z.B. im Turnen und im Dressurreiten, waren allerdings inzwischen zusätzliche Wettkampfteile zur Ermittlung der Plazierung in der Einzelwertung hinzugefügt worden. In Paragraph 70 wurde folgende Ergänzung vorgenommen:

»2.3. Die Entwürfe aller Medaillen und Urkunden sind durch das OK der Exekutivkommission des IOC zur vorherigen schriftlichen Genehmigung vorzulegen.

Literatur:

Comité d'Organisation des XVIes Jeux Olympiques d'Hiver d'Albertville et de la Savoie (Hg.), *Rapport Officiel des XVIes Jeux Olympiques d'Hiver d'Albertville et de la Savoie (Official Report of the XVI Olympic Winter Games of Albertville and Savoie)*, Albertville 1992.

KÜRTEN, Dieter, *Olympische Winterspiele Albertville '92*, München 1992.

VALÉRIEN, Harry, *Olympia '92. Die Winterspiele Albertville*, München 1992.

1 Das *IOC* hatte die *NOK*, die nationalen und internationalen Verbände, Athleten und Sportwissenschaftler gebeten, sich mit den Entwürfen zu befassen und Änderungs- bzw. Verbesserungsvorschläge einzureichen.

2 CIO (Hg.), *Charte Olympique '91*, Lausanne 1991, S. 72-74. CIO (Hg.), *Olympic Charter '91*, Lausanne 1991, S. 71-73.

3. Jeder Athlet, der ein Anrecht auf eine Medaille hat, bekommt ein Erinnerungsabzeichen, wie von der Exekutivkommission des IOC festgelegt.«
In Paragraph 71:
»2. Die Namen der Medaillengewinner in jedem Wettbewerb werden auf Dauer im Hauptstadion herausgestellt.
3. Alle Athleten, die an den Olympischen Spielen teilgenommen haben, erhalten vom IOC ein Erinnerungsabzeichen.«[3]

Mit der in der Charta verankerten Einführung des Olympic Label Pins, also eines Abzeichens, das am Rockaufschlag zu tragen ist, für alle Medaillengewinner und auch die übrigen Athleten, war eine längere Entwicklung zu Ende gegangen. 1927 hatte Alberto BONACOSSA zum ersten Mal den Antrag eingebracht, ein *»Olympic Brevet«* zu schaffen. Die Session 1928 in Amsterdam lehnte mit 16 zu 14 Stimmen ab. Das *IOC* diskutierte – ohne Ergebnis – 1929 erneut darüber. 1936 erhielten in Berlin die eingeladenen Olympiasieger ein besonderes Abzeichen. Mehrere Anträge in den 50er Jahren, das Medaillenabzeichen einzuführen, wurden von den Sessionen abgelehnt. 1985 machten der Schwede Sven THOFELT einen erneuten Versuch. Das Exekutivkomitee folgte ihm am 12. Dezember 1986. Merkwürdigerweise faßte die Session 1987 aber keinen entsprechenden Beschluß. 1988 lag der Session eine befürwortende Antwort von 83 *NOK* vor.[4]

Das Organisationskomitee in Albertville war der Auffassung, die Siegerehrungen in den Sportstätten, in denen der jeweilige Wettbewerb stattgefunden hatte, durchzuführen, um eine möglichst enge Verbindung von Wettkampf und Ehrung des Athleten herzustellen. Unmittelbar nach der Entscheidung erhielten die drei erstplazierten Athleten ein Blumenbouquet in den Savoyer Farben Rot und Weiß. Nach Beendigung aller Disziplinen eines Tages in einer Sportstätte fand dann erst die Medaillenübergabe statt. Bei einigen Hallenveranstaltungen wurde dieses Zeremoniell allerdings unmittelbar nach Ende des Wettkampfes durchgeführt. Die Kinder, die die Medaillen trugen, waren ebenso gekleidet wie die Jungen und Mädchen, die bei der Eröffnungsfeier beteiligt gewesen waren. Philippe GUILLOTEL, der Kostümdesigner der Spiele, hatte sich dabei von den traditionellen Savoyer Trachten anregen lassen. Er hatte dazu die Farben der Spiele gewählt, für die Philippe DECOUFLÉ verantwortlich zeichnete. Die Siegerpodeste waren von dem Holzdesigner Martin SZEKELY gestaltet wor-

XVI. Olympische Winterspiele in Albertville – 8. bis 23. Januar 1992

Mannschaften: 64

AHO	ALG
AND	ARG
AUS	AUT
BEL	BER
BOL	BRA
BUL	CAN
CHI	CHN
CRC	CRO
CYP	DEN
ESP	EST
EUN	FIN
FRA	GBR
GER	GRE
HON	HUN
IND	IRL
ISL	ISV
ITA	JAM
JPN	KOR
LAT	LIB
LIE	LTU
LUX	MAR
MEX	MGL
MON	NED
NOR	NZL
PHI	POL
PRK	PUR
ROM	SEN
SLO	SMR
SUI	SWE
SWZ	TCH
TPE	TUR
USA	YUG

Sportler: 1 801 (488[1])

Name des Organisationskomitees:	***Comité d'Organisation des XVIes Jeux Olympiques d'Hiver d'Albertville et de la Savoie (COJO)***
Co-Präsidenten:	Michel BARNIER und Jean-Claude KILLY
Generalsekretär:	Jean-Albert CORRAND
Offizieller Bericht:	französisch / englisch
Zeremoniell:	Eröffnungs- und Schlußfeier am Anfang und am Ende der Spiele
Eröffnung durch:	Staatspräsident François MITTERRAND
Dauer:	16 Tage
Siegerehrung:	am Abend des Wettkampftages bzw. nach dem Wettkampf durch den IOC-Präsidenten bzw. ein von ihm beauftragtes IOC-Mitglied und einen Vertreter des jeweiligen Internationalen Fachverbandes
Olympischer Eid:	Surya BONALY (Eiskunstläuferin) Pierre BORNAT (Kampfrichter)
letzte Fackelträger:	Michel PLATINI (Fußballspieler) und François-Cyrille GRANGE (Fußballspieler)
Fackel (Design):	Philippe STARCK
Emblem:	Bruno QUENTIN
Plakat:	13 verschiedene
Siegermedaille:	Marie-Claude LALIQUE (Paris)
Siegerdiplom:	unbekannt
Demonstrationsmedaillen:	Monnaie de Paris
Erinnerungsmedaille:	Renée MAYOT
Erinnerungsdiplom:	unbekannt
Zeitschriften:	*Flash COJO, Olympic Winter Games Daily News*
Film:	*Le Marche du Siècle Albertville, Le Revue Olympique* (2 Teile)
Maskottchen:	Magique (Design: Philippe MAIRESSE)
Sportarten:	10 (8[1]) mit 57 (25[1]) Wettbewerben
Demonstrationen:	3 (3[1]) mit 8 (4[1]) Wettbewerben
Besonderheiten:	heftige Kritik wegen großer Umweltschäden, die beim Bau der Sportstätten entstanden

Erläuterungen: [1] davon Frauen

3 VEDDER, Christoph / LÄMMER, Manfred (Hg.), *Olympische Charta,* Frankfurt 1996, S. 60-61. IOC (Hg.), *Olympic Charter,* Lausanne 1991, S. 72-73). Originalzitate siehe Abschnitt Quellentexte.
4 Zusammenfassung von Wolf LYBERG in einem Brief an den Verf. vom 03.09.1999.
5 In: Werbeblatt der Firma Lalique (englisch und deutsch).

Eine Siegerehrung

den. Der Offizielle Bericht versucht, eine Interpretation der Ideen von Szekely zu geben: Der Designer wollte mit seiner Podestkonstruktion ein Abbild der Berge und der Architektur von Savoyen schaffen. Die Stufe für den Sieger formte er nach einem Schneekristall. Die Plätze für den Zweiten und Dritten waren in warmen Farben gehalten und sollten in ihrem weichen Aussehen an den Olivenzweig, den Preis bei den antiken Spielen, erinnern. Für die Siegerehrungen außerhalb der Hallen war ein Hintergrundgebilde aus Holz geschaffen worden. Es zeigt die Berge und die Olympischen Ringe. Die Stufen des Podiums bestanden aus meterlangen Tannenplanken. Jeder Siegerehrung, die im Freien durchgeführt wurde, folgte ein kurzes Feuerwerk. Wie schon bei einigen Spielen zuvor, bereite es auch dem Organisationskomitee in Albertville große Probleme, die korrekten Flaggen und Nationalhymnen zu besorgen, da wieder 20 % der *NOK* auf entsprechende Anfragen nicht reagierten.

Siegermedaille. Den Auftrag für die Gestaltung der Siegermedaillen erhielt Marie-Claude Lalique von der Firma Maison Lalique in Paris. Sie verließ den bisherigen Weg und verwendete statt nur Gold, Silber oder Bronze als Basismaterial in erster Linie Kristall. In einem Prospekt aus dem Jahr 1999 gibt das Haus Lalique folgende Interpretation:

»In Albertville schmücken der Lorbeerkranz als traditionelles Siegersymbol und die Berge als majestätisches Theater dieser Olympischen Winterspiele, die auf diese Weise auf ihre natürliche Kulisse treffen, die Medaillen. Aber zum ersten Mal wurden diese Motive nicht in Metall graviert, sondern in transparentes Kristall ziseliert, in ein Material, das an den Stein aus den Savoyer Bergen erinnert, und dessen klare und nüchterne Schönheit in perfekter Harmonie zu den visuellen Tendenzen steht, die für die Spiele in Albertville ausgewählt wurden. [...]
In der Tat wird die olympische Medaille zum ersten Mal aus Kristall sein, mit Gold, Silber oder Bronze versehen: eine große technische Neuheit, zu hundert Prozent von Hand hergestellt. Es bedarf großer Präzision und Sorgfalt und benötigt zahlreiche Arbeitsschritte, um Kristall und Metall zusammenzufügen.
Auf dem farblosen Kristall hat der Künstler auf der Rückseite der Medaille in kraftvollen Linien ein Gebirge darstellt. Im Hintergrund erscheinen die fünf Olympischen Ringe, sich gegenseitig überlappend, die sich vom Tal abheben, und es entsteht ein perspektivischer Eindruck.
Auf dem oberen Teil des Metalls ist ein stilisierter Lorbeerzweig leicht vertieft eingraviert, während auf der unteren Seite XVI. Olympische Spiele (franz.-engl.) zu lesen ist.«[5]

Für die Herstellung der 330 Medaillen waren 35 Arbeitsgänge von ebenso vielen Personen und Hunderte von Stunden notwendig, um Kristallglas und Metall zusammenzufügen. Die Medaillen haben einen Durchmesser von 92 Millimetern und eine Dicke von neun Millimetern und wiegen 169 (Gold- und Bronze-) bzw. 172 (Silbermedaille) Gramm. Zu den Medaillen gehört ein Plexiglas-Behältnis, das deren Schönheit noch besonders hervorhebt. Die jeweils ersten drei der Demonstrationswettbewerbe erhielten eine ein wenig andere, aber ähnlich aussehende Medaille als die Sieger bei den »offiziellen« Wettkämpfen. Auf der Vorderseite sind das oben erwähnte Bergmassiv ohne die Olympischen Ringe und auf der Rückseite die Olympische Flamme zu sehen. Die Auszeichnung ist etwas kleiner und hat nur einen Durchmesser von 68 Millimetern. Die 148 benötigten Exemplare prägte die Monnaie de Paris.

Siegerdiplom. Das Siegerdiplom (275 x 275 Millimeter) zeigt unten rechts einen roten und oben links einen blauen Streifen, der ver-

Marie-Claude LALIQUE

Die Firma Lalique wurde 1885 von René Lalique gegründet, einem Künstler der Art-Nouveau-Epoche, der vor allem Schmuck und dann Glasgebilde entwarf, z.B. die Fontaine Merveilleuse der Exposition Internationale des Arts Décoratifs 1925 in Paris. 1945 folgte ihm sein Sohn Marc Lalique, der vor allem Kristall als Werkstoff benutzte. 1977 übernahm Marie-Claude Lalique die künstlerische Leitung der Firma. Kunstwerke der Lalique-Dynastie finden sich in allen bedeutenden Museen der Welt. Ausstellungen im Musée des Arts Décoratifs in Paris (1992), Museum of Modern Art in Tokyo (1992), im Louvre (1993) und im Musée Botanique in Brüssel (1995) unterstreichen ihre Bedeutung. Heute ist die Lalique-Gruppe eine Aktiengesellschaft und beschäftigt 700 Angestellte bei einem Umsatz von 500 Millionen Francs. Sie verkauft ihre Produkte (Schmuck, Handtaschen, Gürtel, Parfümgefäße) in 60 Boutiquen in vielen Ländern der Welt. Die Firma ist Sponsor der Lalique Trophäe, eines großen Eiskunstlauf-Wettbewerbs. Die 5. Lalique Trophäe (8.-10.11.1991) war ein Testwettbewerb für die Spiele in Albertville. 1995 erhielt Lalique den Auftrag, eine neue Trophäe für die Tour de France zu gestalten.

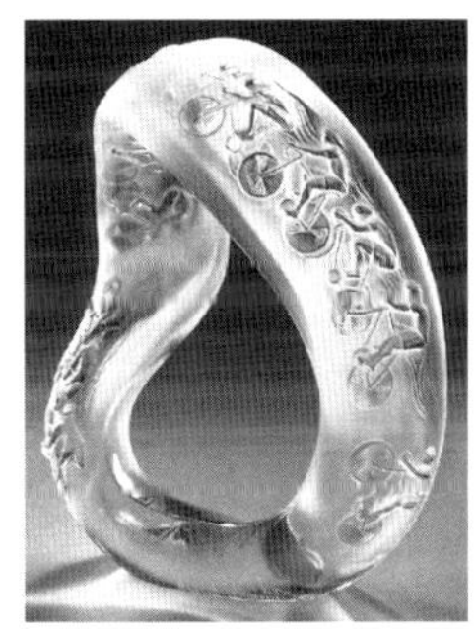

Tour de France Trophy, 1995

Bruno QUENTIN *1957

Der Designer Quentin entstammt einer Künstlerfamilie. Sein Vater war Professor für Architektur, ein Onkel Maler und Bildhauer. Nach einem Kunststudium wurde Bruno Quentin1983 Kommunikationsbeauftragter des Savoyer Generalrates. Das Emblem der Spiele, das Savoyer Kreuz in der roten Flamme, hatte er bereits im November 1983 vorgestellt. Heute leitet er in Paris, genauer in Saint-Germain-des-Prés, die Graphikagentur Quentin Design.

Logo Le grand Lac

jüngend etwa bis in die Hälfte des Blattes hineinragt. Rechts am Ende des roten Streifens befindet sich das Emblem der Spiele. Im oberen rechten Teil der Urkunde ist das Motiv der Vorderseite der Siegermedaille reliefartig eingeprägt, etwa einem Wasserzeichen vergleichbar. Das Emblem hatte Bruno Quentin entworfen. Es war zum ersten Mal im Februar 1988 bei den Olympischen Winterspielen in Calgary vorgestellt worden. Quentin hatte den roten Savoyer Wappenschild mit dem weißen Kreuz in der Mitte in eine rote Flamme mit weißem Kreuz »verwandelt». Darunter zeichnete er zwei geschwungene rote Linien (Bretter). Flamme und Linien sollten beim Betrachter die Assoziation von Geschwindigkeit auf Skiern erzeugen. Unterhalb der beiden Linien steht *»ALBERTVILLE 92«* und wiederum darunter sind die Olympischen Ringe zu erkennen. Mit Hilfe der offiziellen Ergebnisliste füllten jeden Abend fünf »pensionierte Beamte«, die eine besonders schöne Handschrift hatten, die Diplome aus. Unterzeichnet hatten sie IOC-Präsident Juan-Antonio Samaranch und die beiden Co-Präsidenten des Organisationskomitees, Jean-Claude Killy und Michael Barnier. Vergeben wurden insgesamt 872 Exemplare. Der Offizielle Bericht nennt leider nicht den Namen des Designers des Siegerdiploms.[6]

Das Diplom für die jeweils ersten drei der Demonstrationswettbewerbe entsprach in der Gestaltung weitgehend der Siegerurkunde. Statt *»DISCIPLINE«* bzw. *»EVENT«* ist *»DISCIPLINE DE DEMONSTRATION«* bzw. *»DEMONSTRATION EVENT«* eingedruckt.

Erinnerungsmedaille. Die Erinnerungsmedaille wurde von Renée Mayot entworfen. Auf ihrer Vorderseite befindet sich das Emblem und dahinter fünf waagerechte Linien. Am Rand steht die Schrift *»XVI OLYMPIC WINTER GAMES 8 – 23 FEBRUARY 92 – XVI JEUX OLYMPIQUES D'HIVER 8 – 23 FEVRIER 92«*. Auf der Rückseite ist das Motiv des offiziellen Posters der Spiele eingraviert. Dieses Poster war ein Jahr vor den Spielen, am 7. Februar 1991, auf einer Pressekonferenz vorgestellt worden. Mit wenigen Pinselstrichen malte der Künstler die Olympischen Ringe, dahinter und darüber die Savoyer Alpen, den blauen Himmel und die Sonne. Die Medaille besteht aus verchromtem Stahl und hat folgende Maße: 68 Millimeter Durchmesser, acht Millimeter Dicke und 198 Gramm Gewicht. Hergestellt wurde sie in der Monnaie de Paris. Rund 14 500 Exemplare sind an die Helfer, Athleten, Offiziellen der Mannschaften, Ehrengäste und das Personal des *COJO* verteilt worden. Zur Medaille gehört ein dunkelblaues Kistchen aus Karton mit dem Emblem der Spiele und der Schrift *»MONNAIE DE PARIS«* auf dem Deckel. In dem Kästchen befinden sich zwei Plastikstäbe, mit deren Hilfe die Medaille aufgestellt werden kann.

Das Teilnehmerdiplom (275 x 275 Millimeter) entspricht, bis auf die Eintragung, der Siegerurkunde. Allerdings ist hier oben rechts, entsprechend dem Personenkreis, an den das Diplom überreicht wurde, nämlich allen Teilnehmern an den Spielen, die Rückseite der Erinnerungsmedaille reliefartig eingeprägt. Statt der Leistungsangaben findet sich, ähnlich wie schon so oft, in Englisch und Französisch die Formel: *»IN ANERKENNUNG IHRER TEILNAHME AN DEN XVI. OLYMPISCHEN WINTERSPIELEN IN ALBERTVILLE UND SAVOYEN.«*

Exkurs: Fackelstaffel

Für den Transport der Flamme von Olympia nach Paris stellte der französische Staat werbewirksam das Überschall-Passagierflugzeug Concorde zur Verfügung. Der Weg nach Albertville mit einer Länge von 5 500 km führte durch 63 Departements und 2 000 Gemeinden. Mehr als 55 000 Läuferinnen und Läufer im Alter von 15 bis 20 Jahren waren schon im Juni 1991 durch Losentscheid ausgewählt worden. Am Ende jeder Teilstrecke wurde eine szenische Darstellung der Geschichte des Feuers von der Entstehung des Universums bis zu den Spielen von Albertville gezeigt. Dabei wurden innovative Techniken wie Laser mit Fotos, Texten und Illustrationen kombiniert.

Offizieller Organisator des Fackellaufes war La Poste. In Partnerschaft mit dem Organisationskomitee nutzte sie ihr landesweites

6 QUENTIN teilte Verf. am 05.01.2000 mit, daß er zwar das Logo, aber nicht die Diplome entworfen habe. Er konnte sich aber nicht an den Namen des dafür verantwortlichen Designers erinnern. Auch die Mitarbeiter des Stadtarchivs von Albertville, in dem sich die Akten der Spiele befinden, konnten nicht weiterhelfen.

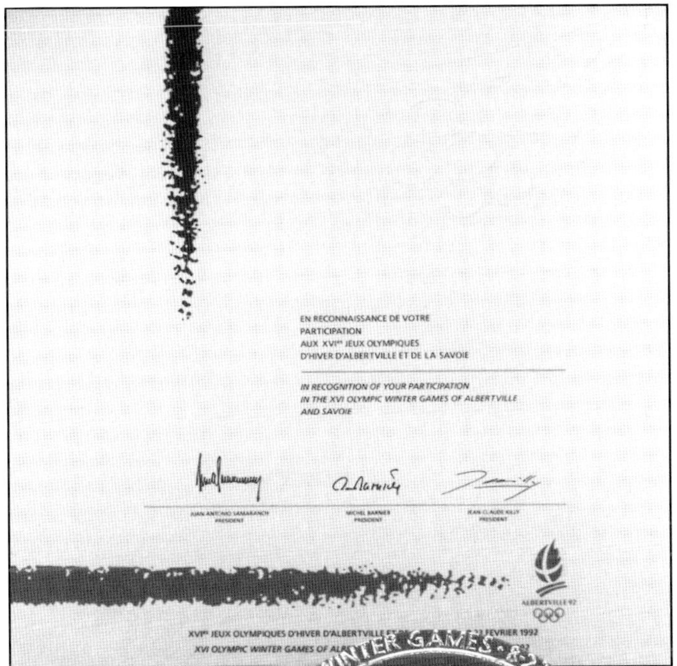
EN RECONNAISSANCE DE VOTRE
PARTICIPATION
AUX XVIes JEUX OLYMPIQUES
D'HIVER D'ALBERTVILLE ET DE LA SAVOIE

IN RECOGNITION OF YOUR PARTICIPATION
IN THE XVI OLYMPIC WINTER GAMES OF ALBERTVILLE
AND SAVOIE

JUAN ANTONIO SAMARANCH
PRESIDENT

MICHEL BARNIER
PRESIDENT

JEAN-CLAUDE KILLY
PRESIDENT

ALBERTVILLE 92

XVIes JEUX OLYMPIQUES D'HIVER D'ALBERTVILLE … FEVRIER 1992
XVI OLYMPIC WINTER GAMES OF AL…

Erinnerungs-
diplom

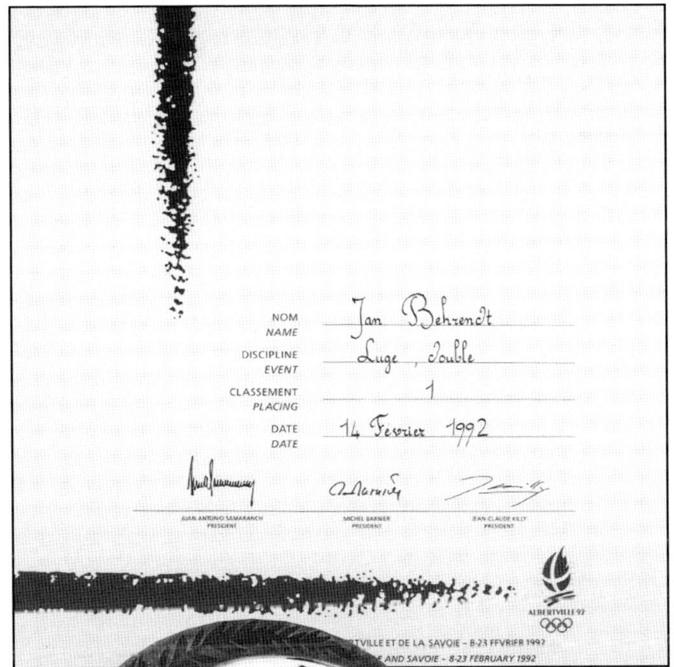
NOM
NAME
Jan Behrendt

DISCIPLINE
EVENT
Luge, Double

CLASSEMENT
PLACING
1

DATE
DATE
14 Fevrier 1992

JUAN ANTONIO SAMARANCH
PRESIDENT

MICHEL BARNIER
PRESIDENT

JEAN-CLAUDE KILLY
PRESIDENT

ALBERTVILLE 92

…RTVILLE ET DE LA SAVOIE – 8-23 FEVRIER 1992
…E AND SAVOIE – 8-23 FEBRUARY 1992

Siegerdiplom

Erinnerungsmedaille

Siegermedaille

Renée MAYOT *1947

Die Medailleurin studierte an den Kunsthochschulen in Reims, Straßburg und Paris, wo sie 1970 das Diplom in Bildhauerei erhielt. Sie gewann einige bedeutende Auszeichnungen: Junge Skulptur, Prix Pierre David Weill, Casa Velazques (1983). Die letztgenannte ermöglichte ihr ein zweijähriges Stipendium in Madrid. Nach ihrer Rückkehr spezialisierte sie sich auf den Entwurf von Medaillen. Bekannt sind vor allem ihre Kalender-Medaillen, die von der Pariser Münze geprägt werden.

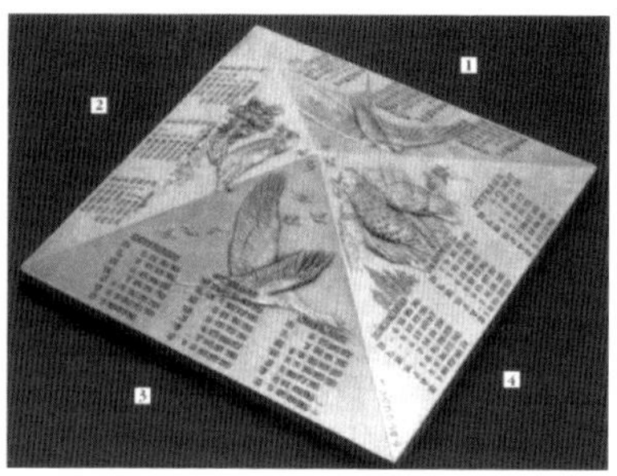

Saisons 94

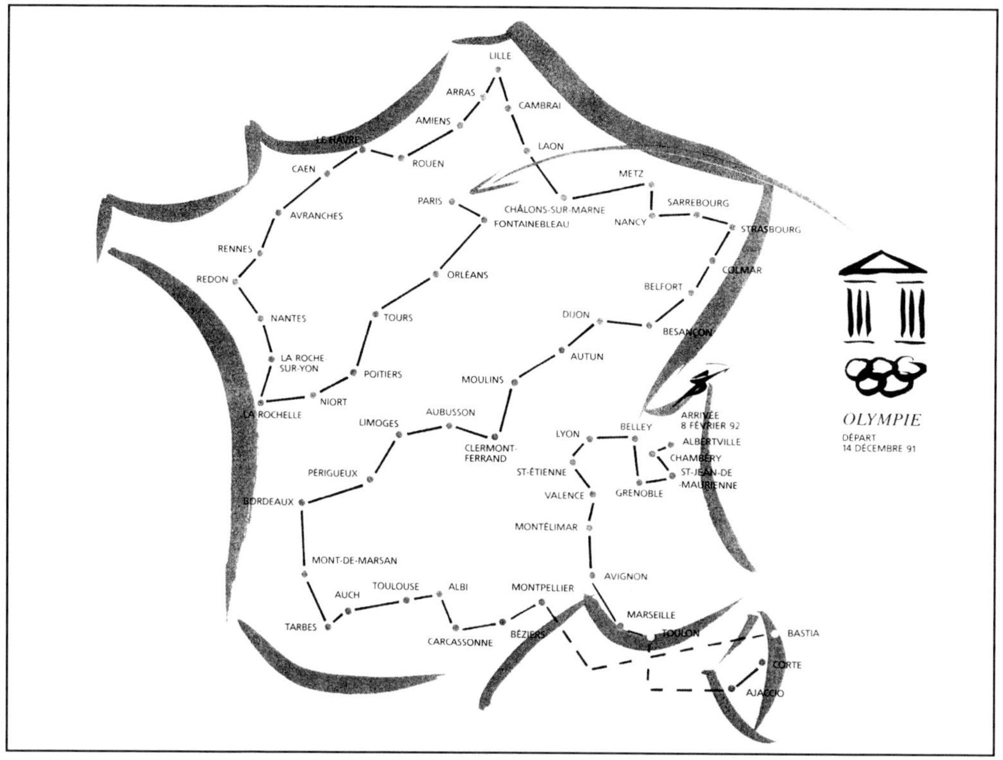

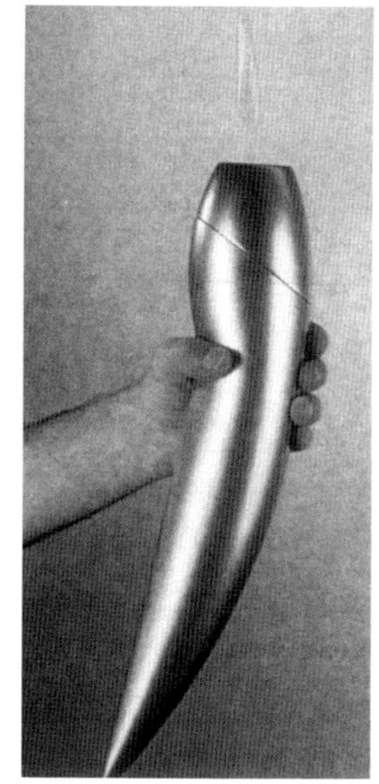

Die Fackel; links: Route der Fackelstaffel

Kommunikationsnetz, und 1100 *»Hüter der Flamme«* aus dem Postdienst halfen bei der Durchführung. Der Fackellauf war für das Unternehmen eine Gelegenheit, sich als *»entreprise sans frontiers«* in einem Ereignis darzustellen, das für einen Moment Millionen von Franzosen erlaubte, sich als Weltbürger zu fühlen.[7] Entzündet wurde das Olympische Feuer nicht von einem Wintersportler, sondern von Michel Platini, dem wohl Anfang der 90er Jahre bekanntesten Fußballspieler Frankreichs, und dem neunjährigen François-Cyrille Grange, einem fußballspielenden Jungen aus Valloire.

7 COUSQUIER, Yves: »Entreprendre sans frontiers«, in: La Poste, Organisateur Officiel (Hg.), *Parcours de la Flamme Olympique*, o. O. 1991.

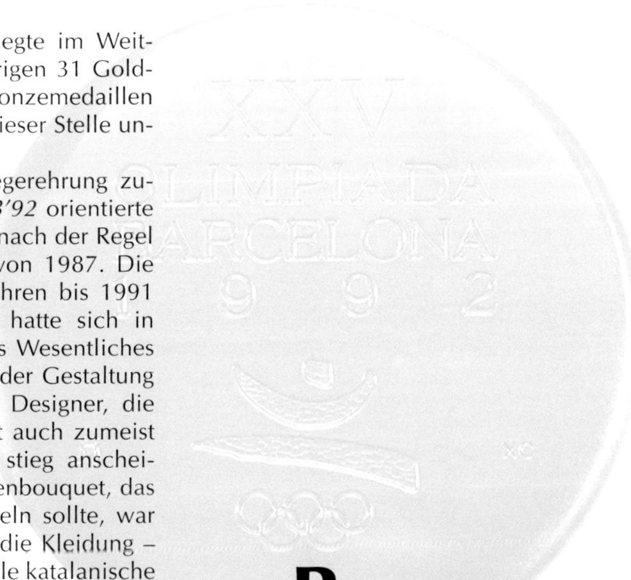

Barcelona 1992

Seit 1990 hatte sich die politische Großwetterlage grundlegend verändert, und dies hatte sich – natürlich – auch auf der olympischen Landkarte niedergeschlagen. Der Ost-West-Konflikt war beendet, die Sowjetunion hatte sich aufgelöst, Jugoslawien war zersplittert, Deutschland dagegen wird vereinigt, und in Südafrika hatten sich die Dinge allemal zum Besseren gewendet.
Die Folge: Wie schon bei den Winterspielen in Albertville präsentierte sich die ehemalige Sowjetunion als »Gemeinschaft unabhängiger Staaten« (GUS), Deutschland mit einer echten gesamtdeutschen Mannschaft, während Südafrika nach 32jähriger Abstinenz erstmals überhaupt wieder an Bord war – und mit immerhin zwei Silbermedaillen glänzte. Da sich zudem auch Kuba und sogar Nordkorea beteiligten und auch andernorts offenbar kein Anlaß zum Fernbleiben gesehen wurde, erlebte Barcelona gleichsam die erste olympische Vollversammlung in der Geschichte der Spiele. Mit anderen Worten: Fast 10 000 Teilnehmer aus 169 Ländern hatten sich eingefunden, um in 25 Sportarten und 257 Disziplinen friedlich miteinander in Wettstreit zu treten.
Am erfolgreichsten waren dabei – zumindest diesbezüglich hatte sich nichts geändert – die Vertreter der GUS: Sie sammelten 45 Gold-, 38 Silber- und 29 Bronzemedaillen. Darin enthalten waren auch die sechs Goldenen des weißrussischen Turners Vitali SCHERBO. Die Amerikaner erreichten mit einigem Abstand nur Rang zwei in der Nationenwertung. Immerhin reüssierten sie mit ihrem »Dream-Team«: Erstmals hatten sich die (vermeintlich) besten Basketball-Profis dazu herabgelassen, ihre Künste auch bei Olympischen Spielen vorzuführen, d.h. den Rest der Welt an die Wand zu spielen. Besonders im Blickpunkt stand »Magic« JOHNSON, der im Vorfeld der Spiele durch sein Bekenntnis zu einer HIV-Infizierung in die Schlagzeilen geraten war.
Um aus der insgesamt überzeugenden deutschen Mannschaft – mehr oder weniger willkürlich – nur zwei Athleten herauszuheben, sei auf Dieter BAUMANN und Heike DRECHSLER verwiesen. Ersterer gewann Gold über 5000 Meter, Zweitere siegte im Weitsprung. Die Gewinner der übrigen 31 Gold- sowie 21 Silber- und 28 Bronzemedaillen müssen aus Platzgründen an dieser Stelle ungenannt bleiben.
Siegerehrung. Die für die Siegerehrung zuständige Abteilung des *COOB'92* orientierte sich bei ihren Vorbereitungen nach der Regel 65 der Olympischen Charta von 1987. Die Charta wurde zwar in den Jahren bis 1991 gründlich überarbeitet, doch hatte sich in bezug auf die Ehrungen nichts Wesentliches geändert. Die Anzahl der mit der Gestaltung dieses Zeremoniells befaßten Designer, die diesmal im Offiziellen Bericht auch zumeist namentlich genannt wurden, stieg anscheinend weiter an. Für das Blumenbouquet, das ein mediterranes Flair vermitteln sollte, war z.B. Blai PUIG zuständig, für die Kleidung – es handelte sich um traditionelle katalanische Kostüme – und die Accessoires der an der Siegerehrung beteiligten Helfer Antoni MIRÓ bzw. Chelo SASTRE, der auch die Verantwortung trug für die Schalen, auf denen die Medaillen lagen. Wie bisher des öfteren traten wieder Probleme bei der Beschaffung der insgesamt 3 500 benötigten Flaggen und der Nationalhymnen auf. Dies lag vor allem daran, daß inzwischen aus der UdSSR und Jugoslawien mehrere neue Staaten hervorgegangen waren. Die Flagge von Bosnien-Herzogowina traf erst einen Tag vor der Eröffnungsfeier in Barcelona ein. Die Nationalhymnen wurden nach einem einheitlichem Maßstab neu arrangiert und dauerten alle 50 Sekunden. Einige wurden allerdings erst von den Mannschaften mitgebracht. Carles Santos hatte für die Ehrung eine 16 Sekunden dauernde Fanfare und einen entsprechenden Marsch für das Hereinkommen und Hinausgehen komponiert. Um Personal zu sparen, wurden nur acht Teams für die Ehrungen gebildet, die nach einem exakt ausgearbeiteten Plan in den verschiedenen Sportstätten die 261 Medaillenvergaben vornahmen. Trotzdem wurden insgesamt 248 Helfer – darunter 140 Mädchen und 82 Jungen – benötigt. Für die Aufgabe hatten sich aber über 3 000 junge Leute beworben. Die Erwählten bereiteten

Literatur:
Barcelona '92 Olympic Organising Committee (Hg.), *Official Report of the Games of the XXV Olympiad Barcelona 1992*, 5 Bde. und 2 Disketten, Barcelona 1992.
STOLZE, Raymond (Hg.), *XXV. Olympische Sommerspiele Barcelona 1992*, Berlin 1992.
VALÉRIEN, Harry, *Olympia '92. Die Sommerspiele Barcelona*, München 1992.

sich ein halbes Jahr lang vor und wurden in Choreographie (Rhythmik und ästhetische Bewegung), Make-up und Haargestaltung trainiert.

Siegermedaillen. Die Gestaltung der Siegermedaille für die »offiziellen« sportlichen Wettbewerbe wurde dem Bildhauer Xavier Corberó übertragen. Er stellte zunächst eine »blanke« Medaille her. Daran befestigte er

Spiele der XXV. Olympiade in Barcelona – 24.[1] Juli bis 9. August 1992

Mannschaften: 169

AHO	ALB	ALG	AND
ANG	ANT	ARG	ARU
ASA	AUS	AUT	BAH
BAN	BAR	BEL	BEN
BER	BHU	BIZ	BOL
BOT	BRA	BRN	BSH
BUL	BUR	CAF	CAN
CAY	CGO	CHA	CHI
CHN	CIV	CMR	COK
COL	CRC	CRO	CUB
CYP	DEN	DJI	DOM
ECU	EGY	ESA	ESP
EST	ETH	EUN	FIJ
FIN	FRA	GAB	GAM
GBR	GEQ	GER	GHA
GRE	GRN	GUA	GUI
GUM	GUY	HAI	HKG
HON	HUN	INA	IND
IOP	IRI	IRL	IRQ
ISL	ISR	ISV	ITA
IVB	JAM	JOR	JPN
KEN	KOR	KSA	KUW
LAO	LAT	LBA	LES
LIB	LIE	LTU	LUX
MAD	MAR	MAS	MAW
MDV	MEX	MGL	MLI
MLT	MON	MOZ	MRI
MTN	MYA	NAM	NCA
NED	NEP	NGR	NIG
NOR	NZL	OMA	PAK
PAN	PAR	PER	PHI
PNG	POL	POR	PRK
PUR	QAT	ROM	RSA
RWA	SAM	SEN	SEY
SIN	SLE	SLO	SMR
SOL	SRI	SUD	SUI
SUR	SWE	SWZ	SYR
TAN	TCH	TGA	THA
TOG	TPE	TRI	TUN
TUR	UAE	UGA	URU
USA	VAN	VEN	VIE
VIN	YEM	ZAI	ZAM
ZIM			

Sportler: 9 396 (2 708[3])

Name des Organisationskomitees:	***Barcelona '92 Olympic Organising Committee (COOB'92)***
Präsident:	Pasqual MARAGALL i MIRA
Generalsekretär:	José Miguel ABAD
Offizieller Bericht:	spanisch; französisch; englisch
Zeremoniell:	Eröffnungs- und Schlußfeier am Anfang bzw. am Ende der Spiele
Eröffnung[2] durch:	König JUAN CARLOS I.
Dauer:	16 Tage
Siegerehrung:	nach dem Wettkampf durch den IOC-Präsidenten bzw. ein von ihm beauftragtes IOC-Mitglied und einen Vertreter des jeweiligen Internationalen Fachverbandes
Olympischer Eid:	Luis DORESTE BLANCO (Segler) Eugeni ASENSIO (Kampfrichter)
letzter Fackelträger:	Antonio REBOLLO (behinderter Bogenschütze)
Fackel (Design):	André RICARD
Olympische Hymne:	Spyros SAMARAS / Kostas PALAMAS (Text)
Emblem:	Josep M. TRIAS
Plakate:	Josep M. TRIAS, Javier MARISCAL, Enric SATUÉ, Antonio TÀPIES
Siegermedaille:	Xavier CORBERÓ
Siegerdiplom:	Images and Communication Department des *COOB'92*
Demonstrationsmedaillen:	Xavier CORBERÓ
Erinnerungsmedaille:	Xavier CORBERÓ
Erinnerungsdiplom:	Images and Communication Department des *COOB'92*
Film:	*Marathon* (Pablo del AMO, Carlos SAURA)
Zeitschrift:	*Barcelona '92*
Maskottchen:	Cobi (Javier MARISCAL)
Fanfare:	Carles SANTOS
Sportarten:	25 (19[3]) mit 257 (98[3]) Wettbewerben
Demonstrationen:	4 (2[3]) mit 14 (2[3]) Wettbewerben

Erläuterungen:
[1] Das Fußball- und das Pelota-Turnier begannen bereits einen Tag vor der Eröffnungsfeier.
[2] am 25. Juli 1992
[3] davon Frauen

Die letzte Siegerehrung vor der Abschlußfeier: IOC-Präsident Juan Antonio Samaranch übergibt die Medaillen an Koichi Morishita (JPN), Hwang Young-Cho (KOR) und Stephan Freigang (GER).

das Band in den olympischen Farben. Auf die Vorderseite legte er in der Mitte nach oben verschoben ein kleineres Medaillon, auf der die Siegesgöttin in einer modernisierten Form und rechts davon die Inschrift »*XXV / OLYMPIADA / BARCELONA / 1992*« zu sehen ist. Mehrere große Lorbeerzweige umschließen links die langhaarige Göttin und ziehen sich um die untere Hälfte der Medaille. Das Kolosseum, das seit 1928 den unteren linken Hintergrund der Medaille gebildet hatte, fehlt. Dort befinden sich jetzt die Olympischen Ringe. Die Göttin scheint auf einem Reliefband zu sitzen, das sich etwas unterhalb der Mitte durch die Medaille zieht. Auf die Rückseite prägte Corberó etwas nach oben verschoben das Emblem der Spiele.

Dieses wurde von Josep M. Trias entworfen und erinnert an einen Hindernisläufer, der über die Olympischen Ringe springt. Diese Gestalt ist auf zwei farbige Linien und einen Punkt reduziert. Ein mediterran-blauer Punkt oder Fleck stellt den Kopf der Figur dar. Die weit ausgebreiteten Arme werden durch eine geschwungene gelbe Linie angedeutet. Die Farbe symbolisiert die Sonne, die offene Haltung der Arme soll Gastfreundschaft versinnbildlichen. Eine nahezu waagerechte rote Linie verkörpert die Beine. Zwischen der Figur und den Olympischen Ringen ist im klassischen Schrifttypus Times New Roman semibold »*Barcelona '92*« geschrieben. Auf der Medaille fehlt jedoch der Schriftzug. Dafür ist unterhalb der Ringe der Name der entsprechenden Sportdisziplin eingefügt.

Der Basisteil der Auszeichnung für die Ersten besteht aus Silber mit einem Goldüberzug.

1 Zwei Rennen während der Leichtathletikwoche.

2 Mitarbeiter des Centre d'Estudis Olímpics i de l'Esport der Universitat Autònoma de Barcelona, die mit vielen Informationen halfen, konnten leider auch nicht mehr feststellen, welcher Künstler des Images and Communication Department die Diplome entwarf. Möglicherweise war es eine Gruppenarbeit.

Siegermedaille für die Wettbewerbe der Rollstuhlfahrer und der Paraolympischen Spiele (nur Rückseite); rechts: Siegerehrung im Rollhockey, die siegreiche argentinische Mannschaft mit ihren Medaillen; daneben: Siegermedaille für die Demonstrationswettbewerbe

Das darauf befestigte Medaillon (13,5 Gramm) ist aus purem Gold. Insgesamt wiegt die Medaille 244,5 Gramm. Die Silbermedaille hat ein Gewicht von 269 Gramm. Die »Bronzemedaille« (224 Gramm) besteht aus Kupfer und ist mit Polierkupfer überzogen. Die Medaillen haben einen Gesamtdurchmesser von 75 Millimetern und sind 5,1 Millimeter dick. Der Durchmesser des aufgesetzten Medaillons beträgt 56 Millimeter. Hergestellt wurden die Medaillen in der Fábrica Nacional de Moneda y Timbre (Nationale Münze) in Madrid. Übergeben wurden bei den Siegerehrungen insgesamt 1 691 Exemplare.

Corberó schuf auch die Siegermedaille (vergoldet, Silber, Bronze) für die Demonstrationswettbewerbe. Er machte sich die Gestaltung recht einfach. Als Grundlage nahm er die beiden Motive der Vorderseite der Erinnerungsmedaille und »verteilte« diese auf die beide Seiten des Preises für die Demonstrationen. Auf der Vorderseite ist *»XXV / OLYMPIADA / BARCELONA / 1992«* eingeprägt. Die Rückseite schmückt das Emblem. Oben ist ein kreisrundes Loch angebracht, durch das sich das Band zieht. Etwas anders sieht die Rückseite der Medaille für die Rollstuhlfahrer[1] und die Sieger der Paraolympischen Spiele aus. Die oben beschriebene waagerechte Linie im Emblem, die die Beine des Hindernisspringers versinnbildlichen sollte, ist durch einen offenen Kreis – ein Rad (?) – ersetzt worden. Darunter zieht sich eine waagerechte Kerbe, d.h., die Olympischen Ringe des Emblems fehlen.

Siegerdiplom. Das Siegerdiplom wurde vom Images and Communication Department des *COOB'92* entwickelt.[2] Es zeigt als Hintergrund – in blassem Hellblau, fast wie ein Wasserzeichen – großformatig das Emblem der Spiele. Oben in der Mitte ist nochmals in verkleinerter Form das Emblem in den Originalfarben aufgedruckt. Darunter folgen die Texte in vier Sprachen (Katalanisch, Spanisch, Französisch und Englisch). Der Name des Sportlers und die Angaben zu seiner Leistung wurden in Tusche von einem Kalligraphen eingefügt. Unterzeichnet haben IOC-Präsident Juan Antonio SAMARANCH und der Präsident des Organisationskomitees Pasqual Maragall i Mira. Auch die Diplome wurden in der Fábrica Nacional de Moneda y Timbre hergestellt. Einen Tag nach der jeweiligen Siegerehrung wurden sie den Mannschaftsleitungen zur Weitergabe an die entsprechenden Athleten geschickt.

Ob es auch ein besonderes Diplom für die Sieger bzw. Teilnehmer der Demonstrationswettbewerbe gab, konnte nicht in Erfahrung gebracht werden.

Ehrentafel. Veranstalter von Olympischen Spielen sind verpflichtet, wenige Monate nach Ende des Festes am Stadioneingang eine Tafel mit den Namen der Sieger anzubringen. Die Verantwortlichen in Barcelona beschritten dabei einen etwas anderen Weg als ihre Vorgänger. Sie ließen eine große Anzahl von Tableaus herstellen, auf denen jeweils Name und Nation der ersten drei von etwa zehn Disziplinen verzeichnet wurden. Sie um-

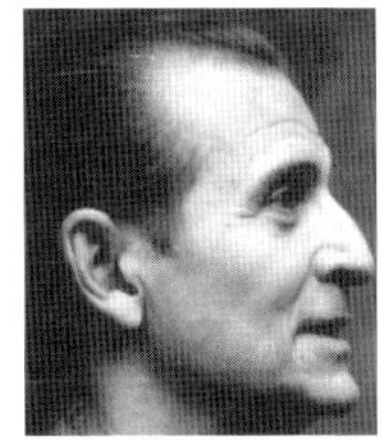

Xavier CORBERÓ *1935

Der Bildhauer Corberó wurde an der Escuela Massana de Artes Suntuarias in Barcelona (1950-1954) und der Central School of Arts and Crafts in London (1955-1959) ausgebildet. Seit 1955 beteiligt er sich an Gruppenausstellungen, zunächst in Barcelona, dann in fast allen bedeutenden Museen. Seit 1959 werden seine Werke in jedem Jahr in großen Einzelausstellungen gezeigt. Seine Skulpturen sind inzwischen in der ganzen Welt zu finden.

Rocinante, The Horse, 1987/88

Josep M. TRIAS FOLCH *1948

Trias studierte an der Escuela superior de Belles Artes und an der Escuela de Artes y Oficios de la Llotja in Barcelona. Nach dem Studium arbeitete er als Designer zunächst in Paris und dann seit 1968 bei Jordi Caneles. 1976 machte er sich selbständig. Zwischen 1980 und 1987 war er außerdem in Barcelona als Graphiklehrer tätig; zudem übernahm er Gastdozenturen in Norwegen, der Schweiz und Dänemark. Seit den 90er Jahren unterrichtet er an der Pompeu Fabra Universität Barcelona. Durch den Entwurf zahlreicher Logos und der Entwicklung von Zeichen- und Leitsystemen, z.B. der Metro in Barcelona, wurde er auch international bekannt. Im übrigen entwarf er zahlreiche Etiketten und Verpackungen in der Arznei- und Genußmittelbranche. Trias erhielt viele internationale Preise und hatte über ein Dutzend Ausstellungen in aller Welt.

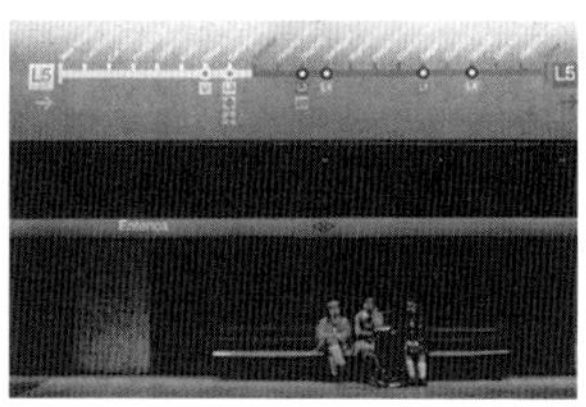

Metro-Wegweiser in Barcelona

rahmten diese mit farbigen Fotos der entsprechenden Wettkämpfe und hingen sie im inneren Umgang des Stadions oberhalb der einzelnen Eingänge auf. Auf diese Weise vermittelt sich dem Besucher eine bildhafte Erinnerung an die Spiele von 1992.

Erinnerungsmedaillen. Xavier Corberó erhielt auch den Auftrag, die Erinnerungsmedaille zu entwerfen. Auf der Vorderseite ist oben in Spanisch eingraviert *»XXV / OLIMPIADA / BARCELONA / 1992«*. Darunter befindet sich das Emblem, und zwar ohne einen Text. Links und rechts sind die Initialen der Fábrica Nacional de Moneda y Timbre, ein *»M«* (links) mit einer Krone darüber, und des Künstlers, *»XC«*, zu erkennen. In die Rückseite ist in der oberen Hälfte eine Spirale und unten eine Zickzacklinie, ein »Blitz« (?) – eingeritzt. Die Linie könnte die Bewegung eines laufenden Athleten versinnbildlichen. Die schwarzbraune glänzende Medaille besteht aus Kupfer und ist mit Polierkupfer überzogen. In der Form ähnelt sie einem Diskus. Die Ausgabe für die Olympische Familie – Sportler und Funktionäre – hat einen Durchmesser von 70 Millimetern, ist in der Mitte acht Millimeter dick und wiegt 254 Gramm. Zusätzlich gibt es eine Version mit der Aufschrift in Katalanisch und besondere Exemplare für das Team '92. Die letzteren sind nur 232,2 Gramm schwer. Ihre Spirale hat weniger Rundungen, und statt der Zickzacklinie ist der Hinweis auf die Mitarbeit eingraviert: *»COLLABORACIO«*. Zu den Medaillen gehört ein kastanienbraunes Täschchen aus Lederimitation.

Erinnerungsdiplom. Das Erinnerungsdiplom wurde ebenfalls vom Images and Communication Department des *COOB'92* geschaffen. Es unterscheidet sich graphisch nicht wesentlich vom Siegerdiplom. Allerdings wurde ein Querformat gewählt und im oberen Bildrand in der Mitte das farbige Emblem der Spiele angebracht. Als Hintergrund sind – wieder wie ein Wasserzeichen – die Olympischen Ringe vom Emblem zu erkennen. Dazu können wir in vier Sprachen den bekannten Text lesen: *»IN ANERKENNUNG UND WÜRDIGUNG AN* [Name des Athleten oder des Funktionärs] *FÜR SEINE/IHRE TEILNAHME UND BEITRAG ZUM ERFOLG DER XXV. OLYMPISCHEN SPIELE BARCELONA 1992«*. Unterschrieben haben auch dieses Diplom Samaranch und Maragall i Mira.

Exkurs: Fackelstaffel

Bei der Entzündung in Olympia am 5. Juni 1992 hielt die Priesterin diesmal die Nachbildung einer antiken Fackel in den Hohlspiegel. Sie gab das Feuer weiter an den ersten Läufer, Savvas SARITZOGLOU, der eine »spanische« Fackel in der Hand hielt. Diese wurde an der nächsten Übergabestelle gestohlen und mußte ersetzt werden. Griechische Läuferinnen und Läufer brachten das Feuer nach Athen. Im Rahmen einer Feier im Panathenäischen Stadion mit der Vorführung antiker Wettkämpfe übergab der Präsident des Hellenischen Olympischen Komitees, Lambis NIKOLAOU, das Olympische Feuer an Pasqual Maragall, den Bürgermeister von Barcelona. Mit der Wiedergabe der entsprechenden Hymne der Olimpiada Popular[3] in Barcelona 1936 wurde an die Spiele erinnert, die wegen des Bürgerkriegs abgesagt werden mußten. Im Hafen von Piräus übernahm die spanische Fregatte »Catalunya« das Feuer und brachte es innerhalb von fünf Tagen nach Empuries, wo in der Antike (600 v. Chr.) eine griechische Handelskolonie errichtet worden war, die griechische Kultur also die iberische Halbinsel erreicht hatte. Mit einem Fischerboot wurde die Flamme an Land gebracht, wo sie die Schauspielerin Nuria ESPERT als griechische Göttin mit den Worten entgegennahm; *»Es hängt von uns ab, ob unser Planet, die Erde, mit Hilfe des Feuers überleben wird oder der Zerstörung anheimfällt.«* Der Sohn der burmesischen Friedensnobelpreisträgerin

Erinnerungsmedaille für die Helfer (nur Rückseite); links: zwei Tafeln mit den Namen von Medaillengewinnern

3 Vom 19. bis 26. Juli 1936 sollte in Barcelona eine Volksolympiade als Gegenveranstaltung zu den Spielen im Nazi-Deutschland durchgeführt werden. Vorbereitet hatte sie ein Internationales Komitee zur Verteidigung des Olympischen Gedankens. Teilnehmen sollten 2000 ausländische und 4000 spanische Sportler. Der Militärputsch der Falange unter Francisco FRANCO am 17. Juli machte die Veranstaltung undurchführbar.

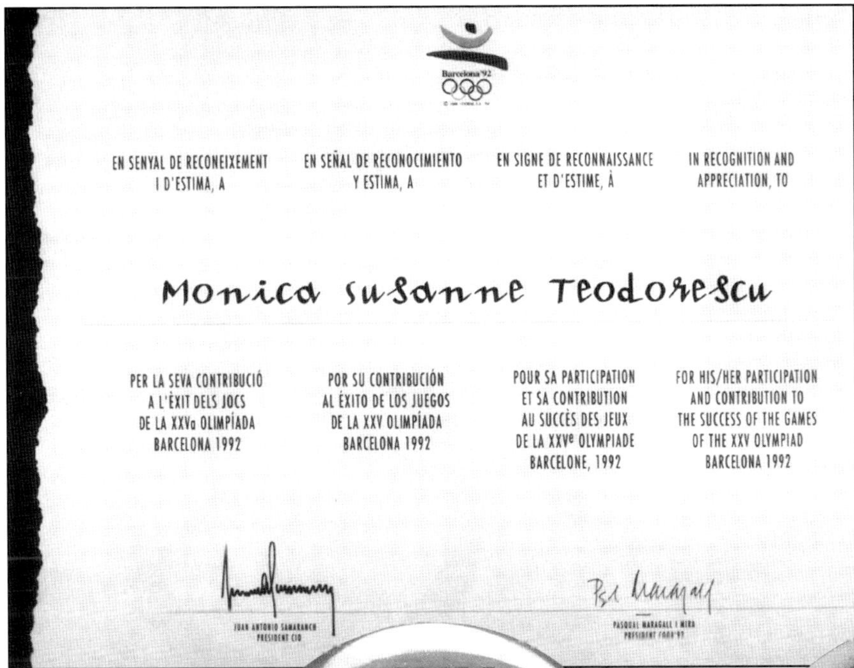

EN SENYAL DE RECONEIXEMENT I D'ESTIMA, A

EN SEÑAL DE RECONOCIMIENTO Y ESTIMA, A

EN SIGNE DE RECONNAISSANCE ET D'ESTIME, À

IN RECOGNITION AND APPRECIATION, TO

Monica Susanne Teodorescu

PER LA SEVA CONTRIBUCIÓ A L'ÈXIT DELS JOCS DE LA XXVa OLIMPÍADA BARCELONA 1992

POR SU CONTRIBUCIÓN AL ÉXITO DE LOS JUEGOS DE LA XXV OLIMPÍADA BARCELONA 1992

POUR SA PARTICIPATION ET SA CONTRIBUTION AU SUCCÈS DES JEUX DE LA XXVe OLYMPIADE BARCELONE, 1992

FOR HIS/HER PARTICIPATION AND CONTRIBUTION TO THE SUCCESS OF THE GAMES OF THE XXV OLYMPIAD BARCELONA 1992

JUAN ANTONIO SAMARANCH
PRESIDENT CIO

PASQUAL MARAGALL I MIRA
PRESIDENT COOB'92

Erinnerungs-diplom

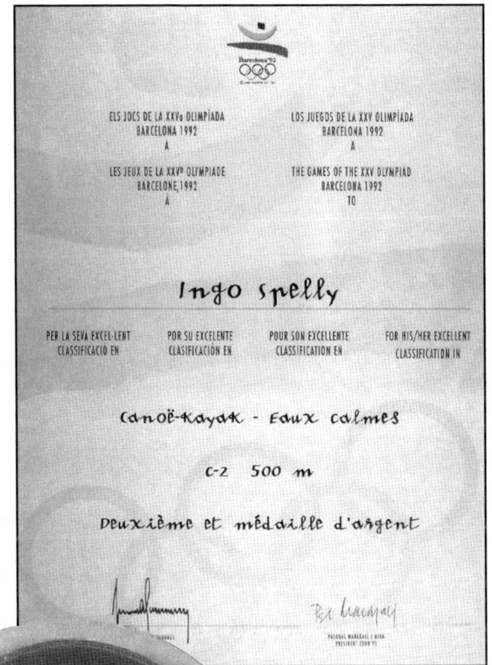

ELS JOCS DE LA XXVa OLIMPÍADA BARCELONA 1992 A

LOS JUEGOS DE LA XXV OLIMPÍADA BARCELONA 1992 A

LES JEUX DE LA XXVe OLYMPIADE BARCELONE 1992 À

THE GAMES OF THE XXV OLYMPIAD BARCELONA 1992 TO

Ingo Spelly

PER LA SEVA EXCEL·LENT CLASSIFICACIÓ EN

POR SU EXCELENTE CLASIFICACIÓN EN

POUR SON EXCELLENTE CLASSIFICATION EN

FOR HIS/HER EXCELLENT CLASSIFICATION IN

Canoë-Kayak - Eaux calmes

C-2 500 m

Deuxième et médaille d'argent

PASQUAL MARAGALL I MIRA
PRESIDENT COOB'92

Siegerdiplom

Erinnerungsmedaille

Siegermedaille

IOC-Präsident SAMARANCH mit der Fackel; rechts: Antonio Rebello entzündet mit einem flammenden Pfeil das Olympische Feuer.

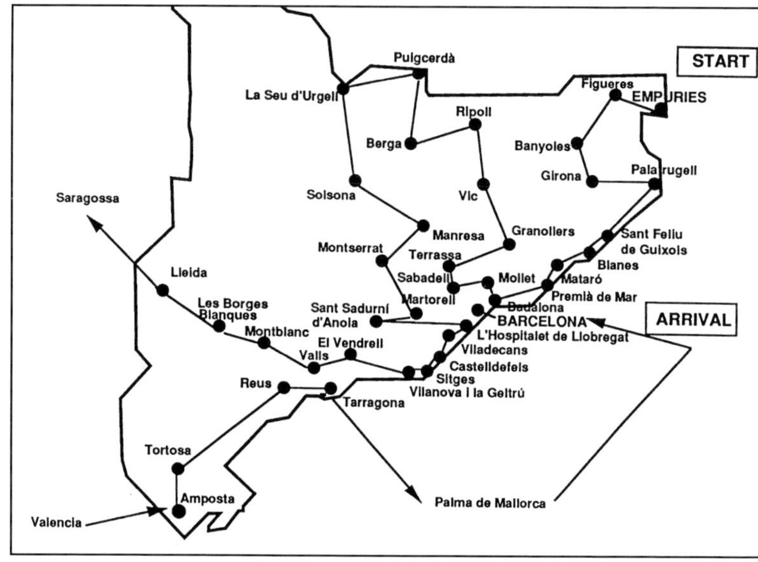

Weg der Fackelstaffel durch Spanien

Aung San Suu KYI, Alexander ARIS, verlas eine Botschaft seiner Mutter, daß neben den Sportlern auch die Menschen, die für den Frieden kämpfen, den Sieg davontragen sollten.

In 42 Etappen wurde das Feuer durch Spanien getragen, einschließlich der Balearen und der Kanarischen Inseln. In Madrid trug auch König Juan Carlos die Flamme. Im Geburtsort seiner Mutter, San Sadurni d'Anoia, übernahm mit Juan Antonio Samaranch zum ersten Mal in der Geschichte der Staffel ein amtierender IOC-Präsident die Flamme. In Katalonien lief die Fackel durch 40 Städte, bevor sie in Etappen von 250 Metern durch ein Spalier von einer Million Menschen durch Barcelona getragen wurde. Nach der letzten Teilstrecke von der Placa de Sant Jaume zum Montjuic wurde das Olympische Feuer im Stadion auf eindrucksvolle Weise durch Antonio Rebello, einen Teilnehmer der Paralympics, mit einem lodernden Pfeil entzündet.

Bei der Auswahl der Läufer überließ man 50 % der Plätze den Olympic Volunteers. Die übrigen wurden an Bewerber vergeben, die mindestens 15 Jahre alt sein mußten und innerhalb einer bestimmten Zeit die im Durchschnitt 500 Meter lange Strecke laufen konnten. Auf der Grundlage der Kriterien Herkunft, Alter und Geschlecht repräsentierten die Fackelträger ein breites Spektrum der spanischen Bevölkerung. Ein Teilstück der Stafette wurde an den Sponsor Coca-Cola vergeben, der seine Plätze verloste. 200 ausländischen Teilnehmern wurde im Rahmen der sog. *»internationalen Staffeln«* die Möglichkeit zur Teilnahme angeboten.

Die Fackel aus verchromtem Aluminium gestaltete der französische Designer André Ricard, geboren in Barcelona als Sohn eines Franzosen und einer Katalanin.

Lillehammer 1994

»Die besten (Winter-)Spiele aller Zeiten!« Zwar hatte IOC-Präsident Juan Antonio SAMARANCH den Superlativ durch häufigen Gebrauch entwertet – selbst der eher weniger gelungenen Veranstaltung in Albertville hatte er das Gütesiegel verliehen –, doch dieses Mal hatte er wohl am wenigsten unrecht. In Lillehammer stimmte, wenn auch nicht alles, so doch zumindest das meiste.

Zum Beispiel das Wetter – bei Winterspielen immer ein mitentscheidender Faktor. Auch die Sportstätten genügten höchsten technischen und ästhetischen Ansprüchen, und zudem hatte man sich bei deren Errichtung darum bemüht, mit der Natur einigermaßen pfleglich umzugehen. Nicht nur diesbezüglich hatte man offenbar aus den Erfahrungen von Albertville gelernt. Vergleichsweise konnte man gar von »grünen« Spielen sprechen. Neben den hervorragenden Leistungen der Hauptdarsteller zeichneten sich die Tage von Lillehammer insbesondere auch durch die Qualität der »Zaungäste« aus. Selten wohl hat man ein solch enthusiastisches und dabei faires Publikum bei einer internationalen Sportveranstaltung erlebt. Pointiert formuliert, könnte man es wie folgt auf den Punkt bringen: Verpackung und Inhalt wiesen wahrhaft olympischen Zuschnitt auf.

Und auch dieses fehlte nicht: der große Superstar der Spiele. Sinnigerweise fiel die herausragende Rolle einem Einheimischen, sprich einem Norweger, zu, nämlich dem großartigen Johann Olav KOSS. Der Eisschnelläufer gewann dreimal Gold – und erzielte dabei jeweils einen Weltrekord. Der zweite Held der Norweger war der Langläufer Bjørn DÆHLI, der sich jeweils zweimal Gold und Silber sicherte und damit in der Erfolgsspur von 1992 lief, als er dreimal Gold und einmal Silber gewonnen hatte.

Insgesamt verbuchte das Gastgeberland zehn Goldmedaillen und damit nur eine weniger als das russische bzw. eine mehr als das deutsche Team. »Für Deutschland« siegten u.a. Markus WASMEIER und Jens WEIßFLOG je zweimal, Katja SEIZINGER und Georg (»Schorsch«) HACKL.

Eine Art internes Medaillen-Duell lieferten sich die Skilangläuferinnen Ljubow JEGEROWA und Manuela Di CENTA. Während die Russin dreimal Gold und einmal Silber mit nach Hause nahm, gewann die Italienerin je zweimal Gold und Silber sowie einmal Bronze.

Siegerehrungen. Nach Beendigung der Wettkämpfe in freier Natur gab es auch in Lillehammer das schon zur Tradition gewordene Blumenzeremoniell. Für die eigentliche Siegerehrung[1] war auf der Stampesletta, einem großen Platz, nicht weit vom Stadtzentrum Lillehammers entfernt, eine eigene Arena errichtet worden. Sie faßte 25 000 bis 30 000 Zuschauer. An den Abenden, kurz nach 18.00 Uhr, begann das Zeremoniell mit einem halbstündigem *»Aufwärmprogramm«*, bei dem norwegische Künstler das Publikum unterhielten. Um 19.00 Uhr trafen die Medaillengewinner ein, die mit Pferdekutschen im Olympischen Dorf abgeholt worden waren. Das Podium bestand aus Eisblöcken vom Jostedals-Gletscher. Die Hymnen wurden nicht vom Band, sondern live von der Kapelle der Königlichen Garde gespielt. Vor jeder Ehrung erfolgte eine Ballettvorführung, bei der man versuchte, die jeweilige Sportdisziplin tänzerisch darzustellen. Die beiden Choreographen, Anders DØVING und Torill BERNATEK, hatten nahezu 40 verschiedene Szenen einstudieren lassen. Geir BØHREN und Bent ASERUD hatten die musikalische Untermalung komponiert. Die Siegerehrungen der Disziplinen in den Hallen fanden unmittelbar nach Ende des Wettkampfes statt.

Siegermedaille. Auch in Lillehammer waren Aussehen und Gestaltung der Medaillen und der Diplome in das Gesamtdesign der Spiele eingefügt. Für das visuelle Erscheinungsbild war das Design Department verantwortlich. Es sollte vor allem gezeigt werden, wie eng Kunst, Kultur, Sport und Natur in Verbindung stehen können. Berücksichtigt werden sollte:

- *Norwegens unterschiedliche Eigenschaften und sein nationaler Charakter,*
- *der Geist der Gemeinsamkeit bei den Menschen,*
- *eine enge Verbindung zwischen Mensch und Natur.*

Zu den grundlegenden visuellen Elementen

Literatur:
Lillehammer Olympic Organizing Committee (Hg.), *The Official Report of the XVII Winter Games Lillehammer 1994*, 4 Bde. und eine CD-Rom, Lillehammer 1995.
RUGENBAUER, Gerd, *Olympische Winterspiele Lillehammer '94*, Gütersloh 1994.
VALÉRIEN, Harry, *Lillehammer '94*, Berlin 1994.

1 Seit den Winterspielen des Jahres 1992 hatte das *IOC* 1992 – gültig ab dem 23. Juli –, 1993 – ab dem 24. September – und 1994 – ab dem 10. Februar – dreimal eine Olympische Charta herausgegeben. Der § 70 zur Siegerehrung, zu den Medaillen und Diplomen, war aber unverändert geblieben.

(»*basic visual elements*«) gehörten u.a. das Emblem, die Piktogramme (»*sports pictograms und information pictograms*«), das kristallene Muster (»*crystalline pattern*«), die Farben und die Schrift. Das Emblem setzte sich aus dem stilisierten Nordlicht, einem kristallenen Schneeschauer, den Olympischen Ringen und der Schrift »*Lillehammer '94*« zusammen. Es soll die Nähe zur Natur – Himmel und Schnee – zeigen. Die Hauptfarben des Emblems sind kobaltblau und weiß. Vorlagen für die Piktogramme waren die Jahrtausende alten norwegischen Steinritzungen, vor allem der »*Rødøymannen*« (Mann von Rødøy), die älteste bekannte Darstellung eines Skiläufers[2]. Diese archaische Wiedergabe einer sportlichen Bewegung soll die Vision von Humanität als ein olympisches Ideal und die Nähe der norwegischen Menschen zu ihren historischen Wurzeln und zur Natur betonen. Das crystalline pattern stellt die zackige eindimensionale Auflösung von Kristallmustern dar. Diese wiederum sind charakteristisch für Norwegens Natur und können in allen physikalischen Strukturen von Steinen, Schnee und Eis wiedergefunden werden. Die Farben wurden ebenfalls der natürlichen Umgebung – Erde, Himmel und Schnee – entnommen. Neben Kobaltblau und Weiß besteht die Palette aus weiteren neun Farben und verschiedenen Grautönen. Als Schrifttyp wurde »*Century Old Style*« (normal und kursiv) und »*Frutiger*« gewählt. Emblem und Piktogramme wurden von Sarah Rosenbaum entworfen.[3]

Vier namhafte norwegische Künstler, erfahrene Schmuck-Designer, wurden um Entwürfe für die Medaille gebeten. Sie hatten die Auflage, die Medaille aus norwegischem Granit zu gestalten. Außerdem sollten das Emblem und die jeweiligen Sportarten zu erkennen sein. Letztlich entschied man sich für die Vorlage von Ingjerd Hanevold. Für die Herstellung wurde der Granit – 600 Millionen Jahre altes sog. Sparagmite-Gestein – verwendet, der bei den Sprengungen zum Bau des

Die Siegerehrung im Abfahrtslauf der Damen, von links: Picabo Street (USA), Katja Seizinger (GER) und Isolde Kostner (ITA)

XVII. Olympische Winterspiele in Lillehammer – 12. bis 27. Februar 1994

Mannschaften: 67

AND	ARM
ARG	ASA
AUS	AUT
BEL	BER
BIH	BLR
BRA	BUL
CAN	CHI
CHN	CRO
CYP	CZE
DEN	ESP
EST	FIJ
FIN	FRA
GBR	GEO
GER	GRE
HUN	ISL
ISR	ISV
ITA	JAM
JPN	KAZ
KGZ	KOR
LAT	LIE
LTU	LUX
MDA	MEX
MGL	MON
NED	NOR
NZL	POL
POR	PUR
ROM	RSA
RUS	SEN
SLO	SMR
SUI	SVK
SWE	TPE
TRI	TUR
UKR	USA
UZB	

Sportler: 1 739 (522[1])

Name des Organisationskomitees:	***Lillehammer Olympic Organizing Committee (LOOC)***
Präsident:	Gerhard HEIBERG
Verwaltungsdirektor:	Henrik ANDENÆS
Offizieller Bericht:	norwegisch; französisch; englisch
Zeremoniell:	Eröffnungs- und Schlußfeier am Anfang und am Ende der Spiele
Eröffnung durch:	König HARALD V.
Dauer:	16 Tage
Siegerehrung:	am Abend des Wettkampftages bzw. nach dem Wettkampf durch den IOC-Präsidenten bzw. ein von ihm beauftragtes IOC-Mitglied und einen Vertreter des jeweiligen Internationalen Fachverbandes
Olympischer Eid:	Vegard ULVANG (nordischer Skiläufer) Kari KÅRINGEN (Kampfrichterin)
letzte Fackelträger:	Stein GRUBEN (Skispringer) und Kronprinz HÅKON
Fackel (Design):	Henrik A. NIELSEN
Olympische Hymne:	Spyros SAMARAS / Kostas PALAMAS (Text)
Emblem:	Sarah ROSENBAUM
Plakate:	20 verschiedene
Piktogramme:	Sarah ROSENBAUM
Siegermedaille:	Ingjerd HANEVOLD
Siegerdiplom:	Annette SARTO
Erinnerungsmedaille:	Morten KLEPPAN
Erinnerungsdiplom:	Ashley BOOTH / Astrid Narvestad WÆRDAHL
Zeitschriften:	*Olympic Report, '94 Olympic Update, The Torch, Hugin, Munin*
Fanfare:	Nils Henrik ASHEIM
Song:	La ilden lyse (Jan V. JOHANNESSEN [Musik] Svein GUNDERSEN [Text])
Film:	Bud GREENSPAN (*16 Days of Glory,* Cappy Production)
Maskottchen:	HÅKON und KRISTIN (Design: Kari und Werner GROSSMANN)
Sportarten:	10 (8[1]), mit 61 (27[1]) Wettbewerben
Besonderheiten:	keine Demonstrationswettbewerbe

Erläuterungen: [1] davon Frauen

2 Die Figur, die 1932 auf der Insel Rødøy gefunden wurde, ist etwa 25 Zentimeter breit und mit roter Farbe auf einen Fels gemalt.

3 Bis auf Ingjerd Hanevold, die uns dankenswerterweise sehr viel Material zukommen ließ, haben die anderen norwegischen Designer auf unsere Bitten um Informationen leider nicht reagiert.

Erinnerungsdiplom

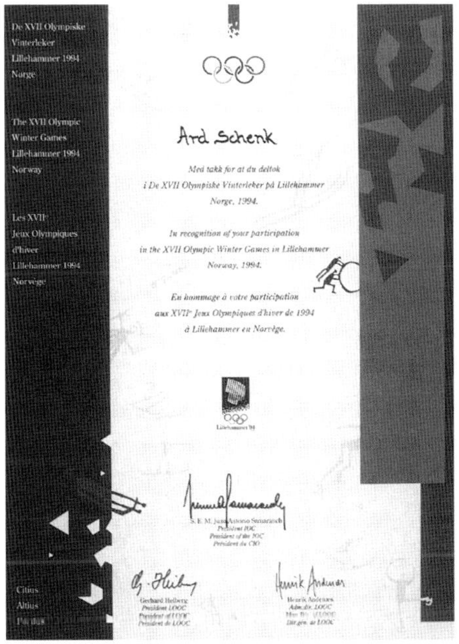

Siegerdiplom

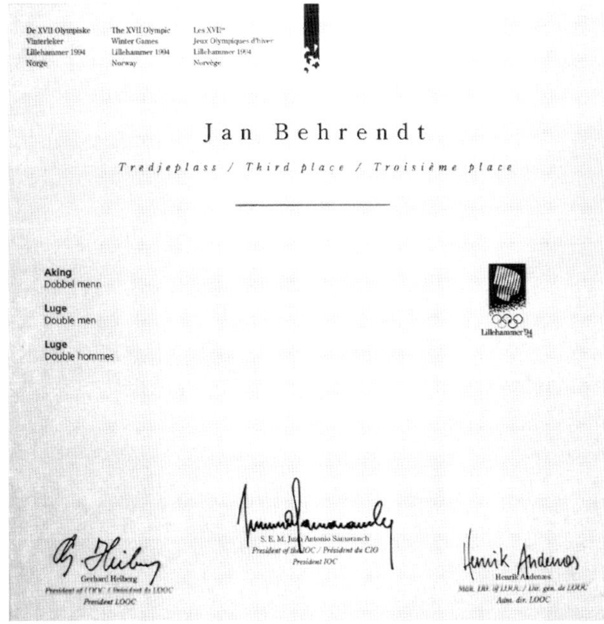

Erinnerungsmedaille

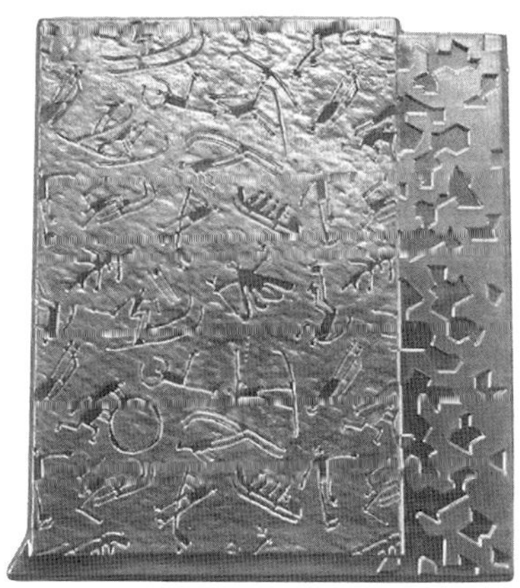

Siegermedaille mit Band und Kästchen

Die Siegermedaillen, Vorderseite und zwölf Rückseiten

Ingjerd HANEVOLD *1956

Hanevold studierte an der Statens Håndverks og Kunstindustriskole Oslo Metallverarbeitung (1976-1981) und an der State University of New York (1981-1982) Goldschmiedekunst. Bald wurde sie international bekannt für ihre Schmuckentwürfe. Seit 1984 hat sie regelmäßig an Ausstellungen in Norwegen, den USA, Deutschland, Schweden, Dänemark, Frankreich, den Niederlanden, Finnland, Taiwan und Rußland teilgenommen. 1993 gewann sie den Wettbewerb für die Gestaltung der Siegermedaille für die Winterspiele in Lillehammer. Danach unterrichtete sie an der Universität von Göteburg (1996-1998) und am National College of Arts Oslo (1998). Ihre Werke sind in zahlreichen Museen von Norwegen, im Kunstgewerbemuseum Berlin und im Louvre in Paris (Musée des Arts Decoratifs) ausgestellt.

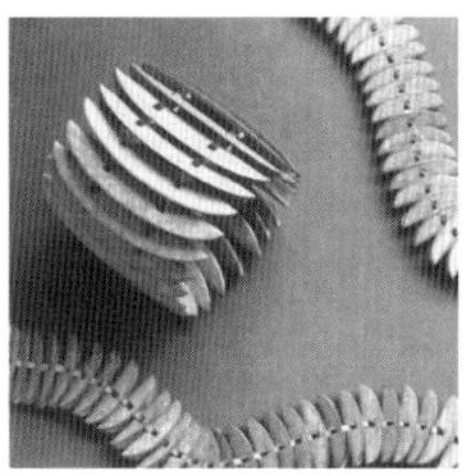

Armband

Lysgårdsbakkens, den Sprungschanzen in Lillehammer, angefallen war. *»Ich habe versucht, etwas zu schaffen, das das ausdrückt, was wir Norweger lieben und am meisten schätzen – die Natur«*, schrieb die Künstlerin 1993 in *'94 Olympic update*, dem Bulletin des Organisationskomitees.[4] Außen ist der Stein von einem goldenen bzw. silbernen bzw. bronzenen Ring eingefaßt. Auf der Vorderseite sind in der oberen Hälfte die Olympischen Ringe und links darunter das Schneekristallmuster, beides in dem entsprechenden Metall, aufgesetzt. Am Rand ist zu lesen *»THE XVII OLYMPIC WINTER GAMES«* (oben) und *»Lillehammer '94«* (unten).

Die Rückseite gibt es in zwölf verschiedenen Ausfertigungen. Oberhalb der Schneekristalle, in denen auch das Emblem der Spiele zu erkennen ist, befinden sich die Piktogramme der jeweiligen Sportart und am oberen linken Rand des Steins in Englisch ihr Name, z.B. *»ALPINE SKIING«*, dazu im Bereich der Schneekristalle die Disziplinen, z.B. *»SLALOM MEN«*. Die Medaillen messen 78 Millimeter im Durchmesser bei einer Höhe von 8,2 Millimetern. Sie wiegen 122 (Bronze), 123 (Silber) bzw. 125 (Gold) Gramm. Das Band ist in den Farben Blau und Pink gehalten. Hergestellt wurden die Medaillen, zu denen ein Holzkästchen mit Glasdeckel gehört, von der Firma Th. Marthinsen in Tønsberg, die bereits 1952 für die Plaketten der Winterspiele in Oslo zuständig gewesen war.

Siegerdiplom. Die Siegerdiplome wurden von der Design-Abteilung des Organisationskomitees entworfen. Verantwortlich für diese Urkunden für die ersten acht war Annette Sarto. Das DIN A 4 große Blatt ist sehr einfach gehalten. Außer der Beschriftung in jeweils Norwegisch, Englisch und Französisch sehen wir nur oben am Rand in der Mitte eine Andeutung der Schneekristalle und am Rand rechts in der Mitte ein nur wenige Zentimeter großes Emblem. Unterschrieben haben IOC-Präsident Juan Antonio SAMARANCH, LOOC-Präsident Gerhard Heiberg und LOOC-Verwaltungsdirektor Henrik Aandenaes.

Erinnerungsmedaille. Die Erinnerungsmedaille wurde von Morten Kleppan entworfen. Sie weicht in vielem von den bisherigen Modellen ab. Entfernt kann sie mit der Plakette der Winterspiele von 1932 in Lake Placid verglichen werden. Die Oberseite erweckt den Eindruck, als seien eine rechteckige und eine trapezförmige Metallplatte aufeinandergelegt und miteinander verbunden worden. Dabei ragt das obenliegende trapezförmige Teil sowohl an der linken als auch an der unteren Seite etwas über das untere rechteckige hinaus. Den linken Bereich, das Trapez, schmücken unten die Olympischen Ringe, darüber ist *»THE XVII / OLYMPIC WINTER / GAMES / LILLEHAMMER / 1994«* zu lesen, und darüber wiederum befindet sich das Emblem. Am linken Rand zieht sich von oben nach unten ein Band von Schneekristallen. Rechts unten finden sich die Initialen des Designers und des Herstellers *»MK/TH. M.«*. Im rechten Teil, also auf der rechteckigen

Das Emblem; links: Piktogramme

4 N. N., »Olympic Medals in Norwegian sparagmite«, in: *'94 Olympic update* (1993)2, S. 4.

Griechische Studenten bei der Fackel-Feier in der Aula der Deutschen Sporthochschule Köln

Platte, sind die Piktogramme der Sportarten zu erkennen. Die Rückseite vermittelt die Vorstellung von zwei Rechtecken, wobei das kleinere (mit Piktogrammen) auf dem größeren (mit Schneekristallen) zu liegen scheint. Die Plakette ist aus Kupfer, hat die Maße 76 mal 66 mal 6 Millimeter und wiegt 223 Gramm. Von der Firma Th. Marthinsen wurden 20 000 Exemplare hergestellt. Übergeben wurde sie in einem aufklappbaren Holzkästchen, ausgelegt mit grünem oder rotem Samt, auf dessen Boden außen ein kleines silberfarbenes Metallplättchen mit dem Emblem befestigt ist.

Erinnerungsdiplom. Für das Erinnerungsdiplom waren Ashley Booth und Astrid Narvestad Waerdahl verantwortlich. Interessanterweise ist es etwas aufwendiger gestaltet als die Urkunde für die ersten acht. Auf der ganzen Fläche finden sich Piktogramme und Schneekristalle, dazu, diesmal zentral in der Mitte, das Emblem und am oberen Rand die Olympischen Ringe. Unterschrieben haben Samaranch, Heiberg und Andenæs.

Exkurs: Fackelstaffel

Das Olympische Feuer , entzündet am 16. Januar 1994 in Olympia, machte auf dem Weg nach Lillehammer in der Zeit vom 20. bis 29. Januar auch in Deutschland Station, zuerst in Frankfurt und dann in Stuttgart. Erster deutscher Fackelträger war dort der Olympiasieger in der nordischen Kombination von 1960, Georg THOMA. Bei der Begrüßungsfeier im Alten Schloß waren Oberbürgermeister Manfred ROMMEL, NOK-Präsident Walther TRÖGER und der Präsident des Organisationskomitees von Lillehammer, Gerhard Heiberg, zugegen.

Am 23. Januar erreichte die Flamme auf dem Luftweg Düsseldorf. Dort hieß Ministerpräsident Johannes RAU das Feuer willkommen. Weitere Stationen mit olympischen Feiern und Sportdemonstrationen waren die St. Georg-Sprungschanze, die Bobbahn und das Biathlonstadion in Winterberg, das Eisstadion der Dortmunder Westfalenhalle und die Eishallen in Herne und Duisburg und die Internationale boot-Messe Düsseldorf.

Am 27. Januar erreichte die olympische Fakkelstafette die Deutsche Sporthochschule Köln, die langjährige Wirkungsstätte ihres geistigen Vaters und ersten Organisators Carl DIEM. Griechische und norwegische Studenten trugen die Fackel, und eine Bild-/Textdokumentation führte Idee und Geschichte des Fackelstaffellaufs vor Augen.

Nach weiteren Aufenthalten in Düsseldorf, Hamburg und Kopenhagen brachte ein Flugzeug das Feuer nach Norwegen. Dort sollte es mit einer wieder in Morgedal entzündeten Flamme, die die nordische Wintersporttradition symbolisierte, vereinigt werden. Dagegen protestierte das *Hellenische Olympische Komitee* mit der Begründung, eine solche Vereinigung entspräche nicht der olympischen Tradition, und drohte, das Feuer nicht in Olympia entzünden zu wollen. Dabei hatte die Fackelstaffel zu den Winterspielen 1952 in Morgedal begonnen. Dem norwegischen Organisationskomitee blieb aber nichts anderes übrig, als dem Verlangen der Griechen nachzugeben und die Flamme aus Morgedal kurz vor Lillehammer erlöschen zu lassen. Nach einer spektakulären letzten Stafette, mit dem Sprunglauf mit Fackel von Stein GRUBEN von der Schanze am Lysgårdsbakken, entzündete Kronprinz Håkon das Olympische Feuer.

Plakat mit dem »Fakkelmannen«; oben: Kronprinz Håkon entzündet das Olympische Feuer.

Atlanta 1996

Für viele überraschend, von manchen als Skandal empfunden, hatte Atlanta den Zuschlag für die Ausrichtung der Jubiläumsspiele, der Golden Olympics, erhalten. Allgemein war damit gerechnet worden, daß 100 Jahre nach ihrer Premiere die Spiele erneut in Athen stattfinden würden.

In den Kommentaren der Weltpresse war man schnell mit entsprechenden Klischees bei der Hand: Da es sich um den Stammsitz des langjährigen Olympiasponsors Coca-Cola handelte, konnte die Entscheidung zugunsten Atlantas nur als ein Sieg des Profits über das Profil, des Geldes über den Geist verstanden werden. Das so geprägte Vorurteil wirkte lange nach und bestimmte auch die aktuelle Berichterstattung im Vorfeld und im Verlauf der Spiele. So wurde neben organisatorischen Defiziten insbesondere eine überbordende Kommerzialisierung beklagt. Doch fairerweise sollte man der – durchaus berechtigten – Klage entgegenhalten, daß in Atlanta der Zug der Zeit am Werke war, der auch überall sonst, zum Beispiel in Athen, das Gesicht des Weltsportfestes geprägt hätte.

Was von Besuchern vor Ort, insbesondere von auswärtigen, als störender empfunden wurde, war ein übertriebener Patriotismus, der – typisch USA (!?) – die von großer Gastfreundschaft geprägte Atmosphäre doch nicht unerheblich trübte. Zumindest einige Tage drückte auch die Detonation einer Bombe im Centennial Park, einer von Einheimischen und Touristen gleichermaßen stark frequentierten Begegnungsstätte, auf die Stimmung, wobei kurzfristig Erinnerungen an den blutigen Terroranschlag von 1972 in München aufkamen.

Freilich hatten die Amerikaner auch häufig Grund zum Jubeln. Mit 44 Gold-, 32 Silber- und 25 Bronzemedaillen dominierte das US-Team die Nationenwertung klar vor Rußland und der deutschen Mannschaft. Besonders große Emotionen weckten u.a. die von Erfolgstrainer Bela KAROLY geführten Turnerinnen, das erneut siegreiche Dream-Team der Basketballspieler oder das neunte Gold von Carl LEWIS. Der Jahrhundert-Athlet gewann zum vierten Mal seit 1984 den Weitsprung. In dem Bewußtsein, daß es sich um seinen letzten olympischen Triumph handelte, nahm er eine Handvoll Sand aus der Grube als Souvenir mit nach Hause. Ein bewegender Moment war es auch, als der durch die Parkinsonsche Krankheit behinderte Muhammad ALI, für viele der größte Boxer aller Zeiten, mit zitternden Händen das Olympische Feuer entzündete.

Die deutsche Mannschaft konnte mit ihrer Bilanz durchaus zufrieden sein. Um nur wenige aus einer Anzahl herausragender Athleten namentlich zu nennen: Lars RIEDEL und Ilke WYLUDDA siegten jeweils im Diskuswerfen, Astrid KUMBERNUS im Kugelstoßen. Der kleine Turner Andreas WECKER war an den Ringen der Größte, die Reiter Isabell WERTH und Ulrich KIRCHHOFF gewannen jeweils zweimal Gold. Birgit FISCHER, schon 1980 in Moskau erstmals olympisch aktiv und inzwischen erfolgreichste Kanutin der Welt, erreichte noch einmal Gold im Vierer- und Silber im Zweier-Kajak, während der 21jährige Frank BUSEMANN ganz überraschend Zweiter im Zehnkampf wurde.

Siegerehrungen. Auf die Siegerehrungen[1] bereitete sich das Organisationskomitee seit Oktober 1993 vor. Wie bei Sommerspielen üblich, mußten zunächst die Flaggen und die Hymnen der 197 möglichen Teilnehmerländer beschafft werden.[2] Für die 271 Ehrungen wurden 15 Teams – elf zuständig für die Sportstätten in Atlanta und vier für die Wettbewerbe außerhalb der Stadt – gebraucht. Jede Gruppe bestand aus 19 Personen. Mit Leitung und Ersatzleuten wurden insgesamt 308 Helfer benötigt. Die meisten waren Studenten und Lehrer. Sie waren im offiziellen Dreß der Mitarbeiter des Organisationskomitees gekleidet. Für die jungen Frauen, die die Medaillen und Blumen trugen, waren cremefarbene Kostüme und Strohhüte entworfen worden, die das Flair der Südstaaten vermitteln sollten. Auf die Gestaltung und Symbolik der insgesamt 2 000 Blumensträuße war besonderer Wert gelegt worden. Jede Blume hatte eine Bedeutung. Im Bouquet waren Sonnenblumen (Loyalität), Hahnenkamm (Unsterblichkeit), Rittersporn (Schnelligkeit), Tuberose

Literatur:

Atlanta Committee for the Olympic Games (Hg.), *The Official Report of the Centennial Olympic Games,* 3 Bde., Atlanta 1997.

Stiftung Deutsche Sporthilfe/Deutscher Sportbund/Nationales Olympisches Komitee für Deutschland (Hg.), *Atlanta '96. Offizielles Standardwerk der Stiftung Deutsche Sporthilfe, des Deutschen Sportbundes und des Nationalen Olympischen Komitees für Deutschland,* Frankfurt 1996.

VALÉRIEN, Harry (Hg.), *Atlanta. Das Olympiabuch 1996,* Berlin 1996.

1 Seit den Olympischen Spielen 1992 in Barcelona hatte das *IOC* 1993 (gültig ab 24. September), 1994 (ab 10. Februar und ab 5. September), 1995 (ab 15. Juni) und 1996 (ab 18. Juli) fünfmal eine Olympische Charta herausgegeben. Der § 70 zur Siegerehrung, zu den Medaillen und Diplomen war aber unverändert geblieben.

2 Flaggenbücher und CDs wurden hergestellt und nach Kontrolle durch die Chefs de Mission aller *NOK* jedem Ehrungsteam zur Verfügung gestellt.

3 Atlanta Committee for the Olympic Games, *Report,* Bd. 1, S. 316.

4 Ein besonderes Fernsehlogo weist auch auf den großen Einfluß dieses Mediums bei der Durchführung der Spiele hin.

5 Wurde am 13.02.1992 der Öffentlichkeit vorgestellt.

6 Atlanta Committee for the Olympic Games, *Report,* Bd. 1, S. 129-134.

Das Blumenbouquet für die Medaillengewinner; rechts: Siegerehrung nach dem Marathonlauf der Männer, von links: Bong-Ju Lee (KOR), Josiah Thugwane (RSA) und Eric Wainaina (KEN); darunter: Hostessen in ihrer Tracht mit den Medaillen und den Blumenbouquets

(Gastfreundschaft), *»tiger lily«* (Stolz), ein Olivenzweig (Frieden), ein Lorbeerzweig (Ruhm), ein Palmwedel (Sieg), Magnolien (Ausdauer) und *»leucothoe«* (Freundschaft). Der Strauß insgesamt sollte an die antiken Wurzeln der Spiele, die traditionelle Gastfreundschaft des Südens, die Liebe zu den Pflanzen von Georgia und die Größe, die ein Olympiasieger besitzt, erinnern.[3] Ob jeder Sieger, von denen viele ihre Sträuße nach der Ehrung in die Zuschauermenge warfen, dies auch getan hätte, wenn er gewußt hätte, mit welcher Sorgfalt und Überlegung die Bouquets zusammengestellt wurden? Die 271 Ehrungen wurden in den Sportstätten kurz nach dem jeweiligen Wettkampf oder, wenn es zu spät wurde und nur noch wenige Zuschauer im Stadion blieben, am nächsten Tag durchgeführt.

Logos und Piktogramme. Da die visuelle Identität und vor allem die Logos der Spiele bei der Gestaltung der Medaillen und Diplome eine wichtige Rolle spielten, sollte sich zunächst mit den Logos befaßt werden. Es gab insgesamt drei Embleme, das Torch-Logo, das Broadcasting-Logo[4] und das Logo der Kulturolympiade. Das erstere, wohl ursprünglich für die Fackelstaffel gedacht, entwickelte sich aber bald zum Haupterkennungszeichen der Spiele.[5] Es handelt sich um eine stilisierte Fackel, die sich zusammensetzt aus den Olympischen Ringen, der Zahl 100, die auf das Jubiläum anspielt, einem waagerechten Balken und, darunter, den Schriftzug *»Atlanta 1996«*. Diese Elemente bilden in ihrer Konstellation eine klassische griechische Säule und weisen zudem auf typische Südstaatenvillen mit antikisierenden Säulen im Eingangsbereich hin. Die Fackelflamme endet in drei Sternen, die das Streben der Athleten nach einer außerordentlichen Leistung symbolisieren sollen. Der erste goldgefärbte Stern steht für die Goldmedaille, die anderen beiden grünen Sterne erinnern an den Lorbeerzweig als antike Auszeichnung und den Anspruch Atlantas, eine *»Stadt der Bäume«* zu sein.[6]

Neben den Logos sollten die Spiele noch ein weiteres, besonderes Erkennungszeichen (*»Look of the Games«*) erhalten. Sechs Firmen, Copeland Hirthler Murrell Design and Communications in Atlanta, Faverman Design in Boston, Jones Worley Design in Atlanta, Malcolm Grear Designers in Providence, Primo Angeli Design in San Francisco und Turners Associates in Atlanta, entwickelten es gemeinsam und gaben ihm den Namen *»Quilt of Leaves«*, das sich etwa mit *»Laubflickenteppich«* übersetzen läßt. Einzelne Blätter liegen innerhalb einer farbigen Fläche locker verstreut nebeneinander. Das Bild soll den Olympischen Geist und die Gastfreundschaft des Südens darstellen sowie Harmonie, Strahlen und Grazie ausdrücken, aber auch Wärme, Wohlbefinden und Willkommen. Die Blätter sollen an die antiken Spiele erinnern, bei denen die Athleten Lorbeer- und Olivenzweige erhielten, aber auch auf die vielen Laubwälder um Atlanta hinweisen. Die Herstellung von Quilts blickt auf eine lange Tradition im Süden, aber auch in den Vereinigten Staaten und sogar in vielen Kulturen außerhalb der USA zurück. Der Vergleich

Das Torch-Logo

mit einem Quilt drängt sich beim Einmarsch der Nationen bei der Eröffnungsfeier auf. Jede Mannschaft mit ihren besonderen Gewändern bildet einen Teil eines Flickenteppichs.[7] Eine besondere Bedeutung für die Medaillen und Diplome haben auch die eigens für die Spiele seit längerem immer wieder neu geschaffenen Piktogramme. Das Organisationskomitee in Atlanta legte großen Wert auf ein

Spiele der XXVI. Olympiade in Atlanta – 19. Juli bis 4. August 1996

Mannschaften: 197

AFG	AHO	ALB	ALG
AND	ANG	ANT	ARG
ARM	ARU	ASA	AUS
AUT	AZE	BAH	BAN
BAR	BDI	BEL	BEN
BER	BHU	BIH	BIZ
BLR	BOL	BOT	BRA
BRN	BRU	BUL	BUR
CAF	CAM	CAN	CAY
CGO	CHA	CHI	CHN
CIV	CMR	COK	COL
COM	CPV	CRC	CRO
CUB	CYP	CZE	DEN
DJI	DMA	DOM	ECU
EGY	ESA	ESP	EST
ETH	FIJ	FIN	FRA
GAB	GAM	GBR	GBS
GEO	GEQ	GER	GHA
GRE	GRN	GUA	GUI
GUM	GUY	HAI	HKG
HON	HUN	INA	IND
IRI	IRL	IRQ	ISL
ISR	ISV	ITA	IVB
JAM	JOR	JPN	KAZ
KEN	KGZ	KOR	KSA
KUW	LAO	LAT	LBA
LBR	LCA	LES	LIB
LIE	LTU	LUX	MAD
MAR	MAS	MAW	MDA
MDV	MEX	MGL	MKD
MLI	MLT	MON	MOZ
MRI	MTN	MYA	NAM
NCA	NED	NEP	NGR
NIG	NOR	NRU	NZL
OMA	PAK	PAN	PAR
PER	PHI	PLE	PNG
POL	POR	PRK	PUR
QAT	ROM	RSA	RUS
RWA	SAM	SEN	SEY
SIN	SKN	SLE	SLO
SMR	SOL	SOM	SRI
STP	SUD	SUI	SUR
SVK	SWE	SWZ	SYR
TAN	TGA	THA	TJK
TKM	TOG	TPE	TRI
TUN	TUR	UAE	UGA
UKR	URU	USA	UZB
VAN	VEN	VIE	VIN
YEM	YUG	ZAI	ZAM
ZIM			

Sportler: 10 310 (3 513[1])

Name des Organisationskomitees:	***Atlanta Committee for the Olympic Games (ACOG)***
Präsident:	Billy PAYNE
Generalsekretär:	Billy PAYNE
Offizieller Bericht:	englisch; französisch
Zeremoniell:	Eröffnungs- und Schlußfeier am Anfang bzw. am Ende der Spiele
Eröffnung durch:	Präsident Bill CLINTON
Dauer:	17 Tage
Siegerehrung:	nach dem Wettkampf durch den IOC-Präsidenten bzw. ein von ihm beauftragtes IOC-Mitglied und einen Vertreter des jeweiligen Internationalen Fachverbandes
Olympischer Eid:	Teresa EDWARDS (Basketballspielerin) Hobie BILLINGSLY (Kampfrichter)
letzter Fackelträger:	Muhammad ALI
Fackel:	Malcom Grear Designers
Olympische Hymne:	Spyros SAMARAS / Kostas PALAMAS (Text)
Embleme:	6 Designer-Firmen
Plakat:	Primo ANGELI und 62 weitere Plakate
Piktogramme:	ACOG design studio
Siegermedaille:	Giuseppe CASSIOLI / Malcom Grear Designers
Siegerdiplom:	ACOG design studio
Erinnerungsmedaille:	Malcom Grear Designers
Erinnerungsdiplom:	ACOG design studio
Film:	Film and Video division of *ACOG*
Zeitschriften:	*Torch, Showcase, Resource, Outreach, Inside, Daily Olympian*
Maskottchen:	IZZI (WHATIZIT)
Sportarten:	26 (20[1]) mit 271 (108[1]) Wettbewerben
Besonderheiten:	Attentat im Centennial Olympic Park

Erläuterungen: [1] davon Frauen

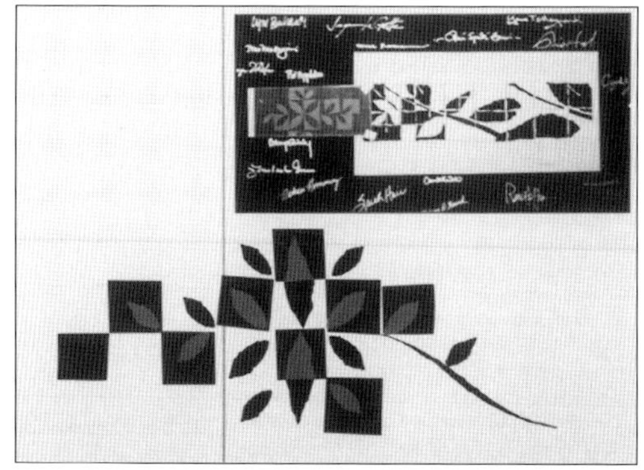

Quilt of Leaves

dem Menschen möglichst ähnliches Bild, um damit auf wohlgeformte Gestalten der Athleten, aber auch auf die Bedeutung von menschlicher Persönlichkeit im Süden hinzuweisen.[8] Insgesamt 31 Piktogramme als Symbole für die 26 Sportarten wurden entwickelt.[9]

Den Auftrag, die Sieger- und Erinnerungsmedaillen zu gestalten, erhielt die Firma Malcolm Grear Designers. Auf der Vorderseite der Siegermedaille, die seit 1928 nicht verändert werden darf, wurden dennoch bei der Siegesgöttin die Formlinien tiefer eingemeißelt, um das Bild plastischer erscheinen zu lassen.[10] Die Aufschrift lautet *»XXVI/OLYMPIAD/ATLANTA 1996«*. Zwischen der zweiten und dritten Zeile sind die Olympischen Ringe eingefügt. Auf der Rückseite befindet sich in der Mitte oben das Fackelsymbol und darunter der Quilt of Leaves. Als Umschrift erscheint: *»CENTENNIAL OLYMPIC GAMES«*. Dazu ist als Kennzeichnung der Sportart das entsprechende Piktogramm und der Name der Disziplin eingraviert. Mit Ausnahme der Spiele in München 1972, wo kurz vor der Siegerehrung die Namen der zu Ehrenden eingraviert wurden, gab es noch nie so viele verschiedene Medaillen: 31 Piktogramme für 26 Sportarten und 271 Namen der Wettbewerbe. Das grüne Band mit Goldrand ist mit dem Quilt of Leaves (vorn) und dem Torch-Logo geschmückt. Die Öse hat die Breite des Bandes. Auf der Kante ist *»Atlanta Committee for the Olympic Games«* eingraviert. Zu den Medaillen gehört ein Holzkästchen mit dem

7 Atlanta Committee for the Olympic Games, *Report*, Bd. 1, S. 132-133.

8 Atlanta Committee for the Olympic Games, *Report*, Bd. 1, S. 134.

9 Für manche Sportarten mußten mehrere Symbole erarbeitet werden, z.B. im Turnen für Gerätturnen und Sportgymnastik.

10 N.N., »Medals for Glory«, in: *Olympic Museum Lausanne* (1996)10, S. 29.

11 Atlanta Committee for the Olympic Games, *Report.*, Bd. 1, S. 133.

12 PAYNE nahm auch die Funktion eines Generalsekretärs wahr.

Torch-Logo auf dem Deckel. Hergestellt wurden die Medaillen von der Firma Reed and Barton in Taunton (Massachusetts). Die Maße: 70 Millimeter Durchmesser, 5,5 Millimeter Dicke, 180 Gramm Gewicht (vergoldetes Exemplar). Der Offizielle Bericht bemerkt ausdrücklich, daß der Druckstock und überzählige Medaillen – mit Ausnahme einiger Exemplare für Archive –, gemäß den Bestimmungen der Olympischen Charta, dem *IOC* übergeben wurden.[11]

Siegerdiplom. Das DIN A4 große Siegerdiplom war auf papyrusähnlichem Papier gedruckt. Es zeigt im Hintergrund die Olympischen Ringe, jedoch um 90° gedreht. Die unteren beiden Ringe in der rechten Bildseite sind nur schwach sichtbar. Sie werden jeweils aus Blättern gebildet und symbolisieren Siegeskränze. Die drei anderen ineinander verschlungenen Ringe erinnern an mit antiken Ornamenten verzierte Reifen, vergleichbar mit einem Mäander. Über den Ringen, quasi als weiterer Hintergrund, folgt das Torch-Logo, das ebenfalls die gesamte Fläche einnimmt. Über der Fackelflamme des Logos ist in den Sternen die Zahl *»100«* in Gold zu erkennen. Sie ist verziert durch einen Olivenzweig und vom Schriftzug *»CENTENNIAL OLYMPIC GAMES«* umgeben. Eingedruckt wurden nicht nur Sportart und Disziplin, sondern auch das entsprechende Piktogramm. Alle Texte sind in Englisch und Französisch abgefaßt. Unter dem Namen des Sportlers sind in Gold die Olympischen Ringe zu sehen. Unterschrieben haben IOC-Präsident Juan Antonio Samaranch und ACOG-Präsident Billy Payne[12]. Um schnell und ohne Verzögerungen den Athleten die Diplome übergeben zu können, wurden 10 646 Urkunden gedruckt, in die dann nur noch die entsprechenden Namen der Sportler eingetragen werden mußten. Über die wirkliche Anzahl der vergebenen Diplome sagt der Offizielle Bericht nichts aus. Es werden aber nicht mehr als 5 500 gewesen sein. Der Offizielle Bericht verschweigt uns den Namen des Graphikers. Vermutlich waren es ein Mitglied oder mehrere Mitarbeiter des ACOG design studios.

Schon bald nach Ende der Spiele konnten bei einer Jahresfeier am 12. Juli 1997 an einer langen Mauer im Centennial Park Tafeln mit den Namen der Medaillengewinner enthüllt werden.

Erinnerungsmedaille. Für die Gestaltung der Erinnerungsmedaille war ebenfalls die Firma Malcolm Grear Designers zustandig. Hergestellt wurde sie bei Reed & Barton in Tauton. Es ist eine recht einfache Plakette. Die Vor-

Der Designer von Malcolm Grear bei der Arbeit am Modell der Siegermedaille;
links: die Mauer im Centennial Park mit den Namen der Medaillengewinner

Die Piktogramme

derseite trägt das Torch-Logo und am Rand steht der Text »*GAMES OF THE XXVI OLYMPIAD*«, auf der Rückseite sind der Quilt of Leaves und die Umschrift »*CENTENNIAL – OLYMPIC GAMES*« eingraviert. Die Bronzemedaille ist goldfarben, hat einen Durchmesser von 60 Millimetern, eine Dicke von drei Millimetern und wiegt 60 Gramm. Sie wurde in einem grünen Samtbeutel und einer Kartonschachtel von gleicher Farbe mit dem Torch-Logo auf dem Deckel ausgegeben. Es wurden 52 600 Exemplare[13] hergestellt. Die Medaille erhielten die Athleten, Funktionäre, bestimmte Medienvertreter und weitere Mitarbeiter.

Erinnerungsdiplom. Das DIN-A4-große Erinnerungsdiplom weist die gleiche Papierstruktur auf wie die für die Siegerurkunde, ist jedoch in einem graublauen Ton gehalten. Verantwortlich für die Gestaltung war das ACOG design studio. Im Hintergrund sehen wir nicht die Ringe, sondern nur das Torch-Logo mit dem Hinweis auf die Hundertjahrfeier. Unter dem in altdeutscher Schrift eingedruckten Namen des Teilnehmers folgt die schon oft benutzte Dankesformel »*IN RECOGNITION OF AND APPRECIATION FOR YOUR CONTRIBUTION TO THE SUCCESS OF THE GAMES OF THE XXVI OLYMPIAD*«[14]. Unterschrieben hatten wiederum Samaranch und Payne. Das Diplom erhielten neben den Sportlern und Funktionären auch die Mitarbeiter des *ACOG* und die vielen tausend ehrenamtlichen Helfer. Über die Anzahl der hergestellten Blätter sagt der Offizielle Bericht nichts aus.

Exkurs: Fackelstaffel

Am 30. März 1996 wurde in Olympia in Anwesenheit der First Lady der Vereinigten Staaten, Hillary Rodham CLINTON, die Olympische Flamme entzündet und von etwa 850 Läufern auf einer Strecke von 2 515 km durch Griechenland nach Athen gebracht.

Wegen der Hundertjahrfeier war diese bisher längste Strecke durch Griechenland gewählt worden. Am 6. April, genau hundert Jahre nach der Eröffnung der ersten Olympischen Spiele, erreichte die Staffel das Panathenäische Stadion. Die Strecke führte u.a. durch Sparta, Tegea, Tripolis, Nemea, Korinth, Patras, Missolonghi, wo Lord BYRON mit Tausenden für die Befreiung Griechenlands gefallen war. Die Läufer besuchten das Grab von PHILIPP von Makedonien in Vergina und Pella, wo ALEXANDER der Große erzogen wurde. Über Thessaloniki und am Fuße des Olymp vorbei ging der Weg nach Athen, dabei folgte man auf dem letzten Teilstück der Route des ersten Marathonlaufs. Mit der Übergabe der Flamme an Paraskiri PATOULIDOU, Griechenlands erste Goldmedaillengewinnerin, durch IOC-Präsident Samaranch begann eine Staffel von Medaillengewinnern, die jeden Austragungsort der bisherigen Olympischen Spiele personifizierten. Dann übernahmen Repräsentanten der vergangenen Austragungsorte die Flamme, mit Ausnahme von St. Louis und Los Angeles, die auf der amerikanischen Fackelroute angelaufen wurden. In all diesen Städten wurden später Flammenschalen entzündet, so auch in Berlin, durch den letzten Läufer von 1936, Fritz SCHILGEN, und in München, durch den letzten Läufer von 1972, Günter ZAHN.

Von Athen flog das Feuer nach New York, wo am 27. April der amerikanische Teil mit einer Gesamtlänge von 24 601 km in der Obhut des Coca-Cola-Konzerns, des offiziellen »*Presenter of the 1996 Olympic Torch Relay*

Die Fackel wird in Olympia entzündet.

13 Nach GREENSFELDER u.a., *Medals*, S. 167, sogar 60 000 Exemplare.

14 »*EN RECONNAISSANCE DE VOTRE CONTRIBUTION AU SUCCESS DES JEUX DE LA XXVIE OLYMPIADE.*«

Erinnerungsdiplom

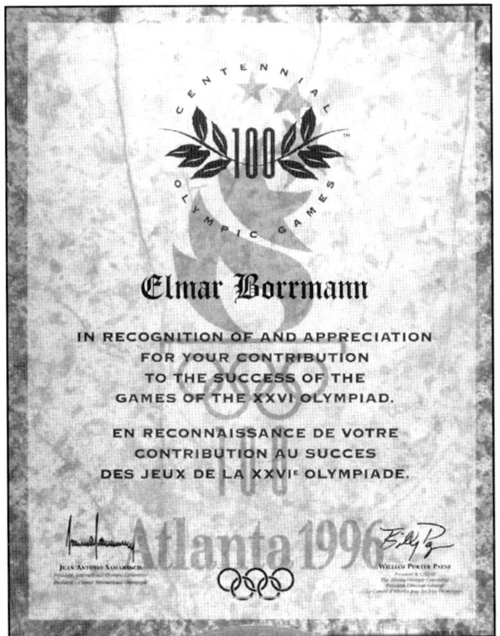

Siegerdiplom

Erinnerungsmedaille

Siegermedaille

Muhammad Ali vor der Entzündung des Olympischen Feuers

in the United States«, und der anderen beteiligten Firmen begann. Zusammen mit den 17 Tagen der Spiele brannte das Feuer in den Vereinigten Staaten genau 100 Tage. 10 000 Fackelläufer trugen die Flamme oder transportierten sie auf Fahrrädern, Pferden, im Kanu, auf Mississippidampfern, in einem speziellen Eisenbahnwaggon der Union Pacific, im Flugzeug oder auf Segelbooten durch 42 Staaten. Davon waren 5 500 *»community heroes«*, 2000 Olympia-Teilnehmer oder andere Sportler und 2 500 von Coca-Cola ausgesuchte Personen. Täglich waren etwa drei Feierstunden vorgesehen, darunter eine auf dem Friedhof in Princeton am Grab von William Milligan SLOANE, dem »Vater« der amerikanischen Teilnahme an den Spielen von 1896. Dabei wurde auch an Robert GARRETT, der 1896 und 1900 der amerikanischen Mannschaft angehörte, erinnert. Bei der Eröffnungsfeier entzündete der ehemalige Olympiasieger Cassius CLAY, der als Muhammad ALI Boxgeschichte geschrieben hatte, in einem bewegenden Moment olympischer Rehabilitation die Flammenschale.

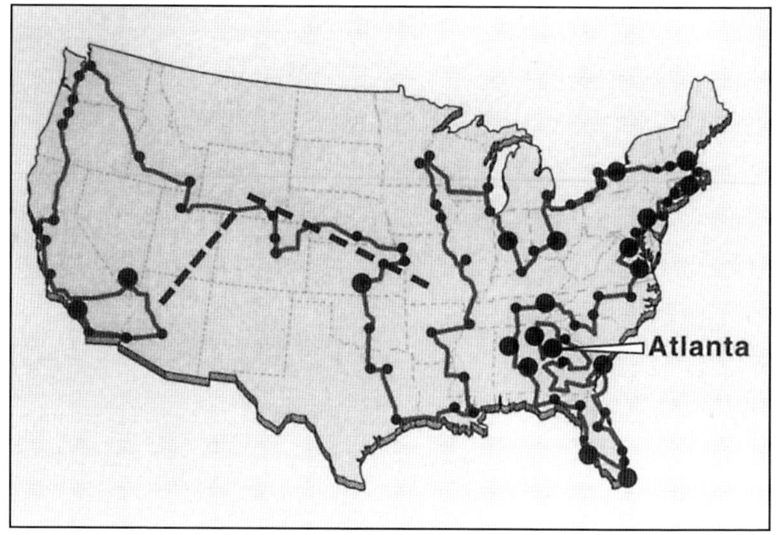

Weg der Fackelstaffel durch die Vereinigten Staaten

Die Fackel besteht aus 22 Aluminiumstäben, die an alte Holzfackeln und gleichzeitig an die 22 abgehaltenen Olympischen Spiele erinnert. Sie wird an einem hölzernen Griff in der Mitte getragen.

Nagano 1998

Zum zweiten Mal nach 1972 fanden die Winterspiele in Japan statt, und es war – natürlich – ein Sportfest der Superlative. Ob die besten oder nicht – in jedem Falle waren es die teuersten Winterspiele aller Zeiten. Mehr als drei Milliarden Mark schlugen zu Buche, wobei allein die Errichtung der gigantischen Eisschnellaufarena M-Wave etwa 480 Millionen Mark verschlang. Für Japan eine Selbstverständlichkeit, waren die Spiele auch ein Festival der »Hoch-Technologie«. Allen voran das Fernsehen setzte neue Maßstäbe. Nicht weniger als 377 Fernsehkameras waren im Einsatz. In diversen Eisflächen hatte man Mikrophone installiert, um auch olympische Akustik in die Wohnstuben in aller Welt zu transportieren. Ob damit auch Olympischer Geist übermittelt wurde, ist freilich eine andere Frage.

Apropos Geist: Auch modernste und teuerste Technik stößt irgendwo an ihre Grenzen! Sehr zum Leidwesen aller Beteiligten zeigte sich nämlich (wieder einmal), daß irdische gegenüber höherer Gewalt letztlich den kürzeren zieht. Will sagen: Gegen die natürliche Kraft des Wetters muß menschliches Bemühen erfolglos bleiben. Wie es im Winter durchaus üblich ist: Schneefall, Nebel, Wind wirbelten auch in Nagano das Programm durcheinander und nervten Organisatoren, Athleten und das (Fernseh-)Publikum. Insbesondere die Wettbewerbe der alpinen Skisportler waren stark in Mitleidenschaft gezogen. Selbst ein Heer von 750 Pistenarbeitern, 200 waren eigens aus Manila eingeflogen worden, vermochten der Schneemassen nicht Herr zu werden.

Dennoch dürften zum Beispiel die deutschen Ski-Damen die Wetter-Spiele in guter Erinnerung behalten haben. Allen Widrigkeiten zum Trotz durften sie sich nämlich an einigen Erfolgserlebnissen erfreuen. Ein besonderer Coup gelang in der Alpinen Kombination: Mit Katja SEIZINGER, Martina ERTL und Hilde GERG war das Treppchen fest in deutscher Hand. Damit nicht genug: Zwei der Genannten reüssierten auch in ihren Spezialdisziplinen. Seizinger gewann wie vier Jahre zuvor den Abfahrtslauf, Gerg ganz überraschend den Slalom. Während sich Seizinger zudem Bronze im Riesenslalom sicherte, Ertl wurde knapp geschlagene Vierte, fuhren ihre männlichen Mannschaftskollegen mehr oder weniger weit an den Medaillen vorbei.

Dies entsprach dem allgemeinen Trend. Wie die Statistiker fix errechneten, gingen 75 Prozent aller deutschen Medaillen auf das Konto der Damen, obwohl sie mit 50 gegenüber 83 den weit kleineren Teil der Mannschaft stellten. Die Fahne der Männer hielt u.a. Georg »Schorsch« HACKL hoch, dem das einmalige Kunststück gelang, einen dritten Olympiasieg zu errodeln. Gold gewannen auch die Kollegen im Doppelsitzer, Stefan KRAUßE und Jan BEHRENDT, Viererbob-Pilot Christoph LANGEN und seine drei Mitfahrer sowie die Biathlon-Staffel. Doppelt so viele, nämlich vier Goldmedaillen, wurden deutschen Damen um den Hals gehängt. Hervorzuheben sind etwa die Eisschnelläuferinnen: Gunda NIEMANN-STIRNEMANN und Claudia PECHSTEIN siegten über 3000 bzw. 5000 Meter, wobei sie sich jeweils gegenseitig auf den zweiten Platz verwiesen. Über 3000 Meter vervollständigte Anni FRIESINGER als Drittplazierte den deutschen Triumph.

Die zahlreichen Einzelerfolge addierten sich zu einem herausragenden Gesamtergebnis: Wie schon 1992 in Albertville überflügelte das deutsche Team in puncto Medaillen alle anderen. Für die Beobachter, es sind wohl noch immer vergleichsweise viele, die ihr Augenmerk eben auf die sogenannte Nationenwertung fokussieren, war dies der ultimative Erfolg, wenn nicht der eigentliche Sinn und Zweck der Spiele.

Für diejenigen, die die Olympische Idee anders verstehen, sei abschließend darauf verwiesen, daß natürlich auch Athletinnen und Athleten anderer Nationen mit großartigen Leistungen aufwarteten. Stellvertretend für viele seien nur die folgenden genannt: Der Österreicher Hermann MAIER dominierte nach einem spektakulären Sturz in der Abfahrt sowohl Super-G als auch Riesenslalom, der niederländische Eisschnelläufer Gianni ROMME siegte überlegen über 5000 und 10000 Meter, und zwar jeweils in Weltre-

Literatur:
Organizing Committee for the XVIII Olympic Winter Games, Nagano 1998 (Hg.), *The XVIII Olympic Winter Games. Official Report*, 3 Bde. und eine CD-Rom, Nagano 1999.
Sven Simon / SID, *Olympische Winterspiele Nagano 1998*, München 1998.
CERNE, Rudi (Hg.), *Nagano '98*, Berlin 1998.

kordzeit, während der Norweger Björn DÆHLI drei Gold- und eine Silbermedaille im Langlauf verbuchte und damit zum erfolgreichsten Teilnehmer an Winterspielen überhaupt avancierte.

Siegerehrung. In vielen Bereichen scheint die aufwendige und festliche Form der Siegerehrungen in Lillehammer für die Spiele in Nagano Pate gestanden zu haben. Nach den Wettkämpfen in freier Natur gab es die traditionelle Blumenzeremonie, zu der diesmal die drei siegreichen Athleten sogar ein Podium besteigen durften.

Die eigentliche Siegerehrung fand dann am Abend des betreffenden oder des folgenden Tages um 19.00 Uhr im Central Square, also mitten in Nagano, zwischen Bahnhof und Zenkoji Tempel, statt. Der Platz war eigens dafür angelegt und im Oktober 1996 fertiggestellt worden. Insgesamt 167 200 Zuschauer sollen anwesend gewesen sein. Vor und nach

Blumenzeremonie; Siegerehrung nach dem 500-m-Eisschnellauf der Männer, von links: Jeremy Wotherspoon (CAN), Hiroyasu Shimizu (JPN) und Kevin Overland (CAN)

XVIII. Olympische Winterspiele in Nagano – 7. bis 22. Februar 1998

Mannschaften: 72

AND	ARM
ARG	AUS
AUT	AZE
BEL	BER
BIH	BLR
BRA	BUL
CAN	CHI
CHN	CRO
CYP	CZE
DEN	ESP
EST	FIN
FRA	GBR
GEO	GER
GRE	HUN
IND	IRI
IRL	ISL
ISR	ISV
ITA	JAM
JPN	KAZ
KEN	KGZ
KOR	LAT
LIE	LTU
LUX	MDA
MGL	MKD
MON	NED
NOR	NZL
POL	POR
PRK	PUR
ROM	RSA
RUS	SLO
SUI	SVK
SWE	TPE
TRI	TUR
UKR	URU
USA	UZB
VEN	YUG

Sportler: 2 176 (788[1])

Name des Organisationskomitees:	***Organizing Committee for the XVIII Olympic Winter Games, Nagano 1998 (NAOC)***
Präsident:	Eishiro SAITO
Generalsekretär:	Makoto KOBAYASHI
Offizieller Bericht:	japanisch; französisch; englisch
Zeremoniell:	Eröffnungs- und Schlußfeier am Anfang und am Ende der Spiele
Eröffnung durch:	Kaiser AKIHITO
Dauer:	16 Tage
Siegerehrung:	am Abend des Wettkampftages bzw. nach dem Wettkampf durch den IOC-Präsidenten bzw. ein von ihm beauftragtes IOC-Mitglied und einen Vertreter des jeweiligen Internationalen Fachverbandes
Olympischer Eid:	Kenji OGIWARA (Skisportler) Junko HIRAMATSU (Kampfrichterin)
letzte Fackelträger:	Midori ITO (Eiskunstläuferin)
Fackel (Design):	Kiyoyuki KIKUTAKE
Olympische Hymne:	Spyros SAMARAS / Kostas PALAMAS (Text)
Emblem:	Landor und Design Committee
Plakate:	Masuteru AOBA, Katsumi ASABA, Hiro YAMAGATA, Koji KINUTANI und weitere Künstler
Piktogramme:	Landor und Design Committee
Siegermedaille:	Takeshi ITO (Japanische Münze und Kiso Living Craft Centre)
Siegerdiplom:	Landor und Design Committee des *NAOC*
Erinnerungsmedaille:	Japanische Münze
Erinnerungsdiplom:	Landor und Design Committee
Zeitschriften:	*Nagano 98, Nagano Olympic News*
Film:	Bud GREENSPAN (Cappy Production)
Maskottchen:	Snowlets (4 Schnee-Eulen)
Songs:	Share (Interpretin: ANRI), Dream (Komponist: Mashashi SADA), One Heart, one World (Texter/Komponist: Yuichiro ODA)
Sportarten:	12 (11[1]), 68 (31[1]) Wettbewerbe
Besonderheiten:	keine Demonstrationswettbewerbe

Erläuterungen: [1] davon Frauen

Erinnerungs-diplom

第18回オリンピック冬季競技大会
THE XVIII OLYMPIC WINTER GAMES
LES XVIIIes JEUX OLYMPIQUES D'HIVER

JOCHEN FRIEDRICH BEHLE

1998年 第18回長野オリンピック冬季競技大会への参加を証する。

In recognition of your participation
in the XVIII Olympic Winter Games, Nagano 1998

En reconnaissance de votre participation
aux XVIIIes Jeux Olympiques d'hiver de Nagano, 1998

Siegerdiplom

DIPLOMA 賞状 DIPLÔME

THOMAS ALSGAARD

クロスカントリースキー 男子4x10kmリレー
1位 ノルウェー

Cross-Country Skiing Men's Relay 4x10km
Gold Medal NOR

Ski de fond 4x10km relais hommes
Médaille d'or NOR

2.18.1998

Eishiro Saito　Juan Antonio Samaranch　Makoto Kobayashi

Erinnerungsmedaille

Siegermedaille

Das Emblem

der Zeremonie spielten Musikkapellen und traten Tänzer auf. Bei Hallenveranstaltungen wurden die Ehrungen nach dem Wettkampf an Ort und Stelle durchgeführt.[1]

Siegermedaille. Zur Ermittlung des Gesamtdesigns der Spiele schrieb das Organisationskomitee einen Wettbewerb aus, den die Firma Landor Associates International Ltd. gewann. Für die praktische Umsetzung wurde beim Organisationskomitee ein Design Committee gebildet. Das von Landor entworfene Emblem wurde als ein wesentliches Element zum Schmuck der Medaillen und Diplome verwendet.[2]

Das »*Schneeblumenemblem*« wurde am 26. Januar 1993 vorgestellt. Es soll eine Blume darstellen, deren sechs Blütenblätter stilisierte, schattenwerfende Athleten sind. Außerdem vermittelt es dem Betrachter den Eindruck, auf ein Schneekristall zu sehen. Das »*energiereiche Zentrum*« in der Mitte der Blüte soll den Wunsch der Menschen symbolisieren, sich in Nagano zu versammeln und das Erlebnis der Olympischen Spiele mit der ganzen Welt zu teilen. Die Blüte kann auch als blühende alpine Pflanze gedeutet werden. Damit wird versucht, auf die Bemühungen Naganos um umweltfreundliche Spiele hinzuweisen. Unter der Blume steht »*NAGANO/ 1998*«, darunter befinden sich die Olympischen Ringe.[3]

Bei Entwurf und Herstellung der Siegermedaille wandte sich auch der japanische Künstler – wie schon seine Kollegen bei den Spielen von Albertville und Lillehammer – vom traditionellen Gold, Silber und Bronze ab. Grundlage war für ihn die einzigartige traditionelle Lackkunst. Auf einen lackierten Messingkern wurden mit Hilfe der sog. Makie-Technik Schichten von Goldpulver aufgetragen, die in den feuchten Lack eingestreut wurden. In Kombination damit wurde Cloisonné-Email verwendet. Auf der Vorderseite sieht man eine in Makie-Technik gearbeitete, von Olivenzweigen eingerahmte Morgensonne über dem in Cloisonné-Email gestalteten Emblem der Nagano-Spiele. Über der Sonne ist um den Rand der lackierten Fläche »*THE XVIII OLYMPIC WINTER GAMES*« zu lesen. Die Rückseite besteht aus einem goldenen (silbernen, bronzenen) Metallrand, darin eine kreisrunde in Makie-Technik dekorierte dunkle Fläche, auf der die in der Morgensonne leuchtenden Berge von Nagano unter der Schneeblume und den Olympischen Ringen zu erkennen sind. Unten in der Mitte befindet sich ein Metall-Inlay mit dem Piktogramm der jeweiligen Sportart. Auf dem Rand steht »*THE XVIII OLYMPIC WINTER GAMES, NAGANO 1998*«. Das Band ist in Dunkelblau gehalten, eingedruckt sind viele Schneeblumen. Für den Entwurf verantwortlich zeichnete der Designer Takashi ITO. Kunsthandwerker aus der Region Kiso der Präfektur von Nagano fertigten den lackierten Teil der Medaille an, während die anderen Arbeitsschritte von der Münze des Finanzministeriums ausgeführt wurden. Die Herstellung im Kiso Kurashi Craft Centre begann im Februar 1997. 18 Fachkräfte für Lacktechnik waren damit befaßt. Die Medaille hat einen Durchmesser von 80 Millimetern, ist sieben Millimeter dick und wiegt 260 (vergoldet), 253 (Silber) bzw. 233 (Bronze) Gramm. Zur Medaille gehört ein Samtkästchen.

Siegerdiplom. Das DIN-A4-große Siegerdiplom ist recht einfach gestaltet. Neben Emblem in der oberen Hälfte und Olympischen Ringen, die in der Mitte – ähnlich wie ein Wasserzeichen – durchscheinen, enthält es im Grunde genommen nur die üblichen Angaben – Athlet, Wettbewerb, Leistung – in den Sprachen Japanisch, Englisch und Französisch. Umrahmt wird die Urkunde durch einen etwa einen Zentimeter breiten farbigen Rand mit den Piktogrammen der Sportarten. Unterschrieben haben IOC-Präsident SAMARANCH und der Präsident und der Generalsekretär des Organisationskomitees Saito und Kobayashi. Die Siegerdiplome für die ersten acht wurde am Tag nach dem Wettbewerb im Informationsbüro den Vertretern der *NOK* zur Weiterleitung an die Athleten übergeben.

Erinnerungsmedaille. Die Vorderseite der Erinnerungsmedaille zeigt schneebedeckte Berge und Wälder. In der Mitte befinden sich erhaben die Olympischen Ringe. Darüber und darunter steht auf zwei schmalen, an den En-

1 Organizing Committee for the XVIII Olympic Winter Games, Nagano 1998, *Games,* Bd. 1, S. 140.

2 Auch bei diesem Kapitel sind wir wieder nur auf die recht knapp gehaltenen Informationen des Offiziellen Berichtes angewiesen. Organisationskomitee und *NOK* beantworteten entsprechende Anfragen nicht.

3 Organizing Committee for the XVIII Olympic Winter Games, *Report,* Bd. 1, S. 98.

Mizuhiki-Ringe

den abgerundeten Flächen – es könnte sich um den Abdruck von Snowboards oder Skiern, vielleicht auch von Bobs oder Schlitten handeln – »*NAGANO*« (oben) und »*1998*« (unten). Rechts erkennen wir eine glatte, im unteren Bereich abgerundete Fläche, wohl eine Eisbahn. Die Rückseite ist einfach gestaltet. In der Mitte sind die Schneeblume, die Olympischen Ringe und der Text »*THE XVIII OLYMPIC WINTER GAMES/NAGANO 1998*« eingraviert. Die Medaille besteht aus einer Metallegierung (Alloy) von 90 % Kupfer und 10 % Zink. Dadurch wird der Eindruck von drei verschiedenen Farbnuancen vermittelt: Gold, matt und Bronze. Die Medaillen haben die Maße: 60 Millimeter Durchmesser, 7,1 Millimeter Dicke und 132 (golden) bzw. 137 Gramm Gewicht. Über 19 000 Exemplare wurden geprägt und an Sportler, Offizielle, Pressevertreter und Teilnehmer des Jugendlagers verteilt. Die Medaille lag in einem grauen Schaumstoffbehältnis, das in eine weiße Papierhülle mit dem Emblem in Golddruck auf dem Deckel geschoben wird.

Erinnerungsdiplom. Das DIN-A4-große Erinnerungsdiplom vermittelt den Eindruck, als hätten sich die Designer mehr Mühe als bei der Urkunde für die Sieger und Plazierten gegeben. Hinter dem Text in den Sprachen Japanisch, Englisch und Französisch sind im Hintergrund durchscheinend das Emblem, die Blume des Emblems und japanische Schriftzeichen zu erkennen. Auch dieses Diplom haben Saito, Kobayashi und Samaranch unterschrieben.

Neben Erinnerungsmedaille und -diplom erhielten alle Teilnehmer der Spiele als weiteres Geschenk einen sog. Mizuhiki-Ring, der in der Nagano-Präfektur hergestellt wurde.

Exkurs: Fackelstaffel

Wie bei vorangegangenen Spielen in Asien hatten auch die Organisatoren in Nagano das Ziel, möglichst viele Läufer an der Fackelstaffel zu beteiligen. Das Feuer wurde in der traditionellen Weise in Olympia entzündet. Allerdings mußte man wegen schlechter Wetterbedingungen am 19. Dezember 1997 die bei den Proben am 15. Dezember mit den Strahlen der Sonne entfachte Flamme benutzen. Am 22. Dezember wurde die Flamme im Panathenäischen Stadion in japanische Hände übergeben und erreichte Japan am 23. Dezember, wo sie an diesem Abend ihren ersten öffentlichen »Auftritt« bei einer weihnachtlichen Wohltätigkeitsveranstaltung auf dem Flughafen in Narita hatte.

Nach jeweils viertägigem Aufenthalt des Feuers auf der Ginza, dem zentralen Einkaufszentrum Tokyos, und im Yoyogi Sportpark begannen am 6. Januar drei Staffelläufe: in Hokkaido die Eastern Japan Route, in Kagoshima die Pacific Ocean Route und auf Okinawa die Japan Sea Route. Nachdem die drei Staffeln am 23. Januar die Provinz Nagano erreicht hatten, wurde bis zum 5. Februar nahezu das gesamte Gebiet der Provinz und am nächsten Tag alle Stadtteile Naganos durchlaufen. Am 6. Februar vereinigten sich die »Teilflammen« auf dem Zentralplatz von Nagano, wobei die Olympiasieger Kristi YAMAGUCHI, Yuzo NAKAMURA und Yuko EMOTO die Flamme an den Präsidenten des Organisationskomitees und seine zwei Stellvertreter übergaben. Diese drei entzündeten gemeinsam die Fackel des IOC-Präsidenten Juan Antonio Samaranch, in dessen Händen sich damit die drei Wege der Flamme wieder vereinigten. Am nächsten Tag gab Hikaru NISHIDA, der olympische Botschafter Naganos für den Friedensappell, das Feuer einer Stafette von zehn Läufern und zehn Begleitern mit auf den Weg zum Stadion, wo die Flamme von Chris MOON, einem bekannten Gegner der Verwendung von Landminen, in den Innenraum getragen wurde. Weitergereicht

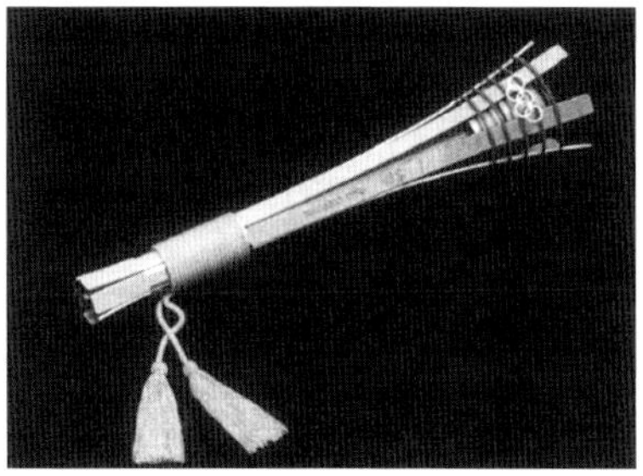

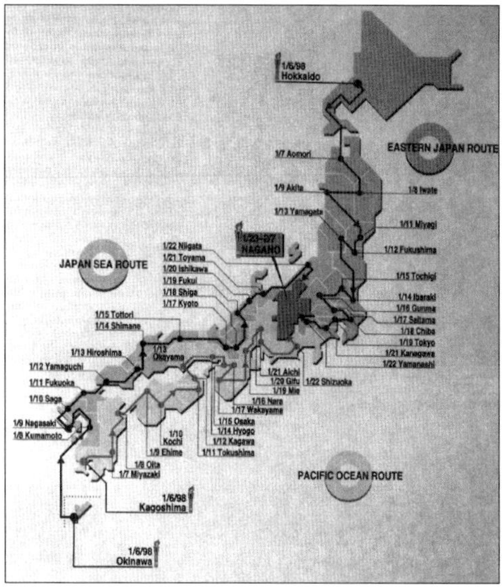

Die Fackel;
rechts: Weg der Fackel durch Japan

Midori Ito entzündet das Olympische Feuer.

von Olympia-Siegern und Medaillengewinnern, erhielt Hiromi SUZUKI die Fackel, die sie die 159 Stufen zur Flammenschale emportrug, um sie Midori Ito, der Silbermedaillengewinnerin im Eiskunstlauf von Albertville, zu übergeben, die in traditioneller japanischer Hofkleidung das Olympische Feuer zu den Klängen von PUCCINIs Madame Butterfly entzündete.

Insgesamt 6 901 Läufer trugen die Flamme durch Japan, wobei einige Abschnitte auf Ski, in Hundeschlitten und von Rollstuhlfahrern zurückgelegt wurden. Bis auf die Teilstrecken innerhalb der Stadt Nagano, für die Teilnehmer ausgewählt wurden, die sich besonders um die Winterspiele in Nagano verdient gemacht hatten, berücksichtige man besonders High-School-Schüler und Jugendliche aus Junior High Schools und Special Schools. Die Firma Coca-Cola erhielt als Sponsor des Fackellaufs Exklusivrechte zur Vermarktung der Fackel, des Logos und des Piktogramms und hatte auch das Recht, eine Anzahl von Teilnehmern auszuwählen. Die Fackel, die an traditionelle japanische Bambusfackeln (taimatsu) erinnerte, ist aus Aluminium und bietet in der Aufsicht den Anblick eines Eiskristalls.

Sydney 2000

Am Ende war es eine äußerst knappe Entscheidung: Sydney vor Peking! Berlin war übrigens als erster Kandidat für die Ausrichtung der Jahrtausend-Spiele ausgeschieden. Zunächst allgemein als gute Wahl begrüßt, mehrten sich in der Zwischenzeit die kritischen Stimmen. Neben den üblichen Skandälchen rückten auch einige größere Skandale in den Blickpunkt, zum Beispiel die Praxis des Kartenverkaufs. Schwerer wiegt der Vorwurf, daß Sydneys wirksamster Werbeslogan ein leeres Versprechen gewesen sei: »Grüne Spiele«. Tatsächlich mußten im Rahmen der Baumaßnahmen ökologische »Sünden« gebeichtet werden. Auch der Imageverlust des *IOC* – Stichwort: Korruption – machte den Organisatoren zu schaffen. Besonders problematisch: Einige Sponsoren zogen sich zurück. Ob aber eher Befürchtungen oder Hoffnungen berechtigt waren, wird der Verlauf der Spiele zeigen. Eine fundierte Bewertung kann erst im nachhinein erfolgen.

Siegerehrung. Die Korruptions- und Bestechungsvorwürfe, mit denen sich das *IOC* seit Ende 1998 auseinanderzusetzen hatte, machten es notwendig, vor allem die Wahl bzw. Ernennung zum Mitglied, die Amtsdauer und das Procedere bei der Wahl des Austragungsortes zu ändern. Die Olympische Charta mußte aufgrund der Beschlüsse der Session Ende 1999 in Seoul in vielen Paragraphen neu gefaßt werden.[1] Hinsichtlich der Vorschriften zur Siegerehrung, zu den Medaillen und Diplomen gab es keine Änderungen.

Auch das Organisationskomitee der Spiele in Sydney (*SOCOG*) mißt der Siegerehrung große Bedeutung bei.[2] Sie fügt sich ein in das Gesamtkonzept der Spiele: »*Celebrating Sydney*«, hat historische Bedeutung und ist einer der Bereiche des Festes, dem universelle Beachtung geschenkt wird. Die Übergabe der Siegermedaille an die Athleten ist für die Gastgeberstadt eine Gelegenheit, ihre traditionelle Kunst und Kultur, die australische Mode und die besondere Pflanzenwelt weltweit zu zeigen.

Das Podium, auf dem die Sieger stehen werden, hat der bekannte australische Theater-Designer Brian THOMPSON entworfen.

Siegermedaille. Etwa 1 000 Gold-, 1 000 Silber- und 1 100 Bronzemedaillen werden benötigt werden. Größe und Durchmesser sind durch die Charta festgelegt. Auch das Design der Vorderseite der Siegermedaille steht weitgehend fest. Das *SOCOG* forderte im Juli 1998 bekannte australische Designer auf, bis November Modelle einzureichen. Einen Monat später entschied sich eine Jury für den Entwurf von Wojciech PIETRANIK. Nach Abstimmung mit dem Präsidium des *SOCOG* und dem *IOC* konnte im September 1999 die Siegermedaille vorgestellt werden.

Wie schon bei einigen Spielen zuvor ist wiederum ein Versuch unternommen worden, das Modell von Cassioli zu modernisieren, um auch auf der Medaille das Konzept der Spiele vermitteln zu können. Dies betrifft die Siegesgöttin, das Kolosseum und das Viergespann. Die Linienführung ist einfacher und spärlicher. Viel Überfrachtendes, z.B. Laub und Zweige, wurden weggelassen. Die Inschrift auf der Vorderseite lautet: »*XXVII / OLYMPIAD / SYDNEY / 2000*«. Auf der Rückseite erblicken wir die Oper von Sydney, das Wahrzeichen der Stadt, und darüber die Olympischen Ringe. Rechts davon befindet sich die brennende Fackel dieser Spiele. Bei der Umschrift, die auf einem äußeren Ring angebracht ist, steht oben die Sportart, z.B. »*Swimming*«, und unten die Disziplin, z.B. »*Women's 4 x 100 m Freestyle Relay*«

Die vergoldete Medaille besteht aus reinem Silber (99,9 %) und sechs Gramm Gold, die silberne Version aus 99,9 % Silber und die bronzene Ausgabe aus Bronze mit einem Silberanteil. Die benötigten Metallmengen wurden gesponsert. Das Gold kam vom Ophir gold 2000 project der Gemeinden Orange, Cabonne und Blayney Shires aus dem Westen von New South Wales, das Silber aus der BHP's Cannington Mine im Nordwesten von Queensland und einem Geschenk eines Barren von 20 kg der Bevölkerung aus Broken Hill. Hergestellt werden die Medaillen in einer Gemeinschaftsproduktion der Königlichen Australischen Münze in Canberra und der Perth Münze in Westaustralien.

Über das Design der Erinnerungsmedaille

1 Eine neue Ausgabe wird im Laufe des Jahres 2000 erscheinen.

2 Das folgende nach SOCOG (Hg.), *Sydney 2000 Olympics. Medal Ceremonies,* Typoskript, Stand September 1999, 5 S.

und der beiden Diplome konnten keine Informationen beigebracht werden. Es ist jedoch zu erwarten, daß das Emblem der Spiele sowohl auf der Erinnerungsmedaille als auch auf den Diplomen abgebildet wird.[3]

Exkurs: Fackelstaffel
Die Flamme für die Olympischen Spiele in Sydney wird in Olympia am 12. Mai 2000

Spiele der XXVII. Olympiade in Sydney – 15. September bis 1. Oktober 2000

Mannschaften:	**Name des Organisationskomitees:**	***Sydney Organizing Committee for the XXVII Olympic Games (SOCOG)***
Möglicherweise wieder, wie schon 1996 in Atlanta, Vertreter aller 200 anerkannten *NOK*	Präsident:	Michael KNIGHT
	Generalsekretär:	Sandy HOLLWAY
	Offizieller Bericht:	englisch; französisch
	Zeremoniell:	Eröffnungs- und Schlußfeier am Anfang bzw. am Ende der Spiele
Sportler: ca. 10 000 (ca. 4 500[1])	Eröffnung durch:	Gouverneur Sir William DEANE
	Dauer:	17 Tage
	Siegerehrung:	nach dem Wettkampf durch den IOC-Präsidenten bzw. ein von ihm beauftragtes IOC-Mitglied und einen Vertreter des jeweiligen Internationalen Fachverbandes
	Olympischer Eid:	unbekannt (Sportler) unbekannt (Kampfrichter)
	letzter Fackelträger:	möglicherweise Dawn FRASER
	Fackel:	Blue Sky Design of Paddington
	Olympische Hymne:	Spyros SAMARAS / Kostas PALAMAS (Text)
	Siegermedaille:	Giuseppe CASSIOLI / Wojciech PIETRANIK
	Siegerdiplom:	Künstler?
	Erinnerungsmedaille:	Künstler?
	Erinnerungsdiplom:	Künstler?
	Zeitschrift:	*Sydney Spirit*
	Maskottchen:	Millie, Olly, Syd
	Sportarten:	28 (25[1]) mit 296 (130[1]) Wettbewerben

Erläuterungen: [1] davon Frauen

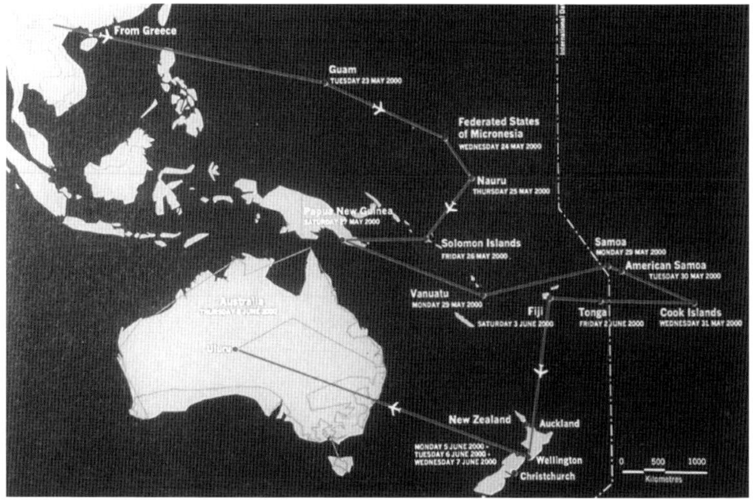

entzündet und innerhalb von zehn Tagen nach Athen gebracht, wo sie zu einer 17tägigen Flugreise durch dreizehn Länder Ozeaniens startet, die am 8. Juni in Yulara (Northern Territory) beendet wird. Dort beginnt am Uluru (Ayers Rock) der Lauf durch Australien. Erster Fackelträger wird ein Aboriginal sein, der Olympiasieger Nova PERIS-KNEEBONE. Ausgehend vom Zentrum Australiens, wird die Flamme auf einer Strecke von etwa 27 000 Kilometern durch alle Teile des Landes getragen. Eine Premiere wird der Unterwassertransport des Feuers am Great Barrier Reef sein. Auch Kamele werden die Fackelträger voranbringen, und die Indian Pacific Railway wird 1 500 km der Strecke übernehmen. Am 12. September beginnt die viertägige letzte Etappe durch die Olympiastadt, wo die Flamme auf dem Wasserweg in die Nähe des Stadions gebracht wird. Die Identität des letzten Fackelträgers gilt zwar noch als Geheimnis, allerdings wird Dawn Fraser häufig als Kandidatin genannt. Lade TIMERY, ein Aboriginal mit besonderen Wurffähigkeiten, hat schon versichert, er sei in der Lage, die Flammenschale mit seinem Bumerang zu entzünden. Die Auswahl der etwa 10 000 FakkelläuferInnen, die mindestens zwölf Jahre alt sein müssen, aus den Bewerbungen erfolgt auf der Grundlage erworbener Verdienste. Es

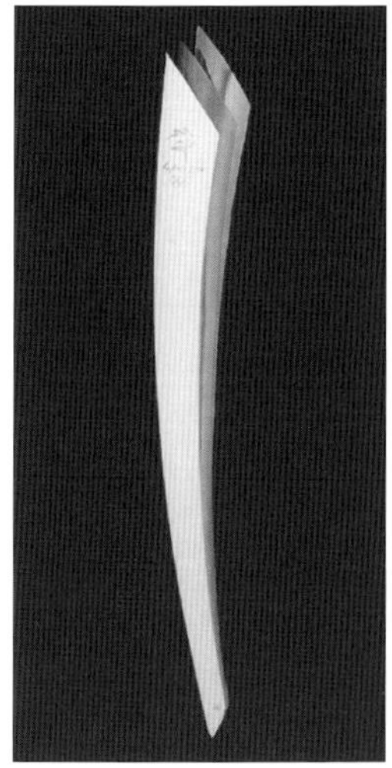

Die Fackel; oben: der Weg der Fackel durch Ozeanien

3 Redaktionsschluß des Katalogs war der 19. März 2000.

Das Emblem

Siegermedaille

sollen Teilnehmer aus allen Bevölkerungsgruppen berücksichtigt und entsprechend ihrer Leistungsfähigkeit eingesetzt werden. Jede(r) LäuferIn wird bis zu einem Kilometer laufen, bei einer durchschnittlichen Strecke von 500 Metern. Entworfen wurde die Fackel von Blue Sky Design of Padington. Sie wiegt etwas mehr als ein Kilogramm und ist 72 Zentimeter hoch. 12 000 Fackeln wurden bei GA&L Harrington Pty Ltd. hergestellt.

Wojciech PIETRANIK *1950

Der in Polen geborene Bildhauer, Medailleur und Designer studierte von 1970 bis 1975 an der Akademie der Schönen Künste in Gdansk, wo er 1975 mit einem Diplom abschloß. Seit 1975 stellte er in Polen und im benachbarten Ausland aus. 1985 wanderte er nach Australien aus und wurde Designer bei der Königlichen Australischen Münze. Dort entwarf er zahlreiche Münzen und Medaillen. PIETRANIK erhielt drei bedeutende Auszeichnungen: 1983 für ein Denkmal in Gdynia in Polen, 1991 für eine 50-Cent-Münze von Neuseeland, 1992 ein Stipendium, um Metallkunst in Rom zu studieren.

Aus-zeichnungen des IOC

Zur Erinnerung an die Wiedereinführung der Olympischen Spiele. Neben Medaillen und Diplomen für die Erstplazierten und Erinnerungsmedaillen für alle teilnehmenden Sportler und Funktionäre bei Olympischen Spielen vergibt das *IOC* seit seiner Gründung besondere Medaillen und Diplome und andere Auszeichnungen. Am Anfang stand ein Erinnerungsdiplom, das die Teilnehmer am Olympischen Kongreß 1894 in Paris erhielten. Interessanterweise erhielten auch diejenigen die Urkunde, die zwar von Baron de COUBERTIN eingeladen, zu Ehrenpräsidenten ernannt oder ins *IOC* aufgenommen worden, aber aus welchen Gründen auch immer persönlich nicht anwesend waren. Dazu zählt z.B. das ungarische IOC-Gründungsmitglied Ferenc KEMENY. Bemerkenswert ist auch, daß sich bereits das von Henri DIDON geprägte Olympische Motto *»Citius Fortius Altius«* – in der von ihm 1891 benutzten Reihenfolge – auf diesem Diplom findet. Michel BRÉAL zitierte den Spruch bei seinem Toast während des Abschlußessens des Kongresses. Vermutlich sind die Urkunden nach Ende der Tagung gedruckt und dann verschickt worden. Unterschrieben haben Sitzungspräsident Baron Alphonse de COURCEL und Generalkommissar Baron de Coubertin.

Zur Erinnerung an den erfolgreichen Kongreß und die Wiedereinführung der Olympischen Spiele ließ Baron de Coubertin zudem eine Medaille prägen. Auf der Vorderseite steht vor einem Gebinde von Lorbeer- und Eichenblättern auf einer Tafel *»23 JUIN 1894«*, ein Hinweis auf den letzten Tag des Kongresses in der Sorbonne, das eigentliche Gründungsdatum des *IOC*. Auf der Rückseite findet sich rechts oberhalb eines ähnlichen Straußes von Lorbeer- und Eichenblättern: *»LE CONGRÈS / INTERNATIONAL / DE PARIS / PROCLAME LE / RÉTABLISSEMENT / DES JEUX / OLYMPIQUES«*[1]. Die in der Monnaie de Paris geprägte Medaille hat einen Durchmesser von 50 Millimetern. Es existieren bronzene und goldene (vergoldete?) Exemplare.

Baron de Coubertin vergab diese Medaille in den nächsten Jahren an einzelne Persönlichkeiten, die sich entweder um die Olympische

CITIUS FORTIUS ALTIUS

CONGRÈS INTERNATIONAL
POUR LE RÉTABLISSEMENT DES
JEUX OLYMPIQUES
PARIS 1894

DIPLOME COMMÉMORATIF

1894

Das Erinnerungsdiplom für Ferenc Kemeny

Bewegung verdient gemacht hatten oder von denen er glaubte, daß sie ihr in Zukunft nutzen konnten. Leider existiert keine Liste der Geehrten, so daß wir diesbezüglich auf einzelne, meist spärliche Hinweise – oft ist die Rede von *»Olympischer Medaille«* – angewiesen sind. Erwähnt[2] werden bis zum Ersten Weltkrieg folgende Persönlichkeiten und Organisationen:

1897 Albert MEYER,
Willibald GEBHARDT[3],
1898 Félix FAURE,
1899 Kaiser WILHELM II., Kronprinz GUSTAF ADOLF von Schweden,
1900 Kronprinz KONSTANTIN von Griechenland,
Großfürst VLADIMIR aus Rußland,
1901 US-Präsident William McKINLEY,
Daniel MÉRILLON,
1903 König ALFONS XIII. von Spanien,
1904 GEORGE, Prinz of Wales,
Sir Howard VINCENT,
James E. SULLIVAN[4],
1905 König LEOPOLD II. von Belgien,
1906 La Comédie Française,
Le Racing Club de France,
1907 Prinz HENDRIK der Niederlande,
1908 Fishmongers Cooperation, London,
1909 Preußisches Herrenhaus (2. Kammer),
1910 Bürgerschaft von Luxemburg,
1911 Kaiser FRANZ JOSEPH I.,
1912 König GUSTAF V. von Schweden und Kronprinz GUSTAF ADOLF,

1 *»DER INTERNATIONALE KONGREß VON PARIS VERKÜNDET DIE WIEDEREINFÜHRUNG DER OLYMPISCHEN SPIELE«.*
2 Es würde zu weit führen, hier jetzt jeden Hinweis zu zitieren. Genaue Quellenangaben können beim Verf. erfragt werden. Auch LYBERG versucht, in seiner Zusammenfassung der Protokolle der Sessionen die vergebenen Medaillen aufzulisten.
3 In den Listen der Besitzer dieser Medaille, die Baron de Coubertin in den Werbeschriften des *IOC* öfter aufführte, fehlen die beiden ersten Namen. Wahrscheinlich hatten sie nur die bronzene Ausfertigung erhalten.
4 Baron de Coubertin hat anscheinend SULLIVAN die Medaille nur versprochen, nie geschickt.
5 COUBERTIN, *Jahre,* S. 134-135. Im Olympischen Museum in Lausanne befindet sich das Diplom, das Nansen 1905 erhielt. Andere sind nicht vorhanden. Es ist allerdings davon auszugehen, daß allen Preisträgern bis 1914 eine Kopie der Zeichnung von André SLOM übergeben wurde.
6 Die drei letzteren werden in späteren Listen nicht mehr erwähnt. Dabei fand am 16. Juni 1914 die feierliche Verleihung im Beisein von 2000 Gästen in der Sorbonne statt.

Erinnerungsmedaille zur Wiedereinführung der Olympischen Spiele 1894 in Paris

Charlotte WERSÄLL aus Schweden,
1913 Universität Lausanne.

Bei den gekronten Hauptern wird es sich wohl immer um die »goldene« Medaille gehandelt haben.

Olympisches Diplom. Beim Olympischen Kongreß 1905 in Brüssel wurde in einer Feierstunde zum ersten Mal ein Olympisches Diplom verliehen. Wenige Jahre später äußerte sich Baron de Coubertin dazu wie folgt:

»*Seine Schaffung war 1901 beschlossen worden. Es handelte sich um die Verteilung eines Pergamentes, dessen Seltenheit seinen Wert ausmachte. Es zeichnete keinen sportlichen Sieg oder einen neuen Rekord oder sonst eine Leistung aus, sondern wurde für Leistungen und Einsatz für den Sport in seiner Gesamtheit verliehen. [...] Dieses Olympische Diplom ist ein Werk des Zeichners André Slom und ein Geschenk unseres Kollegen Graf Mercati. Es ist sehr groß und stellt die Akropolis von Athen durch einen Bogen des Eiffelturms gesehen dar. Der Vordergrund wird ausgefüllt von Fechtern, Läufern und Polo-Spielern. Es ist ein Faksimile von Radierungen, auf Japanpapier gezogen und handkoloriert.*«[5]

Die beiden ersten Preisträger, der Polarforscher Fridtjof NANSEN und US-Präsident Theodore ROOSEVELT waren bei der Übergabe nicht anwesend. Während Baron de Coubertin zunächst selbst entschied, wurde die Vergabe bald ein Tagesordnungspunkt der jährlichen Sessionen.

Das Olympische Diplom erhielten folgende Persönlichkeiten:

1905 Theodore ROOSEVELT (USA),
Fridtjof NANSEN (NOR),
SANTOS-DUMONT, Alberto (BRA), ein Flugpionier,
Lord William Henry DESBOROUGH of TAPLOW (GBR),
1906 Duke of the Abruzzis (ITA),
Major LANCRENON (FRA),
1909 Graf Ferdinand von ZEPPELIN (GER),
Victor BALCK (SWE),
Jean CHARCOT (FRA),
1910 Géo CHAVEZ (PER),
1914 König ALFONS XIII. (ESP),
Kronprinz WILHELM (GER),
EDWARD, Prince of WALES (GBR),
Baron Alphonse de COURCEL (FRA),
Louis LIARD (FRA).[6]

Das Diplom wurde danach längere Zeit nicht mehr vergeben. 1928 machte Baron de Coubertin dem *IOC* den Vorschlag, wieder Persönlichkeiten auszuzeichnen und ein neues Diplom entwerfen zu lassen. Das Exekutivkomitee stimmte dem zu, und auf der Session 1928 in Amsterdam wurden dann auch wieder drei Preisträger ausgewählt:

1928 Alain GERBAULT (FRA),
Charles LINDBERGH (USA),
Harry PIDGEON (USA),
1939 Louis HOSTIN (FRA),
Leni RIEFENSTAHL (GER),
1949 Angelo BOLANAKI (EGY/GRE),
Paul MARTIN (SUI),
Jack BERESFORD (GBR),

Olympisches Diplom, das seit 1928 vergeben wurde;
oben: Olympisches Diplom für Fridtjof Nansen

Olympischer Pokal

1950 Ivan OSSIER (DEN),
Comité Olympique de Guatemala, für die Organisation der Zentralamerikanischen und Karibischen Spiele,
Les Enfants de Neptune, Tourcoing (FRA), ein Verein mit sieben Olympiasiegern.

Bei der Verleihung an die letztgenannten beiden Preisträger auf der Session 1950 in Kopenhagen forderte Avery BRUNDAGE Richtlinien für die Vergabe dieses Preises. Ein Jahr später machte François PIÉTRI (FRA) im Namen einer Kommission Vorschläge für die verschiedene Ehrenpreise.

1951 Francis MESSERLI (SUI),
1952 Bill HENRY (USA),
Harry Neville AMOS (NZL),
1953 Alfred HÁJOS (HUN),
Jeannette ALTWEGG (GBR),
1954 keine Vergabe,
1955 Charles DÉNIS (FRA),
Marcos Pérez JIMÉNEZ (VEN).

Bei der Session 1956 in Melbourne wurde erneut über die Vergabepraxis der Auszeichnungen diskutiert. In Zukunft sollte sorgfältiger auf die Qualifikation der Preisträger geachtet werden. Gegebenenfalls sollte man auch auf Vergaben verzichten. Im übrigen wurde beschlossen, das Diplom nur noch einmal pro Jahr zu vergeben.

1956 Carl DIEM (GER),
1957 Antoine HAFNER (SUI),
1958 nicht vergeben,
1959 Robert Gordon MENZIES (AUS),
1960 Otto MAYER (SUI),
1961 Maurice GENEVOIX (FRA),
1962 Alexej ROMANOV (URS),
1963 Rudolf HAGELSTANGE (GER),
Prinz AXEL von Dänemark,
Victor BOIN (BEL),
1964 Kenzo TANGE (JPN),
Burhan FELEK (TUR).

Das Diplom und die anderen Ehrenpreise, mit Ausnahme des Olympischen Pokals, wurden 1965 zunächst nicht vergeben. Im *Bulletin du CIO* wurde bald zu schriftlich begründeten Vorschlägen aufgefordert, die bis zum 1. März jedes Jahres beim *IOC* in Lausanne eingereicht werden sollten. Ein Dreierausschuß unter Leitung von Piétri hatte dadurch mehr Zeit, die Kandidaten zu prüfen und der Session entsprechende Vorschläge zu unterbreiten.

1965 Joseph BARTHEL (LUX),
1966 Joseph GRUSS (TCH),
1967 Kon ICHIKAWA (JPN),
Herbert MacDONALD (JAM),
Antonio ELOLA-OLASO (ESP),
1968 Vernon MORGAN (GBR),
1969 Francisco Nobre GUEDES (POR),
1970 Jean-François BRISSON (FRA),
1971 Gaston MEYER (FRA),
1972 Andrés Mercé VARELA (ESP),
1973 Frederick RUEGSEGGER (SUI),
Epaminondas PETRALIAS (GRE),
Otl AICHER (GER),
1974 Sir Stanley ROUS (GBR),
Philip NOEL-BAKER (GBR),
Jean BOROTRA (FRA).

Olympischer Pokal. 1906 stiftete Baron de Coubertin den Olympischen Pokal. In der *Revue Olympique* bemerkte er selbst dazu:

»*Baron Coubertin, Präsident des Internationalen Komitees, hat einen Pokal gestiftet. Er soll der ›Olympische Pokal‹ heißen und jedes Jahr vom Komitee derjenigen Sportvereinigung oder Fördergesellschaft verliehen werden, deren Verdienste diese Ehre am meisten rechtfertigen. Die betreffende Vereinigung wird den Pokal ein Jahr lang in ihrem Besitz halten und ihr Name wird darauf eingraviert. Auf Antrag des Stifters hat das Komitee beschlossen, daß der Olympische Pokal im ersten Jahr dem Touring Club de France zuerkannt wird, der der Sache des Sports große Dienste geleistet hat. Der Präsident des Touring Club de France, Abel Ballif, wurde von dieser Wahl verständigt. Die feierliche Überreichung des Pokals wird später stattfinden. Der von der Firma Durand Leriche et Massin nach den Entwürfen von Ch. Massin angefertigte Pokal ist eine ziselierte Gold- und Silberarbeit mit Kristalleinlagen. Die Dekoration besteht aus Sportmotiven und wird von einer Figur gekrönt, die in einer Hand einen Lorbeerkranz hochhält und in der anderen ein Schild, auf dem das historische Datum der Wiedereinführung der*

7 In: *Revue Olympique* 6(1906)1, S. 4-5. Originalzitat siehe Kapitel Quellentexte.

Olympischen Spiele gemäß der Proklamation des Internationalen Kongresses in der Sorbonne am 23. Juni 1894 eingraviert ist.[7]
Der Pokal wird heute im Olympischen Museum in Lausanne aufbewahrt. Der Name der Organisation wird auf dem Fuß der Trophäe auf einer kleinen Metalltafel eingetragen. Dazu erhalten die Ausgezeichneten zwei Plaketten, eine mit einem Relief des Pokals, die andere mit einem Hinweis auf den Stifter, und eine Urkunde.
Die bisherigen Preisträger:

1906 *Touring-Club de France,*
1907 *Henley Royal Regatta,*
1908 *Centralföreningen för Idrottens Främjande,*
1909 *Deutsche Turnerschaft,*
1910 *Česká obec Sokolská,*
1911 *Touring-Club Italiano,*
1912 *Union des Sociétés de Gymnastiques de France,*
1913 *Magyar Athletikaï Club,*
1914 *Amateur Athletic Union of America,*
1915 *Rugby School, England,*
1916 *Confrérie Saint-Michel de Gand,*
1917 *Nederlandsche Voetbal Bond,*
1918 *Equipes Sportives du Front Interallié,*
1919 *Institut Olympique de Lausanne,*
1920 *YMCA International College, Springfield,*
1921 *Dansk Idraets Forbund,*
1922 *Amateur Athletic Union of Canada,*
1923 *Associacion Sportiva de Cataluña,*
1924 *Fédération Gymnique et Athlétique Finlandaise,*
1925 *Comité National d'Education Physique de l'Uruguay,*
1926 *Norges Skiforbund,*
1927 Robert M. THOMSON, Präsident des *Nordamerikanischen NOK,*
1928 *Junta Nacional Mexicana,*
1929 *YMCA World's Committee,*
1930 *Association Suisse de Football et d'Athlétisme,*
1931 *National Playing Fields Association of Great Britain,*
1932 *Deutsche Hochschule für Leibesübungen,* Berlin,
1933 *Société Fédérale Suisse de Gymnastique* (100-Jahr-Feier),
1934 *Opera Nazionale Dopolavoro,* (Freizeitorganisation des faschistischen italienischen Staates),
1935 *National Recreation Association of the U.S.A.,*
1936 *Union de Sociétés Helléniques de Gymnastiques et d'Athlétisme (SEGAS),*
1937 *Österreichischer Eislauf-Verband,*
1938 *Königliche Akademie für Körpererziehung in Ungarn,*
1939 *Kraft durch Freude,* das *IOC* entschied sich mit 13 zu 10 Stimmen für die deutsche NS-Organisation, »Gegenkandidat« war die *Československá Obetz Sokolská,*
1940 *Svenska Gymnastik – och Idrottsföreningarnas Riksförbund,*
1941 *Comité Olympique Finlandais,* für die Vorbereitung der ausgefallenen Spiele 1940,
1942 Willam May GARLAND (USA), aus Anlaß des 10. Jahrestags der Spiele 1932 in Los Angeles,
1943 *Comité Olímpico Argentino,* Organisator südamerikanischer Spiele,
1944 *Stadt Lausanne,* für die Ausrichtung der 50-Jahr-Feier des *IOC,*
1945 *Norges Fri Idrettsforbund,* Oslo, für die Organisation der Europameisterschaften in der Leichtathletik 1946,
1946 *Comité Olímpico Colombiano,* Organisator südamerikanischer Spiele,
1947 Sigfrid EDSTRÖM (SWE), für die Aufrechterhaltung der Kontakte zu den IOC-Mitgliedern während des Krieges,
1948 *The Central Council of Physical Recreation,* Great Britain,
1949 *Fluminense Football-Club,* Rio de Janeiro,
1950 Es gab drei Vorschläge mit folgendem Abstimmungsergebnis: *New Zealand Olympic and British Empire Games Association* (16 Stimmen), *Comité Olympique Belge* (15 Stimmen), *Comité Olympique Hellénique* (1 Stimme); es wurde beschlossen, daß die beiden Ersten je sechs

Plaketten zum Olympischen Pokal

Fearnley-Pokal

Monate den Preis in Anspruch nehmen durften; auf dem Pokal eingraviert und in den Listen geführt wurde die neuseeländische Organisation,
1951 *Académie des Sports,* Paris,
1952 Stadt Oslo, für die Organisation der Winterspiele 1952,
1953 Stadt Helsinki, für die gute Organisation der Olympischen Spiele 1952,
1954 *Eidgenössische Turn- und Sportschule Magglingen,*
1955 *Comité Organisateur des Jeux Centro-Américains et des Caraïbes,* Mexico, und *Comité Organisateur des Jeux Panaméricains,* Mexico,
1956 nicht vergeben,
1957 *Federazione Sport Silenziosi d'Italia* für die Durchführung der VIII. Spiele der Taubstummen 1957 in Mailand,
1958 nicht vergeben,
1959 *Panathlon Italiano, Genua,*
1960 *Centro Universitario Sportivo Italiano,*
1961 *Helms Hall Foundation,* Los Angeles,
1962 *Comite Organizador de los Juegos Deportivos Bolivarianos,* Barranquilla, Kolumbien,
1963 *Australian British Empire and Commonwealth Games Association,*
1964 *Southern Californian Committee for the Olympic Games,* Los Angeles,
1965 Stadt Tokyo,
1966 *Comité International des Sports Silencieux,* Liège
1967 *Juegos Deportivos Bolivarianos,*
1968 die Einwohner von Mexico-City,
1969 *Comité Olympique Polonais,*
1970 *Organizing Committee of the Asian Games in Bangkok,*
1971 *Comité Organisateur des Jeux Panaméricains de Cali,* Kolumbien,
1972 *Comité Olympique Turc* (Veranstalter der Izmir Games) die Stadt Sapporo,
1973 die Einwohner der Stadt München,
1974 *Comité Olympique Bulgare,*
1975 *Comitato Olimpico Nazionale Italiano (CONI),*
1976 *Czechoslovakian Physical Culture and Sports Federation,*
1977 *Comité Olympique Cote-d'Ivoire,*
1978 *Comité Olympique Hellénique,*
1979 *Organizing Commitee of the 1978 World Rowing Championships* in New Zealand,
1980 *Ginásio Clube Português,*
1981 *Confédération Suisse, International Olympic Academy,* Olympia,
1982 *Racing Club de France* (100-Jahr-Feier),
1983 *Comité Olympique de Puerto Rico,*
1984 *Organisationskomitee der Leichtathletik-Weltmeisterschaften* in Helsinki,
1985 *Chinese Olympic Committee,*
1986 Stadt Stuttgart, für die Organisation der Leichtathletik-Europameisterschaften,
1987 *l'Equipe,* Paris,
1988 Bevölkerung von Australien,
1989 Stadt Seoul, *Gazzetta dello Sport,*
1990 *Club Athlétique Panhellinios à Athènes,*
1991 *The Japanese Olympic Committee,*
1992 Department de la Savoie (Région Rhône-Alpes), Stadt Barcelona,
1993 *Comité Olympique Monégasque,*
1994 *Comité National Olympique et Sportif Français,* die Bevölkerung Norwegens,
1995 *Korean Olympic Committee,*
1996 Stadt Baden-Baden,
1997 nicht vergeben,
1998 die Einwohner der Stadt Nagano.

Fearnley-Pokal. Neben Diplom und Pokal wurde vom *IOC* bis zu einer generellen Neuordnung der Auszeichnungen im Jahre 1974 noch der im Jahre 1950 von dem norwegischen IOC-Mitglied Sir Thomas FEARNLEY gestiftete und nach ihm benannte Fearnley-Pokal eingeführt. Mit diesem Preis wurden Sportvereine ausgezeichnet, die sich nachweislich besondere Verdienste um die Olympische Bewegung erworben hatten.
Die Trophäe wird im Olympischen Museum in Lausanne aufbewahrt. Der Empfänger der Auszeichnung erhielt eine verkleinerte Kopie und eine Urkunde. Die erste Vergabe fand 1951 statt.

Die Preisträger:
1951 *Ginasio Clube Portuguesa de Lisboa,*
1952 *Ipprottasamband Islands,* Reykjavik,
1953 *Centro Deportivo Chapultepec,* Mexico-City,
1954 *Paris Université Club,*
1955 *Junta Departemental de Deportes,* Cali,
1956 Stoke Mandeville Games (GBR),
1957 nicht vergeben,
1958 *Istanbul Swimming Club,*
1959 *Cercle des Armes,* Lausanne,
1960 zunächst nicht vergeben, nachträglich *Tennis-Club d'Athènes,*
1961 *Nyländska Yacht Club,* Finnland,
1962 *Foreningen för Skilopningens och Friluftslivets Framsande,* Schweden,
1963 *Club Nautique,* Frankreich,
1964 nicht vergeben,
1965 nicht vergeben, da der Vorschlag, einen Alpenverein zu ehren, mit der Begründung, Bergklettern gehöre nicht zum olympischen Programm, abgelehnt wurde,
1966 nicht vergeben,
1967 *Club Atletico Sudamérica,* Buenos Aires,
1968 nicht vergeben,
1969 nicht vergeben,
1970 nicht vergeben,
1971 nicht vergeben,
1972 *Federación Deportiva del Guayas,* Ecuador,
1974 nicht vergeben.

Mohammed Taher-Trophäe. Die Mohammed Taher-Trophäe wurde im Jahr 1950 von dem ägyptischen IOC-Mitglied Mohammed TAHER gestiftet und – ungeachtet der Teilnahme an den Olympischen Spielen – Amateursportlern verliehen, deren Verdienste bzw. Leistungen für die Olympische Bewegung eine besondere Auszeichnung rechtfertigten. Die Trophäe wird im Olympischen Museum in Lausanne aufbewahrt. Der Empfänger der Auszeichnung erhielt eine verkleinerte Kopie und eine Urkunde. Auch dieser Preis wurde 1951 zum ersten Mal verliehen.
Die Preisträger:
1951 Paul ANSBACH (BEL),
1952 Fanny BLANKERS-KOEN (HOL),
1953 Adhemar FERREIRA da SILVA (BRA),
1954 Adolphe JAURÉGUY (FRA),
1955 Roger BANNISTER (GBR),
1956 zunächst nicht vergeben, ein Jahr später rückwirkend an Gert FREDRIKSSON (SWE),
1957 John LANDY (AUS),
1958 nicht vergeben,
1959 nicht vergeben,
1960 Joaquin BLUME (ESP),
1961 Marcel Eugène van de WATTYNE, (BEL),
1962 Philip COLEMAN (USA),
1963 Sjoukje DIJKSTRA (HOL), Jolanda BALAS (ROM),
1964 nicht vergeben (?),
1965 Sixten JERNBERG (SWE),
1966 Rodrigo de CASTRO PEREIRA (POR),
1967 Eugenio MONTI (ITA),
1968 nicht vergeben,
1969 nicht vergeben,
1970 nicht vergeben,
1971 Rudermannschaft Neuseelands,
1972 nicht vergeben,
1973 nicht vergeben.

Bonacossa-Trophäe. Mit der Bonacossa-Trophäe, benannt nach dem italienischen IOC-Mitglied Graf Alberto BONACOSSA, die 1954 vom *Comitato Olimpico Nazionale Italiano* und der Familie Bonacossa gestiftet wurde, wurden *Nationale Olympische Komitees* ausgezeichnet, die in besonderer Weise der Olympischen Bewegung gedient haben. Die Trophäe wird im Olympischen Museum in Lausanne aufbewahrt. Der Empfänger der Auszeichnung erhielt eine verkleinerte Kopie und eine Urkunde. 1955 wurde der Preis zum ersten Mal verliehen.
Die Preisträger:
1955 *Comité Olympique de l'U.R.S.S.,*
1956 *National Olympic Committee of Iran* wegen der Durchführung einer olympischen Woche 1956,
1957 *Australian Olympic Federation,*
1958 *Nationales Olympisches Komitee für Deutschland* und *Nationales Olympisches Komitee der Deutschen Demokratischen Republik,*

Bonacossa-Trophäe; oben: Mohammed Taher-Trophäe

Tokyo-Trophäe

1959 *Comité Olímpico Venezolano,*
1960 *Comité Olympique Libanais,*
1961 *Comité Olympique Hellénique,*
1962 *Comité Olímpico Mexicano,*
1963 nicht vergeben,
1964 *Japanese Olympic Committee,*
1965 *Comité Olímpico Español,*
1966 *Kenya Olympic and Commonwealth Games Association,*
1967 *Comité Olímpico Nacional del Ecuador,*
1968 nicht vergeben,
1969 nicht vergeben,
1970 nicht vergeben,
1971 *Comité Olympique Hellénique,*
1972 nicht vergeben,
1973 nicht vergeben.

Tokyo-Trophäe. Die Tokyo-Trophäe wurde anläßlich der Olympischen Spiele 1964 von der Stadt Tokyo gestiftet und Sportlern verliehen, deren Verhalten während der Olympischen Spiele beispielhaft für sportliche Fairneß war. Die Trophäe wird im Olympischen Museum in Lausanne aufbewahrt. Der Empfänger der Auszeichnung erhielt eine verkleinerte Kopie und eine Urkunde. Die Auszeichnung wurde nur zweimal vergeben:

1967 Lars Gunnar und Stig Lennart KÄLL (SWE),
1968 David BODINGTON (GBR), Eisschnelläufer.

Avery Brundage Foundation-Medal. Diese Auszeichnung wurde nur einmal vergeben:

1969 Heinz SCHÖBEL (IOC-Mitglied, GDR),
Willi DAUME (IOC-Mitglied, FRG),
Hubert DUBEDOUT (FRA),
Albert MICHALLON (FRA),
Armand MASSARD (FRA),
Gustavo DIAZ (MEX).

Prix de la Reconnaissance Olympique (Olympic Recognition). Auf der Session 1972 in München schlug Präsident Avery Brundage mit Zustimmung des *IOC* die Einrichtung eines Prix de la Reconnaissance Olympique (Olympic Recognition) für diejenigen vor, die sich über viele Jahre hinweg für die Olympische Bewegung eingesetzt hatten. Er versprach, Einzelheiten der Ausschreibung dem Exekutivkomitee vorzulegen. Er schlug auch die Namen der ersten drei Preisträger vor. Beim Olympischen Kongreß 1973 in Varna wurde die Auszeichnung zum ersten Mal vergeben:

1972 Gudmund SCHACK (DEN),
Egdar FRIED (AUT),
Jean WEYMANN (SUI),
1973 Torsten TEGNÉR (SWE),
W. F. HAYWARD (USA),
Pieter van DYCK (NED).

Olympischer Orden. Der zuletzt erwähnte Preis hatte keine lange Lebensdauer, denn während des Kongresses in Varna war sich das *IOC* im Prinzip schon einig, eine neue Auszeichnung zu schaffen. Auf der 75. Session 1974 in Wien wurden die meisten olympischen Ehrungen aufgehoben und die Einführung des Olympischen Ordens beschlossen. Ein Muster der Medaille, entworfen von Otl Aicher, wurde vorgestellt.

Der Orden wird seit 1975 vergeben, und zwar zunächst in drei Stufen, nämlich Gold, Silber und Bronze (seit 1985 nur noch Gold und Silber). Die ersten Preisträger:

1975 Avery BRUNDAGE (USA) in Gold,
Ryotaro AZUMA (JPN) in Silber,
Miguel de CAPRILES (USA) in Silber,
Rudyard RUSSELL (GBR) in Silber,
Charles DEBEUR (BEL) in Bronze,
Gyula HEGYI (HUN) in Bronze,
John KASYOKA (KEN) in Bronze,
Lia MANOLIU (ROM) in Bronze und
Ellen MÜLLER-PREISS (AUT) in Bronze, als erste Frauen,
Jacques THIEBAULT (FRA) in Bronze.

Seit 1975 ist diese Auszeichnung viele hundertmal verliehen worden.

So sollen hier nur die deutschen Preisträger genannt werden:

1976 Walter WÜLFING, Silber
Sportfunktionär,
Helmut BEHRENDT (GDR), Bronze
Sportfunktionär,
1981 Herbert KUNZE, Silber
Sportfunktionär,
Max DANZ, Silber
Sportfunktionär,
1982 Albert RIETHAUSEN, Bronze
Fotograf,

Ulrich WEHLING (GDR), Bronze
Olympiasieger,
1983 Manfred EWALD (GDR), Silber
Sportfunktionär,
Erhard HÖHNE, Bronze (GDR)
Sportfunktionär,
1984 Siegfried BRIETZKE (GDR), Bronze
Olympiasieger,
Horst DASSLER, Silber
Industrieller,
Günter SABETZKI, Silber
Sportfunktionär,
1985 Hermann JANNSEN, Silber
Sportfunktionär,
Erich HONECKER (GDR), Gold
Politiker,
1986 Max RINKENBURGER, Silber
Sportfunktionär,
Liselott DIEM, Silber
Sportwissenschaftlerin,
Bernhard BAIER, Silber
Sportfunktionär,
Georg WIECZISK (GDR), Silber
Sportfunktionär,
1987 Rudolf HELLMANN (GDR), Silber
Sportfunktionär,
1988 Josef NECKERMANN, Silber
Olympiasieger und Sportfunktionär,
Reiner KLIMKE, Silber
Olympiasieger,
Karl Adolf SCHERER, Silber
Sportjournalist,
Manfred von BRAUCHITSCH (GDR),
Silber Sportfunktionär,
Katarina WITT (GDR), Silber
Olympiasiegerin,
1990 Horst G. SCHREIBER, Silber
Sportfunktionär,
1991 Günter HEINZE (GDR), Silber
Sportfunktionär,
1991 Willi DAUME, Gold
Sportfunktionär,
Franz LOTZ, Silber
Sportwissenschaftler,
1991 Georg Wilhelm, Prinz von
HANNOVER, Silber Pädagoge,
1993 Willi Ph. KNECHT, Silber
Sportfournalist,
1994 Richard von WEIZSÄCKER, Gold
Politiker,
Heinz KEMPA, Silber
Sportfunktionär,
Klaus KOTTER, Silber
Sportfunktionär,
1995 Werner GÖHNER, Silber
Sportfunktionär,
Fritz WAGNERBERGER, Silber
Sportfunktionär,
Claus HESS, Silber
Sportfunktionär,
Manfred DONIKE, Silber
Sportmediziner,
1997 Norbert MÜLLER, Silber
Sportwissenschaftler,
Otto SCHANTZ, Silber
Sportwissenschaftler,
Karl LENNARTZ, Silber
Sportwissenschaftler
1998 Graf LANDSBERG-VELEN, Silber
Sportfunktionär,
Erika DIENSTL, Silber
Sportfunktionärin,
Wolf Dieter MONTAG, Silber
Sportfunktionär,
1999 Helmut KOHL, Gold
Politiker,
Rosi MITTERMAIER-NEUREUTHER,
Silber Olympiasiegerin,
Michael KRAUSE, Silber
Olympiasieger, Sportfunktionär,
Wolfgang MAENNIG, Silber
Olympiasieger, Sportfunktionär,
Steffi GRAF, Silber
Olympiasiegerin.

1982 wurde das Design der Auszeichnung grundlegend geändert. Die Preisträger erhalten seitdem eine mit Olivenblättern und den Olympischen Ringen geschmückte Halskette, ein entsprechend gestaltetes Diplom und eine dazu passende Anstecknadel.[8]

Pierre de Coubertin-Medaille. Mehr als zwanzig Jahre blieb es bei Pokal für Organisationen und Orden für Persönlichkeiten, bis 1997 eine dritte Auszeichnung, die Pierre de Coubertin-Medaille, geschaffen wurde. Mit ihr sollen Personen geehrt werden, die vor allem auf dem Gebiet der Erziehung mit besonderen Leistungen auf sich aufmerksam

Olympischer Orden mit Diplom und Nadel;
oben: Olympischer Orden mit dazugehörendem Diplom nach Otl Aicher

»Pins« für die Medaillengewinner; oben: Erinnerungsmedaille der 20-Jahr-Feier 1914 in Alexandria

gemacht haben. Die von André RICARD geschaffene Medaille wurde 1997 zum ersten Mal verliehen.

Athleten-Nadeln. 1987 hatte das IOC auf Vorschlag von Sven THOFELT beschlossen, eine Ehrennadel (lapel pin) für Medaillengewinner bei Olympischen Spielen zu stiften. Die Idee war aber wesentlich älter. Der italienische Graf Alberto BONACOSSA hatte schon 1927 einen solchen Vorschlag gemacht, der aber auf den Sessionen 1928 in Amsterdam und ein Jahr später in Lausanne noch mehr oder weniger abgelehnt bzw. an die International Federations verwiesen wurde. Das Organisationskomitee der Spiele 1936 in Berlin vergab an alle Medaillengewinner eine Nadel und eine weitere an ehemalige Olympiasieger, die als Gäste anwesend waren. Der IOC-Beschluß von 1987 hatte auch rückwirkende Gültigkeit. Noch im selben Jahr wurden alle *NOK* aufgefordert, Namen und Adressen aller noch lebenden Medaillengewinner zu er- und die Daten dem *IOC* zu übermitteln. Es handelte sich um ca. 15 000 Namen. Die *NOK* erhielten dann die entsprechenden Nadeln in Gold, Silber und Bronze mit den Ziffern des Jahres, in dem die entsprechenden Spiele stattgefunden hatten, und einer Seriennummer, die dem jeweiligen Athleten zugeordnet ist. In Feierstunden wurden die Nadeln den Sportler übergeben.

Bei der Session 1990 in Tokyo beschloß das *IOC,* neben dem »Pin« für Medaillengewinner auch eine Nadel für alle Athleten zu schaffen, die bei Olympischen Spielen an den Start gegangen waren. Auch in diesem Fall wurden die noch lebenden Olympiateilnehmer registriert, und die *NOK* bekamen die entsprechenden Nadeln. Es handelte sich um ungefähr 50 000 Exemplare, die zu übergeben waren.

IOC-Jubiläen. Schon Baron de Coubertin legte großen Wert darauf, an die Jahrestage der Begründung der Olympischen Bewegung entsprechend zu erinnern. Der 20. Geburtstag wurde im Sommer 1914 während des VI. Olympischen Kongresses in Paris gebührend gefeiert.[9]

Allerdings wurde bereits vor dem Olympischen Kongreß in Paris eine Erinnerungsmedaille anläßlich eines Sportfestes in Alexandria herausgegeben. Verantwortlich war das ägyptische IOC-Mitglied Angelo Bolanaki. Der ehemalige Weltklasse-Sprinter hatte 1908 eine *Union Ägyptischer Sportverbände* und 1911 das *Ägyptische NOK* gegründet. 1910 hatte ihn Baron de Coubertin ins *IOC* aufgenommen. Bei dem Sportfest am 5. April 1914 im Cathby-Stadion wehte mit Erlaubnis von Baron de Coubertin auch zum ersten Mal die Olympische Flagge, also wenige Monate bevor sie der IOC-Präsident beim Kongreß in Paris seinen Kollegen und der Öffentlichkeit vorstellte. Bolanaki versuchte nach dem Ersten Weltkrieg, mit Unterstützung von Baron de Coubertin und dessen Nachfolger, Comte de Baillet-Latour, Afrikanische Spiele ins Leben zu rufen. Bolanaki konnte 1951 einen Teilerfolg verbuchen, als er – inzwischen nach Wechsel der Nationalität als Grieche im *IOC* – in Alexandria die ersten Mittelmeerspiele organisierte.

Auf der Vorderseite der bronzenen Erinnerungsmedaille (Durchmesser 50 Millimeter) des Sportfestes in Alexandria sehen wir einen bekränzten Athlet, der auf einem Pferd sitzt, den rechten Arm zum Olympischen Gruß (?) erhebt und in der Linken eine geflügelte NIKE trägt. Rechts und links begleiten ihn zwei Athleten zu Fuß. Auf die Medaille gestochen wurde das Motiv des Plakates des Schweizer Malers Edouard ELZINGRE, das Baron de Coubertin anläßlich der 20-Jahr-Feier, zum VI. Olympischen Kongreß 1914 in Paris, drucken ließ. Die Rückseite zeigt in der oberen Hälfte Sphinx und Pyramiden und darunter die Inschrift: *»MÉDAILLE COMMÉMORATIVE / DE XXE ANNIVERSAIRE / DU RETABLISSEMENT / DES JEUX OLYMPIQUES / 1894 – 1914 / CÉLÈBRE EN EGYPTE«*[10]. Diese Rückseite ist uns bereits begegnet, als sie mit anderer Aufschrift für die ersten vorgesehenen Afrikanischen Spiele 1929 in Alexandria verwendet werden sollte. Beide Medaillen wurden bei Huguenin in Le Locle geprägt.

Bei den eigentlichen Feiern im Sommer 1914, während des Olympischen Kongresses in Paris, scheint keine Medaille an die Teil-

»Pin« für alle Athleten

8 Vgl. »Facelift for the Olympic Order«, in: *Revue Olympic* 12(1982)175, S. 299-300.

9 Liste der Festlichkeiten in: *Revue Olympique* 14(1914)7, S. 99-111.

10 *»ERINNERUNGSMEDAILLE / ZUR 20-JAHR-FEIER / DER WIEDEREINFÜHRUNG / DER OLYMPISCHEN SPIELE / 1894 – 1914 / GEFEIERT IN ÄGYPTEN«.*

11 *»PIERRE DE COUBERTIN / ZUM XX. JAHRESTAG DER WIEDEREINFÜHRUNG / DER OLYMPIADEN / VOM INTERNATIONALEN OLYMPISCHEN KOMITEE«.*

12 *»25. / JAHRFEIER / DER / WIEDEREINFÜHRUNG / DER / OLYMPISCHEN SPIELE / UND DER GRÜNDUNG DES / INTERNATIONALEN OLYMPISCHEN / KOMITEES«.*

13 *»WIEDERBELEBUNG DER OLYMPISCHEN WETTKÄMPFE (SPIELE) – 40. JAHRESTAG«.*

14 Vgl. PERRET, Félix (Hg.), *Livre d'or de l'Olympisme,* Lausanne 1944. DIEM, Carl, »Jubiläumsfest des IOK«, in: *Olympische Rundschau* 7(1944)24, S. 20-24.

Erinnerungsmedaille der 40-Jahr-Feier 1934 in Athen; oben: Die Plaketten für Baron de Coubertin

nehmer übergeben worden zu sein. Das Olympische Museum in Lausanne besitzt keine, auch bei Auktionen wurde bisher keine angeboten. Ausgestellt ist jedenfalls im Olympischen Museum eine runde Plakette des o.g. Reiterbildes von ca. 15 Zentimetern Durchmesser. Dort werden auch zwei rechteckige Plaketten gezeigt. Auf einer ist im Profil Baron de COUBERTIN zu sehen. Darunter ist auf einer Tafel zu lesen: *»A PIERRE DE COUBERTIN / XXE ANNIVERSAIRE DU RETABLISSEMENT / DES OLYMPIADES / LE COMITE INTERNATIONAL OLYMPIQUE«*[11]. Auf der anderen Plakette weist eine NIKE (ein Engel?) auf die Austragungsorte Olympischer Spiele hin, von *»ATHENES 1896«* bis *»BERLIN 1916«* (vorgesehen), auf die Kongresse von *»PARIS 1894«* bis *»PARIS 1914«*. Beide Plaketten, die als Geschenk an Baron de Coubertin anzusehen sind, schuf der Bildhauer H. KAUTSCH.

Als weiteres Geschenk übergaben die deutschen Delegierten des Kongresses eine Medaille, Durchmesser ca. 12 Zentimeter, des Bildhauers Walter SCHMARJE. Auf der Vorderseite stehen drei nackte Athleten auf einem Podest, in der Mitte ein Sieger mit einer Nike in der Rechten, und die Umschrift *»DEUTSCHER REICHSAUSSCHUSS – FÜR / OLYMPISCHE SPIELE«*. Die Rückseite trägt die Inschrift: *»DEM SCHÖPFER / DER OLYMPISCHEN SPIELE / DER NEUZEIT / BARON PIERRE DE COUBERTIN / AUS ANLASS / DES XXTEN / JAHRESTAGES / SEINER GRÜNDUNG / GEWIDMET«*.

Die 25-Jahr-Feier fand während der ersten Nachkriegssession am 5. April 1919 am neuen Sitz des *IOC* in Lausanne statt. Es wurde zumindest eine Medaille bei der Firma Huguenin in Le Locle in Auftrag gegeben. Für die Vorderseite wurde erneut das Motiv des reitenden siegreichen Athleten von ELZINGRE verwendet. Die Rückseite der Medaille trägt in elf Zeilen die Inschrift *»XXVE / ANNIVERSAIRE / DU / RETABLISSEMENT / DES / JEUX OLYMPIQUES / ET / DE LA FONDATION DU/ COMITE INTERNATIONAL / OLYMPIQUES / 1894-1919«*[12]. Im Olympischen Museum ist eine große Plakette des Reiters – Durchmesser 15 Zentimeter – ausgestellt. Die Teilnehmer an der Feier erhielten als *»SOUVENIR«* ein von Baron de Coubertin unterschriebenes Diplom.

Die 40-Jahr-Feier beging das *IOC* während der Session 1934 in Athen. Dort wurde eine ovale Medaille vergeben. Auf der Vorderseite ist eine runde erhabene Fläche mit den Olympischen Ringen über dem Parthenontempel zu sehen. Oben steht »ΑΘΕΝΑΙ« und unten *»1894-1934«*. Am äußeren Rand der 68 mal 62 Millimeter großen ovalen Medaille ist »ΟΛΥΜΠΙΑΚΩΝ ΑΓΩΝΩΝ ΑΝΑΒΙΩΣΙΣ ΔΔΔΔ ΕΠΕΤΕΙΟΣ« zu lesen. Die Rückseite ist ähnlich gestaltet. Allerdings blickt der Betrachter hier auf das renovierte Panathenäische Stadion mit der Tempelattrappe am Eingang. Der Text ist in Französisch gehalten: *»ATHENES – 1894-1934«* bzw. *»RETABLISSEMENT DES JEUX OLYMPIQUES – XL ANNIVERSAIRE«*[13]. Hergestellt wurde die bronzene Medaille ebenfalls bei Huguenin in Le Locle.

Im Jahr 1944 fand inmitten des zerstörten Europas, und zwar in der neutralen Schweiz, in Lausanne, die 50-Jahr-Feier[14] der Olympischen Bewegung statt. Es ist schon erstaunlich, daß trotz der Greuel des Krieges diese Veranstaltung durchgeführt wurde. Das *IOC* hatte seit 1939 nicht mehr getagt, Comte Henri de Baillet-Latour war seit zweieinhalb Jahren tot und Sigfrid Edström versuchte durch Rundbriefe, den Kontakt zwischen den Mitgliedern aufrechtzuerhalten. Edström kümmerte sich auch um die Gestaltung der Lausanner Veranstaltung im Juni 1944, um damit auch einen Wunsch Baron de Coubertins zu erfüllen, der kurz vor seinem Tod noch gefordert hatte, daß gerade diese Feier würdig begangen werden müßte. Organisiert wurde die Veranstaltung vom *Schweizer NOK* und der Stadt Lausanne. Wegen einer Erkrankung konnte Edström selbst nicht in die Schweiz fahren. So war das *IOC* lediglich durch den Deutschen Karl Ritter von HALT und den meist in Berlin lebenden bulgarischen Diplomaten Stephan TCHAPRACHIKOV, beide überzeugte Nationalsozialisten, vertreten. Weiter waren Delegierte des

Die Medaille des Deutschen Reichsausschusses für Olympische Spiele, darüber: Diplom der 25-Jahr-Feier 1919 in Lausanne; oben: Plakat der 20-Jahr-Feier 1914

Von oben: Erinnerungsmedaille der 25-Jahr-Feier 1919 in Lausanne; Erinnerungsmedaille des IOC anläßlich der 50-Jahr-Feier 1944; Ehrenmedaille des IOC zu Sigfrid Edströms 80. Geburtstag; Erinnerungsmedaille (des Schweizer NOK) anläßlich der 50-Jahr-Feier 1944; Erinnerungsmedaille zur 60-Jahr-Feier der Olympischen Bewegung

Schweizer NOK und der Internationalen Fachverbände, meist Vorstandsmitglieder deutscher Nationalität, und der Direktor des Internationalen Olympischen Instituts, Carl DIEM, anwesend. Ebenfalls zugegen waren die Witwen von Baron de Coubertin und Baron de BLONAY, außerdem Sportler aus vielen Ländern. Es sollen insgesamt 33 Nationen vertreten gewesen sein. Die deutschen Gäste waren mehr geduldet als gerne gesehen.

Der Festtag begann mit einem Gedenken am Grab Baron de Coubertins, während die eigentlichen Feiern in der Aula der Universität stattfanden, morgens ein akademischer Festakt zu Ehren Baron de Coubertins, nachmittags die Veranstaltung des *IOC*. Nach einer musikalischen Einleitung eröffnete der Präsident des *Schweizer NOK*, Marcel HENNINGER, die Veranstaltung und übergab dem *IOC* eine Erinnerungsurkunde seines *NOK*. Über Lautsprecher hörten die Besucher die Aufzeichnung einer Rede Baron de Coubertins. Der Schweizer Albert MAYER verlas die Ansprache Edströms, die sich mit dem Geist des Amateurismus und der Ritterlichkeit im Sport befaßte. Zudem ließ er bekanntgeben, daß das Exekutivkomitee zur Erinnerung an diesen Festakt eine Medaille gestiftet hätte. Eine Olympische Ode des Griechen Vasilakos PHOTIADES und ein Chorgesang beendeten die Veranstaltung. Danach folgten auf dem Platz De la Ripone Freiübungen von Jungen und Mädchen Lausanner Schulen. Anschließend wurde in der Eingangshalle von Mon Repos eine Inschrift enthüllt: *»Die Stadt Lausanne, Sitz des IOC, an Coubertin, den Erneuerer des Olympismus, zum Andenken an die 50-Jahr-Feier der Wiederbegründung der Olympischen Spiele. Den 23. Juni 1944.«* Darunter stand ein Leitwort Baron de Coubertins: *»Der Olympismus sucht wie ein Strahlenbündel alle miteinander wetteifernden Grundsätze zur Vervollkommnung des Menschen zu vereinen.«* Im Namen des *IOC* hielt von Halt, er gehörte als einziger der Anwesenden dem Exekutivkomitee an, eine Dankesrede. Francis Messerli und Lydia ZANCHI führten die Gäste durch das Olympische Museum. Am Abend fand unter freiem Himmel eine Aufführung des *Ödipus* von SOPHOKLES in einer französischen Übersetzung statt. Den Feiern folgten zahlreiche Sportveranstaltungen. Die Stadt Lausanne gab eine umfangreiche Festschrift und die Schweizer Post einen Dreiersatz von Sonderbriefmarken heraus.

Auf der IOC-Medaille – Durchmesser 50 Millimeter, 52 Gramm Gewicht –, die der schwedische Künstler Tore STRINDBERG geschaffen hatte, befindet sich auf der Vorderseite ein Porträt des Gründers der Olympischen Bewegung und die Inschrift *»PIERRE DE COUBERTIN – 23 JUIN 1894 – SORBONNE«*. Auf der Rückseite steht in der Mitte auf einem kleinen Podium der Doryphoros (Speerträger) des POLYKLET, zu dem links und rechts eine weibliche und eine männliche Person – Vater und Mutter (?), vielleicht auch Sportler – mit je einem Kind im Arm aufblicken. Unter dem Sockel befindet sich ein Podest mit den Olympischen Ringen und der Olympischen Flamme. Am Rand steht oben *»50me ANNIVERSAIRE DES JEUX OLYMPIQUES LAUSANNE JUIN 1944«* und unten *»CITIUS ALTIUS FORTIUS«*. EDSTRÖM verbreitete im Rundschreiben an die IOC-Mitglieder vom 15. Mai 1944 folgende Interpretation:

»Vor zwei im Hintergrund sich befindenden dorischen Säulen stehen links eine Mutter mit ihrer Tochter und auf der rechten Seite ein Vater mit seinem Sohn. Sie repräsentieren die junge Generation von heute, die respektvoll die zentrale Figur, den Doryphoros des Polyklet, betrachten. Ihr Blick und ihr Verhalten äußern Bewunderung für die Ruhe, die Gesundheit und die körperliche und geistige Harmonie, die von dieser idealen, bekannten und in der ganzen Welt bewunderten Statue ausstrahlt. Sie verkörpert den idealen Sportler und das Ziel der Olympischen Spiele. Die heilige Flamme vor dem Sockel symbolisiert gleichermaßen das olympische Ideal.«[15]

Jedes IOC-Mitglied sollte eine Ausführung in Bronze erhalten, je ein Exemplar in Silber bekamen die Stadt Lausanne, das *Schweizer NOK*, die Baronin de COUBERTIN und die Gräfin de BAILLET-LATOUR. Es wurden

15 Rundbrief vom 15. Mai 1944 (IOC-Archiv). Originalzitat siehe Kapitel Quellentexte.

16 Das *IOC* war in diesen Jahren finanziell in einer schwierigen Lage.

17 In: *Bulletin du CIO* 3(1950)23/24, S. 2, 8.

18 *»Médaille officielle du Jubilé Olympique de Lausanne 1944«* (PERRET, *Livre*, S. 104).

Die Anstecknadel der Jubiläumsfeier 1944

weitere Medaillen geprägt, die für sieben (Bronze) bzw. 25 (Silber) Schweizer Franken verkauft werden sollten.[16]
Anläßlich des 80. Geburtstags von Edström im Jahr 1950 gab das IOC eine weitere Medaille heraus. Bei der Eröffnungsfeier der Session in Kopenhagen wurde dem IOC-Präsident eine auf einer Mahagoni-Platte befestigte Plakette mit seinem Portrait geschenkt. Begleitend war, auch bei Huguenin in Le Locle, eine Bronzemedaille in limitierter Auflage geprägt worden, die für 30 Schweizer Franken gekauft werden konnte.[17]
Außerdem gab der Veranstalter – *Schweizer NOK* (?), die Stadt Lausanne (?) – eine zweite Medaille heraus, die als *»offizielle Medaille der Olympischen Jubelfeier in Lausanne 1944«*[18] bezeichnet wurde. Entworfen hatte sie der Lausanner Bildhauer Milo MARTIN, der schon die Erinnerungsmedaille der Olympischen Winterspiele 1928 in St. Moritz gestaltet hatte. Die Vorderseite zeigt eine nach links schauende geflügelte Göttin, die einen Lorbeerzweig hält. Die Rückseite trägt die Olympischen Ringe und die Inschrift: *»50ME ANNIVERSAIRE/DU RETABLISSEMENT/DES JEUX OLYMPIQUES / LAUSANNE MCMX LIV«*. Es wurden drei verschiedene Exemplare hergestellt: Bronze – 50 Millimeter Durchmesser, 49,5 Gramm –, Silber – 40 Millimeter Durchmesser, 23,7 Gramm –, Bronze – 80 Millimeter Durchmesser – mit folgender Inschrift auf der Rückseite: *»CINQUANTIEME / ANNIVERSAIRE / 19 DU RETABLISSE 44 / MENT DES JEUX / OLYMPIQUES / A LAUSANNE«*.
Die Teilnehmer der Jubiläums-Veranstaltung trugen eine kleine vergoldete Bronzenadel – Olympische Ringe und Lorbeerblatt – mit der Aufschrift *»CIO / LAUSANNE / 1884-1944«*, 22 mal 11,5 Millimeter.
Zehn Jahre später, 1954, trafen sich die Mitglieder des *IOC* erneut in Athen. Die bronzene Erinnerungsmedaille – Durchmesser 55 Millimeter – zeigt auf der Vorderseite einen Athleten mit Kopfbinde, dazu steht am oberen Rand: »ΕΠΙΤΡΟΠΗ ΟΛΥΜΠΙΑΚΩΝ ΑΓΩΝΩΝ« (*»KOMITEE DER OLYMPISCHEN SPIELE«*). Auf der Rückseite steht *»LX / ANNIVERSAIRE / DE LA RENOVATION / DES / JEUX OLYMPIQUES / ATHENES / 1894-1954.* Darunter befinden sich die Olympischen Ringe.
Bei den folgenden Jubiläen wurden anscheinend keine Medaillen von seiten des *IOC* geprägt, nicht einmal bei der 100-Jahr-Feier 1994 in der Sorbonne.

Tore STRINDBERG 1882-1968

Der Bildhauer und Medailleur, Sohn eines Vetters von August Strindberg, studierte an der Kunstakademie in Stockholm (1902-1905). Er schuf zahlreiche Plastiken, Bronzestatuetten, Stuckreliefs, auch Brunnen, Bildnisbüsten und Grabdenkmäler, Kleinplastiken in Silber und Bronze und viele Medaillen und Plaketten. Seine Werke befinden sich vor allem in Stockholm.

Quellentexte

Personenregister mit Kurzbiographien

Literaturverzeichnis

Abbildungsnachweis

Abkürzungsverzeichnis

Mitarbeiter

Quellentexte

In den Kapiteln über die einzelnen Spiele sind längere französische und englische Zitate meist nur in deutscher Übersetzung abgedruckt. Wer an den Originalfassungen interessiert ist, kann diese hier nachlesen.

Athen 1896

Anmerkung 10:

»The upper half of the Certificate depicts the ruins of the Parthenon over which the Greek flag is flying. Encircling the Parthenon is a torchlit procession of which only the lights and smoke can be discerned. Behind the ruins, a great Phoenix is presented rising up and dispersing the dense smoke. To the right of the picture in the foreground, the Winged Victory, restored to a beautiful and living statue and holding an olive branch, announces her message to the female figure of Greece, who is sitting opposite her [...]. *Between Greece and the Winged Victory, a relief depicts the Olympic Games«* (Ministry of Culture – Benaki Museum (Hg.), *Mind and Body. The Revival of the Olympic Idea 19th-20th Century,* Athen 1989, S. 121).

Anmerkung 18:

»Médaille. – M. Houtopoulo a été chargé de frapper la médaille commemorative des Jeux Olympiques dont le dessin, d'une admirable pureté, est de M. Lytra, un peintre jouissant d'une réputation européenne. Sur une des faces est le Phénix, renaissant de ses cendres, sur la tête duquel la Grèce pose la couronne de laurier. Près du Phénix on entrevoit le Stade et à côté de la Grèce l'Acropole d'Athènes, avec la date de la résurrection des Jeux Olympiques 1896, et celle de leur Rétablissement dans l'antiquité 776 avant Jésus-Christ. Au revers est un rameau d'olivier. Les médailles, au nombre de 20,000, seront vendues au profit de l'úuvre des Jeux Olympiques« (N.N., »Médaille«, *in: Les Jeux Olympiques. Supplément au No 3 du Messager d'Athènes* (27.01. [08.02.]1, S. 2).

St. Louis 1904

Anmerkung 6:

»Handsome gold medals will be given to the winner in each event, silver to second and bronze to third. Suitable team trophies will be presented to the society or club whose team finishes first, second, or third« in: Body and Mind 11(April 1904)122, S. 26, vgl. S. 25-35.

London 1908

Anmerkung 2:

»Une longue discussion s'est engagée au sujet des prix. Il est d'abord entendu que tous les participants aux Jeux Olympiques recevront une médaille commémorative. Le Comité anglais fait part de son désir d'offrir aux vainqueurs des médailles d'or. Il est replet que con formément au vuu du Congrès de Paris (1894) les prix des Jeux Olympiques doivent se distinguer par leur valeur artistique et non par leur valeur intrinsèque. Le Comité décide de faire appliquer cette règle aussi strictement que possible mais pour cette fois, n'insiste pas à l'encontre du desir exprimé par les organisateurs. Ceux-ci, par contre s'engagent à refuser tous les prix particuliers qui leur seraient offerts, autres que les challenges. De la sorte l'unification des prix sera réalisée et les concours olympiques se trouveront tous placés sur le même pied d'égalité, ce qui est conforme aux principes essentiels de l'institution« (in: *Revue Olympique* 7[1907]6, S. 280-281).

Anmerkung 3:

»Some discussion arose as to the possibility of adopting a standard medal for all Olympic Games – the one face to be permanent the other to change with each Olympiad. It was eventually resolved to leave the form of the medal to be awarded for the Olympic Games of London entirely to the British Committee, who were requested to have in view the possibility that such a medal might be used for the future Olympiads. The I.O.C. would afterwards decide whether to adopt one side of each British medal as a permanent design. The general wish of the foreign representatives was understood to be for a medal in a case rather than one to be worn. The principle of a gold medal for all first winners was adopted, and it was decided that all competitors should have commemorative medals« (British Olympic Council, Olympiad, S. 27).

Paris 1924

Anmerkung 10:

»Le prix aux Jeux Olympiques consistent en médailles de vermeil, d'argent et de bronze, dont le modèle a été choisi par le C.I.O. Il n'est pas permis d'en changer le modèle.
Chaque médaille doit être accompagnée d'un diplôme. Il peut être attribué des diplôme de mérite.
Le choix de la médaille commémorative, qui doit être donnée à chaque participant, est laissé au Comité Organisateur de l'Olympiade« (Protokoll im IOC-Archiv).

Anmerkung 13:

»PRIX
Les prix aux Jeux Olympiques consistent en médailles olympiques et diplômes. Chaque médaille est accompagnée d'un diplôme. Il est également décerné un diplôme à l'équipe victorieuse dans les concours pour équipes.
Le Comité organisateur peut, sur la proposition d'une Fédération Internationale, décerner un diplôme de mérite à un concurrent dont la performance a été brillante, mais qui n'a pas gagné de prix.
Tous les participants aux Jeux reçoivent une médaille commémorative.
En résumé, il sera attribué trois médailles par épreuve:
a) Pour les épreuves individuelles.
1. Au vainqueur une médaille en vermeil et un diplôme.
2. Au second, une médaille en argent et un diplôme.
3. Au troisième, une médaille en bronze et un diplôme.
a) Pour les épreuves par équipes.
1. A l'équipe victorieuse, un diplôme, à chacun des équipiers une médaille en vermeil et un diplôme.
2. A la seconde, un diplôme à l'équipe; à chacun des équipiers, une médaille en argent et un diplôme.
3. A la troisième, un diplôme à l'équipe; à chacun des équipiers, une médaille en bronze et un diplôme.
Dans les épreuves par équipes, tous les participants, ayant effectivement participé à l'épreuve, auront droit à la médaille et au diplôme correspondant au prix gagné par l'équipe.
Les noms des vainqueurs seront gravés sur les murs du Stade où les Jeux auront été inaugurés et clos« (Bulletin Officiel de CIO 2[1927]5, S. 12).

Los Angeles 1932

Anmerkung 10:

»The design, the color scheme, and many of the details of the Diploma were directly inspired by the classic art of the Greeks, through examples of vase painting found, for the most part, in the Victor Merlo Collection of Classical Antiquities in the Los Angeles Museum, dating back to the period of the beginning of the ancient Olympic Games. The border of olive represents the branch of sacred leaves taken from the tree within the temple walls, the highest award any man could receive in the Games, or for service to the State. Columbia, the modern Athena, symbolizing the United States of America, with the torch of the Olympiad in her hand, stands in an attitude of welcome to the nations of the world. She is clad in the Doric chiton and wears the Phrygian cap of freedom on her head. The stars of aspiration, and the rising sun of progress form her background, and at her feet the mountains, the palm and orange groves, and the Los Angeles City Hall, symbolize the State and City of the Xth Olympiad. Athena, the Olympian patroness, goddess of civic virtue, the arts, victory, and the home, represents the ideal of the Olympic Games, wherein athletics and the arts of war were practiced to insure adequate protection and full enjoyment of all the arts of peace. The goddess is garbed in the classic chiton and himation. About her shoulders is the Êgis or scaly skin of a monster, indicating her power over enemies of man. On her brow and in her hand are victors' wreaths of sacred olive and she also holds a statue of Nike, goddess of victory. Athena's shield and spear have been omitted, for here she appears practicing the arts of peace, but at her feet is shown her war helmet. In the distance is the Temple of Athena at Athens.
The Olympic Stadium, appearing as seen by contestants from the middle of the arena, shows the entrance surmounted by the Olympic Torch amidst flying flags and thronged spectators. The frieze at the top of the Diploma represents various aspects of the Games as depicted on vases of the Sixth Century, B. C., – a judge; a contest in full armor; equestrian sports; drama, music and the dance; flanked by another judge, spear in hand. The lower frieze represents other aspects of the classic Games; a seated judge; physical examination as prescribed both before and after contests; a discus thrower in the first position, from a vase in the Munich Museum; a javelin thrower, from a vase in the Boston Museum; the finish of a race, as depicted on an original Olympic trophy vase of the Fifth Century, B. C., in the Los Angeles Museum; and a judge making a decision, from the same vase. The lower border is composed of the typical Greek »fret«, meander, or »key« motif, embellished with the coats of arms of the United States and of the State of California, the Olympic insignia, the symbolic grapes of Los Angeles County, and the four flags showing the historical development of the City of Los Angeles.
The terra cotta and black color scheme was inspired by Fifth Century vases in the Los Angeles Museum« (Xth Olympiade Committee, *Games,* S. 333-334).

Olympische Fackelstaffel

Anmerkung 3:

»18 Olympic Flame, Olympic Torch
1. The Olympic flame is the flame which is kindled in Olympia under the authority of the IOC.

2. An Olympic torch is a torch, or a replica thereof on which the Olympic flame burns.
3. The IOC holds all rights of any kind relating to the use of the Olympic flame and of Olympic torches.
68 Use of the Olympic Flame
1. The OCOG is responsible for bringing the Olympic flame to the Olympic stadium. The celebrations to which the crossing or arrival of the Olympic flame gives rise, under the auspices of the relevant NOC, must respect Olympic protocol. The IOC Executive Board shall approve all arrangements for any torch relay relating to the Olympic flame.
2. The Olympic flame must be placed in a prominent position clearly visible and, where the structure of the stadium permits, visible also from outside the stadium.
69, Bye Law 1.11
The Olympic torch is brought into the stadium by runners relaying each other. The last runner circles the track before lighting the Olympic flame which shall not be extinguished until the closing of the Olympic Games« (International Olympic Committee (Hg.), *Olympic Charter*, Lausanne 1996, S. 23, 83, 85-86).

Anmerkung 44:
Schreiben Jean KETSEAS an den Redakteur des Bulletin *Officiel* vom 24. Januar 1962, zitiert nach POURET (In: *Revue Olympique* [1974]85/86, S. 614). *»La modalité de l'allumage de la flamme olympique a été fixée ultérieurement lorsque j'ai écrit à mon ami, le Docteur Diem que lisant les vers de Plutarque (Vie de Numa Pompilius) j'avais trouvé la description de la façon dont les Anciens Grecs rallumaient le feu sacré (lorsque par hasard il s'éteignait) en présentant un morceau de bois au foyer d'un miroir concave exposé aux rayons de soleil.«*
Die Stelle, auf die Ketseas sich bezieht, lautet in deutscher Übersetzung: *»So darf er* [der Altar, W. Borgers] *nicht von einem anderen Feuer her entfacht werden, sondern man muß neues und frisches machen, indem man von der Sonne her eine reine, unbefleckte Flamme entzündet. Man tut das zumeist mittels der Hohlpfannen, die man herstellt, indem man sie von der Grundlinie eines gleichschenklig-rechtwinkligen Dreiecks ausgehend nach einem Mittelpunkt hin aushöhlt. Wenn ein solches Gefäß gegen die Sonne gestellt wird, so daß ihre Strahlen von allen Seiten zurückgeworfen werden* [...], *so zersetzt es die sich verdünnende Luft und entzündet rasch sehr leichte und trockene Stoffe, die man heranbringt, da der Strahl durch den Rückprall Körper und Wirkungskraft des Feuers erhält«* (PLUTARCH, *Grosse Griechen und Römer*, Bd. 1, eingeleitet und übersetzt von Konrat ZIEGLER, Zürich, Stuttgart 1954, S. 182).

London 1948
Anmerkung 2:
»34. The medals shall be presented by the President of the International Olympic Committee or his representative, who must be a member of the International Olympic Committee, during the Games, if possible immediately after the event and where the competition took place and in the following manner: The competitors who have been judged first, second and third shall take their places, in their sports costumes, on a stand on the field facing the Tribune of Honour, with the winner slightly above the second who is on his right, and the third who is on his left. The flag of the country of the winner shall be hoisted on the central flagpole and those of the second and third on adjoining flagpoles on the right and on the left, as they face the arena. Meanwhile the abbreviated national anthem of the country of the winner is played. The thee competitors and the spectators shall turn towards the flags.
52. The prizes of the Olympic Games shall be provided by the Organising Committee for distribution by the International Olympic Committee. They consist of medals and diplomas. All competitors in the Games shall receive a Commemorative Medal. In individual events the first prize shall be a silvergilt medal and a diploma, the second prize a silver medal and a diploma, the third prize a bronze medal and a diploma. Diplomas shall also be given for the 4th, 5th and 6th places. In team events each participating member of the winning team shall be given a silvergilt medal and a diploma, of the second team a silver medal and a diploma and of the third team a bronze medal and a diploma. The names of all winners shall be inscribed upon the walls of the Stadium where the Games have been opened and closed« (IOC [Hg.], *Olympic Rules*, Lausanne 1949, S. 16, 23).

Anmerkung 3:
»34. Les médailles seront remises par le président du C.I.O. ou par son représentant – obligatoirement membre du C.I.O. – au cours des Jeux, si possible à l'issue et au lieu même de la compétition, et de la façon suivante: Les athlètes classés premier, deuxième et troisième prendront place dans l'arène, face à la tribune d'honneur, le vainqueur légèrement en avant du second, placé à sa droite, et du troisième, placé à sa gauche. Le drapeau national du gagnant sera hissé au m,t central, ceux du deuxième et du troisième lauréat, à deux m,ts voisins, à droite et à gauche du m,t central, face à l'arène. Pendant que retentira l'hymne national (abrégé) du pays du vainqueur, les trois athlètes et les spectateurs se tourneront vers les drapeaux.
52. Les prix olympiques seront fournis par le Comité organisateur au C.I.O. qui les distribuera. Ils consistent en médailles et diplômes. Tous les participants aux Jeux recevront une médaille commémorative. Pour les épreuves individuelles, le premier prix sera une médaille de vermeil et un diplôme, le deuxième, une médaille d'argent et un diplôme, le troisième une médaille de bronze et un diplôme. Les concurrents qui se sont classés quatrième, cinquième et sixième, recevront également un diplôme. Pour les épreuves par équipes, chaque membre de l'équipe victorieuse recevra une médaille de vermeil et un diplôme, ceux de la deuxième équipe une médaille d'argent et un diplôme, ceux de la troisième, une médaille de bronze et un diplôme.
Les noms des vainqueurs seront gravés sur les murs du stade où les Jeux auront été inaugurés et clos« (IOC [Hg.], *Régles Olympiques*, Lausanne 1949, S. 15, 22).

Oslo 1952
Anmerkung 4:
»20. Standardization of mottoes, medals and badges. We suggest that a special committee be appointed to study our mottoes, medals, badges, certificates, etc. to be sure that they carry out the Hellenic traditions of the games. [...]
23. Medals for Art competitions.
Since Art competitions contestants are practically all professionals, Olympic medals should not be awarded. This event should be in the nature of an exhibition.«

Anmerkung 14:
»Après une longue discussion, il est décidé par 18 voix contre 17 de laisser entière liberté aux comités organisateurs des Jeux futurs pour la création d'un motif pour l'avers. Il est décidé d'autre part que le revers proposé par la Commission des médailles est adopté à l'unanimité. Ce revers portera les cinq anneaux olympiques, la torche et les mots ›Jeux olympiquesÜ. Au centre de la médaille figurera le Mot grec qui se trouve sur la maquette présentée aux membres.« (Bulletin du CIO 4[1951]27, S. 11).

Melbourne 1956
Anmerkung 4 :
§ 41: »Pour les épreuves par équipes, les participants à la finale ont droit à une médaille de vermeil et un diplôme, ceux de la deuxième équipe, une médaille d'argent et un diplôme, ceux de la troisième, une médaille de bronze et un diplôme. Les autres athlètes de ces équipes qui n'auraient pas participé aux finales ont droit à un diplôme mais sans médaille. [...].
Dans les épreuves d'équipes où le classement est basé sur les résultats obtenus dans les épreuves individuelles, aucun concurrent ne pourra recevoir plus d'une médaille pour la même performance« (CIO [Hg.], *Les Jeux Olympiques*, Lausanne 1956, S. 25).
»In team events, each member of the winning team participating in the final match shall be given a gold-filled medal and a diploma, of the second team a silver medal and a diploma and of the third team a bronze medal and diploma. Other members of these teams who have not participated in the final matches are given diplomas but no medals. [...].
In team events where the placing is based on the on the results in individual competitions, no competitor may receive more than one medal for the same performance« (CIO [Hg.], *The Olympic Games*, Lausanne 1956, S. 25).

Rom 1960
Anmerkung 9:
»The commemorative medal of the Games was the work of Prof. Emilio Greco, who designed it according to his own personal ideas, avoiding any form of complicated symbolism and turning directly to the expressive clarity of a purely figurative style. On the face of the medal, the sculptor modelled a female nude running and bearing the Olympic torch with the Olympic rings in the background. On the back of the medal the artist depicted a flight of eagles rising from the Olympic Stadium of Rome and disappearing in the sky. This original conception at the same time symbolises the victories in the Olympic Games and their echo throughout the world. The Arts Committee, having obtained the approval of the Organising Committee, also entrusted Prof. Emilio Greco with the creation of a giant statue symbolising ›The Olympic Torch‹. This work by the sculptor Greco, inspired by modern figurative art, was placed close to the Palazzo dello Sport, at the highest point overlooking the waterfall and the small lake. The original model,

presented by the sculptor to the Exhibition of Sport in History and Art, was set up in the centre of the main staircase in the Palazzo delle Scienze at E. U. R.« (Organizing Committee of the XVII. Olympiad, *Report*, S. 306).

Innsbruck 1964

Anmerkung 5:

»§ 41. [...] Les médailles [...] seront attachées de façon amovible à une chaÓne ou ruban, pour être placées autour du cou de l'athlète. [...] Les médailles auront au minimum un diamètre de 60 mm. et une épaisseur de 3 mm. Les médailles pour les première et seconde places seront en argent au titre minima de 925/000, et la médaille pour la première place sera fortement dorée avec au moins 6 grammes d'or fin« (IOC [Hg.], *Les Jeux Olympiques*, Lausanne 1962, S. 26).

»[...] The medals [...] shall be attached in a removable fashion to a chain or a ribbon, which may be hung around the neck of the competitor. [...] Prize medals shall be at least 60 mm. in diameter and 3 mm. thick. The first and second place medals shall be of silver, at least 925/000 fine, and the first place medal shall be strongly gilded with at least 6 grams of fine gold« (IOC [Hg.], *The Olympic Games*, Lausanne 1962, S. 26).

München 1972

Anmerkung 12:

»Die Maße betrugen:
Podest für die Goldmedaillengewinner 1,30 m x 0,65 m x 0,60 m.
Podest für die Silber- und Bronzemedaillengewinner 1,30 m x 0,65 m x 0,30 m.
Sie wurden lichtblau angestrichen, auf allen vier Seiten mit 25 cm großen Nummern beziffert und aus wetterbeständigen Hölzern hergestellt. Insgesamt brauchte das OK 180 Bauelemente.
5.6.4 Die Organisation
Für den protokollarischen Handlungsablauf der 189 Siegerehrungen in achtzehn verschiedenen Wettkampfstätten waren viele organisatorische Vorbereitungen zu beachten:
Rechtzeitige Zusammenführung der Sieger, der Offiziellen und der Hostessen.
Gravieren der Medaillen.
Bereitstellen der Musikkapellen und des Personals zur Flaggenhissung.
Ausgabe der Flaggen.
Die Siegerehrungsgruppen bestanden aus folgenden Mitarbeitern:
Die beiden stationären Gruppen im Olympiastadion und in der Sport- und Schwimmhalle.
1 Leiter
1 Vertreter des Leiters
1 Verbindungsoffizier in der Regiekanzel
4 Begleiter für VIP des IOC
1 Medaillenverwahrer und -ausgeber
1 Aufsicht Flaggenraum (Lager)
2 Flaggenausgeber und -einsortierer
3 Personen für den Flaggentransport
3 Personen für die Flaggenhissung und 2 Kraftfahrer.
Die fünf Gruppen für alle übrigen Wettkampfstätten.
1 Leiter [usw.]
58 große und kleine Omnibusse transportierten Siegerehrungsgruppen nach einem genauen Einsatzplan zu den Wettkampfstätten.
5.6.5 Die unmittelbare Vorbereitung
Von einer Leitzentrale in der Saarstraße lenkten vier Mitarbeiter den gesamten Ablauf der Siegerehrungen. Über ein eigenes Nachrichtennetz aus Handfunk- und Funksprechgeräten hatte es eine Verbindung zu den Siegerehrungsgruppen und zu den Bussen. Insgesamt 927 Personen sorgten für das sportliche Protokoll während der Olympischen Spiele:
Elf Hostessengruppen mit einem Begleiter und einem Fahrer, von denen neun ständig im Einsatz waren und zwei als Abrufreserve bereitstanden (66 Personen).
Sieben Siegerehrungsgruppen (113 Personen).
Elf Musikkorps mit je 65 Musikern und drei Fahrern (748 Personen).
Am Morgen eines Wettkampftages händigte das OK den Einsatzleitern der Gravierbusse die täglich benötigten Medaillen aus. Ersatzmedaillen lagen für unvorhergesehene Fälle bereit. Mit dem IOC-Präsidenten wurde festgelegt, welcher Offizielle die Siegerehrung vornehmen sollte. Zwei Stunden vor dem Beginn der Siegerehrung kamen die Siegerehrungsgruppen, eine Stunde vorher die Hostessen in die Wettkampfstätte.
Den Ergebnisausdruck erhielten die Siegerehrungsgruppen und die Gravierbusse über Boten oder Funk.
In dem Bereitstellungsraum trafen sich die drei Sieger, die Hostessen und in der Regel auch die Offiziellen.
Das Freisignal der Regiekanzel leitete die Zeremonie ein. Ihre Choreographie richtete sich nach den örtlichen Gegebenheiten der Wettkampfstätten, war aber grundsätzlich einheitlich und nicht streng exerziermäßig gestaltet« (Organisationskomitee für die Spiele der XX. Olympiade München 1972, *Bericht*, Bd. 1, S. 86).

Albertville 1992

Anmerkung 3:

»70. 2. 3. Les dessins de toutes médailles et de tous diplômes seront soumis par le C. O. J. O. à l'approbation écrite préalable de la Commission exécutive du C. I. O.
3. Tout athlète qui a droit à une médaille recevra un insigne commémoratif tel que déterminé par la Commission exécutive du C. I. O.
71.2. Les noms de médaillés de chaque épreuve seront mis en évidence de façon permanente dans le stade principal.
3. Tous les athlètes ayant participé à des Jeux Olympiques recevront du C. I. O. un insigne commémoratif« (CIO [Hg.], *Charte Olympique '91*, Lausanne 1991, S. 74-75).

»70. 2. 3. The designs of all medals and diplomas shall be submitted by the OCOG to the IOC Executive Board for prior written approval.
3. Every athlete entitled to a medal shall receive a commemorative pin as determined by the IOC Executive Board.
71. 2. The names of the medal winners in each event shall be featured prominently and be on permanent display in the main stadium.
3. All athletes having participated in any Olympic Games shall receive a commemorative pin from the IOC« (IOC [Hg.], *Olympic Charter*, Lausanne 1991, S. 72-73).

Auszeichnungen des IOC

Anmerkung 7:

»Le baron Pierre de Coubertin, président du Comité international, a fait don à ce comité d'une coupe qui sera dite Coupe Olympique et qui sera attribuée chaque année par le Comité à la société de sport ou d'encouragement qui paraÔtra mériter le mieux cet honneur. Cette société en aura la garde pendant un an et son nom sera gravé sur le socle. A la demande du fondateur, le Comité a décidé que, pour la première année, la Coupe Olympique serait attribuée au Touring Club de France qui va atteindre son 100.000e membre et arendu de si grands services à la cause du sport. M. Abel Ballif, président du Touring Club de France, a été avisé de ce vote. La remise solennelle de la Coupe aura lieu ultérieurement. Exécutée par les soins de la maison Durand Leriche et Massin et sur les plans de M. Ch. Massin, la Coupe Olympique est en or et argent ciselé avec des parties de cristal. Elle est décorée d'attributs de sports et surmontée d'une statuette élevant d'une main une couronne de lauriers et tenant de l'autre un bouclier sur lequel est gravé la date historique du rétablissement des Jeux Olympiques proclamé à la Sorbonne par le Congrès international de Paris le 23 juin 1894« (in: *Revue Olympique* 6[1906]1, S. 4-5).

Anmerkung 15 :

»Contre un fond de colonnes doriques se trouvent à gauche une mère avec sa fille et à droite un père avec son fils. Ils représentent la jeune génération d'aujourd'hui, qui considère avec respect le personnage du centre , le Doryphore de Polyclète. Leur regard et leur attitude rayonnent d'admiration pour le calme, la santé et l'harmonie physique et morale qui émanent de cette statue idéale, connue et admirée dans le monde entier. Elle incarne le prototype des sportifs et le but poursuivi par les jeux olympiques. La flamme sacrée devant le socle symbolise également l'idéal olympique« (Rundbrief vom 15. Mai 1944 [IOC-Archiv]).

Personenregister mit Kurzbiographien

Es wurde versucht, zu allen in den einzelnen Kapiteln genannten Personen einige biographische Angaben zusammenzustellen. Soweit es möglich war, sind neben Namen, Vornamen und Lebensdaten auch einige wichtige sport- und berufsbezogene Fakten aufgeführt. Informationen, die bereits oben im Text gegeben wurden, sind nur dann noch einmal wiederholt worden, wenn sich keine anderen Angaben finden ließen. Bei Künstlern, auf deren Vita bereits im Zusammenhang mit der Beschreibung ihres Werkes, z.B. Medaille oder Diplom, eingegangen wurde, wird in dieser Liste mit »siehe« auf die betreffenden Olympischen Spiele hingewiesen. Autoren, deren Schriften zitiert wurden, sind nicht aufgenommen.

AALTONEN, Aarre (1889-1980), finnischer Bildhauer
ABAD, José Miguel, Generalsekretär des Organisationskomitees der Spiele 1992 in Barcelona
ABEL, Hans (15./16. Jh.), deutscher Maler
ABONDIO, Antonio (1538-1591), italienischer Bildhauer, Medailleur und Maler
ABRAHAMS, Harold (1899-1978), GBR, 1924 Olympiasieger über 100 m
ABRUZZIS, Duke of the, erhielt 1906 das Olympische Diplom für seine athletischen Leistungen
ADENAUER, Konrad (1876-1967), deutscher Politiker, Bundeskanzler von 1949 bis 1963
AFFER, Costantino, siehe Winterspiele 1956
AGATHOS Daimon, antiker Athlet, Faustkämpfer
AICHER, Otl, siehe München 1972
AINSWORTH, Charles, Sieger bei den Shrewsbury Olympian Games
AKIHITO (* 1933), seit 1989 Kaiser von Japan
AKUSILAOS, erfolgreicher Athlet der Antike, Sohn des DIAGORAS
ALBERT I. (1875-1934), König von Belgien von 1909 bis 1934
ALBRECHT V. (1528-1579), Herzog von Bayern von 1550 bis 1579
ALEMA, Massimo D' (* 1949), seit 1998 italienischer Ministerpräsident
ALEXANDER der Große (356-323), König von Makedonien, zerstörte das Perserreich und eroberte ein Weltreich bis zum Indus
ALEXANDRA (1844-1925), Ehefrau des britischen Königs EDUARD VII., nahm 1908 in London die Siegerehrungen vor
ALEXANDRA (1875-1960), Schwester von Zar NIKOLAUS II.
ALFONS XIII. (1886-1941), von 1886 bis 1931 König von Spanien, erhielt wegen seiner körperlichen Leistungsfähigkeit das Olympische Diplom
ALI, Muhammad (*1942), USA, als Cassius CLAY 1960 Olympiasieger im Boxen (Schwergewicht), danach mehrfach Profiweltmeister aller Klassen, entzündete 1996 in Atlanta das Olympische Feuer
ALIPRANTIS, Georgios (1880-1943), GRE, 1906 Sieger im Tauhangeln
ALIPRANTIS, Nikolaos, GRE, 1906 5. im Tauhangeln
ALKIMEDON (5. Jh. v. Chr.), antiker Athlet, Ringer
ALTWEGG, Jeannette (* 1930), 1952 Olympiasiegerin Eiskunstlauf, schlug zahlreiche lukrative Profiangebote aus und blieb ihrem Beruf als Betreuerin behinderter Kinder treu, erhielt dafür 1953 das Olympische Diplom
AMALIA (1818-1875), griechische Königin, Ehefrau OTTO I.
AMMEEN, Märta (1871-1940), schwedische Tiermalerin und Bildhauerin
AMO, Pablo del, spanischer Filmregisseur
AMOS, Harry Neville (1875-1953), in den 30er Jahren Sekretär und Vorsitzender des *NOK Neuseelands*
AMRHEIN, Albert, GER, 1900 Zweiter im Rugby, Vorsitzender des *Frankfurter Fußball-Clubs*
ANDENÆS, Henrik, Verwaltungsdirektor des Organisationskomitees der Winterspiele 1994
ANDERSSON, Elin Mathilda, Ehefrau des schwedischen Künstlers Gustaf Olaf HJORTZBERG
ANDRASSY, Graf Geza (1856-1938), Ungar, von 1907 bis 1938 IOC-Mitglied
ANDRÉ, Geo (1889-1943), FRA, nahm zwischen 1908 und 1924 an allen Olympischen Spielen teil, auch 1924 in Chamonix, 1924 Sprecher des Olympischen Eides
ANDREOTTI, Giulio (* 1919), italienischer Politiker, zwischen 1972 und 1992 mehrfach Ministerpräsident, 1995 Anklage wegen des Verdachts der Zusammenarbeit mit der Mafia, Freispruch
ANDRIANOW, Nikolai (* 1952), URS, zwischen 1972 und 1980 15 Medaillen, darunter sieben goldene, im Turnen
ANDROSTENES (5. Jh. v. Chr.), antiker Athlet, 428 v. Chr. Olympiasieger im Pankration
ANGELI, Primo, amerikanischer Graphiker
ANGELIKOPOULOS, Maria, Griechin, entzündete 1948 das Olympische Feuer
ANGERER, Peter (* 1959), FRG, gewann 1984 im Biathlon je eine Gold-, Silber- und Bronzemedaille
ANGST, Charles A. (1875-1965), Schweizer Künstler
ANHALT-DESSAU, Fürst Leopold III. Friedrich Franz von (1740-1817), regierte von 1751-1817
ANHALT-DESSAU, Fürstin Luise von (1750-1811), Ehefrau des Fürsten LEOPOLD III. FRIEDRICH FRANZ
ANNA von Ungarn, (1503-1547), Ehefrau FERDINAND I. von Österreich
ANRI, japanische Sängerin
ANSBACH, Paul (1882-1981), BEL, zwischen 1908 und 1924 fünf Medaillen (zwei goldene) im Fechten, von 1913 bis 1948 Präsident des *Internationalen Fecht-Verbandes*
ANSTREY, F. britischer Schriftsteller
ANTHEMIUS († 472) von 467 bis 472 weströmischer Kaiser
ANTIGONE, Druon, sagenhafter Riese, lebte z. Zt. CAESARs an der Schelde
ANTIGONE, griechische Tragödienheldin
ANTONIĆ, Miroslav Roko, siehe Sarajevo 1984
ANTONINUS Pius (86-161), römischer Kaiser von 138 bis 161
ANUFRIJEV, Aleksandr (* 1926), URS, 1952 Bronzemedaille über 10.000 m
AOBA, Masuteru, japanischer Graphiker
APHRODITE, griechische Göttin der Schönheit und der Liebe
APOLLON, griechischer Gott der Künste und des Lichtes
ARAUCANIE, Prinz Philippe d', französischer Adliger
ARCHUTIK, Alexander, siehe Moskau 1980
ARIE, Mark (1882-1958), USA, 1920 zweifacher Olympiasieger im Tontaubenschießen
ARIS, Alexander, Sohn von Aung San Suu KYI
ARNAUD, Guy St., kanadischer Designer
ARNBERGER, Veit († 1590/91), Tiroler Bildschnitzer
ARRHICHION (6. Jh. v. Chr.), antiker Athlet, Pankratiast
ARRIGA, Guillermo, mexikanischer Tänzer und Choreograph
ARSENTJEV, Wladimir, siehe Moskau 1980
ARTEMIS, griechische Göttin der Jagd, der Keuschheit und des Mondes
ASABA, Katsumi, japanischer Graphiker
ASAKI, Fumio, Kampfrichter, Eidsprecher 1972 in Sapporo
ASENSIO, Eugeni, 1992 Schiedsrichter beim Fußball
ASERUD, Bent, norwegischer Komponist
ASHEIM, Nils Henrik, norwegischer Komponist
ASSCHE, Comte Edouard d', Mitglied des Organisationskomitees der Spiele von 1920
ASSEBURG, Graf Egbert Hoyer von der (1857-1909), von 1905 bis 1909 Präsident des *DRAfOS*, von 1906 bis 1909 Mitglied des *IOC*
ASTE, Paul (* 1919), AUT, Bobfahrer, mehrfach Teilnahme an den Spielen
ASTRID (1905-1935), Prinzessin, Ehefrau des belgischen Kronprinzen LEOPOLD
ATHENE, griechische Göttin, Schutzpatronin der Stadt Athen
AUSTIN, britischer Dichter und Schriftsteller
AVEROFF, Georgios (1818-1899), griechischer Kaufmann, Sponsor der Olympischen Spiele 1896
AZUMA , Ryotaro (1893-1983), von 1950 bis 1968 japanisches IOC-Mitglied
BAIER, Bernhard (* 1912), 1936 Silbermedaille im Wasserball, von 1950 bis 1960 Präsident des *Deutschen Schwimmverbandes*
BAIER, Ernst (* 1905), GER, 1936 Goldmedaille im Eiskunstlaufen (Paare)
BAILLET-LATOUR, Comte Henri de (1876-1942), IOC-Mitglied von 1903 bis 1942, Präsident des Organisationskomitees der Spiele 1920, IOC-Präsident von 1925 bis 1942
BAILLET-LATOUR, Gräfin Elisabeth de, geb. Gräfin de CLARY, Ehefrau des dritten IOC-Präsidenten Comte Henri de BAILLET-LATOUR
BAKCHYLIDES (1. Hälfte 5. Jh. v. Chr.), griechischer Lyriker
BAKER, Jacqueline (* 1961), frühere Kuratorin des Museums und Archivs der Olympischen Winterspiele in Lake Placid, Malerin
BALAS, Jolanda (* 1936), ROM, 1960 und 1964 Olympiasiegerin im Hochsprung
BALCK, Victor (1844-1928), schwedischer Offizier, im *IOC* von 1894 bis 1921, 1893 bis 1925 Gründungspräsident der *ISU*
BALL, Rudi (1910-1975), GER, Bronzemedaille 1932 im Eishockey, obwohl er jüdischer Abstammung war, konnte er bei den Winterspielen 1936 an den Start gehen
BALLANGRUD, Ivar (1904-1969), NOR, gewann insgesamt 4 Goldmedaillen bei den Spielen von 1928 bis 1936 im Eisschnellaufen
BALLIF, Abel (* 1845), von 1911 bis 1914 französisches IOC-Mitglied
BALZER, Frank (* 1973), GER, Hürdensprinter
BALZER, Karin (* 1938), GER (DDR), 1964 Olympiasiegerin über 80-m-Hürden, Lehrerin
BANNISTER, Roger (* 1929), GBR, lief 1964 als erster Mensch die Meile unter vier Minuten, von 1976 bis 1982 Präsident des *Weltrates für Sportwissenschaft und Leibeserziehung*

BANTZ, Helmut (* 1921), GER, 1956 Olympiasieger im Turnen (Pferdsprung)

BARBÈDIENNE, François (1810-1892), Inhaber einer französischen Firma, die ein Verfahren zum Kopieren von Kunstwerken entwickelt hatte

BARNIER, Michel (* 1951), französischer Politiker aus Savoyen, Umweltminister

BARTHEL, Joseph (1927-1992), LUX, 1952 Olympiasieger über 1.500 m, später Minister

BARTLETT, Charles (1885-1968) GBR, 1908 Olympiasieger im Radrennen (Straße)

BAUGNIET, Pierre (* 1925), BEL, 1948 Goldmedaille im Eiskunstlaufen (Paare)

BAUMANN, Axel (* 1964), CAN, 1984 Doppelolympiasieger im Schwimmen

BAUMANN, Dieter (* 1965), 1992 Olympiasieger im 5.000-m-Lauf

BÄUMLER, Hans-Jürgen (* 1942), GER, 1960 und 1964 je eine Silbermedaille im Eiskunstlaufen (Paare), später Schauspieler

BAYARD, Emile Antoine (1837-1891), Maler und Zeichner, Vater von Emile BAYARD

BAYARD, Emile, siehe Paris 1900

BAYER, Herbert (1900-1985), österreichischer Maler und Gebrauchsgraphiker

BAYERN, Prinz Leopold von (1846-1930), Bruder von König LUDWIG III.

BEAMON, Bob (* 1946), USA, 1968 Goldmedaille im Weitsprung

BECCALI, Luigi (1907-1990), ITA, 1932 Olympiasieger über 1.500 m

BECK, Walter, in Australien lebender britischer Industriedesigner, schuf das Plakat für die Spiele 1956 in Melbourne

BEETHOVEN, Ludwig van (1770-1827), deutscher Komponist

BEHAIM, Friedrich (1. H. 16. JH.), Nürnberger Ratsherr

BEHAIM, Friedrich (2. H. 16. JH.), Nürnberger Bürger

BEHRENDT, Helmut (1904-1984), von 1957 bis 1973 Generalsekretär des *NOK* der *DDR*

BEHRENDT, Jan (* 1967), GDR/GER, 1992 und 1998 Olympiasieger im Rennrodeln (Doppel), 1994 Zweiter, 1988 Dritter

BEHRENDT, Wolfgang (* 1936), GER (DDR), 1956 Olympiasieger im Boxen (Bantamgewicht)

BEHRENS, Peter (1868-1940), deutscher Architekt

BEITZ, Berthold (* 1913), deutscher Industrieller, von 1972 bis 1988 IOC-Mitglied

BELLEMARE, Raymond, kanadischer Designer

BELLOC, Jean-Baptiste, siehe Paris 1900

BELOUSSOWA, Ludmilla (* 1935), URS, 1964 und 1968 Olympiasiegerin im Eiskunstlaufen (Paare), mehrfache Weltmeisterin, später Revue-Karriere

BELOW, Sergej (* 1944), URS, zwischen 1968 und 1980 vier Medaillen, 1972 Gold, im Basketball

BENARD, Raoul, siehe Chamonix 1924

BENSON, Louis, amerikanischer Dichter, verfaßte den Text für die Olympische Hymne der Spiele 1932 in Los Angeles

BERDEZ, Albert (* 1940), langjähriger Generalsekretär des *IOC*

BERESFORD, Jack (1899-1973),GBR, 1924, 1932 und 1936 Gold-, 1920 und 1928 Silbermedaillen im Rudern

BERESFORD, John (1847-1925), GBR (Ire), 1900 Sieger bei einem Poloturnier

BERGENDAHL, Lauritz, norwegischer Skiläufer, 1952 vorletzter Fackelläufer

BERGMAN, Herman (1869-1954), schwedischer Bildhauer

BERNATEK, Torill, norwegischer Choreograph

BERNIER, Sylvie (* 1964), CAN, 1984 Goldmedaille im Schwimmen (Kunstspringen)

BERRY, Herzog Jean I. von (1340-1416), Buch- und Kunstsammler (Stundenbücher)

BERTIL, Prinz (1912-1997), Sohn des schwedischen Königs GUTAF VI. ADOLF, von 1947 bis 1997 Präsident des *Schwedischen NOK*

BEUCKE, Werner, Berliner Graphiker

BEVAN, Thomas, Brite, Offizier, 1948 Generalsekretär des Organisationskomitees

BEWERSDORFF, Uwe (* 1958), GDR, 1980 Bronzemedaille im Eiskunstlaufen (Paare)

BIBRA, Lorenz von, Bischof von Würzburg

BIE, Ferdinand (1888-1961), NOR, 1912 nach der Disqualifikation von THORPE zum Sieger im leichtathletischen Fünfkampf erklärt

BIEBL, Heidi (* 1941), GER, Olympiasiegerin 1960 im Abfahrtslauf

BIKILA, Abebe (1932-1972), ETH, 1960 und 1964 Olympiasieger im Marathonlauf, seit 1969 durch einen Autounfall gelähmt, an dessen Folgen er einige Jahre später verstarb

BILLINGSLY, Hobie, Kampfrichter 1996 in Atlanta

BINDER, Josef, österreichischer Graphiker

BIONDI, Matt (* 1965), USA, zwischen 1984 und 1992 acht Goldmedaillen im Schwimmen

BIRNESSER, Johann, Würzburger Landschreiber

BISMARCK, Fürst Otto von (1815-1898), Reichskanzler von 1871 bis 1890

BJAALAND, Olav S., Lehrer, norwegischer Skiläufer, war 1911 mit Roald AMUNDSEN am Südpol

BLANC, Giuseppe, italienischer Komponist, schuf für die Winterspiele 1956 eine Olympische Hymne und für die Spiele 1960 in Rom die Fanfare und den Marsch

BLANKERS-KOEN, »Fanny« (* 1918), NED, 1948 vier Goldmedaillen in der Leichtathletik

BLOMBERG, Werner von (1878-1946), von 1933 bis 1936 Reichskriegsminister, vereidigte 1934 die Wehrmacht auf HITLER

BLONAY, Baron Godefroy de (1869-1937), Schweizer, von 1899 bis 1937 IOC-Mitglied

BLUME, Joaquin (1933-1959), ESP, Turner, mehrfacher Europameister

BODINGTON, David, GBR, Eisschnelläufer

BOEHM, Ernst, siehe Berlin 1936

BOEHRINGER, um 1906 in Athen lebender Kameramann

BOGNER, Willi (1907-1977), GER, nordischer Skiläufer, Begründer einer Skifirma, die bis heute die deutsche Olympiamannschaft für die Winterspiele ausrüstet

BOHM, Dorothea, Berlinerin, Vermieterin der Wohnung von Alfred FLATOW

BØHREN, Geir, norwegischer Komponist

BOIN, Victor (1886-1974), BEL, sprach 1920 den ersten Olympischer Eid, Fechter, Wasserballspieler

BOLANAKI, Angelo (1877-1963), von 1910 bis 1963 Mitglied des *IOC* in Ägypten bis 1932 bzw. ab 1933 in Griechenland

BOLAND, John Pius (1870-1958), GBR (Ire), 1896 Doppelsieger im Tennis

BOLDT, Harry (* 1930), GER, 1964 und 1976 je eine Gold- und eine Silbermedaille in der Dressur

BOLKART, Max (* 1932), GER, Skispringer

BOLLE, Leendert (1879-1942), niederländischer Bildhauer und Medailleur

BONACOSSA, Graf Alberto (1883-1953), italienisches IOC-Mitglied von 1925 bis 1953

BONALY, Surya (* 1973), FRA, Eisläuferin, viermal Europameisterin, blieb aber 1988 und 1992 ohne olympische Medaille

BONAR, Severin (16. Jh.), Gouverneur von Krakau

BONDE, Graf Carl (1872-1957), SWE, 1912 Olympiasieger im Dressurreiten (Einzel)

BONG-JU, Lee (* 1968), KOR, 1996 Zweiter im Marathonlauf

BONILAURI, Mario (1911-1988), italienischer Maler und Graphiker

BONSACK, Klaus (* 1941), GER (DDR), von 1964 bis 1972 je eine Medaille im Rennrodeln, später Schlittenbauer und Trainer

BOOTH, Ashley, siehe Lillehammer 1994

BORA von Polen (16. Jh.), polnische Königin

BORNAT, Pierre, 1992 Kampfrichter im alpinen Skilauf

BOROTRA, Jean (1898-1994), FRA, Tennisspieler, mehrfacher Sieger in Wimbledon, im Davis-Cup

BOSTON, Ralph (* 1939), USA, 1960 Olympiasieger, 1964 Zweiter, 1968 Dritter im Weitsprung, verbesserte 1960 den Weltrekord von Jesse OWENS aus 1935 um 6 cm auf 8,21 m

BOTASI, Brüder, stifteten 1906 einen Preis

BOTTÉE, Louis, siehe Paris 1900

BOURSON, A. (1833-1905), belgischer Künstler

BRABO, Salvius, sagenhafter belgischer Held, der den Riesen ANTIGONE besiegte

BRAGLIA, Alberto (1883-1954), ITA, 1908 und 1912 (zweifacher) Olympiasieger im Turnen

BRANDENBURG, Paul (* 1930), deutscher Bildhauer

BRAUCHITSCH, Manfred von (* 1905), Rennfahrer, 1947 bis 1950 Präsident des Automobilclubs von Deutschland, siedelte 1953 in die DDR um, 1961 bis 1989 Präsident der *Gesellschaft zur Förderung des Olympischen Gedankens*

BRÉAL, Michel (1832-1915), französischer Altertums- und Sprachforscher, Mitglied des Institut de France

BREMEN, Tilman von (16. Jh.), Bremer Stadtschultheiß

BRESHNEV, Leonid (1906-1982), von 1964 bis 1982 Generalsekretär der KPdSU, seit 1977 auch Staatspräsident der Sowjetunion

BRIETZKE, Siegfried (* 1952), GDR, 1972, 1976 und 1980 Olympiasieger im Rudern

BRISSON, Jean-François, Journalist, Gründungspräsident des *Comité Pierre de Coubertin*

BROCK, Thomas, 1908 Assistent im Kunstkomitee

BROOKES, William Penny (1809-1895), Arzt, Begründer der Much Wenlock Olympian Games und weiterer »olympischer Spiele«

BROQUEDIS, Marguerite-Marie (1893-1983), FRA, 1912 Olympiasiegerin im Tennis (Einzel)

BRUCE, Charles Granville (1866-1939), Bergsteiger, Leiter der britischen Himalaya-Expedition 1922, General

BRUCE, Geoffrey (1896-1972), Bergsteiger, u. a. Teilnehmer der britischen Himalaya-Expedition 1922

BRUNDAGE, Avery (1887-1975), amerikanischer Sportfunktionär, von 1936 bis 1972 IOC-Mitglied, von 1952 bis 1972 Präsident, danach Ehrenpräsident

BRUNEAUX, Pierre, Generalsekretär des Organisationskomitees 1968 in Grenoble

BRUNETTA d'USSEAUX, Graf Eugenio (1857-1919), Italiener, von 1897 bis 1919 IOC-Mitglied

BRUTUS Decimus Iunius (um 84-43 v. Chr.), römischer Offizier, führender Republikaner bei der Verschwörung gegen CAESAR

BUBKA, Sergey (* 1963), URS/UKR, 1988 Goldmedaille im Stabhochsprung, sechsmal Weltmeister, zahlreiche Weltrekorde

BUCHNER, Annemarie (* 1924), GER, 1952 drei Medaillen im alpinen Skilauf

BURGER, Fritzi (* 1910), AUT, 1928 und 1932 Silbermedaille im Eiskunstlauf

BURGER, Heinrich (1881-1942), GER, 1908 Goldmedaille im Eiskunstlaufen (Paare)

BURGHLEY, Lord David (1905-1981), Goldmedaille 1928 über 400-m-Hürden, IOC-Mitglied von 1933 bis 1981

BURGKMAIR, Hans d. Ä. (1473-1531), bedeutendster Meister der Augsburger Malerei in der Dürerzeit

BURGLEY, Lord David George (1905-1981), GBR, 1928 Olympiasieger über 400-m-Hürden, 1932 Zweiter, von 1933 bis 1981 IOC-Mitglied, von 1946 bis 1976 Präsident der *IAAF*

BURKE, Thomas (1875-1929), USA, 1896 Olympiasieger über 100 m und 400 m

BUSEMANN, Frank (* 1975), GER, 1996 Silbermedaille im Zehnkampf

BUTTLER, A., Designer einer Gedenkmedaille für die Spiele 1928 in Amsterdam

BYRON, Lord (1788-1924), englischer Dichter, beteiligte sich am griechischen Freiheitskampf

CABRA, belgischer Offizier, Generalleutnant

CAESAR, Julius Gaius (100-44), römischer Feldherr und Diktator, eroberte Gallien einschließlich Belgien

CALIGULA (12-41), römischer Kaiser von 37 bis 41

CALMAT, Alain (* 1940), FRA, 1964 Silbermedaille im Eiskunstlaufen, Chirurg, 1980 Sportminister

CALNAN, Georg Charles, USA, Fechter, Sprecher des Olympischen Eides 1932 in Los Angeles

CAMPE, Joachim Heinrich (1746-1818), deutscher Pädagoge

CANDIDA, Giovanni da (15. Jh.), italienischer Maler und Medailleur

CANELES, Jordi, spanischer Graphiker

CANOVA, Antonio (1757-1822), italienischer Bildhauer

CAPOTE, Truman (1924-1984), amerikanischer Schriftsteller, schrieb auch für Theater, Film und Fernsehen

CAPRILES, Miguel de, amerikanischer Sportfunktionär, langjähriger Präsident des *Internationalen Fecht-Verbandes*

CARACALLA (188-217), römischer Kaiser von 211 bis 217

CARADOSSO (FOPPA), (1552-1527), italienischer Goldschmied und Stempelschneider

CARIGIET, Alois (* 1902), Schweizer Plakatmaler

CARIOU, Jean, FRA, 1912 Olympiasieger im Jagdspringen (Einzel)

CARL, Matthäus (* v. 1609)), Goldschmied und Medailleur in Augsburger und Nürnberg

CARL, Prinz (1861-1951), Bruder des schwedischen Königs GUSTAF V.

CARLBERG, Wilhelm (1880-1970), SWE, 1912 dreifacher Olympiasieger im Schießen, dazu weitere Medaillen zwischen 1906 und 1924

CARLOS, John (* 1945), USA, 1968 Bronzemedaille im 200-m-Lauf

CAROLI, Guido (* 1927), ITA, Eisschnelläufer, 1956 letzter Fackelträger

CARSTENSEN, Pay, Mitarbeiter des Propaganda-Ausschusses

CARTER, Jimmy (* 1924), von 1977 bis 1981 Präsident der Vereinigten Staaten

CARVAJAL, Cristobal Colon, Nachfahre von Christoph KOLUMBUS

CASA MIRANDA, Gräfin Kristina de, geb. NILSSON (1848-1921), sang in Paris, den USA, England und Rußland

ČÁSLAVSKÁ, Vera (* 1942), TCH, zwischen 1960 und 1968 elf Medaillen im Turnen, darunter sieben Goldmedaillen

CASMIR, Gustav (1872-1910), GER, 1906 zweifacher Olympiasieger im Fechten

CASSIOLI, Amos, italienischer Bildhauer, Vater von Giuseppe CASSIOLI

CASSIOLI, Giuseppe, siehe 1928 Amsterdam

CASTRO PEREIRA, Rodrigo de (POR), erhielt 1966 die Mohammed Taher-Trophäe

CAVALLO, Gian Marco (16. Jh.), italienischer Maler und Medailleur

CEAUCESCU, Nicoleau (1918-1989), von 1965 bis 1989 kommunistischer Machthaber und Diktator in Rumänien, hingerichtet

CELIO, Enrico (1889-1980), Schweizer Bundespräsident von 1944 bis 1948

CENTA, Manuela Di (* 1963), ITA, 1994 Goldmedaille im Skilanglauf (30 km)

CHAMISSO, Adelbert von (1781-1838), deutscher Dichter, Botaniker

CHANTIGNY, Louis, kanadischer Komponist

CHAPLAIN, Jules-Clément, siehe Athen 1896

CHARCOT, Jean (1867-1936), Mediziner und Ozeanograph, Leiter zweier französischer Expeditionen in die Westantarktis

CHAVEZ, Géo (1867-1910), französischer Flugpionier, überquerte als erster die Alpen und stürzte bei der Landung tödlich ab

CHELMI, Katerini, Griechin

CHENAL-MINUZZO, Giuliana (* 1931), ITA, 1952 und 1960 je eine Bronzemedaille im alpinen Skilauf, 1956 Eidsprecherin

CHLODWIG I. (466-511), König, begründete 486 das Fränkische Reich

CHO, Yong-Je, koreanischer Graphiker

CHONG, Song-Man, Lehrer, entzündete 1988 in Seoul das Olympische Feuer

CHRISTIANSEN, Hans (1866-1945), deutscher Maler und Designer (Jugendstil)

CHRISTIANSON Rolf, siehe Helsinki 1952

CHRISTOVA, Ivanka (* 1941), BUL), 1976 Olympiasiegerin im Kugelstoßen

CHURCHILL, Winston (1874-1965), britischer Politiker, mehrfach Premierminister

CLARK, Ellery (1874-1949), USA, 1896 Sieger im Hoch- und im Weitsprung

CLARKE, »Ron« (* 1937), AUS, 1964 Bronzemedaille im 10.000-m-Lauf, viele Weltrekorde

CLARY, Comte Justinien de (1860-1933), 1900 Dritter im Tontaubenschießen, von 1919 bis 1933 IOC-Mitglied

CLAUSEN, Stefanie (1900-1981), DEN, 1920 Olympiasiegerin im Turmspringen

CLAY, Cassius, siehe ALI, Muhammad

CLEMENS VII. (1478-1534), Papst von 1523 bis 1534

CLINTON, Bill (* 1946), 1993-2001 Präsident der Vereinigten Staaten

CLINTON, Hillary Rodham (* 1947), Juristin, Ehefrau von Bill CLINTON

COE, Sebastian (* 1956), GBR, 1976 und 1980 je eine Gold- und eine Silbermedaille auf den Mittelstrecken

COLEMAN, Philip, amerikanischer Leichtathlet

COLLETT, Wayne (* 1949), USA, 1972 Silbermedaille über 400 m

COLO, Zeno (* 1920), ITA, 1952 Goldmedaille im Abfahrtslauf

COMANECI, Nadia (* 1961), ROM, 1976 und 1980 zusammen fünf Golfmedaillen im Turnen

CONNOLLY, James (1865-1957), USA, 1896 erster Olympiasieger der Neuzeit (Dreisprung)

CONSOLINI, Adolfo (1917-1969), ITA, 1948 Olympiasieger im Diskuswerfen

COOK, Jane E., Künstlerin, Ehefrau von Theodore COOK

COOK, Theodore Andrea (1867-1928), Journalist, 1908 Mitglied des Kunstkomitees und Verfasser des Offiziellen Berichtes, von 1909 bis 1915 IOC-Mitglied

COPE, Arthur Stockdale, englischer Landschafts- und Porträtmaler, seit 1910 Mitglied der Royal Academy

CORBERÓ, Xavier, siehe Barcelona 1992

CORNES, John Frederick (* 1910), GBR, 1936 Silbermedaille über 1.500 m,

CORRAND, Jean-Albert (* 1929), Industriemanager in Albertville

CORTÉS, Hernando (1485-1547), spanischer Konquistador, eroberte zwischen 1519 und 1521 Mexiko

CORTOT, Jean P. (1787-1843), französischer Bildhauer

COUBERTIN Baron Pierre de (1867-1937), Pädagoge, Historiker, Philosoph, Begründer der Olympischen Spiele der Moderne, 1894 Generalsekretär, 1896 bis 1925 Präsident des *IOC*

COUBERTIN, Baronin de (1861-1963), geb. ROTHAN, Ehefrau von Baron Pierre de COUBERTIN

COUFAL (COUFAL-HARTL), Martha, siehe Innsbruck 1964 und 1976

COURCEL, Baron Alphonse de (1835-1919), 1894 Präsident des Olympischen Gründungskongresses, französischer Politiker und Diplomat, von 1881 bis 1886 Botschafter in Berlin

COURCY LAFFAN, Robert de (1853-1927), 1908 Generalsekretär, von 1897 bis 1927 IOC-Mitglied

CRABBE, Clarence »Buster« (1910-1983), USA, 1932 Olympiasieger über 400-m-Freistil

CRANACH, Lucas (1472-1553), bedeutender deutscher Maler, Holzschnitzer und Kupferstecher

CRANZ, Christl (* 1914), GER, 1936 Goldmedaille in der alpinen Kombination

CURRIE, Lorne Campbell (1871-1926), GBR, 1900 Sieger im Segeln

CURTIS, Charles (1860-1937), Vizepräsident der Vereinigten Staaten, eröffnete 1932 die Spiele in Los Angeles

CURTIUS, Ernst (1814-1896), Archäologe, Ausgräber Olympias

DAEDALOS, fertigte der Sage nach für sich und seinen Sohn IKAROS Flügel aus Wachs an, um aus der Gefangenschaft des MINOS zu entfliehen

DÆHLIE, Bjørn (* 1967), NOR, von 1992 bis 1998 insgesamt acht Gold- und vier Silbermedaillen im nordischen Skilauf, insgesamt erfolgreichster Wintersportler

DAILLAIRE, Michel, kanadischer Designer

DALLAIRE, François, kanadischer Graphiker

DALY, Dennis (1862-1942), GBR (Ire), 1900 Sieger bei einem Poloturnier

DAMAGETOS, erfolgreicher Athlet der Antike, Sohn des DIAGORAS

DÄNEMARK, Prinz Axel von (1888-1964), dänisches IOC-Mitglied von 1932 bis 1958

DANTISCUS, Johannes (1485-1548), Humanist und polnischer Gesandter, Bischof von Kulm

DANZ, Max (*1908), von 1949 bis 1970 Präsident des *Deutschen Leichtathletik-Verbandes*

DASSLER, Horst (1936-1987), Sohn von Adolf DASSLER, dem Gründer von adidas, gründete zur totalen Vermarktung der Olympischen Spiele die Firma International Sports and Leisure

DAUCHER, Hans (um 1485-1538), Bildhauer und Medailleur

DAUME, Willi (1913-1996), bedeutendster deutscher Sportfunktionär der zweiten Hälfte des 20. Jahrhunderts, 1950 bis 1970 Präsident des DSB, 1961 bis 1992 des *NOK*, IOC-Mitglied von 1956 bis 1991

DAVIES, Clement, 1868 Sieger bei den National Olympian Games

DAVIS, Otis (* 1932), USA, 1960 Olympiasieger über 400 m und mit der 4x400-m-Staffel

DAWES, Sydney (1888-1968), kanadisches IOC-Mitglied von 1947 bis 1967

DEANE, Sir William, Gouverneur (stellvertretendes Staatsoberhaupt) Australiens

DEBERNARD, Danielle (* 1954), FRA, 1972 Silber-, 1976 Bronzemedaille im alpinen Skilauf

DEBEUR, Charles, belgischer Sportfunktionär

DECOUFLÉ, Philippe, Designer bei den Winterspielen 1992

DELBECKE, Auguste (1853-1921), Rechtsanwalt, belgischer Minister für öffentliche Arbeiten

DELLE-KARTH, Werner (* 1941), AUT, 1972 und 1976 Teilnehmer an den Spielen im Bobfahren

DEMETER, George, Vorsitzender eines griechischen Vereins z. Zt. der Spiele von 1932 in Los Angeles

DEMETRIADES, Georgios, siehe Athen 1906

DEMMLER, Georg 1873-1931), Architekt, Vorsitzender der *Deutschen Sportbehörde für Athletik*

DÉNIS, Charles, Mitorganisator der Spiele 1924 in Paris

DÉNIS, Henri L. B. (1896-1971), NED, 1928 in Amsterdam Sprecher des Olympischen Eides

DESBOROUGH, Edel, Ehefrau von Lord DESBOROUGH, war 1908 an mehreren Siegerehrungen beteiligt

DESBOROUGH, Lord William Henry of TAPLOW (1855-1945), Präsident des Organisationskomitees der Spiele 1908, von 1906 bis 1909 IOC-Mitglied

DESCHLER, Joachim (* 1571), Nürnberger Bildhauer und Steinschneider

DEVAMBEZ, André Victor Edouard (1867-1943), Lithograph des Siegerdiploms der Olympischen Spiele 1924 in Paris

DEVLIN, Art (* 1922), mehrfacher US-Meister im Skispringen, 1952 und 1956 Olympiateilnehmer, später Fernsehkommentator

DEVREESE, Godefroid (1861-1941), Bildhauer und Medailleur, schuf u. a. den Olympiaorden der Antwerpener Spiele, später eine Plakette für Robert de COURCY LAFFAN, außerdem ein großes Monument in seinem Geburtsort Kortrÿk (Belgien) zur Erinnerung an die dortige Schlacht im Jahre 1302

DEWEY, Godfrey (1887-1977), Präsident des Organisationskomitees der Winterspiele von 1932, Geschäftsmann in Lake Placid

DIAGORAS, einer der erfolgreichsten Athleten der Antike, Stammvater einer berühmten Athletenfamilie

DÍAZ ORDAZ, Gustavo, von 1964 bis 1970 mexikanischer Staatspräsident

DIDON, Pater Henri (1840-1900), Dominikaner, Freund Baron de COUBERTINs,

DIEGO, Pedro, mexikanischer Künstler

DIEM, Carl (1882-1962), bedeutendster deutscher Sportfunktionär der 1. Hälfte des 20. Jahrhunderts, u. a. Generalsekretär für die vorgesehenen Spiele 1916, 1940 in Garmisch-Partenkirchen, die Spiele 1936 in Berlin, Erfinder des Fackelstaffel-Laufs

DIEM, Liselott (1906-1992), Sportwissenschaftlerin und Pädagogin, Professorin an der Deutschen Sporthochschule Köln, Ehefrau von Carl DIEM

DIENSTL, Erika, seit 1986 Präsidentin des *Deutschen Fechter-Bundes*

DIESTELMEYER, Wallace (* 1930), CAN, 1948 Bronzemedaille im Eiskunstlaufen (Paare)

DIGGELMANN, Axel Walter (* 1902), Schweizer Graphiker, 1936 und 1948 zusammen drei Medaillen bei den Kunstwettbewerben

DIJKSTRA, Sjoukje (* 1942), NED, 1960 Silber-, 1964 Goldmedaille im Eiskunstlaufen

DIMITRELIS, Korporal, 1948 erster Fackelläufer

DIOKLETIAN (um 240-313), römischer Kaiser 284 bis 305

DISNEY, Walt (1901-1966), amerikanischer Trickfilmzeichner und Filmproduzent

DITLEV-SIMONSEN, Olaf Christian (1897-1978), norwegisches IOC-Mitglied von 1948 bis 1966

DOBSON, Edmund, Ringer und Ingenieur, Begründer der Morpeth Olympic Games

DOESBURG, Theo van (1883-1931), niederländischer Maler, Architekt und Kunsttheoretiker, Mitbegründer von De Stijl

DONIKE, Manfred (1934-1995), Radprofi, Chemiker, Antidopingforscher, Sportwissenschaftler an der Deutschen Sporthochschule Köln

DORESTE BLANCO, Luis (* 1961), ESP, 1984 und 1992 Olympiasieger im Segeln

DORIA, Andrea (1468-1560), Staatsmann und Admiral aus Genua, im Dienst verschiedener Staaten

DORIEUS, (5. Jh. v. Chr.), antiker Athlet, 428 v. Chr. Olympiasieger

DORIEUS, erfolgreicher Athlet der Antike, Sohn des DIAGORAS

DOUGLAS-HILL, Otto Douglas, siehe Berlin 1936

DOUMERGUE, Gaston (1863-1937), französischer Staatspräsident von 1924 bis 1931

DOVER, Robert (1582-1652), britischer Rechtsanwalt, veranstaltete zwischen 1612 und 1642 auf den Cotswold Hills »olympischen Spiele«

DØVING, Anders, norwegischer Choreograph

DOXAS, Takis, Griechischer Dichter

DOYLE, Sir Arthur Conan (1859-1930), Schriftsteller, Erfinder von Sherlock HOLMES

DRAVES, Victoria (* 1924), USA, 1948 Goldmedaille im Turmspringen

DRECHSLER, Heike (* 1964), GDR/GER, 1992), 1992 Olympiasiegerin im Weitsprung, mehrfache Welt- und Europameisterin

DRENTWETT, Balduin (1545-1627), Augsburger Goldschmied und Steinschneider

DRIMMEL, Heinrich (1912-1991), von 1956 bis 1968 Präsident des *Österreichischen NOK*, Politiker

DROIT, Jean, französischer Künstler, Plakatmaler

DROZ, Paul-André, siehe St. Moritz 1948

DUBEDOUT, Hubert, Bürger von Grenoble

DUBRAVČIĆ, Sandra (* 1964), YUG, Eiskunstläuferin,

DUPON, Josuë, siehe Antwerpen 1920

DUPUIS, Daniel, siehe Paris 1900

DÜRER, Albrecht (1471-1528), bedeutendster deutscher Maler und Graphiker der frühen Neuzeit

DURIS (5. Jh. v. Chr.), Maler

DUVIGNARD, französischer Künstler, Bühnendekorateur der Comédie Française

DYCK, Pieter van (1903-1984), NED, langjähriger Präsident des *Niederländischen Radrenn-Verbandes* und Mitglied des *NOK*

DYRSSEN, Gustav (1891-1981), SWE, 1920 Olympiasieger im Modernen Fünfkampf, Schwede, von 1952 bis 1970 IOC-Mitglied

EDSTRÖM, Sigfrid (1870-1964), Sportfunktionär, von 1912 bis 1946 Präsident der *IAAF*, von 1921 bis 1952 im *IOC*, 1942 amtierender, 1946 bis 1952 Präsident

EDWARD VII. (1841-1910), britischer König von 1901 bis 1910

EDWARDS, Philip Aron (1907-1971), CAN, gewann zwischen 1928 und 1936 fünf Bronzemedaillen in der Leichtathletik

EDWARDS, Teresa (* 1964), USA, 1984, 1988 und 1996 Olympiasiegerin im Basketball

EICKE, Ulrich (* 1952), FRG, 1984 Olympiasieger im Kanufahren

EIDENBENZ, Hans (* 1900), nordischer Skiläufer, 1928 in St. Moritz Sprecher des Olympischen Eides

EINSTEIN, Albert (1879-1955), deutscher Physiker, Nobelpreis 1921, emigrierte 1933 in die USA

EKELUND, Bo (1894-1983), schwedisches IOC-Mitglied von 1848 bis 1965

ELEK-SCHACHERER, Ilona, (1907-1988), HUN, 1936 und 1948 Goldmedaillen im Florettfechten

ELISABETH II. (* 1926), Königin von Großbritannien und Oberhaupt des Commonwealth

ELOLA-OLASO, Antonio (* 1909), Präsident des *Spanischen NOK* von 1956 bis 1967

ELSENER, Patricia (* 1929), USA, 1948 Silbermedaille im Turmspringen

ELZINGRE, Edouard, Schweizer Maler

EMOTO, Yuko, JPN, 1996 Olympiasieger im Judo

ENDER, Kornelia (* 1958), GDR, 1976 vier Goldmedaillen im Schwimmen

ENDERLEIN, Ortrud (* 1943), GER (DDR), 1964 Olympiasiegerin im Rennrodeln, 1968 wegen geheizter Kufen disqualifiziert

ENDO, Jukio (* 1937), JPN, Turner, 1960 vier Goldmedaillen, 1964 ein erster Platz

ENGELER, G., Generalsekretär des *Schweizer NOK*

ENGLET, Karl-Heinz, deutscher Kanusportler

ENKE, Karin (* 1961), GDR, gewann bei den Winterspielen von 1980 bis 1988 drei Gold- und vier Silbermedaillen und einen dritten Platz im Eisschnellaufen, elfmal Weltmeisterin
ERASMUS von Rotterdam (1466/69-1536, bedeutender Humanist, Philosoph und Philologe
ERATOSTHENES (um 240 v. Chr.), Geograph und Mathematiker, erste Bestimmung des Erdumfangs
ERIKSSON, Henry (* 1920), SWE, Goldmedaille 1948 über 1.500 m
ERTL, Martina (* 1973), GER, 1994 und 1998 je eine Silbermedaille im alpinen Skilauf
ESPERT, Nuria, spanische Schauspielerin
EUANORIDAS, antiker Athlet, Olympiasieger im Ringkampf
EUKLES, erfolgreicher Athlet der Antike, Enkel des DIAGORAS
EURIPIDES (um 480-406 v. Chr.), griechischer Tragödiendichter
EVENSON, Bernt Sverre (1905-1979), NOR, 1928 Olympiasieger im Eisschnellauf (500 m)
EVENSON, Thomas (* 1910), GBR, 1932 Silbermedaille über 3.460-m-Hindernis
EWALD, Manfred (*1926), von 1973 bis 1990 Präsident des *NOK der DDR*, mehrfacher Chef de Mission
EWING, Walter (* 1880), CAN, 1908 Olympiasieger im Tontaubenschießen
EWRY, Ray Clarence (1873-1937), USA, zwischen 1900 und 1908 zehnmal Olympiasieger in den Sprüngen aus dem Stand
EXCOFFON, Roger, siehe Grenoble 1968
FABERGÉ, Peter Carl (1856-1920), russischer Goldschmied und Juwelier
FABJAN, Giordano B., Generalsekretär des Organisationskomitees der Winterspiele 1956
FAHLBORG, Tage (* 1912), SWE, 1936 Bronzemedaille im Kanufahren
FALIREAS, Vasos, siehe Oslo 1952
FALK, Paul (* 1921), 1952 Olympiasieger im Eiskunstlaufen (Paare)
FALK, Ria (1922-1986), 1952 Olympiasieger im Eiskunstlaufen (Paare)
FALKANGER, Torbjörn (* 1927), NOR, 1952 Silbermedaille im Skispringen, Eidsprecher
FALLIÈRES, Armand (1841-1931), von 1909 bis 1913 Präsident der Französischen Republik
FARMER, »Zack« J. (1885-1968), Generalsekretär des Organisationskomitees der Spiele 1932 in Los Angeles
FAURE, Félix (1845-1899), französischer Staatspräsident von 1895 bis 1899
FEARNLEY, Thomas (1880-1950), norwegisches IOC-Mitglied von 1927 bis 1948
FEISTMANTL, Josef (* 1939), AUT, 1964 Olympiasieger im Rodeln
FELEK, Burhan (* 1889), Präsident des *Türkischen NOK* von 1960 bis 1964 und erneut seit 1965
FELL, J. Bernard, Reverend, Methodistenprediger
FERDINAND I. (1503-1564), römisch-deutscher Kaiser von 1556 bis 1564
FERGENBAUM, Mitch (* 1974), Sportwissenschaftler in London (Ontario)
FERONI, Julio (* 1908), italienischer Filmschaffender, verantwortlich für einen Film über die Winterspiele 1956
FERREIRA da SILVA, Adhemar (* 1927), BRA, 1952 und 1956 Olympiasieger im Dreisprung, erhielt die Mohammed-Taher-Trophäe, da er ein Haus, das ihm für seine Erfolge angeboten wurde, abgelehnt hatte
FINCH, George (1888-1970), Australier, Bergsteiger, u. a. Teilnehmer an der britischen Himalaya-Expedition 1922
FINLAY, Daniel Osborne (1909-1970), GBR, 1932 und 1936 Silber- bzw. Bronzemedaille über 110-m-Hürden, 1948 Eidsprecher
FIORENTINO, Adriano (15. Jh.), Florentiner Bildhauer, Erzgießer und Medailleur
FISCHER, Birgit (* 1962), GDR/GER, gewann zwischen 1980 und 1996 bei vier Olympiateilnahmen fünf Gold- und drei Silbermedaillen im Kanufahren, mehr als 20 Weltmeistertitel
FLACK, Edwin (1874-1935), AUS, 1896 zwei erste Plätze auf den Mittelstrecken
FLAIM, Eric Joseph (* 1967), USA, 1988 Silbermedaille im Eisschnellaufen (1.500 m), 1994 und 1998 Teilnehmer im Short Track
FLAMINIUS (1. Jh. v. Chr.), römischer Münzmeister
FLATOW, Alfred (1869-1945), GER, Turner, 1896 drei erste Plätze, als Jude im KZ ermordet
FLATOW, Gustav Felix (1875-1945), GER, Turner, 1896 zwei erste Plätze, als Jude im KZ ermordet, Vetter von Alfred FLATOW
FLATOW, Stefan (* 1916), Sohn des Olympiasiegers von 1896 Gustav Felix FLATOW
FLEISCHER, Tilly (* 1911), GER, 1936 Goldmedaille im Speerwerfen
FOKIANOS, Ioannis (1845-1896), griechischer Turnlehrer, Organisator mehrerer Olympien, Vorsitzender des Athener Turnvereins *Panhellinios*
FORGET, Maurice, kanadischer Kampfrichter
FORNIER-SARLOVÈZE, Robert (* 1869), 1900 u. a. Organisator des Golfturniers
FORSTER, Joachim (n. 1500-1579), Bildhauer und Goldschmied
FORSTER, Regina, Schwester von Joachim FORSTER, Ehefrau des Bildhauers Christoph WEIDITZ
FORT, Baron Peter von le (1897-1953), Journalist, später Offizier, Sportfunktionär (Skilauf)
FORTUNA, römische Schicksalsgöttin
FOSBURY, Richard (»Dick«) (* 1947), USA, 1968 Goldmedaille im Hochsprung, erfand eine nach ihm benannte (verkürzend Flop) Hochsprungtechnik, die sich bald weltweit durchsetzte
FOX, Terry († 1980), krebskranker Läufer, der durch einen Lauf quer durch Kanada beweisen wollte, daß auch Behinderte zu großen Leistungen fähig sind
FRAISSE, Edouard (1880-1945), französischer Künstler
FRANCESCO I. (14./15. Jh.), Fürst von Carrara
FRANCIS, David R. (1850-1927), Präsident der Weltausstellung 1904 in St. Louis
FRANCO, Francisco (1892-1975), von 1936 bis 1975 spanischer Staatschef, faschistischer Diktator (Francismus)
FRANKLIN, Benjamin (1706-1790), amerikanischer Staatsmann, Schriftsteller und Erfinder, Mitverfasser und Mitunterzeichner der Unabhängigkeitserklärung
FRANKO, Jure (* 1962), YUG, gewann 1984 die erste Wintersportmedaille für sein Land (Silbermedaille im Riesenslalom)
FRANZ JOSEPH I. (1830-1916), österreichischer Kaiser von 1848 bis 1916
FRASER, Dawn (* 1937), AUS, 1056, 1960 und 1964 Olympiasiegerin über 100-m-Freistil, dazu fünf weitere Medaillen (darunter einmal Gold), schwamm als erste Frau diese Strecke unter einer Minute
FREDRIKSSON, Gert (* 19129), SWE, zwischen 1948 und 1956 sechs Goldmedaillen im Kanufahren
FREIGANG, Stephan (* 1967), GER, 1992 Bronzemedaille im Marathonlauf
FRENCKELL, Erik von (1887-1977), finnisches IOC-Mitglied von 1948 bis 1976
FRENKEL, Peter (* 1939), GDR, 1972 Olympiasieger im Gehen (20 km), Fotograf
FREY, Konrad (1909-1974), GER, 1936 drei Goldmedaillen im Turnen
FRIED, Egdar (1894-1987), von 1948 bis 1972 Generalsekretär des *Österreichischen NOK*
FRIEDRICH der Weise (1463-1525), regierte als Kurfürst von Sachsen von 1486 bis 1525
FRIESINGER, Anni (* 1977), GER, 1998 Bronzemedaille im Eisschnellauf (3.000 m)
FRITZ, Anton, österreichischer Designer
FUKUDA, Shigeo, siehe Sapporo 1972
FURUHOLMEN, Gunnar, norwegischer Graphiker, entwarf für die Winterspiele 1952 das Emblem
FUX, Johann Joseph (1660-1741), österreichischer Komponist und Musiktheoretiker
GAFNER, Raymond (* 1915), von 1965 bis 1985 Präsident des *Schweizer NOK*, von 1969 bis 1991 Schweizer IOC-Mitglied, seit 1985 Administrateur délégué, Romanautor
GAMACHE, Ernest F., Generalsekretär des Organisationskomitees der Winterspiele von 1932
GAMBELLO, Vittore (um 1460-1537), venezianischer Bildhauer, Medailleur und Münzmeister
GANZHORN, Margareta (16. Jh.), Mitglied einer Würzburger Familie
GANZHORN, Sabina (16. Jh.), Mitglied einer Würzburger Familie
GANZHORN, Wilhelm (16. Jh.), Mitglied einer Würzburger Familie
GARBE, Herbert (1888-1945), deutscher Bildhauer
GARLAND, William (1866-1948), Amerikaner, IOC-Mitglied von 1922 bis 1948
GARRETT, Robert (1875-1961), USA, 1906 Erster im Kugelstoßen und Diskuswerfen
GARRIDO, Pablo (* 1938), MEX, 1968 Teilnehmer in der Leichtathletik
GATAULIN, Radion (* 1965), URS/UZB, 1988 Silbermedaille im Stabhochsprung
GATTEAUX, Eduard (1788-1881), Medailleur an der Académie des Beaux-Arts in Paris
GAUBERT, Danielle, französische Schauspielerin
GAULLE, Charles de (1890-1970), General im Zweiten Weltkrieg, von 1958-1969 französischer Staatspräsident
GEBEL, Mathes (um 1500-1574), Nürnberger Bildschnitzer und Medailleur
GEBHARDT, Dr. Willibald (1861-1921), Chemiker, Geschäftsführer der deutschen olympischen Komitees von 1895 bis 1906, von 1896 bis 1909 IOC-Mitglied
GENEVOIX, Maurice (1890-1980), französischer Schriftsteller, Generalsekretär der Französischen Akademie, verfaßte *Vaincre à Olympie*
GENNIP, Yvonne van (* 1964), NED, 1988 drei Goldmedaillen im Eisschnellaufen, auch Teilnehmerin 1984 und 1992

GENOVEVA, Heilige

GENSLER, Martin (1811-1881), deutscher Maler

GEORG der Bärtige (1471-1539), von 1500 bis 1539 Herzog von Sachsen

GEORG I. (1845-1913), König von Griechenland von 1862 bis 1913

GEORG, Heiliger, Schutzpatron Englands

GEORG, Prinz (1869-1957), Sohn des griechischen Königs GEORG I.

GEORGE V. (1865-1936), britischer König von 1910 bis 1936

GEORGE VI. (1895-1952), britischer König 1936 bis 1952

GEORGIADIS, Ioannis (1874-1960) GRE, 1896 und 1906 Olympiasieger im Säbelfechten

GERBAULT, Alain, französischer Einhandsegler, überquerte 1923 den Atlantik

GERG, Hilde (* 1975), GER, 1998 Olympiasiegerin im Slalom

GERMANIA, Allegorie Deutschlands

GERMESHAUSEN, Bernhard (* 1951), GDR, 1976 und 1980 zusammen drei Goldmedaillen im Bobfahren

GIES, amerikanischer Künstler, Lehrer an der Kunstakademie in Detroit

GIET, Eduard, Turnlehrer in Athen, verfaßte für die Zeitschrift *Der Turner* einen ausführlichen Bericht über die Olympischen Spiele 1906

GLANDAZ, Albert († 1944), Franzose, IOC-Mitglied von 1913 bis 1944

GLAß, Harry (1930-1997), GER (DDR), 1956 Bronzemedaille im Skispringen

GLOECKLER, Oskar († 1938), deutscher Plakettenkünstler und Medailleur

GODWIN, Edwin, britischer Bildhauer

GOEBBELS, Dr. Joseph (1897-1947), nationalsozialistischer Politiker, Reichspropagandaminister

GOETZ, Ferdinand (1826-1915), von 1895 bis 1915 Vorsitzender der *Deutschen Turnerschaft*, Gegner des Sports

GÖHNER, Werner (1928), langjähriger Präsident des *Bundes Deutscher Radfahrer* und Schatzmeister des *NOK für Deutschland*

GOLDHAMMER, Paul, 1936 erster deutscher Fackelläufer

GORDON, Witold (1893-1968), amerikanischer Künstler, Plakatmaler

GÖRING, Hermann (1893-1946), nationalsozialistischer Politiker, im Nürnberger Prozeß zum Tode verurteilt, beging Selbstmord

GORSEMANN, Ernst (* 1886), Bildhauer, entwarf die Siegermedaille der 2. Deutschen Kampfspiele

GOSEN, Theodor von (1873-1943), Bildhauer aus Breslau, entwarf die Siegermedaille der 3. Deutschen Kampfspiele

GOSSEMBROT, Ulrich (15. Jh.), Augsburger Kunstsammler, vor allem Medaillen

GOULD, Shane (* 1956), AUS, 1972 drei Goldmedaillen im Schwimmen

GRAF, Steffi (* 1969), 1988 Olympiasiegerin Tennis, 1988 Siegerin Grand Slam, eine der besten Tennisspielerinnen aller Zeiten

GRAHAM, James (1873-1950), USA, 1912 Doppelolympiasieger im Tontaubenschießen

GRANDMOULIN, Léandre, siehe Antwerpen 1920

GRANGE, François-Cyrille (* 1983), Fußballspieler, jüngster Sportler, der bisher das Olympische Feuer entzündet hat

GRAVELOTTE, Eugène-Henri (1876-1939) FRA, 1896 Olympiasieger im Florettfechten

GRAZIANO, Nicola, Generalsekretär des Organisationskomitees der Spiele 1960 in Rom

GRÈCO, Emilio, siehe Rom 1960

GREENSPAN, Bud, amerikanischer Filmregisseur

GRESKO, Alexandr, Generalsekretär des Organisationskomitees der Spiele 1980 in Moskau

GRETTON MP, John (1867-1947), GBR, 1900 Sieger im Segeln

GRIENAUER, Edwin (1893-1964), österreichischer Maler

GRIFFITH-JOYNER, Florence (1959-1999), 1984 drei Goldmedaillen auf den Sprintstrecken, verdächtigt des Dopings, starb an den Folgen eines Schlaganfalls

GRONCHI, Giovanni (1887-1978), italienischer Politiker, von 1955 bis 1962 Staatspräsident

GROß, Michael (* 1964), FRG, 1984 und 1988 zusammen drei Goldmedaillen im Schwimmen

GROSSMANN, Kari, norwegische Designerin

GROSSMANN, Werner, norwegischer Designer

GRUBEN, Stein (* 1973), NOR, Skispringer

GRUSS, Joseph (1894-1968), von 1946 bis 1965 tschechoslowakisches IOC-Mitglied

GUEDES, Francisco Nobre († 1970), Präsident des *Portugiesischen NOK* von 1957 bis 1968

GUILLONNET, O., siehe Paris 1924

GUILLOTEL, Philippe, Designer bei den Winterspielen 1992

GUNDERSEN, Svein, norwegischer Textdichter von Liedern

GUSTAF V. (1858-1950), von 1907-1950 schwedischer König, beteiligte sich als »Mister G.« an Tennisturnieren

GUSTAF VI. ADOLF (1882-1973), von 1950 bis 1973 schwedischer König

GUTH-JARKOWSKI, Jiri (1861-1943), von 1894 bis 1943 IOC-Mitglied in Böhmen und später in der Tschechoslowakei

GUTSMUTHS, Johann Christoph Friedrich (1759-1839), Philanthrop, verfaßte u. a. *Gymnastik für die Jugend* (1793), ein Schwimm- und ein Spielbuch

GYZIS, Nikolaos, Maler, Sohn von Nikolaos, Bruder des Perikles GYZIS

GYZIS, Nikolaos, siehe Athen 1896

GYZIS, Perikles, Maler, Sohn von Nikolaos GYZIS

HAASE, Helga (1934-1989), GER (DDR), 1960 Olympiasiegerin im Eisschnellaufen

HADJIPETROS, Ch., Hauptmann, Herold bei den Olympischen Spielen 1896

HADRIAN IV. (1110/20-1159), Papst von 1154 bis 1159

HADSCHIEFF, Michael (* 1963), AUT, 1988 Silber- und Bronzemedaille im Eisschnellaufen

HADŽIĆ, Kemal (* 1947), jugoslawischer Designer, Lehrer an der Kunstschule in Sarajevo

HAEGERT, Ministerialrat im Propagandaministerium und des Organisationskomitees der Spiele von Berlin 1936

HAFNER, Antoine, Jurist, von 1937 bis 1941 Generalsekretär und später Vizepräsident des *Schweizer NOK*

HAGELSTANGE, Rudolf (1912-1984), deutscher Schriftsteller, Romane, Erzählungen, Essays

HAGENAUER, Friedrich (Ant. 16. Jh.-nach 1546), Bildschnitzer und Medailleur

HAGESIDAMOS (5. Jh. v. Chr.), antiker Athlet, Faustkämpfer

HAHN, Archie (1880-1954), USA, Sprinter, 4 Goldmedaillen zwischen 1904 und 1906

HÁJOS, Alfred (1878-1955), HUN, 1896 zwei erste Plätze im Schwimmen, 1924 Silbermedaille im Architekturwettbewerb

HÅKON (* 1977), norwegischer Kronprinz

HÅKON VII. (1872-1957, norwegischer König von 1905 bis 1957

HALE, Prentis C., Präsident des Organisationskomitees der Winterspiele 1960

HALO, Charles (1882-1963), französischer Maler, Radierer und Holzschneider

HALSWELLE, Wyndham (1882-1915), GBR, 1908 Olympiasieger über 400 m

HALT, Karl Ritter von (1891-1964), IOC-Mitglied von 1929 bis 1964, Präsident der Organisationskomitees der Winterspiele 1936 und der vorgesehenen 1940

HÄMÄLÄINEN, Marja-Liisa (* 1955), FIN, nahm zwischen 1976 und 1994 sechsmal an Winterspielen teil und gewann drei Gold- und zwei Bronzemedaillen

HANEVOLD, Ingjerd, siehe Lillehammer 1994

HANNOVER, Prinz Georg von (* 1915), Pädagoge, Leiter der *Internationalen Olympischen Akademie* und in dieser Funktion IOC-Mitglied von 1966 bis 1971, Pädagoge

HANSEN, Johannes, norwegischer Komponist, schuf für die Winterspiele 1952 die Fanfare

HARA, Hiromu, siehe Tokyo 1964, Sapporo 1972

HARALD V. (* 1937), seit 1991 König von Norwegen, Teilnehmer an den Olympischen Spielen von 1964 bis 1972 im Segeln

HARSTER, Hermann (1907-1990), Jurist und Journalist, SS-Karriere

HARVEY, Pierre (* 1957), CAN, nahm 1988 als Skilangläufer und Radrennfahrer teil

HARY, Armin (* 1937), GER, Olympiasieger 1960 über 100 m

HASS, Christl (* 1943), AUT, 1964 Olympiasiegerin im Abfahrtslauf

HAUSHOFER, Albrecht (1903-1945), Professor für politische Geographie, als Widerstandskämpfer von der Gestapo erschossen

HAX, Georg (1870-1952), GER, Schwimmer, mehrfacher Olympiateilnehmer, Funktionär

HAYASAKI, Osamu, japanischer Plakatmaler

HAYES, John (1886-1965), USA, 1908 Sieger im Marathonlauf

HAYES, Robert (* 1942), USA, 2 Goldmedaillen 1964 auf Sprintstrecken

HAYWARD, Fred (* 1911), CAN, 1952 Teilnehmer am 50-km-Gehen

HAYWARD, W. F., USA, wurde 1973 mit dem Prix de la Reconnaissance Olympique ausgezeichnet

HAZAI, Kálmán (* 1913), HUN, 1936 Goldmedaille im Wasserball

HÉBERT-CŒFFIN, Josette, siehe Grenoble 1968

HEGE, Walter, siehe Berlin 1936

HEGYI, Gyula, ungarischer Sportfunktionär

HEIBERG, Gerhard (* 1939), norwegischer Industrieller, seit 1994 IOC-Mitglied

HEIDEN, Eric E. (* 1958), USA, 1980 fünf Goldmedaillen (alle möglichen) im Eisschnellauf, nach 1981 weniger erfolgreicher Radprofi, später Orthopäde

HEINE, Jutta (* 1940), 1960 zwei Silbermedaillen auf den Sprintstrecken

HEINEMANN, Gustav (1899-1976), deutscher Politiker, Bundespräsident von 1969 bis 1974

HEINRICH (HENDRIK) (1876-1934), Prinz der Niederlande und Herzog zu MECKLENBURG
HEINZE, Günter (*1923), 1990 Präsident des *NOK der DDR*, von 1981 bis 1992 IOC-Mitglied
HEISS, Carol Elizabeth (* 1940), USA, 1960 Olympiasiegerin im Eiskunstlauf, 1956-1960 Weltmeisterin
HELLINGER, Fritz (* 1928), Schweizer Plakatmaler und Fotograf
HELLMANN, Rudolf (*1926), langjähriger Vizepräsident des *NOK der DDR*
HELLSTRÖM, Kristian (1880-1946), Generalsekretär der Spiele 1912 in Stockholm
HELMSCHMID, Kolman († 1532), Augsburger Harnischhersteller
HEMINGWAY, Ernest (1899-1961), amerikanischer Schriftsteller, erhielt 1954 den Nobelpreis
HEMMESTVEIT, Brüder, norwegische Skiläufer, Skischule in Oslo
HEMPHILL, Gina, Enkelin von Jesse OWENS
HENDERSON, Sandra, kanadische Sportlerin
HENDRICKX, L., belgischer Künstler
HENEL, Edwin, deutscher Plakatmaler
HENIE, Sonja (1912-1969), NOR, 1928, 1932 und 1936 Olympiasiegerin, zehnfache Weltmeisterin im Eiskunstlauf
HENNINGER, Marcel, Präsident des *Schweizer NOK* von 1937 bis 1965
HENRY, Kenneth Charles (* 1929), USA, 1952 Olympiasieger im Eisschnellaufen (500 m)
HENRY, William (1890-1970), Journalist, Radio- und Fernsehreporter, verfaßte eine Geschichte der Olympischen Spiele
HENSEL, Adolf, GER, 1928 Olympiasieger in den Kunstwettbewerben (Architektur)
HEPHAISTOS, griechischer Gott des Feuers und der Schmiedekunst
HERA, griechische Göttin, Gattin und Schwester von ZEUS, Hüterin der Ehe
HERAKLES, griechischer Sagenheld, Sohn des ZEUS und der ALKMENE, mußte Zwölf Arbeiten verbringen und wurde dann zu den Göttern erhoben
HERBER, Maxi (* 1920), GER, 1936 Goldmedaille im Eiskunstlaufen (Paare)
HERING, Loy (1484-1554), deutscher Bildhauer
HERMANN (ARMINIUS), Cheruskerfürst, der 9 n. Chr. ein römisches Heer im Teutoburger Wald besiegte
HERMANN, Georg (16. Jh.), Kaufmann, angestellt bei der Familie FUGGER in Augsburg
HERMELIN, Baron Sven (1856-1923), Offizier, von 1906 bis 1913 Sekretär des *Schwedischen NOK*, Funktionär bei den Spielen von 1906 bis 1920
HERMES, griechischer Gott des Handels, Götterbote
HERODES Atticus (101-177), Rhetor, Mäzen, der an vielen Orten Bauwerke errichtete
HERZ, Walter, (* 1909), Graphiker, lebte seit 1939 in England, schuf das Plakat für die Spiele 1948 in London
HESS, Claus (*1933), 1956 Olympiateilnehmer im Rudern, von 1966 bis 1983 Präsident des *Deutschen Ruder-Verbandes* und von 1974 Vizepräsident des *NOK für Deutschland*
HESTIA, griechische Göttin des Herdes
HEWITT, Foster (1902-1985), kanadischer Sporthistoriker, Spezialgebiet Eishockey
HICKS, Thomas (1875-1963), USA, 1904 Sieger im Marathonlauf
HIETAMIES, Mirja (* 1931), FIN, 1956 Goldmedaille im nordischen Skilauf
HILLER, Anton, deutscher Bildhauer
HINTERSEER, Ernst (* 1932), AUT, 1960 Olympiasieger im Slalom
HIPPIAS von Elis (5. Jh. v. Chr.), antiker Schriftsteller
HIPPODAMEIA, Tochter des OINOMAOS und Frau des PELOPS
HIRAMATSU, Junko (* 1940), JPN, 1960 und 1964 Teilnehmerin im Eiskunstlaufen, später Kampfrichterin,
HIROHITO (1901-1989), von 1926 bis 1989 Kaiser von Japan
HIRSCHY, William († 1952), von 1923 bis 1937 Präsident des *Schweizer NOK*
HITLER, Adolf (1888-1945), nationalsozialistischer Politiker, von 1933 bis 1945 Reichskanzler, verantwortlich für die Vernichtung von Millionen Juden und Andersdenkenden sowie den Ausbruch des Zweiten Weltkriegs
HJORTZBERG, Arvid Olof (1825-1908), Ingenieur und Maler, Vater von Gustaf Olaf HJORTZBERG
HJORTZBERG, Gustaf Olaf, siehe Stockholm 1912
HODGSON, George (1893-1983), CAN, 1912 Doppelolympiasieger im Schwimmen
HOEF, Christiaan Johannes van der, siehe Amsterdam 1928
HOFER, Karl (1878-1955), deutscher Maler
HOFFMANN, André (* 1961), GDR, 1988 Olympiasieger im Eisschnellaufen (1.500 m)
HOFMANN, Fritz (1871-1927), GER, Turner und Leichtathlet, 1896 bis 1906 Betreuer der deutschen Turner
HOFMANN, Jacob (um 1512-1564), Nürnberger Goldschmied und Medailleur (?)
HOFMANN, Lienhard (16. Jh.), Nürnberger Bürger
HOHLWEIN, Ludwig (1874-1949), deutscher Architekt und einer der führenden Plakatmaler
HÖHNE, Erhard (1909-1986), von 1951 bis 1981 Mitglied des *NOK der DDR*, übersetzte Baron de COUBERTINs *Olympische Erinnerungen*
HOLDORF, Willi (* 1940), GER, 1964 Olympiasieger im Zehnkampf
HOLLINSHEAD, A., britischer Bildhauer
HOLLWAY, Sandy, Generalsekretärin der Olympischen Spiele von Sydney 2000
HOLM, Eleanor (* 1913), USA, 1932 Olympiasiegerin über 100-m-Rücken
HOLMES, Sherlock, Detektiv in den Kriminalromanen von Arthur Conan DOYLE
HOLWECK, Ursula (16. Jh.), Nürnberger Bürgerin
HOMER (8. Jh. v. Chr.), griechische Dichtergestalt, ihm werden die *Ilias* und *Odyssee* zugeschrieben
HOMMONAI, Márton (1906-1969), HUN, 1932 und 1936 Goldmedaille im Wasserball
HONECKER, Erich (1912-1994), von 1974 bis 1989 Generalsekretär des ZK und Vorsitzender des Staatsrates der DDR
HÖNIG, Graphiker, siehe Berlin 1936
HOOVER, Herbert (1874-1964), amerikanischer Präsident von 1929 bis 1933
HOPPE, Wolfgang (* 1957), GDR/GER, nahm von 1984 bis 1994 viermal an den Winterspielen teil und gewann im Bobfahren sechs Medaillen, zweimal Gold, dreimal Silber, einmal Bronze, war achtmal Weltmeister
HORAZ (65-8 v. Chr.), römischer Dichter
HOSOYA, Gan, japanischer Plakatmaler
HOSTIN, Louis (* 1908), FRA, 1932 und 1936 Olympiasieger im Gewichtheben (Halbschwergewicht), gewann 33.000 FF von der *French Academy of Sports* für eine Literaturstudie, stiftete das Geld seinem Verein, um nicht seine Amateureigenschaft zu verlieren, erhielt dafür das Olympische Diplom
HOUGTHON, Margaret (* 1952), Archivarin in Hamilton, Kanada
HOUTOPOULOS, griechischer Bildhauer, entwarf eine Gedenkmedaille für die Spiele 1896
HOYT, William (1875-1954), USA, 1896 Erster im Stabhochsprung
HÜBLER, Annie (1885-1976), GER, 1908 Olympiasiegerin im Eiskunstlauf (Paare)
HUEL, George, siehe Montreal 1976
HUGHES, William S. Kent (1895-1970), australischer Politiker, 1920 Olympiateilnehmer im 400-m-Hürdenlauf
HUGUENIN, Albert, Schweizer Künstler, Mitbegründer der Firma Huguenin Frères
HUGUENIN, Henry (1879-1920), Schweizer Künstler, Besitzer der Firma Huguenin Frères
HUGUENIN-JACOT, Fritz (* 1845), Schweizer Künstler, Mitbegründer der Firma Huguenin Frères
HUH, Jae (* 1965), KOR, 1988 Teilnehmer im Basketball
HÜNEFELD, Freiherr Julius von (1854-1927), langjähriges Vorstandsmitglied der deutschen olympischen Komitees
HÜNERWADEL, Arnold, siehe St. Moritz 1928
HURD, Alexander (1906-1982), CAN, 1932 Zweiter bzw. Dritter im Eisschnellauf (1.500 m, 500 m)
HWANG, Young-Cho (* 1970), KOR, 1992 Olympiasieger im Marathonlauf
ICHIKAWA, Kon (* 1915), bedeutender japanischer Filmregisseur
IKAROS, Sohn des DAEDALOS, der der Sage nach für sich und IKAROS Flügel aus Wachs anfertigte, um aus der Gefangenschaft des MINOS zu entfliehen
IMAI, Mitsuya, japanischer Komponist
INADA, Baron Masatane, Generalsekretär des Organisationskomitees für die vorgesehenen Winterspiele 1940 von Sapporo
IPHITOS, griechischer Sagenheld, der von HERAKLES getötet wurde
IRVINE, Andrew († 1924), Bergsteiger, Teilnehmer an mehreren britischen Himalaya-Expeditionen
ISHIGURO, Hidehito, Präsident des Organisationskomitees für die vorgesehenen Winterspiele 1940 von Sapporo
ISMAYR, Rudolf (1908-1998), GER, 1932 Olympiasieger im Gewichtheben, sprach 1936 den Olympischen Eid
ISO-HOLLO, Volmari (1907-1969), FIN, 1932 und 1936 je eine Goldmedaille im Langstreckenlauf
ITO, Midori (* 1969), JPN, 1992 Silbermedaille im Eiskunstlauf
ITO, Takeshi, siehe Nagano 1998
IWATANI, Tokiko, japanischer Komponist
JACOBS, Rodney H., amerikanischer Filmproduzent
JAEGER, Werner (1888-1961), klassischer Philologe
JAFFEE, Irving (1906-1981), USA, 1932 Doppelolympiasieger im Eisschnellauf (5.000 m, 10.000 m)
JAHN, Friedrich Ludwig (1778-1852), Begründer des deutschen Turnens
JAMNITZER, Wenzel (1508-1548), Goldschmied und Ornamentstecher
JANG, Yoon-Jung, 1988 Miß Korea, Fackelträgerin

JANK, Angelo (1868-1940), deutscher Maler und Illustrator

JANKO, Eva (* 1945), AUT, 1968 Bronzemedaille im Speerwerfen

JANNSEN, Hermann (1900-1998), von 1951 bis 1975 Schatzmeister des *NOK für Deutschland*, Bankier

JARUSKA, Wilhelm (* 1919), Graphiker, Lehrer am Wiener Bundesinstitut für Graphik

JÄRVINEN, Werner (1870-1941), FIN, 1906 Sieger im Diskuswerfen (griechischer Stil)

JASPAR, Henri (1870-1939), belgischer Politiker, u.a. 1920 Außenminister, später Ministerpräsident

JAURÉGUY, Adolphe (1898-1977), FRA, 1924 Silbermedaille im Rugby

JEAN, Pierre St. (* 1943), CAN, 1964, 1968 und 1976 Teilnehmer im Gewichtheben

JEFIMOFF, Paul, siehe vorgesehene Spiele von 1940

JEGEROWA, Ljubow (* 1966), RUS, gewann bei den Spielen 1992 und 1994 zusammen sechs Gold- und drei Silbermedaillen im Skilanglauf, 1997 bis 1999 wegen Dopingvergehens gesperrt

JERNBERG, Sixten (* 1929), SWE, zwischen 1956 und 1964 neun Medaillen (vier goldene) im Skilanglauf

JIMENÉZ, Marcos Pérez (* 1914), Offizier, von 1952 bis 1957 Staatspräsident von Venezuela (Diktatur)

JOHANNES (15.Jh.), Sohn König SIGISMUND I. von Polen

JOHANNES PAUL II. (* 1920), Papst seit 1978

JOHANNES VIII. Paläologos (1391-1448), oströmischer Kaiser von 1425-1448

JOHANNES XXIII. (1881-1963), Papst von 1958 bis 1963

JOHANNESSEN, Jan V., norwegischer Komponist

JOHANSON, »Greta« (1895-1978), SWE, 1912 Olympiasiegerin im Turmspringen

JOHANSSON, Ingemar (* 1932), SWE, 1952 Silbermedaille im Boxen, von 1959 bis 1961 Profiweltmeister aller Klassen

JOHNSON, »Magic« (* 1959), USA, 1992 Olympiasiegerin im Basketball, mehrfacher US-Profimeister

JOHNSON, Ben (* 1961), CAN, gewann 1988 in Seoul den 100-m-Lauf, wurde des Dopings überführt und für zwei Jahre, dann nach einer weiteren positiven Kontrolle auf Lebenszeit gesperrt

JOHNSON, Rafer (* 1934), USA, 1960 Olympiasieger im Zehnkampf

JOKSCH, Gerhard, deutscher Designer

JOUFFROY, François, französischer Bildhauer

JOVINE, Marcel, siehe Lake Placid 1980

JUAN CARLOS, (* 1938), seit 1975 König von Spanien

JUANTORENA, Alberto (* 1951), CUB, 1976 Goldmedaillen über 400 m und 800 m, später Präsident des *Kubanischen Leichtathletikverbandes*

JULEN, Max (* 1961), SUI, 1984 Olympiasieger im Riesenslalom

JULIUS II. (1443-1513), Papst von 1503 bis 1513

JULIUS, Paul (20. Jh.), bedeutender Münzsammler

JUSTASON, Allstair, siehe Calgary 1988

JYSKY, Gustav Adolf (Gösta) (1893-1966), finnischer Graphiker

KAAS, Jacobus »Jaap« (1898-1972), niederländischer Bildhauer, Maler, Dekorationen für das Tuschinski-Theater und seit 1945 Lehrer an der Akademie für Bildhauerkunst in Amsterdam

KAHANAMOKU, Duke Paoa (1890-1968), USA, Hawaianer, gewann zwischen 1912 und 1920 drei Goldmedaillen im Schwimmen

KÄLL, Lars Gunnar (* 1942), und KÄLL, Stig Lennart (* 1938), SWE, Brüder, 1964 18. im Segeln, unterbrachen dabei eine Wettfahrt, um Kollegen, die gekentert waren, zu retten

KALLIMACHOS (vor 300 bis nach 245 v. Chr.), griechischer Gelehrter und Dichter

KALLIO, Kyösti (1873-1940), von 1937 bis 1940 finnischer Staatspräsident

KAMEKURA, Yusaku (* 1914), japanischer Plakatmaler

KANELLOPOULOS, N., griechischer Bildhauer

KANNENBERG, Bernd (* 1942), GER, 1972 Olympiasieger im Gehen (50 km)

KARABEGOVIĆ, Ahmed, Generalsekretär des Organisationskomitees der Winterspiele 1984

KARASEVDAS, Pantelis (1977-1946), GRE, 1896 Olympiasieger im Gewehrschießen

KAREL (1903-1983), Prinz, zweiter Sohn des belgischen Königs LEOPOLD I.

KARIKOSKI, Väinö (1899-1958), von 1951 bis 1956 Präsident des *Finnischen NOK*, von 1945 bis 1951 Präsident der *Finnischen Gymnastik- und Sportverbände*

KÅRINGEN, Kari, 1994 Kampfrichterin Eiskunstlaufen

KARL V. (1500-1558), römisch-deutscher Kaiser von 1519 bzw. 1530 bis 1556

KARL von Anjou (1226-1285), König von Neapel und Sizilien

Karl XVII. (1682-1718), schwedischer König von 1697-1718

KAROLY, Bela, 1976 Trainer der rumänischen Turnerinnen (u. a. Nadia COMANECI), nach Flucht in USA Trainer der amerikanischen Riege (große Erfolge 1984 und 1996)

KASPAR, Peter, Mitglied des Organisationskomitees der Winterspiele 1948 von St. Moritz

KASTENMAN, Petrus (* 1924), SWE, 1956 Olympiasieger in der Military

KASYOKA, John, kenyanischer Sportfunktionär

KATSELIS, Aleka, griechische Schauspielerin

KAUFMANN, Carl (* 1936), 1960 zwei Silbermedaillen über 400 m bzw. in der 4x400-m-Staffel, später Opernsänger und Lehrer

KAUTSCH, H., Bildhauer

KEELER, Louis Bradley, wahrscheinlich ein Pseudonym, amerikanischer Musiker, komponierte die Olympische Hymne für die Spiele 1932 in Los Angeles

KEENE, Foxhall (1847-1941), USA, 1900 Sieger eines Poloturniers

KÉKESSY, Andrea (* 1928), HUN, 1948 Silbermedaille im Eiskunstlaufen (Paare)

KELLER, Erhard (* 1944), GER, 1968 und 1972 Olympiasieger im Eisschnellauf (500 m), später Zahnarzt

KELLER, Franz (* 1945), GER, 1968 Olympiasieger in der Nordischen Kombination

KELS, Hans (um 1510-1565/66), Holzschnitzer und Medailleur

KELS, Veit (16. Jh.), Holzschnitzer und Medailleur, Bruder von Hans KELS (?)

KEMÈNY, Ferenc (1860-1944), ungarisches IOC-Gründungsmitglied von 1894 bis 1907

KEMPA, Heinz (*1933), von 1962 bis 1978 Generalsekretär des *Judoverbandes der DDR*, 1978 Generalsekretär des *Internationalen Judoverbandes*

KEMSER, Franz (* 1910-1906), GER, 1952 Olympiasieger im Viererbob

KENNEDY, Karol (* 1932), USA, 1952 Silbermedaille im Eiskunstlaufen (Paare)

KENNEDY, Michael (* 1927), USA, 1952 Silbermedaille im Eiskunstlaufen (Paare)

KENNEDY, Neil, siehe Lake Placid 1980

KENNEDY, Robert (1925-1968), amerikanischer Politiker, als Präsidentschaftskandidat ermordet

KERR, Dr. Charles Morgan (* 1915), amerikanischer Psychiater

KERSTENS, G., belgischer Künstler

KETSEAS, Ioannis (1887-1965), griechisches IOC-Mitglied von 1946 bis 1965

KIENER, Peter (16. Jh.), deutscher Bürger

KIKUTAKE, Kiyoyuki, japanischer Designer

KILÉNYI, Gyula, siehe Los Angeles 1932

KILIUS, Marika(* 1943), GER, 1960 und 1964 je eine Silbermedaille im Eiskunstlaufen (Paare)

KILLANIN, Lord Michael (1914-1998), irisches IOC-Mitglied von 1952 bis 1980, Präsident von 1972 bis 1980, danach Ehrenpräsident

KILLY, Jean-Claude (* 1943), FRA, 1968 drei Goldmedaillen im alpinen Skilauf, sei 1995 IOC-Mitglied

KIM, Kwang-Hyun, siehe Seoul 1988

KIM, Nelli (* 1957), URS, 1976 und 1980 zusammen fünf Goldmedaillen im Turnen

KIM, Ock-Jin, Generalsekretär des Organisationskomitees 1988 in Seoul

KIM, Won-Tak (* 1964), KOR, 1988 Teilnehmer in der Leichtathletik

KING, Frank, Chairman und Chief Executive Officer der Winterspiele 1988

KING, Martin Luther (1929-1968), amerikanischer Bürgerrechtler, ermordet

KINUTANI, Koji, japanischer Graphiker

KIPLING, Rudyard (1865-1939), englischer Schriftsteller, Lyriker, Dschungelbücher

KIRÁLY, Ede (* 1926), HUN, 1948 Silbermedaille im Eiskunstlaufen (Paare)

KIRCHHOFF, Ulrich (* 1967), GER, Doppelolympiasieger im Springreiten

KIRCHNER, Mark (* 1970), GER, 1992 und 1994 je eine Goldmedaille im Biathlon

KIRCHSCHLÄGER, Rudolf (* 1915), 1974 bis 1986 österreichischer Bundespräsident

KIRKILESSIS, Ioannis, GRE, Basketballspieler, 1972 erster Fackelträger der Staffel nach München

KIßLING, Richard, Schweizer Künstler

KLEE, Karl-Heinz (* 1930), Sportfunktionär, von 1965 bis 1972 Präsident des *Österreichischen Skiverbandes*

KLEFFEL, Walther F., Freund von Carl DIEM

KLEIN, Ralph, Bürgermeister der Stadt Calgary

KLEIN, Richard, siehe Garmisch-Partenkirchen 1936

KLENZE, Leo von (1784-1864), Maler, Architekt und Baumeister, besonders in München

KLEPPAN, Morten, siehe Lillehammer 1992

KLIMKE, Reiner (1936-1999), GER, zwischen 1964 und 1988 sechs Goldmedaillen im Dressurreiten

KLIMSCH, Fritz (1870-1960), deutscher Bildhauer

KNECHT, Willi Ph. (*1929), Sportjournalist, viele Buchveröffentlichung zu den deutsch-deutschen Sportbeziehung, Herausgeber des *NOK-Report*

KNIGHT, Castleton, britischer Filmschaffender

KNIGHT, Michael (* 1952), australischer Politiker, Verkehrs- und Straßenminister, dann auch Minister für die Olympischen und Paraolympischen Spiele

KOBAYASHI, Makoto (* 1935), japanischer Politiker, bis 1993 stellvertretender Innenminister

KOHL, Helmut (* 1930), deutscher Politiker, von 1982 bis 1998 Bundeskanzler
KÖHLER, Thomas (* 1940), GER (DDR), 1964 und 1968 je eine Goldmedaille im Rennrodeln, später Trainer und Chef de Mission der DDR-Mannschaft
KOLEHMAINEN, Hannes (1889-1966), FIN, 1912 dreifacher Olympiasieger auf den Langstrecken, 1920 Erster im Marathonlauf
KOLETTIS, Ioannis (1788-1847), griechischer Politiker, Innenminister, Ministerpräsident
KOLOTES (5. Jh. v. Chr.), antiker Bildhauer
KOLUMBUS, Christoph (1451-1506), Entdecker Amerikas
KONDYLIS, Konstantin, Grieche, 1936 erster Fackelläufer
KOENIG, Fritz, siehe München 1972
KONO, Takashi (* 1906), japanischer Plakatmaler
KONSTANTIN, (* 1940), Kronprinz und von 1964 bis 1973/74 griechischer König, 1960 Olympiasieger im Segeln, IOC-Mitglied von 1963 bis 1974
KONSTANTIN, Kronprinz (1868-1923), König von Griechenland von 1913 bis 1917 und von 1920 bis 1922
KORBUT, Olga (* 1955), URS, 1972 drei Goldmedaillen, 1976 ein erster Platz im Turnen
KÖRING, Dora (1880-1945), GER, 1912 Goldmedaille im Tennis (Mixed)
KOSHIBA, Toshitaka, siehe Tokyo 1964
KOSS, Johann Olav (* 1968), NOR, 1992 zwei, 1994 drei Goldmedaillen im Eisschnellauf, sammelte und stiftete hohe Geldsummen für Olympic Aid, ausgewiesener Kritiker der Arbeitsweise des *IOC*, seit 1999 IOC-Mitglied als Athletenvertreter
KOSTNER, Isolde (* 1975), ITA, 1994 zwei Bronzemedaillen im alpinen Skilauf
KOSTOVIĆ, Čedomir (* 1932), jugoslawischer Designer aus Sarajevo
KOTTER, Klaus, (*1934), seit 1984 Präsident des *Deutschen* und von 1980 bis 1994 des *Internationalen Bob- und Schlittensport-Verbandes*
KRAENZLEIN, Alvin (1876-1928), USA, 1900 vierfacher Sieger, 1913-1914 Olympiatrainer in Deutschland
KRÄMER, Ingrid (* 1943), GER (DDR), 1960 (zweimal) und 1964 Olympiasiegerin im Wasserspringen
KRAUS, August (* 1868), deutscher Bildhauer
KRAUSE, Michael (* 1946), 1972 Olympiasieger im Rudern, von 1993 bis 1999 Präsident des *Deutschen Hockey-Verbandes*
KRAUßE, Stefan (* 1967), GDR/GER, 1992 und 1998 Olympiasieger im Rennrodeln (Doppel), 1994 Zweiter, 1988 Dritter
KREINER, Kathy (* 1956), CAN, 1976 Goldmedaille im Riesenslalom
KRIŽAJ, Bojan (* 1957), YUG/SLO, nahm von 1976 bis 1994 als alpiner Skiläufer an den Spielen teil
KROGIUS, Ernst (1865-1955), finnisches IOC-Mitglied von 1919 bis 1948
KRONBERG, Walter von (16. Jh.), Deutschordensritter
KRUG, Ludwig (um 1488/90-1532), Holzschneider, Maler und Medailleur
KRUPP von BOHLEN-HALBACH, Alfried (1907-1967), Industrieller, Inhaber der Krupp AG.
KRUSE, Max (1854-1942), Bildhauer, schuf den Siegesboten von Marathon
KUBOTA, Baron Keiichi, Generalsekretär des Organisationskomitees für die vorgesehenen Olympischen Spiele 1940 von Tokyo
KUHL-PAQUET, Eric (* 1947), Sportwissenschaftler in London (Ontario)
KUHN, Charles (* 1903), Schweizer Künstler, Plakatmaler
KUHN, Friedrich (* 1919), GER, 1952 Olympiasieger im Viererbob
KULAKOWA, Galina (* 1942), URS, gewann zwischen 1968 und 1980 drei Gold-, zwei Silber- und zwei Bronzemedaillen im Skilanglauf
KUMBERNUS, Astrid (* 1970), GER, 1996 Olympiasiegerin im Kugelstoßen
KUNZE, Herbert (*1908), von 1949 bis 1992 Präsident des *Deutschen Eislauf-Verbandes*, Rechtsanwalt
KURIYAGAWA, Kenichi, japanischer Medailleur
KURTZWORTH, Harry Muir, siehe Los Angeles 1932
KUYCK, Martha van (1881-1978), belgische Plakatmalerin
KYI, Aung San Suu, birmanische Oppositionspolitikerin, Pazifistin, erhielt 1991 den Friedensnobelpreis
LACOUR, Sportstudent, Herold bei den ersten Deutschen Kampfspielen
LACROIX, Léo (* 1937), FRA, 1964 Zweiter im Abfahrtslauf
LAGERSTRÖM, Iliane, Enkelin von Ioannis GEORGIADIS
LALIQUE, Marc (1900-1977), Besitzer der gleichnamigen Firma in zweiter Generation, die Glaskunstwerke herstellte
LALIQUE, Marie-Claude, siehe Albertville 1992
LALIQUE, René (1860-1945), Begründer der gleichnamigen Firma, die Glaskunstwerke herstellte
LAMAIRE, französischer Künstler
LAMBERT, Gustave Alexandre (* 1879), französischer Bildhauer
LAMBROS, Ioannis P., Politiker und Numismatiker, 1896 Kampfrichter
LAMBROS, Spyros P. (1851-1919), 1896 Sekretär einer Kommission, 1906 Generalsekretär, Historiker
LANCRENON, französischer Major, war 1905 mit dem Rad von Paris nach St. Petersburg gefahren, die Wolga heruntergepaddelt und dann von Astrachan nach Paris geritten
LANDEN, Ludwig (1908-1985), GER, 1936 Olympiasieger im Kanufahren
LANDSBERG-VELEN, Graf Dieter von (* 1925), seit 1968 Präsident der *Deutschen Reiterlichen Vereinigung*
LANDY, John (* 1930), AUS, 1956 Bronzemedaille im 1.500-m-Lauf
LANE, Frederick C. V. (1880-1969), AUS, 1900 zwei Siege im Schwimmen
LANGEN, Christoph (* 1962), GER, Teilnahme 1988, 1992 (Bronzemedaille), 1998 im Zweierbob
LANGER, Richard, deutscher Bildhauer
LANNOY, Micheline (* 1925), BEL, 1948 Goldmedaille im Eiskunstlaufen (Paare)
LAROCHE, Yvon, kanadischer Designer
LASTRATIDAS, antiker Athlet, Olympiasieger im Ringkampf der Jugendklasse
LAUBI, Hugo (1888-1959), Schweizer Maler
LAVASTRE, Jean Baptiste (1839-1891), französischer Künstler, gestaltete u. a. die Bühnendekoration der Pariser Oper
LAVERS, Ralph, britischer Designer, schuf die Fackel der Spiele 1956 in Melbourne
LAWRENCE, Andrea Mead (* 1932), USA, 1952 zwei Goldmedaillen im alpinen Skilauf
LEDUC, Louis, Schweizer Filmkünstler
LEE, Hak-Rae, Kampfrichter, Eidsprecher 1988 in Seoul
LEE, Kwang-Soo, siehe Seoul 1988
LEHERB, Helmut (* 1934), österreichischer Maler
LEHTONEN, Eero (1898-1959), FIN, 1920 und 1924 Olympiasieger im leichtathletischen Fünfkampf
LEMAIRE, George, siehe Paris 1900
LEMCKE, Walter E., siehe Berlin 1936
LEMINEN, Hannu (1910-1997), Filmregisseur (28 Filme zwischen 1941 und 1957), von 1962 bis 1974 Direktor des finnischen Fernsehkanals 2
LENHART, Julius (1875-1962), AUT, wurde als Mitglied der *Turngemeinde Philadelphia* 1904 Einzelsieger im turnerischen Mehrkampf
LEO X. (1475-1521), Papst von 1513 bis 1521
LEONOVA, Angelina, siehe Moskau 1980
LEOPOLD (III.), Kronprinz (1900-1983), belgischer König von 1934 bis 1951
LEOPOLD II. (1835-1909), von 1865 bis 1909 König der Belgier
LEQUIN, Justin (1796-1881), französischer Bildhauer
LEQUIO di ASSAMBA, Tommaso (1893-1965), ITA, 1920 Olympiasieger im Jagdspringen (Einzel)
LEVIN, Astley (1852-1931), Arzt, Lehrer an der Schwedischen Gymnastik-Hochschule und Sekretär des *Schwedischen Sportverbandes*
LEWALD, Theodor (1860-1947), Leiter der deutschen Vertretung der Weltausstellung 1904, 1920 bis 1933 Vorsitzender des *Deutschen Reichsausschusses für Leibesübungen*, 1914 bis 1938 IOC-Mitglied
LEWIS, Carl (* 1961), USA, Leichtathlet, zwischen 1984 und 1996 neunmal Olympiasieger
LIARD, Louis (1846-1917), französischer Philosoph, 1914 Generalsekretär des Unterrichtsministeriums
LICHAS (5. Jh. v. Chr.), spartanischer Adliger, Olympiasieger im Viergespann
LIDDELL, Eric (1902-1945), GBR, 1924 Olympiasieger über 400 m
LIGHTBODY, James (1882-1953), USA, Leichtathlet, zwischen 1904 und 1906 viermal Olympiasieger
LIGINGER, Walter G., 1904 Präsident des Organisationskomitees
LILLIEHÖÖK, Gösta Malcolm (1884-1974), SWE, 1912 Olympiasieger im Modernen Fünfkampf,
LINDBERG, Erik, siehe Stockholm 1912
LINDBERG, Karin (* 1929), SWE, Medaillengewinnerin 1952 und 1956 im Turnen
LINDBERGH, Charles (1902-1974), amerikanischer Flugpionier, überquerte 1927 als erster im Alleinflug den Atlantik
LINDFORS, Adolf (1879-1959), FIN, 1920 Olympiasieger im Ringen
LINDGREN, Aqgi, Schwager des schwedischen Künstlers Gustaf Olaf HJORTZBERG
LING, Per Henrik (1776-1839), »Vater« der schwedischen Gymnastik
LINJAMA, Jaakko (1909-1983), finnischer Komponist, von 1948 bis 1963 Lehrer für Musiktheorie am Konservatorium in Jyväskylä, 1962 Ehrentitel Director Musices
LINZELER, französischer Kunsthandwerker
LIPPERT, Julius, nach 1933 Berliner Stadtpräsident (Bürgermeister)
LIPSCHÜTZ, deutscher Bildhauer
LIPTON, Sir Thomas, britischer Segler

LISSITZKY, El (1890-1941), russischer Maler, Graphiker und Architekt
LITZ, Lise, kanadischer Sportlerin
LOGAN, Willy (1907-1955), 1932 Bronzemedaillen im Eisschnellauf (1.500 m, 5.000 m)
LOSCHER, Sebastian († 1548), Bildhauer und Medailleur
LOTZ, Franz (1910-1994), Sportwissenschaftler, Professor an der Universität Würzburg
LOUBET, Emile (1838-1929), 1899 bis 1906 französischer Staatspräsident
LOUIS, Spiridon (1873-1940), GRE, 1896 Sieger im Marathonlauf
LØVLAND, Helge (1890-1984), FIN, 1920 Olympiasieger im Zehnkampf
LOW, Will H. (1853-1932), Maler und Kunstschriftsteller, malte Landschaften, u. a. Plafond des Waldorf-Astoria-Hotel in New York
LUBAHN, Robert, deutscher Schauspieler
LUBINIUS, Philipp, deutscher Schüler
LUCAS, Charles P., Verfasser eines Berichtes über die Spiele 1904 in St. Louis
LUDWIG I. (1786-1868), Philhellene, von 1825 bis 1848 bayrischer König
LUDWIG XIV. (1638-1715), französischer König von 1643 bis 1715
LUGGER, Alois (* 1912), von 1960 bis 1987 Bürgermeister von Innsbruck
LUNDBLAD, Janne (1877-1940), SWE, 1920 Olympiasieger im Dressurreiten (Einzel)
LÜTKE-WESTHUES, Alfons (* 1930), GER, 1956 Olympiasieger im Jagdspringen (Mannschaft)
LYON, George (1858-1952), CAN, 1904 Sieger des Golfturniers
LYSIPP (4. Jh. v. Chr.), griechischer Bronzebildner, Bildhauer ALEXANDER d. Gr.
LYTRAS, Nikiphoros, siehe Athen 1896
LYY (bis 1930 MÄHÖNEN), Toivo (1898-1976), finnischer Dichter, viele Epigramme, Übersetzungen ausländischer Werke ins Finnische
MABILLON, Jean (1632-1707), französischer Arzt und Altertumsforscher
MacALOON, John (* 1947), Sportwissenschaftler und Soziologe an der Universität von Chicago
MacDONALD, Herbert, von 1940 bis 1943 Präsident des *Jamaikanischen NOK*, Organisator der Commonwealth Games 1966
MacDONALD, J. Oliver (1904-1973), USA, 1924 Olympiasieger in der 4x400-m-Staffel
MacINTOSH, Donald (* 1851), AUS, 1900 Sieger im Schießen
MacKENNMAL, Bertram, siehe London 1908
MacKEY, Frank J. (1852-1927), USA, 1900 Sieger bei einem Poloturnier
MacMONNIES, Frederick (1863-1937), amerikanischer Bildhauer, 1932 Silbermedaille in den Kunstwettbewerben
MADISON, Helene (1913-1979), USA, 1932 drei Goldmedaillen im Schwimmen
MAENNIG, Wolfgang (* 1960), 1988 Olympiasieger im Rudern, seit 1995 Präsident des *Deutschen Ruder-Verbandes*, Hochschullehrer
MAGER, Manuela (* 1962), GDR, 1980 Bronzemedaille im Eiskunstlaufen (Paare)
MAIER, Hermann (* 1972), AUT, 1998 zwei Goldmedaillen im alpinen Skilauf
MAIRESSE, Philippe, französischer Designer
MAIURI, Amadeo, italienischer Designer, schuf die Fackel der Spiele 1960 in Rom
MAKEDONIEN, siehe PHILIPP II. von
MALENFANT, Clermont, kanadischer Graphiker
MALER, Christian (1578-n. 1652), Nürnberger Medailleur und Wachsbossierer
MALER, Valentin († 1603), Nürnberger Medailleur, Wachsbossierer und Goldschmied
MALLORY, George (1886-1924), Bergsteiger, Teilnehmer an mehreren britischen Himalaya-Expeditionen
MAMIYA, Michio, japanischer Komponist
MANCIOLO, Corrado, siehe Winterspiele 1956
MANDELA, Nelson (* 1918), Befreiungskämpfer, 1966 zu lebenslanger Haft verurteilt, 1990 entlassen, von 1994 bis 1999 Präsident der Republik Südafrika
MANDRILLON, Camille, FRA, 1924 in Chamonix Sprecher des Olympischen Eides
MANOLIU, Lia (1932-1995), ROM, 1968 Olympiasiegerin im Diskuswerfen, von 1990 bis 1995 Präsidentin des *Rumänischen NOK*
MANOS, Konstantinos Th. (1869-1913), 1896 Sekretär des Zwölfer-Rates
MANTEUFFEL, Fritz (1875-1941), GER, 1896 zweifacher Sieger im Turnen
MAPPIN, britischer Bildhauer
MARAGALL i MIRA, Pasqual, Präsident des Organisationskomitees der Spiele 1992 in Barcelona
MARCH, Werner (1984-1976), Architekt, Erbauer des Berliner Olympiastadions und des Reichssportfeldes, 1936 Goldmedaille in Architektur
MARCKS, Gerhard (1889-1981), deutscher Bildhauer und Grafiker
MAREY, Charles, siehe Paris 1900
MARIA von Burgund, (1457-1482), Ehefrau Kaiser MAXIMILIAN I.
MARISCAL, Javier, spanischer Graphiker
MARK, John (1925-1991), britischer 400-m-Läufer, 1948 letzter Fackelträger
MARSELLOS, George (* 1936), griechischer Hürdenläufer, Olympiateilnehmer 1960 und 1964
MARTENS, Cornelius, siehe Calgary 1988
MARTIN, Emile, Schweizer Künstler, Vater v. Milo MARTIN
MARTIN, Milo, siehe St. Moritz 1928
MARTIN, Paul (1901-1987), SUI, 1924 Zweiter über 800 m, fünfmal Olympiateilnehmer, Arzt,
MARTIN, René, Schweizer Künstler, Bruder von Milo MARTIN
MARTOLA, Ilmari Armas Eino (1896-1986), finnischer Offizier, militärischer Berater der UNO und Befehlshaber der UN-Truppen auf Zypern
MARTYN, Scott (* 1966), Sportwissenschaftler in London (Ontario)
MASCAGNI, Pietro (1863-1945), italienischer Komponist
MASCAUX, Leon C. (1882-1965), 1924 Olympiasieger bei den Kunstwettbewerben (Bildhauerei)
MASLITZER, Hans (1503-1574), Nürnberger Goldschmied und Gießer
MASSARD, Armand (1884-1971), von 1946 bis 1970 französisches IOC-Mitglied
MASSIN, Ch., französischer Designer, entwarf den Olympischen Pokal
MASSOW, Otto, Leutnant, Berliner Bürger, der sich am Besitz von Alfred FLATOW bereicherte
MASSYS, Quentin (1466-1530), flämischer Maler
MATHEWS, Vince (* 1946), USA, 1972 zwei Goldmedaillen in der Leichtathletik
MATISSE, Auguste (1866-1931), französischer Landschaftsmaler
MATTHES, Roland (* 1950), GDR, 1972 und 1976 je zwei Goldmedaillen im Rückenschwimmen
MAUDER, Bruno, siehe Garmisch-Partenkirchen 1936
MAUDSLAY, Algernon (1873-1948), GBR, 1900 Sieger im Segeln
MAUERMAYER, Gisela (1913-1995), GER, 1936 Goldmedaille im Diskuswerfen
MAXIMILIAN I. (1459-1519), von 1486 bis 1519 deutscher König und Kaiser (seit 1508)
MAXIMILIAN II. (1527-1576), römisch-deutscher Kaiser von 1564-1576
MAYER, Helene (1910-1953), 1928 Olympiasieger im Florettfechten, durfte 1936 als sog. Halbjüdin an den Spielen von Berlin teilnehmen und wurde Zweite
MAYER, Otto (1900-1970), Schweizer, Kanzler des *IOC* von 1946-1964
MAYOT, Renée, siehe Albertville 1992
McARTHUR, Kenneth (1880-1960), RSA, 1912 Olympiasieger im Marathonlauf
McCLUSKEY, Joseph Paul (* 1911), USA, 1932 Dritter über 3.460-m-Hindernis
McCORMACK, Mark, amerikanischer Agent von Schauspielern
McCORMICK, Kelly (* 1960), USA, 1984, ein zweiter und ein dritter Platz im Wasserspringen
McDERMOTT, Richard Terry (* 1940), USA, 1964 Olympiasieger im Eisschnellaufen (500 m)
MCKENZIE, Seymour (Mary) (* 1912), Historikerin in Elba und Lake Placid
McKENZIE, Tait (1867-1938), kanadischer Bildhauer, gewann 1932 bei den Kunstwettbewerben (Medaillen) einen dritten Platz
McKINLEY, William (1843-1901), von 1897 bis 1901 Präsident der USA
MECKLENBURG, Herzog Adolf Friedrich zu (1873-1969), deutsches IOC-Mitglied von 1926 bis 1956
MELLANDER, Hjalmar (1880-1919), SWE, 1906 Olympiasieger im (antiken) Fünfkampf
MELLY, Charles P., Präsident des *Liverpool Athletic Club*, Begründer des dortigen Grand Olympic Festival
MENGERSDORF, Ernst von (16. Jh.), Bischof von Bamberg
MENNET, Jean-Jacques, siehe St. Moritz 1928
MENZIES, Robert (1894-1979), australischer Politiker, von 1939 bis 1941 und von 1949 bis 1966 Premierminister
MERCANTE, Luciano (1902-1982), italienischer Komponist, 1936 Goldmedaille in der Kunstdisziplin Medaillen, Plaketten
MERIKANTO, Aarre (1893-1958), finnischer Komponist, Symphonien, Konzerte, Kammermusik, von 1951 bis 1958 Lehrer an der Sibelius Akademie in Helsinki
MÉRILLON, Daniel (1852-1925), Generalkommissar für Leibesübungen der Weltausstellung, Präsident des *Internationalen Schützenverbandes*
MERKATI, Alexander († 1925), Grieche, von 1900 bis 1925 IOC-Mitglied
MERKENS, Toni (1912-1944), GER, 1936 Goldmedaille im Radrennen (1.000-m-Sprint)

MERKOURI, Melina (1925-1994), griechische Schauspielerin, von 1967 bis 1974 im Exil, von 1981 bis 1989 und von 1993 bis 1994 Kultusministerin
MESSERLI, Francis (1888-1975), von 1912 bis 1937 Generalsekretär des *Schweizer NOK*, enger Mitarbeiter Baron de COUBERTINs
MESZAROS, Andor, siehe Melbourne 1956
METCALF, Ralph (1910-1978), USA, 1936 Goldmedaille in der 4x100-m-Staffel
MEYER, Albert (1857-1924), deutscher Fotograph, viele Aufnahmen von den Spielen 1896 in Athen
MEYER, Gaston, französischer Sportjournalist, Herausgeber der *L`Equipe*
MEYFAHRT, Ulrike (* 1956), 1972 und 1984 Goldmedaille im Hochsprung
MICHALLON, Albert, Arzt, Oberbürgermeister von Grenoble
MIETO, Juha (* 1949), FIN, 1972 bis 1984 Teilnehmer an den Olympischen Spielen, 1976 Goldmedaille im Skilanglauf (Staffel)
MIETTINEN, Lauri (1905-1963), von 1938 bis 1947 Sekretär des Finnischen NOK, von 1947 bis 1952 Präsident des *Finnischen Leichtathletik-Verbandes*
MIKI, Minoru, japanischer Komponist
MIKULIĆ, Branko, Vorsitzender des Präsidiums der Sozialistischen Republik Bosnien-Herzegowina und Mitglied des ZK der Kommunistischen Partei Jugoslawiens
MILSER, Rolf (* 1951), FRG, 1984 Olympiasieger im Gewichtheben
MIMOUN O'KACHA, Alain (* 1921), FRA, 1948 eine, 1952 zwei Silbermedaille[n] auf den Langstrecken, 1956 Sieger im Marathonlauf
MINDERAU, Johann von (16. Jh.), Abt
MIRÓ, Antoni, spanischer Designer
MITRIĆ, Nebojsa, siehe Sarajevo 1984
MITTERMAIER, Rosi (* 1950), FRG, 1976 zwei Goldmedaillen im alpinen Skilauf
MITTERRAND, François (1916-1996), von 1981 bis 1995 französischer Staatspräsident
MIYAGI, Isamu, japanischer Sportler
MIYOSHI, Akira, japanischer Komponist
MOENCK, Miguel (1890-1969), kubanisches IOC-Mitglied von 1938 bis 1969
MOESCHTER, Kurt (1903-1959), GER, 1928 Olympiasieger im Rudern
MÖGENBURG, Dietmar (* 1961), FRG, 1984 Olympiasieger im Hochsprung
MOHOLY-NAGY, László (1895-1946), ungarischer Maler, Graphiker und Publizist
MOLTERER, Anderl (* 1931), AUT, 1956 zwei Medaillen im alpinen Skilauf
MONDALE, Walter F., amerikanischer Politiker, von 1977 bis 1981 Vizepräsident der USA
MONDRIAAN, Piet (1872-1944), niederländischer Maler und Kunsttheoretiker, Mitbegründer von De Stijl
MONTAG, Wolf Dieter (* 1924), von 1980 bis 1996 Präsident der *Deutschen Eislauf-Union*
MONTGOMERY, Madame de, Stifterin eines Wanderpokals
MONTI, Eugenio (* 1928), ITA, 1968 Doppelolympiasieger im Bobfahren, 1956 zwei Silber-, 1964 zwei Bronzemedaillen
MONTU, Carlo (1869-1949), Italiener, von 1914 bis 1939 IOC-Mitglied
MOON, Chris, Pazifist
MOOS, Carl (1878-1959), Schweizer Künstler, Plakatmaler
MORGAN, Vernon, Olympiateilnehmer 1928, Sportjournalist bei der Nachrichtenagentur Reuter
MORISHITA, Koichi (* 1967), JPN, 1992 Silbermedaille im Marathonlauf
MORLON, Alexandre (* 1878), französischer Medailleur und Bildhauer
MORRIS, William (1834-1896), englischer Dichter, Kunsthandwerker, Drucker und Sozialpolitiker
MORROW, Suzanne (* 1930), 1948 Bronzemedaille im Eiskunstlaufen, später Preisrichterin
MORROW, Suzanne (* 1930), CAN, 1948 Bronzemedaille im Eiskunstlaufen (Paare)
MOSES, Edwin (* 1955), USA, 1976 und 1984 Olympiasieger über 400-m-Hürden
MOURATIS, Brüder, stifteten 1906 einen Preis
MUJEZINOVIĆ, Ismar (* 1947), jugoslawischer Designer, hatte an der Kunstakademie in Sarajevo studiert
MÜLICH, Christoph (16. Jh.), Kaufmann in der Firma der Familie FUGGER
MÜLLER, Bruno (1902-1975), GER, 1928 Olympiasieger im Rudern
MÜLLER, Constantin (* 1568), Augsburger Wappen-, Siegel-, Münz- Stein- und Eisenschneider
MÜLLER, Norbert, Sporthistoriker, Professor an der Universität Mainz, zahlreiche Buchveröffentlichungen über Baron de COUBERTIN
MÜLLER-MARTIN, Magdalena (1893-1980), deutsche Bildhauerin
MÜLLER-PREISS, Ellen (* 1912), AUT, 1932 Gold-, 1936 Silber-, 1948 Silbermedaille im Florettfechten
MULRONEY, Brian (* 1939), kanadischer Politiker, von 1984 bis 1993 Premierminister
MURAKOSHI, Jo, japanischer Plakatmaler
MURATOW, Valentin (* 1928), URS, 1956 vier Goldmedaillen im Turnen
MURPHY, Edward (1905-1973), CAN, 1932 Silbermedaille im Eisschnellauf (5.000 m)
MUSSERHARDIN, Anna Michel (16. Jh.), Schwester von Peter KIENER
MYRON (5. Jh. v. Chr.), griechischer Bildhauer
NAGAI, Kazumasa, siehe Sapporo 1972
NAGATA, Hidejiro, Bürgermeister von Tokyo
NAGY, László (* 1927), HUN, 1952 Bronzemedaille im Eiskunstlaufen (Paare)
NAGY, Marianna (* 1929), HUN, 1952 Bronzemedaille im Eiskunstlaufen (Paare)
NAKAMURA, Yuzo (* 1942), JPN, 1972 Olympiasiegerin im Volleyball
NANSEN, Eigil (* 1931), Architekt in Oslo, erbaute den Flughafen, Enkel des Polarforschers Fridtjof NANSEN
NANSEN, Fridtjof (1861-1930), norwegischer Polarforscher und Zoologe, 1888 Durchquerung Grönlands auf Skiern
NATORI, Yonosuke, japanischer Künstler
NAUDIN, Bernard, siehe Paris 1924
NAZOU, Ourania, Briefpartnerin von Nikolaos GYZIS
NEAME, Douglas (1901-1988), Schiffskapitän, sein Schiff transportierte 1948 die Olympische Flamme, 1928 Teilnehmer über 110-m-Hürden
NECKERMANN, Josef (1912-1992), GER, zwischen 1960 und 1972 sechs Medaillen im Dressurreiten, darunter zwei erste Plätze, Begründer der *Deutschen Sporthilfe*, Industrieller
NEHMER, Meinhard (* 1941), GDR, 1976 und 1980 zusammen drei Goldmedaillen im Bobfahren
NELSON, Cynthia (* 1955), USA, 1976 Bronzemedaille in der Abfahrt
NÉMETH, Angéla (* 1946), HUN, 1968 Olympiasiegerin im Speerwerfen
NERO (37-68), römischer Kaiser von 54 bis 68
NEUDÖRFFER, Johann d. Ä. (1497-1563), Nürnberger Schreiblehrer und Kalligraph
NEUREUTHER, Christian (* 1949), FRG, von 1972 bis 1980 Teilnehmer im alpinen Skilauf
NEY-WETHERBEE, Elisabeth (1830-1907), amerikanische Bildhauerin, lebte in Paris
NIBSCHITZ, Nikolaus (16. Jh.), Gesandter
NIEBERL, Lorenz (1919-1968), GER, 1952 zwei Goldmedaillen im Bobfahren
NIELSEN, Henrik A., norwegischer Designer
NIEMANN (-STIRNEMANN), Gunda (* 1966), zwischen 1988 und 1998 drei Gold- und 4 Silbermedaillen, ein dritter Platz im Eisschnellaufen
NIKE, griechische Siegesgöttin
NIKLANDER, Armas (1890-1942), FIN, 1920 Olympiasieger im Diskuswerfen
NIKOLAOU, Lambis (* 1935), seit 1986 griechisches IOC-Mitglied, auch NOK-Präsident
NIKOLAUS II. (1868-1918), russischer Zar von 1894-1917
NIKOMACHOS (4. Jh. v. Chr.), griechischer Maler
NISHIDA, Hikaru, japanischer Friedensbotschafter
NIXON, Richard (1913-1994), von 1969 bis 1974 Präsident der USA
NOBEL, Alfred (1833-1896), Erfinder des Dynamits, Stifter des nach ihm benannten Preises
NOEL-BAKER, Philip (1889-1982), GBR, 1920 Silbermedaille über 1.500 m, mehrfacher Olympiateilnehmer, Politiker, Minister, erhielt 1959 den Friedensnobelpreis
NORDLANDER, Axel (1879-1962), SWE, 1912 Doppelolympiasieger in der Military
NORHEIM, Sondre (1825-1897), norwegischer Skipionier
NORMAN, Peter (* 1942), AUS, 1968 Silbermedaille im 200-m-Lauf
NORTON, Edward (1885-1955), Bergsteiger, u.a.Teilnehmer an mehreren britischen Himalaya-Expeditionen, Offizier
NOWIKOW, Ignati T. (* 1906), sowjetischer Politiker, Minister für Energiewirtschaft, seit 1962 Mitglied des Obersten Sowjets, 1983 wegen eines Skandals in einem Reaktorwerk abgesetzt
NÜESCH-OSTERWALDER, Remi, siehe St. Moritz 1948
NURMI, Paavo (1897-1973), FIN, Langstreckenläufer, zwischen 1920 und 1928 neunmal Olympiasieger
NYKÄNEN, Matty (* 1963), FIN, 1984 ein Siege, 1988 drei Goldmedaillen im Skispringen, mußte wegen Alkoholprobleme seine Laufbahn beenden, später erfolglos als Sänger und Stripper
ODA, Yuichiro, japanischer Komponist und Texter
OERTER, Alfred (»Al«) (* 1936), USA, von 1956 bis 1968 Olympiasieger im Diskuswerfen
OGIWARA, Kenji (* 1960), JPN, 1992 und 1994 Olympiasieger in der Nordischen Kombination (Mannschaft)
OKAMOTO, Tara, siehe Tokyo 1964
OLAV (1903-1991), Kronprinz, König von Norwegen von 1957 bis 1991, 1828 Olympiasieger im Segeln
OLSEN, Zoe Ann (* 1931), USA, 1948 zwei Medaillen im Wasserspringen

ONO, Takashi (* 1931), JPN, zwischen 1952 und 1964 13 Medaillen im Turnen, darunter fünf erste Plätze
ORSI, französischer Künstler, Plakatmaler
OSENDARP, Martinus (* 1916), NED, 1936 zwei Bronzemedaillen auf den Sprintstrecken
OSEROW, Juri, russischer Filmregisseur, Filme über den Zweiten Weltkrieg, beteiligt am Film über die Spiele 1972 in München
OSSIER, Ivan (1988-1965), Fechter, nahm zwischen 1906 und 1948 achtmal an Olympischen Spielen teil, Silbermedaille 1912, verzichtete als Jude bewußt auf einen Start 1936 in Berlin, Arzt
OSTLER, Andreas (»Anderl«) (1921-1988), GER, 1952 zwei Goldmedaillen im Bobfahren
OTTO HEINRICH (1502-1559), Kurfürst von der Pfalz
OTTO I. (1815-1867), bayrischer Prinz, von 1832 bis 1862 König von Griechenland
OTTO, Kristin (* 1966), GDR, 1988 sechs Goldmedaillen im Schwimmen, später Sportjournalistin beim ZDF
OUDINÉ, Eugène André (1810-1887), französischer Medailleur
OVERLAND, Kevin (* 1974), CAN, 1998 Bronzemedaille im Eisschnellauf (500 m)
OVETT, Steve (* 1955), GBR, 1980 Olympiasieger im 800-m-Lauf und Dritter über 1.500 m
OWENS, Jesse (1913-1980), USA, 1936 vier Goldmedaillen in der Leichtathletik
PAASIKIVI, Juho Kusti (1870-1956), Staatspräsident Finnlands von 1946 bis 1956
PADDOCK, Charles W. (1900-1943), USA, 1920 zweifacher Olympiasieger auf Sprintstrecken
PAIONIOS (5. Jh. v. Chr.) griechischer Bildhauer
PAL, Jean, französischer Künstler
PALAMAS, Kostas (1859-1943), griechischer Dichter, schuf den Text der Olympischen Hymne
PALL, Olga (* 1947), AUT, 1968 Olympiasiegerin in der Abfahrt
PAMPA, Albertan Gary, siehe Calgary 1984
PANKOK, Bernhard (1866-1943), Architekt und Maler, von 1913 bis 1937 Direktor der Staatlichen Kunstgewerbeschule in Stuttgart
PAPADAKIS, prominenter Athener Bürger
PAPAGOS, Alexandros (1883-1955), griechischer General, 1941 in einem deutschen KZ, brach 1949 den kommunistischen Aufstand, von 1952 bis 1955 Ministerpräsident
PAPANDREOU, Andreas (1919-1996), griechischer Politiker, Ministerpräsident von 1981 bis 1989 und von 1993 bis 1996
PARABALLON, antiker Athlet, Olympiasieger im Diaulos
PARK, Seh-Jik, Präsident des Organisationskomitees 1988 in Seoul
PARTRIDGE, Bernard. siehe London 1908
PARTRIDGE, John ([illegible]), Maler und Illustrator, Onkel von Bernard PARTRIDGE
PASCHE, Jean-Marc, Schweizer Komponist
PASSARELLI, Pasquale (* 1957), FRG, 1984 Olympiasieger im Ringen
PATOULIDOU, Paraskiri (* 1965), GRE, 1992 Olympia siegerin über 100-m-Hürden
PAUL (1901-1964), von 1947 bis 1964 griechischer König
PAUL, Bruno (1874-1968), deutscher Architekt und Illustrator
PAUL, Robert (* 1937), CAN, 1960 Olympiasieger im Eiskunstlaufen (Paare), später Choreograph bekannter Eiskunstläufer
PAULUS, amerikanischer Künstler, Lehrer an der Kunstakademie in Detroit
PAUSANIAS (2. Jh. n. Chr.), Schriftsteller, verfaßte eine Beschreibung Griechenlands
PAYNE, Billy, Präsident des Organisationskomitees der Spiele 1996 in Atlanta
PECHSTEIN, Claudia (* 1972), GER, 1994 und 1998 Goldmedaillen im Eisschnellauf (5.000 m)
PEISIRODOS, erfolgreicher Athlet der Antike, Enkel des DIAGORAS
PELLETIER, Pierre-Yves, kanadischer Designer
PELOPS, Sohn des TANTALOS, sagenhafter Gründer der Olympischen Spiele
PENES, Mihaela (* 1947), ROM, 1964 Olympiasiegerin im Speerwerfen, später Generalsekretärin ihres *NOK*
PENHA-GARCIA, Comte José Capelo de (1872-1940), Portugiese, IOC-Mitglied von 1912 bis 1940
PERIS, Giancarlo (* 1941), Leichtathlet, Student, später Lehrer
PERIS-KNEEBONE, Nova, AUS, 1996 Olympiasiegerin im Handball
PEROVIĆ, Dragan, Eidsprecher für die Kampfrichter bei den Winterspielen 1984
PERRIN, Jacques (1847-1915) , französischer Bildhauer
PERRY, Robyn (* 1976) war 1988 (Calgary) mit zwölf Jahren der bis dahin jüngste Sportler, der das Olympische Feuer entzünden durfte
PERSHING, John Joseph (1860-1948), Initiator der Pershing Games 1919 in Paris, während des Zweiten Weltkrieges Oberbefehlshaber der amerikanischen Truppen in Europa
PETER der Große (1672-1725), russischer Zar von 1682 bis 1725
PETER, Friedrich, siehe Calgary 1988
PETERSEN, Rolf, Generalsekretär des Organisationskomitees der Winterspiele 1952
PETRALIAS, Epaminondas (1908-1977) von 1970 bis 1974 Präsident der Internationalen Olympischen Akademie, griechisches IOC-Mitglied von 1975 bis 1977
PETRUCCI, Gianni, Präsident des *NOK Italiens*
PETSCHAUER, Attila (1904-1943), HUN, 1928 und 1932 Olympiasieger im Säbelfechten (Mannschaft)
PEUTINGER, Konrad (1465-1547), Augsburger Humanist, Gesandter
PFEFFINGER, Degenhart (15./16. Jh.), kurfürstlicher Rat, Münzsammler
PFINZING, Melchior (16. Jh.), Probst in Nürnberg
PFLUG, Monika (* 1954), GER, 1972 Olympiasiegerin im Eisschnellauf (1.000 m), zwischen 1972 und 1988 fünf Olympiateilnahmen
PFNÜR, Franz (* 1908), GER, 1936 Goldmedaille in der alpinen Kombination
PHEIDIPPIDES, griechischer Botenläufer, soll nach der Schlacht bei Marathon nach Athen gelaufen und nach Verkündung des Sieges tot zusammengebrochen sein
PHIDIAS (5. Jh. v. Chr.), bekanntester Bildhauer der griechischen Antike
PHILEMON, Timoleon (1833-1998), Generalsekretär des Zwölfer Rates der Spiele 1896, vorher Bürgermeister von Athen
PHILIPP II. (1527-1598), spanischer König von 1556 bis 1598
PHILIPP II. (382-336), König von Makedonien, unterwarf Griechenland
PHILIPP, Prinz, Herzog von Edinburgh (* 1921), Ehemann der britischen Königin ELISABETH II.
PHOTIADES, Vasilakos, griechischer Dichter
PHRAGOUDIS, Ioannis, GRE, 1896 Olympiasieger im Schießen
PICARD, Alfred (1844-1913), Generalkommissar der Weltausstellung 1900
PICASSO, Pablo (1881-1973), Spanier, einer der bedeutendsten Künstler des 20. Jahrhunderts
PICHL, Wolfgang, siehe Innsbruck 1976
PICHLER, Alfred, Jugoslawe, Präsident der dortigen SOKOL-Verbände
PIDGEON, Harry, segelte zwischen 1921 und 1925 allein um die Welt
PIETRANIK, Wojciech, siehe Sydney 2000
PIETRI, Dorando (1885-1942), ITA, Marathonläufer, wurde 1908 disqualifiziert, weil er nur mit fremder Hilfe ins Ziel gekommen war
PIÉTRI, François (1882-1966), von 1934 bis 1966 französisches IOC-Mitglied
PILGRIM, Paul (1883-1958), USA, Leichtathlet, 3 Goldmedaillen zwischen 1904 und 1906
PILOTY, Karl von (1826-1886), Münchener Maler, Lehrer von Nikolaos GYZIS
PINCHES, John Harvey, Medailleur, Sohn von John Robert Pinches
PINCHES, John Robert, siehe London 1948
PINDAR (um 522 bis nach 446 v. Chr.), griechischer Lyriker, verfaßte Oden auf die Sieger der griechischen Nationalspiele
PIRKHEIMER, Willibald (1470-1530), Humanist , Übersetzer und Gesandter
PIRVULESCU, Dumitru (* 1933), ROM, 1960 Olympiasieger im Ringen (Fliegengewicht, griechisch/römisch)
PISANO (PISANELLO), Antonio (1395-1450/55), Maler und Medailleur, durch seine Medaillen einer der ersten großen Meister der Renaissance in Oberitalien
PITTNER, Wilhelm (1856-1898), Medaillenstecher, fertigte die Erinnerungsmedaille der Spiele 1896 an, Inhaber der von seinem Vater Anton (1814-1892) 1850 in Wien gegründeten Prägeanstalt
PLACZEK, Otto, siehe Berlin 1936
PLATINI, Michel (* 1955), französischer Fußballspieler, 70 Länderspiele, 1983-1985 Europas Fußballer des Jahres
PLATOR (1. Jh. n. Chr.), römischer Legionär
PLENK, Hans (* 1938), GER, 1964 und 1968 Olympiateilnehmer im Rennrodeln
PLUMEREAU, Inv., französischer Künstler, entwarf möglicherweise das Diplom für die Winterspiele von 1924
PLUTARCH (46-120), griechischer Schriftsteller
PODBIELSKI, Viktor von (1844-1916), Politiker und Großgrundbesitzer, von 1909 bis 1916 Präsident des DRAfOS
POE, Edgar Allan (1809-1849), amerikanischer Schriftsteller
PÖHLAND, Ralph (* 1946), GER, 1972 Olympiateilnehmer in der Nordischen Kombination
POISSON, Pierre Marie (1876-1953), französischer Bildhauer und Medailleur
POLIGNAC, Marquis Melchior (1880-1950), Franzose, IOC-Mitglied von 1914-1950
POLKUNEN, Sirkka (* 1927), FIN, 1956 Goldmedaille im nordischen Skilauf
POLLACK, Andrea (* 1961), FRG, 1976 und 1980 zusammen drei Gold- und drei Silbermedaillen im Schwimmen

POLLAY, Heinz, 1972 Eidsprecher für die Kampfrichter

POLYKLET (5. Jh. v. Chr.), griechischer Bildhauer

POLYNEIKES, mythologische Figur, Sohn des OEDIPUS und der JOKASTE

PORRITT, Sir Arthur (1900-1994), neuseeländisches IOC-Mitglied von 1934 bis 1967

POSTOL, Ilya, siehe Moskau 1980

POWELL, Michael (* 1963), USA, 1988 und 1992 Silbermedaille im Weitsprung, sprang 1991 mit 8,95 m Weltrekord

PRATSIKE, griechische Gymnastiklehrerin

PRATT, William (1928-1999), Präsident des Organisationskomitees der Spiele 1988 in Calgary

PRAXITELES, 4. Jh. v. Chr., griechischer Bildhauer

PRÉFONTAINE, Stéphane, kanadischer Sportler

PREIS, Ellen (* 1912), AUT, 1932 Gold-, 1936 und 1948 Bronzemedaille im Florettfechten

PRIVAT-LIVEMONT, George, siehe Antwerpen 1920

PROBST, Paul (1886-1972), Schweizer Medailleur

PROMETHEUS, griechischer (Halb-)Gott

PROTOPOPOW, Oleg (* 1932), URS, 1964 und 1968 Olympiasieger im Eiskunstlaufen (Paare), mehrfacher Weltmeister, später Revue-Karriere

PSAUMIS (5. Jh. v. Chr.), Olympiasieger im Viergespann

PSILIDIS, Tasso, griechischer Leichtathlet

PUCCINI, Giacomo (1858-1924), italienischer Komponist

PUIG, Blai, spanischer Florist

PUVIS de CHAVANNES, Pierre (1824-1898), französischer Maler

QUENTIN, Bruno, siehe Albertville 1992

QUILTER, Roger (1877-1953), britischer Komponist

QVIST, Gerda, siehe die für 1940 vorgesehenen Spiele

RADEV, Bojan (* 1942), BUL, 1964 und 1968 je eine Goldmedaille im Ringen

RADFORD, Howard, Generalsekretär des Organisationskomitees der Spiele 1976 in Montreal

RADFORD, Peter (*1939), GBR, 1960 Bronzemedaille über 100 m

RADKE, Lina (1903-1983), GER, 1928 Olympiasiegerin über 800 m

RADSCHINSKY, Karl-Heinz (* 1953), FRG, 1984 Olympiasieger im Gewichtheben

RAEMISCH, Waldemar, siehe Berlin 1936

RAGNHILD (* 1930), norwegische Prinzessin

RAMÍREZ VÁZQUEZ, Pedro, siehe Mexico-City 1968

RANGELL, Johan Wilhelm (1894-1982), finnisches IOC-Mitglied von 1938 bis 1967

RANTANEN, Siiri (* 1924), FIN, 1956 Goldmedaille im nordischen Skilauf

RANTZAU, Graf Heinrich von (1526-1598), dänischer Gesandter, Kulturförderer

RÄSÄNEN, Kauko, siehe Helsinki 1952

RAU, Johannes (* 1931) von 1978 bis 1998 Ministerpräsident von Nordrhein-Westfalen, seit 1999 Bundespräsident

RAUCH, Christian Daniel (1777-1857), deutscher Bildhauer des Klassizismus

RAUSCH, Emil (1883-1954), GER, 1904 zweifacher Olympiasieger im Schwimmen

RAUSCHENBERG, Robert, amerikanischer Plakatmaler

RAWLINSON, Alfred (1867-1934), GBR, 1900 Sieger bei einem Poloturnier

REAGAN, Ronald (* 1911), Schauspieler, Politiker, von 1981 bis 1989 Präsident der Vereinigten Staaten

REBOLLO, Antonio, Rollstuhlsportler, der 1992 in Barcelona das Olympische Feier mit einem Pfeil entzündete

RECKNAGEL, Helmut (* 1937), GER, 1960 Olympiasieger im Skispringen

REDERN, Katharina, geb. Gräfin von SCHLICK (15./16. Jh.), Frau des Melchior von REDERN

REDERN, Melchior von (15./16. Jh.), kaiserlicher Obrist

REHBEIN, Herbert, deutscher Komponist

REICHEL, Frantz (1871-1932), Journalist, vielseitiger französischer Sportler und Sportfunktionär

REICHERT, Ossi (* 1925), GER, 1956 Goldmedaille im Riesenslalom

REINHARD, Hans d. Ä. (16. Jh.), sächsischer Kunstschreiner und Medailleur

RHENANUS, Beatus (1485-1547), deutscher Humanist, bedeutender Philologe

RICARD, André, französischer Designer

RICHTER, Max (* 1856), deutscher Reichskommissar der Weltausstellung 1900

RICHTER, Ulrike (* 1959), GDR, 1976 drei Goldmedaillen im Schwimmen

RIDOUARD, Maxime, französischer Künstler

RIEDEL, Lars (* 1967), GDR/GER, 1996 Olympiasieger im Diskuswerfen

RIEDER, Josl (* 1932), AUT, alpiner Skiläufer, Olympiateilnehmer 1956 und 1964

RIEFENSTAHL, Leni (* 1902), Filmschauspielerin und -regisseurin, gestaltete Propagandafilme über Reichsparteitage der NSDAP und Dokumentarfilme über die Spiele 1936 von Berlin *Fest der Völker* und *Fest der Schönheit*

RIEMERSCHMID, Richard (1868-1957), Architekt, 1908 Mitbegründer und von 1920 bis 1926 Vorsitzender des Werkbundes

RIETHAUSEN, Albert (*1926), Journalist, Sportfotograf bei Olympischen Spielen seit 1948

RIGASSI, Vico, Schweizer Filmkünstler

RIGGIN, Aileen (*1906), USA, 1920 Erste im Turmspringen

RINKENBURGER, Max (1919-1989), von 1972 bis 1989 Generalsekretär des Internationalen Handballbundes

RITOLA, Ville Eino (1896-1982), FIN, 1924 und 1928 insgesamt 8 Medaillen (5 Gold, 3 Silber) im Langstreckenlauf

RIVAUD, André, siehe Paris 1924

ROBERT, Eugène († 1912), französischer Bildhauer

ROBERTSON, George Stuart (1872-1967), Mitglied Kunstkomitee 1908, hatte 1896 in Athen als Leichtathlet teilgenommen und bei der Siegerehrung 1896 eine von ihm verfaßte Ode im pindarschen Versmaß vorgetragen

ROBIN, Daniel (* 1943), FRA, 1968 zwei Silbermedaillen im Ringen

ROBINSON, Melville Marks »Bobby« (* 1889-1974), Herausgeber des *Hamilton Spectator*, Leichtathletikfunktionär

RODENWALDT, Gerhart, (1886-1945), Archäologe, verfaßte zusammen mit Walter HEGE das Buchgeschenk für die Olympiasieger bei den Spielen 1936

RODENWALDT, Gerhart, siehe Berlin 1936

RODNINA, Irina (* 1949), URS, 1972, 1976 und 1980 Olympiasiegerin im Eiskunstlaufen (Paare), zehnmal Europa- und neunmal Weltmeisterin, später Trainerin in den USA

ROETSCH, Frank-Peter (* 1964), GDR/GER, 1988 zwei Goldmedaillen im Biathlon

ROH, Tae-Woo, koreanischer Politiker, von 1988 bis 1993 Staatspräsident, seit 1995 in Haft und verurteilt wegen Korruptionsvergehen

ROHLOFF, Otto (1863-1919), deutscher Bildhauer

ROILOS, Georgios (1867-1928), griechischer Maler, erhielt ein Diplom bei den 4. Olympien, entwarf eine Gedenkmedaille für die Olympischen Spiele 1896, die verkauft wurde.

ROK, Park Young, südkoreanischer Politiker

ROLET, Jacques (* 1925), französischer Maler

ROMANOV, Alexej (1904-1988), URS, IOC-Mitglied von 1951 bis 1988, von 1966 bis 1970 als Vizepräsident

ROMME, Gianni (* 1973), NED, 1998 Doppelolympiasieger im Eisschnellauf (5.000 m und 10.000 m)

ROMMEL, Manfred (* 1928), von 1974 bis 1996) Oberbürgermeister von Stuttgart

RONDINELLI, Franco, italienischer Graphiker, entwarf für die Winterspiele 1956 das Emblem

ROOSEVELT, Franklin D. (1882-1945), von 1933 bis 1945 Präsident der Vereinigten Staaten

ROOSEVELT, Theodore (1858-1919), Präsident der USA von 1901 bis 1909

ROQUES, französischer Dichter

ROSEN, Graf Clarence von (1867-1955), Schwede, von 1900 bis 1948 IOC-Mitglied

ROSENBAUM, Sarah, siehe Lillehammer 1994

ROSENDAHL, Heide (* 1947), FRG, 1972 zwei Goldmedaillen in der Leichtathletik

ROSS, Norman (1896-1953), USA, 1920 dreifacher Olympiasieger im Schwimmen

ROSSEM, George van (1882-1955), Generalsekretär des *Niederländischen NOK* und des Organisationskomitees der Spiele 1928 in Amsterdam, vier Medaillen bei den Spielen 1906 und 1912 im Fechten

ROTY, Oscar Louis, siehe Paris 1900

ROUS, Sir Stanley (1895-1986) von 1961 bis 1974 Präsident der *FIFA*

ROUSSEAU, Roger, Präsident des Organisationskomitees der Spiele 1976 in Montreal

ROVERS, Joseph Johannes »Jos« (1893-1976), niederländischer Maler, erhielt 1939 den St. Lukas-Preis, Lektor an der Reichsakademie in Amsterdam

RUBIEN, Frederick W., Sekretär der *American Olympic Association*

RUDOLPH, Wilma (1940-1995), USA, 1960 drei Goldmedaillen auf den Sprintstrecken

RUEGSEGGER, Frederick, Schweizer, enger Mitarbeiter von IOC-Präsident Avery BRUNDAGE

RUNYAN, Robert Miles, siehe Los Angeles 1984

RUSSELL, Rudyard, britischer Sportfunktionär, von 1962 bis 1974 Präsident des *Internationalen Amateur-Boxverbandes*

RUTLAND, Herzogin von, beteiligt 1908 an der Siegerehrung

RUUD, Asbjørn (1919-1989), NOR, 1938 Weltmeister im Skispringen

RUUD, Birger (1911-1998), NOR, 1932 und 1936 je eine Gold-, 1948 eine Silbermedaille im Skispringen

RUUD, Sigmund (1907-1994), NOR, 1928 Silbermedaille im Skispringen

SAARELA, Yrjö (1884-1951), FIN, 1912 Olympiasieger im Ringen

SABETZKI, Günter (*1915), von 1975 bis 1994 Präsident des *Internationalen Eishockey-Verbandes*

SADA, Mashashi, japanischer Komponist

SAILER, Toni (* 1935), AUT, 1956 drei Goldmedaillen im alpinen Skilauf

SAINSERE, Olivier, 1924 Mitglied der Jury der Kunstwettbewerbe
SAITO, Eishiro (* 1911), japanischer Industrieller, von 1886 bis 1990 Vorsitzender der Organisation japanischer Wirtschaftsverbände
SAIZEW, Alexander (* 1952), URS, 1976 und 1980 Olympiasieger im Eiskunstlaufen (Paare)
SAKAI, Yoshinori, entzündete 1964 in Tokyo das Olympische Feuer
SALLES, George, französischer Künstler
SALM-HORSTMAR, Prinz Eduard zu (1841-1923), 1903 bis 1905 Präsident des *DRAfOS*, IOC-Mitglied von 1901 bis 1905
SAMARANCH, Juan Antonio (* 1920), seit 1966 IOC-Mitglied, seit 1980 IOC-Präsident
SAMARAS, Spyros (1863-1917), griechischer Komponist, schuf die Olympische Hymne
SAMUELSON, Michael, englischer Filmproduzent (Filme über die Winterspiele 1976 und 1980)
SANDERSON, Ardelle V., in Lake Placid lebende Sportfunktionärin (Eiskunstlauf), erste Frau als »Generalsekretär« eines Organisationskomitees
SANDRAS, Gustave (1872-1954), FRA, 1900 Sieger im Turnen
SANDS, Charles E. (1865-1945), USA, 1900 Sieger im Golf
SANTOS, Carles, spanischer Komponist
SANTOS-DUMONT, Alberto (1873-1932), brasilianischer Luftpionier, umflog 1901 mit einem motorgetriebenen Luftschiff den Eiffelturm
SARITZOGLOU, Savvas, griechischer Fackelläufer
SARJEANTSON, Tochter eines Schulrektors, nahm bei den Much Wenlock Olympian Games Siegerehrungen vor
SARROCHI, Tito (1824-1900), italienischer Bildhauer
SARTO, Annette, siehe Lillehammer 1994
SASTRE, Chelo, spanischer Designer
SATO, Tomoo (* 1907), Direktor des *Japanischen Amateur-Sportverbandes*, Politiker
SATUÉ, Enric, spanischer Graphiker
SAURA, Carlos, spanischer Filmregisseur
SAUVÉ, Jeanne, Generalgouverneurin Kanadas
SAVOLAINEN, Heikki (1907), von 1928 bis 1952 neun Medaillen im Turnen, 1948 Gold, 1952 Eidsprecher
SAVVIDIS, Pan. S., Verfasser eines Buches über die Olympischen Spiele 1906
SCHACHRAI, Sergei (* 1958), URS, 1980 Silbermedaille im Eiskunstlaufen (Paare)
SCHACK, Gudmund (1898-1988), Präsident des *Dänischen NOK* von 1965 bis 1973
SCHADE, Willy Ernst (* 1892), deutscher Bildhauer und Keramiker
SCHÄFER, Karl (1909-1976), Olympiasieger 1932 und 1936 im Eiskunstlaufen, 1928 Teilnehmer im Schwimmen, später Revueläufer und Trainer
SCHAFFNER, Martin (um 1480-nach 1546), Ulmer Maler und Bildschnitzer, Medailleur
SCHANTZ, Otto, Sportwissenschaftler an der Universität Straßburg, zahlreiche Veröffentlichungen zur Olympischen Bewegung
SCHÄRF, Adolf (1890-1965), von 1957 bis 1965 österreichischer Bundespräsident
SCHARFF, Edwin (1887-1955), deutscher Bildhauer, Maler und Grafiker
SCHARROO, Pieter Willem, (1883-1963), niederländisches IOC-Mitglied von 1924 bis 1957
SCHAUERHAMMER, Dietmar (* 1955), GDR, 1984 Doppelolympiasieger im Bobfahren, 1988 Silbermedaille
SCHEIBE, Richard (1879-1964), deutscher Bildhauer
SCHENK, Ard (* 1944), NED, 1972 drei Goldmedaillen im Eisschnellauf, 1992 bis 1998 Chef de Mission
SCHERBO, Vitali (* 1972), BLR, 1992 sechs Gold-, 1996 drei Bronzemedaillen im Turnen
SCHERER, Karl Adolf (*1929), Sportjournalist, viele Buchveröffentlichungen zur Geschichte der Olympischen Spiele, des Schwimmens und des Ringens
SCHEURL, Christoph (1481-1542), Rechtsgelehrter, Humanist und Kunstschriftsteller
SCHEWSKI-RÜHLING, Erika (* 1935), deutsche Bildhauerin, Professorin
SCHIFF, Alfred (1869-1939), Archäologe, 1896 bis 1933 Mitglied der deutschen olympischen Organisationen, 1933 wegen seiner jüdischen Abstammung als Verwaltungsdirektor der Deutschen Hochschule für Leibesübungen entlassen
SCHILGEN, Fritz (* 1906), Mittelstreckenläufer, entzündete 1936 das Olympische Feuer
SCHIMMELPENNINCK van der OYE, Baron Alphert (1880-1943), IOC-Mitglied von 1925-1943
SCHINKEL, Karl Friedrich (1871-1841), bedeutendster Baumeister seiner Zeit
SCHMARJE, Walter (1872-1921), deutscher Bildhauer
SCHMID, Franz (1905-1992), deutscher Bergsteiger, 1932 Goldmedaille im Alpinismus
SCHMID, Toni (1909-1932), deutscher Bergsteiger, 1932 Goldmedaille im Alpinismus
SCHMIDT, Ferdinand August (1852-1929), Arzt, vielfacher Funktionär in Organisationen des Turnens und der Leibesübungen
SCHMIDT, Joost (1893-1947), Maler und Designer, Typograph, tätig am Bauhaus
SCHMIDT, Theodor (1891-1973), österreichisches IOC-Mitglied von 1928 bis 1938
SCHMIDTKE, Freddy (* 1961), FRG, 1984 Olympiasieger im Bahnradrennen (1.000-m-Zeitfahren)
SCHMITT, Pál (* 1942), HUN, 1968 und 1972 Olympiasieger im Fechten, seit 1983 IOC-Mitglied
SCHNEIDER, Vreni (* 1964), SUI, 1988 ein Sieg, 1994 zwei Goldmedaillen im alpinen Skilauf
SCHNELLDORFER, Manfred (* 1943), GER, 1964 Olympiasieger im Eiskunstlaufen, später Bundestrainer
SCHÖBEL, Heinz (1913-1980), 1955 bis 1973 Präsident des *NOK der DDR*, von 1966 bis 1980 IOC-Mitglied
SCHOLL, Inge, Ehefrau von Otl AICHER
SCHOMBURGK, Heinrich(1885-1965), GER, 1912 Goldmedaille im Tennis (Mixed)
SCHRANZ, Karl (* 1938), AUT, 1964 Silbermedaille im Riesenslalom, 1972 vor Beginn der Spiele wegen Verstoßes gegen die Amateurbestimmungen gesperrt
SCHREIBER, Horst G., (* 1928), GER, seit 1980 Generalsekretär des *Internationalen Schützen-Verbandes*
SCHRO, Dietrich (in Mainz 1455-1468), Bildhauer und Medailleur
SCHUBA, Trixi (* 1951), AUT, 1972 Olympiasiegerin im Eiskunstlaufen
SCHUHMANN, Carl (1869-1946), GER, gewann 1896 vier erste Plätze, Goldschmied
SCHUHMANN, Carl, Junior, Goldschmied, Enkel des mehrfachen Olympiasiegers von 1896 Carl SCHUHMANN
SCHÜLLER, Heidi (* 1950), FRG, 1972 5. im Weitsprung, später Ärztin
SCHULTHESS, Edmund (1868-1944), zwischen 1917 und 1933 viermal Schweizer Bundespräsident
SCHUSTER, Walter (* 1929), AUT, 1956 Bronzemedaille im Riesenslalom
SCHWARTAU, Gustaf Johan, Fechtlehrer, Begründer der »olympischen Spiele« von Ramlösa
SCHWARZ, Hans (* um 1492), in Nürnberg tätiger Medailleur und Bildschnitzer, Kleinplastiker, über 150 Medaillen
SCHWARZMANN, Alfred (* 1912), GER, 1936 drei Goldmedaillen im Turnen
SCHWEGERLE, Hans, deutscher Bildhauer
SCOTT, Malcolm, Sportwissenschaftler in London (Ontario)
SCOTT-KING, Barbara Ann (* 1928), CAN, 1948 Olympiasiegerin im Eiskunstlaufen
SE, Lim-Chung, 1988 in Seoul Fackelläufer im Stadion
SECUNDUS, Johannes (1511-1536), niederländischer neulateinischer Dichter
SEIDLER, Julius, deutscher Bildhauer
SEIZINGER, Katja (* 1972), GER, 1994 ein Olympiasieg, 1998 zwei Goldmedaillen im alpinen Skilauf
SELFELT, Robert (1903-1987), SWE, 1948 Silber (Mannschaft) bzw. Bronze in der Military
SERBALDINI della PESCIA, Petro Maria († 1454/55), italienischer Stein- und Münzeisenschneider
SEUFERT, Christine (* 1957), USA, 1984 Bronzemedaille im Wasserspringen
SEXTUS Africanus, Julius (* nach 240 n. Chr.), christlicher antiker Geschichtsschreiber, verfaßte Chronographie
SFORZA, Bianca Maria (1472-1510), zweite Ehefrau Kaiser MAXIMILIAN I.
SGARLATA, Filippo, italienischer Bildhauer, 1948 Ehrenvolle Anerkennung
SHEA, »Jack« (* 1910), USA, 1932 Sprecher des Olympischen Eides und zwei Goldmedaillen im Eisschnellaufen
SHELDON, George (1874-1917), USA, Arzt, 1904 Sieger im kombinierten Turm- und Kunstspringen
SHERIDAN, Martin (1881-1918), USA, zwischen 1904 und 1908 fünf Olympiasiege und zahlreiche weitere Medaillen
SHERRING, William (1878-1964), CAN, 1906 Sieger im Marathonlauf
SHIMIZU, Hiroyasu (* 1974), JPN, 1998 Goldmedaille im Eisschnellauf (500 m)
SHINODA, Masahiro, japanischer Filmregisseur
SIGISMUND I. (1467-1548), von 1506 bis 1548 König von Polen
SIGISMUND, der Münzreiche (1427-1496), von 1446 bis 1490 Erzherzog von Tirol
SILJANDER, Harry (* 1922), FIN, 1952 Bronzemedaille im Boxen
SIME, Dave (* 1936), USA, 1960 Silbermedaille über 100 m
SIMMERL, Johann (16. Jh.), deutscher Bürger
SIMONIDES (um 500 v. Chr.), antiker Lyriker
SINOWATZ, Fred (* 1929), von 1983 bis 1986 österreichischer Bundeskanzler
SJÖSVÄRD, John, siehe Reiterspiele 1956
SKIFF, Fredrick James Volnay (* 1851), Mitorganisator der Weltausstellungen 1893 in Chicago und 1904 in St. Louis
SKOLIK, Jo, Redakteur der *BILD-Zeitung*

SLOANE, William Milligan (1850-1928), Historiker, von 1894 bis 1925 amerikanisches IOC-Mitglied
SMETANINA, Raissa (* 1952), URS, nahm von 1976 bis 1992 an den Spielen teil und gewann zehn Medaillen (viermal Gold, fünfmal Silber, einmal Bronze)
SMITH, Tommie (* 1944), 1968 Olympiasieger im 200-m-Lauf
SÖDERSTRÖM, Paul (* 1910), finnischer Werbe-Graphiker
SOHN, Kee Chung (* 1912), JPN, Koreaner, 1936 Goldmedaille im Marathonlauf, brachte 1988 in Seoul die Fackel ins Stadion
SOLMS, Bernhard (16. Jh.), hessischer Graf
SOLMS, Reinhard (16. Jh.), hessischer Graf
SOLON (um 600 v. Chr.), Gesetzgeber Athens, einer der Sieben Weisen
SOMERVELL, Howard (1890-1975), Arzt, Bergsteiger, u. a. Teilnehmer an mehreren britischen Himalaya-Expeditionen
SOMMA, Buaventura, italienischer Komponist, 1960 in Rom zuständig für das Arrangement der Olympischen Hymne
SON, Kitei, siehe SOHN, Kee Chung
SON, Mi-Jong, Schülerin, entzündete 1988 in Seoul das Olympische Feuer
SON, Mi-Na (* 1964), KOR, 1984 Silber- und 1988 Goldmedaille im Handball
SOPHIE, Prinzessin (1870-1932), Ehefrau des griechischen Kronprinzen KONSTANTIN und Schwester Kaiser WILHELM II.
SOPHOKLES (496-406 v. Chr.), griechischer Tragödiendichter
SOTELA, Norma Enriqueta Basilio (* 1948), MEX, 1968 Teilnehmerin im Hürdenlauf
SOUBIE, Roger, französischer Künstler, Plakatmaler
SPALDING, Albert Goodwill, siehe St. Louis 1904
SPERANTZAS, Stelios (1885-1962), griechischer Dichter
ŠPILJAK, Mika, Vorsitzender des jugoslawischen Staatspräsidiums
SPINNLER, Adolph (1879-1951), belegte 1904 als Schweizer in der deutschen Mannschaft einen ersten und einen dritten Platz
SPISAK, Michal (1914-1965), in Paris lebender polnischer Komponist
SPITZ, Mark (* 1950), USA, 1968 zwei, 1972 sieben Goldmedaillen im Schwimmen
St. CYR, Henri (1902-1979), SWE, 1952 und 1956 je zwei Goldmedaillen im Dressurreiten
STACK, Frank (* 1906), CAN, 1932 Bronzemedaille im Eisschnellauf (10.000 m)
STAFFNER, Christl, österreichische Skiläuferin
STAMPINI, Pino, siehe Winterspiele 1956
STANDKE, Ray, Medaillist bei der Firma Jostens
STARCK, Philippe, französischer Designer
STAUB, Roger (1936-1974), SUI, 1960 Olympiasieger im Riesenslalom
STAUFFEN, Sixt von (16. Jh.), Freiburger Bildhauer
STECHER, Renate (* 1950), GDR, 1972 zwei Goldmedaillen, 1976 ein erster Platz auf den Sprintstrecken
STEINER, Hans, Schweizer Plakatmaler
STENMARK, Ingemar (* 1956), SWE, 1980 Olympiasieger im Slalom und Riesenslalom
STENQVIST, Erik Harry (1893-1968), SWE, 1920 Olympiasieger im Straßenradrennen
STERMER, Dugald, siehe Los Angeles 1984
STIEGLER, Josef (* 1937), AUT, 1964 Gold im Slalom
STILLGER, Dr., Berliner Bürger, der sich am Besitz von Alfred FLATOW bereicherte
STRAUSS, Richard (1864-1949), deutscher Komponist
STREET, Picabo (* 1971), USA, 1998 Silbermedaille im Abfahrtslauf
STRINDBERG, August, siehe Auszeichnungen des *IOC*
STRUTT, Edward Lisle (1874-1948), britischer Offizier, Bergsteiger, stellvertretender Leiter der britischen Himalaya-Expedition 1922
STUCK, Franz von (1863-1928), deutscher Maler, Illustrator und Bildhauer des Jugendstils
SULLIVAN, James E. (1860-1914), Generalsekretär Chief of Department of Physical Culture, Louisiana Purchase Exposition, and Director of Olympic Games
SUMA, Yosaku, japanischer Komponist
SUNG, Lee-Woo, koreanischer Designer
SÜß, Münchener Medailleur
SUZUKI, Hiromi (* 1968), 1997 Weltmeisterin im Marathonlauf
SUZUKI, Keiichi (* 1942), zwischen 1964 und 1972 Olympiateilnehmer im Eisschnellauf
SVANBERG, »John« (1881-1957), SWE, mehrere Medaillen bei den Spielen 1906 und 1908
SYSIMETSÄ, Ilmari (1912-1955), finnischer Graphiker und Maler
SZEKELY, Martin, französischer Designer
TAHER, Mohammed (1897-1970), ägyptisches IOC-Mitglied von 1934 bis 1968
TAIPALE, Armas (1890-1976), FIN, 1912 Doppelolympiasieger in den Diskusdisziplinen
TAKADA, Hideki, Schüler, letzter Fackelträger 1972 in Sapporo
TAKEDA, Prinz Tsuneyoshi (1903-1992), Präsident des *NOK Japans* von 1962 bis 1969, IOC-Mitglied von 1967-1981
TANAKA, Ikko, siehe Sapporo 1972
TANAKA, Kazumitsu, siehe Tokyo 1964
TANGE, Kenzo (* 1913), japanischer Architekt und Stadtplaner, Erbauer der Halle für die Spiele 1964 in Tokyo
TANIGAWA, Shuntaro, japanischer Komponist
TANNER, Edgar (1909-1979), Boxer, später Boxfunktionär und seit 1947 Generalsekretär und Schatzmeister des *NOK Australiens*
TANTALOS, Sohn des ZEUS, verriet göttliche Geheimnisse und wurde zu ewigen Qualen – Hunger und Durst – verdammt
TÀPIES, Antonio, spanischer Graphiker
TARVAINEN, Martti, siehe vorgesehene Spiele von 1940
TAYLOR, Henry (1885-1952), GBR, zwischen 1906 und 1920 vier Siege und zahlreiche weitere Medaillen im Schwimmen
TAYLOR, Isaac S. (* 1851), Stifter eines Preises bei den Spielen 1904 in St. Louis
TCHAPRACHIKOV, Stephan (1874-1944), Diplomat, bulgarisches IOC-Mitglied von 1929-1944
TEGNÉR, Torsten (1888-1977), schwedischer Publizist und Sportjournalist, Besitzer von *Idrottbladet*, Mitbegründer des Weltverbandes der Sportjournalisten, scharfer Kritiker des Hitlerregimes
TELES, F. (* 1872), ungarischer Medailleur, lebte in den Niederlanden
TERENZ (ca. 190-150 v. Chr.), römischer Dichter
TERRAZAS, Eduardo, siehe Mexico-City 1968
TESTA, Armando, siehe Rom 1960
THAON di REVEL, Graf Paolo (1888-1973), italienisches IOC-Mitglied von 1932 bis 1964
THÉATO Michel (1877-1919), LUX, startete 1900 für einen Pariser Verein und wurde Sieger im Marathonlauf
THEUNIS, Pierre, siehe Antwerpen 1920
THIEBAULT, Jacques, französischer Sportfunktionär
THIEDE, Oskar (1879-1961), österreichischer Bildhauer, gewann 1948 eine Silbermedaille
THIEDEMANN, Fritz (1918-2000), GER, 1952 und 1960 Olympiasieger im Jagdspringen (Mannschaft)
THOFELT, Sven (1904-1993), von 1970 bis 1976 schwedischer IOC-Mitglied
THOMA, Dieter (* 1969), 1994 Olympiasieger im Skispringen (Mannschaft)
THOMA, Georg (*1937), 1960 Olympiasieger in der Nordischen Kombination)
THOMPSON, Brian, australischer Designer
THOMPSON, Robert († 1930), Präsident des *Amerikanischen NOK* von 1912 bis 1920 und von 1924 bis 1926
THOREAU, H. D., Generalsekretär des Organisationskomitees der Winterspiele 1960
THORPE, Bill, Enkel von James THORPE
THORPE, James »Jim« (1888-1955), 1912 Doppelolympiasieger in den leichtathletischen Mehrkämpfen, wegen Verstoßes gegen die Amateurbestimmungen disqualifiziert, 1982 vom *IOC* rehabilitiert
THORVALDSON, Bertel (1768 oder 1770-1844), in Rom lebender bedeutender Bildhauer des Klassizismus
THUGWANE, Josiah (* 1971), RSA, 1996 Olympiasieger im Marathonlauf
THUKYDIDES (zwischen 460 UND 400 v. Chr.), griechischer Historiker
TIFFANY, Carles Lewis, siehe Winterspiele 1980 in Lake Placid
TIFFANY, Louis Comfort, siehe Winterspiele 1980 in Lake Placid
TIMAIOS (2. Hälfte 3. Jh. n. Chr.), antiker Lexikograph
TIMERY, Lade, australischer Meister im Bumerangwerfen
TITOV, Juri (* 1935), URS, zwischen 1956 und 1964 neun Medaillen im Turnen, 1956 ein Sieg im Pferdsprung, später bis 1996 Präsident des *Internationalen Turnverbandes*, von 1995 bis 1996 IOC-Mitglied ex officio
TOGLIATTI, Palmiro (1893-1964), Politiker, Vorsitzender der Italienischen Kommunistischen Partei von 1847 bis 1964
TOKUGAWA, Iyesato (1863-1940), Prinz, japanisches IOC-Mitglied von 1936 bis 1939
TOLAN, Thomas Edward »Eddie« (1908-1967), USA, 1932 Goldmedaille über 100 und 200 m
TOMBA, Alberto (* 1966), ITA, zwischen 1988 und 1994 drei Gold- und zwei Silbermedaillen auf den Slalomstrecken
TOMEI, Elio, siehe Rom 1960
TORRIANI, Richard »Bibi« (1911-1988), SUI, 1948 Bronzemedaille im Eishockey und Eidsprecher
TOTSCHNIG, Brigitte (* 1954), AUT), 1976 Silbermedaille im Abfahrtslauf
TOURICHEWA, Ludmila (* 1952), URS, 1968 und 1976 zusammen neun Medaillen, darunter vier goldene im Turnen
TOUSSOUN, Prinz Omar, Präsident des *Ägyptischen NOK*

TRAIAN (53-117), römischer Kaiser von 98 bis 117

TRENKER, Luis (1892-1990), deutscher Bergsteiger, Filmschauspieler, Regisseur und Buchautor

TRETJAK, Wladislaw (* 1952), URS, zwischen 1972 und 1984 vier Medaillen (drei Gold, eine Bronze) als Eishockeytorwart, zehnmal Weltmeister

TRIAS, Josep M., siehe Barcelona 1992

TROBEC, Jože (* 1948), Designer, studierte an der Akademie der Schönen Künste in Ljubljana

TRÖGER, Walther (* 1929), seit 1989 IOC-Mitglied, von 1970 bis 1992 Generalsekretär und seit 1992 Präsident des *NOK für Deutschland*

TROßBACH, Heiner (1903-1947), Pressereferent der Deutschen Hochschule für Leibesübungen, später des Amtes des Reichssportführers, mehrfacher Deutscher Meister im Hürdenlauf

TRUDEAU, Pierre Elliot (* 1919), von 1968 bis 1979 und von 1980 bis 1984 kanadischer Premierminister

TSCHAMMER und OSTEN, Hans von (1897-1943), nationalsozialistischer Politiker, 1933 bis 1943 Reichssportführer

TSCHERKASSOWA, Marina (* 1964), URS, 1980 Silbermedaille im Eiskunstlaufen (Paare)

TSUJIMURA, Izumi, Schülerin, 1972 letzte Fackelläuferin

TUHKA, Aukusti, siehe Helsinki 1952

TUIJLL van SEROOSKERKEN, Baron Christiaan van (1851-1924), Niederländer, von 1890 bis 1924 IOC-Mitglied

TUTSCHIN, Boris, russischer Designer

UEBERROTH, Peter, Präsident des Organisationskomitees der Spiele 1984 in Los Angeles

UEMURA, Kogoro (1894-1978), Präsident der japanischen Wirtschaftsverbände und einer großen Staatsbank

UHLICH, Fritz, siehe Garmisch-Partenkirchen 1936

ULVANG, Vegard (* 1963), NOR, 1992 3 Goldmedaillen im nordischen Skilauf, Extremsportler

UMMINGER, Walter (1922-1996), Sportpublizist, viele Publikationen zu den Olympischen Spielen

UNKOVIĆ, Milivoje, siehe Sarajevo 1984

USHER, Harry L., Generalsekretär des Organisationskomitees der Spiele 1984 in Los Angeles

UTZSCHNEIDER, Peter (* 1946), GER, 1972 Olympiasieger im Zweierbob,

VARELA, Andrés Mercé, spanischer Journalist und Sportfunktionär

VASARELY, Victor (1908-1997), französischer Maler und Graphiker ungarischer Herkunft

VASILAKOS, Charilaos (1877-1963), GRE, 1896 Zweiter im Marathonlauf

VEILLARD, Michèle, Mitarbeiterin des *IOC* in Lausanne

VELDE, Henri van de (1863-1957), belgischer Architekt und Designer, Möbel im Jugendstil, Mitbegründer des Werkbundes

VEN, Walter Van der (1874-1950), belgischer Künstler, Plakatmaler

VERDYCK, Alfred (1882-1964) Architekt, Generalsekretär des Organisationskomitees der Spiele 1920

VERNON, Frédéric, siehe Paris 1900

VESPASIANUS, Caesar Augustus (9-79), römischer Kaiser von 69 bis 79

VICENTE, Alejandro Ortega San, Generalsekretär des Organisationskomitees der Olympischen Spiele 1968 in Mexico-City

VICTOR EMMANUEL III. (1869-1947), von 1900 bis 1946 italienischer König

VICTORIA (1878-1936), Prinzessin, Nichte EDWARD VII.

VICTORIA, römische Siegesgöttin

VIDAL, Gaston (* 1888), französischer Politiker

VIKELAS, Demitrios (1835-1908), Kaufmann und Schriftsteller, 1894-1896 Gründungspräsident des *IOC*

VINCENT, Sir Howard (1849-1907), britisches IOC-Mitglied von 1901 bis 1907

VIND, Ivar (1921-1977), dänisches IOC-Mitglied von 1959 bis 1977

VINSON, Maribel (1911-1962), USA, 1932 Bronzemedaille im Eiskunstlauf

VIREN, Lasse (* 1949), FIN, 1972 und 1976 Olympiasieger über 5.000 m und 10.000 m

VISANTI, Matti (1885-1957), finnischer Bildhauer

VISCHER, Peter d. Ä. (um 1460-1529), bedeutender Nürnberger Bildhauer

VLADIMIR (1847-1909), russischer Großfürst, Bruder von Zar ALEXANDER III.

VOLLANDT, Ambrosius (16. Jh.), Kanzler in Württemberg

VOLZ, Paul (16. Jh.), Abt des Klosters Hugshofen

VOS, Jan Baptist de (1844-1923), Kaufmann, von 1909 bis 1921 Bürgermeister von Antwerpen

VROUTOS, Georgios, siehe Athen 1896

WACKERLE, Josef (1880-1959), deutscher Bildhauer und Holzschnitzer

WÆRDAHL, Astrid Narvestad, siehe Lillehammer 1994

WAETZOLDT, Wilhelm (1880-1945), Kunsthistoriker, Professor und von 1927 bis 1933 Generaldirektor der Staatlichen Museen in Berlin

WAGNER, Alexander (1838-1919), ungarischer in München lebender Maler, Lehrer von Nikolaos GYZIS

WAGNER, Barbara (* 1938), CAN, 1960 Olympiasiegerin im Eiskunstlaufen (Paare)

WAGNERBERGER, Fritz (* 1937), Olympiateilnehmer 1960 und 1964 im alpinen Skilauf, von 1970 bis 1978 und seit 1994 Präsident des Deutschen Ski-Verbandes

WAINAINA, Eric (* 1973), KEN, 1996 Bronzemedaille im Marathonlauf

WAINWRIGHT, Helen (* 1906), USA, 1920 und 1924 je eine Silbermedaille im Schwimmen

WALDE, Joachim (* 1942), GER, 1964 und 1968 eine Bronze- bzw. eine Silbermedaille im Zehnkampf

WASMEIER, Markus (* 1963), GER, 1994 zwei Goldmedaillen im alpinen Skilauf

WATTYNE, Marcel Eugène van de (* 1924), BEL, Leichtathletik, Olympiateilnehmer 1948 und 1952

WEBB, Stephan (1849-1930), britischer Bildhauer

WEBER, Sharon, Eidsprecherin für die Kampfrichter 1984 in Los Angeles

WEBER, Wilhelm (1880-1960), GER, 1904 Zweiter im turnerischen Mehrkampf

WECKER, Andreas (* 1970), GDR/GER, zwischen 1988 und 1996 fünf Medaillen im Turnen, 1996 Olympiasieger am Reck

WEEKS, Barlow Sumter (1861-1922), Amerikaner, von 1918 bis 1922 IOC-Mitglied

WEHLING, Ulrich (* 1952), GDR, zwischen 1972 und 1980 dreimal Olympiasieger in der Nordischen Kombination, später Sportfunktionär

WEIDENPUNSCH, Reichart (15. Jh.), deutscher, in Venedig lebender Stempelschneider und Goldschmied

WEIDITZ, Christoph (um 1500-1559), Medailleur, Bildschnitzer und Goldschmied

WEIDITZ, Hans d.Ä. (nachweisbar 1497-1510), Bildschnitzer

WEIDITZ, Hans d. J. (um 1495-ca. 1536), Zeichner

WEILER, Nikolaus (* 1524), Goldschmied und Stecherdilettant aus Eisleben

WEINGÄRTNER, Erich, Sohn des Olympiasiegers von 1896 Hermann WEINGÄRTNER

WEINGÄRTNER, Erik (*1931), Maler und Bildhauer, Enkel des Olympiasiegers von 1896 Hermann WEINGÄRTNER

WEINGÄRTNER, Hermann (1864-1919), GER, 1896 dreifacher Olympiasieger im Turnen

WEINMANN, Adolph A. (1870-1952), Bildhauer, schuf die Siegermedaille der Weltausstellung 1904

WEISKÖNIG, Werner (1907-1982), Schweizer Graphiker und Maler

WEIßFLOG, Jens (* 1964), GDR/GER, zwischen 1984 und 1994 vier Olympiateilnahmen im Skispringen, drei Goldmedaillen, viermal Gesamtsieger der Vierschanzentournee

WEISSMULLER, Johnny (1904-1984), USA, 1924 und 1928 zusammen fünf Goldmedaillen im Schwimmen, später noch bekannter als Tarzan-Darsteller in vielen Filmen

WEISZ, Richárd (1879-1945), HUN, 1908 Olympiasieger im Ringen

WEIZSÄCKER, Richard von (*1920), deutscher Politiker, von 1984 bis 1994 Bundespräsident

WELZ, Ferdinand, siehe Innsbruck 1964 und 1976

WENDL, Karel (* 1930), langjähriger Leiter des Dokumentationszentrums des *IOC* in Lausanne

WENZEL, Andreas (* 1958), LIE, 1984 dritter im Riesenslalom

WENZEL, Hanni (* 1956); LIE, zwei Goldmedaillen im alpinen Skilauf

WERSÄLL, Adolf (1885-1978), 1912 Starter in der Leichtathletik, später Arzt

WERSÄLL, Charlotte (1858-1924), Schwedin, Ehefrau des Landeshauptmannes von Västmanland, elf Kinder

WERSÄLL, Claës-Axel (1888-1951), SWE, 1912 Olympiasieger im Turnen (Mannschaft)

WERSÄLL, Erik Gustaf (1887-1973), SWE, 1912 Neunter im Modernen Fünfkampf

WERSÄLL, Klaus Ture (1883-1965), SWE, 1906 Bronzemedaille im Tauziehen

WERSÄLL, Otto (1900-1983), SWE, half 1912 als Pfadfinder bei der Organisation der Spiele in Stockholm

WERTH, Isabell (* 1969), GER, 1992 eine Gold- und eine Silbermedaille, 1996 Doppelolympiasiegerin im Reiten

WERVE en van SCHILDE, Baron Gaston van de (1867-1923), von 1912 bis 1923 Gouverneur der Provinz Antwerpen

WESMAN, kanadischer Plakatmaler

WESTBURY, Lord Richard (1852-1930), stiftete 1908 einen Wanderpokal für das Trappschießen

WESTMINSTER, Herzogin Katharina von, 1908 an Siegerehrungen beteiligt

WESTMINSTER, Herzogin von, 1908 an Siegerehrungen beteiligt

WEVERS, Paul (1907-1941), GER, 1936 Goldmedaille im Kanufahren

WEYMANN, Jean, seit 1946 langjähriger Generalsekretär des *Schweizer NOK*

WHITNEY, Robert W., siehe Winterspiele 1980 in Lake Placid

WIECZISK, Georg (* 1922), von 1959 bis 1990 Präsident des *Leichtathletikverbandes der DDR*, Sportwissenschaftler

WIEDERKEHR, Emil, siehe St. Moritz 1948
WIENECKE, Johan Cornelius, siehe Amsterdam 1928
WIENEKE, Frank (* 1962), FRG, 1984 Olympiasieger im Judo
WIESE, Erich, Berliner Bürger, der sich am Besitz von Alfred FLATOW bereicherte
WIESLANDER, Hugo (1889-1976), SWE, wurde 1912 nach der Disqualifikation von THORPE gegen seinen Willen zum Olympiasieger erklärt
WIKLUND, Torsten (1903-1985), Offizier, von 1951 bis 1963 Präsident des *Schwedischen Sportverbandes*
WIKNE, Hans (* 1914), SWE, 1964 11. im Dressurreiten
WILHELM (1882-1951), deutscher Kronprinz, Sohn von Kaiser WILHELM II.
WILHELM II. (1859-1941), von 1888 bis 1918 deutscher Kaiser
WILHELMINA (1880-1962), von 1890 bis 1948 Königin der Niederlande
WILLIAMS, Percy (1909-1982), CAN, 1928 Olympiasieger über 100 m und 200 m
WILLINGDON, Viscount Freeman (1866-1941), von 1926 bis 1931 Generalgouverneur von Kanada
WILM, H. J., Berliner Goldschmied,
WILS, Jan (1891-1972), Erbauer des Olympiastadions in Amsterdam, dafür 1928 Olympiasieger in den Kunstwettbewerben (Architektur)
WILSON, Wayne, Vizepräsident der *Amateur Athletic Foundation* in Los Angeles
WINKLER, Hans Günter (* 1926), GER, zwischen 1956 und 1972 insgesamt 5 Goldmedaillen im Jagdspringen
WINTER, Paul (1894-1970), deutscher Komponist und Musikwissenschaftler
WITT, Katarina (* 1965), 1984 und 1988 Goldmedaille im Eiskunstlaufen, dreimal Welt-, fünfmal Europameisterin, Profiläuferin
WLADISLAUS II. (1456-1516), ungarischer König von 1490 bis 1516
WOLF, Peter, Vorsitzenden des *Essener Turn- und Sportvereins* von 1859
WOLFF, Tobias (nachweisbar 1568-1606), Medailleur und Goldschmied aus Breslau
WOLFGANG, Friedl, Funktionär des *Österreichischen Skiverbandes*, Mitglied der FIS
WORRALL, Birgitte (* 1948), Fotografin, Schriftstellerin, Ehefrau von Jim WORRALL
WORRALL, Jim (* 1914), kanadisches IOC-Mitglied von 1967 bis 1889
WOTHERSPOON, Jeremy (* 1976), CAN, 1998 Silbermedaille im Eisschnellauf (500 m)
WÜLFING, Walter (1901-1986), von 1949 bis 1966 Präsident des *Deutschen Ruderverbandes*, von 1952 bis 1986 im Präsidium des *NOK für Deutschland*, Rechtsanwalt
WÜRBEL, Franz (* 1896), deutscher Künstler, Plakatmaler
WYLIE, J. G., Student, 1877 Sieger bei den Shrewsbury Olympian Games
WYLUDDA, Ilke (* 1969), GER, 1996 Olympiasiegerin im Diskuswerfen
WYMAN, Lance, siehe Mexico-City 1968
YAGI, Kazumi, siehe Sapporo 1972
YAMAGATA, Hiro, japanischer Graphiker
YAMAGUCHI, Kristi (* 1971), USA, 1992 Olympiasiegerin im Eiskunstlauf
YAMAMOTO, Naozumi, japanischer Komponist
YANAGI, Munemichi, japanischer Designer
YANG, Sung-Chun, siehe Seoul 1988
YASUKAWA, Daigoro, in Tokyo 1964 Präsident des Organisationskomitees
YEGOROV, Grigory (* 1967), URS/KAZ, 1988 Bronzemedaille im Stabhochsprung
YIFTER, Miruts (* 1944), ETH, 1980 Olympiasieger über 5.000 m und 10.000 m
YOSANO, Shigeru, in Tokyo 1964 Generalsekretär des Organisationskomitees
YRAN, Knut, siehe Oslo 1952
ZABALA, Juan Carlos (1911-1983), 1936 Goldmedaille im Marathonlauf
ZAHN, Günter (* 1954), deutscher Marathonläufer, mehrere Länderkämpfe
ZAMPORI, Giorgio (1887-1965), ITA, zwischen 1912 und 1924 vierfacher Olympiasieger im Turnen
ZANCHI, Lydia, langjährige Sekretärin des IOC
ZAPPAS, Evangelis (1800-1865), griechischer in Rumänien lebender Kaufmann, stiftete Geld für Durchführung der Olympien und den Bau des Zappeion
ZÁTOPEK, Emil (* 1922), TCH, 1948 ein Sieg, 1952 drei Goldmedaillen auf den Langstrecken, viele Weltrekorde
ZELGER, Arthur, siehe Innsbruck 1964 und 1976
ZEPPELIN, Graf Ferdinand von (1838-1917), Erfinder und Erbauer der nach ihm benannten lenkbaren Luftschiffe
ZERTA, Klaus (* 1945), GER, 1960 als Steuermann Olympiasieger im Rudern (Zweier mit), bis heute der jüngste bekannte Olympiasieger
ZEUS, griechischer Göttervater
ZIFFREN, Paul, Chairman des Organisationskomitees der Spiele 1984 in Los Angeles
ZILLER, Ernst (1837-1923), Architekt und Archäologe, grub 1869/70 das Panathenäische Stadion aus
ZIMMERER, Wolfgang (*1940), GER, 1972 Olympiasieger im Zweierbob
ZUTTER, Louis (1865-1946), SUI, 1896 Olympiasieger am Seitpferd
ZUTTER, Ph., Neffe des Olympiasiegers von 1896 Louis ZUTTER

Literaturverzeichnis

Offizielle Berichte Olympischer Spiele

Central-Comité der internationalen Olympischen Spiele in Athen 1896 (Hg.), *Die Olympischen Spiele. 776 v. Chr. – 1896 n. Chr.*, 2 Bde., Athen 1896-1897.

MÉRILLON, Daniel, *Concours Internationaux d'Exercices Physique et de Sports.* Rapports, 2 Bände, Paris 1901.

SULLIVAN, James E., *Special Olympic Number Containing the Offical Report of the Olympic Games of 1904*, als: *Spalding's Official Athletic Almanac for 1905*, New York 1905.

LUCAS, Charles P., *The Olympic Games 1904*, St. Louis 1905.

Comité des Jeux Olympiques à Athènes (Hg.), *Bulletin du Comité des Jeux Olympiques à Athènes* (1906).

SAVVIDIS, Pan. S., *Leukoma ton en Athenais B' Diethnon Olympiakon Agonon 1906*, Athen 1907.

British Olympic Council (Hg.), *The Fourth Olympiad Being the Official Report of the Olympic Games of 1908*, drawn up by Theodore Andrea COOK, London 1909.

Swedish Olympic Committee (Hg.), *The Fifth Olympiad. The Official Report of the Olympic Games of Stockholm 1912*, Stockholm 1913.

DIEM, Carl, »Tätigkeitsbericht des Deutschen Reichsausschusses für Leibesübungen in der Zeit vom 1. April 1914 bis 31. März 1919«, in: *Jahrbuch der Leibesübungen* 26(1919), S. 102-135.

Comité Belge des Jeux de la VIIème Olympiade (Hg.), *Rapport Officiel des Jeux de la VIIème Olympiade Anvers 1920*, Typoskript, Antwerpen 1920.

Comité Olympique Français (Hg.), *Les Jeux de la VIIIE Olympiade Paris 1924. Rapport Officiel*, Paris 1924.

Comité Exécutif des IImes Jeux Olympiques d'Hiver, St. Moritz, 1928 (Hg.), *Rapport Général*, Lausanne 1928.

Netherlands Olympic Committee (Committee 1928) (Hg.), *The Ninth Olympiad being the Official Report of the Olympic Games of 1928 Celebrated at Amsterdam*, Amsterdam 1929.

III Olympic Winter Games Committee Lake Placid (Hg.), *Official Report III Olympic Winter Games Committee Lake Placid 1932*, Lake Placid 1932.

Xth Olympiade Committee of the Games of Los Angeles, U.S.A. 1932 (Hg.), *The Games of the Xth Olympiad Los Angeles 1932. Official Report*, Los Angeles 1933.

Organisationskomitee für die IV. Olympischen Winterspiele 1936 Garmisch-Partenkirchen (Hg.), *IV. Olympische Winterspiele 1936. Amtlicher Bericht*, Berlin 1936.

Organisations-Komitee für die XI. Olympiade Berlin 1936 (Hg.), *Amtlicher Bericht*, 2 Bde., Berlin 1937.

The Organizing Committee of the XIIth Olympiad Tokyo, 1940 (Hg.), *Report of the Organizing Committee of its Work for the XIIth Olympic Games of 1940 in Tokyo until its Relinquishment*, Tokyo o.J. [1940].

Comité Olympique Suisse (Hg.), *Rapport Général sur les V^{es} Jeux Olympiques d'Hiver St. Moritz 1948*, Lausanne o.J. [1951].

Organising Committee for the XIV Olympiad London 1948 (Hg.), *The Official Report of the Organising Committee for the XIV Olympiad London*, London 1948.

Organising Committee VI Olympic Winter Games Oslo 1952 (Hg.), *VI Olympiske Vinterleker. Olympic Winter Games. Oslo 1952*, Oslo 1952.

Organising Committee for the XV Olympiad Helsinki 1952 (Hg.), *The Official Report of the Organising Comittee of the XV Olympiad Helsinki 1952*, Helsinki 1954.

Comitato Olimpico Nazionale Italiano (Hg.), *VII Giochi Olympici Invernali. VII Olympic Winter Games*, Cortina d'Ampezzo 1956.

Organisationskommittén för den XVI Olympiadens Ryttartävlingar / Organizing Committee for the Equestrian Games of the XVIth Olympiad [Hg.], *Ryttarolympiaden Stockholm 1956. The Equestrian Games of the XVIth Olympiad*, Stockholm 1959.

Organizing Committee of the XVI Olympiad Melbourne 1956 (Hg.), *The Official Report of the Organizing Committee for the Games of the XVI Olympiad Melbourne 1956*, Melbourne 1958.

California Olympic Commission (Organizing Committee) (Hg.), *VIII Olympic Winter Games. Squaw Valley, California 1960*, San Francisco 1960.

Organisationskomitee der IX. Olympischen Winterspiele in Innsbruck 1964 (Hg.), *Offizieller Bericht der IX. Olympischen Winterspiele Innsbruck 1964*, Wien 1967.

The Organizing Committee for the XVIII. Olympiad (Hg.), *The Official Report of the Organizing Committee for the Games of the XVIII. Olympiad Tokyo 1964*, 2 Bde., Tokyo 1964.

Comité d'Organisation des X^{emes} Jeux Olympiques d'Hiver, Rapport Officiel. *Official Report*, 2 Bde., Grenoble 1969.

Organizing Committee for the XIX. Olympiad (Hg.), *The Official Report of the Organizing Committee for the Games of the XIX. Olympiad, Mexico City 1968*, 4 Bde., Mexico-City 1969.

Organizing Committee for the XIth Olympic Winter Games, Sapporo 1972 (Hg.), *Official Report.* Rapport Officiel, Sapporo 1973.

Organisationskomitee für die Spiele der XX. Olympiade München 1972 (Hg.), *Der offizielle Bericht*, 3 Bde., München 1974.

Organisationskomitee der XII. Olympischen Winterspiele Innsbruck 1967 (Hg.), *Endbericht*, Innsbruck 1976.

Lake Placid Olympic Organizing Committee (Hg.), *XIII Olympic Winter Games. XIII Jeux Olympiques d'Hiver. Lake Placid, N. Y., Final Report. Rapport Final*, Lake Placid 1980.

Organising Committee of the Games of the XXII Olympiad (Hg.), *Games of the XXII Olympiad Moskow 1980. Official Report*, 3 Bde., Moskau 1981.

Organizing Committee of the XIVth Winter Olympic Games 1984 at Sarajevo, *Final Report*, Sarajevo 1984.

Los Angeles Olympic Organizing Committee (Hg.), *Official Report of the Games of the XXIIIrd Olympiad Los Angeles, 1984*, 2 Bde., Los Angeles 1985.

Winter Olympic Games Organizing Committee. XV Olympic Games (Hg.), *XV Olympic Winter Games. Official Report (Rapport Officiel des XVes Jeux Olympiques d'hiver)*, Calgary 1988.

Seoul Olympic Organizing Committee (Hg.), *Games of the XXIVth Olympiad Seoul 1988. Official Report*, 2 Bde., Seoul 1989.

Comité d'Organisation des XVIes Jeux Olympiques d'Hiver d'Albertville et de la Savoie (Hg.), *Rapport Officiel des XVIes Jeux Olympiques d'Hiver d'Albertville et de la Savoie (Official Report of the XVI Olympic Winter Games of Albertville and Savoie)*, Albertville 1992.

Barcelona '92 Olympic Organising Committee (Hg.), *Official Report of the Games of the XXV Olympiad Barcelona 1992*, 5 Bde. und 2 Disketten, Barcelona 1992.

Lillehammer Olympic Organizing Committee (Hg.), *The Official Report of the XVII Winter Games Lillehammer 1994*, 4 Bde. und eine CD-Rom, Lillehammer 1995.

Atlanta Committee for the Olympic Games (Hg.), *The Official Report of the Centennial Olympic Games*, 3 Bde., Atlanta 1997.

Organizing Committee for the XVIII Olympic Winter Games, Nagano 1998 (Hg.), *The XVIII Olympic Winter Games. Official Report*, 3 Bde. und eine CD-Rom, Nagano 1999.

Quellen / Zeitgenössische Schriften

ADELSON, Walter von, *Die XIV. Olympischen Spiele 1948*, Frankfurt 1948.
Albany Evening News (1932).
BALCK, Gustav, *Sveriges Deltagande i Olympiska Spelen i Athen 1906*, Stockholm 1906.
Benaki Museum (Hg.), *Athens 1839-1900. A Photographic Record*, Athen 1985.
BERGVALL, Erik, *VII Olympiaden*, Stockholm 1920, H. 3.
Bertelsmann Sportredaktion [Hg.], *Die Olympischen Spiele Mexico City Grenoble 1968*, Gütersloh 1968, S. 163.
BILD-Zeitung (1964).
Blätter für Volksgesundheit und Volkskraft 14(1926).
Blätter für Volksgesundheit und Volkskraft 18(1930).
Body and Mind 11(1904).
Bulletin du CIO 12-20(1957-1968).
Bulletin du CIO 4(1951)
Bulletin du CIO 6(1954).
Bulletin Officiel du CIO 2(1927).
Carl-Diem-Institut (Hg.), *Dokumente zur Frühgeschichte der Olympischen Spiele*, Köln 1970.
CERNE, Rudi (Hg.), *Nagano '98*, Berlin 1998.
Cigaretten-Bilderdienst (Hg.), *Die Olympischen Spiele 1936 in Berlin und Garmisch-Partenkirchen*, Bd. 1, Altona-Bahrenfeld 1936.
Cigaretten-Bilderdienst (Hg.), *Die Olympischen Spiele in Los Angeles 1932*, Hamburg-Bahrenfeld 1932.
CIO (Hg.), *Charte Olympique '91*, Lausanne 1991.
CIO (Hg.), *Charte Olympique*, Lausanne 1979.
CIO (Hg.), *Les Jeux Olympiques*, Lausanne 1956,
CIO (Hg.), *Offizielles Organ des Internationalen Olympischen Ausschusses* 2(1927)5, S. 41.
CIO (Hg.), *Olympic Charter '91*, Lausanne 1991.
CIO (Hg.), *Statuts Olympiques*, Lausanne 1976.
CIO (Hg.), *The Olympic Games*, Lausanne 1956.
CIO [Hg.], *Les Jeux Olympiques*, Lausanne 1962.
Comité Belge des Jeux de la VIIème Olympiade, *Programme Général*, o. O. und o. J., S. 13-14.
COUBERTIN, Pierre de, »Décoration, pyrotechnie, harmonies cortéges. Essai de Ruskinianisme sportif,« in: COUBERTIN, Pierre de., *Textes Choisis*, Bd. 2, Zürich 1986, S. 517-535.
COUBERTIN, Pierre de, »Discours pour la clôture des Jeux Olympiques de Berlin,« in: COUBERTIN, Pierre de, *Textes Choisis*, Bd. 2, Zürich 1986, S. 305-308.
COUBERTIN, Pierre de, »Schlußworte. Paroles de Clôture, Stockholm 1912,« In: COUBERTIN, Pierre de, *Der Olympische Gedanke. Reden und Aufsätze*, Schorndorf 1966, S. 45-46.
COUBERTIN, Pierre de, »La Coupe des Horaces et des Curiaces«, in: *Revue Olympique* 7(1907)6 S. 281-282.
COUBERTIN, Pierre de, »Pallas Athene«, in: *Revue Olympique* 7(1907)5, S. 263-264.
COUBERTIN, Pierre de, *Einundzwanzig Jahre Sportkampagne (1887-1908)*, Ratingen 1974.
COUBERTIN, Pierre de, Les débuts du Pentathlon moderne«, in: *Revue Olympique* 12(1912)10, S. 153-154.
COUBERTIN, Pierre de, *Olympische Erinnerungen*, Frankfurt 1959.
COUSQUIER, Yves: »Entreprendre sans frontier«, in: La Poste, Organisateur Officiel (Hg.), *Parcours de la Flamme Olympique*, o. O. 1991.
Daily Telegraph (1908).
De Olympiade (1927), International Supplement.
Der Turner 19(1904).
Deutsche Olympische Gesellschaft (Hg.), *Die IX. Olympischen Winterspiele Innsbruck 1964. Das offizielle Standardwerk des Nationalen Olympischen Komitees*, Stuttgart 1964.
Deutsche Olympische Gesellschaft (Hg.), *Die Olympischen Spiele 1952 Oslo und Helsinki*, Frankfurt 1952.
Deutsche Olympische Gesellschaft (Hg.), *Die Olympischen Spiele 1952 Oslo und Helsinki*, Frankfurt 1952.
Deutsche Olympische Gesellschaft (Hg.), *Die Olympischen Spiele 1956*, Stuttgart 1957.
Deutsche Olympische Gesellschaft (Hg.), *Die Olympischen Spiele 1956 Cortina d'Ampezzo, Stockholm, Melbourne. Das offizielle Standardwerk des Nationalen Olympischen Komitees*, Stuttgart 1957.
Deutsche Olympische Gesellschaft (Hg.), *Die Olympischen Spiele 1960 Rom, Squaw Valley. Das offizielle Standardwerk des Nationalen Olympischen Komitees*, Stuttgart 1960.
Deutsche Olympische Gesellschaft (Hg.), *Die Olympischen Spiele 1960 Rom, Squaw Valley. Das offizielle Standardwerk des Nationalen Olympischen Komitees*, Stuttgart 1960.
Deutsche Olympische Gesellschaft (Hg.), *Die Spiele der XVIII. Olympiade Tokio 1964. Das offizielle Standardwerk des Nationalen Olympischen Komitees*, Stuttgart 1965.
Deutsche Olympische Gesellschaft (Hg.), *Die Spiele der XX. Olympiade München – Kiel 1972 und die XI. Olympischen Winterspiele Sapporo 1972. Das offizielle Standardwerk des Nationalen Olympischen Komitees für Deutschland*, Freiburg/Basel /Wien 1972.
Deutsche Olympische Gesellschaft (Hg.), *Die XIX. Olympischen Sommerspiele Mexico 1968. Das offizielle Standardwerk des Nationalen Olympischen Komitees*, Dortmund 1968.
Deutsche Olympische Gesellschaft [Hg.], *Die Spiele der XX. Olympiade*, Stuttgart 1972.
Deutsche Turn-Zeitung 49, 50(1904, 1905).
Deutscher Reichsausschuß für Leibesübungen (Hg.), *Die Olympischen Spiele in Amsterdam 1928*, Leipzig 1928.
DIEM, Carl, »Die olympischen Spiele 1906«, in: *Athletik-Jahrbuch* 3(1906), S. 5-55.
DIEM, Carl, »Fackelstaffellauf Olympia-Helsinki«, in: *Olympische Rundschau* 2(1939)7, S. 36-37.
DIEM, Carl, »Olympische Siegersäulen«, in: *Olympische Rundschau* 2(1939)4, S. 11-12.
DIEM, Carl, »Olympische Verknüpfung«, in: *Olympia Pressedienst* (26.04.1934)5.
DIEM, Carl, *Der olympische Gedanke*, Berlin 1919.
DIEM, Carl, *Die Olympischen Spiele 1912*, Berlin 1912, Neudruck Kassel 1990.
EICHENBERGER, A. / WAGNER, *Olympische Spiele Stockholm 1912*, Zürich/München 1913.
Fackel-Staffel-Lauf Olympia-Berlin 1936 (Ausschreibung), 2. Aufl. 1935.
FRANCIS, David R., *Die Universal Exposition of 1904, St. Louis 1913*, Bd. 1.
Fußball-Jahrbuch 1/2(1904/05).
Games Committee (ed.), *The Inter-Allied Games*, Paris 1919, S. 193.Kataloge der Firma Winter.
Gesellschaft zur Förderung des Olympischen Gedankens in der Deutschen Demokratischen Republik (Hg.), *XVII. Olympische Spiele in Rom 1960*, Berlin 1960.
Gesellschaft zur Förderung des Olympischen Gedankens in der Deutschen Demokratischen Republik (Hg.), *IX. Olympische Winterspiele Innsbruck 1964*, Berlin 1964.
Gesellschaft zur Förderung des Olympischen Gedankens in der Deutschen Demokratischen Republik (Hg.), *XVIII. Olympische Sommerspiele Tokio 1964*, Berlin 1965.
Gesellschaft zur Förderung des Olympischen Gedankens in der Deutschen Demokratischen Republik (Hg.), *X. Olympische Winterspiele Grenoble 1968*, Berlin 1968.
Gesellschaft zur Förderung des Olympischen Gedankens in der Deutschen Demokratischen Republik (Hg.), *XIX. Olympische Spiele Mexiko-Stadt 1968*, Berlin 1969.
Gesellschaft zur Förderung des olympischen Gedankens in der Deutschen Demokratischen Republik (Hg.), *XI. Olympische Winterspiele Sapporo 1972*, Berlin 1972.
Gesellschaft zur Förderung des olympischen Gedankens in der Deutschen Demokratischen Republik (Hg.), *Spiele der XX. Olympiade München 1972*, Berlin 1973.
Gesellschaft zur Förderung des olympischen Gedankens in der Deutschen Demokratischen Republik (Hg.), *XII. Olympische Winterspiele Innsbruck 1976*, Berlin 1977.
Gesellschaft zur Förderung des olympischen Gedankens in der Deutschen Demokratischen Republik (Hg.), *Spiele der XXI. Olympiade Montreal 1976*, Berlin 1977.
Gesellschaft zur Förderung des olympischen Gedankens in der Deutschen Demokratischen Republik (Hg.), *Spiele der XXII. Olympiade Moskau 1980*, Berlin 1980.
Gesellschaft zur Förderung des olympischen Gedankens in der Deutschen Demokratischen Republik (Hg.), *XIV. Olympische Winterspiele Sarajevo 1984*, Berlin 1984.
Gesellschaft zur Förderung des olympischen Gedankens in der Deutschen Demokratischen Republik (Hg.), *XV. Olympische Winterspiele Calgary 1988*, Berlin 1988.
Gesellschaft zur Förderung des olympischen Gedankens in der Deutschen Demokratischen Republik (Hg.), *XXIV. Olympiade Seoul 1988*, Berlin 1988.
GIET, Eduard, »Einiges von den Olympischen Spielen in Athen«, in: *Der Turner* 21(1906)13, S. 241-246, 14, S. 261-266, 15, S. 281-286, 16, S. 301-307, 17, S. 321-325, 18, S. 341-345, 19, S. 362-366, 20, S. 381-384.
GLAHN, Erich, *Reitkunst am Scheideweg*, Heidenheim 1956.
GÖTZE, Andreas, »Kristin I. nun gekrönt«, in: *Junge Welt* (20.10.1988).
GROH, Fritz, »Eilbotenläufe der Deutschen Turnerschaft zur Weihe des Völkerschlachtdenkmals,« in: *Deutsche Turn-Zeitung* 58(1913)44, S. 850.
GRUBE, Frank / RICHTER, Gerhard, *Das Große Olympiabuch Lake Placid 1980*, Hamburg 1980.
GUTSMUTHS, Johann Christoph Friedrich, *Gymnastik für die Jugend*, 1. Auflage 1793, Neudruck, Dresden 1928, S. 116.
Hamilton Herald (1930).
Hamilton Spectator (1930).
HARSTER, Hermann / FORT, Baron Peter von le, *Kampf und Sieg in Schnee und Eis*, München 1936.
HEDIN, Sven, »Olympia-Tokio. Ein Vorschlag, in: *Olympische Rundschau* 3(1940)9, S. 16-22.
HEGE, Walter / RODENWALDT, Gerhart, *Die Akropolis*, Berlin 1930, 3. Auflage 1956.
HEGE, Walter / RODENWALDT, Gerhart, *Griechische Tempel*, Berlin 1941.
HEGE, Walter / RODENWALDT, Gerhart, *Olympia*, Berlin 1936.

HERMELIN, S. / PETERSON, Erik, *Den Femte Olympiaden,* Göteborg 1912, S. 80).
HUBERTY, Ernst / WANGE, Willy B., *Mexico Grenoble 1968,* Köln 1968.
IOC (Hg.), *Les Jeux Olympiques,* Lausanne 1958.
IOC (Hg.), *Les Jeux Olympiques,* Lausanne 1967.
IOC (Hg.), *Olympic Charter,* Lausanne 1979.
IOC (Hg.), *Olympic Charter,* Lausanne 1991.
IOC (Hg.), *Olympic Charter,* Lausanne 1996.
IOC (Hg.), *Olympic Rules, Bye-Laws and Instructions,* Lausanne 1976.
IOC (Hg.), *Olympic Rules,* Lausanne 1949.
IOC (Hg.), *Régles Olympiques,* Lausanne 1949.
IOC (Hg.), *The Olympic Games,* Lausanne 1958.
IOC (Hg.), *The Olympic Games,* Lausanne 1962.
IOC (Hg.), *The Olympic Games,* Lausanne 1967.
Journal of Olympic History 7(1999).
Kataloge der Firma O'Neill.
Kataloge der Firma Winter.
KESER / WIEDE, *VI. Olympische Winterspiele Oslo 1952,* München 1952.
KOENIG, Walter, *XVI. Olympiade 1956,* Bd. 1, *VII. Olympische Winterspiele Cortina d'Ampezzo,* Frankfurt 1956.
Komitee für die Olympischen Spiele in Athen (Hg.), *Internationale Olympische Spiele in Athen. Reglements,* Berlin 1905.
Körper und Geist 13(1904).
KRUPP *Zeitschrift der Kruppschen Betriebsgemeinschaft* 27(1936).
KUNATH, Arno, *Der Hermannslauf der Deutschen Turnerschaft 1925,* Bremen 1925.
KÜRTEN, Dieter, *Olympische Winterspiele Albertville '92,* München 1992.
La Vie au Grand Air 2(1900).
LECHENBERG, Harald, *Olympische Spiele 1972.*
LENNARTZ, Karl, *Die VI. Olympischen Spiele in Berlin 1916,* hg. vom Carl-Diem-Institut an der Deutschen Sporthochschule Köln, Köln 1978.
MABILLON, Jean, *De re diplomatica libri VI,* Paris 1681.
MAEGERLEIN, Heinz, *Olympia 1972 München,* Frankfurt 1972.
MAEGERLEIN, Heinz, *Olympische Spiele 1960. VIII. Winterspiele Squaw Valley, XVII. Sommerspiele Rom,* Frankfurt a.M. 1960.
MAEGERLEIN, Heinz, *XVI. Olympiade 1956,* Bd. 2, *IX. olympische Reiterspiele Stockholm 1956,* Frankfurt 1956.
MEISEL, Heribert / GRAMPP, Carl, *Olympia 1960,* München 1960.
MEISEL, Heribert / WINKLER, Hans-Jürgen, *Olympia 1964,* Wien 1964.
MÜLLER, Günter R./ KÜHNLE, Dieter, *Moskauer Spiele. Olympia im Zwielicht – Bericht, Kritik, Kommentar,* Gütersloh 1980.
N. N., Olympic Medals in Norwegian sparagmite«, in: *'94 Olympic update* (1993)2, S. 4.
N. N., »Friendship Medals Created for the 1984 Games«, in: *Olympic Review* 13(1983)194, S. 812.
N. N., *Congrès International pour le Rétablissement des Jeux Olympiques. Programme. Racing Club de France,* Paris 1891.
N.N. (Hg.), *Catalogue de L'Exposition au Musée Municipal d'Amsterdam,* Amsterdam 1928.
N.N. (Hg.), *Deutschland auf der Internationalen Ausstellung Kunst und Sport,* Berlin 1928.
N.N. (Hg.), *Olympic Competition and Exhibition of Art. Catalogue,* Los Angeles 1932.
N.N., »Das internationale Wetturnen auf der Weltausstellung in St. Louis«, in: *Der Turner* 19(1904)14, S. 319-321.
N.N., »La Réunion du Comité International Olympique a Berlin«, in: *Revue Olympique* 9(1909)6, S. 92.
N.N., »Médaille«, in: *Les Jeux Olympiques. Supplément au No 3 du Messager d'Athènes* (27.01. [08.02.]1, S. 2.
N.N., »Medals for Glory«, in: *Olympic Museum Lausanne* (1996)10, S. 29.
N.N., *Amtlicher Bericht über die Weltausstellung in Saint Louis 1904,* Berlin 1905.
Nationales Olympisches Komitee der Deutschen Demokratischen Republik (Hg.), *Die XVI. Olympischen Spiele in Melbourne 1956. Offizielles Standardwerk* Berlin 1958.
Neue Tiroler Zeitung (1974).
NOK für Deutschland und Deutscher Sportbund (Hg.), *XV. Olympische Spiele Helsinki 1952,* Frankfurt 1952.
Olympic Museum Lausanne (1996).
Olympic Review 18(1988).
Organisations-Komitee für die XI. Olympiade Berlin 1936 (Hg.), *Olympischer Kunstwettbewerb,* Berlin 1936.
Österreichisches Olympisches Comité (Hg.), *Olympia. Fest der Völker. St. Moritz – London 1948,* Wien 1948.
PAUSANIAS, *Reisen in Griechenland.*
PINDAR, *Olympien.*
Programme Général, o.O. und o.J. [Antwerpen 1919/20].
RAABE, Arthur. *Eilbotenlaufen,* Leipzig 1910.
Revue Olympique 13(1982)171, S. 638.
Revue Olympique 7, 8, 11(107, 1908, 1911)4, S. 63.
RUGENBAUER, Gerd, *Olympische Winterspiele Lillehammer '94,* Gütersloh 1994.
SCHRANZ, Karl, *Olympische Winterspiele Innsbruck '76,* Salzburg 1976.
Simon, Sven/SID, *Olympische Winterspiele Nagano 1998,* München 1998.
Sport im Bild 11(1905).
Sportredaktion der Frankfurter Allgemeinen Zeitung (Hg.), *Los Angeles 1984. Das F.A.Z.-Olympiabuch,* Bad Homburg 1984.
Stiftung Deutsche Sporthilfe / Deutscher Sportbund/Deutsche Olympische Gesellschaft (Hg.), *Seoul – Calgary 1988, Offizielles Standardwerk des Nationalen Olympischen Komitees für Deutschland,* München 1988.
Stiftung Deutsche Sporthilfe/Deutscher Sportbund/Deutsche Olympische Gesellschaft (Hg.), *Montreal 76. Das offizielle Standardwerk des Nationalen Olympischen Komitees für Deutschland,* München 1976.
Stiftung Deutsche Sporthilfe/Deutscher Sportbund/Deutsche Olympische Gesellschaft (Hg.), *Montreal 76. Das offizielle Standardwerk des Nationalen Olympischen Komitees für Deutschland,* München 1976.
Stiftung Deutsche Sporthilfe/Deutscher Sportbund/Deutsche Olympische Gesellschaft (Hg.), *Los Angeles '84, Sarajevo '84, Offizielles Standardwerk des Nationalen Olympischen Komitees für Deutschland,* München 1984.
Stiftung Deutsche Sporthilfe/Deutscher Sportbund/Deutsche Olympische Gesellschaft (Hg.), *Los Angeles '84, Sarajevo '84, Offizielles Standardwerk des Nationalen Olympischen Komitees für Deutschland,* München 1984.
Stiftung Deutsche Sporthilfe/Deutscher Sportbund/Deutsche Olympische Gesellschaft (Hg.), *Seoul – Calgary 1988, Offizielles Standardwerk des Nationalen Olympischen Komitees für Deutschland,* München 1988.
Stiftung Deutsche Sporthilfe/Deutscher Sportbund/Nationales Olympisches Komitee für Deutschland (Hg.), *Atlanta '96. Offizielles Standardwerk der Stiftung Deutsche Sporthilfe, des Deutschen Sportbundes und des Nationalen Olympischen Komitees für Deutschland,* Frankfurt 1996.
STOLZE, Raymond (Hg.), *XXV. Olympische Sommerspiele Barcelona 1992,* Berlin 1992.
SULLIVAN, James, *The Olympic Games at Athens,* New York 1906.
THUKYDIDES, *Peloponnesischer Krieg.*
Times (1930).
Toronto Daily Star (1930).
VALÉRIEN, Harry (Hg.), *Atlanta. Das Olympiabuch 1996,* Berlin 1996.
VALÉRIEN, Harry (Hg.), *Olympia '68. Die Jugend der Welt in Grenoble und Mexico-City,* München 1968.
VALÉRIEN, Harry, *Lillehammer '94,* Berlin 1994.
VALÉRIEN, Harry, *Olympia '92. Die Sommerspiele Barcelona,* München 1992.
VALÉRIEN, Harry, *Olympia '92. Die Winterspiele Albertville,* München 1992.
VEDDER, Christoph / LÄMMER, Manfred (Hg.), *Olympische Charta,* Frankfurt 1996.
VOGEL, Karlheinz, *Lake Placid 1980. Das Olympiabuch der F.A.Z.,* Bad Homburg 1980.
WAGNER, JULIUS / EICHENBERGER, Guido, *Die Olympischen Spiele 1924 in Paris,* Zürich 1924.
WAGNER, Julius u.a., *Die Olympische Spiele 1928. St. Moritz, Amsterdam,* Zürich 1928.
Welt am Sonntag (1975)
WILLY, Max H., 1948. *XIV. Olympische Spiele London,* Freiburg 1948.

Literatur

AHLERS-HESTERMANN, Friedrich, *Stilwende. Aufbruch der Jugend um 1900,* Berlin 1956.
AICHER, Otl, *Typographie,* Berlin 1988.
ALFÖLDI, Andreas, *Die Kontorniaten,* Budapest 1943.
ALFÖLDI, Andreas, *Die Kontorniat-Medaillons* Bd. 1 (Katalog). Berlin 1976 (= *Antike Münzen und Geschnittene Steine* 6/1).
ALKEMEYER, Thomas / RICHARTZ, Alfred, »The Olympic Games from Ceremony to Show,« in: *Olympika* 2(1993)S, S. 79-89.
ANSTREY, F., *The Travelling Companions.*
ARNAUD, Pierre / TERET, Thierry, *Le Rêve Blanc,* Bordeaux 1993.
ARVIN-BÉROD, Alain, *Les Enfants d'Olympie. 1796-1896,* Paris 1996.
AUSTIN, *Dobson's Proverbs in Porcelain.*
BABELON, Ernest, *Traité des monnaies grecques et romaines,* Bd. 1, Paris 1901.
BANTZ, Helmut, *So weit war mein Weg,* Frankfurt 1958, S. 124.
BARNEY, Bob, »›Olympic Chains‹: Setting the Record Straight«, in: *Olympika* 5(1996), p. 141-147.
BARNEY, Bob, »›Olympic Chains‹: Setting the Record Straight«, in: *Olympika* 5(1996), p. 141-147.
BARNEY, Robert, »A Research Note on the Origins of the Olympic Victory Podium«, in: BARNEY, Robert u. a., *Fourth International Symposium für Olympic Research,* London, Ontario, 1998, S. 219-225.
BARNEY, Robert, »The Great Transformation. Olympic Victory Ceremonies and the Medal Podium«, in: *Olympika* 7(1998),S. 89-112.
BERNETT, Hajo, »Leni Riefenstahls Dokumentarfilm von den Olympischen Spielen in Berlin 1936.« in: BERNETT, Hajo: *Untersuchungen zur Zeitgeschichte des Sports.* Schorndorf 1973, S. 115-139.
BERNETT, Hajo, »Symbolik und Zeremoniell der XI. Olympischen Spiele in Berlin 1936, in: *Sportwissenschaft* 16(1986)4, S. 357-397.
BERNETT, Hajo, »Das Scheitern der Olympischen Spiele von 1940«, in: *Stadion* 6(1980), S. 251-290.
BERNETT, Hajo, *Untersuchungen zur Zeitgeschichte des Sports,* Schorndorf 1973.
Bild am Sonntag (24. April 1960).
BJÖRKMAN, Ingmar, *Idrottsföreningen Kamraterna r. f. 1897-1997,* Helsinki 1997.
BLUMENBERG, Hans, »Licht als Metapher der Wahrheit. Im Vorfeld der philosophischen Begriffsbildung,« in: *Studium Generale* 10(1957), S. 432-447.
BONINGTON, Chris, *Triumph in Fels und Eis,* Stuttgart 1995.
BORGERS, Walter / QUANZ, Dietrich R., »Weltausstellungen und Sport (Olympische Spiele). Vom Tempel der Industrie zur olympischen Arena«, in: DECKER, Wolfgang / DOLIANITIS, Georgios / LENNARTZ, Karl, *100 Jahre Olympische Spiele. Der neugriechische Ursprung,* Würzburg 1996, S. 80-89.
BORGERS, Walter, »Der Sport als Gestaltungsvorbild. Willi Daume zum 80. Geburtstag«, in: *Olympisches Feuer* 43(1993)3, S. 43-48.
BORGERS, Walter, *Olympic Torch Relays,* Kassel 1996.
BORGERS, Walter: *Krupp und der Sport. Anmerkungen zu Sport und Sportförderung der Familie und des Unternehmens,* Neuß 1988.
BUHMANN, Horst, *Der Sieg in Olympia und in den anderen panhellenischen Spielen,* München 1972.
BUSCHMANN, Jürgen / LENNARTZ Karl, »From Los Angeles (1932) to Melbourne (1965): the Olympic Torch's Protagonism in Ceremonies«, in: MORAGAS, Miquel de / MacALOON, John / LLINES, Montserrat (Hg.), *Olympic Ceremonies: Historical Continuity and Cultural Exchange,* Lausanne 1996, S. 111-130, 184-199.
CAMPE, Johann Heinrich, *Wörterbuch zur Verdeutschung der unserer Sprache aufgedrungenen fremden Ausdrücke,* Braunschweig 1813.
COHEN, Henry, *Description Historique des Monnaies frapées sous l'empire romain communément appelcécs médailles impériales,* Paris/London 1883.
CONSTANT, James Ross, *The 1936 Olympic Oaks: Where are they now?* Eagle, Michigan 1994.
DAREMBERG, Charles / SAGLIO, Edm., *Dictionnaire des Antiquités Grecques et Romains,* Bd. 2, Paris 1892 (Reprint, Graz 1969).
DAUME, Willi, »The Marathon Runner's Greek Helmet«, in: *Olympic Review* 16(1986)228, S. 606-607.
DECKER, Wolfgang / DOLIANITIS, Georgios / LENNARTZ, Karl, *100 Jahre Olympische Spiele. Der neugriechische Ursprung,* Würzburg 1996.
DECKER, Wolfgang, »Diagoras 3«, in: *Der Neue Pauly,* Bd. 3, Stuttgart 1997, S. 509.
DECKER, Wolfgang, »Die Olympien des Evangelis Zappas«, in: DECKER, Wolfgang / DOLIANITIS, Georgios / LENNARTZ, Karl, *100 Jahre Olympische Spiele. Der neugriechische Ursprung,* Würzburg 1996, S. 41-59.
DECKER, Wolfgang, *Sport in der griechischen Antike,* München 1995.
DEUBNER, L., *Attische Feste,* Berlin 1932.
DEXEL, Walter, »Was ist neue Typographie?« in: Ders., *Der Bauhausstil – ein Mythos. Texte 1921-1965,* Starnberg 1976. S. 130-137.
DIEM, Carl, *Ein Leben für den Sport,* Ratingen 1964, S. 179.
DIEM, Carl, *Ewiges Olympia,* Minden 1948.
DIEM, Carl, *Olympische Flamme,* Bd. 3, Berlin 1942.
DIEM, Carl, *Poesie des Sports,* Stuttgart 1957.
DIEM, Carl: »Leibeserziehung – ein Nebenfach,« in: *Die Leibeserziehung* 10(1961)3, S. 78-83.
DIEM, Carl: »Leibeserziehung – ein Nebenfach,« in: *Die Leibeserziehung* 10(1961)3, S. 78-83.
DIEM, Liselott, »A Hymn to the Olympic Torch Bearers,« in: International Olympic Institute Lausanne (Hg.), *The Games of the XVIIIth Olympiad Tokyo 1964,* Stuttgart 1965, S. 35-39.
DIEM, Liselott, »Die Zeremonien – ein Beitrag zur Geschichte der modernen Olympischen Spiele«, in: *Die Leibeserziehung* 13, (1964)10, S. 305-316.
DIEM, Liselott, *Die festliche Entrada der Olympischen Spiele – eine Hymne auf die olympischen Fackelläufer.* Masch. Konzept, 1965 (Diem-Archiv).
DOMANIG, Karl, *Die deutsche Medaille,* Wien 1907.
DOXAS, Takis, *Licht Olympias,* Athen 1976.
DÜDING, Dieter, *Organisierter gesellschaftlicher Nationalismus in Deutschland (1808-1847): Bedeutung und Funktion der Turner- und Sängervereine für die deutsche Nationalbewegung,* München/Wien 1983.
EBERHARDT, Josef, Michel. *Olympia-Münzen und -Medaillen von der Antike bis zur Neuzeit,* München 1988.
EBERT, Joachim e.a., *Olympia. Von den Anfängen bis zu Coubertin,* Leipzig 1980.
EBERT, Joachim, *Epigramme auf Sieger an gymnischen und hippischen Agonen,* Berlin 1972.
EHMCKE, F. H., »Zum Streit um die Fraktur«, in: *Kunstgewerbeblatt* 231(1912)7, zitiert nach: Ders., *Persönliches und Sachliches. Gesammelte Aufsätze und Arbeiten aus fünfundzwanzig Jahren,* Berlin 1928, S. 14-24.
ENGLERT, Ludwig, »Erinnerungen eines ehemaligen Studenten an die ersten Jahre der Hochschule,« in: SCHIFF, Alfred, *Die Deutsche Hochschule für Leibesübungen 1920-1930,* Berlin 1930, S. 115-117.
ERLER, Adalbert / KAUFMANN, Ekkehard (Hg.), *Handwörterbuch zur deutschen Rechtsgeschichte,* Berlin 1998.
FIEBELKORN, Joachim / WESTPHAL, Helmuth, *Die Olympischen Spiele von Athen bis Mexiko-Stadt,* Berlin [Ost] 1969.
First Century Project (Hg.), *III. OLYMPIAD,* unveröffentlichtes Manuskript.
First Century Project (Hg.), *The VIII Olympiad. Paris 1924. St.Moritz 1928,* Los Angeles 1996.
First Century Project (Hg.), *XI, XII, & XIII Olympiads,* Los Angeles 1996.
FRANKE Peter Robert, »Römische Medaillone aus Köln«, in: *Kölner Jahrbuch für Vor- und Frühgeschichte* (1959).
FROEHNER, Wilhelm, »Contorniates«, in: *Revue Numismatique* (1907).
GADOURY, Victor, *Olympic Medals and Coins,* Monaco 1996.
GIZEWSKI, Christian, »Diploma«, In: *Der Neue Pauly,* Bd. 3, Stuttgart / Weimar 1997, Sp. 683.
GLANVILLE, Philippa, »Trophy Design«, in: Sporting Glory. *The Courage Exhibition of National Trophies at the Victoria and Albert-Museum,* London 1992.
GLASER, Hermann, »›Zu einem schimmernden Sinn verschmolzen‹. Lebensreform im Zeichen des Jugendstils«, in: SCHUSTER, Klaus-Peter (Bearb.), *Peter Behrens und Nürnberg: Geschmackswandel in Deutschland. Historismus, Jugendstil und die Anfänge der Industrieform,* Katalog Germanisches Nationalmuseum Nürnberg, München 1980, S. 18-22.
GÖBL, Robert, *Antike Numismatik,* München 1978.
GOETHE, Johann Wolfgang, *Faust I,* Werke Bd. 2, Salzburg/Stuttgart o. J.
GOLDEN, Marc, *Sport and Society in Ancient Greece,* Cambridge 1998.
GRAHAM, Cooper C., *Leni Riefenstahl and Olympia,* Metuchen (N. J.) / London 1986.
GRANT, Michael, »The border-line between Roman coins and medaillons«, in: *International Numismatic Congress* (1953)57.
Greek Ministry of Culture [Hg.], Mind and Body. *The Revival of the Olympic Idea 19th – 20th Century,* Athen 1896, S. 74.
GREENSFELDER, Jim / VORONTSOV, Oleg / LALLY, Jim, *Olympic Medals,* Saratoga 1998.
GRIMM, Jacob und Wilhelm, *Deutsches Wörterbuch,* Reprint bearbeitet von Karl EULING, Bd. 24, München 1984.
GROH, Fritz, »Eilbotenläufe der Deutschen Turnerschaft zur Weihe des Völkerschlachtdenkmals,« in: *Deutsche Turn-Zeitung* 58(1913)44, S. 850.
GROTEMEYER, Paul, *»Da ich het die gestalt«,* München 1957.

GÜNTHER, Walther (Hg.): Olympia, *Staatspolitische Filme*, Bd. 8/9, Berlin 1938, S. 1.

HABICH, Georg, *Die Medaillen der italienischen Renaissance*, Stuttgart und Berlin o. J. [1923].

HABICH, Georg, *Die Medaillen der italienischen Renaissance*, Stuttgart / Berlin 1923.

HAMPE, Theodor, *Das Trachtenbuch des Christoph Weiditz*, Berlin und Leipzig 1927.

HAMPE, Theodor, *Nürnberger Ratsverlässe über Kunst und Künstler*, Bd. 1, Nürnberg 1904.

HELLER, Joseph, *Die bambergischen Münzen*, 1839.

HENKEL, Arthur / SCHÖNE, Albrecht (Hg.), *Emblemata. Handbuch zur Sinnbildkunst des XVI. und XVII. Jahrhunderts*, Stuttgart 1967.

HERBERGER, Thomas, »Konrad Peutinger in seinem Verhältnis zu Kaiser Maximilian«, in: *Jahresberichte des historischen Kreis-Vereins Schwaben und Neuburg* (1849/50).

HERRMANN, Hans-Volkmar., *Die Siegerstatuen von Olympia*, in: *Nikephoros* 1 (1988), S. 119-183.

HIRSCH, Erhard, *Dessau-Wörlitz*, Leipzig 1980, S. 107-111.

HOFMANN, Werner (Hg.), *Europa 1789. Aufklärung, Verklärung, Verfall. Ausstellung der Hamburger Kunsthalle vom 17.9.- 19.11.1989 zum 200. Jahrestag der französischen Revolution*, Köln 1989.

HOHLE, Ernst, »Die römische Kaiserzeit«, in: *Propyläen Weltgeschichte*, Bd. 2, *Hellas und Rom*, Berlin 1931, S. 343-472

HÖLSCHER, Uvo, »Angestrengtes Griechentum. Die dritte Wiederkehr des Klassischen. Zu Werner Jaegers 100. Geburtstag,« in: *Frankfurter Allgemeine Zeitung*, (30.7.1988)175, S. 19.

JAEGER, Werner, »Humanismus als Tradition und Erlebnis [1919],«In: JAEGER, Werner, *Humanistische Reden und Vorträge*. 2. Aufl., Berlin 1960.

JEDDING, Hermann, *Historismus. Hohe Kunst zwischen Biedermeier und Jugendstil, Austellungskatalog*, Hamburg 1977.

JINTES, L. F. / POL-TYSZKIEWICZ, J. T., Chris van der Hoef. 1875-1933, Assen 1994.

JOHNSTON, Edward, *Schreibschrift, Zierschrift und angewandte Schrift*, aus dem Englischen von SIMONS, Anna, Leipzig 1906.

JÜTHNER, Julius, *Die athletischen Leibesübungen der Griechen*. Bd. 2, *Einzelne Sportarten*, Teil 1, *Lauf-, Sprung- und Wurfwettbewerbe*, Wien 1968.

KAHLE, Manfred, *Der Fackelstaffellauf bei den modernen Olympischen Spielen*, Diplomarbeit, Köln 1966/67.

KAMPER, Erich / SOUCEK, Herbert, *Olympische Heroen*, Erkrath 1991.

KAPOSSY, Balázs, »Römische Medaillone und Kontorniaten«, in: *Jahrbuch des Bernischen Historischen Museums* (1971/72).

KEPHALIDOU Eurydike, *Νικητής*. Εικονογραφική μελέτη του αρχαίου ελληνικού αθλητισμού [Der Sieger. Ikonographische Studie zum antiken Sport in Griechenland], Thessaloniki 1996.

KEUSER, Anette, *Die Geschichte der »Liverpool Olympics«* (1862-1867), Staatsarbeit, Köln 1991.

KIRSCHMANN, August, *Antiqua oder Fraktur?* Leipzig 1907.

KIVROGLOU, Anastase, *Die Bemühungen von Ewangelos Sappas um die Wiedereinführung der Olympischen Spiele in Griechenland unter besonderer Berücksichtigung der Spiele von 1859*, Diplom-Arbeit, Köln 1981.

KLUGE, Volker, »Aus Kostengründen war das Gold von den Spielen verbannt«, In: LENNARTZ, Karl (Hg.), *Erläuterungen zum Neudruck des Offiziellen Berichtes*, Kassel 1996, S. 69-70.

KLUGE, Volker, *100 Olympische Highlights*, Berlin 1996.

KLUGE, Volker, *1896 Athen. Die Bilder der Spiele der I. Olympiade*, Berlin 1996.

KLUGE, Volker, *Olympische Sommerspiele. Die Chronik*, Bd. 1, Berlin 1999.

KLUGE, Volker, *Olympische Sommerspiele. Die Chronik*, Bd. 2, Berlin 1998.

KLUGE, Volker, *Olympische Winterspiele. Die Chronik*, Berlin 1999.

KÖHLER, Marcus, »Karriere einer Ladenbronze«, in: *Museums-Journal* 5[1991]1, S. 33-34.

KOPPEHEL, Carl, *Geschichte des Deutschen Fußballsports*, Frankfurt 1955.

KOZAR, Andrew, *The Sport Sculptur of R. Tait McKENZIE*, Champaign 1992.

KROHA, Tyll, *Münzen sammeln*, 5. Auflage, Braunschweig 1968.

KRÜGER, Arnd, »The 1936 Berlin Olympic Games.« In, GRAHAM, Peter J. / UEBERHORST, Horst (Hg.), *The Modern Olympics*, Cornwall (N.Y.) o. J., S. 163-173.

KURTZWORTH, Harry Muir, *Genius, Talent or Mediocrity*, 1924.

KURTZWORTH, Harry Muir, *Motion Picture Handbook*, 1946.

L. M. J. BOEGHEIM, »Olympiade medailles Amsterdam 1928«, in: *Munt-Koerier* 26(1997)?, S. 8.

LANGE, Chr., *Sammlung schleswig-holsteinischer Münzen und Medaillen*, Bd. 2, Berlin 1912.

LECHENPERG, Harald, *Olympische Spiele 1956*, München 1957.

LENNARTZ, Karl / TEUTENBERG, Walter: *Die II. Olympischen Spiele 1900 in Paris*, Kassel 1995.

LENNARTZ, Karl / TEUTENBERG, Walter: *Die Olympischen Spiele 1906 in Athen*, Kassel 1992.

LENNARTZ, Karl / TEUTENBERG, Walter: *Die Olympischen Spiele 1906 in Athen*, Kassel 1992.

LENNARTZ, Karl, »Zur Entwicklung der olympischen Symbole und Rituale unter besonderer Berücksichtigung der Siegerehrung und Preisverteilung« in: MERVE, Floris van der (Hg.), *Sport als Symbol, Symbols in Sport*. Proceedings of the 3rd ISHPES Congress, Cape Town 1995, Sankt Augustin 1996, S. 291-301.

LENNARTZ, Karl, »Bibliographie«, in: DECKER, Wolfgang / DOLIANITIS, Georgios / LENNARTZ, Karl, *100 Jahre Olympische Spiele. Der neugriechische Ursprung*, Würzburg 1996, S. 147-150.

LENNARTZ, Karl, »Das Münchener Oktoberfest – ein Ursprung der Olympischen Spiele,« in: ISHPES (Hg.), *Proceedings 6th Congress*, Budapest 1999, 25 S., im Druck

LENNARTZ, Karl, »Malory mit der Expedition Olympiasieger. Als das IOC noch Goldmedaillen für Bergsteiger vergab«, In: *Frankfurter Allgemeine Zeitung* (21.05.1999)116, S. 40.

LENNARTZ, Karl, »More on the Olympic Chains: Setting the Record Even Straighter«, in: *Olympika* 6(1997), S. 65-72.

LENNARTZ, Karl, »The Exclusion of the Central Empires from the Olympic Games in 1920«, in: *Fourth International Symposium for Olympic Research*, London (Ontario) 1998, S. 69-74.

LENNARTZ, Karl, *Die Olympischen Spiele 1908 in London*, Kassel 1998.

LENNARTZ, Karl, *Erläuterungen zum Neudruck des Offiziellen Berichtes*, Kassel 1996.

LENNARTZ, Karl, *Geschichte des Deutschen Reichsausschusses für Olympische Spiele*, Heft 2, *Die Beteiligung Deutschlands an den Olympischen Spielen 1900 in Paris und 1904 in St. Louis*, Bonn 1983.

LENNARTZ, Karl, *Kenntnisse und Vorstellungen von Olympia und den Olympischen Spielen in der Zeit von 393 bis 1896*, Schorndorf 1974.

LENORMANT, François, *La monnaie dans l'antiquité*, Bd. 1, Paris 1876.

LEYSHON, Glynn A., »The First British Empire Games, Hamilton, Ontario, Canada, 1930,« in: NAUL, Robert (Hg.), *Contemporary Studies in the National Games Movement*, Frankfurt/M. 1997, S. 205-219.

LINFERT, Andreas, »Quellenprobleme zu Alkamenes und Kolotes«, in: *Rivista di archeologia* 12(1988), S. 33-41.

LOUNASHEIMO, Ilmo / SALOKANGAS, Atle, *Kehän ääreltä – 70 v. suomalaista nyrkkeilyä 1994*, Helsinki 1994.

LÖWGREN, Göran, *Stadion 75 År*, Stockholm 1987, S. 339.

LYBERG, Wolf, *Fabulous 100 Years of the IOC*, Lausanne 1994, S. 400

LYBERG, Wolf, *The Exekutive Committee. 1969-1981*, Typoskript, Lausanne 1991.

LYBERG, Wolf, *The IOC Sessions. 1894-1955*, Bd. 1, Lausanne 1989.

LYBERG, Wolf, *The IOC Sessions. 1956-1988*, Bd. 2, Lausanne 1999.

MABBOTT, Thomas O., »Notes on contorniates and »procontorniates«, in: *Studies Robinson* 1953.

MacALOON, John J., »On the Structural Origins of Olympic Individuality« in: *Research Quarterly for Exercise and Sport* 67(1996)2.

MacALOON, John J., *Korean Cultural Performance of an International Rite. The Torch Relay of the Xth Asian Games*, Uncorrected Draft, 1987.

MacALOON. John J., »Olympic Games and the Theory of Spectacle in Modern Societies,« in: MacALOON. John J. (Hg.): Rite, Drama, Festival. *Rehearsals toward a Theory of Cultural Performance*, Philadelphia 1983, S. 241-280.

MAJOR, E., *Erasmus von Rotterdam*, Basel o. J.

MALLON, Bill mit WIDLUND, Ture, *The 1896 Olympic Games*, Jefferson 1998.

MALLON, Bill, *The 1900 Olympic Games*, Jefferson 1998.

MALLON, Bill, *The 1904 Olympic Games*, Jefferson 1999.

MALLON, Bill, The 1906 *Olympic Games*, Jefferson 1999.

MALLON, Bill, *The Unofficial Report of the 1920 Olympics*, Durham 1992.

MANDELL, Richard D., *Hitlers Olympiade Berlin 1936*, München 1980.

MANDELL, Richard, »The Invention of the Sports Record«, in: *Stadion* 2(1976)2, S. 250-264.

MANDELL, Richard, *Sport eine Kulturgeschichte*, München 1986.

MANDELL, Richard, *The Nazi Olympics*, New York 1971.

MARTINORI, E., *La moneta, Vocabulario generale,* Rom 1915.
MÉNARD, Michèle, *Coins of the Modern Olympic Games,* o. O. 1991.
MENZE, Clemens, »Zur Einführung in die Ausgewählten Schriften Carl Diems«, in: DIEM, *Ausgewählte Schriften,* Sankt Augustin 1982, Bd. 1, S. 7-18.
Message Olympique 5(1986)13, S. 59.
MINGAZZINI, P., »Il tavolo crisoelefantino di Kolotes ad Olympia«, in: *Mitteilungen des Deutschen Archäologischen Instituts* (A) 77(1962), S. 293-304.
MOLZBERGER, Ansgar, *Geschichte und Entwicklung der Olympischen Spiele in Ramlösa von 1834-1836,* Diplom-Arbeit, Köln 1998.
MORAGAS, Miquel de / MacALOON, John / LLINES, Montserrat (Hg.), *Olympic Ceremonies: Historical Continuity and Cultural Exchange,* Lausanne 1996.
MORETTI, LUIGI, *Olympionikai. I vincitori negli antichi agoni Olimpici,* Rom 1957.
MOSER, Karl / DWORSCHAK, Fritz, *Die große Münzreform unter Erzherzog Sigismund von Tirol,* Wien 1936.
MUNDT, Barbara, *Historismus. Kunstwerke zwischen Biedermeier und Jugendstil,* München 1981.
N. N., »Das Schicksal der Olympischen Fahne und Ehrenketten«, in: *Sport.* Zürich vom 30.4.1947.
N. N., »Das Schicksal der Olympischen Fahne und Ehrenketten«, in: *Sport.* Zürich vom 30.4.1947.
N. N., *Official Olympic Souvenir Programm,* Los Angeles 1984.
N. N., »A propos de la plaque commémorative de Teghea (Grèce),« in: *Bulletin Officiel du CIO* 17(1962)78, S. 34-35.
N. N., »Neuauflage des Traditions-Staffellaufs Potsdam-Berlin,« in: *DSB-Informationen* (30.1.1991), S. 6.
N. N., »Une Plaque Commémorative Olympique méconnue en Grèce,« in: *Bulletin Officiel du CIO* 17(1962)77, S. 15-16.
N. N., »Ersatz-Olympiagold für Muhammad Ali«, in: *sid* (07.12.1999), S. 50.
N. N., *The Administration of Olympic Games.* Submitted at the Request of the IOC-Archiv by Sandy DUNCAN (Great Britain), Marcello GARONNI (Italy) and Yukiaki IWATE (Japan). Lausanne o. J., S. 89f.
NERDINGER, Winfried (Hg.), *Richard Riemerschmid, vom Jugendstil zum Werkbund,* München 1972.
NEUMÜLLER, Benno, *Die Geschichte der Much Wenlock Games (1850-1895),* Diplom-Arbeit, Köln 1985.
NIBBERING, Maurits, *Olympisch Stadion,* Amsterdam 1991.
NORMANN, Hippolyt Graf von, *Deutsches Sportlexikon,* Berlin 1928.
ORTLOFF, George Christian u. Stephen, *Lake Placid. The Olympic Years. 1932-1980,* Lake Placid 1976.
PANVINI ROSATI, Franco, *Italienische Medaillen und Plaketten von der Frührenaissance bis zum Ende des Barocks,* Katalog, Frankfurt a. M. 1966.
PARKE, Herbert, W., *Athenische Feste. Öffentlicher Kult und private Mysterien,* Mainz 1987.
PETRI, Lutz, *Die Geschichte der Drehbergspiele zu Wörlitz,* Diplom-Arbeit, Köln 1997.
PHOTINOS, Spyros, *Olympia,* Athen 1989.
PINCHES, John Harvey, *Medals by John Pinches. A Catalogue of Works Struck by the Company from 1840 to 1969,* London 1987.
PLUTARCH, *Grosse Griechen und Römer,* Bd. 1, eingeleitet und übersetzt von Konrat ZIEGLER, Zürich, Stuttgart 1954.
POGATS, Csaba Anton, *Die Olympischen Kunstwettbewerbe. 1912 - 1924,* Typoskript, Köln 1984.
POURET, Henri, »La Flamme Olympique.« In: *Revue Olympique* (1974)85/86, S. 611-616.
PREUß, Holger, *Ökonomische Implikationen der Ausrichtung Olympischer Spiele von München 1972 bis Atlanta 1996,* Kassel 1999.
RENSON, Roland, *Des Jeux Ressuscités,* o.O. 1995 (auch in flämisch), englische Ausgabe: *The Games Reborn,* Gent 1996.
RIEFENSTAHL, Leni, *Memoiren.* München, Hamburg 1987.
RÖTHIG, Peter (Hg.), *Sportwissenschaftliches Lexikon,* 2. Aufl., Schorndorf 1973.
RÜHL, Joachim K., »England«, in: DECKER, Wolfgang / DOLIANITIS, Georgios / LENNARTZ, Karl, *100 Jahre Olympische Spiele. Der neugriechische Ursprung,* Würzburg 1996, S. 68.
RÜHL, Joachim K., »The History and Development of the Morpeth Olympic Games (1871-1958)«, in: ISHPES (Hg.), *Proceedings 6th Congress,* Budapest 199, 12 S., im Druck.
RÜHL, Joachim K., *Die »Olympischen Spiele« Robert Dovers,* Heidelberg 1975.
SANSONE, DAVID, *Greek Athletics and the Genesis of Sport,* Berkeley e.a. 1988.
SCHANTZ, Otto, »Französische Festkultur als Wegbereiter der modernen Olympischen Spiele,« in: *Stadion* 21/22(1995/96) S. 64-85.
SCHIFF, Alfred, »Ansprache,« in: N. N., *Die Ernst Curtius-Büste im Museum von Olympia. Bericht für die an der Stiftung Beteiligten,* [o. O. und o. J.], S. 17-19.
SCHMIDT, Günter Erik, *Orden und Ehrenzeichen Österreichs. 1945-1999,* Wien 1999.
SCHULZ, Hans, *Deutsches Fremdwörterbuch,* Straßburg 1913, S.145.
SCHWARZER, Birga, *Die Olympischen Kunstwettbewerbe 1928 – 1948,* Typoskript Köln 1983.
SCHWIND, Michael, *Die Geschichte der »Olympischen Spiele« von Rondeau (1832-1905),* Diplom-Arbeit, Köln 1997.
SOLMS, Ernst Otto Graf zu, *Solmser Medaillen des 16. Jahrhunderts,* Laubach 1956.
SPERANTSAS, Stelios, *Olympic Light.* Edited under the Care of the Hellenic Olympic Committee, Athen 1970.
SPITZER, Giselher, »Gründung des Nationalen Olympischen Komitees.« In: Nationales Olympisches Komitee für Deutschland in Zusammenarbeit mit dem Carl Diem-Institut und dem Deutschen Sportbund (Hg.), *Rückkehr nach Olympia. Nationales Olympisches Komitee für Deutschland. Vorgeschichte, Gründung, erste Jahre,* München 1989, S. 110-134.
STAHL, Fritz, *Max Kruse,* Berlin 1924.
SUFFOLK and BERKSHIRE, The Earl of / PEEK, Hedley / AFLALO, F. G. (Hg.), *The Encyclopaedia of Sport,* Bd. 1, London o. J. [1890].
TARASSOULEAS, Thanassis, *Olympic Games in Athens. 1896, 1906,* Athens 1988.
TARASSOULEAS, Thanassis, *The Annals of the Pre-Olympic Games Period. Athens 1895-1896,* Athen 1997.
THIELGEN, Jürgen, *Entstehung und Entwicklung der »Morpeth Olympic Games« von 1873-1958,* Staatsarbeit, Köln 1996.
TOMLIN, Stan, *Empire Games – Athletics,* Surrey 1958.
TOYNBEE, J. M. C., »Roman medaillons: Their scope and purpose, I. The definition of the Term »Roman medaillon«, in: *Numismatic Chronicle* (1944).
TRÖMEL, Walter (Hg.): *Olympia, der Film von den XI. Olympischen Spielen in Berlin 1936.* Wiesbaden o. J.
TRUMPP, Eva, *Die Olympischen Spiele 1932 in Los Angeles. Eine Neubewertung unter besonderer Berücksichtigung zeitgenössischer Publikationen und Quellenmaterials,* Staats-Arbeit, Mainz 1991, 2 Bde.
UHLHORN, Friedrich, *Reinhard Graf zu Solms,* Marburg 1952.
Ulmer Museum / Archiv der Hochschule für Gestaltung Ulm (Hg.), *»Die Augen sind hungrig, aber oft schon vor dem Sehen satt«. Otl Aicher zum 75. Geburtstag, Ausstellungskatalog,* Ulm 1997.
VERSPOHL, Franz-Joachim: *Stadionbauten von der Antike bis zur Gegenwart. Regie und Selbsterfahrung der Massen.* Gießen 1976.
VIACAVA, Antonietta, *L'atleta di Fano,* Rom 1993.
VISA-ONDARÇUHU, Valérie, *L'image de l'athlète d'Homère à la fin du Ve siècle avant J.-C.,* Paris 1999.
VOUTE, J. R., »Nogmaals de IXe Olympiade, Amsterdam 1928«, in: *Munt-Koerier* 26(1997)12, S. 16.
WEILER, Ingomar, »Einige Bemerkungen zu Solons Olympionikengesetz«, in: HÄNDEL, P. / MEID, W. (Hg.), *Festschrift für Robert Muth,* Innsbruck 1983, S. 573-582.
WEILER, Ingomar, *Der Sport bei den Völkern der Alten Welt,* Darmstadt ²1988.
WENIGER, Ludwig, »Das Hochfest des Zeus. I. Die Ordnung der Agone«, in: *Klio* 4(1904), S. 125-151.
WERNET, Kurt, *Die olympische Flamme zu den Olympischen Spielen im München 1972,* hg. von: IMOS - Internationale Motivgruppen Olympiade und Sport, Schonach 1973.
WERNET, Kurt, *Stafette der olympischen Fackel auf dem Weg nach Moskau,* hg. von: IMOS – Internationale Motivgruppen Olympiade und Sport, Schonach 1980.
WIDLUND, Ture, »The Background and Origin of the Olympic Device«, in : *Olympic Review* 13(1983)187, S. 294-295.
Württembergisches Landesmuseum (Hg.), *Bernard Pankok (1872-1943). Ausstellung,* Stuttgart 1973.

Nachweis der Abbildungen

Jeweils in der Reihenfolge der Abbildungen in den einzelnen Kapiteln von oben nach unten und dann von links nach rechts:

Titelei
Ralf MÜLLER (zweimal).
Archiv NOK für Deutschland.

Antike Olympien
PHOTINOS, Spyros, *Olympia*, Athen 1989, S. 73.
EBERT, Joachim, *Olympia*, Wien 1980, S. 88.
KEPHALIDOU, *Νικητής [Der Sieger]*, S. 74.
KEPHALIDOU, *Νικητής [Der Sieger]*, S. 81 (zweimal).
KEPHALIDOU, *Νικητής [Der Sieger]*, S. 29.
KEPHALIDOU, *Νικητής [Der Sieger]*, S. 61.
VIACAVA, *L'atleta*, Titelblatt.

Zur Entwicklung der Medaillen
DIDEROT, Denis, *Enzyklopädie*, Tafelband 5, Paris 1765, S. 186-187.

Vom Kaiserdiplom zur Sporturkunde
HOHLE, Ernst, „Die römische Kaiserzeit", in: *Propyläen Weltgeschichte*, Bd. 2, *Hellas und Rom*, Berlin 1931, S. 392, Tafel 25.
Historisches Archiv Krupp.
Festzeitung für das 10. Deutsche Turnfest zu Nürnberg (1903)2, S. VIII
Historisches Archiv Krupp.
IOC / Olympic Museum Collections.
Festzeitung für das 10. Deutsche Turnfest zu Nürnberg (1903)12, S. XXXXVIII.
JEDDING, Hermann, *Historismus. Hohe Kunst zwischen Biedermeier und Jugendstil, Austellungskatalog*, Hamburg 1977, S. 409.
Württembergisches Landesmuseum (Hg.), *Bernard Pankok (1872–1943). Ausstellung*, Stuttgart 1973, S. 187.
Ralf MÜLLER (dreimal).

„Olympische Spiele" vor 1896
Peter FRENKEL (zweimal).
Archiv Wenlock Olympian Society (zweimal).
Peter FRENKEL (zweimal)
Archiv Wenlock Olympian Society (zweimal).
Ministry of Culture, *Mind*, S. 74.
Privatarchiv Rühl.
Privatarchiv Dolianitis.
IOC / Olympic Museum Collections.

Athen 1896
KLUGE, Volker, *1896 Athen. Die Bilder der Spiele der I. Olympiade*, Berlin 1996, S. 172.
Privatarchiv Ian Jobbling.
Nikolaos PANTZOPOULOS, aus: KLUGE, *Athen*, S. 184-185.
Privatarchiv Karl Lennartz.
Diem-Archiv.
Peter FRENKEL (zweimal).
Privatarchiv Volker Kluge.
Ralf MÜLLER.
Peter FRENKEL (viermal).
Ministry of Culture, *Mind*, S. 119.
Ministry of Culture, *Mind*, S. 120.
Benaki Museum (Hg.), *Athens 1839-1900. A Photographic Record*, Athen 1985, Photo 387.
Ministry of Culture, *Mind*, S. 116.
IOC / Olympic Museum Collections.
Privatarchiv Volker Kluge.
Ministry of Culture, *Mind*, S.122.
Archiv First Century Project.
Central-Comité der internationalen Olympischen Spiele in Athen 1896, *Spiele*, S. 20.
Privatarchiv Karl Lennartz.
Central-Comité der internationalen Olympischen Spiele in Athen 1896, *Spiele*, S. 4.
Privatarchiv Volker Kluge.
Ministry of Culture, *Mind*, S.134.
Peter FRENKEL (fünfmal).
Benaki Museum, *Athens*, Photo 388.
Ministry of Culture, *Mind*, S. 106.
Peter FRENKEL.

Paris 1900
Ralf MÜLLER.
Privatarchiv Ingrid O'Neil (siebenmal).
Peter FRENKEL (zweimal).
IOC / Olympic Museum Collections.
Katalog der Firma Winter 69(1995)1.
Peter FRENKEL (zweimal).
MÉRILLON, *Concours*, Bd. 2, S. 279.
Peter FRENKEL (viermal).
IOC / Olympic Museum Collections (zweimal).
La Vie au Grand Air 2(03.06.1900)90, S. 492.
Katalog der Firma O'Neil 15(1995) Nr. 18 (zweimal).
La Vie au Grand Air 2(01.07.1900)138, S. 623.
La Vie au Grand Air 2(01.07.1900)109, S. 727.
La Vie au Grand Air 2(01.07.1900)96, S. 550.
La Vie au Grand Air 2(17.06.1900)92, S. 526.
MÉRILLON, *Concours*, Bd. 1, S. 56.
MÉRILLON, *Concours*, Bd. 1, S. 70.
MÉRILLON, *Concours*, Bd. 1, S. 110.
N. N., *Official Olympic Souvenir Programm*, Los Angeles 1984, S. CA 10 (zweimal).
Sportmuseum Berlin (zweimal).

St. Louis 1904
Privatarchiv Norbert Müller.
LUCAS, *Games*, S. 30.
Peter FRENKEL.
IOC / Olympic Museum Collections (zweimal).
Privatarchiv Kluge
Ungarische Sportmuseum Budapest.
GREENSFELDER, *Medals*, S. 11 (zweimal).
Peter FRENKEL (zweimal).
SULLIVAN, *Report*, S. 204.
Peter FRENKEL
SULLIVAN, *Report*, S. 172.
LUCAS, *Games*, S. 70.
SULLIVAN, *Report*, S. 202.
N.N., *Amtlicher Bericht über die Weltausstellung in Saint Louis 1904*, Berlin 1905 (dreimal).

Athen 1906
Peter FRENKEL (fünfmal).
SAVVIDIS, *Leukoma*, S. 133 (zweimal).
SAVVIDIS, *Leukoma*, S. 131
Peter FRENKEL.
SAVVIDIS, *Leukoma*, S. 133 (dreimal).
SULLIVAN, *Games*, S. 186.
SAVVIDIS, *Leukoma*, S. 72.
Peter FRENKEL.
SULLIVAN, *Games*, S. 184.
Peter FRENKEL (viermal).

London 1908
British Olympic Council, *Olympiad*, S. 368 (zweimal).
Privatarchiv Kluge.
British Olympic Council, *Olympiad*, S. 372.
British Olympic Council, *Olympiad*, S. 368.
Ralf MÜLLER.
Peter FRENKEL (sechsmal).
IOC / Olympic Museum Collections.
Peter FRENKEL (zweimal).

Stockholm 1912
HERMELIN / PETERSON, *Olympiaden*, S. 380 (zweimal).
HERMELIN / PETERSON, *Olympiaden*, S. 80.
HERMELIN / PETERSON, *Olympiaden*, S. 378 (zweimal).
Swedish Olympic Committee, *Olympiad*, S. 784.
IOC/Olympic Museums Collections.
Peter FRENKEL.
Archiv der Nobel-Foundation Stockholm.
Peter FRENKEL.
HERMELIN / PETERSON, *Olympiaden*, S. 383.
HERMELIN / PETERSON, *Olympiaden*, S. 137.
Swedish Olympic Committee, *Olympiad*, S. 164 (zweimal).
LÖWGREN, Göran, *Stadion 75 År*, Stockholm 1987, S. 339.
Peter FRENKEL (zweimal).
HERMELIN / PETERSON, *Olympiaden*, S. 358.
Peter FRENKEL (zweimal).
Ralf MÜLLER.
Peter FRENKEL (zweimal).
IOC/Olympic Museums Collections.
Swedish Olympic Committee, *Olympiad*, S. 160 (zweimal).

Wanderpreise
Swedish Olympic Committee, *Olympiad*, Tafel 17.
BALCK, *Spelen*, S. 61.
IOC / Olympic Museum Collections (zweimal).
British Olympic Council, *Olympiad*, S. 448.
IOC / Olympic Museum Collections (zweimal).
British Olympic Council, *Olympiad*, S. 369
Swedish Olympic Committee, *Olympiad*, Tafel 53.
IOC / Olympic Museum Collections (dreizehnmal).
Swedish Olympic Committee, *Olympiad*, Tafel 52.
Swedish Olympic Committee, *Olympiad*, Tafel 48.

Berlin 1916
Peter FRENKEL (vierzehnmal).

Antwerpen 1920
IOC Olympic Museum Collections.
Games Committee, *Games*, S. 68.
Games Committee, *Games*, Titelblatt.
Games Committee, *Games*, S. 75 (zweimal).
Privatarchiv Leopold Spiessens.
BERGVALL, Erik, *VII Olympiaden*, Stockholm 1920, Heft 3, S. 199 (zweimal).
IOC / Olympic Museum Collections.

BERGVALL, *Olympiaden*, Heft 3, S. 199 (zweimal).
Ralf MÜLLER.
Peter FRENKEL (viermal).
IOC / Olympic Museum Collections
Privatarchiv Leopold Spiessens.
Peter FRENKEL (viermal).

Chamonix 1924
Ralf MÜLLER.
Peter FRENKEL (zweimal).
IOC / Olympic Museum Collections.

Paris 1924
IOC / Olympic Museum Collections.
Peter FRENKEL (zweimal).
IOC / Olympic Museum Collections (fünfmal).
Peter FRENKEL (viermal).
Ralf MÜLLER.
Peter FRENKEL (zweimal).
Privatarchiv Ingrid O'Neil.
Comité Olympique Français, *Jeux*, S. 612 (dreimal).

St. Moritz 1928
WAGNER, *Spiele*, S. 20.
Stadtarchiv Lenzburg (zweimal).
Ralf MÜLLER.
Peter FRENKEL (viermal).
Privatarchiv François Martin (zweimal).
Stadtmuseum Lausanne.

Amsterdam 1928
IOC / Olympic Museum Collections.
Peter FRENKEL (zweimal).
Deutscher Reichsausschuß für Leibesübungen, *Spiele*, S. 121.
Netherlands Olympic Committee, *Olympiad*, S. 690.
Deutscher Reichsausschuß für Leibesübungen, *Spiele*, S. 77.
Netherlands Olympic Committee, *Olympiad*, S. 917.
Netherlands Olympic Committee, *Olympiad*, S. 916.
Netherlands Olympic Committee, *Olympiad*, S. 919.
Peter FRENKEL (zweimal).
Ralf MÜLLER.
Peter FRENKEL ((zweimal)).
Privatarchiv Jürgen Buschmann.
Privatarchiv Claudia Esser.
Privatarchiv Stekelenburg.
Het Koninklijk Penningkabinet, Leiden.
Netherlands Olympic Committee, *Olympiad*, S. 145.
Rijksbureau voor Kunsthistorische Documentatie, Den Haag (zweimal).
Netherlands Olympic Committee, *Olympiad*, S. 890.
N.N. (Hg.), *Catalogue*, Nr. 503 a.
N.N. (Hg.), *Catalogue*, Nr. 503 b.
Deutscher Reichsausschuß für Leibesübungen, *Spiele*, S. 37.
N.N., *Deutschland*, S. 43.

Die Einführung des Podiums
Privatarchiv Bob Barney (elfmal).
IOC /Olympic Museums Collections.

Lake Placid 1932
Ralf MÜLLER.
Peter FRENKEL (viermal).
III Olympic Winter Games Committee Lake Placid, *Report*, S. 265.

Los Angeles 1932
X[th] Olympiade Committee, *Games*, S. 769.
X[th] Olympiade Committee, *Games*, S. 767.
X[th] Olympiade Committee, *Games*, S. 422.
X[th] Olympiade Committee, *Games*, S. 332.
X[th] Olympiade Committee, *Games*, S. 429.
Ralf MÜLLER.
Peter FRENKEL (viermal).
X[th] Olympiade Committee, *Games*, S. 332.
Peter FRENKEL.
Katalog der Firma Winter (1998)79, S. 19 (zweimal).
X[th] Olympiade Committee, *Games*, S. 764.
X[th] Olympiade Committee, *Games*, S. 62.
X[th] Olympiade Committee, *Games*, S. 764.

Garmisch-Partenkirchen 1936
Organisationskomitee für die IV. Olympischen Winterspiele 1936, *Winterspiele*, S. 429.
Katalog der Firma Winter (1996)72, S. 58.
Peter FRENKEL.
Stadtarchiv Zwiesel.
Archiv Markt Garmisch-Partenkirchen.
Organisationskomitee für die IV. Olympischen Winterspiele 1936, *Winterspiele*, S. 90.
Ralf MÜLLER.
Peter FRENKEL (zweimal).
Ralf MÜLLER.
Peter FRENKEL (zweimal).
Archiv Markt Garmisch-Partenkirchen (zweimal).
Organisationskomitee für die IV. Olympischen Winterspiele, *Winterspiele*, S. 114.
Organisationskomitee für die IV. Olympischen Winterspiele, *Winterspiele*, S. 25.

Olympische Fackelstaffel – Ursprung und Idee
BORGERS, *Torch*, S. 7.
BORGERS, *Torch*, S. 8.
Diem-Archiv (sechsmal).

Berlin 1936
Peter FRENKEL.
Organisations-Komitee 1936, *Bericht*, Bd. 1, S. 620.
Organisations-Komitee 1936, *Bericht*, Bd. 2, S. 1029.
Organisations-Komitee 1936, *Bericht*, Bd. 2, S. 1029.
Deutsches Sport- und Olympia-Museum (zweimal).
Organisations-Komitee 1936, *Bericht*, S. 759.
Organisations-Komitee 1936, *Bericht*, S. 1130.
Peter FRENKEL.
Organisations-Komitee 1936, *Bericht*, S. 640.
Organisations-Komitee 1936, *Bericht*, S. 646.
Peter FRENKEL (dreimal).
Cigaretten-Bilderdienst Altona-Barenfeld (Hg.), *Die Olympischen Spiele 1936*, Bd. 2, Altona 1936, S. 165.
Ralf MÜLLER.
Peter FRENKEL (sechzehnmal).
Privatarchiv Karl Lennartz (dreimal).
Privatarchiv John Idorn (zweimal).
Privatarchiv Volker Kluge (zweimal).
Privatarchiv Gerd Steins, Berlin.
Katalog der Firma Winter (1999)82, S. 19 (zweimal).
Organisations-Komitee 1936, *Bericht*, S. 112.
Privatarchiv Gerd Steins, Berlin.
Peter FRENKEL (zweimal).
Organisations-Komitee 1936, *Bericht*, S. 1166.
Organisations-Komitee 1936, *Bericht*, S. 1163.
Peter FRENKEL.
Organisations-Komitee 1936, *Bericht*, S. 65.
Organisations-Komitee 1936, *Bericht*, S. 539.
Organisations-Komitee 1936, *Bericht*, S. 517.
Organisations-Komitee 1936, *Bericht*, S. 534.
Sportmuseum Berlin, Berlin.
BORGERS, *Torch*, S. 50.
Privatarchiv Gerd Steins, Berlin.

Vorgesehene Spiele von 1940
Organisationskomitee für die V. Olympischen Winterspiele, *Vorbereitungen*, S. 34.
Katalog der Firma Winter (1999)82, S. 31 (zweimal).
Privatarchiv Björkman.
BJÖRKMAN, Ingmar, *Idrottsföreningen Kamraterna r. f. 1897-1997*, Helsinki 1997, S. 34.
Organisationskomitee für die V. Olympischen Winterspiele, *Vorbereitungen*, S. 10.
Organisationskomitee für die V. Olympischen Winterspiele, *Vorbereitungen*, S. 34 (dreimal).
Peter FRENKEL (zweimal).
Organisationskomitee für die V. Olympischen Winterspiele, *Vorbereitungen*, S. 85.

St. Moritz 1948
Österreichisches Olympisches Komitee (Hg.), *Olympia. Fest der Völker. St. Moritz – London 1948*, Wien 1948, S. 74.
Peter FRENKEL (zweimal).
Ralf MÜLLER.
Peter FRENKEL (zweimal).
Archiv Gewerbliche Berufsschule St. Gallen.
IOC / Olympic Museums Collections.
First Century Project, *XI, XII, & XIII Olympiads*, S. 150.

London 1948
Organising Committee for the XIV Olympiad London 1948, *Report*, S. 384.
Organising Committee for the XIV Olympiad London 1948, *Report*, S. 552.
Privatarchiv John Harvey Pinches (zweimal).
Organising Committee for the XIV Olympiad London 1948, *Report*, S. 48.
Peter FRENKEL (zweimal).
Ralf MÜLLER.
Peter FRENKEL (viermal).
SCHWARZER, *Kunstwettbewerbe*, S. 142.
SCHWARZER, *Kunstwettbewerbe*, S. 143.
BORGERS, *Torch*, S. 59.
IOC / Olympic Museum Collections.
BORGERS, *Torch*, S. 60.

Oslo 1952
IOC / Olympic Museum Collections (dreimal).
Privatarchiv Anastasios Kivroglou.
Privatarchiv Karl Lennartz.
Peter FRENKEL.
KESER / WIEDE, *VI. Olympische Winterspiele Oslo 1952*, München 1952, S. 73.

Organising Committee VI Olympic Winter Games, *VI Vinterleker*, S. 182.
Organising Committee VI Olympic Winter Games, *VI Vinterleker*, S. 184.
Peter FRENKEL (zweimal).
Ralf MÜLLER.
Peter FRENKEL (zweimal).
BORGERS, *Torch*, S. 158.
BORGERS, *Torch*, S. 159.
Peter FRENKEL.

Helsinki 1952
Organising Committee for the XV Olympiad Helsinki 1952, *Report*, S. 287.
LOUNASHEIMO, Ilmo / SALOKANGAS, Atle, *Kehän ääreltä – 70 v. suomalaista nyrkkeilyä 1994*, Helsinki 1994.
Privatarchiv Björkman (zweimal).
Ralf MÜLLER.
Peter FRENKEL (zweimal).
Ralf MÜLLER.
Peter FRENKEL (zweimal).
Privatarchiv Björkman.
Peter FRENKEL (zweimal).
Privatarchiv Björkman (zweimal).
Peter FRENKEL (zweimal).
Organising Committee for the XV Olympiad Helsinki 1952, *Report*, S. 759.
Organising Committee for the XV Olympiad Helsinki 1952, *Report*, S. 196.
BORGERS, *Torch*, S. 67.
Peter FRENKEL (zweimal).
Organising Committee for the XV Olympiad Helsinki 1952, *Report*, S. 112.
BORGERS, *Torch*, S. 64.

Cortina d'Ampezzo 1956
LECHENPERG, Harald, *Olympische Spiele 1956*, München 1957, S. 48.
Comitato Olimpico Nazionale Italiano, *Giochi*, S. 605.
Ralf MÜLLER (zweimal).
Peter FRENKEL (zweimal).
Comitato Olimpico Nazionale Italiano, *Giochi*, S. 690.
Peter FRENKEL.
Comitato Olimpico Nazionale Italiano, *Giochi*, S. 581.
BORGERS, *Torch*, S, 159.
Peter FRENKEL.

Reiterspiele Stockholm 1956
Peter FRENKEL.
Ralf MÜLLER.
Peter FRENKEL (zweimal)
Ralf MÜLLER.
Peter FRENKEL (zweimal).
Organizing Committee for the Equestrian Games of the XVIth Olympiad, *Games*, S. 244.
LÖWGREN, *Stadion*, S. 204.
Privatarchiv Claudia Esser.
Organizing Committee for the Equestrian Games of the XVIth Olympiad, *Games*, S. 60.

Melbourne 1956
BANTZ, Helmut, *So weit war mein Weg*, Frankfurt 1958, S. 124.
Erin O'BRIEN, *Australian Gallery of Sport and Olympic Museum.*
Organizing Committee of the XVI Olympiad Melbourne 1956, *Report*, S. 99.
Organizing Committee of the XVI Olympiad Melbourne 1956, *Report*, S. 102.
Ralf MÜLLER.
Peter FRENKEL (viermal).
Privatarchiv Michael Meszaros (dreimal).
Organizing Committee of the XVI Olympiad Melbourne 1956, *Report*, S. 213.
BORGERS, *Torch*, S. 74.
Peter FRENKEL.

Squaw Valley 1960
MAEGERLEIN, Heinz, *Olympia 1960. VIII. Olympische Winterspiele Squaw Valley*, Frankfurt 1960, S. 32.
Ralf MÜLLER.
BORGERS, *Torch*, S. 159.
Peter FRENKEL.
Ralf MÜLLER.
Peter FRENKEL (zweimal).
Ralf MÜLLER.
Peter FRENKEL (zweimal).

Rom 1960
Organizing Committee of the XVII. Olympiad, *Report*, S. 68.
Organizing Committee of the XVII. Olympiad, *Report*, Bd. 2, S. 674.
MEISEL, Heribert / GRAMPP, Carl, *Olympia 1960*, München 1960, S. 301.
Ralf MÜLLER.
Peter FRENKEL (zweimal).
Ralf MÜLLER.
Peter FRENKEL (viermal).
BORGERS, *Torch*, S. 80.
Organizing Committee of the XVII. Olympiad, *Report*, S. 309.
BORGERS, *Torch*, S. 81.
Peter FRENKEL.

Innsbruck 1964
MEISEL, Heribert / WINKLER, Hans-Jürgen, *Olympia 1964*, Wien 1964, S. 72.
Peter FRENKEL.
Ralf MÜLLER.
Peter FRENKEL (zweimal).
Ralf MÜLLER.
Peter FRENKEL (zweimal).
Privatarchiv Martha Coufal-Hartl (zweimal).
Privatarchiv Arthur Zelger.
Verlag Österreich, Wien.
Peter FRENKEL.
Privatarchiv Arthur Zelger.
Privatarchiv Ferdinand Welz.
Peter FRENKEL (zweimal).
BORGERS, *Torch*, S. 161.
Peter FRENKEL.

Tokyo 1964
MEISEL / WINKLER, *Olympia 1964*, S. 147.
Ralf MÜLLER.
Peter FRENKEL (viermal).
Ralf MÜLLER.
Privatarchiv Claudia Esser.
The Organizing Committee for the XVIII. Olympiad, *Report*, Bd. 1, S. 246.
Privatarchiv Claudia Esser.
BORGERS, *Torch*, S. 87.
BORGERS, *Torch*, S. 94.
Peter FRENKEL.
BORGERS, *Torch*, S. 91.
Peter FRENKEL.

Grenoble 1968
Comité d'Organisation des Xèmes Jeux Olympiques d'Hiver, *Rapport*, Bd. 2, S. 359.
Ralf MÜLLER.
Peter FRENKEL (zweimal).
Ralf MÜLLER.
Peter FRENKEL (viermal).
Comité d'Organisation des Xèmes Jeux Olympiques d'Hiver, *Rapport*, Bd. 2, S. 371.
Peter FRENKEL.
BORGERS, *Torch*, S. 163 (zweimal).
Peter FRENKEL (zweimal).

Mexico-City 1968
Peter FRENKEL.
Privatarchiv Pedro RAMÍREZ VÁZQUEZ.
HUBERTY, Ernst / WANGE, Willy B., *Mexico Grenoble 1968*, Köln 1968, S. 112.
Organizing Committee for the XIX. Olympiad, *Report*, Bd. 2, S. 307.
Bertelsmann Sportredaktion (Hg.), *Die Olympischen Spiele Mexico City Grenoble 1968*, Gütersloh 1968, S. 163.
Ralf MÜLLER.
Peter FRENKEL (viermal).
IOC / Olympic Museums Collections (viermal).
Ralf MÜLLER.
Bulletin du CIO 20(1968)90, S. 38-39.
Peter FRENKEL (dreimal).
BORGERS, *Torch*, S. 101.

Sapporo 1972
Deutsche Olympische Gesellschaft (Hg.), *Die Spiele der XX. Olympiade*, Stuttgart 1972, S. A 107.
Archiv Nippon Design Centre (zweimal).
Ralf MÜLLER.
Peter FRENKEL (zweimal).
Ralf MÜLLER.
Peter FRENKEL (dreimal).
Privatarchiv Shigeo Fukuda.
Peter FRENKEL.
BORGERS, *Torch*, S. 164.
Peter FRENKEL.

München 1972
Organisationskomitee für die Spiele der XX. Olympiade München 1972, *Bericht*, Bd. 1, S. 275.
Ulmer Museum / Archiv Hochschule für Gestaltung (zweimal).
Organisationskomitee für die Spiele der XX. Olympiade München 1972, *Bericht*, Bd. 1, S. 87.
LECHENBERG, Harald, *Olympische Spiele 1972*, S. 330.
LECHENBERG, *Spiele*, S. 329.
Peter FRENKEL.

Maria MÜHLBERGER.
Ralf MÜLLER.
Peter FRENKEL (zweimal).
Ralf MÜLLER.
Peter FRENKEL (zweimal).
Archiv Skulpturenmuseum im Hofberg (zweimal).
Peter FRENKEL (dreimal).
BORGERS, *Torch*, S. 108.
Peter FRENKEL.

Innsbruck 1976
SCHRANZ, Karl, *Olympische Winterspiele Innsbruck '76*, Salzburg 1976, S. 64.
Organisationskomitee der XII. Olympischen Winterspiele Innsbruck 1967, *Endbericht*, S. 50.
Neue Tiroler Zeitung (1974)265, S. 17.
Peter FRENKEL.
Ralf MÜLLER.
Peter FRENKEL (zweimal).
Ralf MÜLLER.
Peter FRENKEL (dreimal).
SCHMIDT, Günter Erik, *Orden und Ehrenzeichen Österreichs. 1945-1999*, Wien 1999 (zweimal).
Peter FRENKEL.
BORGERS, *Torch*, S. 167.
Organisationskomitee der XII. Olympischen Winterspiele Innsbruck 1976, *Endbericht*, S. 26.

Montreal 1976
Organizing Committee of the 1976 Olympic Games, *Montréal*, Bd. 1, S. 513.
Organizing Committee of the 1976 Olympic Games, *Montréal*, Bd. 1, S. 33.
Peter FRENKEL (zweimal).
Ralf MÜLLER.
Peter FRENKEL (zweimal).
Ralf MÜLLER.
Peter FRENKEL (dreimal).
BORGERS, *Torch*, S. 117.

Lake Placid 1980
IOC / Olympic Museum Collections.
Ralf MÜLLER (zweimal).
Peter FRENKEL (zweimal).
Ralf MÜLLER.
Peter FRENKEL (dreimal).
Lake Placid Olympic Organizing Committee, *Report*, S. 125.
Peter FRENKEL (zweimal).

Moskau 1980
Organising Committee of the Games of the XXII Olympiad, *Games*, Bd. 2, S. 354.
Organising Committee of the Games of the XXII Olympiad, *Games*, Bd. 3, S. 227.
Organising Committee of the Games of the XXII Olympiad, *Games*, Bd. 2, S. 417.
Organising Committee of the Games of the XXII Olympiad, *Games*, Bd. 2, S. 416.
Ralf MÜLLER.
Peter FRENKEL (zweimal).
Ralf MÜLLER.
Peter FRENKEL (zweimal).
BORGERS, *Torch*, S. 125.
BORGERS, *Torch*, S. 120.
Peter FRENKEL.

Sarajevo 1984
IOC / Olympic Museum Collections.
Peter FRENKEL (dreimal).
Ralf MÜLLER.
Peter FRENKEL (fünfmal).
BORGERS, *Torch*, S. 170.
BORGERS, *Torch*, S. 171.

Los Angeles 1984
Los Angeles Olympic Organizing Committee, *Report*, Bd. 1, S. 226.
Los Angeles Olympic Organizing Committee, *Report*, Bd. 1, S. 225 (sechsmal).
Peter FRENKEL.
Los Angeles Olympic Organizing Committee, *Report*, Bd. 1, S. 255 (siebenmal).
Los Angeles Olympic Organizing Committee, *Report*, Bd. 1, S. 293 (viermal).
Peter FRENKEL.
Ralf MÜLLER.
Peter FRENKEL (dreimal).
Los Angeles Olympic Organizing Committee, *Report*, Bd. 1, S. 293 (zweimal).
Peter FRENKEL.
BORGERS, *Torch*, S. 132.
Los Angeles Olympic Organizing Committee, *Report*, Bd. 1, S. 293 (zweimal).

Calgary 1988
Gesellschaft zur Förderung des olympischen Gedankens in der Deutschen Demokratischen Republik, *Calgary*, S. 113.
Peter FRENKEL (dreimal).
Ralf MÜLLER.
Peter FRENKEL (zweimal).
Ralf MÜLLER.
Peter FRENKEL (achtmal).
IOC / Olympic Museum Collections.
BORGERS, *Torch*, S. 173.
Winter Olympic Games Organizing Committee. XV Olympic Games, *Report*, S. 240.
Peter FRENKEL.

Seoul 1988
Seoul Olympic Organizing Committee, *Games*, Bd. 1, S. 421 (zweimal).
Seoul Olympic Organizing Committee, *Games*, Bd. 1, S. 424 (viermal).
Seoul Olympic Organizing Committee, *Games*, Bd. 1, S. 423 (zweimal).
Peter FRENKEL (zweimal).
BORGERS, *Torch*, S, 140.
Ralf MÜLLER.
Peter FRENKEL (zweimal).
Ralf MÜLLER.
Peter FRENKEL (zweimal).
BORGERS, *Torch*, S, 138.
Diem-Archiv.
BORGERS, *Torch*, S, 137.
Peter FRENKEL.

Albertville 1992
Comité d'Organisation des XVIes Jeux Olympiques d'Hiver d'Albertville et de la Savoie, *Rapport*, S. 465.
Archiv Lalique, Paris.
Archiv Quentin (zweimal).
Ralf MÜLLER.
Peter FRENKEL (zweimal).
Ralf MÜLLER.
Peter FRENKEL (zweimal).
Privatarchiv Mayot (zweimal).
BORGERS, *Torch*, S. 175 (zweimal).

Barcelona 1992
IOC / Olympic Museum Collections.
Centre d'Estudis Olípics i de l'Esport.
Barcelona '92 Olympic Organising Committee, *Report*, Bd. 4, S. 296.
Centre d'Estudis Olípics i de l'Esport (zweimal).
Privatarchiv Xavier Corberó (zweimal).
Privatarchiv Trias Folch (zweimal).
Centre d'Estudis Olímpics i de l'Esport (zweimal).
Ralf MÜLLER.
Peter FRENKEL (zweimal).
Ralf MÜLLER.
Peter FRENKEL (dreimal).
BORGERS, *Torch*, S. 146.
BORGERS, *Torch*, S. 143.

Lillehammer 1994
Lillehammer Olympic Organizing Committee, *Report*, Bd. 4, S. 79.
Ralf MÜLLER
Peter FRENKEL (zweimal).
Ralf MÜLLER
Privatarchiv Ingjerd Hanevold.
IOC / Olympic Museum Collections.
Privatarchiv Ingjerd Hanevold (zweimal).
Peter FRENKEL (zweimal).
Privatarchiv Karl Lennartz.
Peter FRENKEL (zweimal).

Atlanta 1996
Atlanta Committee for the Olympic Games, *Report*, Bd. 1, S. 316.
IOC / Olympic Museum Collections.
Atlanta Committee for the Olympic Games, *Report*, Bd. 2, S. 161.
Atlanta Committee for the Olympic Games, *Report*, Bd. 1, S. 129.
Atlanta Committee for the Olympic Games, *Report*, Bd. 1, S. 132.
Atlanta Committee for the Olympic Games, *Report*, Bd. 1, S. 134-135.
Atlanta Committee for the Olympic Games, *Report*, Bd. 2, S. 466.
Olympic Museum Lausanne (1996)10, S. 29.
Ralf MÜLLER.
Peter FRENKEL.
Peter FRENKEL (zweimal).
Peter FRENKEL (zweimal).
Atlanta Committee for the Olympic Games, *Report*, Bd. 2, S. 14.
Peter FRENKEL.

Atlanta Committee for the Olympic Games, *Report*, Bd. 2, S. 24.

Nagano 1998
Organizing Committee for the XVIII Olympic Winter Games, *Report*, Bd. 2, S. 140.
IOC / Olympic Museum Collections.
Peter FRENKEL (sechsmal).
Organizing Committee for the XVIII Olympic Winter Games, *Report*, Bd. 1, S. 98.
Organizing Committee for the XVIII Olympic Winter Games, *Report*, Bd. 2, S. 31.
Organizing Committee for the XVIII Olympic Winter Games, *Report*, Bd. 2, S. 111.
Organizing Committee for the XVIII Olympic Winter Games, *Report*, Bd. 2, S. 107.
Peter FRENKEL.

Sydney 2000
Peter FRENKEL (zweimal).
SOCOG, *Sydney Spirit* [1999]5, S. 2.
SOCOG, *Medal*, S. 4.
SOCOG, *Medal*, S. 5.

Auszeichnungen des IOC
Sportmuseum Budapest.
Peter FRENKEL (zweimal).
IOC / Olympic Museum Collections (elfmal).
Peter FRENKEL (zweimal).
IOC / Olympic Museum Collections (viermal).
Peter FRENKEL (dreimal).
IOC / Olympic Museum Collections (dreimal).
Peter FRENKEL (viermal).
IOC / Olympic Museum Collections (zweimal).
Peter FRENKEL (zweimal).
PERRET, *Livre*, S. 104 (zweimal).
Peter FRENKEL.

Mitarbeiter
Diem-Archiv (neunzehnmal).

Abkürzungsverzeichnis

Weitgehend wurde versucht, auf Abkürzungen zu verzichten. Auch bei sportlichen Fachbegriffen wurden nur sehr verbreitete Kürzel gebraucht. Diese sind im folgenden aufgelistet. Oft kommen allerdings die offiziellen Länder- bzw. NOK-Abkürzungen vor. Um nicht zu verwirren, sind die im Jahr 2000 gebräuchlichen verwendet worden, auch wenn es einmal andere gegeben hat, z. B. nicht HOL, wie längere Zeit üblich, sondern NED für Niederlande. Bei Ländern bzw. *NOK*, die nicht mehr existieren, wurde die zuletzt gültige Form benutzt.

Nationale Olympische Komitees

AFG Afghanistan
AHO Niederländische Antillen
ALB Albanien
ALG Algerien
AND Andorra
ANG Angola
ANT Antigua und Barbuda
ARG Argentinien
ARM Armenien
ARU Aruba
ASA Amerikanisch-Samoa
AUS Australien
AUT Österreich
AZE Aserbaidschan
BAH Bahamas
BAN Bangladesh
BAR Barbados
BDI Burundi
BEL Belgien
BEN Benin
BER Bermudas
BHU Bhutan
BIH Bosnien-Herzegowina
BIZ Belize
BLR Weißrußland
BOH Böhmen
BOL Bolivien
BOT Botswana
BRA Brasilien
BRN Bahrein
BRU Brunei Darussalam
BUL Bulgarien
BUR BurkinaFaso
CAF Zentralafrikanische Republik
CAM Kambodscha
CAN Kanada
CAY Cayman-Inseln
CEY Ceylon
CGO Volksrepublik Kongo
CHA Tschad
CHI Chile
CHN Volksrepublik China
CIV Elfenbeinküste
CMR Kamerun
COK Cook-Inseln
COL Kolumbien
COM Komoren
CON Kongo-Kinshasa
CPV Kapverden
CRC CostaRica
CRO Kroatien
CUB Kuba
CYP Zypern
CZE Tschechien
DAH Dahomey
DEN Dänemark
DJI Dschibuti
DMA Domenica
DOM Dominikanische Republik
ECU Ekuador
EGY Ägypten
ESA El Salvador
ESP Spanien
EST Estland
ETH Äthiopien
EUN Vereinigte Mannschaft
FIJ Fidschi-Inseln
FIN Finnland
FRA Frankreich
FRG Bundesrepublik Deutschland (1972 bis 1988)
GAB Gabun
GAM Gambia
GBR Großbritannien
GBS Guinea-Bissau
GCO Goldküste Ghana
GDR Deutsche Demokratische Republik
GEO Georgien
GEQ Äquatorial-Guinea
GER Deutschland
GHA Ghana
GRE Griechenland
GRN Grenada
GUA Guatemala
GUI Guinea
GUM Guam
GUY Guyana
HAI Haiti
HGK Hongkong
HON Honduras
HUN Ungarn
INA Indonesien
IND Indien
IOP Unabhängige Olympiateilnehmer
IRI Islamische Republik Iran
IRL Irland
IRQ Irak
ISL Island
ISR Israel
ISV Jungferninseln
ITA Italien
IVB Britische Jungterninseln
JAM Jamaika
JOR Jordanien
JPN Japan
KAZ Kasachstan
KEN Kenia
KGZ Kirgisien
KOR Korea
KSA Saudi-Arabien
KUW Kuweit
LAO Laotische Volksrepublik
LAT Lettland
LBA Libyische Arabische Jamarhiriya
LBR Liberia
LCA Saint Lucia
LES Lesotho
LIB Libanon
LIE Liechtenstein
LTU Litauen
LUX Luxemburg
MAD Madagaskar
MAR Marokko
MAS Malaysia
MAW Malawi
MDA Moldava
MDV Malediven
MEX Mexiko
MGL Mongolei
MKD frühere jugoslawische Republik von Mazedonien
MLI Mali
MLT Malta
MON Monaco
MOZ Mocambique
MRI Mauritius
MTN Mauretanien
MYA Myanmar
NAM Namibia
NCA Nikaragua
NED Niederlande
NEP Nepal
NGR Nigeria
NIG Niger
NOR Norwegen
NRH Nordrhodesien
NRU Nauru
NZL Neuseeland
OMA Oman
PAK Pakistan
PAN Panama
PAR Paraguay
PER Peru
PHI Philippinen
PLE Palästina
PNG Papua-Neuguinea
POL Polen
POR Portugal
PRK Demokratische Volksrepublik Korea
PRS Persien
PUR Puerto Rico
QAT Katar
RHO Rhodesien
ROM Rumänien
RSA Südafrikanische Republik
RUS Russische Föderation
RWA Rwanda
SAA Saar
SAM Westsamoa
SEN Senegal
SER Serbien
SEY Seychellen
SIN Singapore
SKN St. Kitts und Nevis
SLE Sierra Leone
SLO Slowenien
SMR San Marino
SOL Solomoninseln
SOM Somalia
SRI Sri Lanka

STP	São Tome und Principe
SUD	Sudan
SUI	Schweiz
SUR	Surinam
SVK	Slowakei
SWE	Schweden
SWZ	Swaziland
SYR	Syrische Arabische Republik
TAN	Tansania
TCH	Tschechoslowakei
TGA	Tonga
THA	Thailand
TJK	Tadschikistan
TKM	Turkmenistan
TOG	Togo
TPE	Chinesisch Taipei
TRI	Trinidad und Tobago
TUN	Tunesien
TUR	Türkei
UAR	Vereinigte Arabische Emirate
UGA	Uganda
UKR	Ukraine
URS	Union der Sozialistischen Sowjetrepubliken
URU	Uruguay
USA	Vereinigte Staaten von Amerika
UZB	Usbekistan
VAN	Vanuatu
VEN	Venezuela
VIE	Vietnam
VIN	St. Vincent und die Grenadines
YEM	Jemen
YUG	Jugoslawien
ZAI	Zaire
ZAM	Sambia
ZIM	Simbabwe

weitere verwendete Abkürzungen

ABC	American Broadcasting Company
ACOG	*Atlanta Committee for the Olympic Games*
BOC	*British Olympic Council*
CIO (C.I.O.)	*Comité International Olympique*
COJO (C.O.J.O.)	*Comité d`Organisation des Xemes Jeux Olympiques d`Hiver*
COJO 76	*Organizing Committee of the 1976 Olympic Games*
COJO	*Comité d`Organisation des XVIes Jeux Olympiques D`Hiver d`Albertville et de la Savoie*
CONI	*Comitato Olimpico Nazionale Italiano*
COO	*The Organizing Committee for the Games of the XVIII Olmpiad*
COOB `92	*Barcelona `92 Olympic Organising Committee*
DFB (D.F.B.)	*Deutscher Fußballbund*
DRAfL	*Deutscher Reichsausschuß für Leibesübungen*
DRAfOS	*Deutscher Reichsausschuß für Olympische Spiele*
DSB	*Deutscher Sportbund*
DT	*Deutsche Turnerschaft*
F.A.Z.	*Frankfurter Allgemeine Zeitung*
FIS	*Fédération Internationale de Ski*
GUS	Gemeinschaft unabhängiger Staaten
h. c.	hors concours
IOC (I.O.C.)	*Internationales Olympisches Komitee*
IOK	*Internationales Olympisches Komitee*
ISHPES	*International Society for the History of Physical Education and Sport*
LAOOC (L.A.O.O.C.)	*Los Angeles Olympic Organizing Committee*
LOOC	*Lillehammer Olympic Organizing Committee*
LPOOC	*Lake Placid Organizing Committee*
NBA	*National Basketball Association*
NFL	*National Football League*
NOK	*Nationales Olympisches Komitee*
NSRL	*Nationalsozialistischer Reichsbund für Leibesübungen*
OCO	*XV Olymic Winter Games Organizing Committee (Calgary 1988)*
OCOG	*Organising Committee of the Olympic Games*
OK	Organisationskomitee
RAI	Radiofoniche Audizioni Italiano
sid (SID)	*Sportinformationsdienst*
SLOOC	*Seoul Olympic Organizing Committee*
SOCOG	Sydney Organizing Committee for the XXVII Olympic Games
USOC	*United States Olympic Committee*
W.G.	Winter Games
YMCA	*Young Men`s Christian Association*

Mitarbeiter am Katalog und an der Ausstellung

AIGNER, Heribert (Jahrgang 1943), wohnt in Graz, Univ.-Prof., seit 1995 Vorstand des Instituts für Alte Geschichte und Altertumskunde der Karl-Franzens-Universität Graz, seit 1999 Studiendekan der Geisteswissenschaftlichen Fakultät, Forschungsschwerpunkte: Thanatologie, antikes Militärwesen, lateinische Epigraphik und Numismatik, Sportgeschichte, Lehraufträge an den Universitäten Padua, Klagenfurt, Innsbruck und Wien

BARNEY, Robert (Jahrgang 1932), Amerikaner, wohnt in London, Ontario (Kanada), Dr. der Universität von New Mexico, Professor Emeritus der University of Western Ontario, Gründer und Direktor des Centre of Olympic Studies (London) und der Zeitschrift *Olympika*, ehemaliger Präsident der *North American Society of Sport History*, Verfasser zahlreicher Schriften zur Geschichte der Olympischen Bewegung.

BIJKERK, Anthony Th. (Jahrgang 1931), wohnt in Fochteloo, Friesland, Niederlande, Marine-Offizier (1950-1965), danach Direktor für Sport und Erholung in Leeuwarden (1966-1990), heute pensioniert, verfaßte mit Ruud PAAUW das *Gouden Boek der Nederlandse Olympiërs*, Gründungsmitglied, seit 1996 General-Sekretär der *International Society of Olympic Historians*, Mitbegründer des Niederländischen Sportmuseums, Berater des *Niederländischen Olympischen Komitees / Niederländische Sportföderation* in historischen Fragen zur Olympischen Bewegung.

BJÖRKMANN, Ingmar »Pelle« (Jahrgang 1931), wohnt in Grankulla, Finnland, Sporthistoriker, Verfasser mehrerer Bücher, Mitbegründer und Präsident von *Pro-Olympia Finnland*, Präsident der Bibliotheksstiftung des Finnischen Sportmuseums und Mitglied der Museumsleitung, Forschungsschwerpunkt Olympische Spiele in Helsinki 1940 und 1952, Referent bei der *Internationalen Olympischen Akademie*, Mitglied des Organisationskomitees der Leichtathletik-Weltmeisterschaften 1983 in Helsinki.

BORGERS, Walter (Jahrgang 1949), wohnt in Köln, Archivbeauftragter des Carl und Liselott Diem-Archivs der Deutschen Sporthochschule Köln, Zeitschriftenaufsätze und Veröffentlichungen zur Kulturgeschichte des Sports und der Olympischen Spiele.

DECKER, Wolfgang (Jahrgang 1941), wohnt in Frechen, Sporthistoriker an der Deutschen Sporthochschule Köln, Forschungen und Publikationen zu den Sportkulturen des Alten Ägyptens, der griechisch-römischen Antike, des modernen Griechenlands sowie zum Olympismus.

FRENKEL, Peter (Jahrgang 1939), wohnt in Bad Honnef, Diplomfotograf, Ausstellungen im In- und Ausland, Mitglied des Deutschen Künstlerverbandes, Dozent für Fotografie an der Rhein-Sieg-Kunstakademie Hennef, Mitglied des Beirates der *Gemeinschaft Deutscher Olympiateilnehmer*, Teilnehmer bei den Olympischen Spielen 1968, 1972 und 1976, 1972 Gold-, 1976 Bronzemedaille im 20-km-Gehen, zahlreiche Weltrekorde, mehrfacher DDR-Meister.

HÖFER, Andreas (Jahrgang 1960), wohnt in Brühl, Sporthistoriker und Publizist, Themenschwerpunkte: Zeitgeschichte des Sports, Olympische Bewegung, Sport und Politik.

KLUGE, Volker (Jahrgang 1944), wohnt in Berlin, Diplom-Journalist, seit 1965 Sportjournalist, Buch- und Filmautor, langjähriger Sportchef der größten DDR-Tageszeitung *Junge Welt*, jetzt Freelancer, 1982 bis 1990 Mitglied des Präsidiums und Pressechef des *NOK der DDR*, 1990 bis 1993 persönliches Mitglied im *NOK für Deutschland*.

LENNARTZ, Karl (Jahrgang 1940) wohnt in Sankt Augustin, Sporthistoriker, Leiter des Carl und Liselott Diem-Archivs der Deutschen Sporthochschule Köln, zahlreiche Zeitschriftenaufsätze und Buchveröffentlichungen, vor allem über die Olympischen Spiele und die Olympische Bewegung, Carl DIEM und zum Langlauf, seit 1996 Vorstandsmitglied der *International Society of Olympic Historians*, seit 1990 Berater des *IOC* in historischen Fragen.

LYBERG, Wolf (Jahrgang 1917), wohnt in Stockholm, ehemaliger Sportjournalist von Idrottsbladet, Generalsekretär des *Schwedischen NOK* und Direktor der *Internationale Kontakte des Schwedischen Sports* (1975-1984), Mitbegründer des *Internationalen Handball-Verbandes* und des Fußball- Europapokals, anwesend bei 27 Winter- und Sommerspielen von 1936 bis 1996, seit 1989 ehrenamtlich als Dokumentalist für das *IOC* tätig (Sessionen, Exekutivkomitee, IOC-Mitglieder, alle Teilnehmer an den Spielen).

MÜLLER, Jutta und Ralf (beide Jahrgang 1955), wohnen in Asbach, Inhaber einer Werbeagentur, Gestaltung mehrerer Ausstellungen und Publikationen zur Olympischen Bewegung.

O'NEIL, Ingrid (geboren in Stuttgart), wohnt in Colorado Springs, Colorado, Auktionatorin für olympische Memorabilia aller Art, über 30 Auktionen, u. a. während der Olympischen Spiele 1996 in Atlanta, im Olympischen Museum in Lausanne, im amerikanischen Trainingszentrum in Colorado Springs, in Salt Lake City und (geplant) während der Olympischen Spiele 2000 in Sydney.

RÜHL, Joachim K. (Jahrgang 1939), wohnt in Köln, Sportwissenschaftler an der Deutschen Sporthochschule Köln, Präsident des *European Committee for Sport History*, Generalsekretär und Schatzmeister der *Gesellschaft für Europäische Sportstudien* sowie Vorstandsmitglied der Sektion Sportgeschichte der *Deutschen Vereinigung für Sportwissenschaft*, zahlreiche Veröffentlichungen über das europäische Turnierwesen im Mittelalter, Sport und Puritanismus, die sportwissenschaftliche curriculare Entwicklung an deutschen Hochschulinstituten und die Olympischen Spiele vor 1896.

SCHMIDT, Stephan, (Jahrgang 1952), wohnt in Bonn, Diplom-Betriebswirt, Projektbetreuung Sparkassenstiftung für den Rhein-Sieg-Kreis

SCHOLZ, Werner (Jahrgang 1954), wohnt in Siegburg, Sparkassenbetriebswirt, Abteilungsleiter Öffentlichkeitsarbeit der Kreissparkasse in Siegburg.

SPIESSENS, Leopold Lodewijk (Jahrgang 1922), wohnt in Hoboken (Antwerpen), langjähriges Mitglied (Sekretär) des Technischen Komitees des *Belgischen Katholischen Turnerbundes*, Übersetzer der turnerischen Wertungsvorschriften ins Flämische, Sammler von Olympiaka, besonders der Spiele von 1920 in Antwerpen.

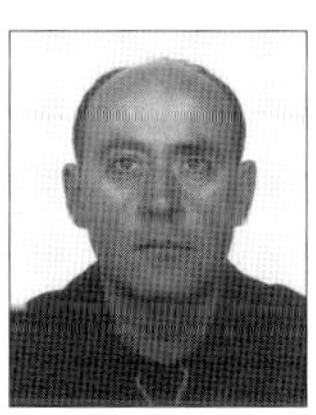

WAGNER, Bernd (Jahrgang 1952), wohnhaft in Leichlingen, Lehrer, Sammler von Olympiaka, besonders Diplome von Olympiasiegern.

WINTER, Michael (Jahrgang 1949), wohnt in Pulheim, Dokumentar, Mitarbeiter des Carl und Liselott Diem-Archivs der Deutschen Sporthochschule Köln.

Das Carl und Liselott Diem-Archiv

Das *Carl und Liselott Diem-Archiv, Olympische Forschungsstätte der Deutschen Sporthochschule Köln,* ist die Nachfolgeeinrichtung des *Carl-Diem-Instituts (CDI)* an der *Deutschen Sporthochschule Köln.* Das *CDI* wurde im Jahre 1964 mit Hilfe des Trägervereins *Carl-Diem-Institut e.V.* in Absprache zwischen der Sporthochschule, dem Kultusministerium des Landes NW und dem Präsidenten von *DSB* und *NOK,* Willi DAUME, als olympisches Institut auf den Namen Carl DIEM an der Deutschen Sporthochschule gegründet. Der Auftrag zielte auf Förderung des Olympischen Gedankens und die wissenschaftliche Aufarbeitung von Werk und Nachlaß von Carl DIEM. Dieser Nachlaß und die weiteren Sammlungen enthalten wesentliche Zeugnisse der deutschen Sportgeschichte sowie der deutschen und internationalen olympischen Bewegung seit Anfang des Jahrhunderts. Die langjährige, 1992 verstorbene Leiterin des *CDI,* Prof. Liselott DIEM, hat die von der Sporthochschule angebotene Integration in die Sporthochschule mit der testamentarischen Übereignung ihrer sportwissenschaftlichen und olympischen Sammlungen beantwortet. Die neue Namensgebung soll weiterhin an die auch für die Gründung der Sporthochschule bedeutenden Persönlichkeiten im Zusammenhang mit deren olympischen Sammlungen erinnern.

Auswahl von Schriften zur Olympischen Bewegung, die vom *Diem-Archiv* seit 1990 herausgegeben wurden:

DIEM, Carl, *Die Olympischen Spiele 1912*, Neudruck, Kassel 1990, 204 S.

LENNARTZ, Karl / TEUTENBERG, Walter, *Die Olympischen Spiele 1906 in Athen,* Kassel 1992, 262 S.

LENNARTZ, Karl / TEUTENBERG, Walter, *Die deutsche Olympia-Mannschaft von 1896*, Kassel 1992, 64 S.

LENNARTZ, Karl / TEUTENBERG, Walter, *Olympiateilnehmer in Westfalen. Biographien,* Bd. 1, *Athen 1896 bis München 1972,* WTB-Schriftenreihe Bd. 7, Kassel 1993, 366 S.

BORGERS, Walter / BUSCHMANN, Jürgen / LENNARTZ, Karl, *Kölner Station des Olympischen Feuers.* Eine Dokumentation, hg. anläßlich der Kölner Station des Olympischen Feuers auf dem Weg von Olympia nach Lillehammer, 27. Januar 1994, Kassel 1994, 48 S.

LENNARTZ, Karl / TEUTENBERG, Walter, *II. Olympische Spiele 1900 in Paris,* Kassel 1995, 236 S.

BORGERS, Walter / LENNARTZ, Karl / QUANZ, Dietrich R. (Leitung) / TEUTENBERG, Walter, *Deutsche Olympiade Kalender. Daten zur Olympischen Bewegung in Deutschland,* Teil 1: Kassel 1896, 456 S.

BORGERS, Walter, *Olympic Torch Relays,* Kassel 1996, 200 S.

LENNARTZ, Karl und Mitarbeiter, *Die Olympischen Spiele 1896 in Athen. Erläuterungen zum Neudruck des Offiziellen Berichtes,* Kassel 1996, 170 S.

LENNARTZ, Karl, *Die Olympischen Spiele 1908 in London,* Kassel 1998, 318 S.

BUSCHMANN, Jürgen / LENNARTZ, Karl, *Die Olympischen Fußballturniere,* Bd. 1, *Erste Schußversuche 1896 – 1908*, Kassel 1999, 224 S.

BORGERS, Walter / QUANZ, Dietrich R., *Bildbuch Deutsche Sporthochschule Köln.* Schriften der Deutschen Sporthochschule, Bd. 38, St. Augustin 1998, 112 S.

LENNARTZ, Karl / BORGERS, Walter / BUSCHMANN, Jürgen, *Olympischer Neubeginn. Gründung des Nationalen Olympischen Komitees 24. September 1949 in Bonn,* Köln 1999, 106 S.

Ein Jahrhundert

Die Wintersport-Enzyklopädie

Dies ist ein Buch der Superlative, das einen olympischen Rekord besonderer Art aufstellt. Denn mit der Winter-Chronik liegt weltweit ein einzigartiges Werk vor, das die Resultate aller Entscheidungen, Vorkämpfe und Qualifikationen vom ersten bis zum letzten Teilnehmer (inklusive aller kompletten Mannschaftsaufgebote) präsentiert. Tausende Zahlen, Daten, Namen und Fakten machen diese Dokumentation zu einem unverzichtbaren Nachschlagewerk über die olympische Wintersport-Geschichte – von den zaghaften Anfängen von 1908 über Chamonix 1924 bis hin zu Nagano 1998. Diese Fülle an Material wird ergänzt durch Beiträge zur jeweiligen konkreten historischen Situation, zur Vorgeschichte, zur Organisation und zur Austragung. Die Winter-Chronik enthält außerdem unzählige, in Fußnoten gebündelte Angaben und Geschichten zu den Biographien von Athleten und Funktionären sowie zum Austragungsmodus und den Wettkampfregeln. Der Anhang des Buches beinhaltet die Teilnahme- und Medaillenrekordhalter bei Winterspielen, die Länderwertung, das Abschneiden der deutschen Athleten sowie ein Verzeichnis aller deutschen Teilnehmer.

Volker Kluge
Olympische Winterspiele – Die Chronik
Chamonix 1924 – Nagano 1998
3., erweiterte Auflage
960 Seiten, 18 Abbildungen, gebunden
ISBN 3-328-00831-4

Erfolgreich ins Ziel SPORT VERLAG BERLIN